노무사 합격을 위한
해커스 법아카데미 합격 시스템

해커스 법아카데미 **인강**

취약 부분 즉시 해결!
**질문 게시판
운영**

무제한 수강 가능+
**모바일
다운로드 수강**

합격을 만드는
**필수 학습자료
제공**

* 인강 시스템 중 무제한 수강 혜택은 일부 종합반/패스/환급반 상품에 한함

해커스 법아카데미 **학원**

학습상담&스터디
교수님 직접관리

교수님
대면 첨삭·피드백

매일 꾸준한
**학습 밀착
출결/성적 관리**

* 학원 시스템은 모집 시기별로 변경 가능성 있음

해커스노무사
김춘환 민법

객관식 기출문제집

서문

공인노무사 민법의 시험 범위에는 민법 전반이 아니라 민법총칙, 채권법이 해당한다. 다만 민법총칙, 채권법의 모든 분야를 전부 출제한다는 것은 분명히 한계가 있다.

그렇다면 공인노무사 시험을 준비하는 수험생 입장에서는 어떻게 시험을 준비해야 할까?

그렇다. 기출문제를 숙지하는 것이다. 즉, 『해커스노무사 김춘환 민법 객관식 기출문제집』을 통해 단원마다 기출문제의 빈출 정도를 파악하고, 주로 빈출되는 부분은 시험에 다시 나올 확률이 높으므로, 그러한 부분을 집중적으로 공부하여야 한다.

다만, 2024년부터 공인노무사 시험에 출제되는 문제 수가 기존 20문제에서 40문제로 늘어나는 관계로 기존에 출제되지 않은 부분도 새롭게 출제가 되었다.

이를 대비하기 위하여 본서에는 공인노무사 시험과 동일하게 한국산업인력공단에서 실시하고 있는 전문자격 시험인 세무사, 변리사 등의 최근 기출문제도 같이 수록하였다.

최근의 출제경향을 보면, 같은 공단에서 실시하는 공인노무사, 세무사, 감정평가사, 세무사 등의 시험 문제는 서로가 유사한 경향이 있다. 특히 공인노무사는 민법총칙이 변리사, 감정평가사, 세무사 시험 등과 범위가 중복되고, 채권법은 변리사 시험과 중복된다. 따라서 공인노무사 기출문제 외에도 유사한 시험의 기출문제를 함께 풀어 보고 숙지한다면 출제 가능성이 있는 예상문제를 어느 정도 풀어 보는 효과를 거둘 수 있을 것이다.

『해커스노무사 김춘환 민법 객관식 기출문제집』의 특징은 다음과 같다.

1. 공인노무사 시험을 대비하는 것에 부족함이 없도록 2024년까지의 최근 기출문제들을 모두 분석하여, 최신의 출제경향을 숙지할 수 있게 하였다.

2. 무엇보다 공인노무사 시험은 한국산업인력공단에서 주관하므로, 공단의 다른 전문자격 시험(변리사, 세무사 등)의 기출문제들도 같이 풀어 보는 것이 실제 시험에서 상당히 도움이 된다. 따라서 해당 문제들도 학습할 수 있도록 본서에 반영하였다.

3. 객관식 시험은 단순히 답을 맞히는 것에 그치는 게 아니라, "왜" 다른 지문들은 답이 아닌지 알아야 유사한 문제가 나왔을 때 맞힐 수가 있다. 따라서 답이 되는 지문뿐만 아니라 답이 아닌 지문들에 대해서도 풍부한 해설을 하려고 노력하였다.

4. 해설에는 민법 조문을 직접 인용하여 해당 문제와 관련된 민법 조문이 어떻게 문제로 변형되어 출제되는지 알 수 있도록 하였다.

5. 2025년 1월 최신 판례까지 예상문제로 만들어 수록함으로써, 공인노무사 시험에 충분히 대비할 수 있도록 하였다.

감사를 드릴 분들이 있다. 현재 법학박사 과정을 수료한 중앙대학교 대학원의 지도교수님이신 이규호 교수님(법학박사, 변호사·변리사·공인노무사시험 출제·채점위원)과 학문하는 자세를 항상 일깨워 주시는 동 대학원의 김상용 교수님(법학박사, 변호사시험 출제위원)께 감사의 마음을 전한다. 그리고 이 책의 출판에 대해 많은 신경을 써 주신 해커스 출판팀과 학원에서 많은 수고를 하고 있는 직원분들에게도 고마움을 전한다.

객관식 시험은 기출문제와의 싸움이라고 하여도 과언이 아니다. 꼭 이 책에 있는 문제들을 숙지하여 공인노무사 시험에서 "합격"이라는 열매를 맺는다면 편저자는 더 이상 바랄 것이 없겠다.

2025년 3월
시흥동 우거(寓居)에서
김춘환

목차

제1편 민법총칙

제1장	서설		8
제1절	민법의 의의, 법원		8
제2절	민법의 해석과 적용		15
제3절	법률관계와 권리		17
제4절	신의성실의 원칙		21

제2장	권리의 주체		45
제1절	총설		45
제2절	자연인		45
제3절	법인		97

제3장	권리의 객체		162

제4장	권리의 변동		185
제1절	총설		185
제2절	법률행위		188
제3절	의사표시		238
제4절	법률행위의 대리		291
제5절	법률행위의 무효와 취소		347
제6절	법률행위의 부관		387

제5장	기간		412

제6장	소멸시효		419

제2편 채권총칙

제1장	채권의 목적		470
제1절	총설		470
제2절	목적에 의한 채권의 종류		474

제2장	채권의 효력		479
제1절	이행지체와 기한이익의 상실		479
제2절	채무불이행에 대한 구제		485
제3절	채권자지체		515
제4절	책임재산의 보전		516

제3장	수인의 채권자 및 채무자		542
제1절	분할채권관계		542
제2절	불가분채권과 불가분채무		543
제3절	연대채무		546
제4절	보증채무		557

제4장	채권의 양도와 채무인수		562
제1절	채권의 양도		562
제2절	채무인수		570

제5장	채권의 소멸		584
제1절	변제		584
제2절	공탁		595
제3절	상계		596
제4절	기타 채권의 소멸원인		603

제3편　채권각칙

제1장	계약총칙	608
제1절	계약의 성립	608
제2절	계약의 효력	620
제3절	계약의 해제와 해지	636
제2장	계약각칙	652
제1절	전형계약의 분류	652
제2절	증여	652
제3절	매매	657
제4절	사용대차 및 임대차	676
제5절	소비대차	688
제6절	도급	689
제7절	위임	698
제8절	임치	704
제9절	조합	705
제10절	화해	713
제11절	기타의 전형계약	714
제3장	사무관리와 부당이득	717
제1절	사무관리	717
제2절	부당이득	723
제4장	불법행위	733

해커스 법아카데미
law.Hackers.com

해커스노무사
김춘환 민법
객관식 기출문제집

제1편

민법총칙

제1장　서설
제2장　권리의 주체
제3장　권리의 객체
제4장　권리의 변동
제5장　기간
제6장　소멸시효

제1장 서설

제1절 | 민법의 의의, 법원

Ⅰ. 민법의 의의

001 민법에 대한 정의로서 틀린 것은?

① 민법은 행위규범임과 동시에 재판규범이다.
② 형식적 의미의 민법은 민법전과 부동산등기법 및 「가족관계의 등록 등에 관한 법률」만을 가리킨다.
③ 민법은 권리의무의 발생이나 그 내용·성질 및 변경·소멸에 관한 직접적인 규정으로 이루어져 있으므로 실체법이라 할 수 있다.
④ 민법은 시민사회에 있어서의 일반사법이다.
⑤ 실질적 의미의 민법은 모든 성문민법과 불문민법을 포함한다.

> **해설** 답 ②
>
> ① [O] 민법은 일상생활에 있어서 개인이 지켜야 할 행위규범인 동시에, 법원이 재판하는 준거인 재판규범이기도 하다.
> ② [×] 형식적 의미의 민법은 내용과 관계없이 민법이라는 이름을 가진 성문의 민법전만을 말한다.
> ③ [O] 직접적으로 개인의 권리의무에 관하여 정하는 법을 실체법이라 하고, 실체법상의 권리를 실행하거나 또는 의무를 실현시키기 위한 절차, 특히 재판절차 및 강제집행절차를 정하고 있는 법을 절차법이라고 한다. 따라서 예외가 있기는 하나(예컨대 실종선고 및 그 취소의 절차에 관한 제27조, 제29조 등), 민법은 일반적으로 실체법이라 할 수 있다.
> ④ [O] 사람·장소·사항 등에 특별한 한정 없이 일반적으로 적용되는 법을 일반법이라 하고, 일정한 한정된 사람·장소·사항에 관하여서만 적용되는 법을 특별법이라고 한다. 따라서 민법은 일반법으로 개인의 일상·보통의 사적 생활관계를 규율하는 원칙법으로서, 민법에 대한 특별법이 적용되지 않는 한 사법관계에는 민법이 일반적으로 적용된다.
> ⑤ [O] 실질적 의미의 민법은 사법 중에서 상법 기타의 특별사법을 제외한 일반사법만을 의미하며(민법부속법령·관습민법·형식적 민법 등), 그 존재형식은 민법의 법원이다.

Ⅱ. 민법의 법원

002 관습법에 관한 설명으로 옳지 않은 것은? (다툼이 있으면 판례에 따름)

① 「장사 등에 관한 법률」이 시행됨에 따라 기존에 성립된 분묘기지권의 관습법적 효력은 유지될 수 없게 되었다.
② 관습법이 헌법에 위반되는 경우, 법원은 그 관습법의 효력을 부인할 수 있다.
③ 관습법은 성문의 법률에 반하지 아니하는 경우에 한하여 보충적인 법원이 된다.
④ 관습법은 사회의 거듭된 관행으로 생성한 사회생활규범이 사회의 법적 확신과 인식에 의하여 법적 규범으로 승인·강행되기에 이른 것을 말한다.
⑤ 관습법은 당사자의 주장·입증을 기다림이 없이 법원이 직권으로 이를 확정하여야 한다.

> **해설**　　　　　　　　　　　　　　　　　　　　　　　　　　　　　　　　답 ①

① [×] 타인 소유의 토지에 분묘를 설치한 경우에 20년간 평온, 공연하게 분묘의 기지를 점유하면 지상권과 유사한 관습상의 물권인 분묘기지권을 시효로 취득한다는 점은 오랜 세월 동안 지속되어 온 관습 또는 관행으로서 법적 규범으로 승인되어 왔고, 이러한 법적 규범이 장사법(법률 제6158호) 시행일인 2001.1.13. 이전에 설치된 분묘에 관하여 현재까지 유지되고 있다고 보아야 한다(대판 2017.1.19, 2013다17292 전합).
② [○] 대법원은 성년남자만 종중의 구성원이 되는 기존의 관습법에 대한 법적 확신이 흔들리고 그러한 관습이 헌법을 정점으로 하는 우리나라의 법질서에 맞지 않는다는 이유로 관습법이 효력을 상실하였다고 판단하였다. 종중의 구성원에 관한 기존의 관습법이 효력을 상실하였으므로 구성원에 관한 기준은 존재하지 않게 되었고 따라서 조리에 따라야 한다. 조리에 따라 성인여자도 당연히 종중의 구성원이 되어야 한다고 보았다(대판 2005.7.21, 2002다1178 전합).
③ [○] 판례는 관습법은 법원으로서 법령에 저촉되지 아니하는 한 법칙으로서의 효력이 있다고 하여 제정법에 대한 보충적 효력을 인정한다(대판 2005.7.21, 2002다1178 전합, 보충적 효력설).
④ [○] 법으로서의 관행과 국민이 그 관습을 법으로서 받아들인다는 확신이 있을 때 관습법이 성립된다. 즉 관습법은 법원의 판결에 의해서 비로소 그 존재가 인정되지만, 그 성립 시기는 그 관습이 법적 확신을 획득한 때로 소급한다(통설).
⑤ [○] 법령과 같은 효력을 갖는 관습법은 당사자의 주장 입증을 기다림이 없이 법원이 직권으로 이를 확정하여야 하고 사실인 관습은 그 존재를 당사자가 주장·입증하여야 하나, 관습은 그 존부자체도 명확하지 않을 뿐만 아니라 그 관습이 사회의 법적 확신이나 법적 인식에 의하여 법적 규범으로까지 승인되었는지의 여부를 가리기는 더욱 어려운 일이므로, 법원이 이를 알 수 없는 경우 결국은 당사자가 이를 주장·입증할 필요가 있다(대판 1983.6.14, 80다3231).

003 법원(法源)에 관한 설명으로 옳지 않은 것은? (다툼이 있으면 판례에 따름)

① 사회구성원이 관습법으로 승인된 관행의 법적 구속력을 확신하지 않게 된 때에는 그 관습법은 효력을 잃는다.
② 헌법의 기본권은 특별한 사정이 없으면 사법관계에 직접 적용된다.
③ 법원은 당사자의 주장·증명을 기다림이 없이 관습법을 직권으로 조사·확정하여야 한다.
④ 우리나라가 가입한 국제조약은 일반적으로 민법이나 상법 또는 국제사법보다 우선적으로 적용된다.
⑤ 관습법은 법령에 저촉되지 아니하는 한 법칙으로서의 효력이 있다.

해설
답 ②

① [O] 관습법은 법원이 될 수 있지만 법령에 저촉되지 않는 범위 내에서 효력이 있으므로 종중의 구성원을 성인남자로 제한하는 관습이 법질서에 반하기 때문에 사회 구성원의 법적 확신이 상당부분 흔들리거나 약화되었다면 이러한 관습은 더 이상 법적 효력을 갖지 않는다(대판 2005.7.21, 2002다1178 전합).
② [X] 헌법상 기본권은 제1차적으로 개인의 자유로운 영역을 공권력의 침해로부터 보호하기 위한 방어적 권리이지만 다른 한편으로 헌법의 기본적인 결단인 객관적인 가치질서를 구체화한 것으로서, 사법(私法)을 포함한 모든 법 영역에 그 영향을 미치는 것이므로 사인 간의 사적인 법률관계도 헌법상의 기본권 규정에 적합하게 규율되어야 한다. 다만 기본권 규정은 성질상 사법관계에 직접 적용될 수 있는 예외적인 것을 제외하고는 관련 법규범 또는 사법상의 일반원칙을 규정한 민법 제2조, 제103조 등의 내용을 형성하고 그 해석기준이 되어 간접적으로 사법관계에 효력을 미치게 된다(대판 2018.9.13, 2017두38560).
③ [O] 법령과 같은 효력을 갖는 관습법은 당사자의 주장 입증을 기다림이 없이 법원이 직권으로 이를 확정하여야 하고 사실인 관습은 그 존재를 당사자가 주장 입증하여야 하나, 관습은 그 존부자체도 명확하지 않을 뿐만 아니라 그 관습이 사회의 법적 확신이나 법적 인식에 의하여 법적 규범으로까지 승인되었는지의 여부를 가리기는 더욱 어려운 일이므로, 법원이 이를 알 수 없는 경우 결국은 당사자가 이를 주장·입증할 필요가 있다(대판 1983.6.14, 80다3231).
④ [O] 헌법에 의하여 체결·공포된 조약과 일반적으로 승인된 국제법규는 국내법과 같은 효력을 가진다(헌법 제6조). 따라서 조약이 민사에 관한 것을 정하면 민법의 법원이 된다.
⑤ [O] 관습법은 법원으로서 법령에 저촉되지 아니하는 한 법칙으로서의 효력이 있다고 하여 제정법에 대한 보충적 효력을 인정한다(대판 2005.7.21, 2002다1178 전합, 보충적 효력설).

004 관습법과 사실인 관습에 관한 설명으로 옳지 않은 것은? (다툼이 있으면 판례에 따름)

① 관습법은 성문법에 대하여 보충적 효력을 갖는다.
② 공동선조와 성과 본을 같이하는 미성년자인 후손은 종중의 구성원이 될 수 없다.
③ 관습법이 성립한 후 사회구성원들이 그러한 관행의 법적 구속력에 더 이상 법적 확신을 갖지 않게 된 경우, 그 관습법은 법적 규범으로서의 효력이 없다.
④ 사실인 관습은 법령으로서의 효력이 없고, 법률행위의 당사자의 의사를 보충함에 그친다.
⑤ 미등기 무허가건물의 매수인은 그 소유권이전등기를 마치지 않아도 소유권에 준하는 관습상의 물권을 취득한다.

> **해설** 답 ⑤

① [○] 판례는 관습법은 법원으로서 법령에 저촉되지 아니하는 한 법칙으로서의 효력이 있다고 하여 제정법에 대한 보충적 효력을 인정한다(대판 2005.7.21, 2002다1178 전합, 보충적 효력설).
②③ [○] 성년남자만 종중의 구성원이 되는 기존의 관습법에 대한 법적 확신이 흔들리고 그러한 관습이 헌법을 정점으로 하는 우리나라의 법질서에 맞지 않는다는 이유로 관습법이 효력을 상실하였다고 판단하였다. 종중의 구성원에 관한 기존의 관습법이 효력을 상실하였으므로 구성원에 관한 기준은 존재하지 않게 되었고 따라서 조리에 따라야 한다. 조리에 따라 성인여자도 당연히 종중의 구성원이 되어야 한다(대판 2005.7.21, 2002다1178 전합).
④ [○] 사실인 관습은 사적 자치가 인정되는 분야, 즉 그 분야의 제정법이 주로 임의규정일 경우에는 법률행위의 해석기준으로서 또는 의사를 보충하는 기능으로서 이를 재판의 자료로 할 수 있을 것이나 이 이외의, 즉 그 분야의 제정법이 주로 강행규정일 경우에는 그 강행규정 자체에 결함이 있거나 강행규정 스스로가 관습에 따르도록 위임한 경우 등 이외에는 법적 효력을 부여할 수 없다(대판 1983.6.14, 80다3231).
⑤ [×] 미등기 무허가건물의 양수인이라 할지라도 그 소유권이전등기를 경료받지 않는 한 건물에 대한 소유권을 취득할 수 없고, 그러한 건물의 취득자에게 소유권에 준하는 관습상의 물권이 있다고 볼 수 없다(대판 1999.3.23, 98다59118 참조).

005 민법의 법원에 관련한 설명으로 옳지 않은 것은? (다툼이 있으면 판례에 따름) 15 노무사

① 일단 성립한 관습법이라도 사회 구성원들이 그 관행의 법적 구속력에 대해 확신을 갖지 않게 되면 그 효력이 부정된다.
② 관습법이 헌법에 위반될 때에는 법원(法院)이 그 효력을 부인할 수 있다.
③ 민법 제1조(法源)에서의 '법률'은 국회가 제정한 법률만을 의미한다.
④ 사실인 관습은 그 존재를 당사자가 주장·입증하여야 한다.
⑤ 임의규정과 다른 관습이 있는 경우에 당사자의 의사가 명확하지 아니한 때에는 그 관습에 의한다.

해설
답 ③

① [O] 사회의 거듭된 관행으로 생성된 사회생활규범이 관습법으로 승인되었다고 하더라도 사회 구성원들이 그러한 관행의 법적 구속력에 대하여 확신을 갖지 않게 되었다거나, 사회를 지배하는 기본적 이념이나 사회질서의 변화로 인하여 그러한 관습법을 적용하여야 할 시점에 있어서의 전체 법질서에 부합하지 않게 되었다면 그러한 관습법은 법적 규범으로서의 효력이 부정될 수밖에 없다(대판 2005.7.21, 2002다13850 전합).

② [O] 대법원은 성년남자만 종중의 구성원이 되는 기존의 관습법에 대한 법적 확신이 흔들리고 그러한 관습이 헌법을 정점으로 하는 우리나라의 법질서에 맞지 않는다는 이유로 관습법이 효력을 상실하였다고 판단하였다. 종중의 구성원에 관한 기존의 관습법이 효력을 상실하였으므로 구성원에 관한 기준은 존재하지 않게 되었고 따라서 조리에 따라야 한다. 조리에 따라 성인여자도 당연히 종중의 구성원이 되어야 한다고 보았다(대판 2005.7.21, 2002다1178 전합).

③ [×] 민법 제1조에서 말하는 법률은 광의의 법률(= 실질적 의미의 법률)로서, 법률·명령·조례·규칙·성문조약 등은 모두 민법의 법원(法源)이 된다.

④ [O] 사실인 관습은 법령과 같은 효력이 없으므로, 원칙상 그 존재를 당사자가 주장, 입증하여야 한다 (대판 1983.6.14, 80다3231).

⑤ [O]
> 제106조(사실인 관습) 법령중의 선량한 풍속 기타 사회질서에 관계없는 규정과 다른 관습이 있는 경우에 당사자의 의사가 명확하지 아니한 때에는 그 관습에 의한다.

---

006 민법의 법원(法源)에 관한 설명으로 옳은 것은? (다툼이 있으면 판례에 따름) 22 세무사

① 법률행위 해석의 표준인 사실인 관습은 민법의 법원이 될 수 없다.
② 적법하게 체결·공포된 국제조약이 민사에 관한 것이라 하더라도 민법의 법원이 될 수는 없다.
③ 관습법이 그 적용시점에서 전체 법질서에 부합하지 않는다 하더라도 그 법적 규범으로서의 효력이 부정되지는 않는다.
④ 당사자의 주장이 없음에도 불구하고 법원이 직권으로 관습법의 존재를 확정할 수는 없다.
⑤ 민사에 관한 대통령의 헌법상 긴급명령은 민법의 법원이 될 수 없다.

해설
답 ①

① [O]
> 제106조(사실인 관습) 법령 중의 선량한 풍속 기타 사회질서에 관계없는 규정과 다른 관습이 있는 경우에 당사자의 의사가 명확하지 아니한 때에는 그 관습에 의한다.

② [×]
> 헌법 제6조 ① 헌법에 의하여 체결·공포된 조약과 일반적으로 승인된 국제법규는 국내법과 같은 효력을 가진다.

③ [×] 관습법은 법원이 될 수 있지만 법령에 저촉되지 않는 범위 내에서 효력이 있으므로 종중의 구성원을 성인남자로 제한하는 관습이 법질서에 반하기 때문에 사회 구성원의 법적 확신이 상당부분 흔들리거나 약화되었다면 이러한 관습은 더 이상 법적 효력을 갖지 않는다(대판 2005.7.21, 2002다1178 전합, 보충적 효력설).

④ [×] 법령과 같은 효력을 갖는 관습법은 당사자의 주장 입증을 기다림이 없이 법원이 직권으로 이를 확정하여야 하고 사실인 관습은 그 존재를 당사자가 주장 입증하여야 하나, 관습은 그 존부자체도 명확하지 않을 뿐만 아니라 그 관습이 사회의 법적 확신이나 법적 인식에 의하여 법적 규범으로까지 승인되었는지의 여부를 가리기는 더욱 어려운 일이므로, 법원이 이를 알 수 없는 경우 결국은 당사자가 이를 주장·입증할 필요가 있다(대판 1983.6.14, 80다3231).

⑤ [×] 대통령은 헌법이 정한 요건을 갖추어 긴급명령을 발할 수 있다(헌법 제76조). 긴급명령은 법률과 동등한 효력이 인정되고 그 내용이 민사에 관한 것인 때에는 민법의 법원이 된다.

007 민법의 법원에 관한 설명 중 옳지 않은 것은? (다툼이 있는 경우 판례에 의함) 22 경간부

① 상급법원 재판에서의 판단은 해당 사건에 관하여 하급심을 기속한다.
② 대통령이 발한 긴급명령의 내용 중 민사에 관한 것은 민법의 법원이 된다.
③ 관습법은 당사자의 주장·입증을 기다림이 없이 법원이 직권으로 확정하여야 한다.
④ 이미 성립된 관습법은 적용하여야 할 시점에 전체 법질서에 부합하지 않더라도 그 효력이 인정된다.

해설
답 ④

① [○]
> 법원조직법 제8조(상급심 재판의 기속력) 상급법원 재판에서의 판단은 해당 사건에 관하여 하급심(하급심)을 기속(기속)한다.
>
> 민사소송법 제436조(파기환송, 이송) ② 사건을 환송받거나 이송 받은 법원은 다시 변론을 거쳐 재판하여야 한다. 이 경우에는 상고법원이 파기의 이유로 삼은 사실상 및 법률상 판단에 기속된다.

② [○] 대통령은 헌법이 정한 요건을 갖추어 긴급명령을 발할 수 있다(헌법 제76조). 긴급명령은 법률과 동등한 효력이 인정되고 그 내용이 민사에 관한 것인 때에는 민법의 법원이 된다.

③ [○] 법령과 같은 효력을 갖는 관습법은 당사자의 주장 입증을 기다림이 없이 법원이 직권으로 이를 확정하여야 하고 사실인 관습은 그 존재를 당사자가 주장 입증하여야 하나, 관습은 그 존부자체도 명확하지 않을 뿐만 아니라 그 관습이 사회의 법적 확신이나 법적 인식에 의하여 법적 규범으로까지 승인되었는지의 여부를 가리기는 더욱 어려운 일이므로, 법원이 이를 알 수 없는 경우 결국은 당사자가 이를 주장·입증할 필요가 있다(대판 1983.6.14, 80다3231).

④ [×] 관습법은 법원이 될 수 있지만 법령에 저촉되지 않는 범위 내에서 효력이 있으므로 종중의 구성원을 성인남자로 제한하는 관습이 법질서에 반하기 때문에 사회 구성원의 법적 확신이 상당부분 흔들리거나 약화되었다면 이러한 관습은 더 이상 법적 효력을 갖지 않는다(대판 2005.7.21, 2002다1178 전합).

008 법원(法源)에 관한 설명으로 옳지 않은 것은? (다툼이 있으면 판례에 따름) 23 세무사

① 헌법에 의하여 체결·공포된 국제조약이 민사에 관한 것인 때에는 민법의 법원이 된다.
② 민사에 관하여 법률에 규정이 없으면 관습법에 의하고 관습법이 없으면 조리에 의한다.
③ 관습법은 당사자의 주장이 없더라도 법원(法院)이 직권으로 확정한다.
④ 헌법재판소의 결정이 민사에 관한 것인 때에는 민법의 법원이 된다.
⑤ 대법원 전원합의체 판결에서 설시된 추상적·일반적 법명제도 법원이 된다.

해설
답 ⑤

① [O] 헌법에 의하여 체결·공포된 조약과 일반적으로 승인된 국제법규는 국내법과 같은 효력을 가진다(헌법 제6조). 따라서 조약이 민사에 관한 것을 정하면 민법의 법원이 된다.
② [O] **제1조(법원)** 민사에 관하여 법률에 규정이 없으면 관습법에 의하고 관습법이 없으면 조리에 의한다.
③ [O] 법령과 같은 효력을 갖는 관습법은 당사자의 주장·입증을 기다림이 없이 법원이 직권으로 이를 확정하여야 하고 사실인 관습은 그 존재를 당사자가 주장·입증하여야 하나, 관습은 그 존부자체도 명확하지 않을 뿐만 아니라 그 관습이 사회의 법적 확신이나 법적 인식에 의하여 법적 규범으로까지 승인되었는지의 여부를 가리기는 더욱 어려운 일이므로, 법원이 이를 알 수 없는 경우 결국은 당사자가 이를 주장·입증할 필요가 있다(대판 1983.6.14, 80다3231).
④ [O] 헌법재판소의 결정은 법률과 동일한 효력을 가지므로(헌법재판소법 제47조, 제75조), 그 결정 내용이 민사에 관한 것이라면 민법의 법원이 된다.
⑤ [×] 민법 제1조는 판례의 법원성에 관하여 언급이 없고, 관습법도 판례에 의해 확인됨으로써 비로소 관습법이 되는 것이므로 판례가 규범성을 가지게 되면 하나의 관습법이 되고, 대법원의 심판에서 판시한 법령해석은 당해 사건에 관하여 하급심을 기속하며 다른 사건에서는 법원을 기속하지 않는다는 점, 또 판례를 법규범이라고 하면 결과적으로 사법부가 입법하는 것이 되어 삼권분립의 정신에 반한다는 것 등을 근거로 하여, 판례의 법원성을 부정하는 견해가 다수설, 판례이다. 다만 하급심에 대한 기속력은 있다(법원조직법 제8조, 민사소송법 제436조 제2항).

009 「민법」상 관습법에 관한 설명으로 옳지 않은 것은? (다툼이 있는 경우 판례에 의함) 23 경간부

① 헌법에 위반되는 관습법은 위헌법률심판의 대상이 된다.
② 성문민법과 다른 관습은 법령으로서의 효력을 가지지 못한다.
③ 미등기무허가 건물의 양수인이 그 소유권이전등기를 경료받지 않은 경우, 그 양수인에게 소유권에 준하는 관습상의 물권이 인정되지 않는다.
④ 사회의 거듭된 관행으로 생성된 사회생활규범이 관습법으로 승인되었다고 하더라도 그 관습법을 적용하여야 할 시점에 있어서의 전체 법질서에 부합하지 않게 되었다면 그 관습법은 법적 규범으로서의 효력이 부정된다.

| 해설 | 답 ① |

① [×] 헌법 제111조 제1항 제1호 및 헌법재판소법 제41조 제1항에서 규정하는 위헌심사의 대상이 되는 법률은 국회의 의결을 거친 이른바 형식적 의미의 법률을 의미하고(헌법재판소 1995.12.28, 선고 95헌바3 결정 등 참조), 또한 민사에 관한 관습법은 법원에 의하여 발견되고 성문의 법률에 반하지 아니하는 경우에 한하여 보충적인 법원(法源)이 되는 것에 불과하여(제1조) 관습법이 헌법에 위반되는 경우 법원이 그 관습법의 효력을 부인할 수 있으므로(대법원 2003.7.24, 선고 2001다48781 전원합의체 판결 등 참조), 결국 관습법은 헌법재판소의 위헌법률심판의 대상이 아니라 할 것이다(대결 2009.5.28, 2007카기134).

② [○] 판례는 관습법은 법원으로서 법령에 저촉되지 아니하는 한 법칙으로서의 효력이 있다고 하여 제정법에 대한 보충적 효력을 인정한다(대판 2005.7.21, 2002다1178 전합, 보충적 효력설).

③ [○] 미등기 무허가건물의 양수인이라도 그 소유권이전등기를 경료하지 않는 한 그 건물의 소유권을 취득할 수 없고, 소유권에 준하는 관습상의 물권이 있다고도 할 수 없으며, 현행법상 사실상의 소유권이라고 하는 포괄적인 권리 또는 법률상의 지위를 인정하기도 어렵다(대판 2006.10.27, 2006다49000).

④ [○] 판례는 "관습법은 법원이 될 수 있지만 법령에 저촉되지 않는 범위 내에서 효력이 있으므로 종중의 구성원을 성인남자로 제한하는 관습이 법질서에 반하기 때문에 사회 구성원의 법적 확신이 상당부분 흔들리거나 약화되었다면 이러한 관습은 더 이상 법적 효력을 갖지 않는다."고 한다. 즉 대법원은 성년남자만 종중의 구성원이 되는 기존의 관습법에 대한 법적 확신이 흔들리고 그러한 관습이 헌법을 정점으로 하는 우리나라의 법질서에 맞지 않는다는 이유로 관습법이 효력을 상실하였다고 판단하였다. 종중의 구성원에 관한 기존의 관습법이 효력을 상실하였으므로 구성원에 관한 기준은 존재하지 않게 되었고 따라서 조리에 따라야 한다. 조리에 따라 성인여자도 당연히 종중의 구성원이 되어야 한다고 보았다(대판 2005.7.21, 2002다1178 전합).

제2절 | 민법의 해석과 적용

010 다음은 민법에서 많이 사용하는 법률용어의 설명이다. 틀린 것은?

① '준용'은 입법기술상의 한 방법이며, '유추'는 법해석의 한 방법이므로 양자는 같지 않다.
② '제3자'란 당사자 이외의 모든 자를 가리키나, 때로는 그 범위가 제한된다.
③ '대항하지 못한다'는 뜻은 법률행위의 제3자가 법률행위의 효력을 인정하는 것은 상관없다는 것이다.
④ '선의'라고 함은 어떤 사정을 알지 못하는 것이고, '악의'는 이를 알고 있는 것이다.
⑤ '간주'는 반대의 증거가 제출되면 규정의 적용을 면할 수 있는 것이며, 민법은 간주조항에 관하여 "…으로 본다."라고 표현한다.

| 해설 | 답 ⑤

① [O] 준용은 입법기술이고, 유추는 법해석의 한 방법이다.
② [O] 제3자는 선의의 제3자로 제한될 수 있다.
③ [O] 당사자 및 다른 제3자는 선의의 제3자에 대하여 무효를 주장할 수 없다는 것이다. 그러나 선의의 제3자가 당사자에 대하여 무효를 주장하는 것은 무방하다.
④ [O] 선의는 不知, 악의는 知를 의미한다.
⑤ [×] 추정은 반대의 증거가 제출되면 규정(제30조, 제198조, 제830조 제2항, 제844조 등)의 적용을 면할 수 있지만, 간주는 반대의 증거의 제출을 허용하지 않고서 법률이 정한 효력(제28조, 제115조 등)을 당연히 생기게 하는 것이다.

011

민법의 적용과 해석방법에 관한 설명으로 옳지 않은 것은? (다툼이 있으면 판례에 따름)

① 민사에 관한 특별법은 민법에 우선하여 적용하여야 한다.
② 민법은 원칙적으로 대한민국의 영토 내에 있는 외국인에 대하여도 적용된다.
③ 민법을 해석함에 있어서 조문의 통상적인 의미에 따라 해석하는 것을 문리해석(문언적 해석, 문법적 해석)이라고 한다.
④ 어떤 법률요건에 관한 규정을 이와 유사한 다른 것에 적용하는 민법의 해석방법을 준용이라고 한다.
⑤ 민법의 해석은 구체적 타당성과 법적 안정성이 조화될 수 있도록 하여야 한다.

| 해설 | 답 ④

① [O] 특별법 우선의 원칙
② [O] 민법은 우리나라 국적을 가진 모든 사람에게 적용되며, 국내에 있는 외국인에게도 적용된다.
③⑤ [O] 법은 원칙적으로 불특정 다수인에 대하여 동일한 구속력을 갖는 사회의 보편타당한 규범이므로 이를 해석함에 있어서는 법의 표준적 의미를 밝혀 객관적 타당성이 있도록 하여야 하고, 가급적 모든 사람이 수긍할 수 있는 일관성을 유지함으로써 법적 안정성이 손상되지 않도록 하여야 한다. 한편 실정법은 보편적이고 전형적인 사안을 염두에 두고 규정되기 마련이므로 사회현실에서 일어나는 다양한 사안에서 그 법을 적용함에 있어서는 구체적 사안에 맞는 가장 타당한 해결이 될 수 있도록 해석할 것도 또한 요구된다. 요컨대 법해석의 목표는 어디까지나 법적 안정성을 저해하지 않는 범위 내에서 구체적 타당성을 찾는 데 두어야 한다. 나아가 그러기 위해서는 가능한 한 법률에 사용된 문언의 통상적인 의미에 충실하게 해석하는 것을 원칙으로 하면서, 법률의 입법 취지와 목적, 그 제·개정 연혁, 법질서 전체와의 조화, 다른 법령과의 관계 등을 고려하는 체계적·논리적 해석방법을 추가적으로 동원함으로써, 위와 같은 법해석의 요청에 부응하는 타당한 해석을 하여야 한다(대판 2013.1.17, 2011다83431 전합).
④ [×] 유추해석이라고 한다. 유추해석은 서로 유사한 A·B 2개의 사실 중 A에 관하여만 규정이 있는 경우에 B에 관하여도 A와 동일한 결과를 인정하는 해석이다.

제3절 | 법률관계와 권리

Ⅰ. 법률관계와 호의관계

012 호의관계에 관한 설명으로 옳지 않은 것은?

① 호의관계는 인간생활을 함에 있어서 단순히 호의로 타인과 어떠한 이익을 주고받는 생활관계로서 원칙적으로 법적인 규율의 지배를 받지 않는다.
② 호의관계가 법률관계로 인정되기 위해서는 법적 구속의사가 있어야 한다.
③ 호의로 한 약속이라도 이를 어긴 경우에는 원칙적으로 이행청구 및 강제집행을 할 수 있다.
④ 호의로 타인을 동승시킨 운전자가 과실로 교통사고를 일으켜 동승자가 다친 경우에는 동승자는 운전자에 대하여 손해배상을 청구할 수 있다.
⑤ 호의관계로부터 발생한 손해배상에는 과실상계의 법리를 적용할 수 있다.
⑥ 어떠한 의무를 부담하는 내용의 기재가 있는 문면에 '최대한 노력하겠습니다.', '최대한 협조한다.' 또는 '노력하여야 한다.'고 기재되어 있는 경우, 특별한 사정이 없는 한 당사자가 위와 같은 문구를 기재한 의미는 문면 그 자체로 볼 때 그러한 의무를 법적으로는 부담할 수 없지만 사정이 허락하는 한 그 이행을 사실상 하겠다는 취지로 해석함이 타당하다.

> **해설** 답 ③

① [○] 호의관계란 법적인 의무가 없음에도 불구하고 호의로 어떤 이익을 주고받는 생활관계(예 친구의 산책에 동행해 주기로 한 경우·만취한 친구를 집에 데려다 주기로 한 경우·파티에 초대하고 상대방이 이에 응한 경우·지나가던 행인이 자동차의 후진을 도와 신호를 보내주는 경우·호의로 자동차를 무료로 태워주는 호의동승의 경우 등)를 말하는데, 이는 법률관계와는 존재의 평면을 달리하는 비법률관계로서 원칙적으로 법의 규율을 받지 않고 도덕·종교·관습의 규율을 받는 생활관계이다.
② [○] 법률관계와 호의관계의 구별은 구체적인 경우의 제반 사정에 비추어 합리적으로 판단해 볼 때 당사자에게 법적으로 구속당할 의사가 있었다고 보아야 하는지 여부에 의해 결정(예 산책에의 동행이나 파티에의 초대 등은 법적 구속을 받겠다는 의사가 수반되지 않은 호의에 기한 행위임)하여야 한다.
③ [×] 호의관계는 법률관계 밖에서 시작하여 이에서 끝나는 수가 많고, 따라서 원칙적으로 아무런 법률문제가 생기지 않는다. 즉, 호의관계는 원칙적으로 법적으로 규율되는 관계가 아니므로 약속을 위반하여도 법적 제재를 받지 아니하고, 그 결과 그에 기한 법률상의 청구권이 발생하지 않는다. 예컨대 친구와의 약속을 저버리고 산책에 동행하지 않거나 파티에 초대한 후 문전박대를 한 경우에 있어서도 채무불이행이 성립된다고 할 수 없으므로 약속을 법에 의해 강제할 수 없고 또한 손해배상도 청구하지 못한다. 다만 도덕이나 관습에 의한 비난만 가할 수 있을 뿐이다.
④ [○] 차량의 운행자가 아무런 대가를 받음이 없이 동승자의 편의와 이익을 위해서 동승을 제공하고 동승자로서도 그 자신의 편의와 이익을 위해서 이를 제공받은 경우라 하더라도 동승자에게 바로 자동차손해배상 보장법 제3조에서 말하는 자동차의 보유자성을 인정하기 어렵다 할 것이다(대판 1991.7.12, 91다8418 등). 따라서 동승자는 운전자에 대하여 손해배상을 청구할 수 있다.

⑤ [○] 사고 차량에 단순히 호의로 동승하였다는 사실만 가지고 바로 이를 배상액 경감사유로 삼을 수 있는 것은 아니다(대판 1999.2.9, 98다53141; 대판 1996.3.22, 95다24302 등). 그러나 무상 동승한 피해자가 술에 취하여 안전벨트를 착용하지 아니한 채 누워서 타고 간 사실이 있는 경우(대판 1989.10.24, 88다카11114)나 피해자가 친구와 함께 음주한 후 취기 상태 하에서 그가 운전하는 차에 동승한 경우(대판 1992.1.21, 91다39306) 등과 같이 피해자인 동승자에게도 과실이 있는 경우에는 과실상계를 할 수 있다.

⑥ [○] 어떠한 의무를 부담하는 내용의 기재가 있는 문면에 '최대한 노력하겠습니다', '최대한 협조한다' 또는 '노력하여야 한다'고 기재되어 있는 경우, 특별한 사정이 없는 한 당사자가 위와 같은 문구를 기재한 의미는 문면 그 자체로 볼 때 그러한 의무를 법적으로는 부담할 수 없지만 사정이 허락하는 한 그 이행을 사실상 하겠다는 취지로 해석함이 타당하다. 당사자가 그러한 표시행위에 의하여 나타내려고 한 의사는 그 문구를 포함한 전체의 문언을 고려하여 해석해야 하는데, 그러한 의무를 법률상 부담하겠다는 의사였다면 굳이 위와 같은 문구를 사용할 필요가 없고, 위와 같은 문구를 삽입하였다면 그 문구를 의미 없는 것으로 볼 수 없기 때문이다. 다만 계약서의 전체적인 문구 내용, 계약의 체결 경위, 당사자가 계약을 체결함으로써 달성하려는 목적과 진정한 의사, 당사자에게 의무가 부과되었다고 볼 경우 이행가능성이 있는 것인지 여부 등을 종합적으로 고려하여 당사자가 그러한 의무를 법률상 부담할 의사였다고 볼 만한 특별한 사정이 인정되는 경우에는 위와 같은 문구에도 불구하고 법적으로 구속력이 있는 의무로 보아야 한다(대판 2021.1.14, 2018다223054).

II. 권리와 의무

013 사권에 관한 설명으로 옳은 것은?

① 채권자대위권은 일신전속권이다.
② 매매계약에 기한 소유권이전등기청구권은 물권이다.
③ 저당권은 그 피담보채권의 주된 권리이다.
④ 건물의 소유를 목적으로 한 토지임차인의 건물매수청구권은 형성권이다.
⑤ 보증인의 최고·검색의 항변권은 청구권의 작용을 영구적으로 저지할 수 있는 권리이다.

> **해설** 답 ④

① [×] 채권자대위권도 채권자대위권의 객체가 될 수 있다(대판 1989.5.9, 88다카15338).
② [×] '매매계약'에 기하여 발생한 '채권적' 청구권이므로 채권이다.
③ [×] 저당권의 부종성 때문에 저당권설정계약은 피담보채권의 발생을 위한 계약(금전소비대차계약 등)에 종된 계약이다.
④ [○] 지상물매수청구권이 행사되면 임대인과 임차인 사이에서는 임차지상의 건물에 대하여 매수청구권 행사 당시의 건물시가를 대금으로 하는 매매계약이 체결된 것과 같은 효과가 발생하는 것이지, 임대인이 기존 건물의 철거비용을 포함하여 임차인이 임차지상의 건물을 신축하기 위하여 지출한 모든 비용을 보상할 의무를 부담하게 되는 것은 아니다(대판 2002.11.13, 2002다46003·46027).

⑤ [×] 최고·검색의 항변에 의해 채권자가 주채무자에게 청구 및 집행을 한 후에는 주채무자의 자력이 회복하더라도 보증인은 다시 최고·검색의 항변을 할 수는 없다는 것이 통설이다. 최고·검색의 항변을 반복적으로 행사할 수 있게 하면 채권자에게 너무 불리하기 때문이다.

014

사권(私權)과 그 성격이 올바르게 연결되지 않은 것은? (다툼이 있으면 판례에 따름) 19 노무사

① 물권 - 지배권
② 제한능력자의 취소권 - 형성권
③ 매매예약의 완결권 - 형성권
④ 동시이행의 항변권 - 연기적 항변권
⑤ 임차인의 부속물매수청구권 - 청구권

해설

답 ⑤

① [○] 지배권은 다른 사람의 행위를 개입시키지 않고 일정한 객체에 대하여 직접 지배력을 미치게 하는 권리이다. 물권이 가장 전형적이고, 그 밖에 지식재산권·인격권·친권 등이 있다.
② [○] 형성권은 권리자의 일방적인 의사표시에 의하여 법률관계를 창설·변경·소멸되는 권리이다. 특히 형성권 중에는 권리자가 법원에 권리를 재판상 행사하여야 하는 경우도 있다(형성소권, 形成訴權). 권리자의 의사표시만으로 효과가 발생하는 형성권으로는 동의권(제5조, 제10조), 취소권(제140조), 해제권(제543조) 등이 있고, 법원에 재판상 행사해야 하는 경우로는 채권자취소권(제406조), 재산상 이혼권(제840조), 친생부인권(제846조) 등이 있다.
③ [○] 예약완결권은 일방 또는 쌍방 당사자가 상대방에 대하여 매매완결의 의사표시를 할 수 있는 형성권이다.

> 제564조(매매의 일방예약) ① 매매의 일방예약은 상대방이 매매를 완결할 의사를 표시하는 때에 매매의 효력이 생긴다.

④ [○] 항변권은 상대방이 청구권을 행사한 경우에 그 청구권의 작용을 저지할 수 있는 권리이다. 항변권은 상대방의 청구권의 작용을 일시적으로 저지할 수도 있고(연기적 항변권), 영구적으로 저지할 수도 있다(영구적 항변권). 전자의 예로는 동시이행의 항변권(제536조), 보증인의 최고·검색의 항변권(제437조) 등이 있고, 후자의 예로는 한정승인의 항변권(제1028조) 등이 있다.
⑤ [×] 지상물매수청구권은 이른바 형성권으로서 그 행사로 임대인·임차인 사이에 지상물에 관한 매매가 성립하게 되며, 임차인이 지상물의 매수청구권을 행사한 경우에는 임대인은 그 매수를 거절하지 못하고, 이 규정은 강행규정이므로 이에 위반하는 것으로서 임차인에게 불리한 약정은 그 효력이 없다(대판 1995.7.11, 94다34265 전합).

015

'권리의 효력'에 따른 분류에 의할 경우, '계약해제권'의 법적 성질은? 22 세무사

① 지배권
② 청구권
③ 형성권
④ 항변권
⑤ 인격권

해설 답 ③

③ [O] 형성권은 권리자의 일방적인 의사표시에 의하여 법률관계를 창설·변경·소멸되는 권리이다. 특히 형성권 중에는 권리자가 법원에 권리를 재판상 행사하여야 하는 경우도 있다(형성소권, 形成訴權). 권리자의 의사표시만으로 효과가 발생하는 형성권으로는 동의권(제5조, 제10조), 취소권(제140조), 해제권(제543조) 등이 있고, 법원에 재판상 행사해야 하는 경우로는 채권자취소권(제406조), 재산상 이혼권(제840조), 친생부인권(제846조) 등이 있다.

016

형성권에 관한 설명으로 옳지 않은 것은? (다툼이 있으면 판례에 따름) 23 세무사

① 권리자의 일방적 의사표시로 법률관계의 변동이 생긴다.
② 계약의 합의해지는 형성권의 행사이므로 철회하지 못한다.
③ 상계권의 행사에는 조건 또는 기한을 붙이지 못한다.
④ 재판을 통하여 행사할 수 있는 권리도 포함한다.
⑤ 임차인의 부속물매수청구권은 형성권이다.

해설 답 ②

① [O] 형성권은 권리자의 일방적인 의사표시에 의하여 법률관계를 창설·변경·소멸되는 권리이다.
② [×] 합의해지는 해지계약을 말하므로, 형성권의 행사가 아니다.
③ [O] 제493조(상계의 방법, 효과) ① 상계는 상대방에 대한 의사표시로 한다. 이 의사표시에는 조건 또는 기한을 붙이지 못한다.
④ [O] 특히 형성권 중에는 권리자가 법원에 권리를 재판상 행사하여야 하는 경우도 있다(形成訴權).
⑤ [O] 임차인으로서의 지위를 승계하지 아니하고 임차인의 지위와는 분리하여 형성권인 부속물매수청구권만을 양수할 수 없다[서울고법 1976.7.23, 76나695(본소), 696(반소) 제5민사부판결: 확정].

제4절 | 신의성실의 원칙

017

신의칙에 관한 설명으로 옳은 것은? (다툼이 있는 경우에는 판례에 의함)

① 본인의 지위를 단독으로 상속한 무권대리인은 본인의 지위에서 추인거절권을 행사할 수 있다.
② 차임을 증액하지 않기로 하는 특약이 있더라도, 그 특약을 유지시키는 것이 신의칙에 반한다고 인정될 정도의 사정변경이 있는 경우에는 임대인의 차임증액 청구를 인정하여야 한다.
③ 법령에 위반되어 무효임을 알면서 법률행위를 한 자는 강행법규 위반을 이유로 그 법률행위의 무효를 주장할 수 없다.
④ 신의칙에 반하는지의 여부는 당사자의 주장이 없는 한, 법원이 직권으로 판단할 수 없다.
⑤ 매매계약의 당사자가 계약체결 시에 신의칙 위반을 이유로 매매의 효력을 다투지 않기로 한 특약은 유효하다.

해설

답 ②

① [×] 상속으로 인하여 무권대리인이 본인의 지위를 상속한 경우, 본인의 지위(추인권·추인거절권)와 무권대리인의 지위(제135조 책임)는 혼동되지 않고 병존하나, 본인의 지위에서 추인을 거절하는 것은 신의칙상 허용되지 않는다(대판 1994.9.27, 94다20617).
② [○] 임대차계약에 있어서 차임불증액의 특약이 있더라도 그 약정 후 그 특약을 그대로 유지키는 것이 신의칙에 반한다고 인정될 정도의 사정변경이 있다고 보여지는 경우에는 형평의 원칙상 임대인에게 차임증액청구를 인정할 수 있다(대판 1996.11.12, 96다34061).
③ [×] 강행법규를 위반한 자가 스스로 강행법규에 위배된 약정의 무효를 주장하는 것이 신의칙에 위반되는 권리의 행사라는 이유로 그 주장을 배척한다면, 이는 오히려 강행법규에 의하여 배제하려는 결과를 실현시키는 셈이 되어 입법 취지를 완전히 몰각하게 되므로 달리 특별한 사정이 없는 한 위와 같은 주장은 신의칙에 반하는 것이라고 할 수 없고, 한편 신의성실의 원칙에 위배된다는 이유로 권리의 행사를 부정하기 위해서는 상대방에게 신의를 공여하였다거나 객관적으로 보아 상대방이 신의를 가짐이 정당한 상태에 있어야 하며, 이러한 상대방의 신의에 반하여 권리를 행사하는 것이 정의관념에 비추어 용인될 수 없는 정도의 상태에 이르러야 한다(대판 2011.3.10, 2007다17482).
④ [×] 신의칙위반이나 권리남용은 강행규정에 위반되는 것이므로, 당사자의 주장이 없더라도 법원은 직권으로 판단할 수 있다(대판 1995.12.22, 94다42129).
⑤ [×] 신의칙은 강행규정이므로, 당사자의 주장이 없더라도 법원은 직권으로 판단할 수 있고 신의칙을 배제하는 특약도 무효이다.

018 신의성실의 원칙에 관한 설명으로 옳은 것은? (다툼이 있으면 판례에 따름) 　　18 노무사

① 인지청구권의 포기는 허용되지 않지만, 인지청구권에는 실효의 법리가 적용될 수 있다.
② 임대차계약 당사자가 차임을 증액하지 않기로 약정한 경우, 사정변경의 원칙에 따라 차임을 증액할 수 없다.
③ 신의성실의 원칙에 반한다는 것을 당사자가 주장하지 않더라도 법원은 직권으로 판단할 수 있다.
④ 취득시효 완성 후 그 사실을 모르고 권리를 주장하지 않기로 하였다가 후에 시효주장을 하는 것은 특별한 사정이 없는 한 신의칙상 허용된다.
⑤ 강행법규를 위반한 약정을 한 사람이 스스로 그 약정의 무효를 주장하는 것은 신의칙상 허용되지 않는다.

해설　　　　　　　　　　　　　　　　　　　　　　　　　　　　　　　　　　　답 ③

① [×] 인지청구권은 본인의 일신전속적인 신분관계상의 권리로서 포기할 수도 없으며 포기하였더라도 그 효력이 발생할 수 없는 것이고, 이와 같이 인지청구권의 포기가 허용되지 않는 이상 거기에 실효의 법리가 적용될 여지도 없다. 인지청구권의 행사가 상속재산에 대한 이해관계에서 비롯되었다 하더라도 정당한 신분관계를 확정하기 위해서라면 신의칙에 반하는 것이라 하여 막을 수 없다(대판 2001.11.27, 2001므1353).
② [×] 차임불증액의 특약 후 그 특약을 그대로 유지시키는 것이 신의칙에 반한다고 인정될 정도의 사정변경이 있는 경우에는 형평의 원칙상 임대인에게 차임증액청구를 인정하여야 할 것이다(대판 1996.11.12, 96다34061).
③ [○] 신의칙위반이나 권리남용은 강행규정에 위반되는 것이므로, 당사자의 주장이 없더라도 법원은 직권으로 판단할 수 있다(대판 1995.12.22, 94다42129).
④ [×] 취득시효완성 후에 그 사실을 모르고 당해 토지에 관하여 어떠한 권리도 주장하지 않기로 하였다 하더라도 이에 반하여 시효주장을 하는 것은 특별한 사정이 없는 한 신의칙상 허용되지 않는다(대판 1998.5.22, 96다24101).
⑤ [×] 강행법규를 위반한 자가 스스로 그 약정의 무효를 주장하는 것이 신의칙에 위배되는 권리의 행사라는 이유로 그 주장을 배척한다면, 이는 오히려 강행법규에 의하여 배제하려는 결과를 실현시키는 셈이 되어 입법 취지를 완전히 몰각하게 되므로, 달리 특별한 사정이 없는 한 위와 같은 주장이 권리남용에 해당되거나 신의성실 원칙에 반한다고 할 수 없다(대판 2018.4.26, 2017다288757).

019 권리실효의 원칙에 관한 설명으로 옳지 않은 것은? (다툼이 있으면 판례에 따름)

① 포기할 수 없는 권리도 권리 실효는 인정될 수 있다.
② 종전 토지 소유자의 권리 불행사라는 사정은 새로운 소유자에게 실효의 원칙을 적용함에 있어서 고려되지 않는다.
③ 소멸시효에 걸리지 않는 권리라도 권리 실효가 인정되면 더 이상 권리를 행사할 수 없다.
④ 권리 실효가 인정되기 위해서는 의무자인 상대방이 더 이상 권리자가 그 권리를 행사하지 아니할 것으로 믿을 만한 정당한 사유가 있어야 한다.
⑤ 항소권과 같이 소송법상의 권리에도 실효의 원칙이 적용될 수 있다.

해설

답 ①

① [×] 인지청구권은 본인의 일신전속적인 신분관계상의 권리로서 포기할 수도 없으며 포기하였더라도 그 효력이 발생할 수 없는 것이고, 이와 같이 인지청구권의 포기가 허용되지 않는 이상 거기에 실효의 법리가 적용될 여지도 없다. 인지청구권의 행사가 상속재산에 대한 이해관계에서 비롯되었다 하더라도 정당한 신분관계를 확정하기 위해서라면 신의칙에 반하는 것이라 하여 막을 수 없다(대판 2001.11.27, 2001므1353).

②④ [○] 실효의 원칙이라 함은 권리자가 장기간에 걸쳐 그 권리를 행사하지 아니함에 따라 그 의무자인 상대방이 더 이상 권리자가 그 권리를 행사하지 아니할 것으로 신뢰할 만한 정당한 기대를 가지게 되는 경우에 새삼스럽게 권리자가 그 권리를 행사하는 것은 법질서 전체를 지배하는 신의성실의 원칙에 위반되어 허용되지 않는다는 것을 의미하는 것이므로, 종전 토지 소유자가 자신의 권리를 행사하지 않았다는 사정은 그 토지의 소유권을 적법하게 취득한 새로운 권리자에게 실효의 원칙을 적용함에 있어서 고려하여야 할 것은 아니다(대판 1995.8.25, 94다27069).

③⑤ [○] 실효의 원칙이라 함은 권리자가 장기간에 걸쳐 그 권리를 행사하지 아니함에 따라 그 의무자인 상대방이 더 이상 권리자가 권리를 행사하지 아니할 것으로 신뢰할 만한 정당한 기대를 가지게 된 경우에 새삼스럽게 권리자가 그 권리를 행사하는 것은 법질서 전체를 지배하는 신의성실의 원칙에 위반되어 허용되지 아니한다는 것을 의미하고, 항소권과 같은 소송법상의 권리에 대하여도 이러한 원칙은 적용될 수 있다고 할 것이다(대판 1996.7.30, 94다51840).

020 권리남용에 관한 설명으로 옳지 않은 것은? (다툼이 있으면 판례에 따름) 19 세무사

① 소유권의 행사가 권리남용이 되기 위해서는 권리행사의 목적이 오직 상대방에게 고통을 주고 손해를 입히려는 데 있을 뿐, 행사하는 사람에게 아무런 이익이 없는 경우이어야 한다.
② 권리의 행사에 의하여 얻는 이익보다 상대방이 잃을 손해가 현저히 크다는 사정만으로는 권리남용이라 할 수 없다.
③ 권리남용의 주관적 요건은 권리자의 정당한 이익을 결여한 권리행사로 보이는 객관적 사정에 의하여 추인할 수 있다.
④ 토지 소유권 침해를 이유로 하는 건물 철거 청구가 권리남용이 되는 한 건물 소유자[1]는 그 토지 사용에 대하여 부당이득의 반환을 청구하지 못한다.
⑤ 채무자가 상계할 목적으로 부도가 난 채권자가 발행한 어음을 헐값으로 매입하여 자신의 채무와 상계하는 경우, 주관적 요건이 없어도 권리남용이 인정된다.

해설 답 ④

①② [O] 판례는 "권리행사의 목적이 오직 상대방에게 고통을 주고 손해를 입히려는 데 있을 뿐 행사하는 사람에게 아무런 이익이 없어야 한다."(대판 1986.7.22, 85다카2307 외 다수)라고 하여, 객관적 요건 외에 주관적 요건을 갖출 것을 요구한다.
③ [O] 다만, 판례는 "… 주관적 요건은 권리자의 정당한 이익을 결여한 권리행사로 보여지는 객관적인 사정에 의하여 추인할 수 있다."라고 판시한 것이 있다(대판 1993.5.14, 93다4366).
④ [X] 권리의 행사가 권리남용으로 되면 권리 본래의 효과가 발생하지 않는다. 다만, 소유자의 건물철거청구가 권리남용에 해당하여 철거청구(제214조) 자체는 인용되지 않더라도, 소유자의 소유권 자체가 부정되는 것은 아니고 침해자의 불법점유가 적법한 권원에 기한 것으로 전환되지도 않으므로, 소유자는 침해자에 대하여 부당이득반환청구를 할 수 있고(제741조), 권리남용으로 인하여 상대방에게 손해가 발생하였다면 불법행위가 성립할 수 있다(제750조).
⑤ [O] 부도 직전에 있는 甲에 대하여 채무를 부담하고 있는 乙이 甲의 채권자들로부터 채권을 헐값으로 양도받아, 상계하는 경우에는 일반적인 권리남용의 경우에 요구되는 주관적 요건을 필요로 하지 않는다[2](대판 2003.4.11, 2002다59481).

---

1) 토지소유자의 오타로 보인다.
2) 일반적으로 당사자 사이에 상계적상이 있는 채권이 병존하고 있는 경우에는 이를 상계할 수 있는 것이 원칙이고, 이러한 상계의 대상이 되는 채권은 상대방과 사이에서 직접 발생한 채권에 한하는 것이 아니라, 제3자로부터 양수 등을 원인으로 하여 취득한 채권도 포함한다 할 것인바, 이러한 상계권자의 지위가 법률상 보호를 받는 것은, 원래 상계제도가 서로 대립하는 채권, 채무를 간이한 방법에 의하여 결제함으로써 양자의 채권채무관계를 원활하고 공평하게 처리함을 목적으로 하고 있고, 상계권을 행사하려고 하는 자에 대하여는 수동채권의 존재가 사실상 자동채권에 대한 담보로서의 기능을 하는 것이어서 그 담보적 기능에 대한 당사자의 합리적 기대가 법적으로 보호받을 만한 가치가 있음에 근거하는 것이므로 당사자가 상계의 대상이 되는 채권이나 채무를 취득하게 된 목적과 경위, 상계권을 행사함에 이른 구체적·개별적 사정에 비추어, 그것이 위와 같은 상계 제도의 목적이나 기능을 일탈하고, 법적으로 보호받을 만한 가치가 없는 경우에는, 그 상계권의 행사는 신의칙에 반하거나 상계에 관한 권리를 남용하는 것으로서 허용되지 않는다고 함이 상당하고, 상계권 행사를 제한하는 위와 같은 근거에 비추어 볼 때 일반적인 권리 남용의 경우에 요구되는 주관적 요건을 필요로 하는 것은 아니다.

021 신의성실의 원칙에 관한 설명으로 옳은 것은? (다툼이 있으면 판례에 따름)

① 사적 자치의 영역을 넘어 공공질서를 위하여 공익적 요구를 선행시켜야 할 경우에도 원칙적으로 신의성실의 원칙이 합법성의 원칙보다 우선한다.
② 당사자의 주장이 없음에도 법원이 직권으로 신의성실의 원칙에 반한다고 판단하는 것은 위법하다.
③ 병원은 입원환자의 휴대품 등의 도난을 방지함에 필요한 적절한 조치를 강구해야 할 신의칙상의 보호의무를 지닌다.
④ 이사가 채무액과 변제기가 특정된 회사 채무에 대하여 보증계약을 체결한 경우 이사직 사임이라는 사정변경을 이유로 보증계약을 해지할 수 있다.
⑤ 강행법규를 위반한 자가 스스로 그 약정의 무효를 주장하는 것은 특별한 사정이 없는 한 신의성실 원칙에 반한다.

해설

답 ③

① [×] 사적 자치의 영역을 넘어 공공질서를 위하여 공익적 요구를 선행시켜야 할 경우 합법성의 원칙은 신의성실의 원칙보다 우월한 것이므로, 신의성실의 원칙은 합법성의 원칙을 희생하여서라도 구체적 신뢰보호의 필요성이 인정되는 경우에 한하여 예외적으로 적용되는 것인바, 어떠한 경우에 합법성의 원칙보다 구체적 신뢰보호를 우선할 필요가 있는지를 판단하기 위하여는 신뢰보호를 주장하는 사람에게 위법행위와 관련한 주관적 귀책사유가 있는지 여부 및 그와 같은 신뢰가 법적으로 보호할 가치가 있는지 여부 등을 종합적으로 고려하여야 한다(대판 2014.5.29, 2012다44518).
② [×] 신의칙위반이나 권리남용은 강행규정에 위반되는 것이므로, 당사자의 주장이 없더라도 법원은 직권으로 판단할 수 있다(대판 1995.12.22, 94다42129).
③ [O] 환자가 병원에 입원하여 치료를 받는 경우에 있어서, 병원은 진료뿐만 아니라 환자에 대한 숙식의 제공을 비롯하여 간호·보호 등 입원에 따른 포괄적 채무를 지는 것인 만큼 병원은 병실에의 출입자를 통제·감독하든 그것이 불가능하다면 최소한 입원환자에게 휴대품을 안전하게 보관할 수 있는 시정장치가 있는 사물함을 제공하는 등으로 입원환자의 휴대품 등의 도난을 방지함에 필요한 적절한 조치를 강구하여 줄 신의칙상의 보호의무가 있다(대판 2003.4.11, 2002다63275).
④ [×] 회사의 이사가 채무액과 변제기가 특정되어 있는 회사 채무에 대하여 보증계약을 체결한 경우에는 계속적 보증이나 포괄근보증의 경우와는 달리 이사직 사임이라는 사정변경을 이유로 보증인인 이사가 일방적으로 보증계약을 해지할 수 없다(대판 1999.12.28, 99다25938; 대판 2000.3.10, 99다61750).
⑤ [×] 강행법규를 위반한 자가 스스로 그 약정의 무효를 주장하는 것이 신의칙에 위배되는 권리의 행사라는 이유로 그 주장을 배척한다면, 이는 오히려 강행법규에 의하여 배제하려는 결과를 실현시키는 셈이 되어 입법 취지를 완전히 몰각하게 되므로, 달리 특별한 사정이 없는 한 위와 같은 주장이 권리남용에 해당되거나 신의성실 원칙에 반한다고 할 수 없다(대판 2018.4.26, 2017다288757).

022 신의성실의 원칙에 관한 설명으로 옳은 것을 모두 고른 것은? (다툼이 있으면 판례에 따름)

> ㄱ. 회사의 이사가 회사의 확정채무를 보증한 경우에는 그 직을 사직하더라도 사정변경을 이유로 그 보증계약을 해지할 수 없다.
> ㄴ. 소멸시효 완성 전에 채무자가 시효중단을 현저히 곤란하게 하여 채권자가 아무런 조치를 취할 수 없었던 경우, 그 채무자가 시효완성을 주장하는 것은 신의칙상 허용되지 않는다.
> ㄷ. 강행법규를 위반한 자가 스스로 강행법규 위반을 이유로 약정의 무효를 주장하는 것은 특별한 사정이 없는 한 신의칙에 반한다.

① ㄱ
② ㄷ
③ ㄱ, ㄴ
④ ㄴ, ㄷ
⑤ ㄱ, ㄴ, ㄷ

해설
답 ③

ㄱ. [O] 회사의 이사가 채무액과 변제기가 특정되어 있는 회사 채무에 대하여 보증계약을 체결한 경우에는 계속적 보증이나 포괄근보증의 경우와는 달리 이사직 사임이라는 사정변경을 이유로 보증인인 이사가 일방적으로 보증계약을 해지할 수 없다(대판 1999.12.28, 99다25938; 대판 2000.3.10, 99다61750).

ㄴ. [O] 채무자의 소멸시효에 기한 항변권 행사도 우리 민법의 대원칙인 신의성실 원칙과 권리남용금지 원칙의 지배를 받는 것이어서, 채무자가 시효완성 전에 채권자의 권리행사나 시효중단을 불가능 또는 현저히 곤란하게 하였거나, 그러한 조치가 불필요하다고 믿게 하는 행동을 하였거나, 객관적으로 채권자가 권리를 행사할 수 없는 장애사유가 있었거나 또는 일단 시효완성 후에 채무자가 시효를 원용하지 아니할 것 같은 태도를 보여 권리자로 하여금 그와 같이 신뢰하게 하였거나, 채권자보호의 필요성이 크고, 같은 조건의 다른 채권자가 채무변제를 수령하는 등의 사정이 있어 채무이행 거절을 인정함이 현저히 부당하거나 불공평하게 되는 등 특별한 사정이 있는 경우에는 채무자가 소멸시효 완성을 주장하는 것이 신의성실 원칙에 반하여 권리남용으로서 허용될 수 없다(대판 2008.11.27, 2006다18129).

ㄷ. [×] 강행법규를 위반한 자가 스스로 그 약정의 무효를 주장하는 것이 신의칙에 위배되는 권리의 행사라는 이유로 그 주장을 배척한다면, 이는 오히려 강행법규에 의하여 배제하려는 결과를 실현시키는 셈이 되어 입법 취지를 완전히 몰각하게 되므로, 달리 특별한 사정이 없는 한 위와 같은 주장이 권리남용에 해당되거나 신의성실 원칙에 반한다고 할 수 없다(대판 2018.4.26, 2017다288757).

023 신의성실의 원칙(신의칙) 및 권리남용에 관한 설명으로 옳은 것은? (다툼이 있으면 판례에 따름)

① 법정대리인의 동의 없이 신용구매계약을 체결한 미성년자가 사후에 법정대리인의 동의 없음을 이유로 이를 취소하는 것은 신의칙에 위배되지 않는다.
② 채무자의 소멸시효에 기한 항변권의 행사는 신의칙의 지배를 받지 않는다.
③ 신의칙은 당사자의 주장이 없으면 법원이 직권으로 판단할 수 없다.
④ 권리의 행사에 의하여 얻는 이익보다 상대방에게 발생할 손해가 현저히 크다는 사정만으로도 권리남용이 된다.
⑤ 채권자가 유효하게 성립한 계약에 따른 급부의 이행을 청구하는 때에 법원이 신의칙에 따라 급부의 일부를 감축하는 것은 원칙적으로 허용된다.

해설

답 ①

① [○] 법정대리인의 동의를 얻지 않고 신용카드 가맹점과 신용구매계약을 체결한 미성년자가 사후에 법정대리인의 동의 없음을 들어 그 계약을 취소하는 것은 신의칙에 반하지 않는다(대판 2007. 11.16, 2005다71659·71666·71673).
② [×] 채무자의 소멸시효에 기한 항변권 행사도 우리 민법의 대원칙인 신의성실 원칙과 권리남용금지 원칙의 지배를 받는 것이어서, 채무자가 시효완성 전에 채권자의 권리행사나 시효중단을 불가능 또는 현저히 곤란하게 하였거나, 그러한 조치가 불필요하다고 믿게 하는 행동을 하였거나, 객관적으로 채권자가 권리를 행사할 수 없는 장애사유가 있었거나 또는 일단 시효완성 후에 채무자가 시효를 원용하지 아니할 것 같은 태도를 보여 권리자로 하여금 그와 같이 신뢰하게 하였거나, 채권자보호의 필요성이 크고, 같은 조건의 다른 채권자가 채무변제를 수령하는 등의 사정이 있어 채무이행 거절을 인정함이 현저히 부당하거나 불공평하게 되는 등 특별한 사정이 있는 경우에는 채무자가 소멸시효 완성을 주장하는 것이 신의성실 원칙에 반하여 권리남용으로서 허용될 수 없다(대판 2008.11.27, 2006다18129).
③ [×] 신의칙위반이나 권리남용은 강행규정에 위반되는 것이므로, 당사자의 주장이 없더라도 법원은 직권으로 판단할 수 있다(대판 1995.12.22, 94다42129).
④ [×] 판례는 "권리행사의 목적이 오직 상대방에게 고통을 주고 손해를 입히려는 데 있을 뿐 행사하는 사람에게 아무런 이익이 없어야 한다(대판 1986.7.22, 85다카2307 외 다수)."라고 하여, 객관적 요건 외에 주관적 요건을 갖출 것을 요구한다.
⑤ [×] 유효하게 성립한 계약상의 책임을 공평의 이념 또는 신의칙과 같은 일반원칙에 의하여 제한하는 것은 사적 자치의 원칙이나 법적 안정성에 대한 중대한 위협이 될 수 있으므로, 채권자가 유효하게 성립한 계약에 따른 급부의 이행을 청구하는 때에 법원이 급부의 일부를 감축하는 것은 원칙적으로 허용되지 않는다. 甲 공사가 乙 주식회사와 체결한 전기공급계약에 따라 전기를 공급한 후 착오로 청구하지 않았던 전기요금의 지급을 구하자 乙 회사가 채무부존재 확인을 구한 사안에서, 甲 공사가 乙 회사에 유효하게 성립한 전기공급계약에 따른 전기요금을 청구하는 것이 신의성실의 원칙이나 형평의 원칙에 반하여 허용될 수 없어 전기요금을 감액할 수 있다고 보기 어려운데도, 乙 회사가 甲 공사에 지급할 추가 전기요금채무를 1/2로 감액한 원심판단에 법리오해의 잘못이 있다(대판 2016.12.1, 2016다240543).

024 신의칙(민법 제2조)에 관한 설명으로 옳지 않은 것은? (다툼이 있으면 판례에 따름)

① 신의칙에 반하는 것은 강행규정에 위배되는 것이므로 당사자의 주장이 없더라도 법원은 직권으로 이를 판단할 수 있다.
② 임차인은 임대인과 사업을 홍보하기 위한 견본주택을 건축하기 위해 토지를 임차하기로 하는 임대차계약을 체결하였는데, 임차인이 이 토지에 견본주택을 건축할 수 없다는 사실을 알게 되어 사정변경을 이유로 임대차계약을 해지하는 것은 부적법하다.
③ 기존회사가 채무를 면탈할 목적으로 기업의 형태·내용이 실질적으로 동일한 신설회사를 설립하였다면, 신설회사의 설립은 기존회사의 채무면탈이라는 위법한 목적달성을 위하여 회사제도를 남용한 것이므로 기존회사의 채권자에 대하여 두 회사가 별개의 법인격을 갖고 있음을 주장하는 것은 신의성실의 원칙상 허용될 수 없고, 기존회사의 채권자는 두 회사 어느 쪽에 대하여서도 채무의 이행을 청구할 수 있다.
④ 재산권의 거래관계에 있어서 계약의 일방 당사자가 상대방에게 그 계약의 효력에 영향을 미치거나 상대방의 권리 확보에 위험을 가져올 수 있는 구체적 사정을 고지하였다면 상대방이 그 계약을 체결하지 아니하거나 적어도 그와 같은 내용 또는 조건으로 계약을 체결하지 아니하였을 것임이 경험칙 상 명백한 경우 그 계약 당사자는 신의성실의 원칙상 상대방에게 미리 그와 같은 사정을 고지할 의무가 있다고 하겠으나, 이때에도 상대방이 고지의무의 대상이 되는 사실을 이미 알고 있거나 스스로 이를 확인할 의무가 있는 경우 또는 거래 관행상 상대방이 당연히 알고 있을 것으로 예상되는 경우 등에는 상대방에게 위와 같은 사정을 알리지 아니하였다고 하여 고지의무를 위반하였다고 볼 수 없다.
⑤ 소멸시효 제도는 법률관계의 주장에 일정한 시간적 한계를 설정함으로써 그에 관한 당사자 사이의 다툼을 종식시키려는 것으로서, 누구에게나 무차별적·객관적으로 적용되는 시간의 경과가 1차적인 의미를 가지는 것으로 설계되었음을 고려하면, 법적 안정성의 요구는 더욱 선명하게 제기된다. 따라서 소멸시효 완성의 주장이 신의성실의 원칙에 반하여 허용되지 아니한다고 평가하는 것은 신중을 기할 필요가 있다.

해설
답 ②

① [O] 신의칙위반이나 권리남용은 강행규정에 위반되는 것이므로, 당사자의 주장이 없더라도 법원은 직권으로 판단할 수 있다(대판 1995.12.22, 94다42129).
② [×] 임차인은 임대인과 사업을 홍보하기 위한 견본주택을 건축하기 위해 토지를 임차하기로 하는 임대차계약을 체결하였는데, 임차인이 이 토지에 견본주택을 건축할 수 없다는 사실을 알게 되어 사정변경을 이유로 임대차계약을 해지하는 것은 적법하다(대판 2020.12.10, 2020다254846).
③ [O] 기존회사가 채무를 면탈할 목적으로 기업의 형태·내용이 실질적으로 동일한 신설회사를 설립하였다면, 신설회사의 설립은 기존회사의 채무면탈이라는 위법한 목적달성을 위하여 회사제도를 남용한 것이므로 기존회사의 채권자에 대하여 두 회사가 별개의 법인격을 갖고 있음을 주장하는 것은 신의성실의 원칙상 허용될 수 없고, 기존회사의 채권자는 두 회사 어느 쪽에 대하여서도 채무의 이행을 청구할 수 있다고 볼 것이다(대판 2016.4.28, 2015다13690).

④ [○] 재산권의 거래관계에 있어서 계약의 일방 당사자가 상대방에게 그 계약의 효력에 영향을 미치거나 상대방의 권리 확보에 위험을 가져올 수 있는 구체적 사정을 고지하였다면 상대방이 그 계약을 체결하지 아니하거나 적어도 그와 같은 내용 또는 조건으로 계약을 체결하지 아니하였을 것임이 경험칙상 명백한 경우 그 계약 당사자는 신의성실의 원칙상 상대방에게 미리 그와 같은 사정을 고지할 의무가 있다고 하겠으나, 이때에도 상대방이 고지의무의 대상이 되는 사실을 이미 알고 있거나 스스로 이를 확인할 의무가 있는 경우 또는 거래 관행상 상대방이 당연히 알고 있을 것으로 예상되는 경우 등에는 상대방에게 위와 같은 사정을 알리지 아니하였다고 하여 고지의무를 위반하였다고 볼 수 없다(대판 2016.4.15, 2013다97694).

⑤ [○] [1] 채무자의 소멸시효에 기한 항변권의 행사도 우리 민법의 대원칙인 신의성실의 원칙과 권리남용금지의 원칙의 지배를 받는 것이어서, 채무자가 시효완성 전에 채권자의 권리행사나 시효중단을 불가능 또는 현저히 곤란하게 하였거나, 그러한 조치가 불필요하다고 믿게 하는 행동을 하였거나, 객관적으로 채권자가 권리를 행사할 수 없는 장애사유가 있었거나, 또는 일단 시효완성 후에 채무자가 시효를 원용하지 아니할 것 같은 태도를 보여 권리자가 그와 같이 신뢰하게 하였거나, 채권자 보호의 필요성이 크고 같은 조건의 다른 채권자가 채무의 변제를 수령하는 등의 사정이 있어 채무이행의 거절을 인정함이 현저히 부당하거나 불공평하게 되는 등의 특별한 사정이 있는 경우에는 채무자가 소멸시효의 완성을 주장하는 것이 신의성실의 원칙에 반하여 권리남용으로서 허용될 수 없다. 다만 실정법에 정하여진 개별 법제도의 구체적 내용에 좇아 판단되는 바를 신의칙과 같은 일반조항에 의한 법원칙을 들어 배제 또는 제한하는 것은 중요한 법가치의 하나인 법적 안정성을 후퇴시킬 우려가 있다. 특히 소멸시효 제도는 법률관계의 주장에 일정한 시간적 한계를 설정함으로써 그에 관한 당사자 사이의 다툼을 종식시키려는 것으로서, 누구에게나 무차별적·객관적으로 적용되는 시간의 경과가 1차적인 의미를 가지는 것으로 설계되었음을 고려하면, 법적 안정성의 요구는 더욱 선명하게 제기된다. 따라서 소멸시효 완성의 주장이 신의성실의 원칙에 반하여 허용되지 아니한다고 평가하는 것은 신중을 기할 필요가 있다. [2] 甲 보험회사와 보험계약을 체결한 乙이 계약의 책임개시일로부터 2년 후 자살하였는데 수익자인 丙이 甲 회사를 상대로 재해사망특약에 기한 보험금의 지급을 구한 사안에서, 丙의 재해사망보험금 청구권은 소멸시효의 완성으로 소멸하였고, 甲 회사가 특약에 기한 재해사망보험금 지급의무가 있음에도 지급을 거절하였다는 사정만으로는 甲 회사의 소멸시효 항변이 권리남용에 해당하지 않는다고 본 원심판단이 정당하다(대판 2016.9.30, 2016다218713).

025

신의성실의 원칙에 관한 설명으로 옳지 않은 것은? (다툼이 있으면 판례에 따름) 22 노무사

① 신의칙은 당사자의 주장이 없더라도 법원이 직권으로 그 위반 여부를 판단할 수 있다.
② 사정변경의 원칙에 기한 계약의 해제가 인정되는 경우, 그 사정에는 계약의 기초가 된 객관적 사정만이 포함된다.
③ 임대차계약에 차임을 증액하지 않기로 하는 특약이 있더라도 그 특약을 그대로 유지시키는 것이 신의칙에 반한다고 인정될 정도의 사정변경이 있는 경우에는 임대인에게 차임증액청구가 인정될 수 있다.
④ 채무자가 소멸시효 완성을 주장하는 것은 신의칙에 반하여 권리남용으로 될 여지가 없다.
⑤ 강행규정을 위반한 자가 그 위반을 이유로 하여 법률행위의 무효를 주장하는 것은 신의칙위반으로 될 수 있다.

해설
답 ④, ⑤

① [O] 신의칙위반이나 권리남용은 강행규정에 위반되는 것이므로, 당사자의 주장이 없더라도 법원은 직권으로 판단할 수 있다(대판 1995.12.22, 94다42129).
② [O] 사정변경의 원칙에 있어 사정이라 함은 계약의 기초가 되었던 객관적인 사정으로서, 일방당사자의 주관적 또는 개인적인 사정을 의미하는 것이 아니다(대판 2007.3.29, 2004다31302).
③ [O] 임대차계약에 있어서 차임불증액의 특약이 있더라도 그 약정 후 그 특약을 그대로 유지시키는 것이 신의칙에 반한다고 인정될 정도의 사정변경이 있다고 보여지는 경우에는 형평의 원칙상 임대인에게 차임증액청구를 인정하여야 한다(대판 1996.11.12, 96다34061).
④ [X] <u>채무자의 소멸시효에 기한 항변권 행사도 우리 민법의 대원칙인 신의성실 원칙과 권리남용금지 원칙의 지배를 받는 것</u>이어서, 채무자가 시효완성 전에 채권자의 권리행사나 시효중단을 불가능 또는 현저히 곤란하게 하였거나, 그러한 조치가 불필요하다고 믿게 하는 행동을 하였거나, 객관적으로 채권자가 권리를 행사할 수 없는 장애사유가 있었거나 또는 일단 시효완성 후에 채무자가 시효를 원용하지 아니할 것 같은 태도를 보여 권리자로 하여금 그와 같이 신뢰하게 하였거나, 채권자보호의 필요성이 크고, 같은 조건의 다른 채권자가 채무변제를 수령하는 등의 사정이 있어 채무이행 거절을 인정함이 현저히 부당하거나 불공평하게 되는 등 특별한 사정이 있는 경우에는 채무자가 소멸시효 완성을 주장하는 것이 신의성실 원칙에 반하여 권리남용으로서 허용될 수 없다(대판 2008.11.27, 2006다18129).
⑤ [X] <u>강행법규를 위반한 자가 스스로 그 약정의 무효를 주장하는 것이 신의칙에 위배되는 권리의 행사라는 이유로 그 주장을 배척한다면, 이는 오히려 강행법규에 의하여 배제하려는 결과를 실현시키는 셈이 되어 입법 취지를 완전히 몰각하게 되므로, 달리 특별한 사정이 없는 한 위와 같은 주장이 권리남용에 해당되거나 신의성실 원칙에 반한다고 할 수 없다</u>(대판 2018.4.26, 2017다288757).

026 신의성실의 원칙에 관한 설명으로 옳은 것을 모두 고른 것은? (다툼이 있으면 판례에 따름)

19 변리사

> ㄱ. 사정변경을 이유로 계약의 해제가 인정되는 경우는 계약준수 원칙의 예외에 해당한다.
> ㄴ. 사용자는 근로계약에 수반되는 신의칙상의 부수의무로서 피용자가 노무를 제공하는 과정에서 건강을 해치는 일이 없도록 필요한 조치를 강구하여야 할 의무를 부담한다.
> ㄷ. 채권자가 채권을 확보하기 위하여 제3자의 부동산을 채무자에게 명의신탁하도록 한 다음 그 부동산에 대하여 강제집행을 하는 행위는 신의칙상 허용되지 않는다.
> ㄹ. 아파트 분양자는 아파트 단지 인근에 쓰레기 매립장이 건설예정인 사실을 분양계약자에게 고지할 신의칙상 의무를 부담한다.

① ㄱ
② ㄴ, ㄷ
③ ㄷ, ㄹ
④ ㄱ, ㄴ, ㄹ
⑤ ㄱ, ㄴ, ㄷ, ㄹ

해설
답 ⑤

ㄱ. [○] 이른바 사정변경으로 인한 계약해제는, 계약 성립 당시 당사자가 예견할 수 없었던 현저한 사정의 변경이 발생하였고 그러한 사정의 변경이 해제권을 취득하는 당사자에게 책임 없는 사유로 생긴 것으로서, 계약내용대로의 구속력을 인정한다면 신의칙에 현저히 반하는 결과가 생기는 경우에 계약준수 원칙의 예외로서 인정되는 것이고, 여기에서 말하는 사정이라 함은 계약의 기초가 되었던 객관적인 사정으로서, 일방당사자의 주관적 또는 개인적인 사정을 의미하는 것은 아니다. 또한, 계약의 성립에 기초가 되지 아니한 사정이 그 후 변경되어 일방당사자가 계약 당시 의도한 계약목적을 달성할 수 없게 됨으로써 손해를 입게 되었다 하더라도 특별한 사정이 없는 한 그 계약내용의 효력을 그대로 유지하는 것이 신의칙에 반한다고 볼 수도 없다(대판 2007.3.29, 2004다31302).

ㄴ. [○] 사용자는 근로계약에 수반되는 신의칙상의 부수적 의무로서 피용자가 노무를 제공하는 과정에서 생명·신체·건강을 해치는 일이 없도록 인적·물적 환경을 정비하는 등 필요한 조치를 강구하여야 할 보호의무를 부담한다(대판 2001.7.27, 99다56734).

ㄷ. [○] 채권자가 채권을 담보하기 위하여 제3자의 부동산을 채무자에게 명의신탁하게 한 다음 그 부동산에 대하여 강제집행하는 것은 신의칙에 위배 된다(대판 1981.7.7, 80다2064).

ㄹ. [○] 부동산 거래에 있어 거래 상대방이 일정한 사정에 관한 고지를 받았더라면 그 거래를 하지 않았을 것임이 경험칙상 명백한 경우에는 신의성실의 원칙상 사전에 상대방에게 그와 같은 사정을 고지할 의무가 있으며, 그와 같은 고지의무의 대상이 되는 것은 직접적인 법령의 규정뿐 아니라 널리 계약상, 관습상 또는 조리상의 일반원칙에 의하여도 인정될 수 있다. 같은 취지에서 원심이 그 판시와 같은 사정을 종합하여 이 사건 아파트 단지 인근에 이 사건 쓰레기 매립장이 건설예정인 사실이 신의칙상 피고가 분양계약자들에게 고지하여야 할 대상이라고 본 것은 정당하고, 위 사실이 주택공급에 관한 규칙 제8조 제4항에서 규정하고 있는 모집공고시 고지하여야 할 사항에 포함되지 않으므로 고지의무가 없다는 피고의 이 부분 상고이유는 받아들일 수 없다(대판 2006.10.12, 2004다48515).

027 신의성실의 원칙 등에 관한 설명으로 옳지 않은 것은? (다툼이 있으면 판례에 따름) 20 변리사

① 실효의 법리는 법의 일반원리인 신의성실의 원칙에 바탕을 둔 파생원칙이다.
② 취득시효 완성 후에 그 사실을 모르고 당해 토지에 관하여 어떠한 권리도 주장하지 않기로 하였다가 이후에 취득시효 주장을 하는 것은 특별한 사정이 없는 한 신의성실의 원칙상 허용되지 않는다.
③ 법정대리인의 동의 없이 신용구매계약을 체결한 미성년자가 나중에 법정대리인의 동의 없음을 사유로 들어 이를 취소하는 것은 신의성실의 원칙에 반한다.
④ 매도인의 해제권이 장기간 행사되지 아니하고 매매대금도 거의 전부가 지급되어 있는 등 해제권이 더 이상 행사되지 아니할 것으로 매수인이 신뢰하는 데에 정당한 사유가 있는 경우, 매도인이 해제권을 행사하는 것은 신의성실의 원칙에 반한다.
⑤ 권리남용금지의 원칙은 당사자의 주장이 없더라도 법원은 직권으로 판단할 수 있다.

해설
답 ③

① [O] 권리행사의 기대가능성이 있음에도 상당기간이 경과하도록 이를 행사하지 아니하여 상대방으로서도 이제는 그 권리를 행사하지 아니할 것으로 신뢰할만한 정당한 기대를 가지게 된 후 새삼스럽게 그 권리를 행사하는 것이 법질서 전체를 지배하는 신의성실원칙에 위반되는 결과로 되는 때는 그 행사가 인정되지 않는다(대판 1991.1.21, 91다30118).
② [O] 취득시효완성 후에 그 사실을 모르고 당해 토지에 관하여 어떠한 권리도 주장하지 않기로 하였다 하더라도 이에 반하여 시효주장을 하는 것은 특별한 사정이 없는 한 신의칙상 허용되지 않는다(대판 1998.5.22, 96다24101).
③ [×] 법정대리인의 동의를 얻지 않고 신용카드 가맹점과 신용구매계약을 체결한 미성년자가 사후에 법정대리인의 동의 없음을 들어 그 계약을 취소하는 것은 신의칙에 반하지 않는다(대판 2007.11.16, 2005다71659·71666·71673).
④ [O] 일반적으로 권리의 행사는 신의에 좇아 성실히 하여야 하고 권리는 남용하지 못하는 것이므로, 해제권을 갖는 자가 상당한 기간이 경과하도록 이를 행사하지 아니하여 상대방으로서도 이제는 그 권리가 행사되지 아니할 것이라고 신뢰할 만한 정당한 사유를 갖기에 이르러 그 후 새삼스럽게 이를 행사하는 것이 법질서 전체를 지배하는 신의성실의 원칙에 위반하는 것으로 인정되는 결과가 될 때에는 이른바 실효의 원칙에 따라 그 해제권의 행사가 허용되지 않는다고 보아야 할 것이다. 해제의 의사표시가 있은 무렵을 기준으로 볼 때 무려 1년 4개월 가량 전에 발생한 해제권을 장기간 행사하지 아니하고 오히려 매매계약이 여전히 유효함을 전제로 잔존채무의 이행을 최고함에 따라 상대방으로서는 그 해제권이 더이상 행사되지 아니할 것으로 신뢰하였고 또 매매계약상의 매매대금 자체는 거의 전부가 지급된 점 등에 비추어 보면 그와 같이 신뢰한 데에는 정당한 사유도 있었다고 봄이 상당하다면, 그 후 새삼스럽게 그 해제권을 행사한다는 것은 신의성실의 원칙에 반하여 허용되지 아니한다 할 것이므로, 이제 와서 매매계약을 해제하기 위하여는 다시 이행제공을 하면서 최고를 할 필요가 있다³⁾(대판 1994.11.25, 94다12234).
⑤ [O] 신의칙위반이나 권리남용은 강행규정에 위반되는 것이므로, 당사자의 주장이 없더라도 법원은 직권으로 판단할 수 있다(대판 1995.12.22, 94다42129).

---

3) 각서의 내용이 甲이 소정기일까지는 틀림없이 잔존채무를 이행할 것을 약속하며 만일 그때까지 이를 이행하지 못할 때에는 乙측에서 매매계약을 해제하여도 이의 없다는 것에 불과하다면, 甲이 기한을 다시 해태하면 그 이후에는 乙측에서 새로운 이행의 제공 없이 매매계약을 해제할 수 있는 권리를 부여한다는 내용이 포함되어 있는 것은 아니고, 甲이 각서 작성 이전에 乙을 대리한 丙으로부터 2회에 걸쳐 적법한 이행의 제공을 받고도 자신의 채무를 이행하지 못한 사정이 있었다는 것만으로 그 각서가 새로운 이행의 제공 없이 매매계약을 해제할 수 있는 권리를 부여한다는 취지에서 작성된 것이라고 인정하기는 부족하다.

028 권리남용금지의 원칙에 관한 설명으로 옳은 것을 모두 고른 것은? (다툼이 있으면 판례에 따름)

21 변리사

> ㄱ. 채무자가 소멸시효완성 전에 채권자의 권리행사를 현저하게 곤란하게 하여 시효가 완성된 경우, 채무자가 시효의 완성을 주장하는 것은 권리남용이 된다.
> ㄴ. 권리남용은 당사자의 주장이 없더라도 법원은 직권으로 판단할 수 있다.
> ㄷ. 거래당사자가 유치권을 자신의 이익을 위하여 고의적으로 작출하여 유치권의 최우선순위담보권으로서의 지위를 부당하게 이용함으로써 신의성실의 원칙에 반한다고 평가되는 경우에는 유치권의 남용이 된다.
> ㄹ. 권리남용으로 인정되는 경우, 남용의 구체적 효과는 권리의 종류와 남용의 결과에 관계없이 권리의 박탈이라는 점에서는 동일하다.

① ㄱ, ㄴ   ② ㄴ, ㄷ   ③ ㄷ, ㄹ   ④ ㄱ, ㄴ, ㄷ   ⑤ ㄴ, ㄷ, ㄹ

해설

답 ④

ㄱ. [○] 채무자의 소멸시효에 기한 항변권 행사도 우리 민법의 대원칙인 신의성실 원칙과 권리남용금지 원칙의 지배를 받는 것이어서, 채무자가 시효완성 전에 채권자의 권리행사나 시효중단을 불가능 또는 현저히 곤란하게 하였거나, 그러한 조치가 불필요하다고 믿게 하는 행동을 하였거나, 객관적으로 채권자가 권리를 행사할 수 없는 장애사유가 있었거나 또는 일단 시효완성 후에 채무자가 시효를 원용하지 아니할 것 같은 태도를 보여 권리자로 하여금 그와 같이 신뢰하게 하였거나, 채권자보호의 필요성이 크고, 같은 조건의 다른 채권자가 채무변제를 수령하는 등의 사정이 있어 채무이행 거절을 인정함이 현저히 부당하거나 불공평하게 되는 등 특별한 사정이 있는 경우에는 채무자가 소멸시효 완성을 주장하는 것이 신의성실 원칙에 반하여 권리남용으로서 허용될 수 없다(대판 2008.11.27, 2006다18129)[4].

ㄴ. [○] 신의칙위반이나 권리남용은 강행규정에 위반되는 것이므로, 당사자의 주장이 없더라도 법원은 직권으로 판단할 수 있다(대판 1995.12.22, 94다42129).

ㄷ. [○] 이미 저당권이 설정되어 있다는 것을 알면서도 자기 채권의 우선적 만족을 위해 의도적으로 유치권을 성립시킨 경우에는 그 유치권의 행사를 권리남용에 해당한다(대판 2011.12.22, 2011다84298).

ㄹ. [×] 권리의 행사가 권리남용으로 되면 권리 본래의 효과가 발생하지 않는다. 즉 권리 자체가 박탈되는 것은 아니다. 다만 소유자의 건물철거청구가 권리남용에 해당하여 철거청구(제214조) 자체는 인용되지 않더라도, 소유자의 소유권 자체가 부정되는 것은 아니고 침해자의 불법점유가 적법한 권원에 기한 것으로 전환되지도 않으므로, 소유자는 침해자에 대하여 부당이득반환청구를 할 수 있고(제741조), 권리남용으로 인하여 상대방에게 손해가 발생하였다면 불법행위가 성립할 수 있다(제750조).

---

[4] 그리고 채무자가 소멸시효의 이익을 원용하지 않을 것 같은 신뢰를 부여한 경우에도 채권자는 그러한 사정이 있는 때로부터 상당한 기간 내에 권리를 행사하여야만 채무자의 소멸시효의 항변을 저지할 수 있는데, 여기에서 '상당한 기간' 내에 권리행사가 있었는지는 채권자와 채무자 사이의 관계, 신뢰를 부여하게 된 채무자의 행위 등의 내용과 동기 및 경위, 채무자가 그 행위 등에 의하여 달성하려고 한 목적과 진정한 의도, 채권자의 권리행사가 지연될 수밖에 없었던 특별한 사정이 있었는지 여부 등을 종합적으로 고려하여 판단할 것이다. 다만 신의성실의 원칙을 들어 시효 완성의 효력을 부정하는 것은 법적 안정성의 달성, 입증곤란의 구제, 권리행사의 태만에 대한 제재를 이념으로 삼고 있는 소멸시효 제도에 대한 대단히 예외적인 제한에 그쳐야 할 것이므로, 위 권리행사의 '상당한 기간'은 특별한 사정이 없는 한 민법상 시효정지의 경우에 준하여 단기간으로 제한되어야 한다. 그러므로 개별 사건에서 매우 특수한 사정이 있어 그 기간을 연장하여 인정하는 것이 부득이한 경우에도 불법행위로 인한 손해배상청구의 경우 그 기간은 아무리 길어도 민법 제766조 제1항이 규정한 단기소멸시효기간인 3년을 넘을 수는 없다고 보아야 한다(대판 2013.5.16, 2012다202819 전합).

029 신의성실의 원칙에 관한 설명으로 옳지 않은 것은? (다툼이 있으면 판례에 따름) 22 변리사

① 채권자가 유효하게 성립한 계약에 따른 급부의 이행을 청구하는 때에 법원이 급부의 일부를 감축하는 것은 원칙적으로 허용되지 않는다.
② 아파트 분양자는 아파트단지 인근에 공동묘지가 조성되어 있는 사실을 분양계약자에게 고지할 신의칙상의 의무를 부담한다.
③ 경제상황의 변동으로 당사자에게 손해가 생기더라도 합리적인 사람의 입장에서 사정변경을 예견할 수 있었다면 사정변경을 이유로 계약을 해제할 수 없다.
④ 법령에 위반되어 무효임을 알면서도 법률행위를 한 자가 강행법규 위반을 이유로 그 무효를 주장하는 것은 신의칙에 반한다.
⑤ 취득시효완성 사실을 모르고 해당 토지에 관하여 어떠한 권리도 주장하지 않기로 약속한 후, 이에 반하여 취득시효주장을 하는 것은 특별한 사정이 없는 한 신의칙상 허용되지 않는다.

해설
답 ④

① [O] 유효하게 성립한 계약상의 책임을 공평의 이념 또는 신의칙과 같은 일반원칙에 의하여 제한하는 것은 사적 자치의 원칙이나 법적 안정성에 대한 중대한 위협이 될 수 있으므로, 채권자가 유효하게 성립한 계약에 따른 급부의 이행을 청구하는 때에 법원이 급부의 일부를 감축하는 것은 원칙적으로 허용되지 않는다. 甲 공사가 乙 주식회사와 체결한 전기공급계약에 따라 전기를 공급한 후 착오로 청구하지 않았던 전기요금의 지급을 구하자 乙 회사가 채무부존재 확인을 구한 사안에서, 甲 공사가 乙 회사에 유효하게 성립한 전기공급계약에 따른 전기요금을 청구하는 것이 신의성실의 원칙이나 형평의 원칙에 반하여 허용될 수 없어 전기요금을 감액할 수 있다고 보기 어려운데, 乙 회사가 甲 공사에 지급할 추가 전기요금채무를 1/2로 감액한 원심판단에 법리오해의 잘못이 있다(대판 2016.12.1, 2016다240543).
② [O] 아파트 분양자는 아파트단지 인근에 공동묘지가 조성되어 있는 사실을 수분양자에게 고지할 신의칙상의 의무를 부담한다(대판 2007.6.1, 2005다5812·5829·5836).
③ [O] 사정변경에 대한 예견가능성이 있었는지는 추상적·일반적으로 판단할 것이 아니라, 구체적인 사안에서 계약의 유형과 내용, 당사자의 지위, 거래경험과 인식가능성, 사정변경의 위험이 크고 구체적인지 등 여러 사정을 종합적으로 고려하여 개별적으로 판단하여야 한다. 이때 합리적인 사람의 입장에서 볼 때 당사자들이 사정변경을 예견했다면 계약을 체결하지 않거나 다른 내용으로 체결했을 것이라고 기대되는 경우 특별한 사정이 없는 한 예견가능성이 없다고 볼 수 있다. 경제상황 등의 변동으로 당사자에게 손해가 생기더라도 합리적인 사람의 입장에서 사정변경을 예견할 수 있었다면 사정변경을 이유로 계약을 해제하거나 해지할 수 없다. 특히 계속적 계약에서는 계약의 체결 시와 이행 시 사이에 간극이 크기 때문에 당사자들이 예상할 수 없었던 사정변경이 발생할 가능성이 높지만, 이러한 경우에도 계약을 해지하려면 경제상황 등의 변동으로 당사자에게 불이익이 발생했다는 것만으로는 부족하고 위에서 본 요건을 충족하여야 한다(대판 2021.6.30, 2019다276338).
④ [X] 강행법규를 위반한 자가 스스로 그 약정의 무효를 주장하는 것이 신의칙에 위배되는 권리의 행사라는 이유로 그 주장을 배척한다면, 이는 오히려 강행법규에 의하여 배제하려는 결과를 실현시키는 셈이 되어 입법 취지를 완전히 몰각하게 되므로, 달리 특별한 사정이 없는 한 위와 같은 주장이 권리남용에 해당되거나 신의성실 원칙에 반한다고 할 수 없다(대판 2018.4.26, 2017다288757).
⑤ [O] 취득시효완성 후에 그 사실을 모르고 당해 토지에 관하여 어떠한 권리도 주장하지 않기로 하였다 하더라도 이에 반하여 시효주장을 하는 것은 특별한 사정이 없는 한 신의칙상 허용되지 않는다(대판 1998.5.22, 96다24101).

030 신의성실이나 권리남용금지의 원칙에 관한 설명으로 옳지 않은 것은? (다툼이 있으면 판례에 따름)

23 세무사 변형

① 법정대리인의 동의 없이 신용구매계약을 체결한 미성년자는 그 동의 없음을 이유로 계약을 취소할 수 있다.
② 변호사의 소송위임에 관한 약정 보수액이 부당하게 과다하여 신의성실의 원칙에 반하는 경우, 적당한 범위 내로 제한된다.
③ 공중의 통행에 공용되는 도로 부지의 소유자는 그 도로를 점유·관리하는 지방자치단체를 상대로 도로의 철거를 청구할 수 있다.
④ 신의성실 원칙의 위반과 권리의 남용은 법원의 직권조사사항이다.
⑤ 숙박업자는 고객의 안전을 배려하여야 할 신의칙상 보호의무를 부담한다.
⑥ 회사와 개인이 별개의 인격체임을 내세워 회사 설립 전 개인의 채무 부담행위에 대한 회사의 책임을 부인하는 것이 심히 정의와 형평에 반한다고 인정되는 때에는 회사에 대하여 회사 설립 전에 개인이 부담한 채무의 이행을 청구하는 것도 가능하다고 보아야 한다.

해설

답 ③

① [O] 법정대리인의 동의를 얻지 않고 신용카드 가맹점과 신용구매계약을 체결한 미성년자가 사후에 법정대리인의 동의 없음을 들어 그 계약을 취소하는 것은 신의칙에 반하지 않는다(대판 2007.11.16, 2005다71659·71666·71673).
② [O] 변호사의 소송위임 사무처리 보수에 관하여 변호사와 의뢰인 사이에 약정이 있는 경우 위임사무를 완료한 변호사는 원칙적으로 약정 보수액 전부를 청구할 수 있다. 다만 의뢰인과의 평소 관계, 사건 수임 경위, 사건처리 경과와 난이도, 노력의 정도, 소송물 가액, 의뢰인이 승소로 인하여 얻게 된 구체적 이익, 그 밖에 변론에 나타난 여러 사정을 고려하여, 약정 보수액이 부당하게 과다하여 신의성실의 원칙이나 형평의 관념에 반한다고 볼 만한 특별한 사정이 있는 경우에는 예외적으로 적당하다고 인정되는 범위 내의 보수액만을 청구할 수 있다. 그런데 이러한 보수 청구의 제한은 어디까지나 계약자유의 원칙에 대한 예외를 인정하는 것이므로, 법원은 그에 관한 합리적인 근거를 명확히 밝혀야 한다. 그리고 위와 같은 특별한 사정의 존재에 대한 증명책임은 약정된 보수액이 부당하게 과다하다고 주장하는 측에 있다(대판 2023.8.31, 2022다293937).
③ [×] 어떤 토지가 그 개설경위를 불문하고 일반 공중의 통행에 공용되는 도로, 즉 공로가 되면 그 부지의 소유권 행사는 제약을 받게 되며, 이는 소유자가 수인하여야만 하는 재산권의 사회적 제약에 해당한다. 따라서 공로 부지의 소유자가 이를 점유·관리하는 지방자치단체를 상대로 공로로 제공된 도로의 철거, 점유 이전 또는 통행금지를 청구하는 것은 법질서상 원칙적으로 허용될 수 없는 '권리남용'이라고 보아야 한다. 그 경우 특별한 사정이 없는 한 그 도로 지하 부분에 매설된 시설에 대한 철거 등 청구도 '권리남용'이라고 봄이 상당하다(대판 2023.9.14, 2023다214108).
④ [O] 신의칙위반이나 권리남용은 강행규정에 위반되는 것이므로, 당사자의 주장이 없더라도 법원은 직권으로 판단할 수 있다(대판 1995.12.22, 94다42129).
⑤ [O] 숙박업자는 통상의 임대차와 같이 단순히 여관 등의 객실 및 관련 시설을 제공하여 고객으로 하여금 이를 사용·수익하게 할 의무를 부담하는 것에서 한 걸음 더 나아가 고객에게 위험이 없는 안전하고 편안한 객실 및 관련 시설을 제공함으로써 고객의 안전을 배려하여야 할 보호의무를 부담한다(대판 2000.11.24, 2000다38718).

⑥ [O] [1] 주식회사는 주주와 독립된 별개의 권리주체이므로 그 독립된 법인격이 부인되지 않는 것이 원칙이다. 그러나 개인이 회사를 설립하지 않고 영업을 하다가 그와 영업목적이나 물적 설비, 인적 구성원 등이 동일한 회사를 설립하는 경우에 그 회사가 외형상으로는 법인의 형식을 갖추고 있으나 법인의 형태를 빌리고 있는 것에 지나지 않고, 실질적으로는 완전히 그 법인격의 배후에 있는 개인의 개인기업에 불과하거나, 회사가 개인에 대한 법적 책임을 회피하기 위한 수단으로 함부로 이용되고 있는 예외적인 경우까지 회사와 개인이 별개의 인격체임을 이유로 개인의 책임을 부정하는 것은 신의성실의 원칙에 반하므로, 이러한 경우에는 회사의 법인격을 부인하여 그 배후에 있는 개인에게 책임을 물을 수 있다. [2] 개인과 회사의 주주들이 경제적 이해관계를 같이 하는 등 개인이 새로 설립한 회사를 실질적으로 운영하면서 자기 마음대로 이용할 수 있는 지배적 지위에 있다고 인정되는 경우로서, 회사 설립과 관련된 개인의 자산 변동 내역, 특히 개인의 자산이 설립된 회사에 이전되었다면 그에 대하여 정당한 대가가 지급되었는지 여부, 개인의 자산이 회사에 유용되었는지 여부와 그 정도 및 제3자에 대한 회사의 채무 부담 여부와 그 부담 경위 등을 종합적으로 살펴보아 회사와 개인이 별개의 인격체임을 내세워 회사 설립 전 개인의 채무 부담행위에 대한 회사의 책임을 부인하는 것이 심히 정의와 형평에 반한다고 인정되는 때에는 회사에 대하여 회사 설립 전에 개인이 부담한 채무의 이행을 청구하는 것도 가능하다고 보아야 한다. [3] 개인의 채무 부담행위에 대한 회사의 책임을 부인하는 것이 심히 정의와 형평에 반한다고 인정되어 회사에 대하여 개인이 부담한 채무의 이행을 청구하는 법리는 채무면탈을 목적으로 회사가 새로 설립된 경우뿐 아니라 같은 목적으로 기존 회사의 법인격이 이용되는 경우에도 적용되는데, 여기에는 회사가 이름뿐이고 실질적으로는 개인기업에 지나지 않은 상태로 될 정도로 형해화된 경우와 회사의 법인격이 형해화될 정도에 이르지 않더라도 개인이 회사의 법인격을 남용하는 경우가 있을 수 있다. 이때 회사의 법인격이 형해화되었다고 볼 수 있는지 여부는 원칙적으로 문제가 되고 있는 법률행위나 사실행위를 한 시점을 기준으로, 회사의 법인격이 형해화될 정도에 이르지 않더라도 개인이 회사의 법인격을 남용하였는지 여부는 채무면탈 등의 남용행위를 한 시점을 기준으로 각 판단하여야 한다(대판 2023.2.2, 2022다276703).

031 「민법」상 신의성실의 원칙(이하 '신의칙')에 관한 설명으로 옳지 않은 것은? (다툼이 있는 경우 판례에 의함)

23 경간부 변형

① 숙박업자는 투숙객의 안전을 배려해야 할 신의칙상의 보호의무를 부담한다.
② 강행법규에 위반하여 무효인 법률행위를 한 자가 스스로 그 법률행위의 무효를 주장하는 것은 특별한 사정이 없는 한 신의칙에 반한다.
③ 계약성립에 기초가 되지 아니한 객관적 사정이 그 후 변경되어 일방당사자가 계약 당시 의도한 계약목적을 달성할 수 없게 됨으로써 손해를 입게 되었더라도 특별한 사정이 없는 한, 그 계약내용의 효력을 그대로 유지하는 것은 신의칙에 반하지 않는다.
④ 채권자가 채권을 확보하기 위하여 제3자 소유의 부동산을 채무자에게 명의신탁하도록 한 다음 그 부동산에 대하여 강제집행을 하는 행위는 특별한 사정이 없는 한 신의칙에 비추어 허용할 수 없다.
⑤ 채권자에게 권리의 행사를 기대할 수 없는 객관적인 사실상의 장애사유가 있었던 경우에도 대법원이 이에 관하여 채권자의 권리행사가 가능하다는 법률적 판단을 내렸다면 특별한 사정이 없는 한 그 시점 이후에는 그러한 장애사유가 해소되었다고 볼 수 있다.

| 해설 | 답 ② |

① [O] 숙박업자는 통상의 임대차와 같이 단순히 여관 등의 객실 및 관련 시설을 제공하여 고객으로 하여금 이를 사용·수익하게 할 의무를 부담하는 것에서 한 걸음 더 나아가 고객에게 위험이 없는 안전하고 편안한 객실 및 관련 시설을 제공함으로써 고객의 안전을 배려하여야 할 보호의무를 부담한다(대판 2000.11.24, 2000다38718).

② [×] 강행법규를 위반한 자가 스스로 그 약정의 무효를 주장하는 것이 신의칙에 위배되는 권리의 행사라는 이유로 그 주장을 배척한다면, 이는 오히려 강행법규에 의하여 배제하려는 결과를 실현시키는 셈이 되어 입법 취지를 완전히 몰각하게 되므로, 달리 특별한 사정이 없는 한 위와 같은 주장이 권리남용에 해당되거나 신의성실 원칙에 반한다고 할 수 없다(대판 2018.4.26, 2017다288757).

③ [O] 이른바 사정변경으로 인한 계약해제는, 계약 성립 당시 당사자가 예견할 수 없었던 현저한 사정의 변경이 발생하였고 그러한 사정의 변경이 해제권을 취득하는 당사자에게 책임 없는 사유로 생긴 것으로서, 계약내용대로의 구속력을 인정한다면 신의칙에 현저히 반하는 결과가 생기는 경우에 계약준수 원칙의 예외로서 인정되는 것이고, 여기에서 말하는 사정이라 함은 계약의 기초가 되었던 객관적인 사정으로서, 일방당사자의 주관적 또는 개인적인 사정을 의미하는 것은 아니다. 또한, 계약의 성립에 기초가 되지 아니한 사정이 그 후 변경되어 일방당사자가 계약 당시 의도한 계약목적을 달성할 수 없게 됨으로써 손해를 입게 되었다 하더라도 특별한 사정이 없는 한 그 계약내용의 효력을 그대로 유지하는 것이 신의칙에 반한다고 볼 수도 없다(대판 2007.3.29, 2004다31302).

④ [O] 채권자가 채권을 담보하기 위하여 제3자의 부동산을 채무자에게 명의신탁하게 한 다음 그 부동산에 대하여 강제집행 하는 것은 신의칙에 위배 된다(대판 1981.7.7, 80다2064).

⑤ [O] [1] 채무자의 소멸시효를 이유로 한 항변권의 행사도 민법의 대원칙인 신의성실의 원칙과 권리남용금지의 원칙의 지배를 받는 것이어서 객관적으로 채권자가 권리를 행사할 수 없는 장애사유가 있었다면 채무자가 소멸시효 완성을 주장하는 것은 신의성실의 원칙에 반하는 권리남용으로서 허용될 수 없다. [2] 채권자에게 권리의 행사를 기대할 수 없는 객관적인 사실상의 장애사유가 있었던 경우에도 대법원이 이에 관하여 채권자의 권리행사가 가능하다는 법률적 판단을 내렸다면 특별한 사정이 없는 한 그 시점 이후에는 그러한 장애사유가 해소되었다고 볼 수 있다. [3] 일제강점기에 강제동원되어 기간 군수사업체인 구 미쓰비시중공업 주식회사에서 강제노동에 종사한 甲 등이 위 회사가 해산된 후 새로이 설립된 미쓰비시중공업 주식회사를 상대로 위자료 지급을 구한 사안에서, 대법원은 2012.5.24. 선고한 2009다68620 판결 및 2009다22549 판결에서 일제강점기에 강제동원된 피해자들의 일본 기업에 대한 불법행위를 이유로 한 손해배상청구권이 '대한민국과 일본국 간의 재산 및 청구권에 관한 문제의 해결과 경제협력에 관한 협정'(이하 '청구권협정'이라고 한다)의 적용 대상에 포함되지 않았다는 이유로 그 청구권이 소멸되지 않았다고 판단하였으나, 청구권협정의 적용 대상에 강제동원 피해자들의 일본 기업에 대한 불법행위를 이유로 한 손해배상청구권이 포함되는지 여부 등에 관하여 여전히 국내외에서 논란이 계속되는 등 강제동원 피해자들로서는 위 판결 선고 이후에도 개별적으로 일본 기업을 상대로 한 소송을 통해 실질적인 피해구제를 받을 수 있는지에 대하여 여전히 의구심을 가질 수 있었고, 대법원은 2018.10.30. 선고한 2013다61381 전원합의체 판결을 통해 일본 정부의 한반도에 대한 불법적인 식민지배 및 침략전쟁의 수행과 직결된 일본 기업의 반인도적인 불법행위를 전제로 하는 강제동원 피해자의 일본 기업에 대한 위자료청구권은 청구권협정의 적용 대상에 포함되지 않는다는 법적 견해를 최종적으로 명확하게 밝혔고, 위 전원합의체 판결 선고로 비로소 대한민국 내에서 강제동원 피해자들의 사법적 구제가능성이 확실하게 되었다고 볼 수 있으므로, 강제동원 피해자 또는 그 상속인들에게는 위 전원합의체 판결이 선고될 때까지는 미쓰비시중공업 주식회사를 상대로 객관적으로 권리를 사실상 행사할 수 없는 장애사유가 있었다고 봄이 타당하다(대판 2023.12.21, 2018다303653).

032 신의성실의 원칙에 관한 설명으로 옳지 않은 것은? (다툼이 있으면 판례에 따름) 24 변리사

① 채권자는 물상보증인이 되려는 자에게 주채무자의 신용상태를 조사해서 고지할 신의칙상 의무를 부담한다.
② 병원은 입원환자의 휴대품 등의 도난을 방지함에 필요한 적절한 조치를 강구하여 줄 신의칙상 보호의무를 부담한다.
③ 숙박업자는 투숙고객에게 객실을 사용·수익하게 할 의무를 넘어서 고객의 안전을 배려하여야 할 신의칙상 보호의무를 부담한다.
④ 사적 자치의 영역을 넘어 공공질서를 위하여 공익적 요구를 선행시켜야 할 경우, 신의칙은 합법성의 원칙을 희생하여서라도 구체적 신뢰보호의 필요성이 인정되는 경우에 한하여 예외적으로 적용된다.
⑤ 어떤 법률관계가 신의칙에 위반되는지의 여부는 법원의 직권조사사항이다.

해설
답 ①

① [×] 물상보증인은 채권자가 아니라 채무자를 위해 자기 소유의 부동산을 담보로 제공하는 사람이다. 물상보증인은 담보권의 실행으로 담보물의 소유권을 잃게 되면 채무자에 대한 구상권을 행사할 수 있다. 보증제도는 본질적으로 주채무자의 무자력에 따른 채권자의 위험을 인수하는 것이다. 이러한 사정을 고려하면 물상보증인이 주채무자의 자력에 대하여 조사한 다음 계약을 체결할 것인지 여부를 스스로 결정해야 하고, 채권자가 물상보증인에게 주채무자의 신용 상태를 고지할 신의칙상 의무는 존재하지 않는다(대판 2020.10.15, 2017다254051).
② [O] 환자가 병원에 입원하여 치료를 받는 경우에 있어서, 병원은 진료뿐만 아니라 환자에 대한 숙식의 제공을 비롯하여 간호·보호 등 입원에 따른 포괄적 채무를 지는 것인 만큼 병원은 병실에의 출입자를 통제·감독하든가 그것이 불가능하다면 최소한 입원환자에게 휴대품을 안전하게 보관할 수 있는 시정장치가 있는 사물함을 제공하는 등으로 입원환자의 휴대품 등의 도난을 방지함에 필요한 적절한 조치를 강구하여 줄 신의칙상의 보호의무가 있다(대판 2003.4.11, 2002다63275).
③ [O] 숙박업자는 통상의 임대차와 같이 단순히 여관 등의 객실 및 관련 시설을 제공하여 고객으로 하여금 이를 사용·수익하게 할 의무를 부담하는 것에서 한 걸음 더 나아가 고객에게 위험이 없는 안전하고 편안한 객실 및 관련 시설을 제공함으로써 고객의 안전을 배려하여야 할 보호의무를 부담한다(대판 2000.11.24, 2000다38718).
④ [O] 사적 자치의 영역을 넘어 공공질서를 위하여 공익적 요구를 선행시켜야 할 경우 합법성의 원칙은 신의성실의 원칙보다 우월한 것이므로, 신의성실의 원칙은 합법성의 원칙을 희생하여서라도 구체적 신뢰보호의 필요성이 인정되는 경우에 한하여 예외적으로 적용되는 것인바, 어떠한 경우에 합법성의 원칙보다 구체적 신뢰보호를 우선할 필요가 있는지를 판단하기 위하여는 신뢰보호를 주장하는 사람에게 위법행위와 관련한 주관적 귀책사유가 있는지 여부 및 그와 같은 신뢰가 법적으로 보호할 가치가 있는지 여부 등을 종합적으로 고려하여야 한다(대판 2014.5.29, 2012다44518).
⑤ [O] 신의칙위반이나 권리남용은 강행규정에 위반되는 것이므로, 당사자의 주장이 없더라도 법원은 직권으로 판단할 수 있다(대판 1995.12.22, 94다42129).

033

신의성실의 원칙에 관한 설명으로 옳지 않은 것은? (다툼이 있으면 판례에 따름) 24 감평사

① 숙박계약상 숙박업자는 투숙객의 안전을 배려하여야 할 신의칙상 보호의무를 부담한다.
② 입원계약상 병원은 입원환자에 대하여 휴대품 도난 방지를 위하여 필요한 적절한 조치를 할 신의칙상 보호의무가 있다.
③ 기획여행계약상 여행업자는 여행객의 신체나 재산의 안전을 배려할 신의칙상 보호의무를 부담한다.
④ 계약성립의 기초가 되지 않은 사정의 변경으로 일방당사자가 계약 당시 의도한 계약목적을 달성할 수 없게 되어 손해를 입은 경우, 그 계약의 효력을 그대로 유지하는 것은 특별한 사정이 없는 한 신의칙에 반한다.
⑤ 토지거래허가구역 내의 토지에 관해 허가를 받지 않고 매매계약을 체결한 자가 허가가 없음을 이유로 그 계약의 무효를 주장하는 것은 특별한 사정이 없는 한 신의칙에 반하지 않는다.

해설

답 ④

① [O] 숙박업자는 통상의 임대차와 같이 단순히 여관 등의 객실 및 관련 시설을 제공하여 고객으로 하여금 이를 사용·수익하게 할 의무를 부담하는 것에서 한 걸음 더 나아가 고객에게 위험이 없는 안전하고 편안한 객실 및 관련 시설을 제공함으로써 고객의 안전을 배려하여야 할 보호의무를 부담한다(대판 2000.11.24, 2000다38718).
② [O] 환자가 병원에 입원하여 치료를 받는 경우에 있어서, 병원은 진료뿐만 아니라 환자에 대한 숙식의 제공을 비롯하여 간호·보호 등 입원에 따른 포괄적 채무를 지는 것인 만큼 병원은 병실에의 출입자를 통제·감독하든가 그것이 불가능하다면 최소한 입원환자에게 휴대품을 안전하게 보관할 수 있는 시정장치가 있는 사물함을 제공하는 등으로 입원환자의 휴대품 등의 도난을 방지함에 필요한 적절한 조치를 강구하여 줄 신의칙상의 보호의무가 있다(대판 2003.4.11, 2002다63275).
③ [O] 여행업자는 기획여행계약의 상대방인 여행자에 대하여 기획여행계약상의 부수의무로서, 여행자의 생명·신체·재산 등의 안전을 확보하기 위하여, 여행목적지·여행일정·여행행정·여행서비스기관의 선택 등에 관하여 미리 충분히 조사·검토하여 전문업자로서의 합리적인 판단을 하고, 또한 그 계약내용의 실시에 관하여 조우할지 모르는 위험을 미리 제거할 수단을 강구하거나 또는 여행자에게 그 뜻을 고지하여 여행자 스스로 그 위험을 수용할지 여부에 관하여 선택의 기회를 주는 등의 합리적 조치를 취할 신의칙상의 주의의무를 진다(대판 1998.11.24, 98다25061).
④ [×] 이른바 사정변경으로 인한 계약해제는, 계약 성립 당시 당사자가 예견할 수 없었던 현저한 사정의 변경이 발생하였고 그러한 사정의 변경이 해제권을 취득하는 당사자에게 책임 없는 사유로 생긴 것으로서, 계약내용대로의 구속력을 인정한다면 신의칙에 현저히 반하는 결과가 생기는 경우에 계약준수 원칙의 예외로서 인정되는 것이고, 여기에서 말하는 사정이라 함은 계약의 기초가 되었던 객관적인 사정으로서, 일방당사자의 주관적 또는 개인적인 사정을 의미하는 것은 아니다. 또한, 계약의 성립에 기초가 되지 아니한 사정이 그 후 변경되어 일방당사자가 계약 당시 의도한 계약목적을 달성할 수 없게 됨으로써 손해를 입게 되었다 하더라도 특별한 사정이 없는 한 그 계약내용의 효력을 그대로 유지하는 것이 신의칙에 반한다고 볼 수도 없다(대판 2007.3.29, 2004다31302).
⑤ [O] 구 국토이용관리법상 허가구역 내에서 허가받지 않은 매매의 경우 매도인이 매수인에게 무효주장을 하는 것이 신의칙에 반하지 않는다(대판 2003.4.22, 2003다2390·2406).

034 ☐☐☐ 신의성실의 원칙에 관한 설명으로 옳지 않은 것을 모두 고른 것은? (다툼이 있으면 판례에 따름)

24 세무사

> ㄱ. 입원계약상 병원은 입원환자의 소지품 도난방지에 필요한 적절한 조치를 강구하여 줄 신의칙상 보호의무를 부담한다.
> ㄴ. 토지거래허가구역 내의 토지에 관해 허가 없이 매매계약을 체결한 자가 허가 없음을 이유로 계약의 무효를 주장하는 것은 특별한 사정이 없는 한 신의칙에 반한다.
> ㄷ. 노사합의의 내용이 강행규정인 근로기준법에 위반하여 무효이더라도 신의칙의 우선 적용을 수긍할 만한 특별한 사정이 있는 경우에는 그 무효 주장이 신의칙에 위배될 수 있다.

① ㄴ
② ㄱ, ㄴ
③ ㄱ, ㄷ
④ ㄴ, ㄷ
⑤ ㄱ, ㄴ, ㄷ

해설

답 ①

ㄱ. [O] 환자가 병원에 입원하여 치료를 받는 경우에 있어서, 병원은 진료뿐만 아니라 환자에 대한 숙식의 제공을 비롯하여 간호·보호 등 입원에 따른 포괄적 채무를 지는 것인 만큼 병원은 병실에의 출입자를 통제·감독하든가 그것이 불가능하다면 최소한 입원환자에게 휴대품을 안전하게 보관할 수 있는 시정장치가 있는 사물함을 제공하는 등으로 입원환자의 휴대품 등의 도난을 방지함에 필요한 적절한 조치를 강구하여 줄 신의칙상의 보호의무가 있다(대판 2003.4.11, 2002다63275).

ㄴ. [×] 구 국토이용관리법상 허가구역 내에서 허가받지 않은 매매의 경우 매도인이 매수인에게 무효주장을 하는 것이 신의칙에 반하지 않는다(대판 2003.4.22, 2003다2390·2406).

ㄷ. [O] 단체협약 등 노사합의의 내용이 근로기준법의 강행규정을 위반하여 무효인 경우에, 무효를 주장하는 것이 신의칙에 위배되는 권리의 행사라는 이유로 이를 배척한다면 강행규정으로 정한 입법 취지를 몰각시키는 결과가 될 것이므로, 그러한 주장이 신의칙에 위배된다고 볼 수 없음이 원칙이다. 그러나 노사합의의 내용이 근로기준법의 강행규정을 위반한다고 하여 노사합의의 무효 주장에 대하여 예외 없이 신의칙의 적용이 배제되는 것은 아니다. 신의칙을 적용하기 위한 일반적인 요건을 갖춤은 물론 근로기준법의 강행규정성에도 불구하고 신의칙을 우선하여 적용하는 것을 수긍할 만한 특별한 사정이 있는 예외적인 경우에 한하여 노사합의의 무효를 주장하는 것은 신의칙에 위배되어 허용될 수 없다(대판 2013.12.18, 2012다89399 전합).

035 甲이 X토지의 소유자인 乙의 동의 없이 X의 상공을 통과하는 송전선을 설치하였다. 이후 丙이 X를 매수하고 소유권을 취득하여 농지로 사용하다가, 소유권 취득 후 12년이 경과한 시점에서 甲을 상대로 송전선의 철거를 청구하였다. 이에 관한 설명으로 옳지 않은 것은? (다툼이 있으면 판례에 따름)

24 세무사

① 甲이 丙의 철거청구에 대해 권리남용을 주장하지 않더라도 법원은 직권으로 이를 판단할 수 있다.
② 丙의 권리행사가 자기에게 정당한 이익이 없음에도 오직 甲에게 손해나 고통을 주려는 목적이 아니라면, 특별한 사정이 없는 한 권리남용이라고 할 수 없다.
③ 丙이 X를 취득한 후 장기간 甲에게 송전선 설치에 대한 이의를 제기하지 않았더라도 그 소유권 행사가 제한된 상태를 용인하였다고 볼 수는 없다.
④ 丙의 철거청구에 실효의 법리를 적용하기 위해서는 甲에게 丙의 권리불행사를 신뢰할 만한 정당한 사유가 있어야 한다.
⑤ 丙이 X의 상공에 송전선이 통과된다는 사실을 알고 X를 매수한 경우, 丙의 철거청구는 특별한 사정이 없는 한 신의칙에 반한다.

> **해설**
> 답 ⑤

① [○] 신의칙위반이나 권리남용은 강행규정에 위반되는 것이므로, 당사자의 주장이 없더라도 법원은 직권으로 판단할 수 있다(대판 1995.12.22, 94다42129).
② [○] 권리행사의 목적이 오직 상대방에게 고통을 주고 손해를 입히려는 데 있을 뿐 행사하는 사람에게 아무런 이익이 없어야 한다(대판 1986.7.22, 85다카2307 등).
③ [○] 송전선이 토지 위를 통과함을 알고서 토지를 취득하였거나, 토지를 취득한 후 장기간 송전선의 설치에 대하여 이의를 제기하지 않았다고 하여 토지소유자의 권리가 실효되었다거나 토지소유자가 그러한 제한을 용인하였다고 볼 수 없는 것이다(대판 2006.4.13, 2005다14083).
④ [○] 권리행사의 기대가능성이 있음에도 상당기간이 경과하도록 이를 행사하지 아니하여 상대방으로서도 이제는 그 권리를 행사하지 아니할 것으로 신뢰할 만한 정당한 기대를 가지게 된 후 새삼스럽게 그 권리를 행사하는 것이 법질서 전체를 지배하는 신의성실원칙에 위반되는 결과로 되는 때는 그 행사가 인정되지 않는다(대판 1991.1.21, 91다30118).
⑤ [×] 토지소유자의 송전선 철거청구가 권리남용에 해당하지 않는다[5](대판 1996.5.14, 94다54283).

---

5) 토지소유자가 토지 상공에 송전선이 설치되어 있는 사정을 알면서 그 토지를 취득한 후 13년이 경과하여 그 "송전선"의 철거를 구한 사안에서, 한국전력공사가 그 토지 상공에 당초에 그 송전선을 설치함에 있어서 적법하게 그 상공의 공간 사용권을 취득하거나 그에 따른 손실을 보상하지 아니하여 그 송전선의 설치는 설치 당시부터 불법점유라고 볼 수 있으며, 그 설치 후에도 적법한 사용권을 취득하려고 노력하였다거나 그 사용에 대한 손실을 보상한 사실이 전혀 없고, 그 토지가 현재의 지목은 전이나 도시계획상 일반주거지역에 속하고 주변 토지들의 토지이용 상황이 아파트나 빌라 등이 들어서 있는 사실에 비추어 그 토지도 아파트, 빌라 등의 공동주택의 부지로 이용될 가능성이 농후한 점 및 한국전력공사로서는 지금이라도 전기사업법 등의 규정에 따른 적법한 수용이나 사용 절차에 의하여 그 토지 상공의 사용권을 취득할 수 있는 점 등에 비추어, 그렇게 판시하였다.

036 신의성실의 원칙에 관한 설명으로 옳지 않은 것은? (다툼이 있는 경우 판례에 의함)

24 경간부 변형

① 신의성실의 원칙은 임의규정이기 때문에 당사자의 주장이 있어야 법원이 그 위반 여부를 판단할 수 있다.
② 해고된 근로자가 퇴직금을 이의 없이 수령하고 그로부터 상당한 기간이 지난 후에 해고무효의 소를 제기하는 것은 신의성실의 원칙에 반한다.
③ 대항력 있는 임차권자가 권리가 없다고 확인해 준 상대방에게 나중에 그 권리를 주장하는 것은 특별한 사정이 없는 한 신의성실의 원칙에 반한다.
④ 보증인의 주채무자에 대한 신뢰가 깨어지는 등 정당한 이유가 있는 경우, 보증인은 특별한 사정이 없는 한 사정변경의 원칙에 따라 계속적 보증계약을 해지할 수 있다.
⑤ 기존회사에 대한 소멸시효가 완성되지 않은 상태에서 신설회사가 기존회사와 별도로 자신에 대하여 소멸시효가 완성되었다고 주장하는 것 역시 별개의 법인격을 갖고 있음을 전제로 하는 것이어서 신의성실의 원칙상 허용될 수 없다.

해설

답 ①

① [×] 신의칙위반이나 권리남용은 강행규정에 위반되는 것이므로, 당사자의 주장이 없더라도 법원은 직권으로 판단할 수 있다(대판 1995.12.22, 94다42129).
② [○] 근로자가 사직원의 작성·제출이 자신이 아닌 그의 형에 의하여 이루어졌음을 이유로 의원면직의 무효확인을 구하는 사안에서, 근로자의 형이 사직원을 제출하게 된 경위 및 근로자가 아무런 이의 없이 퇴직금을 수령한 점 등 제반 사정에 비추어 볼 때 의원면직일로부터 5년이 넘게 경과한 후에 위와 같은 소송을 제기한 것은 신의칙에 반하는 것이다(대판 2005.10.28, 2005다45827).
③ [○] 은행에게 보증금 없이 임차하고 있다고 말하고 확인서까지 써 준 임차인이 경락인인 은행에게 보증금반환을 내세워 건물의 명도를 거부하는 것은 신의칙에 위배된다(대판 1987.11.24, 87다카1708).
④ [○] 회사의 임원 또는 직원이 회사의 요구로 회사와 제3자 사이의 계속적 거래로 인한 회사 채무를 보증했지만 그 후 퇴사한 경우라면, 사정변경에 의한 보증계약의 해지가 인정된다(대판 2000.3.10, 99다61750).
⑤ [○] 대판 2024.3.28, 2023다265700

> 예상지문

1. 헌법상 기본권은 제1차적으로 개인의 자유로운 영역을 공권력의 침해로부터 보호하기 위한 방어적 권리이지만 다른 한편으로 헌법의 기본적인 결단인 객관적인 가치질서를 구체화한 것으로서, 사법(私法)을 포함한 모든 법 영역에 그 영향을 미치는 것이므로 사인 간의 사적인 법률관계도 헌법상의 기본권 규정에 적합하게 규율되어야 한다. 다만 기본권 규정은 성질상 사법관계에 직접 적용될 수 있는 예외적인 것을 제외하고는 관련 법규범 또는 사법상의 일반원칙을 규정한 민법 제2조, 제103조 등의 내용을 형성하고 그 해석기준이 되어 간접적으로 사법관계에 효력을 미치게 된다(대판 2018.9.13, 2017두38560).

2. 변호사의 소송위임 사무처리 보수에 관하여 변호사와 의뢰인 사이에 약정이 있는 경우 위임사무를 완료한 변호사는 원칙적으로 약정 보수액 전부를 청구할 수 있다. 다만 의뢰인과의 평소 관계, 사건 수임 경위, 사건처리 경과와 난이도, 노력의 정도, 소송물 가액, 의뢰인이 승소로 인하여 얻게 된 구체적 이익, 그 밖에 변론에 나타난 여러 사정을 고려하여, 약정 보수액이 부당하게 과다하여 신의성실의 원칙이나 형평의 관념에 반한다고 볼 만한 특별한 사정이 있는 경우에는 예외적으로 적당하다고 인정되는 범위 내의 보수액만을 청구할 수 있다. 그런데 이러한 보수 청구의 제한은 어디까지나 계약자유의 원칙에 대한 예외를 인정하는 것이므로, 법원은 그에 관한 합리적인 근거를 명확히 밝혀야 한다(대판 2018.5.17, 2016다35833 전합). 그리고 위와 같은 특별한 사정의 존재에 대한 증명책임은 약정된 보수액이 부당하게 과다하다고 주장하는 측에 있다(대판 2023.8.31, 2022다293937).

3. 신의성실의 원칙(이하 '신의칙'이라고 한다)은, 법률관계의 당사자는 상대방의 이익을 배려하여 형평에 어긋나거나 신뢰를 저버리는 내용 또는 방법으로 권리를 행사하거나 의무를 이행하여서는 아니 된다는 추상적 규범을 말하는 것으로서, 신의칙에 위배된다는 이유로 권리행사를 부정하기 위해서는 상대방에게 신의를 공여하였거나 객관적으로 보아 상대방이 신의를 가지는 것이 정당한 상태에 이르러야 하고 이와 같은 상대방의 신의에 반하여 권리를 행사하는 것이 정의 관념에 비추어 용인될 수 없는 정도의 상태에 이르러야 한다. 단체협약 등 노사합의의 내용이 근로기준법 등의 강행규정을 위반하여 무효인 경우에, 그 무효를 주장하는 것이 신의칙에 위배되는 권리의 행사라는 이유로 이를 배척한다면 강행규정으로 정한 입법 취지를 몰각시키는 결과가 되므로, 신의칙을 적용하기 위한 일반적인 요건을 갖춤은 물론 강행규정성에도 불구하고 신의칙을 우선하여 적용하는 것을 수긍할 만한 특별한 사정이 있는 예외적인 경우에 해당하지 않는 한 그러한 주장이 신의칙에 위배된다고 볼 수 없다(대판 2018.7.11, 2016다9261·9278).

4. 기존회사의 자산이 기업의 형태, 내용이 실질적으로 동일한 다른 회사로 바로 이전되지 않고, 기존회사에 정당한 대가를 지급한 제3자에게 이전되었다가 다시 다른 회사로 이전되었다고 하더라도, 다른 회사가 제3자로부터 자산을 이전받는 대가로 기존회사의 다른 자산을 이용하고도 기존회사에 정당한 대가를 지급하지 않았다면, 이는 기존회사에서 다른 회사로 직접 자산이 유용되거나 정당한 대가 없이 자산이 이전된 경우와 다르지 않다. 이러한 경우에도 기존회사의 채무를 면탈할 의도나 목적, 기존회사의 경영상태, 자산상황 등 여러 사정을 종합적으로 고려하여 회사제도를 남용한 것으로 판단된다면, 기존회사의 채권자는 다른 회사에 채무이행을 청구할 수 있다(대판 2019.12.13, 2017다271643[6]).

5. 임차인은 임대인과 사업을 홍보하기 위한 견본주택을 건축하기 위해 토지를 임차하기로 하는 임대차계약을 체결하였는데, 임차인이 이 토지에 견본주택을 건축할 수 없다는 사실을 알게 되어 사정변경을 이유로 임대차계약을 해지하는 것은 적법하다(대판 2020.12.10, 2020다254846).

---

[6] 공사 하도급업자인 원고 甲과 재하도급업자들인 나머지 원고들이 그 사이의 채권 양수 등을 원인으로 하여 원래 건축주에 대한 공사대금채권을 가지고 있었는데, 그 건물 건축주 명의가 판결에 기하여 원래 건축주인 A회사에서 소외인으로 변경되고 다시 피고가 소외인으로부터 건축주 명의를 양수한 사안에서, 정당한 소외인이 중간에 개입하였다는 사정만으로 회사제도 남용 법리가 적용되지 않는다고 단정할 수 없고, 이러한 경우에도 소외인으로부터 피고에게 건축주 지위가 이전되는 과정에서 A회사가 차용한 자금이 사용되는 등 A회사의 자산이 정당한 대가 없이 이전되거나 유용되었다면, A회사의 채무면탈이라는 위법한 목적달성을 위해 피고를 이용하여 회사제도를 남용한 것으로 볼 수 있으므로, A회사의 채권자인 원고들이 피고에 대해서도 채무의 이행을 구할 수 있다고 볼 여지가 있다고 하여, 이와 달리 피고의 책임을 부정한 원심을 파기한 사례

6. 회사와 개인이 별개의 인격체임을 내세워 회사 설립 전 개인의 채무 부담행위에 대한 회사의 책임을 부인하는 것이 심히 정의와 형평에 반한다고 인정되는 때에는 회사에 대하여 회사 설립 전에 개인이 부담한 채무의 이행을 청구하는 것도 가능하다고 보아야 한다. (그리고) 위와 같이 개인의 채무 부담행위에 대한 회사의 책임을 부인하는 것이 심히 정의와 형평에 반한다고 인정되어 회사에 대하여 개인이 부담한 채무의 이행을 청구하는 법리는 채무면탈을 목적으로 회사가 새로 설립된 경우뿐 아니라 같은 목적으로 기존 회사의 법인격이 이용되는 경우에도 적용된다(대판 2023.2.2, 2022다276703).

7. 임차인이 경매절차에서 현황조사를 마친 후 전출함으로써 대항력을 상실한 후, 임대인에게 남은 임차보증금의 반환을 청구하는 것이 신의성실의 원칙에 반하는 행위라고 볼 수는 없다[7](대판 2023.6.29, 2020다276914).

8. 권리의 행사가 주관적으로 오직 상대방에게 고통을 주고 손해를 입히려는 데 있을 뿐 이를 행사하는 사람에게는 이익이 없고 객관적으로 사회질서에 위반된다고 볼 수 있으면, 그 권리의 행사는 권리남용으로서 허용되지 아니하고, 이때 권리의 행사가 상대방에게 고통이나 손해를 주기 위한 것이라는 주관적 요건은 권리자의 정당한 이익을 결여한 권리행사로 보이는 객관적 사정을 모아 추인할 수 있으며, 이와 같이 권리의 행사에 해당하는 외관을 지닌 어떠한 행위가 권리남용이 되는지 여부는 권리남용 제도의 취지 및 그 근간이 되는 동시대 객관적인 사회질서의 토대 아래 개별적·구체적 상황을 종합하여 판단하여야 한다(대판 2023.3.13, 2022다293999).

9. 권리의 행사가 주관적으로 오직 상대방에게 고통을 주고 손해를 입히려는 데 있을 뿐 이를 행사하는 사람에게는 이익이 없고, 객관적으로 사회질서에 위반된다고 볼 수 있으면, 그 권리의 행사는 권리남용으로서 허용되지 아니하고, 이때 권리의 행사가 상대방에게 고통이나 손해를 주기 위한 것이라는 주관적 요건은 권리자의 정당한 이익을 결여한 권리행사로 보이는 객관적인 사정들을 모아서 추인할 수 있으며, 이와 같이 권리의 행사에 해당하는 외관을 지닌 어떠한 행위가 권리남용이 되는가의 여부는 권리남용 제도의 취지 및 그 근간이 되는 동시대 객관적인 사회질서의 토대하에서 개별적이고 구체적인 상황을 종합하여 판단하여야 한다. 어떤 토지가 그 개설경위를 불문하고 일반 공중의 통행에 공용되는 도로, 즉 공로가 되면 그 부지의 소유권 행사는 제약을 받게 되며, 이는 소유자가 수인하여야만 하는 재산권의 사회적 제약에 해당한다. 따라서 공로 부지의 소유자가 이를 점유·관리하는 지방자치단체를 상대로 공로로 제공된 도로의 철거, 점유 이전 또는 통행금지를 청구하는 것은 법질서상 원칙적으로 허용될 수 없는 '권리남용'이라고 보아야 한다. 그 경우 특별한 사정이 없는 한 그 도로 지하 부분에 매설된 시설에 대한 철거 등 청구도 '권리남용'이라고 봄이 상당하다(대판 2023.9.14, 2023다214108).

---

[7] 가. 주택임대차보호법 제3조 제4항에 따라 임차주택의 양수인이 임대인의 지위를 승계하는 것은 어디까지나 임차인이 대항력을 갖추고 있는 것을 요건으로 하므로 대항력을 갖추지 못한 임차인의 경우 임차주택이 다른 사람에게 이전되었더라도 임대인이 임차보증금 반환의무를 부담하는 것이 원칙이다. 나. 임차주택의 양수인에게 대항할 수 있는 임차권자라도 스스로 임대차관계의 승계를 원하지 않을 때에는 승계되는 임대차관계의 구속을 면할 수 있다고 보는 것이 공평의 원칙 또는 신의성실의 원칙에 부합한다(대판 1996.7.12, 94다37646 등 참조). 따라서 원고가 이 사건 경매절차에서 현황조사를 마친 후 전출함으로써 대항력을 상실하고 피고에게 남은 임차보증금의 반환을 청구하였다고 하여 이를 두고 신의성실의 원칙에 반하는 행위라고 볼 수는 없다.

제2장 권리의 주체

제1절 | 총설

제2절 | 자연인

제1관 | 자연인의 권리능력

001 태아에게 권리능력이 인정되는 경우를 모두 고른 것은?

> ㄱ. 상속
> ㄴ. 유증
> ㄷ. 태아의 인지청구권
> ㄹ. 불법행위로 인한 손해배상청구권

① ㄱ, ㄴ, ㄷ
② ㄱ, ㄴ, ㄹ
③ ㄱ, ㄷ, ㄹ
④ ㄴ, ㄷ, ㄹ
⑤ ㄱ, ㄴ, ㄷ, ㄹ

해설　　　　　　　　　　　　　　　　　　　　　답 ②

ㄱ. [○] 제1000조(상속의 순위) ③ 태아는 상속순위에 관하여는 이미 출생한 것으로 본다. <개정 1990.1.13.>

ㄴ. [○] 제1064조(유언과 태아, 상속결격자) 제1000조 제3항, 제1004조의 규정은 수증자에 준용한다. <개정 1990.1.13.>

ㄷ. [×] 제858조(포태 중인 자의 인지) 부는 포태 중에 있는 자에 대하여도 이를 인지할 수 있다.

ㄹ. [○] 제762조(손해배상청구권에 있어서의 태아의 지위) 태아는 손해배상의 청구권에 관하여는 이미 출생한 것으로 본다.

> **예상지문**

1. 태아는 원칙적으로 권리능력이 없고 개별적으로만 권리능력을 예외적으로 인정하고 있을 뿐이므로, 상해보험계약을 체결할 때 약관 또는 보험자와 보험계약자의 개별 약정으로 태아를 상해보험의 피보험자로 할 수는 없다. (   )

    ⇨ [×] 상해보험계약을 체결할 때 약관 또는 보험자와 보험계약자의 개별 약정으로 태아를 상해보험의 피보험자로 할 수 있다. 그 이유는 다음과 같다. 상해보험은 피보험자가 보험기간 중에 급격하고 우연한 외래의 사고로 인하여 신체에 손상을 입는 것을 보험사고로 하는 인보험이므로, 피보험자는 신체를 가진 사람(인)임을 전제로 한다(상법 제737조). 그러나 상법상 상해보험계약 체결에서 태아의 피보험자 적격이 명시적으로 금지되어 있지 않다. 인보험인 상해보험에서 피보험자는 '보험사고의 객체'에 해당하여 그 신체가 보험의 목적이 되는 자로서 보호받아야 할 대상을 의미한다. 헌법상 생명권의 주체가 되는 태아의 형성 중인 신체도 그 자체로 보호해야 할 법익이 존재하고 보호의 필요성도 본질적으로 사람과 다르지 않다는 점에서 보험보호의 대상이 될 수 있다. 이처럼 약관이나 개별 약정으로 출생 전 상태인 태아의 신체에 대한 상해를 보험의 담보범위에 포함하는 것이 보험제도의 목적과 취지에 부합하고 보험계약자나 피보험자에게 불리하지 않으므로 상법 제663조에 반하지 아니하고 민법 제103조의 공서양속에도 반하지 않는다. 따라서 계약자유의 원칙상 태아를 피보험자로 하는 상해보험계약은 유효하고, 그 보험계약이 정한 바에 따라 보험기간이 개시된 이상 출생 전이라도 태아가 보험계약에서 정한 우연한 사고로 상해를 입었다면 이는 보험기간 중에 발생한 보험사고에 해당한다(대판 2019.3.28, 2016다211224).

2. 임신한 여성 근로자에게 그 업무에 기인하여 발생한 태아의 건강손상은 여성 근로자의 노동능력에 미치는 영향이나 그 정도와 관계없이 여성 근로자의 업무상 재해에 해당한다고 보아야 한다. (   )

    ⇨ [○] 사람은 생존한 동안 권리와 의무의 주체가 되므로(제3조), 개별 법률에서 예외적으로 태아의 권리능력을 인정하는 규정을 두지 아니하는 한 태아는 원칙적으로 권리능력이 없다. 산재보험법에는 태아의 권리능력을 인정하는 별도의 규정이 없으므로 산재보험법의 해석상 모체와 태아는 '한 몸' 즉 '본성상 단일체'로 취급된다. 태아는 모체 없이는 존재하지도 않고 존재할 수도 없으며, 태아는 모체의 일부로 모(母)와 함께 근로현장에 있기 때문에 언제라도 사고와 위험에 노출될 수 있다. 그리고 산재보험법상 요양급여는 근로자가 업무상의 사유로 부상을 당하거나 질병에 걸린 경우에 그 근로자에게 지급하는 것이므로, 장해급여와는 달리 그 부상이나 질병으로 인하여 반드시 노동능력을 상실할 것을 요건으로 하지는 않는다. (따라서) 임신한 여성 근로자에게 그 업무에 기인하여 모체의 일부인 태아의 건강이 손상되는 업무상 재해가 발생하여 산재보험법에 따른 요양급여 수급관계가 성립하게 되었다면, 이후 출산으로 모체와 단일체를 이루던 태아가 분리되었다 하더라도 이미 성립한 요양급여 수급관계가 소멸된다고 볼 것은 아니다. 따라서 여성 근로자는 출산 이후에도 모체에서 분리되어 태어난 출산아의 선천성 질병 등에 관하여 요양급여를 수급할 수 있는 권리를 상실하지 않는다고 보아야 한다(대판 2020. 4.29, 2016두41071).

3. 피상속인의 배우자와 자녀 중 자녀 전부가 상속을 포기한 경우에는 배우자가 단독상속인이 된다. (   )

    ⇨ [○] 상속에 관한 입법례와 민법의 입법 연혁, 민법 조문의 문언 및 체계적·논리적 해석, 채무상속에서 상속포기자의 의사, 실무상 문제 등을 종합하여 보면, 피상속인의 배우자와 자녀 중 자녀 전부가 상속을 포기한 경우에는 배우자가 단독상속인이 된다고 봄이 타당하다[1](대판 2023.3.23, 2020그42 전합).

---

1) ☞ 망인 사망 후 망인의 아내는 상속한정승인을 하고 4명의 자녀들은 모두 상속포기를 하였는데, 망인에 대하여 확정판결을 받은 피신청인이 망인의 손자녀인 신청인들과 망인의 아내에게 위 판결에 기한 채무가 공동상속되었다는 이유로 이 사건 승계집행문 부여신청을 하여 승계집행문을 부여받았고, 이에 대해 신청인들이 자신들은 망인의 상속인이 아니라고 주장하며 승계집행문 부여에 대한 이의를 신청한 사안임
☞ 원심은, 종래 판례(대판 2015.5.14, 2013다48852)에 따라 피상속인의 배우자와 자녀 중 자녀 전부가 상속을 포기한 경우 피상속인에게 손자녀가 있으면 배우자가 그 손자녀와 공동으로 상속인이 된다는 이유로 신청인들의 이의신청을 기각하였음
☞ 대법원은 전원합의체 판결을 통하여, 상속에 관한 입법례와 민법의 입법 연혁, 민법 조문의 문언 및 체계적·논리적 해석, 채무상속에서 상속포기자의 의사, 실무상 문제 등을 종합하여 보면, 피상속인의 배우자와 자녀 중 자녀 전부가 상속을 포기한 경우에는 배우자가 단독상속인이 된다고 봄이 타당하다고 판단하여, 종래 판례를 변경하고 종래 판례에 따른 원심을 파기·환송함

002

권리주체에 관한 설명으로 옳지 않은 것은? (다툼이 있으면 판례에 따름)

① 의사능력은 자신의 행위의 의미와 결과를 합리적으로 판단할 수 있는 정신적 능력으로 구체적인 법률행위와 관련하여 개별적으로 판단되어야 한다.
② 어떤 법률행위가 일상적인 의미만으로 알기 어려운 특별한 법률적 의미나 효과를 가진 경우, 이를 이해할 수 있을 때 의사능력이 인정된다.
③ 현행 민법은 태아의 권리능력에 관하여 일반적 보호주의를 취한다.
④ 태아의 상태에서는 법정대리인이 있을 수 없고, 법정대리인에 의한 수증행위도 할 수 없다.
⑤ 피상속인과 그의 직계비속 또는 형제자매가 동시에 사망한 것으로 추정되는 경우에도 대습상속이 인정된다.

해설
답 ③

① [○] 의사능력의 유무는 구체적인 법률행위와 관련하여 개별적으로 판단되어야 한다. 그러나 행위능력은 획일적으로 판단된다.
② [○] 어떤 법률행위가 그 일상적인 의미만을 이해하여서는 알기 어려운 특별한 법률적인 의미나 효과가 부여되어 있는 경우 의사능력이 인정되기 위하여는 그 행위의 일상적인 의미뿐만 아니라 법률적인 의미나 효과에 대하여도 이해할 수 있을 것을 요한다(대판 2009.1.15, 2008다58367).
③ [×] 민법은 태아의 권리능력을 총칙 편에서 일반적으로 정하는 것 보다는 개별적으로 규정하는 것이 그 적용의 범위를 명료하게 하는 장점이 있다는 이유에서 개별적 보호주의를 채택하고 있다.
④ [○] 의용 민법이나 구관습하에 태아에게는 일반적으로 권리능력이 인정되지 아니하고 손해배상청구권 또는 상속 등 특별한 경우에 한하여 제한된 권리능력을 인정하였을 따름이므로 증여에 관하여는 태아의 수증능력이 인정되지 아니하였고, 또 태아인 동안에는 법정대리인이 있을 수 없으므로 법정대리인에 의한 수증행위도 할 수 없다(대판 1982.2.9, 81다534).
⑤ [○] 동시사망자 간에는 상속의 문제가 발생하지 않는다. 다만 동시사망으로 추정되는 경우 대습상속은 가능하다(대판 2001.3.9, 99다13157).

003

자연인의 권리능력에 관한 설명으로 옳지 않은 것은? (다툼이 있으면 판례에 따름) 22 세무사

① 권리능력에 관한 민법의 규정은 강행규정이다.
② 태아는 부(父)의 생명침해에 대한 자신의 위자료청구권에 관하여 이미 출생한 것으로 본다.
③ 부(父)의 사망 후 태아가 살아서 태어나면 상속개시 시에 이미 출생한 것으로 본다.
④ 가족관계등록부에 기재된 출생 사실은 그 기재사실에 반하는 증거에 의하여 그 추정을 번복할 수 있다.
⑤ 인정사망은 사망의 대세적 효력을 가지므로 그 후에 반대의 증거가 제출되더라도 그 효력이 소멸하지 않는다.

해설   답 ⑤

① [○] 제3조(권리능력의 존속기간) 사람은 생존한 동안 권리와 의무의 주체가 된다.

② [○] 제752조(생명침해로 인한 위자료) 타인의 생명을 해한 자는 피해자의 직계존속, 직계비속 및 배우자에 대하여는 재산상의 손해 없는 경우에도 손해배상의 책임이 있다.

제762조(손해배상청구권에 있어서의 태아의 지위) 태아는 손해배상의 청구권에 관하여는 이미 출생한 것으로 본다.

③ [○] 제1000조(상속의 순위) ③ 태아는 상속순위에 관하여는 이미 출생한 것으로 본다.

④ [○] 가족관계등록제도는 국민의 출생·혼인·사망 등 가족관계의 발생 및 변동사항을 가족관계의 등록 등에 관한 법률이 정한 절차에 따라 가족관계등록부에 등록하여 공시·공증하는 제도이다(제1조, 제9조). 따라서 가족관계등록부는 그 기재가 적법하게 되었고 기재사항이 진실에 부합한다는 추정을 받는다. 그러나 가족관계등록부의 기재에 반하는 증거가 있거나 그 기재가 진실이 아니라고 볼만한 특별한 사정이 있을 때에는 그 추정은 번복될 수 있다. 따라서 어떠한 신분에 관한 내용이 가족관계등록부에 기재되었더라도 기재된 사항이 진실에 부합하지 않음이 분명한 경우에는 그 기재내용을 수정함으로써 가족관계등록부가 진정한 신분관계를 공시하도록 하여야 한다(대결 2020.1.9, 2018스40).

⑤ [×] 인정사망은 사망이 추정되는 데 불과하므로 반증이 허용된다.

004 민법상 능력에 관한 설명으로 옳지 않은 것은? (다툼이 있으면 판례에 따름)   23 세무사

① 사람은 생존한 동안 권리와 의무의 주체가 된다.
② 행위능력의 유무는 객관적이고 획일적으로 판단한다.
③ 의사무능력자의 법률행위는 무효이다.
④ 태아는 법정대리인에 의한 수증(受贈)행위를 할 수 없다.
⑤ 실종선고를 받은 자는 권리능력을 상실한다.

해설   답 ⑤

① [○] 제3조(권리능력의 존속기간) 사람은 생존한 동안 권리와 의무의 주체가 된다.

② [○] 객관적·획일적 기준에 의하여 법률행위를 할 수 있는지를 정한 것이 행위능력 또는 제한능력제도이다(곽윤직·김재형).

③ [○] 의사무능력자가 사실상의 후견인의 보조를 받아 대출계약을 체결하고 자신 소유의 부동산에 관하여 근저당권을 설정한 경우, 의사무능력자의 특별대리인이 위 대출계약 및 근저당권설정계약의 무효를 주장하는 것이 가능하며, 신의칙에 반하지 않는다(대판 2006.9.22, 2004다51627).

④ [○] 사인증여에 관하여 태아의 권리능력이 인정되지 않는다는 판례는 보이지 않지만, 증여에 있어 수증능력이 없다는 판례는 있다(대판 1982.2.9, 81다534).

⑤ [×] 실종선고는 종래의 주소와 거소를 중심으로 한 사법상의 법률관계에 관하여만 사망한 것으로 간주할 뿐, 권리능력 자체를 박탈하는 제도는 아니다. 따라서 실종선고를 받았지만 실종선고가 취소되지 않은 실종자는 다른 주소지에서 계약을 체결할 수 있다.

005

권리능력에 관한 설명 중 옳은 것은? (다툼이 있는 경우 판례에 의함) 22 경간부

① 권리능력은 신고 또는 가족관계등록부의 기재에 의해 취득하므로, 반대의 증거가 있더라도 번복될 수 없다.
② 태아인 동안에 부(父)가 타인의 불법행위로 사망한 후에 그 태아가 살아서 출생한 경우에 불법행위로 인한 위자료를 청구할 수 없다.
③ 실종상태에 있는 자 중에 실종선고를 받지 않은 자는 특별한 사정이 없는 한 생존하고 있는 것으로 추정되므로, 사망의 사실에 대한 증명책임은 이를 주장하는 자가 부담한다.
④ 태아인 동안에는 모(母)가 그 태아의 법정대리인으로서 법률행위를 할 수 있다.

해설

답 ③

① [×] 출생은 "가족관계의 등록 등에 관한 법률"에서 정한 바에 따라 1개월 이내에 신고하여야 하고(동법 제44조), 이를 위반하면 5만원 이하의 과태료를 부과한다(동법 제122조). 출생신고는 보고적 신고이므로, 신고에 의하여 권리능력을 취득하는 것은 아니다. 즉 신고가 없어도 자연인은 출생과 동시에 권리능력을 취득하는 것이다.

② [×]
> **제752조(생명침해로 인한 위자료)** 타인의 생명을 해한 자는 피해자의 직계존속, 직계비속 및 배우자에 대하여는 재산상의 손해 없는 경우에도 손해배상의 책임이 있다.
>
> **제762조(손해배상청구권에 있어서의 태아의 지위)** 태아는 손해배상의 청구권에 관하여는 이미 출생한 것으로 본다.

③ [○] 부재자가 실종선고를 받은 경우에 실종자는 그가 사망한 것으로 간주되는 시기까지 생존한 것으로 간주 된다(대판 1977.3.22, 77다81·82). 그리고 실종선고를 받지 않고 있는 경우 부재자는 생존한 것으로 추정하는 것이 판례이다.

④ [×] 정지조건설(판례)는 태아가 살아서 출생한 경우 그의 권리능력취득의 효과가 문제의 사건발생시기까지 소급한다는 것으로서, 태아에 권리능력이 없으므로 법정대리인을 둘 수 없고 상속재산의 보존·관리가 불가능한 단점이 있으나, 태아사산 시 타인에게 불측의 손해가 없다는 것이 장점이다.

006 권리능력에 관한 설명으로 옳지 않은 것은? (다툼이 있는 경우 판례에 의함)

23 경간부

① 태아는 상속순위에 관하여 이미 출생한 것으로 본다.
② 법인은 설립과정에 하자가 없는 한 그 주된 사무소의 소재지에서 설립등기를 한 때부터 법인격을 취득한다.
③ 청산종결등기가 경료된 경우라도 청산사무가 종료되지 않았으면 청산법인으로 존속한다.
④ 가족관계등록부에 기재된 사망사실은 그 기재사실에 반하는 증거에 의하여 그 추정이 번복될 수 없다.

해설

답 ④

① [O] 제1000조(상속의 순위) ① 상속에 있어서는 다음 순위로 상속인이 된다. <개정 1990.1.13.>
③ 태아는 상속순위에 관하여는 이미 출생한 것으로 본다. <개정 1990.1.13.>

② [O] 제33조(법인설립의 등기) 법인은 그 주된 사무소의 소재지에서 설립등기를 함으로써 성립한다.

③ [O] 청산종결의 등기가 종료한 후에도 청산사무가 종결되었다고 할 수 없는 경우에는 청산법인으로 계속 존속한다(대판 1980.4.8, 79다2036).

④ [X] 가족관계등록부의 기재사항은 이를 번복할 만한 명백한 반증이 없는 한 진실에 부합하는 것으로 추정되고, 특히 가족관계등록부의 사망기재는 쉽게 번복할 수 있게 해서는 안 되며, 그 기재내용을 뒤집기 위해서는 사망신고 당시에 첨부된 서류들이 위조 또는 허위조작된 문서임이 증명되거나 신고인이 공정증서원본불실기재죄로 처단되었거나 또는 사망으로 기재된 본인이 현재 생존해 있다는 사실이 증명되고 있을 때, 또는 이에 준하는 사유가 있을 때 등에 한해서 가족관계등록상의 사망기재의 추정력을 뒤집을 수 있을 뿐이고, 그러한 정도에 미치지 못한 경우에는 그 추정력을 깰 수 없다 할 것이므로, 가족관계등록부상 이미 사망한 것으로 기재되어 있는 자는 그 가족관계등록부상 사망기재의 추정력을 뒤집을 수 있는 자료가 없는 한 그 생사가 불분명한 자라고 볼 수 없어 실종선고를 할 수 없다(대결 1997.11.27, 97스4).

007

남편 甲과의 사이에서 태아 丙을 임신한 처 乙이 甲과 함께 택시를 타고 귀가하던 중에 음주상태에서 중앙선을 침범한 A가 운전한 자동차와 충돌하는 사고를 당하였다. 다음 설명 중 옳은 것은? (다툼이 있는 경우 판례에 의함) 23 경간부

① 丙은 태아인 동안에도 법정대리인 甲을 통해 조부 소유의 토지를 증여받을 수 있다.
② 丙이 출생하면 丙은 甲의 사망으로 인한 자신의 정신적 고통에 따른 위자료를 A에게 청구할 수 있다.
③ 丙이 출생하기 전에 乙과 함께 사망한 경우, 丙은 A를 상대로 손해배상을 청구할 수 있다.
④ 丙이 출생하기 전에 甲이 사망한 경우, 출생한 丙은 A에 대한 甲의 손해배상청구권을 상속받지 못한다.

해설
답 ②

① [×] 정지조건설은 태아가 살아서 출생한 경우 그의 권리능력취득의 효과가 문제의 사건발생시기까지 소급한다는 것으로서, 태아에 권리능력이 없으므로 법정대리인을 둘 수 없고 상속재산의 보존·관리가 불가능한 단점이 있으나, 태아사산 시 타인에게 불측의 손해가 없다는 것이 장점이다.

② [○] **제762조(손해배상청구권에 있어서의 태아의 지위)** 태아는 손해배상의 청구권에 관하여는 이미 출생한 것으로 본다.

③ [×] 민법 제762조의 취지는 태아가 살아서 출생한 때에 출생시기가 문제의 사건의 시기까지 소급하여 그때에 태아가 출생한 것과 같이 법률상 보아준다고 해석함이 상당하므로 그가 모체와 같이 사망하여 출생의 기회를 못 가졌다면 손해배상청구권을 논할 여지가 없다(대판 1976.9.14, 76다1365).

④ [×] **제752조(생명침해로 인한 위자료)** 타인의 생명을 해한 자는 피해자의 직계존속, 직계비속 및 배우자에 대하여는 재산상의 손해 없는 경우에도 손해배상의 책임이 있다.

제2관 │ 자연인의 의사능력, 행위능력

I. 서설
1. 의사능력
2. 의사능력과 제한능력의 경합

008 의사능력과 행위능력에 관한 설명으로 옳지 않은 것은?

① 의사능력이란 자신의 행위의 의미나 결과를 정상적인 인식력과 예기력을 바탕으로 합리적으로 판단할 수 있는 정신적 능력 내지는 지능을 말하는 것이다.
② 의사능력의 유무는 구체적인 법률행위와 관련하여 개별적으로 판단되지만, 행위능력은 획일적으로 판단된다. 그리고 의사무능력자의 법률행위는 그가 제한능력자에 해당한다면 취소가 가능하다.
③ 어떤 법률행위가 그 일상적인 의미만을 이해하여서는 알기 어려운 특별한 법률적인 의미나 효과가 부여되어 있는 경우 의사능력이 인정되기 위하여는 그 행위의 일상적인 의미뿐만 아니라 법률적인 의미나 효과에 대하여도 이해할 수 있을 것을 요한다.
④ 지적장애를 가진 사람이 장애인복지법령에 따라 지적장애인 등록을 하지 않았다거나 등록기준을 충족하지 못하였다면 의사능력이 있다고 보아야 한다.
⑤ 지적장애를 가진 사람에게 의사능력이 있는지를 판단할 때 단순히 그 외관이나 피상적인 언행만을 근거로 의사능력을 쉽게 인정해서는 안 되고, 의학적 진단이나 감정 등을 통해 확인되는 지적장애의 정도를 고려해서 법률행위의 구체적인 내용과 난이도, 그에 따라 부과되는 책임의 중대성 등에 비추어 볼 때 지적장애를 가진 사람이 과연 법률행위의 일상적 의미뿐만 아니라 법률적인 의미나 효과를 이해할 수 있는지, 법률행위가 이루어지게 된 동기나 경위 등에 비추어 합리적인 의사결정이라고 보기 어려운 사정이 존재하는지 등을 세심하게 살펴보아야 한다.

> **해설** 답 ④

①③ [○] 의사능력이란 자신의 행위의 의미나 결과를 정상적인 인식력과 예기력을 바탕으로 합리적으로 판단할 수 있는 정신적 능력 내지는 지능을 말하는 것으로서, 의사능력의 유무는 구체적인 법률행위와 관련하여 개별적으로 판단되어야 하므로, 특히 어떤 법률행위가 그 일상적인 의미만을 이해하여서는 알기 어려운 특별한 법률적인 의미나 효과가 부여되어 있는 경우 의사능력이 인정되기 위하여는 그 행위의 일상적인 의미뿐만 아니라 법률적인 의미나 효과에 대하여도 이해할 수 있을 것을 요한다(대판 2009.1.15, 2008다58367).

② [○] 의사능력의 유무는 구체적인 법률행위와 관련하여 개별적으로 판단되어야 한다. 그러나 행위능력은 획일적으로 판단된다. 그리고 무효와 취소의 상대화를 근거로 의사무능력을 이유로 무효를 주장하든지, 제한능력을 이유로 취소를 주장하든지 선택적으로 주장할 수 있다(이중효, Doppel Wirkung, 통설).

④ [×], ⑤ [○] 장애인복지법 제2조 제2항 제2호, 장애인복지법 시행령 제2조 제1항 [별표 1] 제6호, 장애인복지법 시행규칙 제2조 제1항 [별표 1] 제6호에 따르면, 특별한 사정이 없는 한 지능지수가 70 이하인 사람은 교육을 통한 사회적·직업적 재활이 가능하더라도 지적장애인으로서 위 법령에 따른 보호의 대상이 된다. 지적장애인에 해당하는 경우에도 의학적 질병이나 신체적 이상이 드러나지 않아 사회 일반인이 보았을 때 아무런 장애가 없는 것처럼 보이는 경우가 있다. 반면 지적장애를 가진 사람이 장애인복지법령에 따라 지적장애인 등록을 하지 않았다거나 등록 기준을 충족하지 못하였다고 해서 반드시 의사능력이 있다고 단정할 수 없다. 이러한 사정을 고려하면, 지적장애를 가진 사람에게 의사능력이 있는지를 판단할 때 단순히 그 외관이나 피상적인 언행만을 근거로 의사능력을 쉽게 인정해서는 안 되고, 의학적 진단이나 감정 등을 통해 확인되는 지적장애의 정도를 고려해서 법률행위의 구체적인 내용과 난이도, 그에 따라 부과되는 책임의 중대성 등에 비추어 볼 때 지적장애를 가진 사람이 과연 법률행위의 일상적 의미뿐만 아니라 법률적인 의미나 효과를 이해할 수 있는지, 법률행위가 이루어지게 된 동기나 경위 등에 비추어 합리적인 의사결정이라고 보기 어려운 사정이 존재하는지 등을 세심하게 살펴보아야 한다(대판 2022.5.26, 2019다213344).

009 의사무능력자 甲은 자기 소유 X건물에 乙은행 앞으로 저당권을 설정해 주고 금원을 대출받아 곧바로 이를 丙에게 대여하였다. 이에 관한 설명으로 옳은 것을 모두 고른 것은? (다툼이 있으면 판례에 따름)

24 변리사

> ㄱ. 甲이 자신의 의사무능력을 이유로 乙과 체결한 저당권설정계약의 무효를 주장하는 것은 특별한 사정이 없는 한 신의칙에 반한다.
> ㄴ. 甲은 선의·악의를 불문하고 받은 이익이 현존하는 한도에서 乙에게 그 이익을 반환할 의무를 부담한다.
> ㄷ. 甲이 丙에 대한 부당이득반환채권을 乙에게 양도할 의무와 乙의 저당권등기말소의무는 동시이행관계에 있다.

① ㄱ
② ㄴ
③ ㄱ, ㄷ
④ ㄴ, ㄷ
⑤ ㄱ, ㄴ, ㄷ

해설　　　　　　　　　　　　　　　　　　　　　　　　　　　　　　　　　　답 ④

ㄱ. [×] 의사무능력자가 사실상의 후견인의 보조를 받아 대출계약을 체결하고 자신 소유의 부동산에 관하여 근저당권을 설정한 경우, 의사무능력자의 특별대리인이 위 대출계약 및 근저당권설정계약의 무효를 주장하는 것이 가능하며, 신의칙에 반하지 않는다(대판 2006.9.22, 2004다51627).
ㄴ. [○] 무능력자의 책임을 제한하는 민법 제141조 단서는 부당이득에 있어 수익자의 반환범위를 정한 민법 제748조의 특칙으로서 무능력자의 보호를 위해 그 선의·악의를 묻지 아니하고 반환범위를 현존 이익에 한정시키려는 데 그 취지가 있으므로, 의사능력의 흠결을 이유로 법률행위가 무효가 되는 경우에도 유추적용되어야 할 것이나, 법률상 원인 없이 타인의 재산 또는 노무로 인하여 이익을 얻고 그로 인하여 타인에게 손해를 가한 경우에 그 취득한 것이 금전상의 이득인 때에는 그 금전은 이를 취득한 자가 소비하였는가의 여부를 불문하고 현존하는 것으로 추정되므

로, 위 이익이 현존하지 아니함은 이를 주장하는 자, 즉 의사무능력자 측에 입증책임이 있다(대판 2009.1.15, 2008다58367).
ㄷ. [O] 공평의 관념과 신의칙에 비추어 볼 때 원고의 위 채권양도 의무와 피고 조합의 이 사건 근저당권설정등기말소 의무는 동시이행관계에 있다고 보아야 할 것이다(대판 2009.1.15, 2008다58367).

010

의사무능력자 甲은 乙은행으로부터 5천만 원을 차용하는 대출거래약정을 체결하면서 그 담보로 자신의 X부동산에 근저당권을 설정하고 乙명의로 그 설정등기를 마쳐주었다. 이에 관한 설명으로 옳은 것을 모두 고른 것은? (다툼이 있으면 판례에 따름) 24 감평사

> ㄱ. 甲과 乙이 체결한 대출거래약정 및 근저당권설정계약은 무효이다.
> ㄴ. 甲은 그 선의·악의를 묻지 않고 乙에 대하여 현존이익을 반환할 책임이 있다.
> ㄷ. 만약 甲이 乙로부터 대출받은 금원을 곧바로 丙에게 다시 대여하였다면, 乙은 甲에게 丙에 대한 부당이득반환채권의 양도를 구할 수 있다.

① ㄱ
② ㄴ
③ ㄷ
④ ㄱ, ㄴ
⑤ ㄱ, ㄴ, ㄷ

해설
답 ⑤

ㄱ. [O] 의사무능력자가 사실상의 후견인의 보조를 받아 대출계약을 체결하고 자신 소유의 부동산에 관하여 근저당권을 설정한 경우, 의사무능력자의 특별대리인이 위 대출계약 및 근저당권설정계약의 무효를 주장하는 것이 가능하며, 신의칙에 반하지 않는다(대판 2006.9.22, 2004다51627).
ㄴ. [O] 무능력자의 책임을 제한하는 민법 제141조 단서는 부당이득에 있어 수익자의 반환범위를 정한 민법 제748조의 특칙으로서 무능력자의 보호를 위해 그 선의·악의를 묻지 아니하고 반환범위를 현존 이익에 한정시키려는 데 그 취지가 있으므로, 의사능력의 흠결을 이유로 법률행위가 무효가 되는 경우에도 유추적용 되어야 할 것이나, 법률상 원인 없이 타인의 재산 또는 노무로 인하여 이익을 얻고 그로 인하여 타인에게 손해를 가한 경우에 그 취득한 것이 금전상의 이득인 때에는 그 금전은 이를 취득한 자가 소비하였는가의 여부를 불문하고 현존하는 것으로 추정되므로, 위 이익이 현존하지 아니함은 이를 주장하는 자, 즉 의사무능력자 측에 입증책임이 있다(대판 2009.1.15, 2008다58367).
ㄷ. [O] 의사무능력자가 자신이 소유하는 부동산에 근저당권을 설정해 주고 금융기관으로부터 금원을 대출받아 이를 제3자에게 대여한 사안에서, 대출로써 받은 이익이 위 제3자에 대한 대여금채권 또는 부당이득반환채권의 형태로 현존하므로, 금융기관은 대출거래약정 등의 무효에 따른 원상회복으로서 위 대출금 자체의 반환을 구할 수는 없더라도 현존 이익인 위 채권의 양도를 구할 수 있다(대판 2009.1.15, 2008다58367).

2. 의사능력과 제한능력의 경합
3. 행위능력의 적용범위

Ⅱ. 미성년자

011 사실혼 관계인 미성년자(18세)가 단독으로 유효하게 할 수 없는 행위는? (후견개시심판을 받지 않음을 전제로 하고, 다툼이 있는 경우 판례에 의함) 22 경간부

① 미성년자 자신의 노무제공에 따른 임금청구
② 법정대리인으로부터 받은 자신의 용돈을 친구에게 빌려주는 행위
③ 이자를 지급하지 않는 금전의 차용
④ 채무면제계약의 청약에 대한 승낙

> **해설** 답 ③

① [O] 미성년자는 단독으로 근로에 의한 임금을 청구할 수 있으며 법정대리인의 임금대리수령은 허용되지 않는다(근로기준법 제67조, 제68조).
② [O] **제6조(처분을 허락한 재산)** 법정대리인이 "범위를 정하여" 처분을 허락한 재산은 미성년자가 임의로 처분할 수 있다.

목적에 구속되는지에 견해 대립이 있으나, 목적불구속설[사용목적을 정하여(예 등록금, 여비 등) 일정한 범위의 재산을 주었어도 미성년자는 그 목적과 관계없이 그 재산을 임의로 처분할 수 있다]이 통설이다.

③ [×] **제5조(미성년자의 능력)** ① 미성년자가 법률행위를 함에는 법정대리인의 동의를 얻어야 한다. 그러나 권리만을 얻거나 의무만을 면하는 행위는 그러하지 아니하다.
④ [O] 부담 없는 증여의 수령, 채무면제의 청약에 대한 승낙, 미성년자가 무상으로 보관하고 있는 타인의 물건을 반환하는 것은 가능하다. 부양청구권도 단독으로 행사 가능하다(대판 1972.7.11, 72므5).

012 제한능력자인 미성년자에 관한 설명 중 옳은 것은? (후견개시심판을 받지 않음을 전제로 하고, 다툼이 있는 경우 판례에 의함) 22 경간부

① 미성년자가 법률행위를 할 때에는 언제나 법정대리인의 동의를 얻어야 한다.
② 미성년자가 법정대리인의 동의 없이 계약을 체결하고 성년이 되기 전에 채무의 일부를 이행하였다면 그 계약을 추인한 것이다.
③ 불법행위의 피해자가 미성년자인 경우에는 다른 특별한 사정이 없는 한 그 법정대리인이 손해 및 가해자를 안 날로부터 소멸시효가 진행한다.
④ 미성년자는 유효한 대리행위를 할 수 없다.

> **해설** 답 ③

① [×] 제5조(미성년자의 능력) ① 미성년자가 법률행위를 함에는 법정대리인의 동의를 얻어야 한다. 그러나 권리만을 얻거나 의무만을 면하는 행위는 그러하지 아니하다.

② [×] 제144조(추인의 요건) ① 추인은 취소의 원인이 소멸된 후에 하여야만 효력이 있다.

③ [○] 제766조(손해배상청구권의 소멸시효) ① 불법행위로 인한 손해배상의 청구권은 피해자나 그 법정대리인이 그 손해 및 가해자를 안 날로부터 3년간 이를 행사하지 아니하면 시효로 인하여 소멸한다.

④ [×] 제117조(대리인의 행위능력) 대리인은 행위능력자임을 요하지 아니한다.

013 미성년자에 관한 설명으로 옳지 않은 것은? (다툼이 있으면 판례에 따름) 22 노무사

① 미성년자가 자신의 채무를 면제하는 것만을 내용으로 하는 채무면제계약에 관해 승낙의 의사표시를 하는 것은 법정대리인의 동의가 없어도 확정적으로 유효하다.
② 법정대리인이 미성년자에게 범위를 정하여 재산의 처분을 허락하는 것은 묵시적으로도 가능하다.
③ 법정대리인이 미성년자에게 특정한 영업을 허락한 경우, 그 영업과 관련된 행위에 대해서 법정대리인의 대리권은 소멸한다.
④ 미성년자는 타인의 임의대리인이 될 수 없다.
⑤ 미성년자가 제한능력을 이유로 자신이 행한 법률행위를 단독으로 취소한 경우, 그 법정대리인은 미성년자가 행한 취소의 의사표시를 다시 취소할 수 없다.

> **해설** 답 ④

① [○] 제5조(미성년자의 능력) ① 미성년자가 법률행위를 함에는 법정대리인의 동의를 얻어야 한다. 그러나 권리만을 얻거나 의무만을 면하는 행위는 그러하지 아니하다.

부담 없는 증여의 수령, 채무면제의 청약에 대한 승낙, 미성년자가 무상으로 보관하고 있는 타인의 물건을 반환하는 것은 가능하다. 부양청구권도 단독으로 행사가 가능하다(대판 1972.7.11, 72므5).

② [○] 미성년자의 법률행위에 있어서 법정대리인의 묵시적 동의나 처분허락이 있다고 볼 수 있는지 여부를 판단함에 있어서는, 미성년자의 연령·지능·직업·경력·법정대리인과의 동거 여부, 독자적인 소득의 유무와 그 금액, 경제활동의 여부, 계약의 성질·체결경위·내용, 기타 제반 사정을 종합적으로 고려하여야 할 것이고, 위와 같은 법리는 신용카드를 이용하여 재화와 용역을 신용구매한 후 사후에 결제하려는 경우와 곧바로 현금구매 하는 경우를 달리 볼 필요는 없다(대판 2007.11.16, 2005다71659).

③ [○] 제8조(영업의 허락) ① 미성년자가 법정대리인으로부터 허락을 얻은 특정한 영업에 관하여는 성년자와 동일한 행위능력이 있다.

허락받은 영업의 범위 내에서 법정대리인의 대리권은 소멸한다는 의미이다.

④ [×] 제117조(대리인의 행위능력) 대리인은 행위능력자임을 요하지 아니한다.

⑤ [○] 제한능력자는 제한능력인 상태에서 상대방에 대하여 법정대리인의 동의 없이 단독으로 자신이 한 법률행위를 취소할 수 있다. 따라서 그 법정대리인은 미성년자가 행한 취소의 의사표시를 다시 취소할 수 없다.

014

17세인 甲은 乙 소유의 자전거를 법정대리인의 동의를 얻지 않고 100만 원에 구입하기로 乙과 매매계약을 체결하고, 다음 달 대금지급과 동시에 자전거를 건네받기로 하였다. 이에 관한 설명으로 옳지 않은 것은? (다툼이 있으면 판례에 따름) 19 변리사

① 甲의 법정대리인은 특별한 사정이 없는 한 매매계약을 취소할 수 있다.
② 甲은 법정대리인의 동의가 없었다는 이유로 자신이 체결한 매매계약을 원칙적으로 취소할 수 없다.
③ 乙은 매매계약을 체결할 당시 甲이 17세라는 것을 알았던 경우에도 甲의 법정대리인에게 매매계약을 추인할 것인지 여부의 확답을 촉구할 수 있다.
④ 甲이 매매계약에 대하여 법정대리인의 동의서를 위조하였고, 乙이 이를 믿고 계약을 체결한 경우, 甲의 법정대리인도 매매계약을 취소할 수 없다.
⑤ 매매계약을 체결할 당시 甲이 17세라는 것을 乙이 알았던 경우, 乙은 매매계약과 관련한 자신의 의사표시를 철회할 수 없다.

해설 답 ②

① [○], ② [×] 제140조(법률행위의 취소권자) 취소할 수 있는 법률행위는 제한능력자, 착오로 인하거나 사기·강박에 의하여 의사표시를 한 자, 그의 대리인 또는 승계인만이 취소할 수 있다.

제5조(미성년자의 능력) ① 미성년자가 법률행위를 함에는 법정대리인의 동의를 얻어야 한다. 그러나 권리만을 얻거나 의무만을 면하는 행위는 그러하지 아니하다.

③ [○] 제15조(제한능력자의 상대방의 확답을 촉구할 권리) ① 제한능력자의 상대방은 제한능력자가 능력자가 된 후에 그에게 1개월 이상의 기간을 정하여 그 취소할 수 있는 행위를 추인할 것인지 여부의 확답을 촉구할 수 있다. 능력자로 된 사람이 그 기간 내에 확답을 발송하지 아니하면 그 행위를 추인한 것으로 본다.

④ [○] 제17조(제한능력자의 속임수) ① 제한능력자가 속임수로써 자기를 능력자로 믿게 한 경우에는 그 행위를 취소할 수 없다.
② 미성년자나 피한정후견인이 속임수로써 법정대리인의 동의가 있는 것으로 믿게 한 경우에도 제1항과 같다.

⑤ [O] 제16조(제한능력자의 상대방의 철회권과 거절권) ① 제한능력자가 맺은 계약은 추인이 있을 때까지 상대방이 그 의사표시를 철회할 수 있다. 다만, 상대방이 계약 당시에 제한능력자임을 알았을 경우에는 그러하지 아니하다.

015

2022.1.12. 당시 18세 1개월이었던 甲은 법정대리인 丁의 동의 없이, 자신이 소유하는 상가건물을 乙에게 매도하는 매매계약을 체결하였다. 그 후 甲은 2022.3.12. 丙과 혼인하였으나, 6개월 후인 2022.9.12. 이혼을 하였다. 이에 관한 설명으로 옳지 않은 것은? (다툼이 있으면 판례에 따름)

23 변리사

① 2023.2.18. 현재 甲은 이미 성년이 되었으므로, 매매계약을 취소할 수 없다.
② 만일 甲이 2022.2.17. 丁의 동의 없이 매매계약을 추인하였더라도, 甲은 위 매매계약을 취소할 수 있다.
③ 만일 甲이 2022.5.15. 丁의 동의 없이 매매계약을 추인한 경우, 그 추인은 유효하다.
④ 만일 甲이 2022.10.5. 아무런 이의를 제기하지 않고 乙로부터 매매대금을 수령한 경우, 매매계약을 취소할 수 없다.
⑤ 2023.2.18. 현재 甲은 위 매매계약을 丁의 동의 없이 유효하게 추인할 수 있다.

해설

답 ①

① [X] 甲은 매매계약 당시 2022.1.12. 당시 18세 1개월로 미성년자이므로, 계약을 취소할 수 있다(제5조). 특히 2022.3.12. 丙과 혼인하여 성년의제가 되어, 이때부터 추인할 수 있게 된다(제826조의2). 그리고 2022.9.12. 이혼을 한 것은 성년의제의 효과에 영향이 없다. 따라서 甲은 추인할 수 있는 날인 2022.3.12.부터 3년이 지난 후인 2025.3.12.까지 취소권을 행사할 수 있으므로, 2023.2.18. 현재 甲은 매매계약을 취소할 수 있다.

② [O] 제144조(추인의 요건) ① 추인은 취소의 원인이 소멸된 후에 하여야만 효력이 있다.

甲은 2022.2.17. 제한능력자이므로, 매매계약을 추인할 수 없다. 따라서 매매계약을 추인하였다고 하여도, 추인은 무효이므로 여전히 甲은 매매계약을 취소할 수 있다.

③ [O] 제826조의2(성년의제) 미성년자가 혼인을 한 때에는 성년자로 본다.

성년의제에 의하여, 甲은 2022.3.12. 성년으로 의제된다. 따라서 甲은 행위능력자가 되므로 2022.5.15. 丁의 동의 없이 매매계약을 추인한 경우, 그 추인은 유효하다.
④ [O] 2022.9.12. 이혼을 한 것은 성년의제 효력에 영향이 없다[2]. 따라서 여전히 행위능력자이므로 묵시적 추인이 되거나 법정추인에 해당한다. 따라서 甲은 매매계약을 취소할 수 없다.
⑤ [O] 2023.2.18. 현재 甲은 행위능력자이므로, 매매계약을 丁의 동의 없이 유효하게 추인할 수 있다.

---

[2] 이혼·사망 등으로 혼인이 해소되는 경우 성년의제의 효력이 소멸되는지가 문제 된다. 혼인이 해소될 경우 성년의제의 효력이 소멸된다고 해석하면, 일단 취득한 행위능력을 잃게 되어 거래의 안전을 해할 수 있고 혼인 중에 출생한 자녀에 대한 친권도 행사할 수 없게 되는 등 혼란이 생길 수 있으므로, 혼인이 해소되어도 성년의제의 효과는 소멸하지 않는다고 해석하는 것이 타당하다(주석 민법[친족(1)], 392면). 혼인이 취소되는 경우에도 동일하다.

016

고등학생 甲(18세)은 자신 소유의 X토지를 법정대리인 乙의 동의 없이 건설업자 丙에게 매도하는 계약을 체결하였다. 이에 관한 설명으로 옳지 않은 것은? (다툼이 있으면 판례에 따름)

23 세무사

① 甲이 미성년상태에서 매매계약을 추인하더라도 乙은 甲이 미성년자임을 이유로 계약을 취소할 수 있다.
② 丙이 매매계약 체결시 甲이 미성년자임을 몰랐더라면 추인이 있기 전에 자신의 의사표시를 철회할 수 있다.
③ 甲은 자신이 미성년자임을 이유로 단독으로 매매계약을 취소할 수 있다.
④ 丙이 매매계약 체결시 甲이 미성년자임을 알았더라면 乙에게 매매계약의 추인여부에 대한 확답을 촉구할 수 없다.
⑤ 甲이 신분증을 위조하여 丙으로 하여금 자신을 성년자로 믿게 한 경우, 乙은 매매계약을 취소할 수 없다.

| 해설 | 답 ④ |

① [○] 제144조(추인의 요건) ① 추인은 취소의 원인이 소멸된 후에 하여야만 효력이 있다.
② 제1항은 법정대리인 또는 후견인이 추인하는 경우에는 적용하지 아니한다. [전문개정 2011. 3.7.]

② [○] 제16조(제한능력자의 상대방의 철회권과 거절권) ① 제한능력자가 맺은 계약은 추인이 있을 때까지 상대방이 그 의사표시를 철회할 수 있다. 다만, 상대방이 계약 당시에 제한능력자임을 알았을 경우에는 그러하지 아니하다.

③ [○] 제140조(법률행위의 취소권자) 취소할 수 있는 법률행위는 제한능력자, 착오로 인하거나 사기·강박에 의하여 의사표시를 한 자, 그의 대리인 또는 승계인만이 취소할 수 있다. [전문개정 2011. 3.7.]

④ [×] 제15조(제한능력자의 상대방의 확답을 촉구할 권리) ① 제한능력자의 상대방은 제한능력자가 능력자가 된 후에 그에게 1개월 이상의 기간을 정하여 그 취소할 수 있는 행위를 추인할 것인지 여부의 확답을 촉구할 수 있다. 능력자로 된 사람이 그 기간 내에 확답을 발송하지 아니하면 그 행위를 추인한 것으로 본다.

⑤ [○] 민법 제17조에 이른바 "무능력자가 사술로써 능력자로 믿게 한 때"라 함은 무능력자가 상대방으로 하여금 그 능력자임을 믿게 하기 위하여 적극적으로 사기수단을 쓴 것을 말하는 것으로서 단순히 자기가 능력자라 사언함은 동조에 이른바 사술을 쓴 것이라고 할 수 없다 할 것이므로, 본건에 있어서 미성년자인 원고가 본건 매매계약당시 원고 본인이 스스로 사장이라고 말하였다거나 또는 동석한 소외인이 상대방인 피고에 대하여 원고를 중앙전선 주식회사의 사장이라고 호칭한 사실이 있었다 하더라도 이것만으로써는 이른바 사술을 쓴 경우에 해당되지 아니한다 할 것이므로 이와 같은 견해의 취지에서 판단한 원판결은 정당하고, 원판결에는 법률의 해석적용을 그릇한 위법은 없다 할 것이므로 논지들은 받아들일 수 없다(대판 1971.12.24, 71다2045).

017 특별한 사정이 없음을 전제로 만 16세인 미성년자 甲이 법정대리인 乙의 동의 없이 자신의 자전거를 丙에게 매각하기로 약정한 경우, 이에 관한 설명 중 옳은 설명은? (다툼이 있는 경우 판례에 의함)

22 경간부

① 丙이 만 20세가 된 甲에게 1개월 이상의 기간을 정하여 추인여부의 확답을 촉구하였지만, 甲이 그 기간 내에 확답을 발송하지 아니한 경우에는 추인한 것으로 본다.
② 丙은 추인여부의 확답에 대한 촉구를 甲에게 할 수 있다.
③ 丙은 乙이 추인하기 전에 거절권을 행사할 수 있다.
④ 甲이 丙에게 적극적인 속임수를 사용하여 성년자로 믿게 한 경우에 甲은 계약을 취소하고 받은 이익을 반환하여야 한다.

> **해설**
>
> 답 ①

① [O] 제15조(제한능력자의 상대방의 확답을 촉구할 권리) ① 제한능력자의 상대방은 제한능력자가 능력자가 된 후에 그에게 1개월 이상의 기간을 정하여 그 취소할 수 있는 행위를 추인할 것인지 여부의 확답을 촉구할 수 있다. 능력자로 된 사람이 그 기간 내에 확답을 발송하지 아니하면 그 행위를 추인한 것으로 본다.

② [×] 甲은 만 16세여서 제한능력자이므로, 甲에게 촉구를 할 수 없다.

③ [×] 제16조(제한능력자의 상대방의 철회권과 거절권) ① 제한능력자가 맺은 계약은 추인이 있을 때까지 상대방이 그 의사표시를 철회할 수 있다. 다만, 상대방이 계약 당시에 제한능력자임을 알았을 경우에는 그러하지 아니하다.
② 제한능력자의 단독행위는 추인이 있을 때까지 상대방이 거절할 수 있다.

④ [×] 제17조(제한능력자의 속임수) ① 제한능력자가 속임수로써 자기를 능력자로 믿게 한 경우에는 그 행위를 취소할 수 없다.

그리고 사술을 쓴 때라 함은 무능력자가 상대방으로 하여금 그 능력자임을 믿게 하기 위하여 적극적으로 사기수단을 쓴 것을 말하고 단순히 자기가 능력자라 칭한 것만으로 사술을 쓴 것이라 할 수 없다(대판 1971.12.24, 71다2045). 따라서 甲은 계약을 취소할 수 없다.

018

아래 〈사례〉에 관한 다음 〈설명〉 중 옳지 않은 것을 모두 고른 것은?

〈사례〉

甲은 2002.2.1.생으로 이 사건 당시 만 18세의 미성년자였다. 甲은 법정대리인 A의 동의 없이 L신용카드회사와 신용카드 이용계약을 체결하여 신용카드를 발급받았다. 甲은 乙이 운영하는 노트북 대리점에서 10만 원 상당의 외장하드를 3개월 할부로 구입하면서, 이를 위 신용카드로 결제하였다. 한편 甲은 당시 아르바이트 등을 통해 월 60만 원 이상의 소득을 얻고 있었다. 이후 甲은 A의 동의가 없었음을 이유로 L사와의 위 신용 카드 이용계약과 乙과의 위 신용구매계약을 각각 취소하였다.

〈설명〉

ㄱ. 甲이 L사와의 신용카드 이용계약의 취소를 구하는 것은 신의칙에 반하므로 인정될 수 없다.
ㄴ. 甲과 乙과의 신용구매계약은 A의 묵시적 처분허락을 받은 재산범위 내의 처분이므로 취소할 수 없다.
ㄷ. 만일 甲과 L사와의 신용카드 이용계약이 취소되었음에도 L사가 乙에게 甲의 신용카드 이용대금을 지급한 경우, L사는 여전히 甲에게 신용카드 이용계약에 따라 신용카드 이용대금을 청구할 수 있다.
ㄹ. 만일 甲과 L사와의 신용카드 이용계약이 취소되었음에도 L사가 乙에게 甲의 신용카드 이용대금을 지급한 경우, L사는 甲에게 부당이득의 반환을 구할 수 있다.
ㅁ. 위 ㄹ.의 경우, 甲이 반환하여야 할 이익은 乙로부터 구입한 재화, 즉 외장하드이다.

① ㄱ, ㄷ, ㅁ   ② ㄴ, ㄹ   ③ ㄷ, ㅁ
④ ㄱ, ㄴ, ㄷ, ㅁ   ⑤ ㄱ, ㄴ, ㄷ

해설

답 ①

ㄱ. [×] 미성년자의 법률행위에 법정대리인의 동의를 요하도록 하는 것은 강행규정인데, 위 규정에 반하여 이루어진 신용구매계약을 미성년자 스스로 취소하는 것을 신의칙 위반을 이유로 배척한다면, 이는 오히려 위 규정에 의해 배제하려는 결과를 실현시키는 셈이 되어 미성년자 제도의 입법 취지를 몰각시킬 우려가 있으므로, 법정대리인의 동의 없이 신용구매계약을 체결한 미성년자가 사후에 법정대리인의 동의 없음을 사유로 들어 이를 취소하는 것이 신의칙에 위배된 것이라고 할 수 없다(대판 2007.11.16, 2005다71659·71673).

ㄴ. [○] 만 19세가 넘은 미성년자가 월 소득범위 내에서 신용구매계약을 체결한 것은, 스스로 얻고 있던 소득에 대하여는 법정대리인의 묵시적 처분허락이 있었다고 보아 위 신용구매계약은 처분허락을 받은 재산범위 내의 처분행위에 해당한다(대판 2007.11.16, 2005다71659·71673).

ㄷ. ㅁ. [×], ㄹ. [○] 미성년자가 신용카드발행인과 사이에 신용카드 이용계약을 체결하여 신용카드거래를 하다가 신용카드 이용계약을 취소하는 경우 미성년자는 그 행위로 인하여 받은 이익이 현존하는 한도에서 상환할 책임이 있는바, 신용카드 이용계약이 취소됨에도 불구하고 신용카드회원과 해당 가맹점 사이에 체결된 개별적인 매매계약은 특별한 사정이 없는 한 신용카드 이용계약 취소와 무관하게 유효하게 존속한다 할 것이고, 신용카드발행인이 가맹점들에 대하여 그 신용카드사용대금을 지급한 것은 신용카드 이용계약과는 별개로 신용카드발행인과 가맹점 사이에 체결된 가맹점 계약에 따른 것으로서 유효하므로, 신용카드발행인의 가맹점에 대한 신용카드이용대금의 지급으로써 신용카드회원은 자신의 가맹점에 대한 매매대금 지급채무를 법률상 원인 없

이 면제받는 이익을 얻었으며, 이러한 이익은 금전상의 이득으로서 특별한 사정이 없는 한 현존하는 것으로 추정된다(대판 2005.4.15, 2003다60297·60303·60310·60327).

019 미성년자의 행위능력에 관한 설명으로 옳지 않은 것은? (다툼이 있으면 판례에 따름) 24 세무사

① 미성년자임을 이유로 하는 의사표시의 취소는 선의의 제3자에게 대항할 수 없다.
② 법정대리인이 미성년자에게 특정한 영업에 대하여 한 허락은 취소할 수 있지만, 그 취소로 선의의 제3자에게 대항할 수 없다.
③ 미성년자의 법정대리인의 대리행위가 미성년자의 이익에 반하는 배임적인 경우, 상대방이 이를 알았다면 그 대리행위의 효과는 미성년자에게 미치지 않는다.
④ 미성년자가 제한능력을 이유로 계약을 취소함으로써 그 계약으로 취득한 금전상 이득을 반환해야 하는 경우, 특별한 사정이 없는 한 이익이 현존하는 것으로 추정된다.
⑤ 미성년자가 법정대리인으로부터 허락을 얻은 특정한 영업에 관해서는 법정대리인의 대리권이 소멸한다.

해설
답 ①

① [×] **제5조(미성년자의 능력)** ① 미성년자가 법률행위를 함에는 법정대리인의 동의를 얻어야 한다. 그러나 권리만을 얻거나 의무만을 면하는 행위는 그러하지 아니하다.
② 전항의 규정에 위반한 행위는 취소할 수 있다.

② [○] **제8조(영업의 허락)** ② 법정대리인은 전항의 허락을 취소 또는 제한할 수 있다. 그러나 선의의 제3자에게 대항하지 못한다.

③ [○] 법정대리인인 친권자의 대리행위가 객관적으로 볼 때 미성년자 본인에게는 경제적인 손실만을 초래하는 반면, 친권자나 제3자에게는 경제적인 이익을 가져오는 행위이고 행위의 상대방이 이러한 사실을 알았거나 알 수 있었을 때에는 민법 제107조 제1항 단서의 규정을 유추적용 하여 행위의 효과가 자(子)에게는 미치지 않는다고 해석함이 타당하나, 그에 따라 외형상 형성된 법률관계를 기초로 하여 새로운 법률상 이해관계를 맺은 선의의 제3자에 대하여는 같은 조 제2항의 규정을 유추적용 하여 누구도 그와 같은 사정을 들어 대항할 수 없으며, 제3자가 악의라는 사실에 관한 주장·증명책임은 무효를 주장하는 자에게 있다(대판 2018.4.26, 2016다3201).

④ [○] 제한능력자의 책임을 제한하는 민법 제141조 단서는 의사능력의 흠결을 이유로 법률행위가 무효가 되는 경우에도 유추적용 되어야 할 것이나, 법률상 원인 없이 타인의 재산 또는 노무로 인하여 이익을 얻고 그로 인하여 타인에게 손해를 가한 경우에 그 취득한 것이 금전상의 이득인 때에는 그 금전은 이를 취득한 자가 소비하였는가의 여부를 불문하고 현존하는 것으로 추정되므로, 위 이익이 현존하지 아니함은 이를 주장하는 자, 즉 의사무능력자 측에 입증책임이 있다(대판 2009.1.15, 2008다58367).

⑤ [○] **제8조(영업의 허락)** ① 미성년자가 법정대리인으로부터 허락을 얻은 특정한 영업에 관하여는 성년자와 동일한 행위능력이 있다.
허락받은 영업의 범위 내에서 법정대리인의 대리권은 소멸한다는 의미이다.

020 미성년자의 법률행위에 관한 설명으로 옳지 않은 것은? (다툼이 있는 경우 판례에 의함)

24 경간부

① 미성년자의 법률행위에 대한 법정대리인의 동의는 묵시적으로도 가능하다.
② 법정대리인의 동의가 있었다는 증명책임은 그 법률행위의 유효를 주장하는 상대방에게 있다.
③ 미성년자가 제한능력을 이유로 법률행위를 취소하기 위해서는 법정대리인의 동의가 있어야 한다.
④ 법정대리인이 미성년자 본인 이름으로 매매계약을 체결한 경우에도 법정대리인이 그 행위를 한 이상 미성년자에 대하여 매매계약의 효과가 발생한다.

> **해설** 답 ③
>
> ① [O] 미성년자의 법률행위에 있어서 법정대리인의 묵시적 동의나 처분허락이 있다고 볼 수 있는지 여부를 판단함에 있어서는, 미성년자의 연령·지능·직업·경력·법정대리인과의 동거 여부, 독자적인 소득의 유무와 그 금액, 경제활동의 여부, 계약의 성질·체결경위·내용, 기타 제반 사정을 종합적으로 고려하여야 할 것이고, 위와 같은 법리는 신용카드를 이용하여 재화와 용역을 신용구매한 후 사후에 결제하려는 경우와 곧바로 현금구매 하는 경우를 달리 볼 필요는 없다(대판 2007.11.16, 2005다71659·71673).
> ② [O] 미성년자의 행위에 대한 동의는 사전 아니면 적어도 미성년자의 법률행위와 동시에 행해져야 하며, 상대방이 동의가 있었다는 사실에 관하여 증명책임을 진다(대판 1970.2.24, 69다1568).
> ③ [×] 제140조(법률행위의 취소권자) 취소할 수 있는 법률행위는 제한능력자, 착오로 인하거나 사기·강박에 의하여 의사표시를 한 자, 그의 대리인 또는 승계인만이 취소할 수 있다.
> ④ [O] 제911조(미성년자인 자의 법정대리인) 친권을 행사하는 부 또는 모는 미성년자인 자의 법정대리인이 된다.

021 미성년자의 영업에 대한 친권자인 법정대리인의 허락에 관한 설명으로 옳지 않은 것은? (다툼이 있는 경우 판례에 의함)

24 경간부

① 법정대리인은 그가 한 영업의 허락을 제한할 수 있다.
② 모든 영업에 관하여 포괄적으로 허락한 경우, 그 영업에 관하여 미성년자는 행위능력이 있다.
③ 특정한 영업에 관하여 허락한 경우, 그 범위에서 법정대리인의 대리권 및 동의권은 소멸한다.
④ 미성년자가 법정대리인의 영업 허락을 받아서 하는 그 영업에 관한 행위에 대해서는 소송능력이 있다.

> **해설** 답 ②

① [○] 제8조(영업의 허락) ② 법정대리인은 전항의 허락을 취소 또는 제한할 수 있다. 그러나 선의의 제삼자에게 대항하지 못한다.

② [×] 제8조(영업의 허락) ① 미성년자가 법정대리인으로부터 허락을 얻은 특정한 영업에 관하여는 성년자와 동일한 행위능력이 있다.

③ [○] '성년자와 동일한 행위능력이 있다.'는 의미는 허락 받은 영업의 범위 내에서 법정대리인의 대리권은 소멸한다는 의미이다.

④ [○] 미성년자는 피성년후견인의 경우와 달리 독립하여 법률행위를 할 수 있는 경우[예 법정대리인의 허락을 얻어 영업에 관한 법률행위를 하는 경우(제8조), 회사의 무한책임사원이 될 것이 허락된 경우(상법 제7조)]에 그 범위 내에서는 소송능력이 인정된다(제51조 단서).

III. 제한능력자(피성년후견인, 피한정후견인)

022 제한능력자와 관련한 설명으로 옳지 않은 것은? 15 노무사

① 피성년후견인이 성년후견인의 동의를 얻어 단독으로 체결한 토지매매계약은 취소할 수 없다.
② 가정법원은 성년후견개시의 심판을 할 때 본인의 의사를 고려하여야 한다.
③ 피한정후견인은 동의를 필요로 하는 행위가 아닌 이상 확정적으로 유효한 법률행위를 할 수 있다.
④ 가정법원은 한정후견개시의 심판을 할 때 본인의 의사를 고려하여야 한다.
⑤ 가정법원은 피한정후견인이 한정후견인의 동의를 받아야 하는 행위의 범위를 정할 수 있다.

> **해설** 답 ①

① [×] 제10조(피성년후견인의 행위와 취소) ① 피성년후견인의 법률행위는 취소할 수 있다. 즉 피성년후견의 법정대리인 성년후견인에게는 동의권 자체가 없다. 따라서 동의를 얻었더라 할지라도 취소할 수 있다.

② [○] 제9조(성년후견개시의 심판) ② 가정법원은 성년후견개시의 심판을 할 때 본인의 의사를 고려하여야 한다.

③ [○] 구법과는 달리 원칙적으로 피한정후견인은 완전능력자이다. 그러므로 동의가 필요하지 않는 행위는 유효하다.

④ [○] 제12조(한정후견개시의 심판) ② 한정후견개시의 경우에 제9조 제2항을 준용한다.

⑤ [○] 제13조(피한정후견인의 행위와 동의) ① 가정법원은 피한정후견인이 한정후견인의 동의를 받아야 하는 행위의 범위를 정할 수 있다.

023 제한능력자에 관한 설명으로 옳은 것은?

16 노무사

① 가정법원은 본인의 의사에 반하여 성년후견개시의 심판을 할 수 없다.
② 성년후견개시의 원인이 소멸된 경우, 본인은 가정법원에 성년후견종료의 심판을 청구할 수 있다.
③ 한정후견개시의 심판을 하는 경우, 가정법원은 한정후견의 기간을 정해야 한다.
④ 특정후견개시의 요건이 갖추어진 경우, 본인은 가정법원에 특정후견개시의 심판을 청구할 수 없다.
⑤ 가정법원이 피한정후견인에 대하여 성년후견개시의 심판을 할 때에 종전의 한정후견의 종료심판을 할 필요는 없다.

해설

답 ②

① [×] 제9조(성년후견개시의 심판) ② 가정법원은 성년후견개시의 심판을 할 때 본인의 의사를 고려하여야 한다.

② [○] 제11조(성년후견종료의 심판) 성년후견개시의 원인이 소멸된 경우에는 가정법원은 본인, 배우자, 4촌 이내의 친족, 성년후견인, 성년후견감독인, 검사 또는 지방자치단체의 장의 청구에 의하여 성년후견종료의 심판을 한다.

③ [×] 제14조의2(특정후견의 심판) ③ 특정후견의 심판을 하는 경우에는 특정후견의 기간 또는 사무의 범위를 정하여야 한다.

④ [×] 제14조의2(특정후견의 심판) ① 가정법원은 질병, 장애, 노령, 그 밖의 사유로 인한 정신적 제약으로 일시적 후원 또는 특정한 사무에 관한 후원이 필요한 사람에 대하여 본인, 배우자, 4촌 이내의 친족, 미성년후견인, 미성년후견감독인, 검사 또는 지방자치단체의 장의 청구에 의하여 특정후견의 심판을 한다.

⑤ [×] 제14조의3(심판 사이의 관계) ① 가정법원이 피한정후견인 또는 피특정후견인에 대하여 성년후견개시의 심판을 할 때에는 종전의 한정후견 또는 특정후견의 종료 심판을 한다.
② 가정법원이 피성년후견인 또는 피특정후견인에 대하여 한정후견개시의 심판을 할 때에는 종전의 성년후견 또는 특정후견의 종료 심판을 한다.

024 행위능력에 관한 설명으로 옳은 것은?

17 노무사

① 미성년후견인이 미성년자에게 특정한 영업을 허락한 경우, 미성년후견인의 대리권은 그 영업과 관련하여서도 여전히 유지된다.
② 가정법원이 성년후견개시의 심판을 하는 경우 취소할 수 없는 피성년후견인의 법률행위의 범위를 정할 수 있다.
③ 가정법원이 한정후견개시의 심판을 하는 경우 본인의 의사를 고려할 필요는 없다.
④ 특정후견은 본인의 의사에 반하여서도 할 수 있다.
⑤ 성년후견은 가족관계등록부에 공시된다.

해설

답 ②

① [×] 제8조(영업의 허락) ① 미성년자가 법정대리인으로부터 허락을 얻은 특정한 영업에 관하여는 성년자와 동일한 행위능력이 있다.

허락받은 영업의 범위 내에서 법정대리인의 대리권은 소멸한다는 의미이다.

② [○] 제10조(피성년후견인의 행위와 취소) ① 피성년후견인의 법률행위는 취소할 수 있다.
② 제1항에도 불구하고 가정법원은 취소할 수 없는 피성년후견인의 법률행위의 범위를 정할 수 있다.

③ [×] 제9조(성년후견개시의 심판) ② 가정법원은 성년후견개시의 심판을 할 때 본인의 의사를 고려하여야 한다.
제12조(한정후견개시의 심판) ② 한정후견개시의 경우에 제9조 제2항을 준용한다.

④ [×] 제14조의2(특정후견의 심판) ② 특정후견은 본인의 의사에 반하여 할 수 없다.

⑤ [×] 후견등기부에 공시된다. 후견등기부란 전산정보처리조직에 의하여 입력·처리된 성년후견, 한정후견, 특정후견 및 후견계약에 관한 등기 정보자료를 대법원규칙으로 정하는 바에 따라 편성한 것을 말한다(후견등기에 관한 법률 제2조 제1항).

025 제한능력자에 관한 설명으로 옳지 않은 것은? 18 노무사

① 미성년자가 법정대리인으로부터 허락을 얻은 특정한 영업에 관하여는 성년자와 동일한 행위능력이 있다.
② 가정법원은 성년후견개시의 심판을 할 때 본인의 의사를 고려하여야 한다.
③ 특정후견은 본인의 의사에 반하여 할 수 없다.
④ 가정법원이 피성년후견인에 대하여 한정후견개시의 심판을 할 때에는 종전의 성년후견의 종료 심판을 한다.
⑤ 가정법원은 질병, 장애, 노령, 그 밖의 사유로 인한 정신적 제약으로 사무를 처리할 능력이 부족한 사람에 대하여 일정한 자의 청구로 성년후견개시의 심판을 한다.
⑥ 한정후견의 개시를 청구한 사건에서 의사의 감정 결과 등에 비추어 성년후견 개시의 요건을 충족하고 본인도 성년후견의 개시를 희망한다면 법원이 성년후견을 개시할 수 있고, 성년후견 개시를 청구하고 있더라도 필요하다면 한정후견을 개시할 수 있다고 보아야 한다.

해설
답 ⑤

① [O] 제8조(영업의 허락) ① 미성년자가 법정대리인으로부터 허락을 얻은 특정한 영업에 관하여는 성년자와 동일한 행위능력이 있다.

② [O] 제9조(성년후견개시의 심판) ② 가정법원은 성년후견개시의 심판을 할 때 본인의 의사를 고려하여야 한다.

③ [O] 제14조의2(특정후견의 심판) ② 특정후견은 본인의 의사에 반하여 할 수 없다.

④ [O] 제14조의3(심판 사이의 관계) ② 가정법원이 피성년후견인 또는 피특정후견인에 대하여 한정후견개시의 심판을 할 때에는 종전의 성년후견 또는 특정후견의 종료 심판을 한다.

⑤ [X] 제9조(성년후견개시의 심판) ① 가정법원은 질병, 장애, 노령, 그 밖의 사유로 인한 정신적 제약으로 사무를 처리할 능력이 지속적으로 결여된 사람에 대하여 본인, 배우자, 4촌 이내의 친족, 미성년후견인, 미성년후견감독인, 한정후견인, 한정후견감독인, 특정후견인, 특정후견감독인, 검사 또는 지방자치단체의 장의 청구에 의하여 성년후견개시의 심판을 한다.

⑥ [O] 성년후견이나 한정후견에 관한 심판 절차는 가사소송법 제2조 제1항 제2호 (가)목에서 정한 가사비송사건으로서, 가정법원이 당사자의 주장에 구애받지 않고 후견적 입장에서 합목적적으로 결정할 수 있다. 이때 성년후견이든 한정후견이든 본인의 의사를 고려하여 개시 여부를 결정한다는 점은 마찬가지이다(제9조 제2항, 제12조 제2항). 위와 같은 규정 내용이나 입법 목적 등을 종합하면, 성년후견이나 한정후견 개시의 청구가 있는 경우 가정법원은 청구 취지와 원인, 본인의 의사, 성년후견 제도와 한정후견 제도의 목적 등을 고려하여 어느 쪽의 보호를 주는 것이 적절한지를 결정하고, 그에 따라 필요하다고 판단하는 절차를 결정해야 한다. 따라서 한정후견의 개시를 청구한 사건에서 의사의 감정 결과 등에 비추어 성년후견 개시의 요건을 충족하고 본인도 성년후견의 개시를 희망한다면 법원이 성년후견을 개시할 수 있고, 성년후견 개시를 청구하고 있더라도 필요하다면 한정후견을 개시할 수 있다고 보아야 한다. (그리고) 가사소송법 제45조의2 제1항은 "가정법원은 성년후견 개시 또는 한정후견 개시의 심판을 할 경우에는 피성년후견인이 될 사람이나 피한정후견인이 될 사람의 정신상태에 관하여 의사에게 감정을 시켜야 한다.

다만, 피성년후견인이 될 사람이나 피한정후견인이 될 사람의 정신상태를 판단할 만한 다른 충분한 자료가 있는 경우에는 그러하지 아니하다."라고 정하고 있다. 이 규정의 의미는 의사의 감정에 따라 정신적 제약으로 사무를 처리할 능력이 부족하거나 지속적으로 결여되었는지를 결정하라는 것이 아니라, 의학상으로 본 정신능력을 기초로 하여 성년후견이나 한정후견의 개시 요건이 충족되었는지 여부를 결정하라는 것이다. 따라서 피성년후견인이나 피한정후견인이 될 사람의 정신상태를 판단할 만한 다른 충분한 자료가 있는 경우 가정법원은 의사의 감정이 없더라도 성년후견이나 한정후견을 개시할 수 있다(대결 2021.6.10, 2020스596).

026 성년후견 및 한정후견제도에 관한 설명 중 옳은 것은? (다툼이 있는 경우 판례에 의함)

22 경간부

① 피한정후견인의 동의 없이 한정후견인이 행한 법률행위는 언제나 취소할 수 있다.
② 특별한 사정이 없는 한, 성년후견 또는 한정후견개시의 심판을 할 때에는 본인의 의사를 고려하여야 한다.
③ 피성년후견인의 취소권은 재판 외에서 의사표시를 하는 방법으로는 행사할 수 없다.
④ 성년후견인이 취소할 수 없는 피성년후견인의 법률행위의 범위는 가정법원이 변경할 수 없다.

해설
답 ②

① [×] **제13조(피한정후견인의 행위와 동의)** ④ 한정후견인의 동의가 필요한 법률행위를 피한정후견인이 한정후견인의 동의 없이 하였을 때에는 그 법률행위를 취소할 수 있다.

② [○] **제9조(성년후견개시의 심판)** ② 가정법원은 성년후견개시의 심판을 할 때 본인의 의사를 고려하여야 한다.
제12조(한정후견개시의 심판) ② 한정후견개시의 경우에 제9조 제2항을 준용한다.

③ [×] 법률행위의 취소는 상대방에 대한 의사표시로 하여야 하나 그 취소의 의사표시는 특별히 재판상 행하여짐이 요구되는 경우 이외에는 특정한 방식이 요구되는 것이 아니고, 취소의 의사가 상대방에 의하여 인식될 수 있다면 어떠한 방법에 의하더라도 무방하다고 할 것이고, 법률행위의 취소를 당연한 전제로 한 소송상의 이행청구나 이를 전제로 한 이행거절 가운데는 취소의 의사표시가 포함되어 있다고 볼 수 있다(대판 1993.9.14, 93다13162).

④ [×] **제10조(피성년후견인의 행위와 취소)** ③ 가정법원은 본인, 배우자, 4촌 이내의 친족, 성년후견인, 성년후견감독인, 검사 또는 지방자치단체의 장의 청구에 의하여 제2항의 범위를 변경할 수 있다.

027

후견제도에 관한 설명 중 옳은 것은? (다툼이 있는 경우 판례에 의함) 22 경간부

① 본인이 한정후견의 개시를 청구한 경우, 의사의 감정 결과 등에 비추어 성년후견개시의 요건을 충족하고 본인이 성년후견개시를 희망한다면 가정법원은 그 자에 대해 성년후견을 개시할 수 있다.
② 가정법원이 피특정후견인에 대해 성년후견개시의 심판을 할 때에는 종전의 특정후견의 종료심판을 할 필요가 없다.
③ 성년인 본인은 성년후견개시 심판의 청구권자이지만, 성년후견종료심판의 청구권자는 아니다.
④ 피성년후견인은 단독으로 유효한 혼인을 할 수 있다.

해설
답 ①

① [○] 성년후견이나 한정후견에 관한 심판 절차는 가사소송법 제2조 제1항 제2호 (가)목에서 정한 가사비송사건으로서, 가정법원이 당사자의 주장에 구애받지 않고 후견적 입장에서 합목적적으로 결정할 수 있다. 이때 성년후견이든 한정후견이든 본인의 의사를 고려하여 개시 여부를 결정한다는 점은 마찬가지이다(제9조 제2항, 제12조 제2항). 위와 같은 규정 내용이나 입법 목적 등을 종합하면, 성년후견이나 한정후견개시의 청구가 있는 경우 가정법원은 청구 취지와 원인, 본인의 의사, 성년후견 제도와 한정후견 제도의 목적 등을 고려하여 어느 쪽의 보호를 주는 것이 적절한지를 결정하고, 그에 따라 필요하다고 판단하는 절차를 결정해야 한다. 따라서 한정후견의 개시를 청구한 사건에서 의사의 감정 결과 등에 비추어 성년후견개시의 요건을 충족하고 본인도 성년후견의 개시를 희망한다면 법원이 성년후견을 개시할 수 있고, 성년후견개시를 청구하고 있더라도 필요하다면 한정후견을 개시할 수 있다고 보아야 한다. (그리고) 가사소송법 제45조의2 제1항은 "가정법원은 성년후견개시 또는 한정후견개시의 심판을 할 경우에는 피성년후견인이 될 사람이나 피한정후견인이 될 사람의 정신상태에 관하여 의사에게 감정을 시켜야 한다. 다만, 피성년후견인이 될 사람이나 피한정후견인이 될 사람의 정신상태를 판단할 만한 다른 충분한 자료가 있는 경우에는 그러하지 아니하다."라고 정하고 있다. 이 규정의 의미는 의사의 감정에 따라 정신적 제약으로 사무를 처리할 능력이 부족하거나 지속적으로 결여되었는지를 결정하라는 것이 아니라, 의학상으로 본 정신능력을 기초로 하여 성년후견이나 한정후견의 개시 요건이 충족되었는지 여부를 결정하라는 것이다. 따라서 피성년후견인이나 피한정후견인이 될 사람의 정신상태를 판단할 만한 다른 충분한 자료가 있는 경우 가정법원은 의사의 감정이 없더라도 성년후견이나 한정후견을 개시할 수 있다(대결 2021.6.10, 2020스596).

② [×] **제14조의3(심판 사이의 관계)** ① 가정법원이 피한정후견인 또는 피특정후견인에 대하여 성년후견개시의 심판을 할 때에는 종전의 한정후견 또는 특정후견의 종료심판을 한다.
② 가정법원이 피성년후견인 또는 피특정후견인에 대하여 한정후견개시의 심판을 할 때에는 종전의 성년후견 또는 특정후견의 종료심판을 한다.

③ [×] **제9조(성년후견개시의 심판)** ① 가정법원은 질병, 장애, 노령, 그 밖의 사유로 인한 정신적 제약으로 사무를 처리할 능력이 지속적으로 결여된 사람에 대하여 본인, 배우자, 4촌 이내의 친족, 미성년후견인, 미성년후견감독인, 한정후견인, 한정후견감독인, 특정후견인, 특정후견감독인, 검사 또는 지방자치단체의 장의 청구에 의하여 성년후견개시의 심판을 한다.
제11조(성년후견종료의 심판) 성년후견개시의 원인이 소멸된 경우에는 가정법원은 본인, 배우자, 4촌 이내의 친족, 성년후견인, 성년후견감독인, 검사 또는 지방자치단체의 장의 청구에 의하여 성년후견종료의 심판을 한다.

④ [×] **제808조(동의가 필요한 혼인)** ② 피성년후견인은 부모나 성년후견인의 동의를 받아 혼인할 수 있다.

028 제한능력자에 관한 설명으로 옳지 않은 것은? (다툼이 있으면 판례에 따름)   23 세무사

① 가정법원은 성년후견개시가 청구되더라도 필요하다면 한정후견을 개시할 수 있다.
② 가정법원은 한정후견개시의 심판을 할 때 본인의 의사를 고려해야 한다.
③ 피성년후견인이 속임수로써 법정대리인의 동의가 있는 것으로 믿게 하여 매매계약을 체결하였다면 성년후견인은 계약을 취소할 수 없다.
④ 특정후견의 심판이 있더라도 피특정후견인의 행위능력이 제한되지 않는다.
⑤ 한정후견종료의 심판은 장래에 향하여 효력을 가진다.

해설   답 ③

① [O] 성년후견이나 한정후견에 관한 심판 절차는 가사소송법 제2조 제1항 제2호 (가)목에서 정한 가사비송사건으로서, 가정법원이 당사자의 주장에 구애받지 않고 후견적 입장에서 합목적적으로 결정할 수 있다. 이때 성년후견이든 한정후견이든 본인의 의사를 고려하여 개시 여부를 결정한다는 점은 마찬가지이다(제9조 제2항, 제12조 제2항). 위와 같은 규정 내용이나 입법 목적 등을 종합하면, 성년후견이나 한정후견 개시의 청구가 있는 경우 가정법원은 청구 취지와 원인, 본인의 의사, 성년후견 제도와 한정후견 제도의 목적 등을 고려하여 어느 쪽의 보호를 주는 것이 적절한지를 결정하고, 그에 따라 필요하다고 판단하는 절차를 결정해야 한다. 따라서 <u>한정후견의 개시를 청구한 사건에서 의사의 감정 결과 등에 비추어 성년후견 개시의 요건을 충족하고 본인도 성년후견의 개시를 희망한다면 법원이 성년후견을 개시할 수 있고, 성년후견 개시를 청구하고 있더라도 필요하다면 한정후견을 개시할 수 있다고 보아야 한다.</u> (그리고) 가사소송법 제45조의2 제1항은 "가정법원은 성년후견 개시 또는 한정후견 개시의 심판을 할 경우에는 피성년후견인이 될 사람이나 피한정후견인이 될 사람의 정신상태에 관하여 의사에게 감정을 시켜야 한다. 다만 피성년후견인이 될 사람이나 피한정후견인이 될 사람의 정신상태를 판단할 만한 다른 충분한 자료가 있는 경우에는 그러하지 아니하다."라고 정하고 있다. 이 규정의 의미는 의사의 감정에 따라 정신적 제약으로 사무를 처리할 능력이 부족하거나 지속적으로 결여되었는지를 결정하라는 것이 아니라, 의학상으로 본 정신능력을 기초로 하여 성년후견이나 한정후견의 개시 요건이 충족되었는지 여부를 결정하라는 것이다. 따라서 <u>피성년후견인이나 피한정후견인이 될 사람의 정신상태를 판단할 만한 다른 충분한 자료가 있는 경우 가정법원은 의사의 감정이 없더라도 성년후견이나 한정후견을 개시할 수 있다</u>(대결 2021.6.10, 2020스596).

② [O]
> **제12조(한정후견개시의 심판)** ① 가정법원은 질병, 장애, 노령, 그 밖의 사유로 인한 정신적 제약으로 사무를 처리할 능력이 부족한 사람에 대하여 본인, 배우자, 4촌 이내의 친족, 미성년후견인, 미성년후견감독인, 성년후견인, 성년후견감독인, 특정후견인, 특정후견감독인, 검사 또는 지방자치단체의 장의 청구에 의하여 한정후견개시의 심판을 한다.
> ② 한정후견개시의 경우에 제9조 제2항을 준용한다.
>
> **제9조(성년후견개시의 심판)** ② 가정법원은 성년후견개시의 심판을 할 때 본인의 의사를 고려하여야 한다.

③ [X] 피성년후견인이 속임수로써 법정대리인의 동의가 있는 것으로 믿게 한 경우에는 그 행위를 취소할 수 있다. 피성년후견인은 법정대리인의 동의가 있어도 취소할 수 있으므로, 속임수가 되지 않기 때문이다.

④ [O] 피특정후견인이 단독으로 한 법률행위는 특정후견인이 취소할 수 없다는 점을 유의하여야 한다.

⑤ [O]
> **제14조(한정후견종료의 심판)** 한정후견개시의 원인이 소멸된 경우에는 가정법원은 본인, 배우자, 4촌 이내의 친족, 한정후견인, 한정후견감독인, 검사 또는 지방자치단체의 장의 청구에 의하여 한정후견종료의 심판을 한다.

029 제한능력자에 관한 설명으로 옳지 않은 것은?

23 노무사

① 피성년후견인은 의사능력이 있더라도 단독으로 유효한 대리행위를 할 수 없다.
② 가정법원은 한정후견개시의 심판을 할 때 본인의 의사를 고려하여야 한다.
③ 제한능력을 이유로 취소할 수 있는 법률행위는 제한능력자가 단독으로 취소할 수 있다.
④ 가정법원이 취소할 수 없는 피성년후견인의 법률행위의 범위를 정한 경우, 피성년후견인은 그 범위에서 단독으로 유효한 법률행위를 할 수 있다.
⑤ 가정법원이 피한정후견인에 대하여 성년후견개시의 심판을 할 때에는 종전의 한정후견의 종료 심판을 해야 한다.

해설

답 ①

① [×]
> 제117조(대리인의 행위능력) 대리인은 행위능력자임을 요하지 아니한다.

② [○]
> 제12조(한정후견개시의 심판) ① 가정법원은 질병, 장애, 노령, 그 밖의 사유로 인한 정신적 제약으로 사무를 처리할 능력이 부족한 사람에 대하여 본인, 배우자, 4촌 이내의 친족, 미성년후견인, 미성년후견감독인, 성년후견인, 성년후견감독인, 특정후견인, 특정후견감독인, 검사 또는 지방자치단체의 장의 청구에 의하여 한정후견개시의 심판을 한다.
> ② 한정후견개시의 경우에 제9조 제2항을 준용한다.
>
> 제9조(성년후견개시의 심판) ② 가정법원은 성년후견개시의 심판을 할 때 본인의 의사를 고려하여야 한다.

③ [○]
> 제140조(법률행위의 취소권자) 취소할 수 있는 법률행위는 제한능력자, 착오로 인하거나 사기·강박에 의하여 의사표시를 한 자, 그의 대리인 또는 승계인만이 취소할 수 있다.

제한능력자는 제한능력인 상태에서 상대방에 대하여 법정대리인의 동의 없이 단독으로 자신이 한 법률행위를 취소할 수 있다. 따라서 그 법정대리인은 미성년자가 행한 취소의 의사표시를 다시 취소할 수 없다.

④ [○]
> 제10조(피성년후견인의 행위와 취소) ① 피성년후견인의 법률행위는 취소할 수 있다.
> ② 제1항에도 불구하고 가정법원은 취소할 수 없는 피성년후견인의 법률행위의 범위를 정할 수 있다.

⑤ [○]
> 제14조의3(심판 사이의 관계) ① 가정법원이 피한정후견인 또는 피특정후견인에 대하여 성년후견개시의 심판을 할 때에는 종전의 한정후견 또는 특정후견의 종료 심판을 한다.
> ② 가정법원이 피성년후견인 또는 피특정후견인에 대하여 한정후견개시의 심판을 할 때에는 종전의 성년후견 또는 특정후견의 종료 심판을 한다.

030 성년인 甲은 질병으로 인한 정신적 제약으로 사무를 처리할 능력이 부족한 상태이다. 이에 관한 설명으로 옳지 않은 것은? (다툼이 있으면 판례에 따름)
22 변리사

① 甲은 스스로 한정후견개시의 심판을 청구할 수 있다.
② 가정법원은 甲에 대한 한정후견개시의 심판을 할 때 甲의 의사를 고려해야 한다.
③ 甲의 배우자가 甲에 대한 성년후견개시의 심판을 청구한 경우에도 가정법원은 필요하다면 한정후견개시의 심판을 할 수 있다.
④ 가정법원은 甲에 대한 한정후견개시의 심판을 할 때 취소할 수 없는 甲의 법률행위의 범위를 정할 수 있다.
⑤ 甲에 대한 한정후견개시의 심판이 있은 후 한정후견개시의 원인이 소멸된 경우, 甲은 한정후견종료의 심판을 청구할 수 있다.

> **해설**   답 ④

① [○]
> **제12조(한정후견개시의 심판)** ① 가정법원은 질병, 장애, 노령, 그 밖의 사유로 인한 정신적 제약으로 사무를 처리할 능력이 부족한 사람에 대하여 본인, 배우자, 4촌 이내의 친족, 미성년후견인, 미성년후견감독인, 성년후견인, 성년후견감독인, 특정후견인, 특정후견감독인, 검사 또는 지방자치단체의 장의 청구에 의하여 한정후견개시의 심판을 한다.

② [○]
> **제12조(한정후견개시의 심판)** ② 한정후견개시의 경우에 제9조 제2항을 준용한다.
> **제9조(성년후견개시의 심판)** ② 가정법원은 성년후견개시의 심판을 할 때 본인의 의사를 고려하여야 한다.

③ [○] 성년후견이나 한정후견에 관한 심판 절차는 가사소송법 제2조 제1항 제2호 (가)목에서 정한 가사비송사건으로서, 가정법원이 당사자의 주장에 구애받지 않고 후견적 입장에서 합목적적으로 결정할 수 있다. 이때 성년후견이든 한정후견이든 본인의 의사를 고려하여 개시 여부를 결정한다는 점은 마찬가지이다(제9조 제2항, 제12조 제2항). 위와 같은 규정 내용이나 입법 목적 등을 종합하면, 성년후견이나 한정후견 개시의 청구가 있는 경우 가정법원은 청구 취지와 원인, 본인의 의사, 성년후견 제도와 한정후견 제도의 목적 등을 고려하여 어느 쪽의 보호를 주는 것이 적절한지를 결정하고, 그에 따라 필요하다고 판단하는 절차를 결정해야 한다. 따라서 <u>한정후견의 개시를 청구한 사건에서 의사의 감정 결과 등에 비추어 성년후견 개시의 요건을 충족하고 본인도 성년후견의 개시를 희망한다면 법원이 성년후견을 개시할 수 있고, 성년후견 개시를 청구하고 있더라도 필요하다면 한정후견을 개시할 수 있다고 보아야 한다.</u> (그리고) 가사소송법 제45조의2 제1항은 "가정법원은 성년후견 개시 또는 한정후견 개시의 심판을 할 경우에는 피성년후견인이 될 사람이나 피한정후견인이 될 사람의 정신상태에 관하여 의사에게 감정을 시켜야 한다. 다만, 피성년후견인이 될 사람이나 피한정후견인이 될 사람의 정신상태를 판단할 만한 다른 충분한 자료가 있는 경우에는 그러하지 아니하다."라고 정하고 있다. 이 규정의 의미는 의사의 감정에 따라 정신적 제약으로 사무를 처리할 능력이 부족하거나 지속적으로 결여되었는지를 결정하라는 것이 아니라, 의학상으로 본 정신능력을 기초로 하여 성년후견이나 한정후견의 개시 요건이 충족되었는지 여부를 결정하라는 것이다. 따라서 <u>피성년후견인이나 피한정후견인이 될 사람의 정신상태를 판단할 만한 다른 충분한 자료가 있는 경우 가정법원은 의사의 감정이 없더라도 성년후견이나 한정후견을 개시할 수 있다</u>(대결 2021.6.10, 2020스596).

④ [×] 제10조(피성년후견인의 행위와 취소) ① 피성년후견인의 법률행위는 취소할 수 있다.
② 제1항에도 불구하고 가정법원은 취소할 수 없는 피성년후견인의 법률행위의 범위를 정할 수 있다.

⑤ [○] 제11조(성년후견종료의 심판) 성년후견개시의 원인이 소멸된 경우에는 가정법원은 본인, 배우자, 4촌 이내의 친족, 성년후견인, 성년후견감독인, 검사 또는 지방자치단체의 장의 청구에 의하여 성년후견종료의 심판을 한다.

031

「민법」상 제한능력자 제도에 관한 설명으로 옳은 것은? (다툼이 있는 경우 판례에 의함)

23 경간부

① 법원은 본인의 의사에 반하여 특정후견개시의 심판을 할 수 있다.
② 한정후견개시의 원인이 소멸하면 가정법원은 직권으로 한정후견종료의 심판을 하여야 한다.
③ 피성년후견인이 속임수를 써서 법정대리인의 동의가 있는 것으로 믿게 하여 부동산매매계약을 체결한 경우, 성년후견인은 그 매매계약을 취소할 수 없다.
④ 가정법원은 본인이 성년후견개시를 청구하더라도 의사의 감정결과 등에 비추어 한정후견개시의 심판을 할 수 있다.

해설

답 ④

① [×] 제14조의2(특정후견의 심판) ② 특정후견은 본인의 의사에 반하여 할 수 없다.

② [×] 제14조(한정후견종료의 심판) 한정후견개시의 원인이 소멸된 경우에는 가정법원은 본인, 배우자, 4촌 이내의 친족, 한정후견인, 한정후견감독인, 검사 또는 지방자치단체의 장의 청구에 의하여 한정후견종료의 심판을 한다.

③ [×] 제17조(제한능력자의 속임수) ① 제한능력자가 속임수로써 자기를 능력자로 믿게 한 경우에는 그 행위를 취소할 수 없다.
② 미성년자나 피한정후견인이 속임수로써 법정대리인의 동의가 있는 것으로 믿게 한 경우에도 제1항과 같다.

피성년후견인이 속임수로써 법정대리인의 동의가 있는 것으로 믿게 한 경우에는 그 행위를 취소할 수 있다. 피성년후견인은 법정대리인의 동의가 있어도 취소할 수 있으므로, 속임수가 되지 않기 때문이다.

④ [○] 성년후견이나 한정후견에 관한 심판 절차는 가사소송법 제2조 제1항 제2호 (가)목에서 정한 가사비송사건으로서, 가정법원이 당사자의 주장에 구애받지 않고 후견적 입장에서 합목적적으로 결정할 수 있다. 이때 성년후견이든 한정후견이든 본인의 의사를 고려하여 개시 여부를 결정한다는 점은 마찬가지이다(제9조 제2항, 제12조 제2항). 위와 같은 규정 내용이나 입법 목적 등을 종합하면, 성년후견이나 한정후견 개시의 청구가 있는 경우 가정법원은 청구 취지와 원인, 본인의 의사, 성년후견 제도와 한정후견 제도의 목적 등을 고려하여 어느 쪽의 보호를 주는 것이 적

절한지를 결정하고, 그에 따라 필요하다고 판단하는 절차를 결정해야 한다. 따라서 한정후견의 개시를 청구한 사건에서 의사의 감정 결과 등에 비추어 성년후견 개시의 요건을 충족하고 본인도 성년후견의 개시를 희망한다면 법원이 성년후견을 개시할 수 있고, 성년후견 개시를 청구하고 있더라도 필요하다면 한정후견을 개시할 수 있다고 보아야 한다. (그리고) 가사소송법 제45조의2 제1항은 "가정법원은 성년후견 개시 또는 한정후견 개시의 심판을 할 경우에는 피성년후견인이 될 사람이나 피한정후견인이 될 사람의 정신상태에 관하여 의사에게 감정을 시켜야 한다. 다만, 피성년후견인이 될 사람이나 피한정후견인이 될 사람의 정신상태를 판단할 만한 다른 충분한 자료가 있는 경우에는 그러하지 아니하다."라고 정하고 있다. 이 규정의 의미는 의사의 감정에 따라 정신적 제약으로 사무를 처리할 능력이 부족하거나 지속적으로 결여되었는지를 결정하라는 것이 아니라, 의학상으로 본 정신능력을 기초로 하여 성년후견이나 한정후견의 개시 요건이 충족되었는지 여부를 결정하라는 것이다. 따라서 피성년후견인이나 피한정후견인이 될 사람의 정신상태를 판단할 만한 다른 충분한 자료가 있는 경우 가정법원은 의사의 감정이 없더라도 성년후견이나 한정후견을 개시할 수 있다(대결 2021.6.10, 2020스596).

032 후견에 관한 설명으로 옳은 것을 모두 고른 것은? (다툼이 있으면 판례에 따름) 20 변리사

ㄱ. 가정법원은 일정한 자의 청구에 의하여 질병, 장애, 노령, 그 밖의 사유로 인한 정신적 제약으로 사무를 처리할 능력이 부족한 사람에 대하여 성년후견개시의 심판을 한다.
ㄴ. 가정법원은 피한정후견인이 한정후견인의 동의를 받아야 하는 행위의 범위를 정할 수 있다.
ㄷ. 피특정후견인의 법률행위는 가정법원에 의해 취소할 수 있는 법률행위로 정해진 경우에만 취소할 수 있다.
ㄹ. 특정후견은 본인의 의사에 반하여 할 수 없다.

① ㄱ, ㄴ
② ㄱ, ㄹ
③ ㄴ, ㄷ
④ ㄴ, ㄹ
⑤ ㄷ, ㄹ

해설
답 ④

ㄱ. [×] **제9조(성년후견개시의 심판)** ① 가정법원은 질병, 장애, 노령, 그 밖의 사유로 인한 정신적 제약으로 사무를 처리할 능력이 지속적으로 결여된 사람에 대하여 본인, 배우자, 4촌 이내의 친족, 미성년후견인, 미성년후견감독인, 한정후견인, 한정후견감독인, 특정후견인, 특정후견감독인, 검사 또는 지방자치단체의 장의 청구에 의하여 성년후견개시의 심판을 한다.

ㄴ. [○] **제13조(피한정후견인의 행위와 동의)** ① 가정법원은 피한정후견인이 한정후견인의 동의를 받아야 하는 행위의 범위를 정할 수 있다.

ㄷ. [×] 피특정후견인이 단독으로 한 법률행위는 특정후견인이 취소할 수 없다는 점을 유의하여야 한다.

ㄹ. [○] **제14조의2(특정후견의 심판)** ② 특정후견은 본인의 의사에 반하여 할 수 없다.

033 민법상 성년후견제도에 관한 설명으로 옳은 것은? (다툼이 있으면 판례에 따름)

22 세무사

① 법인은 성년후견인이 될 수 없다.
② 가정법원은 본인의 의사를 고려하지 않고 성년후견개시의 심판을 할 수 있다.
③ 가정법원은 취소할 수 없는 피성년후견인의 법률행위의 범위를 정한 후에는 본인의 청구가 있더라도 그 범위를 변경할 수 없다.
④ 가정법원은 본인이 성년후견개시를 청구하고 있더라도 의사(醫師)의 감정(鑑定) 결과 등에 비추어 한정후견개시의 심판을 할 수 있다.
⑤ 가정법원은 피특정후견인에 대하여 특정후견의 종료 심판 없이 한정후견개시의 심판을 할 수 있다.

해설

답 ④

① [×] 미성년자에게 친권자가 없거나 친권자가 법률행위의 대리권과 재산관리권을 행사할 수 없는 경우에는 미성년후견인을 두어야 한다(제928조). 미성년후견인의 수는 한 명으로 한다(제930조 제1항). 미성년후견인은 자연인에 한하며, 법인은 미성년후견인이 될 수 없다(제930조 제3항의 반대해석). 피성년후견인의 후견인인 성년후견인은 피성년후견인의 신상과 재산에 관한 모든 사정을 고려하여 여러 명을 둘 수 있다(제930조 제2항). 그리고 법인도 성년후견인이 될 수 있다(제930조 제3항).

② [×] 제9조(성년후견개시의 심판) ① 가정법원은 질병, 장애, 노령, 그 밖의 사유로 인한 정신적 제약으로 사무를 처리할 능력이 지속적으로 결여된 사람에 대하여 본인, 배우자, 4촌 이내의 친족, 미성년후견인, 미성년후견감독인, 한정후견인, 한정후견감독인, 특정후견인, 특정후견감독인, 검사 또는 지방자치단체의 장의 청구에 의하여 성년후견개시의 심판을 한다.
② 가정법원은 성년후견개시의 심판을 할 때 본인의 의사를 고려하여야 한다.

③ [×] 제10조(피성년후견인의 행위와 취소) ③ 가정법원은 본인, 배우자, 4촌 이내의 친족, 성년후견인, 성년후견감독인, 검사 또는 지방자치단체의 장의 청구에 의하여 제2항의 범위를 변경할 수 있다.

④ [〇] 성년후견이나 한정후견에 관한 심판 절차는 가사소송법 제2조 제1항 제2호 (가)목에서 정한 가사비송사건으로서, 가정법원이 당사자의 주장에 구애받지 않고 후견적 입장에서 합목적적으로 결정할 수 있다. 이때 성년후견이든 한정후견이든 본인의 의사를 고려하여 개시 여부를 결정한다는 점은 마찬가지이다(제9조 제2항, 제12조 제2항). 위와 같은 규정 내용이나 입법 목적 등을 종합하면, 성년후견이나 한정후견 개시의 청구가 있는 경우 가정법원은 청구 취지와 원인, 본인의 의사, 성년후견 제도와 한정후견 제도의 목적 등을 고려하여 어느 쪽의 보호를 주는 것이 적절한지를 결정하고, 그에 따라 필요하다고 판단하는 절차를 결정해야 한다. 따라서 한정후견의 개시를 청구한 사건에서 의사의 감정 결과 등에 비추어 성년후견 개시의 요건을 충족하고 본인도 성년후견의 개시를 희망한다면 법원이 성년후견을 개시할 수 있고, 성년후견 개시를 청구하고 있더라도 필요하다면 한정후견을 개시할 수 있다고 보아야 한다. (그리고) 가사소송법 제45조의2 제1항은 "가정법원은 성년후견 개시 또는 한정후견 개시의 심판을 할 경우에는 피성년후견인이 될 사람이나 피한정후견인이 될 사람의 정신상태에 관하여 의사에게 감정을 시켜야 한다. 다만, 피성년후견인이 될 사람이나 피한정후견인이 될 사람의 정신상태를 판단할 만한 다른 충분한 자료가 있는 경우에는 그러하지 아니하다."라고 정하고 있다. 이 규정의 의미는 의사의 감정에 따라 정신적 제약으로 사무를 처리할 능력이 부족하거나 지속적으로 결여되었는지를 결정하라는 것이 아니라, 의학상으로 본 정신능력을 기초로 하여 성년후견이나 한정후견의 개시

요건이 충족되었는지 여부를 결정하라는 것이다. 따라서 피성년후견인이나 피한정후견인이 될 사람의 정신상태를 판단할 만한 다른 충분한 자료가 있는 경우 가정법원은 의사의 감정이 없더라도 성년후견이나 한정후견을 개시할 수 있다(대결 2021.6.10, 2020스596).

⑤ [×] 제14조의3(심판 사이의 관계) ① 가정법원이 피한정후견인 또는 피특정후견인에 대하여 성년후견시의 심판을 할 때에는 종전의 한정후견 또는 특정후견의 종료 심판을 한다.
② 가정법원이 피성년후견인 또는 피특정후견인에 대하여 한정후견개시의 심판을 할 때에는 종전의 성년후견 또는 특정후견의 종료 심판을 한다.

034 법정대리인을 모두 고른 것은?

22 변리사

ㄱ. 성년후견인
ㄴ. 법원이 선임한 부재자재산관리인
ㄷ. 친권자
ㄹ. 배우자

① ㄱ, ㄹ
② ㄴ, ㄹ
③ ㄱ, ㄴ, ㄷ
④ ㄴ, ㄷ, ㄹ
⑤ ㄱ, ㄴ, ㄷ, ㄹ

해설

답 ③, ⑤

ㄱ. [○] 제938조(후견인의 대리권 등) ① 후견인은 피후견인의 법정대리인이 된다.

ㄴ. [○] 부재자가 관리인을 두고 떠난 경우에는 법원이 간섭하지 않음이 원칙이나, 관리인을 두지 않고 떠난 경우에는 일정한 자의 청구에 의하여 가정법원이 재산관리에 필요한 처분을 명해야 한다. 이 경우의 부재자재산관리인은 일종의 법정대리인이다(다수설). 하지만 선임관리인에게는 대리적 효과의사가 없으므로 그의 행위를 대리행위로 보는 것은 의제적이라는 견해도 있다(곽윤직).

ㄷ. [○] 제911조(미성년자인 자의 법정대리인) 친권을 행사하는 부 또는 모는 미성년자인 자의 법정대리인이 된다.

ㄹ. [△] 제827조(부부간의 가사대리권) ① 부부는 일상의 가사에 관하여 서로 대리권이 있다.
따라서 서로에게 대리인이 될 수 있고, 그 법적 성격은 법률로 정하고 있으므로 법정대리인이 된다.

035 성년후견제도에 관한 설명으로 옳지 않은 것은?

24 세무사

① 가정법원은 취소할 수 없는 피성년후견인의 법률행위의 범위를 정할 수 있다.
② 가정법원은 피한정후견인이 한정후견인의 동의를 받아야 하는 행위의 범위를 정할 수 있다.
③ 가정법원은 정신적 제약으로 일시적 후원의 필요가 있는 경우에는 본인의 의사에 반하더라도 특정후견심판을 할 수 있다.
④ 특정후견심판에서 정한 특정후견의 기간이 경과하면 특정후견 종료심판 없이도 특정후견은 종료한다.
⑤ 가정법원은 피한정후견인에 대하여 성년후견개시심판을 할 때에는 종전의 한정후견에 대한 종료심판을 한다.

해설

답 ③

① [○] 제10조(피성년후견인의 행위와 취소) ① 피성년후견인의 법률행위는 취소할 수 있다.
② 제1항에도 불구하고 가정법원은 취소할 수 없는 피성년후견인의 법률행위의 범위를 정할 수 있다.

② [○] 제13조(피한정후견인의 행위와 동의) ① 가정법원은 피한정후견인이 한정후견인의 동의를 받아야 하는 행위의 범위를 정할 수 있다.

③ [×] 제14조의2(특정후견의 심판) ① 가정법원은 질병, 장애, 노령, 그 밖의 사유로 인한 정신적 제약으로 일시적 후원 또는 특정한 사무에 관한 후원이 필요한 사람에 대하여 본인, 배우자, 4촌 이내의 친족, 미성년후견인, 미성년후견감독인, 검사 또는 지방자치단체의 장의 청구에 의하여 특정후견의 심판을 한다.
② 특정후견은 본인의 의사에 반하여 할 수 없다.

④ [○] 제14조의2(특정후견의 심판) ③ 특정후견의 심판을 하는 경우에는 특정후견의 기간 또는 사무의 범위를 정하여야 한다.

⑤ [○] 제14조의3(심판 사이의 관계) ① 가정법원이 피한정후견인 또는 피특정후견인에 대하여 성년후견개시의 심판을 할 때에는 종전의 한정후견 또는 특정후견의 종료 심판을 한다.
② 가정법원이 피성년후견인 또는 피특정후견인에 대하여 한정후견개시의 심판을 할 때에는 종전의 성년후견 또는 특정후견의 종료 심판을 한다.

Ⅳ. 제한능력자의 상대방 보호

036 제한능력자에 관한 설명으로 옳지 않은 것은? (다툼이 있으면 판례에 따름) 19 노무사

① 미성년자가 속임수로써 법정대리인의 동의가 있는 것으로 믿게 하고 자신의 부동산을 매도한 경우, 그 매매계약은 취소할 수 없다.
② 2018년 12월 1일 오후 4시에 출생한 자는 2037년 12월 1일 0시에 성년이 된다.
③ 일상생활에 필요하고 그 대가가 과도하지 아니한 피성년후견인의 법률행위는 성년후견인이 취소할 수 없다.
④ 제한능력자의 취소권은 재판 외에서 의사표시를 하는 방법으로는 행사할 수 없다.
⑤ 제한능력자가 맺은 계약은 추인이 있을 때까지 상대방이 그 의사표시를 철회할 수 있지만, 상대방이 계약 당시에 제한능력자임을 알았을 경우에는 철회할 수 없다.

> **해설** 답 ④

① [O] 제17조(제한능력자의 속임수) ① 제한능력자가 속임수로써 자기를 능력자로 믿게 한 경우에는 그 행위를 취소할 수 없다.
② 미성년자나 피한정후견인이 속임수로써 법정대리인의 동의가 있는 것으로 믿게 한 경우에도 제1항과 같다.

② [O] 2013.7.1.부터 시행되고 있는 현행 민법에서는 사람은 19세로 성년에 이르게 된다(제4조). 그리고 연령계산에는 출생일을 산입한다(제158조). 따라서 이에 따라 계산하면 초일을 산입하므로 2018.12.1.이 기산점이 되고, 19년을 더하면 2037.12.1.이 되지만 전일로 만료하므로, 2037.11.30. 24시, 즉 2037.12.1. 0시에 성년이 된다.

③ [O] 제10조(피성년후견인의 행위와 취소) ④ 제1항에도 불구하고 일용품의 구입 등 일상생활에 필요하고 그 대가가 과도하지 아니한 법률행위는 성년후견인이 취소할 수 없다.

④ [×] 형성권은 권리자의 일방적인 의사표시에 의하여 법률관계를 창설·변경·소멸되는 권리이다. 특히 형성권 중에는 권리자가 법원에 권리를 재판상 행사하여야 하는 경우도 있다(形成訴權). 권리자의 의사표시만으로 효과가 발생하는 형성권으로는 동의권(제5조, 제10조), 취소권(제140조), 해제권(제543조) 등이 있고, 법원에 재판상 행사해야 하는 경우로는 채권자취소권(제406조), 재산상 이혼권(제840조), 친생부인권(제846조) 등이 있다.

⑤ [O] 제16조(제한능력자의 상대방의 철회권과 거절권) ① 제한능력자가 맺은 계약은 추인이 있을 때까지 상대방이 그 의사표시를 철회할 수 있다. 다만, 상대방이 계약 당시에 제한능력자임을 알았을 경우에는 그러하지 아니하다.

037 제한능력자에 관한 설명으로 옳은 것은? (다툼이 있으면 판례에 따름) 21 노무사

① 미성년자가 법정대리인의 동의 없이 매매계약을 체결하고 성년이 되기 전에 스스로 채무의 일부를 이행한 경우에는 그 계약을 추인한 것으로 본다.
② 피성년후견인이 속임수로써 상대방으로 하여금 성년후견인의 동의가 있는 것으로 믿게 하여 체결한 토지매매계약은 제한능력을 이유로 취소할 수 없다.
③ 가정법원은 본인의 의사에 반하여 한정후견개시의 심판을 할 수 없다.
④ 가정법원이 특정후견의 심판을 하는 경우에는 특정후견의 기간 또는 사무의 범위를 정하여야 한다.
⑤ 제한능력자의 취소권은 재판 외에서 의사표시를 하는 방법으로는 행사할 수 없다.

해설 답 ④

① [×] 제144조(추인의 요건) ① 추인은 취소의 원인이 소멸된 후에 하여야만 효력이 있다.

② [×] 제17조(제한능력자의 속임수) ① 제한능력자가 속임수로써 자기를 능력자로 믿게 한 경우에는 그 행위를 취소할 수 없다.
② 미성년자나 피한정후견인이 속임수로써 법정대리인의 동의가 있는 것으로 믿게 한 경우에도 제1항과 같다.

즉, 피성년후견인이 속임수로써 법정대리인의 동의가 있는 것으로 믿게 한 경우에는 그 행위를 취소할 수 있다. 피성년후견인은 법정대리인의 동의가 있어도 취소할 수 있으므로, 속임수가 되지 않기 때문이다.

③ [×] 제12조(한정후견개시의 심판) ② 한정후견개시의 경우에 제9조제2항을 준용한다.
제9조(성년후견개시의 심판) ② 가정법원은 성년후견개시의 심판을 할 때 본인의 의사를 고려하여야 한다.

④ [○] 제14조의2(특정후견의 심판) ③ 특정후견의 심판을 하는 경우에는 특정후견의 기간 또는 사무의 범위를 정하여야 한다.

⑤ [×] 판례는 그 기간을 제척기간으로는 보지만, 재판 외에서 권리를 행사해도 그 청구권이 보전된다고 한다(대판 1990.3.9, 88다카31866).

038 미성년자 甲과 행위능력자 乙 간의 매매계약과 관한 설명으로 옳은 것은? (다툼이 있으면 판례에 따름)

20 노무사

① 甲의 법정대리인이 동의하면 위 계약은 확정적으로 유효하게 되는데 이때 그 동의는 명시적으로 행해져야 한다.
② 乙은 계약체결 시 甲이 미성년자임을 알았더라도 추인이 있기 전까지는 자신의 의사표시를 철회 할 수 있다.
③ 甲이 단독으로 乙과의 계약을 체결한 후, 제한능력을 이유로 甲 스스로 위 계약을 취소하는 것은 신의칙에 반한다.
④ 계약체결 시 乙이 甲에게 나이를 물었을 때 甲이 만 20세라 답하였다고 하더라도 甲의 법정대리인은 위 계약을 취소할 수 있다.
⑤ 甲의 법정대리인에 의하여 위 계약이 甲의 제한능력을 이유로 취소되었다면, 甲의 부당이득 반환범위는 그 법정대리인의 선의·악의에 따라 달라진다.

해설

답 ④

① [×] 미성년자의 법률행위에 있어서 법정대리인의 묵시적 동의나 처분허락이 있다고 볼 수 있는지 여부를 판단함에 있어서는, 미성년자의 연령·지능·직업·경력·법정대리인과의 동거 여부, 독자적인 소득의 유무와 그 금액, 경제활동의 여부, 계약의 성질·체결경위·내용, 기타 제반 사정을 종합적으로 고려하여야 할 것이고, 위와 같은 법리는 신용카드를 이용하여 재화와 용역을 신용구매한 후 사후에 결제하려는 경우와 곧바로 현금구매 하는 경우를 달리 볼 필요는 없다(대판 2007.11.16, 2005다71659·71673).

② [×] 제16조(제한능력자의 상대방의 철회권과 거절권) ① 제한능력자가 맺은 계약은 추인이 있을 때까지 상대방이 그 의사표시를 철회할 수 있다. 다만, 상대방이 계약 당시에 제한능력자임을 알았을 경우에는 그러하지 아니하다.

③ [×] 미성년자의 법률행위에 법정대리인의 동의를 요하도록 하는 것은 강행규정인데, 위 규정에 반하여 이루어진 신용구매계약을 미성년자 스스로 취소하는 것을 신의칙 위반을 이유로 배척한다면, 이는 오히려 위 규정에 의해 배제하려는 결과를 실현시키는 셈이 되어 미성년자 제도의 입법 취지를 몰각시킬 우려가 있으므로, 법정대리인의 동의 없이 신용구매계약을 체결한 미성년자가 사후에 법정대리인의 동의 없음을 사유로 들어 이를 취소하는 것이 신의칙에 위배된 것이라고 할 수 없다(대판 2007.11.16, 2005다71659·71673).

④ [○] 사술을 쓴 때라 함은 무능력자가 상대방으로 하여금 그 능력자임을 믿게 하기 위하여 적극적으로 사기수단을 쓴 것을 말하고 단순히 자기가 능력자라 칭한 것만으로 사술을 쓴 것이라 할 수 없다(대판 1971.12.24, 71다2045). 따라서 계약체결 시 乙이 甲에게 나이를 물었을 때 甲이 만 20세라 답하였다고 하더라도 속임수가 아니어서 취소권이 배제되지 않으므로, 甲의 법정대리인은 계약을 취소할 수 있다.

⑤ [×] 제141조(취소의 효과) 취소된 법률행위는 처음부터 무효인 것으로 본다. 다만, 제한능력자는 그 행위로 인하여 받은 이익이 현존하는 한도에서 상환(償還)할 책임이 있다.

039 미성년자 甲은 그 소유의 X토지를 법정대리인 丙의 동의 없이 乙에게 매도하는 계약을 체결하였다. 이에 관한 설명으로 옳지 않은 것은? (다툼이 있으면 판례에 따름) 22 세무사

① 甲은 매매계약을 취소할 수 있다.
② 丙이 乙로부터 매매대금의 일부를 수령한 경우에도 丙은 甲이 제한능력자임을 이유로 매매계약을 취소할 수 있다.
③ 甲은 丙의 동의가 있더라도 단독으로 매매대금의 이행을 구하는 소를 제기할 수 없다.
④ 甲이 丙의 동의가 있는 것처럼 속여서 乙이 이를 믿고 매매계약을 체결한 경우, 丙은 매매계약을 취소할 수 없다.
⑤ 丙이 매매계약을 추인하기 전에는, 甲이 미성년자임을 알지 못하였던 乙은 매매의 의사표시를 철회할 수 있다.

해설

답 ②

① [O] **제5조(미성년자의 능력)** ① 미성년자가 법률행위를 함에는 법정대리인의 동의를 얻어야 한다. 그러나 권리만을 얻거나 의무만을 면하는 행위는 그러하지 아니하다.
② 전항의 규정에 위반한 행위는 취소할 수 있다.

② [×] **제144조(추인의 요건)** ① 추인은 취소의 원인이 소멸된 후에 하여야만 효력이 있다.
② 제1항은 법정대리인 또는 후견인이 추인하는 경우에는 적용하지 아니한다.

③ [O] 미성년자는 민법상 행위능력이 없으므로, 소송무능력자 되는 것이 원칙이다. 그리고 민법상 단독으로 법률행위가 허용되는 동의(제5조), 처분을 허락한 재산(제6조)에 대해서도 동의 유무나 처분이 허락된 재산의 범위를 탐색하는 것이 번잡하고 소송절차의 안정을 해할 우려가 있어, 소송능력이 부정된다.

④ [O] **제17조(제한능력자의 속임수)** ① 제한능력자가 속임수로써 자기를 능력자로 믿게 한 경우에는 그 행위를 취소할 수 없다.
② 미성년자나 피한정후견인이 속임수로써 법정대리인의 동의가 있는 것으로 믿게 한 경우에도 제1항과 같다.

⑤ [O] **제16조(제한능력자의 상대방의 철회권과 거절권)** ① 제한능력자가 맺은 계약은 추인이 있을 때까지 상대방이 그 의사표시를 철회할 수 있다. 다만, 상대방이 계약 당시에 제한능력자임을 알았을 경우에는 그러하지 아니하다.

040 제한능력자에 관한 설명으로 옳은 것은?   24 감평사

① 미성년자가 법정대리인으로부터 허락을 얻은 특정한 영업에 관해서는 법정대리인의 대리권이 소멸한다.
② 제한능력을 이유로 하는 취소는 특별한 사정이 없는 한 선의의 제3자에게 대항할 수 없다.
③ 제한능력자의 단독행위는 유효한 추인이 있은 후에도 상대방이 거절할 수 있다.
④ 가정법원은 취소할 수 없는 피성년후견인의 법률행위의 범위를 정할 수 없다.
⑤ 가정법원은 정신적 제약으로 특정한 사무에 관해 후원이 필요한 사람에 대해서는 본인의 의사에 반하더라도 특정후견 심판을 할 수 있다.

해설   답 ①

① [O] 제8조의 "성년자와 동일한 행위능력이 있다."라는 것은 허락받은 영업의 범위 내에서 법정대리인의 대리권은 소멸한다는 의미이다.
② [×] 제3자 보호규정이 없는 절대적 취소이다.
③ [×]
> 제16조(제한능력자의 상대방의 철회권과 거절권) ② 제한능력자의 단독행위는 추인이 있을 때까지 상대방이 거절할 수 있다.

④ [×]
> 제10조(피성년후견인의 행위와 취소) ① 피성년후견인의 법률행위는 취소할 수 있다.
> ② 제1항에도 불구하고 가정법원은 취소할 수 없는 피성년후견인의 법률행위의 범위를 정할 수 있다.

⑤ [×]
> 제14조의2(특정후견의 심판) ② 특정후견은 본인의 의사에 반하여 할 수 없다.

041 제한능력자에 관한 설명으로 옳은 것은?   24 노무사

① 미성년자가 친권자의 동의를 얻어 법률행위를 한 후에도 친권자는 그 동의를 취소할 수 있다.
② 법정대리인이 미성년자에게 특정한 영업을 허락한 경우, 그 영업 관련 행위에 대한 법정대리인의 대리권은 소멸한다.
③ 상대방이 계약 당시에 제한능력자와 계약을 체결하였음을 알았더라도 제한능력자 측의 추인이 있을 때까지는 자신의 의사표시를 철회할 수 있다.
④ 피성년후견인이 속임수로써 상대방으로 하여금 성년후견인의 동의가 있는 것으로 믿게 하여 체결한 토지매매계약은 특별한 사정이 없는 한 제한능력을 이유로 취소할 수 없다.
⑤ 법정대리인이 제한능력을 이유로 법률행위를 취소한 경우, 제한능력자의 부당이득반환 범위는 법정대리인의 선의 또는 악의에 따라 달라진다.

해설
답 ②

① [×] 제5조(미성년자의 능력) ① 미성년자가 법률행위를 함에는 법정대리인의 동의를 얻어야 한다. 그러나 권리만을 얻거나 의무만을 면하는 행위는 그러하지 아니하다.
② 전항의 규정에 위반한 행위는 취소할 수 있다.

② [O] 제8조(영업의 허락) ① 미성년자가 법정대리인으로부터 허락을 얻은 특정한 영업에 관하여는 성년자와 동일한 행위능력이 있다.

③ [×] 제16조(제한능력자의 상대방의 철회권과 거절권) ① 제한능력자가 맺은 계약은 추인이 있을 때까지 상대방이 그 의사표시를 철회할 수 있다. 다만, 상대방이 계약 당시에 제한능력자임을 알았을 경우에는 그러하지 아니하다.

④ [×] 제17조(제한능력자의 속임수) ① 제한능력자가 속임수로써 자기를 능력자로 믿게 한 경우에는 그 행위를 취소할 수 없다.
② 미성년자나 피한정후견인이 속임수로써 법정대리인의 동의가 있는 것으로 믿게 한 경우에도 제1항과 같다.

⑤ [×] 제141조(취소의 효과) 취소된 법률행위는 처음부터 무효인 것으로 본다. 다만, 제한능력자는 그 행위로 인하여 받은 이익이 현존하는 한도에서 상환할 책임이 있다.

---

042 피성년후견인 甲은 성년후견인 乙의 동의 없이 자신의 X토지를 丙에게 매도하는 계약을 체결하였다. 이에 관한 설명으로 옳은 것은? (다툼이 있는 경우 판례에 의함) 24 경간부

① 계약 당시 甲이 적극적 수단으로 丙을 속여 자신을 행위능력자로 믿게 한 경우, 甲은 그 계약을 취소할 수 있다.
② 계약 당시 피성년후견인임을 알지 못했던 丙은 특별한 사정이 없는 한 추인이 있기 전까지 乙에게 자신의 의사표시를 철회할 수 있다.
③ 계약 당시 甲이 적극적 수단으로 丙을 속여 乙의 동의가 있다고 믿게 한 경우, 甲은 특별한 사정이 없는 한 그 계약을 취소할 수 없다.
④ 계약 당시 피성년후견인임을 알았던 丙은 특별한 사정이 없는 한 1개월 이상의 기간을 정해 乙에게 추인 여부의 확답을 촉구할 수 없다.

해설
답 ②

① [×] 제17조(제한능력자의 속임수) ① 제한능력자가 속임수로써 자기를 능력자로 믿게 한 경우에는 그 행위를 취소할 수 없다.

② [O] 제16조(제한능력자의 상대방의 철회권과 거절권) ① 제한능력자가 맺은 계약은 추인이 있을 때까지 상대방이 그 의사표시를 철회할 수 있다. 다만, 상대방이 계약 당시에 제한능력자임을 알았을 경우에는 그러하지 아니하다.

③ [×] 제17조(제한능력자의 속임수) ① 제한능력자가 속임수로써 자기를 능력자로 믿게 한 경우에는 그 행위를 취소할 수 없다.
② 미성년자나 피한정후견인이 속임수로써 법정대리인의 동의가 있는 것으로 믿게 한 경우에도 제1항과 같다.

④ [×] 제15조(제한능력자의 상대방의 확답을 촉구할 권리) ① 제한능력자의 상대방은 제한능력자가 능력자가 된 후에 그에게 1개월 이상의 기간을 정하여 그 취소할 수 있는 행위를 추인할 것인지 여부의 확답을 촉구할 수 있다. 능력자로 된 사람이 그 기간 내에 확답을 발송하지 아니하면 그 행위를 추인한 것으로 본다.

제3관 주소

043 민법상 주소에 관한 설명 중 옳은 것을 모두 고른 것은?

> ㄱ. 주소는 정주(定住)의 의사를 요건으로 한다.
> ㄴ. 주소는 부재와 실종의 표준이 된다.
> ㄷ. 법인의 주소는 그 주된 사무소의 소재지에 있는 것으로 한다.
> ㄹ. 거래안전을 위해 주소는 동시에 두 곳 이상 둘 수 없다.

① ㄱ, ㄴ ② ㄱ, ㄷ
③ ㄴ, ㄷ ④ ㄴ, ㄹ
⑤ ㄷ, ㄹ

해설
답 ③

ㄱ. [×] 주소의 설정 또는 변경에 관하여 객관주의는 '정주의 사실'만을 요구하는 것이고, 의사주의는 '정주의 사실' 이외에 '정주의 의사'도 요구한다. 우리 민법은 객관주의를 취한 것으로 보므로 정주의 의사를 요건으로 하지 않는다.

ㄴ. [○] 제22조(부재자의 재산의 관리) ① 종래의 주소나 거소를 떠난 자가 재산관리인을 정하지 아니한 때에는 법원은 이해관계인이나 검사의 청구에 의하여 재산관리에 관하여 필요한 처분을 명하여야 한다. 본인의 부재중 재산관리인의 권한이 소멸한 때에도 같다.

ㄷ. [○] 제36조(법인의 주소) 법인의 주소는 그 주된 사무소의 소재지에 있는 것으로 한다.

ㄹ. [×] 주소의 개수에 관하여 단일주의는 주소 하나만을 인정하는 것이고, 복수주의는 복수로 인정하는 것이다. 우리 민법은 "주소는 동시에 두 곳 이상 있을 수 있다(제18조 제2항)."라고 규정하여 복수주의를 취하고 있다.
※ 민법상 주소: 실질주의, 객관주의, 복수주의

제4관 부재와 실종

Ⅰ. 서설
Ⅱ. 부재자의 재산관리

044 부재자 재산관리인에 관한 설명으로 옳지 않은 것은? (다툼이 있으면 판례에 따름)

① 부재자가 재산관리인을 정한 경우에 부재자의 생사가 분명하지 않은 때에는 법원은 재산관리인을 개임할 수 있다.
② 법원은 재산관리인의 과거의 처분행위를 추인하는 허가도 할 수 있다.
③ 법원이 선임한 재산관리인의 권한은 부재자가 사망하면 선임결정이 취소되지 않더라도 소멸한다.
④ 법원이 선임한 재산관리인은 관리할 재산목록을 작성하여야 한다.
⑤ 부재자의 생사가 분명하지 않은 경우, 법원은 부재자가 정한 재산관리인에게 재산의 관리 및 반환에 관하여 상당한 담보를 제공하게 할 수 있다.

| 해설 | 답 ③

① [○] 제23조(관리인의 개임) 부재자가 재산관리인을 정한 경우에 부재자의 생사가 분명하지 아니한 때에는 법원은 재산관리인, 이해관계인 또는 검사의 청구에 의하여 재산관리인을 개임할 수 있다.

② [○] 허가받은 재산에 대한 장래의 처분행위 뿐 아니라 기왕의 처분행위를 추인하는 방법으로도 할 수 있다. 따라서 관리인이 허가 없이 부재자 소유 부동산을 매각한 경우라도 사후에 법원의 허가를 얻어 이전등기절차를 경료하게 하였다면 추인에 의하여 유효한 처분행위로 된다(대판 1982.9.14, 80다3063, 대판 1982.12.14, 80다1872).

③ [×] 법원에 의하여 부재자재산관리인으로 선임된 자는 그 부재자의 사망이 확인된 후라 할지라도 위 선임결정이 취소되지 않는 한 관리인으로서의 권한이 소멸하지 않는다(대판 1971.3.23, 71다189; 대판 1991.11.25, 91다11810).

④ [○] 제24조(관리인의 직무) ① 법원이 선임한 재산관리인은 관리할 재산목록을 작성하여야 한다.

⑤ [○] 제26조(관리인의 담보제공, 보수) ① 법원은 그 선임한 재산관리인으로 하여금 재산의 관리 및 반환에 관하여 상당한 담보를 제공하게 할 수 있다.
② 법원은 그 선임한 재산관리인에 대하여 부재자의 재산으로 상당한 보수를 지급할 수 있다.
③ 전2항의 규정은 부재자의 생사가 분명하지 아니한 경우에 부재자가 정한 재산관리인에 준용한다.

045 부재자에 관한 설명 중 옳지 않은 것은? (다툼이 있는 경우 판례에 의함)   22 경간부

① 부재자의 재산관리인이 법원의 허가를 얻어 처분행위를 한 때에는 언제나 본인에 대하여 효력이 있다.
② 법인은 부재자가 될 수 없다.
③ 부재자의 생사가 분명하지 아니한 경우, 부재자가 정한 재산관리인이 권한을 넘는 행위를 할 때에는 법원의 허가를 얻어야 한다.
④ 법원은 그 선임한 재산관리인에 대해 부재자의 재산으로 보수를 지급할 수 있다.

해설   답 ①

① [×] 법원의 허가가 있었더라도 그 처분은 부재자의 이익을 위한 것에 한정되고, 부재자의 이익을 위한 정당한 관리행위가 아닌 때에는 그 권한범위를 일탈한 것으로서 무권대리로 되고 표현대리가 성립하지 않는 한 본인에 대하여 효력이 없다. 그러므로, 관리인이 법원의 매각처분허가를 얻었더라도 부재자와 아무 관계없는 남의 채무의 담보를 위하여 부재자 재산에 근저당권을 설정한 때에는 달리 그 권한이 있다고 믿음에 정당한 이유가 없는 한 상대방은 선의, 무과실이라 볼 수 없고 본인은 책임이 없다(대판 1976.12.21, 75마551; 대판 1977.11.8, 77다1159).
② [○] 자연인이 아닌 법인에 대해서는 부재자의 개념을 인정할 수 없다(대결 1965.2.9, 64스9).
③ [○] 제24조(관리인의 직무) ① 법원이 선임한 재산관리인은 관리할 재산목록을 작성하여야 한다.
② 법원은 그 선임한 재산관리인에 대하여 부재자의 재산을 보존하기 위하여 필요한 처분을 명할 수 있다.
③ 부재자의 생사가 분명하지 아니한 경우에 이해관계인이나 검사의 청구가 있는 때에는 법원은 부재자가 정한 재산관리인에게 전2항의 처분을 명할 수 있다.
④ [○] 제26조(관리인의 담보제공, 보수) ② 법원은 그 선임한 재산관리인에 대하여 부재자의 재산으로 상당한 보수를 지급할 수 있다.

---

046 부재자의 재산관리인에 관한 설명 중 옳지 않은 것은? (다툼이 있는 경우 판례에 의함)   22 경간부

① 법원이 선임한 재산관리인에게 재산관리에 필요한 처분을 명하였으나 그 후에 본인이 재산관리인을 정한 때에는 법원은 그 명령을 취소하여야 한다.
② 부재자로부터 재산처분권을 위임받은 재산관리인은 그 재산을 처분할 때에 법원의 허가를 얻을 필요가 없다.
③ 재산관리인의 처분행위에 대한 법원의 허가는 장래의 처분행위뿐만 아니라 과거의 처분행위에 대한 추인으로도 할 수 있다.
④ 법원이 선임한 재산관리인이 부재자의 사망을 확인하면 법원의 선임결정이 취소되지 않더라도 그 권한은 소멸한다.

해설

답 ④

① [O] 제22조(부재자의 재산의 관리) ① 종래의 주소나 거소를 떠난 자가 재산관리인을 정하지 아니한 때에는 법원은 이해관계인이나 검사의 청구에 의하여 재산관리에 관하여 필요한 처분을 명하여야 한다. 본인의 부재 중 재산관리인의 권한이 소멸한 때에도 같다.
② 본인이 그 후에 재산관리인을 정한 때에는 법원은 본인, 재산관리인, 이해관계인 또는 검사의 청구에 의하여 전항의 명령을 취소하여야 한다.

② [O] 부재자가 재산관리인을 둔 경우 재산관리인은 부재자의 수임인이며, 임의대리인이므로 위임에 관한 규정(제680조 이하)에 의하여 규율된다(대판 1973.7.24, 72다2136). 따라서 관리인의 권한과 관리의 방법 등은 부재자와 관리인 사이의 계약 및 제118조에 의하여 결정된다.

③ [O] 허가받은 재산에 대한 장래의 처분행위 뿐 아니라 기왕의 처분행위를 추인하는 방법으로도 할 수 있다. 따라서 관리인이 허가 없이 부재자 소유 부동산을 매각한 경우라도 사후에 법원의 허가를 얻어 이전등기절차를 경료하게 하였다면 추인에 의하여 유효한 처분행위로 된다(대판 1982. 9.14, 80다3063, 대판 1982.12.14, 80다1872).

④ [×] 법원에 의하여 부재자재산관리인으로 선임된 자는 그 부재자의 사망이 확인된 후라 할지라도 위 선임결정이 취소되지 않는 한 관리인으로서의 권한이 소멸하지 않는다(대판 1971.3.23, 71다189; 대판 1991.11.25, 91다11810).

047

부재자의 재산관리를 위해 법원이 선임한 재산관리인에 관한 설명으로 옳지 않은 것은? (다툼이 있으면 판례에 따름)

23 세무사

① 재산관리인이 권한 없이 부재자소유 부동산을 매각하였더라도 이후에 법원의 허가를 얻어 이전등기절차를 마쳤다면 그 처분행위는 유효하다.
② 재산관리인이 부재자의 사망을 확인하였다면 법원의 재산관리인 선임결정 취소 전이라도 권한을 행사할 수 없다.
③ 재산관리인은 부재자의 실종선고를 청구할 수 있는 이해관계인에 포함된다.
④ 재산관리인은 선량한 관리자의 주의로 직무를 처리해야 한다.
⑤ 법원은 재산관리인에 대해 부재자의 재산으로 보수를 지급할 수 있다.

해설

답 ②

① [O] 관리인이 허가 없이 부재자 소유 부동산을 매각한 경우라도 사후에 법원의 허가를 얻어 이전등기절차를 경료하게 하였다면 추인에 의하여 유효한 처분행위로 된다(대판 1982.9.14, 80다3063; 대판 1982.12.14, 80다1872).

② [×] 법원에 의하여 부재자재산관리인으로 선임된 자는 그 부재자의 사망이 확인된 후라 할지라도 위 선임결정이 취소되지 않는 한 관리인으로서의 권한이 소멸하지 않는다(대판 1971.3.23, 71다189; 대판 1991.11.25, 91다11810).

③ [O] 부재자의 사망으로 직접적으로 신분상 또는 경제상의 권리를 취득하거나 의무를 면하게 되는 자만을 뜻한다. 배우자, 상속인, 법정대리인, 재산관리인 등을 의미한다는 점에서 부재자재산관리를 청구할 수 있는 이해관계인의 범위와 다르다.

④ [O] 이 경우 재산관리인은 부재자의 수임인이며, 임의대리인이므로 위임에 관한 규정(제680조 이하)에 의하여 규율된다(대판 1973.7.24, 72다2136).

⑤ [O]
> 제26조(관리인의 담보제공, 보수) ② 법원은 그 선임한 재산관리인에 대하여 부재자의 재산으로 상당한 보수를 지급할 수 있다.

048

「민법」상 부재에 관한 설명으로 옳지 않은 것은? (다툼이 있는 경우 판례에 의함)   23 경간부

① 부재자는 자연인에 한하며 법인에 대하여는 부재자에 관한 규정이 적용되지 않는다.
② 법원에 의하여 선임된 재산관리인이 법원의 허가 없이 한 처분행위는 특별한 사정이 없는 한 무효이다.
③ 재산관리인의 처분행위에 대한 법원의 허가는 과거의 처분행위에 대한 추인의 방법으로는 할 수 없다.
④ 재산관리인을 바꾸어야 할 상황에 있다고 볼만한 특별한 사정이 없음에도 별다른 조사 과정도 없이 그 재산관리인을 개임한 것은 재량권을 벗어난 것으로 위법하다.

해설   답 ③

① [O] 자연인이 아닌 법인에 대해서는 부재자의 개념을 인정할 수 없다(대결 1965.2.9, 64스9).

② [O]
> 제25조(관리인의 권한) 법원이 선임한 재산관리인이 제118조에 규정한 권한을 넘는 행위를 함에는 법원의 허가를 얻어야 한다. 부재자의 생사가 분명하지 아니한 경우에 부재자가 정한 재산관리인이 권한을 넘는 행위를 할 때에도 같다.

③ [X] 허가받은 재산에 대한 장래의 처분행위뿐 아니라 기왕의 처분행위를 추인하는 방법으로도 할 수 있다. 따라서 관리인이 허가 없이 부재자 소유 부동산을 매각한 경우라도 사후에 법원의 허가를 얻어 이전등기절차를 경료하게 하였다면 추인에 의하여 유효한 처분행위로 된다(대판 1982.9.14, 80다3063; 대판 1982.12.14, 80다1872).

④ [O] 부재자 재산관리인의 선임이나 해임이 법원의 재량행위라 하더라도 부재자 재산관리제도의 취지에 비추어 부재자들과 그 재산의 공유관계에 있는 기히 선임된 재산관리인에 대하여 그 부적성을 나타내주는 사유가 있다는 등 재산관리인을 바꾸어야 할 상황에 있다고 볼만한 특별한 사정이 엿보이지 않음에도 불구하고 별다른 조사과정도 없이 쉽사리 그 재산관리인을 개임한 것은 재량권을 매우 벗어난 것으로 위법하다(대판 1986.8.26, 86프1).

049 법원이 선임한 부재자의 재산관리인에 관한 설명으로 옳지 않은 것은? (다툼이 있는 경우 판례에 의함)

24 경간부

① 재산관리인이 법원의 허가 없이 한 부재자의 재산에 대한 처분행위는 무권대리행위이다.
② 재산관리인은 법원의 허가가 없더라도 부재자의 재산에 대한 불법행위로 인한 손해배상을 청구할 수 있다.
③ 재산관리인이 권한초과행위에 대하여 허가신청절차를 이행하기로 약정하였는데 이를 게을리한 경우, 상대방은 허가신청절차의 이행을 소구할 수 있다.
④ 재산관리인이 권한을 초과하는 처분에 관하여 법원의 허가를 받아 부재자의 부동산을 매매한 후에 그 허가결정이 취소된 경우, 그 매매는 소급적으로 효력을 상실한다.

> **해설**
> 답 ④

① [O] 법원이 선임한 재산관리인이 제118조에 규정한 권한을 넘는 행위를 함에는 법원의 허가를 얻어야 한다.
② [O] 부재자의 재산에 대한 임대료 청구 또는 불법행위로 인한 손해배상청구는 허가를 요하지 않는다 (대판 1957.10.14, 4290민재항104).
③ [O] 부재자 재산관리인이 권한을 초과하여 체결한 부동산 매매계약에 관하여 허가신청절차를 이행하기로 약정하고도 이를 이행하지 않는 경우, 상대방은 부재자 재산관리인을 상대로 허가신청절차의 이행을 소구할 수 있다(대판 2002.1.11, 2001다41971).
④ [×] 법원의 허가를 얻어 권한초과행위를 한 후에는 그 허가결정이 취소되더라도 소급효가 없으며, 취소 전의 처분행위는 유효하다(대판 1960.2.4, 4291민상636).

Ⅲ. 실종선고

050 실종선고에 관한 설명으로 옳지 않은 것은? (다툼이 있으면 판례에 따름)

① 가족관계등록부상 이미 사망으로 기재되어 있는 자에 대해서는 원칙적으로 실종선고를 할 수 없다.
② 실종선고를 받아 사망으로 간주된 자는 실종선고가 취소되지 않는 한 반증을 통해 그 효력을 번복할 수 없다.
③ 실종선고 후 그 취소 전에 선의로 한 행위의 효력은 실종선고의 취소에 의해 영향을 받지 않는다.
④ 실종선고의 취소에는 공시최고를 요하지 않는다.
⑤ 실종자를 당사자로 한 판결이 확정된 후에 실종선고가 확정되어 그 사망간주의 시점이 소제기 전으로 소급하는 경우, 특별한 사정이 없는 한 그 판결은 당사자능력이 없는 사람을 상대로 한 판결로서 무효로 된다.

해설

답 ⑤

① [O] 판례는 가족관계등록부(구 호적부)상 이미 사망한 것으로 기재되어 있는 자에게는 가족관계등록부의 추정력 때문에 실종선고를 할 수 없다고 하였다(대결 1997.11.27, 97스4).

② [O] 사망간주이므로, 추정과 달리 실종자의 생존 기타 반증을 들어 선고의 효과를 다투지 못하며, 사망의 효과를 저지하려면 실종선고를 취소하여야 한다(대판 1995.2.17, 94다52751).

③ [O] > 제29조(실종선고의 취소) ① 실종자의 생존한 사실 또는 전조의 규정과 상이한 때에 사망한 사실의 증명이 있으면 법원은 본인, 이해관계인 또는 검사의 청구에 의하여 실종선고를 취소하여야 한다. 그러나 실종선고 후 그 취소 전에 선의로 한 행위의 효력에 영향을 미치지 아니한다.

④ [O] 실종선고 청구를 받은 가정법원은 부재자 자신 또는 부재자의 생사를 알고 있는 자에 대하여 신고하도록 6월 이상 공고하여야 한다(공시최고, 가사소송규칙 제53조, 제54조). 공시최고기간이 지나도 신고가 없으면, 가정법원은 반드시 실종선고를 하여야 한다(제27조 제1항, 필요적 선고). 다만, 실종선고를 취소하는 경우에는 공시최고가 필요 없다.

⑤ [X] 비록 실종자를 당사자로 한 판결이 확정된 후에 실종선고가 확정되어 그 사망간주의 시점이 소제기 전으로 소급하는 경우에도 위 판결 자체가 소급하여 당사자능력이 없는 사망한 사람을 상대로 한 판결로서 무효가 된다고는 볼 수 없다(대판 1992.7.14, 92다2455). 부재자가 실종선고를 받은 경우에 실종자는 그가 사망한 것으로 간주되는 시기까지 생존한 것으로 간주된다(대판 1977.3.22, 77다81·82).

---

051 실종선고에 관한 설명으로 옳은 것은? (다툼이 있으면 판례에 따름)

① 강가에서 낚시를 하고 있던 자의 생사가 1년간 분명하지 않은 경우에 이해관계인은 실종선고를 청구할 수 있다.
② 가족관계등록부상 이미 사망한 것으로 기재되어 있는 자에 대해서는 그 사망기재의 추정력을 뒤집을 수 있는 자료가 없는 한 실종선고를 할 수 없다.
③ 실종선고는 실종자의 종래 주소 또는 거소를 중심으로 하는 사법적·공법적 법률관계를 종료시킨다.
④ 실종자가 실종기간의 기산점 이후에 생존했음을 이유로 실종선고가 취소된 경우에는 다시 실종선고를 청구할 수 없다.
⑤ 실종선고가 취소되면 실종선고를 직접원인으로 하여 재산을 취득한 자는 악의인 경우라도 발생한 손해를 배상할 필요가 없다.

해설

답 ②

① [X] > 제27조(실종의 선고) ① 부재자의 생사가 5년간 분명하지 아니한 때에는 법원은 이해관계인이나 검사의 청구에 의하여 실종선고를 하여야 한다.
> ② 전지에 임한 자, 침몰한 선박 중에 있던 자, 추락한 항공기 중에 있던 자, 기타 사망의 원인이 될 위난을 당한 자의 생사가 전쟁종지 후 또는 선박의 침몰, 항공기의 추락 기타 위난이 종료한 후 1년간 분명하지 아니한 때에도 제1항과 같다.

② [○] 가족관계등록부(구 호적부)상 이미 사망한 것으로 기재되어 있는 자에게는 가족관계등록부의 추정력 때문에 실종선고를 할 수 없다(대결 1997.11.27, 97스4).

③ [×] 사망한 것으로 추정하는 인정사망과 다르고, 실종선고는 종래의 주소와 거소를 중심으로 한 사법상의 법률관계에 관하여만 사망한 것으로 간주할 뿐, 권리능력 자체를 박탈하는 제도는 아니다. 즉, 실종의 효과는 원칙적으로 선거권 등 공법상의 법률관계에는 영향을 미치지 않는다[3].

④ [×] 제29조(실종선고의 취소) ① 실종자의 생존한 사실 또는 전조의 규정과 상이한 때에 사망한 사실의 증명이 있으면 법원은 본인, 이해관계인 또는 검사의 청구에 의하여 실종선고를 취소하여야 한다. 그러나 실종선고 후 그 취소 전에 선의로 한 행위의 효력에 영향을 미치지 아니한다.

⑤ [×] 제29조(실종선고의 취소) ① 실종자의 생존한 사실 또는 전조의 규정과 상이한 때에 사망한 사실의 증명이 있으면 법원은 본인, 이해관계인 또는 검사의 청구에 의하여 실종선고를 취소하여야 한다. 그러나 실종선고 후 그 취소 전에 선의로 한 행위의 효력에 영향을 미치지 아니한다.
② 실종선고의 취소가 있을 때에 실종의 선고를 직접원인으로 하여 재산을 취득한 자가 선의인 경우에는 그 받은 이익이 현존하는 한도에서 반환할 의무가 있고 악의인 경우에는 그 받은 이익에 이자를 붙여서 반환하고 손해가 있으면 이를 배상하여야 한다.

052 부재와 실종에 관한 설명으로 옳지 않은 것은? (다툼이 있으면 판례에 따름) 22 세무사

① 법인은 그 성질상 부재자가 될 수 없다.
② 실종선고를 받은 자는 실종선고가 확정된 날로부터 사망한 것으로 본다.
③ 선순위상속인이 있는 경우, 후순위상속인은 실종선고를 청구할 수 있는 이해관계인에 해당하지 않는다.
④ 실종선고 후 그 취소 전에 선의로 이루어진 행위는 실종선고의 취소에 의해 영향을 받지 않는다.
⑤ 재산관리인의 처분행위에 대한 법원의 허가는 과거의 처분행위에 대한 추인을 위해서도 할 수 있다.

해설 답 ②

① [○] 자연인이 아닌 법인에 대해서는 부재자의 개념을 인정할 수 없다(대결 1965.2.9, 64스9).

② [×] 제28조(실종선고의 효과) 실종선고를 받은 자는 전조의 기간이 만료한 때에 사망한 것으로 본다.

③ [○] 판례는 부재자의 자매로서 제3순위 상속인에 불과한 자는 부재자에 대한 실종선고의 여부에 따라 상속지분에 차이가 생긴다고 하더라도 위 부재자의 사망 간주시기에 다른 간접적인 영향에 불과하고 부재자의 실종선고 자체를 원인으로 한 직접적인 결과는 아니므로 부재자에 대한 실종선고를 청구할 이해관계인이 될 수 없다고 한다(대결 1986.10.10, 86스20).

---

[3] 다만 주민등록법 제13조의2, 같은 법 시행령 제18조에 의하여 실종선고가 있으면 주민등록이 정리되고, 공직선거법 제15조에 의하면 주민등록이 되어 있지 않으면 선거권이 인정되지 않으므로, 실무상으로는 선거권을 행사할 수 없다.

④ [○] 　제29조(실종선고의 취소) ① 실종자의 생존한 사실 또는 전조의 규정과 상이한 때에 사망한 사실의 증명이 있으면 법원은 본인, 이해관계인 또는 검사의 청구에 의하여 실종선고를 취소하여야 한다. 그러나 실종선고 후 그 취소 전에 선의로 한 행위의 효력에 영향을 미치지 아니한다.

⑤ [○] 관리인이 허가 없이 부재자 소유 부동산을 매각한 경우라도 사후에 법원의 허가를 얻어 이전등기절차를 경료하게 하였다면 추인에 의하여 유효한 처분행위로 된다(대판 1982.9.14, 80다3063; 대판 1982.12.14, 80다1872).

053 실종선고에 관한 설명 중 옳지 않은 것은? (다툼이 있는 경우 판례에 의함) 22 경간부

① 가족관계등록부상 이미 사망으로 기재되어 있는 자에 대해서도 원칙적으로 실종선고를 할 수 있다.
② 특별한 사정이 없는 한, 실종선고에 의해 제1순위, 제2순위 상속인이 될 자가 존재하는 경우에는 제2순위 상속인이 될 자는 실종선고를 청구할 수 없다.
③ 실종선고를 받은 자의 소송절차가 중단되는 시기는 실종기간이 만료된 때가 아니라 실종선고가 확정된 때이다.
④ 실종선고가 취소되지 않으면 실종자의 생존 등의 반증이 있더라도 실종선고의 효력은 지속된다.

해설 답 ①

① [×] 가족관계등록부의 기재사항은 이를 번복할 만한 명백한 반증이 없는 한 진실에 부합하는 것으로 추정되고, 특히 가족관계등록부의 사망기재는 쉽게 번복할 수 있게 해서는 안 되며, 그 기재내용을 뒤집기 위해서는 사망신고 당시에 첨부된 서류들이 위조 또는 허위조작된 문서임이 증명되거나 신고인이 공정증서원본불실기재죄로 처단되었거나 또는 사망으로 기재된 본인이 현재 생존해 있다는 사실이 증명되고 있을 때, 또는 이에 준하는 사유가 있을 때 등에 한해서 가족관계등록부상의 사망기재의 추정력을 뒤집을 수 있을 뿐이고, 그러한 정도에 미치지 못한 경우에는 그 추정력을 깰 수 없다 할 것이므로, 가족관계등록부상 이미 사망한 것으로 기재되어 있는 자는 그 가족관계등록부상 사망기재의 추정력을 뒤집을 수 있는 자료가 없는 한 그 생사가 불분명한 자라고 볼 수 없어 실종선고를 할 수 없다(대결 1997.11.27, 97스4).
② [○] 부재자의 자매로서 제3순위 상속인에 불과한 자는 부재자에 대한 실종선고의 여부에 따라 상속지분에 차이가 생긴다고 하더라도 위 부재자의 사망 간주시기에 다른 간접적인 영향에 불과하고 부재자의 실종선고 자체를 원인으로 한 직접적인 결과는 아니므로 부재자에 대한 실종선고를 청구할 이해관계인이 될 수 없다(대판 1986.10.10, 86스20; 대결 2008.8.28, 2008스20).
③ [○] 소송이 적법하게 계속된 후 당해 소송의 당사자에 대하여 실종선고가 확정된 경우에는 실종자가 사망하였다고 보는 시기는 실종기간이 만료한 때라 하더라도 소송상의 지위의 승계절차는 실종선고가 확정되어야만 비로소 이를 취할 수가 있는 것이므로 실종선고가 있기까지는 소송상 당사자능력이 없다고는 할 수 없고 소송절차가 법률상 그 진행을 할 수 없게 된 때, 즉 실종선고가 확정된 때에 소송절차가 중단된다(대판 1983.2.22, 82사18).
④ [○] 사망간주이므로, 추정과는 달리 실종자의 생존 기타 반증을 들어 선고의 효과를 다투지 못하며, 사망의 효과를 저지하려면 실종선고를 취소하여야 한다(대판 1995.2.17, 94다52751).

054
실종선고의 취소에 관한 설명 중 옳지 않은 것은? (다툼이 있는 경우 판례에 의함) 22 경간부

① 실종자가 실종기간이 만료한 때와 다른 시기에 사망한 사실이 있고 이해관계인이 실종선고의 취소를 청구하면 법원은 실종선고를 취소하여야 한다.
② 가정법원은 실종선고를 취소하기 위하여 6개월 이상 공고를 하여야 한다.
③ 실종선고 후 그 취소 전에 쌍방이 선의로 한 행위의 효력은 실종선고의 취소에 의해 영향을 받지 않는다.
④ 실종선고를 받았지만 실종선고가 취소되지 않은 실종자는 다른 주소지에서 계약을 체결할 수 있다.

해설
답 ②

①③ [O]
> 제29조(실종선고의 취소) ① 실종자의 생존한 사실 또는 전조의 규정과 상이한 때에 사망한 사실의 증명이 있으면 법원은 본인, 이해관계인 또는 검사의 청구에 의하여 실종선고를 취소하여야 한다. 그러나 실종선고 후 그 취소 전에 선의로 한 행위의 효력에 영향을 미치지 아니한다.

② [X] 실종선고 청구를 받은 가정법원은 부재자 자신 또는 부재자의 생사를 알고 있는 자에 대하여 신고하도록 6월 이상 공고하여야 한다(공시최고, 가사소송규칙 제53조, 제54조). 공시최고기간이 지나도 신고가 없으면, 가정법원은 반드시 실종선고를 하여야 한다(제27조 제1항, 필요적 선고). 다만, 실종선고를 취소하는 경우에는 공시최고가 필요 없다.
④ [O] 사망한 것으로 추정하는 인정사망과 다르고, 실종선고는 종래의 주소와 거소를 중심으로 한 사법상의 법률관계에 관하여만 사망한 것으로 간주할 뿐, 권리능력 자체를 박탈하는 제도는 아니다. 따라서 실종선고를 받았지만 실종선고가 취소되지 않은 실종자는 다른 주소지에서 계약을 체결할 수 있다.

055
가상화폐 투자에 실패한 甲은 부인 乙을 볼 면목이 없어 2015.9.15. 지리산으로 들어가 누구와도 연락을 하지 않았다. 甲의 생사를 알지 못한 乙은 2021.9.7. 법원에 실종선고를 청구하여 2022.3.10. 실종선고가 되었다. 甲의 실종선고로 甲에 대한 사망보험금 5억 원을 수령한 乙은 주식에 투자하여 큰 손실을 보았다. 지리산에서 삶의 새로운 목표를 찾은 甲은 2023.2.5. 집으로 돌아왔다. 이에 관한 설명으로 옳은 것은? (다툼이 있으면 판례에 따름) 23 변리사

① 실종선고로 甲의 사망이 의제된 시점은 2022.3.10.이다.
② 甲의 실종선고가 취소되지 않더라도 甲이 살아 있는 것이 증명되었으므로, 보험회사는 乙을 상대로 한 사망보험금 반환소송에서 승소할 수 있다.
③ 甲에 대한 실종선고가 취소되면, 선의인 乙은 현존이익 한도에서 보험금을 반환하면 된다.
④ 실종선고를 취소하지 않는 한, 甲은 공직선거권이 없다.
⑤ 법원에 의해 甲의 실종선고가 취소되면, 그때부터 장래를 향하여 甲에 대한 실종선고의 효력이 부정된다.

> **해설** 답 ③

① [×] 보통실종에 해당하므로, 2015.9.15.부터 5년이 지난 2020.9.15. 24시에 사망한 것으로 간주된다.

> 제27조(실종의 선고) ① 부재자의 생사가 5년간 분명하지 아니한 때에는 법원은 이해관계인이나 검사의 청구에 의하여 실종선고를 하여야 한다.
> 제28조(실종선고의 효과) 실종선고를 받은 자는 전조의 기간이 만료한 때에 사망한 것으로 본다.

② [×] 사망 간주이므로, 추정과는 달리 실종자의 생존 기타 반증을 들어 선고의 효과를 다투지 못하며, 사망의 효과를 저지하려면 실종선고를 취소하여야 한다(대판 1995.2.17, 94다52751).

③ [○]
> 제29조(실종선고의 취소) ② 실종선고의 취소가 있을 때에 실종의 선고를 직접원인으로 하여 재산을 취득한 자가 선의인 경우에는 그 받은 이익이 현존하는 한도에서 반환할 의무가 있고 악의인 경우에는 그 받은 이익에 이자를 붙여서 반환하고 손해가 있으면 이를 배상하여야 한다.

④ [×] 실종의 효과는 원칙적으로 선거권 등 공법상의 법률관계에는 영향을 미치지 않는다. 다만 주민등록법 제13조의2, 같은 법 시행령 제18조에 의하여 실종선고가 있으면 주민등록이 정리되고, 공직선거법 제15조에 의하면 주민등록이 되어 있지 않으면 선거권이 인정되지 않으므로, 실무상으로는 선거권을 행사할 수 없다.

⑤ [×] 선고가 취소되면 사망을 전제로 한 여러 가지 권리변동(재산상속, 신분관계의 변동)은 모두 소급하여 소멸한다.

056 실종선고에 관한 설명으로 옳지 않은 것은? (다툼이 있는 경우 판례에 의함) 23 경간부

① 甲이 침몰한 선박 중에 있었던 경우, 실종선고의 기산점은 선박이 침몰한 때이다.
② 乙이 가족관계등록부에 이미 사망한 것으로 기재되어 있는 경우, 그 추정력을 번복할 수 있는 자료가 없더라도 실종선고를 할 수 있다.
③ 丙이 잠수장비를 착용하고 바다에 입수하였다가 부상하지 아니한 채 행방불명이 된 경우, 이는 「민법」제27조 제2항에서 정하는 사망의 원인이 될 위난이라고 할 수 없다.
④ 부재자에게 법률상 배우자가 있는 경우, 부재자의 친형 丁은 실종선고를 청구할 수 있는 이해관계인에 해당하지 않는다.

> **해설** 답 ②

① [○]
> 제27조(실종의 선고) ① 부재자의 생사가 5년간 분명하지 아니한 때에는 법원은 이해관계인이나 검사의 청구에 의하여 실종선고를 하여야 한다.
> ② 전지에 임한 자, 침몰한 선박중에 있던 자, 추락한 항공기중에 있던 자 기타 사망의 원인이 될 위난을 당한 자의 생사가 전쟁종지후 또는 선박의 침몰, 항공기의 추락 기타 위난이 종료한 후 1년간 분명하지 아니한 때에도 제1항과 같다.

② [×] 생사불명이란 생존의 증명도 사망의 증명도 없는 상태를 말하며, 청구권자와 가정법원에 부재자의 생사 여부가 불분명하면 된다. 다만, 가족관계등록부(구 호적부)상 이미 사망한 것으로 기재되어 있는 자에게는 가족관계등록부의 추정력 때문에 실종선고를 할 수 없다(대결 1997.11.27, 97스4).

③ [O] [1] 민법 제27조의 문언이나 규정의 체계 및 취지 등에 비추어, 그 제2항에서 정하는 "사망의 원인이 될 위난"이라고 함은 화재·홍수·지진·화산 폭발 등과 같이 일반적·객관적으로 사람의 생명에 명백한 위험을 야기하여 사망의 결과를 발생시킬 가능성이 현저히 높은 외부적 사태 또는 상황을 가리킨다. [2] 甲이 잠수장비를 착용한 채 바다에 입수하였다가 부상하지 아니한 채 행방불명되었다 하더라도, 이는 "사망의 원인이 될 위난"이라고 할 수 없다는 원심판단이 정당하다(대결 2011.1.31, 2010스165).

④ [O] 판례는 부재자의 자매로서 제3순위 상속인에 불과한 자는 부재자에 대한 실종선고의 여부에 따라 상속지분에 차이가 생긴다고 하더라도 위 부재자의 사망 간주시기에 다른 간접적인 영향에 불과하고 부재자의 실종선고 자체를 원인으로 한 직접적인 결과는 아니므로 부재자에 대한 실종선고를 청구할 이해관계인이 될 수 없다고 한다(대판 1986.10.10, 86스20; 대결 2008.8.28, 2008스20).

057

甲의 생존 사실을 모르는 배우자 乙은 甲에 대한 실종선고에 따라 甲소유의 X건물을 단독으로 상속받은 다음, 선의의 丙에게 X건물을 매도하여 소유권이전등기를 마쳐주고 인도하였다. 그 후 甲이 생환하여 실종선고가 취소되었다. 이에 관한 설명으로 옳은 것은? (다툼이 있는 경우 판례에 의함)

24 경간부

① 甲은 丙에게 X 건물의 반환을 청구할 수 있다.
② 甲은 乙에게 받은 이익의 반환을 청구할 수 없다.
③ 乙과 丙이 甲의 생존 사실을 과실로 알지 못했더라도 甲은 丙에게 X건물에 대한 소유권이전등기말소를 청구할 수 없다.
④ 만일 乙이 甲에 대한 실종기간 만료 후 선고 전에 선의의 丙에게 자신의 이름으로 X건물을 임대한 경우, 甲은 丙에게 X 건물의 반환을 청구할 수 없다.

해설

답 ③

①④ [×], ③ [O]

> **제29조(실종선고의 취소)** ① 실종자의 생존한 사실 또는 전조의 규정과 상이한 때에 사망한 사실의 증명이 있으면 법원은 본인, 이해관계인 또는 검사의 청구에 의하여 실종선고를 취소하여야 한다. 그러나 실종선고후 그 취소 전에 선의로 한 행위의 효력에 영향을 미치지 아니한다.

② [×]

> **제29조(실종선고의 취소)** ② 실종선고의 취소가 있을 때에 실종의 선고를 직접원인으로 하여 재산을 취득한 자가 선의인 경우에는 그 받은 이익이 현존하는 한도에서 반환할 의무가 있고 악의인 경우에는 그 받은 이익에 이자를 붙여서 반환하고 손해가 있으면 이를 배상하여야 한다.

058 부재자 甲은 2020.5.1. 최후 소식이 있은 후부터 생사가 분명하지 않다. 이에 관한 설명으로 옳지 않은 것은? (다툼이 있으면 판례에 따름)

24 세무사

① 甲이 단순히 가출하여 2020.5.1.부터 생사가 분명하지 않다면, 2024.5.3. 현재 이해관계인은 甲의 실종선고를 청구할 수 없다.
② 甲이 2020.5.1. 발생한 항공기추락사고로 인해 생사가 분명하지 않다면, 2024.5.3. 현재 이해관계인은 甲의 실종선고를 청구할 수 있다.
③ 甲의 실종선고에 관하여 甲의 제1순위 재산상속인이 있는 경우, 제2순위의 재산상속인은 특별한 사정이 없는 한 甲에 대한 실종선고를 청구할 수 없다.
④ 甲에 대한 실종선고가 확정되면 甲은 2020.5.2. 오전 0시에 사망한 것으로 간주된다.
⑤ 甲에 대한 실종선고가 확정되면 비록 甲이 생환하였더라도 실종선고의 효과를 번복하기 위해서는 실종선고를 취소하여야 한다.

> **해설**
> 답 ④

① [○] 제27조(실종의 선고) ① 부재자의 생사가 5년간 분명하지 아니한 때에는 법원은 이해관계인이나 검사의 청구에 의하여 실종선고를 하여야 한다.

② [○] 제27조(실종의 선고) ② 전지에 임한 자, 침몰한 선박중에 있던 자, 추락한 항공기중에 있던 자 기타 사망의 원인이 될 위난을 당한 자의 생사가 전쟁종지후 또는 선박의 침몰, 항공기의 추락 기타 위난이 종료한 후 1년간 분명하지 아니한 때에도 제1항과 같다.

③ [○] 판례는 부재자의 자매로서 제3순위 상속인에 불과한 자는 부재자에 대한 실종선고의 여부에 따라 상속지분에 차이가 생긴다고 하더라도 위 부재자의 사망 간주시기에 다른 간접적인 영향에 불과하고 부재자의 실종선고 자체를 원인으로 한 직접적인 결과는 아니므로 부재자에 대한 실종선고를 청구할 이해관계인이 될 수 없다고 한다(대판 1986.10.10, 86스20; 대결2008.8.28, 2008스20).

④ [×] 제28조(실종선고의 효과) 실종선고를 받은 자는 전조의 기간이 만료한 때에 사망한 것으로 본다.

⑤ [○] 사망 간주이므로, 추정과는 달리 실종자의 생존 기타 반증을 들어 선고의 효과를 다투지 못하며, 사망의 효과를 저지하려면 실종선고를 취소하여야 한다(대판 1995.2.17, 94다52751).

제3절 | 법인

제1관 법인의 설립

Ⅰ. 법인의 의의 및 종류
  1. 의의
  2. 종류
   (1) 공법인과 사법인
   (2) 영리법인과 비영리법인
   (3) 사단법인과 재단법인

Ⅱ. 비영리법인의 설립
  1. 비영리사단법인의 설립

059 민법상 비영리법인의 설립에 관한 입법주의는?   22 세무사

① 특허주의
② 준칙주의
③ 인가주의
④ 허가주의
⑤ 자유설립주의

> **해설**   답 ④
>
> ④ [O] 법인이 성립되기 위해서는 행정관청의 자유재량에 의한 허가가 필요한 주의이다. 민법은 비영리법인에 대하여 이 주의를 채용하고 있다(제32조).
>
> > **제32조**(비영리법인의 설립과 허가) 학술, 종교, 자선, 기예, 사교 기타 영리 아닌 사업을 목적으로 하는 사단 또는 재단은 주무관청의 허가를 얻어 이를 법인으로 할 수 있다.

060 민법상 법인의 설립에 관한 설명으로 옳지 않은 것은? (다툼이 있으면 판례에 따름)

① 사단법인의 설립행위는 요식행위이다.
② 사단법인 정관의 법적 성질은 자치법규이다.
③ 생전처분으로 재단법인을 설립하는 때에는 유증에 관한 규정을 준용한다.
④ 재단법인의 발기인은 법인설립인가를 받기 위한 준비행위로서 재산의 증여를 받을 수 있다.
⑤ 유언으로 부동산을 출연하여 재단법인을 설립하는 경우 제3자에 대한 관계에서는 등기를 마쳐야 출연부동산의 소유권이 법인에 귀속된다.

해설

답 ③

① [O] 법률행위의 요소인 의사표시가 서면 기타 일정한 방식에 따라 행하여질 때 그 성립이 인정되는 경우를 요식행위라고 한다. 우리 민법은 법률행위자유의 원칙에 기초하고 있으므로 의사표시의 방식도 자유롭게 결정할 수 있다. 그러나 당사자로 하여금 법률행위를 신중하게 하기 위하여(예 혼인), 법률행의의 존재와 범위를 명료하게 하기 위하여(예 법인설립행위, 유언, 단체협약체결), 또는 외관을 신뢰하고 신속하며 안전하게 거래할 수 있도록 하기 위하여(예 어음행위) 일정한 방식을 요구하는 경우가 있다.

② [O] 사단법인의 정관은 법적 성질은 계약이 아니라 자치법규로 보므로(통설, 판례), 어느 시점의 사단법인의 사원들이 정관의 규범적인 의미내용과 다른 해석을 사원총회의 결의라는 방법으로 표명하였다고 하더라도 그 결의에 의한 해석은 그 사단법인의 구성원인 사원이나 법인을 구속할 수 없다(대판 2000.11.24, 98다12437).

③ [×] 제47조(증여, 유증에 관한 규정의 준용) ① 생전처분으로 재단법인을 설립하는 때에는 증여에 관한 규정을 준용한다.

④ [O] 재단법인의 발기인은 법인설립인가를 받기 위한 준비행위로 재산의 증여를 받을 수 있고 그 등기의 명의신탁을 할 수 있으며 이러한 법률행위의 효과는 그 법인이 법인격을 취득함과 동시에 당연히 이를 계승한다(대판 1973.2.28, 72다2344·2345).

⑤ [O] 재단법인을 설립함에 있어서 출연재산은 그 법인이 성립된 때로부터 법인에 귀속된다는 제48조의 규정은 출연자와 법인과의 관계를 상대적으로 결정하는 기준에 불과하여, 출연재산이 부동산인 경우 출연자와 법인 사이에는 법인의 성립 외에 등기를 필요로 하는 것은 아니지만, 제3자에 대한 관계에 있어서는 출연행위는 법률행위이므로 출연재산의 법인에의 귀속에는 등기를 필요로 한다(대판 1979.12.11, 78다481 전합).

2. 비영리재단법인의 설립
   (1) 목적의 비영리성
   (2) 설립행위
3. 재단법인설립행위
   (1) 증여·유증에 관한 규정의 준용
   (2) 출연재산의 귀속시기

061 민법상 법인에 관한 설명으로 옳은 것을 모두 고른 것은? (다툼이 있으면 판례에 따름)

> ㄱ. 재단법인의 설립을 위해 부동산의 출연이 행해진 경우, 그 부동산의 소유권은 그 출연 시에 곧바로 설립중인 재단법인에게 귀속된다.
> ㄴ. 법인의 불법행위책임이 성립하기 위해서는 대표기관의 행위일 것이 요구되며, 여기서의 대표기관에는 사실상의 대표자도 포함된다.
> ㄷ. 사단법인 이사의 대표권 제한은 등기되지 않았다고 하더라도 정관에 그 기재가 있는 한, 악의의 제3자에게 대항할 수 있다.
> ㄹ. 재단법인의 감사는 임의기관이다.

① ㄱ, ㄴ
② ㄱ, ㄷ
③ ㄴ, ㄷ
④ ㄴ, ㄹ
⑤ ㄷ, ㄹ

해설 답 ④

ㄱ. [×] 제48조(출연재산의 귀속시기) ① 생전처분으로 재단법인을 설립하는 때에는 출연재산은 법인이 성립된 때로부터 법인의 재산이 된다.

ㄴ. [○] 민법 제35조 제1항은 "법인은 이사 기타 대표자가 그 직무에 관하여 타인에게 가한 손해를 배상할 책임이 있다."라고 정한다. 여기서 '법인의 대표자'에는 그 명칭이나 직위 여하, 또는 대표자로 등기되었는지 여부를 불문하고 당해 법인을 실질적으로 운영하면서 법인을 사실상 대표하여 법인의 사무를 집행하는 사람을 포함한다고 해석함이 상당하다. 구체적인 사안에서 이러한 사람에 해당하는지는 법인과의 관계에서 그 지위와 역할, 법인의 사무 집행 절차와 방법, 대내적·대외적 명칭을 비롯하여 법인 내부자와 거래 상대방에게 법인의 대표행위로 인식되는지 여부, 공부상 대표자와의 관계 및 공부상 대표자가 법인의 사무를 집행하는지 여부 등 제반 사정을 종합적으로 고려하여 판단하여야 한다. 그리고 이러한 법리는 주택조합과 같은 비법인사단에도 마찬가지로 적용된다(대판 2011.4.28, 2008다15438).

ㄷ. [×] 판례는 무제한설의 입장에서 "등기가 되어 있지 않는 한, 악의의 제3자에게도 대항할 수 없다(대판 1987.11.24, 86다카2484; 대판 1992.2.14, 91다24564)."라고 한다.

ㄹ. [○] 제66조(감사) 법인은 정관 또는 총회의 결의로 감사를 둘 수 있다.

062

甲이 생전처분으로 그 소유의 X부동산을 출연하여 민법상 A재단법인을 설립하고자 한다. 이에 관한 설명으로 옳은 것을 모두 고른 것은? (다툼이 있으면 판례에 따름)

22 세무사

> ㄱ. 甲이 A법인의 명칭을 정하지 않고 사망한 경우, 이해관계인의 청구에 의해 법원이 이를 보충할 수 있다.
> ㄴ. X부동산의 소유권은 A법인의 설립등기와는 무관하게 甲의 출연의 의사표시가 있은 때로부터 A법인에 귀속된다.
> ㄷ. A법인의 성립 후, 기본재산인 X부동산에 관한 저당권 설정행위에 대해서는 특별한 사정이 없는 한 주무관청의 허가를 얻어야 한다.

① ㄱ
② ㄴ
③ ㄷ
④ ㄱ, ㄷ
⑤ ㄴ, ㄷ

해설

답 ①

ㄱ. [○]
> 제44조(재단법인의 정관의 보충) 재단법인의 설립자가 그 명칭, 사무소 소재지 또는 이사 임면의 방법을 정하지 아니하고 사망한 때에는 이해관계인 또는 검사의 청구에 의하여 법원이 이를 정한다.

ㄴ. [×]
> 제48조(출연재산의 귀속시기) ① 생전처분으로 재단법인을 설립하는 때에는 출연재산은 법인이 성립된 때로부터 법인의 재산이 된다.

ㄷ. [×] 민법상 재단법인의 기본재산에 관한 저당권 설정행위는 특별한 사정이 없는 한 정관의 기재사항을 변경하여야 하는 경우에 해당하지 않으므로, 그에 관하여는 주무관청의 허가를 얻을 필요가 없다[4](대결 2018.7.20, 2017마1565).

---

4) 민법 제32조, 제40조 제4호, 제42조 제2항, 제43조, 제45조 제3항·제1항에 의하면, 재단법인은 정관에 재단법인의 자산에 관한 규정을 두어야 하고, 재단법인의 설립과 정관의 변경에는 주무관청의 허가를 얻어야 한다. 따라서 주무관청의 허가를 얻은 정관에 기재된 기본재산의 처분행위로 인하여 재단법인의 정관 기재사항을 변경하여야 하는 경우에는, 그에 관하여 주무관청의 허가를 얻어야 한다. 이는 재단법인의 기본재산에 대하여 강제집행을 실시하는 경우에도 동일하나, 주무관청의 허가는 반드시 사전에 얻어야 하는 것은 아니므로, 재단법인의 정관변경에 대한 주무관청의 허가는, 경매개시요건은 아니고, 경락인의 소유권취득에 관한 요건이다. 그러므로 집행법원으로서는 그 허가를 얻어 제출할 것을 특별매각조건으로 경매절차를 진행하고, 매각허가결정 시까지 이를 제출하지 못하면 매각불허가결정을 하면 된다.

063 민법상 재단법인의 설립에 관한 설명으로 옳은 것은? (다툼이 있으면 판례에 따름) 23 세무사

① 법인의 존립시기나 해산사유는 정관의 필요적 기재사항이다.
② 설립자가 그 목적을 정하지 않고 사망한 때에는 이해관계인 또는 검사의 청구에 의해 법원이 이를 정할 수 있다.
③ 설립자의 생전처분으로 재단법인에 출연된 물건에 하자가 있는 경우, 설립자는 그 하자를 몰랐더라도 담보책임을 진다.
④ 설립자가 생전처분으로 부동산을 출연하여 재단법인을 설립하는 경우, 출연자와 법인과의 관계에서 출연부동산의 소유권은 그 이전등기가 있어야 법인에게 귀속된다.
⑤ 재단법인의 출연자는 재단법인이 성립한 이후에도 착오를 원인으로 출연의 의사표시를 취소할 수 있다.

해설

답 ⑤

① [×]
> **제43조(재단법인의 정관)** 재단법인의 설립자는 일정한 재산을 출연하고 제40조 제1호 내지 제5호의 사항을 기재한 정관을 작성하여 기명날인하여야 한다.
>
> **제40조(사단법인의 정관)** 사단법인의 설립자는 다음 각 호의 사항을 기재한 정관을 작성하여 기명날인하여야 한다.
> 1. 목적
> 2. 명칭
> 3. 사무소의 소재지
> 4. 자산에 관한 규정
> 5. 이사의 임면에 관한 규정
> 6. 사원자격의 득실에 관한 규정
> 7. 존립시기나 해산사유를 정하는 때에는 그 시기 또는 사유

② [×]
> **제44조(재단법인의 정관의 보충)** 재단법인의 설립자가 그 명칭, 사무소 소재지 또는 이사 임면의 방법을 정하지 아니하고 사망한 때에는 이해관계인 또는 검사의 청구에 의하여 법원이 이를 정한다.

③ [×]
> **제47조(증여, 유증에 관한 규정의 준용)** ① 생전처분으로 재단법인을 설립하는 때에는 증여에 관한 규정을 준용한다.
>
> **제559조(증여자의 담보책임)** ① 증여자는 증여의 목적인 물건 또는 권리의 하자나 흠결에 대하여 책임을 지지 아니한다. 그러나 증여자가 그 하자나 흠결을 알고 수증자에게 고지하지 아니한 때에는 그러하지 아니하다.
> ② 상대 부담 있는 증여에 대하여는 증여자는 그 부담의 한도에서 매도인과 같은 담보의 책임이 있다.

④ [×] 판례는 "재단법인을 설립함에 있어서 출연재산은 그 법인이 성립된 때로부터 법인에 귀속된다는 제48조의 규정은 출연자와 법인과의 관계를 상대적으로 결정하는 기준에 불과하여, 출연재산이 부동산인 경우 출연자와 법인 사이에는 법인의 성립 외에 등기를 필요로 하는 것은 아니지만, 제3자에 대한 관계에 있어서는 출연행위는 법률행위이므로 출연재산의 법인에의 귀속에는 등기를 필요로 한다(대판 1979.12.11. 78다481 전합)."라고 한다.

⑤ [O] 민법 제47조 제1항에 의하여 생전처분으로 재단법인을 설립하는 때에 준용되는 민법 제555조는 "증여의 의사가 서면으로 표시되지 아니한 경우에는 각 당사자는 이를 해제할 수 있다."라고 함으로써 서면에 의한 증여(출연)의 해제를 제한하고 있으나, 그 해제는 민법 총칙상의 취소와는 요건과 효과가 다르므로 서면에 의한 출연이더라도 민법 총칙규정에 따라 출연자가 착오에 기한 의사표시라는 이유로 출연의 의사표시를 취소할 수 있고, 상대방 없는 단독행위인 재단법인에 대한 출연행위라고 하여 달리 볼 것은 아니다(대판 1999.7.9, 98다9045).

064

甲은 자신 소유의 X부동산을 출연하여 乙재단법인을 설립하고자 한다. 이에 관한 설명으로 옳지 않은 것은? (제3자는 고려하지 않으며, 다툼이 있으면 판례에 따름)   24 세무사

① 甲이 생전처분으로 乙을 설립하는 때에는 증여에 관한 규정을 준용한다.
② 甲이 유언으로 乙을 설립하는 때에는 유증에 관한 규정을 준용한다.
③ 甲이 생전처분으로 X를 출연하여 乙이 성립한 경우 甲은 착오를 이유로 출연의 의사표시를 취소할 수 없다.
④ 甲이 유언으로 X를 출연하여 乙을 설립하는 때에는 X는 유언의 효력이 발생한 때로부터 乙에게 귀속한 것으로 본다.
⑤ 甲이 정관에 이사 임면의 방법을 정하지 않고 사망한 때에는 이해관계인 또는 검사의 청구에 의하여 법원이 이를 정한다.

해설

답 ③

①② [O] 제47조(증여, 유증에 관한 규정의 준용) ① 생전처분으로 재단법인을 설립하는 때에는 증여에 관한 규정을 준용한다.
② 유언으로 재단법인을 설립하는 때에는 유증에 관한 규정을 준용한다.

③ [×] 민법 제47조 제1항에 의하여 생전처분으로 재단법인을 설립하는 때에 준용되는 민법 제555조는 "증여의 의사가 서면으로 표시되지 아니한 경우에는 각 당사자는 이를 해제할 수 있다."고 함으로써 서면에 의한 증여(출연)의 해제를 제한하고 있으나, 그 해제는 민법총칙상의 취소와는 요건과 효과가 다르므로 서면에 의한 출연이더라도 민법총칙규정에 따라 출연자가 착오에 기한 의사표시라는 이유로 출연의 의사표시를 취소할 수 있고, 상대방 없는 단독행위인 재단법인에 대한 출연행위라고 하여 달리 볼 것은 아니다(대판 1999.7.9, 98다9045).

④ [O] 제48조(출연재산의 귀속시기) ① 생전처분으로 재단법인을 설립하는 때에는 출연재산은 법인이 성립된 때로부터 법인의 재산이 된다.
② 유언으로 재단법인을 설립하는 때에는 출연재산은 유언의 효력이 발생한 때로부터 법인에 귀속한 것으로 본다.

⑤ [O] 제44조(재단법인의 정관의 보충) 재단법인의 설립자가 그 명칭, 사무소 소재지 또는 이사 임면의 방법을 정하지 아니하고 사망한 때에는 이해관계인 또는 검사의 청구에 의하여 법원이 이를 정한다.

4. 법인의 설립허가 취소

065 다음 비영리법인의 설립허가취소에 관한 설명이다. 틀린 것은?

① 민법 제38조에서 정한 비영리법인이 '공익을 해하는 행위를 한 때'란 법인의 기관이 직무의 집행으로서 공익을 침해하는 행위를 하거나 사원총회가 그러한 결의를 한 경우를 의미한다.

② 민법 제38조에 정한 '공익을 해하는 행위를 한 때'에 해당하기 위해서는, 해당 법인의 목적사업 또는 존재 자체가 공익을 해한다고 인정되거나 해당 법인의 행위가 직접적·구체적으로 공익을 침해하는 것이어야 하고, 목적사업의 내용, 행위의 태양 및 위법성의 정도, 공익 침해의 정도와 경위 등을 종합하여 볼 때 해당 법인의 소멸을 명하는 것이 공익에 대한 불법적인 침해 상태를 제거하고 정당한 법질서를 회복하기 위한 제재수단으로서 긴요하게 요청되는 경우이어야 한다.

③ '해당 법인의 행위가 직접적이고도 구체적으로 공익을 침해한다.'고 하려면 해당 법인의 행위로 인하여 법인 또는 구성원이 얻는 이익과 법질서가 추구하는 객관적인 공익이 서로 충돌하여 양자의 이익을 비교형량하였을 때 공공의 이익을 우선적으로 보호하여야 한다는 점에 의문의 여지가 없어야 한다.

④ 법인의 해산을 초래하는 설립허가취소는 헌법 제10조에 내재된 일반적 행동의 자유에 대한 침해 여부와 과잉금지의 원칙 등을 고려하여 엄격하게 판단하여야 하고, 특히 국가가 국민의 표현행위를 규제하는 경우, 표현내용과 무관하게 표현의 방법을 규제하는 것은 합리적인 공익상의 이유로 비례의 원칙(과잉금지의 원칙)을 준수하여 이루어지는 이상 폭넓은 제한이 가능하나, 표현내용에 대한 규제는 원칙적으로 중대한 공익의 실현을 위하여 불가피한 경우에 한하여 엄격한 요건하에서 허용될 뿐이다.

⑤ 대북전단 살포를 하는 것은 비영리법인이 '공익을 해하는 행위를 한 때'에 해당하므로, 이를 이유로 통일부장관이 법인설립허가를 취소하는 처분을 한 것은 적법하다.

> **해설**
> 답 ⑤

[1] 민법 제38조에서 정한 비영리법인이 '공익을 해하는 행위를 한 때'란 법인의 기관이 직무의 집행으로서 공익을 침해하는 행위를 하거나 사원총회가 그러한 결의를 한 경우를 의미한다. 여기에 법인설립허가취소는 법인을 해산하여 결국 법인격을 소멸하게 하는 제재처분인 점(제77조 제1항) 등을 더하여 보면, 민법 제38조에 정한 '공익을 해하는 행위를 한 때'에 해당하기 위해서는, 해당 법인의 목적사업 또는 존재 자체가 공익을 해한다고 인정되거나 해당 법인의 행위가 직접적·구체적으로 공익을 침해하는 것이어야 하고, 목적사업의 내용, 행위의 태양 및 위법성의 정도, 공익 침해의 정도와 경위 등을 종합하여 볼 때 해당 법인의 소멸을 명하는 것이 공익에 대한 불법적인 침해 상태를 제거하고 정당한 법질서를 회복하기 위한 제재수단으로서 긴요하게 요청되는 경우이어야 한다. 나아가 '해당 법인의 행위가 직접적이고도 구체적으로 공익을 침해한다.'고 하려면 해당 법인의 행위로 인하여 법인 또는 구성원이 얻는 이익과 법질서가 추구하는 객관적인 공익이 서로 충돌하여 양자의 이익을 비교형량하였을 때 공공의 이익을 우선적으로 보호하여야 한다는 점에 의문의 여지가 없어야 한다. 또한 법인의 해산을 초래하는 설립허가취소는 헌법 제10조에 내재된 일반적 행동의 자유에 대한 침해 여부와 과잉금지의 원칙 등을 고려하여 엄격하게 판단하여야 하고, 특히 국가가 국민의 표현행위를 규제하는 경우, 표현내용과 무관하게 표현의 방법을 규제하는 것은 합리적인 공익상의 이유로 비례의 원칙(과잉금지의 원칙)을 준수하여 이루어지는 이상 폭넓은 제한이 가능하나, 표현내용에 대한 규제는 원칙적으로 중대한 공익의 실현을 위하여 불가피한 경우에 한하여 엄격한 요건하에서 허용될 뿐이다. [2] 통일부장관으로부터 법인설립허가를 받은 甲 사단법인이 접경지역 지원 특별법상 접경지역에서 북한의 지도부나 체제를 비판하는 내용을 담은 대북전단지 50만 장 등을 대형 풍선 여러 개에 실어 북한 방향 상공으로 살포하자, 통일부장관이 '위 전단 살포 행위가 접경지역에 거주하는 주민들의 생명·신체의 안전에 대한 위험을 초래하고, 남북관계에 긴장상황을 조성하는 등 공익을 해하였다.'는 등의 이유로 甲 법인에 대한 법인설립허가를 취소한 사안에서, 북한의 인권문제에 관한 국제적·사회적 관심을 환기시키기 위한 위 전단 살포 행위는 표현의 자유, 결사의 자유에 의하여 보장되는 甲 법인의 활동에 속하는 것으로, 접경지역 주민들의 생명·신체의 안전에 대한 위험 야기, 남북 간의 군사적 긴장 고조, 대한민국 정부의 평화적 통일정책 추진에 대한 중대한 지장 초래 등 통일부장관이 위 처분의 이유로 내세우는 공익은 매우 포괄적·정치적인 영역에 속하는 것이자 그 저해에 관한 근본적인 책임을 甲 법인이나 위 전단 살포 행위에만 묻기는 어려운 것이어서, 위와 같은 甲 법인의 헌법상 기본권에 근거한 활동보다 통일부장관이 위 처분으로 달성하고자 하는 공익을 우선적으로 보호하여야 한다는 점에 의문의 여지가 없는 경우에 해당한다고 보기 어렵고, 위 전단 살포 행위의 태양 및 위법성의 정도, 공익 침해의 정도와 경위를 종합해 볼 때, 위 처분을 통하여 甲 법인의 법인격 소멸을 명하는 것이 공익 침해 상태를 제거하고 정당한 법질서를 회복하기 위한 유효적절한 제재수단으로서 긴요하게 요청되는 경우에 해당한다고 보기도 어려워 위 전단 살포 행위가 일방적으로 '공익을 해하는 행위를 한 때'에 해당한다고 쉽게 단정할 수 없음에도, 이와 달리 본 원심판단에 법리오해의 잘못이 있다(대판 2023.4.27, 2023두30833).

5. 법인의 검사, 감독

제2관 법인의 능력

I. 서설
II. 법인의 권리능력

066 법인의 권리능력에 관한 설명으로 옳지 않은 것은? (다툼이 있으면 판례에 따름)

① 법인의 권리능력은 정관으로 정한 목적의 범위 내로 제한된다.
② 법인에게는 상속권이 인정되지 않는다.
③ 법인도 명예에 관한 권리를 가질 수 있다.
④ 재단법인의 권리능력은 설립자가 재산을 출연하고 정관을 작성한 때부터 인정된다.
⑤ 법인은 권리능력의 범위 내에서 행위능력을 갖는다.

> **해설** 답 ④
>
> ① [O] 제34조(법인의 권리능력5)) 법인은 법률의 규정에 좇아 정관으로 정한 목적의 범위 내에서 권리와 의무의 주체가 된다.
>
> ②③ [O] 법인은 사람만이 가질 수 있는 권리를 가질 수 없다. 생명권·친권·배우자의 권리 등이 그것이다. 그리고 재산상속권도 자연인만이 누릴 수 있으나, 법인은 포괄적 유증을 받을 수 있어 상속과 동일한 효과를 가져 온다. 다만 재산권·명예권·성명권·신용권·정신적 자유권은 가질 수 있다. 그리고 법인은 파산관재인·청산인·유언집행자 등은 될 수 있으나, 후견인이 될 수는 없다. 또한 이사는 성질상 자연인이어야 하고, 법인은 이사가 될 수 없다.
>
> ④ [X] 제33조(법인설립의 등기) 법인은 그 주된 사무소의 소재지에서 설립등기를 함으로써 성립한다. 따라서 재단법인도 등기를 하여야 권리능력이 인정된다.
>
> ⑤ [O] 명문의 규정은 없으나 법인의 권리능력의 범위 내에서 행위능력을 가진다고 하는 것이 통설이다.

---

5) 제34조는 구 민법 제43조와 내용이 동일한데, 일본에서는 입법취지를 "법인의제설의 입장에서 영미법의 'ultra vires rule(월권 이론)'에 따라 기초된 것"으로 이해하고 있다. 이는 회사는 정관상의 목적을 수행하는 범위에서만 권능을 가지고(intra vires), 그 목적을 벗어난 경우(ultra vires)에는 무효이며, 추인에 의해 유효로 될 수 없다는 이론이다. 그러나 최근 영미에서는 이 이론을 폐지하고 있으며, 독일 민법은 처음부터 이러한 이론을 알지 못하며, 이러한 규정도 없다. ultra vires rule은 법인을 보호하는 반면에 정관상의 그러한 제한을 알지 못하고 거래한 제3자에게 불측의 손해를 주고, 또 최근의 추세가 이를 폐지하고 있는 점에 비추어 제34조의 해석에 있어서도 이를 감안해야 한다(김준호, 계약법, 64면, 법문사, 참고).

067

법인의 능력에 관한 설명으로 옳지 않은 것은? (다툼이 있는 경우 판례에 의함) 24 경간부

① 법인은 권리능력의 범위 내에서 행위능력을 가지며, 그 범위를 넘어서 행한 대표기관의 행위는 법인의 행위가 아니다.
② 법인의 권리능력은 정관상의 목적에 의하여 제한되며, 그 목적을 수행하는 데 있어 직·간접으로 필요한 행위를 모두 포함한다.
③ 법인의 명예가 훼손된 경우, 법인은 가해자에 대하여 불법행위로 인한 손해배상과 함께 명예회복에 적당한 처분을 청구할 수 있다.
④ 대표기관이 대표권의 범위 내에서 자기 또는 제3자의 이익을 도모할 목적으로 그 권한을 남용한 경우, 원칙적으로 법인에 대하여 효력이 없다.

해설

답 ④

① [O] 명문의 규정은 없으나 법인의 권리능력의 범위 내에서 행위능력을 가진다고 하는 것이 통설이다.
② [O] 회사의 권리능력은 회사의 설립근거가 된 법률과 회사의 정관상의 목적에 의하여 제한되나 그 목적범위 내의 행위라 함은 정관에 명시된 목적 자체에 국한되는 것이 아니라 그 목적을 수행하는 데 있어 직접, 간접으로 필요한 행위는 모두 포함되고 목적수행에 필요한지의 여부는 행위의 객관적 성질에 따라 판단할 것이고 행위자의 주관적, 구체적 의사에 따라 판단할 것은 아니다(대판 1991.11.22, 91다8821; 대판 2009.12.10, 2009다63236).
③ [O] 민법 제764조에서 말하는 명예라 함은 사람의 품성, 덕행, 명예, 신용 등 세상으로부터 받는 객관적인 평가를 말하는 것이고 특히 법인의 경우에는 그 사회적 명예, 신용을 가리키는 데 다름없는 것으로 명예를 훼손한다는 것은 그 사회적 평가를 침해하는 것을 말하고 이와 같은 법인의 명예가 훼손된 경우에 그 법인은 상대방에 대하여 불법행위로 인한 손해배상과 함께 명예 회복에 적당한 처분을 청구할 수 있고, 종중과 같이 소송상 당사자능력이 있는 비법인사단 역시 마찬가지이다(대판 1997.10.24, 96다17851).
④ [×] 제59조(이사의 대표권) ② 법인의 대표에 관하여는 대리에 관한 규정을 준용한다.
민법 제114조에서 말하는 "본인을 위한 것"임을 표시해야 한다는 것은 대리의사를 표시하여 본인에게 효과를 귀속시키려는 의사를 뜻한다. 즉, "본인의 이익을 위하여"라는 뜻은 아니다. 따라서 대리권 남용의 행위도 일단은 대리행위에 해당한다.

III. 법인의 행위능력
IV. 법인의 불법행위능력

068 민법상 법인에 관한 설명으로 옳지 않은 것은? (다툼이 있으면 판례에 따름)

① 비법인사단의 대표자가 직무에 관하여 타인에게 손해를 가한 경우, 그 비법인사단은 그 손해를 배상하여야 한다.
② 대표권이 없는 이사는 법인의 대표기관이 아니기 때문에 그의 행위로 인하여 법인의 불법행위가 성립하지 않는다.
③ 법인의 대표이사가 그 대표권의 범위 내에서 한 행위는 자기의 이익을 도모할 목적으로 그 권한을 남용한 것이라 할지라도, 특별한 사정이 없는 한, 법인의 행위로서 유효하다.
④ 정관에 다른 규정이 없는 경우, 법인은 정당한 이유 없이도 이사를 언제든지 해임할 수 있다.
⑤ 후임이사가 유효하게 선임되었다고 하더라도 그 선임의 효력을 둘러싼 다툼이 있다면, 그 다툼이 해결되기 전까지는 구(舊) 이사만이 직무수행권을 가진다.

해설
답 ⑤

① [O] 비법인사단의 대표자가 직무에 관하여 타인에게 손해를 가한 경우 그 비법인사단은 민법 제35조 제1항의 유추적용에 의하여 그 손해를 배상할 책임이 있다(대판 2008.1.18, 2005다34711).
② [O] 민법 제35조에서 말하는 '이사 기타 대표자'는 법인의 대표기관을 의미하는 것이고 대표권이 없는 이사는 법인의 기관이기는 하지만 대표기관은 아니기 때문에 그들의 행위로 인하여 법인의 불법행위가 성립하지 않는다(대판 2005.12.23, 2003다30159).
③ [O] 행위의 외형상 법인의 대표자의 직무행위라고 인정할 수 있는 것이라면 설사 그것이 대표자 개인의 사리를 도모하기 위한 것이었거나 혹은 법령의 규정에 위배된 것이었다 하더라도 직무행위에 해당한다(대판 1969.8.26, 68다2320).
④ [O] 법인과 이사의 법률관계는 신뢰를 기초로 한 위임 유사의 관계이고(대판 2008.9.25, 2007다17109), 위임계약은 원래 해지의 자유가 인정되어 쌍방 누구나 정당한 이유 없이도 언제든지 해지할 수 있으며, 다만 불리한 시기에 부득이한 사유 없이 해지한 경우에 한하여 상대방에게 그로 인한 손해배상책임을 질뿐이다(대판 2000.4.25, 98다47108).
⑤ [X] 민법상 법인의 이사나 감사 전원 또는 그 일부의 임기가 만료되었음에도 불구하고 그 후임 이사나 감사의 선임이 없거나 또는 그 후임 이사나 감사의 선임이 있었다고 하더라도 그 선임결의가 무효이고, 임기가 만료되지 아니한 다른 이사나 감사만으로는 정상적인 법인의 활동을 할 수 없는 경우, 임기가 만료된 구 이사나 감사로 하여금 법인의 업무를 수행케 함이 부적당하다고 인정할 만한 특별한 사정이 없는 한, 구 이사나 감사는 후임 이사나 감사가 선임될 때까지 종전의 직무를 수행할 수 있다 할 것이나, 후임 이사가 유효하게 선임되었는데도 그 선임의 효력을 둘러싼 다툼이 있다고 하여 그 다툼이 해결되기 전까지는 후임 이사에게는 직무수행권한이 없고 임기가 만료된 구 이사만이 직무수행권한을 가진다고 할 수는 없다(대판 2006.4.27, 2005도8875).

069 민법상 법인에 관한 설명으로 옳은 것은? (다툼이 있으면 판례에 따름)

① 사단법인 정관의 법적 성질은 자치법규이다.
② 청산종결등기가 행해졌다면 청산사무가 아직 남아 있다 하더라도 그 법인의 권리능력은 소멸된다.
③ 대표이사의 불법행위가 법인의 불법행위로 되는 경우에 대표이사는 자기의 불법행위 책임을 면한다.
④ 법인의 대표권을 가진 자가 하는 법률행위는 성립상 효과만 법인에게 귀속할 뿐 그 위반의 효과인 채무불이행까지 법인에 귀속하는 것은 아니다.
⑤ 사단법인 사원의 지위는 정관에 의하여도 상속할 수 없다.

해설
답 ①

① [O] 사단법인의 정관은 법적 성질은 계약이 아니라 자치법규로 보므로(통설, 판례), 어느 시점의 사단법인의 사원들이 정관의 규범적인 의미내용과 다른 해석을 사원총회의 결의라는 방법으로 표명하였다고 하더라도 그 결의에 의한 해석은 그 사단법인의 구성원인 사원이나 법인을 구속할 수 없다(대판 2000.11.24, 98다12437).

② [X] 청산종결의 등기가 종료한 후에도 청산사무가 종결되었다고 할 수 없는 경우에는 청산법인으로 계속 존속 한다(대판 1980.4.8, 79다2036).

③ [X]
> 제35조(법인의 불법행위능력) ① 법인은 이사 기타 대표자가 그 직무에 관하여 타인에게 가한 손해를 배상할 책임이 있다. 이사 기타 대표자는 이로 인하여 자기의 손해배상책임을 면하지 못한다.

④ [X] 적법한 대표권을 가진 자와 맺은 법률행위의 효과는 대표자 개인이 아니라 본인인 법인에게 귀속하고, 마찬가지로 그러한 법률행위상의 의무를 위반하여 발생한 채무불이행으로 인한 손해배상책임도 대표기관 개인이 아닌 법인만이 책임의 귀속주체가 되는 것이 원칙이다(대판 2019.5.30, 2017다53265).

⑤ [X] "사단법인의 사원의 지위는 양도 또는 상속할 수 없다."라고 한 민법 제56조의 규정은 강행규정은 아니라고 할 것이므로, 정관에 의하여 이를 인정하고 있을 때에는 양도·상속이 허용된다(대판 1992.4.14, 91다26850).

070

甲법인의 대표이사 乙은 그 직무에 관하여 丙에게 불법행위를 하였다. 법인의 불법행위책임(민법 제35조)에 관한 설명으로 옳은 것은? (다툼이 있으면 판례에 따름)   20 변리사

① 乙의 행위가 乙자신의 사익을 도모하기 위한 것이라도 甲법인은 불법행위를 진다.
② 甲법인의 乙의 선임 및 그 사무감독에 상당한 주의를 다하였음을 증명하면 불법행위책임을 면한다.
③ 丙에 대한 甲법인의 불법행위책임이 인정되는 경우 이중배상을 금지하기 위하여 乙의 丙에 대한 불법행위책임은 성립하지 않는다.
④ 乙이 甲법인을 실질적으로 운영하고 사실상 대표하여 사무를 집행하지만 대표이사로 등기되어 있지 않은 경우, 乙의 불법행위에 대해 甲법인은 손해배상책임이 없다.
⑤ 甲이 비법인사단이라면 乙이 직무수행에 관해 불법행위를 하였어도 丙에 대하여 甲의 불법행위책임은 성립하지 않는다.

해설

답 ①

① [O] 대표기관이 개인적인 목적으로 권한을 남용, 부정한 대표행위를 한 경우에도 판례는 제35조에 의하여 해결한다. 즉, 행위의 외형상 법인의 대표자의 직무행위라고 인정할 수 있는 것이라면 설사 그것이 대표자 개인의 사리를 도모하기 위한 것이었거나 혹은 법령의 규정에 위배된 것이었다 하더라도 직무행위에 해당한다(대판 1969.8.26, 68다2320).
② [×] 법인은 피해자에게 무과실 손해배상책임을 진다.
③ [×] 제35조(법인의 불법행위능력) ① 법인은 이사 기타 대표자가 그 직무에 관하여 타인에게 가한 손해를 배상할 책임이 있다. 이사 기타 대표자는 이로 인하여 자기의 손해배상책임을 면하지 못한다.
④ [×] 여기서 '법인의 대표자'에는 그 명칭이나 직위 여하, 또는 대표자로 등기되었는지 여부를 불문하고 당해 법인을 실질적으로 운영하면서 법인을 사실상 대표하여 법인의 사무를 집행하는 사람을 포함한다고 해석함이 상당하다.
⑤ [×] 종중에 관하여 민법 제35조 제1항이 유추적용되고(대판 2003.7.25, 2002다27088), 노동조합의 간부들이 불법쟁의행위를 주도한 경우, 민법 제35조 제1항을 유추적용한다(대판 1994.3.25, 93다32828 · 32835).

071 민법 제35조(법인의 불법행위능력)에 관한 설명으로 옳지 않은 것은? (다툼이 있으면 판례에 따름)

22 변리사

① 대표권이 없는 이사의 행위로 인하여는 법인의 불법행위가 성립하지 않는다.
② 법인의 불법행위능력은 사단법인뿐만 아니라 재단법인에 대하여도 적용된다.
③ 민법 제35조 제1항의 규정은 법인 아닌 사단에 유추적용된다.
④ 대표자의 행위가 법령의 규정에 위배된 것이라도 외관상, 객관적으로 직무에 관한 행위라고 인정될 수 있는 것이라면 민법 제35조 제1항의 직무에 관한 행위에 해당한다.
⑤ 대표자의 행위가 직무에 관한 행위에 해당하지 아니함을 피해자가 알았던 경우에도 법인의 불법행위책임이 인정된다.

해설

답 ⑤

① [○] 민법 제35조에서 말하는 '이사 기타 대표자'는 법인의 대표기관을 의미하는 것이고 대표권이 없는 이사는 법인의 기관이기는 하지만 대표기관은 아니기 때문에 그들의 행위로 인하여 법인의 불법행위가 성립하지 않는다(대판 2005.12.23, 2003다30159).

② [○] 제35조(법인의 불법행위능력) ① 법인은 이사 기타 대표자가 그 직무에 관하여 타인에게 가한 손해를 배상할 책임이 있다. 이사 기타 대표자는 이로 인하여 자기의 손해배상책임을 면하지 못한다.

③ [○] 주택조합과 같은 비법인사단의 대표자가 직무에 관하여 타인에게 손해를 가한 경우 그 사단은 민법 제35조 제1항의 유추적용에 의하여 그 손해를 배상할 책임이 있으며, 비법인사단의 대표자의 행위가 대표자 개인의 사리를 도모하기 위한 것이었거나 혹은 법령의 규정에 위배된 것이었다 하더라도 외관상, 객관적으로 직무에 관한 행위라고 인정할 수 있는 것이라면 민법 제35조 제1항의 직무에 관한 행위에 해당한다(대판 2003.7.25, 2002다27088).

④ [○] 행위의 외형상 법인의 대표자의 직무행위라고 인정할 수 있는 것이라면 설사 그것이 대표자 개인의 사리를 도모하기 위한 것이었거나 혹은 법령의 규정에 위배된 것이었다 하더라도 직무행위에 해당한다(대판 1969.8.26, 68다2320).

⑤ [×] 법인의 대표자의 행위가 직무에 관한 행위에 해당하지 아니함을 피해자 자신이 알았거나 또는 중대한 과실로 인하여 알지 못한 경우에는 법인에게 손해배상책임을 물을 수 없다고 하여 보호가치 있는 상대방만 보호한다(대판 2004.3.26, 2003다34045).

072 민법상 법인의 능력에 관한 설명으로 옳지 않은 것은? (다툼이 있으면 판례에 따름) 22 세무사

① 법인은 그의 명예를 침해한 자에 대하여 불법행위책임을 물을 수 있다.
② 정관에서 정한 목적을 수행함에 있어서 간접적으로 필요한 행위에 대해서도 법인의 권리능력이 인정된다.
③ 법인의 대표에 관하여 무권대리에 관한 규정이 준용될 수 있다.
④ 감사의 행위에 대해서도 민법 제35조에 의한 법인의 불법행위책임이 성립한다.
⑤ 대표권남용에 대하여 상대방이 악의이면 대표권남용행위는 법인에게 그 효력이 미치지 않는다.

해설

답 ④

① [O] 법인은 사람만이 가질 수 있는 권리를 가질 수 없다. 생명권·친권·배우자의 권리 등이 그것이다. 그리고 재산상속권도 자연인만이 누릴 수 있으나, 법인은 포괄적 유증을 받을 수 있어 상속과 동일한 효과를 가져 온다. 다만 재산권·명예권·성명권·신용권 등은 가질 수 있다. 그리고 법인은 파산관재인·청산인·유언집행자 등은 될 수 있으나, 후견인이 될 수는 없다. 또한 이사는 성질상 자연인이어야 하고, 법인은 이사가 될 수 없다.

② [O] 회사의 권리능력은 회사의 설립근거가 된 법률과 회사의 정관상의 목적에 의하여 제한되나 그 목적범위 내의 행위라 함은 정관에 명시된 목적 자체에 국한되는 것이 아니라 그 목적을 수행하는 데 있어 직접, 간접으로 필요한 행위는 모두 포함되고 목적수행에 필요한지의 여부는 행위의 객관적 성질에 따라 판단할 것이고 행위자의 주관적, 구체적 의사에 따라 판단할 것은 아니다(대판 2009.12.10, 2009다63236).

③ [O] 제59조(이사의 대표권) ① 이사는 법인의 사무에 관하여 각자 법인을 대표한다. 그러나 정관에 규정한 취지에 위반할 수 없고 특히 사단법인은 총회의 의결에 의하여야 한다.
② 법인의 대표에 관하여는 대리에 관한 규정을 준용한다.

④ [×] 제35조(법인의 불법행위능력) ① 법인은 이사 기타 대표자가 그 직무에 관하여 타인에게 가한 손해를 배상할 책임이 있다. 이사 기타 대표자는 이로 인하여 자기의 손해배상책임을 면하지 못한다.

⑤ [O] 주식회사의 대표이사가 그 대표권의 범위 내에서 한 행위는 설사 대표이사가 회사의 영리목적과 관계없이 자기 또는 제3자의 이익을 도모할 목적으로 그 권한을 남용한 것이라 할지라도 일단 회사의 행위로서 유효하고, 다만 그 행위의 상대방이 대표이사의 진의를 알았거나 알 수 있었을 때에는 회사에 대하여 무효가 되는 것이다(대판 1988.8.9, 86다카1858; 대판 1997.8.29, 97다18059).

073 민법상 법인의 불법행위책임에 관한 설명으로 옳은 것은? (다툼이 있으면 판례에 따름)

23 세무사

① 법인의 불법행위책임에 관한 민법 제35조는 법인 아닌 사단에도 유추적용된다.
② 학교법인 대표자의 직무상 차금(借金)행위가 불법행위가 되는 경우, 법인은 민법상 사용자배상책임을 진다.
③ 법인의 불법행위책임이 성립하는 경우, 피해자는 직접 대표자에 대해 손해배상을 청구할 수 없다.
④ 대표자의 행위가 직무에 관한 행위에 해당하지 않음을 피해자가 알고 있었다 하더라도 외형상 직무행위로 보인다면 법인은 그로 인한 손해배상책임을 진다.
⑤ 법인의 실질적 운영자로서 법인 사무를 집행함에도 대표자로 등기되어 있지 않은 자는 민법 제35조에서 정한 대표자로 볼 수 없다.

해설

답 ①

① [○] 주택조합과 같은 비법인사단의 대표자가 직무에 관하여 타인에게 손해를 가한 경우 그 사단은 민법 제35조 제1항의 유추적용에 의하여 그 손해를 배상할 책임이 있으며, 비법인사단의 대표자의 행위가 대표자 개인의 사리를 도모하기 위한 것이었거나 혹은 법령의 규정에 위배된 것이었다 하더라도 외관상, 객관적으로 직무에 관한 행위라고 인정할 수 있는 것이라면 민법 제35조 제1항의 직무에 관한 행위에 해당한다(대판 2003.7.25, 2002다27088).

②③ [×] 제35조(법인의 불법행위능력) ① 법인은 이사 기타 대표자가 그 직무에 관하여 타인에게 가한 손해를 배상할 책임이 있다. 이사 기타 대표자는 이로 인하여 자기의 손해배상책임을 면하지 못한다.

④ [×] 법인의 대표자의 행위가 직무에 관한 행위에 해당하지 아니함을 피해자 자신이 알았거나 또는 중대한 과실로 인하여 알지 못한 경우에는 법인에게 손해배상책임을 물을 수 없다고 하여 보호가치 있는 상대방만 보호한다(대판 2004.3.26, 2003다34045).

⑤ [×] 여기서 '법인의 대표자'에는 그 명칭이나 직위 여하, 또는 대표자로 등기되었는지 여부를 불문하고 당해 법인을 실질적으로 운영하면서 법인을 사실상 대표하여 법인의 사무를 집행하는 사람을 포함한다고 해석함이 상당하다(대판 2011.4.28, 2008다15438).

074 법인의 불법행위에 관한 설명으로 옳지 않은 것은? (다툼이 있는 경우 판례에 의함) 23 경간부

① 법인 대표자의 차금행위가 법인에 대하여 불법행위가 되는 경우에는 「민법」상 사용자책임과 법인의 불법행위책임이 경합적으로 병존하게 된다.
② 대표권이 없는 이사의 행위로 인한 경우에는 특별한 사정이 없는 한 법인의 불법행위가 성립하지 않는다.
③ 법인의 사원은 특별한 사정이 없는 한 사원총회의 의결에 찬성하였다는 이유만으로는 제3자에 대하여 불법행위책임을 부담하지 않는다.
④ 대표자의 행위가 직무에 관한 행위에 해당하지 아니함을 피해자가 안 경우에는 법인의 불법행위책임이 성립하지 않는다.

해설
답 ①

① [×] 학교법인의 대표자였던 자에 의한 차금행위가 불법행위가 된다면 이는 민법상 사용자의 배상책임이 아니고 민법 제35조에 의한 법인자체의 불법행위가 되어 배상책임이 성립한다(대판 1978.3.14, 78다132).
② [○] 민법 제35조에서 말하는 '이사 기타 대표자'는 법인의 대표기관을 의미하는 것이고 대표권이 없는 이사는 법인의 기관이기는 하지만 대표기관은 아니기 때문에 그들의 행위로 인하여 법인의 불법행위가 성립하지 않는다(대판 2005.12.23, 2003다30159).
③ [○] 사원도 위 대표자와 공동으로 불법행위를 저질렀거나 이에 가담하였다고 볼 만한 사정이 있으면 제3자에 대하여 위 대표자와 연대하여 손해배상책임을 진다. 그러나 사원총회, 대의원 총회, 이사회의 의결은 원칙적으로 법인의 내부 행위에 불과하므로 특별한 사정이 없는 한 그 사항의 의결에 찬성하였다는 이유만으로 제3자의 채권을 침해한다거나 대표자의 행위에 가공 또는 방조한 자로서 제3자에 대하여 불법행위책임을 부담한다고 할 수는 없다(대결 2009.1.30, 2006마930).
④ [○] 법인의 대표자의 행위가 직무에 관한 행위에 해당하지 아니함을 피해자 자신이 알았거나 또는 중대한 과실로 인하여 알지 못한 경우에는 법인에게 손해배상책임을 물을 수 없다고 하여 보호가치 있는 상대방만 보호 한다(대판 2004.3.26, 2003다34045).

제3관 법인의 기관

I. 서설
II. 이사

075 민법상 법인에 관한 설명으로 옳지 않은 것은? 　　　　　　　　　15 노무사

① 이사는 선량한 관리자의 주의로 그 직무를 행하여야 한다.
② 이사는 정관 또는 총회의 결의로 금지하지 아니한 사항에 한하여 타인으로 하여금 특정한 행위를 대리하게 할 수 있다.
③ 법인은 정관 또는 총회의 결의로 감사를 둘 수 있다.
④ 해산한 법인은 청산의 목적범위 내에서만 권리가 있고 의무를 부담한다.
⑤ 이사가 없거나 결원이 있는 경우에 이로 인하여 손해가 생길 염려 있는 때에는 법원은 이해관계인이나 검사의 청구에 의하여 특별대리인을 선임하여야 한다.

> **해설** 　　　　　　　　　　　　　　　　　　　　　　　　　　　　　　답 ⑤

① [○] 제61조(이사의 주의의무) 이사는 선량한 관리자의 주의로 그 직무를 행하여야 한다.

② [○] 제62조(이사의 대리인 선임) 이사는 정관 또는 총회의 결의로 금지하지 아니한 사항에 한하여 타인으로 하여금 특정한 행위를 대리하게 할 수 있다.

③ [○] 제66조(감사) 법인은 정관 또는 총회의 결의로 감사를 둘 수 있다.

④ [○] 제81조(청산법인) 해산한 법인은 청산의 목적범위 내에서만 권리가 있고 의무를 부담한다.

⑤ [×] 제64조(특별대리인의 선임) 법인과 이사의 이익이 상반하는 사항에 관하여는 이사는 대표권이 없다. 이 경우에는 전조의 규정에 의하여 특별대리인을 선임하여야 한다.
제63조(임시이사의 선임) 이사가 없거나 결원이 있는 경우에 이로 인하여 손해가 생길 염려 있는 때에는 "법원"은 이해관계인이나 검사의 청구에 의하여 임시이사를 선임하여야 한다.

076

민법상 법인에 관한 설명으로 옳지 않은 것은? (다툼이 있으면 판례에 따름) 16 노무사

① 비법인사단의 대표자가 직무에 관하여 타인에게 손해를 가한 경우, 그 비법인사단은 그 손해를 배상하여야 한다.
② 대표권이 없는 이사는 법인의 대표기관이 아니기 때문에 그의 행위로 인하여 법인의 불법행위가 성립하지 않는다.
③ 법인의 대표이사가 그 대표권의 범위 내에서 한 행위는 자기의 이익을 도모할 목적으로 그 권한을 남용한 것이라 할지라도, 특별한 사정이 없는 한, 법인의 행위로서 유효하다.
④ 정관에 다른 규정이 없는 경우, 법인은 정당한 이유 없이도 이사를 언제든지 해임할 수 있다.
⑤ 후임이사가 유효하게 선임되었다고 하더라도 그 선임의 효력을 둘러싼 다툼이 있다면, 그 다툼이 해결되기 전까지는 구(舊) 이사만이 직무수행권을 가진다.

해설

답 ⑤

① [O] 비법인사단의 대표자가 직무에 관하여 타인에게 손해를 가한 경우 그 비법인사단은 민법 제35조 제1항의 유추적용에 의하여 그 손해를 배상할 책임이 있다(대판 2008.1.18, 2005다34711).
② [O] 민법 제35조에서 말하는 '이사 기타 대표자'는 법인의 대표기관을 의미하는 것이고 대표권이 없는 이사는 법인의 기관이기는 하지만 대표기관은 아니기 때문에 그들의 행위로 인하여 법인의 불법행위가 성립하지 않는다(대판 2005.12.23, 2003다30159).
③ [O] 행위의 외형상 법인의 대표자의 직무행위라고 인정할 수 있는 것이라면 설사 그것이 대표자 개인의 사리를 도모하기 위한 것이었거나 혹은 법령의 규정에 위배된 것이었다 하더라도 직무행위에 해당한다(대판 1969.8.26, 68다2320).
④ [O] 법인과 이사의 법률관계는 신뢰를 기초로 한 위임 유사의 관계이고(대판 2008.9.25, 2007다17109), 위임계약은 원래 해지의 자유가 인정되어 쌍방 누구나 정당한 이유 없이도 언제든지 해지할 수 있으며, 다만 불리한 시기에 부득이한 사유 없이 해지한 경우에 한하여 상대방에게 그로 인한 손해배상책임을 질 뿐이다(대판 2000.4.25, 98다47108).
⑤ [X] 민법상 법인의 이사나 감사 전원 또는 그 일부의 임기가 만료되었음에도 불구하고 그 후임 이사나 감사의 선임이 없거나 또는 그 후임 이사나 감사의 선임이 있었다고 하더라도 그 선임결의가 무효이고, 임기가 만료되지 아니한 다른 이사나 감사만으로는 정상적인 법인의 활동을 할 수 없는 경우, 임기가 만료된 구 이사나 감사로 하여금 법인의 업무를 수행케 함이 부적당하다고 인정할 만한 특별한 사정이 없는 한, 구 이사나 감사는 후임 이사나 감사가 선임될 때까지 종전의 직무를 수행할 수 있다 할 것이나, 후임 이사가 유효하게 선임되었는데 그 선임의 효력을 둘러싼 다툼이 있다고 하여 그 다툼이 해결되기 전까지는 후임 이사에게는 직무수행권한이 없고 임기가 만료된 구 이사만이 직무수행권한을 가진다고 할 수는 없다(대판 2006.4.27, 2005도8875).

077 민법상 법인에 관한 설명으로 옳지 않은 것은?

① 비법인사단의 대표자가 직무에 관하여 타인에게 손해를 가한 경우, 그 비법인사단은 그 손해를 배상하여야 한다.
② 대표권 없는 이사는 법인의 대표기관이 아니기 때문에 그의 행위로 인하여 법인의 불법행위는 성립하지 않는다.
③ 법인의 대표이사가 그 대표권의 범위 내에서 한 행위는 자기의 이익을 도모할 목적으로 그 권한을 남용한 것이라 할지라도, 특별한 사정이 없는 한, 법인의 행위로서 유효하다.
④ 정관에 다른 규정이 없는 경우, 법인은 정당한 사유 없이도 언제든지 이사를 해임할 수 있다.
⑤ 후임이사가 유효하게 선임되었다고 하더라도 그 선임의 효력을 둘러싼 다툼이 있다면, 그 다툼이 해결되기 전까지는 구 이사만이 직무수행권을 가진다.
⑥ 비법인 사단에 대하여 민법 제63조에 의하여 법원이 선임한 임시이사는 임시적 성격을 가지므로, 원칙적으로 정식이사와 동일한 권한을 가진다.

해설
답 ⑤

① [O] 종중에 관하여 제35조 제1항이 유추적용되고(대판 2003.7.25, 2002다27088), 노동조합의 간부들이 불법쟁의행위를 주도한 경우, 민법 제35조 제1항을 유추적용한다(대판 1994.3.25, 93다32828·32835).
② [O] 민법 제35조에서 말하는 '이사 기타 대표자'는 법인의 대표기관을 의미하는 것이고 대표권이 없는 이사는 법인의 기관이기는 하지만 대표기관은 아니기 때문에 그들의 행위로 인하여 법인의 불법행위가 성립하지 않는다(대판 2005.12.23, 2003다30159).
③ [O] 법인의 대표기관이 형식적으로는 대표권의 범위 내에서 대표행위를 하였지만, 자신이나 제3자의 이익을 도모하기 위하여 대표행위를 한 경우는 일단 법인의 행위로서 유효하지만, 대표권 남용행위의 상대방이 대표이사의 진의를 알았거나 알 수 있었을 때에는 회사에 대하여 무효가 된다(대판 1988.8.9, 86다카1858; 대판 1997.8.29, 97다18059).
④ [O] 법인과 이사의 법률관계는 신뢰를 기초로 한 위임 유사의 관계이므로, 이사는 민법 제689조 제1항이 규정한 바에 따라 언제든지 사임할 수 있고, 법인의 이사를 사임하는 행위는 상대방 있는 단독행위이므로 그 의사표시가 상대방에게 도달함과 동시에 그 효력을 발생하고, 그 의사표시가 효력을 발생한 후에는 마음대로 이를 철회할 수 없음이 원칙이다. 그러나 법인이 정관에서 이사의 사임절차나 사임의 의사표시의 효력발생시기 등에 관하여 특별한 규정을 둔 경우에는 그에 따라야 하는바, 위와 같은 경우에는 이사의 사임의 의사표시가 법인의 대표자에게 도달하였다고 하더라도 그와 같은 사정만으로 곧바로 사임의 효력이 발생하는 것은 아니고 정관에서 정한 바에 따라 사임의 효력이 발생하는 것이므로, 이사가 사임의 의사표시를 하였더라도 정관에 따라 사임의 효력이 발생하기 전에는 그 사임의사를 자유롭게 철회할 수 있다(대판 2008.9.25, 2007다17109).
⑤ [×] 후임 이사가 유효히 선임되었는데도 그 선임의 효력을 둘러싼 다툼이 있다고 하여 그 다툼이 해결되기 전까지는 후임 이사에게는 직무수행권한이 없고 임기가 만료된 구 이사만이 직무수행권한을 가진다고 할 수는 없다(대판 2006.4.27, 2005도8875).
⑥ [O] 비법인 사단에 대하여 민법 제63조에 의하여 법원이 선임한 임시이사는 원칙적으로 정식이사와 동일한 권한을 가진다(대판 2019.9.10, 2019다208953).

078

법인의 기관에 관한 설명으로 옳은 것을 모두 고른 것은? (다툼이 있으면 판례에 따름)

21 변리사

> ㄱ. 법인의 정관에 이사의 해임사유에 관한 규정이 있는 경우, 법인으로서는 이사의 중대한 의무 위반 등의 특별한 사정이 없는 이상 정관에서 정하지 아니한 사유로 이사를 해임할 수 없다.
> ㄴ. 이사와 감사의 성명·주소는 등기사항이다.
> ㄷ. 법인과 이사의 이익이 상반되는 경우, 법원이 선임한 특별대리인은 그 사항에 대하여 법인을 대표한다.
> ㄹ. 이사의 대표권 제한이 정관에 기재된 경우, 이를 등기하지 않아도 악의의 제3자에게 대항할 수 있다.

① ㄱ, ㄷ
② ㄴ, ㄹ
③ ㄱ, ㄴ, ㄹ
④ ㄱ, ㄷ, ㄹ
⑤ ㄴ, ㄷ, ㄹ

해설

답 ①

ㄱ. [O] 법인과 이사의 법률관계는 신뢰를 기초로 한 위임 유사의 관계로 볼 수 있는데, 민법 제689조 제1항에서는 위임계약은 각 당사자가 언제든지 해지할 수 있다고 규정하고 있으므로, 법인은 원칙적으로 이사의 임기 만료 전에도 이사를 해임할 수 있지만, 이러한 민법의 규정은 임의규정에 불과하므로 법인이 자치법규인 정관으로 이사의 해임사유 및 절차 등에 관하여 별도의 규정을 두는 것도 가능하다. 그리고 이와 같이 법인이 정관에 이사의 해임사유 및 절차 등을 따로 정한 경우 그 규정은 법인과 이사와의 관계를 명확히 함은 물론 이사의 신분을 보장하는 의미도 아울러 가지고 있어 이를 단순히 주의적 규정으로 볼 수는 없다. 따라서 법인의 정관에 이사의 해임사유에 관한 규정이 있는 경우 법인으로서는 이사의 중대한 의무위반 또는 정상적인 사무집행 불능 등의 특별한 사정이 없는 이상, 정관에서 정하지 아니한 사유로 이사를 해임할 수 없다(대판 2013.11.28, 2011다41741).

ㄴ. [×]
> 제49조(법인의 등기사항) ① 법인설립의 허가가 있는 때에는 3주간 내에 주된 사무소 소재지에서 설립등기를 하여야 한다.
> ② 전항의 등기사항은 다음과 같다.
> 8. 이사의 성명, 주소

ㄷ. [O]
> 제64조(특별대리인의 선임) 법인과 이사의 이익이 상반하는 사항에 관하여는 이사는 대표권이 없다. 이 경우에는 전조의 규정에 의하여 특별대리인을 선임하여야 한다.

ㄹ. [×] 법인의 정관에 법인 대표권의 제한에 관한 규정이 있으나 그와 같은 취지가 등기되어 있지 않다면 법인은 그와 같은 정관의 규정에 대하여 선의냐 악의냐에 관계없이 제3자에 대하여 대항할 수 없다(대판 1987.11.24, 86다카2484; 대판 1992.2.14, 91다24564).

079 민법상 법인에 관한 설명으로 옳은 것은? (다툼이 있으면 판례에 따름)   22 노무사

① 생전처분으로 재단법인을 설립하는 자가 서면으로 재산출연의 의사표시를 하였다면 착오를 이유로 이를 취소할 수 없다.
② 생전처분으로 지명채권을 출연하여 재단법인을 설립하는 경우, 그 지명채권은 대외적으로는 양도 통지나 채무자의 승낙이 행해진 때 법인의 재산이 된다.
③ 법인의 불법행위를 성립시키는 대표기관에는 법인을 실질적으로 운영하면서 그 법인을 사실상 대표하여 법인의 사무를 집행하는 사람이 포함된다.
④ 법인의 대표기관은 정관 또는 사원총회에 의해 금지되지 않는 한 타인에게 포괄적인 대리권을 수여할 수 있다.
⑤ 법인이 청산종결등기를 하였다면 실제로 청산사무가 종료되지 않았더라도 그 법인은 소멸한다.

해설   답 ③

① [×] 민법 제47조 제1항에 의하여 생전처분으로 재단법인을 설립하는 때에 준용되는 민법 제555조는 "증여의 의사가 서면으로 표시되지 아니한 경우에는 각 당사자는 이를 해제할 수 있다."라고 함으로써 서면에 의한 증여(출연)의 해제를 제한하고 있으나, 그 해제는 민법 총칙상의 취소와는 요건과 효과가 다르므로 서면에 의한 출연이더라도 민법 총칙규정에 따라 출연자가 착오에 기한 의사표시라는 이유로 출연의 의사표시를 취소할 수 있고, 상대방 없는 단독행위인 재단법인에 대한 출연행위라고 하여 달리 볼 것은 아니다(대판 1999.7.9, 98다9045).
② [×] 지명채권의 경우 채권증서는 증거방법에 불과한 것으로서 제48조가 정한 시기에 법인에게 귀속함에 학설은 일치하고 있다. 판례도 유언에 의한 지명채권 출연 시 유언자가 사망하면 법인의 것이 되고 상속재산에 속하지 않는다고 한다. 지명채권에 있어 증서는 증거방법에 불과하기 때문이다. 즉 지명채권을 재단법인에 유언방식에 의하여 출연한 경우 유언자가 사망하면 이는 법인의 것으로 되고, 유언자의 상속인이 처분하면 무권한자의 처분행위가 될 수 밖에 없다고 한다(대판 1984.9.11, 83누578).
③ [O] 여기서 '법인의 대표자'에는 그 명칭이나 직위 여하, 또는 대표자로 등기되었는지 여부를 불문하고 당해 법인을 실질적으로 운영하면서 법인을 사실상 대표하여 법인의 사무를 집행하는 사람을 포함한다고 해석함이 상당하다(대판 2011.4.28, 2008다15438).
④ [×] **제62조(이사의 대리인 선임)** 이사는 정관 또는 총회의 결의로 금지하지 아니한 사항에 한하여 타인으로 하여금 특정한 행위를 대리하게 할 수 있다.
⑤ [×] 청산 종결의 등기가 종료한 후에도 청산사무가 종결되었다고 할 수 없는 경우에는 청산법인으로 계속 존속 한다(대판 1980.4.8, 79다2036).

080 민법상 법인에 관한 설명으로 옳지 않은 것은?

23 변리사

① 생전처분으로 재단법인을 설립하는 때에는 증여에 관한 규정을 준용한다.
② 유언으로 재단법인을 설립하는 때에는 출연재산(지명채권)은 유언의 효력이 발생한 때로부터 법인에 귀속한 것으로 본다.
③ 이사의 대표권에 대한 제한은 이를 등기하지 아니하면 그 효력이 없다.
④ 재단법인의 목적을 달성할 수 없는 때에는 설립자나 이사는 주무관청의 허가를 얻어 설립의 취지를 참작하여 그 목적 기타 정관의 규정을 변경할 수 있다.
⑤ 재단법인의 설립자가 그 명칭, 사무소소재지 또는 이사임면의 방법을 정하지 아니하고 사망한 때에는 이해관계인 또는 검사의 청구에 의하여 법원이 이를 정한다.

해설

답 ③

① [○] 제47조(증여, 유증에 관한 규정의 준용) ① 생전처분으로 재단법인을 설립하는 때에는 증여에 관한 규정을 준용한다.

② [○] 제48조(출연재산의 귀속시기) ① 생전처분으로 재단법인을 설립하는 때에는 출연재산은 법인이 성립된 때로부터 법인의 재산이 된다.
② 유언으로 재단법인을 설립하는 때에는 출연재산은 유언의 효력이 발생한 때로부터 법인에 귀속한 것으로 본다.

지명채권을 재단법인에 유언방식에 의하여 출연한 경우 유언자가 사망하면 이는 법인의 것으로 되고, 유언자의 상속인이 처분하면 무권한자의 처분행위가 될 수 밖에 없다(대판 1984.9.11, 83누578).

③ [×] 제60조(이사의 대표권에 대한 제한의 대항요건) 이사의 대표권에 대한 제한은 등기하지 아니하면 제3자에게 대항하지 못한다.

④ [○] 제46조(재단법인의 목적 기타의 변경) 재단법인의 목적을 달성할 수 없는 때에는 설립자나 이사는 주무관청의 허가를 얻어 설립의 취지를 참작하여 그 목적 기타 정관의 규정을 변경할 수 있다.

⑤ [○] 제44조(재단법인의 정관의 보충) 재단법인의 설립자가 그 명칭, 사무소 소재지 또는 이사 임면의 방법을 정하지 아니하고 사망한 때에는 이해관계인 또는 검사의 청구에 의하여 법원이 이를 정한다.

081

민법상 사단법인 甲과 그 대표이사 乙에 관한 설명으로 옳은 것을 모두 고른 것은? (다툼이 있으면 판례에 따름)

23 노무사

> ㄱ. 甲과 乙의 이익이 상반하는 사항에 관하여는 乙은 대표권이 없다.
> ㄴ. 甲의 정관에 이사의 해임사유에 관한 규정이 있는 경우, 甲은 乙의 중대한 의무위반 등 특별한 사정이 없는 한 정관에서 정하지 아니한 사유로 乙을 해임할 수 없다.
> ㄷ. 乙이 丙에게 대표자로서의 모든 권한을 포괄적으로 위임하여 丙이 甲의 사무를 집행한 경우, 丙의 그 사무집행행위는 원칙적으로 甲에 대하여 효력이 있다.

① ㄱ
② ㄷ
③ ㄱ, ㄴ
④ ㄴ, ㄷ
⑤ ㄱ, ㄴ, ㄷ

해설

답 ③

ㄱ. [O] **제64조(특별대리인의 선임)** 법인과 이사의 이익이 상반하는 사항에 관하여는 이사는 대표권이 없다. 이 경우에는 전조의 규정에 의하여 특별대리인을 선임하여야 한다.

ㄴ. [O] 법인과 이사의 법률관계는 신뢰를 기초로 한 위임 유사의 관계로 볼 수 있는데, 민법 제689조 제1항에서는 위임계약은 각 당사자가 언제든지 해지할 수 있다고 규정하고 있으므로, 법인은 원칙적으로 이사의 임기 만료 전에도 이사를 해임할 수 있지만, 이러한 민법의 규정은 임의규정에 불과하므로 법인이 자치법규인 정관으로 이사의 해임사유 및 절차 등에 관하여 별도의 규정을 두는 것도 가능하다. 그리고 이와 같이 법인이 정관에 이사의 해임사유 및 절차 등을 따로 정한 경우 그 규정은 법인과 이사와의 관계를 명확히 함은 물론 이사의 신분을 보장하는 의미도 아울러 가지고 있어 이를 단순히 주의적 규정으로 볼 수는 없다. 따라서 법인의 정관에 이사의 해임사유에 관한 규정이 있는 경우 법인으로서는 이사의 중대한 의무위반 또는 정상적인 사무집행 불능 등의 특별한 사정이 없는 이상, 정관에서 정하지 아니한 사유로 이사를 해임할 수 없다(대판 2013.11.28, 2011다41741).

ㄷ. [×] **제62조(이사의 대리인 선임)** 이사는 정관 또는 총회의 결의로 금지하지 아니한 사항에 한하여 타인으로 하여금 특정한 행위를 대리하게 할 수 있다.

비법인사단에 대하여는 사단법인에 관한 민법 규정 가운데 법인격을 전제로 하는 것을 제외하고는 이를 유추적용하여야 하는데, 민법 제62조에 비추어 보면 비법인사단의 대표자는 정관 또는 총회의 결의로 금지하지 아니한 사항에 한하여 타인으로 하여금 특정한 행위를 대리하게 할 수 있을 뿐 비법인사단의 제반 업무처리를 포괄적으로 위임할 수는 없으므로 비법인사단 대표자가 행한 타인에 대한 업무의 포괄적 위임과 그에 따른 포괄적 수임인의 대행행위는 민법 제62조를 위반한 것이어서 비법인사단에 대하여 그 효력이 미치지 않는다(대판 2011.4.28, 2008다15438).

082 민법상 법인의 이사에 관한 설명으로 옳은 것은? (다툼이 있으면 판례에 따름) 23 세무사 변형

① 신임 이사에 대한 변경등기 전에 그 이사가 한 직무행위는 법인에 대하여 무효이다.
② 이사의 대표권 제한을 등기하지 않아도 정관에 규정하였다면, 악의의 제3자에 대하여 대항할 수 있다.
③ 이사가 직무상의 특정 행위를 위해 선임한 대리인은 법인의 기관이 아니지만, 그 대리행위의 효과는 법인에 귀속한다.
④ 이사가 수인인 경우에 정관에 다른 규정이 없으면 각자가 법인의 내부적 사무집행을 결정한다.
⑤ 법인과 이사의 이익이 상반되는 사항에 대한 특별대리인은 사원총회에 의해 선임된다.
⑥ 법인의 자치법규인 정관을 존중할 필요성은 법인이 정관에서 정하지 아니한 사유로 이사를 해임하는 경우뿐만 아니라 법인이 정관에서 정한 사유로 이사를 해임하는 경우에도 요구된다. 법인이 정관에서 이사의 해임사유와 절차를 정하였고 그 해임사유가 실제로 발생하였다면, 법인은 이를 이유로 정관에서 정한 절차에 따라 이사를 해임할 수 있다. 이때 정관에서 정한 해임사유가 발생하였다는 요건 외에 이로 인하여 법인과 이사 사이의 신뢰관계가 더 이상 유지되기 어려울 정도에 이르러야 한다는 요건이 추가로 충족되어야 법인이 비로소 이사를 해임할 수 있는 것은 아니다.

해설
답 ③, ⑥

① [×] **제54조(설립등기 이외의 등기의 효력과 등기사항의 공고)** ① 설립등기 이외의 본절의 등기사항은 그 등기후가 아니면 제3자에게 대항하지 못한다.
② 등기한 사항은 법원이 지체없이 공고하여야 한다.

② [×] 무제한설의 입장에서 "법인의 정관에 법인 대표권의 제한에 관한 규정이 있으나 그와 같은 취지가 등기되어 있지 않다면 법인은 그와 같은 정관의 규정에 대하여 선의냐 악의냐에 관계없이 제3자에 대하여 대항할 수 없다(대판 1987.11.24, 86다카2484; 대판 1992.2.14, 91다24564)."라고 한다.

③ [○] **제62조(이사의 대리인 선임)** 이사는 정관 또는 총회의 결의로 금지하지 아니한 사항에 한하여 타인으로 하여금 특정한 행위를 대리하게 할 수 있다.
제59조(이사의 대표권) ① 이사는 법인의 사무에 관하여 각자 법인을 대표한다. 그러나 정관에 규정한 취지에 위반할 수 없고 특히 사단법인은 총회의 의결에 의하여야 한다.
② 법인의 대표에 관하여는 대리에 관한 규정을 준용한다.

④ [×] **제58조(이사의 사무집행)** ② 이사가 수인인 경우에는 정관에 다른 규정이 없으면 법인의 사무집행은 이사의 과반수로써 결정한다.

⑤ [×] **제64조(특별대리인의 선임)** 법인과 이사의 이익이 상반하는 사항에 관하여는 이사는 대표권이 없다. 이 경우에는 전조의 규정에 의하여 특별대리인을 선임하여야 한다.
제63조(임시이사의 선임) 이사가 없거나 결원이 있는 경우에 이로 인하여 손해가 생길 염려 있는 때에는 "법원"은 이해관계인이나 검사의 청구에 의하여 임시이사를 선임하여야 한다.

⑥ [○] 법인의 자치법규인 정관을 존중할 필요성은 법인이 정관에서 정하지 아니한 사유로 이사를 해임하는 경우뿐만 아니라 법인이 정관에서 정한 사유로 이사를 해임하는 경우에도 요구된다. 법인이 정관에서 이사의 해임사유와 절차를 정하였고 그 해임사유가 실제로 발생하였다면, 법인은 이를 이유로 정관에서 정한 절차에 따라 이사를 해임할 수 있다. 이때 <u>정관에서 정한 해임사유가 발생하였다는 요건 외에 이로 인하여 법인과 이사 사이의 신뢰관계가 더 이상 유지되기 어려울 정도에 이르러야 한다는 요건이 추가로 충족되어야 법인이 비로소 이사를 해임할 수 있는 것은 아니다.</u> 해임사유의 유형이나 내용에 따라서는 그 해임사유 자체에 이미 법인과 이사 사이의 신뢰관계 파탄이 당연히 전제되어 있거나 그 해임사유 발생 여부를 판단하는 과정에서 이를 고려하는 것이 적절한 경우도 있으나, 이 경우에도 궁극적으로는 해임사유에 관한 정관 조항 자체를 해석·적용함으로써 해임사유 발생 여부를 판단하면 충분하고, 법인과 이사 사이의 신뢰관계 파탄을 별도 요건으로 보아 그 충족 여부를 판단해야 하는 것은 아니다(대판 2024.1.4, 2023다263537).

083

사단법인 A의 대표이사 甲이 A를 대표하여 乙과 금전소비대차계약을 체결하였다. 이에 관한 설명으로 옳지 않은 것은? (다툼이 있으면 판례에 따름) 24 감평사

① 甲이 A를 위하여 적법한 대표권 범위 내에서 계약을 체결한 경우, 그 계약의 효력은 A에게 미친다.
② 甲이 자신의 사익을 도모할 목적으로 대표권 범위 내에서 계약을 체결한 경우, 乙이 이 사실에 대해 알았다면 계약은 A에 대하여 효력이 없다.
③ A의 정관에 甲이 금전소비대차계약을 체결할 수 없다는 규정이 있었지만 이를 등기하지 않은 경우, 乙이 이 사실에 대해 알았다면 A는 그 정관 규정으로 乙에게 대항할 수 있다.
④ A의 乙에 대한 계약상 채무불이행책임 여부를 판단하는 경우, 원칙적으로 A의 고의·과실은 甲을 기준으로 결정한다.
⑤ 만약 계약의 체결이 甲과 A의 이해가 상반하는 사항인 경우, 甲은 계약체결에 대해 대표권이 없다.

해설
답 ③

① [○] **제59조(이사의 대표권)** ② 법인의 대표에 관하여는 대리에 관한 규정을 준용한다.
제114조(대리행위의 효력) ① 대리인이 그 권한내에서 본인을 위한 것임을 표시한 의사표시는 직접 본인에게 대하여 효력이 생긴다.
② 전항의 규정은 대리인에 대한 제삼자의 의사표시에 준용한다.

② [○] 대표권 남용행위의 상대방이 대표이사의 진의를 알았거나 알 수 있었을 때에는 회사에 대하여 무효가 된다(대판 1988.8.9, 86다카1858; 대판 1997.8.29, 97다18059).

③ [×] **제60조(이사의 대표권에 대한 제한의 대항요건)** 이사의 대표권에 대한 제한은 등기하지 아니하면 제삼자에게 대항하지 못한다.
법인의 정관에 법인 대표권의 제한에 관한 규정이 있으나 그와 같은 취지가 등기되어 있지 않다면 법인은 그와 같은 정관의 규정에 대하여 선의냐 악의냐에 관계없이 제3자에 대하여 대항할 수 없다(대판 1987.11.24, 86다카2484; 대판 1992.2.14, 91다24564).

④ [○] 제59조(이사의 대표권) ② 법인의 대표에 관하여는 대리에 관한 규정을 준용한다.
제116조(대리행위의 하자) ① 의사표시의 효력이 의사의 흠결, 사기, 강박 또는 어느 사정을 알았 거나 과실로 알지 못한 것으로 인하여 영향을 받을 경우에 그 사실의 유무는 대리인을 표준하여 결정한다.

⑤ [○] 제59조(이사의 대표권) ② 법인의 대표에 관하여는 대리에 관한 규정을 준용한다.
제124조(자기계약, 쌍방대리) 대리인은 본인의 허락이 없으면 본인을 위하여 자기와 법률행위를 하거나 동일한 법률행위에 관하여 당사자쌍방을 대리하지 못한다. 그러나 채무의 이행은 할 수 있다.

084 민법상 사단법인에 관한 설명으로 옳은 것은? (다툼이 있으면 판례에 따름) 24 세무사

① 사원의 지위는 그 정관에서 양도할 수 있다고 규정하더라도 양도가 금지된다.
② 정관에 이사의 해임 사유에 관한 규정이 있는 경우, 법인은 이사의 중대한 의무 위반이 있더라도 그것이 정관에서 정한 해임 사유가 아니라면 이사를 해임할 수 없다.
③ 이사에 결원이 생겨서 법인에게 손해가 생길 염려가 있는 경우, 법원은 특별대리인을 선임하여야 한다.
④ 총회소집권자가 총회소집을 철회하는 경우, 반드시 총회소집 통지와 동일한 방식으로 통지하여야 한다.
⑤ 법원의 가처분명령에 의해 선임된 이사직무대행자가 법원의 허가 없이 법인의 통상사무 이외의 행위를 한 경우, 법인은 선의의 제3자에 대하여 책임을 진다.

해설   답 ⑤

① [×] "사단법인의 사원의 지위는 양도 또는 상속할 수 없다."라고 한 민법 제56조의 규정은 강행규정은 아니라고 할 것이므로, 정관에 의하여 이를 인정하고 있을 때에는 양도·상속이 허용된다(대판 1992.4.14, 91다26850).

② [×] 법인의 정관에 이사의 해임사유에 관한 규정이 있는 경우 법인으로서는 이사의 중대한 의무위반 또는 정상적인 사무집행 불능 등의 특별한 사정이 없는 이상, 정관에서 정하지 아니한 사유로 이사를 해임할 수 없다(대판 2013.11.28, 2011다41741).

③ [×] 제63조(임시이사의 선임) 이사가 없거나 결원이 있는 경우에 이로 인하여 손해가 생길 염려 있는 때에는 "법원"은 이해관계인이나 검사의 청구에 의하여 임시이사를 선임하여야 한다.

④ [×] 법인이나 법인 아닌 사단의 총회에 있어서 총회의 소집권자가 총회의 소집을 철회·취소하는 경우에는 반드시 총회의 소집과 동일한 방식으로 그 철회·취소를 총회 구성원들에게 통지하여야 할 필요는 없고, 총회 구성원들에게 소집의 철회·취소결정이 있었음이 알려질 수 있는 적절한 조치가 취하여지는 것으로써 충분히 그 소집 철회·취소의 효력이 발생한다(대판 2007.4.12, 2006다77593).

⑤ [○] 제60조의2(직무대행자의 권한) ① 제52조의2의 직무대행자는 가처분명령에 다른 정함이 있는 경우 외에는 법인의 통상 사무에 속하지 아니한 행위를 하지 못한다. 다만, 법원의 허가를 얻은 경우에는 그러하지 아니하다.
② 직무대행자가 제1항의 규정에 위반한 행위를 한 경우에도 법인은 선의의 제3자에 대하여 책임을 진다.

085 사단법인 A의 이사 甲은 A를 대표하여 乙과 매매계약을 체결하였다. 이에 관한 설명으로 옳은 것을 모두 고른 것은? 24 세무사

ㄱ. 계약의 체결이 A와 甲의 이해가 상반되는 사항인 경우, 甲은 A를 대표할 권한이 없다.
ㄴ. 乙이 계약의 불이행을 이유로 A에게 채무불이행책임을 묻는 경우, A의 고의·과실 여부는 원칙적으로 甲을 기준으로 판단한다.
ㄷ. 甲이 A의 사무를 집행하면서 불법행위로 乙에게 입힌 손해에 대하여 A가 법인의 불법행위책임을 부담하는 경우, 甲의 불법행위책임은 면책된다.

① ㄱ ② ㄷ ③ ㄱ, ㄴ
④ ㄴ, ㄷ ⑤ ㄱ, ㄴ, ㄷ

> **해설** 답 ③

ㄱ. [○] 제64조(특별대리인의 선임) 법인과 이사의 이익이 상반하는 사항에 관하여는 이사는 대표권이 없다. 이 경우에는 전조의 규정에 의하여 특별대리인을 선임하여야 한다.

ㄴ. [○] 제59조(이사의 대표권) ② 법인의 대표에 관하여는 대리에 관한 규정을 준용한다.
제116조(대리행위의 하자) ① 의사표시의 효력이 의사의 흠결, 사기, 강박 또는 어느 사정을 알았거나 과실로 알지 못한 것으로 인하여 영향을 받을 경우에 그 사실의 유무는 대리인을 표준하여 결정한다.

ㄷ. [×] 제35조(법인의 불법행위능력) ① 법인은 이사 기타 대표자가 그 직무에 관하여 타인에게 가한 손해를 배상할 책임이 있다. 이사 기타 대표자는 이로 인하여 자기의 손해배상책임을 면하지 못한다.

086 민법상 법인의 대표권에 관한 설명으로 옳은 것을 모두 고른 것은? (다툼이 있으면 판례에 따름)

24 세무사

> ㄱ. 이사가 여럿인 경우에는 법인의 사무에 관하여 공동으로 법인을 대표하는 것이 원칙이다.
> ㄴ. 이사는 정관 또는 총회의 결의로 금지하지 아니한 사항에 한하여 타인으로 하여금 특정한 행위를 대리하게 할 수 있다.
> ㄷ. 이사의 대표권 제한에 관한 사항은 정관의 필요적 기재사항이다.
> ㄹ. 이사의 대표권에 대한 제한은 등기하지 않으면 선의뿐만 아니라 악의의 제3자에게도 대항하지 못한다.

① ㄱ, ㄴ   ② ㄱ, ㄷ   ③ ㄴ, ㄷ
④ ㄴ, ㄹ   ⑤ ㄷ, ㄹ

해설

답 ④

ㄱ. [×]
> 제59조(이사의 대표권) ① 이사는 법인의 사무에 관하여 각자 법인을 대표한다. 그러나 정관에 규정한 취지에 위반할 수 없고 특히 사단법인은 총회의 의결에 의하여야 한다.

ㄴ. [○]
> 제62조(이사의 대리인 선임) 이사는 정관 또는 총회의 결의로 금지하지 아니한 사항에 한하여 타인으로 하여금 특정한 행위를 대리하게 할 수 있다.

ㄷ. [×]
> 제49조(법인의 등기사항) ① 법인설립의 허가가 있는 때에는 3주간 내에 주된 사무소 소재지에서 설립등기를 하여야 한다.
> ② 전항의 등기사항은 다음과 같다.
> 9. 이사의 대표권을 제한한 때에는 그 제한

ㄹ. [○] 무제한설의 입장에서 "법인의 정관에 법인 대표권의 제한에 관한 규정이 있으나 그와 같은 취지가 등기되어 있지 않다면 법인은 그와 같은 정관의 규정에 대하여 선의냐 악의냐에 관계없이 제3자에 대하여 대항할 수 없다(대판 1987.11.24, 86다카2484; 대판 1992.2.14, 91다24564)." 라고 한다.

087 법인의 대표권 제한에 관한 설명으로 옳지 않은 것은? (다툼이 있는 경우 판례에 의함)

24 경간부 변형

① 사단법인의 이사장 직무대행자가 개인의 입장에서 그 법인을 상대로 소송을 하는 것은 이익 상반 사항에 해당한다.
② 법원의 직무집행정지 가처분결정에 의해 법인을 대표할 권한이 정지된 대표이사가 그 정지 기간 중에 체결한 계약은 절대적으로 무효이다.
③ 법인의 정관에 대표권의 제한에 관한 규정이 있는 경우, 그 제한이 등기되어 있지 않더라도 법인은 이를 알고 있는 제3자에게 그 대표권의 제한을 주장할 수 있다.
④ 법인과 이사의 이익이 상반하는 사항에는 이사의 개인적 이익과 법인의 이익이 충돌하고 이 사에게 선량한 관리자로서의 의무 이행을 기대할 수 없는 사항을 모두 포함한다.
⑤ 법인의 자치법규인 정관을 존중할 필요성은 법인이 정관에서 정하지 아니한 사유로 이사를 해임하는 경우뿐만 아니라 법인이 정관에서 정한 사유로 이사를 해임하는 경우에도 요구된 다. 법인이 정관에서 이사의 해임사유와 절차를 정하였고 그 해임사유가 실제로 발생하였다 면, 법인은 이를 이유로 정관에서 정한 절차에 따라 이사를 해임할 수 있다. 이때 정관에서 정한 해임사유가 발생하였다는 요건 외에 이로 인하여 법인과 이사 사이의 신뢰관계가 더 이상 유지되기 어려울 정도에 이르러야 한다는 요건이 추가로 충족되어야 법인이 비로소 이 사를 해임할 수 있는 것은 아니다.

해설

답 ③

① [O] 사단법인의 이사장 직무대행자가 개인의 입장에서 사단법인을 상대로 소송을 하는 것은 이익상 반행위가 된다(대판 2003.5.27, 2002다69211).
② [O] 법원의 직무집행정지 가처분결정에 의해 회사를 대표할 권한이 정지된 대표이사가 그 정지기간 중에 체결한 계약은 절대적으로 무효이고, 그 후 가처분신청의 취하에 의하여 보전집행이 취소되 었다 하더라도 집행의 효력은 장래를 향하여 소멸할 뿐 소급적으로 소멸하는 것은 아니라 할 것 이므로, 가처분신청이 취하되었다 하여 무효인 계약이 유효하게 되지는 않는다(대판 2008.5.29, 2008다4537).
③ [×] 법인의 정관에 법인 대표권의 제한에 관한 규정이 있으나 그와 같은 취지가 등기되어 있지 않다 면 법인은 그와 같은 정관의 규정에 대하여 선의냐 악의냐에 관계없이 제3자에 대하여 대항할 수 없다(대판 1987.11.24, 86다카2484; 대판 1992.2.14, 91다24564).
④ [O] 민법 제64조에서 말하는 법인과 이사의 이익이 상반하는 사항은 법인과 이사가 직접 거래의 상 대방이 되는 경우뿐 아니라, 이사의 개인적 이익과 법인의 이익이 충돌하고 이사에게 선량한 관 리자로서의 의무 이행을 기대할 수 없는 사항은 모두 포함한다고 할 것이고, 이 사건과 같이 형 식상 전혀 별개의 법인 대표를 겸하고 있는 자가 양쪽 법인을 대표하여 계약을 체결하는 경우는 쌍방대리로서 특별한 사정이 없는 이상 이사의 개인적 이익과 법인의 이익이 충돌할 염려가 있 는 경우에 해당한다고 볼 것이다(대판 2013.11.28, 2010다91831).
⑤ [O] 법인의 자치법규인 정관을 존중할 필요성은 법인이 정관에서 정하지 아니한 사유로 이사를 해임 하는 경우뿐만 아니라 법인이 정관에서 정한 사유로 이사를 해임하는 경우에도 요구된다. 법인 이 정관에서 이사의 해임사유와 절차를 정하였고 그 해임사유가 실제로 발생하였다면, 법인은 이를 이유로 정관에서 정한 절차에 따라 이사를 해임할 수 있다. 이때 정관에서 정한 해임사유가

발생하였다는 요건 외에 이로 인하여 법인과 이사 사이의 신뢰관계가 더 이상 유지되기 어려울 정도에 이르러야 한다는 요건이 추가로 충족되어야 법인이 비로소 이사를 해임할 수 있는 것은 아니다. 해임사유의 유형이나 내용에 따라서는 그 해임사유 자체에 이미 법인과 이사 사이의 신뢰관계 파탄이 당연히 전제되어 있거나 그 해임사유 발생 여부를 판단하는 과정에서 이를 고려하는 것이 적절한 경우도 있으나, 이 경우에도 궁극적으로는 해임사유에 관한 정관 조항 자체를 해석·적용함으로써 해임사유 발생 여부를 판단하면 충분하고, 법인과 이사 사이의 신뢰관계 파탄을 별도 요건으로 보아 그 충족 여부를 판단해야 하는 것은 아니다(대판 2024.1.4, 2023다263537).

III. 감사와 사원총회, 사원

1. 감사

088 법인의 기관에 관한 설명으로 옳지 않은 것은?

① 이사가 수인인 민법상 법인의 정관에 대표권 있는 이사만 이사회를 소집할 수 있다고 규정하고 있다고 하더라도 이는 과반수의 이사가 본래 할 수 있는 이사회 소집에 관한 행위를 대표권 있는 이사로 하여금 하게 한 것에 불과하다.

② 정관에 다른 이사가 요건을 갖추어 이사회 소집을 요구하면 대표권 있는 이사가 이에 응하도록 규정하고 있는데도 대표권 있는 이사가 다른 이사의 정당한 이사회 소집을 거절하였다면, 대표권 있는 이사만 이사회를 소집할 수 있는 규정은 적용될 수 없다. 이 경우 이사는 정관의 이사회 소집권한에 관한 규정 또는 민법에 기초하여 법인의 사무를 집행할 권한에 의하여 이사회를 소집할 수 있다.

③ 민법상 법인의 필수기관이 아닌 이사회는 이사가 사무집행권한에 의해 소집하는 것이므로, 과반수에 미치지 못하는 이사는 특별한 사정이 없는 한 민법 제58조 제2항에 반하여 이사회를 소집할 수 없다. 반면 과반수에 미치지 못하는 이사가 정관의 특별한 규정에 근거하여 이사회를 소집하거나 과반수의 이사가 민법 제58조 제2항에 근거하여 이사회를 소집하는 경우에는 법원의 허가를 받을 필요 없이 본래적 사무집행권에 기초하여 이사회를 소집할 수 있다. 법원은 민법상 법인의 이사회 소집을 허가할 법률상 근거가 없고, 다만 이사회 결의의 효력에 관하여 다툼이 발생하면 소집절차의 적법 여부를 판단할 수 있을 뿐이다.

④ 사단법인의 소수사원이 이사에게 요건을 갖추어 임시총회의 소집을 요구하였으나 2주간 내에 이사가 총회소집의 절차를 밟지 아니한 경우 법원의 허가를 얻어 임시총회를 소집할 수 있도록 규정한 민법 제70조 제3항은 민법상 법인의 집행기관인 이사회 소집에 유추 적용할 수 있다.

⑤ 이사의 직무집행을 정지하는 가처분을 하는 경우에는 주사무소가 있는 곳의 등기소에서 이를 등기하여야 한다.

| **해설** | 답 ④

① [○] 민법 제58조 제1항은 민법상 법인의 사무집행은 이사가 하도록 규정하고 있고, 같은 조 제2항은 이사가 수인인 경우에는 이사의 과반수로써 결정하되 정관에 다른 규정이 있으면 이에 따르도록 규정하고 있다(대결 2019.2.28, 2018마800).

② [○] 이사가 수인인 민법상 법인의 정관에 대표권 있는 이사만 이사회를 소집할 수 있다고 규정하고 있다고 하더라도 이는 과반수의 이사가 본래 할 수 있는 이사회 소집에 관한 행위를 대표권 있는 이사로 하여금 하게 한 것에 불과하다. 따라서 정관에 다른 이사가 요건을 갖추어 이사회 소집을 요구하면 대표권 있는 이사가 이에 응하도록 규정하고 있는데도 대표권 있는 이사가 다른 이사의 정당한 이사회 소집을 거절하였다면, 대표권 있는 이사만 이사회를 소집할 수 있는 규정은 적용될 수 없다. 이 경우 이사는 정관의 이사회 소집권한에 관한 규정 또는 민법에 기초하여 법인의 사무를 집행할 권한에 의하여 이사회를 소집할 수 있다(대결 2019.2.28, 2018마800).

③ [○] 민법상 법인의 필수기관이 아닌 이사회는 이사가 사무집행권한에 의해 소집하는 것이므로, 과반수에 미치지 못하는 이사는 특별한 사정이 없는 한 민법 제58조 제2항에 반하여 이사회를 소집할 수 없다. 반면 과반수에 미치지 못하는 이사가 정관의 특별한 규정에 근거하여 이사회를 소집하거나 과반수의 이사가 민법 제58조 제2항에 근거하여 이사회를 소집하는 경우에는 법원의 허가를 받을 필요 없이 본래적 사무집행권에 기초하여 이사회를 소집할 수 있다. 법원은 민법상 법인의 이사회 소집을 허가할 법률상 근거가 없고, 다만 이사회 결의의 효력에 관하여 다툼이 발생하면 소집절차의 적법 여부를 판단할 수 있을 뿐이다(대결 2019.2.28, 2018마800).

④ [×] <u>사단법인의 소수사원이 이사에게 요건을 갖추어 임시총회의 소집을 요구하였으나 2주간 내에 이사가 총회소집의 절차를 밟지 아니한 경우 법원의 허가를 얻어 임시총회를 소집할 수 있도록 규정한 민법 제70조 제3항</u>은, 사단법인의 최고의결기관인 사원총회의 구성원들이 사원권에 기초하여 일정한 요건을 갖추어 최고의결기관의 의사를 결정하기 위한 회의의 개최를 요구하였는데도 집행기관인 이사가 절차를 밟지 아니하는 경우에 법원이 후견적 지위에서 소수사원의 임시총회 소집권을 인정한 법률의 취지를 실효성 있게 보장하기 위한 규정이다. 따라서 <u>위 규정을 구성과 운영의 원리가 다르고 법원이 후견적 지위에서 관여하여야 할 필요성을 달리하는 민법상 법인의 집행기관인 이사회 소집에 유추 적용할 수 없다</u>(대결 2017.12.1, 2017그661).

⑤ [○] 이사의 직무집행을 정지하거나 직무대행자를 선임하는 가처분을 하거나 그 가처분을 변경·취소하는 경우에는 주사무소가 있는 곳의 등기소에서 이를 등기하여야 한다(제52조의2). "주사무소와 분사무소" 부분이 "주사무소"로 개정되었다(2025.1.31. 시행).

089 법인의 기관에 관한 설명으로 옳은 것은? (다툼이 있으면 판례에 따름)   22 변리사

① 재단법인은 이사를 둘 필요가 없다.
② 대표권 있는 이사가 다른 이사의 정당한 이사회 소집을 거절하는 경우, 법원이 이사회 소집을 허가할 수 있다.
③ 이사가 수인인 경우 정관에 다른 규정이 없으면 법인의 사무에 관하여 이사의 과반수로써 법인을 대표한다.
④ 법인과 이사의 법률관계는 신뢰를 기초로 한 고용 유사의 관계이다.
⑤ 재단법인은 정관의 규정에 따라 감사를 둘 수 있다.

해설   답 ⑤

① [×] 제57조(이사) 법인은 이사를 두어야 한다.

② [×] 사단법인의 소수사원이 이사에게 요건을 갖추어 임시총회의 소집을 요구하였으나 2주간 내에 이사가 총회소집의 절차를 밟지 아니한 경우 법원의 허가를 얻어 임시총회를 소집할 수 있도록 규정한 민법 제70조 제3항은, 사단법인의 최고의결기관인 사원총회의 구성원들이 사원권에 기초하여 일정한 요건을 갖추어 최고의결기관의 의사를 결정하기 위한 회의의 개최를 요구하였는데도 집행기관인 이사가 절차를 밟지 아니하는 경우에 법원이 후견적 지위에서 소수사원의 임시총회 소집권을 인정한 법률의 취지를 실효성 있게 보장하기 위한 규정이다. 따라서 위 규정을 구성과 운영의 원리가 다르고 법원이 후견적 지위에서 관여하여야 할 필요성을 달리하는 민법상 법인의 집행기관인 이사회 소집에 유추 적용할 수 없다(대결 2017.12.1, 2017그661).

③ [×] 제59조(이사의 대표권) ① 이사는 법인의 사무에 관하여 각자 법인을 대표한다. 그러나 정관에 규정한 취지에 위반할 수 없고 특히 사단법인은 총회의 의결에 의하여야 한다.
② 법인의 대표에 관하여는 대리에 관한 규정을 준용한다.

④ [×] 법인과 이사의 법률관계는 신뢰를 기초로 한 위임 유사의 관계이므로, 이사는 민법 제689조 제1항이 규정한 바에 따라 언제든지 사임할 수 있고, 법인의 이사를 사임하는 행위는 상대방 있는 단독행위이므로 그 의사표시가 상대방에게 도달함과 동시에 그 효력을 발생하고, 그 의사표시가 효력을 발생한 후에는 마음대로 이를 철회할 수 없음이 원칙이다. 그러나 법인이 정관에서 이사의 사임절차나 사임의 의사표시의 효력발생시기 등에 관하여 특별한 규정을 둔 경우에는 그에 따라야 하는바, 위와 같은 경우에는 이사의 사임의 의사표시가 법인의 대표자에게 도달하였다고 하더라도 그와 같은 사정만으로 곧바로 사임의 효력이 발생하는 것은 아니고 정관에서 정한 바에 따라 사임의 효력이 발생하는 것이므로, 이사가 사임의 의사표시를 하였더라도 정관에 따라 사임의 효력이 발생하기 전에는 그 사임의사를 자유롭게 철회할 수 있다(대판 2008.9.25, 2007다17109).

⑤ [○] 제66조(감사) 법인은 정관 또는 총회의 결의로 감사를 둘 수 있다.

090 민법상 법인의 기관에 관한 설명으로 옳지 않은 것은? (다툼이 있으면 판례에 따름) 22 세무사

① 직무대행자는 법인의 통상사무에 속하는 행위를 할 수 있다.
② 법인에는 반드시 이사와 감사를 두어야 한다.
③ 대표이사로부터 포괄적으로 업무를 위임받아 이루어진 타인의 대리행위는 법인에게 그 효력이 미치지 않는다.
④ 감사는 이사의 업무집행에 관하여 부정이 있음을 발견한 때에 이를 보고하기 위하여 총회를 소집할 수 있다.
⑤ 이사의 대표권제한을 등기하지 않으면 이로써 악의의 제3자에게 대항하지 못한다.

> **해설** 답 ②
>
> ① [O] **제60조의2(직무대행자의 권한)** ① 제52조의2의 직무대행자는 가처분명령에 다른 정함이 있는 경우 외에는 법인의 통상 사무에 속하지 아니한 행위를 하지 못한다. 다만, 법원의 허가를 얻은 경우에는 그러하지 아니하다.
>
> ② [×] **제66조(감사)** 법인은 정관 또는 총회의 결의로 감사를 둘 수 있다.
>
> ③ [O] 민법 제62조에 비추어 보면 비법인사단의 대표자는 정관 또는 총회의 결의로 금지하지 아니한 사항에 한하여 타인으로 하여금 특정한 행위를 대리하게 할 수 있을 뿐 비법인사단의 제반 업무처리를 포괄적으로 위임할 수는 없으므로 비법인사단 대표자가 행한 타인에 대한 업무의 포괄적 위임과 그에 따른 포괄적 수임인의 대행행위는 민법 제62조를 위반한 것이어서 비법인사단에 대하여 그 효력이 미치지 않는다(대판 1996.9.6, 94다18522).
>
> ④ [O] **제67조(감사의 직무)** 감사의 직무는 다음과 같다.
> 　3. 재산상황 또는 업무집행에 관하여 부정, 불비한 것이 있음을 발견한 때에는 이를 총회 또는 주무관청에 보고하는 일
>
> ⑤ [O] **제60조(이사의 대표권에 대한 제한의 대항요건)** 이사의 대표권에 대한 제한은 등기하지 아니하면 제3자에게 대항하지 못한다.
>
> 법인의 정관에 법인 대표권의 제한에 관한 규정이 있으나 그와 같은 취지가 등기되어 있지 않다면 법인은 그와 같은 정관의 규정에 대하여 선의냐 악의냐에 관계없이 제3자에 대하여 대항할 수 없다(대판 1992.2.14, 91다24564, 무제한설).

2. 사원총회

091 사원총회에 관한 설명으로 옳은 것은? 16 노무사

① 사원총회는 사원총회 및 재단법인의 필수기관이다.
② 정관에 다른 규정이 없는 경우, 사원은 서면이나 대리인으로 결의권을 행사할 수 있다.
③ 사원총회는 소집통지에 의해 통지한 사항에 대해서만 결의할 수 있으나, 총회의 결의로 이와 달리 정할 수 있다.
④ 사원총회를 소집하려고 하는 경우, 1주일간 전에 회의의 목적사항을 기재한 통지가 도달해야 한다.
⑤ 임시총회의 소집을 요구할 수 있는 사원의 수는 정관으로 증감할 수 없다.

해설

답 ②

① [×] 재단법인은 사원이 없으므로, 사원총회가 존재하지 않는다.

② [○] **제73조(사원의 결의권)** ① 각 사원의 결의권은 평등으로 한다.
② 사원은 서면이나 대리인으로 결의권을 행사할 수 있다.
③ 전2항의 규정은 정관에 다른 규정이 있는 때에는 적용하지 아니한다.

③ [×] **제72조(총회의 결의사항)** 총회는 전조의 규정에 의하여 통지한 사항에 관하여서만 결의할 수 있다. 그러나 정관에 다른 규정이 있는 때에는 그 규정에 의한다.

④ [×] **제71조(총회의 소집)** 총회의 소집은 1주간 전에 그 회의의 목적사항을 기재한 통지를 발하고 기타 정관에 정한 방법에 의하여야 한다.

⑤ [×] **제70조(임시총회)** ② 총사원의 5분의 1 이상으로부터 회의의 목적사항을 제시하여 청구한 때에는 이사는 임시총회를 소집하여야 한다. 이 정수는 정관으로 증감할 수 있다.

092 법인의 사원총회에 관한 설명으로 옳지 않은 것은? (다툼이 있으면 판례에 따름)

① 정관에 다른 규정이 없는 한 사원총회에서 1주일 전에 통지하지 않은 사항에 대해서는 결의할 수 없다.
② 정관으로 각 사원의 결의권이 불평등한 것으로 정할 수 있다.
③ 사단법인과 어느 사원과의 관계사항을 의결하는 경우에는 그 사원은 결의권이 없다.
④ 정관에 다른 규정이 있다면 사원총회를 거치지 않고도 임의해산할 수 있다.
⑤ 결의권은 대리인을 통하여도 행사할 수 있는데, 그 경우 당해 사원은 출석한 것으로 한다.
⑥ 비법인사단이 총회에서 의결한 안건의 내용이나 범위가 명확하지 않은 경우 그 의결이 가지는 법적 의미와 그에 따른 법률관계의 실체를 밝히는 것은 법적 판단의 영역에 속한다. 그것은 총회를 개최한 목적과 경위, 총회에 상정된 안건의 구체적 내용과 그에 관한 논의 과정, 의결에 따른 후속 조치가 있다면 그 조치의 내용과 경과 등을 종합적으로 고찰하여 논리와 경험칙에 따라 합리적으로 해석해야 한다.

해설 답 ④

① [O] 제71조(총회의 소집) 총회의 소집은 1주간 전에 그 회의의 목적사항을 기재한 통지를 발하고 기타 정관에 정한 방법에 의하여야 한다.
  제72조(총회의 결의사항) 총회는 전조의 규정에 의하여 통지한 사항에 관하여서만 결의할 수 있다. 그러나 정관에 다른 규정이 있는 때에는 그 규정에 의한다.

② [O] 제73조(사원의 결의권) ① 각 사원의 결의권은 평등으로 한다.
  ② 사원은 서면이나 대리인으로 결의권을 행사할 수 있다.
  ③ 전2항의 규정은 정관에 다른 규정이 있는 때에는 적용하지 아니한다.

③ [O] 제74조(사원이 결의권 없는 경우) 사단법인과 어느 사원과의 관계사항을 의결하는 경우에는 그 사원은 결의권이 없다.

④ [×] 제78조(사단법인의 해산결의) 사단법인은 총사원 4분의 3 이상의 동의가 없으면 해산을 결의하지 못한다. 그러나 정관에 다른 규정이 있는 때에는 그 규정에 의한다.

⑤ [O] 제73조(사원의 결의권) ② 사원은 서면이나 대리인으로 결의권을 행사할 수 있다.
  제75조(총회의 결의방법) ② 제73조 제2항의 경우에는 당해 사원은 출석한 것으로 한다.

⑥ [O] 대판 2019.6.27, 2017다244054

093 민법상 사단법인의 사원총회에 관한 설명으로 옳지 않은 것은?

22 세무사

① 이사는 매년 1회 이상 통상총회를 소집하여야 한다.
② 사단법인의 사무는 정관으로 이사 또는 기타 임원에게 위임한 사항 외에는 총회의 결의에 의하여야 한다.
③ 총사원의 5분의 1 이상이 회의의 목적사항을 제시하여 총회의 소집을 요구하는 경우, 정관에 다른 규정이 없는 한 이사는 임시총회를 소집하여야 한다.
④ 총회의 의사에 관하여는 의사록을 작성하여야 하며, 이사는 의사록을 주된 사무소에 비치하여야 한다.
⑤ 총회에서의 결의가 유효하기 위해서는 원칙적으로 총회의 소집일 1주일 전까지 총회소집 통지가 과반수이상의 사원에게 도달하여야 한다.
⑥ 민법상 사단법인의 총회 결의는 소집·개최 절차가 이루어진 총회에 사원들이 참석하여 결의하는 것을 원칙적인 방법으로 한다고 보아야 한다.

해설

답 ⑤

① [O] 제69조(통상총회) 사단법인의 이사는 매년 1회 이상 통상총회를 소집하여야 한다.

② [O] 제68조(총회의 권한) 사단법인의 사무는 정관으로 이사 또는 기타 임원에게 위임한 사항 외에는 총회의 결의에 의하여야 한다.

③ [O] 제70조(임시총회) ① 사단법인의 이사는 필요하다고 인정한 때에는 임시총회를 소집할 수 있다.
② 총사원의 5분의 1 이상으로부터 회의의 목적사항을 제시하여 청구한 때에는 이사는 임시총회를 소집하여야 한다. 이 정수는 정관으로 증감할 수 있다.

④ [O] 제76조(총회의 의사록) ① 총회의 의사에 관하여는 의사록을 작성하여야 한다.
② 의사록에는 의사의 경과, 요령 및 결과를 기재하고 의장 및 출석한 이사가 기명날인하여야 한다.
③ 이사는 의사록을 주된 사무소에 비치하여야 한다.

⑤ [X] 총회의 소집은 1주간 전에 그 회의의 목적사항을 기재한 통지를 발하고 기타 정관에 정한 방법에 의하여야 한다(제71조). 여기에서 총회의 소집통지는 관념의 통지이며 발신주의가 적용되는 경우이다.

⑥ [O] 민법상 사단법인의 총회 결의는 소집·개최 절차가 이루어진 총회에 사원들이 참석하여 결의하는 것을 원칙적인 방법으로 한다고 보아야 한다. 총회의 소집·개최 절차를 진행하지 않은 채 목적사항을 서면통지하고 그에 대한 단순한 찬반투표만을 서면으로 받아 다수를 얻는 쪽으로 의사를 결정하는 방식으로 이루어지는 서면결의는 총회에 참석하여 목적사항을 적극적으로 토론하고 결의함으로써 사단법인 사무 운영에 자신의 의사를 반영하도록 하는 사원권의 행사를 제한할 수 있다. 따라서 민법상 사단법인에서 법률이나 정관에 정함이 없는데도 소집·개최 절차 없이 서면만으로 총회 결의를 한 경우에는 특별한 사정이 없는 한 그 결의에 중대한 하자가 있다고 보아야 한다(대판 2024.6.27, 2023다254984).

3. 사원

094 민법상 법인에 관한 설명으로 옳지 않은 것은? (다툼이 있으면 판례에 따름)

① 사단법인의 정관에 다른 규정이 없는 한, 그 정관은 총사원 3분의 2 이상의 동의가 있는 때에 한하여 이를 변경할 수 있다.
② 법인은 법률의 규정에 의함이 아니면 성립하지 못한다.
③ 법인의 목적 범위 외의 행위로 인하여 타인에게 손해를 가한 때에는 그 사항의 의결에 찬성하거나 그 의결을 집행한 사원, 이사 및 기타 대표자가 연대하여 배상하여야 한다.
④ 사단법인의 사원의 지위는 양도 또는 상속할 수 없고, 이는 정관으로 달리 정할 수 없다.
⑤ 이사가 수인(數人)인 경우에 법인의 사무집행은 정관에 다른 규정이 없는 한 이사의 과반수로써 결정한다.

> **해설** 답 ④

① [O] 제42조(사단법인의 정관의 변경) ① 사단법인의 정관은 총사원 3분의 2 이상의 동의가 있는 때에 한하여 이를 변경할 수 있다. 그러나 정수에 관하여 정관에 다른 규정이 있는 때에는 그 규정에 의한다.
② 정관의 변경은 주무관청의 허가를 얻지 아니하면 그 효력이 없다.

② [O] 제31조(법인성립의 준칙) 법인은 법률의 규정에 의함이 아니면 성립하지 못한다.

③ [O] 제35조(법인의 불법행위능력) ① 법인은 이사 기타 대표자가 그 직무에 관하여 타인에게 가한 손해를 배상할 책임이 있다. 이사 기타 대표자는 이로 인하여 자기의 손해배상책임을 면하지 못한다.
② 법인의 목적범위외의 행위로 인하여 타인에게 손해를 가한 때에는 그 사항의 의결에 찬성하거나 그 의결을 집행한 사원, 이사 및 기타 대표자가 연대하여 배상하여야 한다.

④ [X] "사단법인의 사원의 지위는 양도 또는 상속할 수 없다."라고 한 민법 제56조의 규정은 강행규정은 아니라고 할 것이므로, 정관에 의하여 이를 인정하고 있을 때에는 양도·상속이 허용된다(대판 1992.4.14, 91다26850). 민법 제56조의 규정은 임의규정이며, 조합원의 사망을 조합원의 당연탈퇴 사유로 규정한 제717조 제1호의 규정도 임의규정으로 해석된다.

⑤ [O] 제58조(이사의 사무집행) ① 이사는 법인의 사무를 집행한다.
② 이사가 수인인 경우에는 정관에 다른 규정이 없으면 법인의 사무집행은 이사의 과반수로써 결정한다.

제4관 법인의 소멸

095 사단법인과 재단법인의 공통된 해산사유를 모두 고른 것은?

> ㄱ. 총회의 결의
> ㄴ. 법인의 목적달성
> ㄷ. 설립허가의 취소
> ㄹ. 대표이사에 대한 직무집행정지처분

① ㄱ, ㄴ
② ㄱ, ㄷ
③ ㄱ, ㄹ
④ ㄴ, ㄷ
⑤ ㄷ, ㄹ

해설 답 ④

ㄴ, ㄷ [O] 제77조(해산사유) ① 법인은 존립기간의 만료, 법인의 목적의 달성 또는 달성의 불능 기타 정관에 정한 해산사유의 발생, 파산 또는 설립허가의 취소로 해산한다.

096 청산인의 직무권한에 관한 설명으로 옳지 않은 것은?

① 청산인은 변제기에 이르지 아니한 채권을 변제할 수 있다.
② 청산인은 청산법인의 대표기관이다.
③ 청산인은 취임한 날로부터 2월 내에 3회 이상의 공고로 채권자에 대하여 2월 이상의 기간 내에 그 채권을 신고할 것을 최고하여야 한다.
④ 청산인이 알고 있는 채권자에 대해 각각 그 채권신고를 최고하였으나 채권신고가 없는 경우 청산인은 알고 있는 채권자를 청산에서 제외할 수 있다.
⑤ 법인이 해산한 때에는 파산의 경우를 제외하고 정관 또는 총회의 결의로 달리 정한 바가 없으면 이사가 청산인이 된다.

해설 답 ④

① [O] 제91조(채권변제의 특례) ① 청산중의 법인은 변제기에 이르지 아니한 채권에 대하여도 변제할 수 있다.

②⑤ [O] 제82조(청산인) 법인이 해산한 때에는 파산의 경우를 제하고는 이사가 청산인이 된다. 그러나 정관 또는 총회의 결의로 달리 정한 바가 있으면 그에 의한다.

③ [○] 제88조(채권신고의 공고) ① 청산인은 취임한 날로부터 2월 내에 3회 이상의 공고로 채권자에 대하여 일정한 기간 내에 그 채권을 신고할 것을 최고하여야 한다. 그 기간은 2월 이상이어야 한다.

④ [×] 제89조(채권신고의 최고) 청산인은 알고 있는 채권자에게 대하여는 각각 그 채권신고를 최고하여야 한다. 알고 있는 채권자는 청산으로부터 제외하지 못한다.

097 민법상 법인의 해산 및 청산에 관한 설명으로 옳지 않은 것은? (다툼이 있으면 판례에 따름)

22 세무사

① 사단법인은 사원이 1인으로 된 경우에 해산한다.
② 법인의 해산과 청산은 법원이 검사·감독한다.
③ 청산종결등기가 이루어지더라도 청산사무가 종결되지 않는 한 그 범위 내에서 청산법인은 존속한다.
④ 청산인이 알고 있는 채권자가 채권신고 기간 내에 채권신고를 하지 않더라도 그를 청산으로부터 제외하지 못한다.
⑤ 법인의 청산절차에 관한 민법 규정에 반하는 정관규정은 무효이다.

해설

답 ①

① [×] 제77조(해산사유) ① 법인은 존립기간의 만료, 법인의 목적의 달성 또는 달성의 불능 기타 정관에 정한 해산사유의 발생, 파산 또는 설립허가의 취소로 해산한다.
② 사단법인은 사원이 없게 되거나 총회의 결의로도 해산한다.

② [○] 제95조(해산, 청산의 검사, 감독) 법인의 해산 및 청산은 법원이 검사, 감독한다.

③ [○] 청산종결의 등기가 종료한 후에도 청산사무가 종결되었다고 할 수 없는 경우에는 청산법인으로 계속 존속한다(대판 1980.4.8, 79다2036).

④ [○] 제89조(채권신고의 최고) 청산인은 알고 있는 채권자에게 대하여는 각각 그 채권신고를 최고하여야 한다. 알고 있는 채권자는 청산으로부터 제외하지 못한다.

⑤ [○] 청산절차에 관한 규정은 모두 제3자의 이해관계에 중대한 영향을 미치기 때문에 이른바 강행규정이다(대판 1992.4.28, 91누9848).

098 민법상 법인의 소멸에 관한 설명으로 옳은 것은? (다툼이 있으면 판례에 따름) 23 세무사

① 법인은 해산으로 권리능력을 상실한다.
② 법원은 직권으로 청산인을 해임할 수 없다.
③ 법인의 해산과 청산은 주무관청이 검사·감독한다.
④ 해산등기 없이도 법인의 해산 사실을 제3자에게 대항할 수 있다.
⑤ 법인은 채권신고기간 내의 변제금지로 인한 채권자의 지연손해에 대하여 배상책임을 진다.

해설   답 ⑤

① [×] 제81조(청산법인) 해산한 법인은 청산의 목적범위 내에서만 권리가 있고 의무를 부담한다.

② [×] 제84조(법원에 의한 청산인의 해임) 중요한 사유가 있는 때에는 법원은 직권 또는 이해관계인이나 검사의 청구에 의하여 청산인을 해임할 수 있다.

③ [×] 제95조(해산, 청산의 검사, 감독) 법인의 해산 및 청산은 법원이 검사, 감독한다.

④ [×] 제54조(설립등기 이외의 등기의 효력과 등기사항의 공고) ① 설립등기 이외의 본절의 등기사항은 그 등기후가 아니면 제3자에게 대항하지 못한다.
② 등기한 사항은 법원이 지체 없이 공고하여야 한다.

⑤ [○] 제90조(채권신고기간 내의 변제금지) 청산인은 제88조 제1항의 채권신고기간 내에는 채권자에 대하여 변제하지 못한다. 그러나 법인은 채권자에 대한 지연손해배상의 의무를 면하지 못한다.

099 법인의 청산에 관한 설명으로 옳지 않은 것은? (다툼이 있는 경우 판례에 의함) 24 경간부 변형

① 청산법인은 청산의 목적 범위 내에서만 권리능력이 인정된다.
② 파산의 경우를 제외하고는 정관이나 총회의 결의로 달리 정한 바가 없으면 이사가 청산인이 된다.
③ 청산절차는 제3자의 이해관계에 중대한 영향을 미치기 때문에 청산절차에 관한 규정은 강행규정이다.
④ 청산사무가 종결되지 않은 경우에도 이미 청산종결등기가 이루어졌다면 그 등기 시에 법인은 소멸한다.
⑤ 학교법인이 해산하여 청산인이 선임된 후에는 법원 또는 청산인회에 청산인을 해임할 권한이 있을 뿐, 해산하기 전의 이사들로 구성된 이사회에는 특별한 사정이 없는 한 청산인을 해임할 권한이 없다.

해설
답 ④

① [O]
> 제81조(청산법인) 해산한 법인은 청산의 목적범위 내에서만 권리가 있고 의무를 부담한다.

② [O]
> 제82조(청산인) 법인이 해산한 때에는 파산의 경우를 제하고는 이사가 청산인이 된다. 그러나 정관 또는 총회의 결의로 달리 정한 바가 있으면 그에 의한다.

③ [O] 청산절차에 관한 규정은 모두 제3자의 이해관계에 중대한 영향을 미치기 때문에 이른바 강행규정이다(대판 1992.4.28, 91누9848).

④ [×] 청산종결의 등기가 종료한 후에도 청산사무가 종결되었다고 할 수 없는 경우에는 청산법인으로 계속 존속한다(대판 1980.4.8, 79다2036).

⑤ [O] 사립학교법은 학교법인의 이사회에서 임원의 임면에 관한 사항을 심의·의결하도록 한다(제16조 제1항 제4호). 그런데 학교법인은 해산한 경우 청산의 목적범위 내에서 권리·의무의 주체가 되고(사립학교법 제42조 제1항, 민법 제81조 참조), 그 청산인은 학교법인의 사무집행기관이자 대표기관으로서 이사에 갈음하여 청산의 목적범위 내에 있는 학교법인의 모든 사무를 처리할 권한을 가진다(사립학교법 제42조 제1항, 민법 제87조 참조). 따라서 학교법인이 해산하여 청산인이 선임된 후에는 법원(제84조 참조) 또는 청산인회(사립학교법 제42조 제2항, 제18조, 제16조 제1항 제4호 참조)에 청산인을 해임할 권한이 있을 뿐, 해산하기 전의 이사들로 구성된 이사회에는 특별한 사정이 없는 한 청산인을 해임할 권한이 없다(대판 2024.3.28, 2023다252209·252216).

제5관 | 법인에 관한 그 밖의 규정들

Ⅰ. 법인의 주소
Ⅱ. 정관의 변경

100 민법상 법인에 관한 설명으로 옳은 것은? (다툼이 있으면 판례에 따름) 20 노무사 변형

① 사단법인 정관의 법적 성질은 자치법규이다.
② 청산종결등기가 행해졌다면 청산사무가 아직 남아 있다 하더라도 그 법인의 권리능력은 소멸된다.
③ 대표이사의 불법행위가 법인의 불법행위로 되는 경우에 대표이사는 자기의 불법행위 책임을 면한다.
④ 법인의 대표권을 가진 자가 하는 법률행위는 성립상 효과만 법인에게 귀속할 뿐 그 위반의 효과인 채무불이행까지 법인에 귀속하는 것은 아니다.
⑤ 사단법인 사원의 지위는 정관에 의하여도 상속할 수 없다.
⑥ 민법상 재단법인의 기본재산에 관한 저당권 설정행위는 특별한 사정이 없는 한 정관의 기재사항을 변경하여야 하는 경우에 해당하므로, 그에 관하여는 주무관청의 허가를 얻을 필요가 있다.
⑦ 민법상 재단법인의 정관에 기본재산은 담보설정 등을 할 수 없으나 주무관청의 허가·승인을 받은 경우에는 이를 할 수 있다는 취지로 정해져 있고, 정관 규정에 따라 주무관청의 허가·승인을 받아 민법상 재단법인의 기본재산에 관하여 근저당권을 설정한 경우라고 하여도, 그와 같이 설정된 근저당권을 실행하여 기본재산을 매각할 때에는 주무관청의 허가를 다시 받아야 한다.

해설
답 ①

① [O] 사단법인의 정관은 법적 성질은 계약이 아니라 자치법규로 보므로(통설, 판례), 어느 시점의 사단법인의 사원들이 정관의 규범적인 의미내용과 다른 해석을 사원총회의 결의라는 방법으로 표명하였다고 하더라도 그 결의에 의한 해석은 그 사단법인의 구성원인 사원이나 법인을 구속할 수 없다(대판 2000.11.24, 98다12437).
② [×] 청산종결의 등기가 종료한 후에도 청산사무가 종결되었다고 할 수 없는 경우에는 청산법인으로 계속 존속 한다(대판 1980.4.8, 79다2036).
③ [×] 제35조(법인의 불법행위능력) ① 법인은 이사 기타 대표자가 그 직무에 관하여 타인에게 가한 손해를 배상할 책임이 있다. 이사 기타 대표자는 이로 인하여 자기의 손해배상책임을 면하지 못한다.
④ [×] 적법한 대표권을 가진 자와 맺은 법률행위의 효과는 대표자 개인이 아니라 본인인 법인에게 귀속하고, 마찬가지로 그러한 법률행위상의 의무를 위반하여 발생한 채무불이행으로 인한 손해배상책임도 대표기관 개인이 아닌 법인만이 책임의 귀속주체가 되는 것이 원칙이다(대판 2019.5.30, 2017다53265).

⑤ [×] "사단법인의 사원의 지위는 양도 또는 상속할 수 없다."라고 한 민법 제56조의 규정은 강행규정은 아니라고 할 것이므로, 정관에 의하여 이를 인정하고 있을 때에는 양도·상속이 허용된다(대판 1992.4.14, 91다26850).

⑥ [×] [1] 민법 제32조, 제40조 제4호, 제42조 제2항, 제43조, 제45조 제3항, 제1항에 의하면, 재단법인은 정관에 재단법인의 자산에 관한 규정을 두어야 하고, 재단법인의 설립과 정관의 변경에는 주무관청의 허가를 얻어야 한다. 따라서 주무관청의 허가를 얻은 정관에 기재된 기본재산의 처분행위로 인하여 재단법인의 정관 기재사항을 변경하여야 하는 경우에는, 그에 관하여 주무관청의 허가를 얻어야 한다. 이는 재단법인의 기본재산에 대하여 강제집행을 실시하는 경우에도 동일하나, 주무관청의 허가는 반드시 사전에 얻어야 하는 것은 아니므로, 재단법인의 정관변경에 대한 주무관청의 허가는, 경매개시요건은 아니고, 경락인의 소유권취득에 관한 요건이다. 그러므로 집행법원으로서는 그 허가를 얻어 제출할 것을 특별매각조건으로 경매절차를 진행하고, 매각허가결정 시까지 이를 제출하지 못하면 매각불허가결정을 하면 된다. [2] 민법상 재단법인의 기본재산에 관한 저당권 설정행위는 특별한 사정이 없는 한 정관의 기재사항을 변경하여야 하는 경우에 해당하지 않으므로, 그에 관하여는 주무관청의 허가를 얻을 필요가 없다(대결 2018.7.20, 2017마1565).

⑦ [×] 민법상 재단법인의 정관에 기본재산은 담보설정 등을 할 수 없으나 주무관청의 허가·승인을 받은 경우에는 이를 할 수 있다는 취지로 정해져 있고, 정관 규정에 따라 주무관청의 허가·승인을 받아 민법상 재단법인의 기본재산에 관하여 근저당권을 설정한 경우, 그와 같이 설정된 근저당권을 실행하여 기본재산을 매각할 때에는 주무관청의 허가를 다시 받을 필요는 없다(대결 2019.2.28, 2018마800).[6]

---

6) 민법상 재단법인인 재항고인이 건물을 신축하기 위한 자금 조달 목적으로 주무관청의 허가를 받아 기본재산에 근저당권을 설정하였는데, 근저당권의 실행으로 기본재산이 경매절차에서 매각되자 재항고인이 주무관청의 매각허가가 없었다는 이유를 들어 매각허가결정에 대하여 재항고한 사안에서, 근저당권 설정 당시 정관 규정에 따라 이미 주무관청의 허가·승인을 받았다면 근저당권의 실행으로 재단법인의 기본재산을 매각할 때에는 주무관청의 허가를 다시 받을 필요가 없다는 이유로 재항고를 기각하여 매각허가결정이 적법하다고 판단한 사례

101 민법상 법인에 관한 설명으로 옳지 않은 것은? (다툼이 있으면 판례에 따름) 19 변리사

① 민법상 재단법인은 비영리법인이다.
② 사원자격의 득실에 관한 규정은 재단법인 정관의 필요적 기재사항에 해당한다.
③ 해산한 법인은 청산의 목적 범위 내에서만 권리가 있고 의무를 부담한다.
④ 이사의 대표권에 대한 제한은 이를 등기하지 않으면, 제3자가 악의이더라도 대항하지 못한다.
⑤ 청산종결의 등기가 마쳐졌더라도 청산사무가 종료되지 않은 경우에는 그 범위 내에서 청산법인으로서 존속한다.

해설
답 ②

① [○] 구성원의 이익을 위하여 법인의 이익을 구성원에게 분배하여 경제적 이익을 주는 것을 목적으로 하는 법인을 말한다. 특히 재단법인은 이익을 분배할 사원이 없으므로 성질상 모두 비영리법인이 된다. 따라서 영리법인은 모두 사단법인이며, 상법의 규율을 받는다.

② [×]
> 제40조(사단법인의 정관) 사단법인의 설립자는 다음 각 호의 사항을 기재한 정관을 작성하여 기명날인하여야 한다.
> 1. 목적
> 2. 명칭
> 3. 사무소의 소재지
> 4. 자산에 관한 규정
> 5. 이사의 임면에 관한 규정
> 6. 사원자격의 득실에 관한 규정
> 7. 존립시기나 해산사유를 정하는 때에는 그 시기 또는 사유,
>
> 제43조(재단법인의 정관) 재단법인의 설립자는 일정한 재산을 출연하고 제40조 제1호 내지 제5호의 사항을 기재한 정관을 작성하여 기명날인하여야 한다.

③ [○]
> 제81조(청산법인) 해산한 법인은 청산의 목적범위 내에서만 권리가 있고 의무를 부담한다.

④ [○] 법인의 정관에 법인 대표권의 제한에 관한 규정이 있으나 그와 같은 취지가 등기되어 있지 않다면 법인은 그와 같은 정관의 규정에 대하여 선의냐 악의냐에 관계없이 제3자에 대하여 대항할 수 없다(대판 1987.11.24, 86다카2484; 대판 1992.2.14, 91다24564).

⑤ [○] 청산 종결의 등기가 종료한 후에도 청산사무가 종료되었다고 할 수 없는 경우에는 청산법인으로 계속 존속한다(대판 1980.4.8, 79다2036).

102 부산에 주소를 둔 甲 외 11인이 자신들을 구성원으로 하고 甲을 대표자로 하여 서울에 주된 사무소를 두는 민법상 A사단법인을 설립하고자 한다. 이에 관한 설명으로 옳은 것은? (다툼이 있으면 판례에 따름)
22 세무사

① A법인의 설립을 위하여 작성한 정관의 법적 성질은 계약이다.
② A법인은 甲의 주소지에서 설립등기를 하여야 비로소 성립한다.
③ A법인의 정관이 유효하기 위해서는 자산에 관한 규정이 반드시 기재되어야 한다.
④ A법인은 특별한 사정이 없는 한, 총사원 3분의 2에 해당하는 8인 이상의 동의를 얻으면 해산을 결의할 수 있다.
⑤ A법인은 정관의 작성 이외에 재산의 출연을 그 설립요건으로 한다.

> **해설** 답 ③
>
> ① [×] 사단법인의 정관은 법적 성질은 계약이 아니라 자치법규로 보므로(통설, 판례), 어느 시점의 사단법인의 사원들이 정관의 규범적인 의미내용과 다른 해석을 사원총회의 결의라는 방법으로 표명하였다고 하더라도 그 결의에 의한 해석은 그 사단법인의 구성원인 사원이나 법인을 구속할 수 없다(대판 2000.11.24, 98다12437).
>
> ② [×] 제33조(법인설립의 등기) 법인은 그 주된 사무소의 소재지에서 설립등기를 함으로써 성립한다.
>
> ③ [○] 제40조(사단법인의 정관) 사단법인의 설립자는 다음 각 호의 사항을 기재한 정관을 작성하여 기명날인하여야 한다.
> 4. 자산에 관한 규정
>
> ④ [×] 제78조(사단법인의 해산결의) 사단법인은 총 사원 4분의 3이상의 동의가 없으면 해산을 결의하지 못한다. 그러나 정관에 다른 규정이 있는 때에는 그 규정에 의한다.
>
> ⑤ [×] 제43조(재단법인의 정관) 재단법인의 설립자는 일정한 재산을 출연하고 제40조 제1호 내지 제5호의 사항을 기재한 정관을 작성하여 기명날인하여야 한다.

103 법인에 관한 설명 중 옳은 것은?
22 경간부

① 사원 자격의 득실에 관한 규정은 정관에 기재하고 등기하여야 한다.
② 생전처분으로 재단법인을 설립하는 때에는 유증에 관한 규정을 준용한다.
③ 이사의 결원으로 손해가 생길 염려가 있는 경우, 법원은 특별대리인을 선임하여야 한다.
④ 이사의 임면에 관한 사항은 정관에 반드시 기재하여야 하며, 이사의 성명과 주소는 등기하여야 한다.

해설

답 ④

① [×] **제40조(사단법인의 정관)** 사단법인의 설립자는 다음 각 호의 사항을 기재한 정관을 작성하여 기명날인하여야 한다.
6. <u>사원자격의 득실에 관한 규정</u> – 등기사항은 아니다.

② [×] **제47조(증여, 유증에 관한 규정의 준용)** ① 생전처분으로 재단법인을 설립하는 때에는 증여에 관한 규정을 준용한다.
② 유언으로 재단법인을 설립하는 때에는 유증에 관한 규정을 준용한다.

③ [×] **제63조(임시이사의 선임)** 이사가 없거나 결원이 있는 경우에 이로 인하여 <u>손해가 생길 염려 있는</u> 때에는 "<u>법원</u>"은 이해관계인이나 검사의 청구에 의하여 임시이사를 선임하여야 한다.

④ [○] **제40조(사단법인의 정관)** 사단법인의 설립자는 다음 각 호의 사항을 기재한 정관을 작성하여 기명날인하여야 한다.
5. 이사의 임면에 관한 규정
제49조(법인의 등기사항) ① 법인설립의 허가가 있는 때에는 3주간 내에 주된 사무소 소재지에서 설립등기를 하여야 한다.
② 전항의 등기사항은 다음과 같다.
8. 이사의 성명, 주소

---

104 법인에 관한 설명 중 옳은 것은? (다툼이 있는 경우 판례에 의함)   22 경간부

① 특별한 사정이 없는 한, 법인의 불법행위책임이 성립하는 사안에 대해 사원이 총회의결에 찬성한 경우에는 그 사원은 법인과 연대하여 책임을 부담한다.
② 사단법인의 총회는 소집통지에 의해 통지한 사항에 관해서만 결의할 수 있으므로 정관으로도 달리 정할 수 없다.
③ 재단법인의 기본재산변경은 정관을 변경하여 주무관청의 허가를 얻어야 효력이 있다.
④ 대표기관이 고의로 불법행위를 하면 피해자에게 과실이 있더라도 과실상계는 할 수 없다.

해설

답 ③

① [×] 사원도 위 대표자와 공동으로 불법행위를 저질렀거나 이에 가담하였다고 볼 만한 사정이 있으면 제3자에 대하여 위 대표자와 연대하여 손해배상책임을 진다. 그러나 사원총회, 대의원 총회, 이사회의 의결은 원칙적으로 법인의 내부 행위에 불과하므로 특별한 사정이 없는 한 그 사항의 의결에 찬성하였다는 이유만으로 제3자의 채권을 침해한다거나 대표자의 행위에 가공 또는 방조한 자로서 제3자에 대하여 불법행위책임을 부담한다고 할 수는 없다(대결 2009.1.30, 2006마930).

② [×] **제72조(총회의 결의사항)** 총회는 전조의 규정에 의하여 통지한 사항에 관하여서만 결의할 수 있다. 그러나 정관에 다른 규정이 있는 때에는 그 규정에 의한다.

③ [○] 기본재산의 변경은 곧 정관의 변경이 되므로 정관을 변경하여 주무관청의 허가를 얻지 아니하면 그 효력이 없는 것이고, 정관변경의 절차와 주무관청의 허가를 얻으면 처분이 가능하며, 기본재산이 아닌 재산의 매각은 정관변경을 초래하지 않으므로 주무관청의 허가를 요하지 않는다(대판 1967.12.19, 67다1337).
④ [×] 법인에 대한 손해배상책임원인이 대표기관의 고의적인 불법행위라고 하여도, 피해자에게 그 불법행위 내지 손해발생에 과실이 있다면 법원은 과실상계법리에 좇아 손해배상의 책임 및 그 금액을 정함에 있어 이를 참작하여야 한다(대판 1987.12.8, 86다카1170).

105 민법상 법인의 정관 변경에 관한 설명으로 옳지 않은 것은? (다툼이 있으면 판례에 따름)

23 세무사

① 사단법인의 정관 변경은 사원총회의 전속적 권한에 속한다.
② 정관상 임의적 기재사항을 변경할 때에는 정관변경절차를 거치지 않아도 된다.
③ 사단법인의 정관에 그 변경 방법이 없어도 정관 변경이 가능하다.
④ 재단법인의 기본재산을 변경하기 위해서는 정관 변경이 필요하다.
⑤ 정관 변경은 주무관청의 허가를 얻어야 효력이 발생한다.

해설

답 ②

① [○] 정관으로 이사가 기타 임원에게 위임한 사항을 제외하고는 법인의 사무의 전부에 관하여 결정권을 가진다(제68조). 정관변경(제42조), 임의해산(제77조 제2항)은 총회의 전권사항이며, 정관에 의해서도 총회의 이 권한을 박탈하지 못한다.

② [×]
> 제40조(사단법인의 정관) 사단법인의 설립자는 다음 각 호의 사항을 기재한 정관을 작성하여 기명날인하여야 한다.
> 7. 존립시기나 해산사유를 정하는 때에는 그 시기 또는 사유, 임의적 기재사항도 일단 정관에 기재되면 그것을 변경할 때에는 정관변경절차를 거쳐야 한다.

③ [○]
> 제42조(사단법인의 정관의 변경) ① 사단법인의 정관은 총사원 3분의 2 이상의 동의가 있는 때에 한하여 이를 변경할 수 있다. 그러나 정수에 관하여 정관에 다른 규정이 있는 때에는 그 규정에 의한다.
> ② 정관의 변경은 주무관청의 허가를 얻지 아니하면 그 효력이 없다.

④⑤ [○] 기본재산의 변경은 곧 정관의 변경이 되므로 정관을 변경하여 주무관청의 허가를 얻지 아니하면 그 효력이 없는 것이고, 정관변경의 절차와 주무관청의 허가를 얻으면 처분이 가능하며, 기본재산이 아닌 재산의 매각은 정관변경을 초래하지 않으므로 주무관청의 허가를 요하지 않는다 (대판 1967.12.19, 67다1337).

106 「민법」상 법인에 관한 설명으로 옳은 것은? (다툼이 있는 경우 판례에 의함) 23 경간부

① 법인은 이사의 임기가 만료하기 전에는 원칙적으로 정당한 이유 없이 이사를 해임할 수 없다.
② 법인의 대표이사가 직무집행정지 가처분 결정에 의해 대표권이 정지된 기간 중에 체결한 계약은 절대적 무효이므로, 그 후 가처분 신청이 취하되더라도 그 계약이 유효로 되지 않는다.
③ 사단법인의 정관변경은 총사원 3분의 2 이상의 동의가 있으면 주무관청의 허가가 없더라도 그 효력이 발생한다.
④ 사단법인의 사원들이 정관의 규범적 의미 내용과 다른 해석을 사원총회의 결의라는 방법으로 표명한 경우, 그 결의에 의한 해석은 그 사단법인의 사원을 구속하는 효력이 있다.

해설

답 ②

① [×] 법인과 이사의 법률관계는 신뢰를 기초로 한 위임 유사의 관계로 볼 수 있는데, 민법 제689조 제1항에서는 위임계약은 각 당사자가 언제든지 해지할 수 있다고 규정하고 있으므로, 법인은 원칙적으로 이사의 임기 만료 전에도 이사를 해임할 수 있지만, 이러한 민법의 규정은 임의규정에 불과하므로 법인이 자치법규인 정관으로 이사의 해임사유 및 절차 등에 관하여 별도의 규정을 두는 것도 가능하다. 그리고 이와 같이 법인이 정관에 이사의 해임사유 및 절차 등을 따로 정한 경우 그 규정은 법인과 이사와의 관계를 명확히 함은 물론 이사의 신분을 보장하는 의미도 아울러 가지고 있어 이를 단순히 주의적 규정으로 볼 수는 없다. 따라서 법인의 정관에 이사의 해임사유에 관한 규정이 있는 경우 법인으로서는 이사의 중대한 의무위반 또는 정상적인 사무집행 불능 등의 특별한 사정이 없는 이상, 정관에서 정하지 아니한 사유로 이사를 해임할 수 없다(대판 2013.11.28, 2011다41741).

② [○] 법원의 직무집행정지 가처분결정에 의해 회사를 대표할 권한이 정지된 대표이사가 그 정지기간 중에 체결한 계약은 절대적으로 무효이고, 그 후 가처분신청의 취하에 의하여 보전집행이 취소되었다 하더라도 집행의 효력은 장래를 향하여 소멸할 뿐 소급적으로 소멸하는 것은 아니라 할 것이므로, 가처분신청이 취하되었다 하여 무효인 계약이 유효하게 되지는 않는다(대판 2008.5.29, 2008다4537).

③ [×] 제42조(사단법인의 정관의 변경) ① 사단법인의 정관은 총사원 3분의 2 이상의 동의가 있는 때에 한하여 이를 변경할 수 있다. 그러나 정수에 관하여 정관에 다른 규정이 있는 때에는 그 규정에 의한다.
② 정관의 변경은 주무관청의 허가를 얻지 아니하면 그 효력이 없다.

④ [×] 사단법인의 정관은 법적 성질은 계약이 아니라 자치법규로 보므로(통설, 판례), 어느 시점의 사단법인의 사원들이 정관의 규범적인 의미내용과 다른 해석을 사원총회의 결의라는 방법으로 표명하였다고 하더라도 그 결의에 의한 해석은 그 사단법인의 구성원인 사원이나 법인을 구속할 수 없다(대판 2000.11.24, 98다12437).

107. 민법상 사단법인에 관한 설명으로 옳지 않은 것은? (다툼이 있으면 판례에 따름) 24 감평사

① 설립자가 법인의 해산사유를 정하는 경우에는 정관에 그 사유를 기재하여야 한다.
② 사원총회 결의에 의한 정관의 해석은 정관의 규범적 의미와 다르더라도 법인의 구성원을 구속하는 효력이 있다.
③ 사원의 지위는 정관에 달리 정함이 없으면 양도할 수 없다.
④ 정관에 이사의 해임사유에 관한 규정이 있는 경우, 법인은 특별한 사정이 없는 한 정관에서 정하지 않은 사유로 이사를 해임할 수 없다.
⑤ 법원의 직무집행정지 가처분결정에 의해 권한이 정지된 대표이사가 그 정지기간 중 체결한 계약은 그 후 가처분신청이 취하되었더라도 무효이다.

해설   답 ②

① [O]
> 제40조(사단법인의 정관) 사단법인의 설립자는 다음 각 호의 사항을 기재한 정관을 작성하여 기명날인하여야 한다.
> 7. 존립시기나 해산사유를 정하는 때에는 그 시기 또는 사유

② [X] 사단법인의 정관은 법적 성질은 계약이 아니라 자치법규로 보므로(통설, 판례), 어느 시점의 사단법인의 사원들이 정관의 규범적인 의미내용과 다른 해석을 사원총회의 결의라는 방법으로 표명하였다고 하더라도 그 결의에 의한 해석은 그 사단법인의 구성원인 사원이나 법인을 구속할 수 없다(대판 2000.11.24, 98다12437).

③ [O] "사단법인의 사원의 지위는 양도 또는 상속할 수 없다."라고 한 민법 제56조의 규정은 강행규정은 아니라고 할 것이므로, 정관에 의하여 이를 인정하고 있을 때에는 양도·상속이 허용 된다(대판 1992.4.14, 91다26850).

④ [O] 법인과 이사의 법률관계는 신뢰를 기초로 한 위임 유사의 관계로 볼 수 있는데, 민법 제689조 제1항에서는 위임계약은 각 당사자가 언제든지 해지할 수 있다고 규정하고 있으므로, 법인은 원칙적으로 이사의 임기 만료 전에도 이사를 해임할 수 있지만, 이러한 민법의 규정은 임의규정에 불과하므로 법인이 자치법규인 정관으로 이사의 해임사유 및 절차 등에 관하여 별도의 규정을 두는 것도 가능하다. 그리고 이와 같이 법인이 정관에 이사의 해임사유 및 절차 등을 따로 정한 경우 그 규정은 법인과 이사와의 관계를 명확히 함은 물론 이사의 신분을 보장하는 의미도 아울러 가지고 있어 이를 단순히 주의적 규정으로 볼 수는 없다. 따라서 법인의 정관에 이사의 해임사유에 관한 규정이 있는 경우 법인으로서는 이사의 중대한 의무위반 또는 정상적인 사무집행 불능 등의 특별한 사정이 없는 이상, 정관에서 정하지 아니한 사유로 이사를 해임할 수 없다(대판 2013.11.28, 2011다41741).

⑤ [O] 법원의 직무집행정지 가처분결정에 의해 회사를 대표할 권한이 정지된 대표이사가 그 정지기간 중에 체결한 계약은 절대적으로 무효이고, 그 후 가처분신청의 취하에 의하여 보전집행이 취소되었다 하더라도 집행의 효력은 장래를 향하여 소멸할 뿐 소급적으로 소멸하는 것은 아니라 할 것이므로, 가처분신청이 취하되었다 하여 무효인 계약이 유효하게 되지는 않는다(대판 2008.5.29, 2008다4537).

108 민법상 법인의 정관에 관한 설명으로 옳지 않은 것은?

24 노무사

① 이사의 대표권에 대한 제한은 이를 정관에 기재하지 아니하면 그 효력이 없다.
② 정관의 변경 사항을 등기해야 하는 경우, 이를 등기하지 않으면 제3자에게 대항할 수 없다.
③ 재단법인의 재산 보전을 위하여 적당한 때에는 명칭이나 사무소 소재지를 변경할 수 있다.
④ 정관의 변경을 초래하는 재단법인의 기본재산 변경은 기존의 기본재산을 처분하는 행위를 포함하지만, 새로이 기본재산으로 편입하는 행위를 포함하지 않는다.
⑤ 정관에서 대표이사의 해임 사유를 정한 경우, 대표이사의 중대한 의무 위반 등 특별한 사정이 없는 한 법인은 정관에서 정하지 아니한 사유로 대표이사를 해임할 수 없다.

해설

답 ④

① [○] 제41조(이사의 대표권에 대한 제한) 이사의 대표권에 대한 제한은 이를 정관에 기재하지 아니하면 그 효력이 없다.

② [○] 제54조(설립등기 이외의 등기의 효력과 등기사항의 공고) ① 설립등기 이외의 본 절의 등기사항은 그 등기 후가 아니면 제3자에게 대항하지 못 한다.

③ [○] 제45조(재단법인의 정관변경) ② 재단법인의 목적 달성 또는 그 재산의 보전을 위하여 적당한 때에는 전항의 규정에 불구하고 명칭 또는 사무소의 소재지를 변경할 수 있다.

④ [×] 재단법인의 기본재산 편입행위는 기부행위의 변경에 속하는 사항이므로 주무관청의 인가가 있어야 그 효력이 발생한다(대판 1978.8.22, 78다1038·1039).

⑤ [○] 법인과 이사의 법률관계는 신뢰를 기초로 한 위임 유사의 관계로 볼 수 있는데, 민법 제689조 제1항에서는 위임계약은 각 당사자가 언제든지 해지할 수 있다고 규정하고 있으므로, 법인은 원칙적으로 이사의 임기 만료 전에도 이사를 해임할 수 있지만, 이러한 민법의 규정은 임의규정에 불과하므로 법인이 자치법규인 정관으로 이사의 해임사유 및 절차 등에 관하여 별도의 규정을 두는 것도 가능하다. 그리고 이와 같이 법인이 정관에 이사의 해임사유 및 절차 등을 따로 정한 경우 그 규정은 법인과 이사와의 관계를 명확히 함은 물론 이사의 신분을 보장하는 의미도 아울러 가지고 있어 이를 단순히 주의적 규정으로 볼 수는 없다. 따라서 법인의 정관에 이사의 해임 사유에 관한 규정이 있는 경우 법인으로서는 이사의 중대한 의무위반 또는 정상적인 사무집행 불능 등의 특별한 사정이 없는 이상, 정관에서 정하지 아니한 사유로 이사를 해임할 수 없다(대판 2013.11.28, 2011다41741).

제6관 권리능력 없는 사단 및 재단

109 법인 아닌 사단에 관한 설명으로 옳은 것은? (다툼이 있으면 판례에 따름) 〔19 노무사〕

① 성년의 남자만이 종중의 구성원이 될 수 있다.
② 법인 아닌 사단의 대표가 총회 결의 없이 법인 아닌 사단의 이름으로 제3자의 금전채무를 보증한 경우, 특별한 사정이 없는 한 법인 아닌 사단은 보증채무를 부담하지 않는다.
③ 종중재산의 분배에 관한 종중총회의 결의 내용이 자율적으로 결정되었다고 하더라도 종원의 고유하고 기본적인 권리의 본질적인 내용을 침해하는 경우, 그 결의는 무효이다.
④ 법인 아닌 사단의 대표자의 직무상 불법행위에 대하여는 법인의 불법행위능력에 관한 민법 제35조 제1항이 적용되지 않는다.
⑤ 교인들이 집단적으로 교회를 탈퇴한 경우, 법인 아닌 사단인 교회가 2개로 분열되고, 분열되기 전 교회의 재산은 분열된 각 교회의 구성원들에게 각각 총유적으로 귀속된다.

해설
답 ③

① [×] 대법원은 성년남자만 종중의 구성원이 되는 기존의 관습법에 대한 법적 확신이 흔들리고 그러한 관습이 헌법을 정점으로 하는 우리나라의 법질서에 맞지 않는다는 이유로 관습법이 효력을 상실하였다고 판단하였다. 종중의 구성원에 관한 기존의 관습법이 효력을 상실하였으므로 구성원에 관한 기준은 존재하지 않게 되었고 따라서 조리에 따라야 한다. 조리에 따라 성인여자도 당연히 종중의 구성원이 되어야 한다고 보았다(대판 2005.7.21, 2002다1178 전합).

② [×] 민법 제275조, 제276조 제1항에서 말하는 총유물의 관리 및 처분이라 함은 총유물 그 자체에 관한 이용·개량행위나 법률적·사실적 처분행위를 의미하는 것이므로, 비법인사단이 타인 간의 금전채무를 보증하는 행위는 총유물 그 자체의 관리·처분이 따르지 아니하는 단순한 채무부담행위에 불과하여 이를 총유물의 관리·처분행위라고 볼 수는 없다. 따라서 비법인사단인 재건축조합의 조합장이 채무보증계약을 체결하면서 조합규약에서 정한 조합 임원회의 결의를 거치지 아니하였다거나 조합원총회 결의를 거치지 않았다고 하더라도 그것만으로 바로 그 보증계약이 무효라고 할 수는 없다. 다만, 이와 같은 경우에 조합 임원회의의 결의 등을 거치도록 한 조합규약은 조합장의 대표권을 제한하는 규정에 해당하는 것이므로, 거래 상대방이 그와 같은 대표권 제한 및 그 위반 사실을 알았거나 과실로 인하여 이를 알지 못한 때에는 그 거래행위가 무효로 된다고 봄이 상당하며, 이 경우 그 거래 상대방이 대표권 제한 및 그 위반 사실을 알았거나 알지 못한 데에 과실이 있다는 사정은 그 거래의 무효를 주장하는 측이 이를 주장·입증하여야 한다(대판 2007.4.19, 2004다60072 전합).

③ [○] 종중은 공동선조의 분묘수호와 제사 그리고 종원 상호간의 친목도모 등을 목적으로 하는 자연발생적인 관습상의 종족 집단체로서 그 공동선조의 후손은 그 의사와 관계없이 성년이 되면 당연히 그 구성원(종원)이 되는 것이고, 종중의 규약이나 관습에 따라 선출된 대표자 등에 의하여 대표되는 정도로 조직을 갖추고 지속적인 활동을 하고 있다면 비법인 사단으로서의 단체성이 인정된다. 이와 같은 종중의 성격과 법적 성질에 비추어 종중이 그 구성원인 종원에 대하여 그가 가지는 고유하고 기본적인 권리의 본질적인 내용을 침해하는 처분을 하는 것은 허용되지 않는다(대판 2006.10.26, 2004다47024).

④ [×] 종중에 관하여 제35조 제1항이 유추적용되고(대판 2003.7.25, 2002다27088), 노동조합의 간부들이 불법쟁의행위를 주도한 경우, 민법 제35조 제1항을 유추적용한다(대판 1994.3.25, 93다32828·32835).

⑤ [×] 우리 민법이 사단법인에 있어서 구성원의 탈퇴나 해산은 인정하지만 사단법인의 구성원들이 2개의 법인으로 나뉘어 각각 독립한 법인으로 존속하면서 종전 사단법인에게 귀속되었던 재산을 소유하는 방식의 사단법인의 분열은 인정하지 아니한다. 그 법리는 법인 아닌 사단에 대하여도 동일하게 적용되며, 법인 아닌 사단의 구성원들의 집단적 탈퇴로써 사단이 2개로 분열되고 분열되기 전 사단의 재산이 분열된 각 사단들의 구성원들에게 각각 총유적으로 귀속되는 결과를 초래하는 형태의 법인 아닌 사단의 분열은 허용되지 않는다. 교회가 법인 아닌 사단으로서 존재하는 이상, 그 법률관계를 둘러싼 분쟁을 소송적인 방법으로 해결함에 있어서는 법인 아닌 사단에 관한 민법의 일반 이론에 따라 교회의 실체를 파악하고 교회의 재산 귀속에 대하여 판단하여야 하고, 이에 따라 법인 아닌 사단의 재산관계와 그 재산에 대한 구성원의 권리 및 구성원 탈퇴, 특히 집단적인 탈퇴의 효과 등에 관한 법리는 교회에 대하여도 동일하게 적용되어야 한다. 따라서 교인들은 교회 재산을 총유의 형태로 소유하면서 사용·수익할 것인데, 일부 교인들이 교회를 탈퇴하여 그 교회 교인으로서의 지위를 상실하게 되면 탈퇴가 개별적인 것이든 집단적인 것이든 이와 더불어 종전 교회의 총유 재산의 관리처분에 관한 의결에 참가할 수 있는 지위나 그 재산에 대한 사용·수익권을 상실하고, 종전 교회는 잔존 교인들을 구성원으로 하여 실체의 동일성을 유지하면서 존속하며 종전 교회의 재산은 그 교회에 소속된 "잔존" 교인들의 총유로 귀속됨이 원칙이다. 그리고 교단에 소속되어 있던 지교회의 교인들의 일부가 소속 교단을 탈퇴하기로 결의한 다음 종전 교회를 나가 별도의 교회를 설립하여 별도의 대표자를 선정하고 나아가 다른 교단에 가입한 경우, 그 교회는 종전 교회에서 집단적으로 이탈한 교인들에 의하여 새로이 법인 아닌 사단의 요건을 갖추어 설립된 신설 교회라 할 것이어서, 그 교회 소속 교인들은 더 이상 종전 교회의 재산에 대한 권리를 보유할 수 없게 된다(대판 2006.4.20, 2004다37775 전합).

110 비법인사단에 관한 설명으로 옳지 않은 것은? (다툼이 있으면 판례에 따름) 20 노무사

① 비법인사단의 대표자로부터 포괄적 위임을 받은 수임인의 대행행위는 비법인사단에 효력을 미치지 않는다.
② 비법인사단 대표자의 대표권이 정관으로 제한된 경우, 비법인사단은 그 등기가 없더라도 그 거래상대방이 악의라면 이로써 대항할 수 있다.
③ 법인의 불법행위책임에 관한 민법 제35조 제1항은 비법인사단에 유추적용된다.
④ 비법인사단의 구성원들이 집단으로 탈퇴하면 2개의 비법인사단으로 분열되고, 이때 각 비법인사단은 종전의 재산을 구성원 수의 비율로 총유한다.
⑤ 사원총회 결의를 거치지 않아 무효가 되는 비법인사단 대표자의 총유물 처분행위에 대해서는 '권한을 넘은 표현대리'의 법리가 적용되지 않는다.

> **해설** 답 ④

① [O] 비법인사단에 대하여는 사단법인에 관한 민법 규정 가운데 법인격을 전제로 하는 것을 제외하고는 이를 유추적용하여야 하는데, 민법 제62조에 비추어 보면 비법인사단의 대표자는 정관 또는 총회의 결의로 금지하지 아니한 사항에 한하여 타인으로 하여금 특정한 행위를 대리하게 할 수 있을 뿐 비법인사단의 제반 업무처리를 포괄적으로 위임할 수는 없으므로 비법인사단 대표자가 행한 타인에 대한 업무의 포괄적 위임과 그에 따른 포괄적 수임인의 대행행위는 민법 제62조를 위반한 것이어서 비법인사단에 대하여 그 효력이 미치지 않는다(대판 1996.9.6, 94다18522).
② [O] 비법인사단의 경우에는 대표자의 대표권 제한에 관하여 등기할 방법이 없어 민법 제60조의 규정을 준용할 수 없고, 비법인사단의 대표자가 정관에서 사원총회의 결의를 거쳐야 하도록 규정한 대외적 거래행위에 관하여 이를 거치지 아니한 경우라도, 이와 같은 사원총회 결의사항은 비법인사단의 내부적 의사결정에 불과하다 할 것이므로, 그 거래 상대방이 그와 같은 대표권 제한 사실을 알았거나 알 수 있었을 경우가 아니라면 그 거래행위는 유효하다고 봄이 상당하고, 이 경우 거래의 상대방이 대표권 제한 사실을 알았거나 알 수 있었음은 이를 주장하는 비법인사단 측이 주장·입증하여야 한다(대판 2003.7.22, 2002다64780).
③ [O] 주택조합과 같은 비법인사단의 대표자가 직무에 관하여 타인에게 손해를 가한 경우 그 사단은 민법 제35조 제1항의 유추적용에 의하여 그 손해를 배상할 책임이 있으며, 비법인사단의 대표자의 행위가 대표자 개인의 사리를 도모하기 위한 것이었거나 혹은 법령의 규정에 위배된 것이었다 하더라도 외관상, 객관적으로 직무에 관한 행위라고 인정할 수 있는 것이라면 민법 제35조 제1항의 직무에 관한 행위에 해당한다(대판 2003.7.25, 2002다27088).
④ [×] 우리 민법이 사단법인에 있어서 구성원의 탈퇴나 해산은 인정하지만 사단법인의 구성원들이 2개의 법인으로 나뉘어 각각 독립한 법인으로 존속하면서 종전 사단법인에게 귀속되었던 재산을 소유하는 방식의 사단법인의 분열은 인정하지 아니한다. 그 법리는 법인 아닌 사단에 대하여도 동일하게 적용되며, 법인 아닌 사단의 구성원들의 집단적 탈퇴로써 사단이 2개로 분열되고 분열되기 전 사단의 재산이 분열된 각 사단들의 구성원들에게 각각 총유적으로 귀속되는 결과를 초래하는 형태의 법인 아닌 사단의 분열은 허용되지 않는다(대판 2006.4.20, 2004다37775 전합).
⑤ [O] 비법인사단인 교회의 대표자는 총유물인 교회 재산의 처분에 관하여 교인총회의 결의를 거치지 아니하고는 이를 대표하여 행할 권한이 없다. 그리고 교회의 대표자가 권한 없이 행한 교회 재산의 처분행위에 대하여는 민법 제126조의 표현대리에 관한 규정이 준용되지 아니한다(대판 2009.2.12, 2006다23312).

111 법인 아닌 사단에 관한 설명으로 옳지 않은 것은? (다툼이 있으면 판례에 따름) 21 노무사

① 이사에 결원이 생겨 손해가 생길 염려가 있는 경우, 임시이사의 선임에 관한 민법 제63조가 유추적용될 수 있다.
② 법인 아닌 사단이 그 명의로 총유재산에 관한 소송을 제기할 때에는 특별할 사정이 없는 한 사원총회의 결의를 거쳐야 한다.
③ 대표자로부터 사단의 제반 업무처리를 포괄적으로 위임받은 자의 대행행위의 효력은 원칙적으로 법인 아닌 사단에 미친다.
④ 대표자가 정관에 규정된 대표권 제한을 위반하여 법률행위를 한 경우, 그 상대방이 대표권 제한 사실을 알았거나 알 수 있었을 경우가 아니라면 그 법률행위는 유효하다.
⑤ 사원이 존재하지 않게 된 경우, 법인 아닌 사단은 청산사무가 완료될 때까지 청산의 목적 범위 내에서 권리의무의 주체가 된다.

해설

답 ③

① [O] 민법 제63조는 법인의 조직과 활동에 관한 것으로서 법인격을 전제로 하는 조항이 아니고, 법인 아닌 사단이나 재단의 경우에도 이사가 없거나 결원이 생길 수 있으며, 통상의 절차에 따른 새로운 이사의 선임이 극히 곤란하고 종전 이사의 긴급처리권도 인정되지 아니하는 경우에는 사단이나 재단 또는 타인에게 손해가 생길 염려가 있을 수 있으므로, 민법 제63조는 법인 아닌 사단이나 재단에도 유추적용할 수 있다(대판 2009.11.19, 2008마699 전합).
② [O] 총유재산에 관한 소송은 법인 아닌 사단이 그 명의로 사원총회의 결의를 거쳐 하거나 또는 그 구성원 전원이 당사자가 되어 필수적 공동소송의 형태로 할 수 있을 뿐 그 사단의 구성원은 설령 그가 사단의 대표자라거나 사원총회의 결의를 거쳤다 하더라도 그 소송의 당사자가 될 수 없고, 이러한 법리는 총유재산의 보존행위로서 소를 제기하는 경우에도 마찬가지라 할 것이다(대판 2005.9.15, 2004다44971 전합).
③ [X] 비법인사단에 대하여는 사단법인에 관한 민법 규정 가운데 법인격을 전제로 하는 것을 제외하고는 이를 유추적용하여야 하는데, 민법 제62조에 비추어 보면 비법인사단의 대표자는 정관 또는 총회의 결의로 금지하지 아니한 사항에 한하여 타인으로 하여금 특정한 행위를 대리하게 할 수 있을 뿐 비법인사단의 제반 업무처리를 포괄적으로 위임할 수는 없으므로 비법인사단 대표자가 행한 타인에 대한 업무의 포괄적 위임과 그에 따른 포괄적 수임인의 대행행위는 민법 제62조를 위반한 것이어서 비법인사단에 대하여 그 효력이 미치지 않는다(대판 1996.9.6, 94다18522).
④ [O] 비법인사단의 경우에는 대표자의 대표권 제한에 관하여 등기할 방법이 없어 민법 제60조의 규정을 준용할 수 없고, 비법인사단의 대표자가 정관에서 사원총회의 결의를 거쳐야 하도록 규정한 대외적 거래행위에 관하여 이를 거치지 아니한 경우라도, 이와 같은 사원총회 결의사항은 비법인사단의 내부적 의사결정에 불과하다 할 것이므로, 그 거래 상대방이 그와 같은 대표권 제한 사실을 알았거나 알 수 있었을 경우가 아니라면 그 거래행위는 유효하다고 봄이 상당하고, 이 경우 거래의 상대방이 대표권 제한 사실을 알았거나 알 수 있었음은 이를 주장하는 비법인사단 측이 주장·입증하여야 한다(대판 2003.7.22, 2002다64780).
⑤ [O] 사단법인에 있어서는 사원이 없게 된다고 하더라도 이는 해산사유가 될 뿐 막바로 권리능력이 소멸하는 것이 아니므로 법인 아닌 사단에 있어서도 구성원이 없게 되었다 하여 막바로 그 사단이 소멸하여 소송상의 당사자능력을 상실하였다고 할 수는 없고 청산사무가 완료되어야 비로소 그 당사자능력이 소멸하는 것이다(대판 1992.10.9, 92다23087).

112 법인과 비법인 사단에 관한 다음 설명 중 가장 옳은 것은?

① 대표이사가 대표권의 범위 내에서 한 행위라도 회사의 영리목적과 관계없이 자기 또는 제3자의 이익을 도모할 목적으로 그 권한을 남용한 것이라면 원칙적으로 회사에 대하여 무효이다.
② 민법 제35조 제1항은 "법인은 이사 기타 대표자가 그 직무에 관하여 타인에게 가한 손해를 배상할 책임이 있다."라고 규정하고 있는데, 여기서 '법인의 대표자'란 당해 법인을 실질적으로 운영하면서 법인을 사실상 대표하였는지를 불문하고, 대표자로 등기되어 법인의 사무를 집행하는 사람에 한정된다.
③ 법인 아닌 사단은 사단의 실질은 가지고 있으나 아직 권리능력을 취득하지 못 한 것이므로, 법인 아닌 사단의 사원은 집합체로서 재산을 소유 할 수 없고, 법인 아닌 사단은 대표자가 있더라도 그 사단의 이름으로 소송의 당사자가 될 수 없다.
④ 공동선조의 후손 중 일부에 의하여 인위적인 조직행위를 거쳐 성립된 종중 유사단체는 사적 임의단체라는 점에서 자연발생적인 종족집단인 고유한 의미의 종중과 그 성질을 달리하므로, 종중 유사단체의 규약에서 공동선조의 후손 중 남성만으로 그 구성원을 한정하고 있다 하더라도 특별한 사정 이 없는 한 그 규약이 양성평등 원칙을 정한 헌법 제11조 및 민법 제103조를 위반하여 무효라고 볼 수는 없다.
⑤ 민법 제781조 제6항에 따라 자녀의 복리를 위하여 자녀의 성과 본을 변경할 필요가 있어 자녀의 성과 본이 모의 성과 본으로 변경되었을 경우 성년인 그 자녀는 모가 속한 종중의 공동선조와 성과 본을 같이 하는 후손으로서 당연히 종중의 구성원이 된다고 볼 수 없다.

해설
답 ④

① [×] 주식회사의 대표이사가 그 대표권의 범위 내에서 한 행위는 설사 대표이사가 회사의 영리목적과 관계없이 자기 또는 제3자의 이익을 도모할 목적으로 그 권한을 남용한 것이라 할지라도 일단 회사의 행위로서 유효하고, 다만 그 행위의 상대방이 대표이사의 진의를 알았거나 알 수 있었을 때에는 회사에 대하여 무효가 되는 것이다(대판 1997.8.29, 97다18059).
② [×] 민법 제35조 제1항은 "법인은 이사 기타 대표자가 그 직무에 관하여 타인에게 가한 손해를 배상할 책임이 있다"라고 정한다. 여기서 '법인의 대표자'에는 그 명칭이나 직위 여하, 또는 대표자로 등기되었는지 여부를 불문하고 당해 법인을 실질적으로 운영하면서 법인을 사실상 대표하여 법인의 사무를 집행하는 사람을 포함한다고 해석함이 상당하다. 구체적인 사안에서 이러한 사람에 해당하는지는 법인과의 관계에서 그 지위와 역할, 법인의 사무 집행 절차와 방법, 대내적·대외적 명칭을 비롯하여 법인 내부자와 거래 상대방에게 법인의 대표행위로 인식되는지 여부, 공부상 대표자와의 관계 및 공부상 대표자가 법인의 사무를 집행하는지 여부 등 제반 사정을 종합적으로 고려하여 판단하여야 한다. 그리고 이러한 법리는 주택조합과 같은 비법인사단에도 마찬가지로 적용된다(대판 2011.4.28, 2008다15438).
③ [×] 종중, 문중, 그 밖에 대표자나 관리인이 있는 법인 아닌 사단이나 재단에 속하는 부동산의 등기에 관하여는 그 사단이나 재단을 등기권리자 또는 등기의무자로 한다(부동산등기법 제26조).
④ [○] 고유 의미의 종중(이하 '고유 종중'이라 한다)이란 공동선조의 분묘 수호와 제사, 종원 상호 간 친목 등을 목적으로 하는 자연발생적인 관습상 종족집단체로서 특별한 조직행위를 필요로 하는 것이 아니고, 공동선조의 후손은 그 의사와 관계없이 성년이 되면 당연히 그 구성원(종원)이 되는 것이며 그중 일부 종원을 임의로 그 종원에서 배제할 수 없다. 따라서 공동선조의 후손 중 특정 범위 내의 자들만으로 구성된 종중이란 있을 수 없으므로, 만일 공동선조의 후손 중 특정

범위 내의 종원만으로 조직체를 구성하여 활동하고 있다면 이는 본래의 의미의 종중으로는 볼 수 없고, 종중 유사단체가 될 수 있을 뿐이다. 종중 유사단체는 비록 그 목적이나 기능이 고유 종중과 별다른 차이가 없다 하더라도 공동선조의 후손 중 일부에 의하여 인위적인 조직행위를 거쳐 성립된 경우에는 사적 임의단체라는 점에서 고유 종중과 그 성질을 달리하므로, 그러한 경우에는 사적 자치의 원칙 내지 결사의 자유에 따라 구성원의 자격이나 가입조건을 자유롭게 정할 수 있으나, 어떠한 단체가 고유 의미의 종중이 아니라 종중 유사단체를 표방하면서 그 단체에 권리가 귀속되어야 한다고 주장하는 경우, 우선 권리 귀속의 근거가 되는 법률행위나 사실관계 등이 발생할 당시 종중 유사단체가 성립하여 존재하는 사실을 증명하여야 하고, 다음으로 당해 종중 유사단체에 권리가 귀속되는 근거가 되는 법률행위 등 법률요건이 갖추어져 있다는 사실을 증명하여야 한다. 특히 자연발생적으로 형성된 고유 종중이 아니라 그 구성원 중 일부만으로 범위를 제한한 종중 유사단체의 성립 및 소유권 귀속을 인정하려면, 고유 종중이 소를 제기하는 데 필요한 여러 절차(종중원 확정, 종중 총회 소집, 총회 결의, 대표자 선임 등)를 우회하거나 특정 종중원을 배제하기 위한 목적에서 종중 유사단체를 표방하였다고 볼 여지가 없는지 신중하게 판단하여야 한다(대판 2020.4.9, 2019다216411).

⑤ [×] 종중이란 공동선조의 분묘수호와 제사 및 종원 상호 간의 친목 등을 목적으로 하여 구성되는 자연발생적인 종족집단이므로, 종중의 이러한 목적과 본질에 비추어 볼 때 공동선조와 성과 본을 같이 하는 후손은 성별의 구별 없이 성년이 되면 당연히 그 구성원이 된다. 민법 제781조 제6항에 따라 자녀의 복리를 위하여 자녀의 성과 본을 변경할 필요가 있어 자녀의 성과 본이 모의 성과 본으로 변경되었을 경우 성년인 그 자녀는 모가 속한 종중의 공동선조와 성과 본을 같이 하는 후손으로서 당연히 종중의 구성원이 된다(대판 2022.5.26, 2017다260940).

113 비법인사단에 관한 설명으로 옳은 것은? (다툼이 있으면 판례에 따름) 　21 변리사

① 비법인사단은 부동산소유권에 관하여 등기의무자가 될 수 없다.
② 비법인사단의 해산에 따른 청산절차에는 사단법인의 청산인에 관한 민법 규정을 유추적용할 수 있다.
③ 비법인사단의 대표자가 행한 타인에 대한 업무의 포괄적 위임과 그에 따른 포괄적 수임인의 대행행위는 비법인사단에 대하여 그 효력이 있다.
④ 비법인사단의 채무는 구성원의 지분비율에 따라 귀속한다.
⑤ 이사의 결원으로 인하여 손해가 생길 염려가 있더라도 이해관계인은 법원에 임시이사의 선임을 청구할 수 없다.

해설　　답 ②

① [×] 종중, 문중, 그 밖에 대표자나 관리인이 있는 법인 아닌 사단이나 재단에 속하는 부동산의 등기에 관하여는 그 사단이나 재단을 등기권리자 또는 등기의무자로 한다(부동산등기법 제26조).
② [○] 비법인사단에 대하여는 사단법인에 관한 민법규정 중 법인격을 전제로 하는 것을 제외한 규정들을 유추적용하여야 할 것이므로 비법인사단인 교회의 교인이 존재하지 않게 된 경우 그 교회는 해산하여 청산절차에 들어가서 청산의 목적범위 내에서 권리·의무의 주체가 되며, 이 경우 해산 당시 그 비법인사단의 총회에서 향후 업무를 수행할 자를 선정하였다면 민법 제82조 제1항을 유추하여 그 선임된 자가 청산인으로서 청산 중의 비법인사단을 대표하여 청산업무를 수행하게 된다(대판 2003.11.14, 2001다32687).

③ [×] 비법인사단에 대하여는 사단법인에 관한 민법 규정 가운데 법인격을 전제로 하는 것을 제외하고는 이를 유추적용하여야 하는데, 민법 제62조에 비추어 보면 비법인사단의 대표자는 정관 또는 총회의 결의로 금지하지 아니한 사항에 한하여 타인으로 하여금 특정한 행위를 대리하게 할 수 있을 뿐 비법인사단의 제반 업무처리를 포괄적으로 위임할 수는 없으므로 비법인사단 대표자가 행한 타인에 대한 업무의 포괄적 위임과 그에 따른 포괄적 수임인의 대행행위는 민법 제62조를 위반한 것이어서 비법인사단에 대하여 그 효력이 미치지 않는다(대판 2011.4.28, 2008다15438).

④ [×] 비법인사단의 재산은 사원의 총유에 속한다(제275조). 그리고 소유권 이외의 재산권은 준총유가 된다(제278조). 따라서 각 사원은 지분권이나 총유물분할청구권이 없다(통설, 판례).

⑤ [×] 제63조(임시이사의 선임) 이사가 없거나 결원이 있는 경우에 이로 인하여 손해가 생길 염려 있는 때에는 "법원"은 이해관계인이나 검사의 청구에 의하여 임시이사를 선임하여야 한다.

114

민법상 비법인사단에 관한 설명으로 옳지 않은 것은? (다툼이 있으면 판례에 따름) 22 세무사

① 비법인사단과 민법상 조합을 구별함에 있어서는 단체성의 강약을 기준으로 판단하여야 한다.
② 법인의 불법행위책임에 관한 민법 제35조의 규정은 비법인사단에 유추적용된다.
③ 고유한 의미의 종중은 종중원의 신분이나 지위를 박탈시킬 수 없다.
④ 사원총회의 결의를 거쳤다 하더라도 비법인사단의 구성원 중 1인은 총유재산에 대한 소송의 당사자가 될 수 없다.
⑤ 교회는 비법인사단에 해당하므로 합병 및 분열이 인정된다.

해설
답 ⑤

① [O] 민법상의 조합과 법인격은 없으나 사단성이 인정되는 비법인사단을 구별함에 있어서는 일반적으로 그 단체성의 강약을 기준으로 판단하여야 하는바, 조합은 2인 이상이 상호간에 금전 기타 재산 또는 노무를 출자하여 공동사업을 경영할 것을 약정하는 계약관계에 의하여 성립하므로 어느 정도 단체성에서 오는 제약을 받게 되는 것이지만 구성원의 개인성이 강하게 드러나는 인적 결합체인 데 비하여 비법인사단은 구성원의 개인성과는 별개로 권리·의무의 주체가 될 수 있는 독자적 존재로서의 단체적 조직을 가지는 특성이 있다 하겠는데, 어떤 단체가 고유의 목적을 가지고 사단적 성격을 가지는 규약을 만들어 이에 근거하여 의사결정기관 및 집행기관인 대표자를 두는 등의 조직을 갖추고 있고, 기관의 의결이나 업무집행방법이 다수결의 원칙에 의하여 행하여지며, 구성원의 가입, 탈퇴 등으로 인한 변경에 관계없이 단체 그 자체가 존속되고, 그 조직에 의하여 대표의 방법, 총회나 이사회 등의 운영, 자본의 구성, 재산의 관리 기타 단체로서의 주요사항이 확정되어 있는 경우에는 비법인사단으로서의 실체를 가진다고 할 것이다(대판 1999.4.23, 99다4504).

② [O] 비법인사단의 대표자가 직무에 관하여 타인에게 손해를 가한 경우 그 사단은 민법 제35조 제1항의 유추적용에 의하여 그 손해를 배상할 책임이 있다(대판 2008.1.18, 2005다34711).

③ [O] 종중의 성격과 법적 성질에 비추어 종중이 그 구성원인 종원이 가지는 고유하고 기본적인 권리의 본질적인 내용을 침해하는 처분을 하는 것은 허용되지 않는다. 따라서 여성의 종중원 자격과 종중총회에서의 의결권을 제한하는 내용으로 종중규약을 개정하고, 종중 소유 부동산에 관한 수용보상금을 남성 종중원들에게만 대여하기로 한 종중 임시총회 결의는 무효이다(대판 2007.9.6, 2007다34982).

④ [O] 법인 아닌 사단이 그 명의로 사원총회의 결의를 거쳐서 하거나 또는 그 구성원 전원이 당사자가 되어 필수적 공동소송의 형태로 할 수 있을 뿐 그 사단의 구성원은 설령 그가 사단의 대표자라거나 사원총회의 결의를 거쳤다 하더라도 보존행위를 할 수 없다(대판 2005.9.15, 2004다44971 전합).

⑤ [×] 우리 민법이 사단법인에 있어서 구성원의 탈퇴나 해산은 인정하지만 사단법인의 구성원들이 2개의 법인으로 나뉘어 각각 독립한 법인으로 존속하면서 종전 사단법인에게 귀속되었던 재산을 소유하는 방식의 사단법인의 분열은 인정하지 아니한다. 그 법리는 법인 아닌 사단에 대하여도 동일하게 적용되며, 법인 아닌 사단의 구성원들의 집단적 탈퇴로써 사단이 2개로 분열되고 분열되기 전 사단의 재산이 분열된 각 사단들의 구성원들에게 각각 총유적으로 귀속되는 결과를 초래하는 형태의 법인 아닌 사단의 분열은 허용되지 않는다. 교회가 법인 아닌 사단으로서 존재하는 이상, 그 법률관계를 둘러싼 분쟁을 소송적인 방법으로 해결함에 있어서는 법인 아닌 사단에 관한 민법의 일반 이론에 따라 교회의 실체를 파악하고 교회의 재산 귀속에 대하여 판단하여야 하고, 이에 따라 법인 아닌 사단의 재산관계와 그 재산에 대한 구성원의 권리 및 구성원 탈퇴, 특히 집단적인 탈퇴의 효과 등에 관한 법리는 교회에 대하여도 동일하게 적용되어야 한다. 따라서 교인들은 교회 재산을 총유의 형태로 소유하면서 사용·수익할 것인데, 일부 교인들이 교회를 탈퇴하여 그 교회 교인으로서의 지위를 상실하게 되면 탈퇴가 개별적인 것이든 집단적인 것이든 이와 더불어 종전 교회의 총유 재산의 관리처분에 관한 의결에 참가할 수 있는 지위나 그 재산에 대한 사용·수익권을 상실하고, 종전 교회는 잔존 교인들을 구성원으로 하여 실체의 동일성을 유지하면서 존속하며 종전 교회의 재산은 그 교회에 소속된 "잔존" 교인들의 총유로 귀속됨이 원칙이다. 그리고 교단에 소속되어 있던 지교회의 교인들의 일부가 소속 교단을 탈퇴하기로 결의한 다음 종전 교회를 나가 별도의 교회를 설립하여 별도의 대표자를 선정하고 나아가 다른 교단에 가입한 경우, 그 교회는 종전 교회에서 집단적으로 이탈한 교인들에 의하여 새로이 법인 아닌 사단의 요건을 갖추어 설립된 신설 교회라 할 것이어서, 그 교회 소속 교인들은 더 이상 종전 교회의 재산에 대한 권리를 보유할 수 없게 된다(대판 2006.4.20, 2004다37775 전합).

115 법인 아닌 사단에 관한 설명으로 옳지 않은 것은? (다툼이 있으면 판례에 따름)   23 세무사

① 일부 신도들이 사찰 운영에 반대하여 신도회에서 탈퇴한 경우에는 사찰이 분열된 것으로 인정된다.
② 교회의 구성원들이 집합체로서 물건을 소유할 때에는 총유로 한다.
③ 종중규약에 다른 규정이 없으면, 종원은 대리인을 통하여 결의권을 행사할 수 있다.
④ 대표권 제한에 관한 정관을 위반한 대표자의 거래행위는 상대방이 선의·무과실인 경우에 유효하다.
⑤ 비법인 사단의 이사가 없어서 법원이 선임한 임시이사는 원칙적으로 정식이사와 동일한 권한을 가진다.

해설
답 ①

① [×] 우리 민법이 사단법인에 있어서 구성원의 탈퇴나 해산은 인정하지만 사단법인의 구성원들이 2개의 법인으로 나뉘어 각각 독립한 법인으로 존속하면서 종전 사단법인에게 귀속되었던 재산을 소유하는 방식의 사단법인의 분열은 인정하지 아니한다. 그 법리는 법인 아닌 사단에 대하여도 동일하게 적용되며, 법인 아닌 사단의 구성원들의 집단적 탈퇴로써 사단이 2개로 분열되고 분열되기 전 사단의 재산이 분열된 각 사단들의 구성원들에게 각각 총유적으로 귀속되는 결과를 초래하는 형태의 법인 아닌 사단의 분열은 허용되지 않는다(대판 2006.4.20, 2004다37775 전합).
② [○] 비법인사단의 재산은 사원의 총유에 속한다(제275조).
③ [○] 제73조(사원의 결의권) ① 각사원의 결의권은 평등으로 한다.
② 사원은 서면이나 대리인으로 결의권을 행사할 수 있다.
③ 전2항의 규정은 정관에 다른 규정이 있는 때에는 적용하지 아니한다.
④ [○] 비법인사단의 경우에는 대표자의 대표권 제한에 관하여 등기할 방법이 없어 민법 제60조의 규정을 준용할 수 없고, 비법인사단의 대표자가 정관에서 사원총회의 결의를 거쳐야 하도록 규정한 대외적 거래행위에 관하여 이를 거치지 아니한 경우라도, 이와 같은 사원총회 결의사항은 비법인사단의 내부적 의사결정에 불과하다 할 것이므로, 그 거래 상대방이 그와 같은 대표권 제한 사실을 알았거나 알 수 있었을 경우가 아니라면 그 거래행위는 유효하다고 봄이 상당하고, 이 경우 거래의 상대방이 대표권 제한 사실을 알았거나 알 수 있었음은 이를 주장하는 비법인사단 측이 주장·입증하여야 한다(대판 2003.7.22, 2002다64780).
⑤ [○] 비법인 사단에 대하여 민법 제63조에 의하여 법원이 선임한 임시이사는 원칙적으로 정식이사와 동일한 권한을 가진다(대판 2019.9.10, 2019다208953).

116

법인 아닌 사단에 관한 설명으로 옳지 않은 것은? (다툼이 있는 경우 판례에 의함) 23 경간부

① 법인의 권리능력의 범위에 관한 「민법」 제34조는 법인 아닌 사단에 유추적용될 수 있다.
② 법인 아닌 사단인 입주자대표회의가 사업 주체에 대하여 갖는 하자보수청구권의 관리처분은 정관 기타 규약 등에 달리 정한 바가 없으면 총회의 결의를 거쳐야 한다.
③ 법인 아닌 사단의 구성원은 특별한 사정이 없는 한 총유재산의 보존을 위한 소를 단독으로 제기할 수 없다.
④ 법인 아닌 사단이 타인 간의 금전채무를 보증하는 행위는 총유물의 관리·처분행위에 해당한다.

해설

답 ④

① [○] 비법인사단에 대하여 민법은 제275조에서 그 재산의 소유형태(총유)에 대해서 규정하고 있을 뿐이므로, 사단법인에 관한 민법규정 중 법인격을 전제로 하는 것을 제외한 규정들을 유추적용하여야 할 것이다(대판 2003.11.14, 2001다32687).
② [○] 구 주택건설촉진법(1995.1.5. 법률 제4919호로 개정되기 전의 것) 및 구 공동주택관리령(1994.12.13. 대통령령 제14447호로 개정되기 전의 것)의 규정에 의하여 구성한 공동주택의 입주자대표회의는 법인 아닌 사단으로 보아야 하므로 입주자대표회의가 사업주체에 대하여 갖는 하자보수청구권은 입주자대표회의 구성원들의 준총유에 속하는 재산권이라고 할 것이다. 따라서 입주자대표회의가 사업주체에 대한 하자보수청구권을 관리·처분하려면 입주자대표회의의 정관 기타 규약에 따르거나 그러한 규약이 없는 경우에는 민법 제275조의 규정에 따라 입주자대표회의 구성원 총회의 결의에 의하여야 한다(대판 2007.1.26, 2002다73333).
③ [○] 법인 아닌 사단이 그 명의로 사원총회의 결의를 거쳐서 하거나 또는 그 구성원 전원이 당사자가 되어 필수적 공동소송의 형태로 할 수 있을 뿐 그 사단의 구성원은 설령 그가 사단의 대표자라거나 사원총회의 결의를 거쳤다 하더라도 보존행위를 할 수 없다(대판 2005.9.15, 2004다44971 전합).
④ [×] 민법 제275조, 제276조 제1항에서 말하는 총유물의 관리 및 처분이라 함은 총유물 그 자체에 관한 이용·개량행위나 법률적·사실적 처분행위를 의미하는 것이므로, 비법인사단이 타인 간의 금전채무를 보증하는 행위는 총유물 그 자체의 관리·처분이 따르지 아니하는 단순한 채무부담행위에 불과하여 이를 총유물의 관리·처분행위라고 볼 수는 없다(대판 2007.4.19, 2004다60072·60089 전합).

117 법인 아닌 사단인 종중에 관한 설명으로 옳은 것은? (다툼이 있는 경우 판례에 의함) 23 경간부

① 종중은 특별한 조직행위를 필요로 하지 않지만, 성문규약은 반드시 있어야 한다.
② 고유한 의미의 종중의 경우에도 공동선조의 후손들은 종중을 양분하는 것과 같은 종중분열을 할 수 있다.
③ 자녀의 성(姓)과 본(本)이 모(母)의 성과 본으로 변경되었을 경우, 성년인 그 자녀는 모가 속한 종중의 공동선조와 성과 본을 같이 하는 후손으로서 당연히 종중의 구성원이 된다.
④ 종중의 대표 자격이 있는 연고항존자가 직접 종중총회를 소집하지 않고 다른 종중원의 종중총회 소집에 동의하여 그 종중원으로 하여금 소집하게 한 경우, 그와 같은 종중총회 소집은 권한 없는 자의 소집이라고 보아야 한다.

> **해설** 답 ③

① [×] 종중에는 반드시 성문의 규약이 있어야 하는 것이 아니고 종중 구성원의 수가 소수라고 하여 종중이 성립할 수 없는 것은 아니다(대판 1991.11.26, 91다31661).
② [×] <u>우리 민법이 사단법인에 있어서 구성원의 탈퇴나 해산은 인정하지만 사단법인의 구성원들이 2개의 법인으로 나뉘어 각각 독립한 법인으로 존속하면서 종전 사단법인에게 귀속되었던 재산을 소유하는 방식의 사단법인의 분열은 인정하지 아니한다. 그 법리는 법인 아닌 사단에 대하여도 동일하게 적용되며, 법인 아닌 사단의 구성원들의 집단적 탈퇴로써 사단이 2개로 분열되고 분열되기 전 사단의 재산이 분열된 각 사단들의 구성원들에게 각각 총유적으로 귀속되는 결과를 초래하는 형태의 법인 아닌 사단의 분열은 허용되지 않는다</u>(대판 2006.4.20, 2004다37775 전합).
③ [O] 종중이란 공동선조의 분묘수호와 제사 및 종원 상호 간의 친목 등을 목적으로 하여 구성되는 자연발생적인 종족집단이므로, 종중의 이러한 목적과 본질에 비추어 볼 때 공동선조와 성과 본을 같이 하는 후손은 성별의 구별 없이 성년이 되면 당연히 그 구성원이 된다. 민법 제781조 제6항에 따라 자녀의 복리를 위하여 자녀의 성과 본을 변경할 필요가 있어 자녀의 성과 본이 모의 성과 본으로 변경되었을 경우 성년인 그 자녀는 모가 속한 종중의 공동선조와 성과 본을 같이 하는 후손으로서 당연히 종중의 구성원이 된다(대판 2022.5.26, 2017다260940).
④ [×] 종장 또는 문장의 자격이 있는 자인 연고항존자 자신이 직접 총회소집을 하지 아니하였다 하더라도 동인이 어느 종중원의 종회소집에 동의하여 그 종중원으로 하여금 종회를 소집케 하였다면 그와 같은 종회소집을 전혀 권한없는 자의 소집이라고 볼 수는 없다(대판 1987.6.23, 86다카2654).

118 비법인사단 A의 유일한 이사인 대표이사 甲이 대표자로서의 모든 권한을 乙에게 포괄적으로 위임하여 乙이 실질적으로 A의 대표자로서 행위한 경우에 관한 설명으로 옳은 것을 모두 고른 것은? (다툼이 있으면 판례에 따름)
24 변리사

> ㄱ. 乙이 포괄적 수임인으로서 행한 대행행위의 효력은 원칙적으로 A에게 미친다.
> ㄴ. 乙이 A의 사무집행과 관련한 불법행위로 丙에게 손해를 입힌 경우, 丙은 A에게 법인의 불법행위책임에 따른 손해배상을 청구할 수 있다.
> ㄷ. 乙이 자신의 사익을 도모하기 위해 A의 사무를 처리하다가 丁에게 손해를 입힌 경우에는 법인의 불법행위책임에 있어서 직무관련성이 부정된다.
> ㄹ. 甲이 乙에게 대표자로서의 권한을 포괄적으로 위임하고 대표이사로서의 직무를 전혀 집행하지 않은 것은 그 자체로 이사의 선관주의의무에 위반하는 행위이다.

① ㄱ, ㄴ
② ㄱ, ㄷ
③ ㄴ, ㄹ
④ ㄷ, ㄹ
⑤ ㄱ, ㄴ, ㄷ, ㄹ

해설
답 ③

ㄱ. [×] 비법인사단에 대하여는 사단법인에 관한 민법 규정 가운데 법인격을 전제로 하는 것을 제외하고는 이를 유추적용하여야 하는데, 민법 제62조에 비추어 보면 비법인사단의 대표자는 정관 또는 총회의 결의로 금지하지 아니한 사항에 한하여 타인으로 하여금 특정한 행위를 대리하게 할 수 있을 뿐 비법인사단의 제반 업무처리를 포괄적으로 위임할 수는 없으므로 비법인사단 대표자가 행한 타인에 대한 업무의 포괄적 위임과 그에 따른 포괄적 수임인의 대행행위는 민법 제62조를 위반한 것이어서 비법인사단에 대하여 그 효력이 미치지 않는다(대판 2011.4.28, 2008다15438).

ㄴ. [○], ㄷ. [×] 비법인사단의 대표자가 직무에 관하여 타인에게 손해를 가한 경우 그 사단은 민법 제35조 제1항의 유추적용에 의하여 그 손해를 배상할 책임이 있고, 비법인사단의 대표자의 행위가 대표자 개인의 사리를 도모하기 위한 것이었거나 혹은 법령의 규정에 위배된 것이었다 하더라도 외관상, 객관적으로 직무에 관한 행위라고 인정할 수 있다면 민법 제35조 제1항의 직무에 관한 행위에 해당한다 할 것이나, 한편 그 대표자의 행위가 직무에 관한 행위에 해당하지 아니함을 피해자 자신이 알았거나 또는 중대한 과실로 인하여 알지 못한 경우에는 비법인사단에게 손해배상책임을 물을 수 없다(대판 2008.1.18, 2005다34711).

ㄹ. [○] 제61조(이사의 주의의무) 이사는 선량한 관리자의 주의로 그 직무를 행하여야 한다.

119. 권리능력 없는 사단 A와 그 대표자 甲에 관한 설명으로 옳지 않은 것은?

24 노무사

① 甲이 외형상 직무에 관한 행위로 乙에게 손해를 가한 경우, 甲의 행위가 직무 범위에 포함되지 아니함을 乙이 중대한 과실로 알지 못하였더라도 A는 甲에게 손해배상책임을 진다.
② 甲의 대표권에 관하여 정관에 제한이 있는 경우, 그러한 제한을 위반한 甲의 대표 행위에 대하여 상대방 乙이 대표권 제한 사실을 알았다면 甲의 대표 행위는 A에게 효력이 없다.
③ 甲이 丙을 대리인으로 선임하여 A와 관련된 제반 업무처리를 포괄적으로 위임한 경우, 丙이 행한 대행 행위는 A에 대하여 효력이 미치지 않는다.
④ 甲이 자격을 상실하여 법원이 임시이사 丁을 선임한 경우, 丁은 원칙적으로 정식이사와 동일한 권한을 가진다.
⑤ A의 사원총회 결의는 법률 또는 정관에 다른 규정이 없으면 사원 과반수의 출석과 출석사원 의결권의 과반수로써 한다.

해설

답 ①

① [×] 법인의 대표자의 행위가 직무에 관한 행위에 해당하지 아니함을 피해자 자신이 알았거나 또는 중대한 과실로 인하여 알지 못한 경우에는 법인에게 손해배상책임을 물을 수 없다고 하여 보호가치 있는 상대방만 보호한다(대판 2004.3.26, 2003다34045).
② [O] 비법인사단의 경우에는 대표자의 대표권 제한에 관하여 등기할 방법이 없어 민법 제60조의 규정을 준용할 수 없고, 비법인사단의 대표자가 정관에서 사원총회의 결의를 거쳐야 하도록 규정한 대외적 거래행위에 관하여 이를 거치지 아니한 경우라도, 이와 같은 사원총회 결의사항은 비법인사단의 내부적 의사결정에 불과하다 할 것이므로, 그 거래 상대방이 그와 같은 대표권 제한 사실을 알았거나 알 수 있었을 경우가 아니라면 그 거래행위는 유효하다고 봄이 상당하고, 이 경우 거래의 상대방이 대표권 제한 사실을 알았거나 알 수 있었음은 이를 주장하는 비법인사단 측이 주장·입증하여야 한다(대판 2003.7.22, 2002다64780).
③ [O] 비법인사단에 대하여는 사단법인에 관한 민법 규정 가운데 법인격을 전제로 하는 것을 제외하고는 이를 유추적용하여야 하는데, 민법 제62조에 비추어 보면 비법인사단의 대표자는 정관 또는 총회의 결의로 금지하지 아니한 사항에 한하여 타인으로 하여금 특정한 행위를 대리하게 할 수 있을 뿐 비법인사단의 제반 업무처리를 포괄적으로 위임할 수는 없으므로 비법인사단 대표자가 행한 타인에 대한 업무의 포괄적 위임과 그에 따른 포괄적 수임인의 대행행위는 민법 제62조를 위반한 것이어서 비법인사단에 대하여 그 효력이 미치지 않는다(대판 2011.4.28, 2008다15438).
④ [O] 비법인 사단에 대하여 민법 제63조에 의하여 법원이 선임한 임시이사는 원칙적으로 정식이사와 동일한 권한을 가진다(대판 2019.9.10, 2019다208953).
⑤ [O] **제75조(총회의 결의방법)** ① 총회의 결의는 본법 또는 정관에 다른 규정이 없으면 사원 과반수의 출석과 출석사원의 결의권의 과반수로써 한다.

유추적용

120

비법인사단 A의 대표자 甲이 A를 대표하여 'A가 乙의 丙에 대한 금전채무를 보증한다.'는 내용의 계약을 丙과 체결하려고 한다. 이에 관한 설명으로 옳지 않은 것은? (다툼이 있으면 판례에 따름)

24 세무사

① 甲이 사원총회의 결의를 거치지 않고 계약을 체결하였더라도 특별한 사정이 없는 한 계약은 무효라고 할 수 없다.
② 만약 甲이 정관에 규정된 대표권 제한을 위반하여 계약을 체결한 경우, 丙이 그 사실을 알았다면 계약은 무효이다.
③ 甲으로부터 대표자로서의 권한을 포괄적으로 위임받은 丁이 A를 대표하여 계약을 체결한 경우, 계약은 A에 대하여 효력이 없다.
④ A와 丙 간에 계약이 적법하게 체결된 경우, 甲이 丙에게 소멸시효 중단사유로서 한 채무의 승인은 특별한 사정이 없는 한 총유물의 관리·처분행위이다.
⑤ 총유재산의 보존행위로서 소를 제기하는 경우, 甲은 그 소송의 당사자가 될 수 없다.

해설

답 ④

① [O] 민법 제275조, 제276조 제1항에서 말하는 '총유물의 관리 및 처분'이라 함은 총유물 그 자체에 관한 이용·개량행위나 법률적·사실적 처분행위를 의미하는 것이므로, 비법인사단이 타인 간의 금전채무를 보증하는 행위는 총유물 그 자체의 관리·처분이 따르지 아니하는 단순한 채무부담행위에 불과하여 이를 총유물의 관리·처분행위라고 볼 수는 없다(대판 2007.4.19, 2004다60072·60089 전합).
② [O] 비법인사단의 경우에는 대표자의 대표권 제한에 관하여 등기할 방법이 없어 민법 제60조의 규정을 준용할 수 없고, 비법인사단의 대표자가 정관에서 사원총회의 결의를 거쳐야 하도록 규정한 대외적 거래행위에 관하여 이를 거치지 아니한 경우라도, 이와 같은 사원총회 결의사항은 비법인사단의 내부적 의사결정에 불과하다 할 것이므로, 그 거래 상대방이 그와 같은 대표권 제한 사실을 알았거나 알 수 있었을 경우가 아니라면 그 거래행위는 유효하다고 봄이 상당하고, 이 경우 거래의 상대방이 대표권 제한 사실을 알았거나 알 수 있었음은 이를 주장하는 비법인사단 측이 주장·입증하여야 한다(대판 2003.7.22, 2002다64780).
③ [O] 비법인사단에 대하여는 사단법인에 관한 민법 규정 가운데 법인격을 전제로 하는 것을 제외하고는 이를 유추적용하여야 하는데, 민법 제62조에 비추어 보면 비법인사단의 대표자는 정관 또는 총회의 결의로 금지하지 아니한 사항에 한하여 타인으로 하여금 특정한 행위를 대리하게 할 수 있을 뿐 비법인사단의 제반 업무처리를 포괄적으로 위임할 수는 없으므로 비법인사단 대표자가 행한 타인에 대한 업무의 포괄적 위임과 그에 따른 포괄적 수임인의 대행행위는 민법 제62조를 위반한 것이어서 비법인사단에 대하여 그 효력이 미치지 않는다(대판 2011.4.28, 2008다15438).
④ [×] 비법인사단의 사원총회가 그 총유물에 관한 매매계약의 체결을 승인하는 결의를 하였다면, 통상 그러한 결의에는 그 매매계약의 체결에 따라 발생하는 채무의 부담과 이행을 승인하는 결의까지 포함되었다고 봄이 상당하므로, 비법인사단의 대표자가 그 채무에 대하여 소멸시효 중단의 효력이 있는 승인을 하거나 그 채무를 이행할 경우에는 특별한 사정이 없는 한 별도로 그에 대한 사원총회의 결의를 거칠 필요는 없다고 보아야 한다(대판 2009.11.26, 2009다64383).
⑤ [O] 법인 아닌 사단이 그 명의로 사원총회의 결의를 거쳐서 하거나 또는 그 구성원 전원이 당사자가 되어 필수적 공동소송의 형태로 할 수 있을 뿐 그 사단의 구성원은 설령 그가 사단의 대표자라거나 사원총회의 결의를 거쳤다 하더라도 보존행위를 할 수 없다(대판 2005.9.15, 2004다44971 전합).

제3장 권리의 객체

I. 특정의 물건

001 甲은 乙소유 토지 위에 식재된 입목등기가 되어 있지 않은 소나무 50그루에 대하여 매매계약 체결과 동시에 소유권을 이전받기로 약정하였다. 甲은 계약 체결 후 잔금을 지급하지 않은 채 乙의 동의하에 소나무 50그루에 각각 '소유자 甲'이라는 표기를 써서 붙였다. 이후 乙은 이 소나무를 丙에게 이중으로 매도하였다. 이에 관한 설명으로 옳은 것은? (다툼이 있으면 판례에 따름)

① 乙은 여전히 소나무에 대하여 소유권을 가진다.
② 甲은 소나무에 대하여 입목등기 없이 소유권을 취득한다.
③ 丙이 乙과의 계약에 의해 명인방법을 갖추면 丙이 소유권을 취득한다.
④ 甲은 명인방법을 통해 소나무에 대하여 저당권을 설정할 수 있다.
⑤ 甲은 소나무에 대하여 입목등기 없이 丙에게 대항할 수 없다.

> **해설**　　　　　　　　　　　　　　　　　　　　　　　　　　　　답 ②

① [×] 甲이 명인방법으로 소유권을 취득하였다.
② [○] 판례는 입목법이 적용되지 않는 수목의 집단도 명인방법을 갖추면 독립한 부동산으로서 거래의 목적이 된다고 본다. 명인방법이란 수목의 집단 또는 미분리의 과실의 소유권이 누구에게 속하고 있는지를 제3자가 명백하게 인식할 수 있도록 하는 관습법상의 공시방법이다. 예를 들어 나무껍질을 깎아 거기에 소유자의 이름을 먹물로 적어놓은 것, 과수원 주변에 새끼줄을 치고 소유자의 이름을 기재한 표찰을 붙여 놓은 것 등이 있다.
③ [×] 乙은 무권리자이므로, 丙의 선의취득이 문제되나, 소나무는 토지와는 별개의 부동산이어서, 선의취득도 가능하지 않으므로, 丙은 소유권을 취득하지 못한다.
④ [×] 명인방법은 불완전한 공시방법이어서, 소유권·양도담보권을 공시할 수 있을 뿐, 저당권은 공시하지 못한다.
⑤ [×] 甲은 명인방법으로 인하여 소유권을 취득하였으므로, 丙에게 대항할 수 있다.

002 민법상 물건에 관한 설명으로 옳지 않은 것은? (다툼이 있으면 판례에 따름)

① 「입목에 관한 법률」에 따라 등기된 입목이나 명인방법을 갖춘 수목의 경우에는 독립하여 거래의 객체가 된다.
② 사람의 유체·유골은 매장·관리·제사·공양의 대상이 될 수 있는 유체물로서 그 제사주재자에게 승계된다.
③ 당사자는 주물을 처분할 때에 특약으로 종물을 제외할 수 있고 종물만을 별도로 처분할 수도 있다.
④ 천연과실은 수취할 권리의 존속기간 일수의 비율로 취득한다.
⑤ 주물과 다른 사람의 소유에 속하는 물건은 종물이 될 수 없다.

해설
답 ④

① [O] 입목법의 적용을 받는 수목의 집단, 명인방법에 의해 공시된 수목의 집단 등은 토지의 정착물 중 토지와 별개의 독립한 부동산이 된다.
② [O] 사람의 유체·유골은 매장·관리·제사·공양의 대상이 될 수 있는 유체물로서, 분묘에 안치되어 있는 선조의 유체·유골은 민법 제1008조의3 소정의 제사용 재산인 분묘와 함께 그 제사주재자에게 승계되고, 피상속인 자신의 유체·유골 역시 위 제사용 재산에 준하여 그 제사주재자에게 승계된다(대판 2008.11.20, 2007다27670 전합).
③ [O] 제100조 제2항은 강행규정이 아니므로 당사자의 약정에 의하여 종물만의 처분도 가능하다.

> 제100조(주물, 종물) ② 종물은 주물의 처분에 따른다.

④ [×]
> 제102조(과실의 취득) ① 천연과실은 그 원물로부터 분리하는 때에 이를 수취할 권리자에게 속한다.
> ② <u>법정과실은 수취할 권리의 존속기간일수의 비율로 취득한다.</u>

⑤ [O] 종물은 물건의 소유자가 그 물건의 상용에 공하기 위하여 자기 소유인 다른 물건을 이에 부속하게 한 것을 말하므로(제100조 제1항) 주물과 다른 사람의 소유에 속하는 물건은 종물이 될 수 없다(대판 2008.5.8, 2007다36933·36940).

003 물건에 관한 설명으로 옳지 않은 것은? (다툼이 있으면 판례에 따름)

22 세무사

① 지하의 온천수는 토지의 구성부분이다.
② 동산과 부동산은 그 요건을 달리하지만 모두 취득시효의 대상이 된다.
③ 1필의 토지의 일부에 대해서는 이를 분할하지 않는 한 용익물권을 설정할 수 없다.
④ 입목등기부에 소유권보존등기가 된 수목의 집단은 저당권의 객체가 될 수 있다.
⑤ 건물의 신축공사를 도급받은 수급인이 사회통념상 독립한 건물이라고 볼 수 없는 정착물을 토지에 설치한 상태에서 공사가 중단된 경우, 그 정착물은 토지의 부합물에 불과하다.

해설

답 ③

① [O] 대판 1970.5.26, 69다1239
② [O]
> **제245조(점유로 인한 부동산소유권의 취득기간)** ① 20년간 소유의 의사로 평온, 공연하게 부동산을 점유하는 자는 등기함으로써 그 소유권을 취득한다.
> **제246조(점유로 인한 동산소유권의 취득기간)** ① 10년간 소유의 의사로 평온, 공연하게 동산을 점유한 자는 그 소유권을 취득한다. - 일반취득시효
> ② 전항의 점유가 선의이며 과실 없이 개시된 경우에는 5년을 경과함으로써 그 소유권을 취득한다. - 단기취득시효

③ [X] 토지의 일부는 분필절차를 밟기 전에 그것을 양도할 수 없으나, 지상권, 전세권 그리고 승역지의 일부 위에 지역권을 설정할 수 있다.
④ [O] 입목에 관한 법률은 이 법에 의하여 소유권보존등기를 받은 수목의 집단을 "입목"이라고 하면서(입목에 관한 법률 제2조 제1항), 토지와는 별개의 부동산으로 다룬다(같은 법 제3조 제1항).
⑤ [O] 판례는 최소한의 기둥과 지붕, 그리고 주벽이 이루어지면 사회통념상 건물이 인정된다고 한다.

> **제256조(부동산에의 부합)** 부동산의 소유자는 그 부동산에 부합한 물건의 소유권을 취득한다. 그러나 타인의 권원에 의하여 부속된 것은 그러하지 아니하다.

> 예상지문

1. 제사주재자의 결정 방법, 망인의 유체·유골의 승계권자 및 피상속인이 생전행위 또는 유언으로 자신의 유체·유골의 처분 방법을 정하거나 매장장소를 지정한 경우 그 효력

    [1] [다수의견] 제사주재자는 우선적으로 망인의 공동상속인들 사이의 협의에 의해 정하되, 협의가 이루어지지 않는 경우에는 제사주재자의 지위를 유지할 수 없는 특별한 사정이 있지 않은 한 망인의 장남(장남이 이미 사망한 경우에는 장남의 아들, 즉 장손자)이 제사주재자가 되고, 공동상속인들 중 아들이 없는 경우에는 망인의 장녀가 제사주재자가 된다. ⇨ 판례 변경됨

    [2] [다수의견] ㉠ 사람의 유체·유골은 매장·관리·제사·공양의 대상이 될 수 있는 유체물로서, 분묘에 안치되어 있는 선조의 유체·유골은 민법 제1008조의3 소정의 제사용 재산인 분묘와 함께 그 제사주재자에게 승계되고, 피상속인 자신의 유체·유골 역시 위 제사용 재산에 준하여 그 제사주재자에게 승계된다.

    ㉡ 피상속인이 생전행위 또는 유언으로 자신의 유체·유골을 처분하거나 매장장소를 지정한 경우에, 선량한 풍속 기타 사회질서에 반하지 않는 이상 그 의사는 존중되어야 하고 이는 제사주재자로서도 마찬가지이지만, 피상속인의 의사를 존중해야 하는 의무는 도의적인 것에 그치고, 제사주재자가 무조건 이에 구속되어야 하는 법률적 의무까지 부담한다고 볼 수는 없다.

    [3] 어떤 경우에 제사주재자의 지위를 유지할 수 없는 특별한 사정이 있다고 볼 것인지에 관하여는, 제사제도가 관습에 바탕을 둔 것이므로 관습을 고려하되, 여기에서의 관습은 과거의 관습이 아니라 사회의 변화에 따라 새롭게 형성되어 계속되고 있는 현재의 관습을 말하므로 우리 사회를 지배하는 기본적 이념이나 사회질서의 변화와 그에 따라 새롭게 형성되는 관습을 고려해야 할 것인바, 중대한 질병, 심한 낭비와 방탕한 생활, 장기간의 외국 거주, 생계가 곤란할 정도의 심각한 경제적 궁핍, 평소 부모를 학대하거나 심한 모욕 또는 위해를 가하는 행위, 선조의 분묘에 대한 수호·관리를 하지 않거나 제사를 거부하는 행위, 합리적인 이유 없이 부모의 유지(遺志) 내지 유훈(遺訓)에 현저히 반하는 행위 등으로 인하여 정상적으로 제사를 주재할 의사나 능력이 없다고 인정되는 경우가 이에 해당하는 것으로 봄이 상당하다(대판 2008.11.20, 2007다27670 전합).

2. 공동상속인들 사이에 협의가 이루어지지 않는 경우, 제사주재자를 결정하는 방법(대판 2023.5.11, 2018다248626 전합)

    [다수의견] 대법원 2008.11.20, 선고 2007다27670 전원합의체 판결(이하 '2008년 전원합의체 판결'이라 한다)은 제사주재자는 우선적으로 망인의 공동상속인들 사이의 협의에 의해 정하되, 협의가 이루어지지 않는 경우에는 제사주재자의 지위를 유지할 수 없는 특별한 사정이 있지 않는 한 망인의 장남(장남이 이미 사망한 경우에는 장손자)이 제사주재자가 되고, 공동상속인들 중 아들이 없는 경우에는 망인의 장녀가 제사주재자가 된다고 판시하였다. 그러나 공동상속인들 사이에 협의가 이루어지지 않는 경우 제사주재자 결정방법에 관한 2008년 전원합의체 판결의 법리는 더 이상 조리에 부합한다고 보기 어려워 유지될 수 없다. 공동상속인들 사이에 협의가 이루어지지 않는 경우에는 제사주재자의 지위를 인정할 수 없는 특별한 사정이 있지 않는 한 피상속인의 직계비속 중 남녀, 적서를 불문하고 최근친의 연장자가 제사주재자로 우선한다고 보는 것이 가장 조리에 부합한다.

II. 물건의 분류
III. 부동산과 동산

004 물건에 관한 설명으로 옳은 것은? (다툼이 있으면 판례에 따름) 21 변리사

① 부동산에 부속된 동산을 분리하면 그 동산의 경제적 가치가 없는 경우에는 타인이 권원에 의하여 동산을 부속시킨 경우라도 그 동산은 부동산소유자에게 귀속된다.
② 집합물에 대한 양도담보권자가 점유개정의 방법으로 양도담보권설정계약 당시 존재하는 집합물의 점유를 취득한 후 양도담보권설정자가 자기 소유의 집합물을 이루는 물건을 반입한 경우, 나중에 반입된 물건에는 양도담보권의 효력이 미치지 않는다.
③ 적법한 경작권 없이 타인의 토지를 경작하였다면 그 경작한 입도(立稻)가 성숙한 경우에도 경작자는 그 입도의 소유권을 갖지 못한다.
④ 종물은 주물의 처분에 따르므로, 당사자의 특약으로 종물만을 별도로 처분할 수 없다.
⑤ 입목에 관한 법률에 의하여 소유권보존등기가 마쳐진 입목은 토지와 분리하여 양도될 수 있으나, 저당권의 객체는 될 수 없다.

해설
답 ①

① [O] 어떠한 동산을 부동산에 부합된 것으로 인정하기 위해서는 그 동산을 훼손하거나 과다한 비용을 지출하지 않고서는 분리할 수 없을 정도로 부착·합체되었는지 여부와 그 물리적 구조, 용도와 기능면에서 기존 부동산과는 독립한 경제적 효용을 가지고 거래상 별개의 소유권의 객체가 될 수 있는지 여부 등을 종합하여 판단하여야 한다. 그리고 부합물에 관한 소유권 귀속의 예외를 규정한 민법 제256조 단서의 규정은 타인이 그 권원에 의하여 부속시킨 물건이라고 할지라도 그 부속된 물건을 분리하여도 경제적 가치가 있는 경우에 한하여 부속시킨 타인의 권리에 영향이 없다는 취지이지, 분리하여도 경제적 가치가 없는 경우에는 원래의 부동산 소유자의 소유에 귀속되는 것이다. 그리고 경제적 가치의 판단은 부속시킨 물건에 대한 일반 사회통념상의 경제적 효용의 독립성 유무를 그 기준으로 하여야 한다(대판 2017.7.18, 2016다3829).
② [×] 집합물에 대한 양도담보권설정계약이 이루어지면 그 집합물을 구성하는 개개의 물건이 변동되거나 변형되더라도 한 개의 물건으로서 동일성을 잃지 아니하므로 양도담보의 효력은 항상 현재의 집합물 위에 미치는 것이고, 따라서 양도담보권자가 담보권설정계약 당시 존재하는 집합물을 점유개정의 방법으로 그 점유를 취득하면 그 후 양도담보설정자가 그 집합물을 이루는 개개의 물건을 반입하였다 하더라도 그때마다 별도의 양도담보권설정계약을 맺거나 점유개정의 표시를 하여야 하는 것은 아니다(대판 1990.12.26, 88다카20224).
③ [×] 권원 없이 타인의 토지에서 재배하여도 성숙한 농작물은 명인방법을 갖추지 않았다 하여도 경작자의 소유이다(대판 1963.2.21, 62다913).
④ [×] 종물은 주물의 처분에 수반된다는 민법 제100조 제2항은 임의규정이므로, 당사자는 주물을 처분할 때에 특약으로 종물을 제외할 수 있고 종물만을 별도로 처분할 수도 있다(대판 2012.1.26, 2009다76546).
⑤ [×] 입목에 관한 법률은 이 법에 의하여 소유권보존등기를 받은 수목의 집단을 "입목"이라고 하면서(입목에 관한 법률 제2조 제1항), 토지와는 별개의 부동산으로 다룬다(같은 법 제3조 제1항). 따라서 저당권의 객체가 될 수 있다.

005 민법상 물건에 관한 설명으로 옳지 않은 것은? (다툼이 있으면 판례에 따름) 23 세무사

① 물건이라 함은 유체물 및 전기 기타 관리할 수 있는 자연력을 말한다.
② 관리할 수 있다는 것은 배타적 지배가 가능하여 거래 객체로 될 수 있는 상태를 의미한다.
③ 토지의 정착물은 토지의 일부로 별개의 부동산이 될 수 없다.
④ 동산과 부동산은 그 요건을 달리하여 취득시효의 대상이 된다.
⑤ 부동산 이외의 물건은 동산이다.

> **해설** 답 ③

① [○] 제98조(물건의 정의) 본법에서 물건이라 함은 유체물 및 전기 기타 관리할 수 있는 자연력을 말한다.

② [○] 관리할 수 있다는 것은 직접적, 배타적 지배를 내용으로 한다.

③ [×] 토지에서 자라고 있는 수목은 토지의 정착물이 되므로, 토지와는 별개의 부동산이 아니다. 그러나 수목이 특별법이나 판례에 의하여 독립한 부동산이 되기도 한다.

④ [○] 제245조(점유로 인한 부동산소유권의 취득기간) ① 20년간 소유의 의사로 평온, 공연하게 부동산을 점유하는 자는 등기함으로써 그 소유권을 취득한다.
② 부동산의 소유자로 등기한 자가 10년간 소유의 의사로 평온, 공연하게 선의이며 과실 없이 그 부동산을 점유한 때에는 소유권을 취득한다.

제246조(점유로 인한 동산소유권의 취득기간) ① 10년간 소유의 의사로 평온, 공연하게 동산을 점유한 자는 그 소유권을 취득한다. - 일반취득시효
② 전항의 점유가 선의이며 과실 없이 개시된 경우에는 5년을 경과함으로써 그 소유권을 취득한다. - 단기취득시효

⑤ [○] 제99조(부동산, 동산) ① 토지 및 그 정착물은 부동산이다.
② 부동산 이외의 물건은 동산이다.

006 물건에 관한 설명으로 옳지 않은 것은? (다툼이 있는 경우 판례에 의함) 23 경간부

① 토지에서 분리된 수목은 동산이다.
② 1필의 토지 일부는 분필을 하지 않는 한 그 일부의 토지 위에 지상권을 설정할 수 없다.
③ 다른 물건과 외부적·객관적으로 구별되고 특정되어 있는 집합동산은 양도담보의 대상이 될 수 있다.
④ 경매의 대상이 된 토지 위에 생립하고 있는 채무자 소유의 미등기 수목은 명인방법을 갖추는 등 특별한 사정이 없는 한 그 수목의 가액을 포함하여 경매 대상 토지를 평가한 후 이를 최저경매가격으로 공고하여야 한다.

해설
답 ②

① [O] 제99조(부동산, 동산) ① 토지 및 그 정착물은 부동산이다.
② 부동산 이외의 물건은 동산이다.

② [X] 토지의 일부는 분필절차를 밟기 전에 그것을 양도할 수 없으나, 지상권, 전세권 그리고 승역지의 일부 위에 지역권을 설정할 수 있다.

③ [O] 일단의 증감 변동하는 동산을 하나의 물건으로 보아 이를 채권담보의 목적으로 삼는 이른바 유동집합물에 대한 양도담보계약의 경우에, 양도담보의 효력이 미치는 범위를 명시하여 제3자에게 불측의 손해를 입지 않도록 하고 권리관계를 미리 명확히 하여 집행절차가 부당히 지연되지 않도록 하기 위하여 그 목적물을 특정할 필요가 있으므로, 담보목적물은 담보설정자의 다른 물건과 구별될 수 있도록 그 종류, 소재하는 장소 또는 수량의 지정 등의 방법에 의하여 외부적·객관적으로 특정되어 있어야 하고, 목적물의 특정 여부 및 목적물의 범위는 목적물의 종류, 장소, 수량 등에 관한 계약의 전체적 내용, 계약 당사자의 의사, 목적물 자체가 가지는 유기적 결합의 정도, 목적물의 성질, 담보물 관리와 이용방법 등 여러 가지 사정을 종합하여 구체적으로 판단하여야 할 것이다(대판 2013.1.16, 2012다78726).

④ [O] 경매의 대상이 된 토지 위에 생립하고 있는 채무자 소유의 미등기 수목은 토지의 구성 부분으로서 토지의 일부로 간주되어 특별한 사정이 없는 한 토지와 함께 경매되는 것이므로 그 수목의 가액을 포함하여 경매 대상 토지를 평가하여 이를 최저경매가격으로 공고하여야 하고, 다만 입목에관한법률에 따라 등기된 입목이나 명인방법을 갖춘 수목의 경우에는 독립하여 거래의 객체가 되므로 토지 평가에 포함되지 아니한다(대결 1998.10.28, 98마1817).

Ⅳ. 주물과 종물

007 주물과 종물에 관한 설명으로 옳지 않은 것은? (다툼이 있으면 판례에 따름) 16 노무사

① 종물은 주물의 처분에 따르므로 종물만을 별도로 처분하기로 하는 약정은 무효이다.
② 주물 소유자의 소유가 아닌 물건은 종물이 될 수 없다.
③ 건물에 대한 저당권의 효력은, 특별한 사정이 없는 한, 그 건물의 소유를 목적으로 하는 지상권에도 미친다.
④ 주물 소유자의 사용에 공여되고 있더라도 주물 그 자체의 효용과 직접 관계가 없는 물건은 종물이 아니다.
⑤ 어떤 권리를 다른 권리에 대하여 종된 권리라고 할 수 있으려면 종물과 마찬가지로 다른 권리의 경제적 효용에 이바지하는 관계에 있어야 한다.

해설   답 ①

① [×] 제100조 제2항은 강행규정이 아니므로 당사자의 약정에 의하여 종물만의 처분도 가능하다.
② [○] 종물은 물건의 소유자가 그 물건의 상용에 공하기 위하여 자기 소유인 다른 물건을 이에 부속하게 한 것을 말하므로(제100조 제1항) 주물과 다른 사람의 소유에 속하는 물건은 종물이 될 수 없다(대판 2008.5.8, 2007다36933·36940).
③ [○] "저당권의 효력은 저당부동산에 부합된 물건과 종물에 미친다"라는 제358조 본문의 규정은 저당부동산에 관한 종된 권리에도 유추적용되어서, 건물에 대한 저당권의 효력은 그 건물의 소유를 목적으로 하는 지상권에도 미친다(대판 1992.7.14, 92다527).
④ [○] 폐수처리시설이 공장저당법에 의하여 근저당권이 설정된 공장 토지와 그에 인접한 공장 토지가 아닌 타인 소유의 토지에 걸쳐서 설치되어 있는 경우, 주물의 소유자나 이용자의 상용에 공여되고 있더라도 주물 그 자체의 효용과 직접 관계가 없는 물건은 종물이 아니다(대판 1997.10.10, 97다3750).
⑤ [○] 계속적으로 주물의 경제적 효용을 도와야 한다. 어느 건물이 주된 건물의 종물이기 위하여는 주된 건물의 경제적 효용을 보조하기 위하여 계속적으로 이바지되어야 하는 관계가 있어야 한다(대판 1988.2.23, 87다카600).

008 물건에 관한 설명으로 옳은 것은? (다툼이 있으면 판례에 따름)   19 노무사

① 국립공원의 입장료는 토지의 사용대가로서 민법상의 과실이다.
② 주물과 종물의 관계에 관한 법리는 특별한 사정이 없는 한 권리 상호간의 관계에도 미친다.
③ 주물의 소유자 아닌 자의 물건도 원칙적으로 종물이 될 수 있다.
④ 주유소 지하에 콘크리트를 타설하여 매설한 유류저장탱크는 토지의 종물이다.
⑤ 수목의 집단이 관계법규에 따라 등기된 경우에도 특별한 사정이 없는 한 토지소유권을 취득한 자는 입목의 소유권도 취득한다.

해설   답 ②

① [×] 국립공원의 입장료는 수익자 부담의 원칙에 따라 국립공원에 입장하는 자에게 국립공원의 유지·관리비의 일부를 징수하는 것이며, 공원의 관리와 공원 안에 있는 문화재의 관리·보수를 위한 비용에만 사용하여야 하는 것이므로, 민법상 과실이라고 볼 여지가 없으므로, 국립공원의 입장료를 국가 내지 국립공원관리공단의 수입으로 하도록 한 규정이 국립공원 내 토지의 소유자의 재산권을 침해하는 것이라 할 수 없다.(헌재 2001.6.28, 2000헌바44 전합)
② [○] 종물이론을 권리상호간에도 유추적용할 수 있는지가 문제되는데, 학설은 제100조 제2항의 취지로 보아 유추적용한다는 것이 통설, 판례이다.
③ [×] 종물은 물건의 소유자가 그 물건의 상용에 공하기 위하여 자기 소유인 다른 물건을 이에 부속하게 한 것을 말하므로(제100조 제1항) 주물과 다른 사람의 소유에 속하는 물건은 종물이 될 수 없다(대판 2008.5.8, 2007다36933·36940).
④ [×] 주유소의 주유기는 주유소건물의 종물이다(단, 유류저장탱크는 토지의 부합물이다)(대판 1995.6.29, 94다6345).
⑤ [×] 입목에 관한 법률은 이 법에 의하여 소유권보존등기를 받은 수목의 집단을 "입목"이라고 하면서(입목에 관한 법률 제2조 제1항), 토지와는 별개의 부동산으로 다룬다(같은 법 제3조 제1항).

009 물건에 관한 설명으로 옳지 않은 것은? (다툼이 있으면 판례에 따름) 21 노무사

① 주물과 종물은 원칙적으로 동일한 소유자에게 속하여야 한다.
② 주물과 종물에 관한 민법 제100조 제2항의 법리는 압류와 같은 공법상 처분에는 적용되지 않는다.
③ 당사자는 주물을 처분할 때에 특약으로 종물을 제외하거나 종물만 별도로 처분할 수 있다.
④ 노동의 대가인 임금은 법정과실이 아니다.
⑤ 매매목적물이 인도되지 않았고 매수인도 대금을 완제하지 않은 경우, 특별한 사정이 없는 한 매도인의 이행지체가 있더라도 매매목적물로부터 발생하는 과실은 매도인에게 귀속된다.

해설

답 ②

① [○] 종물은 물건의 소유자가 그 물건의 상용에 공하기 위하여 자기 소유인 다른 물건을 이에 부속하게 한 것을 말하므로(제100조 제1항) 주물과 다른 사람의 소유에 속하는 물건은 종물이 될 수 없다(대판 2008.5.8, 2007다36933·36940).
② [×] 종물은 주물의 처분에 따른다. 이때 처분은 물권적 처분뿐만 아니라 채권적 처분도 포함하므로 소유권양도, 저당권설정뿐만 아니라 매매, 임대차 등을 의미한다. 판례는 압류와 같은 공법상의 처분의 경우에도 처분의 수반성 원칙을 적용한다[1].
③ [○] 제100조 제2항은 강행규정이 아니므로 당사자의 약정에 의하여 종물만의 처분도 가능하다.
④ [○] 권리의 과실(주식의 배당금, 특허권의 사용료, 노동의 대가인 임금)이라는 개념은 인정하지 않는다.
⑤ [○]

> **제587조(과실의 귀속, 대금의 이자)** 매매계약 있은 후에도 인도하지 아니한 목적물로부터 생긴 과실은 매도인에게 속한다. 매수인은 목적물의 인도를 받은 날로부터 대금의 이자를 지급하여야 한다. 그러나 대금의 지급에 대하여 기한이 있는 때에는 그러하지 아니하다.

---

1) 구분건물의 대지사용권은 전유부분과 종속적 일체불가분성이 인정되는 점 등에 비추어 볼 때, 구분건물의 전유부분에 대한 소유권보존등기만 경료 되고 대지지분에 대한 등기가 경료되기 전에 전유부분 만에 대해 내려진 가압류결정의 효력은, 대지사용권의 분리처분이 가능하도록 규약으로 정하였다는 등의 특별한 사정이 없는 한, 종물 내지 종된 권리인 그 대지권에까지 미친다고 본다(대판 2006.10.26, 2006다29020).

010 물건에 관한 설명으로 옳지 않은 것은? (다툼이 있으면 판례에 따름)   22 변리사

① 토지의 정착물은 부동산이다.
② 일정한 토지가 지적공부에 1필의 토지로 등록된 경우, 그 토지의 지적 및 경계는 일응 그 등록으로써 특정된다.
③ 건물의 경계는 사회통념상 독립한 건물로 인정되는 건물 사이의 현실적 경계에 의하여 특정된다.
④ 주물 그 자체의 효용과 직접 관계가 없는 물건이라도 주물 소유자의 사용에 공여되고 있으면 종물에 해당한다.
⑤ 특별한 사정이 없는 한 법정과실은 수취할 권리의 존속기간일수의 비율로 취득한다.

해설   답 ④

① [○] 제99조(부동산, 동산) ① 토지 및 그 정착물은 부동산이다.
② [○] 물건으로서의 토지는 지적공부(地籍公簿,, 토지대장·임야대장)에 하나의 토지로 등록되어 있는 육지의 일부분이다. 육지는 연속되어 있으나, 편의상 인위적으로 구분하여 각 구역마다 번호(토지번호, 즉 지번)를 붙이고, 이를 지적공부에 등록한다. 등록이 되면 토지는 독립성이 인정된다.
③ [○] 건물은 일정한 면적, 공간의 이용을 위하여 지상, 지하에 건설된 구조물을 말하는 것으로서, 건물의 개수는 토지와 달리 공부상의 등록에 의하여 결정되는 것이 아니라 사회통념 또는 거래관념에 따라 물리적 구조, 거래 또는 이용의 목적물로서 관찰한 건물의 상태 등 객관적 사정과 건축한 자 또는 소유자의 의사 등 주관적 사정을 참작하여 결정되는 것이고, 그 경계 또한 사회통념상 독립한 건물로 인정되는 건물 사이의 현실의 경계에 의하여 특정되는 것이므로, 이러한 의미에서 건물의 경계는 공적으로 설정 인증된 것이 아니고 단순히 사적관계에 있어서의 소유권의 한계선에 불과함을 알 수 있고, 따라서 사적자치의 영역에 속하는 건물 소유권의 범위를 확정하기 위하여는 소유권확인소송에 의하여야 할 것이고, 공법상 경계를 확정하는 경계확정소송에 의할 수는 없다(대판 1997.7.8, 96다36517).
④ [×] 폐수처리시설이 공장저당법에 의하여 근저당권이 설정된 공장 토지와 그에 인접한 공장 토지가 아닌 타인 소유의 토지에 걸쳐서 설치되어 있는 경우, 주물의 소유자나 이용자의 상용에 공여되고 있더라도 주물 그 자체의 효용과 직접 관계가 없는 물건은 종물이 아니다(대판 1997.10.10, 97다3750).
⑤ [○] 제101조(천연과실, 법정과실) ① 물건의 용법에 의하여 수취하는 산출물은 천연과실이다.
② 물건의 사용대가로 받는 금전 기타의 물건은 법정과실로 한다.

011 주물과 종물에 관한 설명으로 옳은 것은? (다툼이 있으면 판례에 따름)
22 세무사

① 종물만을 별도로 처분하기로 하는 당사자 사이의 특약은 효력이 없다.
② 권리 상호간에는 주물과 종물의 관계에 관한 법리가 적용될 수 없다.
③ 어느 건물이 주된 건물의 소유자의 상용에 공여되고 있더라도 주된 건물 그 자체의 효용과 직접 관계가 없으면 종물이 아니다.
④ 종물은 주물의 처분에 따른다고 하는 경우, 그 처분에 채권적 처분은 포함되지 않는다.
⑤ 주물과 종물은 그 법률적 운명을 같이 하므로 하나의 물건이다.

해설
답 ③

① [×] 제100조 제2항은 강행규정이 아니므로 당사자의 약정에 의하여 종물만의 처분도 가능하다.
② [×] 종물이론을 권리상호간에도 유추적용할 수 있는지가 문제되는데, 학설은 제100조 제2항의 취지로 보아 유추적용한다는 것이 통설, 판례이다.
③ [○] 폐수처리시설이 공장저당법에 의하여 근저당권이 설정된 공장 토지와 그에 인접한 공장 토지가 아닌 타인 소유의 토지에 걸쳐서 설치되어 있는 경우, 주물의 소유자나 이용자의 상용에 공여되고 있더라도 주물 그 자체의 효용과 직접 관계가 없는 물건은 종물이 아니다(대판 1997.10.10, 97다3750).
④ [×] 종물은 주물의 처분에 따른다. 이때 처분은 물권적 처분뿐만 아니라 채권적 처분도 포함하므로 소유권양도, 저당권설정뿐만 아니라 매매, 임대차 등을 의미한다.
⑤ [×] 종물은 독립한 물건이어야 한다.

012 물건에 관한 설명으로 옳지 않은 것은? (다툼이 있으면 판례에 따름)
22 노무사

① 특정이 가능하다면 증감·변동하는 유동집합물도 하나의 물건으로 다루어질 수 있다.
② 타인의 토지에 권원 없이 자신의 수목을 식재한 자가 이를 부단히 관리하고 있다면 그 수목은 토지에 부합하지 않는다.
③ 명인방법을 갖춘 수목은 독립하여 거래의 객체가 될 수 있다.
④ 주물·종물 관계는 특별한 사정이 없는 한 동일인 소유의 물건 사이에서 인정된다.
⑤ 주물·종물 법리는 타인 소유 토지 위에 존재하는 건물의 소유권과 그 건물의 부지에 관한 건물소유자의 토지임차권 사이에도 유추적용될 수 있다.

해설
답 ②

① [○] 일단의 증감 변동하는 동산을 하나의 물건으로 보아 이를 채권담보의 목적으로 삼는 이른바 유동집합물에 대한 양도담보계약의 경우에, 양도담보의 효력이 미치는 범위를 명시하여 제3자에게 불측의 손해를 입지 않도록 하고 권리관계를 미리 명확히 하여 집행절차가 부당하게 지연되지 않도록 하기 위하여 그 목적물을 특정할 필요가 있으므로, 담보목적물은 담보설정자의 다른 물건과 구별될 수 있도록 그 종류, 소재하는 장소 또는 수량의 지정 등의 방법에 의하여 외부적·객관적으로 특정되어 있어야 하고, 목적물의 특정 여부 및 목적물의 범위는 목적물의 종류, 장소, 수량 등에 관한 계약의 전체적 내용, 계약 당사자의 의사, 목적물 자체가 가지는 유기적 결합의

정도, 목적물의 성질, 담보물 관리와 이용방법 등 여러 가지 사정을 종합하여 구체적으로 판단하여야 할 것이다(대판 2013.1.16, 2012다78726).

② [×] **제256조(부동산에의 부합)** 부동산의 소유자는 그 부동산에 부합한 물건의 소유권을 취득한다. 그러나 타인의 권원에 의하여 부속된 것은 그러하지 아니하다.

③ [○] 판례는 입목법이 적용되지 않는 수목의 집단도 명인방법을 갖추면 독립한 부동산으로서 거래의 목적이 된다고 본다. 명인방법이란 수목의 집단 또는 미분리의 과실의 소유권이 누구에게 속하고 있는지를 제3자가 명백하게 인식할 수 있도록 하는 관습법상의 공시방법이다. 예를 들어 나무껍질을 깎아 거기에 소유자의 이름을 먹물로 적어놓은 것, 과수원 주변에 새끼줄을 치고 소유자의 이름을 기재한 표찰을 붙여 놓은 것 등이 있다.

④ [○] 종물은 물건의 소유자가 그 물건의 상용에 공하기 위하여 자기 소유인 다른 물건을 이에 부속하게 한 것을 말하므로(제100조 제1항) 주물과 다른 사람의 소유에 속하는 물건은 종물이 될 수 없다(대판 2008.5.8, 2007다36933·36940).

⑤ [○] 종물이론은 권리상호간에도 유추적용된다(통설, 판례). 예를 들어 건물이 양도되면 그 건물을 위한 대지의 임차권도 건물의 양수인에게 이전하며, 원본채권이 양도되면 기본적 이자채권도 같이 양도된다.

013

다음의 내용 중 옳은 것은? (다툼이 있는 경우 판례에 의함) 22 경간부 변형

① 소유자가 자신의 임야에 있는 자연석을 조각하여 석불을 제작한 경우, 그 석불은 임야와 독립된 소유권의 객체가 될 수 없다.
② 명인방법을 갖추지 않거나 등기되지 않은 수목은 토지와 분리되지 않더라도 독립된 부동산으로 인정된다.
③ 단층건물의 신축공사를 도급받은 수급인이 사회통념상 독립한 건물이라고 볼 수 없는 정착물을 토지에 설치한 상태에서 공사가 중단된 경우, 그 정착물은 토지의 부합물에 불과하다.
④ 특별한 사정이 없는 한, 토지의 일부에 대해서는 전세권을 설정할 수 없다.
⑤ 피상속인의 유체·유해가 민법 제1008조의3 소정의 제사용 재산에 준해서 제사주재자에게 승계되고, 제사주재자는 우선적으로 공동상속인들 사이의 협의에 의해 정하되, 협의가 이루어지지 않는 경우에는 그 지위를 유지할 수 없는 특별한 사정이 있지 않는 한 장남 또는 장손자 등 남성 상속인이 제사주재자이다.

해설 답 ③

① [×] 임야에 있는 자연석을 조각하여 제작한 석불이라도 그 임야의 일부분을 구성하는 것이라고는 할 수 없고 임야와 독립된 소유권의 대상이 된다(대판 1970.9.22, 70다1494).
② [×] 토지의 부합물에 불과하다.
③ [○] 판례는 최소한의 기둥과 지붕, 그리고 주벽이 이루어지면 사회통념상 건물이 인정된다고 한다.
④ [×] 토지의 일부에 용익물권은 설정될 수 있다.
⑤ [×] 공동상속인들 사이에 협의가 이루어지지 않는 경우 제사주재자 결정방법에 관한 2008년 전원합의체 판결의 법리는 더 이상 조리에 부합한다고 보기 어려워 유지될 수 없다. 공동상속인들 사이에 협의가 이루어지지 않는 경우에는 제사주재자의 지위를 인정할 수 없는 특별한 사정이 있지 않는 한 피상속인의 직계비속 중 남녀, 적서를 불문하고 최근친의 연장자가 제사주재자로 우선한다고 보는 것이 가장 조리에 부합한다.

014 동일소유자에게 속하는 다음 물건 중 주물과 종물의 관계로 보기 어려운 것은? (다툼이 있으면 판례에 따름)
23 변리사

① 배와 노
② 자물쇠와 열쇠
③ 주유소건물과 주유기
④ 횟집과 수족관
⑤ 주유소부지와 그 지하에 매설된 유류저장탱크

> **해설** 답 ⑤
>
> ①② [○] 배와 노, 시계와 시계 줄, 안채와 사랑채, 농장과 농구소가옥, 자물쇠와 열쇠 등은 주물과 종물의 예이다.
> ③ [○], ⑤ [×] 주유소의 주유기는 주유소건물의 종물이다(단, 유류저장탱크는 토지의 부합물이다)(대판 1995.6.29, 94다6345).
> ④ [○] 횟집으로 사용할 점포건물에 신축한 수족관은 점포건물의 종물이다(대판 1992.2.12, 92도3234).

015 주물과 종물에 관한 설명으로 옳은 것은? (다툼이 있는 경우 판례에 의함)
23 경간부

① 종물은 주물의 일부이거나 구성부분이어야 한다.
② 저당권의 효력은 원칙적으로 당해 저당부동산의 종물에 미치지 않는다.
③ 주물을 처분할 때에는 특약으로 종물을 제외할 수 있고, 종물만을 별도로 처분할 수도 있다.
④ 물건이 주물의 소유자의 상용에 이바지하고 있다면, 주물 그 자체의 효용과 직접 관계가 없더라도 종물이 된다.

> **해설** 답 ③
>
> ① [×] 종물이 주물의 구성부분이거나, 주종이 합하여 단일물이나 합성물인 경우는 종물이 아니며, 주물·종물은 모두 동산이건 부동산이건 상관없다(주유소의 주유기, 백화점 내의 전화교환설비, 횟집건물 내의 수족관, 양수시설).
> ② [×] 종물의 설치시기는 저당권설정 전후를 불문하고 저당권의 효력이 종물에도 미친다(제358조 본문).
> ③ [○]
>
> > 제100조(주물, 종물) ② 종물은 주물의 처분에 따른다.
> > – 제100조 제2항은 강행규정이 아니므로 당사자의 약정에 의하여 종물만의 처분도 가능하다.
>
> ④ [×] 계속적으로 주물의 경제적 효용을 도와야 한다. 어느 건물이 주된 건물의 종물이기 위하여는 주된 건물의 경제적 효용을 보조하기 위하여 계속적으로 이바지되어야 하는 관계가 있어야 한다(대판 1988.2.23, 87다카600).

016 주물과 종물에 관한 설명으로 옳은 것은? (다툼이 있으면 판례에 따름)　　　24 변리사

① 독립한 물건이라도 부동산은 종물이 될 수 없다.
② 주물의 점유로 인한 시효취득의 효력은 점유하지 않은 종물에도 미친다.
③ 주물에 대한 압류의 효력은 원칙적으로 종물에 미치지 않는다.
④ 주물 그 자체의 효용과 직접 관계가 없더라도 주물의 소유자의 상용에 공여되고 있는 물건은 종물이다.
⑤ 원본채권이 양도되는 경우, 특별한 의사표시가 없으면 이미 변제기에 도달한 이자채권은 함께 양도되지 않는다.

해설　　답 ⑤

① [×] 종물이 주물의 구성부분이거나, 주종이 합하여 단일물이나 합성물인 경우는 종물이 아니며, 주물·종물은 모두 동산이건 부동산이건 상관없다(예 주유소의 주유기, 백화점 내의 전화교환설비, 횟집건물 내의 수족관, 양수시설).
② [×] 종물은 독립한 물권이므로, 주물에 대한 시효취득의 효력은 점유하지 않은 종물에도 미치지 아니한다.
③ [×] 구분건물의 대지사용권은 전유부분과 종속적 일체불가분성이 인정되는 점 등에 비추어 볼 때, 구분건물의 전유부분에 대한 소유권보존등기만 경료되고 대지지분에 대한 등기가 경료되기 전에 전유부분만에 대해 내려진 가압류결정의 효력은, 대지사용권의 분리처분이 가능하도록 규약으로 정하였다는 등의 특별한 사정이 없는 한, 종물 내지 종된 권리인 그 대지권에까지 미친다고 본다(대판 2006.10.26, 2006다29020).
④ [×] 어느 건물이 주된 건물의 종물이기 위하여는 주된 건물의 경제적 효용을 보조하기 위하여 계속적으로 이바지되어야 하는 관계가 있어야 한다(대판 1988.2.23, 87다카600).
⑤ [○] 이자채권은 원본채권에 대하여 종속성을 갖고 있으나 이미 변제기에 도달한 이자채권은 원본채권과 분리하여 양도할 수 있고 원본채권과 별도로 변제할 수 있으며 시효로 인하여 소멸되기도 하는 등 어느 정도 독립성을 갖게 되는 것이므로, 원본채권이 양도된 경우 이미 변제기에 도달한 이자채권은 원본채권의 양도 당시 그 이자채권도 양도한다는 의사표시가 없는 한 당연히 양도되지는 않는다(대판 1989.3.28, 88다카12803).

017 권리의 객체에 관한 설명으로 옳지 않은 것은? (다툼이 있으면 판례에 따름)　　　24 감평사

① 토지의 개수는 「공간정보의 구축 및 관리 등에 관한 법률」에 의한 지적공부상 토지의 필수(筆數)를 표준으로 결정된다.
② 1필의 토지의 일부가 「공간정보의 구축 및 관리 등에 관한 법률」상 분할절차 없이 분필등기가 된 경우, 그 분필등기가 표상하는 부분에 대한 등기부취득시효가 인정될 수 있다.
③ 주물에 대한 점유취득시효의 효력은 점유하지 않은 종물에 미치지 않는다.
④ 주물의 상용에 제공된 X동산이 타인 소유이더라도 주물에 대한 경매의 매수인이 선의취득 요건을 구비하는 경우, 그 매수인은 X의 소유권을 취득할 수 있다.
⑤ 명인방법을 갖춘 미분리과실은 독립한 물건으로서 거래의 객체가 될 수 있다.

> 해설
답 ②

① [O] 토지의 개수는 지적법에 의한 지적공부상의 토지의 필수를 표준으로 하여 결정되는 것으로서 1필지의 토지를 수필의 토지로 분할하여 등기하려면 지적법이 정하는 바에 따라 먼저 지적공부 소관청에 의하여 지적측량을 하고 그에 따라 필지마다 지번, 지목, 경계 또는 좌표와 면적이 정하여진 후 지적공부에 등록되는 등 분할의 절차를 밟아야 되고, 가사 등기부에만 분필의 등기가 이루어졌다고 하여도 이로써 분필의 효과가 발생할 수는 없다(대판 1995.6.16, 94다4615).

② [×] 등기부상만으로 어떤 토지 중 일부가 분할되고 그 분할된 토지에 대하여 지번과 지적이 부여되어 등기되어 있어도 지적공부 소관청에 의한 지번, 지적, 지목, 경계확정 등의 분필절차를 거친 바가 없다면 그 등기가 표상하는 목적물은 특정되었다고 할 수는 없으니, 그 등기부에 소유자로 등기된 자가 그 등기부에 기재된 면적에 해당하는 만큼의 토지를 특정하여 점유하였다고 하더라도, 그 등기는 그가 점유하는 토지부분을 표상하는 등기로 볼 수 없어 그 점유자는 등기부취득시효의 요건인 "부동산의 소유자로 등기한 자"에 해당하지 아니하므로 그가 점유하는 부분에 대하여 등기부시효취득을 할 수는 없다(대판 1995.6.16, 94다4615).

③ [O] 주물과 종물은 서로 독립한 물건이기 때문이다.

④ [O] 저당권의 실행으로 부동산이 경매된 경우에 그 부동산에 부합된 물건은 그것이 부합될 당시에 누구의 소유이었는지를 가릴 것 없이 그 부동산을 낙찰받은 사람이 소유권을 취득하지만, 그 부동산의 상용에 공하여진 물건일지라도 그 물건이 부동산의 소유자가 아닌 다른 사람의 소유인 때에는 이를 종물이라고 할 수 없으므로, 부동산에 대한 저당권의 효력에 미칠 수 없어 부동산의 낙찰자가 당연히 그 소유권을 취득하는 것은 아니다. 다만, 부동산의 낙찰자가 그 물건을 선의취득하였다고 할 수 있으려면 그 물건이 경매의 목적물로 되었고 낙찰자가 선의이며 과실 없이 그 물건을 점유하는 등으로 선의취득의 요건을 구비하여야 한다(대판 2008.5.8, 2007다36933·36940).

⑤ [O] 원래 과일·잎담배·뽕잎·입도(立稻, 서 있는 벼)와 같은 미분리의 과실은 수목의 일부에 지나지 않지만, 이러한 것들도 명인방법을 갖추면 독립한 물건으로서 거래의 목적이 될 수 있다.

018

주물과 종물에 관한 설명으로 옳은 것은?

24 노무사

① 부동산은 종물이 될 수 없다.
② 종물은 주물의 구성부분이 아닌 독립한 물건이어야 한다.
③ 종물을 주물의 처분에서 제외하는 당사자의 특약은 무효이다.
④ 주물의 효용과 직접 관계가 없는 물건도 주물의 소유자나 이용자의 상용에 공여되는 물건이면 종물이 된다.
⑤ 물건과 물건은 상호간의 관계에 관한 주물과 종물의 법리는 권리와 권리 상호간의 관계에는 유추적용될 수 없다.

> 해설
답 ②

① [×] 종물이 주물의 구성부분이거나, 주종이 합하여 단일물이나 합성물인 경우는 종물이 아니며, 주물·종물은 모두 동산이건 부동산이건 상관없다(예 주유소의 주유기, 백화점 내의 전화교환설비, 횟집건물 내의 수족관, 양수시설).

② [O] 종물은 독립한 물건이어야 한다.

③ [×] 종물은 주물의 처분에 수반된다는 민법 제100조 제2항은 임의규정이므로, 당사자는 주물을 처분할 때에 특약으로 종물을 제외할 수 있고 종물만을 별도로 처분할 수도 있다(대판 2012.1.26, 2009다76546).
④ [×] 폐수처리시설이 공장저당법에 의하여 근저당권이 설정된 공장 토지와 그에 인접한 공장 토지가 아닌 타인 소유의 토지에 걸쳐서 설치되어 있는 경우, 주물의 소유자나 이용자의 상용에 공여되고 있더라도 주물 그 자체의 효용과 직접 관계가 없는 물건은 종물이 아니다(대판 1997.10.10, 97다3750).
⑤ [×] 종물이론은 권리 상호간에도 유추적용된다(통설, 판례).

V. 원물과 과실

019 민법상 물건에 관한 설명으로 옳지 않은 것은? (다툼이 있으면 판례에 따름) 15 노무사

① 「입목에 관한 법률」에 따라 등기된 입목이나 명인방법을 갖춘 수목의 경우에는 독립하여 거래의 객체가 된다.
② 사람의 유체·유골은 매장·관리·제사·공양의 대상이 될 수 있는 유체물로서 그 제사주재자에게 승계된다.
③ 당사자는 주물을 처분할 때에 특약으로 종물을 제외할 수 있고 종물만을 별도로 처분할 수도 있다.
④ 천연과실은 수취할 권리의 존속기간 일수의 비율로 취득한다.
⑤ 주물과 다른 사람의 소유에 속하는 물건은 종물이 될 수 없다.

해설 답 ④

① [○] 입목에관한법률에 따라 등기된 입목이나 명인방법을 갖춘 수목의 경우에는 독립하여 거래의 객체가 되므로 토지 평가에 포함되지 아니한다(대결 1998.10.28, 98마1817).
② [○] 사람의 유체·유골은 매장·관리·제사·공양의 대상이 될 수 있는 유체물로서, 분묘에 안치되어 있는 선조의 유체·유골은 민법 제1008조의3 소정의 제사용 재산인 분묘와 함께 그 제사주재자에게 승계되고, 피상속인 자신의 유체·유골 역시 위 제사용 재산에 준하여 그 제사주재자에게 승계된다(대판 2008.11.20, 2007다27670 전합).
③ [○] 제100조 제2항(종물은 주물의 처분에 따른다.)은 강행규정이 아니므로 당사자의 약정에 의하여 종물만의 처분도 가능하다.
④ [×] 제102조(과실의 취득) ① 천연과실은 그 원물로부터 분리하는 때에 이를 수취할 권리자에게 속한다. ② 법정과실은 수취할 권리의 존속기간일수의 비율로 취득한다.
⑤ [○] 원칙적으로 종물은 물건의 소유자가 그 물건의 상용에 공하기 위하여 자기 소유인 다른 물건을 이에 부속하게 한 것을 말하므로(제100조 제1항) 주물과 다른 사람의 소유에 속하는 물건은 종물이 될 수 없다(대판 2008.5.8, 2007다36933·36940).

020

물건에 관한 설명으로 옳지 않은 것은? (다툼이 있으면 판례에 따름)   17 노무사

① 부동산 외의 물건은 모두 동산이다.
② 임대료는 법정과실에 해당한다.
③ 종물은 주물의 구성부분이 아닌 독립한 물건이어야 한다.
④ 부동산은 주물뿐만 아니라 종물도 될 수 있다.
⑤ 당사자는 주물을 처분할 때 특약으로 종물을 제외할 수 없다.

해설

답 ⑤

① [○]
> 제99조(부동산, 동산) ① 토지 및 그 정착물은 부동산이다.
> ② 부동산 이외의 물건은 동산이다.

② [○]
> 제101조(천연과실, 법정과실) ① 물건의 용법에 의하여 수취하는 산출물은 천연과실이다.
> ② 물건의 사용대가로 받는 금전 기타의 물건은 법정과실로 한다.

③④ [○] 종물이 주물의 구성부분이거나, 주종이 합하여 단일물이나 합성물인 경우는 종물이 아니며, 주물·종물은 모두 동산이건 부동산이건 상관없다(주유소의 주유기, 백화점 내의 전화교환설비, 횟집건물 내의 수족관, 양수시설).

⑤ [×] 제100조 제2항은 강행규정이 아니므로 당사자의 약정에 의하여 종물만의 처분도 가능하다.

021

물건에 관한 설명으로 옳지 않은 것은? (다툼이 있으면 판례에 따름)   20 노무사

① 주물과 다른 사람의 소유에 속하는 물건은 종물이 될 수 없다.
② 주물을 처분할 때 당사자 간의 특약으로 종물만을 별도로 처분할 수도 있다.
③ 국립공원의 입장료는 법정과실에 해당한다.
④ 관리할 수 있는 자연력은 동산이다.
⑤ 명인방법을 갖춘 수목의 경우 토지와 독립된 물건으로서 거래의 객체가 된다.

해설

답 ③

① [○]
> 제100조(주물, 종물) ① 물건의 소유자가 그 물건의 상용에 공하기 위하여 자기소유인 다른 물건을 이에 부속하게 한 때에는 그 부속물은 종물이다.
> ② 종물은 주물의 처분에 따른다.

② [○] 민법 제100조 제2항은 강행규정이 아니므로 당사자의 약정에 의하여 종물만의 처분도 가능하다.
③ [×] 자연공원법(1995.12.30, 법률 제5122호로 개정된 것) 제26조 및 제33조의 규정내용과 입법목적을 종합하여 보면, 국립공원의 입장료는 토지의 사용대가라는 민법상 과실이 아니라 수익자 부담의 원칙에 따라 국립공원의 유지·관리비용의 일부를 국립공원 입장객에게 부담시키고자 하는 것이어서 토지의 소유권이나 그에 기한 과실수취권과는 아무런 관련이 없고, 국립공원의 유지·관리비는 원칙적으로 국가가 부담하여야 할 것이지만 형평에 따른 수익자부담의 원칙을

적용하여 국립공원 이용자에게 입장료를 징수하여 국립공원의 유지·관리비의 일부에 충당하는 것도 가능하다고 할 것이며, 징수된 공원입장료 전부가 자연공원법 제33조 제2항에 의하여 국립공원의 관리와 국립공원 안에 있는 문화재의 관리·보수를 위한 비용에만 사용되고 있는 점 등에 비추어 국립공원 내 토지소유자에게 입장료 수입을 분배하지 않고 공원관리청에 전부 귀속되도록 규정한 자연공원법 제33조 제1항이 헌법상의 평등권이나 재산권 보장을 침해하는 규정이라고 볼 수 없다(대판 2001.12.28, 2000다27749).

④ [O] 제98조(물건의 정의) 본법에서 물건이라 함은 유체물 및 전기 기타 관리할 수 있는 자연력을 말한다.

⑤ [O] 미분리의 천연과실과 수목의 집단은 토지의 일부이지만 명인방법을 갖춘 경우에는 독립한 부동산이다(대판 1977.4.12, 76도2887).

022 원물과 과실에 관한 설명으로 옳지 않은 것은?   19 변리사

① 소유권이전의 대가, 노동의 대가는 법정과실이다.
② 물건의 용법에 의하여 수취하는 산출물은 천연과실이다.
③ 천연과실은 그 원물로부터 분리하는 때에 이를 수취할 권리자에게 속한다.
④ 미분리의 과실은 독립한 물건이 아니지만, 명인방법을 갖춘 경우에는 타인 소유권의 객체가 될 수 있다.
⑤ 법정과실은 수취할 권리의 존속기간일수의 비율로 취득할 수 있는 것이지만, 당사자가 그와 다르게 약정할 수도 있다.

해설   답 ①

① [X] 권리의 과실(주식의 배당금, 특허권의 사용료, 노동의 대가인 임금)이라는 관념은 인정하지 않는다.

② [O] 제101조(천연과실, 법정과실) ① 물건의 용법에 의하여 수취하는 산출물은 천연과실이다.
② 물건의 사용대가로 받는 금전 기타의 물건은 법정과실로 한다.

③ [O] 제102조(과실의 취득) ① 천연과실은 그 원물로부터 분리하는 때에 이를 수취할 권리자에게 속한다.

④ [O] 미분리의 천연과실과 수목의 집단은 토지의 일부이지만 명인방법을 갖춘 경우에는 독립한 부동산이다(대판 1977.4.12, 76도2887). 명인방법이란 수목의 집단 또는 미분리의 과실의 소유권이 누구에게 속하고 있는지를 제3자가 명백하게 인식할 수 있도록 하는 관습법상의 공시방법이다. 예를 들어 나무껍질을 깎아 거기에 소유자의 이름을 먹물로 적어 놓은 것, 과수원 주변에 새끼줄을 치고 소유자의 이름을 기재한 표찰을 붙여 놓은 것 등이 있다.

⑤ [O] 제102조(과실의 취득) ② 법정과실은 수취할 권리의 존속기간일수의 비율로 취득한다.

023 원물과 과실에 관한 설명 중 옳지 않은 것은? (다툼이 있는 경우 판례에 의함) 22 경간부

① 특별한 사정이 없는 한, 천연과실은 그 원물로부터 분리하는 때에 이를 수취할 권리자에게 속한다.
② 은비(隱祕)로 점유를 취득한 선의의 점유자는 점유물의 과실을 수취할 수 있다.
③ 명인방법을 갖춘 미분리의 과실은 타인의 소유권의 객체가 될 수 있다.
④ 특별한 사정이 없는 한, 수취할 권리의 존속기간일수의 비율이 아닌 다른 방식으로 법정과실을 취득하기로 당사자가 합의한 경우에 그 합의는 유효하다.

> **해설** 답 ②

① [○] 제102조(과실의 취득) ① 천연과실은 그 원물로부터 분리하는 때에 이를 수취할 권리자에게 속한다.

② [×] 제201조(점유자와 과실) ① 선의의 점유자는 점유물의 과실을 취득한다.
② 악의의 점유자는 수취한 과실을 반환하여야 하며 소비하였거나 과실로 인하여 훼손 또는 수취하지 못한 경우에는 그 과실의 대가를 보상하여야 한다.
③ 전항의 규정은 폭력 또는 은비에 의한 점유자에 준용한다.

③ [○] 판례는 입목법이 적용되지 않는 수목의 집단도 명인방법을 갖추면 독립한 부동산으로서 거래의 목적이 된다고 본다. 명인방법이란 수목의 집단 또는 미분리의 과실의 소유권이 누구에게 속하고 있는지를 제3자가 명백하게 인식할 수 있도록 하는 관습법상의 공시방법이다. 예를 들어 나무껍질을 깎아 거기에 소유자의 이름을 먹물로 적어 놓은 것, 과수원 주변에 새끼줄을 치고 소유자의 이름을 기재한 표찰을 붙여 놓은 것 등이 있다.

④ [○] 제102조(과실의 취득) ② 법정과실은 수취할 권리의 존속기간일수의 비율로 취득한다.
– 제102조는 강행규정이 아니라 임의규정이므로 귀속관계는 특약으로 달리 정할 수 있다.

024 다음의 내용 중 옳지 않은 것은? (다툼이 있는 경우 판례에 의함) 22 경간부

① 국립공원의 입장료는 「민법」상 과실이 아니다.
② 저당권의 실행으로 부동산이 경매된 경우, 그 부동산에 부합된 물건의 소유권은 매각 대금을 다 낸 매수인이 취득한다.
③ 특별한 사정이 없는 한, 매매목적물의 인도 전이라도 매수인이 매매대금을 완납한 때에 그 이후의 과실수취권은 매수인에게 귀속된다.
④ 특별한 사정이 없는 한, 원본채권이 양도된 경우에 그 원본채권에서 발생한 이자채권 중 변제기에 도달한 이자채권은 당연히 양수인에게 양도된다.

해설

답 ④

① [O] 국립공원의 입장료는 토지의 사용대가라는 민법상 과실이 아니라 수익자 부담의 원칙에 따라 국립공원의 유지·관리비용의 일부를 국립공원 입장객에게 부담시키고자 하는 것이어서 토지의 소유권이나 그에 기한 과실수취권과는 아무런 관련이 없다(대판 2001.12.28, 2000다27749).

② [O] 저당권의 실행으로 부동산이 경매된 경우에 그 부동산에 부합된 물건은 그것이 부합될 당시에 누구의 소유이었는지를 가릴 것 없이 그 부동산을 낙찰 받은 사람이 소유권을 취득한다(대판 2008.5.8, 2007다36933·36940).

③ [O]
> 제587조(과실의 귀속, 대금의 이자) 매매계약 있은 후에도 인도하지 아니한 목적물로부터 생긴 과실은 매도인에게 속한다. 매수인은 목적물의 인도를 받은 날로부터 대금의 이자를 지급하여야 한다. 그러나 대금의 지급에 대하여 기한이 있는 때에는 그러하지 아니하다.

④ [X] 이자채권은 원본채권에 대하여 종속성을 갖고 있으나 이미 변제기에 도달한 이자채권은 원본채권과 분리하여 양도할 수 있고 원본채권과 별도로 변제할 수 있으며 시효로 인하여 소멸되기도 하는 등 어느 정도 독립성을 갖게 되는 것이므로, 원본채권이 양도된 경우 이미 변제기에 도달한 이자채권은 원본채권의 양도당시 그 이자채권도 양도한다는 의사표시가 없는 한 당연히 양도되지는 않는다(대판 1989.3.28, 88다카12803).

---

025 주물과 종물 및 원물과 과실에 관한 설명으로 옳은 것은? (다툼이 있으면 판례에 따름)

23 세무사

① 민법상 주물의 소유자와 종물의 소유자는 동일인이 아니어도 된다.
② '종물은 주물의 처분에 따른다'는 법리는 압류와 같은 공법상의 처분에도 적용된다.
③ 물건의 사용 대가로 받은 물건은 천연과실이다.
④ 천연과실은 그 원물로부터 분리하는 때 수취할 권리의 존속기간 일수의 비율로 취득한다.
⑤ 민법상 법정과실의 수취에 관한 규정은 강행규정이다.

해설

답 ②

① [X] 종물은 물건의 소유자가 그 물건의 상용에 공하기 위하여 자기 소유인 다른 물건을 이에 부속하게 한 것을 말하므로(제100조 제1항) 주물과 다른 사람의 소유에 속하는 물건은 종물이 될 수 없다(대판 2008.5.8, 2007다36933·36940).

② [O] 구분건물의 대지사용권은 전유부분과 종속적 일체불가분성이 인정되는 점 등에 비추어 볼 때, 구분건물의 전유부분에 대한 소유권보존등기만 경료 되고 대지지분에 대한 등기가 경료되기 전에 전유부분 만에 대해 내려진 가압류결정의 효력은, 대지사용권의 분리처분이 가능하도록 규약으로 정하였다는 등의 특별한 사정이 없는 한, 종물 내지 종된 권리인 그 대지권에까지 미친다고 본다(대판 2006.10.26, 2006다29020).

③ [X]
> 제101조(천연과실, 법정과실) ① 물건의 용법에 의하여 수취하는 산출물은 천연과실이다.
> ② 물건의 사용 대가로 받는 금전 기타의 물건은 법정과실로 한다.

④ [×] 제102조(과실의 취득) ① 천연과실은 그 원물로부터 분리하는 때에 이를 수취할 권리자에게 속한다.
② 법정과실은 수취할 권리의 존속기간일수의 비율로 취득한다.

⑤ [×] 제102조는 강행규정이 아니라 임의규정이므로 귀속관계는 특약으로 달리 정할 수 있다.

026 권리의 객체에 관한 설명으로 옳은 것을 모두 고른 것은? (다툼이 있으면 판례에 따름)

23 노무사

ㄱ. 주물과 종물은 원칙적으로 동일한 소유자에게 속하여야 한다.
ㄴ. 분묘에 안치되어 있는 피상속인의 유골은 제사주재자에게 승계된다.
ㄷ. 부동산 매수인이 매매대금을 완제한 후, 그 부동산이 인도되지 않은 상태에서 그로부터 발생한 과실은 특별한 사정이 없는 한 매도인에게 귀속된다.

① ㄱ
② ㄱ, ㄴ
③ ㄱ, ㄷ
④ ㄴ, ㄷ
⑤ ㄱ, ㄴ, ㄷ

해설

답 ②

ㄱ. [○] 종물은 물건의 소유자가 그 물건의 상용에 공하기 위하여 자기 소유인 다른 물건을 이에 부속하게 한 것을 말하므로(제100조 제1항) 주물과 다른 사람의 소유에 속하는 물건은 종물이 될 수 없다(대판 2008.5.8, 2007다36933·36940).

ㄴ. [○] 사람의 유체·유골은 매장·관리·제사·공양의 대상이 될 수 있는 유체물로서, 분묘에 안치되어 있는 선조의 유체·유골은 민법 제1008조의3 소정의 제사용 재산인 분묘와 함께 그 제사주재자에게 승계되고, 피상속인 자신의 유체·유골 역시 위 제사용 재산에 준하여 그 제사주재자에게 승계된다(대판 2023.5.11, 2018다248626 전합).

ㄷ. [×] 민법 제587조에 의하면, 매매계약 있은 후에도 인도하지 아니한 목적물로부터 생긴 과실은 매도인에게 속하고, 매수인은 목적물의 인도를 받은 날로부터 대금의 이자를 지급하여야 한다고 규정하고 있는바, 이는 매매당사자 사이의 형평을 꾀하기 위하여 매매목적물이 인도되지 아니하더라도 매수인이 대금을 완제한 때에는 그 시점 이후의 과실은 매수인에게 귀속되지만, 매매목적물이 인도되지 아니하고 또한 매수인이 대금을 완제하지 아니한 때에는 매도인의 이행지체가 있더라도 과실은 매도인에게 귀속되는 것이므로 매수인은 인도의무의 지체로 인한 손해배상금의 지급을 구할 수 없다(대판 2004.4.23, 2004다8210).

027 과실의 수취권을 가질 수 없는 자는?

24 경간부

① 지상권자
② 유치권자
③ 동산질권자
④ 폭력으로 점유를 취득한 선의의 점유자

해설

답 ④

제201조(점유자와 과실) ① 선의의 점유자는 점유물의 과실을 취득한다.
② 악의의 점유자는 수취한 과실을 반환하여야 하며 소비하였거나 과실로 인하여 훼손 또는 수취하지 못한 경우에는 그 과실의 대가를 보상하여야 한다.
③ 전항의 규정은 폭력 또는 은비에 의한 점유자에 준용한다.

제4장 권리의 변동

제1절 | 총설

001 권리의 변동과 그에 관한 예시가 옳지 않은 것은?

① 원시취득 - 무주물선점
② 특정승계 - 회사합병
③ 포괄승계 - 상속
④ 내용의 변경 - 저당권의 순위승진
⑤ 절대적 소멸 - 건물의 멸실

> **해설** 답 ②

① [O] 원시취득(권리의 절대적 발생)이란 어떤 권리가 타인의 권리에 기함이 없이 특정인에게 새로 발생하는 것을 말한다. 예를 들어 선의취득(제249조), 취득시효(제245조), 무주물선점(제252조)·유실물습득(제253조)·신축한 주택의 소유권취득(제187조) 등이 이에 속한다.

② [×], ③ [O] 권리의 이전적 승계란 구권리자에 속하고 있었던 권리가 그 동일성을 유지하면서 그대로 신권리자에게 이전되는 경우로서, 권리의 주체만이 바뀌는 것을 말한다. 이에는 하나의 취득원인에 의해 다수의 권리가 일괄적으로 취득되는 포괄승계(예 상속·포괄유증·회사의 합병 등)와 개개의 권리가 개개의 취득원인에 의해 취득되는 특정승계(예 매매·교환 등)가 있다.

④ [O] 권리내용의 변경에는 ⓐ 물건의 인도를 목적으로 하는 채권이 인도를 할 수 없게 됨으로써 손해배상채권으로 변하는 것·대물변제(제466조)와 같은 질적 변경과 ⓑ 소유권의 객체에 제한물권이 설정되거나 또는 이미 설정된 제한물권이 소멸하여 소유권이 원만한 상태로 회복되는 것(소유자의 입장)·첨부(제256조 이하)와 같은 양적 변경이 있다.

⑤ [O] 권리가 권리주체로부터 이탈하는 것을 말한다. 권리 자체가 소멸하는 절대적·객관적 소멸이 있는 반면[예 건물의 멸실, 포락, 소멸시효(절대적 소멸설)], 권리 자체는 소멸되지 않고 권리주체만 변경되는 상대적·주관적 소멸(예 매매로 인하여 매도인이 물건의 소유권을 상실하는 경우)이 있다.

002 다음 중 권리의 원시취득에 해당하는 것을 모두 고른 것은? (다툼이 있는 경우 판례에 의함)

23 경간부

> ㄱ. 매장물을 발견하여 적법하게 소유권을 취득한 경우
> ㄴ. 상속인이 피상속인의 사망으로 상속재산을 취득한 경우
> ㄷ. 돈을 빌려주면서 채무자 소유의 토지에 저당권을 설정받은 경우
> ㄹ. 점유취득시효가 완성되어 그 점유자 명의로 소유권이전등기가 마쳐진 경우

① ㄱ, ㄴ
② ㄱ, ㄹ
③ ㄱ, ㄴ, ㄷ
④ ㄴ, ㄷ, ㄹ

해설

답 ②

ㄱ. [O] 원시취득: 제254조(매장물의 소유권취득) 매장물은 법률에 정한 바에 의하여 공고한 후 1년 내에 그 소유자가 권리를 주장하지 아니하면 발견자가 그 소유권을 취득한다. 그러나 타인의 토지 기타 물건으로부터 발견한 매장물은 그 토지 기타 물건의 소유자와 발견자가 절반하여 취득한다.

ㄴ. [×] 승계취득: 권리의 이전적 승계란 구권리자에 속하고 있었던 권리가 그 동일성을 유지하면서 그대로 신권리자에게 이전되는 경우로서, 권리의 주체만이 바뀌는 것을 말한다. 이에는 ⓐ 하나의 취득원인에 의해 다수의 권리가 일괄적으로 취득되는 포괄승계(예 상속·포괄유증·회사의 합병 등)와 ⓑ 개개의 권리가 개개의 취득원인에 의해 취득되는 특정승계(예 매매·교환 등)가 있다.

ㄷ. [×] 승계취득: 권리의 설정적 승계란 구권리자의 권리는 그대로 존속하면서 신권리자가 그 권리의 일부에 어떠한 권리를 취득하는 경우를 말한다. 예를 들어 타인의 소유권에 대해 저당권을 설정하여 이를 취득하는 경우를 들 수 있다.

ㄹ. [O] 원시취득: 취득시효로 인한 권리의 취득은 원시취득이다(통설, 판례).

003

권리변동의 예시와 모습을 연결한 것으로 옳지 않은 것은? (다툼이 있으면 판례에 따름)

24 세무사

① 건물의 신축에 의한 소유권의 취득 – 원시취득
② 취득시효에 의한 소유권의 취득 – 승계취득
③ 상속 – 포괄승계
④ 목적물 인도청구권의 목적물 멸실로 인한 손해배상청구권으로의 전환 – 권리내용의 변경
⑤ 주택의 전소(全燒)에 의한 소유권의 상실 – 절대적 소멸

해설

답 ②

① [○], ② [×] '원시취득(권리의 절대적 발생)'이란 어떤 권리가 타인의 권리에 기함이 없이 특정인에게 새로 발생하는 것을 말한다. 예를 들어 선의취득(제249조), 취득시효(제245조), 무주물선점(제252조)·유실물습득(제253조)·신축한 주택의 소유권취득(제187조) 등이 이에 속한다.

③ [○] '권리의 이전적 승계'란 구권리자에 속하고 있었던 권리가 그 동일성을 유지하면서 그대로 신권리자에게 이전되는 경우로서, 권리의 주체만이 바뀌는 것을 말한다. 이에는 ⓐ 하나의 취득원인에 의해 다수의 권리가 일괄적으로 취득되는 포괄승계(예 상속·포괄유증·회사의 합병 등)와 ⓑ 개개의 권리가 개개의 취득원인에 의해 취득되는 특정승계(예 매매·교환 등)가 있다.

④ [○] 권리내용의 변경에는 ⓐ 물건의 인도를 목적으로 하는 채권이 인도를 할 수 없게 됨으로써 손해배상채권으로 변하는 것·대물변제(제466조)와 같은 질적 변경과 ⓑ 소유권의 객체에 제한물권이 설정되거나 또는 이미 설정된 제한물권이 소멸하여 소유권이 원만한 상태로 회복되는 것(소유자의 입장)·첨부(제256조 이하)와 같은 양적 변경이 있다.

⑤ [○] 권리 자체가 소멸하는 절대적·객관적 소멸이 있는 반면[예 건물의 멸실, 포락, 소멸시효(절대적 소멸설)], 권리 자체는 소멸되지 않고 권리주체만 변경되는 상대적·주관적 소멸(예 매매로 인하여 매도인이 물건의 소유권을 상실하는 경우)이 있다.

제2절 | 법률행위

제1관 총설

004 법률사실과 법률행위에 관한 설명으로 옳지 않은 것은?

① 사원총회의 소집통지는 법률사실 중 관념의 통지이다.
② 의사표시와 법률행위는 반드시 동일한 것은 아니다.
③ 법률행위는 하나의 의사표시만으로 구성될 수는 없다.
④ 사람의 정신작용에 기하지 않은 법률사실도 있다.
⑤ 부작위에 의한 의사표시도 가능하다.

해설   답 ③

① [○] 준법률행위는 당사자의 의사 내지 의욕과는 상관없이 법률에 의해 효과가 부여되는 행위이고, 관념의 통지는 당사자일방이 상대방에게 과거 또는 현재의 사실을 알리는 것(예 제71조, 제168조 제3호, 제450조, 제488조, 제528조 제2항 등)을 말한다.
② [○] 법률행위는 당사자, 목적, 의사표시로 구성된다.
③ [×] 하나의 의사표시만으로 구성되는 법률행위를 단독행위라고 한다.
④ [○] 사건은 사람의 정신작용에 기하지 않는 법률사실로서, 사람의 출생·사망, 실종, 시간의 경과, 물건의 자연적 발생 및 소멸을 말한다.
⑤ [○] 의사표시는 작위, 부작위로 이루어진다.

005 법률행위에 관한 설명으로 옳지 않은 것은? (다툼이 있으면 판례에 따름) 23 세무사

① 법률행위는 의사표시를 불가결의 요소로 한다.
② 유증은 상대방 없는 단독행위이다.
③ 무권리자와의 거래로 권리를 취득하는 것은 가능하지 않다.
④ 채권양도는 이행의 문제를 남기지 않는 처분행위이다.
⑤ 상호 대가적인 의미가 없는 출연을 내용으로 하는 법률행위는 유상행위라고 할 수 없다.

해설   답 ③

① [○] 법률행위의 성립요건은 당사자, 목적, 의사표시가 있어야 한다.
② [○] '상대방 없는 단독행위'라 함은 의사표시가 그 효력을 발생하는데 특정한 상대방에게 행하여질 필요가 없는 법률행위를 말한다. 이 경우는 의사표시가 표시되는 즉시 단독행위가 성립한다. 예를 들어 유언, 재단법인의 설립행위, 소유권에 대한 포기, 상속의 승인과 포기 등이 이에 해당한다.
③ [×] 제569조(타인의 권리의 매매) 매매의 목적이 된 권리가 타인에게 속한 경우에는 매도인은 그 권리를 취득하여 매수인에게 이전하여야 한다.
④ [○] 준물권행위는 물권 이외의 권리(채권, 물체재산권)의 변동을 일으켜, 이를 이전하게 하고, 이행이라는 문제를 남기지 않는 법률행위로서 법률적 처분행위의 일종이다. 예를 들어 채권양도(제449조), 채무면제(제453조), 무체재산권의 양도 등이 여기에 속한다.
⑤ [○] 대가 없이 출연하는 행위를 무상행위라고 하며 증여 또는 사용대차가 그 전형적인 예이다.

006 법률행위에 관한 설명으로 옳지 않은 것은? (다툼이 있는 경우 판례에 의함) 23 경간부

① 재매매예약은 의무부담행위로서 단독행위이다.
②「민법」상 채무면제는 단독행위이다.
③ 부동산 매매계약은 유상행위이다.
④ 재단법인 설립행위는 요식행위이다.

해설   답 ①

① [×] 예약은 청약과 승낙이 있으므로, 계약에 해당한다.
② [○] 준물권행위는 물권 이외의 권리(채권, 물체재산권)의 변동을 일으켜, 이를 이전하게 하고, 이행이라는 문제를 남기지 않는 법률행위로서 법률적 처분행위의 일종이다. 예를 들어 채권양도(제449조), 채무면제(제453조), 무체재산권의 양도 등이 여기에 속한다.
③ [○] 법률행위에 의한 재산의 출연이 상대방의 대가와 교환적 관계에 있느냐에 따른 구별이다. 이 때 대가를 받고 출연하는 행위를 유상행위라고 한다. 對價라 함은 출연과 교환적으로 행하여지는 것으로, 행위자의 출연을 전보하는 의의를 가지는 상대방의 출연을 말한다. 그러나 출연의 대가의 객관적 가치가 양적으로 반드시 일치할 필요는 없다. 매매, 교환, 임대차, 고용 및 도급 등은 유상행위이다.

④ [O] 법률행위의 요소인 의사표시가 서면 기타 일정한 방식에 따라 행하여질 때 그 성립이 인정되는 경우를 요식행위라고 한다. 민법은 법률행위자유의 원칙에 기초하고 있으므로 의사표시의 방식도 자유롭게 결정할 수 있다. 그러나 당사자로 하여금 법률행위를 신중하게 하기 위하여(예 혼인), 법률행의의 존재와 범위를 명료하게 하기 위하여(예 법인설립행위, 유언, 단체협약체결), 또는 외관을 신뢰하고 신속하며 안전하게 거래할 수 있도록 하기 위하여(예 어음행위) 일정한 방식을 요구하는 경우가 있다.

007 법률행위의 효력발생요건으로 볼 수 없는 것은? (다툼이 있는 경우 판례에 의함) 23 경간부

① 농지에 관한 매매계약에서 '농지취득자격증명'
② 유효한 정지조건부 법률행위에서 '조건의 성취'
③ 유효한 시기부 법률행위에서 '기한의 도래'
④ 토지거래허가구역 내의 일반적인 토지매매계약에 관한 '관할관청의 허가'

해설   답 ①

① [×] [1] 농지법 제8조 제1항 소정의 농지취득자격증명은 농지를 취득하는 자가 그 소유권에 관한 등기를 신청할 때에 첨부하여야 할 서류로서(농지법 제8조 제4항), 농지를 취득하는 자에게 농지취득의 자격이 있다는 것을 증명하는 것일 뿐 농지취득의 원인이 되는 법률행위(매매 등)의 효력을 발생시키는 요건은 아니다. [2] 농지에 대한 소유권이전등기절차이행의 소송에서, 비록 원고가 사실심 변론종결시까지 농지취득자격증명을 발급받지 못하였다고 하더라도 민사소송절차의 종료 후 얼마든지 농지취득자격증명을 발급받아 농지의 소유권을 취득할 수 있으므로, 원고가 농지취득자격증명을 발급받은 바 없다는 이유로 그 청구가 배척되지는 않는다(대판 1998.2.27. 97다49251).

② [O] 제147조(조건성취의 효과) ① 정지조건 있는 법률행위는 조건이 성취한 때로부터 그 효력이 생긴다.

③ [O] 제152조(기한도래의 효과) ① 시기 있는 법률행위는 기한이 도래한 때로부터 그 효력이 생긴다.

④ [O] 국토이용관리법상의 규제구역 내의 토지에 대하여 관할 도지사의 허가를 받기 전에 허가받을 것을 전제로 한 계약일 경우에는 허가를 받을 때까지는 법률상의 미완성의 법률행위로서 소유권 등 권리의 이전에 관한 계약의 효력이 전혀 발생하지 않음은 위의 확정적 무효의 경우와 다를 바 없지만, 일단 허가를 받으면 그 계약은 소급하여 유효한 계약이 되고, 이와 달리 불허가가 된 때에는 무효로 확정되므로 허가를 받기까지는 '유동적 무효'의 상태에 있다(대판 1991.12.24. 90다12243 전합). 따라서 허가를 받으면 그 계약은 소급해서 유효가 되므로 허가 후에 새롭게 거래계약을 체결할 필요는 없다.

제2관 법률행위의 종류

008 다음 중 상대방 없는 단독행위는?

① 해제
② 추인
③ 유언
④ 취소
⑤ 상계

> **해설** 답 ③

①②④⑤ [×] 동의, 채무면제, 상계, 추인, 취소, 해제, 해지 등은 상대방 있는 단독행위이다.
③ [○] 유언, 재단법인의 설립행위, 권리의 포기 등은 상대방 없는 단독행위이다.

009 법률행위에 관한 설명으로 옳은 것을 모두 고른 것은? 22 세무사

> ㄱ. 대리권의 수여는 비출연행위에 해당한다.
> ㄴ. 소유권의 포기는 상대방 없는 단독행위이다.
> ㄷ. 의사표시의 존재는 법률행위의 성립요건으로서 법률행위의 효과를 주장하는 자가 증명하여야 한다.

① ㄱ
② ㄴ
③ ㄷ
④ ㄴ, ㄷ
⑤ ㄱ, ㄴ, ㄷ

> **해설** 답 ⑤

ㄱ. [○] 자기의 재산을 감소시키고 타인의 재산을 증가시키는 것을 '출연행위'라 하고, 그렇지 않은 것을 '비출연행위'라 하는데, 수권행위(대리권수여행위)는 비출연행위에 해당한다.
ㄴ. [○] '상대방 없는 단독행위'라 함은 의사표시가 그 효력을 발생하는 데 특정한 상대방에게 행하여질 필요가 없는 법률행위를 말한다. 이 경우는 의사표시가 표시되는 즉시 단독행위가 성립한다. 예를 들어 유언, 재단법인의 설립행위, 소유권에 대한 포기, 상속의 승인과 포기 등이 이에 해당한다.
ㄷ. [○] 권리주장자는 권리근거규범의 요건사실에 대하여 증명책임을 진다.

010 민법상 편무계약에 해당하는 것만 모두 고른 것은?

23 노무사

| ㄱ. 도급 | ㄴ. 조합 |
| ㄷ. 증여 | ㄹ. 사용대차 |

① ㄱ, ㄴ   ② ㄱ, ㄷ
③ ㄴ, ㄷ   ④ ㄴ, ㄹ
⑤ ㄷ, ㄹ

해설
답 ⑤

ㄱ. [×] 제664조(도급의 의의) 도급은 당사자 일방이 어느 일을 완성할 것을 약정하고 상대방이 그 일의 결과에 대하여 보수를 지급할 것을 약정함으로써 그 효력이 생긴다.

ㄴ. [×] 제703조(조합의 의의) ① 조합은 2인 이상이 상호출자하여 공동사업을 경영할 것을 약정함으로써 그 효력이 생긴다.
② 전항의 출자는 금전 기타 재산 또는 노무로 할 수 있다.

ㄷ. [○] 제554조(증여의 의의) 증여는 당사자 일방이 무상으로 재산을 상대방에 수여하는 의사를 표시하고 상대방이 이를 승낙함으로써 그 효력이 생긴다.

ㄹ. [○] 제609조(사용대차의 의의) 사용대차는 당사자 일방이 상대방에게 무상으로 사용, 수익하게 하기 위하여 목적물을 인도할 것을 약정하고 상대방은 이를 사용, 수익한 후 그 물건을 반환할 것을 약정함으로써 그 효력이 생긴다.

011 법률행위의 종류와 그 예를 연결한 것으로 옳지 않은 것은?

24 세무사

① 유상행위 - 사용대차   ② 요식행위 - 유언
③ 준물권행위 - 채권양도   ④ 출연행위 - 매매
⑤ 상대방 없는 단독행위 - 유언

해설
답 ①

① [×] 대가 없이 출연하는 행위를 무상행위라고 하며 증여 또는 사용대차가 그 전형적인 예이다.
② [○] 법률행위의 요소인 의사표시가 서면 기타 일정한 방식에 따라 행하여질 때 그 성립이 인정되는 경우를 요식행위라고 한다. 민법은 법률행위자유의 원칙에 기초하고 있으므로 의사표시의 방식도 자유롭게 결정할 수 있다. 그러나 당사자로 하여금 법률행위를 신중하게 하기 위하여(예 혼인), 법률행의의 존재와 범위를 명료하게 하기 위하여(예 법인설립행위, 유언, 단체협약체결), 또는 외관을 신뢰하고 신속하며 안전하게 거래할 수 있도록 하기 위하여(예 어음행위) 일정한 방식을 요구하는 경우가 있다.

③ [O] 준물권행위는 물권 이외의 권리(채권, 물체재산권)의 변동을 일으켜, 이를 이전하게 하고, 이행이라는 문제를 남기지 않는 법률행위로서 법률적 처분행위의 일종이다. 예를 들어 채권양도(제449조), 채무면제(제453조), 무체재산권의 양도 등이 여기에 속한다.
④ [O] 자기의 재산을 감소시키고 타인의 재산을 증가시키는 것을 '출연행위'라 하고, 그렇지 않은 것을 '비출연행위'라 하는데, 매매는 출연행위에 해당한다.
⑤ [O] '상대방 없는 단독행위'라 함은 의사표시가 그 효력을 발생하는데 특정한 상대방에게 행하여질 필요가 없는 법률행위를 말한다. 이 경우는 의사표시가 표시되는 즉시 단독행위가 성립한다. 예를 들어 유언, 재단법인의 설립행위, 소유권에 대한 포기, 상속의 승인과 포기 등이 이에 해당한다.

012 법률행위에 관한 설명으로 옳지 않은 것은? 24 노무사

① 보증계약은 요식행위이다.
② 증여계약은 낙성계약이다
③ 채무면제는 처분행위이다.
④ 유언은 생전행위이다.
⑤ 상계는 상대방 있는 단독행위이다.

해설   답 ④

① [O] **제428조의2(보증의 방식)** ① 보증은 그 의사가 보증인의 기명날인 또는 서명이 있는 서면으로 표시되어야 효력이 발생한다. 다만, 보증의 의사가 전자적 형태로 표시된 경우에는 효력이 없다.

② [O] **제554조(증여의 의의)** 증여는 당사자일방이 무상으로 재산을 상대방에 수여하는 의사를 표시하고 상대방이 이를 승낙함으로써 그 효력이 생긴다.

③ [O] 준물권행위는 물권 이외의 권리(채권, 물체재산권)의 변동을 일으켜, 이를 이전하게 하고, 이행이라는 문제를 남기지 않는 법률행위로서 법률적 처분행위의 일종이다. 예를 들어 채권양도(제449조), 채무면제(제453조), 무체재산권의 양도 등이 여기에 속한다.

④ [×] 법률행위를 한 자의 사망으로 그 효력이 발생하는 법률행위를 사후행위 또는 사인행위라고 하고 (예 유언, 사인증여), 그 이외의 것을 생전행위라고 한다. 사후행위는 행위자가 존재하지 않게 되면서 효력을 발생하는 것이므로, 그 법률행위의 존재와 내용을 미리 확실하게 함으로써 사후에 의문의 여지를 남기지 않도록 해야 할 필요가 있다. 그리하여 민법은 사후행위에 관하여 특별한 규정을 두고 있다(제1060조 참고).

⑤ [O] **제492조(상계의 요건)** ① 쌍방이 서로 같은 종류를 목적으로 한 채무를 부담한 경우에 그 쌍방의 채무의 이행기가 도래한 때에는 각 채무자는 대등액에 관하여 상계할 수 있다. 그러나 채무의 성질이 상계를 허용하지 아니할 때에는 그러하지 아니하다.

제3관 | 법률행위의 목적

1. 목적의 확정

013 다음은 법률행위 목적의 확정에 관한 설명이다. 틀린 것은?

① 법률행위 목적의 확정성은 법률행위 해석의 문제와 관련된다.
② 매매계약은 당사자 일방이 재산권을 상대방에게 이전할 것을 약정하고 상대방이 그 대금을 지급할 것을 약정하는 계약으로 매도인이 재산권을 이전하는 것과 매수인이 그 대가로서 금원을 지급하는 것에 관하여 쌍방 당사자의 합의가 이루어짐으로써 성립하는 것이므로, 특별한 사정이 없는 한 부실기업 인수를 위한 주식 매매계약의 체결 시 '주식 및 경영권 양도 가계약서'와 '주식매매계약서'에 인수 회사의 대표이사가 각 서명날인한 행위는 주식 매수의 의사표시(청약)이고, 부실기업의 대표이사가 이들에 각 서명날인한 행위는 주식 매도의 의사표시(승낙)로서 두 개의 의사표시가 합치됨으로써 그 주식 매매계약은 성립하는 것이다.
③ 그리고 이 경우 매매 목적물과 대금은 반드시 그 계약 체결 당시에 구체적으로 확정하여야 하고, 이를 사후에라도 구체적으로 확정할 수 있는 방법과 기준이 정하여져 있는 경우도 마찬가지이다.
④ 당사자 사이에 계약을 체결하면서 일정한 사항에 관하여 장래의 합의를 유보한 경우에 당사자에게 계약에 구속되려는 의사가 있고 계약 내용을 나중에라도 구체적으로 특정할 수 있는 방법과 기준이 있다면 계약 체결 경위, 당사자의 인식, 조리, 경험칙 등에 비추어 당사자의 의사를 탐구하여 계약 내용을 정해야 한다. 매매대금의 확정을 장래에 유보하고 매매계약을 체결한 경우에도 이러한 법리가 적용된다.

해설

답 ③

① [O] 법률행위의 목적은 확정될 수 있어야 하지만, 법률행위의 '성립 당시에' 확정될 필요는 없다. 즉, 목적이 실현될 시점까지 예를 들어 채권행위라면 계약에 따라 채무를 변제할 시기까지 확정될 수 있으면 된다. 따라서 법률행위 목적의 확정성은 법률행위 해석의 문제와 관련된다.
② [O], ③ [×] 매매계약은 당사자 일방이 재산권을 상대방에게 이전할 것을 약정하고 상대방이 그 대금을 지급할 것을 약정하는 계약으로 매도인이 재산권을 이전하는 것과 매수인이 그 대가로서 금원을 지급하는 것에 관하여 쌍방 당사자의 합의가 이루어짐으로써 성립하는 것이므로, 특별한 사정이 없는 한 부실기업 인수를 위한 주식 매매계약의 체결 시 '주식 및 경영권 양도 가계약서'와 '주식매매계약서'에 인수 회사의 대표이사가 각 서명날인한 행위는 주식 매수의 의사표시(청약)이고, 부실기업의 대표이사가 이들에 각 서명날인한 행위는 주식 매도의 의사표시(승낙)로서 두 개의 의사표시가 합치됨으로써 그 주식 매매계약은 성립하고, 이 경우 매매 목적물과 대금은 반드시 그 계약 체결 당시에 구체적으로 확정하여야 하는 것은 아니고 이를 사후에라도 구체적으로 확정할 수 있는 방법과 기준이 정하여져 있으면 족하다(대판 1996.4.26, 94다34432).
④ [O] 당사자 사이에 계약을 체결하면서 일정한 사항에 관하여 장래의 합의를 유보한 경우에 당사자에게 계약에 구속되려는 의사가 있고 계약 내용을 나중에라도 구체적으로 특정할 수 있는 방법과 기준이 있다면 계약 체결 경위, 당사자의 인식, 조리, 경험칙 등에 비추어 당사자의 의사를 탐구하여 계약 내용을 정해야 한다. 매매대금의 확정을 장래에 유보하고 매매계약을 체결한 경우에도 이러한 법리가 적용된다(대판 2020.4.9, 2017다20371).

2. 목적의 가능

014 법률행위의 목적에 관한 설명으로 옳은 것은? (다툼이 있으면 판례에 따름)

① 법률행위가 성립하기 위해서는 법률행위 당시에 그 목적이 확정되어 있어야 한다.
② 법률행위는 효력규정에 위반한 경우는 물론이고 단속규정에 위반한 경우에도 무효로 된다.
③ 법률행위의 목적 실현이 후발적으로 불가능하게 되더라도 그로 인하여 법률행위가 무효로 되는 것은 아니다.
④ 동기가 불법인 경우에는 그 동기가 표시되지 않아 상대방이 인식하지 못하더라도 법률행위는 무효로 된다.
⑤ 법률행위의 목적이 사회적 타당성을 결여하였더라도 개별적인 강행법규에 위반하지 않았다면 그 법률행위는 유효하다.

해설

답 ③

① [×] 매매 목적물과 대금은 반드시 그 계약 체결 당시에 구체적으로 확정하여야 하는 것은 아니고 이를 사후에라도 구체적으로 확정할 수 있는 방법과 기준이 정하여져 있으면 족하다(대판 1996. 4.26, 94다34432).

② [×] 통설은 강행규정을 효력규정과 단속규정으로 나눈다. 즉 효력규정에 반하는 법률행위는 무효이지만, 단속규정에 반하는 법률행위는 유효라고 한다. 예를 들어 무허가음식점의 음식물판매행위와 같이 단순한 단속규정 위반은 행정법상 과태료 제재 등은 별론으로 하고, 사법상 효력에는 영향이 없다고 한다(곽윤직).

③ [○] 법률행위 성립 당시에 이미 불능인 것을 원시적 불능, 법률행위 성립 후 그 이행 전에 불능인 것을 후발적 불능이라고 한다. 법률행위 목적이 원시적 전부불능이라면 무효가 되고, 계약체결상의 과실책임이 문제될 수 있다. 그러나 후발적 불능이라면 채무자의 고의·과실이 문제되면 채무불이행 책임(제390조) 등이 문제되고, 고의·과실이 없다면 위험부담(제537조)이 문제된다.

구분		원시적 불능(법률행위 성립 前)	구분	후발적 불능(법률행위 성립 後)
전부불능	객관적	무효, 계약체결상의 과실책임(제535조)	과실 ○	이행불능(제390조)
	주관적	유효, 타인권리매매(제569조)		
일부불능		담보책임(제574조, 제580조 등)	과실 ×	위험부담(제537조), 대상청구권

④ [×] 민법 제103조에 의하여 무효로 되는 반사회질서행위는 법률행위의 목적인 권리의무내용이 선량한 풍속 기타 사회질서에 위반되는 경우뿐만 아니라 그 내용자체는 반사회질서적인 것이 아니라고 하여도 법률적으로 이를 강제하거나 그 법률행위에 반사회질서적인 조건 또는 금전적 대가가 결부됨으로써 반사회질서적 성질을 띠게 되는 경우 및 표시되거나 상대방에게 알려진 법률행위의 동기가 반사회질서적인 경우를 포함한다(대판 1984.12.11, 84다카1402).

⑤ [×] **제103조(반사회질서의 법률행위)** 선량한 풍속 기타 사회질서에 위반한 사항을 내용으로 하는 법률행위는 무효로 한다.

015 법률행위의 목적에 관한 설명으로 옳은 것은? (다툼이 있으면 판례에 따름) 22 세무사

① 법률행위가 성립하기 위해서는 성립 당시에 이미 법률행위의 목적이 확정되어 있어야 한다.
② 법률행위의 목적이 물리적으로 가능하더라도 사회통념상 불가능한 것은 불능에 해당한다.
③ 법률행위의 목적이 사회적 타당성을 결여하였더라도 개별적인 강행법규에 위반하지 않았다면 그 법률행위는 유효하다.
④ 법률행위는 효력규정뿐만 아니라 단속규정에 위반하는 경우에도 무효로 된다.
⑤ 강행규정을 위반하여 계약이 무효라도 계약상대방이 선의·무과실이라면 진의 아닌 의사표시의 법리가 적용될 수 있다.

해설   답 ②

① [×] 매매계약은 당사자 일방이 재산권을 상대방에게 이전할 것을 약정하고 상대방이 그 대금을 지급할 것을 약정하는 계약으로 매도인이 재산권을 이전하는 것과 매수인이 그 대가로서 금원을 지급하는 것에 관하여 쌍방 당사자의 합의가 이루어짐으로써 성립하는 것이므로, 특별한 사정이 없는 한 부실기업 인수를 위한 주식 매매계약의 체결 시 '주식 및 경영권 양도 가계약서'와 '주식 매매계약서'에 인수 회사의 대표이사가 각 서명날인한 행위는 주식 매수의 의사표시(청약)이고, 부실기업의 대표이사가 이들에 각 서명날인한 행위는 주식 매도의 의사표시(승낙)로서 두 개의 의사표시가 합치됨으로써 그 주식 매매계약은 성립하고, 이 경우 매매 목적물과 대금은 반드시 그 계약 체결 당시에 구체적으로 확정하여야 하는 것은 아니고 이를 사후에라도 구체적으로 확정할 수 있는 방법과 기준이 정하여져 있으면 족하다(대판 1996.4.26, 94다34432).
② [○] 법률행위의 가능 또는 불능 여부는 그 시대의 사회통념에 따라 결정된다.
③ [×] 제103조(반사회질서의 법률행위) 선량한 풍속 기타 사회질서에 위반한 사항을 내용으로 하는 법률행위는 무효로 한다.
④ [×] 개업공인중개사 등이 중개의뢰인과 직접 거래를 하는 행위를 금지하는 공인중개사법 제33조 제6호의 규정 취지는 개업공인중개사 등이 거래상 알게 된 정보를 자신의 이익을 꾀하는데 이용하여 중개의뢰인의 이익을 해하는 경우가 있으므로 이를 방지하여 중개의뢰인을 보호하고자 함에 있는바, 위 규정에 위반하여 한 거래행위가 사법상의 효력까지도 부인하지 않으면 안 될 정도로 현저히 반사회성, 반도덕성을 지닌 것이라고 할 수 없을 뿐만 아니라 행위의 사법상의 효력을 부인하여야만 비로소 입법 목적을 달성할 수 있다고 볼 수 없고, 위 규정을 효력규정으로 보아 이에 위반한 거래행위를 일률적으로 무효라고 할 경우 중개의뢰인이 직접 거래임을 알면서도 자신의 이익을 위해 한 거래도 단지 직접 거래라는 이유로 효력이 부인되어 거래의 안전을 해칠 우려가 있으므로, 위 규정은 강행규정이 아니라 단속규정이다(대판 2017.2.3, 2016다259677).
⑤ [×] 문화재수리 등에 관한 법률(이하 '문화재수리법'이라 한다)은 제21조에서 문화재수리업자의 명의대여 행위를 금지하면서도 이를 위반한 법률행위의 효력에 관해서는 명확하게 정하지 않고 있다. 문화재수리업자의 명의대여 행위를 금지한 문화재수리법 제21조는 강행규정에 해당하고, 이를 위반한 명의대여 계약이나 이에 기초하여 대가를 정산하여 받기로 하는 정산금 약정은 모두 무효라고 보아야 한다(대판 2020.11.12, 2017다228236).

016 법률행위의 목적에 관한 설명으로 옳지 않은 것은? (다툼이 있으면 판례에 따름) 24 세무사

① 건물에 관한 매매계약 체결 후, 그 건물이 전부 소실되었다면 그 계약은 무효이다.
② 법률행위의 목적이 실현 불가능인지의 여부는 사회통념에 의하여 결정된다.
③ 법률행위의 내용을 확정할 수 없으면 그 법률행위는 무효이다.
④ 법률행위의 당사자가 법령 중의 선량한 풍속 기타 사회질서에 관계없는 규정과 다른 합의를 하더라도 그 합의는 효력이 있다.
⑤ 건설업면허의 대여계약이 강행규정에 위반하여 무효인 경우, 건설업면허대여의 방편으로 체결되는 건설업양도양수계약도 강행규정을 잠탈하기 위한 탈법행위로서 무효이다.

해설

답 ①

① [×] 후발적 불능이라면 채무자의 고의·과실이 문제되면 채무불이행 책임(제390조) 등이 문제되고, 고의·과실이 없다면 위험부담(제537조)이 문제된다.
② [○] 법률행위의 가능 또는 불능 여부는 그 시대의 사회통념에 따라 결정된다.
③ [○] 법률행위의 목적은 확정될 수 있어야 하지만, 법률행위의 '성립 당시에' 확정될 필요는 없다. 즉, 목적이 실현될 시점까지(예를 들어 채권행위라면 계약에 따라 채무를 변제할 시기까지) 확정될 수 있으면 된다.
④ [○]
> 제105조(임의규정) 법률행위의 당사자가 법령 중의 선량한 풍속 기타 사회질서에 관계없는 규정과 다른 의사를 표시한 때에는 그 의사에 의한다.

⑤ [○] 구 건설업법(1981.12.31. 법률 제3501호로 개정되기 전의 것) 제7조의4, 제38조 제8호, 제51조 제9호의 규정취지 등을 종합하면, 건설업면허의 대여계약은 동법에 위반하는 계약으로서 무효이고 건설업면허대여의 방편으로 체결되는 건설업양도양수계약 또한 강행규정인 위 동법 규정들의 적용을 잠탈하기 위한 탈법행위로서 무효이지만, 위 계약자체가 선량한 풍속 기타 사회질서에 어긋나는 반윤리적인 것은 아니어서 그 계약의 형식으로 이루어진 건설업면허의 대여가 불법원인급여에 해당하는 것은 아니다(대판 1988.11.22, 88다카7306).

3. 목적의 적법

017 강행규정에 관한 설명으로 옳은 것은? (다툼이 있으면 판례에 따름) 15 노무사

① 법률행위가 강행규정에 위반하여 무효인 경우에는 언제나 불법원인급여에 해당한다.
② 임차인의 비용상환청구권에 관한 민법 제626조는 강행규정이다.
③ 강행규정위반의 무효는 원칙적으로 선의의 제3자에게도 주장할 수 있다.
④ 강행규정을 위반하여 무효인 법률행위는 추인하면 유효로 될 수 있다.
⑤ 강행규정에 위반한 자가 스스로 그 약정의 무효를 주장하는 것은 특별한 사정이 없는 한, 신의칙에 반하는 행위로 허용될 수 없다.

> **해설** 답 ③

① [×] 부당이득의 반환청구가 금지되는 사유로 민법 제746조가 규정하는 불법원인이라 함은 그 원인되는 행위가 선량한 풍속 기타 사회질서에 위반하는 경우를 말하는 것으로서, 법률의 금지에 위반하는 경우라 할지라도 그것이 선량한 풍속 기타 사회질서에 위반하지 않는 경우에는 이에 해당하지 않는다(대판 2003.11.27, 2003다41722).
② [×] 임대차계약서는 처분문서로서 특별한 사정이 없는 한 그 문언에 따라 의사표시의 내용을 해석하여야 한다고 하더라도, 그 계약 체결의 경위와 목적, 임대차기간, 임대보증금 및 임료의 액수 등의 여러 사정에 비추어 볼 때 당사자의 의사가 계약서의 문언과는 달리 명시적·묵시적으로 일정한 범위 내의 비용에 대하여만 유익비 상환청구권을 포기하기로 약정한 취지라고 해석하는 것이 합리적이라고 인정되는 경우에는 당사자의 의사에 따라 그 약정의 적용 범위를 제한할 수 있다(대판 1998.10.20, 98다31462).
③ [○] 강행규정 위반으로 인한 무효는 선의의 제3자에게 대항할 수 있는 절대적 무효이다.
④ [×] 제103조 무효행위는 추인가능성이 없다(대판 2002.3.15, 2001다77352·77369)
⑤ [×] 강행법규에 위반한 자가 스스로 그 약정의 무효를 주장하는 것이 신의칙에 위반되는 권리의 행사라는 이유로 그 주장을 배척한다면, 이는 오히려 강행법규에 의하여 배제하려는 결과를 실현시키는 셈이 되어 입법 취지를 완전히 몰각하게 되므로 달리 특별한 사정이 없는 한 위와 같은 주장은 신의칙에 반하는 것이라고 할 수 없고, 한편 신의성실의 원칙에 위배된다는 이유로 그 권리의 행사를 부정하기 위해서는 상대방에게 신의를 공여하였다거나 객관적으로 보아 상대방이 신의를 가짐이 정당한 상태에 있어야 하며, 이러한 상대방의 신의에 반하여 권리를 행사하는 것이 정의관념에 비추어 용인될 수 없는 정도의 상태에 이르러야 한다(대판 2004.6.11, 2003다1601).

018 다음 중 무효가 아닌 것은? (다툼이 있는 경우 판례에 의함) 22 경간부

① 특별한 사정이 없는 한, 「하도급거래 공정화에 관한 법률」 제17조를 위반하여 하도급 대금을 물품으로 지급하기로 한 약정
② 공인중개사 자격없이 부동산중개업을 하는 자와 부동산중개를 의뢰한 자간 부동산중개수수료 지급에 관한 약정
③ 대주가 일반 개인이며, 대차원금이 1천만 원인 금전소비대차계약에서의 약정이자율이 「이자제한법」에서 정하는 최고이자율을 초과한 경우에 그 초과부분
④ 오로지 보험사고를 가장하여 보험금을 취득할 목적으로 체결한 생명보험계약

해설
답 ①

① [○] 하도급거래공정화에관한법률 제17조는 "원사업자는 수급사업자의 의사에 반하여 하도급대금을 물품으로 지급하여서는 아니 된다."라고 규정하고 있고, 같은 법 제20조는 "원사업자는 하도급거래와 관련하여 우회적인 방법에 의하여 실질적으로 이 법의 적용을 면탈하려는 행위를 하여서는 아니 된다."라고 규정하고 있으나, 하도급거래공정화에관한법률은 그 조항에 위반된 도급 또는 하도급약정의 효력에 관하여는 아무런 규정을 두지 않는 반면 위의 조항을 위반한 원사업자를 벌금형에 처하도록 하면서 그 조항 위반행위 중 일정한 경우만을 공정거래위원회에서 조사하게 하여 그 위원회로 하여금 그 결과에 따라 원사업자에게 시정조치를 명하거나 과징금을 부과하도록 규정하고 있을 뿐이어서 그 조항은 그에 위배한 원사업자와 수급사업자간의 계약의 사법상의 효력을 부인하는 조항이라고 볼 것은 아니다(대판 2003.5.16, 2001다27470).
② [×] 중개사무소 개설등록에 관한 구 부동산중개업법 관련 규정들은 공인중개사 자격이 없는 자가 중개사무소 개설등록을 하지 아니한 채 부동산중개업을 하면서 체결한 중개수수료 지급약정의 효력을 제한하는 이른바 강행법규에 해당한다(대판 2010.12.23, 2008다75119).
③ [×] 구 이자제한법(2014.1.14, 법률 제12227호로 개정되기 전의 것) 제2조 제1항, 제3항, 제4항, 제3조, 구 이자제한법 제2조 제1항의 최고이자율에 관한 규정(2014.6.11, 대통령령 제25376호로 개정되기 전의 것)에 따르면, 금전대차에 관한 계약상의 최고이자율은 연 30%이고, 계약상의 이자로서 위 최고이자율을 초과하는 부분은 무효이며, 채무자가 위 최고이자율을 초과하는 이자를 임의로 지급한 경우에는 초과 지급된 이자 상당 금액은 원본에 충당되고, 선이자를 사전공제한 경우 그 공제액이 채무자가 실제 수령한 금액을 원본으로 하여 위 최고이자율에 따라 계산한 금액을 초과하는 때에는 그 초과 부분은 원본에 충당한 것으로 본다(대판 2021.3.25, 2020다289989).
④ [×] 보험계약자가 다수의 보험계약을 통하여 보험금을 부정취득 할 목적으로 보험계약을 체결한 경우, 이러한 목적으로 체결된 보험계약에 의하여 보험금을 지급하게 하는 것은 보험계약을 악용하여 부정한 이득을 얻고자 하는 사행심을 조장함으로써 사회적 상당성을 일탈하게 될 뿐만 아니라 합리적인 위험의 분산이라는 보험제도의 목적을 해치고 위험발생의 우발성을 파괴하며 다수의 선량한 보험가입자들의 희생을 초래하여 보험제도의 근간을 해치게 되므로, 이와 같은 보험계약은 민법 제103조의 선량한 풍속 기타 사회질서에 반하여 무효라고 할 것이다. 그리고 보험계약자가 보험금을 부정취득할 목적으로 다수의 보험계약을 체결하였는지에 관하여는 이를 인정할 직접적인 증거가 없다면 보험계약자의 직업 및 재산상태, 다수 보험계약의 체결 시기와 경위, 보험계약의 규모와 성질, 보험계약 체결 후의 정황 등 제반 사정을 종합하여 판단하여야 한다(대판 2016.1.14, 2015다206461).

019 법률행위의 성립 및 효력에 관한 설명으로 옳은 것은? (다툼이 있으면 판례에 따름) 23 세무사

① 매매계약은 성립 당시에 당사자가 누구인지가 구체적으로 특정되어 있어야 성립할 수 있다.
② 강행법규에 위반하여 무효인 법률행위라도 당사자는 추인을 통하여 그 법률행위에 효력을 부여할 수 있다.
③ 매매계약이 강행법규에 위반되어 무효인 경우에도 표현대리가 성립할 수 있다.
④ 공인중개사 자격이 없는 자가 우연한 기회에 단 1회 타인 간의 거래행위를 중개한 경우, 그에 따른 중개수수료 지급약정이 부동산 중개보수 제한에 관한 규정들에 위반하였다면 중개보수 약정은 규정의 한도를 초과하는 부분에서 무효이다.
⑤ 법률행위의 효력요건은 원칙적으로 법률행위의 효과를 주장하는 자가 증명하여야 한다.

해설

답 ①

① [O] 계약이 성립하기 위해서는 당사자 사이에 의사의 합치가 있어야 한다. 이러한 의사의 합치는 계약의 내용을 이루는 모든 사항에 관하여 있어야 하는 것은 아니지만, 그 본질적 사항이나 중요 사항에 관해서는 구체적으로 의사의 합치가 있거나 적어도 장래 구체적으로 특정할 수 있는 기준과 방법 등에 관한 합의는 있어야 한다. 한편 당사자가 의사의 합치가 이루어져야 한다고 표시한 사항에 대하여 합의가 이루어지지 않은 경우에는 특별한 사정이 없는 한 계약은 성립하지 않는다. 매매계약은 매도인이 재산권을 이전하는 것과 매수인이 대금을 지급하는 것에 관하여 쌍방 당사자가 합의함으로써 성립하므로 매매계약 체결 당시에 반드시 매매목적물과 대금을 구체적으로 특정할 필요는 없지만, 적어도 매매계약의 당사자인 매도인과 매수인이 누구인지는 구체적으로 특정되어 있어야만 매매계약이 성립할 수 있다(대판 2021.1.14, 2018다223054).
② [X] 제103조 무효행위는 추인가능성이 없다(대판 2002.3.15, 2001다77352・77369).
③ [X] 강행규정위반의 대리행위이어서는 안 된다. 따라서 주택조합의 대표자가 조합원 총회의 결의를 거치지 아니하고 건물을 처분한 행위에 관하여 민법 제126조 표현대리에 관한 규정을 준용할 수 없다.
④ [X] '중개를 업으로 한' 것이 아니라면 그에 따른 중개수수료 지급약정이 강행법규에 위배되어 무효라고 할 것은 아니고, 다만 중개수수료 약정이 부당하게 과다하여 민법상 신의성실 원칙이나 형평 원칙에 반한다고 볼만한 사정이 있는 경우에는 상당하다고 인정되는 범위 내로 감액된 보수액만을 청구할 수 있다(대판 2012.6.14, 2010다86525).
⑤ [X] 법률행위의 효력요건에 대한 증명책임은 법률행위의 무효나 취소를 주장하는 측에게 있다. 즉 법률행위의 성립요건이 증명되면 원칙적으로 그 법률행위는 효력을 발생하는 것이고, 그 효력요건은 무효나 취소를 주장하는 자가 효력요건의 부존재를 증명하여야 한다(통설). 예를 들어 매매계약상의 권리를 주장하는 사람은 매매계약규정인 민법 제563조의 요건사실에 대하여 증명책임이 있으며, 그 이상으로 계약이 불공정한 법률행위나 계약해제된 바 없다는 사실 등 계속 존속된다는 사실까지는 증명책임이 없다(이시윤 신민사소송법, 544면, 제15판).

020

강행규정에 위반되어 그 효력이 인정되지 않는 것을 모두 고른 것은? (다툼이 있으면 판례에 따름)

> ㄱ. 제3자가 타인의 동의를 받지 않고 타인을 보험계약자 및 피보험자로 하여 체결한 생명보험계약
> ㄴ. 건물의 임차인이 비용을 지출하여 개조한 부분에 대한 원상회복의무를 면하는 대신 그 개조비용의 상환청구권을 포기하기로 하는 약정
> ㄷ. 사단법인의 사원의 지위를 양도·상속할 수 있다는 규약
> ㄹ. 승소를 시켜주면 소송물의 일부를 양도하겠다는 민사소송의 당사자와 변호사 아닌 자 사이의 약정

① ㄱ, ㄴ
② ㄱ, ㄷ
③ ㄱ, ㄹ
④ ㄴ, ㄷ
⑤ ㄷ, ㄹ

해설 답 ③

ㄱ. [×] 타인의 사망을 보험사고로 하는 보험계약에서는 보험계약체결시에 그 타인의 서면에 의한 동의를 얻어야 한다는 상법 제731조 제1항의 규정은 강행법규로서 위 규정에 위반하여 체결된 보험계약은 무효라고 할 것이고, 상법 제731조 제1항을 위반하여 계약을 체결한 자 스스로가 무효를 주장함이 신의성실의 원칙 또는 금반언의 원칙에 위배되는 권리행사라는 이유로 이를 배척한다면, 위와 같은 입법취지를 완전히 몰각시키는 결과가 초래되므로 특단의 사정이 없는 한 그러한 주장이 신의성실 또는 금반언의 원칙에 반한다고 볼 수는 없다(대판 1999.12.7, 99다39999).

ㄴ. [O] 임차인의 비용상환청구권에 관한 규정은 강행규정이 아니며(제652조 참조), 당사자 간의 약정으로 이를 포기할 수 있다. 즉, 임차인이 임차건물을 증·개축 기타 필요한 시설을 하되 임대인에게 그 투입비용의 변상이나 일체의 권리주장을 포기하기로 특약하였다면, 이는 임차인이 임차건물을 반환 시에 비용상환청구 등 일체의 권리를 포기하는 대신 원상복구의무도 부담하지 아니한다는 내용을 포함하는 약정으로 볼 것이다(대판 1981.11.24, 80다320·321; 대판 1998.5.29, 98다6497 등).

ㄷ. [O] "사단법인의 사원의 지위는 양도 또는 상속할 수 없다"라고 한 민법 제56조의 규정은 강행규정은 아니라고 할 것이므로 정관에 의하여 이를 인정하고 있을 때에는 양도·상속이 허용된다(대판 1992.4.14, 91다26850; 대판 2003.7.8, 2001다19097 등).

ㄹ. [×] 변호사 아닌 甲과 소송당사자인 乙이 甲은 乙이 소송당사자로 된 민사소송사건에 관하여 乙을 승소시켜주고 乙은 소송물의 일부인 임야지분을 그 대가로 甲에게 양도하기로 약정한 경우 위 약정은 강행법규인 변호사법 제78조(현 제109조) 제2호에 위반되는 반사회적 법률행위로서 무효이다(대판 1990.5.11, 89다카10514).

> **예상지문**

1. 구 종자산업법상 등록제 및 신고제는 그 행위 자체를 금지하고 예외적인 경우에 허가하는 것이 아니라, 종자산업의 기반조성, 종자의 유통·관리 등 종자산업 발전을 위한 행정목적 달성을 위하여 일정한 기준을 세우고 그 요건이 갖추어지면 이를 거부할 수 없는 것으로, 위 규정들은 강행규정이 아니라 단속규정이라고 보아야 한다. (   )

   ⇨ [○] 구 종자산업법(2012.6.1. 법률 제11458호로 전부 개정되기 전의 것) 제137조는 종자업을 하려면 일정한 시설기준을 갖추고 종자관리사 1명 이상을 두어 시장·군수에게 등록하여야 한다고 규정하고, 같은 법 제138조 제3항은 같은 항 제1, 2호가 정한 종자, 즉 출원공개된 품종의 종자나 품종목록에 등재된 품종의 종자가 아닌 종자를 생산, 수입, 판매하려면 농림수산식품부장관에게 신고할 것을 요구하며, 이를 위반할 경우 각 같은 법 제173조 제3호, 제5호에 따라 형사처벌을 하도록 규정하고 있다. 이러한 등록제와 신고제는 '식물의 신품종에 대한 육성자의 권리 보호, 주요 작물의 품종성능 관리, 종자의 생산·보증 및 유통, 종자산업의 육성 및 지원 등에 관한 사항을 규정함으로써 종자산업의 발전을 도모'하려는 구 종자산업법의 목적을 달성하기 위한 수단인바, 위 규정을 위반한 행위가 그 법률상 효과까지도 부인하지 않으면 안 될 정도로 현저히 반사회성, 반도덕성을 지닌 것이라고 보기 어렵다(대판 2020.4.9, 2019다294824).

2. 문화재수리업자의 명의대여 행위를 금지한 문화재수리법 제21조는 강행규정에 해당하고, 이를 위반한 명의대여 계약이나 이에 기초하여 대가를 정산하여 받기로 하는 정산금 약정은 모두 무효라고 보아야 한다. (   )

   ⇨ [○] [1] 계약 등 법률행위의 당사자에게 일정한 의무를 부과하거나 일정한 행위를 금지하는 법규에서 이를 위반한 법률행위의 효력을 명시적으로 정하고 있는 경우에는 그 규정에 따라 법률행위의 유·무효를 판단하면 된다. 법률에서 해당 규정을 위반한 법률행위를 무효라고 정하고 있거나 해당 규정이 효력규정이나 강행규정이라고 명시하고 있으면 그러한 규정을 위반한 법률행위는 무효이다. 이와 달리 금지규정을 위반한 법률행위의 효력에 관하여 명확하게 정하지 않은 경우에는 규정의 입법 배경과 취지, 보호법익과 규율대상, 위반의 중대성, 당사자에게 법규정을 위반하려는 의도가 있었는지 여부, 규정 위반이 법률행위의 당사자나 제3자에게 미치는 영향, 위반행위에 대한 사회적·경제적·윤리적 가치평가, 이와 유사하거나 밀접한 관련이 있는 행위에 대한 법의 태도 등 여러 사정을 종합적으로 고려해서 효력을 판단해야 한다.
   [2] 문화재수리 등에 관한 법률(이하 '문화재수리법'이라 한다)은 제21조에서 문화재수리업자의 명의대여 행위를 금지하면서도 이를 위반한 법률행위의 효력에 관해서는 명확하게 정하지 않고 있다. 문화재수리업자의 명의대여 행위를 금지한 문화재수리법 제21조는 강행규정에 해당하고, 이를 위반한 명의대여 계약이나 이에 기초하여 대가를 정산하여 받기로 하는 정산금 약정은 모두 무효라고 보아야 한다(대판 2020.11.12, 2017다228236).

4. 목적의 타당

021 강행법규 위반 등 반사회질서의 법률행위에 관한 설명으로 옳지 않은 것은? (다툼이 있으면 판례에 따름)

① 어떠한 위임계약이 행정청의 허가 등을 목적으로 하는 신청행위를 대상으로 하는 경우에 신청행위 자체에는 전문성이 크게 요구되지 않고 허가에는 공무원의 재량적 판단이 필요하며, 신청과 관련된 절차에 필수적으로 필요한 비용은 크지 않은 데 반하여 약정보수액은 지나치게 다액으로서, 수임인이 허가를 얻기 위하여 공무원의 직무 관련 사항에 관하여 특별한 청탁을 하면서 뇌물공여 등 로비를 하는 자금이 보수액에 포함되어 있다고 볼 만한 특수한 사정이 있는 때에는 위임계약은 반사회질서적인 조건이 결부됨으로써 반사회질서적 성질을 띠고 있어 민법 제103조에 따라 무효이다.

② 의료법 제33조 제2항에 위반하여 의료인이 비의료인과 동업하여 의료기관을 개설하기로 한 약정은 반사회질서의 법률행위로서 무효이고, 의료인이 이러한 사정을 알고서 위 동업계약에 이르렀으면서도 사후에 위 동업계약의 무효를 주장하더라도 신의칙 또는 금반언의 원칙에 반한다고 볼 수 없다.

③ 형사사건에서의 성공보수약정은 수사·재판의 결과를 금전적인 대가와 결부시킴으로써, 기본적 인권의 옹호와 사회정의의 실현을 그 사명으로 하는 변호사 직무의 공공성을 저해하고, 의뢰인과 일반 국민의 사법제도에 대한 신뢰를 현저히 떨어뜨릴 위험이 있으므로, 선량한 풍속 기타 사회질서에 위반되는 것으로 평가할 수 있어 무효가 되고, 이는 종래 이루어진 보수약정의 경우에도 마찬가지이다.

④ 신용협동조합이 여신규정상 대출이 제한된 유흥주점 업주를 상대로 대출을 하면서 그 대출금이 종업원들에 대한 선불금으로 사용되고 대출금의 상환 역시 종업원들이 윤락행위를 통해 얻은 수익으로 상환할 것이 예정된 경우, 신용협동조합의 유흥업소 업주에 대한 위 대출약정이 반사회질서의 법률 행위로서 무효일 뿐만 아니라 위 선불금을 실제 사용한 당사자로서 위 대출에 연대보증 한 종업원에 대하여도 보증채무의 이행을 구할 수 없다.

⑤ 다수의 문화재를 보유하고 있는 전통사찰의 주지직을 거액의 금품을 대가로 양도·양수하기로 하는 약정이 있음을 알고도 이를 묵인 혹은 방조한 상태에서 한 종교법인의 주지임명 행위라고 하여 반사회질서의 법률행위라고 볼 수 없다.

해설
답 ③

① [O] 어떠한 위임계약이 행정청의 허가 등을 목적으로 하는 신청행위를 대상으로 하는 경우에 신청행위 자체에는 전문성이 크게 요구되지 않고 허가에는 공무원의 재량적 판단이 필요하며, 신청과 관련된 절차에 필수적으로 필요한 비용은 크지 않은 데 반하여 약정보수액은 지나치게 다액으로서, 수임인이 허가를 얻기 위하여 공무원의 직무 관련 사항에 관하여 특별한 청탁을 하면서 뇌물공여 등 로비를 하는 자금이 보수액에 포함되어 있다고 볼 만한 특수한 사정이 있는 때에는 위임계약은 반사회질서적인 조건이 결부됨으로써 반사회질서적 성질을 띠고 있어 민법 제103조에 따라 무효이다(대판 2016.2.18, 2015다35560).

② [O] [1] 의료법은 제30조 제2항에서 의료인이나 의료법인 등 비영리법인이 아닌 자의 의료기관 개설을 원천적으로 금지하고, 제66조 제3호에서 이를 위반하는 경우 5년 이하의 징역 또는 2천만 원 이하의 벌금에 처하도록 규정하고 있는바, 의료법이 의료의 적정을 기하여 국민의 건강을 보호 증진함을 목적으로 하고 있으므로 위 금지규정의 입법 취지는 의료기관 개설자격을 의료전문성을 가진 의료인이나 공적인 성격을 가진 자로 엄격히 제한함으로써 건전한 의료질서를 확립하고, 영리 목적으로 의료기관을 개설하는 경우에 발생할지도 모르는 국민 건강상의 위험을 미리 방지하고자 하는 데에 있다고 보이는 점, 의료인이나 의료법인 등이 아닌 자가 의료기관을 개설하여 운영하는 행위는 형사처벌의 대상이 되는 범죄행위에 해당할 뿐 아니라, 거기에 따를 수 있는 국민보건상의 위험성에 비추어 사회통념상으로 도저히 용인될 수 없는 정도로 반사회성을 띠고 있다는 점, 위와 같은 위반행위에 대하여 단순히 형사 처벌하는 것만으로는 의료법의 실효를 거둘 수 없다고 보이는 점 등을 종합하여 보면, 위 규정은 의료인이나 의료법인 등이 아닌 자가 의료기관을 개설하여 운영하는 경우에 초래될 국민 보건위생상의 중대한 위험을 방지하기 위하여 제정된 이른바 강행법규에 속하는 것으로서 이에 위반하여 이루어진 약정은 무효라고 할 것이다.

[2] 신의성실의 원칙은 법률관계의 당사자가 상대방의 이익을 배려하여 형평에 어긋나거나, 신뢰를 저버리는 내용 또는 방법으로 권리를 행사하거나 의무를 이행하여서는 아니 된다는 추상적 규범으로서, 신의성실의 원칙에 위배된다는 이유로 그 권리의 행사를 부정하기 위해서는 상대방에게 신의를 공여하였다거나, 객관적으로 보아 상대방이 신의를 가짐이 정당한 상태에 있어야 하고, 이러한 상대방의 신의에 반하여 권리를 행사하는 것이 정의관념에 비추어 용인될 수 없는 정도의 상태에 이르러야 할 것인바, 특별한 사정이 없는 한, 법령에 위반되어 무효임을 알고서도 그 법률행위를 한 자가 강행법규 위반을 이유로 무효를 주장한다 하여 신의칙 또는 금반언의 원칙에 반하거나 권리남용에 해당한다고 볼 수는 없다(대판 2003.4.22, 2003다2390,2406).

③ [×] 형사사건에 관하여 체결된 성공보수약정이 가져오는 여러 가지 사회적 폐단과 부작용 등을 고려하면, 비록 구속영장청구 기각, 보석 석방, 집행유예나 무죄 판결 등과 같이 의뢰인에게 유리한 결과를 얻어내기 위한 변호사의 변론활동이나 직무수행 그 자체는 정당하다 하더라도, 형사사건에서의 성공보수약정은 수사·재판의 결과를 금전적인 대가와 결부시킴으로써, 기본적 인권의 옹호와 사회정의의 실현을 그 사명으로 하는 변호사 직무의 공공성을 저해하고, 의뢰인과 일반 국민의 사법제도에 대한 신뢰를 현저히 떨어뜨릴 위험이 있으므로, 선량한 풍속 기타 사회질서에 위반되는 것으로 평가할 수 있다. 다만, 선량한 풍속 기타 사회질서는 부단히 변천하는 가치관념으로서 어느 법률행위가 이에 위반되어 민법 제103조에 의하여 무효인지 여부는 그 법률행위가 이루어진 때를 기준으로 판단하여야 하고, 또한 그 법률행위가 유효로 인정될 경우의 부작용, 거래자유의 보장 및 규제의 필요성, 사회적 비난의 정도, 당사자 사이의 이익균형 등 제반 사정을 종합적으로 고려하여 사회통념에 따라 합리적으로 판단하여야 한다. 그런데 그동안 대법원은 수임한 사건의 종류나 그 특성에 관한 구별 없이 성공보수약정이 원칙적으로 유효하다는 입장을 취해 왔고, 대한변호사협회도 1983년에 제정한 '변호사보수기준에 관한 규칙'에서 형사사건의 수임료를 착수금과 성공보수금으로 나누어 규정하였으며, 위 규칙이 폐지된 후에 권고양식으로 만들어 제공한 형사사건의 수임약정서에도 성과보수에 관한 규정을 마련하여 놓고 있었다. 이에 따라 변호사나 의뢰인은 형사사건에서의 성공보수약정이 안고 있는 문제점 내지 그 문제점이 약정의 효력에 미칠 수 있는 영향을 제대로 인식하지 못한 것이 현실이고, 그 결과 당사자 사이에 당연히 지급되어야 할 정상적인 보수까지도 성공보수의 방식으로 약정하는 경우가 많았던 것으로 보인다. 이러한 사정들을 종합하여 보면, 종래 이루어진 보수약정의 경우에는 보수약정이 성공보수라는 명목으로 되어 있다는 이유만으로 민법 제103조에 의하여 무효라고 단정하기는 어렵다. 그러나 대법원이 이 판결을 통하여 형사사건에 관한 성공보수약정이 선량한 풍속 기타 사회질서에 위반되는 것으로 평가할 수 있음을 명확히 밝혔음에도 불구하고 향후에도 성공보수약정이 체결된다면 이는 민법 제103조에 의하여 무효로 보아야 한다. 이와 달리 종래

대법원은 형사사건에서의 성공보수약정이 선량한 풍속 기타 사회질서에 어긋나는지를 고려하지 아니한 채 위임사무를 완료한 변호사는 특별한 사정이 없는 한 약정된 보수액을 전부 청구할 수 있는 것이 원칙이고, 다만 약정된 보수액이 부당하게 과다하여 신의성실의 원칙이나 형평의 원칙에 반한다고 볼 만한 특별한 사정이 있는 경우에는 예외적으로 상당하다고 인정되는 범위 내의 보수액만을 청구할 수 있다고 판시하여 왔는바, 대법원 2009.7.9. 선고 2009다21249 판결을 비롯하여 그와 같은 취지의 판결들은 이 판결의 견해에 배치되는 범위 내에서 모두 변경하기로 한다(대판 2015.7.23, 2015다200111 전합).

④ [O] 금융기관이 유흥업소 업주 등의 연대보증 아래 유흥업소 여종업원에게 대출을 해 준 사안에서, 금융기관은 대출금이 선불금 용도로 사용된다는 사정과 위 업주가 여종업원의 윤락행위를 알선 또는 강요한다는 사정을 잘 알면서도 고율의 이자를 상환받을 목적으로 위 대출을 해 줌으로써 업주에게 협력하였다고 볼 것이므로, 위 대출약정은 구 윤락행위 등 방지법(2004.3.22. 법률 제7196호 성매매알선 등 행위의 처벌에 관한 법률 부칙 제2조로 폐지) 제20조, 제4조 제3호를 위반하여 무효이고, 이에 대해 업주 등이 한 연대보증약정 역시 보증채무의 부종성 원칙에 따라 무효라고 한 사례(울산지법 2008.4.25, 2007가단33094)

⑤ [O] 원고와 전임 주지이던 자 사이에 주지직 사임대가로 3억원을 주기로 한 약정은 전통사찰보존법 소정의 전통사찰의 주지직을 거액의 금품을 대가로 양도·양수하는 계약으로서 그 내용이 선량한 풍속 기타 사회질서에 반하는 행위로서 무효라고 보아야 할 것이나, 피고 법인(불교종단)이 원고와 전임 주지 사이에 위와 같은 약정이 있음을 알고 이를 묵인하거나 혹은 방조한 상태에서 원고를 주지로 임명하였다고 하더라도 그 임명행위 자체가 선량한 풍속 기타 사회질서에 반한다고 할 수는 없고, 법률적으로 이를 강제하거나 법률행위에 반사회질서적인 조건이나 금전적 대가가 결부됨으로써 반사회질서적 성질을 띠게 되는 경우 또는 표시되거나 상대방에게 알려진 법률행위의 동기가 반사회질서적인 경우에도 해당한다고 보기도 어렵다(대판 2001.2.9, 99다38613).

022 반사회질서 또는 불공정한 법률행위에 관한 설명으로 옳은 것은? (다툼이 있으면 판례에 따름)

17 노무사

① 소송사건에 증인으로서 증언에 대한 대가를 약정하였다면 그 자체로 반사회질서 행위로서 무효이다.
② 반사회질서 법률행위에 해당되는 매매계약을 원인으로 한 소유권이전등기명의자의 물권적 청구권 행사에 대하여 상대방은 법률행위의 무효를 주장할 수 없다.
③ 급부 간 현저한 불균형이 있더라도 폭리자가 피해 당사자 측의 사정을 알면서 이를 이용하려는 의사가 없다면 불공정한 법률행위가 아니다.
④ 경매 목적물이 시가에 비해 현저하게 낮은 가격으로 매각된 경우 불공정한 법률행위로 무효가 될 수 있다.
⑤ 민사사건에 관한 변호사의 성공보수약정은 선량한 풍속 기타 사회질서에 위배되어 무효이다.

| 해설 | 답 ③ |

① [X] 소송사건에서 일방당사자를 위하여 증인으로 출석하여 증언하였거나 증언할 것을 조건으로 어떤 대가를 받을 것을 약정한 경우(또는 어떠한 사실을 알고 있는 사람과의 사이에 소송에서 사실대로 증언하여 줄 것을 조건으로 어떠한 급부를 할 것을 약정한 경우), 증인은 법률에 의하여 증언거부권이 인정되지 않은 한 진실을 진술할 의무가 있는 것이므로 그 대가의 내용이 통상적으로 용인될 수 있는 수준(예컨대 증인에게 일당과 여비가 지급되기는 하지만 증인이 법원에 출석함으로써 입게 되는 손해에는 미치지 못하는 경우 그러한 손해를 전보 해 주는 정도)을 초과하는 경우에는 그와 같은 약정은 금전적 대가가 결부됨으로써 선량한 풍속 기타 사회질서에 반하는 법률행위가 되어 민법 제103조에 따라 효력이 없다고 할 것이다 (대판 1999.4.13, 98다52483; 대판 1994.3.11, 93다40522).

② [X] 거래 상대방이 배임행위를 유인·교사하거나 배임행위의 전 과정에 관여하는 등 배임행위에 적극 가담하는 경우에는 실행행위자와 체결한 계약이 반사회적 법률행위에 해당하여 무효로 될 수 있고, 선량한 풍속 기타 사회질서에 위반한 사항을 내용으로 하는 법률행위의 무효는 이를 주장할 이익이 있는 자는 누구든지 무효를 주장할 수 있다. 따라서 반사회질서 법률행위를 원인으로 하여 부동산에 관한 소유권이전등기를 마쳤더라도 그 등기는 원인무효로서 말소될 운명에 있으므로 등기명의자가 소유권에 기한 물권적 청구권을 행사하는 경우에, 권리 행사의 상대방은 법률행위의 무효를 항변으로서 주장할 수 있다(대판 2016.3.24, 2015다11281).

③ [O] 폭리자는 위와 같은 사정이 있었음을 알고서 그것을 이용하려는 의도, 즉 악의(폭리의사)를 가지고 있어야 한다는 것이 통설, 판례이다(대판 1988.9.13, 86다카563; 대판 2008.3.14, 2007다11996).

④ [X] 경매에 있어서는 불공정한 법률행위 또는 채무자에게 불리한 약정에 관한 것으로서 효력이 없다는 민법 제104조, 제608조는 적용될 여지가 없다(대판 1980.3.21, 80마77).

⑤ [X] 형사사건에 관하여 체결된 성공보수약정이 가져오는 여러 가지 사회적 폐단과 부작용 등을 고려하면, 비록 구속영장청구 기각, 보석 석방, 집행유예나 무죄 판결 등과 같이 의뢰인에게 유리한 결과를 얻어내기 위한 변호사의 변론활동이나 직무수행 그 자체는 정당하다 하더라도, 형사사건에서의 성공보수약정은 수사·재판의 결과를 금전적인 대가와 결부시킴으로써, 기본적 인권의 옹호와 사회정의의 실현을 그 사명으로 하는 변호사 직무의 공공성을 저해하고, 의뢰인과 일반 국민의 사법제도에 대한 신뢰를 현저히 떨어뜨릴 위험이 있으므로, 선량한 풍속 기타 사회질서에 위반되는 것으로 평가할 수 있다. 다만, 선량한 풍속 기타 사회질서는 부단히 변천하는 가치관념으로서 어느 법률행위가 이에 위반되어 민법 제103조에 의하여 무효인지 여부는 그 법률행위가 이루어진 때를 기준으로 판단하여야 하고, 또한 그 법률행위가 유효로 인정될 경우의 부작용, 거래자유의 보장 및 규제의 필요성, 사회적 비난의 정도, 당사자 사이의 이익균형 등 제반 사정을 종합적으로 고려하여 사회통념에 따라 합리적으로 판단하여야 한다. 그런데 그동안 대법원은 수임한 사건의 종류나 그 특성에 관한 구별 없이 성공보수약정이 원칙적으로 유효하다는 입장을 취해 왔고, 대한변호사협회도 1983년에 제정한 '변호사보수기준에 관한 규칙'에서 형사사건의 수임료를 착수금과 성공보수금으로 나누어 규정하였으며, 위 규칙이 폐지된 후에 권고양식으로 만들어 제공한 형사사건의 수임약정서에도 성과보수에 관한 규정을 마련하여 놓고 있었다. 이에 따라 변호사나 의뢰인은 형사사건에서의 성공보수약정이 안고 있는 문제점 내지 그 문제점이 약정의 효력에 미칠 수 있는 영향을 제대로 인식하지 못한 것이 현실이고, 그 결과 당사자 사이에 당연히 지급되어야 할 정상적인 보수까지도 성공보수의 방식으로 약정하는 경우가 많았던 것으로 보인다. 이러한 사정들을 종합하여 보면, 종래 이루어진 보수약정의 경우에는 보수약정이 성공보수라는 명목으로 되어 있다는 이유만으로 민법 제103조에 의하여 무효라고 단정하기는 어렵다. 그러나 대법원이 이 판결을 통하여 형사사건에 관한 성공보수약정이 선량한 풍속 기타 사회질서에 위반되는 것으로 평가할 수 있음을 명확히 밝혔음에도 불구하고 향후에도 성공보수약정이 체결된다면 이는 민법 제103조에 의하여 무효로 보아야 한다. 이와 달리 종래

대법원은 형사사건에서의 성공보수약정이 선량한 풍속 기타 사회질서에 어긋나는지를 고려하지 아니한 채 위임사무를 완료한 변호사는 특별한 사정이 없는 한 약정된 보수액을 전부 청구할 수 있는 것이 원칙이고, 다만 약정된 보수액이 부당하게 과다하여 신의성실의 원칙이나 형평의 원칙에 반한다고 볼 만한 특별한 사정이 있는 경우에는 예외적으로 상당하다고 인정되는 범위 내의 보수액만을 청구할 수 있다고 판시하여 왔는바, 대법원 2009.7.9. 선고 2009다21249 판결을 비롯하여 그와 같은 취지의 판결들은 이 판결의 견해에 배치되는 범위 내에서 모두 변경하기로 한다(대판 2015.7.23, 2015다200111 전합).

023 반사회질서의 법률행위에 관한 설명으로 옳지 않은 것은? (다툼이 있으면 판례에 따름)

22 노무사

① 과도한 위약벌 약정은 법원의 직권감액이 가능하므로 선량한 풍속 기타 사회질서에 반할 여지가 없다.
② 부동산 매매계약에서 계약금을 수수한 후 당사자가 매매계약의 이행에 착수하기 전에 제3자가 매도인을 적극 유인하여 해당 부동산을 매수하였다면 매도인과 제3자 사이의 그 매매계약은 반사회질서의 법률행위가 아니다.
③ 보험사고를 가장하여 보험금을 부정취득할 목적으로 체결된 다수의 생명보험계약은 그 목적에 대한 보험자의 인식 여부를 불문하고 무효이다.
④ 부첩(夫妾)관계의 종료를 해제조건으로 하는 증여계약은 반사회질서의 법률행위로서 무효이다.
⑤ 선량한 풍속 기타 사회질서에 반하는 법률행위의 무효는 그 법률행위를 기초로 하여 새로운 이해관계를 맺은 선의의 제3자에 대해서도 주장할 수 있다.

해설

답 ①

① [×] 위약벌의 약정은 채무의 이행을 확보하기 위하여 정해지는 것으로서 손해배상의 예정과는 그 내용이 다르므로 손해배상의 예정에 관한 민법 제398조 제2항을 유추 적용하여 그 액을 감액할 수는 없고 다만 그 의무의 강제에 의하여 얻어지는 채권자의 이익에 비하여 약정된 벌이 과도하게 무거울 때에는 그 일부 또는 전부가 공서양속에 반하여 무효로 된다(대판 1993.3.23, 92다46905).
② [○] 제1매수인이 중도금 또는 잔금까지 지급하여 매도인이 임의로 계약을 해제할 수 없는 상태에서 매도인이 제2매매계약을 체결하고 소유권이전등기를 경료 한 경우에는 배임죄를 구성한다(대판 2007.6.14, 2007도379). 이 경우 제2매수인이 제1매매 사실을 알고 배임행위를 교사하거나 그 배임행위의 전 과정에 관여하는 등으로 이중매매에 적극 가담한 경우에는 배임죄의 공범이 된다(대판 2005.10.28, 2005도4915).
③ [○] 보험계약자가 다수의 보험계약을 통하여 보험금을 부정취득할 목적으로 보험계약을 체결한 경우, 이러한 목적으로 체결된 보험계약에 의하여 보험금을 지급하게 하는 것은 보험계약을 악용하여 부정한 이득을 얻고자 하는 사행심을 조장함으로써 사회적 상당성을 일탈하게 될 뿐만 아니라 합리적인 위험의 분산이라는 보험제도의 목적을 해치고 위험발생의 우발성을 파괴하며 다수의 선량한 보험가입자들의 희생을 초래하여 보험제도의 근간을 해치게 되므로, 이와 같은

보험계약은 민법 제103조의 선량한 풍속 기타 사회질서에 반하여 무효라고 할 것이다. 그리고 보험계약자가 보험금을 부정취득할 목적으로 다수의 보험계약을 체결하였는지에 관하여는 이를 인정할 직접적인 증거가 없다면 보험계약자의 직업 및 재산상태, 다수 보험계약의 체결 시기와 경위, 보험계약의 규모와 성질, 보험계약 체결 후의 정황 등 제반 사정을 종합하여 판단하여야 한다(대판 2016.1.14, 2015다206461).
④ [O] 부부관계의 종료를 해제조건으로 하는 증여계약(대판 1966.6.21, 66다530) - 이 경우에는 조건만이 무효가 되는 것이 아니라 법률행위자체가 무효가 된다.
⑤ [O] 무효를 가지고 선의의 제3자에게도 대항할 수 있으며(절대적 무효), 시적인 제한이 없다.

024 반사회질서의 법률행위에 관한 설명으로 옳지 않은 것은? (다툼이 있으면 판례에 따름)

22 세무사

① 법률행위가 반사회질서의 법률행위로서 무효가 되는지는 법률행위 당시를 기준으로 판단하여야 한다.
② 어떠한 경우에도 이혼하지 않겠다는 약정은 반사회질서의 법률행위에 해당한다.
③ 반사회질서의 법률행위에 의하여 조성된 비자금을 소극적으로 은닉하기 위하여 임치한 것은 반사회질서의 법률행위로 볼 수 없다.
④ 상대방에게 표시된 법률행위의 동기가 사회질서에 반하는 경우에는 반사회질서의 법률행위가 성립할 수 있다.
⑤ 계약당사자의 자유의사에 의하여 불가항력으로 인한 손해를 계약당사자의 일방만이 부담한다는 특약을 한 경우, 특별한 사정이 없는 한 반사회질서의 법률행위에 해당한다.

해설

답 ⑤

① [O] 통설, 판례(대판 1965.6.15, 65다610)는 법률행위시를 표준으로 하고 있다.
② [O] 절대로 이혼하지 않겠다는 각서를 쓴 행위(대판 1969.8.19, 69므18)는 반사회질서의 법률행위에 해당한다.
③ [O] 반사회적 행위에 의하여 조성된 재산인 이른바 비자금을 소극적으로 은닉하기 위하여 임치한 것이 사회질서에 반하는 법률행위로 볼 수 없다(대판 2001.4.10, 2000다49343).
④ [O] 민법 제103조에 의하여 무효로 되는 반사회질서행위는 법률행위의 목적인 권리의무내용이 선량한 풍속 기타 사회질서에 위반되는 경우뿐만 아니라 그 내용자체는 반사회질서적인 것이 아니라고 하여도 법률적으로 이를 강제하거나 그 법률행위에 반사회질서적인 조건 또는 금전적 대가가 결부됨으로써 반사회질서적 성질을 띠게 되는 경우 및 표시되거나 상대방에게 알려진 법률행위의 동기가 반사회질서적인 경우를 포함한다(대판 1984.12.11, 84다카1402).
⑤ [×] 불가항력으로 인한 손해를 계약당사자의 일방만이 부담한다는 내용의 특약을 하였다 하더라도 이를 당연무효라고 할 수 없다(대판 1963.5.15, 63다111).

025 반사회적 법률행위에 관한 설명으로 옳지 않은 것은? (다툼이 있으면 판례에 따름) 23 세무사

① 당사자 일방의 반사회적 동기가 법률행위 당시에 이미 상대방에게 알려졌다면 그 법률행위는 무효이다.
② 강제집행을 면할 목적으로 부동산에 허위의 근저당권설정등기를 경료하는 행위는 반사회적 법률행위로 볼 수 없다.
③ 해외파견된 근로자가 귀국일로부터 일정기간 소속회사에 근무하여야 한다는 사규나 약정은 반사회적 법률행위라고 할 수 없다.
④ 의무의 강제에 의하여 얻어지는 채권자의 이익에 비하여 약정된 위약벌이 과도하게 무겁다면 반사회적 법률행위가 될 수 있다.
⑤ 법률행위의 성립 과정에서 강박이라는 불법적 방법이 사용되었다는 이유만으로도 반사회적 법률행위가 될 수 있다.

> 해설   답 ⑤

① [○] 민법 제103조에 의하여 무효로 되는 반사회질서행위는 법률행위의 목적인 권리의무내용이 선량한 풍속 기타 사회질서에 위반되는 경우뿐만 아니라 그 내용자체는 반사회질서적인 것이 아니라고 하여도 법률적으로 이를 강제하거나 그 법률행위에 반사회질서적인 조건 또는 금전적 대가가 결부됨으로써 반사회질서적 성질을 띠게 되는 경우 및 표시되거나 상대방에게 알려진 법률행위의 동기가 반사회질서적인 경우를 포함한다(대판 1984.12.11, 84다카1402).
② [○] 강제집행을 면할 목적으로 부동산에 허위의 근저당권설정등기를 경료하는 행위는 선량한 풍속 기타 사회질서에 위반한 사항을 내용으로 하는 법률행위로 볼 수 없다(대판 2004.5.28, 2003다70041).
③ [○] 해외파견 된 근로자가 귀국 후 3년간 회사에 근무하여야 하고, 위반 시 해외파견에 소요된 경비를 배상하여야 한다는 회사의 내규(근무기간의 제한이 아니라 경비반환채무의 면제기간을 제한한 것으로서 유효)는 제103조 위반이 아니다(대판 1982.6.22, 82다카90).
④ [○] 위약벌의 약정은 채무의 이행을 확보하기 위하여 정해지는 것으로서 손해배상의 예정과는 그 내용이 다르므로 손해배상의 예정에 관한 민법 제398조 제2항을 유추 적용하여 그 액을 감액할 수는 없고, 다만 그 의무의 강제에 의하여 얻어지는 채권자의 이익에 비하여 약정된 벌이 과도하게 무거울 때에는 그 일부 또는 전부가 공서양속에 반하여 무효로 된다(대판 1993.3.23, 92다46905).
⑤ [×] 법률행위 성립과정에서 불법적 방법이 사용된데 불과한 때에 그 불법이 의사표시의 형성에 영향을 미친 경우에는 의사표시의 하자를 이유로 그 효력을 논의할 수 있을지언정 반사회질서의 법률행위로서 무효라고 할 수는 없다(대판 1996.4.26, 94다34432).

026

甲은 그 소유의 X토지를 乙에게 매도하고 중도금까지 수령한 후 이전등기를 마치기 전에 이러한 사실을 잘 알고 있는 丙으로부터 X토지를 자신에게 매도하라는 적극적인 권유를 받았고, 甲은 이에 응하여 丙에게 X토지를 매도한 후 丙 명의로 소유권이전등기가 마쳐졌다. 다음 설명 중 옳지 않은 것은? (다툼이 있는 경우 판례에 의함) 23 경간부

① 甲과 丙 사이의 매매계약은 무효이다.
② 乙은 甲을 대위하여 丙에 대해 소유권이전등기의 말소를 청구할 수 있다.
③ 甲은 丙을 상대로 丙에게 이전된 소유권을 부당이득으로 반환청구할 수 있다.
④ 乙은 X토지에 대한 소유권이전등기청구권 보전을 위해 甲·丙 사이에 체결된 매매계약에 대하여 채권자취소권을 행사할 수 없다.

해설

답 ③

① [O] 부동산의 이중매매가 반사회적 법률행위로서 무효가 되기 위하여는 매도인의 배임행위와 매수인이 매도인의 배임행위에 적극 가담한 행위로 이루어진 매매로서, 그 적극가담하는 행위는 매수인이 다른 사람에게 매매목적물이 매도된 것을 안다는 것만으로는 부족하고, 적어도 그 매도사실을 알고도 매도를 요청하여 매매계약에 이르는 정도가 되어야 한다(대판 1994.3.11, 93다55289).
② [O] 판례는 제1매수인은 매도인을 대위하여 제2매수인 앞으로 경료 된 소유권이전등기의 말소를 청구할 수 있다고 본다.
③ [X] 제746조의 '불법원인'은 그 원인되는 행위가 선량한 풍속 기타 사회질서에 위반하는 경우(제103조에 위반되는 경우)를 말하므로, 매도인은 원인행위인 제2매매계약이 무효라고 하여 제2매수인에 대하여 부당이득반환청구 뿐만 아니라 소유권이전등기말소 또는 진정명의회복을 위한 이전등기 등의 물권적 청구를 할 수 없으며, 반사적 효과로서 소유권은 제2매수인에게 이전된다(대판 1979.11.13, 79다483 전합). 그리고 당사자 사이의 반환약정에 기한 반환청구도 금지된다(대판 1995.7.14, 94다51994).
④ [O] 채권자취소권에 의해 보전되는 채권은 원칙적으로 금전채권에 한정되고, 등기청구권 같은 특정채권의 보전을 위해서는 취소권의 행사가 인정되지 않는다(제407조 참고).

027

사회질서에 반하는 법률행위에 해당하여 무효로 되는 것을 모두 고른 것은? (다툼이 있는 경우 판례에 의함)

23 경간부

> ㄱ. 무허가건물 소유자의 통상적인 임대행위
> ㄴ. 형사사건에서 변호사가 성공보수금을 약정하는 행위
> ㄷ. 성립과정에서 강박이라는 불법적 방법이 사용된 것에 불과한 법률행위
> ㄹ. 변호사 아닌 자가 승소를 조건으로 소송의뢰인으로부터 소송물 일부를 양도받기로 약정하는 행위

① ㄱ, ㄴ   ② ㄴ, ㄷ   ③ ㄴ, ㄹ   ④ ㄱ, ㄴ, ㄹ

해설
답 ③

ㄱ. [×] 유효: 민법 제643조가 정하는 건물 소유를 목적으로 하는 토지 임대차에 있어서 임차인이 가지는 건물매수청구권은 건물의 소유를 목적으로 하는 토지 임대차계약이 종료되었음에도 그 지상 건물이 현존하는 경우에 임대차계약을 성실하게 지켜온 임차인이 임대인에게 상당한 가액으로 그 지상 건물의 매수를 청구할 수 있는 권리로서 국민경제적 관점에서 지상 건물의 잔존 가치를 보존하고, 토지 소유자의 배타적 소유권 행사로 인하여 희생당하기 쉬운 임차인을 보호하기 위한 제도이므로, 임대차계약 종료시에 경제적 가치가 잔존하고 있는 건물은 그것이 토지의 임대 목적에 반하여 축조되고 임대인이 예상할 수 없을 정도의 고가의 것이라는 등의 특별한 사정이 없는 한, 비록 행정관청의 허가를 받은 적법한 건물이 아니더라도 임차인의 건물매수청구권의 대상이 될 수 있다(대판 1997.12.23, 97다37753).

ㄴ. [○] 무효: 형사사건에 관하여 체결된 성공보수약정이 가져오는 여러 가지 사회적 폐단과 부작용 등을 고려하면, 비록 구속영장청구 기각, 보석 석방, 집행유예나 무죄 판결 등과 같이 의뢰인에게 유리한 결과를 얻어내기 위한 변호사의 변론활동이나 직무수행 그 자체는 정당하다 하더라도, 형사사건에서의 성공보수약정은 수사·재판의 결과를 금전적인 대가와 결부시킴으로써, 기본적 인권의 옹호와 사회정의 실현을 그 사명으로 하는 변호사 직무의 공공성을 저해하고, 의뢰인과 일반 국민의 사법제도에 대한 신뢰를 현저히 떨어뜨릴 위험이 있으므로, 선량한 풍속 기타 사회질서에 위반되는 것으로 평가할 수 있다. … 그러나 대법원이 이 판결을 통하여 형사사건에 관한 성공보수약정이 선량한 풍속 기타 사회질서에 위반되는 것으로 평가할 수 있음을 명확히 밝혔음에도 불구하고 향후에도 성공보수약정이 체결된다면 이는 민법 제103조에 의하여 무효로 보아야 한다. 이와 달리 종래 대법원은 형사사건에서의 성공보수약정이 선량한 풍속 기타 사회질서에 어긋나는지를 고려하지 아니한 채 위임사무를 완료한 변호사는 특별한 사정이 없는 한 약정된 보수액을 전부 청구할 수 있는 것이 원칙이고, 다만 약정된 보수액이 부당하게 과다하여 신의성실의 원칙이나 형평의 원칙에 반한다고 볼 만한 특별한 사정이 있는 경우에는 예외적으로 상당하다고 인정되는 범위 내의 보수액만을 청구할 수 있다고 판시하여 왔는바, 대법원 2009.7.9, 선고 2009다21249 판결을 비롯하여 그와 같은 취지의 판결들은 이 판결의 견해에 배치되는 범위 내에서 모두 변경하기로 한다(대판 2015.7.23, 2015다200111 전합).

ㄷ. [×] 유효: 법률행위 성립과정에서 불법적 방법이 사용된 데 불과한 때에 그 불법이 의사표시의 형성에 영향을 미친 경우에는 의사표시의 하자를 이유로 그 효력을 논의할 수 있을지언정 반사회질서의 법률행위로서 무효라고 할 수는 없다(대판 1996.4.26, 94다34432).

ㄹ. [○] 무효: 변호사 아닌 甲과 소송당사자인 乙이 甲은 乙이 소송당사자로 된 민사소송사건에 관하여 乙을 승소시켜주고 乙은 소송물의 일부인 임야지분을 그 대가로 甲에게 양도하기로 약정한 경우 위 약정은 강행법규인 변호사법 제78조(현 제109조) 제2호에 위반되는 반사회적 법률행위로서 무효이다(대판 1990.5.11, 89다카10514).

028 민법 제103조에 관한 다음 설명 중 옳은 것을 모두 고른 것은?

가. 민법 제103조에서 정하는 '반사회질서의 법률행위'는 법률행위의 목적인 권리의무의 내용이 선량한 풍속 기타 사회질서에 위반되는 경우뿐만 아니라, 그 내용자체는 반사회질서적인 것이 아니라고 하여도 법적으로 이를 강제하거나 법률행위에 사회질서의 근간에 반하는 조건 또는 금전적인 대가가 결부됨으로써 그 법률행위가 반사회질서적 성질을 띠게 되는 경우도 포함한다.
나. 표시되거나 상대방에게 알려진 법률행위의 동기가 반사회질서적이라 해도 동기는 법률행위의 내용은 아니므로 그 법률행위가 민법 제103조에서 정하는 '반사회질서의 법률행위'가 되는 것은 아니다.
다. 단지 법률행위의 성립과정에 강박이라는 불법적 방법이 사용된 데에 불과한 때에는 강박에 의한 의사표시의 하자나 의사의 흠결을 이유로 무효라고 할 수 있을 뿐 반사회질서의 법률행위로서 무효라고 할 수는 없다.
라. 형사사건에 관한 변호사의 성공보수약정은 그 체결시기를 불문하고 모두 선량한 풍속 기타 사회질서에 위배되어 무효이다.
마. 소송사건에 증인으로 출석하여 증언하는 것과 연계하여 어떤 급부를 하기로 약정한 경우 그 급부의 내용이 전체적으로 통상 용인될 수 있는 수준을 넘는 것이라면, 그 약정은 민법 제103조가 규정한 반사회질서행위에 해당하여 전부가 무효이다.
바. 사용자가 노동조합과의 단체교섭에 따라 업무상 재해로 인한 사망 등 일정한 사유가 발생하는 경우 조합원의 직계가족 등을 채용하기로 하는 내용의 단체협약을 체결하였다면, 선량한 풍속 기타 사회질서에 반하는 것이 원칙이다.

① 가, 나, 다
② 가, 라, 마
③ 나, 라, 마
④ 가, 다, 마
⑤ 가, 마, 바

해설

답 ④

가. [O], 나. [×] 민법 제103조에 의하여 무효로 되는 반사회질서행위는 법률행위의 목적인 권리의무 내용이 선량한 풍속 기타 사회질서에 위반되는 경우뿐만 아니라 그 내용자체는 반사회질서적인 것이 아니라고 하여도 법률적으로 이를 강제하거나 그 법률행위에 반사회질서적인 조건 또는 금전적 대가가 결부됨으로써 반사회질서적 성질을 띠게 되는 경우 및 표시되거나 상대방에게 알려진 법률행위의 동기가 반사회질서적인 경우를 포함 한다(대판 1984.12.11, 84다카1402).
다. [O] 법률행위 성립과정에서 불법적 방법이 사용된데 불과한 때에 그 불법이 의사표시의 형성에 영향을 미친 경우에는 의사표시의 하자를 이유로 그 효력을 논의할 수 있을지언정 반사회질서의 법률행위로서 무효라고 할 수는 없다(대판 1996.4.26, 94다34432).
라. [×] 형사사건에 관하여 체결된 성공보수약정이 가져오는 여러 가지 사회적 폐단과 부작용 등을 고려하면, 비록 구속영장청구 기각, 보석 석방, 집행유예나 무죄 판결 등과 같이 의뢰인에게 유리한 결과를 얻어내기 위한 변호사의 변론활동이나 직무수행 그 자체는 정당하다 하더라도, 형사사건에서의 성공보수약정은 수사·재판의 결과를 금전적인 대가와 결부시킴으로써, 기본적 인권의 옹호와 사회정의의 실현을 그 사명으로 하는 변호사 직무의 공공성을 저해하고, 의뢰인과 일반 국민의 사법제도에 대한 신뢰를 현저히 떨어뜨릴 위험이 있으므로, 선량한 풍속 기타 사회질서에

위반되는 것으로 평가할 수 있다. … 그러나 대법원이 이 판결을 통하여 형사사건에 관한 성공보수약정이 선량한 풍속 기타 사회질서에 위반되는 것으로 평가할 수 있음을 명확히 밝혔음에도 불구하고 향후에도 성공보수약정이 체결된다면 이는 민법 제103조에 의하여 무효로 보아야 한다. 이와 달리 종래 대법원은 형사사건에서의 성공보수약정이 선량한 풍속 기타 사회질서에 어긋나는지를 고려하지 아니한 채 위임사무를 완료한 변호사는 특별한 사정이 없는 한 약정된 보수액을 전부 청구할 수 있는 것이 원칙이고, 다만 약정된 보수액이 부당하게 과다하여 신의성실의 원칙이나 형평의 원칙에 반한다고 볼 만한 특별한 사정이 있는 경우에는 예외적으로 상당하다고 인정되는 범위 내의 보수액만을 청구할 수 있다고 판시하여 왔는바, 대법원 2009.7.9. 선고 2009다21249 판결을 비롯하여 그와 같은 취지의 판결들은 이 판결의 견해에 배치되는 범위 내에서 모두 변경하기로 한다(대판 2015.7.23, 2015다200111 전합).

마. [O] 소송사건에서 일방당사자를 위하여 증인으로 출석하여 증언하였거나 증언할 것을 조건으로 어떤 대가를 받을 것을 약정한 경우(또는 어떠한 사실을 알고 있는 사람과의 사이에 소송에서 사실대로 증언하여 줄 것을 조건으로 어떠한 급부를 할 것을 약정한 경우), 증인은 법률에 의하여 증언거부권이 인정되지 않은 한 진실을 진술할 의무가 있는 것이므로 그 대가의 내용이 통상적으로 용인될 수 있는 수준(예컨대 증인에게 일당과 여비가 지급되기는 하지만 증인이 법원에 출석함으로써 입게 되는 손해에는 미치지 못하는 경우 그러한 손해를 전보해 주는 정도)을 초과하는 경우에는 그와 같은 약정은 금전적 대가가 결부됨으로써 선량한 풍속 기타 사회질서에 반하는 법률행위가 되어 민법 제103조에 따라 효력이 없다고 할 것이다(대판 1999.4.13, 98다52483; 대판 1994.3.11, 93다40522).

바. [X] 단체협약이 민법 제103조의 적용대상에서 제외될 수는 없으므로 단체협약의 내용이 선량한 풍속 기타 사회질서에 위배된다면 그 법률적 효력은 배제되어야 한다. 다만, 단체협약이 선량한 풍속 기타 사회질서에 위배되는지를 판단할 때에는 단체협약이 헌법이 직접 보장하는 기본권인 단체교섭권의 행사에 따른 것이자 헌법이 제도적으로 보장한 노사의 협약자치의 결과물이라는 점 및 노동조합 및 노동관계조정법에 의해 이행이 특별히 강제되는 점 등을 고려하여 법원의 후견적 개입에 보다 신중할 필요가 있다. 헌법 제15조가 정하는 직업선택의 자유, 헌법 제23조 제1항이 정하는 재산권 등에 기초하여 사용자는 어떠한 근로자를 어떠한 기준과 방법에 의하여 채용할 것인지를 자유롭게 결정할 자유가 있다. 다만, 사용자는 스스로 이러한 자유를 제한할 수 있는 것이므로, 노동조합과 사이에 근로자 채용에 관하여 임의로 단체교섭을 진행하여 단체협약을 체결할 수 있고, 그 내용이 강행법규나 선량한 풍속 기타 사회질서에 위배되지 아니하는 이상 단체협약으로서의 효력이 인정된다. 사용자가 노동조합과의 단체교섭에 따라 업무상 재해로 인한 사망 등 일정한 사유가 발생하는 경우 조합원의 직계가족 등을 채용하기로 하는 내용의 단체협약을 체결하였다면, 그와 같은 단체협약이 사용자의 채용의 자유를 과도하게 제한하는 정도에 이르거나 채용 기회의 공정성을 현저히 해하는 결과를 초래하는 등의 특별한 사정이 없는 한 선량한 풍속 기타 사회질서에 반한다고 단정할 수 없다. 이러한 단체협약이 사용자의 채용의 자유를 과도하게 제한하는 정도에 이르거나 채용 기회의 공정성을 현저히 해하는 결과를 초래하는지는 단체협약을 체결한 이유나 경위, 그와 같은 단체협약을 통해 달성하고자 하는 목적과 수단의 적합성, 채용대상자가 갖추어야 할 요건의 유무와 내용, 사업장 내 동종 취업규칙 유무, 단체협약의 유지 기간과 준수 여부, 단체협약이 규정한 채용의 형태와 단체협약에 따라 채용되는 근로자의 수 등을 통해 알 수 있는 사용자의 일반 채용에 미치는 영향과 구직희망자들에 미치는 불이익 정도 등 여러 사정을 종합하여 판단하여야 한다(대판 2020.8.27, 2016다248998 전합).

029 민법 제104조의 불공정한 법률행위에 관한 설명으로 옳은 것은? (다툼이 있으면 판례에 따름)

① '무경험'이란 일반적인 생활체험의 부족이 아니라 어느 특정영역에서의 경험부족을 의미한다.
② 급부와 반대급부 사이의 '현저한 불균형'은 당사자의 주관적 가치가 아닌 거래상의 객관적 가치에 의하여 판단한다.
③ '궁박'에는 정신적 또는 심리적 원인에 기인한 것은 포함되지 않는다.
④ 불공정한 법률행위가 성립하기 위해서는 피해자에게 궁박, 경솔, 무경험 요건이 모두 구비되어야 한다.
⑤ 법률행위가 현저하게 공정을 잃은 경우, 그 행위는 궁박, 경솔, 무경험으로 이루어진 것으로 추정된다.

해설
답 ②

① [×] '무경험'이라 함은 일반적인 생활체험의 부족을 의미하는 것으로서 어느 특정영역에 있어서의 경험부족이 아니라 거래일반에 대한 경험부족을 뜻하고, 당사자가 궁박 또는 무경험의 상태에 있었는지 여부는 그의 나이와 직업, 교육 및 사회경험의 정도, 재산 상태 및 그가 처한 상황의 절박성의 정도 등 제반 사정을 종합하여 구체적으로 판단하여야 하며, 한편 피해 당사자가 궁박, 경솔 또는 무경험의 상태에 있었다고 하더라도 그 상대방 당사자에게 그와 같은 피해 당사자측의 사정을 알면서 이를 이용하려는 의사, 즉 폭리행위의 악의가 없었다거나 또는 객관적으로 급부와 반대급부 사이에 현저한 불균형이 존재하지 아니한다면 불공정 법률행위는 성립하지 않는다(대판 2002.10.22, 2002다38927).
② [○] 민법 제104조에 규정된 불공정한 법률행위는 객관적으로 급부와 반대급부 사이에 현저한 불균형이 존재하고, 주관적으로 위와 같이 균형을 잃은 거래가 피해당사자의 궁박, 경솔, 또는 무경험을 이용하여 이루어진 경우에 한하여 성립하는 것으로서 약자적 지위에 있는 자의 궁박, 경솔 또는 무경험을 이용한 폭리행위를 규제하려는 데에 그 목적이 있다(대판 1994.11.8, 94다31969).
③ [×] 궁박은 반드시 경제적인 것일 필요는 없으며, 정신적 곤궁을 포함하고 궁박의 상태가 계속적인 것이든 일시적인 것이든 무방하다(대판 2008.3.14, 2007다11996).
④ [×] 사실과 다른 고소에 의하여 구속된 상태에서 고소인의 주장을 인정하고 한 합의는 불공정한 법률행위에 해당한다고 하면서 궁박, 경솔, 무경험 중 하나만 성립해도 된다(대판 1998.3.13, 97다51506).
⑤ [×] 법률행위가 현저히 공정을 잃었다고 하여 곧 그 법률행위가 궁박·경솔·무경험에 의하여 이루어진 것으로 추정되는 것은 아니다(대판 1969.12.30, 69다1873).

030 민법 제103조의 반사회적 법률행위에 해당하여 무효인 것을 모두 고른 것은? (다툼이 있으면 판례에 따름)

19 노무사

> ㄱ. 뇌물로 받은 금전을 소극적으로 은닉하기 위하여 이를 임치하는 약정
> ㄴ. 강제집행을 면할 목적으로 허위의 근저당권을 설정하는 행위
> ㄷ. 도박자금에 제공할 목적으로 금전을 대여하는 행위
> ㄹ. 해외파견 후 귀국일로부터 상당기간 동안 소속회사에서 근무하지 않으면 해외파견 소요경비를 배상한다는 사규나 약정

① ㄱ
② ㄷ
③ ㄱ, ㄴ
④ ㄴ, ㄷ
⑤ ㄷ, ㄹ

해설
답 ②

ㄱ. [×] 반사회적 행위에 의하여 조성된 재산인 이른바 비자금을 소극적으로 은닉하기 위하여 임치한 것이 사회질서에 반하는 법률행위로 볼 수 없다(대판 2001.4.10, 2000다49343).
ㄴ. [×] 강제집행을 면할 목적으로 부동산에 허위의 근저당권설정등기를 경료 하는 행위는 선량한 풍속 기타 사회질서에 위반한 사항을 내용으로 하는 법률행위로 볼 수 없다(대판 2004.5.28, 2003다70041).
ㄷ. [○] 밀수나 도박을 위한 자금의 소비대차(대판 1962.4.4, 4294민상1296 등) 는 정의의 관념에 반하는 행위이다.
ㄹ. [×] 해외파견 된 근로자가 귀국 후 3년간 회사에 근무하여야 하고, 위반 시 해외파견에 소요된 경비를 배상하여야 한다는 회사의 내규(근무기간의 제한이 아니라 경비반환채무의 면제기간을 제한한 것으로서 유효)는 제103조 위반이 아니다(대판 1982.6.22, 82다카90).

---

031 선량한 풍속 기타 사회질서에 반하는 행위를 모두 고른 것은? (다툼이 있으면 판례에 따름)

20 변리사

> ㄱ. 수사기관에서 참고인으로서 허위진술을 해주는 대가로 금원을 지급하기로 한 약정
> ㄴ. 강제집행을 면할 목적으로 부동산에 허위의 근저당권설정등기를 경료하는 행위
> ㄷ. 전통사찰의 주지직을 거액의 금품을 대가로 양도·양수하기로 하는 약정이 있음을 알고도 이를 묵인 혹은 방조한 상태에서 한 종교법인의 주지임명행위
> ㄹ. 부동산을 매도인이 이미 제3자에게 매각한 사실을 매수인이 단순히 알고 있었던 경우에 매도인의 요청으로 그 부동산을 매수하기로 한 계약

① ㄱ
② ㄱ, ㄴ
③ ㄴ, ㄷ
④ ㄱ, ㄷ, ㄹ
⑤ ㄴ, ㄷ, ㄹ

해설   답 ①

ㄱ. [○] 수사기관에서 참고인으로 진술하면서 자신이 잘 알지 못하는 내용에 대하여 허위의 진술을 하는 경우에 그 허위 진술행위가 범죄행위를 구성하지 않는다고 하여도 이러한 행위 자체는 국가사회의 일반적인 도덕관념이나 국가사회의 공공질서이익에 반하는 행위라고 볼 것이니, 그 급부의 상당성 여부를 판단할 필요 없이 허위 진술의 대가로 작성된 각서에 기한 급부의 약정은 민법 제103조 소정의 반사회적질서행위로 무효이다(대판 2001.4.24, 2000다71999).

ㄴ. [×] 강제집행을 면할 목적으로 부동산에 허위의 근저당권설정등기를 경료하는 행위는 선량한 풍속 기타 사회질서에 위반한 사항을 내용으로 하는 법률행위로 볼 수 없다(대판 2004.5.28, 2003다70041).

ㄷ. [×] 전통○○사의 주지직을 거액의 금품을 대가로 양도·양수하기로 하는 약정이 있음을 알고도 이를 묵인 혹은 방조한 상태에서 한 종교법인의 주지임명행위가 민법 제103조 소정의 반사회질서의 법률행위에 해당하지 않는다(대판 2001.2.9, 99다38613).

ㄹ. [×] 이중매매에 있어서 제2매수인이 적극가담 하였다고 보려면 적어도 그 매매를 알고도 매도를 요청하여 매매계약에 이른 정도에 이르러야 하고, 이중매수인이 매도인이 배임행위를 하는 것을 단순히 안다는 사실만으로는 무효가 되지 않는다(대판 1994.3.11, 93다55289).

032 반사회적 법률행위에 해당하지 않는 것을 모두 고른 것은? (다툼이 있으면 판례에 따름)
22 변리사

> ㄱ. 강제집행을 면할 목적으로 부동산에 허위의 근저당권설정등기를 경료하는 행위
> ㄴ. 오로지 보험사고를 가장하여 보험금을 취득할 목적으로 생명보험계약을 체결하는 행위
> ㄷ. 매도인의 배임행위에 제2매수인이 적극가담하여 행해진 부동산이중매매
> ㄹ. 도박자금에 제공할 목적으로 금전을 대차하는 행위

① ㄱ
② ㄹ
③ ㄱ, ㄴ
④ ㄴ, ㄷ
⑤ ㄷ, ㄹ

해설   답 ①

ㄱ. [×] 강제집행을 면할 목적으로 부동산에 허위의 근저당권설정등기를 경료 하는 행위는 선량한 풍속 기타 사회질서에 위반한 사항을 내용으로 하는 법률행위로 볼 수 없다(대판 2004.5.28, 2003다70041).

ㄴ. [○] 보험계약자가 다수의 보험계약을 통하여 보험금을 부정취득할 목적으로 보험계약을 체결한 경우, 이러한 목적으로 체결된 보험계약에 의하여 보험금을 지급하게 하는 것은 보험계약을 악용하여 부정한 이득을 얻고자 하는 사행심을 조장함으로써 사회적 상당성을 일탈하게 될 뿐만 아니라 합리적인 위험의 분산이라는 보험제도의 목적을 해치고 위험발생의 우발성을 파괴하며 다수의 선량한 보험가입자들의 희생을 초래하여 보험제도의 근간을 해치게 되므로, 이와 같은 보험계약은 민법 제103조의 선량한 풍속 기타 사회질서에 반하여 무효라고 할 것이다. 그리고

보험계약자가 보험금을 부정취득할 목적으로 다수의 보험계약을 체결하였는지에 관하여는 이를 인정할 직접적인 증거가 없다면 보험계약자의 직업 및 재산상태, 다수 보험계약의 체결 시기와 경위, 보험계약의 규모와 성질, 보험계약 체결 후의 정황 등 제반 사정을 종합하여 판단하여야 한다(대판 2016.1.14, 2015다206461).
ㄷ. [O] 제2매수인이 매도인의 배임행위에 적극 가담하여 이루어진 매매계약은 사회질서에 반하는 법률행위로서 무효이다(대판 1980.6.10, 80다569).
ㄹ. [O] 밀수나 도박을 위한 자금의 소비대차(대판 1962.4.4, 4294민상1296 등)

033

甲이 자신의 X건물을 乙에게 매도하는 계약을 체결하고 계약금 및 중도금을 수령하였으나 아직 소유권이전등기를 마쳐주지 않았다. 이러한 사실을 알고 있는 丙이 甲의 배임행위에 적극적으로 가담하여 甲으로부터 X건물을 매수하고 소유권이전등기를 경료받았다. 이에 관한 설명으로 옳은 것을 모두 고른 것은? (다툼이 있으면 판례에 따름)   24 변리사

ㄱ. 甲과 丙이 체결한 매매계약은 반사회적 법률행위로서 무효이다.
ㄴ. 乙은 甲을 대위함이 없이 직접 丙에 대하여 그 소유권이전등기의 말소를 청구할 수 있다.
ㄷ. 乙은 甲에 대한 소유권이전등기청구권을 보전하기 위하여 甲과 丙 사이의 매매계약에 대하여 채권자취소권을 행사할 수 있다.
ㄹ. 丁이 丙을 소유권자로 믿고 丙으로부터 X건물을 매수하여 소유권이전등기를 마친 경우, 丁은 甲과 丙 사이의 매매계약의 유효를 주장할 수 있다.

① ㄱ
② ㄱ, ㄷ
③ ㄴ, ㄹ
④ ㄱ, ㄴ, ㄹ
⑤ ㄱ, ㄴ, ㄷ, ㄹ

해설   답 ①

ㄱ. [O] 제2매수인이 매도인의 배임행위에 적극 가담하여 이루어진 매매계약은 사회질서에 반하는 법률행위로서 무효이다(대판 1980.6.10, 80다569).
ㄴ. [×] 판례는 제1매수인은 매도인을 대위하여 제2매수인 앞으로 경료된 소유권이전등기의 말소를 청구할 수 있다고 본다(대판 1996.6.25, 96다8666).
ㄷ. [×] 채권자취소권(사해행위취소권)은 채권자의 공동담보인 채무자의 책임재산의 감소를 방지하기 위한 것이므로 특정물에 대한 소유권이전등기청구권을 보전하기 위하여는 채권자취소권을 행사할 수 없다(대판 1988.2.23, 87다카1586).
ㄹ. [×] 부동산은 선의취득의 대상이 되지 아니한다(제249조). 그리고 제103조의 무효는 무효행위의 추인(제139조), 전환(제138조)의 문제가 발생하지 않으며, 무효를 가지고 선의의 제3자에게도 대항할 수 있고(절대적 무효), 시적인 제한이 없다.

* **경제적 지위 남용과 민법 제103조의 관계**

  민법 제103조에 따라 무효로 되는 반사회질서 행위는 법률행위의 목적인 권리의무의 내용이 선량한 풍속 기타 사회질서에 위반되는 경우, 그 권리의무의 내용 자체는 반사회질서적인 것이 아니라고 하여도 법률적으로 이를 강제하거나 그 법률행위에 반사회질서적인 조건 또는 금전적 대가가 결부됨으로써 반사회질서적 성격을 띠는 경우, 표시되거나 상대방에게 알려진 법률행위의 동기가 반사회질서적인 경우 등을 포괄하는 개념이다. 법률행위의 일방 당사자로서 경제력의 차이로 인하여 우월한 지위에 있는 사업자가 그 지위를 이용하여 자기는 부당한 이득을 얻고 상대방에게 과도한 반대급부 내지 부당한 부담을 지우는 것으로 이를 강제하는 것이 사회적 타당성이 없다고 평가할 수 있는 경우 역시 이에 해당하여 무효가 된다. 이와 같이 계약 등 법률행위의 내용이 민법 제103조에서 정한 선량한 풍속 기타 사회질서에 위반한 법률행위로서 무효인지 여부는 계약 등의 실질을 살펴 판단하여야 하는데, 경제적 지위에서 우위에 있는 당사자와의 관계에서 상대방의 계약상 의무와 그 위반에 따른 손해배상책임에 관하여 구체적이고 상세한 규정을 두는 등 계약상 책임의 요건과 범위 및 절차 등을 정한 경우, 그 취지는 계약상 책임의 부과 절차의 객관성·공정성을 확보하기 위한 것이므로, 이러한 요건과 절차에 따르지 않은 채 상대방에게 이를 초과하는 책임을 추궁하는 것은 비록 그것이 계약상 별도의 약정에 기한 것이더라도 달리 그 합리성·필요성을 인정할 만한 사유가 존재하지 않는 한 경제적 지위의 남용에 따른 부당한 이익의 취득 및 부담의 강요로서 민법 제103조에 위반되어 무효로 볼 여지가 있다[1] (대판 2023.2.23, 2022다287383).

034 민법 제104조(불공정한 법률행위)에 관한 설명으로 옳은 것은? (다툼이 있으면 판례에 따름)

20 노무사

① 증여계약은 민법 제104조에서의 공정성 여부를 논의할 수 있는 성질의 법률행위가 아니다.
② 급부와 반대급부가 현저히 균형을 잃은 경우에는 법률행위가 궁박, 경솔, 무경험으로 인해 이루어진 것으로 추정된다.
③ 대리인에 의하여 법률행위가 이루어진 경우 경솔과 무경험은 본인을 기준으로, 궁박은 대리인을 기준으로 판단한다.
④ 불공정한 법률행위의 성립요건인 궁박, 경솔, 무경험은 모두 구비되어야 한다.
⑤ 불공정한 법률행위로서 무효인 경우라도 당사자의 추인에 의하여 유효로 된다.

---

[1] 피고가 이 사건 계약으로 원고의 알선 및 위탁업무 수행과정의 고의·과실로 인한 손해배상책임을 부담하도록 정하였음에도, 별도 약정으로 원고의 알선을 통해 체결된 대출약정에 관하여 이용자의 기한의 이익이 상실되는 경우에는 그 사유에 관계없이 원고에게 모든 책임·위험을 전가시킨 사안에서, 별도 약정으로 원고가 부담하게 된 의무의 내용·실질이 이 사건 계약에서 정한 것과 전혀 다를 뿐만 아니라 이 사건 각 대출약정에 관하여 이용자의 기한의 이익이 상실됨에 따른 위험은 대출업자인 피고가 부담하여야 함에도 이를 사실상 대출 알선자에 불과한 원고에게 부담하도록 한 것이어서, 이 사건 계약에서 정한 내용과 달리 별도 약정을 통하여 원고는 부당하게 과도한 부담을 지게 된 반면 피고는 부당하게 과도한 이득을 얻게 되었으므로, 별도 약정은 민법 제103조에 위반되어 무효라고 봄이 타당함에도, 이와 달리 본 원심을 민법 제103조에 관한 법리오해를 이유로 파기한 사례

■ 해설　답 ①

① [O] 기부행위(증여)와 같이 아무 대가관계 없이 일방적인 급부를 하는 행위는 그 성질상 공정성 여부를 논할 수 있는 법률행위라 할 수 없다(대판 1997.3.11, 96다49650). 즉, 민법 제104조가 규정하는 현저히 공정을 잃은 법률행위라 함은 자기의 급부에 비하여 현저하게 균형을 잃은 반대급부를 하게 하여 부당한 재산적 이익을 얻는 행위를 의미하는 것이므로 증여와 같이 아무런 대가관계 없이 당사자 일방이 상대방에게 일방적인 급부를 하는 법률행위는 그 공정성 여부를 논할 수 있는 성질의 법률행위가 아니다(대판 2000.2.11, 99다56833 등).
② [X] 무효를 주장하려면 주장자가 위의 주관적 요건, 객관적 요건, 급부와 반대급부 사이에 현저한 불공정, 불균형이 있음을 입증하여야 하며(대판 1970.11.24, 70다2056), 법률행위가 현저히 공정을 잃었다고 하여 곧 그 법률행위가 궁박·경솔·무경험에 의하여 이루어진 것으로 추정되는 것은 아니다(대판 1969.12.30, 69다1873).
③ [X] 대리인에 의하여 법률행위가 이루어진 경우 그 법률행위가 민법 제104조의 불공정한 법률행위에 해당하는지 여부를 판단함에 있어서 경솔과 무경험은 대리인을 기준으로 하여 판단하고, 궁박은 본인의 입장에서 판단하여야 한다(대판 2002.10.22, 2002다38927).
④ [X] 사실과 다른 고소에 의하여 구속된 상태에서 고소인의 주장을 인정하고 한 합의는 불공정한 법률행위에 해당한다고 하면서 궁박, 경솔, 무경험 중 하나만 성립해도 된다(대판 1998.3.13, 97다51506).
⑤ [X] 무효의 주장에는 제한이 없으므로, 선의의 제3자에 대하여도 주장할 수 있으며, 시적 제한도 없으므로 언제나 행사할 수 있다. 그리고 무효행위의 추인의 대상은 되지 않는다.

035 불공정한 법률행위에 관한 설명으로 옳지 않은 것은? (다툼이 있으면 판례에 따름)　21 노무사

① 법률행위가 대리인에 의해서 행해진 경우, 궁박 상태는 본인을 기준으로 판단하여야 한다.
② 불공정한 법률행위의 무효는 선의의 제3자에게 대항할 수 없다.
③ 불공정한 법률행위의 무효는 원칙적으로 추인에 의해 유효로 될 수 없다.
④ 경매절차에서 매각대금이 시가보다 현저히 저렴하더라고 불공정한 법률행위를 이유로 무효를 주장할 수 없다.
⑤ 매매계약이 불공정한 법률행위에 해당하여 무효인 경우, 특별한 사정이 없는 한 그 계약에 관한 부제소 합의도 무효가 된다.

■ 해설　답 ②

① [O] 대리인에 의하여 법률행위가 이루어진 경우 그 법률행위가 민법 제104조의 불공정한 법률행위에 해당하는지 여부를 판단함에 있어서 경솔과 무경험은 대리인을 기준으로 하여 판단하고, 궁박은 본인의 입장에서 판단하여야 한다(대판 2002.10.22, 2002다38927). 궁박은 효과적인 측면이고 경솔, 무경험은 행위적 측면이기 때문이다.
② [X] 무효의 주장에는 제한이 없으므로, 선의의 제3자에 대하여도 주장할 수 있으며, 시적 제한도 없으므로 언제나 행사할 수 있다.
③ [O] 무효행위의 추인의 대상은 되지 않는다는 것이 판례이다.
④ [O] 경매에 있어서는 불공정한 법률행위 또는 채무자에게 불리한 약정에 관한 것으로서 효력이 없다는 민법 제104조, 제608조는 적용될 여지가 없다(대판 1980.3.21, 80마77).

⑤ [○] 매매계약과 같은 쌍무계약이 급부와 반대급부와의 불균형으로 말미암아 민법 제104조에서 정하는 '불공정한 법률행위'에 해당하여 무효라고 한다면, 그 계약으로 인하여 불이익을 입는 당사자로 하여금 위와 같은 불공정성을 소송 등 사법적 구제수단을 통하여 주장하지 못하도록 하는 부제소합의 역시 다른 특별한 사정이 없는 한 무효라고 할 것이다(대판 2010.7.15, 2009다50308).

036 불공정한 법률행위에 관한 설명으로 옳은 것은? (다툼이 있으면 판례에 따름) 21 변리사

① 불공정한 법률행위에도 무효행위 전환의 법리가 적용될 수 있다.
② 불공정한 법률행위로서 무효인 경우에도 추인하면 유효로 된다.
③ 불공정한 법률행위에 관한 규정은 부담 없는 증여의 경우에도 적용된다.
④ 경매에서 경매부동산의 매각대금이 시가에 비하여 현저히 저렴한 경우, 불공정한 법률행위에 해당하여 무효이다.
⑤ 법률행위가 현저하게 공정을 잃은 경우, 특별한 사정이 없는 한 그 법률행위는 궁박·경솔·무경험으로 인해 이루어진 것으로 추정된다.

해설
답 ①

① [○] 매매계약이 약정된 매매대금의 과다로 말미암아 민법 제104조에서 정하는 '불공정한 법률행위'에 해당하여 무효인 경우에도 무효행위의 전환에 관한 민법 제138조가 적용될 수 있다. 그러므로 재건축사업부지에 포함된 토지에 대하여 재건축사업조합과 토지의 소유자가 체결한 매매계약이 매매대금의 과다로 말미암아 불공정한 법률행위에 해당하지만, 그 매매대금을 적정한 금액으로 감액하여 매매계약의 유효성을 인정할 수 있다(대판 2010.7.15, 2009다50308).
② [×] 불공정한 법률행위로서 무효인 경우에는 추인에 의하여 무효인 법률행위가 유효로 될 수 없다(대판 1994.6.24, 94다10900).
③ [×] 기부행위(증여)와 같이 아무 대가관계 없이 일방적인 급부를 하는 행위는 그 성질상 공정성 여부를 논할 수 있는 법률행위라 할 수 없다(대판 1997.3.11, 96다49650). 즉 민법 제104조가 규정하는 현저히 공정을 잃은 법률행위라 함은 자기의 급부에 비하여 현저하게 균형을 잃은 반대급부를 하게 하여 부당한 재산적 이익을 얻는 행위를 의미하는 것이므로 증여와 같이 아무런 대가관계 없이 당사자 일방이 상대방에게 일방적인 급부를 하는 법률행위는 그 공정성 여부를 논의할 수 있는 성질의 법률행위가 아니다(대판 2000.2.11, 99다56833 등).
④ [×] 경매에 있어서는 불공정한 법률행위 또는 채무자에게 불리한 약정에 관한 것으로서 효력이 없다는 민법 제104조, 제608조는 적용될 여지가 없다(대판 1980.3.21, 80마77).
⑤ [×] 법률행위가 현저히 공정을 잃었다고 하여 곧 그 법률행위가 궁박·경솔·무경험에 의하여 이루어진 것으로 추정되는 것은 아니다(대판 1969.12.30, 69다1873).

037 불공정한 법률행위에 관한 설명으로 옳지 않은 것은? (다툼이 있으면 판례에 따름) 22 세무사

① 불공정한 법률행위의 성립을 위해서는 폭리자에게 피해자의 궁박, 경솔 또는 무경험을 알고서 이를 이용하려는 의사가 있어야 한다.
② 급부와 반대급부 사이에 현저한 불균형이 존재한다는 것만으로 피해자의 궁박, 경솔 또는 무경험이 추정되는 것은 아니다.
③ 불공정한 법률행위에 관한 민법의 규정은 비법인사단의 총회 결의에는 적용될 수 없다.
④ 불공정한 법률행위로서 무효인 경우, 피해자는 자기가 이행한 것의 반환을 청구할 수 있다.
⑤ 대리인에 의한 법률행위에서 궁박 여부는 대리인이 아닌 본인을 기준으로 판단하여야 한다.

해설
답 ③

① [○] 폭리자는 위와 같은 사정이 있었음을 알고서 그것을 이용하려는 의도, 즉 악의(폭리의사)를 가지고 있어야 한다는 것이 통설, 판례이다(대판 1988.9.13, 86다카563; 대판 2008.3.14, 2007다11996).
② [○] 법률행위가 현저히 공정을 잃었다고 하여 곧 그 법률행위가 궁박·경솔·무경험에 의하여 이루어진 것으로 추정되는 것은 아니다(대판 1969.12.30, 69다1873).
③ [×] 법인 아닌 어촌계가 취득한 어업권은 어촌계의 총유이고(수산업법 제15조 제4항), 그 어업권의 소멸로 인한 손실보상금도 어촌계의 총유에 속하므로, 총유물인 손실보상금의 처분은 원칙적으로 계원총회의 결의에 의하여 결정되어야 할 것이지만(수산업협동조합법시행령 제10조 제1항 제7호, 어촌계 정관 제33조 제1항 제7호), 어업권의 소멸로 인한 손실보상금은 어촌계의 잉여금과는 그 성질이 달라서 어업권의 소멸로 손실을 입게 된 어촌계원에게 공평하고 적정하게 분배되어야 할 것이므로, 어업권의 소멸로 인한 손실보상금의 분배에 관한 어촌계 총회의 결의 내용이 각 계원의 어업권 행사 내용, 어업 의존도, 계원이 보유하고 있는 어업 장비나 멸실된 어업 시설 등의 제반 사정을 참작한 손실의 정도에 비추어 볼 때 현저하게 불공정한 경우에는 그 결의는 무효이다(대판 1997.10.28, 97다27619).
④ [○] 이행된 경우는 일반적으로 불법원인이 상대방에게만 있는 것이라 할 것이므로 민법 제746조 단서가 적용되어 피해자는 급부한 것의 반환을 청구할 수 있다.
⑤ [○] 대리인에 의하여 법률행위가 이루어진 경우 그 법률행위가 민법 제104조의 불공정한 법률행위에 해당하는지 여부를 판단함에 있어서 경솔과 무경험은 대리인을 기준으로 하여 판단하고, 궁박은 본인의 입장에서 판단하여야 한다(대판 2002.10.22, 2002다38927). 궁박은 효과적인 측면이고 경솔, 무경험은 행위적 측면이기 때문이다.

038 다음의 내용 중 옳지 않은 것은? (다툼이 있는 경우 판례에 의함)
22 경간부

① 불공정한 법률행위에 관한 「민법」 제104조는 공경매에도 적용된다.
② 특별한 사정이 없는 한, 부첩관계를 해소하면서 상대방의 장래 생활대책 마련을 위해 복수의 부동산 중 한 필지를 증여하기로 하는 당사자 간의 약정은 유효이다.
③ 민사소송에 관한 변호사선임계약에서 부당하게 과다하지 않은 성공보수 약정은 특별한 사정이 없는 한 반사회질서의 법률행위에 해당하지 않는다.
④ 제1매수인으로부터 부동산의 매매대금 전부를 지급받은 매도인이 이 사실을 알고 있는 제2매수인과 그 부동산에 대한 매매계약을 체결한 경우, 특별한 사정이 없는 한 그 제2매수인과의 부동산매매계약은 유효이다.

해설
답 ①

① [×] 경매에 있어서는 불공정한 법률행위 또는 채무자에게 불리한 약정에 관한 것으로서 효력이 없다는 민법 제104조, 제608조는 적용될 여지가 없다(대판 1980.3.21, 80마77).
② [○] 불륜관계의 단절을 조건으로 하는 금전지급계약, 첩의 생활비나 자녀의 양육비를 지급하는 계약은 제103조 위반이 아니다(대판 1980.6.24, 80다458).
③ [○] 형사사건에서의 성공보수약정은 수사·재판의 결과를 금전적인 대가와 결부시킴으로써, 기본적 인권의 옹호와 사회정의의 실현을 그 사명으로 하는 변호사 직무의 공공성을 저해하고, 의뢰인과 일반 국민의 사법제도에 대한 신뢰를 현저히 떨어뜨릴 위험이 있으므로, 선량한 풍속 기타 사회질서에 위반되는 것으로 평가할 수 있다. … 그러나 대법원이 이 판결을 통하여 형사사건에 관한 성공보수약정이 선량한 풍속 기타 사회질서에 위반되는 것으로 평가할 수 있음을 명확히 밝혔음에도 불구하고 향후에도 성공보수약정이 체결된다면 이는 민법 제103조에 의하여 무효로 보아야 한다(대판 2015.7.23, 2015다200111 전합).
④ [○] 부동산의 이중매매가 반사회적 법률행위로서 무효가 되기 위하여는 매도인의 배임행위와 매수인이 매도인의 배임행위에 적극 가담한 행위로 이루어진 매매로서, 그 적극가담 하는 행위는 매수인이 다른 사람에게 매매목적물이 매도된 것을 안다는 것만으로는 부족하고, 적어도 그 매도사실을 알고도 매도를 요청하여 매매계약에 이르는 정도가 되어야 한다(대판 1994.3.11, 93다55289).

039 민법 제104조의 불공정한 법률행위에 관한 설명으로 옳은 것은? (다툼이 있으면 판례에 따름)

23 변리사

① 행정기관에 진정서를 제출하여 상대방을 궁지에 빠뜨린 다음 이를 취하하는 조건으로 거액의 급부를 제공받기로 약정한 것은 불공정한 법률행위에 해당한다.
② 법률행위의 성립시에는 존재하지 않았던 급부간의 현저한 불균형이 그 이후 외부적 사정의 급격한 변화로 인하여 발생하였다면 다른 요건이 충족되는 한 그때부터 불공정한 법률행위가 인정된다.
③ 불공정한 법률행위의 성립요건으로 요구되는 무경험이란 일반적인 생활체험의 부족이 아니라 해당 법률행위가 행해진 바로 그 영역에서의 경험 부족을 의미한다.
④ 법률행위가 현저히 공정을 잃었고, 어느 한 당사자에게 궁박의 사정이 존재한다고 하여도 그 상대방에게 이러한 사정을 이용하려는 폭리행위의 악의가 없었다면 불공정한 법률행위는 인정되지 않는다.
⑤ 불공정한 법률행위를 할 때 당사자 간에 그 법률행위의 불공정성을 이유로 하여 법률행위의 효력을 다툴 수 없다는 합의가 함께 행해졌다면 그러한 합의는 유효하다.

해설

답 ④

① [×] 행정기관에 진정서를 제출하여 상대방을 궁지에 빠뜨린 다음 이를 취하하는 조건으로 거액의 급부를 제공받기로 약정한 경우, 민법 제103조 소정의 반사회질서의 법률행위에 해당한다(대판 2000.2.11, 99다56833).
② [×] 통설, 판례(대판 1965.6.15, 65다610)는 법률행위시를 표준으로 하고 있다. 그리고 판례는 "키코(KIKO) 통화옵션계약의 구조는 환율 변동의 확률적 분포를 고려하여 쌍방의 기대이익을 대등하게 한 것이므로 계약 체결 후 시장환율이 당초 예상과 달리 변동함으로써 결과적으로 쌍방의 이익에 불균형이 생겼다 하더라도 그 때문에 계약 자체가 현저하게 불공정하게 체결되었다고 볼 수 없기 때문에 통화옵션계약은 불공정행위에 해당하지 않는다(대판 2013.9.26, 2012다1146·1153 전합)."라고 하였다.
③ [×] '무경험'이라 함은 일반적인 생활체험의 부족을 의미하는 것으로서 어느 특정영역에 있어서의 경험부족이 아니라 거래일반에 대한 경험부족을 뜻하고, 당사자가 궁박 또는 무경험의 상태에 있었는지 여부는 그의 나이와 직업, 교육 및 사회경험의 정도, 재산 상태 및 그가 처한 상황의 절박성의 정도 등 제반 사정을 종합하여 구체적으로 판단하여야 하며, 한편 피해 당사자가 궁박, 경솔 또는 무경험의 상태에 있었다고 하더라도 그 상대방 당사자에게 그와 같은 피해 당사자측의 사정을 알면서 이를 이용하려는 의사, 즉 폭리행위의 악의가 없었다거나 또는 객관적으로 급부와 반대급부 사이에 현저한 불균형이 존재하지 아니한다면 불공정 법률행위는 성립하지 않는다(대판 2002.10.22, 2002다38927).
④ [○] 피해 당사자가 궁박, 경솔 또는 무경험의 상태에 있었다고 하더라도 그 상대방 당사자에게 그와 같은 피해 당사자측의 사정을 알면서 이를 이용하려는 의사, 즉 폭리행위의 악의가 없었다거나 또는 객관적으로 급부와 반대급부 사이에 현저한 불균형이 존재하지 아니한다면 불공정 법률행위는 성립하지 않는다(대판 1988.9.13, 86다카563; 대판 2008.3.14, 2007다11996).
⑤ [×] 매매계약과 같은 쌍무계약이 급부와 반대급부와의 불균형으로 말미암아 민법 제104조에서 정하는 '불공정한 법률행위'에 해당하여 무효라고 한다면, 그 계약으로 인하여 불이익을 입는 당사자로 하여금 위와 같은 불공정성을 소송 등 사법적 구제수단을 통하여 주장하지 못하도록 하는 부제소 합의 역시 다른 특별한 사정이 없는 한 무효라고 할 것이다(대판 2010.7.15, 2009다50308).

040 불공정한 법률행위의 요건에 관한 설명으로 옳지 않은 것은? (다툼이 있으면 판례에 따름)

23 세무사

① 궁박에는 경제적인 궁박뿐만 아니라 정신적·심리적인 궁박도 포함된다.
② 무경험은 일반적인 생활경험이 아니라 해당 법률행위가 속한 특정영역에서의 경험부족을 의미한다.
③ 대리인에 의한 법률행위에서 궁박은 본인을 기준으로 판단한다.
④ 불공정한 법률행위가 성립하기 위해서는 폭리행위자가 상대방의 궁박, 경솔 또는 무경험을 이용하려는 의사가 있어야 한다.
⑤ 불공정한 법률행위가 성립하기 위해서는 급부와 반대급부 사이에 현저한 불균형이 존재하여야 한다.

해설

답 ②

① [O] 궁박은 반드시 경제적인 것일 필요는 없으며, 정신적 곤궁을 포함하고 궁박의 상태가 계속적인 것이든 일시적인 것이든 무방하다(대판 2008.3.14, 2007다11996).
② [X] '무경험'이라 함은 일반적인 생활체험의 부족을 의미하는 것으로서 어느 특정영역에 있어서의 경험부족이 아니라 거래일반에 대한 경험부족을 뜻하고, 당사자가 궁박 또는 무경험의 상태에 있었는지 여부는 그의 나이와 직업, 교육 및 사회경험의 정도, 재산 상태 및 그가 처한 상황의 절박성의 정도 등 제반 사정을 종합하여 구체적으로 판단한다(대판 2002.10.22, 2002다38927).
③ [O] 대리인에 의하여 법률행위가 이루어진 경우 그 법률행위가 민법 제104조의 불공정한 법률행위에 해당하는지 여부를 판단함에 있어서 경솔과 무경험은 대리인을 기준으로 하여 판단하고, 궁박은 본인의 입장에서 판단하여야 한다(대판 2002.10.22, 2002다38927).
④ [O] 피해 당사자가 궁박, 경솔 또는 무경험의 상태에 있었다고 하더라도 그 상대방 당사자에게 그와 같은 피해 당사자측의 사정을 알면서 이를 이용하려는 의사, 즉 폭리행위의 악의가 없었다거나 또는 객관적으로 급부와 반대급부 사이에 현저한 불균형이 존재하지 아니한다면 불공정 법률행위는 성립하지 않는다(대판 1988.9.13, 86다카563; 대판 2008.3.14, 2007다11996).
⑤ [O] 급부와 반대급부 사이의 현저한 불균형은 유상계약 또는 쌍무계약에서 생길 수 있다. 매매계약이나 대물변제계약이 이에 해당한다. 또한 화해계약의 경우에도 신체사고에 의한 손해배상을 청구한 경우 손해배상으로 받을 수 있는 금액보다 현저하게 낮은 금액을 손해배상액으로 합의한 경우에도 제104조가 적용된다(대판 1999.5.28, 98다58825).

041 불공정한 법률행위에 관한 설명으로 옳은 것을 모두 고른 것은? (다툼이 있으면 판례에 따름)

23 노무사

ㄱ. 급부 상호간에 현저한 불균형이 있는지의 여부는 법률행위 시를 기준으로 판단한다.
ㄴ. 무경험은 거래 일반에 관한 경험부족을 말하는 것이 아니라 특정영역에 있어서의 경험부족을 의미한다.
ㄷ. 불공정한 법률행위로서 무효인 법률행위는 원칙적으로 법정추인에 의하여 유효로 될 수 없다.
ㄹ. 대가관계 없는 일방적 급부행위에 대해서는 불공정한 법률행위에 관한 민법 제104조가 적용되지 않는다.

① ㄱ
② ㄴ, ㄷ
③ ㄴ, ㄹ
④ ㄱ, ㄷ, ㄹ
⑤ ㄱ, ㄴ, ㄷ, ㄹ

해설

답 ④

ㄱ. [O] 통설, 판례(대판 1965.6.15, 65다610)는 법률행위시를 표준으로 하고 있다. 따라서 판례는 "키코(KIKO) 통화옵션계약의 구조는 환율 변동의 확률적 분포를 고려하여 쌍방의 기대이익을 대등하게 한 것이므로 계약 체결 후 시장환율이 당초 예상과 달리 변동함으로써 결과적으로 쌍방의 이익에 불균형이 생겼다 하더라도 그 때문에 계약 자체가 현저하게 불공정하게 체결되었다고 볼 수 없기 때문에 통화옵션계약은 불공정행위에 해당하지 않는다(대판 2013.9.26, 2012다1146·1153 전합)."라고 하였다.
ㄴ. [X] '무경험'이라 함은 일반적인 생활체험의 부족을 의미하는 것으로서 어느 특정영역에 있어서의 경험부족이 아니라 거래일반에 대한 경험부족을 뜻하고, 당사자가 궁박 또는 무경험의 상태에 있었는지 여부는 그의 나이와 직업, 교육 및 사회경험의 정도, 재산 상태 및 그가 처한 상황의 절박성의 정도 등 제반 사정을 종합하여 구체적으로 판단한다(대판 2002.10.22, 2002다38927).
ㄷ. [O] 불공정한 법률행위로서 무효인 경우에는 추인에 의하여 무효인 법률행위가 유효로 될 수 없다(대판 1994.6.24, 94다10900).
ㄹ. [O] 민법 제104조가 규정하는 현저히 공정을 잃은 법률행위라 함은 자기의 급부에 비하여 현저하게 균형을 잃은 반대급부를 하게 하여 부당한 재산적 이익을 얻는 행위를 의미하는 것이므로 증여와 같이 아무런 대가관계 없이 당사자 일방이 상대방에게 일방적인 급부를 하는 법률행위는 그 공정성 여부를 논의할 수 있는 성질의 법률행위가 아니다(대판 2000.2.11, 99다56833 등).

042 불공정한 법률행위(「민법」 제104조)에 관한 설명으로 옳은 것은? (다툼이 있는 경우 판례에 의함)

23 경간부

① 「민법」 제104조는 무상계약에도 적용될 수 있다.
② 「민법」 제104조는 경매에 의한 재산권 이전의 경우에도 적용될 수 있다.
③ 「민법」 제104조에 따라 무효인 법률행위는 원칙적으로 추인에 의하여 유효로 될 수 있다.
④ 단독행위의 경우에도 대가관계를 상정할 수 있는 한 「민법」 제104조가 적용될 수 있다.

> 해설

답 ④

① [×] 민법 제104조가 규정하는 현저히 공정을 잃은 법률행위라 함은 자기의 급부에 비하여 현저하게 균형을 잃은 반대급부를 하게 하여 부당한 재산적 이익을 얻는 행위를 의미하는 것이므로 증여와 같이 아무런 대가관계 없이 당사자 일방이 상대방에게 일방적인 급부를 하는 법률행위는 그 공정성 여부를 논의할 수 있는 성질의 법률행위가 아니다(대판 2000.2.11, 99다56833 등).
② [×] 경매에 있어서는 불공정한 법률행위 또는 채무자에게 불리한 약정에 관한 것으로서 효력이 없다는 민법 제104조, 제608조는 적용될 여지가 없다(대판 1980.3.21, 80마77).
③ [×] 불공정한 법률행위로서 무효인 경우에는 추인에 의하여 무효인 법률행위가 유효로 될 수 없다(대판 1994.6.24, 94다10900).
④ [○] 채무자인 회사가 남편의 징역을 면하기 위하여 부정수표를 회수하려면 물품외상대금 중 금 100만 원을 초과하는 채권에 대한 포기서를 써야 된다는 강압적인 요구를 하므로 사회적 경험이 부족한 가정부인이 경제적 정신적 궁박상태하에서 구속된 자기남편을 석방 구제하는 데에는 위 수표의 회수가 필요할 것이라는 일념에서 회사에 대한 물품잔대금 채권이 얼마인지 조차 확실히 모르면서 보관 중이던 남편의 인감을 이용하여 남편을 대리하여 위임장과 포기서를 작성하여 준 채권포기행위는 거래관계에 있어서 현저하게 균형을 잃은 행위로서 사회적 정의에 반하는 불공정한 불법행위로 보는 것이 상당하다(대판 1975.5.13, 75다92).

043 불공정한 법률행위에 관한 설명으로 옳지 않은 것은? (다툼이 있으면 판례에 따름) 24 감평사

① 불공정한 법률행위에 해당하는지는 원칙적으로 법률행위시를 기준으로 판단한다.
② 대리인에 의한 법률행위의 경우, 궁박 상태의 여부는 본인을 기준으로 판단한다.
③ 경매에는 불공정한 법률행위에 관한 민법 제104조가 적용되지 않는다.
④ 불공정한 법률행위는 추인으로 유효로 될 수 없지만 법정추인은 인정된다.
⑤ 불공정한 법률행위는 이를 기초로 새로운 이해관계를 맺은 선의의 제3자에 대해서도 무효이다.

> 해설

답 ④

① [○] 통설, 판례(대판 1965.6.15, 65다610)는 법률행위시를 표준으로 하고 있다.
② [○] 대리인에 의하여 법률행위가 이루어진 경우 그 법률행위가 민법 제104조의 불공정한 법률행위에 해당하는지 여부를 판단함에 있어서 경솔과 무경험은 대리인을 기준으로 하여 판단하고, 궁박은 본인의 입장에서 판단하여야 한다(대판 2002.10.22, 2002다38927).
③ [○] 경매에 있어서는 불공정한 법률행위 또는 채무자에게 불리한 약정에 관한 것으로서 효력이 없다는 민법 제104조, 제608조는 적용될 여지가 없다(대판 1980.3.21, 80마77).
④ [×] 불공정한 법률행위로서 무효인 경우에는 추인에 의하여 그 무효인 법률행위가 유효로 될 수 없다고 할 것이므로, 같은 취지에서 법정추인에 관한 원고의 주장을 배척한 원심의 조치는 정당하고, 거기에 소론과 같은 추인에 관한 법리오해의 위법이 있다 할 수 없다. 논지도 이유 없다(대판 1994.6.24, 94다10900).
⑤ [○] 무효의 주장에는 제한이 없으므로, 선의의 제3자에 대하여도 주장할 수 있으며(절대적 무효), 시적 제한도 없으므로 언제나 행사할 수 있다.

044 불공정한 법률행위에 관한 설명으로 옳지 않은 것은? (다툼이 있는 경우 판례에 의함)

24 경간부 변형

① 궁박은 경제적·정신적 또는 심리적 원인에 기인할 수 있다.
② 폭리행위에 대한 상대방의 악의가 없으면, 불공정한 법률행위는 성립하지 않는다.
③ 법률행위가 대리인에 의하여 이루어진 경우, 그 법률행위가 불공정한 법률행위에 해당하는지 여부를 판단할 때 경솔과 무경험은 본인을 기준으로 한다.
④ 매도인이 궁박 상태에서 매매가격을 실제가격에 비하여 현저하게 헐값으로 계약을 한 경우, 그 계약이 불공정한 법률행위로서 무효라고 하려면 궁박 상태에 대한 증명책임은 매도인에게 있다.
⑤ 급부와 반대급부는 해당 법률행위에서 정한 급부와 반대급부를 의미하므로, 궁박 때문에 법률행위를 하였다고 주장하는 당사자가 그 법률행위의 결과 제3자와의 계약관계에서 입었을 불이익을 면하게 되었더라도, 특별한 사정이 없는 한 이러한 불이익의 면제를 곧바로 해당 법률행위에서 정한 상대방의 급부로 평가해서는 안 된다.

해설

답 ③

① [○] 궁박은 반드시 경제적인 것일 필요는 없으며, 정신적 곤궁을 포함하고 궁박의 상태가 계속적인 것이든 일시적인 것이든 무방하다(대판 2008.3.14, 2007다11996).
② [○] 피해 당사자가 궁박, 경솔 또는 무경험의 상태에 있었다고 하더라도 그 상대방 당사자에게 그와 같은 피해 당사자측의 사정을 알면서 이를 이용하려는 의사, 즉 폭리행위의 악의가 없었다거나 또는 객관적으로 급부와 반대급부 사이에 현저한 불균형이 존재하지 아니한다면 불공정 법률행위는 성립하지 않는다(대판 1988.9.13, 86다카563; 대판 2008.3.14, 2007다11996).
③ [×] 대리인에 의하여 법률행위가 이루어진 경우 그 법률행위가 민법 제104조의 불공정한 법률행위에 해당하는지 여부를 판단함에 있어서 경솔과 무경험은 대리인을 기준으로 하여 판단하고, 궁박은 본인의 입장에서 판단하여야 한다(대판 2002.10.22, 2002다38927).
④ [○] 무효를 주장하려면 주장자가 위의 주관적 요건, 객관적 요건, 급부와 반대급부 사이에 현저한 불공정, 불균형이 있음을 입증하여야 한다(대판 1970.11.24, 70다2056).
⑤ [○] 여기에서 급부와 반대급부는 해당 법률행위에서 정한 급부와 반대급부를 의미하므로, 궁박 때문에 법률행위를 하였다고 주장하는 당사자가 그 법률행위의 결과 제3자와의 계약관계에서 입었을 불이익을 면하게 되었더라도, 특별한 사정이 없는 한 이러한 불이익의 면제를 곧바로 해당 법률행위에서 정한 상대방의 급부로 평가해서는 안 된다. 이를 상대방의 급부로 평가한다면, 당사자가 그 불이익을 입는 것보다 해당 법률행위에서 정한 반대급부를 이행하는 것이 경제적으로 유리하다고 보아 그 법률행위를 한 대부분의 경우에 그 불이익을 포함한 급부의 객관적 가치가 반대급부의 객관적 가치를 초과하여, 그 이유만으로 당사자의 궁박 여부와 관계없이 법률행위의 불공정성이 부정되는 부당한 결과가 발생할 수 있기 때문이다. 이러한 불이익은 급부와 반대급부 사이의 객관적 가치 차이가 사회통념상 현저하게 균형을 잃은 정도에 이르렀는지, 또는 당사자가 궁박한 상태에 있었는지를 판단할 때 고려할 수 있을 뿐이다(대판 2024.3.12, 2023다301712).

제4관 법률행위의 해석

045 당사자 확정 및 법률행위의 해석에 관한 설명으로 옳은 것은? (다툼이 있으면 판례에 따름)

17 노무사

① 예금명의자의 위임에 의하여 자금출연자가 대리인으로 예금계약을 체결한 경우, 예금계약의 반환청구권자는 자금출연자이다.
② 불법행위로 인한 손해배상에 관하여 가해자와 피해자 사이에 피해자가 일정한 금액을 지급받고 그 나머지의 청구를 포기하기로 약정한 때에는 모든 후발손해에 대해서도 배상청구권을 포기한 것으로 해석하여야 한다.
③ 본인이 대리인을 통하여 계약을 체결하는 것에 대하여 상대방이 그러한 사정을 알고 대리인과 계약을 체결하였는데 대리권이 존재하지 않은 경우, 계약의 당사자는 대리인과 상대방이 된다.
④ 甲이 乙의 행세를 하여 乙 명의로 丙과 부동산을 매수하는 계약을 체결한 후 丙으로부터 인도받아 거주하고 있고, 丙이 甲을 매수인으로 알고 있는 경우 부동산 매매계약의 당사자는 乙과 丙이다.
⑤ 부동산 매매계약에 있어서 당사자 쌍방 모두 지번 등에 착오를 일으켜 실제로 합의하지 않은 토지(Y)를 계약서에 매매목적물로 기재한 경우, 실제로 합의된 토지(X)가 매매목적물이다.

해설

답 ⑤

① [×] 본인인 예금명의자의 의사에 따라 예금명의자의 실명확인 절차가 이루어지고 예금명의자를 예금주로 하여 예금계약서를 작성하였음에도 불구하고, 예금명의자가 아닌 출연자 등을 예금계약의 당사자라고 볼 수 있으려면, 금융기관과 출연자 등과 사이에서 실명확인 절차를 거쳐 서면으로 이루어진 예금명의자와의 예금계약을 부정하여 예금명의자의 예금반환청구권을 배제하고 출연자 등과 예금계약을 체결하여 출연자 등에게 예금반환청구권을 귀속시키겠다는 명확한 의사의 합치가 있는 극히 예외적인 경우로 제한되어야 한다. 그리고 이러한 의사의 합치는 금융실명거래 및 비밀보장에 관한 법률에 따라 실명확인 절차를 거쳐 작성된 예금계약서 등의 증명력을 번복하기에 충분할 정도의 명확한 증명력을 가진 구체적이고 객관적인 증거에 의하여 매우 엄격하게 인정하여야 한다(대판 2009.3.19, 2008다45828 전합).
② [×] 불법행위로 인한 손해배상에 관하여 가해자와 피해자 사이에 피해자가 일정한 금액을 지급받고 그 나머지 청구를 포기하기로 합의가 이루어진 때에는 그 후 그 이상의 손해가 발생하였다 하여 다시 그 배상을 청구할 수 없는 것이지만, 그 합의가 손해의 범위를 정확히 확인하기 어려운 상황에서 이루어진 것이고, 후발손해가 합의 당시의 사정으로 보아 예상이 불가능한 것으로서, 당사자가 후발손해를 예상하였더라면 사회통념상 그 합의금액으로는 화해하지 않았을 것이라고 보는 것이 상당할 만큼 그 손해가 중대한 것일 때에는 당사자의 의사가 이러한 손해에 대해서까지 그 배상청구권을 포기한 것이라고 볼 수 없으므로 다시 그 배상을 청구할 수 있다(대판 2001.9.4, 2001다9496).

③ [×] **제114조(대리행위의 효력)** ① 대리인이 그 권한 내에서 본인을 위한 것임을 표시한 의사표시는 직접본인에게 대하여 효력이 생긴다.

제115조(본인을 위한 것임을 표시하지 아니한 행위) 대리인이 본인을 위한 것임을 표시하지 아니한 때에는 그 의사표시는 자기를 위한 것으로 본다. 그러나 상대방이 대리인으로서 한 것임을 알았거나 알 수 있었을 때에는 전조 제1항의 규정을 준용한다.

– 즉, 계약의 당사자는 본인과 상대방이다.

④ [×] 계약을 체결하는 행위자가 타인의 이름으로 법률행위를 한 경우에 행위자 또는 명의인 가운데 누구를 계약의 당사자로 볼 것인가에 관하여는, 우선 행위자와 상대방의 의사가 일치한 경우에는 그 일치한 의사대로 행위자 또는 명의인을 계약의 당사자로 확정하여야 할 것이고, 행위자와 상대방의 의사가 일치하지 않는 경우에는 그 계약의 성질·내용·목적·체결 경위 등 그 계약 체결 전후의 구체적인 제반 사정을 토대로 상대방이 합리적인 사람이라면 행위자와 명의자 중 누구를 계약당사자로 이해할 것인가에 의하여 당사자를 결정하여야 한다[2](대판 2003.9.5, 2001다32120). 즉, 甲과 丙이 된다.

⑤ [○] 목적물지번에 관한 당사자쌍방의 공통하는 착오 사안에서 甲, 乙이 모두 A토지를 계약목적으로 삼았으나 계약서에 B토지를 잘못 표기한 경우에도 쌍방당사자의 의사합치가 있는 이상 A토지에 관하여 매매계약이 성립하며, 만약 B토지에 관해 이전등기가 경료 되었다면 이는 원인 없이 경료된 것으로 무효이다(대판 1993.10.26, 93다2629).

---

2) 계약을 체결하는 행위자가 타인의 이름으로 법률행위를 한 경우에 행위자 또는 명의인 가운데 누구를 당사자로 볼 것인가에 관하여는, 우선 행위자와 상대방의 의사가 일치한 경우에는 그 일치한 의사대로 행위자 또는 명의인을 계약의 당사자로 확정하여야 할 것이고, 쌍방의 의사가 일치하지 않는 경우에는 그 계약의 성질·내용·목적·경위 등 계약체결 전후의 구체적인 제반 사정을 토대로 상대방이 합리적인 사람이라면 행위자와 명의인 중 누구를 계약당사자로 이해할 것인지에 의하여 결정하여야지 그 계약상의 명의인이 언제나 계약당사자가 되는 것은 아니라 할 것이고, 이러한 법리는 종합건설업자로 등록되어 있지 아니한 수급인이 도급인과 건축도급계약을 체결하면서, 당사자의 합의하에 계약상의 수급인 명의를 종합건설업자로 등록된 사업자로 표시하여 도급계약을 체결하기는 하였지만 그 공사를 직접 시공하고 공사대금도 자기의 계산으로 하는 등 스스로 계약당사자가 될 의사이었음이 인정되는 경우에도 마찬가지로 적용된다(대판 2016.3.10, 2015다240768).

046 법률행위의 해석에 관한 설명으로 옳지 않은 것은?

① 기본권 규정은 성질상 사법관계에 직접 적용될 수 있는 예외적인 것을 제외하고는 관련 법규범 또는 사법상의 일반원칙을 규정한 민법 제2조, 제103조 등의 내용을 형성하고 그 해석기준이 되어 간접적으로 사법관계에 효력을 미치게 된다.

② 하나의 법률관계를 둘러싸고 각기 다른 내용을 정한 여러 개의 계약서가 순차로 작성되어 있는 경우 당사자가 그러한 계약서에 따른 법률관계나 우열관계를 명확하게 정하고 있다면 그와 같은 내용대로 효력이 발생한다. 그러나 여러 개의 계약서에 따른 법률관계 등이 명확히 정해져 있지 않다면 각각의 계약서에 정해져 있는 내용 중 서로 양립할 수 없는 부분에 관해서는 원칙적으로 나중에 작성된 계약서에서 정한 대로 계약 내용이 변경되었다고 해석하는 것이 합리적이다.

③ 원래의 계약에 있는 위약금이나 손해배상에 관한 약정은 그것이 계약 내용이나 당사자의 의사표시 등에 비추어 합의해제·해지의 경우에까지 적용되는 것이 원칙이다.

④ 대한민국 국민 개인이 주장하는 일제징용회사에 대한 손해배상청구권은 한일청구권협정의 적용대상에 포함되지 않으므로, 이에 대한 손해배상청구는 가능하다.

⑤ 계약사항에 대하여 이의가 생긴 경우에는 일방당사자의 해석에 따른다는 계약서상의 조항은 법원의 법률행위 해석권을 구속할 수 없다.

⑥ 하나의 법률관계를 둘러싸고 각기 다른 내용을 정한 여러 개의 계약서가 순차로 작성되어 있는 경우 당사자가 그러한 계약서에 따른 법률관계나 우열관계를 명확하게 정하고 있다면 그와 같은 내용대로 효력이 발생한다. 그러나 여러 개의 계약서에 따른 법률관계 등이 명확히 정해져 있지 않다면 각각의 계약서에 정해져 있는 내용 중 서로 양립할 수 없는 부분에 관해서는 원칙적으로 나중에 작성된 계약서에서 정한 대로 계약 내용이 변경되었다고 해석하는 것이 합리적이다.

해설

답 ③

① [O] 헌법상 기본권은 제1차적으로 개인의 자유로운 영역을 공권력의 침해로부터 보호하기 위한 방어적 권리이지만 다른 한편으로 헌법의 기본적인 결단인 객관적인 가치질서를 구체화한 것으로서, 사법(사법)을 포함한 모든 법 영역에 그 영향을 미치는 것이므로 사인 간의 사적인 법률관계도 헌법상의 기본권 규정에 적합하게 규율되어야 한다. 다만, 기본권 규정은 성질상 사법관계에 직접 적용될 수 있는 예외적인 것을 제외하고는 관련 법규범 또는 사법상의 일반원칙을 규정한 민법 제2조, 제103조 등의 내용을 형성하고 그 해석기준이 되어 간접적으로 사법관계에 효력을 미치게 된다(대판 2018.9.13, 2017두38560).

② [O] 원고(임차인)가 피고(임대인)와 상가에 관한 기존 임대차계약 내용을 변경하면서 임차보증금 액수는 같지만 임차면적, 임대차기간(5년/8년), 월차임, 특약사항의 내용이 조금씩 다른 4개의 임대차계약서를 차례로 작성하였고, 이들 계약서의 진정성립과 그중 세 번째 임대차계약서가 허위로 작성되었다는 점은 다툼이 없었던 사안에서, 가장 마지막으로 작성된 네 번째 임대차계약서가 허위로 작성된 것이라고 보기 어려워 네 번째 계약서에 따라 임대차관계가 계약기간(5년) 만료로 종료되었다고 보아 피고에게 임차보증금의 반환을 명한 원심 판단을 수긍하면서 피고의 상고를 기각하였다(대판 2020.12.30, 2017다17603).

③ [×] 법률행위의 해석은 당사자가 그 표시행위에 부여한 객관적인 의미를 명백하게 확정하는 것으로서, 서면에 사용된 문구에 구애받는 것은 아니지만 어디까지나 당사자의 내심적 의사의 여하에 관계없이 그 서면의 기재 내용에 의하여 당사자가 그 표시행위에 부여한 객관적 의미를 합리적으로 해석하여야 하는 것이고, 당사자가 표시한 문언에 의하여 그 객관적인 의미가 명확하게 드러나지 않는 경우에는 그 문언의 내용과 그 법률행위가 이루어진 동기 및 경위, 당사자가 그 법률행위에 의하여 달성하려는 목적과 진정한 의사, 거래의 관행 등을 종합적으로 고려하여 사회정의와 형평의 이념에 맞도록 논리와 경험의 법칙, 그리고 사회일반의 상식과 거래의 통념에 따라 합리적으로 해석하여야 한다. 따라서 계약을 합의하여 해제하거나 해지하면서 상대방에게 손해배상을 하기로 하는 특약이나 손해배상청구를 유보하는 의사표시를 하였는지를 판단할 때에도 위와 같은 법률행위 해석에 관한 법리가 적용된다. 위와 같은 특약이나 의사표시가 있었는지는 합의해제·해지 당시를 기준으로 판단하여야 하는데, 원래의 계약에 있는 위약금이나 손해배상에 관한 약정은 그것이 계약 내용이나 당사자의 의사표시 등에 비추어 합의해제·해지의 경우에도 적용된다고 볼 만한 특별한 사정이 없는 한 합의해제·해지의 경우에까지 적용되지는 않는다(대판 2021.5.7, 2017다220).

④ [○] [다수의견] 일제강점기에 강제동원되어 기간 군수사업체인 일본제철 주식회사에서 강제노동에 종사한 甲 등이 위 회사가 해산된 후 새로이 설립된 신일철주금 주식회사(이하 '신일철주금'이라 한다)를 상대로 위자료 지급을 구한 사안에서, 甲 등의 손해배상청구권은, 일본 정부의 한반도에 대한 불법적인 식민지배 및 침략전쟁의 수행과 직결된 일본 기업의 반인도적인 불법행위를 전제로 하는 강제동원 피해자의 일본 기업에 대한 위자료청구권(이하 '강제동원 위자료청구권'이라 한다)인 점, '대한민국과 일본국 간의 재산 및 청구권에 관한 문제의 해결과 경제협력에 관한 협정'(조약 제172호, 이하 '청구권협정'이라 한다)의 체결 경과와 전후 사정들에 의하면, 청구권협정은 일본의 불법적 식민지배에 대한 배상을 청구하기 위한 협상이 아니라 기본적으로 샌프란시스코 조약 제4조에 근거하여 한일 양국 간의 재정적·민사적 채권·채무관계를 정치적 합의에 의하여 해결하기 위한 것이었다고 보이는 점, 청구권협정 제1조에 따라 일본 정부가 대한민국 정부에 지급한 경제협력자금이 제2조에 의한 권리문제의 해결과 법적인 대가관계가 있다고 볼 수 있는지도 분명하지 아니한 점, 청구권협정의 협상 과정에서 일본 정부는 식민지배의 불법성을 인정하지 않은 채 강제동원 피해의 법적 배상을 원천적으로 부인하였고, 이에 따라 한일 양국의 정부는 일제의 한반도 지배의 성격에 관하여 합의에 이르지 못하였는데, 이러한 상황에서 강제동원 위자료청구권이 청구권협정의 적용대상에 포함되었다고 보기는 어려운 점 등에 비추어, 甲 등이 주장하는 신일철주금에 대한 손해배상청구권은 청구권협정의 적용대상에 포함되지 않는다(대판 2018.10.30, 2013다61381 전합).

⑤ [○] 매매계약서의 계약사항에 대한 이의가 생겼을 때에는 매도인의 해석에 따른다는 조항은 법원의 법률행위 해석권을 구속하는 조항이라 볼 수 없다(대판 1974.9.24, 74다1057).

⑥ [○] 원고(임차인)가 피고(임대인)와 상가에 관한 기존 임대차계약 내용을 변경하면서 임차보증금 액수는 같지만 임차면적, 임대차기간(5년/8년), 월차임, 특약사항의 내용이 조금씩 다른 4개의 임대차계약서를 차례로 작성하였고, 이들 계약서의 진정성립과 그중 세 번째 임대차계약서가 허위로 작성되었다는 점은 다툼이 없었던 사안에서, 가장 마지막으로 작성된 네 번째 임대차계약서가 허위로 작성된 것이라고 보기 어려워 네 번째 계약서에 따라 임대차관계가 계약기간(5년) 만료로 종료되었다고 보아 피고에게 임차보증금의 반환을 명한 원심 판단을 수긍하면서 피고의 상고를 기각하였다(대판 2020.12.30, 2017다17603).

047 법률행위의 해석에 관한 설명으로 옳지 않은 것은? (다툼이 있으면 판례에 따름)   20 변리사

① 문서의 기재내용과 다른 명시적, 묵시적 약정이 있는 사실이 인정될 경우에는 그 기재내용과 다른 사실을 인정할 수 있다.
② 사적 자치가 인정되는 분야의 제정법이 임의규정인 경우, 사실인 관습은 법률행위의 해석기준이 될 수 있다.
③ 매매계약사항에 이의가 생겼을 때에는 매도인의 해석에 따른다는 약정을 한 경우, 법원은 매도인의 해석과 다르게 법률행위를 해석할 권한이 없다.
④ 계약서를 작성하면서 계약상 지위에 관하여 당사자들의 합치된 의사와 달리 착오로 잘못 기재하였는데 오류를 인지하지 못한 채 계약상 지위가 잘못 기재된 계약서에 그대로 기명날인이나 서명을 한 경우, 당사자들의 합치된 의사에 따라 계약이 성립한 것으로 보아야 한다.
⑤ 甲과 乙이 X토지를 매매하기로 합의하였으나 Y토지로 매매계약서를 잘못 작성한 경우 X토지에 관하여 매매계약이 성립된 것으로 보아야 한다.

> **해설**   답 ③

① [○] 처분문서의 진정성립이 인정되는 이상 법원은 반증이 없는 한 그 문서의 기재내용에 따른 의사표시의 존재 및 내용을 인정하여야 하고, 합리적인 이유설시도 없이 이를 배척하여서는 아니 되나, 처분문서라 할지라도 그 기재내용과 다른 명시적, 묵시적 약정이 있는 사실이 인정될 경우에는 그 기재내용과 다른 사실을 인정할 수 있고, 작성자의 법률행위를 해석함에 있어서도 경험법칙과 논리법칙에 어긋나지 않는 범위 내에서 자유로운 심증으로 판단할 수 있다(대판 1996.9.10, 95누7239).
② [○] 사실인 관습은 사적 자치가 인정되는 분야, 즉 그 분야의 제정법이 주로 임의규정일 경우에는 법률행위의 해석기준으로서 또는 의사를 보충하는 기능으로서 이를 재판의 자료로 할 수 있을 것이나 이 이외의, 즉 그 분야의 제정법이 주로 강행규정일 경우에는 그 강행규정 자체에 결함이 있거나 강행규정 스스로가 관습에 따르도록 위임한 경우 등 이외에는 법적 효력을 부여할 수 없다(대판 1983.6.14, 80다3231).
③ [×] 매매계약서에 계약사항에 대한 이의가 생겼을 때에는 매도인의 해석에 따른다는 조항은 법원의 법률행위해석권을 구속하는 조항이라고 볼 수 없다(대판 1974.9.24, 74다1057).
④ [○] 일반적으로 계약을 해석할 때에는 형식적인 문구에만 얽매여서는 안 되고 쌍방당사자의 진정한 의사가 무엇인가를 탐구하여야 한다. 계약 내용이 명확하지 않은 경우 계약서의 문언이 계약 해석의 출발점이지만, 당사자들 사이에 계약서의 문언과 다른 내용으로 의사가 합치된 경우에는 의사에 따라 계약이 성립한 것으로 해석하여야 한다. 계약당사자 쌍방이 모두 동일한 물건을 계약 목적물로 삼았으나 계약서에는 착오로 다른 물건을 목적물로 기재한 경우 계약서에 기재된 물건이 아니라 쌍방 당사자의 의사합치가 있는 물건에 관하여 계약이 성립한 것으로 보아야 한다. 이러한 법리는 계약서를 작성하면서 계약상 지위에 관하여 당사자들의 합치된 의사와 달리 착오로 잘못 기재하였는데 계약 당사자들이 오류를 인지하지 못한 채 계약상 지위가 잘못 기재된 계약서에 그대로 기명날인이나 서명을 한 경우에도 동일하게 적용될 수 있다(대판 2018.7.26, 2016다242334).
⑤ [○] 목적물지번에 관한 당사자쌍방의 공통하는 착오 사안에서 甲, 乙이 모두 A토지를 계약목적으로 삼았으나 계약서에 B토지를 잘못 표기한 경우에도 쌍방당사자의 의사합치가 있는 이상 A토지에 관하여 매매계약이 성립하며, 만약 B토지에 관해 이전등기가 경료되었다면 이는 원인 없이 경료된 것으로 무효이다(대판 1993.10.26, 93다2629).

048

법률행위의 해석에 관한 설명으로 옳지 않은 것은? (다툼이 있으면 판례에 따름) 22 세무사 변형

① 동일한 사항에 관하여 내용을 달리하는 문서가 중복하여 작성된 경우, 특별한 사정이 없는 한 마지막에 작성된 문서에 작성자의 최종적인 의사가 담겨 있다고 해석하여야 한다.
② 매매계약사항에 이의가 있을 때 매도인의 해석에 따르기로 하는 약정은 법원을 구속하지 못한다.
③ 임의규정과 다른 관습이 있는 경우, 당사자의 의사가 명확하지 않은 때에는 그 관습에 의한다.
④ 정관의 규범적인 의미 내용과 다른 해석이 사원총회의 결의로 표명된 경우, 그 결의에 의한 해석은 사원들을 구속하는 효력이 없다.
⑤ 계약당사자 쌍방이 모두 X물건을 계약의 목적물로 삼았으나 계약서에는 착오로 Y물건을 목적물로 기재한 경우, Y물건에 관하여 계약이 성립한 것으로 보아야 한다.
⑥ 위약벌 약정은 손해배상과 관계없이 의무 위반에 대한 제재벌로서 위반자가 그 상대방에게 지급하기로 자율적으로 약정한 것이므로 사적 자치의 원칙에 따라 계약당사자의 의사가 최대한 존중되어야 하고, 이에 대한 법원의 개입을 쉽게 허용할 것은 아니다.

해설

답 ⑤

① [O] 동일한 사항에 관하여 내용을 달리하는 문서가 중복하여 작성된 경우에는 마지막에 작성된 문서에 작성자의 최종적인 의사가 담겨 있다고 해석하는 것이 일반적이라고 할 수 있지만, 마지막에 작성된 문서에 의한 법률행위가 최종적으로 완성되지 아니하는 등의 사유로 종전에 작성된 문서에 의한 법률행위가 철회되었다고 보기 어려운 사정이 있는 경우에는 그와 같이 해석할 수 없다(대판 2013.1.16, 2011다102776).
② [O] 매매계약서에 계약사항에 대한 이의가 생겼을 때에는 매도인의 해석에 따른다는 조항은 법원의 법률행위해석권을 구속하는 조항이라고 볼 수 없다(대판 1974.9.24, 74다1057).
③ [O] 제106조(사실인 관습) 법령중의 선량한 풍속 기타 사회질서에 관계없는 규정과 다른 관습이 있는 경우에 당사자의 의사가 명확하지 아니한 때에는 그 관습에 의한다.
④ [O] 사단법인의 정관은 이를 작성한 사원뿐만 아니라 그 후에 가입한 사원이나 사단법인의 기관 등도 구속하는 점에 비추어 보면 그 법적 성질은 계약이 아니라 자치법규로 보는 것이 타당하므로, 이는 어디까지나 객관적인 기준에 따라 그 규범적인 의미 내용을 확정하는 법규해석의 방법으로 해석되어야 하는 것이지, 작성자의 주관이나 해석 당시의 사원의 다수결에 의한 방법으로 자의적으로 해석될 수는 없다 할 것이어서, 어느 시점의 사단법인의 사원들이 정관의 규범적인 의미 내용과 다른 해석을 사원총회의 결의라는 방법으로 표명하였다 하더라도 그 결의에 의한 해석은 그 사단법인의 구성원인 사원들이나 법원을 구속하는 효력이 없다(대판 2000.11.24, 99다12437).
⑤ [×] 목적물지번에 관한 당사자쌍방의 공통하는 착오 사안에서 甲, 乙이 모두 A토지를 계약목적으로 삼았으나 계약서에 B토지를 잘못 표기한 경우에도 쌍방당사자의 의사합치가 있는 이상 A토지에 관하여 매매계약이 성립하며, 만약 B토지에 관해 이전등기가 경료되었다면 이는 원인없이 경료된 것으로 무효이다(대판 1993.10.26, 93다2629).
⑥ [O] 위약벌 약정은 손해배상과 관계없이 의무 위반에 대한 제재벌로서 위반자가 그 상대방에게 지급하기로 자율적으로 약정한 것이므로 사적 자치의 원칙에 따라 계약당사자의 의사가 최대한 존중되어야 하고, 이에 대한 법원의 개입을 쉽게 허용할 것은 아니다. 위약벌에 대한 법원의 개입을 넓게 인정할수록 위약벌의 이행확보적 기능이 약화될 수밖에 없기 때문이다. 계약당사자 사이에 어떠한 계약내용을 처분문서인 서면으로 작성한 경우에 문언의 객관적인 의미가 명확하다면 특별한 사정이 없는 한 문언대로의 의사표시의 존재와 내용을 인정하여야 하며, 문언의 객관적 의미와 달리 해석함으로써 당사자 사이의 법률관계에 중대한 영향을 초래하게 되는 경우에는 문언의 내용을 더욱 엄격하게 해석하여야 한다(대판 2023.8.31, 2022다290297).

049 법률행위의 해석에 관한 설명 중 옳지 않은 것은? (다툼이 있는 경우 판례에 의함) 22 경간부

① 계약당사자 쌍방이 A 물건을 계약 목적물로 삼았지만, 착오로 계약서에는 B 물건을 목적물로 기재한 경우, 계약서에 기재된 B 물건이 아닌 A 물건에 관한 계약이 성립한다.
② 부동산의 명의수탁자가 신탁자와 함께 그 부동산에 관한 매매계약서의 매도인란에 자신의 서명 날인을 하고, 매매계약 영수증에도 서명 날인을 한 경우, 명의수탁자의 의사는 신탁자의 매매계약상 매도인의 의무를 자신이 공동으로 부담하겠다는 의미로 해석하여야 한다.
③ 법률행위의 해석기준이 될 수 있는 사실인 관습은 사회의 관행에 의하여 발생한 사회생활규범인 점에서 관습법과 같지만, 사회의 법적 확신이나 인식에 의하여 법적 규범으로서 승인된 정도에 이르지 않았다는 점에서 관습법과 차이가 있다.
④ 甲이 乙을 통하여 丙의 부동산을 매수함에 있어 매수인 명의를 乙 명의로 하기로 甲·乙·丙이 합의하였다면 특별한 사정이 없는 한 대외적으로는 乙이 아닌 甲을 매매 당사자로 보아야 함이 원칙이다.

해설
답 ④

① [O] 목적물지번에 관한 당사자쌍방의 공통하는 착오 사안에서 甲, 乙이 모두 A토지를 계약목적으로 삼았으나 계약서에 B토지를 잘못 표기한 경우에도 쌍방당사자의 의사합치가 있는 이상 A토지에 관하여 매매계약이 성립하며, 만약 B토지에 관해 이전등기가 경료되었다면 이는 원인 없이 경료된 것으로 무효이다(대판 1993.10.26, 93다2629).
② [O] [1] 의사표시의 해석은 당사자가 그 표시행위에 부여한 객관적인 의미를 명백하게 확정하는 것으로서, 서면에 사용된 문구에 구애받는 것은 아니지만 어디까지나 당사자의 내심적 의사의 여하에 관계 없이 그 서면의 기재 내용에 의하여 당사자가 그 표시행위에 부여한 객관적 의미를 합리적으로 해석하여야 한다. [2] 부동산의 명의수탁자가 신탁자와 함께 매매계약서의 매도인란에 자신의 서명 날인을 하고 매매대금 영수증에도 서명 날인을 하여 준 경우, 명의수탁자의 의사는 신탁자의 매매계약상의 매도인으로서의 의무를 자신이 공동으로 부담하겠다는 의미로 해석하여야 한다(대판 2000.10.6, 2000다27923).
③ [O] 관습법이란 사회의 거듭된 관행으로 생성한 사회생활규범이 사회의 법적 확신과 인식에 의하여 법적 규범으로 승인·강행되기에 이르른 것을 말하고, 사실인 관습은 사회의 관행에 의하여 발생한 사회생활규범인 점에서 관습법과 같으나 사회의 법적 확신이나 인식에 의하여 법적 규범으로서 승인된 정도에 이르지 않은 것을 말하는 바, 관습법은 바로 법원으로서 법령과 같은 효력을 갖는 관습으로서 법령에 저촉되지 않는 한 법칙으로서의 효력이 있는 것이며, 이에 반하여 사실인 관습은 법령으로서의 효력이 없는 단순한 관행으로서 법률행위의 당사자의 의사를 보충함에 그치는 것이다(대판 1983.6.14, 80다3231).
④ [×] [1] 계약을 체결하는 행위자가 타인의 이름으로 법률행위를 한 경우에 행위자 또는 명의인 가운데 누구를 계약의 당사자로 볼 것인가에 관하여는, 우선 행위자와 상대방의 의사가 일치한 경우에는 그 일치한 의사대로 행위자 또는 명의인을 계약의 당사자로 확정하여야 할 것이고, 행위자와 상대방의 의사가 일치하지 않는 경우에는 그 계약의 성질·내용·목적·체결 경위 등 그 계약 체결 전후의 구체적인 제반 사정을 토대로 상대방이 합리적인 사람이라면 행위자와 명의자 중 누구를 계약당사자로 이해할 것인가에 의하여 당사자를 결정하여야 한다. [2] <u>어떤 사람이 타인을 통하여 부동산을 매수함에 있어 매수인 명의 및 소유권이전등기 명의를 그 타인 명의로 하기로 하였다면 이와 같은 매수인 및 등기 명의의 신탁관계는 그들 사이의 내부적인 관계에 불과한 것이므로 특별한 사정이 없는 한 대외적으로는 그 타인을 매매 당사자로 보아야 한다.</u>

[3] 어떤 사람이 타인을 통하여 부동산을 매수함에 있어 매수인 명의 및 소유권이전등기 명의를 타인 명의로 하기로 약정하였고 매도인도 그 사실을 알고 있어서 그 약정이 부동산 실권리자명의 등기에 관한 법률 제4조의 규정에 의하여 무효로 되고 이에 따라 매매계약도 무효로 되는 경우에, 매매계약상의 매수인의 지위가 당연히 명의신탁자에게 귀속되는 것은 아니지만, 그 무효사실이 밝혀진 후에 계약상대방인 매도인이 계약명의자인 명의수탁자 대신 명의신탁자가 그 계약의 매수인으로 되는 것에 대하여 동의 내지 승낙을 함으로써 부동산을 명의신탁자에게 양도할 의사를 표시하였다면, 명의신탁약정이 무효로 됨으로써 매수인의 지위를 상실한 명의수탁자의 의사에 관계없이 매도인과 명의신탁자 사이에는 종전의 매매계약과 같은 내용의 양도약정이 따로 체결된 것으로 봄이 상당하고, 따라서 이 경우 명의신탁자는 당초의 매수인이 아니라고 하더라도 매도인에 대하여 별도의 양도약정을 원인으로 하는 소유권이전등기청구를 할 수 있다(대판 2003.9.5, 2001다32120).

050

법률행위의 해석에 관한 설명으로 옳지 않은 것은? (다툼이 있는 경우 판례에 의함) 23 경간부

① 사실인 관습은 법령으로서의 효력이 없는 단순한 관행으로서 법률행위 당사자의 의사를 보충하는 기능을 한다.
② 부동산 매매계약에서 쌍방당사자가 X토지를 매매목적물로 삼았으나 그 목적물의 지번에 착오를 일으켜 계약서상 그 목적물을 Y토지로 표시하였더라도 X토지를 매매목적물로 한다는 당사자 쌍방의 의사 합치가 있는 이상 그 매매계약은 X토지에 관하여 성립한다.
③ 계약당사자 쌍방이 계약의 전제나 기초가 되는 사항에 관하여 같은 내용으로 착오를 하고 이로 인하여 그에 관한 구체적 약정을 하지 않았다면, 당사자가 그러한 착오가 없을 때에 약정하였을 것으로 보이는 내용으로 당사자의 주관적 의사를 보충하여 계약을 해석하여야 한다.
④ 법률행위의 해석은 당사자가 그 표시행위에 부여한 객관적 의미를 명백하게 확정하는 것으로서, 특별한 사정이 없는 한 당사자의 내심의 의사가 어떤지에 관계없이 그 문언의 내용에 의해 당사자가 그 표시행위에 부여한 객관적 의미를 합리적으로 해석해야 한다.

해설
답 ③

① [○] 사실인 관습은 사적 자치가 인정되는 분야, 즉 그 분야의 제정법이 주로 임의규정일 경우에는 법률행위의 해석기준으로서 또는 의사를 보충하는 기능으로서 이를 재판의 자료로 할 수 있을 것이나 이 이외의, 즉 그 분야의 제정법이 주로 강행규정일 경우에는 그 강행규정 자체에 결함이 있거나 강행규정 스스로가 관습에 따르도록 위임한 경우 등 이외에는 법적 효력을 부여할 수 없다(대판 1983.6.14, 80다3231).
② [○] 목적물지번에 관한 당사자쌍방의 공통하는 착오 사안에서 甲, 乙이 모두 A토지를 계약목적으로 삼았으나 계약서에 B토지를 잘못 표기한 경우에도 쌍방당사자의 의사합치가 있는 이상 A토지에 관하여 매매계약이 성립하며, 만약 B토지에 관해 이전등기가 경료되었다면 이는 원인없이 경료된 것으로 무효이다(대판 1993.10.26, 93다2629).

③ [×] 계약당사자 쌍방이 계약의 전제나 기초가 되는 사항에 관하여 같은 내용으로 착오가 있고 이로 인하여 그에 관한 구체적 약정을 하지 아니하였다면, 당사자가 그러한 착오가 없을 때에 약정하였을 것으로 보이는 내용으로 당사자의 의사를 보충하여 계약을 해석할 수 있는바, 여기서 보충되는 당사자의 의사는 당사자의 실제 의사 또는 주관적 의사가 아니라 계약의 목적, 거래관행, 적용법규, 신의칙 등에 비추어 객관적으로 추인되는 정당한 이익조정 의사를 말한다[3] (대판 2006.11.23, 2005다13288).

④ [○] 법률행위의 해석은 당사자가 그 표시행위에 부여한 객관적인 의미를 명백하게 확정하는 것으로서, 서면에 사용된 문구에 구애받는 것은 아니지만 어디까지나 당사자의 내심적 의사의 여하에 관계없이 그 서면의 기재 내용에 의하여 당사자가 그 표시행위에 부여한 객관적 의미를 합리적으로 해석하여야 하는 것이고, 당사자가 표시한 문언에 의하여 그 객관적인 의미가 명확하게 드러나지 않는 경우에는 그 문언의 내용과 그 법률행위가 이루어진 동기 및 경위, 당사자가 그 법률행위에 의하여 달성하려는 목적과 진정한 의사, 거래의 관행 등을 종합적으로 고려하여 사회정의와 형평의 이념에 맞도록 논리와 경험의 법칙, 그리고 사회일반의 상식과 거래의 통념에 따라 합리적으로 해석하여야 한다(대판 1996.10.25, 96다16049).

051 법률행위의 해석에 관한 설명으로 옳지 않은 것은? (다툼이 있는 경우 판례에 의함)

24 경간부 변형

① 임의규정과 다른 관습이 있는 경우에 당사자의 의사가 명확하지 않은 때에는 그 관습에 의한다.
② 약관 내용이 명백하지 못하거나 의심스러운 때에는 고객에게 유리하게, 약관작성자에게 불리하게 해석하여야 한다.
③ 당사자 사이에 계약서의 문언과 다른 내용으로 의사가 합치된 경우, 계약은 계약서의 문언에 따라 성립한 것으로 해석해야 한다.
④ 계약의 당사자에 관하여 의사가 합치되지 않는 경우, 의사표시 상대방의 관점에서 합리적인 사람이라면 누구를 계약의 당사자로 이해하였을 것인지를 기준으로 계약의 당사자를 판단해야 한다.
⑤ "최종 판결 전까지는 임대인과 임차인의 권리와 의무는 유지되는 것으로 한다." 부분의 의미는 위 임대차계약의 해지를 원인으로 하여 임대차 관계의 청산을 구하는 소송에서 임대차계약이 적법하게 해지되었음을 이유로 임차목적물 반환 등 임대차 관계의 청산을 명하는 판결이 선고되더라도 판결이 확정될 때까지는 기존 임대차 관계를 유지하되 확정 후에 그 판결을 집행한다는 것일 뿐, 위와 같은 소송에서 판결이 확정될 때까지 임차인이 임대인의 임차목적물 반환청구를 거절할 수 있는 권능을 가진다는 의미로 해석할 수 없다.

---

3) 국가와 기부채납자가 국유지인 대지 위에 건물을 신축하여 기부채납하고 위 대지 및 건물에 대한 사용수익권을 받기로 약정하면서 그 기부채납이 부가가치세 부과대상인 것을 모른 채 계약을 체결한 사안에서, 두 계약당사자의 진의(眞意)가 국가가 부가가치세를 부담하는 것이었다고 추정하여 그러한 내용으로 계약을 수정 해석하여야 한다고 본 원심판결을 파기한 사례

해설

답 ③

① [O]
> 제106조(사실인 관습) 법령 중의 선량한 풍속 기타 사회질서에 관계없는 규정과 다른 관습이 있는 경우에 당사자의 의사가 명확하지 아니한 때에는 그 관습에 의한다.

② [O]
> 약관규제에 관한 법률 제5조(약관의 해석) ① 약관은 신의성실의 원칙에 따라 공정하게 해석되어야 하며 고객에 따라 다르게 해석되어서는 아니 된다.
> ② 약관의 뜻이 명백하지 아니한 경우에는 고객에게 유리하게 해석되어야 한다.

③ [×] 목적물지번에 관한 당사자쌍방의 공통하는 착오 사안에서 甲, 乙이 모두 A토지를 계약목적으로 삼았으나 계약서에 B토지를 잘못 표기한 경우에도 쌍방당사자의 의사합치가 있는 이상 A토지에 관하여 매매계약이 성립하며, 만약 B토지에 관해 이전등기가 경료되었다면 이는 원인 없이 경료된 것으로 무효이다(대판 1993.10.26, 93다2629).

④ [O] 계약을 체결하는 행위자가 타인의 이름으로 법률행위를 한 경우에 행위자 또는 명의인 가운데 누구를 계약의 당사자로 볼 것인가에 관하여는, 우선 행위자와 상대방의 의사가 일치한 경우에는 그 일치한 의사대로 행위자 또는 명의인을 계약의 당사자로 확정하여야 할 것이고, 행위자와 상대방의 의사가 일치하지 않는 경우에는 그 계약의 성질·내용·목적·체결 경위 등 그 계약 체결 전후의 구체적인 제반 사정을 토대로 상대방이 합리적인 사람이라면 행위자와 명의자 중 누구를 계약당사자로 이해할 것인가에 의하여 당사자를 결정하여야 한다(대판 2003.9.5, 2001다32120; 대판 2016.3.10, 2015다240768).

⑤ [O] 대판 2024.7.11, 2024다209769

제3절 | 의사표시

제1관 총설

제2관 흠 있는 의사표시

I. 서설

II. 진의 아닌 의사표시

052 비진의 의사표시에 관한 설명으로 옳지 않은 것은? (다툼이 있으면 판례에 따름)   17 노무사

① 근로자가 회사의 경영방침에 따라 사직원을 제출하고 퇴사 후 즉시 재입사하여 근로자가 그 퇴직 전후에 걸쳐 실질적인 근로관계의 단절이 없이 계속 근무하였다면 그 사직원 제출은 비진의 의사표시에 해당한다.
② 근로자가 희망퇴직의 권고를 받고 제반 사항 등을 종합적으로 고려하여 심사숙고한 결과 사직서를 제출한 경우라면 그 사직서 제출은 비진의 의사표시에 해당한다.
③ 근로자들이 사용자의 지시에 따라 사직의 의사 없이 사직서를 제출하였고 사용자가 선별적으로 수리하여 의원면직 처리하였다면 그 사직서의 제출은 비진의 의사표시에 해당한다.
④ 학교법인이 그 학교의 교직원의 명의로 금융기관으로부터 금전을 차용한 경우, 명의대여자의 의사표시는 비진의 의사표시가 아니므로 주채무자로서 책임이 있다.
⑤ 장관의 지시에 따라 공무원이 일괄사표를 제출하여 일부 공무원에 대해 의원면직 처분이 이루어진 경우 그 사직원 제출행위는 비진의 의사표시로 당연 무효가 된다고 볼 수 없다.

해설
답 ②

① [O] 근로자가 회사의 경영방침에 따라 사직원을 제출하고 회사가 이를 받아들여 퇴직처리를 하였다가 즉시 재입사하는 형식을 취함으로써 근로자가 그 퇴직 전후에 걸쳐 실질적인 근로관계의 단절이 없이 계속 근무한 경우 제107조 제1항 단서가 적용된다(대판 1988.5.10, 87다카2578).
② [X] 원고들이 사직의 의사가 없었음에도 불구하고 피고 회사측의 강요에 의하여 공포심을 느낀 결과 어쩔 수 없이 사직서를 제출하였다고 보기 어려운 반면, 원고들은 당시 희망퇴직의 권고를 선뜻 받아들일 수는 없었다고 할지라도 그 당시의 경제상황, 피고 회사의 구조조정계획, 피고 회사가 제시하는 희망퇴직의 조건, 정리해고를 시행할 경우 정리기준에 따라 정리해고 대상자에 포함될 가능성, 퇴직할 경우와 계속 근무할 경우의 이해득실 등 제반 사항을 종합적으로 고려하여 심사숙고한 결과 사직서를 제출하였다고 봄이 상당하다(대판 2003.4.11, 2002다60528).
③ [O] 사용자가 사직의 의사 없는 근로자로 하여금 어쩔 수 없이 사직서를 작성·제출하게 한 후 이를 수리하는 이른바 의원면직의 형식을 취하여 근로계약관계를 종료시키는 경우처럼 근로자의 사직서 제출이 진의 아닌 의사표시에 해당하는 등으로 무효이어서 사용자의 그 수리행위를 실질적으로 사용자의 일방적 의사에 의하여 근로계약관계를 종료시키는 해고라고 볼 수 있는 경우가 아닌 한, 사용자가 사직서 제출에 따른 사직의 의사표시를 수락함으로써 사용자와 근로자 사이의 근로계약관계는 합의해지에 의하여 종료되는 것이므로 사용자의 의원면직처분을 해고라고 볼 수 없다(대판 2000.4.25, 99다34475).

④ [○] 학교법인이 사립학교법상의 제한규정 때문에 그 학교의 교직원들인 소외인들의 명의를 빌려서 피고로부터 금원을 차용한 경우에 피고 역시 그러한 사정을 알고 있었다고 하더라도 위 소외인들의 의사는 위 금전의 대차에 관하여 그들이 주채무자로서 채무를 부담하겠다는 뜻이라고 해석함이 상당하므로 이를 진의 아닌 의사표시라고 볼 수 없다(대판 1980.7.8, 80다639).

⑤ [○] 본조는 표시행위를 중시하는 공법행위에는 적용되지 않는다. 공무원의 사표제출의 경우 진의가 없고 상대방이 이를 알았다 하더라도 효력이 있다(대판 1997.12.12, 97누13962). 그리고 군인의 전역지원의 경우 진의가 없고 상대방이 이를 알았다 하더라도 효력이 있다(대판 1994.1.11, 93누10057).

053 비진의표시에 관한 설명으로 옳지 않은 것은? (다툼이 있으면 판례에 따름) 20 노무사

① 비진의표시에서 '진의'란 특정한 표시의 의사표시를 하고자 하는 표의자의 생각을 말하는 것이지 진정으로 마음속으로 바라는 사항을 뜻하는 것은 아니다.

② 법률상의 장애로 자기명의로 대출받을 수 없는 자를 위하여 대출금채무자로서 명의를 빌려준 자는 특별한 사정이 없는 한 채무부담의사를 가지지 않으므로 그가 행한 대출계약상의 의사표시는 비진의표시이다.

③ 재산을 강제로 뺏긴다는 인식을 하고 있는 자가 고지된 해약이 두려워 어쩔 수 없이 증여의 의사표시를 한 경우 이는 비진의표시라 할 수 없다.

④ 근로자가 회사의 경영방침에 따라 사직원을 제출하고 회사가 이를 받아들여 퇴직처리를 하였다가 즉시 재입사하는 형식으로 실질적 근로관계의 단절 없이 계속 근무하였다면 그 사직의 의사표시는 무효이다.

⑤ 비리공무원이 감사기관의 사직권고를 받고 사직의 의사표시를 하여 의원면직처분이 된 경우, 그 사표 제출자의 내심에 사직할 의사가 없었더라도 그 사직의 의사표시는 효력이 발생한다.

해설

답 ②

① [○] 비진의 의사표시에 있어서의 진의란 특정한 내용의 의사표시를 하고자 하는 표의자의 생각을 말하는 것이지 표의자가 진정으로 마음속에서 바라는 사항을 뜻하는 것은 아니므로, 표의자가 의사표시의 내용을 진정으로 마음속에서 바라지는 아니하였다고 하더라도 당시의 상황에서는 그것을 최선이라고 판단하여 그 의사표시를 하였을 경우에는 이를 내심의 효과의사가 결여된 비진의 의사표시라고 할 수 없다(대판 1996.12.20, 95누16059; 대판 2000.4.25, 99다34475).

② [×] 법률상 또는 사실상의 장애로 자기 명의로 대출받을 수 없는 자를 위하여 대출금채무자로서의 명의를 빌려준 자에게 그와 같은 채무부담의 의사가 없는 것이라고는 할 수 없으므로 그 의사표시를 비진의표시에 해당한다고 볼 수 없고, 설령 명의대여자의 의사표시가 비진의표시에 해당한다고 하더라도 그 의사표시의 상대방인 상호신용금고로서는 명의대여자가 전혀 채무를 부담할 의사 없이 진의에 반한 의사표시를 하였다는 것까지 알았다거나 알 수 있었다고 볼 수도 없다고 보아, 그 명의대여자는 표시행위에 나타난 대로 대출금채무를 부담한다(대판 1996.9.10, 96다18182).

③ [○] 비진의의사표시에 있어서의 진의란 특정한 내용의 의사표시를 하고자 하는 표의자의 생각을 말하는 것이지 표의자가 진정으로 마음속에 바라는 사항을 뜻하는 것은 아니라고 할 것이므로, 비록 재산을 강제로 뺏긴다는 것이 표의자의 본심으로 잠재되어 있었다 하여도 표의자가 강박에 의하여서나마 증여를 하기로 하고 그에 따른 증여의 의사표시를 한 이상 증여의 내심의 효과의사가 결여된 것이라고 할 수는 없다(대판 2002.12.27, 2000다47361).

④ [O] 상대방의 지시, 강요, 방침에 의한 사표제출은 제107조 제1항 단서 또는 제108조 제1항에 의하여 무효이다. 즉, 근로자가 회사의 경영방침에 따라 사직원을 제출하고 회사가 이를 받아들여 퇴직처리를 하였다가 즉시 재입사하는 형식을 취함으로써 근로자가 그 퇴직 전후에 걸쳐 <u>실질적인 근로관계의 단절이 없이 계속 근무한 경우</u> 제107조 제1항 단서가 적용된다(대판 1988.5.10, 87다카2578).

⑤ [O] 공무원이 사직의 의사표시를 하여 의원면직처분을 하는 경우 그 사직의 의사표시는 그 법률관계의 특수성에 비추어 외부적·객관적으로 표시된 바를 존중하여야 할 것이므로, 비록 사직원제출자의 내심의 의사가 사직할 뜻이 아니었다고 하더라도 진의 아닌 의사표시에 관한 민법 제107조는 그 성질상 사직의 의사표시와 같은 사인의 공법행위에는 준용되지 아니하므로 그 의사가 외부에 표시된 이상 그 의사는 표시된 대로 효력을 발한다(대판 1997.12.12, 97누13962).

054 의사표시에 관한 설명으로 옳지 않은 것은? (다툼이 있으면 판례에 따름)   19 변리사

① 공무원 甲이 사직의 의사표시를 하는 것과 같은 사인의 공법행위에도 진의 아닌 의사표시에 관한 민법 규정이 적용된다.
② 甲이 상대방 乙에게 진의 아닌 의사표시의 무효를 주장하는 경우, 乙의 악의나 과실 유무는 甲이 증명해야 한다.
③ 채무자 甲의 법률행위가 통정허위표시로서 무효인 경우에도 그 법률행위가 채권자취소권의 요건을 갖추었다면, 甲의 채권자 乙은 채권자취소권을 행사할 수 있다.
④ 통정허위표시의 제3자가 악의라도 그 전득자가 통정허위표시에 대하여 선의인 때에는 전득자에게 허위표시의 무효를 주장할 수 없다.
⑤ 의사표시의 상대방이 의사표시를 받은 때에 제한능력자인 경우에는 의사표시자는 원칙적으로 그 의사표시로써 대항할 수 없다.

해설   답 ①

① [X] 진의 아닌 의사표시는 표시행위를 중시하는 공법행위에는 적용되지 않는다. 공무원의 사표제출의 경우 진의가 없고 상대방이 이를 알았다 하더라도 효력이 있다(대판 1997.12.12, 97누13962). 그리고 군인의 전역지원의 경우 진의가 없고 상대방이 이를 알았다 하더라도 효력이 있다(대판 1994.1.11, 93누10057).
② [O] 어떠한 의사표시가 비진의 의사표시로서 무효라고 주장하는 경우에 그 증명책임은 그 주장자에게 있다(대판 1992.5.22, 92다2295).
③ [O] 제406조에서 말하는 법률행위는 유효인 법률행위만을 가리키는 것은 아니므로 허위표시에 관하여도 채권자취소권(제406조)을 행사할 수 있다고 한다(대판 1984.7.24, 84다카68). 즉, 채무자의 법률행위가 통정허위표시인 경우에도 채권자취소권의 대상이 되고, 한편 채권자취소권의 대상으로 된 채무자의 법률행위라도 통정허위표시의 요건을 갖춘 경우에는 무효라고 할 것이다(대판 1998.2.27, 97다50985).
④ [O] 또한 甲이 乙의 임차보증금반환채권을 담보하기 위하여 통정허위표시로 乙에게 전세권설정등기를 마친 후 丙이 이러한 사정을 알면서도 乙에 대한 채권을 담보하기 위하여 위 전세권에 대하여 전세권근저당권설정등기를 마쳤는데, 그 후 丁이 丙의 전세권근저당권부 채권을 가압류하였다가 이를 본압류로 이전하는 압류명령을 받은 사안에서, 丙의 전세권근저당권부 채권은 통정허

위표시에 의하여 외형상 형성된 전세권을 목적물로 하는 전세권근저당권의 피담보채권이고, 丁은 이러한 丙의 전세권근저당권부 채권을 가압류하고 압류명령을 얻음으로써 그 채권에 관한 담보권인 전세권근저당권의 목적물에 해당하는 전세권에 대하여 새로이 법률상 이해관계를 가지게 되었으므로, 丁이 통정허위표시에 관하여 선의라면 비록 丙이 악의라 하더라도 허위표시자는 그에 대하여 전세권이 통정허위표시에 의한 것이라는 이유로 대항할 수 없음에도, 이와 달리 본 원심판결에 법리오해의 위법이 있다(대판 2013.2.15, 2012다49292).

⑤ [○] 제112조(제한능력자에 대한 의사표시의 효력) 의사표시의 상대방이 의사표시를 받은 때에 제한능력자인 경우에는 의사표시자는 그 의사표시로써 대항할 수 없다. 다만, 그 상대방의 법정대리인이 의사표시가 도달한 사실을 안 후에는 그러하지 아니하다.

055 진의 아닌 의사표시에 관한 설명으로 옳은 것은? (다툼이 있으면 판례에 따름) 22 세무사

① 진의 아닌 의사표시는 원칙적으로 무효이다.
② 강박에 의해 증여를 한 경우, 증여의 의사가 있더라도 그 증여는 진의 아닌 의사표시가 된다.
③ 공무원이 사직의 의사표시를 하여 의원면직처분을 한 경우, 진의 아닌 의사표시에 관한 민법 규정이 준용되지 않는다.
④ 법률상 장애로 자기 명의로 대출받을 수 없는 자를 위해 대출금 채무자로서의 명의를 빌려준 자의 대출기관에 대한 채무부담의 의사표시는 원칙적으로 진의 아닌 의사표시가 된다.
⑤ 진의와 표시가 일치하지 않음을 표의자가 알지 못한 경우에도 진의 아닌 의사표시가 성립할 수 있다.

해설
답 ③

① [×] 제107조(진의 아닌 의사표시) ① 의사표시는 표의자가 진의 아님을 알고한 것이라도 그 효력이 있다. 그러나 상대방이 표의자의 진의 아님을 알았거나 이를 알 수 있었을 경우에는 무효로 한다.

② [×] 비진의 의사표시에 있어서의 진의란 특정한 내용의 의사표시를 하고자 하는 표의자의 생각을 말하는 것이지 표의자가 진정으로 마음속에서 바라는 사항을 뜻하는 것은 아니므로, 표의자가 의사표시의 내용을 진정으로 마음속에서 바라지는 아니하였다고 하더라도 당시의 상황에서는 그것을 최선이라고 판단하여 그 의사표시를 하였을 경우에는 이를 내심의 효과의사가 결여된 비진의 의사표시라고 할 수 없다(대판 1996.12.20, 95누16059; 대판 2000.4.25, 99다34475).

③ [○] 본조는 표시행위를 중시하는 공법행위에는 적용되지 않는다. 공무원의 사표제출의 경우 진의가 없고 상대방이 이를 알았다 하더라도 효력이 있다(대판 1997.12.12, 97누13962). 그리고 군인의 전역지원의 경우 진의가 없고 상대방이 이를 알았다 하더라도 효력이 있다(대판 1994.1.11, 93누10057).

④ [×] 은행이 동일인 여신한도의 제한을 회피하기 위하여 실질적 주채무자 아닌 제3자와 사이에 제3자를 주채무자로 하는 소비대차계약을 체결한 경우의 효력에 관하여 은행이 양해하지 않은 경우 진의가 있는 경우로서 유효이고, 양해한 경우에는 무효이다(대판 2007.11.29, 2007다53013).

⑤ [×] 비진의표시는 의사와 표시의 불일치를 표의자가 스스로 알고 있다는 점에서 허위표시와 동일하지만, 비진의표시가 상대방 있는 의사표시라고 하여도 상대방과 서로 짜고(통정, 通情)하는 일이 없다는 면에서 허위표시와는 다르다. 그리고 의사와 표시의 불일치를 표의자가 의식하지 못하고 있는 착오와는 다르다.

056 진의 아닌 의사표시에 관한 설명 중 옳지 않은 것은? (다툼이 있는 경우 판례에 의함) 22 경간부

① 재산을 강제로 뺏긴다는 것이 의사표시자의 본심으로 잠재되어 있었더라도 의사표시자가 강박에 의해 증여하기로 하고, 그에 따라 증여의 의사를 표시한 이상 증여의 내심의 효과의 사가 결여된 것은 아니다.
② 상대방이 진의 아닌 의사표시라는 점을 알지 못하였지만, 이에 대해 경과실이 있는 경우에 그 의사표시는 유효이다.
③ 대리행위에서 진의 아닌 의사표시에 해당하는지의 여부는 본인이 아닌 대리인을 표준으로 한다.
④ 근로자들이 의원면직의 형식을 빌렸을 뿐 실제로는 사용자의 지시에 따라 진의 아닌 사직의 의사표시를 하였고, 사용자가 이러한 사정을 알면서 이를 수리하였다면 그 사직의 의사표시는 무효이다.

해설
답 ②

① [O] 비록 재산을 강제로 빼앗긴다는 것이 표의자의 본심으로 잠재되어 있었다 하더라도 표의자가 강제에 의해서나마 증여하기로 하였으므로 진의가 없다고 할 수 없다(대판 1993.7.16, 92다41528·41535).

② [X] 제107조(진의 아닌 의사표시) ① 의사표시는 표의자가 진의 아님을 알고한 것이라도 그 효력이 있다. 그러나 상대방이 표의자의 진의 아님을 알았거나 이를 알 수 있었을 경우에는 무효로 한다.

③ [O] 제116조(대리행위의 하자) ① 의사표시의 효력이 의사의 흠결, 사기, 강박 또는 어느 사정을 알았거나 과실로 알지 못한 것으로 인하여 영향을 받을 경우에 그 사실의 유무는 대리인을 표준하여 결정한다.

④ [O] 사용자가 근로자로부터 사직서를 제출받고 이를 수리하는 의원면직의 형식을 취하여 근로계약관계를 종료시킨다고 할지라도, 사직의 의사없는 근로자로 하여금 어쩔 수 없이 사직서를 작성 제출하게 한 경우에는 실질적으로는 사용자의 일방적 의사에 의하여 근로계약관계를 종료시키는 것이어서 해고에 해당하고, 정당한 이유 없는 해고조치는 부당해고에 다름없는 것이다(대판 1991.7.12, 90다11554).

057 진의 아닌 의사표시에 관한 설명으로 옳은 것은? (다툼이 있으면 판례에 따름) 23 세무사

① 진의 아닌 의사표시의 규정은 상대방 있는 단독행위에도 적용된다.
② 진의 아닌 의사표시는 표시된 의사와 내심의 의사가 다르다는 것을 표의자가 인식하지 못한 경우도 포함한다.
③ 진의 아닌 의사표시임을 표의자의 상대방이 알고 있었다면 그 의사표시는 효력이 있다.
④ 혼인할 의사 없이 혼인의 청약을 하였고 상대방이 청약을 믿고 승낙하였다면 혼인의 합의는 유효하다.
⑤ 특정 물건을 매도할 의사로 증여한다는 청약을 하였는데 상대방이 청약을 믿고 승낙을 하였다면 매매계약이 체결된 것이다.

해설

답 ①

① [O] 제108조는 계약과 상대방 있는 단독행위에 적용된다.
② [×] 착오의 문제가 된다.
③ [×] 제107조(진의 아닌 의사표시) ① 의사표시는 표의자가 진의 아님을 알고한 것이라도 그 효력이 있다. 그러나 상대방이 표의자의 진의 아님을 알았거나 이를 알 수 있었을 경우에는 무효로 한다.
④ [×] 당사자의 진의를 절대적으로 필요로 하며, 언제나 무효이므로 그 적용이 배제된다. 따라서 혼인과 입양에는 진의 아닌 의사표시에 관한 민법 규정이 적용되지 않는다.
⑤ [×] 제107조(진의 아닌 의사표시) ① 의사표시는 표의자가 진의 아님을 알고 한 것이라도 그 효력이 있다. 그러나 상대방이 표의자의 진의 아님을 알았거나 이를 알 수 있었을 경우에는 무효로 한다.
따라서 증여계약이 체결된 것이다.

058 진의 아닌 의사표시에 관한 설명으로 옳지 않은 것은? (다툼이 있는 경우 판례에 의함)

23 경간부

① 진의 아닌 의사표시는 원칙적으로 표시된 대로 효력이 발생한다.
② 대출절차 상의 편의를 위하여 명의를 빌려 준 사람이 채무부담의 의사를 가졌다고 하더라도 특별한 사정이 없는 한 그 의사표시는 진의 아닌 의사표시에 해당한다.
③ 공무원이 사직의 의사표시를 하여 의원면직 처분을 한 경우에는 진의 아닌 의사표시에 관한 민법의 규정이 적용되지 않는다.
④ 진의란 특정한 내용의 의사표시를 하고자 하는 표의자의 생각을 말하는 것이고, 표의자가 진정으로 마음속에서 바라는 사항을 뜻하는 것은 아니다.

해설

답 ②

① [O] 제107조(진의 아닌 의사표시) ① 의사표시는 표의자가 진의 아님을 알고한 것이라도 그 효력이 있다. 그러나 상대방이 표의자의 진의 아님을 알았거나 이를 알 수 있었을 경우에는 무효로 한다.
② [×] 학교법인이 사립학교법상의 제한규정 때문에 그 학교의 교직원들인 소외인들의 명의를 빌려서 피고로부터 금원을 차용한 경우에 피고 역시 그러한 사정을 알고 있었다고 하더라도 위 소외인들의 의사는 위 금전의 대차에 관하여 그들이 주채무자로서 채무를 부담하겠다는 뜻이라고 해석함이 상당하므로 이를 진의 아닌 의사표시라고 볼 수 없다(대판 1980.7.9, 80다639).
③ [O] 제107조는 표시행위를 중시하는 공법행위에는 적용되지 않는다. 공무원의 사표제출의 경우 진의가 없고 상대방이 이를 알았다 하더라도 효력이 있다(대판 1997.12.12, 97누13962).
④ [O] 비진의 의사표시에 있어서의 진의란 특정한 내용의 의사표시를 하고자 하는 표의자의 생각을 말하는 것이지 표의자가 진정으로 마음속에서 바라는 사항을 뜻하는 것은 아니므로, 표의자가 의사표시의 내용을 진정으로 마음속에서 바라지는 아니하였다고 하더라도 당시의 상황에서는 그것을 최선이라고 판단하여 그 의사표시를 하였을 경우에는 이를 내심의 효과의사가 결여된 비진의 의사표시라고 할 수 없다(대판 1996.12.20, 95누16059; 대판 2000.4.25, 99다34475).

III. 통정허위표시

059 민법 제108조의 통정허위표시에 관한 내용으로 옳지 않은 것은? (다툼이 있으면 판례에 따름)

17 노무사

① 甲이 乙로 하여금 금융기관에 대해 乙을 주채무자로 하는 금전소비대차계약을 체결하도록 하고 甲이 그 원리금을 상환하기로 한 경우, 특별한 사정이 없는 한 위 소비대차계약은 통정허위표시이다.
② 甲이 통정허위표시로 乙에게 전세권설정등기를 마친 후 丙이 이러한 사정을 알면서도 전세권근저당권설정등기를 마쳤다. 위 사실을 모르는 丁이 丙의 전세권근저당권부 채권을 압류하면 甲은 丁에게 대항할 수 없다.
③ 채권양도인과 채무자 사이의 허위표시에 의해 성립한 지명채권을 선의로 양수한 채권양수인이 채무자에게 채권을 행사하기 위하여 양도에 관한 합의 외에 채권양도의 대항요건을 갖추어야 한다.
④ 파산자가 상대방과 통정하여 허위의 의사표시를 통해 가장채권을 보유하고 있다가 파산선고를 받은 경우, 파산관재인은 민법 제108조 제2항의 제3자에 해당된다.
⑤ 민법 제108조 제2항에서 규정하고 있는 제3자에 대한 무효의 대항력 유무는 제3자의 선의만이 판단기준이며, 무과실은 요구되지 않는다.

해설

답 ①

① [×] 통정허위표시가 성립하기 위해서는 의사표시의 진의와 표시가 일치하지 아니하고 그 불일치에 관하여 상대방과 사이에 합의가 있어야 하는데, 제3자가 금전소비대차약정서 등 대출관련서류에 주채무자 또는 연대보증인으로서 직접 서명·날인하였다면 제3자는 자신이 그 소비대차계약의 채무자임을 금융기관에 대하여 표시한 셈이고, 제3자가 금융기관이 정한 여신제한 등의 규정을 회피하여 타인으로 하여금 제3자 명의로 대출을 받아 이를 사용하도록 할 의사가 있었다거나 그 원리금을 타인의 부담으로 상환하기로 하였더라도, 특별한 사정이 없는 한 <u>이는 소비대차계약에 따른 경제적 효과를 타인에게 귀속시키려는 의사에 불과할 뿐, 그 법률상의 효과까지도 타인에게 귀속시키려는 의사로 볼 수는 없으므로 제3자의 진의와 표시에 불일치가 있다고 보기는 어렵다</u> 할 것인바, 구체적 사안에 있어서 위와 같은 특별한 사정의 존재를 인정하기 위해서는, 실제 차주와 명의대여자의 이해관계의 일치 여부, 대출금의 실제 지급 여부 및 직접 수령자, 대출서류 작성과정에 있어서 명의대여자의 관여 정도, 대출의 실행이 명의대여자의 신용에 근거하여 이루어진 것인지 혹은 실제 차주의 담보제공이 있었는지 여부, 명의대여자에 대한 신용조사의 실시 여부 및 조사의 정도, 대출원리금의 연체에 따라 명의대여자에게 채무이행의 독촉이 있었는지 여부 및 그 독촉 시점 기타 명의대여의 경위와 명의대여자의 직업, 신분 등의 모든 사정을 종합하여, <u>금융기관이 명의대여자와 사이에 당해 대출에 따르는 법률상의 효과까지 실제 차주에게 귀속시키고 명의대여자에게는 그 채무부담을 지우지 않기로 약정 내지 양해하였음이 적극적으로 입증되어야 할 것이다</u>(대판 2008.6.12, 2008다7772·7789).
② [○] 실제로는 전세권설정계약을 체결하지 아니하였으면서도 담보의 목적 등으로 당사자 사이의 합의에 따라 전세권설정등기를 마친 경우, 전세권부채권의 가압류권자가 선의의 제3자에 해당하여 보호받을 수 있다. 즉, 甲이 통정허위표시에 해당하여 무효인 전세권설정계약에 의하여 형성된 법률관계로 생긴 채권(전세권부채권)을 가압류한 사안에서, 가압류 등기를 마칠 당시 전세권설정등기가

말소되지 아니한 상태였고, 전세권갱신에 관한 등기가 불필요한 전세권명의자가 부동산 일부를 여전히 점유·사용하고 있었던 이상, 甲은 통정허위표시를 기초로 하여 새로이 법률상 이해관계를 가진 선의의 제3자에 해당한다고 봄이 상당하다고 한다(대판 2010.3.25, 2009다35743).

③ [O] 채권양수인이 채권양도인으로부터 지명채권을 양도받았음을 이유로 채무자에 대하여 그 채권을 행사하기 위하여는 지명채권 양도에 관한 합의 이외에 양도받은 당해 채권에 관하여 민법 제450조 소정의 대항요건을 갖추어야 하는 것이고, 이러한 법리는 채권양도인과 채무자 사이의 법률행위가 허위표시인 경우에도 마찬가지로 적용된다(대판 2011.4.28, 2010다100315).

④ [O] 파산자가 가장채권을 보유한 경우에 파산관재인은 제108조 제2항 소정의 제3자에 해당하고(대판 2003.6.24, 2002다48214), 그 선의·악의도 파산관재인 개인의 선의·악의를 기준으로 할 수는 없고 총파산채권자를 기준으로 하여 파산채권자 모두가 악의로 되지 않는 한 파산관재인은 선의의 제3자라고 할 수밖에 없다(대판 2006.11.10, 2004다10299; 대판 2010.4.29, 2009다96083).

⑤ [O] 제3자는 선의이기만 하면 되고, 무과실은 요구되지 않는다(대판 2007.11.29, 2007다53013).

060

甲은 강제집행을 면할 목적으로 자기 소유의 X토지에 관하여 乙과 짜고 허위의 매매계약을 체결한 후 乙명의로 소유권이전등기를 마쳐 주었다. 그 후 乙은 丙에게 금전을 차용하면서 X토지 위에 저당권을 설정하였다. 이에 관한 설명으로 옳지 않은 것은? (다툼이 있으면 판례에 따름)

19 노무사

① 甲과 乙 사이의 매매계약은 무효이다.
② 丙은 특별한 사정이 없는 한 선의로 추정된다.
③ 丙이 보호받기 위해서는 허위표시에 대하여 선의이면 족하고 무과실일 필요는 없다.
④ 丙이 악의인 경우, 甲은 丙의 저당권등기의 말소청구를 할 수 있다.
⑤ 丙이 선의인 경우, 甲은 乙에게 X토지의 진정명의회복을 위한 소유권이전등기를 청구할 수 없다.

해설

답 ⑤

① [O] 제108조(통정한 허위의 의사표시) ① 상대방과 통정한 허위의 의사표시는 무효로 한다.

통정허위표시에 의한 급부가 불법원인급여는 아니며 강제집행을 면할 목적으로 부동산에 허위의 근저당권설정등기를 경료하는 행위는 민법 제103조의 선량한 풍속 기타 사회질서에 위반한 사항을 내용으로 하는 법률행위로 볼 수 없다(대판 1994.4.15, 93다61307).

② [O] 판례는 제3자는 특별한 사정이 없는 한 선의로 추정되므로, 허위표시를 한 부동산양도인이 소유권주장 시 제3자의 악의를 입증하여야 한다고 한다(대판 2007.11.29, 2007다53013).

③ [O] 제3자는 선의이기만 하면 되고, 무과실은 요구되지 않는다(대판 2007.11.29, 2007다53013).

④ [O] 허위표시의 "무효는 선의의 제3자에게 대항하지 못한다."(제108조 제2항).

⑤ [×] 이 경우 '대항하지 못한다'는 것은 허위표시의 무효를 선의의 제3자에 대하여 주장할 수 없다는 의미이고, 허위표시의 당사자 사이에서 무효인 허위표시가 유효하게 되는 것은 아니다. 즉, 허위표시는 여전히 무효이지만 선의의 제3자에 대한 관계에서는 표시된 대로 효력이 생기게 된다(상대적 무효). 그러므로 丙을 상대로 말소청구를 할 수 없지만, 乙을 상대로 진정명의회복을 위한 소유권이전등기를 청구할 수 있다.

061 무자력한 甲은 乙에게 3억 원의 금전채무를 부담하고 있으나, 乙의 강제집행을 피하기 위해 자신의 유일한 재산인 A부동산을 丙에게 가장매매하고 소유권이전등기를 해주었다. 이에 관한 설명으로 옳은 것은? (다툼이 있으면 판례에 따름) 20 노무사

① 乙은 甲에 대한 자신의 채권을 보전하기 위하여 甲의 丙에 대한 소유권이전등기의 말소등기청구권을 대위행사할 수 있다.
② 甲과 丙 간의 가장매매는 무효이므로 乙은 이것이 사해행위라는 것을 이유로 하여 채권자취소권을 행사할 수 없다.
③ 허위표시는 불법원인이므로 甲은 丙에게 자신의 소유권에 기하여 A부동산의 반환을 청구할 수 없다.
④ 만약 丙이 丁에게 A부동산을 매도하였다면, 丁은 선의·무과실이어야 제3자로서 보호를 받을 수 있다.
⑤ 甲과 丙이 A부동산의 가장매매계약을 추인하면 그 계약은 원칙적으로 체결 시로 소급하여 유효한 것이 된다.

해설

답 ①

① [○] **제404조(채권자대위권)** ① 채권자는 자기의 채권을 보전하기 위하여 채무자의 권리를 행사할 수 있다. 그러나 일신에 전속한 권리는 그러하지 아니하다.
② [×] 채무자의 법률행위가 통정허위표시인 경우에도 채권자취소권의 대상이 되고, 한편 채권자취소권의 대상으로 된 채무자의 법률행위라도 통정허위표시의 요건을 갖춘 경우에는 무효라고 할 것이다(대판 1998.2.27, 97다50985).
③ [×] 통정허위표시에 의한 급부가 불법원인급여는 아니며 강제집행을 면할 목적으로 부동산에 허위의 근저당권설정등기를 경료 하는 행위는 민법 제103조의 선량한 풍속 기타 사회질서에 위반한 사항을 내용으로 하는 법률행위로 볼 수 없다(대판 1994.4.15, 93다61307).
④ [×] 제3자는 선의이기만 하면 되고, 무과실은 요구되지 않는다(대판 2007.11.29, 2007다53013).
⑤ [×] **제139조(무효행위의 추인)** 무효인 법률행위는 추인하여도 그 효력이 생기지 아니한다. 그러나 당사자가 그 무효임을 알고 추인한 때에는 새로운 법률행위로 본다.

062

통정허위표시에 관한 설명으로 옳지 않은 것은? (다툼이 있으면 판례에 따름) 21 노무사

① 통정허위표시가 성립하기 위해서는 표의자의 진의와 표시의 불일치에 관하여 상대방과의 사이에 합의가 있어야 한다.
② 통정허위표시로 무효인 법률행위는 채권자취소권의 대상이 될 수 있다.
③ 통정허위표시로서 의사표시가 무효라고 주장하는 자는 그 무효사유에 해당하는 사실을 증명할 책임이 있다.
④ 가장근저당권설정계약이 유효하다고 믿고 그 피담보채권을 가압류한 자는 통정허위표시의 무효로 대항할 수 없는 제3자에 해당하지 않는다.
⑤ 가장양수인으로부터 소유권이전등기청구권 보전을 위한 가등기를 경료받은 자는 특별한 사정이 없는 한 선의로 추정된다.

해설

답 ④

① [O] 통정은 표의자가 진의 아닌 의사표시를 하는 것을 상대방이 알고 있는 것만으로는 부족하며, 그에 관하여 상대방과의 사이에 의사의 합치가 있어야 한다. 즉, 통정이란 진의가 없는 의사표시의 외형만을 서로 짜고 일치시키는 것을 말한다. 그런 의미에서 진정한 의사표시의 내용적 합치를 뜻하는 합의와 구별된다.
② [O] 채무자의 법률행위가 통정허위표시인 경우에도 채권자취소권의 대상이 되고, 한편 채권자취소권의 대상으로 된 채무자의 법률행위라도 통정허위표시의 요건을 갖춘 경우에는 무효라고 할 것이다(대판 1998.2.27, 97다50985).
③ [O] 어음발행행위 등 어떠한 의사표시가 통정허위표시로서 무효라고 주장하는 자에게 그 사유에 해당하는 사실을 증명할 책임이 있다(대판 2017.8.18, 2014다87595).
④ [×] X가 통정허위표시에 해당하여 무효인 전세권설정계약에 의하여 형성된 법률관계로 생긴 채권(전세권부채권)을 가압류한 사안에서, 가압류 등기를 마칠 당시 전세권설정등기가 말소되지 아니한 상태였고, 전세권갱신에 관한 등기가 불필요한 전세권명의자가 부동산 일부를 여전히 점유·사용하고 있었던 이상, X는 통정허위표시를 기초로 하여 새로이 법률상 이해관계를 가진 선의의 제3자에 해당한다고 봄이 상당하다(대판 2010.3.25, 2009다35743).
⑤ [O] 제3자는 특별한 사정이 없는 한 선의로 추정되므로, 허위표시를 한 부동산양도인이 소유권주장 시 제3자의 악의를 입증하여야 한다고 한다(대판 2007.11.29, 2007다53013).

063

허위표시의 무효로 대항할 수 없는 선의의 제3자에 관한 설명으로 옳은 것은? (다툼이 있으면 판례에 따름)
22 변리사

① 파산관재인은 파산채권자 모두가 악의가 아닌 한 선의의 제3자이다.
② 가장근저당권설정계약이 유효하다고 믿고 그 피담보채권을 가압류한 자는 선의의 제3자로 보호될 수 없다.
③ 가장소비대차의 계약상 지위를 선의로 이전받은 자는 선의의 제3자로 보호될 수 있다.
④ 악의의 제3자로부터 선의로 전득한 자는 선의의 제3자로 보호받지 못한다.
⑤ 선의의 제3자로 보호받기 위해서는 선의뿐만 아니라 무과실도 인정되어야 한다.

해설
답 ①

① [O] 파산자가 가장채권을 보유한 경우에 파산관재인은 제108조 제2항 소정의 제3자에 해당하고(대판 2003.6.24, 2002다48214), 그 선의·악의도 파산관재인 개인의 선의·악의를 기준으로 할 수는 없고 총파산채권자를 기준으로 하여 파산채권자 모두가 악의로 되지 않는 한 파산관재인은 선의의 제3자라고 할 수밖에 없다(대판 2006.11.10, 2004다10299; 대판 2010.4.29, 2009다96083).

②⑤ [×] 통정한 허위표시에 의하여 외형상 형성된 법률관계로 생긴 채권을 가압류한 경우, 그 가압류권자는 허위표시에 기초하여 새로운 법률상 이해관계를 가지게 되므로 민법 제108조 제2항의 제3자에 해당한다고 봄이 상당하고, 또한 민법 제108조 제2항의 제3자는 선의이면 족하고 무과실은 요건이 아니다(대판 2004.5.28, 2003다70041).

③ [×] 구 상호신용금고법(2000.1.28, 법률 제6203호로 개정되기 전의 것) 소정의 계약이전은 금융거래에서 발생한 계약상의 지위가 이전되는 사법상의 법률효과를 가져오는 것이므로, 계약이전을 받은 금융기관은 계약이전을 요구받은 금융기관과 대출채무자 사이의 통정허위표시에 따라 형성된 법률관계를 기초로 하여 새로운 법률상 이해관계를 가지게 된 민법 제108조 제2항의 제3자에 해당하지 않는다(대판 2004.1.15, 2002다31537).

④ [×] 甲이 乙의 임차보증금반환채권을 담보하기 위하여 통정허위표시로 乙에게 전세권설정등기를 마친 후 丙이 이러한 사정을 알면서도 乙에 대한 채권을 담보하기 위하여 위 전세권에 대하여 전세권근저당권설정등기를 마쳤는데, 그 후 丁이 丙의 전세권근저당권부 채권을 가압류하였다가 이를 본압류로 이전하는 압류명령을 받은 사안에서, 丙의 전세권근저당권부 채권은 통정허위표시에 의하여 외형상 형성된 전세권을 목적물로 하는 전세권근저당권의 피담보채권이고, 丁은 이러한 丙의 전세권근저당권부 채권을 가압류하고 압류명령을 얻음으로써 그 채권에 관한 담보권인 전세권근저당권의 목적물에 해당하는 전세권에 대하여 새로이 법률상 이해관계를 가지게 되었으므로, 丁이 통정허위표시에 관하여 선의라면 비록 丙이 악의라 하더라도 허위표시자는 그에 대하여 전세권이 통정허위표시에 의한 것이라는 이유로 대항할 수 없음에도, 이와 달리 본 원심판결에 법리오해의 위법이 있다(대판 2013.2.15, 2012다49292).

064

통정허위표시에 관한 설명으로 옳지 않은 것을 모두 고른 것은? (다툼이 있으면 판례에 따름)

22 세무사

> ㄱ. 남편 甲이 동거하는 배우자 乙에게 X토지를 매도하고 소유권이전등기를 마친 경우, 특별한 사정이 없는 한 그 매매계약은 가장매매로 추정될 수 있다.
> ㄴ. 甲으로부터 가장행위로 자금을 차용한 乙의 차용금채무를 연대보증한 丙이 그 보증채무를 이행하여 구상권을 취득한 경우, 丙은 통정허위표시를 기초로 새로운 이해관계를 맺은 제3자에 해당하지 않는다.
> ㄷ. 乙이 甲으로부터 그 소유의 X토지를 가장매수한 후 악의의 丙에게 매도한 경우, 甲은 丙으로부터 이를 전득한 선의의 丁에게 허위표시의 무효를 주장 할 수 없다.

① ㄱ
② ㄴ
③ ㄷ
④ ㄱ, ㄷ
⑤ ㄴ, ㄷ

해설

답 ②

ㄱ. [O] 특별한 사정없이 동거하는 부부간에 있어 남편이 처에게 토지를 매도하고 그 소유권이전등기까지 경료한다함은 이례에 속하는 일로서 가장매매라고 추정하는 것이 경험칙에 비추어 타당하다(대판 1978.4.25, 78다226).
ㄴ. [×] 허위의 주채무를 이행한 보증인의 변제는 구상권을 취득할 이해관계 있는 변제가 된다(대판 2006. 3.10, 2002다1321).
ㄷ. [O] 甲이 乙의 임차보증금반환채권을 담보하기 위하여 통정허위표시로 乙에게 전세권설정등기를 마친 후 丙이 이러한 사정을 알면서도 乙에 대한 채권을 담보하기 위하여 위 전세권에 대하여 전세권근저당권설정등기를 마쳤는데, 그 후 丁이 丙의 전세권근저당권부 채권을 가압류하였다가 이를 본압류로 이전하는 압류명령을 받은 사안에서, 丙의 전세권근저당권부 채권은 통정허위표시에 의하여 외형상 형성된 전세권을 목적물로 하는 전세권근저당권의 피담보채권이고, <u>丁은 이러한 丙의 전세권근저당권부 채권을 가압류하고 압류명령을 얻음으로써 그 채권에 관한 담보권인 전세권근저당권의 목적물에 해당하는 전세권에 대하여 새로이 법률상 이해관계를 가지게 되었으므로, 丁이 통정허위표시에 관하여 선의라면 비록 丙이 악의라 하더라도 허위표시자는 그에 대하여 전세권이 통정허위표시에 의한 것이라는 이유로 대항할 수 없음에도</u>, 이와 달리 본 원심판결에 법리오해의 위법이 있다(대판 2013.2.15, 2012다49292).

065 통정허위표시에 관한 설명으로 옳은 것은? (다툼이 있으면 판례에 따름) 22 노무사

① 통정허위표시에 의하여 생긴 채권을 가압류한 경우, 가압류권자는 선의이더라도 통정허위표시와 관련하여 보호받는 제3자에 해당하지 않는다.
② 통정허위표시인 법률행위는 무효이므로 채권자취소권의 대상인 사해행위로 될 수 없다.
③ 표의자의 진의와 표시가 불일치함을 상대방이 명확하게 인식하였다면 그 불일치에 대하여 양자 간에 합의가 없더라도 통정허위표시가 성립한다.
④ 파산관재인이 통정허위표시와 관련하여 보호받는 제3자로 등장하는 경우, 모든 파산채권자가 선의인 경우에 한하여 그의 선의가 인정된다.
⑤ 임대차보증금반환채권을 담보하기 위하여 임대인과 임차인 사이에 임차인을 전세권자로 하는 전세권설정계약이 체결된 경우, 그 계약이 전세권자의 사용·수익을 배제하는 것이 아니라 하더라도 임대차계약과 양립할 수 없는 범위에서는 통정허위표시로 무효이다.

해설

답 ⑤

① [X] X가 통정허위표시에 해당하여 무효인 전세권설정계약에 의하여 형성된 법률관계로 생긴 채권(전세권부채권)을 가압류한 사안에서, 가압류 등기를 마칠 당시 전세권설정등기가 말소되지 아니한 상태였고, 전세권갱신에 관한 등기가 불필요한 전세권명의자가 부동산 일부를 여전히 점유·사용하고 있었던 이상, X는 통정허위표시를 기초로 하여 새로이 법률상 이해관계를 가진 선의의 제3자에 해당한다고 봄이 상당하다고 한다(대판 2010.3.25, 2009다35743).
② [X] 채무자의 법률행위가 통정허위표시인 경우에도 채권자취소권의 대상이 되고, 한편 채권자취소권의 대상으로 된 채무자의 법률행위라도 통정허위표시의 요건을 갖춘 경우에는 무효라고 할 것이다(대판 1998.2.27, 97다50985).
③ [X] 통정은 표의자가 진의 아닌 의사표시를 하는 것을 상대방이 알고 있는 것만으로는 부족하며, 그에 관하여 상대방과의 사이에 의사의 합치가 있어야 한다. 즉, 통정이란 진의가 없는 의사표시의 외형만을 서로 짜고 일치시키는 것을 말한다. 그런 의미에서 진정한 의사표시의 내용적 합치를 뜻하는 합의와 구별된다.
④ [X] 파산자가 가장채권을 보유한 경우에 파산관재인은 제108조 제2항 소정의 제3자에 해당하고(대판 2003.6.24, 2002다48214), 그 선의·악의도 파산관재인 개인의 선의·악의를 기준으로 할 수는 없고 총파산채권자를 기준으로 하여 파산채권자 모두가 악의로 되지 않는 한 파산관재인은 선의의 제3자라고 할 수밖에 없다(대판 2006.11.10, 2004다10299; 대판 2010.4.29, 2009다96083).
⑤ [O] 임대인과 임차인이 임대차보증금반환채권을 담보할 목적으로 전세권을 설정하기 위하여 전세권설정계약을 체결하였다면, 임대차보증금에서 연체차임 등을 공제하고 남은 돈을 전세금으로 하는 것이 임대인과 임차인의 합치된 의사라고 볼 수 있으나, 그 전세권설정계약은 외관상으로는 그 내용에 차임지급 약정이 존재하지 않고 이에 따라 전세금이 연체차임으로 공제되지 않는 등 임대인과 임차인의 진의와 일치하지 않는 부분이 존재한다. 따라서 그러한 전세권설정계약은 임대차계약과 양립할 수 없는 범위에서 통정허위표시에 해당하여 무효라고 봄이 타당하다(대판 2021.12.30, 2018다268538).

066 다음 중 통정한 허위의 의사표시에 있어 제3자에 해당하는 자를 모두 고른 것은? (다툼이 있는 경우 판례에 의함)
22 경간부

> 가. 가장매매의 목적물에 대하여 저당권을 설정받은 자
> 나. 가장저당권설정계약이 무효라는 사실을 알지 못하고 그 피담보채권에 대해 가압류를 한 자
> 다. 채무자가 상대방과 통정하여 가장채권을 보유하고 있다가 파산된 때에 그 파산자의 파산채권자 전부가 악의인 경우에 있어 파산관재인
> 라. 채권의 가장양도에 있어서 채무자의 상속인
> 마. 대리인이 상대방과 통정한 허위의 의사표시를 한 경우에 그 대리행위에서의 본인

① 가, 나, 다
② 가, 다, 라
③ 나, 라, 마
④ 다, 라, 마

해설
답 ①

가. [○] 허위표시는 여전히 무효이지만 선의의 제3자에 대한 관계에서는 표시된 대로 효력이 생기게 되고(상대적 무효), 선의의 제3자는 무권리자로부터 권리를 취득한 결과가 된다. 예를 들어 부동산의 가장매도인은 가장매수인으로부터 선의로 부동산소유권을 취득한 자에 대하여는 소유권의 취득을 인정하여야 하고, 따라서 등기의 회복이나 목적물의 반환을 청구할 수 없다[주석 민법(2), 631면].

나. [○] X가 통정허위표시에 해당하여 무효인 전세권설정계약에 의하여 형성된 법률관계로 생긴 채권(전세권부채권)을 가압류한 사안에서, 가압류 등기를 마칠 당시 전세권설정등기가 말소되지 아니한 상태였고, 전세권갱신에 관한 등기가 불필요한 전세권명의자가 부동산 일부를 여전히 점유·사용하고 있었던 이상, X는 통정허위표시를 기초로 하여 새로이 법률상 이해관계를 가진 선의의 제3자에 해당한다고 봄이 상당하다고 한다(대판 2010.3.25, 2009다35743).

다. [○] 파산자가 가장채권을 보유한 경우에 파산관재인은 제108조 제2항 소정의 제3자에 해당하고(대판 2003.6.24, 2002다48214), 그 선의·악의도 파산관재인 개인의 선의·악의를 기준으로 할 수는 없고 총파산채권자를 기준으로 하여 파산채권자 모두가 악의로 되지 않는 한 파산관재인은 선의의 제3자라고 할 수밖에 없다(대판 2006.11.10, 2004다10299; 대판 2010.4.29, 2009다96083).

라. 마. [×] 통정허위표시의 무효를 대항할 수 없는 제3자란 허위표시의 당사자 및 포괄승계인 이외의 자로서 허위표시에 의하여 외형상 형성된 법률관계를 토대로 새로운 법률원인으로써 이해관계를 갖게 된 자를 말한다.

067 통정허위표시에 관한 설명으로 옳지 않은 것은? (다툼이 있으면 판례에 따름)   23 변리사

① 통정허위표시에 의한 법률행위도 채권자취소권의 대상인 사해행위가 될 수 있다.
② 임대차보증금반환채권을 담보할 목적으로 임대인과 임차인이 체결한 전세권설정계약은 특별한 사정이 없는 한 임대차계약의 내용과 양립할 수 없는 범위에서만 통정허위표시로 인정된다.
③ 차명(借名)으로 대출받으면서 명의대여자에게는 법률효과를 귀속시키지 않기로 하는 합의가 대출기관과 실제 차주 사이에 있었다면 명의대여자의 명의로 작성된 대출계약은 통정허위표시이다.
④ 통정허위표시에 따른 선급금 반환채무 부담행위에 기하여 선의로 그 채무를 보증한 자는 보증채무의 이행 여부와 상관없이 허위표시의 무효로부터 보호받는 제3자에 해당한다.
⑤ 파산관재인은 그가 비록 통정허위표시에 대해 악의였다고 하더라도 파산채권자 모두가 악의로 되지 않는 한 선의의 제3자로 인정된다.

해설   답 ④

① [O] 제406조에서 말하는 법률행위는 유효인 법률행위만을 가리키는 것은 아니므로 허위표시에 관하여도 채권자취소권(제406조)을 행사할 수 있다고 한다(대판 1984.7.24, 84다카68). 즉, 채무자의 법률행위가 통정허위표시인 경우에도 채권자취소권의 대상이 되고, 한편 채권자취소권의 대상으로 된 채무자의 법률행위라도 통정허위표시의 요건을 갖춘 경우에는 무효라고 할 것이다(대판 1998.2.27, 97다50985).
② [O] 임대인과 임차인이 임대차보증금반환채권을 담보할 목적으로 전세권을 설정하기 위하여 전세권설정계약을 체결하였다면, 임대차보증금에서 연체차임 등을 공제하고 남은 돈을 전세금으로 하는 것이 임대인과 임차인의 합치된 의사라고 볼 수 있으나, 그 전세권설정계약은 외관상으로는 그 내용에 차임지급 약정이 존재하지 않고 이에 따라 전세금이 연체차임으로 공제되지 않는 등 임대인과 임차인의 진의와 일치하지 않는 부분이 존재한다. 따라서 그러한 전세권설정계약은 임대차계약과 양립할 수 없는 범위에서 통정허위표시에 해당하여 무효라고 봄이 타당하다(대판 2021.12.30, 2018다268538).
③ [O] 동일인에 대한 대출액 한도를 제한한 법령이나 금융기관 내부규정의 적용을 회피하기 위하여 실질적인 주채무자가 실제 대출받고자 하는 채무액에 대하여 제3자를 형식상의 주채무자로 내세우고, 금융기관도 이를 양해하여 제3자에 대하여는 채무자로서의 책임을 지우지 않을 의도하에 제3자 명의로 대출관계 서류를 작성받은 경우, 제3자는 형식상의 명의만을 빌려준 자에 불과하고 그 대출계약의 실질적인 당사자는 금융기관과 실질적 주채무자이므로, 제3자 명의로 되어 있는 대출약정은 그 금융기관의 양해하에 그에 따른 채무부담의 의사 없이 형식적으로 이루어진 것에 불과하여 통정허위표시에 해당하는 무효의 법률행위라고 할 것이다(대판 2007.11.29, 2007다53013).
④ [X] 보증인이 채권자에 대하여 보증채무를 부담하지 아니함을 주장할 수 있었는데도 그 주장을 하지 아니한 채 보증채무의 전부를 이행하였다면 그 주장을 할 수 있는 범위 내에서는 신의칙상 그 보증채무의 이행으로 인한 구상금채권에 대한 연대보증인들에 대하여도 그 구상금을 청구할 수 없다(대판 2006.3.10, 2002다1321).
⑤ [O] 파산자가 가장채권을 보유한 경우에 파산관재인은 제108조 제2항 소정의 제3자에 해당하고(대판 2003.6.24, 2002다48214), 그 선의·악의도 파산관재인 개인의 선의·악의를 기준으로 할 수는 없고 총파산채권자를 기준으로 하여 파산채권자 모두가 악의로 되지 않는 한 파산관재인은 선의의 제3자라고 할 수밖에 없다(대판 2006.11.10, 2004다10299; 대판 2010.4.29, 2009다96083).

068 통정허위표시에 관한 설명으로 옳지 않은 것은? (다툼이 있으면 판례에 따름) 23 세무사

① 통정허위표시의 무효는 원칙적으로 누구든지 주장할 수 있다.
② 민법 제108조 제2항의 선의의 제3자에 대하여는 누구도 통정허위표시의 무효를 주장하지 못한다.
③ 허위의 전세권설정계약에 기하여 등기가 마쳐진 전세권에 저당권을 설정받은 자는 민법 제108조 제2항의 제3자에 해당한다.
④ 가장의 채권양도에서 아직 채무를 변제하지 않은 채무자는 민법 제108조 제2항의 제3자에 해당한다.
⑤ 파산자가 통정한 허위의 의사표시를 통하여 발생한 가장채권을 보유하던 중 파산이 선고된 경우, 파산관재인은 민법 제108조 제2항의 제3자에 해당한다.

해설
답 ④

①② [○] 상대방과 통정한 허위의 의사표시는 무효이고 누구든지 그 무효를 주장할 수 있는 것이 원칙이나, 허위표시의 당사자 및 포괄승계인 이외의 자로서 허위표시에 의하여 외형상 형성된 법률관계를 토대로 실질적으로 새로운 법률상 이해관계를 맺은 선의의 제3자에 대하여는 허위표시의 당사자뿐만 아니라 그 누구도 허위표시의 무효를 대항하지 못하고, 따라서 선의의 제3자에 대한 관계에 있어서는 허위표시도 그 표시된 대로 효력이 있다(대판 1996.4.26, 94다12074).
③ [○] 실제로는 전세권설정계약이 없으면서도 임차보증금 반환채권을 담보할 목적으로 전세권설정등기를 마친 후 그 전세권에 대하여 근저당권이 설정된 경우, 임대인이 그와 같은 사정을 알지 못한 근저당권자에게 위 전세권설정계약이 통정허위표시에 해당함을 이유로 무효를 주장할 수 없다(대판 2008.3.13, 2006다29372·29389).
④ [×] 판례는 채권의 가장양도에서 채무자는 제3자에 해당하지 않는다(대판 1983.1.18, 82다594).
⑤ [○] 파산자가 가장채권을 보유한 경우에 파산관재인은 제108조 제2항 소정의 제3자에 해당하고(대판 2003.6.24, 2002다48214), 그 선의·악의도 파산관재인 개인의 선의·악의를 기준으로 할 수는 없고 총파산채권자를 기준으로 하여 파산채권자 모두가 악의로 되지 않는 한 파산관재인은 선의의 제3자라고 할 수밖에 없다(대판 2006.11.10, 2004다10299; 대판 2010.4.29, 2009다96083).

069 통정허위표시에 기초하여 새로운 법률상의 이해관계를 맺은 제3자에 해당하지 않은 자를 모두 고른 것은? (다툼이 있는 경우 판례에 의함)   23 경간부

> ㄱ. 채권의 가장양수인으로부터 추심을 위하여 채권을 양수한 자
> ㄴ. 가장매매의 매수인으로부터 매매예약에 기하여 소유권이전청구권 보전을 위한 가등기권을 취득한 자
> ㄷ. 자신의 채권을 보전하기 위하여 가장양도인의 가장양수인에 대한 권리를 대위행사하는 채권자

① ㄱ, ㄴ
② ㄱ, ㄷ
③ ㄴ, ㄷ
④ ㄱ, ㄴ, ㄷ

해설   답 ②

ㄱ. [×] 가장채권의 양수인으로부터 추심을 위임받은 자는 제3자에 해당하지 아니한다.
ㄴ. [○] 허위표시의 당사자 및 포괄승계인 이외의 자로서 허위표시에 의하여 외형상 형성된 법률관계를 토대로 실질적으로 새로운 법률상 이해관계를 맺은 선의의 제3자에 대하여는 허위표시의 당사자뿐만 아니라 그 누구도 허위표시의 무효를 대항하지 못하고, 따라서 선의의 제3자에 대한 관계에 있어서는 허위표시도 그 표시된 대로 효력이 있다(대판 1996.4.26, 94다12074).
ㄷ. [×] 대위행사하는 자는 기존의 당사자를 대위하는 것이므로, 제3자에 해당하지 않는다.

070 甲은 강제집행을 면하기 위해 乙과 짜고 자신 소유의 X토지를 허위의 매매계약에 따라 乙 명의로 소유권이전등기를 해 주었다. 그 후 乙은 위 토지에 관하여 丙과 매매계약을 체결하고 丙 명의로 소유권이전등기를 마쳐주었다. 다음 설명 중 옳지 않은 것은? (명의신탁은 고려하지 않고, 다툼이 있는 경우 판례에 의함)   23 경간부

① 甲과 乙 사이의 매매계약은 원칙적으로 무효이다.
② 丙이 甲·乙 간의 가장매매에 대하여 악의인 경우, 甲은 丙에게 X토지의 소유권이전등기말소를 청구할 수 있다.
③ 丙이 甲·乙 간의 가장매매에 대하여 선의이더라도 그에게 과실이 있으면 X토지의 소유권을 취득하지 못한다.
④ 丙이 甲·乙 간의 가장매매에 대하여 악의이더라도 丙으로부터 X토지를 매수하여 그 소유권을 이전받은 자가 선의라면 甲은 그 자에 대하여 허위표시의 무효를 주장할 수 없다.

해설   답 ③

①② [○] **제108조(통정한 허위의 의사표시)** ① 상대방과 통정한 허위의 의사표시는 무효로 한다.
② 전항의 의사표시의 무효는 선의의 제3자에게 대항하지 못한다.

③ [×] 제3자는 선의이기만 하면 되고, 무과실은 요구되지 않는다(대판 2007.11.29, 2007다53013).
④ [○] 甲이 乙의 임차보증금반환채권을 담보하기 위하여 통정허위표시로 乙에게 전세권설정등기를 마친 후 丙이 이러한 사정을 알면서도 乙에 대한 채권을 담보하기 위하여 위 전세권에 대하여 전세권근저당권설정등기를 마쳤는데, 그 후 丁이 丙의 전세권근저당권부 채권을 가압류하였다가 이를 본압류로 이전하는 압류명령을 받은 사안에서, 丙의 전세권근저당권부 채권은 통정허위표시에 의하여 외형상 형성된 전세권을 목적물로 하는 전세권근저당권의 피담보채권이고, 丁은 이러한 丙의 전세권근저당권부 채권을 가압류하고 압류명령을 얻음으로써 그 채권에 관한 담보권인 전세권근저당권의 목적물에 해당하는 전세권에 대하여 새로이 법률상 이해관계를 가지게 되었으므로, 丁이 통정허위표시에 관하여 선의라면 비록 丙이 악의라 하더라도 허위표시자는 그에 대하여 전세권이 통정허위표시에 의한 것이라는 이유로 대항할 수 없음에도, 이와 달리 본 원심판결에 법리오해의 위법이 있다(대판 2013.2.15, 2012다49292).

071

통정허위표시의 무효를 이유로 대항할 수 없는 '제3자'에 해당하지 않는 자는? (다툼이 있으면 판례에 따름)

24 감평사

① 가장소비대차의 계약상의 지위를 이전 받은 자
② 가장매매의 목적물에 대하여 저당권을 취득한 자
③ 가장의 금전소비대차에 기한 대여금채권을 가압류한 자
④ 가장매매에 의한 매수인으로부터 목적 부동산을 매수하여 소유권이전등기를 마친 자
⑤ 가장의 전세권설정계약에 기하여 등기가 마쳐진 전세권에 관하여 저당권을 취득한 자

해설

답 ①

① [×] 구 상호신용금고법(2000.1.28. 법률 제6203호로 개정되기 전의 것) 소정의 계약이전은 금융거래에서 발생한 계약상의 지위가 이전되는 사법상의 법률효과를 가져오는 것이므로, 계약이전을 받은 금융기관은 계약이전을 요구받은 금융기관과 대출채무자 사이의 통정허위표시에 따라 형성된 법률관계를 기초로 하여 새로운 법률상 이해관계를 가지게 된 민법 제108조 제2항의 제3자에 해당하지 않는다(대판 2004.1.15, 2002다31537).
②④ [○] 부동산의 가장매도인은 가장매수인으로부터 선의로 부동산소유권을 취득한 자에 대하여는 소유권의 취득을 인정하여야 하고, 따라서 등기의 회복이나 목적물의 반환을 청구할 수 없다[주석 민법(2), 631면].
③ [○] X가 통정허위표시에 해당하여 무효인 전세권설정계약에 의하여 형성된 법률관계로 생긴 채권(전세권부채권)을 가압류한 사안에서, 가압류 등기를 마칠 당시 전세권설정등기가 말소되지 아니한 상태였고, 전세권갱신에 관한 등기가 불필요한 전세권명의자가 부동산 일부를 여전히 점유·사용하고 있었던 이상, X는 통정허위표시를 기초로 하여 새로이 법률상 이해관계를 가진 선의의 제3자에 해당한다고 봄이 상당하다고 한다(대판 2010.3.25, 2009다35743).
⑤ [○] 실제로는 전세권설정계약이 없으면서도 임차보증금 반환채권을 담보할 목적으로 전세권설정등기를 마친 후 그 전세권에 대하여 근저당권이 설정된 경우, 임대인이 그와 같은 사정을 알지 못한 근저당권자에게 위 전세권설정계약이 통정허위표시에 해당함을 이유로 무효를 주장할 수 없다(대판 2008.3.13, 2006다29372·29389).

072 통정허위표시에 관한 설명으로 옳지 않은 것은? (다툼이 있으면 판례에 따름)   24 노무사

① 표의자가 진의 아닌 표시를 하는 것에 관하여 상대방과 사이에 합의가 있어야 한다.
② 통정허위표시로 행해진 부동산 매매계약이 사해행위로 인정되는 경우, 채권자취소권의 대상이 될 수 있다.
③ 민법 제108조 제2항의 선의의 제3자에 대해서는 그 누구도 통정허위표시의 무효로써 대항할 수 없다.
④ 악의의 제3자로부터 전득한 선의의 제3자는 민법 제108조 제2항의 선의의 제3자에 포함되지 않는다.
⑤ 甲과 乙 사이에 행해진 X토지에 관한 가장매매예약이 철회되었으나 아직 가등기가 남아 있음을 기화로 乙이 허위의 서류로써 이에 기한 본등기를 한 후 X를 선의의 丙에게 매도하고 이전등기를 해주었다면 丙은 X의 소유권을 취득하지 못한다.

해설   답 ④

① [O] 통정은 표의자가 진의 아닌 의사표시를 하는 것을 상대방이 알고 있는 것만으로는 부족하며, 그에 관하여 상대방과의 사이에 의사의 합치가 있어야 한다. 즉, '통정'이란 진의가 없는 의사표시의 외형만을 서로 짜고 일치시키는 것을 말한다.

② [O] 채무자의 법률행위가 통정허위표시인 경우에도 채권자취소권의 대상이 되고, 한편 채권자취소권의 대상으로 된 채무자의 법률행위라도 통정허위표시의 요건을 갖춘 경우에는 무효라고 할 것이다(대판 1998.2.27, 97다50985).

③ [O] 상대방과 통정한 허위의 의사표시는 무효이고 누구든지 그 무효를 주장할 수 있는 것이 원칙이나, 허위표시의 당사자 및 포괄승계인 이외의 자로서 허위표시에 의하여 외형상 형성된 법률관계를 토대로 실질적으로 새로운 법률상 이해관계를 맺은 선의의 제3자에 대하여는 허위표시의 당사자뿐만 아니라 그 누구도 허위표시의 무효를 대항하지 못하고, 따라서 선의의 제3자에 대한 관계에 있어서는 허위표시도 그 표시된 대로 효력이 있다(대판 1996.4.26, 94다12074).

④ [X] 甲이 乙의 임차보증금반환채권을 담보하기 위하여 통정허위표시로 乙에게 전세권설정등기를 마친 후 丙이 이러한 사정을 알면서도 乙에 대한 채권을 담보하기 위하여 위 전세권에 대하여 전세권근저당권설정등기를 마쳤는데, 그 후 丁이 丙의 전세권근저당권부 채권을 가압류하였다가 이를 본압류로 이전하는 압류명령을 받은 사안에서, 丙의 전세권근저당권부 채권은 통정허위표시에 의하여 외형상 형성된 전세권을 목적물로 하는 전세권근저당권의 피담보채권이고, 丁은 이러한 丙의 전세권근저당권부 채권을 가압류하고 압류명령을 얻음으로써 그 채권에 관한 담보권인 전세권근저당권의 목적물에 해당하는 전세권에 대하여 새로이 법률상 이해관계를 가지게 되었으므로, 丁이 통정허위표시에 관하여 선의라면 비록 丙이 악의라 하더라도 허위표시자는 그에 대하여 전세권이 통정허위표시에 의한 것이라는 이유로 대항할 수 없음에도, 이와 달리 본 원심판결에 법리오해의 위법이 있다(대판 2013.2.15, 2012다49292).

⑤ [O] A는 B와 통정하여 허위로 B 앞으로 매매를 원인으로 하여 가등기를 마쳤고, 후에 이러한 통정한 허위의 의사표시는 철회되었다. 그 이후 B는 A를 피고로 하여 가등기에 기한 본등기이행청구의 소를 제기하여 제1심에서 승소판결을 받아 B명의로 본등기를 경료하였고, 이후 A의 항소로 인하여 제1심판결은 취소되었다. 이 경우 B의 본등기를 신뢰하여 B로부터 다시 이전등기를 받은 甲 등은 제108조 제2항의 선의의 제3자가 될 수 없다(대판 2020.1.30, 2019다280375).

073 허위표시에 관한 설명으로 옳은 것으로만 묶은 것은?

ㄱ. 실제로는 전세권설정계약을 체결하지 않았으면서 임차인의 임차보증금반환채권을 담보하기 위해 임대인과 임차인이 합의 아래 임차인 명의로 전세권설정등기를 마쳤는데, 甲이 이러한 사정을 알면서 임차인에 대한 채권을 담보하기 위하여 위 전세권에 대하여 전세권근저당권설정등기를 마쳤고, 乙이 甲의 전세권근저당권부 채권을 가압류하였다가 이를 본압류로 이전하는 압류명령을 받은 경우, 乙이 임대인과 임차인 사이의 통정허위표시에 관하여 선의라면 비록 甲이 악의라 하더라도 임대인과 임차인은 전세권이 통정허위표시에 의한 것이라는 이유로 대항할 수 없다.

ㄴ. 甲이 乙로부터 돈을 차용하고 그 담보로 甲의 부동산에 가등기를 하기로 약정하였는데 채권자들의 강제집행을 우려하여 丙에게 가장양도하고 乙 앞으로 가등기를 해준 경우, 위 가등기는 실질적인 새로운 법률상 원인에 의하여 이루어진 것이 아니므로, 乙은 甲과 丙 사이의 통정허위표시에 의한 가장양도에 있어 제3자에 해당하지 않는다.

ㄷ. 동일인에 대한 대출액 한도를 제한한 법령이나 금융기관 내부규정의 적용을 회피하기 위하여 실질적인 주채무자가 실제 대출받고자 하는 채무액에 대하여 제3자를 형식상 주채무자로 내세우고, 금융기관도 이를 양해하여 제3자에 대하여는 채무자로서 책임을 지우지 않을 의도로 제3자 명의로 대출관계서류를 작성 받은 경우, 제3자는 형식상 명의대여자에 불과하므로 제3자 명의로 되어 있는 대출약정은 통정허위표시에 해당하는 무효의 법률행위이다.

ㄹ. 허위의 근저당권에 대하여 배당이 이루어진 경우, 통정한 허위의 의사표시는 당사자 사이에서는 물론 제3자에 대하여도 무효이고, 다만 선의의 제3자에 대하여는 이를 대항하지 못한다고 할 것이나, 다른 배당채권자는 채권자취소의 소로써 통정허위표시를 취소하지 않는 이상 그 무효를 주장하여 그에 기한 채권의 존부, 범위, 순위에 관한 배당이의의 소를 제기할 수는 없다.

ㅁ. A는 B와 통정하여 허위로 B 앞으로 매매를 원인으로 하여 가등기를 마쳤고, 후에 이러한 통정한 허위의 의사표시는 철회되었다. 그 이후 B는 A를 피고로 하여 가등기에 기한 본등기이행청구의 소를 제기하여 제1심에서 승소판결을 받아 B명의로 본등기를 경료하였고, 이후 A의 항소로 인하여 제1심판결은 취소되었다. 이 경우 B의 본등기를 신뢰하여 B로부터 다시 이전등기를 받은 甲 등은 제108조 제2항의 선의의 제3자가 될 수 있다.

① ㄱ
② ㄱ, ㄴ, ㄷ
③ ㄱ, ㄴ, ㅁ
④ ㄱ, ㄴ, ㄷ, ㄹ
⑤ ㄱ, ㄴ, ㄷ, ㅁ

해설
답 ②

ㄱ. [○] 실제로는 전세권설정계약이 없으면서도 임차보증금 반환채권을 담보할 목적으로 전세권설정등기를 마친 후 그 전세권에 대하여 근저당권이 설정된 경우, 임대인이 <u>그와 같은 사정을 알지 못한 근저당권자에게</u> 위 전세권설정계약이 통정허위표시에 해당함을 이유로 <u>무효를 주장할 수 없다</u>(대판 2008.3.13, 2006다29372·29389).

ㄴ. [○] 통정허위표시의 무효를 대항할 수 없는 제3자란 허위표시의 당사자 및 포괄승계인 이외의 자로서 허위표시에 의하여 외형상 형성된 법률관계를 토대로 새로운 법률원인으로써 이해관계를 갖게 된 자를 말한다. 따라서, 소외인 (A)가 부동산의 매수자금을 피고로부터 차용하고 담보조로 가등기를 경료하기로 약정한 후 채권자들의 강제집행을 우려하여 소외인 (B)에게 가장양도한

후 피고 앞으로 가등기를 경료케 한 경우에 있어서 피고는 형식상은 가장 양수인으로부터 가등기를 경료받은 것으로 되어 있으나 실질적인 새로운 법률원인에 의한 것이 아니므로 통정허위표시에서의 제3자로 볼 수 없다(대판 1982.5.25, 80다1403).

ㄷ. [O] 은행이 동일인 여신한도의 제한을 회피하기 위하여 실질적 주채무자 아닌 제3자와 사이에 제3자를 주채무자로 하는 소비대차계약을 체결한 경우의 효력에 관하여 은행이 양해하지 않은 경우 진의가 있는 경우로서 유효이고, 양해한 경우에는 무효이다(대판 2007.11.29, 2007다53013). 즉, 동일인에 대한 대출액 한도를 제한한 구 상호신용금고법 제12조의 적용을 회피하기 위하여 실질적인 주채무자가 실제 대출받고자 하는 채무액에 대하여 제3자를 형식상의 주채무자로 내세우고, 상호신용금고도 이를 양해하여 제3자에 대하여는 채무자로서의 책임을 지우지 않을 의도하에 제3자 명의로 대출관계서류를 작성받은 경우, 제3자는 형식상의 명의만을 빌려준 자에 불과하고 그 대출계약의 실질적인 당사자는 상호신용금고와 실질적 주채무자이므로, 제3자 명의로 되어 있는 대출약정은 상호신용금고의 "양해"하에 그에 따른 채무부담의 의사 없이 형식적으로 이루어진 것에 불과하여 통정허위표시에 해당하는 무효의 법률행위이다(대판 1999.3.12, 98다48989).

ㄹ. [×] 허위의 근저당권에 대하여 배당이 이루어진 경우, 통정한 허위의 의사표시는 당사자 사이에서는 물론 제3자에 대하여도 무효이고, 다만 선의의 제3자에 대하여만 이를 대항하지 못한다고 할 것이므로, 배당채권자는 채권자취소의 소로써 통정허위표시를 취소하지 않았다 하더라도 그 무효를 주장하여 그에 기한 채권의 존부, 범위, 순위에 관한 배당이의의 소를 제기할 수 있다(대판 2001.5.8, 2000다9611).

ㅁ. [×] [1] 상대방과 통정한 허위의 의사표시는 무효이고 누구든지 그 무효를 주장할 수 있는 것이 원칙이나, 허위표시의 당사자와 포괄승계인 이외의 자로서 허위표시에 의하여 외형상 형성된 법률관계를 토대로 실질적으로 새로운 법률상 이해관계를 맺은 선의의 제3자에 대하여는 허위표시의 당사자뿐만 아니라 그 누구도 허위표시의 무효를 대항하지 못하는 것인데, 허위표시를 선의의 제3자에게 대항하지 못하게 한 취지는 이를 기초로 하여 별개의 법률원인에 의하여 고유한 법률상의 이익을 갖는 법률관계에 들어간 자를 보호하기 위한 것이므로 제3자의 범위는 권리관계에 기초하여 형식적으로만 파악할 것이 아니라 허위표시행위를 기초로 하여 새로운 법률상 이해관계를 맺었는지 여부에 따라 실질적으로 파악하여야 한다. [2] 이 사건 부동산에 관한 소외 1 명의의 본등기는 소외 2와 소외 1 사이의 허위 가등기 설정이라는 통정한 허위의 의사표시 자체에 기한 것이 아니라, 이러한 통정한 허위의 의사표시가 철회된 이후에 소외 1이 항소심판결에 의해 취소 확정되어 소급적으로 무효가 된 위 제1심판결에 기초하여 일방적으로 마친 원인무효의 등기라고 봄이 타당하다. 이에 따라 소외 1 명의의 본등기를 비롯하여 그 후 원고에 이르기까지 순차적으로 마쳐진 각 지분소유권이전등기는 부동산등기에 관하여 공신력이 인정되지 아니하는 우리 법제하에서는 특별한 사정이 없는 한 무효임을 면할 수 없다. 나아가 소외 2와 소외 1이 통정한 허위의 의사표시에 기하여 마친 가등기와 소외 3 명의의 지분소유권이전등기 사이에는 앞서 본 바와 같이 소외 1이 일방적으로 마친 원인무효의 본등기가 중간에 개재되어 있으므로, 이를 기초로 마쳐진 소외 3 명의의 지분소유권이전등기는 소외 1 명의의 가등기와는 서로 단절된 것으로 평가된다. 그리고 가등기의 설정행위와 본등기의 설정행위는 엄연히 구분되는 것으로서 소외 3 내지 그 후 지분소유권이전등기를 마친 자들에게 신뢰의 대상이 될 수 있는 '외관'은 소외 1 명의의 가등기가 아니라 단지 소외 1 명의의 본등기일 뿐이라는 점에서도 이들은 소외 1 명의의 허위 가등기 자체를 기초로 하여 새로운 법률상 이해관계를 맺은 제3자의 지위에 있다고 볼 수 없다. 이는 소외 2의 추완항소를 계기로 소외 2와 소외 1 사이의 통정한 허위의 의사표시가 실체적으로는 철회되었음에도 불구하고 그 외관인 가등기가 미처 제거되지 않고 잔존하는 동안에 소외 1 명의의 본등기가 마쳐졌다고 하여 달리 볼 수 없다[4](대판 2020.1.30, 2019다280375).

---

4) 대법원은 이와 같이 판단하면서, 원심이 원고가 통정한 허위의 의사표시의 제3자에 해당한다고 보아 원고가 이 사건 부동산에 관하여 적법하게 지분소유권을 취득하거나 시효완성을 원용할 수 있는 지위에 있지 않다는 피고의 주장을 배척한 것은 잘못이라면서, 원심판결을 전부 파기환송한 사례

IV. 착오에 의한 의사표시

074 착오로 인한 의사표시에 관한 설명으로 옳은 것은? (다툼이 있으면 판례에 따름) 15 노무사

① 토지매매계약에 있어 토지의 현황·경계에 관한 착오는 법률행위의 중요부분에 관한 착오로 볼 수 없다.
② 화해의 목적인 분쟁 이외의 사항에 착오가 있는 때에는 착오를 이유로 화해계약을 취소할 수 있다.
③ 매도인이 매매계약을 적법하게 해제한 이상 매수인은 착오를 이유로 매매계약을 취소할 수 없다.
④ 의사표시의 착오가 표의자의 중대한 과실로 발생한 경우, 상대방이 표의자의 착오를 알고 이용하였더라도 표의자는 그 의사표시를 취소할 수 없다.
⑤ 매매계약의 쌍방 당사자가 계약의 목적물로 삼은 X토지의 지번에 착오를 일으켜 계약서에 목적물을 Y토지로 표시한 경우, 매매계약은 Y토지에 관하여 성립한다.

해설
답 ②

① [×] 토지의 현황 경계에 관한 착오는 매매계약의 중요한 부분에 대한 착오이다(대판 1974.4.23, 74다54).
② [○] 제733조(화해의 효력과 착오) 화해계약은 착오를 이유로 하여 취소하지 못한다. 그러나 화해당사자의 자격 또는 화해의 목적인 분쟁 이외의 사항에 착오가 있는 때에는 그러하지 아니하다.
③ [×] 매도인이 매수인의 중도금 지급채무불이행을 이유로 매매계약을 적법하게 해제한 후라도 매수인으로서는 상대방이 한 계약해제의 효과로서 발생하는 손해배상책임을 지거나 매매계약에 따른 계약금의 반환을 받을 수 없는 불이익을 면하기 위하여 착오를 이유로 한 취소권을 행사하여 위 매매계약 전체를 무효로 돌리게 할 수 있다(대판 1991.8.27, 91다11308).
④ [×] 민법 제109조 제1항 단서는 의사표시의 착오가 표의자의 중대한 과실로 인한 때에는 그 의사표시를 취소하지 못한다고 규정하고 있는데, 위 단서 규정은 표의자의 상대방의 이익을 보호하기 위한 것이므로, 상대방이 표의자의 착오를 알고 이를 이용한 경우에는 착오가 표의자의 중대한 과실로 인한 것이라고 하더라도 표의자는 의사표시를 취소할 수 있다(대판 2014.11.27, 2013다49794).
⑤ [×] 부동산의 매매계약에 있어 쌍방당사자가 모두 특정의 甲 토지를 계약의 목적물로 삼았으나 그 목적물의 지번 등에 관하여 착오를 일으켜 계약을 체결함에 있어서는 계약서상 그 목적물을 甲 토지와는 별개인 乙 토지로 표시하였다 하여도 甲 토지에 관하여 이를 매매의 목적물로 한다는 쌍방당사자의 의사합치가 있은 이상 위 매매계약은 甲 토지에 관하여 성립한 것으로 보아야 할 것이고 乙 토지에 관하여 매매계약이 체결된 것으로 보아서는 안 될 것이며, 만일 乙 토지에 관하여 위 매매계약을 원인으로 하여 매수인 명의로 소유권이전등기가 경료 되었다면 이는 원인이 없이 경료된 것으로서 무효이다(대판 1993.10.26, 93다2629).

075 착오에 의한 의사표시에 관한 설명으로 옳은 것은? (다툼이 있으면 판례에 따름) 19 노무사

① 매도인의 담보책임이 성립하는 경우, 매수인은 매매계약 내용의 중요부분에 착오가 있더라도 이를 취소할 수 없다.
② 소송행위에도 특별한 사정이 없는 한 착오를 이유로 하는 취소가 허용된다.
③ 착오로 인하여 표의자가 경제적 불이익을 입지 않은 경우에는 법률행위 내용의 중요부분의 착오라고 볼 수 없다.
④ 표의자에게 중대한 과실이 있다는 사실은 법률행위의 효력을 부인하는 자가 증명하여야 한다.
⑤ 매도인이 매수인의 채무불이행을 이유로 매매계약을 적법하게 해제한 경우에는 매수인은 착오를 이유로 그 매매계약을 취소할 수 없다.

> **해설** 답 ③
>
> ① [×] 착오로 인한 취소 제도와 매도인의 하자담보책임 제도는 취지가 서로 다르고, 요건과 효과도 구별된다. 따라서 매매계약 내용의 중요 부분에 착오가 있는 경우 매수인은 매도인의 하자담보책임이 성립하는지와 상관없이 착오를 이유로 매매계약을 취소할 수 있다(대판 2018.9.13, 2015다78703).
> ② [×] 소송행위에는 착오에 관한 규정이 적용되지 않는다(대판 1964.9.15, 64다92). 즉, 착오로 인하여 소를 취하했다 하더라도 소취하가 무효가 되는 것이 아니다(대판 2004.7.9, 2003다46758).
> ③ [○] 착오로 인하여 표의자가 어떤 경제적 불이익을 입은 것이 아닌 때에는 중요부분의 착오가 아니다(대판 2006.12.7, 2006다41457).
> ④ [×] 중대한 과실이 있다는 점에 대한 증명책임은 착오를 이유로 의사표시를 취소하고자 하는 표의자의 상대방이 부담한다.
> ⑤ [×] 매도인이 매수인의 중도금 지급채무 불이행을 이유로 매매계약을 적법하게 해제한 후라도 매수인으로서는 상대방이 한 계약해제의 효과로서 발생하는 손해배상책임을 지거나 매매계약에 따른 계약금의 반환을 받을 수 없는 불이익을 면하기 위하여 착오를 이유로 한 취소권을 행사하여 매매계약 전체를 무효로 돌리게 할 수 있다(대판 1996.12.6, 95다24982·24999).

076 의사표시를 한 자가 착오를 이유로 그 의사표시를 취소할 수 없는 경우를 모두 고른 것은? (단, 표의자의 중대한 과실은 없으며 다툼이 있으면 판례에 따름) 20 노무사

ㄱ. 매매에서 매도인이 목적물의 시가를 몰라서 대금과 시가에 근소한 차이가 있는 경우
ㄴ. 주채무자의 차용금반환채무를 보증할 의사로 공정증서에 서명·날인하였으나 그 공정증서가 주채무자의 기존의 구상금채무에 관한 준소비대차약정의 공정증서이었던 경우
ㄷ. 건물 및 부지를 현상태대로 매수하였으나 그 부지의 지분이 근소하게 부족한 경우

① ㄱ
② ㄷ
③ ㄱ, ㄴ
④ ㄴ, ㄷ
⑤ ㄱ, ㄴ, ㄷ

해설
답 ⑤

ㄱ. [×] 토지매매에 있어서 시가에 관한 착오는 토지를 매수하려는 의사를 결정함에 있어 그 동기의 착오에 불과할 뿐 법률행위의 중요부분에 관한 착오라 할 수 없다(대판 1985.4.23, 84다카890).

ㄴ. [×] 착오로 인하여 표의자가 어떤 경제적 불이익을 입은 것이 아닌 때에는 중요부분의 착오가 아니다(대판 2006.12.7, 2006다41457). 이에 관하여 기부채납사안이 있고(대판 1999.2.23, 98다47924), 연대보증사안이 있다. 연대보증인이 주채무자가 채권자에게 부담하는 차용금반환채무를 연대보증 할 의사가 있었던 이상 착오로 인하여 경제적인 불이익을 입었거나 장차 불이익을 당할 염려도 없으므로 위와 같은 착오는 연대보증계약의 중요 부분의 착오가 아니다(대판 2006.12.7, 2006다41457). 착오가 법률행위 내용의 중요 부분에 있다고 하기 위하여는 표의자에 의하여 추구된 목적을 고려하여 합리적으로 판단하여 볼 때 표시와 의사의 불일치가 객관적으로 현저하여야 하고, 만일 그 착오로 인하여 표의자가 무슨 경제적인 불이익을 입은 것이 아니라고 한다면 이를 법률행위 내용의 중요 부분의 착오라고 할 수 없다. 군유지로 등기된 군립공원 내에 건물 기타 영구 시설물을 지어 이를 군(郡)에 기부채납하고 그 부지 및 기부채납 한 시설물을 사용하기로 약정하였으나 후에 그 부지가 군유지가 아니라 이(里) 주민의 총유로 밝혀진 사안에서, 군수가 여전히 공원관리청이고 기부채납자의 관리권이 계속 보장되는 점에 비추어 소유권 귀속에 대한 착오가 기부채납의 중요 부분에 관한 착오라고 볼 수 없다(대판 1999.2.23, 98다47924).

ㄷ. [×] 지번에 표시된 지적이 실제 면적보다 적은 때(대판 1969.5.13, 69다196), 토지의 면적, 평수에 관한 착오(매수 토지의 실제 면적이 장부상의 면적과 다소 차이나는 때)(대판 1956.2.23, 4288민상558 등), 피고의 지분이 부족하다 하더라도 그러한 근소한 차이만으로써는 매매계약의 중요부분에 착오가 있었다거나 기망행위가 있었다고는 보기 어렵다(대판 1984.4.10, 83다카1328). 매매목적물 지분의 근소한 부족은 중요부분의 착오가 되지 않는다.

077 착오로 인한 의사표시에 관한 설명으로 옳은 것은? (다툼이 있으면 판례에 따름) 21 노무사

① 상대방이 표의자의 착오를 알고 이를 이용한 경우, 표의자에게 중과실이 있으면 그 의사표시를 취소할 수 없다.
② 착오의 존재와 그 착오가 법률행위의 중요부분에 관한 것이라는 점은 표의자의 상대방이 증명하여야 한다.
③ 신원보증서류에 서명날인한다는 착각에 빠진 상태로 연대보증서면에 서명날인한 것은 동기의 착오이다.
④ 재단법인설립을 위한 출연행위는 상대방 없는 단독행위이므로 착오를 이유로 취소할 수 없다.
⑤ 표시상 착오가 제3자의 기망행위에 의하여 일어난 경우, 표의자는 제3자의 기망행위를 상대방이 알았는지 여부를 불문하고 착오를 이유로 의사표시를 취소할 수 있다.

> **해설**   답 ⑤

① [×] 상대방이 표의자의 착오를 알면서 이를 이용한 경우에 표의자에게 중대한 과실이 있더라도 표의자는 그 의사표시를 취소할 수 있다(대판 1955.11.10, 4288민상321).

② [×] 착오의 존재 및 그 착오가 법률행위 내용의 중요부분에 관한 것이라는 점에 대한 증명책임은 표의자가 진다[주석 민법총칙(2), 735면]. 즉 착오를 이유로 의사표시를 취소하는 자는 법률행위의 내용에 착오가 있었다는 사실과 함께 그 착오가 의사표시에 결정적인 영향을 미쳤다는 점, 즉 만약 그 착오가 없었더라면 의사표시를 하지 않았을 것이라는 점을 증명하여야 한다(대판 2008.1.17, 2007다74188).

③ [×] 판례는 제3자의 기망행위로 신원보증서면에 서명한다는 착각에 빠져 연대보증서면에 서명한 경우, 사기를 이유로 의사표시를 취소할 수 없고 착오에 의한 의사표시 취소만 문제된다고 한다(대판 2005.5.27, 2004다43824). 즉 취소의 의사표시란 반드시 명시적이어야 하는 것은 아니고, 취소자가 그 착오를 이유로 자신의 법률행위의 효력을 처음부터 배제하려고 한다는 의사가 드러나면 족한 것이며, 취소원인의 진술 없이도 취소의 의사표시는 유효한 것이므로, 신원보증서류에 서명날인하는 것으로 잘못 알고 이행보증보험약정서를 읽어보지 않은 채 서명날인한 것일 뿐 연대보증약정을 한 사실이 없다는 주장은 위 연대보증약정을 착오를 이유로 취소한다는 취지로 볼 수 있다.

④ [×] 재단법인의 출연자가 착오를 원인으로 취소를 한 경우에는 출연자는 재단법인의 성립 여부나 출연된 재산의 기본재산인 여부와 관계없이 그 의사표시를 취소할 수 있다(대판 1999.7.9, 98다9045).

⑤ [○] 어떤 사람이 자신의 의사와 다른 법률효과를 발생시키는 내용의 서면에, 그것을 읽지 않거나 올바르게 이해하지 못한 채 기명날인을 하는 이른바 표시상의 착오에 해당하므로, 비록 위와 같은 착오가 제3자의 기망행위에 의하여 일어난 것이라 하더라도 그에 관하여는 사기에 의한 의사표시에 관한 법리, 특히 상대방이 그러한 제3자의 기망행위 사실을 알았거나 알 수 있었을 경우가 아닌 한 의사표시자가 취소권을 행사할 수 없다는 민법 제110조 제2항의 규정을 적용할 것이 아니라, 착오에 의한 의사표시에 관한 법리만을 적용하여 취소권 행사의 가부를 가려야 한다(대판 2005.5.27, 2004다43824).

078 매수인 甲과 매도인 乙은 진품임을 전제로 하여 乙 소유의 그림 1점의 매매계약을 체결하였는데, 그림이 위작이라는 사실을 나중에 알게 된 甲은 중도금 지급일에 중도금을 지급하지 않았다. 이에 관한 설명으로 옳지 않은 것은? (다툼이 있으면 판례에 따름)   20 변리사

① 위조된 그림을 진품으로 알고 매수한 것은 법률행위 내용의 중요부분의 착오에 해당한다.
② 甲은 매매계약에 따른 하자담보책임을 乙에게 물을 수 있으므로 착오를 이유로 의사표시를 취소할 수 없다.
③ 乙이 甲의 중도금지급채무불이행을 이유로 매매계약을 해제한 후라도 甲은 착오를 이유로 의사표시를 취소할 수 있다.
④ 乙의 기망행위로 인해 매매계약을 체결하였다면 甲은 착오를 이유로 의사표시를 취소할 수 있을 뿐만 아니라 사기를 이유로도 의사표시를 취소할 수 있다.
⑤ 甲이 그림을 진품으로 믿은 것에 중대한 과실이 있는 경우에는 착오를 이유로 의사표시를 취소할 수 없다.

해설
답 ②

① [O] 표의자에게 그러한 착오가 없었더라면 그 의사표시를 하지 않았으리라고 생각될 정도로 중요한 것이어야 하고, 보통 일반인도 표의자의 처지에 섰더라면 그러한 의사표시를 하지 않았으리라고 생각될 정도로 중요한 것이어야 한다(대판 1996.3.26, 93다55487).
② [X] 착오로 인한 취소 제도와 매도인의 하자담보책임 제도는 취지가 서로 다르고, 요건과 효과도 구별된다. 따라서 매매계약 내용의 중요 부분에 착오가 있는 경우 매수인은 매도인의 하자담보책임이 성립하는지와 상관없이 착오를 이유로 매매계약을 취소할 수 있다(대판 2018.9.13, 2015다78703).
③ [O] 매도인이 매수인의 중도금 지급채무 불이행을 이유로 매매계약을 적법하게 해제한 후라도 매수인으로서는 상대방이 한 계약해제의 효과로서 발생하는 손해배상책임을 지거나 매매계약에 따른 계약금의 반환을 받을 수 없는 불이익을 면하기 위하여 착오를 이유로 한 취소권을 행사하여 매매계약 전체를 무효로 돌리게 할 수 있다(대판 1996.12.6, 95다24982·24999).
④ [O] 기망행위로 인하여 법률행위의 중요부분에 관하여 착오를 일으킨 경우뿐만 아니라 법률행위의 내용으로 표시되지 아니한 의사결정의 동기에 관하여 착오를 일으킨 경우에도 표의자는 그 법률행위를 사기에 의한 의사표시로서 취소할 수 있다(대판 1985.4.9, 85도167).
⑤ [O] 제109조(착오로 인한 의사표시) ① 의사표시는 법률행위의 내용의 중요부분에 착오가 있는 때에는 취소할 수 있다. 그러나 그 착오가 표의자의 중대한 과실로 인한 때에는 취소하지 못한다.

079 착오로 인한 법률행위에 관한 설명으로 옳은 것은? (다툼이 있으면 판례에 따름) 21 변리사

① 법률에 관한 착오는 그것이 법률행위 내용의 중요부분에 관한 것이라 하더라도 착오를 이유로 취소할 수 없다.
② 착오로 인한 의사표시의 취소에 관한 민법 제109조 제1항은 당사자의 합의로 그 적용을 배제할 수 없다.
③ 착오한 표의자의 중대한 과실 유무에 관한 증명책임은 의사표시의 효력을 부인하는 착오자에게 있다.
④ 상대방이 표의자의 착오를 알고 이용한 경우, 그 착오가 표의자의 중대한 과실로 인한 것이라고 하더라도 표의자는 착오에 의한 의사표시를 취소할 수 있다.
⑤ 표의자가 착오를 이유로 의사표시를 취소한 경우, 취소로 인하여 손해를 입은 상대방은 표의자에게 불법행위로 인한 손해배상을 청구할 수 있다.

해설
답 ④

① [X] 법률의 착오는 중요부분의 착오이다. 토지를 매도하면서 현물출자의 방식을 취하면 양도소득세가 면제된다는 매수인의 말을 믿고 계약을 체결하였으나, 양도소득세가 부과되었다면 착오를 이유로 취소할 수 있다(대판 1981.11.10, 80다2475).
② [X] 당사자의 합의로 착오로 인한 의사표시 취소에 관한 민법 제109조 제1항의 적용을 배제할 수 있다(대판 2016.4.15, 2013다97694).

③ [×] 중대한 과실이 있다는 점에 대한 증명책임은 착오를 이유로 의사표시를 취소하고자 하는 표의자의 상대방이 부담한다[통설, 주석 민법총칙(2), 735면]. 민법 제109조 제1항 단서에서 규정하는 착오한 표의자의 중대한 과실 유무에 관한 주장과 입증책임은 착오자가 아니라 의사표시를 취소하게 하지 않으려는 상대방에게 있다(대판 2005.5.12, 2005다6228).

④ [○] 상대방이 표의자의 착오를 알면서 이를 이용한 경우에 표의자에게 중대한 과실이 있더라도 표의자는 그 의사표시를 취소할 수 있다(대판 1955.11.10, 4288민상321). 민법 제109조 제1항 단서는 의사표시의 착오가 표의자의 중대한 과실로 인한 때에는 그 의사표시를 취소하지 못한다고 규정하고 있는데, 위 단서 규정은 표의자의 상대방의 이익을 보호하기 위한 것이므로, 상대방이 표의자의 착오를 알고 이를 이용한 경우에는 착오가 표의자의 중대한 과실로 인한 것이라고 하더라도 표의자는 의사표시를 취소할 수 있다(대판 2014.11.27, 2013다49794).

⑤ [×] 불법행위로 인한 손해배상책임이 성립하기 위하여는 가해자의 고의 또는 과실 이외에 행위의 위법성이 요구되므로, 전문건설공제조합이 계약보증서를 발급하면서 조합원이 수급할 공사의 실제 도급금액을 확인하지 아니한 과실이 있다고 하더라도 민법 제109조에서 중과실이 없는 착오자의 착오를 이유로 한 의사표시의 취소를 허용하고 있는 이상, 전문건설공제조합이 과실로 인하여 착오에 빠져 계약보증서를 발급한 것이나 그 착오를 이유로 보증계약을 취소한 것이 위법하다고 할 수는 없다(대판 1997.8.22, 97다13023).

080 착오로 인한 의사표시에 관한 설명으로 옳지 않은 것은? (다툼이 있으면 판례에 따름) 22 세무사

① 대리인이 의사표시를 하는 경우, 착오의 유무는 대리인을 표준으로 판단하여야 한다.
② 동기의 착오가 상대방에 의해 유발된 경우, 동기의 표시 여부와 무관하게 의사표시의 취소가 인정될 수 있다.
③ 착오로 인한 의사표시의 취소에 관한 민법 제109조 제1항의 적용을 배제하기로 하는 당사자의 합의는 유효하다.
④ 착오로 인하여 표의자가 경제적 불이익을 입은 것이 아니라면 이를 법률행위 내용의 중요부분의 착오라고 할 수 없다.
⑤ 상대방이 표의자의 착오를 알면서 이를 이용한 경우라도 표의자에게 중과실이 있으면, 표의자는 착오에 의한 의사표시를 취소할 수 없다.

해설　　　　　　　　　　　　　　　　　　　　　　　　　　　　　답 ⑤

① [○]
> 제116조(대리행위의 하자) ① 의사표시의 효력이 의사의 흠결, 사기, 강박 또는 어느 사정을 알았거나 과실로 알지 못한 것으로 인하여 영향을 받을 경우에 그 사실의 유무는 대리인을 표준하여 결정한다.

② [○] 판례는 동기를 계약내용으로 하는 의사를 표시하지 아니한 이상 그 착오를 이유로 계약을 취소할 수 없다(대판 1998.2.10, 97다44737)고 한다. 그러나 '동기가 상대방의 부정한 방법에 의하여 유발된 경우(대판 1987.7.21, 85다카2339)', '동기가 상대방으로부터 제공된 경우(대판 1978.7.11, 78다719)'에는 동기가 표시되지 않았다고 하더라도 동기의 착오에 의한 의사표시는 취소될 수 있다고 한다.

③ [○] 당사자의 합의로 착오로 인한 의사표시 취소에 관한 민법 제109조 제1항의 적용을 배제할 수 있다(대판 2016.4.15, 2013다97694).
④ [○] 착오로 인하여 표의자가 어떤 경제적 불이익을 입은 것이 아닌 때에는 중요부분의 착오가 아니다(대판 2006.12.7, 2006다41457).
⑤ [×] 상대방이 표의자의 착오를 알면서 이를 이용한 경우에 표의자에게 중대한 과실이 있더라도 표의자는 그 의사표시를 취소할 수 있다(대판 1955.11.10, 4288민상321).

081

착오에 의한 의사표시에 관한 설명 중 옳은 것은? (특별한 사정이 있는 경우를 제외하며, 다툼이 있는 경우 판례에 의함)   22 경간부

① 당사자가 의사표시의 내용으로 삼은 동기에 착오가 있고 그 착오가 상대방에 의해 유발된 경우, 의사표시자는 법률행위 내용의 중요부분에 대한 착오가 없더라도 동기의 착오를 이유로 그 의사표시를 취소할 수 있다.
② 당사자는 합의를 통해 착오로 인한 의사표시 취소에 관한 「민법」 제109조 제1항의 적용을 배제할 수 있다.
③ 의사표시자가 착오를 이유로 의사표시를 취소하기 위해서는 중과실이 없음을 증명하여야 한다.
④ 법률행위의 내용 중 사소한 부분에 대한 착오가 있더라도 선의 및 무과실인 의사표시자는 착오를 이유로 그 의사표시를 취소할 수 있다.

해설
답 ②

① [×] 판례는 동기를 계약내용으로 하는 의사를 표시하지 아니한 이상 그 착오를 이유로 계약을 취소할 수 없다(대판 1998.2.10, 97다44737)고 한다. 그러나 '동기가 상대방의 부정한 방법에 의하여 유발된 경우(대판 1987.7.21, 85다카2339)', '동기가 상대방으로부터 제공된 경우(대판 1978.7.11, 78다719)'에는 동기가 표시되지 않았다고 하더라도 동기의 착오에 의한 의사표시는 취소될 수 있다고 한다. 다만, 그 경우에도 법률행위 내용의 중요부분에 대한 착오가 있어야 한다.
② [○] 당사자의 합의로 착오로 인한 의사표시 취소에 관한 민법 제109조 제1항의 적용을 배제할 수 있다(대판 2016.4.15, 2013다97694). 즉, 민법 제109조는 의사표시에 착오가 있는 경우 이를 취소할 수 있도록 하여 표의자를 보호하면서도, 착오가 법률행위 내용의 중요 부분에 관한 것이 아니거나 표의자의 중대한 과실로 인한 경우에는 취소권 행사를 제한하는 한편, 표의자가 의사표시를 취소하는 경우에도 취소로 선의의 제3자에게 대항하지 못하도록 하여 거래의 안전과 상대방의 신뢰를 아울러 보호하고 있다. 이러한 민법 제109조의 법리는 적용을 배제하는 취지의 별도 규정이 있거나 당사자의 합의로 적용을 배제하는 등의 특별한 사정이 없는 한 원칙적으로 모든 사법상 의사표시에 적용된다(대판 2014.11.27, 2013다49794).
③ [×] 중대한 과실이 있다는 점에 대한 증명책임은 착오를 이유로 의사표시를 취소하고자 하는 표의자의 상대방이 부담 한다[통설, 주석 민법총칙(2), 735면].
④ [×] 제109조(착오로 인한 의사표시) ① 의사표시는 법률행위의 내용의 중요부분에 착오가 있는 때에는 취소할 수 있다. 그러나 그 착오가 표의자의 중대한 과실로 인한 때에는 취소하지 못한다.

082

착오로 인한 의사표시에 관한 설명으로 옳지 않은 것은? (다툼이 있으면 판례에 따름) 23 변리사

① 법률행위의 자연적 해석이 행해지는 경우, 표시상의 착오는 문제될 여지가 없다.
② 의사의 수술 후 환자에게 새로이 발생한 증세에 대하여 그 책임소재와 손해배상 여부를 둘러싸고 분쟁이 있다가 화해계약이 체결되었다면, 이후에 그 증세가 수술로 인한 것이 아니라는 것이 밝혀졌더라도 의사는 착오를 이유로 위 화해계약을 취소할 수 없다.
③ 해제되어 이미 실효된 계약도 착오 취소의 대상이 될 수 있다.
④ 착오가 법률행위 내용의 일부에만 관계된 경우라면 일부무효의 법리가 유추적용되어 일부 취소가 인정될 수도 있다.
⑤ 예술품의 위작(僞作)을 진품으로 착각한 매도인의 말을 믿고서 과실 없이 진품에 상응하는 가격으로 그 위작을 구입한 매수인이 매도인에게 하자담보책임을 물을 수 있다면 그는 착오 취소를 주장할 수 없다.

해설

답 ⑤

① [O] 목적물지번에 관한 당사자쌍방의 공통하는 착오 사안에서 甲, 乙이 모두 A토지를 계약목적으로 삼았으나 계약서에 B토지를 잘못 표기한 경우에도 쌍방당사자의 의사합치가 있는 이상 A토지에 관하여 매매계약이 성립하며, 만약 B토지에 관해 이전등기가 경료되었다면 이는 원인없이 경료된 것으로 무효이다(대판 1993.10.26, 93다2629).
② [O] 화해는 당사자가 상호양보하여 분쟁을 종지할 것을 약정함으로써 효력이 생기는 계약이므로 그 의사표시에 착오가 있더라도 그것이 당사자가 다툼의 대상으로 하여 상호양보에 의하여 결정한 사항 자체에 관한 것인 때에는 착오를 이유로 취소할 수 없고, 반면에 그것이 다툼의 대상인 사항의 전제 내지 기초로서 양당사자가 예정한 것이어서 상호양보의 내용으로 되지 않고 다툼도, 의심도 없는 사실로서 양해된 사항에 관한 것인 때에는 민법 제733조 단서 소정의 화해의 목적인 분쟁 이외의 사항에 관한 것이므로 특별한 사정이 없는 한 착오를 이유로 그 화해계약을 취소할 수 있다(대판 1989.8.8, 88다카15413).
③ [O] 매도인이 매수인의 중도금 지급채무 불이행을 이유로 매매계약을 적법하게 해제한 후라도 매수인으로서는 상대방이 한 계약해제의 효과로서 발생하는 손해배상책임을 지거나 매매계약에 따른 계약금의 반환을 받을 수 없는 불이익을 면하기 위하여 착오를 이유로 한 취소권을 행사하여 매매계약 전체를 무효로 돌리게 할 수 있다(대판 1996.12.6, 95다24982·24999).
④ [O] 하나의 법률행위의 일부분에만 취소사유가 있다고 하더라도 그 법률행위가 가분적이거나 그 목적물의 일부가 특정될 수 있다면, 그 나머지 부분이라도 이를 유지하려는 당사자의 가정적 의사가 인정되는 경우 그 일부만의 취소도 가능하다 할 것이고, 그 일부의 취소는 법률행위의 일부에 관하여 효력이 생긴다(대판 1998.2.10, 97다44737).
⑤ [×] 착오로 인한 취소 제도와 매도인의 하자담보책임 제도는 취지가 서로 다르고, 요건과 효과도 구별된다. 따라서 매매계약 내용의 중요 부분에 착오가 있는 경우 매수인은 매도인의 하자담보책임이 성립하는지와 상관없이 착오를 이유로 매매계약을 취소할 수 있다(대판 2018.9.13, 2015다78703).

083 착오로 인한 의사표시에 관한 설명으로 옳지 않은 것은? (다툼이 있으면 판례에 따름) 23 세무사

① 동기가 법률행위의 내용이 되기 위하여 당사자 사이에 그 동기를 의사표시의 내용으로 한다는 합의까지 있을 필요는 없다.
② 동기의 착오가 상대방에 의하여 유발된 경우에는 동기가 상대방에 표시되지 않았더라도 법률행위를 취소할 수 있다.
③ 착오를 이유로 한 의사표시의 취소는 선의의 제3자에게 대항하지 못한다.
④ 매매계약 내용의 중요 부분에 착오가 있는 경우 매수인은 매도인의 하자담보책임이 성립하는지와 상관없이 착오를 이유로 매매계약을 취소할 수 있다.
⑤ 과실로 인한 착오를 이유로 법률행위를 취소한 자는 그 취소로 발생한 상대방의 손해를 배상하여야 한다.

해설
답 ⑤

① [○] 동기의 착오가 법률행위의 내용의 중요 부분의 착오에 해당함을 이유로 표의자가 법률행위를 취소하려면 그 동기를 당해 의사표시의 내용으로 삼을 것을 상대방에게 표시하고 의사표시의 해석상 법률행위의 내용으로 되어 있다고 인정되면 충분하고 당사자들 사이에 별도로 그 동기를 의사표시의 내용으로 삼기로 하는 합의까지 이루어질 필요는 없지만, 그 법률행위의 내용의 착오는 보통 일반인이 표의자의 입장에 섰더라면 그와 같은 의사표시를 하지 아니하였으리라고 여겨질 정도로 그 착오가 중요한 부분에 관한 것이어야 한다(대판 1998.2.10, 97다44737).

② [○] 판례는 동기를 계약내용으로 하는 의사를 표시하지 아니한 이상 그 착오를 이유로 계약을 취소할 수 없다(대판 1998.2.10, 97다44737)고 한다. 그러나 '동기가 상대방의 부정한 방법에 의하여 유발된 경우(대판 1987.7.21, 85다카2339)', '동기가 상대방으로부터 제공된 경우(대판 1978.7.11, 78다719)'에는 동기가 표시되지 않았다고 하더라도 동기의 착오에 의한 의사표시는 취소될 수 있다고 한다.

③ [○] 제109조(착오로 인한 의사표시) ① 의사표시는 법률행위의 내용의 중요부분에 착오가 있는 때에는 취소할 수 있다. 그러나 그 착오가 표의자의 중대한 과실로 인한 때에는 취소하지 못한다.
② 전항의 의사표시의 취소는 선의의 제3자에게 대항하지 못한다.

④ [○] 착오로 인한 취소 제도와 매도인의 하자담보책임 제도는 취지가 서로 다르고, 요건과 효과도 구별된다. 따라서 매매계약 내용의 중요 부분에 착오가 있는 경우 매수인은 매도인의 하자담보책임이 성립하는지와 상관없이 착오를 이유로 매매계약을 취소할 수 있다(대판 2018.9.13, 2015다78703).

⑤ [×] 경과실의 착오에 경우에 취소자에게 '위법성'을 이유로 불법행위가 성립할 수 있는가에 관하여, 판례는 "불법행위로 인한 손해배상책임이 성립하기 위하여는 가해자의 고의 또는 과실 이외에 행위의 위법성이 요구되므로, 전문건설공제조합이 계약보증서를 발급하면서 조합원이 수급할 공사의 실제 도급금액을 확인하지 아니한 과실이 있다고 하더라도 민법 제109조에서 중과실이 없는 착오자의 착오를 이유로 한 의사표시의 취소를 허용하고 있는 이상, 전문건설공제조합이 과실로 인하여 착오에 빠져 계약보증서를 발급한 것이나 그 착오를 이유로 보증계약을 취소한 것이 위법하다고 할 수는 없다(대판 1997.8.22, 97다13023)."라고 하여 부정하고 있다.

084

의사표시의 착오에 있어서 중대한 과실에 관한 설명으로 옳지 않은 것은? (다툼이 있으면 판례에 따름)

23 세무사

① 토지의 매수인은 측량을 하거나 지적도와 대조하는 등의 방법으로 매매목적물이 지적도상의 그것과 정확히 일치하는지 여부를 미리 확인하여야 할 주의의무가 없다.
② 토지를 임차하여 공장을 신설하려는 자가 공장신설허가가 불가능한 토지에 대하여 관할관청에 알아보지도 않고 임대차계약을 체결하였다면 그에게 중대한 과실이 인정된다.
③ 신용보증기금의 신용보증서를 담보로 금융채권자금을 대출해 준 금융기관이 위 대출자금이 모두 상환되지 않았음에도 착오로 신용보증기금에게 신용보증서 담보설정 해지를 통지하였다면 금융기관에게 중대한 과실이 인정된다.
④ 취소를 원하는 표의자는 자신의 착오에 중대한 과실이 없음을 스스로 증명하여야 한다.
⑤ 중대한 과실에 의한 착오가 표의자에게 있음을 상대방이 알면서 이를 이용하였다면 그 의사표시는 취소할 수 있다.

해설

답 ④

① [O] 토지매매에서 특별한 사정이 없는 한 매수인에게 측량을 하거나 지적도와 대조하는 등의 방법으로 매매목적물이 지적도상의 그것과 정확히 일치하는지 여부를 미리 확인하여야 할 주의의무가 있다고 볼 수 없다(대판 2020.3.26, 2019다288232).
② [O] 공장경영자가 공장설립 목적으로 토지를 매수하면서 토지상에 공장건축이 가능한지 여부를 관청에 문의하지 않은 경우 표의자의 중과실이 인정 된다(대판 1993.6.29, 92다38881).
③ [O] 신용보증기금의 신용보증서를 담보로 금융채권자금을 대출하여 준 금융기관이 위 대출자금이 모두 상환되지 않았음에도 신용보증기금에게 신용보증서 담보설정해지를 통지한 경우에 그 해지의 의사표시는 중대한 과실에 기한 것이라고 하였다(대판 2000.5.12, 99다64999).
④ [X] 중대한 과실이 있다는 점에 대한 증명책임은 착오를 이유로 의사표시를 취소하고자 하는 표의자의 상대방이 부담 한다[통설, 주석 민법총칙(2), 735면]. 민법 제109조 제1항 단서에서 규정하는 착오한 표의자의 중대한 과실 유무에 관한 주장과 입증책임은 착오자가 아니라 의사표시를 취소하게 하지 않으려는 상대방에게 있다(대판 2005.5.12, 2005다6228).
⑤ [O] 민법 제109조 제1항 단서는 의사표시의 착오가 표의자의 중대한 과실로 인한 때에는 그 의사표시를 취소하지 못한다고 규정하고 있는데, 위 단서 규정은 표의자의 상대방의 이익을 보호하기 위한 것이므로, 상대방이 표의자의 착오를 알고 이를 이용한 경우에는 착오가 표의자의 중대한 과실로 인한 것이라고 하더라도 표의자는 의사표시를 취소할 수 있다(대판 2014.11.27, 2013다49794).

085 착오에 관한 설명으로 옳지 않은 것은? (다툼이 있는 경우 판례에 의함)   23 경간부

① 착오로 인하여 표의자가 경제적 불이익을 입은 것이 아니라면 이를 법률행위 내용의 중요부분의 착오라고 할 수 없다.
② 상대방이 표의자의 착오를 알면서 이를 이용한 경우라도, 그 착오가 표의자의 중대한 과실로 인한 것이라면 표의자는 그 의사표시를 취소할 수 없다.
③ 매수인의 중도금 미지급을 이유로 매도인이 매매계약을 적법하게 해제한 후라도 매수인은 착오를 이유로 그 계약을 취소할 수 있다.
④ 표의자에게 중대한 과실이 있는지 여부는 착오에 의한 의사표시의 효력을 부인하는 착오자의 상대방이 증명하여야 한다.

> **해설**   답 ②

① [○] 착오로 인하여 표의자가 어떤 경제적 불이익을 입은 것이 아닌 때에는 중요부분의 착오가 아니다(대판 2006.12.7, 2006다41457).
② [×] 상대방이 표의자의 착오를 알면서 이를 이용한 경우에 표의자에게 중대한 과실이 있더라도 표의자는 그 의사표시를 취소할 수 있다(대판 1955.11.10, 4288민상321).
③ [○] 매도인이 매수인의 중도금 지급채무 불이행을 이유로 매매계약을 적법하게 해제한 후라도 매수인으로서는 상대방이 한 계약해제의 효과로서 발생하는 손해배상책임을 지거나 매매계약에 따른 계약금의 반환을 받을 수 없는 불이익을 면하기 위하여 착오를 이유로 한 취소권을 행사하여 매매계약 전체를 무효로 돌리게 할 수 있다(대판 1996.12.6, 95다24982·24999).
④ [○] 민법 제109조 제1항 단서에서 규정하는 착오한 표의자의 중대한 과실 유무에 관한 주장과 입증책임은 착오자가 아니라 의사표시를 취소하게 하지 않으려는 상대방에게 있다(대판 2005.5.12, 2005다6228).

086 의사표시에 관한 설명으로 옳지 않은 것은? (다툼이 있으면 판례에 따름)   24 변리사

① 상대방 있는 의사표시에 관하여 제3자가 표의자를 강박한 경우, 표의자는 상대방이 그 사실을 알았거나 알 수 있었을 경우에 한하여 강박에 의한 의사표시를 취소할 수 있다.
② 매매목적물에 하자가 있는 사실을 착오로 알지 못하고 매매계약을 체결한 매수인은 착오로 인한 의사표시의 취소 요건을 갖추더라도 매도인의 하자담보책임이 성립하는 경우에는 착오를 이유로 그 계약을 취소할 수 없다.
③ 통정허위표시로 매매계약이 체결된 경우, 매도인이 그 계약상 채무를 이행하지 않더라도 매수인은 매도인에게 채무불이행으로 인한 손해배상을 청구할 수 없다.
④ 경과실로 인한 착오로 의사표시를 한 자가 착오를 이유로 그 의사표시를 취소한 경우, 상대방은 이로 인해 손해를 입더라도 표의자에게 불법행위로 인한 손해배상을 청구할 수 없다.
⑤ 상대방이 표의자의 착오를 알고 이용한 경우에는 착오가 표의자의 중대한 과실로 인한 것이더라도 표의자는 착오를 이유로 의사표시를 취소할 수 있다.

해설
답 ②

① [O] 제110조(사기, 강박에 의한 의사표시) ① 사기나 강박에 의한 의사표시는 취소할 수 있다.
② 상대방 있는 의사표시에 관하여 제삼자가 사기나 강박을 행한 경우에는 상대방이 그 사실을 알았거나 알 수 있었을 경우에 한하여 그 의사표시를 취소할 수 있다.

② [×] 착오로 인한 취소 제도와 매도인의 하자담보책임 제도는 취지가 서로 다르고, 요건과 효과도 구별된다. 따라서 매매계약 내용의 중요 부분에 착오가 있는 경우 매수인은 매도인의 하자담보책임이 성립하는지와 상관없이 착오를 이유로 매매계약을 취소할 수 있다(대판 2018.9.13, 2015다78703).

③ [O] 매도인이 매수인의 중도금 지급채무 불이행을 이유로 매매계약을 적법하게 해제한 후라도 매수인으로서는 상대방이 한 계약해제의 효과로서 발생하는 손해배상책임을 지거나 매매계약에 따른 계약금의 반환을 받을 수 없는 불이익을 면하기 위하여 착오를 이유로 한 취소권을 행사하여 매매계약 전체를 무효로 돌리게 할 수 있다(대판 1996.12.6, 95다24982·24999).

④ [O] 불법행위로 인한 손해배상책임이 성립하기 위하여는 가해자의 고의 또는 과실 이외에 행위의 위법성이 요구되므로, 전문건설공제조합이 계약보증서를 발급하면서 조합원이 수급할 공사의 실제 도급금액을 확인하지 아니한 과실이 있다고 하더라도 민법 제109조에서 중과실이 없는 착오자의 착오를 이유로 한 의사표시의 취소를 허용하고 있는 이상, 전문건설공제조합이 과실로 인하여 착오에 빠져 계약보증서를 발급한 것이나 그 착오를 이유로 보증계약을 취소한 것이 위법하다고 할 수는 없다(대판 1997.8.22, 97다13023).

⑤ [O] 민법 제109조 제1항 단서는 의사표시의 착오가 표의자의 중대한 과실로 인한 때에는 그 의사표시를 취소하지 못한다고 규정하고 있는데, 위 단서 규정은 표의자의 상대방의 이익을 보호하기 위한 것이므로, 상대방이 표의자의 착오를 알고 이를 이용한 경우에는 착오가 표의자의 중대한 과실로 인한 것이라고 하더라도 표의자는 의사표시를 취소할 수 있다(대판 2014.11.27, 2013다49794).

087
의사표시에 관한 설명으로 옳지 않은 것은? (다툼이 있으면 판례에 따름) 24 감평사

① 의사표시자가 통지를 발송한 후 사망하더라도 그 의사표시의 효력에 영향을 미치지 않는다.
② 통정허위표시의 경우, 통정의 동기나 목적은 허위표시의 성립에 영향이 없다.
③ 통정허위표시로 무효인 경우, 당사자는 가장행위의 채무불이행이 있더라도 이를 이유로 하는 손해배상을 청구할 수 없다.
④ 착오로 인하여 표의자가 경제적 불이익을 입지 않는 경우에는 특별한 사정이 없는 한 중요 부분의 착오라고 할 수 없다.
⑤ 상대방이 표의자의 착오를 알고 이용하였더라도 착오가 표의자의 중대한 과실로 인한 경우에는 표의자는 착오를 이유로 그 의사표시를 취소할 수 없다.
⑥ 어떠한 인식이 장래에 있을 어떤 사항에 대한 단순한 예측이나 기대에 머무르는 것이 아니라 그 예측이나 기대의 근거가 되는 현재 사정에 대한 인식을 포함하고 있고 그 인식이 실제로 있는 사실과 일치하지 않는다면 이를 착오로 다룰 수 있다.

> **해설** 답 ⑤

① [O] 제111조(의사표시의 효력발생시기) ② 의사표시자가 그 통지를 발송한 후 사망하거나 제한능력자가 되어도 의사표시의 효력에 영향을 미치지 아니한다.

② [O] 허위표시를 하게 된 동기나 목적은 묻지 않는다. 그러므로 표의자나 상대방에게 반드시 제3자를 속일 의도가 있어야 하는 것은 아니다[제4판 주석 민법(총칙(2)), 598면, 2011년, 한국사법행정학회].

③ [O] 무효인 법률행위는 그 법률행위가 성립한 당초부터 당연히 효력이 발생하지 않는 것이므로, 무효인 법률행위에 따른 법률효과를 침해하는 것처럼 보이는 위법행위나 채무불이행이 있다고 하여도 법률효과의 침해에 따른 손해는 없는 것이므로 그 손해배상을 청구할 수는 없다(대판 2003.3.28, 2002다72125). 그러므로 통정허위표시의 당사자가 그로 인해 취득한 권리를 선의의 제3자가 채무불이행이나 불법행위로 침해한 경우에도 그 당사자의 권리취득은 무효이므로 손해가 발생하지 않아 손해배상청구를 할 수 없다.

④ [O] 착오로 인하여 표의자가 어떤 경제적 불이익을 입은 것이 아닌 때에는 중요부분의 착오가 아니다(대판 2006.12.7, 2006다41457).

⑤ [×] 민법 제109조 제1항 단서는 의사표시의 착오가 표의자의 중대한 과실로 인한 때에는 그 의사표시를 취소하지 못한다고 규정하고 있는데, 위 단서 규정은 표의자의 상대방의 이익을 보호하기 위한 것이므로, 상대방이 표의자의 착오를 알고 이를 이용한 경우에는 착오가 표의자의 중대한 과실로 인한 것이라고 하더라도 표의자는 의사표시를 취소할 수 있다(대판 2014.11.27, 2013다49794).

⑥ [O] 대판 2024.8.1, 2024다206760

088

착오로 인한 의사표시에 관한 설명으로 옳은 것은? (다툼이 있으면 판례에 따름) 24 노무사

① 착오로 인한 불이익이 법령의 개정 등 사정의 변경으로 소멸하였다면 그 착오를 이유로 한 취소권의 행사는 신의칙에 의해 제한될 수 있다.

② 과실로 착오에 빠져 의사표시를 한 후 착오를 이유로 이를 취소한 자는 상대방에게 신뢰이익을 배상하여야 한다.

③ 착오를 이유로 의사표시를 취소하려는 자는 자신의 착오가 중과실로 인한 것이 아님을 증명하여야 한다.

④ 법률에 관한 경과실로 착오를 한 경우, 표의자는 그것이 법률행위의 중요부분에 관한 것이더라도 그 착오를 이유로 취소할 수 없다.

⑤ 전문가의 진품감정서를 믿고 이를 첨부하여 서화 매매계약을 체결한 후에 그 서화가 위작임이 밝혀진 경우, 매수인은 하자담보책임을 묻는 외에 착오를 이유로 하여 매매계약을 취소할 수 없다.

| 해설 | 답 ① |

① [○] 착오 취소의 모든 요건이 형식적으로 갖추어졌다 하더라도 사후적으로 사정이 변경되어 표의자의 진의가 실현될 수 있게 되었다면 표의자의 착오 취소가 제한된다(대판 1995.3.24, 94다44620).

② [×] 불법행위로 인한 손해배상책임이 성립하기 위하여는 가해자의 고의 또는 과실 이외에 행위의 위법성이 요구되므로, 전문건설공제조합이 계약보증서를 발급하면서 조합원이 수급할 공사의 실제 도급금액을 확인하지 아니한 과실이 있다고 하더라도 민법 제109조에서 중과실이 없는 착오자의 착오를 이유로 한 의사표시의 취소를 허용하고 있는 이상, 전문건설공제조합이 과실로 인하여 착오에 빠져 계약보증서를 발급한 것이나 그 착오를 이유로 보증계약을 취소한 것이 위법하다고 할 수는 없다(대판 1997.8.22, 97다13023).

③ [×] 민법 제109조 제1항 단서에서 규정하는 착오한 표의자의 중대한 과실 유무에 관한 주장과 입증책임은 착오자가 아니라 의사표시를 취소하게 하지 않으려는 상대방에게 있다(대판 2005.5.12, 2005다6228).

④ [×] 제109조(착오로 인한 의사표시) ① 의사표시는 법률행위의 내용의 중요부분에 착오가 있는 때에는 취소할 수 있다. 그러나 그 착오가 표의자의 중대한 과실로 인한 때에는 취소하지 못한다.

⑤ [×] 착오로 인한 취소 제도와 매도인의 하자담보책임 제도는 취지가 서로 다르고, 요건과 효과도 구별된다. 따라서 매매계약 내용의 중요 부분에 착오가 있는 경우 매수인은 매도인의 하자담보책임이 성립하는지와 상관없이 착오를 이유로 매매계약을 취소할 수 있다(대판 2018.9.13, 2015다78703).

089

착오로 인한 의사표시에 관한 설명으로 옳은 것을 모두 고른 것은? (다툼이 있는 경우 판례에 의함)

24 경간부 변형

ㄱ. 착오로 인하여 매매대금액 결정에 다소간의 차이가 있는 경우, 특별한 사정이 없는 한 그 착오는 중요부분의 착오로 되지 않는다.
ㄴ. 상대방이 의사표시자의 중요부분에 대한 착오를 알고 이를 이용한 경우, 그 착오가 의사표시자의 중과실로 인한 것이더라도 의사표시자는 그 의사표시를 취소할 수 있다.
ㄷ. 어떤 사람이 자신의 의사와 다른 법률효과를 발생시키는 내용의 서면에, 그것을 읽지 않거나 올바르게 이해하지 못한채 기명날인을 하는 행위는 내용상의 착오에 해당한다.
ㄹ. 특정한 목적을 위한 기부 또는 후원을 내용으로 하는 증여계약에서 그 목적이 계약 내용의 중요 부분에 관한 것인지는, 이러한 형태의 계약에서는 재산권의 무상 이전뿐만 아니라 그 이전의 목적이 중요하다는 특수성을 염두에 두면서, 목적의 표시 여부, 표시 주체와 방법, 쌍방의 목적 인식 여부, 목적의 구체성, 목적이 증여의 불가결한 기초 사정이 되었는지 여부 등을 고려하여 판단하여야 한다.

① ㄷ
② ㄱ, ㄷ
③ ㄴ, ㄷ
④ ㄱ, ㄴ, ㄹ

해설
답 ④

ㄱ. [○] 매매대금은 매매계약의 중요 부분인 목적물의 성질에 대응하는 것이기는 하나 분량적으로 가분적인 데다가 시장경제하에서 가격은 늘 변동하는 것이어서, 설사 매매대금액 결정에 있어서 착오로 인하여 다소간의 차이가 나더라도 보통은 중요 부분의 착오로 되지 않는다(대판 1998.2.10, 97다44737).

ㄴ. [○] 민법 제109조 제1항 단서는 의사표시의 착오가 표의자의 중대한 과실로 인한 때에는 그 의사표시를 취소하지 못한다고 규정하고 있는데, 위 단서 규정은 표의자의 상대방의 이익을 보호하기 위한 것이므로, 상대방이 표의자의 착오를 알고 이를 이용한 경우에는 착오가 표의자의 중대한 과실로 인한 것이라고 하더라도 표의자는 의사표시를 취소할 수 있다(대판 2014.11.27, 2013다49794).

ㄷ. [×] 어떤 사람이 자신의 의사와 다른 법률효과를 발생시키는 내용의 서면에, 그것을 읽지 않거나 올바르게 이해하지 못한 채 기명날인을 하는 이른바 표시상의 착오에 해당하므로, 비록 위와 같은 착오가 제3자의 기망행위에 의하여 일어난 것이라 하더라도 그에 관하여는 사기에 의한 의사표시에 관한 법리, 특히 상대방이 그러한 제3자의 기망행위 사실을 알았거나 알 수 있었을 경우가 아닌 한 의사표시자가 취소권을 행사할 수 없다는 민법 제110조 제2항의 규정을 적용할 것이 아니라, 착오에 의한 의사표시에 관한 법리만을 적용하여 취소권 행사의 가부를 가려야 한다(대판 2005.5.27, 2004다43824).

ㄹ. [○] 대판 2024.8.1, 2024다206760

V. 사기, 강박에 의한 의사표시

090 사기에 의한 의사표시에 관한 설명으로 옳지 않은 것은? (다툼이 있으면 판례에 따름) 16 노무사

① 교환계약의 당사자가 자기 소유 목적물의 시가를 묵비한 것은, 특별한 사정이 없는 한, 위법한 기망행위가 되지 않는다.
② 제3자의 사기로 상대방 없는 의사표시를 한 표의자는 그 의사표시를 취소할 수 있다.
③ 제3자의 사기로 계약을 체결한 자는 그 계약을 취소하지 않고 그 제3자에 대하여 불법행위로 인한 손해배상만을 청구할 수 있다.
④ 사기에 의하여 의사표시를 한 자의 포괄승계인은 그 의사표시를 취소할 수 없다.
⑤ 상품의 광고에 있어 다소의 과장·허위가 수반되는 것은 그것이 일반 상거래의 관행과 신의칙에 비추어 시인될 수 있는 한 기망행위에 해당하지 않는다.

해설
답 ④

① [○] 교환계약의 경우 일방 당사자가 자기가 소유하는 목적물의 시가를 묵비하여 상대방에게 고지하지 아니하거나 혹은 허위로 시가보다 높은 가액을 시가라고 고지하였다 하더라도 이는 상대방의 의사결정에 불법적인 간섭을 한 것이라고 볼 수 없다(대판 2002.9.4, 2000다54406·54413).
② [○] 상대방이 없으므로 표의자는 언제든지 그 의사표시를 취소할 수 있다.
③ [○] 불법행위에 기한 손해배상을 청구하기 위하여 반드시 의사표시를 취소하여야 하는 것은 아니다(대판 1998.3.10, 97다55829).

④ [×] 제한능력자, 하자 있는 의사표시를 한 자로부터 취소권을 승계한 자(포괄승계인, 특정승계인 포함)는 취소할 수 있다. 취소권만의 승계는 불가능하다(제140조).
⑤ [○] 일반적으로 상품의 선전·광고에 있어 다소의 과장·허위가 수반되는 것은 그것이 일반 상거래의 관행과 신의칙에 비추어 시인될 수 있는 한 기망성이 결여된다(대판 1995.7.28, 95다19515·95다19522).

091 제3자의 사기·강박에 의한 의사표시에 관한 설명으로 옳지 않은 것을 모두 고른 것은? (다툼이 있으면 판례에 따름)

> ㄱ. 상대방이 있는 의사표시의 경우, 표의자는 상대방이 그 사실을 알았거나 알 수 있었을 경우에 한하여 그 의사표시를 취소할 수 있다.
> ㄴ. 상대방과 동일할 수 있는 자의 사기·강박은 제3자의 사기·강박에 해당하지 않는다.
> ㄷ. 제3자의 사기행위로 인하여 계약을 체결한 경우, 제3자에 대하여 불법행위로 인한 손해배상을 청구하기 위해서는 그 계약을 취소해야 한다.

① ㄱ
② ㄷ
③ ㄱ, ㄴ
④ ㄴ, ㄷ
⑤ ㄱ, ㄴ, ㄷ

해설
답 ②

ㄱ. [○] 표의자는 그 의사표시의 상대방이 제3자에 의한 사기나 강박의 사실을 알고 있거나(악의) 알 수 있었을 경우(과실)에 한하여 그 의사표시를 취소할 수 있다(제110조 제2항).
ㄴ. [○] 판례는 상대방의 대리인 등 상대방과 동일시할 수 있는 자의 사기 또는 강박은 상대방의 사기·강박에 해당한다고 하면서(대판 1999.2.23, 98다60828·60835), 은행의 출장소장의 행위는 은행 또는 은행과 동일시할 수 있는 자의 사기일 뿐 제3자의 사기로 볼 수 없으므로, 은행이 그 사기 사실을 알았거나 알 수 있었을 경우에 한하여 위 약정을 취소할 수 있는 것은 아니라고 본다.
ㄷ. [×] 제3자의 사기행위로 인하여 피해자가 주택건설사와 사이에 주택에 관한 분양계약을 체결하였다고 하더라도 제3자의 사기행위 자체가 불법행위를 구성하는 이상, 제3자로서는 그 불법행위로 인하여 피해자가 입은 손해를 배상할 책임을 부담하는 것이므로, 피해자가 제3자를 상대로 손해배상청구를 하기 위하여 반드시 그 분양계약을 취소할 필요는 없다(대판 1998.3.10, 97다55829).

092 착오나 사기에 의한 의사표시에 관한 설명으로 옳은 것은? (다툼이 있으면 판례에 따름)

19 변리사

① 동기의 착오가 상대방에 의하여 제공되거나 유발된 경우에는 착오를 이유로 취소할 수 없다.
② 법률행위 내용의 중요부분에 대한 착오를 판단할 때, 의사표시자의 경제적인 불이익 여부는 문제되지 않는다.
③ 착오를 이유로 한 취소권은 추인할 수 있는 날로부터 3년 내에, 법률행위를 한 날로부터 10년 내에 행사하여야 한다.
④ 법률행위가 사기에 의한 것으로서 취소되는 경우, 그 법률행위가 동시에 불법행위를 구성하는 때에는 취소의 효과로 생기는 부당이득반환청구권과 불법행위로 인한 손해배상청구권을 중첩적으로 행사할 수 있다.
⑤ 제3자의 사기로 인하여 계약을 체결한 경우, 그 제3자에 대하여 불법행위로 인한 손해배상을 청구하기 위해서는 먼저 그 계약을 취소해야 한다.

해설

답 ③

① [×] 판례는 동기를 계약내용으로 하는 의사를 표시하지 아니한 이상 그 착오를 이유로 계약을 취소할 수 없다(대판 1998.2.10, 97다44737)고 한다. 그러나 '동기가 상대방의 부정한 방법에 의하여 유발된 경우(대판 1987.7.21, 85다카2339)', '동기가 상대방으로부터 제공된 경우(대판 1978.7.11, 78다719)'에는 동기가 표시되지 않았다고 하더라도 동기의 착오에 의한 의사표시는 취소될 수 있다고 한다.
② [×] 착오로 인하여 표의자가 어떤 경제적 불이익을 입은 것이 아닌 때에는 중요부분의 착오가 아니다(대판 2006.12.7, 2006다41457). 이에 관하여 기부채납사안이 있고(대판 1999.2.23, 98다47924[5]), 연대보증사안이 있다. 연대보증인이 주채무자가 채권자에게 부담하는 차용금반환채무를 연대보증할 의사가 있었던 이상 착오로 인하여 경제적인 불이익을 입었거나 장차 불이익을 당할 염려도 없으므로 위와 같은 착오는 연대보증계약의 중요 부분의 착오가 아니다(대판 2006.12.7, 2006다41457).
③ [○] 제146조(취소권의 소멸) 취소권은 추인할 수 있는 날로부터 3년 내에 법률행위를 한 날로부터 10년 내에 행사하여야 한다.
④ [×] 법률행위가 사기에 의한 것으로서 취소되는 경우에 그 법률행위가 동시에 불법행위를 구성하는 때에는 취소의 효과로 생기는 부당이득반환청구권과 불법행위로 인한 손해배상청구권은 경합하여 병존하는 것이므로, 채권자는 어느 것이라도 선택하여 행사할 수 있지만 중첩적으로 행사할 수는 없다(대판 1993.4.27, 92다56087).
⑤ [×] 불법행위에 기한 손해배상을 청구하기 위하여 반드시 의사표시를 취소하여야 하는 것은 아니다(대판 1998.3.10, 97다55829).

---

5) 착오가 법률행위 내용의 중요 부분에 있다고 하기 위하여는 표의자에 의하여 추구된 목적을 고려하여 합리적으로 판단하여 볼 때 표시와 의사의 불일치가 객관적으로 현저하여야 하고, 만일 그 착오로 인하여 표의자가 무슨 경제적인 불이익을 입은 것이 아니라고 한다면 이를 법률행위 내용의 중요 부분의 착오라고 할 수 없다. 군유지로 등기된 군립공원 내에 건물 기타 영구 시설물을 지어 이를 군(郡)에 기부채납하고 그 부지 및 기부채납 한 시설물을 사용하기로 약정하였으나 후에 그 부지가 군유지가 아니라 이(里) 주민의 총유로 밝혀진 사안에서, 군수가 여전히 공원관리청이고 기부채납자의 관리권이 계속 보장되는 점에 비추어 소유권 귀속에 대한 착오가 기부채납의 중요 부분에 관한 착오라고 볼 수 없다(대판 1999.2.23, 98다47924).

093 사기·강박에 의한 의사표시에 관한 설명으로 옳지 않은 것은? (다툼이 있으면 판례에 따름)

22 변리사

① 아파트 분양자가 아파트 인근에 쓰레기매립장이 건설될 예정이라는 사실을 분양계약자에게 고지하지 않는 것은 기망행위에 해당한다.
② 신의칙에 반하여 정상가격을 높이 책정한 후 할인하여 원래 가격으로 판매하는 백화점 변칙세일은 기망행위에 해당한다.
③ 강박행위의 주체가 국가 공권력이고 그 공권력 행사의 내용이 기본권을 침해하는 것이면 그 강박에 의한 의사표시는 당연히 무효가 된다.
④ 부정한 이익을 목적으로 부정행위에 대한 고소, 고발이 행해지는 경우에는 강박행위가 될 수 있다.
⑤ 제3자에 의한 사기행위로 계약을 체결한 경우, 피해자는 그 계약을 취소하지 않아도 제3자에게 불법행위로 인한 손해배상을 청구할 수 있다.

해설

답 ③

① [○] 이 사건 아파트 단지 인근에 이 사건 쓰레기 매립장이 건설예정인 사실이 신의칙상 피고가 분양계약자들에게 고지하여야 할 대상이라고 본 것은 정당하고, 위 사실이 주택공급에 관한 규칙 제8조 제4항에서 규정하고 있는 모집공고시 고지하여야 할 사항에 포함되지 않으므로 고지의무가 없다는 피고의 이 부분 상고이유는 받아들일 수 없다(대판 2006.10.12, 2004다48515).
② [○] 상품의 선전, 광고에 있어 다소의 과장이나 허위가 수반되는 것은 그것이 일반 상거래의 관행과 신의칙에 비추어 시인될 수 있는 한 기망성이 결여된다고 하겠으나, 거래에 있어서 중요한 사항에 관하여 구체적 사실을 신의성실의 의무에 비추어 비난받을 정도의 방법으로 허위로 고지한 경우에는 기망행위에 해당한다. 대형백화점의 이른바 변칙세일이 기망행위에 해당한다(대판 1993.8.13, 92다52665).
③ [×] 국가기관이 헌법상 보장된 국민의 기본권을 침해하는 위헌적인 공권력을 행사한 결과 국민이 그 공권력의 행사에 외포되어 자유롭지 못한 의사표시를 하였다고 하더라도 그 의사표시의 효력은 의사표시의 하자에 관한 민법의 일반원리에 의하여 판단되어야 하고, 그 강박행위의 주체가 국가 공권력이고 그 공권력 행사의 내용이 기본권을 침해하는 것이라고 하여 그 강박에 의한 의사표시가 항상 반사회성을 띠게 되어 당연히 무효로 된다고는 볼 수 없다(대판 1996.12.23, 95다40038).
④ [○] 일반적으로 부정행위에 대한 고소, 고발은 그것이 부정한 이익을 목적으로 하는 것이 아닌 때에는 정당한 권리행사가 되어 위법하다고 할 수 없으나, 부정한 이익의 취득을 목적으로 하는 경우에는 위법한 강박행위가 되는 경우가 있고 목적이 정당하다 하더라도 행위나 수단 등이 부당한 때에는 위법성이 있는 경우가 있을 수 있다(대판 1992.12.24, 92다25120).
⑤ [○] 불법행위에 기한 손해배상을 청구하기 위하여 반드시 의사표시를 취소하여야 하는 것은 아니다(대판 1998.3.10, 97다55829).

094 사기·강박에 의한 의사표시에 관한 설명으로 옳지 않은 것은? (다툼이 있으면 판례에 따름)

22 세무사

① 계약당사자 사이에 신의칙상 고지의무가 인정되는 경우, 고지의무위반은 부작위에 의한 기망행위가 될 수 있다.
② 부정행위에 대한 고소가 부정한 이익의 취득을 목적으로 하는 경우, 그 고소는 위법한 강박행위가 될 수 있다.
③ 매매목적물에 하자가 있음에도 이를 속이고 매도한 경우, 사기를 이유로 한 의사표시의 취소와 하자담보책임은 경합할 수 있다.
④ 본인의 피용자의 기망행위로 상대방이 매매계약을 체결한 경우, 상대방은 본인이 기망행위를 알았는지를 불문하고 매매계약을 취소할 수 있다.
⑤ 소송행위가 강박에 의하여 이루어진 것임을 이유로 이를 취소할 수는 없다.

해설

답 ④

① [○] 아파트 분양자는 아파트단지 인근에 공동묘지가 조성되어 있는 사실을 수분양자에게 고지할 신의칙상의 의무를 부담한다(대판 2007.6.1, 2005다5812·5829·
② [○] 일반적으로 부정행위에 대한 고소, 고발은 그것이 부정한 이익을 목적으로 하는 것이 아닌 때에는 정당한 권리행사가 되어 위법하다고 할 수 없으나, 부정한 이익의 취득을 목적으로 하는 경우에는 위법한 강박행위가 되는 경우가 있고 목적이 정당하다 하더라도 행위나 수단 등이 부당한 때에는 위법성이 있는 경우가 있을 수 있다(대판 1992.12.24, 92다25120).
③ [○] 기망에 의하여 하자 있는 물건에 관한 매매계약이 체결된 경우에는 하자담보책임에 관한 규정(제570조 이하)과 본조가 모두 적용될 수 있으므로, 이때에도 표의자는 그의 선택에 따라 하자담보책임에 따른 담보책임을 물을 수도 있고, 본조에 의한 취소권을 행사할 수도 있다[주석 민법총칙(2), 816~817면].
④ [×] 상대방의 피용자이거나 상대방이 사용자책임을 져야 할 관계에 있는 피용자에 지나지 않는 자는 상대방과 동일시할 수는 없어 이 규정에서 말하는 제3자에 해당한다(대판 1998.1.23, 96다41496).
⑤ [○] 민법상의 법률행위에 관한 규정은 민사소송법상의 소송행위에는 특별한 규정 기타 특별한 사정이 없는 한 적용이 없는 것이므로 소송행위가 강박에 의하여 이루어진 것임을 이유로 취소할 수는 없다(대판 1997.10.10, 96다35484).

095 사기에 의한 의사표시에 관한 설명 중 옳지 않은 것은? (다툼이 있는 경우 판례에 의함)

22 경간부

① 아파트단지 인근에 대규모 공동묘지가 조성되어 있는 사실을 알고 있는 아파트 분양자는 그 사실을 알지 못하는 수분양자에게 이를 고지할 신의칙상 의무를 부담하므로 그 사실을 고지하지 아니한 것은 부작위에 의한 기망행위에 해당한다.
② 의사표시자가 상대방의 대리인에 의한 사기에 따라 의사표시를 한 경우에도 상대방이 선의 및 무과실이라면 의사표시자는 그 의사표시를 취소할 수 없다.
③ 의사표시자가 제3자의 사기로 상대방에게 의사표시를 한 경우, 상대방이 의사표시를 수령할 당시 그 사실을 알았다면 의사표시자는 그 의사표시를 취소할 수 있다.
④ 당사자가 거래에 있어서 중요한 사항에 관하여 구체적 사실을 신의성실의 의무에 비추어 비난받을 정도의 방법으로 그 사실을 알지 못하는 상대방에게 허위로 고지한 것은 기망행위에 해당한다.

해설

답 ②

① [O] 아파트 분양자는 아파트단지 인근에 공동묘지가 조성되어 있는 사실을 수분양자에게 고지할 신의칙상의 의무를 부담한다(대판 2007.6.1, 2005다5812·5829·5836).
② [×] 판례는 상대방의 대리인 등 상대방과 동일시할 수 있는 자의 사기 또는 강박은 상대방의 사기·강박에 해당한다고 하면서(대판 1999.2.23, 98다60828·60835), 은행의 출장소장의 행위는 은행 또는 은행과 동일시할 수 있는 자의 사기일 뿐 제3자의 사기로 볼 수 없으므로, 은행이 그 사기 사실을 알았거나 알 수 있었을 경우에 한하여 위 약정을 취소할 수 있는 것은 아니라고 본다.
③ [O]
> 제110조(사기, 강박에 의한 의사표시) ① 사기나 강박에 의한 의사표시는 취소할 수 있다.
> ② 상대방 있는 의사표시에 관하여 제삼자가 사기나 강박을 행한 경우에는 상대방이 그 사실을 알았거나 알 수 있었을 경우에 한하여 그 의사표시를 취소할 수 있다.

④ [O] 상품의 선전, 광고에 있어 다소의 과장이나 허위가 수반되는 것은 그것이 일반 상거래의 관행과 신의칙에 비추어 시인될 수 있는 한 기망성이 결여된다고 하겠으나, 거래에 있어서 중요한 사항에 관하여 구체적 사실을 신의성실의 의무에 비추어 비난받을 정도의 방법으로 허위로 고지한 경우에는 기망행위에 해당한다. 대형백화점의 이른바 변칙세일이 기망행위에 해당한다(대판 1993.8.13, 92다52665).

096 강박에 의한 의사표시에 관한 설명 중 옳지 않은 것은? (다툼이 있는 경우 판례에 의함)

22 경간부

① 부정행위에 대한 고소 또는 고발이 부정한 이익의 취득을 목적으로 하는 경우에는 위법한 강박행위가 될 수 있다.
② 강박행위는 강박자의 고의에 의해서만 성립하고, 과실에 의해서는 성립하지 않는다.
③ 상대방의 강박이 의사표시자의 의사결정의 자유를 완전히 박탈하는 정도에 이르지 아니하고 이를 제한하는 정도에 그친 경우, 그 의사표시자의 의사표시는 취소할 수 있음에 그치고 무효라고 볼 수 없다.
④ 강박에 의한 의사표시의 취소에 대해 대항하고자 하는 제3자는 자신의 선의를 증명하여야 한다.

해설

답 ④

① [O] 일반적으로 부정행위에 대한 고소, 고발은 그것이 부정한 이익을 목적으로 하는 것이 아닌 때에는 정당한 권리행사가 되어 위법하다고 할 수 없으나, 부정한 이익의 취득을 목적으로 하는 경우에는 위법한 강박행위가 되는 경우가 있고 목적이 정당하다 하더라도 행위나 수단 등이 부당한 때에는 위법성이 있는 경우가 있을 수 있다(대판 1992.12.24, 92다25120).
② [O] 표의자로 하여금 공포심을 생기게 하고 이로 인하여 법률행위의사를 결정하게 할 고의가 필요하다(대판 1975.3.25, 73다1048).
③ [O] 강박에 의한 법률행위가 무효로 되기 위하여는 의사표시자로 하여금 의사결정을 스스로 할 수 있는 여지를 완전히 박탈한 상태에서 의사표시가 이루어져 단지 법률행위의 외형만이 만들어진 것에 불과한 정도이어야 한다(대판 1997.3.11, 96다49353; 대판 2003.5.13, 2002다73708·73715).
④ [×] 제110조(사기, 강박에 의한 의사표시) ③ 전2항의 의사표시의 취소는 선의의 제3자에게 대항하지 못한다.

즉, 제3자의 선의는 추정되므로, 강박에 의한 의사표시의 취소를 주장하는 자가 제3자의 악의를 증명하여야 한다.

097 사기 및 강박에 의한 의사표시에 관한 설명으로 옳지 않은 것은? (다툼이 있으면 판례에 따름)

23 세무사

① 제3자의 기망에 의하여 연대보증서류를 신원보증서류로 알고 서명날인한 경우 사기를 이유로 이를 취소하지 못한다.
② 아파트단지 인근에 쓰레기 매립장이 건설예정인 사실을 알고도 분양자가 이를 모르는 수분양자에게 고지하지 않은 경우, 사기를 이유로 분양계약의 취소가 가능하다.
③ 상대방 있는 의사표시에 관하여 제3자가 사기를 행한 경우에 상대방이 그 사실을 알 수 없었다고 하더라도 표의자는 그 의사표시를 취소할 수 있다.
④ 의사결정의 자유가 완전히 박탈될 정도의 강박에 의한 의사표시는 무효로 보아야 한다.
⑤ 목적이 정당하더라도 수단이 부당한 때에는 위법한 강박에 해당할 수 있다.

해설

답 ③

① [○] 판례는 제3자의 기망행위로 신원보증서면에 서명한다는 착각에 빠져 연대보증서면에 서명한 경우, 사기를 이유로 의사표시를 취소할 수 없고 착오에 의한 의사표시 취소만 문제된다고 한다(대판 2005.5.27, 2004다43824).
② [○] 아파트 분양자는 아파트단지 인근에 공동묘지가 조성되어 있는 사실을 수분양자에게 고지할 신의칙상의 의무를 부담한다(대판 2007.6.1, 2005다5812·5829·5836).
③ [×] 제110조(사기, 강박에 의한 의사표시) ② 상대방 있는 의사표시에 관하여 제삼자가 사기나 강박을 행한 경우에는 상대방이 그 사실을 알았거나 알 수 있었을 경우에 한하여 그 의사표시를 취소할 수 있다.
④ [○] 강박에 의한 법률행위가 무효로 되기 위하여는 의사표시자로 하여금 의사결정을 스스로 할 수 있는 여지를 완전히 박탈한 상태에서 의사표시가 이루어져 단지 법률행위의 외형만이 만들어진 것에 불과한 정도이어야 한다(대판 1997.3.11, 96다49353; 대판 2003.5.13, 2002다73708·73715).
⑤ [○] 적법절차를 고지하는 등 정당한 권리행사도 그 목적이나 수단이 위법하다면 강박행위가 된다고 하였다(대판 1992.12.24, 92다25120).

098 의사표시에 관한 설명으로 옳지 않은 것은? (다툼이 있으면 판례에 따름)   23 노무사

① 매매계약이 착오로 취소된 경우 특별한 사정이 없는 한 당사자 쌍방의 원상회복의무는 동시이행관계에 있다.
② 동기의 착오가 상대방의 부정한 방법에 의하여 유발된 경우, 동기가 표시되지 않았더라도 표의자는 착오를 이유로 의사표시를 취소할 수 있다.
③ 통정허위표시로 무효인 법률행위도 채권자취소권의 대상이 될 수 있다.
④ 사기에 의해 화해계약이 체결된 경우 표의자는 화해의 목적인 분쟁에 관한 사항에 착오가 있더라도 사기를 이유로 화해계약을 취소할 수 있다.
⑤ 경과실에 의한 착오를 이유로 의사표시를 취소한 자는 상대방이 그 의사표시의 유효를 믿었음으로 인하여 발생한 손해에 대하여 불법행위책임을 진다.

해설　　　　　　　　　　　　　　　　　　　　　　　　　　　　　　　　　　답 ⑤

① [O] 의사표시는 법률행위의 중요부분의 착오가 있으면 취소할 수 있게 되므로(제109조 제1항 본문) 그 법률행위는 처음부터 무효로 된다(제141조 본문). 따라서 이행을 하지 않았으면 이행할 필요가 없고, 이행한 경우에는 부당이득반환청구권이 발생한다.
② [O] 판례는 동기를 계약내용으로 하는 의사를 표시하지 아니한 이상 그 착오를 이유로 계약을 취소할 수 없다(대판 1998.2.10, 97다44737)고 한다. 그러나 '동기가 상대방의 부정한 방법에 의하여 유발된 경우(대판 1987.7.21, 85다카2339)', '동기가 상대방으로부터 제공된 경우(대판 1978.7.11, 78다719)'에는 동기가 표시되지 않았다고 하더라도 동기의 착오에 의한 의사표시는 취소될 수 있다고 한다.
③ [O] 채무자의 법률행위가 통정허위표시인 경우에도 채권자취소권의 대상이 되고, 한편 채권자취소권의 대상으로 된 채무자의 법률행위라도 통정허위표시의 요건을 갖춘 경우에는 무효라고 할 것이다(대판 1998.2.27, 97다50985).
④ [O] 민법 제733조의 규정에 의하면, 화해계약은 화해당사자의 자격 또는 화해의 목적인 분쟁 이외의 사항에 착오가 있는 경우를 제외하고는 착오를 이유로 취소하지 못하지만, 화해계약이 사기로 인하여 이루어진 경우에는 화해의 목적인 분쟁에 관한 사항에 착오가 있는 때에도 민법 제110조에 따라 이를 취소할 수 있다고 할 것이다(대판 2008.9.11, 2008다15278).
⑤ [×] 불법행위로 인한 손해배상책임이 성립하기 위하여는 가해자의 고의 또는 과실 이외에 행위의 위법성이 요구되므로, 전문건설공제조합이 계약보증서를 발급하면서 조합원이 수급할 공사의 실제 도급금액을 확인하지 아니한 과실이 있다고 하더라도 민법 제109조에서 중과실이 없는 착오자의 착오를 이유로 한 의사표시의 취소를 허용하고 있는 이상, 전문건설공제조합이 과실로 인하여 착오에 빠져 계약보증서를 발급한 것이나 그 착오를 이유로 보증계약을 취소한 것이 위법하다고 할 수는 없다(대판 1997.8.22, 97다13023).

099 사기·강박에 의한 의사표시에 관한 설명으로 옳지 않은 것은? (다툼이 있는 경우 판례에 의함)

23 경간부

① 사기나 강박에 의한 소송행위는 원칙적으로 취소할 수 없다.
② 상대방의 단순한 피용자는 제3자의 사기에 관해 규정한 「민법」 제110조 제2항의 제3자에 해당한다.
③ 매매계약의 당사자 일방이 목적물의 시가를 묵비하여 상대방에게 고지하지 않은 것은 특별한 사정이 없는 한 기망행위에 해당하지 않는다.
④ 강박에 의한 의사표시가 취소됨과 동시에 불법행위를 구성하는 경우, 채권자는 그 취소로 인한 부당이득반환청구권과 불법행위로 인한 손해배상청구권을 중첩적으로 행사할 수 있다.

> **해설** 답 ④

① [O] 민법상의 법률행위에 관한 규정은 민사소송법상의 소송행위에는 특별한 규정 기타 특별한 사정이 없는 한 적용이 없는 것이므로 소송행위가 강박에 의하여 이루어진 것임을 이유로 취소할 수는 없다(대판 1997.10.10, 96다35484).
② [O] 상대방의 피용자이거나 상대방이 사용자책임을 져야 할 관계에 있는 피용자에 지나지 않는 자는 상대방과 동일시할 수는 없어 이 규정에서 말하는 제3자에 해당한다고 본다(대판 1998.1.23, 96다41496).
③ [O] 일반적으로 매매거래에서 매수인은 목적물을 염가로 구입할 것을 희망하고 매도인은 목적물을 고가로 처분하기를 희망하는 이해상반의 지위에 있으며, 각자가 자신의 지식과 경험을 이용하여 최대한으로 자신의 이익을 도모할 것으로 예상되기 때문에, 당사자 일방이 알고 있는 정보를 상대방에게 사실대로 고지하여야 할 신의칙상 의무가 인정된다고 볼만한 특별한 사정이 없는 한, 매수인이 목적물의 시가를 묵비하여 매도인에게 고지하지 아니하거나 혹은 시가보다 낮은 가액을 시가라고 고지하였다 하더라도, 상대방의 의사결정에 불법적인 간섭을 하였다고 볼 수 없으므로 불법행위가 성립한다고 볼 수 없다(대판 2014.4.10, 2012다54997).
④ [×] 법률행위가 사기에 의한 것으로서 취소되는 경우에 그 법률행위가 동시에 불법행위를 구성하는 때에는 취소의 효과로 생기는 부당이득반환청구권과 불법행위로 인한 손해배상청구권은 경합하여 병존하는 것이므로, 채권자는 어느 것이라도 선택하여 행사할 수 있지만 중첩적으로 행사할 수는 없다(대판 1993.4.27, 92다56087).

100 사기·강박에 의한 의사표시에 관한 설명으로 옳은 것은? (다툼이 있으면 판례에 따름)

24 감평사

① 피기망자에게 손해를 가할 의사는 사기에 의한 의사표시의 성립요건이다.
② 상대방이 불법으로 어떤 해악을 고지하였다면, 표의자가 이로 말미암아 공포심을 느끼지 않았더라도 강박에 의한 의사표시에 해당한다.
③ 상대방의 대리인이 한 사기는 제3자의 사기에 해당한다.
④ 단순히 상대방의 피용자에 지나지 않는 사람이 한 강박은 제3자의 강박에 해당하지 않는다.
⑤ 매도인을 기망하여 부동산을 매수한 자로부터 그 부동산을 다시 매수한 제3자는 특별한 사정이 없는 한 선의로 추정된다.

해설
답 ⑤

① [×] 제110조(사기, 강박에 의한 의사표시) ① 사기나 강박에 의한 의사표시는 취소할 수 있다.

② [×] 표의자로 하여금 공포심을 생기게 하고 이로 인하여 법률행위의사를 결정하게 할 고의가 필요하다(대판 1975.3.25, 73다1048).

③ [×] 상대방의 대리인 등 상대방과 동일시할 수 있는 자의 사기 또는 강박은 상대방의 사기·강박에 해당한다(대판 1999.2.23, 98다60828·60835).

④ [×] 상대방의 피용자이거나 상대방이 사용자책임을 져야 할 관계에 있는 피용자에 지나지 않는 자는 상대방과 동일시할 수는 없어 이 규정에서 말하는 제3자에 해당한다고 본다(대판 1998.1.23, 96다41496).

⑤ [○] 사기에 의한 법률행위의 의사표시를 취소하면 취소의 소급효로 인하여 그 행위의 시초부터 무효인 것으로 되는 것이요 취소한 때에 비로소 무효로 되는 것이 아니므로 취소를 주장하는 자와 양립되지 아니하는 법률관계를 가졌던 것이 취소 이전에 있었던가 이후에 있었던가는 가릴 필요 없이 사기에 의한 의사표시 및 그 취소사실을 몰랐던 모든 제3자에 대하여는 그 의사표시의 취소를 대항하지 못한다고 보아야 할 것이고 이는 거래안전의 보호를 목적으로 하는 민법 110조 제3항의 취지에도 합당한 해석이 된다(대판 1975.12.23, 75다533).

101
사기·강박에 의한 의사표시에 관한 설명으로 옳지 않은 것은? (다툼이 있으면 판례에 따름)

24 노무사

① 항거할 수 없는 절대적 폭력에 의해 의사결정을 스스로 할 수 있는 여지를 완전히 박탈당한 상태에서 행해진 의사표시는 무효이다.
② 사기로 인한 의사표시의 취소는 기망행위의 위법성을 요건으로 한다.
③ 강박으로 인한 의사표시의 취소는 강박의 고의를 요건으로 한다.
④ 계약당사자가 일방의 대리인이 계약을 하면서 상대방을 기망한 경우, 본인이 그 사실을 몰랐거나 알 수 없었다면 계약의 상대방은 그 기망을 이유로 의사표시를 취소할 수 있다.
⑤ 근로자가 허위의 이력서를 제출하여 근로계약이 체결되어 실제로 노무제공이 행해졌다면 사용자가 후에 사기를 이유로 하여 근로계약을 취소하더라도 그 취소에는 소급효가 인정되지 않는다.

해설
답 ④

① [○] 강박에 의한 법률행위가 무효로 되기 위하여는 의사표시자로 하여금 의사결정을 스스로 할 수 있는 여지를 완전히 박탈한 상태에서 의사표시가 이루어져 단지 법률행위의 외형만이 만들어진 것에 불과한 정도이어야 한다(대판 1997.3.11, 96다49353; 대판 2003.5.13, 2002다73708·73715).

② [○] 상품의 선전, 광고에 있어 다소의 과장이나 허위가 수반되는 것은 그것이 일반 상거래의 관행과 신의칙에 비추어 시인될 수 있는 한 기망성이 결여된다고 하겠으나, 거래에 있어서 중요한 사항에 관하여 구체적 사실을 신의성실의 의무에 비추어 비난받을 정도의 방법으로 허위로 고지한 경우에는 기망행위에 해당한다. 대형백화점의 이른바 변칙세일이 기망행위에 해당한다(대판 1993.8.13, 92다52665).

③ [○] 표의자로 하여금 공포심을 생기게 하고 이로 인하여 법률행위의사를 결정하게 할 고의가 필요하다(대판 1975.3.25, 73다1048).
④ [×] 판례는 상대의 대리인 등 상대방과 동일시할 수 있는 자의 사기 또는 강박은 상대방의 사기·강박에 해당한다고 하면서(대판 1999.2.23, 98다60828·60835), 은행의 출장소장의 행위는 은행 또는 은행과 동일시할 수 있는 자의 사기일 뿐 제3자의 사기로 볼 수 없으므로, 은행이 그 사기 사실을 알았거나 알 수 있었을 경우에 한하여 위 약정을 취소할 수 있는 것은 아니라고 본다.
⑤ [○] 근로계약은 근로자가 사용자에게 근로를 제공하고 사용자는 이에 대하여 임금을 지급하는 것을 목적으로 체결된 계약으로서(근로기준법 제2조 제1항 제4호) 기본적으로 그 법적 성질이 사법상 계약이므로 계약 체결에 관한 당사자들의 의사표시에 무효 또는 취소의 사유가 있으면 상대방은 이를 이유로 근로계약의 무효 또는 취소를 주장하여 그에 따른 법률효과의 발생을 부정하거나 소멸시킬 수 있다. 다만, 그와 같이 근로계약의 무효 또는 취소를 주장할 수 있다 하더라도 근로계약에 따라 그동안 행하여진 근로자의 노무 제공의 효과를 소급하여 부정하는 것은 타당하지 않으므로 이미 제공된 근로자의 노무를 기초로 형성된 취소 이전의 법률관계까지 효력을 잃는다고 보아서는 아니 되고, 취소의 의사표시 이후 장래에 관하여만 근로계약의 효력이 소멸된다고 보아야 한다(대판 2017.12.22, 2013다25194·25200).

제3관 의사표시의 효력발생

102 의사표시의 효력발생에 관한 설명으로 옳은 것을 모두 고른 것은? (다툼이 있으면 판례에 따름)

16 노무사

ㄱ. 특별한 사정이 없는 한, 아파트 경비원이 집배원으로부터 우편물을 수령한 후 이를 아파트 공동출입구의 우편함에 넣어 두었다는 사실만으로도 수취인이 그 우편물을 수취하였다고 추단할 수 있다.
ㄴ. 의사표시가 기재된 내용증명 우편물이 발송되고 반송되지 않았다면 특별한 사정이 없는 한, 그 무렵에 송달되었다고 볼 수 있다.
ㄷ. 채권양도의 통지와 같은 준법률행위의 도달은 의사표시와 마찬가지로 사회 관념상 채무자가 통지의 내용을 알 수 있는 객관적 상태에 놓여졌을 때를 말한다.
ㄹ. 법인의 대표이사가 사임서 제출 당시 권한 대행자에게 사표의 처리를 일임한 경우, 권한 대행자의 수리행위가 있어야 사임의 효력이 발생한다.

① ㄱ, ㄴ
② ㄴ, ㄷ
③ ㄷ, ㄹ
④ ㄱ, ㄷ, ㄹ
⑤ ㄴ, ㄷ, ㄹ

| 해설 | 답 ⑤ |

ㄱ. [×] 아파트 경비원이 집배원으로부터 우편물을 수령한 후 이를 우편함에 넣어 둔 사실만으로 수취인이 그 우편물을 수취하였다고 볼 수 없다(대판 2006.3.24, 2005다66411).

ㄴ. [○] 내용증명우편물이 발송되고 반송되지 아니한 경우 특별한 사정이 없는 한 그 무렵에 송달되었다고 볼 수 있다(대판 1997.2.25, 96다38322).

ㄷ. [○] 채권양도의 통지는 채무자에게 도달됨으로써 효력을 발생하는 것이고, 여기서 도달이라 함은 사회관념 상 채무자가 통지의 내용을 알 수 있는 객관적 상태에 놓여졌다고 인정되는 상태를 지칭한다고 해석되므로, 채무자가 이를 현실적으로 수령하였다거나 그 통지의 내용을 알았을 것까지는 필요로 하지 않으나 채권양도통지서가 채무자의 주소나 사무소가 아닌 동업자의 사무소에서 그 신원이 분명치 않은 자에게 송달된 경우에는 사회관념상 채무자가 통지의 내용을 알 수 있는 객관적 상태에 놓여 졌다고 인정할 수 없다(대판 1997.11.25, 97다31281).

ㄹ. [○] 법인의 대표이사가 사임하는 경우에는 그 사임의 의사표시가 대표이사의 사임으로 그 권한을 대행하게 될 자에게 도달한 때에 사임의 효력이 발생하고 그 의사표시가 효력을 발생한 후에는 마음대로 이를 철회할 수 없으나, 사임서 제출 당시 그 권한 대행자에게 사표의 처리를 일임한 경우에는 권한 대행자의 수리행위가 있어야 사임의 효력이 발생하고, 그 이전에 사임의사를 철회할 수 있다(대판 2007.5.10, 2007다7256).

103

의사표시의 효력발생에 관한 설명으로 옳은 것을 모두 고른 것은? (다툼이 있으면 판례에 따름)

> ㄱ. 상대방이 있는 의사표시의 표시자가 그 통지를 발송한 후 사망하여도 의사 표시의 효력에 영향을 미치지 아니한다.
> ㄴ. 상대방을 과실로 알지 못한 표의자는 공시송달을 할 수 있다.
> ㄷ. 상대방이 있는 의사표시의 상대방이 통지를 현실적으로 수령하지 않았다면 효력이 생기지 않는다.
> ㄹ. 상대방이 부당하게 등기취급 우편물의 수취를 거부함으로써 우편물의 내용을 알 수 있는 객관적 상태의 형성을 방해한 경우 그러한 상태가 형성되지 아니하였다는 사정만으로 발송인의 의사표시의 효력을 부정하는 것은 가능하다.

① ㄱ
② ㄷ
③ ㄱ, ㄴ
④ ㄴ, ㄷ
⑤ ㄱ, ㄴ, ㄷ

| 해설 | 답 ① |

ㄱ. [○] 제111조(의사표시의 효력발생시기) ① 상대방이 있는 의사표시는 상대방에게 도달한 때에 그 효력이 생긴다.
② 의사표시자가 그 통지를 발송한 후 사망하거나 제한능력자가 되어도 의사표시의 효력에 영향을 미치지 아니한다.

ㄴ. [×] **제113조(의사표시의 공시송달)** 표의자가 과실 없이 상대방을 알지 못하거나 상대방의 소재를 알지 못하는 경우에는 의사표시는 민사소송법 공시송달의 규정에 의하여 송달할 수 있다.

ㄷ. [×] 도달이라 함은 사회통념상 상대방이 통지의 내용을 알 수 있는 객관적 상태에 놓여 졌다고 인정되는 상태를 가리킨다(대판 1997.11.25, 97다31281).

ㄹ. [×] 상대방이 부당하게 등기취급 우편물의 수취를 거부함으로써 우편물의 내용을 알 수 있는 객관적 상태의 형성을 방해한 경우 그러한 상태가 형성되지 아니하였다는 사정만으로 발송인의 의사표시의 효력을 부정하는 것은 신의성실의 원칙에 반하므로 허용되지 아니한다. 이러한 경우에는 부당한 수취 거부가 없었더라면 상대방이 우편물의 내용을 알 수 있는 객관적 상태에 놓일 수 있었던 때, 즉 수취 거부 시에 의사표시의 효력이 생긴 것으로 보아야 한다. 여기서 우편물의 수취 거부가 신의성실의 원칙에 반하는지는 발송인과 상대방과의 관계, 우편물의 발송전에 발송인과 상대방 사이에 우편물의 내용과 관련된 법률관계나 의사교환이 있었는지, 상대방이 발송인에 의한 우편물의 발송을 예상할 수 있었는지 등 여러 사정을 종합하여 판단하여야 한다. 이때 우편물의 수취를 거부한 것에 정당한 사유가 있는지에 관해서는 수취 거부를 한 상대방이 이를 증명할 책임이 있다(대판 2020.8.20, 2019두34630).

104 의사표시의 효력발생에 관한 설명으로 옳지 않은 것은? (다툼이 있으면 판례에 따름) 22 세무사

① 표의자가 과실 없이 상대방을 알지 못한 경우에는 의사표시는 민사소송법상 공시송달의 규정에 의하여 송달할 수 있다.
② 상대방 있는 의사표시에서 표의자가 그 통지를 발송한 후 사망하더라도 의사표시의 효력에 영향을 미치지 않는다.
③ 상대방이 정당한 사유 없이 통지의 수령을 거절하는 경우에도 통지의 내용을 알 수 있는 객관적인 상태에 놓인 때에 의사표시가 도달한 것으로 보아야 한다.
④ 미성년자에게 매매계약 취소의 의사표시가 도달하더라도 미성년자는 그 의사표시의 도달을 주장할 수 없다.
⑤ 표의자는 특별한 사정이 없는 한 의사표시가 상대방에게 도달하기 전에 그 의사표시를 철회할 수 있다.

해설 답 ④

① [○] **제113조(의사표시의 공시송달)** 표의자가 과실 없이 상대방을 알지 못하거나 상대방의 소재를 알지 못하는 경우에는 의사표시는 민사소송법 공시송달의 규정에 의하여 송달할 수 있다.

② [○] **제111조(의사표시의 효력발생시기)** ① 상대방이 있는 의사표시는 상대방에게 도달한 때에 그 효력이 생긴다.
② 의사표시자가 그 통지를 발송한 후 사망하거나 제한능력자가 되어도 의사표시의 효력에 영향을 미치지 아니한다.

③ [O] 상대방이 부당하게 등기취급 우편물의 수취를 거부함으로써 우편물의 내용을 알 수 있는 객관적 상태의 형성을 방해한 경우 그러한 상태가 형성되지 아니하였다는 사정만으로 발송인의 의사표시의 효력을 부정하는 것은 신의성실의 원칙에 반하므로 허용되지 아니한다. 이러한 경우에는 부당한 수취 거부가 없었더라면 상대방이 우편물의 내용을 알 수 있는 객관적 상태에 놓일 수 있었던 때, 즉 수취 거부 시에 의사표시의 효력이 생긴 것으로 보아야 한다. 여기서 우편물의 수취 거부가 신의성실의 원칙에 반하는지는 발송인과 상대방과의 관계, 우편물의 발송 전에 발송인과 상대방 사이에 우편물의 내용과 관련된 법률관계나 의사교환이 있었는지, 상대방이 발송인에 의한 우편물의 발송을 예상할 수 있었는지 등 여러 사정을 종합하여 판단하여야 한다. 이때 우편물의 수취를 거부한 것에 정당한 사유가 있는지에 관해서는 수취 거부를 한 상대방이 이를 증명할 책임이 있다(대판 2020.8.20, 2019두34630).

④ [×] **제112조(제한능력자에 대한 의사표시의 효력)** 의사표시의 상대방이 의사표시를 받은 때에 제한능력자인 경우에는 의사표시자는 그 의사표시로써 대항할 수 없다. 다만, 그 상대방의 법정대리인이 의사표시가 도달한 사실을 안 후에는 그러하지 아니하다.

⑤ [O] 도달하기 전에는 의사표시의 효력이 발생하지 않으므로, 의사표시를 철회할 수 있다.

105 의사표시의 효력 발생에 관한 설명 중 옳지 않은 것은? (특별한 사정이 있는 경우를 제외하며, 다툼이 있는 경우 판례에 의함) 22 경간부

① 상대방 없는 의사표시의 효력은 표시행위가 완료된 때에 생긴다.
② 의사표시자가 통지를 발송한 후 사망한 경우에 그 자의 사망은 의사표시의 효력에 영향을 미치지 않는다.
③ 무권대리의 상대방이 본인에게 추인 여부의 확답을 최고한 경우, 본인의 확답의 효력은 그 의사표시를 발한 때에 발생한다.
④ 의사표시를 받은 상대방이 피특정후견인인 경우, 의사표시자는 의사표시로써 그 상대방에게 대항할 수 없다.

해설
답 ④

① [O] 표시행위가 완료된 때 효력을 발생한다(표백주의, 곽윤직).

② [O] **제111조(의사표시의 효력발생시기)** ① 상대방이 있는 의사표시는 상대방에게 도달한 때에 그 효력이 생긴다.
② 의사표시자가 그 통지를 발송한 후 사망하거나 제한능력자가 되어도 의사표시의 효력에 영향을 미치지 아니한다.

③ [O] **제131조(상대방의 최고권)** 대리권 없는 자가 타인의 대리인으로 계약을 한 경우에 상대방은 상당한 기간을 정하여 본인에게 그 추인여부의 확답을 최고할 수 있다. 본인이 그 기간 내에 확답을 발하지 아니한 때에는 추인을 거절한 것으로 본다.

④ [×] **제112조(제한능력자에 대한 의사표시의 효력)** 의사표시의 상대방이 의사표시를 받은 때에 제한능력자인 경우에는 의사표시자는 그 의사표시로써 대항할 수 없다. 다만, 그 상대방의 법정대리인이 의사표시가 도달한 사실을 안 후에는 그러하지 아니하다.

106 의사표시의 효력발생에 관한 설명으로 옳지 않은 것은? (다툼이 있으면 판례에 따름) 23 세무사

① 의사표시의 도달은 사회관념상 채무자가 통지의 내용을 알 수 있는 객관적 상태에 놓여진 경우에 인정된다.
② 유언은 유언이 공개되어 유언의 사실이 인지될 수 있을 때에 효력이 생긴다.
③ 표의자가 의사표시의 통지를 발송한 후 사망하더라도 그 효력에는 영향을 미치지 않는다.
④ 우편물이 등기취급의 방법으로 발송된 경우, 반송되는 등의 특별한 사정이 없는 한 그 무렵 수취인에게 배달되었다고 보아야 한다.
⑤ 의사표시의 도달은 그 효력 발생을 주장하는 자가 증명하여야 한다.

> **해설** 답 ②
>
> ① [O] 도달이라 함은 사회통념상 상대방이 통지의 내용을 알 수 있는 객관적 상태에 놓여졌다고 인정되는 상태를 가리킨다(대판 1997.11.25, 97다31281 등 참조).
> ② [×] 제1073조(유언의 효력발생 시기) ① 유언은 유언자가 사망한 때로부터 그 효력이 생긴다.
> ② 유언에 정지조건이 있는 경우에 그 조건이 유언자의 사망 후에 성취한 때에는 그 조건성취한 때로부터 유언의 효력이 생긴다.
> ③ [O] 제111조(의사표시의 효력발생시기) ② 의사표시자가 그 통지를 발송한 후 사망하거나 제한능력자가 되어도 의사표시의 효력에 영향을 미치지 아니한다.
> ④ [O] 우편물이 등기취급의 방법으로 발송되었다면 반송되는 등의 특별한 사정이 없는 한 그 무렵 수취인에게 배달되었다고 본다(대판 1992.3.27, 91누3819).
> ⑤ [O] 내용증명우편이나 등기우편과는 달리, 보통우편의 방법으로 발송되었다는 사실만으로는 그 우편물이 상당한 기간 내에 도달하였다고 추정할 수 없고, 송달의 효력을 주장하는 측에서 증거에 의하여 이를 입증하여야 한다(대판 2009.12.10, 2007두20140).

107 매도인 甲은 매수인 乙의 채무불이행을 이유로 매매계약을 해제하면서 그 의사표시를 내용증명우편을 통해 乙에게 발송하였다. 다음 설명 중 옳지 않은 것은? (다툼이 있는 경우 판례에 의함) 23 경간부

① 甲이 내용증명우편 발송 후에 사망하더라도 해제의 의사표시의 효력에 영향을 미치지 않는다.
② 내용증명우편이 乙에게 도달한 후에는 乙이 이를 알기 전이라도 특별한 사정이 없는 한 甲은 해제의 의사표시를 철회할 수 없다.
③ 내용증명우편이 발송되고 달리 반송되지 않았다면 특별한 사정이 없는 한 그 무렵에 乙에게 송달되었다고 보는 것이 상당하다.
④ 내용증명우편이 행위능력자인 乙에게 도달한 후에 乙이 성년후견개시의 심판을 받았다면 해제의 의사표시는 그 효력을 잃게 된다.

해설

답 ④

① [O]
> 제111조(의사표시의 효력발생시기) ① 상대방이 있는 의사표시는 상대방에게 도달한 때에 그 효력이 생긴다.
> ② 의사표시자가 그 통지를 발송한 후 사망하거나 제한능력자가 되어도 의사표시의 효력에 영향을 미치지 아니한다.

② [O]
> 제543조(해지, 해제권) ① 계약 또는 법률의 규정에 의하여 당사자의 일방이나 쌍방이 해지 또는 해제의 권리가 있는 때에는 그 해지 또는 해제는 상대방에 대한 의사표시로 한다.
> ② 전항의 의사표시는 철회하지 못한다.

③ [O] 내용증명우편물이 발송되고 반송되지 아니한 경우 특별한 사정이 없는 한 그 무렵에 송달되었다고 볼 수 있다(대판 1997.2.25, 96다38322).

④ [×]
> 제112조(제한능력자에 대한 의사표시의 효력) 의사표시의 상대방이 의사표시를 받은 때에 제한능력자인 경우에는 의사표시자는 그 의사표시로써 대항할 수 없다. 다만, 그 상대방의 법정대리인이 의사표시가 도달한 사실을 안 후에는 그러하지 아니하다.

108

의사표시의 효력발생에 관한 설명으로 옳지 않은 것은? (다툼이 있으면 판례에 따름) 24 변리사

① 상대방 있는 의사표시는 원칙적으로 상대방에게 도달되어야 효력이 발생한다.
② 청약자가 청약의 의사표시를 발송한 후 사망한 경우에도 그 의사표시의 효력에 영향을 미치지 아니한다.
③ 적법하게 성립된 매매에 관하여 해제사유가 발생한 경우, 해제의 의사가 상대방 당사자의 미성년자(子)에게 도달하면 그 즉시 해제의 효력이 발생한다.
④ 상대방이 부당하게 등기 취급 우편물의 수취를 거부함으로써 우편물의 내용을 알 수 있는 객관적 상태의 형성을 방해한 것이 신의성실의 원칙에 반한다고 인정되는 경우, 수취 거부 시에 의사표시의 효력이 생긴 것으로 보아야 한다.
⑤ 의사표시가 담긴 우편물이 상대방의 집에 도달하자 가사도우미가 수취한 후 개봉하지 않은 채 식탁 위에 두었는데, 그 즈음 우연히 그 집을 방문한 의사표시자가 그 미개봉된 우편물을 회수하여 가지고 간 경우, 그 의사표시가 도달한 것으로 볼 수 없다.

해설

답 ③

① [O]
> 제111조(의사표시의 효력발생시기) ① 상대방이 있는 의사표시는 상대방에게 도달한 때에 그 효력이 생긴다.

② [O]
> 제111조(의사표시의 효력발생시기) ② 의사표시자가 그 통지를 발송한 후 사망하거나 제한능력자가 되어도 의사표시의 효력에 영향을 미치지 아니한다.

③ [×] 제112조(제한능력자에 대한 의사표시의 효력) 의사표시의 상대방이 의사표시를 받은 때에 제한능력자인 경우에는 의사표시자는 그 의사표시로써 대항할 수 없다. 다만, 그 상대방의 법정대리인이 의사표시가 도달한 사실을 안 후에는 그러하지 아니하다.

④ [○] 상대방이 부당하게 등기취급 우편물의 수취를 거부함으로써 우편물의 내용을 알 수 있는 객관적 상태의 형성을 방해한 경우 그러한 상태가 형성되지 아니하였다는 사정만으로 발송인의 의사표시의 효력을 부정하는 것은 신의성실의 원칙에 반하므로 허용되지 아니한다. 이러한 경우에는 부당한 수취 거부가 없었더라면 상대방이 우편물의 내용을 알 수 있는 객관적 상태에 놓일 수 있었던 때, 즉 수취 거부 시에 의사표시의 효력이 생긴 것으로 보아야 한다. 여기서 우편물의 수취 거부가 신의성실의 원칙에 반하는지는 발송인과 상대방과의 관계, 우편물의 발송 전에 발송인과 상대방 사이에 우편물의 내용과 관련된 법률관계나 의사교환이 있었는지, 상대방이 발송인에 의한 우편물의 발송을 예상할 수 있었는지 등 여러 사정을 종합하여 판단하여야 한다. 이때 우편물의 수취를 거부한 것에 정당한 사유가 있는지에 관해서는 수취 거부를 한 상대방이 이를 증명할 책임이 있다(대판 2020.8.20, 2019두34630).

⑤ [○] 채권양도의 통지서가 들어 있는 우편물을 채무자의 가정부가 수령한 직후 한집에 거주하고 있는 통지인인 채권자가 그 우편물을 바로 회수해 버렸다면 그 우편물의 내용이 무엇인지를 그 가정부가 알고 있었다는 등의 특별한 사정이 없었던 이상 그 채권양도의 통지는 사회관념상 채무자가 그 통지내용을 알 수 있는 객관적 상태에 놓여 있는 것이라고 볼 수 없으므로 그 통지는 피고에게 도달되었다고 볼 수 없을 것이다(대판 1983.8.23, 선고 83다카439).

109 의사표시에 관한 설명으로 옳은 것을 모두 고른 것은?   24 경간부

> ㄱ. 의사표시자가 통지를 발송한 후 제한능력자가 되어도 특별한 사정이 없는 한 그 의사표시의 효력에 영향을 미치지 않는다.
> ㄴ. 의사표시자가 과실 없이 상대방을 알지 못하는 경우, 의사표시는 「민사소송법」 공시송달의 규정에 의하여 송달할 수 있다.
> ㄷ. 의사표시의 상대방이 의사표시를 받은 때에 제한능력자인 경우, 의사표시자는 특별한 사정이 없는 한 그 의사표시로써 대항할 수 있다.

① ㄱ, ㄴ ② ㄱ, ㄷ
③ ㄴ, ㄷ ④ ㄱ, ㄴ, ㄷ

해설   답 ①

ㄱ. [○] 제111조(의사표시의 효력발생시기) ① 상대방이 있는 의사표시는 상대방에게 도달한 때에 그 효력이 생긴다.
② 의사표시자가 그 통지를 발송한 후 사망하거나 제한능력자가 되어도 의사표시의 효력에 영향을 미치지 아니한다.

ㄴ. [○] 제113조(의사표시의 공시송달) 표의자가 과실없이 상대방을 알지 못하거나 상대방의 소재를 알지 못하는 경우에는 의사표시는 민사소송법 공시송달의 규정에 의하여 송달할 수 있다.

ㄷ. [×] **제112조(제한능력자에 대한 의사표시의 효력)** 의사표시의 상대방이 의사표시를 받은 때에 제한능력자인 경우에는 의사표시자는 그 의사표시로써 대항할 수 없다. 다만, 그 상대방의 법정대리인이 의사표시가 도달한 사실을 안 후에는 그러하지 아니하다.

제4절 | 법률행위의 대리

제1관 | 대리 일반

Ⅰ. 대리제도의 등장
Ⅱ. 대리의 본질
Ⅲ. 대리가 인정되는 범위

110 다음 중 대리가 허용되는 것으로만 연결된 것은?

ㄱ. 채권양도의 통지	ㄴ. 사무관리
ㄷ. 어음행위	ㄹ. 물건의 인도
ㅁ. 증여	ㅂ. 최고

① ㄱ, ㄴ, ㅂ
② ㄷ, ㄹ, ㅁ
③ ㄱ, ㄷ, ㅁ, ㅂ
④ ㄷ, ㄹ, ㅁ, ㅂ
⑤ ㄱ, ㄷ, ㄹ, ㅁ, ㅂ

해설 답 ③

ㄱ, ㅂ. [○] 준법률행위는 의사표시가 아니므로 대리가 인정되지 않음이 원칙이다. 그러나 준법률행위 중 의사의 통지·관념의 통지와 같이 의사표시와 유사한 행위에는 의사표시규정의 유추적용이 가능하므로 대리가 허용된다(통설).

ㄴ, ㄹ. [×] 사실행위에 대하여는 원칙적으로 대리가 허용되지 않는다. 예컨대 가공·물건의 현실의 인도 등과 같은 순수사실행위와 사무관리와 혼합사실행위에 관하여는 대리가 허용되지 아니한다.

ㄷ, ㅁ. [○] 대리가 인정되는 범위는 재산적 법률행위에 한하여 허용됨이 원칙이다. 따라서 매매·증여 등은 물론이고, 어음·수표행위에도 대리가 허용된다.

111 민법상 대리에 관한 설명으로 옳지 않은 것은? (다툼이 있으면 판례에 따름) 22 세무사

① 수권행위는 묵시적 의사표시로도 할 수 있다.
② 채권양도의 통지와 같은 관념의 통지에 대해서는 대리가 허용되지 않는다.
③ 본인의 의사결정을 절대적으로 필요로 하는 신분상의 법률행위를 대리하는 행위는 특별한 사정이 없는 한 무효이다.
④ 임의대리권은 원칙적으로 그 원인된 법률관계의 종료에 의하여 소멸한다.
⑤ 대리행위의 상대방이 본인에게 계약의 이행을 청구하는 경우, 그 상대방은 대리인에게 대리권이 있음을 증명하여야 한다.

> **해설** 답 ②

① [○] 대리권을 수여하는 수권행위는 불요식의 행위로서 명시적인 의사표시에 의함이 없이 묵시적인 의사표시에 의하여 할 수도 있으며, 어떤 사람이 대리인의 외양을 가지고 행위 하는 것을 본인이 알면서도 이의를 하지 아니하고 방임하는 등 사실상의 용태에 의하여 대리권의 수여가 추단되는 경우도 있다(대판 2016.5.26, 2016다203315).
② [×] 채권양도의 통지는 양도인이 채무자에 대하여 당해 채권을 양수인에게 양도하였다는 사실을 알리는 관념의 통지이고, 법률행위의 대리에 관한 규정은 관념의 통지에도 유추적용된다고 할 것이어서, 채권양도의 통지도 양도인이 직접 하지 아니하고 사자를 통하여 하거나 나아가서 대리인으로 하여금 하게 하여도 무방하고, 그와 같은 경우에 양수인이 양도인의 사자 또는 대리인으로서 채권양도 통지를 하였다 하여 민법 제450조의 규정에 어긋난다고 할 수 없다(대판 1997.6.27, 95다40977).
③ [○] 법률행위라고 해도 대리를 금지하는 법률규정⁶⁾이 있거나 법률행위의 성질상 대리가 적합하지 않은 경우에는 대리가 허용되지 않는다. 예를 들어 일신전속적 행위인 혼인, 입양, 인지, 유언 등이 이에 해당한다.
④ [○] 제128조(임의대리의 종료) 법률행위에 의하여 수여된 대리권은 전조의 경우 외에 그 원인된 법률관계의 종료에 의하여 소멸한다. 법률관계의 종료 전에 본인이 수권행위를 철회한 경우에도 같다.
⑤ [○] 대리행위에 의한 계약체결사실은 실체법상 법률행위의 특별유효요건으로서 권리발생사실이므로 이는 주요사실이기 때문이다(통설, 판례).

112 법률행위의 대리에 관한 설명으로 옳지 않은 것은? (다툼이 있는 경우 판례에 의함) 24 경간부

① 관념의 통지인 채권양도통지에 관하여는 대리가 허용된다.
② 다툼이 없는 채무의 이행에 관하여는 자기계약·쌍방대리가 허용된다.
③ 사실행위에는 대리가 허용되지 않지만, 불법행위에는 대리가 허용된다.
④ 대리인이 여럿인 경우에는 대리인은 원칙적으로 각자 본인을 대리한다.

---

6) 친권자나 후견인은 미성년자의 근로계약을 대리할 수 없다(근로기준법 제67조 제1항).

> **해설** 답 ③

① [O] 채권양도의 통지는 양도인이 채무자에 대하여 당해 채권을 양수인에게 양도하였다는 사실을 알리는 관념의 통지이고, 법률행위의 대리에 관한 규정은 관념의 통지에도 유추적용된다고 할 것이어서, 채권양도의 통지도 양도인이 직접 하지 아니하고 사자를 통하여 하거나 나아가서 대리인으로 하여금 하게 하여도 무방하고, 그와 같은 경우에 양수인이 양도인의 사자 또는 대리인으로서 채권양도 통지를 하였다 하여 민법 제450조의 규정에 어긋난다고 할 수 없다(대판 1997.6.27, 95다40977).

② [O] **제124조(자기계약, 쌍방대리)** 대리인은 본인의 허락이 없으면 본인을 위하여 자기와 법률행위를 하거나 동일한 법률행위에 관하여 당사자쌍방을 대리하지 못한다. 그러나 채무의 이행은 할 수 있다.

③ [×] 불법행위는 대리가 적용될 수 없다. 다만 대리인이 본인의 피용자인 경우에는 본인의 사용자책임(제756조)이 문제될 수 있다.

④ [O] **제119조(각자대리)** 대리인이 수인인 때에는 각자가 본인을 대리한다. 그러나 법률 또는 수권행위에 다른 정한 바가 있는 때에는 그러하지 아니하다.

IV. 구별개념
V. 대리의 종류

113 민법상 임의대리에 관한 설명으로 옳지 않은 것은? (다툼이 있으면 판례에 따름) 23 세무사

① 사실행위의 대리는 인정되지 않는다.
② 수권행위는 본인과 대리인의 합동행위이다.
③ 원인된 법률관계의 존속 중에도 본인은 수권행위를 철회할 수 있다.
④ 대리인이 성년후견개시심판을 받으면 그의 대리권은 소멸한다.
⑤ 매매계약의 체결과 이행에 관하여 포괄적으로 대리권을 수여 받은 대리인은 특별한 사정이 없는 한 상대방에 대하여 약정된 매매대금 지급기일을 연기하여 줄 수 있다.

> **해설** 답 ②

① [O] 준법률행위 중 사실행위에 대하여는 대리가 인정되지 않는다. 예를 들어 가공·물건의 현실의 인도 등에 관하여 제3자의 협력이 있더라도 그것은 대리가 아니라 사실상의 보조행위에 불과하다.
② [×] 수권행위는 기초적 내부관계와는 다른 별개의 독립된 것으로서 대리권의 발생만을 목적으로 하는 본인의 단독행위이다. 따라서 대리인이 될 자의 승낙은 필요 없다(통설).
③ [O] **제128조(임의대리의 종료)** 법률행위에 의하여 수여된 대리권은 전조의 경우 외에 그 원인된 법률관계의 종료에 의하여 소멸한다. 법률관계의 종료 전에 본인이 수권행위를 철회한 경우에도 같다.

④ [○] 제127조(대리권의 소멸사유) 대리권은 다음 각 호의 사유로 소멸한다.
　　1. 본인의 사망
　　2. 대리인의 사망, 성년후견의 개시 또는 파산

⑤ [○] 소비대차계약체결의 대리권은 그 계약 내용을 이루는 기한을 연기하고 이자와 임금을 수령할 권한이 있다(대판 1948.2.17, 4280민상286).

114

대리에 관한 설명 중 옳지 않은 것은? (다툼이 있는 경우 판례에 의함) 22 경간부

① 대리권을 수여한 본인은 대리인이 제한능력자임을 이유로 대리행위를 취소할 수 없다.
② 대리인에게 대리권이 있다는 것에 대한 증명책임은 대리행위가 유효하다고 주장하는 자에게 있다.
③ 수동대리의 경우 상대방이 본인에 대한 의사표시임을 대리인에게 표시하지 않더라도 본인에게 그 효력이 생긴다.
④ 대리인이 본인을 위한 것임을 표시하지 아니한 경우, 그 의사표시의 상대방이 대리인으로서 한 것임을 알았거나 알 수 있었을 때에는 직접 본인에 대하여 효력이 생긴다.

해설   답 ③

① [○] 제117조(대리인의 행위능력) 대리인은 행위능력자임을 요하지 아니한다.

② [○] 권리를 발생시키는 권리근거사실이기 때문이다.

③ [×] 제114조(대리행위의 효력) ① 대리인이 그 권한 내에서 본인을 위한 것임을 표시한 의사표시는 직접본인에 대하여 효력이 생긴다.
　　② 전항의 규정은 대리인에 대한 제3자의 의사표시에 준용한다.

④ [○] 제115조(본인을 위한 것임을 표시하지 아니한 행위) 대리인이 본인을 위한 것임을 표시하지 아니한 때에는 그 의사표시는 자기를 위한 것으로 본다. 그러나 상대방이 대리인으로서의 것임을 알았거나 알 수 있었을 때에는 전조 제1항의 규정을 준용한다.

제2관 대리권

115 대리권의 범위와 제한에 관한 설명으로 옳지 않은 것은? (다툼이 있으면 판례에 따름) 15 노무사

① 대리인이 수인인 때에는 각자가 본인을 대리하는 것이 원칙이다.
② 대리인이 부동산입찰절차에서 동일물건에 관하여 이해관계가 다른 2인 이상을 대리한 경우, 그가 한 입찰은 무효이다.
③ 대리권의 범위가 명확하지 않은 임의대리인이라 하더라도 소멸시효를 중단시킬 수 있다.
④ 부동산의 소유자로부터 매매계약을 체결할 대리권을 수여받은 대리인은 특별한 사정이 없는 한, 그 매매계약에서 약정한 바에 따라 중도금이나 잔금을 수령할 권한이 있다.
⑤ 예금계약의 체결을 위임받은 자가 가지는 대리권에는 그 예금을 담보로 하여 대출을 받거나 이를 처분할 수 있는 대리권이 포함되어 있다.

해설
답 ⑤

① [○] 제119조(각자대리) 대리인이 수인인 때에는 각자가 본인을 대리한다. 그러나 법률 또는 수권행위에 다른 정한 바가 있는 때에는 그러하지 아니하다.

② [○] 민법 제124조는 "대리인은 본인의 허락이 없으면 본인을 위하여 자기와 법률행위를 하거나 동일한 법률행위에 관하여 당사자 쌍방을 대리하지 못한다."라고 규정하고 있으므로 부동산 입찰절차에서 동일물건에 관하여 이해관계가 다른 2인 이상의 대리인이 된 경우에는 그 대리인이 한 입찰은 무효이다(대결 2004.2.13, 2003마44).

③ [○] 대리권의 범위를 정하지 아니한 임의대리인은 보존행위를 할 수 있다(제118조). 보존행위는 재산의 가치를 현상 그대로 유지하는 것을 목적으로 하는 행위로서 건물의 수선, 소멸시효의 중단, 미등기부동산의 등기, 기한이 도래한 채무의 변제, 채권의 추심 등이 이에 속한다.

④ [○] 임의대리에 있어서 대리권의 범위는 수권행위(대리권수여행위)에 의하여 정하여지는 것이므로 어느 행위가 대리권의 범위 내의 행위인지의 여부는 개별적인 수권행위의 내용이나 그 해석에 의하여 판단할 것이나, 일반적으로 말하면 수권행위의 통상의 내용으로서의 임의대리권은 그 권한에 부수하여 필요한 한도에서 상대방의 의사표시를 수령하는 이른바 수령대리권을 포함하는 것으로 보아야 한다. 부동산의 소유자로부터 매매계약을 체결할 대리권을 수여받은 대리인은 특별한 사정이 없는 한 그 매매계약에서 약정한 바에 따라 중도금이나 잔금을 수령할 권한도 있다고 보아야 한다(대판 1994.2.8, 93다39379).

⑤ [×] 예금계약의 체결을 위임받은 자가 가지는 대리권에 당연히 그 예금을 담보로 하여 대부를 받거나 기타 이를 처분할 수 있는 대리권이 포함되어 있는 것은 아니다(대판 1992.6.23, 91다14987).

116. 대리에 관한 설명으로 옳은 것을 모두 고른 것은? (다툼이 있으면 판례에 따름)   17 노무사

ㄱ. 어떤 사람이 대리인의 외양을 가지고 행위 하는 것을 본인이 알면서도 이의를 하지 아니하고 방임하는 경우, 본인의 대리권 수여가 추단될 수 있다.
ㄴ. 계약이 적법한 대리인에 의하여 체결되었는데 상대방이 채무불이행을 이유로 계약을 해제한 경우, 대리인이 수령한 계약상 급부를 본인이 현실적으로 인도 받지 못하였다면 본인에게는 원상회복의무가 없다.
ㄷ. 대리권이 없는 자가 재단법인의 설립행위를 대리한 경우 본인이 추인을 하여도 언제나 무효이며 무권대리인도 이행책임을 지지 않는다.
ㄹ. 대리인이 계약체결에 관한 권한을 수여받았다면, 그 계약의 해제권 및 상대방의 의사를 수령할 권한은 특별한 사정이 없는 한 대리인에게 부여된다.

① ㄱ, ㄴ
② ㄱ, ㄷ
③ ㄱ, ㄹ
④ ㄴ, ㄷ
⑤ ㄷ, ㄹ

해설   답 ②

ㄱ. [○] 대리권을 수여하는 수권행위는 불요식의 행위로서 명시적인 의사표시에 의함이 없이 묵시적인 의사표시에 의하여 할 수도 있으며, 어떤 사람이 대리인의 외양을 가지고 행위하는 것을 본인이 알면서도 이의를 하지 아니하고 방임하는 등 사실상의 용태에 의하여 대리권의 수여가 추단되는 경우도 있다(대판 2016.5.26, 2016다203315).
ㄴ. [×] 계약이 적법한 대리인에 의하여 체결된 경우에 대리인은 다른 특별한 사정이 없는 한 본인을 위하여 계약상 급부를 변제로서 수령할 권한도 가진다. 그리고 대리인이 그 권한에 기하여 계약상 급부를 수령한 경우에, 그 법률효과는 계약 자체에서와 마찬가지로 직접 본인에게 귀속되고 대리인에게 돌아가지 아니한다. 따라서 계약상 채무의 불이행을 이유로 계약이 상대방 당사자에 의하여 유효하게 해제되었다면, 해제로 인한 원상회복의무는 대리인이 아니라 계약의 당사자인 본인이 부담한다. 이는 본인이 대리인으로부터 그 수령한 급부를 현실적으로 인도받지 못하였다거나 해제의 원인이 된 계약상 채무의 불이행에 관하여 대리인에게 책임 있는 사유가 있다고 하여도 다른 특별한 사정이 없는 한 마찬가지라고 할 것이다(대판 2011.8.18, 2011다30871).
ㄷ. [○] 상대방 없는 단독행위에 경우에는 능동대리·수동대리 상관없이 언제나 무효이다. 본인의 추인이 있다고 해도 무효이다(통설).
ㄹ. [×] 일반적으로 법률행위에 의하여 수여된 대리권은 원인된 법률관계의 종료에 의하여 소멸하는 것이므로 특별한 다른 사정이 없는 한, 본인을 대리하여 금전소비대차 내지 그를 위한 담보권설정 계약을 체결할 권한을 수여받은 대리인에게 본래의 계약관계를 해제할 대리권까지 있다고 볼 수 없고(대판 1993.1.15, 92다39365; 대판 2008.1.31, 2007다74713), 사채알선업자에 대하여도 특별수권이 없는 한 해제의 대리권이 없다고 하였다(대판 1997.9.30, 97다23372). 해제권은 형성권이며 처분행위이기 때문이다.

117

임의대리권의 범위에 관한 설명으로 옳지 않은 것은? (다툼이 있으면 판례에 따름) 19 노무사

① 권한을 정하지 않은 대리인은 보존행위를 할 수 있다.
② 대리인이 수인인 때에는 법률 또는 수권행위에서 달리 정한 바가 없으면 공동으로 본인을 대리한다.
③ 토지 매각의 대리권을 수여받은 대리인은 특별한 사정이 없는 한 중도금과 잔금을 수령할 권한을 가진다.
④ 매매계약체결에 대해 포괄적 대리권을 수여 받은 자는 특별한 사정이 없는 한 상대방에게 약정된 매매대금의 지급기일을 연장하여 줄 권한을 가진다.
⑤ 대여금의 영수권한만을 위임받은 대리인이 그 대여금의 일부를 면제하기 위해서는 본인의 특별수권이 필요하다.

해설

답 ②

① [○] **제118조(대리권의 범위)** 권한을 정하지 아니한 대리인은 다음 각 호의 행위만을 할 수 있다.
  1. 보존행위
  2. 대리의 목적인 물건이나 권리의 성질을 변하지 아니하는 범위에서 그 이용 또는 개량하는 행위

② [×] **제119조(각자대리)** 대리인이 수인인 때에는 각자가 본인을 대리한다. 그러나 법률 또는 수권행위에 다른 정한 바가 있는 때에는 그러하지 아니하다.

③ [○] 부동산의 소유자로부터 매매계약을 체결할 대리권을 수여받은 대리인은 특별한 다른 사정이 없는 한 그 매매계약에서 약정한 바에 따라 중도금이나 잔금을 수령할 수도 있다고 보아야 한다(대판 1992.4.14, 91다43107).

④ [○] 매매계약의 체결과 이행에 관하여 포괄적으로 대리권을 수여받은 대리인은 특별한 다른 사정이 없는 한 상대방에 대하여 약정된 매매대금지급기일을 연기하여 줄 권한도 가진다고 보아야 할 것이다(대판 1992.4.14, 91다43107).

⑤ [○] 대여금의 영수권한만을 위임받은 대리인이 대여금채무를 면제할 수는 없다(대판 1981.6.23, 80다3221).

118 甲이 乙에게는 자신의 부동산을 매도할 권한을, 丙에게는 다른 사람으로부터 부동산을 매수할 권한을 각기 부여하였다. 그에 따라 甲을 대리하여 乙은 丁과 매도계약을, 丙은 戊와 매수계약을 각기 체결한 경우, 이에 관한 설명으로 옳지 않은 것은? (다툼이 있으면 판례에 따름) 20 변리사

① 乙은 위 매매계약에 따라 丁이 지급하는 중도금이나 잔금을 甲을 대리하여 수령할 권한이 있다.
② 丁이 위 매매계약의 채무를 이행하지 않는 경우, 乙은 그 계약을 해제할 수 있는 권한이 있다.
③ 丙은 위 매매계약을 체결한 후에는 그 매수한 부동산을 다시 처분할 수 있는 권한은 없다.
④ 丙이 위 매매계약을 체결한 경우, 丙에게는 戊로부터 위 매매계약의 해제의 의사표시를 수령할 권한은 없다.
⑤ 丁이 채무불이행을 이유로 위 매매계약을 적법하게 해제한 경우, 乙이 丁으로부터 받은 계약금을 도난당하여 甲에게 전달하지 못하였더라도 甲은 계약금을 반환해줄 의무가 있다.

해설
답 ②

① [○] 부동산의 소유자를 대리하여 매매계약을 체결할 권한이 있는 대리인은 특별한 사정이 없는 한 그 잔대금도 수령할 권한이 있다(대판 1991.1.29, 90다9247).
② [×] 원칙적으로 대리권의 범위에 포함되지 아니한다. 즉, 일반적으로 법률행위에 의하여 수여된 대리권은 원인된 법률관계의 종료에 의하여 소멸하는 것이므로 특별한 다른 사정이 없는 한, 본인을 대리하여 금전소비대차 내지 그를 위한 담보권설정계약을 체결할 권한을 수여받은 대리인에게 본래의 계약관계를 해제할 대리권까지 있다고 볼 수 없고(대판 1993.1.15, 92다39365; 대판 2008.1.31, 2007다74713), 사채알선업자에 대하여도 특별수권이 없는 한 해제의 대리권이 없다고 하였다(대판 1997.9.30, 97다23372). 해제권은 형성권이며 처분행위이기 때문이다.
③ [○] 대리권은 원칙적으로 처분권한을 포함하지 아니한다.

> 제118조(대리권의 범위) 권한을 정하지 아니한 대리인은 다음 각 호의 행위만을 할 수 있다.
> 1. 보존행위
> 2. 대리의 목적인 물건이나 권리의 성질을 변하지 아니하는 범위에서 그 이용 또는 개량하는 행위

④ [○] 제3자의 행위에 의하여 매매계약에 대한 해제의 효과가 발생하려면 제3자가 부동산을 실질적으로 매수한 본인이거나 혹은 적어도 매수명의자로부터 그를 대리하여 매매계약을 해제할 수 있는 대리권을 부여받았음을 요한다 할 것인바, 매매계약을 소개하고 매수인을 대리하여 매매계약을 체결하였다 하여 곧바로 그 제3자가 매수인을 대리하여 매매계약의 해제 등 일체의 처분권과 상대방의 의사를 수령할 권한까지 가지고 있다고 볼 수는 없다(대판 1987.4.28, 85다카971).
⑤ [○] 계약이 적법한 대리인에 의하여 체결된 경우에 대리인은 다른 특별한 사정이 없는 한 본인을 위하여 계약상 급부를 변제로서 수령할 권한도 가진다. 그리고 대리인이 그 권한에 기하여 계약상 급부를 수령한 경우에, 그 법률효과는 계약 자체에서와 마찬가지로 직접 본인에게 귀속되고 대리인에게 돌아가지 아니한다. 따라서 계약상 채무의 불이행을 이유로 계약이 상대방 당사자에 의하여 유효하게 해제되었다면, 해제로 인한 원상회복의무는 대리인이 아니라 계약의 당사자인 본인이 부담한다. 이는 본인이 대리인으로부터 그 수령한 급부를 현실적으로 인도받지 못하였다거나 해제의 원인이 된 계약상 채무의 불이행에 관하여 대리인에게 책임 있는 사유가 있다고 하여도 다른 특별한 사정이 없는 한 마찬가지라고 할 것이다(대판 2011.8.18, 2011다30871).

119 민법상 대리에 관한 설명으로 옳지 않은 것은? (다툼이 있으면 판례에 따름) 21 노무사

① 매매계약 체결의 대리권을 수여받은 대리인은 특별한 사정이 없는 한 중도금을 수령할 권한이 있다.
② 권한의 정함이 없는 대리인은 기한이 도래한 채무를 변제할 수 있다.
③ 대리인이 수인인 경우 대리인은 특별한 사정이 없는 한 각자가 본인을 대리한다.
④ 대리인의 쌍방대리는 금지되나 채무의 이행은 가능하므로, 쌍방의 허락이 없더라도 경개계약을 체결할 수 있다.
⑤ 사채알선업자가 대주와 차주 쌍방을 대리하여 소비대차계약을 유효하게 체결한 경우, 사채알선업자는 특별한 사정이 없는 한 차주가 한 변제를 수령할 권한이 있다.

해설

답 ④

① [○] 부동산의 소유자를 대리하여 매매계약을 체결할 권한이 있는 대리인은 특별한 사정이 없는 한 그 중도금, 잔대금도 수령할 권한이 있다(대판 1991.1.29, 90다9247).
② [○] 무제한으로 행사할 수 있다. 보존행위는 재산의 가치를 현상 그대로 유지하는 것을 목적으로 하는 행위로서 건물의 수선, 소멸시효의 중단, 미등기부동산의 등기, 기한이 도래한 채무의 변제, 채권의 추심 등이 이에 속한다.
③ [○] 제119조(각자대리) 대리인이 수인인 때에는 각자가 본인을 대리한다. 그러나 법률 또는 수권행위에 다른 정한 바가 있는 때에는 그러하지 아니하다.
④ [×] 기존의 법률관계를 이행하는 것이므로 가능하다. 주식명의개서는 가능하지만, 경개, 대물변제, 다툼이 있는 채무의 이행, 선택채무의 이행, 기한미도래 채무의 변제는 불가능하다.
⑤ [○] 소비대차계약체결의 대리권은 그 계약 내용을 이루는 기한을 연기하고 이자와 임금을 수령할 권한이 있다(대판 1948.2.17, 4280민상286).

120 임의대리권에 관한 설명 중 옳지 않은 것은? (다툼이 있는 경우 판례에 의함) 22 경간부

① 부동산의 소유자로부터 매매계약 체결의 대리권을 수여받은 대리인은 특별한 사정이 없는 한 잔금을 수령할 권한이 있다.
② 대여금의 영수권한만을 위임받은 대리인은 본인의 특별수권이 없더라도 대여금채무의 일부를 면제할 수 있다.
③ 특별한 사정이 없는 한, 본인을 대리하여 금전소비대차 내지 그를 위한 담보권설정계약을 체결할 권한을 수여받은 대리인에게 본래의 계약관계를 해제할 대리권까지 있다고 볼 수 없다.
④ 매매계약의 체결과 이행에 관하여 포괄적으로 대리권을 수여받은 대리인은 특별한 사정이 없는 한 상대방에 대하여 약정된 매매대금 지급기일을 연기해 줄 권한도 가진다고 볼 수 있다.

> 해설

답 ②

① [O] 부동산의 소유자를 대리하여 매매계약을 체결할 권한이 있는 대리인은 특별한 사정이 없는 한 그 잔대금도 수령할 권한이 있다(대판 1991.1.29, 90다9247).
② [X] 대여금의 영수권한만을 위임받은 대리인이 대여금채무를 면제할 수는 없다(대판 1981.6.23, 80다3221).
③ [O] 일반적으로 법률행위에 의하여 수여된 대리권은 원인된 법률관계의 종료에 의하여 소멸하는 것이므로 특별한 다른 사정이 없는 한, 본인을 대리하여 금전소비대차 내지 그를 위한 담보권설정계약을 체결할 권한을 수여받은 대리인에게 본래의 계약관계를 해제할 대리권까지 있다고 볼 수 없다(대판 1993.1.15, 92다39365; 대판 2008.1.31, 2007다74713).
④ [O] 소비대차계약체결의 대리권은 그 계약 내용을 이루는 기한을 연기하고 이자와 임금을 수령할 권한이 있다(대판 1948.2.17, 4280민상286).

121 대리권의 범위와 제한에 관한 설명 중 옳지 않은 것은? (다툼이 있는 경우 판례에 의함)

22 경간부 변형

① 특별한 사정이 없는 한, 본인의 허락이 있으면 쌍방대리도 허용된다.
② 대리인이 수인인 경우, 법률 또는 수권행위에 다른 정한 바가 없는 한 각자가 본인을 대리한다.
③ 권한을 정하지 아니한 대리인은 대리의 목적인 물건이나 권리의 성질을 변하지 아니하는 범위에서 그 이용 또는 개량하는 행위를 할 수 있다.
④ 해산한 법인의 대표청산인이 정관 규정에 따라 잔여재산이전의무의 이행으로서 잔여재산을 그 대표청산인이 대표자를 겸하고 있던 귀속권리자에게 이전하는 경우 쌍방대리 금지에 반한다.
⑤ 변호사가 변호사법 제31조 제1항 제1호에 따른 수임제한 규정을 위반한 경우에는 민법 제124조가 적용됨에 따라 원칙적으로 허용되지 않는 무권대리행위에 해당하고, 예외적으로 본인의 허락이 있는 경우에 한하여 효력이 인정될 수 있다.

> 해설

답 ④

① [O] 제124조(자기계약, 쌍방대리) 대리인은 본인의 허락이 없으면 본인을 위하여 자기와 법률행위를 하거나 동일한 법률행위에 관하여 당사자쌍방을 대리하지 못한다. 그러나 채무의 이행은 할 수 있다.

② [O] 제119조(각자대리) 대리인이 수인인 때에는 각자가 본인을 대리한다. 그러나 법률 또는 수권행위에 다른 정한 바가 있는 때에는 그러하지 아니하다.

③ [O] 제118조(대리권의 범위) 권한을 정하지 아니한 대리인은 다음 각 호의 행위만을 할 수 있다.
  1. 보존행위
  2. 대리의 목적인 물건이나 권리의 성질을 변하지 아니하는 범위에서 그 이용 또는 개량하는 행위

④ [×] 해산한 법인의 대표청산인이 정관규정에 따라 잔여재산이전의무의 이행으로서 잔여재산을 그 대표청산인이 대표자를 겸하고 있던 귀속권리자에게 이전한 경우 쌍방대리금지 원칙의 예외인 채무의 이행에 해당한다(대판 2000.12.8, 98두5279).

⑤ [○] 변호사가 변호사법 제31조 제1항 제1호에 따른 수임제한 규정을 위반한 경우에는 민법 제124조가 적용됨에 따라 원칙적으로 허용되지 않는 무권대리행위에 해당하고, 예외적으로 본인의 허락이 있는 경우에 한하여 효력이 인정될 수 있다. '본인의 허락'이 있는지 여부는 이익충돌의 위험을 회피하기 위한 입법취지에 비추어 쌍방대리행위에 관하여 유효성을 주장하는 자가 주장·증명책임을 부담하고, 이때의 '허락'은 명시된 사전 허락 이외에도 '묵시적 허락' 또는 '사후 추인'의 방식으로도 가능하다(대판 2024.1.4, 2023다225580).

122 대리권의 제한에 관한 설명으로 옳은 것은? (다툼이 있으면 판례에 따름)   23 세무사

① 수권행위에 의해 대리권의 범위가 정해지지 않은 임의대리인은 처분행위도 할 수 있다.
② 본인에게 수인의 대리인이 존재한다면 이들은 공동하여 대리행위를 하여야 함이 원칙이다.
③ 본인의 허락이 있으면 대리인은 쌍방대리를 할 수 있다.
④ 대리인이 본인의 허락 없이 본인을 위하여 자기와 계약하였다면 그 계약은 강행법규 위반으로 확정적 무효이다.
⑤ 부동산 매도의 대리인이 본인을 위한 매매계약시 상대방으로부터 강박을 당한 경우, 특별한 사정이 없는 한 그 대리인은 해당 매매계약을 취소할 수 있다.

해설   답 ③

① [×] 제118조(대리권의 범위) 권한을 정하지 아니한 대리인은 다음 각 호의 행위만을 할 수 있다.
  1. 보존행위
  2. 대리의 목적인 물건이나 권리의 성질을 변하지 아니하는 범위에서 그 이용 또는 개량하는 행위

② [×] 제119조(각자대리) 대리인이 수인인 때에는 각자가 본인을 대리한다. 그러나 법률 또는 수권행위에 다른 정한 바가 있는 때에는 그러하지 아니하다.

③ [○] 제124조(자기계약, 쌍방대리) 대리인은 본인의 허락이 없으면 본인을 위하여 자기와 법률행위를 하거나 동일한 법률행위에 관하여 당사자쌍방을 대리하지 못한다. 그러나 채무의 이행은 할 수 있다.

④ [×] 무권대리가 된다.

제130조(무권대리) 대리권 없는 자가 타인의 대리인으로 한 계약은 본인이 이를 추인하지 아니하면 본인에 대하여 효력이 없다.

⑤ [×] 대리행위의 법률효과는 의사표시에 의한 1차적 법률효과와 의사표시의 직접적 효과가 아닌 2차적 효과로 나눌 수 있다. 예를 들어 소유권이전등기청구권은 전자에, 하자담보청구권이나 사기·강박을 이유로 한 취소권은 후자에 속한다(통설). 즉, 취소권은 본인에게 귀속한다.

123

대리에 관한 설명으로 옳지 않은 것은? (다툼이 있는 경우 판례에 의함) 23 경간부

① 대리권한의 범위를 정하지 않은 대리인은 대리의 목적인 물건의 성질을 변하지 아니하는 범위에서 그 이용뿐만 아니라 개량행위도 할 수 있다.
② 의사표시의 효력이 상대방의 강박으로 인하여 영향을 받을 경우에 그 사실의 유무는 특별한 사정이 없는 한 대리인을 표준하여 결정한다.
③ 매매계약에 관한 대리권을 수여받은 자가 매매계약을 체결할 당시에 매매위임장을 제시하였지만 매매계약서에 대리관계의 표시 없이 대리인 자신의 이름을 매도인으로 기재한 경우, 특별한 사정이 없는 한 대리인이 매도인으로서 타인의 물건을 매매한 것으로 볼 수 없다.
④ 특정한 법률행위를 위임받은 대리인이 본인의 지시에 좇아 그 행위를 한 때에도 본인은 자기가 과실로 알지 못한 사정에 관하여 대리인의 부지를 주장할 수 있다.

> **해설** 답 ④
>
> ① [O]
>> 제118조(대리권의 범위) 권한을 정하지 아니한 대리인은 다음 각 호의 행위만을 할 수 있다.
>> 1. 보존행위
>> 2. 대리의 목적인 물건이나 권리의 성질을 변하지 아니하는 범위에서 그 이용 또는 개량하는 행위
>
> ② [O], ④ [×]
>> 제116조(대리행위의 하자) ① 의사표시의 효력이 의사의 흠결, 사기, 강박 또는 어느 사정을 알았거나 과실로 알지 못한 것으로 인하여 영향을 받을 경우에 그 사실의 유무는 대리인을 표준하여 결정한다.
>> ② 특정한 법률행위를 위임한 경우에 대리인이 본인의 지시에 좇아 그 행위를 한 때에는 본인은 자기가 안 사정 또는 과실로 인하여 알지 못한 사정에 관하여 대리인의 부지를 주장하지 못한다.
>
> ③ [O] 매매위임장을 제시하고 매매계약을 체결하는 자는 특단의 사정이 없는 한 소유자를 대리하여 매매행위하는 것이라고 보아야 하고 매매계약서에 대리관계의 표시없이 그 자신의 이름을 기재하였다고 해서 그것만으로 그 자신이 매도인으로서 타인물을 매매한 것이라고 볼 수는 없다(대판 1982.5.25, 81다1349 · 81다카1209).

124

甲은 X토지의 소유자 乙로부터 X토지의 매도에 관한 대리권을 수여받은 후에 丙과 이에 관한 매매계약을 체결하였다. 다음 설명 중 옳은 것은? (다툼이 있는 경우 판례에 의함) 23 경간부

① 甲은 매매계약의 체결에 관한 대리권을 수여받았으므로 특별한 사정이 없는 한 체결된 계약을 해제할 권한까지 가지고 있다.
② 甲이 매매계약의 체결과 이행에 관하여 포괄적으로 대리권을 수여받은 경우, 특별한 사정이 없는 한 丙에 대하여 약정된 매매대금 지급기일을 연기해 줄 권한은 갖지 않는다.
③ 甲이 丙을 기망한 경우에는 특별한 사정이 없는 한 乙이 그 사실을 알았거나 알 수 있었는지 여부에 관계없이 丙은 기망을 이유로 자신의 의사표시를 취소할 수 있다.
④ 甲이 丙으로부터 매매계약에서 약정한 바에 따라 잔금을 수령하였더라도, 특별한 사정이 없는 한 甲이 잔금을 乙에게 전달하지 않았다면 丙의 잔금지급채무는 소멸하지 않는다.

해설
답 ③

① [×] 일반적으로 법률행위에 의하여 수여된 대리권은 원인된 법률관계의 종료에 의하여 소멸하는 것이므로 특별한 다른 사정이 없는 한, 본인을 대리하여 금전소비대차 내지 그를 위한 담보권설정계약을 체결할 권한을 수여받은 대리인에게 본래의 계약관계를 해제할 대리권까지 있다고 볼 수 없다(대판 1993.1.15, 92다39365; 대판 2008.1.31, 2007다74713).
② [×] 소비대차계약체결의 대리권은 그 계약 내용을 이루는 기한을 연기하고 이자와 임금을 수령할 권한이 있다(대판 1948.2.17, 4280민상286).
③ [○] 표의자는 그 의사표시의 상대방이 제3자에 의한 사기나 강박의 사실을 알고 있거나(악의) 알 수 있었을 경우(과실)에 한하여 그 의사표시를 취소할 수 있다(제110조 제2항). 판례는 상대방의 대리인 등 상대방과 동일시할 수 있는 자의 사기 또는 강박은 상대방의 사기·강박에 해당한다고 하면서(대판 1999.2.23, 98다60828·60835), 은행의 출장소장의 행위는 은행 또는 은행과 동일시할 수 있는 자의 사기일 뿐 제3자의 사기로 볼 수 없으므로, 은행이 그 사기 사실을 알았거나 알 수 있었을 경우에 한하여 위 약정을 취소할 수 있는 것은 아니라고 본다.
④ [×] 부동산의 소유자로부터 매매계약을 체결할 대리권을 수여받은 대리인은 특별한 사정이 없는 한 그 매매계약에서 약정한 바에 따라 중도금이나 잔금을 수령할 권한도 있다고 보아야 한다(대판 1994.2.8, 93다39379).

125. 甲은 乙의 임의대리인이다. 이에 관한 설명으로 옳은 것은? (다툼이 있으면 판례에 따름)

24 감평사

① 甲이 乙로부터 매매계약체결의 대리권을 수여 받아 매매계약을 체결하였더라도 특별한 사정이 없는 한 甲은 그 계약에서 정한 중도금과 잔금을 수령할 권한은 없다.
② 甲이 乙로부터 금전소비대차 계약을 체결할 대리권을 수여 받은 경우, 특별한 사정이 없는 한 甲은 그 계약을 해제할 권한도 가진다.
③ 乙이 사망하더라도 특별한 사정이 없는 한 甲의 대리권은 소멸하지 않는다.
④ 미성년자인 甲이 乙로부터 매매계약체결의 대리권을 수여받아 매매계약을 체결한 경우, 乙은 甲이 체결한 매매계약을 甲이 미성년자임을 이유로 취소할 수 없다.
⑤ 甲이 부득이한 사유로 丙을 복대리인으로 선임한 경우, 丙은 甲의 대리인이다.

해설

답 ④

① [×] 부동산의 소유자를 대리하여 매매계약을 체결할 권한이 있는 대리인은 특별한 사정이 없는 한 그 잔대금도 수령할 권한이 있다(대판 1991.1.29, 90다9247). 즉, 임의대리에 있어서 대리권의 범위는 수권행위(대리권수여행위)에 의하여 정하여지는 것이므로 어느 행위가 대리권의 범위 내의 행위인지의 여부는 개별적인 수권행위의 내용이나 그 해석에 의하여 판단할 것이나, 일반적으로 말하면 수권행위의 통상의 내용으로서의 임의대리권은 그 권한에 부수하여 필요한 한도에서 상대방의 의사표시를 수령하는 이른바 수령대리권을 포함하는 것으로 보아야 한다(대판 2015.12.23, 2013다81019).

② [×] 일반적으로 법률행위에 의하여 수여된 대리권은 원인된 법률관계의 종료에 의하여 소멸하는 것이므로 특별한 다른 사정이 없는 한, 본인을 대리하여 금전소비대차 내지 그를 위한 담보권설정계약을 체결할 권한을 수여받은 대리인에게 본래의 계약관계를 해제할 대리권까지 있다고 볼 수 없다(대판 1993.1.15, 92다39365; 대판 2008.1.31, 2007다74713).

③ [×] 제127조(대리권의 소멸사유) 대리권은 다음 각 호의 사유로 소멸한다.
    1. 본인의 사망

④ [○] 제117조(대리인의 행위능력) 대리인은 행위능력자임을 요하지 아니한다. 대리인은 행위능력자임을 요하지 않는다(통설). 따라서 대리인이 제한능력자임을 이유로 본인은 대리행위를 취소할 수도 없다. 그리고 제117조는 수동대리에도 적용된다(통설).

⑤ [×] 복대리인은 대리인이 그의 권한 내의 행위를 행하게 하기 위하여 "대리인 자신"의 이름으로 선임한 "본인"의 대리인이다. 따라서 丙은 乙의 대리인이 된다.

126 임의대리인의 권한에 관한 설명으로 옳지 않은 것을 모두 고른 것은? (다툼의 여지가 있으면 판례에 따름)

24 노무사

ㄱ. 부동산 매도의 대리권을 수여 받은 자는 그 부동산의 매도 후 해당 매매계약을 합의해제할 권한이 있다.
ㄴ. 자동차 매도의 대리권을 수여 받은 자가 본인의 허락 없이 본인의 자동차를 스스로 시가보다 저렴하게 매수하는 계약을 체결한 경우, 그 매매계약은 유동적 무효이다.
ㄷ. 통상의 오피스텔 분양에 관해 대리권을 수여받은 자는 본인의 명시적 승낙이 없더라도 부득이한 사유 없이 복대리인을 선임할 수 있다.
ㄹ. 원인된 계약관계가 종료되더라도 수권행위가 철회되지 않았다면 대리권은 소멸하지 않는다.

① ㄱ, ㄴ
② ㄴ, ㄷ
③ ㄷ, ㄹ
④ ㄱ, ㄴ, ㄹ
⑤ ㄱ, ㄷ, ㄹ

해설
답 ⑤

ㄱ. [×] 일반적으로 법률행위에 의하여 수여된 대리권은 원인된 법률관계의 종료에 의하여 소멸하는 것이므로 특별한 다른 사정이 없는 한, 본인을 대리하여 금전소비대차 내지 그를 위한 담보권설정계약을 체결할 권한을 수여받은 대리인에게 본래의 계약관계를 해제할 대리권까지 있다고 볼 수 없다(대판 1993.1.15, 92다39365; 대판 2008.1.31, 2007다74713).

ㄴ. [○] 제124조(자기계약, 쌍방대리) 대리인은 본인의 허락이 없으면 본인을 위하여 자기와 법률행위를 하거나 동일한 법률행위에 관하여 당사자쌍방을 대리하지 못한다. 그러나 채무의 이행은 할 수 있다. 사안에서 이는 자기계약이 되어 (유동적) 무효가 된다(무권대리).

ㄷ. [×] 대리의 목적인 법률행위의 성질상 대리인 자신에 의한 처리가 필요하지 아니한 경우에는, 본인이 복대리인 선임금지의 의사를 명시하지 아니하는 한, 복대리인 선임에 관하여 묵시적 승낙이 있는 것으로 보는 것이 타당하지만 오피스텔 분양 업무는 성질상 대리인 자신에 의한 처리가 필요한 경우에 해당한다(대판 1996.1.26, 94다30690).

ㄹ. [×] 제128조(임의대리의 종료) 법률행위에 의하여 수여된 대리권은 전조의 경우 외에 그 원인된 법률관계의 종료에 의하여 소멸한다. 법률관계의 종료 전에 본인이 수권행위를 철회한 경우에도 같다.

127 임의대리권의 소멸사유가 아닌 것은?

① 본인의 사망
② 대리인의 사망
③ 원인된 법률관계의 종료
④ 대리인의 한정후견의 개시
⑤ 대리인의 파산

> **해설** 답 ④
>
> 제127조(대리권의 소멸사유) 대리권은 다음 각 호의 사유로 소멸한다.
> 1. 본인의 사망
> 2. 대리인의 사망, 성년후견의 개시 또는 파산
>
> 제128조(임의대리의 종료) 법률행위에 의하여 수여된 대리권은 전조의 경우 외에 그 원인된 법률관계의 종료에 의하여 소멸한다. 법률관계의 종료 전에 본인이 수권행위를 철회한 경우에도 같다.

제3관 대리행위

128 대리에 관한 설명으로 옳은 것은? (다툼이 있으면 판례에 따름) 20 노무사

① 대리인 乙이 자신을 본인 甲이라고 하면서 계약을 체결한 경우 그것이 대리권의 범위 내일지라도 그 계약의 효력은 甲이 아닌 乙에게 귀속된다.
② 대리행위를 한 자에게 대리권이 있다는 점에 대한 증명책임은 대리행위의 효과를 주장하는 자에게 있다.
③ 금전소비대차계약에서 원리금반환채무 변제의 수령권한을 위임받은 대리인은 원칙적으로 그 원리금반환채무를 면제해 줄 대리권도 있다.
④ 수인의 대리인이 본인을 위하여 각각 상충되는 내용의 계약을 체결한 경우 가장 먼저 체결된 계약만이 본인에게 효력이 있다.
⑤ 임의대리인은 본인의 승낙이 있는 경우에만 복대리인을 선임할 수 있다.

> **해설** 답 ②
>
> ① [×] 실제로는 대리인이 자기의 이름을 표시하지 않고서 마치 본인 자신이 하는 것과 같은 외관으로 행위를 하는 경우가 있다. 예를 들어 계약서 등의 서면에 본인의 이름만을 적고 본인의 인장을 찍는 방법으로 대리행위를 하는 경우로서, 대리인에게 대리의사가 있는 것으로 인정되는 한 유효한 대리행위로 보아야 할 것이다[기관방식 또는 서명대리방식, 주석 민법총칙(3), 43면].
> ② [O] 대리인이 본인의 명의로 법률행위를 하였더라도 대리인에게 대리의사가 있는 한 유효한 대리행위가 되고 그 효과는 본인에게 귀속된다. 청구권의 권리발생사실이므로, 상대방이 주장, 증명책임을 진다.
> ③ [×] 대여금의 영수권한만을 위임받은 대리인이 그 대여금 채무의 일부를 면제하기 위하여는 본인의 특별수권이 필요하다
> ④ [×] 제119조(각자대리) 대리인이 수인인 때에는 각자가 본인을 대리한다. 그러나 법률 또는 수권행위에 다른 정한 바가 있는 때에는 그러하지 아니하다.
> ⑤ [×] 제120조(임의대리인의 복임권) 대리권이 법률행위에 의하여 부여된 경우에는 대리인은 본인의 승낙이 있거나 부득이한 사유 있는 때가 아니면 복대리인을 선임하지 못한다.

129

甲 소유의 X토지를 매도하는 계약을 체결할 대리권을 甲으로부터 수여받은 乙은 甲의 대리인임을 현명하고 丙과 매매계약을 체결하였다. 이에 관한 설명으로 옳지 않은 것은? (다툼이 있으면 판례에 따름)
21 변리사

① 乙은 특별한 사정이 없는 한 매매계약을 해제할 권한이 없다.
② 乙이 미성년자인 경우, 甲은 乙의 제한능력을 이유로 X토지에 대한 매매계약을 취소할 수 없다.
③ 丙과의 매매계약이 불공정한 법률행위에 해당하는지 여부가 문제된 경우, 매도인의 무경험은 甲을 기준으로 판단한다.
④ 乙이 丙으로부터 매매대금을 수령한 경우, 甲에게 이를 아직 전달하지 않았더라도 특별한 사정이 없는 한 丙의 매매대금채무는 소멸한다.
⑤ 甲이 乙에게 매매계약의 체결과 이행에 관한 포괄적 대리권을 수여한 경우, 특별한 사정이 없는 한 乙은 약정된 매매대금 지급기일을 연기하여 줄 권한을 가진다.

해설
답 ③

① [○] 원칙적으로 대리권의 범위에 포함되지 아니한다. 즉 일반적으로 법률행위에 의하여 수여된 대리권은 원인된 법률관계의 종료에 의하여 소멸하는 것이므로 특별한 다른 사정이 없는 한, 본인을 대리하여 금전소비대차 내지 그를 위한 담보권설정계약을 체결할 권한을 수여받은 대리인에게 본래의 계약관계를 해제할 대리권까지 있다고 볼 수 없고(대판 1993.1.15, 92다39365; 대판 2008.1.31, 2007다74713), 사채알선업자에 대하여도 특별수권이 없는 한 해제의 대리권이 없다고 하였다(대판 1997.9.30, 97다23372). 해제권은 형성권이며 처분행위이기 때문이다.
② [○] 제117조(대리인의 행위능력) 대리인은 행위능력자임을 요하지 아니한다.
③ [×] 대리인에 의하여 법률행위가 이루어진 경우 그 법률행위가 민법 제104조의 불공정한 법률행위에 해당하는지 여부를 판단함에 있어서 경솔과 무경험은 대리인을 기준으로 하여 판단하고, 궁박은 본인의 입장에서 판단하여야 한다(대판 2002.10.22, 2002다38927). 궁박은 효과적인 측면이고 경솔, 무경험은 행위적 측면이기 때문이다.
④ [○] 상대방 丙의 대리인 乙에 대한 이행은 본인 甲에게 효력이 미치기 때문이다.
⑤ [○] 소비대차계약체결의 대리권은 그 계약 내용을 이루는 기한을 연기하고 이자와 임금을 수령할 권한이 있다(대판 1948.2.17, 4280민상286).

130 대리에 관한 설명으로 옳지 않은 것은?

22 노무사

① 대리인이 그 권한 내에서 본인을 위한 것임을 표시한 의사표시는 직접 본인에게 효력이 생긴다.
② 복대리인은 본인에 대하여 대리인과 동일한 권리의무가 있다.
③ 대리인이 수인(數人)인 때에는 법률 또는 수권행위에서 다른 정함이 없으면 공동으로 본인을 대리한다.
④ 임의대리권은 대리인의 성년후견의 개시로 소멸된다.
⑤ 특정한 법률행위를 위임한 경우에 대리인이 본인의 지시에 좇아 그 행위를 한 때에는 본인은 자기가 안 사정에 관하여 대리인의 부지(不知)를 주장하지 못한다.

해설

답 ③

① [○] 제114조(대리행위의 효력) ① 대리인이 그 권한 내에서 본인을 위한 것임을 표시한 의사표시는 직접 본인에 대하여 효력이 생긴다.

② [○] 제123조(복대리인의 권한) ① 복대리인은 그 권한 내에서 본인을 대리한다.
② 복대리인은 본인이나 제3자에 대하여 대리인과 동일한 권리의무가 있다.

③ [×] 제119조(각자대리) 대리인이 수인인 때에는 각자가 본인을 대리한다. 그러나 법률 또는 수권행위에 다른 정한 바가 있는 때에는 그러하지 아니하다.

④ [○] 제127조(대리권의 소멸사유) 대리권은 다음 각 호의 사유로 소멸한다.
1. 본인의 사망
2. 대리인의 사망, 성년후견의 개시 또는 파산

⑤ [○] 제116조(대리행위의 하자) ② 특정한 법률행위를 위임한 경우에 대리인이 본인의 지시에 좇아 그 행위를 한 때에는 본인은 자기가 안 사정 또는 과실로 인하여 알지 못한 사정에 관하여 대리인의 부지를 주장하지 못한다.

131 대리행위에 관한 설명으로 옳지 않은 것은? (다툼이 있으면 판례에 따름) 22 세무사

① 매매계약체결의 대리권을 수여 받은 자는 특별한 사정이 없는 한 중도금이나 잔금을 수령할 권한도 갖는다.
② 본인의 허락이 있는 경우에는 자기계약 또는 쌍방대리도 유효하다.
③ 친권자의 재산을 자(子)에게 증여하면서 친권자가 수증자로서의 자(子)의 지위를 대리하는 것은 이해상반행위에 해당하여 무효이다.
④ 특정한 법률행위의 위임에서 대리인이 본인의 지시에 좇아 그 행위를 한 경우, 본인은 자기가 안 사정에 관하여 대리인의 부지를 주장하지 못한다.
⑤ 대리인이 수인인 때에는 원칙적으로 각자가 본인을 대리한다.

해설
답 ③

① [○] 부동산의 소유자를 대리하여 매매계약을 체결할 권한이 있는 대리인은 특별한 사정이 없는 한 그 잔대금도 수령할 권한이 있다(대판 1991.1.29, 90다9247).

② [○] 제124조(자기계약, 쌍방대리) 대리인은 본인의 허락이 없으면 본인을 위하여 자기와 법률행위를 하거나 동일한 법률행위에 관하여 당사자쌍방을 대리하지 못한다. 그러나 채무의 이행은 할 수 있다.

③ [×] 법정대리인인 친권자가 부동산을 매수하여 이를 그 자에게 증여하는 행위는 미성년자인 자에게 이익만을 주는 행위이므로 친권자와 자 사이의 이해상반행위에 속하지 아니하고, 또 자기계약이지만 유효하다(대판 1981.10.13, 81다649).

④ [○] 제116조(대리행위의 하자) ① 의사표시의 효력이 의사의 흠결, 사기, 강박 또는 어느 사정을 알았거나 과실로 알지 못한 것으로 인하여 영향을 받을 경우에 그 사실의 유무는 대리인을 표준하여 결정한다.
② 특정한 법률행위를 위임한 경우에 대리인이 본인의 지시에 좇아 그 행위를 한 때에는 본인은 자기가 안 사정 또는 과실로 인하여 알지 못한 사정에 관하여 대리인의 부지를 주장하지 못한다.

⑤ [○] 제119조(각자대리) 대리인이 수인인 때에는 각자가 본인을 대리한다. 그러나 법률 또는 수권행위에 다른 정한 바가 있는 때에는 그러하지 아니하다.

132. 민법상 대리행위에 관한 설명으로 옳지 않은 것은? (다툼이 있으면 판례에 따름) 23 세무사

① 현명 없는 대리인의 행위는 원칙적으로 자신을 위한 것으로 추정된다.
② 매도인의 배임행위에 적극 가담하여 대리인이 이중매매계약을 체결한 경우, 매수인인 본인이 이에 대해 선의라 하더라도 그 매매계약의 반사회성은 인정된다.
③ 특정한 법률행위를 대리인에게 위임하였더라도 본인 또한 스스로 그 법률행위를 할 수 있다.
④ 대리권 남용의 경우 진의 아닌 의사표시에 관한 민법 제107조 제1항 단서를 유추적용하는 것이 주류적 판례의 입장이다.
⑤ 대리행위가 대리권 남용으로 무효라 하더라도 그 행위를 기초로 하여 새로운 이해관계를 맺은 선의의 제3자는 보호된다고 함이 주류적 판례의 입장이다.

해설
답 ①

① [×] **제115조(본인을 위한 것임을 표시하지 아니한 행위)** 대리인이 본인을 위한 것임을 표시하지 아니한 때에는 그 의사표시는 자기를 위한 것으로 본다. 그러나 상대방이 대리인으로서한 것임을 알았거나 알 수 있었을 때에는 전조 제1항의 규정을 준용한다.

② [○] **제116조(대리행위의 하자)** ① 의사표시의 효력이 의사의 흠결, 사기, 강박 또는 어느 사정을 알았거나 과실로 알지 못한 것으로 인하여 영향을 받을 경우에 그 사실의 유무는 대리인을 표준하여 결정한다.

③ [○] 특정한 법률행위에 대해 대리인이 있다고 하여도, 본인은 여전히 스스로 법률행위를 할 수 있다.

④⑤ [○] 진의 아닌 의사표시가 대리인에 의하여 이루어지고 그 대리인의 진의가 본인의 이익이나 의사에 반하여 자기 또는 제3자의 이익을 위한 배임적인 것임을 그 상대방이 알았거나 알 수 있었을 경우에는, 민법 제107조 제1항 단서의 유추해석상 그 대리인의 행위는 본인의 대리행위로 성립할 수 없으므로 본인은 대리인의 행위에 대하여 아무런 책임이 없으며, 이 때에 그 상대방이 대리인의 표시의사가 진의 아님을 알았거나 알 수 있었는가의 여부는 표의자인 대리인과 상대방 사이에 있었던 의사표시의 형성 과정과 그 내용 및 그로 인하여 나타나는 효과 등을 객관적인 사정에 비추어 합리적으로 판단하여야 한다(대판 1997.12.26, 97다39421). 따라서 미성년자의 법정대리인인 친권자의 법률행위에서도 마찬가지라 할 것이므로, 법정대리인인 친권자의 대리행위가 객관적으로 볼 때 미성년자 본인에게는 경제적인 손실만을 초래하는 반면, 친권자나 제3자에게는 경제적인 이익을 가져오는 행위이고 그 행위의 상대방이 이러한 사실을 알았거나 알 수 있었을 때에는 민법 제107조 제1항 단서의 규정을 유추 적용하여 행위의 효과가 자에게는 미치지 않는다고 해석함이 타당하다(대판 2011.12.22, 2011다64669).

133 **대리행위에 관한 설명으로 옳지 않은 것은? (다툼이 있으면 판례에 따름)** 24 세무사 변형

① 대리행위의 효력이 사기로 인하여 영향을 받을 경우 그 사실의 유무는 원칙적으로 대리인을 기준으로 판단한다.
② 현명을 함에 있어서 '甲보험 주식회사 영업소장 乙'이라는 표시는 甲보험 주식회사의 대리관계표시로서 적법하다고 볼 수 있다.
③ 매매위임장을 제시하였으나 매매계약서에 대리관계의 표시 없이 자신의 이름을 기재한 경우, 특별한 사정이 없는 한 그 자신이 매도인으로서 타인물건을 매도한 것으로 보아야 한다.
④ 채권양도의 양수인이 현명을 하지 않고 양도통지를 한 것이 제반 사정에 비추어 양도인의 대리인으로서 통지한 것임을 채무자가 알았거나 알 수 있었다면 그 통지는 유효하다고 볼 수 있다.
⑤ 甲소유의 토지를 미성년자인 乙이 임의대리인으로서 대리하여 매매계약을 체결한 경우, 甲은 乙이 미성년자임을 이유로 그 계약을 취소할 수는 없다.
⑥ '본인의 허락'이 있는지 여부는 이익충돌의 위험을 회피하기 위한 입법취지에 비추어 쌍방대리행위에 관하여 유효성을 주장하는 자가 주장·증명책임을 부담하고, 이때의 '허락'은 명시된 사전 허락 이외에도 '묵시적 허락' 또는 '사후 추인'의 방식으로도 가능하다.

해설

답 ③

① [○] **제116조(대리행위의 하자)** ① 의사표시의 효력이 의사의 흠결, 사기, 강박 또는 어느 사정을 알았거나 과실로 알지 못한 것으로 인하여 영향을 받을 경우에 그 사실의 유무는 대리인을 표준하여 결정한다.

② [○] 상사회사의 어음행위에 있어 그 대표자 또는 대리인의 표시방법에는 특별한 규정이 없으므로 어음상 대표자 또는 대리인 자신을 위한 어음행위가 아니고 본인을 위하여 어음행위를 한다는 취지를 인식할 수 있을 정도의 표시가 있으면 대표 또는 대리관계의 표시로서 적법하다 할 것이며 또 배서의 연속이란 그배서가 형식적으로 연속되어 있으면 실질적으로 연속되지 아니하더라도 배서의 연속 있는 어음이라 할 것이니, 본건 어음은 '범한해상화재보험주식회사 부산영업소장 소외 1'이 배서한 것인 만큼 소외 1이 피고회사의 진정한 대리인인지의 여부에 구애됨이 없이 배서의 연속에는 아무런 결함이 없다 할 것이며 이런 취지에서 한 원심의 판단은 또한 정당하여 이점들에 관한 소론은 채택할 수 없다(대판 1978.12.13, 78다1567).

③ [×] 매매위임장을 제시하고 매매계약을 체결하는 자는 특단의 사정이 없는 한 소유자를 대리하여 매매행위하는 것이라고 보아야 하고 매매계약서에 대리관계의 표시 없이 그 자신의 이름을 기재하였다고 해서 그것만으로 그 자신이 매도인으로서 타인물을 매매한 것이라고 볼 수는 없다(대판 1982.5.25, 81다1349·81다카1209).

④ [○] 대리에 있어 본인을 위한 것임을 표시하는 이른바 현명은 반드시 명시적으로만 할 필요는 없고 묵시적으로도 할 수 있는 것이고, 채권양도통지를 함에 있어 현명을 하지 아니한 경우라도 채권양도통지를 둘러싼 여러 사정에 비추어 양수인이 대리인으로서 통지한 것임을 상대방이 알았거나 알 수 있었을 때에는 민법 제115조 단서의 규정에 의하여 유효하다(대판 2004.2.13, 2003다43490).

⑤ [○] **제117조(대리인의 행위능력)** 대리인은 행위능력자임을 요하지 아니한다.

⑥ [○] 대판 2024.1.4, 2023다225580

제4관 대리의 효과

134 대리에 관한 설명으로 옳은 것은? (다툼이 있으면 판례에 따름) 16 노무사

① 대리에 있어 본인을 위한 것임을 표시하는 이른바 현명은 명시적으로 하여야 하고 묵시적으로는 할 수 없다.
② 적법한 대리인에 의하여 체결된 계약이 상대방에 의하여 유효하게 해제된 경우, 대리인이 수령한 상대방의 급부를 본인이 현실적으로 인도받지 못하였더라도, 특별한 사정이 없는 한 본인이 해제로 인한 원상회복의무를 부담한다.
③ 부동산의 이중매매의 경우, 제2매수인의 대리인이 매매대상 토지에 관한 거래의 사정을 잘 알면서 매도인의 배임행위에 가담하였다면, 대리행위의 하자 유무는 본인을 표준으로 판단해야 한다.
④ 대리인의 대리권은 복대리인의 선임에 의해 소멸한다.
⑤ 부동산의 소유자로부터 매매계약을 체결할 대리권을 수여받은 대리인은, 특별한 사정이 없는 한, 중도금이나 잔금을 수령할 권한은 없다고 보아야 한다.

해설

답 ②

① [×] 대리인이 본인을 대리하여 행위를 함에 있어서는 민법 제114조 제1항의 규정에 따라 본인과 대리인을 표시하여야 하는 것이므로, 대리관계의 현명(현명)을 하지 아니한 채 행위를 하더라도 본인에게 효력이 없는 것이지만, 대리에 있어 본인을 위한 것임을 표시하는 이른바 현명은 반드시 명시적으로만 할 필요는 없고 묵시적으로도 할 수 있는 것이고, 나아가 현명을 하지 아니한 경우라도 여러 사정에 비추어 대리인으로서 행위한 것임을 상대방이 알았거나 알 수 있었을 때에는 민법 제115조 단서의 규정에 의하여 본인에게 효력이 미치는 것이다(대판 2008.5.15, 2007다14759).

② [○] 계약이 적법한 대리인에 의하여 체결된 경우에 대리인은 다른 특별한 사정이 없는 한 본인을 위하여 계약상 급부를 변제로서 수령할 권한도 가진다. 그리고 대리인이 그 권한에 기하여 계약상 급부를 수령한 경우에, 그 법률효과는 계약 자체에서와 마찬가지로 직접 본인에게 귀속되고 대리인에게 돌아가지 아니한다. 따라서 계약상 채무의 불이행을 이유로 계약이 상대방 당사자에 의하여 유효하게 해제되었다면, 해제로 인한 원상회복의무는 대리인이 아니라 계약의 당사자인 본인이 부담한다. 이는 본인이 대리인으로부터 그 수령한 급부를 현실적으로 인도받지 못하였거나 해제의 원인이 된 계약상 채무의 불이행에 관하여 대리인에게 책임 있는 사유가 있다고 하여도 다른 특별한 사정이 없는 한 마찬가지라고 할 것이다(대판 2011.8.18, 2011다30871).

③ [×]
> 제116조(대리행위의 하자) ① 의사표시의 효력이 의사의 흠결, 사기, 강박 또는 어느 사정을 알았거나 과실로 알지 못한 것으로 인하여 영향을 받을 경우에 그 사실의 유무는 대리인을 표준하여 결정한다.

④ [×] 복대리인은 대리인의 지휘·감독을 받고, 복대리인의 대리권은 대리인의 대리권에 의존하고 그 범위는 대리인의 대리권 범위로 제한된다. 그리고 대리인의 대리권은 복대리인의 선임에 의해 소멸하는 것은 아니다.

⑤ [×] 부동산의 소유자를 대리하여 매매계약을 체결할 권한이 있는 대리인은 특별한 사정이 없는 한 그 잔대금도 수령할 권한이 있다(대판 1991.1.29, 90다9247).

135 민법상 대리에 관한 설명으로 옳은 것은? (다툼이 있으면 판례에 의함) 23 변리사

① 대리권은 대리인의 권리이자 의무의 성격을 갖는다.
② 대리권 남용에 대해 진의 아닌 의사표시에 관한 민법 제107조 제1항 단서가 유추적용되는 경우, 선의의 제3자 보호에 관한 동조 제2항도 함께 유추적용된다.
③ 복대리인은 본인의 대리인이므로 원대리인의 복임행위는 본인을 위한 대리행위이다.
④ 대리권이 이미 소멸한 원대리인에 의해 선임된 복대리인의 대리행위에 대해서는 대리권 소멸 후의 표현대리(제129조)가 성립할 여지가 없다.
⑤ 자신에게 유효한 대리권이 있다고 과실 없이 믿었던, 행위능력 있는 선의의 무권대리인은 본인의 추인이 없더라도 상대방에 대한 무권대리인의 책임에 관한 민법 제135조에 따른 책임을 지지 않는다.

해설
답 ②

① [×] 타인을 위해 일정한 법률효과를 발생하게 하는 행위를 할 수 있는 법률상의 자격을 말한다. 예를 들어 대리권(제114조), 대표권(제59조), 사원의 결의권(제73조), 선택채권의 선택권(제382조) 등이 있다. 권한은 그 효과가 권한자가 아니라 그 타인에게 귀속된다는 점에서, 권리자 자신이 그 이익을 받는 권리와 구별된다.
② [○] 법정대리인인 친권자의 대리행위가 객관적으로 볼 때 미성년자 본인에게는 경제적인 손실만을 초래하는 반면, 친권자나 제3자에게는 경제적인 이익을 가져오는 행위이고 행위의 상대방이 이러한 사실을 알았거나 알 수 있었을 때에는 민법 제107조 제1항 단서의 규정을 유추적용하여 행위의 효과가 자(子)에게는 미치지 않는다고 해석함이 타당하나, 그에 따라 외형상 형성된 법률관계를 기초로 하여 새로운 법률상 이해관계를 맺은 선의의 제3자에 대하여는 같은 조 제2항의 규정을 유추적용하여 누구도 그와 같은 사정을 들어 대항할 수 없으며, 제3자가 악의라는 사실에 관한 주장·증명책임은 무효를 주장하는 자에게 있다(대판 2018.4.26, 2016다3201).
③ [×] 복대리인은 대리인이 그의 권한 내의 행위를 행하게 하기 위하여 "대리인 자신"의 이름으로 선임한 "본인"의 대리인이다. 원대리인의 복임행위는 본인을 위한 대리행위가 아니라 원대리인 자신의 행위이다.
④ [×] 대리인이 대리권 소멸 후 복대리인을 선임하여 복대리인으로 하여금 상대방과 사이에 대리행위를 하도록 한 경우에도 제129조에 의한 표현대리가 성립할 수 있다(대판 1998.5.29, 97다55317).
⑤ [×] 대리인으로서 대리행위를 한 자가 의사표시 당시에 객관적으로 대리권이 결여되어 있으면 족하고 대리권의 결여에 대한 대리인의 과실이 있어야 하는 것은 아니다(대판 1962.4.12, 4294민상1021; 대판 2014.2.27, 2013다213038).

136 甲은 자신 소유의 X토지에 대한 매매계약 체결의 대리권을 乙에게 수여하였고, 그에 따라 乙은 丙과 위 X토지에 대한 매매계약을 체결하였다. 이에 관한 설명으로 옳은 것은? (다툼이 있으면 판례에 따름)

23 노무사

① 乙은 원칙적으로 매매계약을 해제할 수 있는 권한을 가진다.
② 乙이 매매계약에 따라 丙으로부터 중도금을 수령하였으나 이를 甲에게 현실로 인도하지 않았더라도 특별한 사정이 없는 한 丙은 중도금 지급채무를 면한다.
③ 乙은 甲의 승낙이 있는 경우에만 복대리인을 선임할 수 있다.
④ 乙의 사기로 매매계약이 체결된 경우, 丙은 甲이 乙의 사기를 알았거나 알 수 있었을 경우에 한하여 사기를 이유로 그 계약을 취소할 수 있다.
⑤ 丙이 甲의 채무불이행을 이유로 계약을 해제한 경우, 그 채무불이행에 乙의 책임사유가 있다면 해제로 인한 원상회복의무는 乙이 부담한다.

> **해설**
> 답 ②

① [×] 일반적으로 법률행위에 의하여 수여된 대리권은 원인된 법률관계의 종료에 의하여 소멸하는 것이므로 특별한 다른 사정이 없는 한, 본인을 대리하여 금전소비대차 내지 그를 위한 담보권설정계약을 체결할 권한을 수여받은 대리인에게 본래의 계약관계를 해제할 대리권까지 있다고 볼 수 없다(대판 1993.1.15, 92다39365; 대판 2008.1.31, 2007다74713).

② [○]
> 제114조(대리행위의 효력) ① 대리인이 그 권한 내에서 본인을 위한 것임을 표시한 의사표시는 직접본인에 대하여 효력이 생긴다.

③ [×]
> 제120조(임의대리인의 복임권) 대리권이 법률행위에 의하여 부여된 경우에는 대리인은 본인의 승낙이 있거나 부득이한 사유 있는 때가 아니면 복대리인을 선임하지 못한다.

④ [×] 판례는 상대방의 대리인 등 상대방과 동일시할 수 있는 자의 사기 또는 강박은 상대방의 사기·강박에 해당한다고 하면서(대판 1999.2.23, 98다60828·60835), 은행의 출장소장의 행위는 은행 또는 은행과 동일시할 수 있는 자의 사기일 뿐 제3자의 사기로 볼 수 없으므로, 은행이 그 사기 사실을 알았거나 알 수 있었을 경우에 한하여 위 약정을 취소할 수 있는 것은 아니라고 본다.

⑤ [×] 계약이 적법한 대리인에 의하여 체결된 경우에 대리인은 다른 특별한 사정이 없는 한 본인을 위하여 계약상 급부를 변제로서 수령할 권한도 가진다. 그리고 대리인이 그 권한에 기하여 계약상 급부를 수령한 경우에, 그 법률효과는 계약 자체에서와 마찬가지로 직접 본인에게 귀속되고 대리인에게 돌아가지 아니한다. 따라서 계약상 채무의 불이행을 이유로 계약이 상대방 당사자에 의하여 유효하게 해제되었다면, 해제로 인한 원상회복의무는 대리인이 아니라 계약의 당사자인 본인이 부담한다. 이는 본인이 대리인으로부터 그 수령한 급부를 현실적으로 인도받지 못하였다거나 해제의 원인이 된 계약상 채무의 불이행에 관하여 대리인에게 책임 있는 사유가 있다고 하여도 다른 특별한 사정이 없는 한 마찬가지라고 할 것이다(대판 2011.8.18, 2011다30871).

제5관 복대리

137 甲으로부터 5억 원에 토지매수를 부탁받은 임의대리인 乙이 甲의 허락을 얻어 丙을 복대리인으로 선임하였다. 丙은 매수의뢰가격이 5억 원임을 알고 있음에도 丁의 토지를 조속히 매수하기 위하여 丁과 6억 원에 매수하는 계약을 체결하였다. 甲, 乙, 丙, 丁의 법률관계에 관한 설명으로 옳은 것은? (다툼이 있으면 판례에 따름) 15 노무사

① 乙은 甲의 이름으로 丙을 선임한다.
② 乙은 甲에 대하여 丙의 선임감독에 대한 책임을 지지 않는다.
③ 丙은 乙의 동의가 있더라도 특별한 사정이 없는 한, 토지매매계약을 해제할 수 없다.
④ 만약 乙이 사망하더라도 丙의 복대리권은 소멸하지 않는다.
⑤ 토지를 5억 원에 매수해달라는 부탁을 받은 丙이 丁과 6억 원에 매수하는 계약을 체결한 것은 착오에 의한 의사표시이므로 甲은 매매계약을 취소할 수 있다.

해설

답 ③

① [×] 　제120조(임의대리인의 복임권) 대리권이 법률행위에 의하여 부여된 경우에는 대리인은 본인의 승낙이 있거나 부득이한 사유 있는 때가 아니면 복대리인을 선임하지 못한다.

복대리인은 대리인이 그의 권한 내의 행위를 행하게 하기 위하여 "대리인 자신"의 이름으로 선임한 "본인"의 대리인이다. 그러므로 乙은 乙의 이름으로 丙을 선임한다.

② [×] 　제121조(임의대리인의 복대리인 선임의 책임) ① 전조의 규정에 의하여 대리인이 복대리인을 선임한 때에는 본인에게 대하여 그 선임감독에 관한 책임이 있다.

乙은 甲에 대하여 丙의 선임감독에 대한 책임을 진다.

③ [○] 어떠한 계약의 체결에 관한 대리권을 수여받은 대리인이 수권된 법률행위를 하게 되면 그것으로 대리권의 원인된 법률관계는 원칙적으로 목적을 달성하여 종료하는 것이고, 법률행위에 의하여 수여된 대리권은 그 원인된 법률관계의 종료에 의하여 소멸하는 것이므로(제128조), 그 계약을 대리하여 체결하였던 대리인이 체결된 계약의 해제 등 일체의 처분권과 상대방의 의사를 수령할 권한까지 가지고 있다고 볼 수는 없다(대판 2008.6.12, 2008다11276).

④ [×] 복대리권은 대리권의 일반적인 소멸원인인 대리인의 사망(제127조), 대리인과 복대리인 사이의 기초적 법률관계의 종료(제128조 전단), 복임행위의 하자, 복임행위에 대한 대리인의 철회(제128조 후단)에 의해서 소멸한다. 그리고 복대리권은 대리인의 대리권을 전제로 하므로 대리권이 소멸하면 복대리권도 소멸한다.

⑤ [×] 　제116조(대리행위의 하자) ① 의사표시의 효력이 의사의 흠결, 사기, 강박 또는 어느 사정을 알았거나 과실로 알지 못한 것으로 인하여 영향을 받을 경우에 그 사실의 유무는 대리인을 표준하여 결정한다.

138 甲 소유 X토지에 관하여 매매계약의 체결에 관한 대리권을 수여받은 乙은 甲의 승낙을 얻어 복대리인 丙을 선임하였다. 그 후 乙은 丁의 이익을 위하여 시가보다 훨씬 낮은 금액으로 丁과 X토지의 매매계약을 체결하였고, 丁도 그 사실을 알고 있었다. 이에 관한 설명으로 옳은 것은? (다툼이 있으면 판례에 따름)

① 乙은 언제든지 丁과 합의하여 매매계약을 해제할 수 있다.
② 丙은 그의 권한 내에서 乙을 대리한다.
③ 丙은 甲에게 대해서는 乙과 동일한 의무가 있지만, 丁에 대해서는 그렇지 않다.
④ 丁은 甲을 상대로 X토지의 소유권이전등기를 청구할 수 있다.
⑤ 丁이 선의인 戊에게 X토지를 매도하고 소유권이전등기를 넘겨준 경우, 甲은 戊를 상대로 소유권이전등기의 말소를 청구할 수 없다.

> **해설**   답 ⑤

① [×] 대리의 효과는 본인 甲에게 귀속하여 계약의 당사자가 되므로, 甲이 丁과 합의해제를 할 수 있다.

② [×] 제123조(복대리인의 권한) ① 복대리인은 그 권한 내에서 본인을 대리한다.

③ [×] 제123조(복대리인의 권한) ② 복대리인은 본인이나 제3자에 대하여 대리인과 동일한 권리의무가 있다.

④ [×] 진의 아닌 의사표시가 대리인에 의하여 이루어지고 그 대리인의 진의가 본인의 이익이나 의사에 반하여 자기 또는 제3자의 이익을 위한 배임적인 것임을 그 상대방이 알았거나 알 수 있었을 경우에는, 민법 제107조 제1항 단서의 유추해석상 그 대리인의 행위는 본인의 대리행위로 성립할 수 없으므로 본인은 대리인의 행위에 대하여 아무런 책임이 없으며, 이때에 그 상대방이 대리인의 표시의사가 진의 아님을 알았거나 알 수 있었는가의 여부는 표의자인 대리인과 상대방 사이에 있었던 의사표시의 형성 과정과 그 내용 및 그로 인하여 나타나는 효과 등을 객관적인 사정에 비추어 합리적으로 판단하여야 한다(대판 1997.12.26, 97다39421).

⑤ [○] 제107조(진의 아닌 의사표시) ① 의사표시는 표의자가 진의 아님을 알고한 것이라도 그 효력이 있다. 그러나 상대방이 표의자의 진의 아님을 알았거나 이를 알 수 있었을 경우에는 무효로 한다.
② 전항의 의사표시의 무효는 선의의 제3자에게 대항하지 못한다.

즉, 선의인 戊에게 대항하지는 못하므로, 甲은 戊를 상대로 소유권이전등기의 말소를 청구할 수 없다.

139 본인 甲, 임의대리인 乙, 복대리인 丙 사이의 법률관계에 관한 설명으로 옳지 않은 것은? (다툼이 있으면 판례에 따름)

22 세무사

① 丙은 乙이 자신의 이름으로 선임한 甲의 대리인이다.
② 乙은 甲의 승낙이 있거나 부득이한 사유가 있는 때가 아니면 丙을 선임하지 못한다.
③ 丙의 대리권은 특별한 사정이 없는 한 乙의 대리권이 소멸하더라도 존속한다.
④ 丙이 자신의 권한 내에서 한 대리행위의 효과는 특별한 사정이 없는 한 甲에게 직접 귀속된다.
⑤ 乙이 甲의 지명에 따라 丙을 선임한 경우, 乙은 그 부적임 또는 불성실함을 알고 甲에 대한 통지나 해임을 게을리 한 때에는 책임을 진다.

> **해설** 답 ③
>
> ① [O] 복대리인은 대리인이 그의 권한 내의 행위를 행하게 하기 위하여 대리인 자신의 이름으로 선임한 본인의 대리인이다. 즉, 대리인의 대리인이 아니다.
> ② [O]
> > 제120조(임의대리인의 복임권) 대리권이 법률행위에 의하여 부여된 경우에는 대리인은 본인의 승낙이 있거나 부득이한 사유 있는 때가 아니면 복대리인을 선임하지 못한다.
> ③ [×] 복대리권은 대리인의 대리권을 전제로 하므로 대리권이 소멸하면 복대리권도 소멸한다.
> ④ [O]
> > 제123조(복대리인의 권한) ① 복대리인은 그 권한 내에서 본인을 대리한다.
> ⑤ [O]
> > 제121조(임의대리인의 복대리인 선임의 책임) ① 전조의 규정에 의하여 대리인이 복대리인을 선임한 때에는 본인에게 대하여 그 선임감독에 관한 책임이 있다.
> > ② 대리인이 본인의 지명에 의하여 복대리인을 선임한 경우에는 그 부적임 또는 불성실함을 알고 본인에게 대한 통지나 그 해임을 태만한 때가 아니면 책임이 없다.

140 甲의 임의대리인 乙은 자신의 이름으로 甲의 대리인 丙을 선임하였다. 다음 설명 중 옳은 것을 모두 고른 것은? (다툼이 있는 경우 판례에 의함)

22 경간부

> 가. 甲과 丙 사이에는 어떠한 권리·의무관계도 없다.
> 나. 乙은 甲의 승낙으로 丙을 선임하였더라도 甲에 대하여 丙의 선임·감독에 관한 책임을 진다.
> 다. 丙이 甲의 지명으로 선임된 경우, 乙은 丙의 불성실함을 알면서도 甲에게 통지나 그 해임을 태만하였다면 책임이 있다.
> 라. 丙이 甲의 지명으로 선임된 경우, 乙의 대리권이 소멸하더라도 丙의 대리권은 소멸하지 않는다.

① 가, 나   ② 가, 라
③ 나, 다   ④ 다, 라

> **해설**　　　　　　　　　　　　　　　　　　　　　　　　　　　답 ③

가. [×] 　제123조(복대리인의 권한) ① 복대리인은 그 권한 내에서 본인을 대리한다.
　　　　　　② 복대리인은 본인이나 제3자에 대하여 대리인과 동일한 권리의무가 있다.

나. [○] 　제121조(임의대리인의 복대리인 선임의 책임) ① 전조의 규정에 의하여 대리인이 복대리인을 선임한 때에는 본인에게 대하여 그 선임감독에 관한 책임이 있다.

다. [○] 　제121조(임의대리인의 복대리인 선임의 책임) ② 대리인이 본인의 지명에 의하여 복대리인을 선임한 경우에는 그 부적임 또는 불성실함을 알고 본인에 대한 통지나 그 해임을 태만한 때가 아니면 책임이 없다.

라. [×] 복대리권은 대리인의 대리권을 전제로 하므로 대리권이 소멸하면 복대리권도 소멸한다.

141 복대리에 관한 설명으로 옳지 않은 것은? (다툼이 있으면 판례에 따름)　　23 세무사

① 대리인은 자신의 이름으로 복대리인을 선임한다.
② 복대리인은 본인의 대리인이다.
③ 대리인이 복대리인을 선임하더라도 대리인의 대리권은 소멸하지 않는다.
④ 본인과 복대리인 사이에는 내부적 계약관계가 인정되지 않으므로 그에 기한 권리·의무도 인정되지 않는다.
⑤ 대리인이 대리권 소멸 후 선임한 복대리인의 대리행위에 관해서도 표현대리가 성립할 수 있다.

> **해설**　　　　　　　　　　　　　　　　　　　　　　　　　　　답 ④

① [○] 복대리인은 대리인이 그의 권한 내의 행위를 행하게 하기 위하여 "대리인 자신"의 이름으로 선임한 "본인"의 대리인이다.

② [○] 　제123조(복대리인의 권한) ① 복대리인은 그 권한 내에서 본인을 대리한다.

③ [○] 대리인의 대리권은 복대리인의 선임에 의해 소멸하는 것은 아니다.

④ [×] 　제123조(복대리인의 권한) ① 복대리인은 그 권한 내에서 본인을 대리한다.
　　　　　　② 복대리인은 본인이나 제3자에 대하여 대리인과 동일한 권리의무가 있다.

⑤ [○] 대리인이 대리권 소멸 후 복대리인을 선임하여 복대리인으로 하여금 상대방과 사이에 대리행위를 하도록 한 경우에도 제129조에 의한 표현대리가 성립할 수 있다고 하였다(대판 1998.5.29, 97다55317).

142 복대리에 관한 설명으로 옳지 않은 것은? (다툼이 있으면 판례에 따름)   24 변리사

① 법정대리인은 원칙적으로 부득이한 사유가 있는 때에 한하여 복임권이 있다.
② 법정대리인이 부득이한 사유로 복대리인을 선임한 경우, 법정대리인은 그 선임감독에 관한 책임이 있다.
③ 임의대리인에게는 원칙적으로 복대리인을 선임할 권한이 없다.
④ 임의대리인이 본인의 승낙을 얻어 복대리인을 선임한 경우, 임의대리인은 그 선임감독에 관한 책임이 있다.
⑤ 임의대리의 목적인 법률행위의 성질상 대리인 자신에 의한 처리가 필요하지 아니한 경우, 본인이 복대리 금지의 의사를 명시하지 아니하는 한 복대리인의 선임에 관하여 묵시적인 승낙이 있는 것으로 보는 것이 타당하다.

> **해설**   답 ①

① [×], ② [○]
> 제122조(법정대리인의 복임권과 그 책임) 법정대리인은 그 책임으로 복대리인을 선임할 수 있다. 그러나 부득이한 사유로 인한 때에는 전조 제1항에 정한 책임만이 있다.
> 제121조(임의대리인의 복대리인선임의 책임) ① 전조의 규정에 의하여 대리인이 복대리인을 선임한 때에는 본인에게 대하여 그 선임감독에 관한 책임이 있다.

③ [○]
> 제120조(임의대리인의 복임권) 대리권이 법률행위에 의하여 부여된 경우에는 대리인은 본인의 승낙이 있거나 부득이한 사유있는 때가 아니면 복대리인을 선임하지 못한다.

④ [○]
> 제121조(임의대리인의 복대리인선임의 책임) ① 전조의 규정에 의하여 대리인이 복대리인을 선임한 때에는 본인에게 대하여 그 선임감독에 관한 책임이 있다.

⑤ [○] 대리의 목적 법률행위의 성질상 대리인 자신에 의한 처리가 필요하지 아니한 경우에는, 본인이 복대리인 선임금지의 의사를 명시하지 아니하는 한, 복대리인 선임에 관하여 묵시적 승낙이 있는 것으로 보는 것이 타당하지만, 오피스텔 분양 업무는 성질상 대리인 자신에 의한 처리가 필요한 경우에 해당한다(대판 1996.1.26, 94다30690).

제6관 | 무권대리

I. 서설
II. 표현대리

143 표현대리에 관한 설명으로 옳은 것은? (다툼이 있으면 판례에 따름) 16 노무사

① 표현대리가 성립되면 무권대리의 성질이 유권대리로 전환된다.
② 표현대리의 성립을 위한 대리권 수여의 표시가 인정되기 위해서는 대리권 또는 대리인이라는 말이 사용되어야 한다.
③ 본인의 성명을 모용하여 자기가 마치 본인인 것처럼 기망하여 본인 명의로 직접 법률행위를 한 경우, 특별한 사정이 없는 한, 표현대리는 성립될 수 없다.
④ 대리인이 대리권 소멸 후 복대리인을 선임하여 복대리인으로 하여금 상대방과 대리행위를 하도록 한 경우, 대리권 소멸 후의 표현대리는 적용되지 않는다.
⑤ 대리권 소멸 후의 표현대리는 법정대리에는 적용되지 않는다.

> **해설** 답 ③

① [×] 유권대리에 있어서는 본인이 대리인에게 수여한 대리권의 효력에 의하여 법률효과가 발생하는 반면 표현대리에 있어서는 대리권이 없음에도 불구하고 법률이, 특히 거래상대방 보호와 거래안전유지를 위하여 본래 무효인 무권대리행위의 효과를 본인에게 미치게 한 것으로서 표현대리가 성립된다고 하여 무권대리의 성질이 유권대리로 전환되는 것은 아니므로, 양자의 구성요건 해당사실, 즉 주요사실은 다르다고 볼 수밖에 없으니 유권대리에 관한 주장 속에 무권대리에 속하는 표현대리의 주장이 포함되어 있다고 볼 수 없다(대판 1983.12.13, 83다카1489 전합)
② [×] 대리권 수여표시에 해당한다고 하면서 대리권수여표시는 반드시 대리권 또는 대리인이라는 말을 사용하여야 하는 것이 아니라 사회통념상 대리권을 추단할 수 있는 직함이나 명칭 등의 사용을 승낙 또는 묵인한 경우에도 대리권 수여의 표시가 있는 것으로 본다(대판 1998.6.12, 97다53762).
③ [O] 민법 제126조의 표현대리는 대리인이 본인을 위한다는 의사를 명시 혹은 묵시적으로 표시하거나 대리의사를 가지고 권한 외의 행위를 하는 경우에 성립하고, 사술을 써서 위와 같은 대리행위의 표시를 하지 아니하고 단지 본인의 성명을 모용하여 자기가 마치 본인인 것처럼 기망하여 본인 명의로 직접 법률행위를 한 경우에는 특별한 사정이 없는 한 위 법조 소정의 표현대리는 성립될 수 없다(대판 2002.6.28, 2001다49814).
④ [×] 대리인이 대리권 소멸 후 복대리인을 선임하여 복대리인으로 하여금 상대방과 사이에 대리행위를 하도록 한 경우에도 제129조에 의한 표현대리가 성립할 수 있다고 하였다(대판 1998.5.29, 97다55317).
⑤ [×] 본조는 임의대리, 법정대리 모두에 적용된다. 즉, 대리권소멸 후의 표현대리에 관한 민법 제129조는 법정대리인의 대리권소멸에 관하여도 적용이 있다(대판 1975.1.28, 74다1199).

144

표현대리에 관한 설명으로 옳지 않은 것은? (다툼이 있으면 판례에 따름) 17 노무사

① 권한을 넘은 표현대리에 해당하는지 여부를 판단할 경우, 정당한 이유가 존재하는지 여부는 대리행위 당시를 기준으로 판단한다.
② 표현대리가 성립했다면 상대방에게 과실이 있다고 하더라도 과실상계의 법리를 유추적용할 수 없다.
③ 대리권수여의 표시에 의한 표현대리에 해당하여 본인에게 대리의 효과가 귀속하기 위해서는 상대방은 선의·무과실이어야 한다.
④ 대리인이 대리권 소멸 후 선임한 복대리인과 상대방 사이의 법률행위에는 대리권소멸 후 표현대리가 성립할 수 없다.
⑤ 교회의 정관 기타 규약에 교회 재산에 관한 교회대표자의 권한 규정이 없음에도 불구하고, 교회의 대표자가 교인총회의 결의를 거치지 아니하고 교회 재산을 처분한 경우 권한을 넘은 표현대리에 관한 규정을 준용할 수 없다.

해설

답 ④

① [O] 권한을 넘은 표현대리에 있어서 정당한 이유의 유무는 대리행위 당시를 기준으로 하여 판정하여야 하고 대리행위 성립 후의 사정은 고려할 것이 아니다(대판 2002.6.28, 2001다49814).
② [O] 표현대리행위의 책임은 본인이 전적으로 져야 하고, 상대방에게 과실이 있어도 과실상계의 법리를 유추적용할 수 없다(대판 1996.7.12, 95다49554).
③ [O] 제129조(대리권소멸후의 표현대리) 대리권의 소멸은 선의의 제3자에게 대항하지 못한다. 그러나 제3자가 과실로 인하여 그 사실을 알지 못한 때에는 그러하지 아니하다.
④ [×] 표현대리의 법리는 거래의 안전을 위하여 어떠한 외관적 사실을 야기한 데 원인을 준 자는 그 외관적 사실을 믿음에 정당한 사유가 있다고 인정되는 자에 대하여는 책임이 있다는 일반적인 권리외관 이론에 그 기초를 두고 있는 것인 점에 비추어 볼 때, 대리인이 대리권 소멸 후 직접 상대방과 사이에 대리행위를 하는 경우는 물론 대리인이 대리권 소멸 후 복대리인을 선임하여 복대리인으로 하여금 상대방과 사이에 대리행위를 하도록 한 경우에도, 상대방이 대리권 소멸 사실을 알지 못하여 복대리인에게 적법한 대리권이 있는 것으로 믿었고 그와 같이 믿은 데 과실이 없다면 민법 제129조에 의한 표현대리가 성립할 수 있다(대판 1998.5.29, 97다55317).
⑤ [O] 판례는 주택조합이 주체가 되어 신축 완공한 건물로서 일반에게 분양되는 부분은 조합원 전원의 총유에 속하며, 총유물의 관리 및 처분에 관하여 주택조합의 정관이나 규약에 정한 바에 따라야 하고, 그에 관한 정관이나 규약이 없으면 조합원 총회의 결의에 의하여야 할 것이며, 그와 같은 절차를 거치지 않은 행위는 무효라고 본다(대판 2001.5.29, 2000다10246; 대판 2003.7.11, 2001다73626).

145 甲은 자신 소유 X아파트의 임대에 관하여 乙에게 대리권을 수여하였고, 乙은 X를 丙에게 매도하는 계약을 체결하였다. 다음 설명 중 옳은 것을 모두 고른 것은? (다툼이 있으면 판례에 따름)

> ㄱ. X에 대한 매매행위가 강행법규에 위반되어 무효인 경우에는 표현대리가 성립하지 않는다.
> ㄴ. 乙이 자신이 甲인 것처럼 기망하여 甲의 명의로 丙과 매매계약을 체결한 경우 원칙적으로 표현대리가 성립한다.
> ㄷ. 乙이 복임권 없이 복대리인을 선임하여 丙과의 매매계약을 체결하게 한 경우에도 권한을 넘은 표현대리의 기본대리권이 존재한다.

① ㄴ
② ㄱ, ㄴ
③ ㄱ, ㄷ
④ ㄴ, ㄷ
⑤ ㄱ, ㄴ, ㄷ

| 해설 | 답 ③ |

ㄱ. [O] 주택조합의 대표자가 조합원 총회의 결의를 거치지 아니하고 건물을 처분한 행위에 관하여 민법 제126조 표현대리에 관한 규정을 준용할 수 없다. 판례는 주택조합이 주체가 되어 신축 완공한 건물로서 일반에게 분양되는 부분은 조합원 전원의 총유에 속하며, 총유물의 관리 및 처분에 관하여 주택조합의 정관이나 규약에 정한 바에 따라야 하고, 그에 관한 정관이나 규약이 없으면 조합원 총회의 결의에 의하여야 할 것이며, 그와 같은 절차를 거치지 않은 행위는 무효라고 본다 (대판 2001.5.29, 2000다10246; 대판 2003.7.11, 2001다73626).

ㄴ. [×] 판례는 "사술"을 써서 위와 같은 대리행위의 표시를 하지 아니하고 단지 본인의 성명을 "모용" 하여 자기가 마치 본인인 것처럼 기망하여 본인 명의로 직접 법률행위를 한 경우에는 특별한 사정이 없는 한 위 법조 소정의 표현대리는 성립될 수 없다. 즉 처가 제3자를 남편으로 가장시켜 관련 서류를 위조하여 남편 소유의 부동산을 담보로 금원을 대출받은 경우, 남편에 대한 민법 제126조 소정의 표현대리책임을 부정한다(대판 2002.6.28, 2001다49814).

ㄷ. [O] 대리인이 사자 내지 임의로 선임한 복대리인을 통하여 권한 외의 법률행위를 한 경우, 상대방이 그 행위자를 대리권을 가진 대리인으로 믿었고 또한 그렇게 믿는 데에 정당한 이유가 있는 때에는, 복대리인 선임권이 없는 대리인에 의하여 선임된 복대리인의 권한도 기본대리권이 될 수 있을 뿐만 아니라, 그 행위자가 사자라고 하더라도 대리행위의 주체가 되는 대리인이 별도로 있고 그들에게 본인으로부터 기본대리권이 수여된 이상, 민법 제126조를 적용함에 있어서 기본대리권의 흠결문제는 생기지 않는다(대판 1998.3.27, 97다48982).

146 ☐☐☐ 乙은 甲의 대리인으로서 甲을 위하여 丙과 계약을 체결하였다. 이에 관한 설명으로 옳지 않은 것은? (다툼이 있으면 판례에 따름)
19 변리사

① 乙이 임의대리인이라면 乙은 행위능력자임을 요하지 않는다.
② 乙의 대리행위가 무권대리라는 이유로 甲이 무효를 주장하는 경우, 乙의 대리행위가 권한을 넘은 표현대리행위라는 주장 및 증명책임은 丙에게 있다.
③ 매매계약의 체결에 관한 권한을 수여받은 乙이 甲을 대리하여 매매계약을 체결한 경우, 乙은 특별한 사정이 없는 한 甲을 대리하여 매매계약의 해제 등 일체의 처분권을 행사할 수 있다.
④ 甲으로부터 아파트에 관한 일체의 관리권한을 위임받아 甲으로 가장하여 아파트를 丙에게 임대한 乙이 다시 甲으로 가장하여 임차인 丙에게 아파트를 매도하였다면, 권한을 넘은 표현대리의 법리를 유추적용할 수 있다.
⑤ 대리권 수여행위는 묵시적인 의사표시로도 할 수 있으므로, 乙이 甲의 대리인의 외양을 가지고 행위하는 것을 甲이 알면서도 이의를 하지 않고 방임하는 등 사실상의 용태에 의하여 대리권의 수여가 추단되는 경우도 있다.

해설
답 ③

① [○] 제117조(대리인의 행위능력) 대리인은 행위능력자임을 요하지 아니한다.
② [○] 계약체결의 대리권을 상대방을 특정하여 부여할 수 있는 것이며 본조에 의한 표현대리 행위로 인정된다는 점의 주장 및 입증책임은 그것을 유효하다고 주장하는 자에게 있는 것이다(대판 1968.6.18, 68다694).
③ [×] 원칙적으로 대리권의 범위에 포함되지 아니한다. 즉 일반적으로 법률행위에 의하여 수여된 대리권은 원인된 법률관계의 종료에 의하여 소멸하는 것이므로 특별한 다른 사정이 없는 한, 본인을 대리하여 금전소비대차 내지 그를 위한 담보권설정계약을 체결할 권한을 수여받은 대리인에게 본래의 계약관계를 해제할 대리권까지 있다고 볼 수 없고(대판 1993.1.15, 92다39365; 대판 2008.1.31, 2007다74713), 사채알선업자에 대하여도 특별수권이 없는 한 해제의 대리권이 없다고 하였다(대판 1997.9.30, 97다23372). 해제권은 형성권이며 처분행위이기 때문이다.
④ [○] 본인으로부터 아파트에 관한 임대 등 일체의 관리권한을 위임받아 본인으로 가장하여 아파트를 임대한 바 있는 대리인이 다시 자신을 본인으로 가장하여 임차인에게 아파트를 매도하는 법률행위를 한 경우에는 권한을 넘은 표현대리의 법리를 유추적용하여 본인에 대하여 그 행위의 효력이 미친다고 볼 수 있다(대판 1993.2.23, 92다52436).
⑤ [○] 대리인에 대한 본인의 대리권 수여행위를 의미한다. 대리권을 수여하는 수권행위는 불요식의 행위로서 명시적인 의사표시에 의함이 없이 묵시적인 의사표시에 의하여 할 수도 있으며, 어떤 사람이 대리인의 외양을 가지고 행위하는 것을 본인이 알면서도 이의를 하지 아니하고 방임하는 등 사실상의 용태에 의하여 대리권의 수여가 추단되는 경우도 있다(대판 2016.5.26, 2016다203315).

147 乙은 甲으로부터 甲의 부동산을 담보로 3천만 원을 차용할 수 있는 대리권을 수여 받았다고 하면서 甲을 대리하여 丙과 소비대차계약을 체결하였다. 이에 관한 설명으로 옳지 않은 것은? (다툼이 있으면 판례에 따름)

20 변리사

① 甲이 丙을 상대로, 乙에게 위와 같은 권한을 부여하였다고 말하였지만 실제로는 대리권을 乙에게 수여하지 않은 경우, 甲은 선의이고 무과실인 丙에게 대리권수여의 표시에 의한 표현대리의 책임을 진다.
② 乙이 甲으로부터 위와 같은 권한을 적법하게 부여받고서 丙과 5천만 원을 차용하는 계약을 체결한 경우, 丙이 乙에게 그런 권한이 있었다고 믿을 만한 정당한 이유가 있었다면 3천만 원을 초과하는 부분에 대해서는 甲은 권한을 넘은 표현대리의 책임을 진다.
③ 甲으로부터 위와 같은 권한을 적법하게 부여받은 乙이 선임한 복대리인 丁이 丙으로부터 5천만 원을 차용하는 계약을 체결한 경우, 丙이 丁에게 그런 권한이 있었다고 믿을 만한 정당한 이유가 있었다면 3천만 원을 초과하는 부분에 대해서는 甲은 권한을 넘은 표현대리의 책임을 진다.
④ 甲으로부터 위와 같은 권한을 적법하게 부여받은 乙이 소비대차계약 대신 丙에게 甲의 대리인으로서 그 부동산을 매도하였다면, 丙이 乙에게 매도할 권한이 있었다고 믿을 만한 정당한 이유가 있었다고 하더라도 매도행위는 차용행위와는 별개이므로 甲은 권한을 넘은 표현대리의 책임을 지지 않는다.
⑤ 권한을 넘은 표현대리에서 정당한 이유의 존부는 자칭 대리인의 대리행위가 행하여질 때에 존재하는 모든 사정을 객관적으로 관찰하여 판단하여야 한다.

> **해설**
> 답 ④

① [O] 제125조(대리권수여의 표시에 의한 표현대리) 제3자에 대하여 타인에게 대리권을 수여함을 표시한 자는 그 대리권의 범위 내에서 행한 그 타인과 그 제3자간의 법률행위에 대하여 책임이 있다. 그러나 제3자가 대리권 없음을 알았거나 알 수 있었을 때에는 그러하지 아니하다.

② [O] 제126조(권한을 넘은 표현대리) 대리인이 그 권한 외의 법률행위를 한 경우에 제3자가 그 권한이 있다고 믿을 만한 정당한 이유가 있는 때에는 본인은 그 행위에 대하여 책임이 있다.

③ [O] 대리인이 사자 내지 임의로 선임한 복대리인을 통하여 권한 외의 법률행위를 한 경우, 상대방이 그 행위자를 대리권을 가진 대리인으로 믿었고 또한 그렇게 믿는 데에 정당한 이유가 있는 때에는, 복대리인 선임권이 없는 대리인에 의하여 선임된 복대리인의 권한도 기본대리권이 될 수 있을 뿐만 아니라, 그 행위자가 사자라고 하더라도 대리행위의 주체가 되는 대리인이 별도로 있고 그들에게 본인으로부터 기본대리권이 수여된 이상, 민법 제126조를 적용함에 있어서 기본대리권의 흠결문제는 생기지 않는다(대판 1998.3.27, 97다48982).

④ [×] 대리행위는 기본대리권과 다른 종류의 것이라도 무방하다. 판례는 기본대리권이 공법상의 권리(등기신청권)이고, 표현대리행위가 사법상의 행위일지라도 제126조의 표현대리는 적용된다고 하고(대판 1978.3.28, 78다282), 구청에 대한 영업허가신청의 경우에도 가능하다고 한다(대판 1965.3.30, 65다44).

⑤ [O] 권한을 넘은 표현대리에 있어서 정당한 이유의 유무는 대리행위 당시를 기준으로 하여 판정하여야 하고 대리행위 성립 후의 사정은 고려할 것이 아니다(대판 2002.6.28, 2001다49814).

148 甲은 그 소유의 X토지에 저당권을 설정하고 금전을 차용하는 계약을 체결할 대리권을 친구 乙에게 수여하였는데, 乙이 甲을 대리하여 X토지를 丙에게 매도하는 계약을 체결하였다. 이에 관한 설명으로 옳은 것은? (다툼이 있으면 판례에 따름) 21 변리사

① 丙이 乙의 대리행위가 유권대리라고 주장하는 경우, 그 주장 속에는 표현대리의 주장이 포함된 것으로 보아야 한다.
② 丙이 계약체결 당시에 乙에게 매매계약 체결의 대리권이 없음을 알았더라도 丙의 甲에 대한 최고권이 인정된다.
③ 丙이 계약체결 당시에 乙에게 매매계약 체결의 대리권이 없음을 알았더라도 계약을 철회할 수 있다.
④ 乙의 행위가 권한을 넘은 표현대리로 인정되는 경우, 丙에게 과실(過失)이 있다면 과실상계의 법리에 따라 甲의 책임이 경감될 수 있다.
⑤ 丙이 乙의 대리행위가 권한을 넘은 표현대리라고 주장하는 경우, 乙에게 매매계약체결의 대리권이 있다고 丙이 믿을 만한 정당한 이유가 있었는지의 여부는 계약성립 이후의 모든 사정을 고려하여 판단해야 한다.

해설

답 ②

① [×] 유권대리에 있어서는 본인이 대리인에게 수여한 대리권의 효력에 의하여 법률효과가 발생하는 반면 표현대리에 있어서는 대리권이 없음에도 불구하고 법률이 특히 거래상대방 보호와 거래안전 유지를 위하여 본래 무효인 무권대리행위의 효과를 본인에게 미치게 한 것으로서 표현대리가 성립된다고 하여 무권대리의 성질이 유권대리로 전환되는 것은 아니므로, 양자의 구성요건 해당 사실 즉 주요 사실은 다르다고 볼 수밖에 없으니 유권대리에 관한 주장 속에 무권대리에 속하는 표현대리의 주장이 포함되어 있다고 볼 수 없다(대판 1983.12.13, 83다카1489 전합, 불포함설).
② [○] 최고는 본인에 대하여 무권대리행위를 추인할 것인지 여부의 확답을 촉구하는 것이다. 제한능력자의 상대방이 하는 촉구와 같이 준법률행위 중 의사의 통지에 속한다. 무권대리행위의 유동적 무효상태를 끝낼 수 있는 최고권은 형성권의 일종이며, 철회권과는 달리 악의의 상대방도 이를 행사할 수 있다.
③ [×] 철회권은 '선의'의 상대방에게만 인정된다. '선의'의 의미는 대리인이 무권대리인이라는 것을 알지 못한 것을 말하며, 계약 당시를 기준으로 한다. 그리고 '악의'의 상대방은 철회권이 인정되지 않는다. 상대방이 대리인에게 대리권이 없음을 알았다는 점에 대한 주장·입증책임은 철회의 효과를 다투는 본인에게 있다(대판 2017.6.29, 2017다213838).
④ [×] 표현대리행위의 책임은 본인이 전적으로 져야 하고, 상대방에게 과실이 있어도 과실상계의 법리를 유추적용할 수 없다(대판 1996.7.12, 95다49554).
⑤ [×] 권한을 넘은 표현대리에 있어서 정당한 이유의 유무는 대리행위 당시를 기준으로 하여 판정하여야 하고 대리행위 성립 후의 사정은 고려할 것이 아니다(대판 2002.6.28, 2001다49814).

149

표현대리에 관한 설명으로 옳지 않은 것은? (다툼이 있으면 판례에 따름) 22 세무사

① 표현대리가 성립된다고 하여 무권대리의 성질이 유권대리로 전환되는 것은 아니다.
② 대리행위가 강행법규 위반으로 무효인 경우에는 표현대리가 성립할 수 없다.
③ 표현대리의 법리는 일반적인 권리외관이론에 그 기초를 두고 있다.
④ 유권대리에 관한 주장에는 표현대리의 주장이 포함되어 있다고 볼 수 없다.
⑤ 표현대리가 성립하는 경우에도 본인은 과실상계의 법리를 유추적용하여 자신의 책임을 경감할 수 있다.

해설
답 ⑤

①④ [O] 유권대리에 있어서는 본인이 대리인에게 수여한 대리권의 효력에 의하여 법률효과가 발생하는 반면 표현대리에 있어서는 대리권이 없음에도 불구하고 법률이 특히 거래상대방 보호와 거래안전유지를 위하여 본래 무효인 무권대리행위의 효과를 본인에게 미치게 한 것으로서 표현대리가 성립된다고 하여 무권대리의 성질이 유권대리로 전환되는 것은 아니므로, 양자의 구성요건 해당사실, 즉 주요사실은 다르다고 볼 수밖에 없으니 유권대리에 관한 주장 속에 무권대리에 속하는 표현대리의 주장이 포함되어 있다고 볼 수 없다(대판 1983.12.13, 83다카1489 전합).

② [O] 강행규정위반의 대리행위이어서는 안 된다. 따라서 주택조합의 대표자가 조합원 총회의 결의를 거치지 아니하고 건물을 처분한 행위에 관하여 민법 제126조 표현대리에 관한 규정을 준용할 수 없다. 판례는 주택조합이 주체가 되어 신축 완공한 건물로서 일반에게 분양되는 부분은 조합원 전원의 총유에 속하며, 총유물의 관리 및 처분에 관하여 주택조합의 정관이나 규약에 정한 바에 따라야 하고, 그에 관한 정관이나 규약이 없으면 조합원 총회의 결의에 의하여야 할 것이며, 그와 같은 절차를 거치지 않은 행위는 무효라고 본다(대판 2001.5.29, 2000다10246; 대판 2003.7.11, 2001다73626). 그리고 주식거래에 관한 투자수익보장약정이 강행법규의 위반으로 무효인 경우, 그러한 약정을 체결할 권한이 수여되었는지 여부와 관계없이 표현대리에 관한 법리가 적용될 수 없다.

③ [O] 표현대리의 법리는 거래의 안전을 위하여 어떠한 외관적 사실을 야기한 데 원인을 준 자는 그 외관적 사실을 믿음에 정당한 사유가 있다고 인정되는 자에 대하여는 책임이 있다는 일반적인 권리외관 이론에 그 기초를 두고 있는 것인 점에 비추어 볼 때, 대리인이 대리권 소멸 후 직접 상대방과 사이에 대리행위를 하는 경우는 물론 대리인이 대리권 소멸 후 복대리인을 선임하여 복대리인으로 하여금 상대방과 사이에 대리행위를 하도록 한 경우에도, 상대방이 대리권 소멸 사실을 알지 못하여 복대리인에게 적법한 대리권이 있는 것으로 믿었고 그와 같이 믿은 데 과실이 없다면 민법 제129조에 의한 표현대리가 성립할 수 있다(대판 1998.5.29, 97다55317).

⑤ [X] 표현대리행위의 책임은 본인이 전적으로 져야 하고, 상대방에게 과실이 있어도 과실상계의 법리를 유추적용할 수 없다(대판 1996.7.12, 95다49554).

150 대리에 관한 설명으로 옳지 않은 것은? (다툼이 있으면 판례에 따름) 22 노무사

① 대리행위가 강행법규에 위반하여 무효인 경우에도 표현대리가 성립할 수 있다.
② 복임권이 없는 임의대리인이 선임한 복대리인의 행위에도 표현대리가 성립할 수 있다.
③ 하나의 무권대리행위 일부에 대한 본인의 추인은 상대방의 동의가 없으면 무효이다.
④ 무권대리인이 본인을 단독상속한 경우, 특별한 사정이 없는 한 자신이 행한 무권대리행위의 무효를 주장하는 것은 허용되지 않는다.
⑤ 제한능력자가 법정대리인의 동의 없이 계약을 무권대리한 경우, 그 제한능력자는 무권대리인으로서 계약을 이행할 책임을 부담하지 않는다.

해설
답 ①

① [×] 강행규정위반의 대리행위이어서는 안 된다. 따라서 주택조합의 대표자가 조합원 총회의 결의를 거치지 아니하고 건물을 처분한 행위에 관하여 민법 제126조 표현대리에 관한 규정을 준용할 수 없다. 판례는 주택조합이 주체가 되어 신축 완공한 건물로서 일반에게 분양되는 부분은 조합원 전원의 총유에 속하며, 총유물의 관리 및 처분에 관하여 주택조합의 정관이나 규약에 정한 바에 따라야 하고, 그에 관한 정관이나 규약이 없으면 조합원 총회의 결의에 의하여야 할 것이며, 그와 같은 절차를 거치지 않은 행위는 무효라고 본다(대판 2001.5.29, 2000다10246; 대판 2003.7.11, 2001다73626). 그리고 주식거래에 관한 투자수익보장약정이 강행법규의 위반으로 무효인 경우, 그러한 약정을 체결할 권한이 수여되었는지 여부와 관계없이 표현대리에 관한 법리가 적용될 수 없다.
② [○] 대리인이 대리권 소멸 후 복대리인을 선임하여 복대리인으로 하여금 상대방과 사이에 대리행위를 하도록 한 경우에도 제129조에 의한 표현대리가 성립할 수 있다고 하였다(대판 1998.5.29, 97다55317).
③ [○] 추인은 의사표시의 전부에 대하여 행하여져야 하고, 그 일부에 대하여 추인을 하거나 그 내용을 변경하여 추인을 하였을 경우에는 상대방의 동의를 얻지 못하는 한 무효이다. 무권대리행위의 추인은 대리행위 전부에 대하여 행해져야 한다(대판 1982.1.26, 81다카549).
④ [○] 상속으로 인하여 무권대리인이 본인의 지위를 상속한 경우, 본인의 지위(추인권·추인거절권)와 무권대리인의 지위(제135조 책임)는 혼동되지 않고 병존하나, 본인의 지위에서 추인을 거절하는 것은 신의칙상 허용되지 않는다(대판 1994.9.27, 94다20617).
⑤ [○] 제135조(상대방에 대한 무권대리인의 책임) ① 다른 자의 대리인으로서 계약을 맺은 자가 그 대리권을 증명하지 못하고 또 본인의 추인을 받지 못한 경우에는 그는 상대방의 선택에 따라 계약을 이행할 책임 또는 손해를 배상할 책임이 있다.
② 대리인으로서 계약을 맺은 자에게 대리권이 없다는 사실을 상대방이 알았거나 알 수 있었을 때 또는 대리인으로서 계약을 맺은 사람이 제한능력자일 때에는 제1항을 적용하지 아니한다.

151 권한을 넘은 표현대리에 관한 설명으로 옳지 않은 것은? (다툼이 있으면 판례에 따름) 22 세무사

① 법정대리권은 기본대리권에 포함되지 않는다.
② 대리권소멸 후의 표현대리가 인정되는 경우에도 권한을 넘은 표현대리가 성립할 수 있다.
③ 복임권 없는 대리인에 의해 선임된 복대리인이 권한 외의 대리행위를 한 경우에도 권한을 넘은 표현대리가 성립될 수 있다.
④ 권한을 넘은 표현대리에 관한 규정에 의해 보호받을 수 있는 상대방은 대리인과 직접 법률행위를 한 자에 한정된다.
⑤ 권한을 넘은 표현대리의 성립요건인 정당한 사유의 존재에 대해서는 그 대리행위의 유효를 주장하는 상대방이 증명책임을 부담한다.

해설
답 ①

① [X] 구법하의 판례는 한정치산자의 후견인이 친족회 동의를 얻지 않고 피후견인의 부동산을 처분한 경우, 상대방이 친족회의 동의가 있다고 믿은데 정당한 이유가 있으면 한정치산자에게 그 효력이 미친다고 하였다. 즉, 제126조는 법정대리에도 적용된다(대판 1997.6.27, 97다3828).
② [O] 제129조에 의한 표현대리로 인정되는 경우에 그 표현대리의 권한을 넘은 대리행위가 있을 때에도 제126조의 표현대리가 성립할 수 있다고 한다(대판 1970.2.10, 69다2149; 대판 1973.7.30, 72다1631; 대판 1979.3.27, 79다234; 대판 2008.1.31, 2007다74713).
③ [O] 대리인이 사자 내지 임의로 선임한 복대리인을 통하여 권한 외의 법률행위를 한 경우, 상대방이 그 행위자를 대리권을 가진 대리인으로 믿었고 또한 그렇게 믿는 데에 정당한 이유가 있는 때에는, 복대리인 선임권이 없는 대리인에 의하여 선임된 복대리인의 권한도 기본대리권이 될 수 있을 뿐만 아니라, 그 행위자가 사자라고 하더라도 대리행위의 주체가 되는 대리인이 별도로 있고 그들에게 본인으로부터 기본대리권이 수여된 이상, 민법 제126조를 적용함에 있어서 기본대리권의 흠결문제는 생기지 않는다(대판 1998.3.27, 97다48982).
④ [O] 제3자는 권한을 넘은 대리행위의 직접 상대방만을 의미한다(대판 1994.5.27, 93다21521).
⑤ [O] 판례는 상대방이 정당한 이유 있음을 증명해야 한다고 한다(상대방증명책임설, 대판 1968.6.18, 68다694).

152 표현대리에 관한 설명 중 옳지 않은 것은? (다툼이 있는 경우 판례에 의함) 22 경간부

① 소송행위에는 「민법」상 표현대리 규정이 적용되지 않는다.
② 법률행위가 강행법규에 위반되어 무효인 이상 표현대리의 법리가 준용될 여지는 없다.
③ 표현대리가 성립하는 경우, 상대방에게 과실이 있다고 하더라도 과실상계의 법리를 유추적용하여 본인의 책임을 경감할 수 없다.
④ 사회통념상 대리권을 추단할 수 있는 직함이나 명칭 등의 사용을 묵인한 것만으로 대리권수여의 표시가 있었다고 할 수 없다.

해설

답 ④

① [O] 이행지체가 있으면 즉시 강제집행을 하여도 이의가 없다는 강제집행 수락의사표시는 소송행위라 할 것이고, 이러한 소송행위에는 민법상의 표현대리규정이 적용 또는 유추적용될 수는 없다(대판 1983.2.8, 81다카621).
② [O] 강행규정위반의 대리행위이어서는 안 된다. 따라서 주택조합의 대표자가 조합원 총회의 결의를 거치지 아니하고 건물을 처분한 행위에 관하여 민법 제126조 표현대리에 관한 규정을 준용할 수 없다.
③ [O] 표현대리행위의 책임은 본인이 전적으로 져야 하고, 상대방에게 과실이 있어도 과실상계의 법리를 유추적용할 수 없다(대판 1996.7.12, 95다49554).
④ [×] 명의의 사용승인은 대리권 수여표시에 해당한다고 하면서 대리권수여표시는 반드시 대리권 또는 대리인이라는 말을 사용하여야 하는 것이 아니라 사회통념상 대리권을 추단할 수 있는 직함이나 명칭 등의 사용을 승낙 또는 묵인한 경우에도 대리권 수여의 표시가 있다(대판 1998.6.12, 97다53762). 따라서 호텔 등의 시설이용우대회원 모집계약을 체결하면서 자신의 판매점, 총대리점 또는 연락사무소 등의 명칭을 사용하여 모집안내를 하거나 입회계약체결을 승낙 또는 묵인하였다면 제125조의 표현대리가 성립할 수 있다.

153

「민법」 제126조(권한을 넘은 표현대리)에 관한 설명 중 옳지 않은 것은? (다툼이 있는 경우 판례에 의함)

22 경간부

① 권한을 넘은 표현대리 규정은 법정대리에도 적용된다.
② 대리인이 임의로 선임한 복대리인을 통하여 권한 외의 법률행위를 한 경우 「민법」 제126조의 표현대리가 성립할 수 없다.
③ 무권대리인에게 권한이 있다고 믿을 만한 정당한 이유가 있는가의 여부는 대리행위가 행하여질 때에 존재하는 모든 사정을 객관적으로 관찰하여 판단하여야 한다.
④ 대리인이 본인을 위한 것임을 표시하지 아니하고 사술을 써서 자기가 마치 본인인 것처럼 상대방을 기망하여 본인 명의로 직접 법률행위를 한 경우에는 특별한 사정이 없는 한 권한을 넘은 표현대리가 성립하지 않는다.

해설

답 ②

① [O] 구법하의 판례는 한정치산자의 후견인이 친족회 동의를 얻지 않고 피후견인의 부동산을 처분한 경우, 상대방이 친족회의 동의가 있다고 믿은데 정당한 이유가 있으면 한정치산자에게 그 효력이 미친다고 하였다. 즉, 제126조는 법정대리에도 적용된다(대판 1997.6.27, 97다3828).
② [×] 대리인이 사자 내지 임의로 선임한 복대리인을 통하여 권한 외의 법률행위를 한 경우, 상대방이 그 행위자를 대리권을 가진 대리인으로 믿었고 또한 그렇게 믿는 데에 정당한 이유가 있는 때에는, 복대리인 선임권이 없는 대리인에 의하여 선임된 복대리인의 권한도 기본대리권이 될 수 있을 뿐만 아니라, 그 행위자가 사자라고 하더라도 대리행위의 주체가 되는 대리인이 별도로 있고 그들에게 본인으로부터 기본대리권이 수여된 이상, 민법 제126조를 적용함에 있어서 기본대리권의 흠결 문제는 생기지 않는다(대판 1998.3.27, 97다48982).

③ [○] 대리행위 당시 상대방이 대리인이 대리권을 가지고 있다고 믿는 데 과실이 없는 것을 말한다(대판 2001.3.9, 2000다67884). 즉, 권한을 넘은 표현대리에 있어서 정당한 이유의 유무는 대리행위 당시를 기준으로 하여 판정하여야 하고 대리행위 성립 후의 사정은 고려할 것이 아니라고 한다(대판 2002.6.28, 2001다49814).
④ [○] 판례는 "사술"을 써서 위와 같은 대리행위의 표시를 하지 아니하고 단지 본인의 성명을 "모용"하여 자기가 마치 본인인 것처럼 기망하여 본인 명의로 직접 법률행위를 한 경우에는 특별한 사정이 없는 한 위 법조 소정의 표현대리는 성립될 수 없다. 즉 처가 제3자를 남편으로 가장시켜 관련 서류를 위조하여 남편 소유의 부동산을 담보로 금원을 대출받은 경우, 남편에 대한 민법 제126조 소정의 표현대리책임을 부정한다(대판 2002.6.28, 2001다49814).

154

대리에 관한 설명으로 옳지 않은 것은? (다툼이 있는 경우 판례에 의함)   23 경간부

① 법정대리권은 권한을 넘은 표현대리의 기본대리권이 될 수 있다.
② 표현대리행위가 성립하는 경우에 상대방에게 과실이 있다고 하더라도 과실상계의 법리를 유추적용하여 본인의 책임을 경감할 수 없다.
③ 아파트 분양업무는 그 성질상 분양 위임을 받은 수임인의 능력에 따라 그 분양사업의 성공 여부가 결정되는 사무이므로 특별한 사정이 없는 한 본인의 명시적인 승낙 없이는 복대리인의 선임이 허용되지 않는다.
④ 무권대리행위가 제3자의 위법한 기망행위로 야기된 경우라면 상대방에 대한 무권대리인의 책임은 부정된다.

해설

답 ④

① [○] 임의대리권, 법정대리권, 일상가사대리권, 使者權, 복대리권, 표현대리권(대판 2008.1.31, 2007다74713), 사인의 공법행위를 할 권한 등이 포함된다.
② [○] 표현대리행위의 책임은 본인이 전적으로 져야 하고, 상대방에게 과실이 있어도 과실상계의 법리를 유추적용할 수 없다(대판 1996.7.12, 95다49554).
③ [○] 대리의 목적인 법률행위의 성질상 대리인 자신에 의한 처리가 필요하지 아니한 경우에는, 본인이 복대리인 선임금지의 의사를 명시하지 아니하는 한, 복대리인 선임에 관하여 묵시적 승낙이 있는 것으로 보는 것이 타당하지만 오피스텔 분양 업무는 성질상 대리인 자신에 의한 처리가 필요한 경우에 해당한다(대판 1996.1.26, 94다30690).
④ [×] 대리인으로서 대리행위를 한 자가 의사표시 당시에 객관적으로 대리권이 결여되어 있으면 족하고 대리권의 결여에 대한 대리인의 과실이 있어야 하는 것은 아니다(대판 1962.4.12, 4294민상1021).

| **155** | 표현대리에 관한 설명으로 옳은 것은? (다툼이 있는 경우 판례에 의함) | 23 경간부 |

① 대리권 소멸 후의 표현대리가 인정되는 경우에는 이를 기본대리권으로 하는 권한을 넘은 표현대리가 성립할 여지가 없다.
② 비법인사단인 교회의 대표자가 권한 없이 행한 교회 재산의 처분행위에 대하여는 권한을 넘은 표현대리에 관한 규정이 준용되지 않는다.
③ 대리인이 사술을 써서 대리행위의 표시를 하지 아니하고 단지 본인의 성명을 모용하여 자기가 마치 본인인 것처럼 기망하여 본인 명의로 직접 법률행위를 한 경우에도 특별한 사정이 없는 한 권한을 넘은 표현대리가 성립할 수 있다.
④ 사실혼 관계에 있는 부부간에는 일상가사대리권을 기본대리권으로 하는 권한을 넘은 표현대리가 성립할 여지가 없다.

해설
답 ②

① [×] 제129조에 의한 표현대리로 인정되는 경우에 그 표현대리의 권한을 넘은 대리행위가 있을 때에도 제126조의 표현대리가 성립할 수 있다고 한다(대판 1970.2.10, 69다2149; 대판 1973.7.30, 72다1631; 대판 1979.3.27, 79다234; 대판 2008.1.31, 2007다74713).
② [○] 강행규정위반의 대리행위이어서는 안 된다. 따라서 주택조합의 대표자가 조합원 총회의 결의를 거치지 아니하고 건물을 처분한 행위에 관하여 민법 제126조 표현대리에 관한 규정을 준용할 수 없다. 판례는 주택조합이 주체가 되어 신축 완공한 건물로서 일반에게 분양되는 부분은 조합원 전원의 총유에 속하며, 총유물의 관리 및 처분에 관하여 주택조합의 정관이나 규약에 정한 바에 따라야 하고, 그에 관한 정관이나 규약이 없으면 조합원 총회의 결의에 의하여야 할 것이며, 그와 같은 절차를 거치지 않은 행위는 무효라고 본다(대판 2001.5.29, 2000다10246; 대판 2003.7.11, 2001다73626). 그리고 주식거래에 관한 투자수익보장약정이 강행법규의 위반으로 무효인 경우, 그러한 약정을 체결할 권한이 수여되었는지 여부와 관계없이 표현대리에 관한 법리가 적용될 수 없다.
③ [×] 판례는 "사술"을 써서 위와 같은 대리행위의 표시를 하지 아니하고 단지 본인의 성명을 "모용"하여 자기가 마치 본인인 것처럼 기망하여 본인 명의로 직접 법률행위를 한 경우에는 특별한 사정이 없는 한 위 법조 소정의 표현대리는 성립될 수 없다. 즉 처가 제3자를 남편으로 가장시켜 관련 서류를 위조하여 남편 소유의 부동산을 담보로 금원을 대출받은 경우, 남편에 대한 민법 제126조 소정의 표현대리책임을 부정한다(대판 2002.6.28, 2001다49814).
④ [×] 사실혼에도 부부간의 일상가사대리권은 인정되며, 일상가사비용에 대한 연대책임을 진다(제832조). 처가 특별한 수권 없이 남편을 대리하여 타인을 위한 보증행위를 하였을 경우에 그것이 민법 제126조 소정의 표현대리가 되려면 처에게 일상가사대리권이 있었다는 것만이 아니라 상대방이 처에게 남편이 그 행위에 관한 대리의 권한을 주었다고 믿었음을 정당화할 만한 객관적인 사정이 있어야 한다(대판 1998.7.10, 98다18988).

156 표현대리에 관한 설명으로 옳지 않은 것은? (다툼이 있으면 판례에 따름)   24 감평사

① 표현대리행위가 성립하는 경우, 상대방에게 과실이 있더라도 과실상계의 법리를 유추적용하여 본인의 책임을 경감할 수 없다.
② 상대방의 유권대리 주장에는 표현대리의 주장이 포함되는 것은 아니므로 이 경우 법원은 표현대리의 성립여부까지 판단해야 하는 것은 아니다.
③ 민법 제126조의 권한을 넘은 표현대리 규정은 법정대리에도 적용된다.
④ 복대리인의 대리행위에 대해서는 표현대리가 성립할 수 없다.
⑤ 수권행위가 무효인 경우, 민법 제129조의 대리권 소멸 후의 표현대리가 적용되지 않는다.

해설 답 ④

① [O] 표현대리행위의 책임은 본인이 전적으로 져야 하고, 상대방에게 과실이 있어도 과실상계의 법리를 유추적용할 수 없다(대판 1996.7.12, 95다49554).
② [O] 유권대리에 있어서는 본인이 대리인에게 수여한 대리권의 효력에 의하여 법률효과가 발생하는 반면 표현대리에 있어서는 대리권이 없음에도 불구하고 법률이 특히 거래상대방 보호와 거래안전 유지를 위하여 본래 무효인 무권대리행위의 효과를 본인에게 미치게 한 것으로서 표현대리가 성립된다고 하여 무권대리의 성질이 유권대리로 전환되는 것은 아니므로, 양자의 구성요건 해당사실 즉 주요사실은 다르다고 볼 수 밖에 없으니 유권대리에 관한 주장 속에 무권대리에 속하는 표현대리의 주장이 포함되어 있다고 볼 수 없다(대판 1983.12.13, 83다카1489 전합, 불포함설).
③ [O] 판례는 한정치산자의 후견인이 친족회 동의를 얻지 않고 피후견인의 부동산을 처분한 경우, 상대방이 친족회의 동의가 있다고 믿은데 정당한 이유가 있으면 한정치산자에게 그 효력이 미친다고 하였다. 즉, 제126조는 법정대리에도 적용된다(대판 1997.6.27, 97다3828).
④ [×] 대리인이 대리권 소멸 후 복대리인을 선임하여 복대리인으로 하여금 상대방과 사이에 대리행위를 하도록 한 경우에도 제129조에 의한 표현대리가 성립할 수 있다고 하였다(대판 1998.5.29, 97다55317).
⑤ [O] 판례는 더 이상 보증을 서지 않겠다고 통고를 한 것은 앞으로의 보증의뢰를 사전에 거절한 것이지 수권행위의 철회라고 볼 수 없다는 이유로 제129조의 적용을 부정한다(대판 1967.9.5, 67다1355). 즉 처음부터 대리권이 없었던 경우에는 대리권 소멸 후의 표현대리가 성립할 수 없다.

Ⅲ. 협의의 무권대리

157 대리에 관한 설명으로 옳지 않은 것은? 15 노무사

① 의사표시의 효력이 의사의 흠결로 인하여 영향을 받을 경우에 그 사실의 유무는 대리인을 표준하여 결정한다.
② 선의의 상대방은 본인의 추인이 있을 때까지 무권대리인과 체결한 계약을 철회할 수 있다.
③ 복대리인은 그 권한 내에서 본인을 대리한다.
④ 대리인은 행위능력자임을 요하지 아니한다.
⑤ 무권대리행위에 대한 본인의 추인은 다른 의사표시가 없는 한, 추인한 때로부터 그 효력이 생긴다.

해설 답 ⑤

① [○] 제116조(대리행위의 하자) ① 의사표시의 효력이 의사의 흠결, 사기, 강박 또는 어느 사정을 알았거나 과실로 알지 못한 것으로 인하여 영향을 받을 경우에 그 사실의 유무는 대리인을 표준하여 결정한다.

② [○] 제134조(상대방의 철회권) 대리권 없는 자가 한 계약은 본인의 추인이 있을 때까지 상대방은 본인이나 그 대리인에 대하여 이를 철회할 수 있다. 그러나 계약당시에 상대방이 대리권 없음을 안 때에는 그러하지 아니하다.

③ [○] 제123조(복대리인의 권한) ① 복대리인은 그 권한 내에서 본인을 대리한다.

④ [○] 제117조(대리인의 행위능력) 대리인은 행위능력자임을 요하지 아니한다.

⑤ [×] 추인은 다른 의사표시가 없으면 행위 시에 소급하여 효력이 생긴다(제133조). 따라서 본인과 상대방은 합의로써 추인의 소급효를 제한할 수 있다.

158 무권대리에 관한 설명으로 옳은 것은? (다툼이 있으면 판례에 따름) 17 노무사

① 무권대리행위가 제3자의 기망이나 문서위조 등 위법행위로 야기된 경우 무권대리인의 상대방에 대한 책임은 부정된다.
② 상대방이 무권대리인과 계약을 체결할 때 무권대리임을 알고 있는 경우, 상대방은 본인에게 추인 여부를 최고할 수 없다.
③ 무권대리행위가 범죄가 되는 경우에 본인이 그 사실을 알고도 장기간 형사고소를 하지 아니하였다면 무권대리행위를 추인한 것이다.
④ 무권대리인이 부담하는 이행책임 또는 손해배상책임의 선택권은 상대방이 갖는다.
⑤ 무권대리인이 본인을 단독상속한 경우, 무권대리행위의 추인을 거절하는 것은 신의칙에 반하지 않는다.

해설
답 ④

① [×] 민법 제135조 제1항은 "타인의 대리인으로 계약을 한 자가 그 대리권을 증명하지 못하고 또 본인의 추인을 얻지 못한 때에는 상대방의 선택에 좇아 계약의 이행 또는 손해배상의 책임이 있다."고 규정하고 있다. 위 규정에 따른 무권대리인의 상대방에 대한 책임은 무과실책임으로서 대리권의 흠결에 관하여 대리인에게 과실 등의 귀책사유가 있어야만 인정되는 것이 아니고, 무권대리행위가 제3자의 기망이나 문서위조 등 위법행위로 야기되었다고 하더라도 책임은 부정되지 아니한다(대판 2014.2.27, 2013다213038).

② [×] 제131조(상대방의 최고권) 대리권 없는 자가 타인의 대리인으로 계약을 한 경우에 상대방은 상당한 기간을 정하여 본인에게 그 추인여부의 확답을 최고할 수 있다. 본인이 그 기간 내에 확답을 발하지 아니한 때에는 추인을 거절한 것으로 본다.

③ [×] 판례는 무권대리행위가 범죄가 되는 경우에 그 사실을 알고도 장기간 형사고소를 하지 아니하였다는 사실만으로 무권대리행위에 대한 묵시적 추인을 인정할 수 없다고 한다(대판 1998.2.10, 97다31113).

④ [○] 제135조(상대방에 대한 무권대리인의 책임) ① 다른 자의 대리인으로서 계약을 맺은 자가 그 대리권을 증명하지 못하고 또 본인의 추인을 받지 못한 경우에는 그는 상대방의 선택에 따라 계약을 이행할 책임 또는 손해를 배상할 책임이 있다.

⑤ [×] 상속으로 인하여 무권대리인이 본인의 지위를 상속한 경우, 본인의 지위(추인권·추인거절권)와 무권대리인의 지위(제135조 책임)는 혼동되지 않고 병존하나, 본인의 지위에서 추인을 거절하는 것은 신의칙상 허용되지 않는다(대판 1994.9.27, 94다20617).

159 乙이 대리권 없이 甲의 대리인으로서 丙과 매매계약을 체결한 경우에 관한 설명으로 옳은 것은? (다툼이 있으면 판례에 따름)
19 노무사

① 甲이 매매계약을 추인하더라도 소급효가 없다.
② 乙이 甲으로부터 추인에 관한 특별수권을 받은 경우, 乙은 매매계약을 추인할 수 있다.
③ 甲은 매매계약의 추인을 거절하였더라도 이를 다시 번복하여 추인할 수 있다.
④ 乙이 미성년자인 경우에도 乙은 무권대리인의 책임을 진다.
⑤ 丙은 甲이 매매계약을 추인한 사실을 안 경우에도 무권대리임을 이유로 乙과 체결한 매매계약을 철회할 수 있다.

해설
답 ②

① [×] 제133조(추인의 효력) 추인은 다른 의사표시가 없는 때에는 계약 시에 소급하여 그 효력이 생긴다. 그러나 제3자의 권리를 해하지 못한다.

② [○] 추인에 대한 특별수권을 받은 경우에는 무권대리인도 추인할 수 있다.

③ [×] 본인이 무권대리행위에 대하여 추인 또는 추인거절을 하지 않고 방치하여도 본인에게 아무런 효력이 생기지 않지만, 본인이 추인을 거절하면 그 무권대리행위는 확정적 무효가 된다. 따라서 추인 거절 후에는 본인은 추인할 수 없다(재추인의 대상이 없으므로).

④ [×]
> 제135조(상대방에 대한 무권대리인의 책임) ② 대리인으로서 계약을 맺은 자에게 대리권이 없다는 사실을 상대방이 알았거나 알 수 있었을 때 또는 대리인으로서 계약을 맺은 사람이 제한능력자일 때에는 제1항을 적용하지 아니한다.

⑤ [×]
> 제134조(상대방의 철회권) 대리권 없는 자가 한 계약은 본인의 추인이 있을 때까지 상대방은 본인이나 그 대리인에 대하여 이를 철회할 수 있다. 그러나 계약당시에 상대방이 대리권 없음을 안 때에는 그러하지 아니하다.

160 계약의 무권대리에 관한 설명으로 옳은 것은? (다툼이 있으면 판례에 따름)

① 무권대리의 추인은 무권대리행위의 상대방에 대해서만 가능하다.
② 협의의 무권대리행위는 본인에 대하여 유동적 무효가 된다.
③ 무권대리행위의 상대방은 선의인 경우에만 최고권을 행사할 수 있다.
④ 子가 대리권한 없이 父의 재산을 처분한 후 父를 단독상속한 경우, 子는 상속인의 지위에서 父의 재산에 관한 처분행위의 추인을 거절할 수 있다.
⑤ 무권대리행위의 추인은 본인만이 할 수 있다.
⑥ 무권대리인의 책임이 성립하는 경우 상대방이 계약의 이행을 선택한 경우 무권대리인은 계약이 본인에게 효력이 발생하였더라면 본인이 상대방에게 부담하였을 것과 같은 내용의 채무를 이행할 책임이 있고, 이 경우 무권대리인이 계약에서 정한 채무를 이행하지 않으면 상대방에게 채무불이행에 따른 손해를 배상할 책임을 지지만, 위 계약에서 채무불이행에 대비하여 손해배상액의 예정에 관한 조항을 두었다고 하여도, 무권대리인은 계약의 당사자가 아니었으므로, 손해배상액의 예정에 관한 민법 제398조가 적용되지는 아니한다.

해설   답 ②

① [×] 추인의 상대방은 무권대리인이나 무권대리행위의 상대방에 대하여도 할 수 있다(대판 2009.11.12, 2009다46828).

② [○]
> 제130조(무권대리) 대리권 없는 자가 타인의 대리인으로 한 계약은 본인이 이를 추인하지 아니하면 본인에 대하여 효력이 없다.

③ [×]
> 제131조(상대방의 최고권) 대리권 없는 자가 타인의 대리인으로 계약을 한 경우에 상대방은 상당한 기간을 정하여 본인에게 그 추인여부의 확답을 최고할 수 있다. 본인이 그 기간 내에 확답을 발하지 아니한 때에는 추인을 거절한 것으로 본다.

④ [×] 상속으로 인하여 무권대리인이 본인의 지위를 상속한 경우, 본인의 지위(추인권·추인거절권)와 무권대리인의 지위(제135조 책임)는 혼동되지 않고 병존하나, 본인의 지위에서 추인을 거절하는 것은 신의칙상 허용되지 않는다(대판 1994.9.27, 94다20617).

⑤ [×] 본인의 법정대리인도 가능하다.

⑥ [×] [1] 다른 자의 대리인으로서 계약을 맺은 자가 그 대리권을 증명하지 못하고 또 본인의 추인을 받지 못한 경우에는 그는 상대방의 선택에 따라 계약을 이행할 책임 또는 손해를 배상할 책임이 있다(제135조 제1항). 이때 상대방이 계약의 이행을 선택한 경우 무권대리인은 계약이 본인에게 효력이 발생하였더라면 본인이 상대방에게 부담하였을 것과 같은 내용의 채무를 이행할 책임이 있다. 무권대리인은 마치 자신이 계약의 당사자가 된 것처럼 계약에서 정한 채무를 이행할 책임을 지는 것이다. 무권대리인이 계약에서 정한 채무를 이행하지 않으면 상대방에게 채무불이행에 따른 손해를 배상할 책임을 진다. 위 계약에서 채무불이행에 대비하여 손해배상액의 예정에 관한 조항을 둔 때에는 특별한 사정이 없는 한 무권대리인은 조항에서 정한 바에 따라 산정한 손해액을 지급하여야 한다. 이 경우에도 손해배상액의 예정에 관한 민법 제398조가 적용됨은 물론이다. [2] 민법 제135조 제2항은 "대리인으로서 계약을 맺은 자에게 대리권이 없다는 사실을 상대방이 알았거나 알 수 있었을 때에는 제1항을 적용하지 아니한다."라고 정하고 있다. 이는 무권대리인의 무과실책임에 관한 원칙 규정인 제1항에 대한 예외 규정이므로 상대방이 대리권이 없음을 알았다는 사실 또는 알 수 있었는데도 알지 못하였다는 사실에 관한 주장·증명책임은 무권대리인에게 있다(대판 2018.6.28, 2018다210775).

161 계약의 무권대리에 관한 설명으로 옳은 것은? (다툼이 있으면 판례에 따름) 21 노무사

① 무권대리행위의 목적이 가분적인 경우, 본인은 상대방의 동의 없이 그 일부에 대하여 추인할 수 있다.
② 계약체결 당시 상대방이 대리인의 대리권 없음을 알았다는 사실에 관한 주장·증명 책임은 무권대리인에게 있다.
③ 상대방이 무권대리로 인하여 취득한 권리를 양도한 경우, 본인은 그 양수인에게 추인할 수 없다.
④ 무권대리의 추인은 다른 의사표시가 없는 한 추인한 때로부터 그 효력이 생긴다.
⑤ 계약체결 당시 대리인의 무권대리 사실을 알 수 있었던 상대방은 최고권을 행사할 수 없다.

해설   답 ②

① [×] 추인은 의사표시의 전부에 대하여 행하여져야 하고, 그 일부에 대하여 추인을 하거나 그 내용을 변경하여 추인을 하였을 경우에는 상대방의 동의를 얻지 못하는 한 무효이다. 무권대리행위의 추인은 대리행위 전부에 대하여 행해져야 한다(대판 1982.1.26, 81다카549).
② [○] 민법 제135조 제2항은 "대리인으로서 계약을 맺은 자에게 대리권이 없다는 사실을 상대방이 알았거나 알 수 있었을 때에는 제1항을 적용하지 아니한다."라고 정하고 있다. 이는 무권대리인의 무과실책임에 관한 원칙 규정인 제1항에 대한 예외 규정이므로 상대방이 대리권이 없음을 알았다는 사실 또는 알 수 있었는데도 알지 못하였다는 사실에 관한 주장·증명책임은 무권대리인에게 있다(대판 2018.6.28, 2018다210775).
③ [×] 제132조(추인, 거절의 상대방) 추인 또는 거절의 의사표시는 상대방에 대하여 하지 아니하면 그 상대방에 대항하지 못한다. 그러나 상대방이 그 사실을 안 때에는 그러하지 아니하다.
④ [×] 제133조(추인의 효력) 추인은 다른 의사표시가 없는 때에는 계약 시에 소급하여 그 효력이 생긴다. 그러나 제3자의 권리를 해하지 못한다.

⑤ [×] 제131조(상대방의 최고권) 대리권 없는 자가 타인의 대리인으로 계약을 한 경우에 상대방은 상당한 기간을 정하여 본인에게 그 추인여부의 확답을 최고할 수 있다. 본인이 그 기간 내에 확답을 발하지 아니한 때에는 추인을 거절한 것으로 본다.

162 □□□ 무권대리인 乙은 자신을 甲의 대리인이라고 하면서 丙과 매매계약을 체결하였다. 이에 관한 설명으로 옳지 않은 것은? (다툼이 있으면 판례에 따름) 19 변리사

① 乙이 무권대리인임을 알았던 丙은 甲에게 乙의 대리행위에 대한 추인 여부의 확답을 최고할 수 없다.
② 丙이 매매계약을 적법하게 철회하였다면 乙의 무권대리행위는 확정적으로 무효가 되어 그 후에는 甲이 매매계약을 추인할 수 없다.
③ 甲이 乙에 대하여 매매계약에 관한 추인의 의사표시를 한 경우, 이러한 추인의 의사표시를 丙이 알지 못하였다면 丙은 철회할 수 있다.
④ 丙이 매매계약을 철회하는 경우, 철회의 효과를 다투는 甲은 丙이 乙에게 대리권이 없다는 사실에 관하여 악의임을 증명할 책임이 있다.
⑤ 乙이 甲을 단독상속한 경우, 乙은 甲의 지위에서 무권대리임을 이유로 매매계약의 무효를 주장하는 것은 허용되지 않는다.

해설
답 ①

① [×] 제131조(상대방의 최고권) 대리권 없는 자가 타인의 대리인으로 계약을 한 경우에 상대방은 상당한 기간을 정하여 본인에게 그 추인여부의 확답을 최고할 수 있다. 본인이 그 기간 내에 확답을 발하지 아니한 때에는 추인을 거절한 것으로 본다.

② [○] 철회권을 행사하면 무권대리인과의 계약은 확정적 무효가 된다는 점에서 일종의 형성권이다. 확정적 무효가 되므로, 본인은 무권대리를 추인할 수 없다. 그리고 본인이 추인하지 않을 때 무권대리인이 책임을 지는 무권대리인 책임(제135조)도 발생하지 않는다. 다만, 상대방이 무권대리인에게 이미 이행한 것이 있다면 부당이득반환청구가 가능하다.

③ [○] 제132조(추인, 거절의 상대방) 추인 또는 거절의 의사표시는 상대방에 대하여 하지 아니하면 그 상대방에 대항하지 못한다. 그러나 상대방이 그 사실을 안 때에는 그러하지 아니하다.

④ [○] 철회권은 '선의'의 상대방에게만 인정된다. '선의'의 의미는 대리인이 무권대리인이라는 것을 알지 못한 것을 말하며, 계약 당시를 기준으로 한다. 그리고 '악의'의 상대방은 철회권이 인정되지 않는다. 상대방이 대리인에게 대리권이 없음을 알았다는 점에 대한 주장·입증책임은 철회의 효과를 다투는 본인에게 있다(대판 2017.6.29, 2017다213838).

⑤ [○] 상속으로 인하여 무권대리인이 본인의 지위를 상속한 경우, 본인의 지위(추인권·추인거절권)와 무권대리인의 지위(제135조 책임)는 혼동되지 않고 병존하나, 본인의 지위에서 추인을 거절하는 것은 신의칙상 허용되지 않는다(대판 1994.9.27, 94다20617).

163

甲의 무권대리인 乙이 丙에게 甲 소유의 부동산을 매도하여 소유권이전등기를 경료해주었고, 그 후 丙은 이 부동산을 丁에게 매도하고 소유권이전등기를 경료해주었다. 이에 관한 설명으로 옳지 않은 것은? (다툼이 있으면 판례에 따름)

20 변리사

① 丙은 甲에게 상당한 기간을 정하여 추인 여부의 확답을 최고할 수 있고, 그 기간 내에 甲이 확답을 발하지 않으면 추인을 거절한 것으로 본다.
② 丙이 계약 당시 乙에게 대리권이 없음을 안 경우, 丙은 乙에게 한 매수의 의사표시를 철회할 수 없다.
③ 甲이 丁에게 추인의 의사를 표시하더라도 무권대리행위에 대한 추인의 효과가 발생하지 않는다.
④ 甲이 乙에게 추인의 의사를 표시한 경우, 추인 사실을 알게 된 丙은 乙에게 한 매수의 의사표시를 철회할 수 없다.
⑤ 甲의 추인을 얻지 못한 경우, 丙이 무권대리에 관하여 선의이더라도 과실이 있으면 乙은 계약을 이행할 책임을 부담하지 않는다.

해설
답 ③

① [O] **제131조(상대방의 최고권)** 대리권 없는 자가 타인의 대리인으로 계약을 한 경우에 상대방은 상당한 기간을 정하여 본인에게 그 추인여부의 확답을 최고할 수 있다. 본인이 그 기간 내에 확답을 발하지 아니한 때에는 추인을 거절한 것으로 본다.

② [O] **제134조(상대방의 철회권)** 대리권 없는 자가 한 계약은 본인의 추인이 있을 때까지 상대방은 본인이나 그 대리인에 대하여 이를 철회할 수 있다. 그러나 계약당시에 상대방이 대리권 없음을 안 때에는 그러하지 아니하다.

③ [X] 무권대리행위의 추인에 특별한 방식이 요구되는 것이 아니므로 명시적인 방법만 아니라 묵시적인 방법으로도 할 수 있고, 그 추인은 무권대리인, 무권대리행위의 직접의 상대방 및 그 무권대리행위로 인한 권리 또는 법률관계의 승계인에 대하여도 할 수 있다(대판 1981.4.14, 80다2314).

④ [O] **제132조(추인, 거절의 상대방)** 추인 또는 거절의 의사표시는 상대방에 대하여 하지 아니하면 그 상대방에 대항하지 못한다. 그러나 상대방이 그 사실을 안 때에는 그러하지 아니하다.

⑤ [O] **제135조(상대방에 대한 무권대리인의 책임)** ② 대리인으로서 계약을 맺은 자에게 대리권이 없다는 사실을 상대방이 알았거나 알 수 있었을 때 또는 대리인으로서 계약을 맺은 사람이 제한능력자일 때에는 제1항을 적용하지 아니한다.

164

무권대리인 乙이 甲을 대리하여 甲 소유 부동산을 丙에게 매도하는 계약을 체결하였다. 이에 관한 설명으로 옳지 않은 것은? (다툼이 있으면 판례에 따름)

22 세무사

① 甲이 乙로부터 매매대금을 받은 경우, 특별한 사정이 없는 한 甲은 매매계약을 추인하였다고 볼 수 있다.
② 특별한 사정이 없는 한 매매계약은 甲이 추인한 때에 그 효력이 생긴다.
③ 甲이 추인을 거절한 경우, 매매계약은 甲에 대하여 효력이 없다.
④ 丙이 상당한 기간을 정하여 甲에게 그 추인여부의 확답을 최고한 경우, 甲이 그 기간 내에 확답을 발하지 않은 때에는 추인을 거절한 것으로 본다.
⑤ 乙이 그 대리권을 증명하지 못하고 또 甲의 추인을 받지 못한 경우, 乙은 丙의 선택에 따라 계약을 이행하거나 손해를 배상하여야 한다.

해설

답 ②

① [○] 매매계약을 체결한 무권대리인으로부터 매매대금의 전부 또는 일부를 본인이 수령한 경우에 추인한 것으로 본다(대판 1963.4.11, 63다64).

② [×] **제133조(추인의 효력)** 추인은 다른 의사표시가 없는 때에는 계약 시에 소급하여 그 효력이 생긴다. 그러나 제3자의 권리를 해하지 못한다.

③ [○] **제130조(무권대리)** 대리권 없는 자가 타인의 대리인으로 한 계약은 본인이 이를 추인하지 아니하면 본인에 대하여 효력이 없다.

④ [○] **제131조(상대방의 최고권)** 대리권 없는 자가 타인의 대리인으로 계약을 한 경우에 상대방은 상당한 기간을 정하여 본인에게 그 추인여부의 확답을 최고할 수 있다. 본인이 그 기간 내에 확답을 발하지 아니한 때에는 추인을 거절한 것으로 본다.

⑤ [○] **제135조(상대방에 대한 무권대리인의 책임)** ① 다른 자의 대리인으로서 계약을 맺은 자가 그 대리권을 증명하지 못하고 또 본인의 추인을 받지 못한 경우에는 그는 상대방의 선택에 따라 계약을 이행할 책임 또는 손해를 배상할 책임이 있다.

165

乙은 대리권 없이 甲의 대리인으로서 丙과 매매계약을 체결하였고, 자신의 대리권과 관련하여 丙과 별도로 약정하지 않았다. 이에 관한 설명 중 옳지 않은 것은? (표현대리는 성립하지 않고, 다툼이 있는 경우 판례에 의함)

22 경간부

① 甲은 매매계약의 추인을 乙 또는 丙에게 할 수 있다.
② 丙이 무권대리로 인하여 취득한 권리를 양도하였다면 甲은 그 양수인에게 추인하지 못한다.
③ 丙이 乙의 대리권 없음을 알았거나 알 수 있었을 경우, 乙은 무권대리인의 책임을 지지 않는다.
④ 乙이 그 대리권을 증명하지 못하고 또 甲의 추인을 받지 못한 경우, 乙의 대리권 없음에 대하여 선의 및 무과실인 丙은 乙에게 계약의 이행을 청구할 수 있다.

해설

답 ②

① [O] 추인의 상대방은 무권대리인이나 무권대리행위의 상대방에 대하여도 할 수 있다(대판 2009.11.12, 2009다46828).
② [×] 법률행위에 따라 권리가 이전되려면 권리자 또는 처분권한이 있는 자의 처분행위가 있어야 한다. 무권리자가 타인의 권리를 처분한 경우에는 특별한 사정이 없는 한 권리가 이전되지 않는다. 그러나 이러한 경우에 권리자가 무권리자의 처분을 추인하는 것도 자신의 법률관계를 스스로의 의사에 따라 형성할 수 있다는 사적 자치의 원칙에 따라 허용된다. 이러한 추인은 무권리자의 처분이 있음을 알고 해야 하고, 명시적으로 또는 묵시적으로 할 수 있으며, 그 의사표시는 무권리자나 그 상대방 어느 쪽에 해도 무방하다. 권리자가 무권리자의 처분을 추인하면 무권대리에 대해 본인이 추인을 한 경우와 당사자들 사이의 이익상황이 유사하므로, 무권대리의 추인에 관한 민법 제130조, 제133조 등을 무권리자의 추인에 유추 적용할 수 있다. 따라서 무권리자의 처분이 계약으로 이루어진 경우에 권리자가 이를 추인하면 원칙적으로 계약의 효과가 계약을 체결했을 때에 소급하여 권리자에게 귀속된다고 보아야 한다(대판 2017.6.8, 2017다3499).
③④ [O]
> 제135조(상대방에 대한 무권대리인의 책임) ① 다른 자의 대리인으로서 계약을 맺은 자가 그 대리권을 증명하지 못하고 또 본인의 추인을 받지 못한 경우에는 그는 상대방의 선택에 따라 계약을 이행할 책임 또는 손해를 배상할 책임이 있다.
> ② 대리인으로서 계약을 맺은 자에게 대리권이 없다는 사실을 상대방이 알았거나 알 수 있었을 때 또는 대리인으로서 계약을 맺은 사람이 제한능력자일 때에는 제1항을 적용하지 아니한다.

166 무권대리에 관한 설명으로 옳은 것은? (다툼이 있으면 판례에 따름) 23 세무사

① 대리인이 대리권 소멸 후 그의 기존 대리권 범위를 벗어나는 대리행위를 한 경우 표현대리는 성립할 여지가 없다.
② 채권자에게 주채무자를 위해 보증을 서줄 의사가 있음을 밝힌 것은 특별한 사정이 없는 한 해당 보증계약에 관해 주채무자에게 대리권을 수여함을 표시한 것으로 인정된다.
③ 무권대리행위로 체결된 계약에서 위약금규정을 두고 있다면 이 규정은 무권대리인이 상대방에게 민법 제135조의 책임을 지는 경우에도 적용된다.
④ 무권대리행위의 추인이 무권대리인에 대하여 행해지면 무권대리행위의 상대방은 그 추인에 대한 선·악의를 불문하고 철회권을 상실한다.
⑤ 무권대리인이 본인을 단독상속한 경우 무권대리인은 무권대리행위에 대한 상대방의 선·악의를 불문하고 추인을 거절하지 못한다.

> **해설**　　답 ③

① [×] 제129조에 의한 표현대리로 인정되는 경우에 그 표현대리의 권한을 넘은 대리행위가 있을 때에도 제126조의 표현대리가 성립할 수 있다고 한다(대판 1970.2.10, 69다2149; 대판 1973.7.30, 72다1631; 대판 1979.3.27, 79다234; 대판 2008.1.31, 2007다74713).

② [×] 판례는 더 이상 보증을 서지 않겠다고 통고를 한 것은 앞으로의 보증의뢰를 사전에 거절한 것이지 수권행위의 철회라고 볼 수 없다는 이유로 제129조의 적용을 부정한다(대판 1967.9.5, 67다1355).

③ [○] 다른 자의 대리인으로서 계약을 맺은 자가 그 대리권을 증명하지 못하고 또 본인의 추인을 받지 못한 경우에는 그는 상대방의 선택에 따라 계약을 이행할 책임 또는 손해를 배상할 책임이 있다(제135조 제1항). 이때 상대방이 계약의 이행을 선택한 경우 무권대리인은 계약이 본인에게 효력이 발생하였더라면 본인이 상대방에게 부담하였을 것과 같은 내용의 채무를 이행할 책임이 있다. 무권대리인은 마치 자신이 계약의 당사자가 된 것처럼 계약에서 정한 채무를 이행할 책임을 지는 것이다. 무권대리인이 계약에서 정한 채무를 이행하지 않으면 상대방에게 채무불이행에 따른 손해를 배상할 책임을 진다. 위 계약에서 채무불이행에 대비하여 손해배상액의 예정에 관한 조항을 둔 때에는 특별한 사정이 없는 한 무권대리인은 조항에서 정한 바에 따라 산정한 손해액을 지급하여야 한다. 이 경우에도 손해배상액의 예정에 관한 민법 제398조가 적용됨은 물론이다. 민법 제135조 제2항은 "대리인으로서 계약을 맺은 자에게 대리권이 없다는 사실을 상대방이 알았거나 알 수 있었을 때에는 제1항을 적용하지 아니한다."라고 정하고 있다. 이는 무권대리인의 무과실책임에 관한 원칙 규정인 제1항에 대한 예외 규정이므로 상대방이 대리권이 없음을 알았다는 사실 또는 알 수 있었는데도 알지 못하였다는 사실에 관한 주장·증명책임은 무권대리인에게 있다(대판 2018.6.28, 2018다210775).

④ [×] **제132조(추인, 거절의 상대방)** 추인 또는 거절의 의사표시는 상대방에 대하여 하지 아니하면 그 상대방에 대항하지 못한다. 그러나 상대방이 그 사실을 안 때에는 그러하지 아니하다.

⑤ [×] 상속으로 인하여 무권대리인이 본인의 지위를 상속한 경우, 본인의 지위(추인권·추인거절권)와 무권대리인의 지위(제135조 책임)는 혼동되지 않고 병존하나, 본인의 지위에서 추인을 거절하는 것은 신의칙상 허용되지 않는다(대판 1994.9.27, 94다20617). 따라서 상대방이 악의라면 신의칙에 반하는 것이 아니므로, 추인을 거절할 수 있다.

167 민법상 무권대리와 표현대리에 관한 설명으로 옳은 것은? (다툼이 있으면 판례에 따름)

23 노무사

① 표현대리행위가 성립하는 경우에 상대방에게 과실이 있다면 과실상계의 법리가 유추적용되어 본인의 책임이 경감될 수 있다.
② 권한을 넘은 표현대리에 관한 제126조의 제3자는 당해 표현대리행위의 직접 상대방만을 의미한다.
③ 무권대리행위의 상대방이 제134조의 철회권을 유효하게 행사한 후에도 본인은 무권대리행위를 추인할 수 있다.
④ 계약체결 당시 대리인의 무권대리 사실을 알고 있었던 상대방은 최고권을 행사할 수 없다.
⑤ 대리인이 대리권 소멸 후 선임한 복대리인과 상대방 사이의 법률행위에는 대리권소멸후의 표현대리가 성립할 수 없다.

해설

답 ②

① [×] 표현대리행위의 책임은 본인이 전적으로 져야 하고, 상대방에게 과실이 있어도 과실상계의 법리를 유추적용할 수 없다(대판 1996.7.12, 95다49554).
② [○] 제3자는 권한을 넘은 대리행위의 직접 상대방만을 의미한다(대판 1994.5.27, 93다21521).
③ [×] 철회권을 행사하면 무권대리인과의 계약은 확정적 무효가 된다는 점에서 일종의 형성권이다. 확정적 무효가 되므로, 본인은 무권대리를 추인할 수 없다.
④ [×] 제131조(상대방의 최고권) 대리권 없는 자가 타인의 대리인으로 계약을 한 경우에 상대방은 상당한 기간을 정하여 본인에게 그 추인여부의 확답을 최고할 수 있다. 본인이 그 기간 내에 확답을 발하지 아니한 때에는 추인을 거절한 것으로 본다.
⑤ [×] 대리인이 대리권 소멸 후 복대리인을 선임하여 복대리인으로 하여금 상대방과 사이에 대리행위를 하도록 한 경우에도 제129조에 의한 표현대리가 성립할 수 있다(대판 1998.5.29, 97다55317).

168 제한능력자가 아닌 甲이 乙의 대리인이라고 하면서 丙에게 乙의 부동산을 3억 원에 매도하는 계약을 체결하고 丙으로부터 계약금 3천만 원을 수령하였다. 그 계약에는 '쌍방이 계약을 불이행하는 경우 계약금을 손해배상금으로 한다'는 위약금약정이 있었다. 그러나 乙은 甲에게 대리권을 수여한 바가 없다. 이에 관한 설명으로 옳지 않은 것은? (다툼이 있으면 판례에 따름) 24 변리사

① 乙이 위 계약을 적법하게 추인하면, 丙은 甲을 상대로 계약상의 책임이나 무권대리인의 책임을 일절 물을 수 없다.
② 乙이 甲에게 추인의 의사표시를 한 경우, 丙은 乙의 추인 사실을 몰랐다면 계약 당시 乙의 무권대리사실에 관하여 선의인 때에 한하여 위 계약을 철회할 수 있다.
③ 乙이 추인을 거절한 경우, 丙은 무권대리사실에 관하여 선의·무과실이라면 甲에게 과실이 없더라도 甲을 상대로 무권대리인으로서의 책임을 추궁할 수 있다.
④ 甲이 무권대리인으로서 책임을 부담하는 경우, 丙은 위 계약에서의 위약금 조항의 효력을 주장할 수 있다.
⑤ 만일 丙이 丁에게 위 부동산을 매도한 경우, 乙이 丁에게만 추인의 의사를 표시하면 추인의 효력은 발생하지 아니한다.

해설

답 ⑤

① [O] **제135조(상대방에 대한 무권대리인의 책임)** ① 다른 자의 대리인으로서 계약을 맺은 자가 그 대리권을 증명하지 못하고 또 본인의 추인을 받지 못한 경우에는 그는 상대방의 선택에 따라 계약을 이행할 책임 또는 손해를 배상할 책임이 있다.
제130조(무권대리) 대리권 없는 자가 타인의 대리인으로 한 계약은 본인이 이를 추인하지 아니하면 본인에 대하여 효력이 없다.

② [O] **제134조(상대방의 철회권)** 대리권 없는 자가 한 계약은 본인의 추인이 있을 때까지 상대방은 본인이나 그 대리인에 대하여 이를 철회할 수 있다. 그러나 계약당시에 상대방이 대리권 없음을 안 때에는 그러하지 아니하다.

③ [O] 대리인으로서 대리행위를 한 자가 의사표시 당시에 객관적으로 대리권이 결여되어 있으면 족하고 대리권의 결여에 대한 대리인의 과실이 있어야 하는 것은 아니다(대판 1962.4.12, 4294민상1021; 대판 2014.2.27, 2013다213038).

④ [O] 다른 자의 대리인으로서 계약을 맺은 자가 그 대리권을 증명하지 못하고 또 본인의 추인을 받지 못한 경우에는 그는 상대방의 선택에 따라 계약을 이행할 책임 또는 손해를 배상할 책임이 있다(제135조 제1항). 이때 상대방이 계약의 이행을 선택한 경우 무권대리인은 계약이 본인에게 효력이 발생하였더라면 본인이 상대방에게 부담하였을 것과 같은 내용의 채무를 이행할 책임이 있다. 무권대리인은 마치 자신이 계약의 당사자가 된 것처럼 계약에서 정한 채무를 이행할 책임을 지는 것이다. 무권대리인이 계약에서 정한 채무를 이행하지 않으면 상대방에게 채무불이행에 따른 손해를 배상할 책임을 진다. 위 계약에서 채무불이행에 대비하여 손해배상액의 예정에 관한 조항을 둔 때에는 특별한 사정이 없는 한 무권대리인은 조항에서 정한 바에 따라 산정한 손해액을 지급하여야 한다. 이 경우에도 손해배상액의 예정에 관한 민법 제398조가 적용됨은 물론이다(대판 2018.6.28, 2018다210775).

⑤ [×] 그 추인은 무권대리인, 무권대리행위의 직접의 상대방 및 그 무권대리행위로 인한 권리 또는 법률관계의 승계인에 대하여도 할 수 있다(대판 1981.4.14, 80다2314).

169 乙은 대리권 없이 甲을 위하여 甲소유의 X토지를 丙에게 매도하였다. 이에 관한 설명으로 옳지 않은 것은? (다툼이 있으면 판례에 따름)
24 감평사

① 乙이 丙으로부터 받은 매매대금을 甲이 수령한 경우, 특별한 사정이 없는 한 甲은 위 매매계약을 추인한 것으로 본다.
② 甲이 乙을 상대로 위 매매계약의 추인을 한 경우, 그 사실을 丙이 안 때에는 甲은 丙에게 추인의 효력을 주장할 수 있다.
③ 甲을 단독상속한 乙이 자신의 매매행위가 무효임을 주장하는 것은 신의칙에 반하여 허용되지 않는다.
④ 丙이 甲에게 기간을 정하여 그 추인 여부의 확답을 최고하였으나 甲이 기간 내에 확답을 발송하지 않으면 추인은 거절한 것으로 본다.
⑤ 甲이 추인을 하더라도 丙은 乙을 상대로 무권대리인의 책임에 따른 손해배상을 청구할 수 있다.

해설
답 ⑤

① [O] 매매계약을 체결한 무권대리인으로부터 매매대금의 전부 또는 일부를 본인이 수령한 경우는 묵시적 추인이 된다(대판 1963.4.11, 63다64).

② [O] 제132조(추인, 거절의 상대방) 추인 또는 거절의 의사표시는 상대방에 대하여 하지 아니하면 그 상대방에 대항하지 못한다. 그러나 상대방이 그 사실을 안 때에는 그러하지 아니하다.

③ [O] 상속으로 인하여 무권대리인이 본인의 지위를 상속한 경우, 본인의 지위(추인권·추인거절권)와 무권대리인의 지위(제135조 책임)는 혼동되지 않고 병존하나, 본인의 지위에서 추인을 거절하는 것은 신의칙상 허용되지 않는다(대판 1994.9.27, 94다20617).

④ [O] 제131조(상대방의 최고권) 대리권 없는 자가 타인의 대리인으로 계약을 한 경우에 상대방은 상당한 기간을 정하여 본인에게 그 추인여부의 확답을 최고할 수 있다. 본인이 그 기간 내에 확답을 발하지 아니한 때에는 추인을 거절한 것으로 본다.

⑤ [×] 제135조(상대방에 대한 무권대리인의 책임) ① 다른 자의 대리인으로서 계약을 맺은 자가 그 대리권을 증명하지 못하고 또 본인의 추인을 받지 못한 경우에는 그는 상대방의 선택에 따라 계약을 이행할 책임 또는 손해를 배상할 책임이 있다.

170 무권대리 및 표현대리에 관한 설명으로 옳은 것은? (다툼이 있으면 판례에 따름) 24 노무사

① 표현대리가 성립하는 경우에는 대리권 남용이 문제될 여지가 없다.
② 민법 제135조의 상대방에 대한 무권대리인의 책임은 무과실책임이다.
③ 사회통념상 대리권을 추단할 수 있는 직함의 사용을 묵인한 것만으로는 민법 제125조에서 말하는 대리권수여의 표시가 인정될 수 없다.
④ 소멸한 대리권의 범위를 벗어나서 대리행위가 행해진 경우에는 민법 제126조의 권한을 넘은 표현대리가 성립할 수 없다.
⑤ 대리인이 대리권 소멸 후 복대리인을 선임한 경우, 그 복대리인의 대리행위에 대해서는 표현대리가 성립할 여지가 없다.

> **해설**   답 ②

① [×] 甲 스스로 乙에게 친분관계 등에 터 잡아 그의 사업수행에 필요한 자금을 조달하는 과정에서 보증용으로 사용할 수 있도록 자신의 인감 등을 넘겨줌으로써 乙이 그 권한을 남용하여 발생할 거래안전에 미칠 위험성은 상당 정도 甲에게도 책임 있는 사유로 유발되었고, 더구나 甲이 종전에도 약속어음의 할인에 즈음하여 丙의 직접 확인 전화를 받고 乙의 사업자금 조달을 위하여 보증을 한다는 취지에서 배서를 한 사실을 인정까지 해 준 것이라면 丙으로서는 乙이 甲으로부터 두터운 신뢰를 받고 있어 甲을 대리할 수 있는 적법한 권한을 보유하고 있던 것으로 능히 생각할 수 있었다고 할 것이므로 丙이 乙에게 그와 금전소비대차계약을 체결함에 있어서 甲을 대리할 권한이 있었다고 믿었고 또 그와 같이 믿은 데에 상당한 이유가 있었다고 보아 민법 제126조 소정의 표현대리의 성립을 인정한 사례(대판 2003.4.11, 2003다7173·7183)
② [O] 대리인으로서 대리행위를 한 자가 의사표시 당시에 객관적으로 대리권이 결여되어 있으면 족하고 대리권의 결여에 대한 대리인의 과실이 있어야 하는 것은 아니다(대판 1962.4.12, 4294민상1021; 대판 2014.2.27, 2013다213038).
③ [×] 판례는 명의의 사용승인은 대리권 수여표시에 해당한다고 하면서 대리권수여표시는 반드시 대리권 또는 대리인이라는 말을 사용하여야 하는 것이 아니라 사회통념상 대리권을 추단할 수 있는 직함이나 명칭 등의 사용을 승낙 또는 묵인한 경우에도 대리권 수여의 표시가 있는 것으로 본다(대판 1998.6.12, 97다53762).
④ [×] 제129조에 의한 표현대리로 인정되는 경우에 그 표현대리의 권한을 넘은 대리행위가 있을 때에도 제126조의 표현대리가 성립할 수 있다고 한다(대판 1970.2.10, 69다2149; 대판 1973.7.30, 72다1631; 대판 1979.3.27, 79다234; 대판 2008.1.31, 2007다74713).
⑤ [×] 대리인이 대리권 소멸 후 복대리인을 선임하여 복대리인으로 하여금 상대방과 사이에 대리행위를 하도록 한 경우에도 제129조에 의한 표현대리가 성립할 수 있다(대판 1998.5.29, 97다55317).

171 乙은 적법한 원인 없이 甲소유의 미등기 X토지에 관하여 자신의 명의로 소유권보존등기를 한 다음, 丙에게 X토지를 1억 원에 매도하고 丙명의로 소유권이전등기를 마쳐주었다. 이에 관한 설명으로 옳지 않은 것은? (다툼이 있으면 판례에 의함) 24 경간부

① 乙과 丙 사이의 매매계약은 유효이다.
② 甲이 乙의 처분행위를 추인하면, 그 처분의 효력은 甲에게 미친다.
③ 乙 명의의 소유권보존등기와 丙 명의의 소유권이전등기는 특별한 사정이 없는 한 무효이다.
④ 甲이 乙의 처분행위를 추인하지 않더라도 乙이 받은 매매대금 1억 원은 甲에게 반환해야 할 부당이득이다.

> **해설** 답 ④

① [○] 제569조(타인의 권리의 매매) 매매의 목적이 된 권리가 타인에게 속한 경우에는 매도인은 그 권리를 취득하여 매수인에게 이전하여야 한다.

② [○] 타인의 권리를 자기의 이름으로 처분하거나 또는 자기의 권리로 처분한 경우에 본인이 후일 그 처분행위를 인정하면 특단의 사유가 없는 한 그 처분행위의 효력이 본인에게 미친다(대판 1988. 10.11, 87다카2238).

③ [○] 무권리자의 처분행위는 무효이므로, 원인무효 등기가 된다.

④ [×] 乙과 丙의 매매는 타인권리매매로서 유효하므로, 법률상 원인이 있어 부당이득에 해당하지 아니한다.

제5절 | 법률행위의 무효와 취소

Ⅰ. 서설
Ⅱ. 법률행위의 무효

172 무효와 취소에 관한 설명으로 옳은 것은?

① 무능력자의 법률행위에 대한 법정대리인의 추인은 그 취소원인이 소멸하기 전에 하여도 효력이 있다.
② 무효인 법률행위의 당사자가 그 무효임을 알고 추인한 때에는 법률행위시에 소급하여 효력이 있는 것으로 본다.
③ 사기·강박에 의하여 의사표시를 한 자의 포괄승계인은 그 의사표시를 취소할 수 없다.
④ 매매계약이 적법하게 해제된 후에는 착오를 이유로 그 계약을 다시 취소할 수 없다.
⑤ 토지거래허가구역 내의 토지에 대한 매매계약이 유동적 무효인 상태에서는 토지거래허가신청을 위한 협력의무가 성립하지 않는다.

해설   답 ①

① [○] 추인은 취소의 원인이 종료한 후에 하지 아니하면 효력이 없다. 따라서 무능력자는 능력자가 된 후에 추인할 수 있다. 그러나 무능력자의 법정대리인은 무능력인 동안에도 추인할 수 있다(제144조).
② [×] 무효인 법률행위는 추인하여도 그 효력이 생기지 아니한다. 그러나 당사자가 그 무효임을 알고 추인한 때에는 새로운 법률행위로 본다(제139조).
③ [×] 취소할 수 있는 법률행위는 무능력자, 하자있는 의사표시를 한 자, 그 대리인 또는 승계인에 한하여 취소할 수 있다(제140조).
④ [×] 매도인이 매수인의 중도금 지급채무불이행을 이유로 매매계약을 적법하게 해제한 후라도 매수인으로서는 상대방이 한 계약해제의 효과로서 발생하는 손해배상책임을 지거나 매매계약에 따른 계약금의 반환을 받을 수 없는 불이익을 면하기 위하여 착오를 이유로 한 취소권을 행사하여 위 매매계약 전체를 무효로 돌리게 할 수 있다(대판1991.8.27, 91다11308).
⑤ [×] 유동적 무효인 상태에서도 토지거래허가 신청절차에 협력할 의무가 있고, 이에 협력하지 않는 당사자에 대하여는 상대방이 협력의무의 이행을 소로써 구할 이익이 있다(전합1999.6.17, 98다40459).

173 토지거래허가구역 내의 토지매매 계약에 관한 설명으로 옳지 않은 것은? (다툼이 있으면 판례에 따름)

① 매수인의 매매대금의 이행제공이 있어야 매도인은 토지거래허가신청에 협력할 의무가 있다.
② 매도인은 관할 관청으로부터 종국적으로 허가를 받을 수 없을 것이라는 사유로 협력의무의 이행을 거절할 수 없다.
③ 당사자 일방은 허가를 받기 전에 상대방에 대하여 채무불이행에 의한 손해배상을 청구할 수 없다.
④ 토지거래에 대하여 관할 관청의 불허가 처분이 확정된 경우에는 특별한 사정이 없으면 그 매매는 확정적으로 무효가 된다.
⑤ 당사자 일방은 상대방의 협력의무의 불이행을 이유로 유동적 무효 상태의 매매계약 자체를 해제할 수는 없다.

해설
답 ①

① [×] 국토이용관리법상의 토지거래규제구역 내의 토지에 관하여 관할 관청의 토지거래허가 없이 매매계약이 체결됨에 따라 그 매수인이 그 계약을 효력이 있는 것으로 완성시키기 위하여 매도인에 대하여 그 매매계약에 관한 토지거래허가 신청절차에 협력할 의무의 이행을 청구하는 경우, 매도인의 토지거래계약허가 신청절차에 협력할 의무와 토지거래허가를 받으면 매매계약 내용에 따라 매수인이 이행하여야 할 매매대금 지급의무나 이에 부수하여 매수인이 부담하기로 특약한 양도소득세 상당 금원의 지급의무 사이에는 상호 이행상의 견련성이 있다고 할 수 없으므로, 매도인으로서는 그러한 의무이행의 제공이 있을 때까지 그 협력의무의 이행을 거절할 수 있는 것은 아니다(대판 1996.10.25, 96다23825).
② [O] 협력의무를 소구당한 당사자는 계쟁토지에 대하여 결국 관할 관청으로부터 거래허가를 받을 수 없을 것이라는 사유를 들어 그 협력의무 자체를 거절할 수는 없다(대판 1992.10.27, 92다34414).
③ [O] 허가받을 것을 전제로 한 거래계약은 허가받기 전의 상태에서는 거래계약의 채권적 효력도 전혀 발생하지 않으므로 권리의 이전 또는 설정에 관한 어떠한 내용의 이행청구도 할 수 없다(대판(전합) 1991.12.24, 90다12243). 따라서 그러한 거래계약의 당사자로서는 허가받기 전의 상태에서 상대방의 거래계약상 채무불이행을 이유로 거래계약을 해제하거나 그로 인한 손해배상을 청구할 수 없다(대판 1997.7.25, 97다4357·4364).
④ [O] 국토이용관리법상의 거래허가를 받지 않은 유동적 무효상태의 계약은 관할 도지사에 의한 불허가처분이 있을 때뿐만 아니라, 당사자 쌍방이 허가신청을 하지 아니하기로 의사표시를 명백히 한 경우에도 유동적 무효상태의 계약은 확정적으로 무효로 된다고 보아야 할 것이다(대판 1993.7.27, 91다33766).
⑤ [O] 유동적 무효의 상태에 있는 거래계약의 당사자는 상대방이 그 거래계약의 효력이 완성되도록 협력할 의무를 이행하지 아니하였음을 들어 일방적으로 유동적 무효의 상태에 있는 거래계약 자체를 해제할 수 없다(대판 1999.6.17, 98다40459 전합).

174

甲은 토지거래허가구역 내에 있는 그 소유의 X토지에 대하여 토지거래허가를 받을 것을 전제로 乙과 매매계약을 체결하였다. 이에 관한 설명으로 옳지 않은 것은? (다툼이 있으면 판례에 따름)

21 변리사

① 甲이 허가신청절차에 협력하지 않으면 乙은 甲에 대하여 협력의무의 이행을 소구할 수 있다.
② 甲이 허가신청절차에 협력할 의무를 이행하지 않더라도 특별한 사정이 없는 한 乙은 이를 이유로 계약을 해제할 수 없다.
③ 甲과 乙이 허가신청절차 협력의무의 이행거절의사를 명백히 표시한 경우, 매매계약은 확정적으로 무효가 된다.
④ 매매계약이 乙의 사기에 의해 체결된 경우, 甲은 토지거래허가를 신청하기 전에 사기를 이유로 계약을 취소함으로써 허가신청절차의 협력의무를 면할 수 있다.
⑤ X토지가 중간생략등기의 합의에 따라 乙로부터 丙에게 허가 없이 전매된 경우, 丙은 甲에 대하여 직접 허가신청절차의 협력의무 이행청구권을 가진다.

해설

답 ⑤

① [O] 계약이 효력 있는 것으로 완성될 수 있도록 서로 협력할 의무가 있음이 당연하므로, 계약의 쌍방 당사자는 공동으로 관할관청의 허가를 신청할 의무가 있고, 이러한 의무에 위반하여 허가신청절차에 협력하지 않는 당사자에 대하여 상대방은 협력의무의 이행을 소송으로써 구할 이익이 있다(대판 1991.12.24, 90다12243 전합).
② [O] 유동적 무효의 상태에 있는 거래계약의 당사자는 상대방이 그 거래계약의 효력이 완성되도록 협력할 의무를 이행하지 아니하였음을 들어 일방적으로 유동적 무효의 상태에 있는 거래계약 자체를 해제할 수 없다(대판 1999.6.17, 98다40459 전합).
③ [O] 국토이용관리법상의 거래허가를 받지 않은 유동적 무효상태의 계약은 관할 도지사에 의한 불허가처분이 있을 때뿐만이 아니라, 당사자 쌍방이 허가신청을 하지 아니하기로 의사표시를 명백히 한 경우에도 유동적 무효상태의 계약은 확정적으로 무효로 된다고 보아야 할 것이다(대판 1993.7.27, 91다33766).
④ [O] 국토이용관리법상 거래허가를 받지 아니하고 계약당사자의 표시와 불일치한 의사(비진의표시, 허위표시 또는 착오) 또는 사기, 강박과 같은 하자 있는 의사에 의하여 토지거래 등이 이루어진 경우에 있어서, 이들 사유에 기하여 그 거래의 무효 또는 취소를 주장할 수 있는 당사자는 그러한 거래허가를 신청하기 전 단계에서 이러한 사유를 주장하여 거래허가 신청협력에 거절의사를 일방적으로 명백히 함으로써 그 계약을 확정적으로 무효화시키고 자신의 거래허가절차에 협력할 의무를 면함은 물론 기왕에 지급된 계약금 등의 반환도 구할 수 있다(대판 1996.11.8, 96다35309).
⑤ [×] 토지거래허가구역 내의 토지가 거래허가를 받거나 소유권이전등기를 경료할 의사 없이 중간생략등기의 합의 아래 전매차익을 얻을 목적으로 소유자 甲으로부터 부동산중개업자인 乙, 丙을 거쳐 丁에게 전전매매한 경우, 그 각각의 매매계약은 모두 확정적인 무효로서 유효화 될 여지가 없고, 각 매수인이 각 매도인에 대하여 토지거래허가신청 절차 협력의무의 이행청구권을 가지고 있다고 할 수 없으며, 따라서 丁이 이들을 순차 대위하여 甲에 대한 토지거래허가 신청절차 협력의무의 이행청구권을 대위행사할 수도 없다(대판 1996.6.28, 96다3982).

175 토지거래 허가구역 내의 토지에 대한 매매계약에 관한 설명으로 옳은 것은? (다툼이 있으면 판례에 따름)

22 세무사

① 매수인은 토지거래허가를 받기 전이라도 매도인에게 허가조건부 소유권이전등기를 청구할 수 있다.
② 매도인이 허가신청절차 협력의무를 위반한 경우, 매수인은 이를 이유로 매매계약을 해제할 수 있다.
③ 매도인의 허가신청절차 협력의무와 허가 후 매수인의 대금지급의무는 동시이행관계에 있다.
④ 처음부터 허가를 배제하는 계약을 맺어 확정적으로 무효로 된 경우, 그 후 허가구역지정이 해제되더라도 그 계약이 유효로 되는 것은 아니다.
⑤ 매도인은 토지거래허가를 받기 전에는 수령한 계약금의 배액을 상환하고 계약을 해제할 수 없다.

해설

답 ④

① [×] 토지거래허가가 있을 것을 조건으로 하여 소유권이전등기절차의 이행을 구하는 부분에 있어서는 허가받기 전의 상태에서는 아무런 효력이 없어 권리의 이전 또는 설정에 관한 어떠한 이행청구도 할 수 없다(대판 1991.12.24, 90다12243 전합).
② [×] 유동적 무효의 상태에 있는 거래계약의 당사자는 상대방이 그 거래계약의 효력이 완성되도록 협력할 의무를 이행하지 아니하였음을 들어 일방적으로 유동적 무효의 상태에 있는 거래계약 자체를 해제할 수 없다(대판 1999.6.17, 98다40459 전합).
③ [×] 국토이용관리법상의 토지거래규제구역 내의 토지에 관하여 관할관청의 토지거래허가 없이 매매계약이 체결됨에 따라, 그 매수인이 위 계약을 효력이 있는 것으로 완성시키기 위하여 매도인에 대하여 위 매매계약에 관한 토지거래허가신청절차에 협력할 의무의 이행을 청구하는 경우에 있어, 매수인이 위 계약내용에 따른 매매대금 지급채무를 이행제공하여야 하거나 매도인이 그 대금지급채무의 변제시까지 위 협력의무의 이행을 거절할 수 있는 것은 아니다(대판 1993.8.27, 93다15366).
④ [○] 국토이용관리법상 토지의 거래계약허가구역으로 지정된 구역 안의 토지에 관하여 관할 행정청의 허가를 받지 아니하고 체결한 토지거래계약은 처음부터 그 허가를 배제하거나 잠탈하는 내용의 계약일 경우에는 확정적 무효로서 유효화될 여지가 없으나, 이와 달리 허가받을 것을 전제로 한 거래계약일 경우에는 일단 허가를 받을 때까지는 법률상 미완성의 법률행위로서 거래계약의 채권적 효력도 전혀 발생하지 아니하지만, 일단 허가를 받으면 그 거래계약은 소급해서 유효로 되고 이와 달리 불허가가 된 때에는 무효로 확정되는 이른바 유동적 무효의 상태에 있다고 보아야 한다(대판 1999.6.17, 98다40459 전합).
⑤ [×] 매매 당사자 일방이 계약 당시 상대방에게 계약금을 교부한 경우 당사자 사이에 다른 약정이 없는 한 당사자 일방이 계약 이행에 착수할 때까지 계약금 교부자는 이를 포기하고 계약을 해제할 수 있고, 그 상대방은 계약금의 배액을 상환하고 계약을 해제할 수 있음이 계약 일반의 법리인 이상, 특별한 사정이 없는 한 국토이용관리법상의 토지거래허가를 받지 않아 유동적 무효 상태인 매매계약에 있어서도 당사자 사이의 매매계약은 매도인이 계약금의 배액을 상환하고 계약을 해제함으로써 적법하게 해제된다(대판 1997.6.27, 97다9369).

176

甲은 자신 소유의 X토지에 관해 乙과 매매계약을 체결하였다. 계약 당시 甲은 乙로부터 약정된 계약금 전액을 수령하였다. X토지는 토지거래허가구역 내의 토지였으며 당시 甲과 乙은 매매계약 후 관할청의 허가를 받을 생각이었다. 이에 관한 설명으로 옳지 않은 것은? (다툼이 있으면 판례에 따름)

23 세무사

① 甲과 乙이 관할청으로부터 허가를 받으면 위 매매계약은 소급하여 확정적으로 유효하게 된다.
② 관할청에 허가신청이 접수된 후에도 甲은 계약금의 배액을 상환하면서 위 매매계약을 해제할 수 있다.
③ 관할청의 허가를 받기 전까지 甲과 乙은 상대방의 채무불이행을 이유로 하여 위 매매계약을 해제할 수 없다.
④ 관할청의 허가를 받기 전까지 乙은 유동적 무효를 이유로 甲에게 지급한 계약금을 부당이득으로 반환청구 할 수 있다.
⑤ 관할청의 허가를 받기 전이라면 乙은 甲에게 허가신청절차에 협력할 것을 소구할 수 있다.

해설

답 ④

① [○] 국토이용관리법상의 규제구역 내의 토지에 대하여 관할 도지사의 허가를 받기 전에 허가받을 것을 전제로 한 계약일 경우에는 허가를 받을 때까지는 법률상의 미완성의 법률행위로서 소유권 등 권리의 이전에 관한 계약의 효력이 전혀 발생하지 않음은 위의 확정적 무효의 경우와 다를 바 없지만, 일단 허가를 받으면 그 계약은 소급하여 유효한 계약이 되고, 이와 달리 불허가가 된 때에는 무효로 확정되므로 허가를 받기까지는 '유동적 무효'의 상태에 있다(대판 1991.12.24, 90다12243 전합). 따라서 허가를 받으면 그 계약은 소급해서 유효가 되므로 허가 후에 새롭게 거래계약을 체결할 필요는 없다.
② [○] 매매 당사자 일방이 계약 당시 상대방에게 계약금을 교부한 경우 당사자 사이에 다른 약정이 없는 한 당사자 일방이 계약 이행에 착수할 때까지 계약금 교부자는 이를 포기하고 계약을 해제할 수 있고, 그 상대방은 계약금의 배액을 상환하고 계약을 해제할 수 있음이 계약 일반의 법리인 이상, 특별한 사정이 없는 한 국토이용관리법상의 토지거래허가를 받지 않아 유동적 무효 상태인 매매계약에 있어서도 당사자 사이의 매매계약은 매도인이 계약금의 배액을 상환하고 계약을 해제함으로써 적법하게 해제된다(대판 1997.6.27, 97다9369).
③ [○] 허가받을 것을 전제로 한 거래계약은 허가받기 전의 상태에서는 거래계약의 채권적 효력도 전혀 발생하지 않으므로 권리의 이전 또는 설정에 관한 어떠한 내용의 이행청구도 할 수 없다(대판 1991.12.24, 90다12243 전합). 따라서 그러한 거래계약의 당사자로서는 허가받기 전의 상태에서 상대방의 거래계약상 채무불이행을 이유로 거래계약을 해제하거나 그로 인한 손해배상을 청구할 수 없다(대판 1997.7.25, 97다4357·4364).
④ [×] 허가를 배제하거나 잠탈하는 내용이 아닌 유동적 무효상태의 매매계약을 체결하고 매도인이 이에 기하여 임의로 지급한 계약금은 그 계약이 유동적 무효상태로 있는 한 이를 부당이득으로 반환을 구할 수는 없고 유동적 무효상태가 확정적 무효로 되었을 때 비로소 부당이득으로 그 반환을 구할 수 있다(대판 1993.7.27, 91다33766).
⑤ [○] 계약이 효력 있는 것으로 완성될 수 있도록 서로 협력할 의무가 있음이 당연하므로, 계약의 쌍방 당사자는 공동으로 관할관청의 허가를 신청할 의무가 있고, 이러한 의무에 위반하여 허가신청절차에 협력하지 않는 당사자에 대하여 상대방은 협력의무의 이행을 소송으로써 구할 이익이 있다(대판 1991.12.24, 90다12243 전합).

177 부동산 거래신고 등에 관한 법률에 따른 토지거래허가구역 내에 존재하는 토지에 대하여 매도인 甲과 매수인 乙 사이에 허가를 전제로 하여 매매계약이 체결되었으며 계약 당시 乙은 甲에게 계약금을 지급하였다. 이에 관한 설명으로 옳지 않은 것은? (다툼이 있으면 판례에 따름)

23 변리사

① 甲과 乙이 관할관청으로부터 허가를 받으면 유동적 무효상태에 있던 위 매매계약은 소급해서 유효로 된다.
② 乙의 매수인 지위를 丙이 이전받는다는 취지의 약정을 甲, 乙, 丙이 한 경우, 그와 같은 합의는 甲과 乙 간의 위 매매계약에 관한 관할 관청의 허가가 있어야 비로소 효력이 발생한다.
③ 보전의 필요성이 인정되는 한 乙은 甲에 대한 토지거래허가 신청절차의 협력의무 이행청구권을 피보전권리로 하여 甲의 권리를 대위 행사할 수 있다.
④ 甲과 乙이 관할관청에 토지거래허가를 신청하여 그 허가를 받은 후에도 乙은 다른 사유가 없는 한 계약금을 포기하고 위 매매계약을 해제할 수 있다.
⑤ 乙은 특별한 사정이 없는 한 위 매매계약의 허가를 받기 전까지 부당이득반환청구권을 행사하여 甲에게 이미 지급한 계약금의 반환을 청구할 수 있다.

> **해설** 답 ⑤

① [○] 국토이용관리법상의 규제구역 내의 토지에 대하여 관할 도지사의 허가를 받기 전에 허가받을 것을 전제로 한 계약일 경우에는 허가를 받을 때까지는 법률상의 미완성의 법률행위로서 소유권 등 권리의 이전에 관한 계약의 효력이 전혀 발생하지 않음은 위의 확정적 무효의 경우와 다를 바 없지만, 일단 허가를 받으면 그 계약은 소급하여 유효한 계약이 되고, 이와 달리 불허가가 된 때에는 무효로 확정되므로 허가를 받기까지는 '유동적 무효'의 상태에 있다(대판 1991.12.24, 90다12243 전합). 따라서 허가를 받으면 그 계약은 소급해서 유효가 되므로 허가 후에 새롭게 거래계약을 체결할 필요는 없다.
② [○] 국토이용관리법 소정의 토지거래허가를 받아야 하는 토지에 관하여 관할 관청의 허가 없이 매매계약이 체결된 경우, 그 매매계약이 처음부터 허가를 배제하거나 잠탈하는 내용의 계약이 아니라 허가를 받을 것을 전제로 하는 계약인 때에는 유동적 무효상태에 있고, 이러한 유동적 무효상태에 있는 매매계약상의 매수인의 지위에 관하여 매도인과 매수인 및 제3자 사이에 제3자가 그와 같은 매수인의 지위를 매수인으로부터 이전받는다는 취지의 합의를 한 경우, 국토이용관리법상 토지거래허가 제도가 토지의 투기적 거래를 방지하여 정상적 거래를 조장하려는 데에 그 입법취지가 있음에 비추어 볼 때, 그와 같은 합의는 매도인과 매수인 사이의 매매계약에 대한 관할 관청의 허가가 있어야 비로소 효력이 발생한다고 보아야 하고, 그 허가가 없는 이상 그 3 당사자 사이의 합의만으로 유동적 무효상태의 매매계약의 매수인 지위가 매수인으로부터 제3자에게 이전하고 제3자가 매도인에 대하여 직접 토지거래허가 신청절차 협력의무의 이행을 구할 수 있다고 할 수는 없다(대판 1996.7.26, 96다7762).

③ [○] 국토의 계획 및 이용에 관한 법률상의 허가구역에 있는 토지의 거래계약이 토지거래허가를 전제로 체결된 경우에는 유동적 무효의 상태에 있고 거래계약의 채권적 효력도 전혀 발생하지 않으므로 권리의 이전 또는 설정에 관한 어떠한 내용의 이행청구도 할 수 없지만, 계약을 체결한 당사자 사이에서는 계약이 효력 있는 것으로 완성될 수 있도록 서로 협력할 의무가 있으므로, 계약의 쌍방 당사자는 공동으로 관할 관청의 허가를 신청할 의무가 있다. 그 결과 경우에 따라서는 매수인이 토지거래허가 신청절차의 협력의무 이행청구권을 보전하기 위하여 매도인의 권리를 대위하여 행사하는 것도 허용된다고 할 수 있지만, 보전의 필요성이 인정되어야 한다. 그리고 이 경우에 보전의 필요성을 판단할 때에는, 위와 같은 협력의무 이행청구권의 특수한 법적 성격과 아울러 매도인의 권리 미행사가 협력의무의 현실적 이행에 뚜렷한 장애가 되는지, 매도인이 권리를 행사하지 않는 사유는 무엇인지, 오히려 매수인의 협력의무 이행청구권의 행사가 조건 등의 장애 사유 때문에 장기간 지연되었는지 및 그 지연에 매수인에게 귀책사유가 없는지, 그리고 매도인의 권리 행사를 강제하는 것이 매도인의 재산권행사에 커다란 불이익을 가져오거나 자유로운 재산관리행위에 대한 부당한 간섭이 될 수 있는지 등 해당 사안에서의 구체적인 여러 사정을 종합적으로 고려하여야 한다(대판 2013.5.23, 2010다50014).

④ [○] 매매 당사자 일방이 계약 당시 상대방에게 계약금을 교부한 경우 당사자 사이에 다른 약정이 없는 한 당사자 일방이 계약 이행에 착수할 때까지 계약금 교부자는 이를 포기하고 계약을 해제할 수 있고, 그 상대방은 계약금의 배액을 상환하고 계약을 해제할 수 있음이 계약 일반의 법리인 이상, 특별한 사정이 없는 한 국토이용관리법상의 토지거래허가를 받지 않아 유동적 무효 상태인 매매계약에 있어서도 당사자 사이의 매매계약은 매도인이 계약금의 배액을 상환하고 계약을 해제함으로써 적법하게 해제된다(대판 1997.6.27, 97다9369).

⑤ [×] 허가를 배제하거나 잠탈하는 내용이 아닌 유동적 무효상태의 매매계약을 체결하고 매도인이 이에 기하여 임의로 지급한 계약금은 그 계약이 유동적 무효상태로 있는 한 이를 부당이득으로 반환을 구할 수는 없고 유동적 무효상태가 확정적으로 무효로 되었을 때 비로소 부당이득으로 그 반환을 구할 수 있다(대판 1993.7.27, 91다33766).

178

甲은 「부동산 거래신고 등에 관한 법률」상 토지거래허가 구역에 있는 자신 소유의 X토지를 乙에게 매도하는 매매계약을 체결하였다. 아직 토지거래허가(이하 '허가')를 받지 않아 유동적 무효 상태에 있는 법률관계에 관한 설명으로 옳지 않은 것은? (다툼이 있으면 판례에 따름) 23 노무사

① 甲은 허가 전에 乙의 대금지급의무의 불이행을 이유로 매매계약을 해제할 수 없다.
② 甲의 허가신청절차 협력의무와 乙의 대금지급의무는 동시이행관계에 있다.
③ 甲과 乙이 허가신청절차 협력의무 위반에 따른 손해배상액을 예정하는 약정은 유효하다.
④ 甲이 허가신청절차에 협력할 의무를 위반한 경우, 乙은 협력의무 위반을 이유로 매매계약을 해제할 수 없다.
⑤ 甲이 허가신청절차에 협력하지 않는 경우, 乙은 협력의무의 이행을 소구할 수 있다.

해설
답 ②

① [O] 허가받을 것을 전제로 한 거래계약은 허가받기 전의 상태에서는 거래계약의 채권적 효력도 전혀 발생하지 않으므로 권리의 이전 또는 설정에 관한 어떠한 내용의 이행청구도 할 수 없다(대판 1991.12.24, 90다12243 전합). 따라서 그러한 거래계약의 당사자로서는 허가받기 전의 상태에서 상대방의 거래계약상 채무불이행을 이유로 거래계약을 해제하거나 그로 인한 손해배상을 청구할 수 없다(대판 1997.7.25, 97다4357·4364).

② [×] 국토이용관리법상의 토지거래규제구역 내의 토지에 관하여 관할관청의 토지거래허가 없이 매매계약이 체결됨에 따라, 그 매수인이 위 계약을 효력이 있는 것으로 완성시키기 위하여 매도인에 대하여 위 매매계약에 관한 토지거래허가신청절차에 협력할 의무의 이행을 청구하는 경우에 있어, 매수인이 위 계약내용에 따른 매매대금 지급채무를 이행제공하여야 하거나 매도인이 그 대금지급채무의 변제시까지 위 협력의무의 이행을 거절할 수 있는 것은 아니다(대판 1993.8.27, 93다15366).

③ [O] 국토이용관리법상 토지거래허가 구역 내의 토지에 대하여 관할 관청의 허가를 받기 전 유동적 무효 상태에 있는 계약을 체결한 당사자는 쌍방이 그 계약이 효력이 있는 것으로 완성될 수 있도록 서로 협력할 의무가 있는 것이므로, 이러한 매매계약을 체결할 당시 당사자 사이에 당사자 일방이 토지거래허가를 받기 위한 협력 자체를 이행하지 아니하거나 허가신청에 이르기 전에 매매계약을 철회하는 경우 상대방에게 일정한 손해액을 배상하기로 하는 약정을 유효하게 할 수 있다(대판 1997.2.28, 96다49933).

④ [O] 유동적 무효의 상태에 있는 거래계약의 당사자는 상대방이 그 거래계약의 효력이 완성되도록 협력할 의무를 이행하지 아니하였음을 들어 일방적으로 유동적 무효의 상태에 있는 거래계약 자체를 해제할 수 없다(대판 1999.6.17, 98다40459 전합).

⑤ [O] 계약이 효력 있는 것으로 완성될 수 있도록 서로 협력할 의무가 있음이 당연하므로, 계약의 쌍방 당사자는 공동으로 관할관청의 허가를 신청할 의무가 있고, 이러한 의무에 위반하여 허가신청절차에 협력하지 않는 당사자에 대하여 상대방은 협력의무의 이행을 소송으로써 구할 이익이 있다(대판 1991.12.24, 90다12243 전합).

179

甲은 「부동산 거래신고 등에 관한 법률」상 토지거래허가구역 내에 있는 자신 소유의 토지를 乙에게 매도하는 계약을 체결하였다. 다음 설명 중 옳은 것을 모두 고른 것은? (다툼이 있는 경우 판례에 의함)

23 경간부

> ㄱ. 매매계약이 乙의 사기에 의해 체결된 경우, 甲은 토지거래허가를 신청하기 전 단계에서는 乙의 사기를 주장하여 거래허가신청협력에 거절의사를 일방적으로 명백히 함으로써 계약을 확정적으로 무효화시킬 수 있다.
> ㄴ. 乙에게 토지거래불허가처분을 받은 데 일부 귀책사유가 있더라도 乙은 매매계약의 무효를 주장할 수 있다.
> ㄷ. 乙은 토지거래허가를 받기 전의 상태에서는 그 허가를 받을 것을 조건으로 소유권이전등기청구권 보전을 위한 처분금지가처분 신청을 할 수 있다.

① ㄱ, ㄴ
② ㄱ, ㄷ
③ ㄴ, ㄷ
④ ㄱ, ㄴ, ㄷ

해설
답 ①

ㄱ. [O] 국토이용관리법상 거래허가를 받지 아니하고 계약당사자의 표시와 불일치한 의사(비진의표시, 허위표시 또는 착오) 또는 사기, 강박과 같은 하자 있는 의사에 의하여 토지거래 등이 이루어진 경우에 있어서, 이들 사유에 기하여 그 거래의 무효 또는 취소를 주장할 수 있는 당사자는 그러한 거래허가를 신청하기 전 단계에서 이러한 사유를 주장하여 거래허가 신청협력에 거절의사를 일방적으로 명백히 함으로써 그 계약을 확정적으로 무효화시키고 자신의 거래허가절차에 협력할 의무를 면함은 물론 기왕에 지급된 계약금 등의 반환도 구할 수 있다(대판 1996.11.8, 96다35309).

ㄴ. [O] 거래계약이 확정적으로 무효가 된 경우에는 거래계약이 확정적으로 무효로 됨에 있어서 귀책사유가 있는 자라고 하더라도 그 계약의 무효를 주장할 수 있다(대판 1997.7.25, 97다4357, 4364).

ㄷ. [X] 국토의 계획 및 이용에 관한 법률상의 토지거래계약 허가구역 내의 토지에 관하여 관할관청의 허가를 받을 것을 전제로 한 매매계약은 법률상 미완성의 법률행위로서 허가받기 전의 상태에서는 아무런 효력이 없어, 그 매수인이 매도인을 상대로 하여 권리의 이전 또는 설정에 관한 어떠한 이행청구도 할 수 없고, 이행청구를 허용하지 않는 취지에 비추어 볼 때 그 매매계약에 기한 소유권이전등기청구권 또는 토지거래계약에 관한 허가를 받을 것을 조건으로 한 소유권이전등기청구권을 피보전권리로 한 부동산처분금지가처분신청 또한 허용되지 않는다(대결 2010.8.26, 2010마818).

[비교판례] 허가를 받을 것을 전제로 하여 체결된 매매계약의 매수인은 비록 그 매매계약이 허가를 받을 때까지는 법률상 미완성의 법률행위로서 소유권의 이전에 관한 계약의 효력이 전혀 발생하지 아니한다고 할지라도 위와 같은 토지거래허가신청절차청구권을 피보전권리로 하여 매매목적물의 처분을 금하는 가처분을 구할 수 있고, 매도인이 그 매매계약을 다투는 경우 그 보전의 필요성도 있다고 보아야 할 것이며, 이러한 가처분이 집행된 후에 진행된 강제경매절차에서 당해 토지를 낙찰받은 제3자는 특별한 사정이 없는 한 이로써 가처분채권자인 매수인의 권리보전에 대항할 수 없다(대판 1998.12.22, 98다44376).

180 부동산 거래신고 등에 관한 법률에 따른 토지거래허가구역 내에 존재하는 토지에 대하여 매도인 甲과 매수인 乙 사이에 허가를 전제로 하여 매매계약이 체결되었으며 계약 당시 乙은 甲에게 계약금을 지급하였다. 이에 관한 설명으로 옳은 것은? (다툼이 있으면 판례에 따름) 24 변리사

① 乙은 甲을 상대로 허가가 나오는 것을 조건으로 하여 잔금과 상환으로 이전등기를 해달라고 청구할 수 있다.
② 허가가 나오기 전이라도 甲은 乙이 잔금기일에 잔금을 지급하지 않았다는 것을 이유로 위 계약을 해제할 수 있다.
③ 위 계약이 확정적으로 무효가 된 경우, 그에 관해 귀책사유가 있는 당사자도 계약의 무효를 주장할 수 있다.
④ 거래허가를 신청하기 전에는 乙의 기망행위로 위 계약을 체결하였더라도 甲은 그 계약을 취소할 수 없다.
⑤ 만일 계약 당시 합의에 따라 계약금을 乙이 丙에게 지급하였는데 그 후 위 계약이 확정적으로 무효가 된 경우, 특별한 사정이 없는 한 乙은 丙을 상대로 지급한 계약금상당액의 반환을 청구할 수 있다.

해설

답 ③

① [O] 허가가 있을 것을 조건으로 하여 소유권이전등기절차의 이행을 구하는 부분에 있어서는 위 "가"항의 법리와 같이 허가받기 전의 상태에서는 아무런 효력이 없어 권리의 이전 또는 설정에 관한 어떠한 이행청구도 할 수 없는 것이므로 원심이 이 부분 청구까지도 인용한 것은 같은 법상의 토지거래허가와 거래계약의 효력에 관한 법리를 오해하여 판결에 영향을 미친 위법을 저지른 것이라 하여 이를 파기한 사례(대판 1991.12.24, 90다12243 전합)
② [×] 유동적 무효의 상태에 있는 거래계약의 당사자는 상대방이 그 거래계약의 효력이 완성되도록 협력할 의무를 이행하지 아니하였음을 들어 일방적으로 유동적 무효의 상태에 있는 거래계약 자체를 해제할 수 없다(대판 1999.6.17, 98다40459 전합).
③ [O] 거래계약이 확정적으로 무효가 된 경우에는 거래계약이 확정적으로 무효로 됨에 있어서 귀책사유가 있는 자라고 하더라도 그 계약의 무효를 주장할 수 있다(대판 1997.7.25, 97다4357·4364).
④ [×] 국토이용관리법상 거래허가를 받지 아니하고 계약당사자의 표시와 불일치한 의사(비진의표시, 허위표시 또는 착오) 또는 사기, 강박과 같은 하자 있는 의사에 의하여 토지거래 등이 이루어진 경우에 있어서, 이들 사유에 기하여 그 거래의 무효 또는 취소를 주장할 수 있는 당사자는 그러한 거래허가를 신청하기 전 단계에서 이러한 사유를 주장하여 거래허가 신청협력에 거절의사를 일방적으로 명백히 함으로써 그 계약을 확정적으로 무효화시키고 자신의 거래허가절차에 협력할 의무를 면함은 물론 기왕에 지급된 계약금 등의 반환도 구할 수 있다(대판 1996.11.8, 96다35309).
⑤ [×] 허가를 배제하거나 잠탈하는 내용이 아닌 유동적 무효상태의 매매계약을 체결하고 매도인이 이에 기하여 임의로 지급한 계약금은 그 계약이 유동적 무효상태로 있는 한 이를 부당이득으로 반환을 구할 수는 없고 유동적 무효상태가 확정적으로 무효로 되었을 때 비로소 부당이득으로 그 반환을 구할 수 있다(대판 1993.7.27, 91다33766). 다만, 계약의 당사자는 甲과 乙이므로, 乙은 甲에게 계약금 반환을 구해야 한다. 즉, 계약의 일방당사자가 계약상대방의 지시 등으로 급부과정을 단축하여 계약상대방과 또 다른 계약관계를 맺고 있는 제3자에게 직접 급부를 한 경우(이른바 삼각관계에서의 급부가 이루어진 경우), 그 급부로써 계약당사자의 계약상대방에 대한 급부가 이루어질 뿐 아니라 그 상대방의 제3자에 대한 급부도 이루어지는 것이므로 계약의 일방당사자는 제3자를 상대로 법률상 원인 없이 급부를 수령하였다는 이유로 부당이득반환청구를 할 수 없다.

이러한 경우에 계약의 일방당사자가 계약상대방에 대하여 급부를 한 원인관계인 법률관계에 취소사유 등의 흠이 있다는 이유로 제3자를 상대로 직접 부당이득반환청구를 할 수 있다고 보면 자기 책임하에 체결된 계약에 따른 위험부담을 제3자에게 전가하는 것이 되어 계약법의 원리에 반하는 결과를 초래할 뿐만 아니라 수익자인 제3자가 계약상대방에 대하여 가지는 항변권 등을 침해하게 되어 부당하기 때문이다(대판 2013.6.28, 2013다13733).

181 甲은 토지거래허가구역 내에 있는 자신의 X토지에 대해 허가를 받을 것을 전제로 乙에게 매도하는 계약을 체결하였으나 아직 허가는 받지 않은 상태이다. 이에 관한 설명으로 옳지 않은 것은? (다툼이 있으면 판례에 따름)　　　　　　　　　　　　　　　　　　　　　　　　　24 감평사

① 乙은 甲에게 계약의 이행을 청구할 수 없다.
② 甲이 토지거래허가신청절차에 협력하지 않는 경우, 乙은 이를 이유로 계약을 해제할 수 있다.
③ 토지거래허가구역 지정이 해제된 경우, 특별한 사정이 없는 한 위 매매계약은 확정적으로 유효하다.
④ 甲과 乙이 토지거래허가를 받으면 위 매매계약은 소급해서 유효로 되므로 허가 후에 새로 매매계약을 체결할 필요는 없다.
⑤ 甲의 사기에 의하여 위 매매계약이 체결된 경우, 乙은 토지거래허가를 신청하기 전이라도 甲의 사기를 이유로 매매계약을 취소할 수 있다.

해설
답 ②

① [O] 허가받을 것을 전제로 한 거래계약은 허가받기 전의 상태에서는 거래계약의 채권적 효력도 전혀 발생하지 않으므로 권리의 이전 또는 설정에 관한 어떠한 내용의 이행청구도 할 수 없다(대판 1991.12.24, 90다12243 전합).
② [X] 유동적 무효의 상태에 있는 거래계약의 당사자는 상대방이 그 거래계약의 효력이 완성되도록 협력할 의무를 이행하지 아니하였음을 들어 일방적으로 유동적 무효의 상태에 있는 거래계약 자체를 해제할 수 없다(대판 1999.6.17, 98다40459 전합).
③ [O] 해제하거나, 또는 허가구역 지정기간이 만료되었음에도 허가구역 재지정을 하지 아니한(이하 '허가구역 지정해제 등'이라고 한다) 취지는 당해 구역 안에서의 개별적인 토지거래에 관하여 더 이상 허가를 받지 않도록 하더라도 투기적 토지거래의 성행과 이로 인한 지가의 급격한 상승의 방지라는 토지거래허가제도가 달성하려고 하는 공공의 이익에 아무런 지장이 없게 되었고 허가의 필요성도 소멸되었으므로, 허가구역 안의 토지에 대한 거래계약에 대하여 허가를 받은 것과 마찬가지로 취급함으로써 사적자치에 대한 공법적인 규제를 해제하여 거래 당사자들이 당해 토지거래계약으로 달성하고자 한 사적자치를 실현할 수 있도록 함에 있다고 할 것이므로, 허가구역 지정기간 중에 허가구역 안의 토지에 대하여 토지거래허가를 받지 아니하고 토지거래계약을 체결한 후 허가구역 지정해제 등이 된 때에는 그 토지거래계약이 허가구역 지정이 해제되기 전에 확정적으로 무효로 된 경우를 제외하고는, 더 이상 관할 행정청으로부터 토지거래허가를 받을 필요가 없이 확정적으로 유효로 되어 거래 당사자는 그 계약에 기하여 바로 토지의 소유권 등 권리의 이전 또는 설정에 관한 이행청구를 할 수 있고, 상대방도 반대급부의 청구를 할 수 있다고 보아야 할 것이지, 여전히 그 계약이 유동적 무효상태에 있다고 볼 것은 아니다(대판 1999.6.17, 98다40459 전합).

④ [O] 국토이용관리법상의 규제구역 내의 토지에 대하여 관할 도지사의 허가를 받기 전에 허가받을 것을 전제로 한 계약일 경우에는 허가를 받을 때까지는 법률상의 미완성의 법률행위로서 소유권 등 권리의 이전에 관한 계약의 효력이 전혀 발생하지 않음은 위의 확정적 무효의 경우와 다를 바 없지만, 일단 허가를 받으면 그 계약은 소급하여 유효한 계약이 되고, 이와 달리 불허가가 된 때에는 무효로 확정되므로 허가를 받기까지는 '유동적 무효'의 상태에 있다(대판 1991.12.24, 90다12243 전합). 따라서 허가를 받으면 그 계약은 소급해서 유효가 되므로 허가 후에 새롭게 거래계약을 체결할 필요는 없다.

⑤ [O] 국토이용관리법상 거래허가를 받지 아니하고 계약당사자의 표시와 불일치한 의사(비진의표시, 허위표시 또는 착오) 또는 사기, 강박과 같은 하자 있는 의사에 의하여 토지거래 등이 이루어진 경우에 있어서, 이들 사유에 기하여 그 거래의 무효 또는 취소를 주장할 수 있는 당사자는 그러한 거래허가를 신청하기 전 단계에서 이러한 사유를 주장하여 거래허가 신청협력에 거절의사를 일방적으로 명백히 함으로써 그 계약을 확정적으로 무효화시키고 자신의 거래허가절차에 협력할 의무를 면함은 물론 기왕에 지급된 계약금 등의 반환도 구할 수 있다(대판 1996.11.8, 96다35309).

182

甲은 토지거래허가구역에 있는 자신 소유의 X토지에 관하여 허가를 받을 것을 전제로 乙과 매매계약을 체결한 후 계약금을 수령하였으나 아직 토지거래허가는 받지 않았다. 이에 관한 설명으로 옳지 않은 것을 모두 고른 것은? (다툼이 있으면 판례에 따름) 24 노무사

> ㄱ. 甲은 乙에게 계약금의 배액을 상환하면서 매매계약을 해제할 수 있다.
> ㄴ. 甲이 허가신청절차에 협력하지 않는 경우, 乙은 甲의 채무불이행을 이유로 하여 매매계약을 해제할 수 있다.
> ㄷ. 乙은 부당이득반환청구권을 행사하여 甲에게 계약금의 반환을 청구할 수 있다.
> ㄹ. 매매계약 후 X에 대한 토지거래허가구역 지정이 해제되었다면 더 이상 토지거래허가를 받을 필요 없이 매매계약은 확정적으로 유효로 된다.

① ㄱ, ㄴ ② ㄴ, ㄷ ③ ㄷ, ㄹ
④ ㄱ, ㄴ, ㄹ ⑤ ㄱ, ㄷ, ㄹ

해설
답 ②

ㄱ. [O] 매매 당사자 일방이 계약 당시 상대방에게 계약금을 교부한 경우 당사자 사이에 다른 약정이 없는 한 당사자 일방이 계약 이행에 착수할 때까지 계약금 교부자는 이를 포기하고 계약을 해제할 수 있고, 그 상대방은 계약금의 배액을 상환하고 계약을 해제할 수 있음이 계약 일반의 법리인 이상, 특별한 사정이 없는 한 국토이용관리법상의 토지거래허가를 받지 않아 유동적 무효 상태인 매매계약에 있어서도 당사자 사이의 매매계약은 매도인이 계약금의 배액을 상환하고 계약을 해제함으로써 적법하게 해제된다(대판 1997.6.27, 97다9369).

ㄴ. [X] 유동적 무효의 상태에 있는 거래계약의 당사자는 상대방이 그 거래계약의 효력이 완성되도록 협력할 의무를 이행하지 아니하였음을 들어 일방적으로 유동적 무효의 상태에 있는 거래계약 자체를 해제할 수 없다(대판 1999.6.17, 98다40459 전합).

ㄷ. [×] 허가를 배제하거나 잠탈하는 내용이 아닌 유동적 무효상태의 매매계약을 체결하고 매도인이 이에 기하여 임의로 지급한 계약금은 그 계약이 유동적 무효상태로 있는 한 이를 부당이득으로 반환을 구할 수는 없고 유동적 무효상태가 확정적으로 무효로 되었을 때 비로소 부당이득으로 그 반환을 구할 수 있다(대판 1993.7.27, 91다33766).

ㄹ. [○] 해제하거나, 또는 허가구역 지정기간이 만료되었음에도 허가구역 재지정을 하지 아니한(이하 '허가구역 지정해제 등'이라고 한다) 취지는 당해 구역 안에서의 개별적인 토지거래에 관하여 더 이상 허가를 받지 않도록 하더라도 투기적 토지거래의 성행과 이로 인한 지가의 급격한 상승의 방지라는 토지거래허가제도가 달성하려고 하는 공공의 이익에 아무런 지장이 없게 되었고 허가의 필요성도 소멸되었으므로, 허가구역 안의 토지에 대한 거래계약에 대하여 허가를 받은 것과 마찬가지로 취급함으로써 사적자치에 대한 공법적인 규제를 해제하여 거래 당사자들이 당해 토지거래계약으로 달성하고자 한 사적자치를 실현할 수 있도록 함에 있다고 할 것이므로, 허가구역 지정기간 중에 허가구역 안의 토지에 대하여 토지거래허가를 받지 아니하고 토지거래계약을 체결한 후 허가구역 지정해제 등이 된 때에는 그 토지거래계약이 허가구역 지정이 해제되기 전에 확정적으로 무효로 된 경우를 제외하고는, 더 이상 관할 행정청으로부터 토지거래허가를 받을 필요가 없이 확정적으로 유효로 되어 거래 당사자는 그 계약에 기하여 바로 토지의 소유권 등 권리의 이전 또는 설정에 관한 이행청구를 할 수 있고, 상대방도 반대급부의 청구를 할 수 있다고 보아야 할 것이지, 여전히 그 계약이 유동적 무효상태에 있다고 볼 것은 아니다(대판 1999.6.17, 98다40459 전합).

183 토지거래허가구역 내의 토지거래계약이 확정적 무효인 경우가 아닌 것은? (다툼이 있으면 판례에 의함)
24 경간부

① 관할 관청의 불허가처분이 있는 경우
② 당사자 양쪽이 허가신청협력의무의 이행거절 의사를 명백히 표시한 경우
③ 매매계약을 체결한 후 거래허가가 나지 않은 상태에서 해당 토지가 경매 절차에서 제3자에게 매각되어 소유권이 이전된 경우
④ 토지거래허가 없이 소유자인 매도인으로부터 중간 매수인에게, 다시 중간 매수인으로부터 최종 매수인에게 순차로 매도된 경우

해설
답 ④

①② [○] 국토이용관리법상의 거래허가를 받지 않은 유동적 무효상태의 계약은 관할 도지사에 의한 불허가처분이 있을 때뿐만이 아니라, 당사자 쌍방이 허가신청을 하지 아니하기로 의사표시를 명백히 한 경우에도 유동적 무효상태의 계약은 확정적으로 무효로 된다고 보아야 할 것이다(대판 1993.7.27, 91다33766).

③ [○] 토지거래허가구역 내 토지에 대하여 매매계약을 체결하였는데 거래허가가 나지 않은 상태에서 당해 토지가 경매절차에서 제3자에게 매각되어 소유권이전등기가 마쳐진 사안에서, 위 매매계약은 확정적으로 무효가 되어 매매대금 지급에 관련된 약정도 모두 무효이고, 매매계약과 관련하여 현실적으로 매매대금을 지급하지 않은 매수인은 매도인을 상대로 부당이득반환을 구할 수 없고, 다만 매매계약 체결 전 존재하는 채권채무관계가 있다면 기존 채권채무관계는 유효하게 존속한다(대판 2011.6.24, 2011다11009).

④ [×] '중간생략등기의 합의'란 부동산이 전전매도된 경우 각 매매계약이 유효하게 성립함을 전제로 그 이행의 편의상 최초의 매도인으로부터 최종의 매수인 앞으로 소유권이전등기를 경료하기로 한다는 당사자 사이의 합의에 불과할 뿐 그러한 합의가 있다고 하여 최초의 매도인과 최종의 매수인 사이에 매매계약이 체결되었다는 것을 의미하는 것은 아니고, 따라서 최종 매수인은 최초 매도인에 대하여 직접 그 토지에 관한 토지거래허가 신청절차의 협력의무 이행청구권을 가지고 있다고 할 수 없으며, 설사 최종 매수인이 자신과 최초 매도인을 매매 당사자로 하는 토지거래허가를 받아 최종 매수인 앞으로 소유권이전등기를 경료하더라도 그러한 소유권이전등기는 적법한 토지거래허가 없이 경료된 등기로서 무효이다(대판 1997.3.14, 96다22464; 대판 1997.11.11, 97가33218).

184 법률행위의 무효에 관한 설명으로 옳지 않은 것은? (다툼이 있으면 판례에 따름) 16 노무사

① 무효인 법률행위의 내용에 따른 법률효과를 침해하는 것처럼 보이는 위법행위가 있다면 그로 인한 손해의 배상을 청구할 수 있다.
② 토지거래허가를 받지 않아 유동적 무효의 상태에 있는 토지매매계약의 당사자는 허가신청절차에 협력할 의무를 부담한다.
③ 법률행위의 일부가 무효인 때에는 원칙적으로 그 전부를 무효로 한다.
④ 약정된 매매대금의 과다로 말미암아 불공정한 법률행위에 해당하여 무효인 경우에도 무효행위의 전환에 관한 규정이 적용될 수 있다.
⑤ 무효행위의 추인은 묵시적인 방법으로도 할 수 있다.

해설
답 ①

① [×] 무효인 법률행위는 그 법률행위가 성립한 당초부터 당연히 효력이 발생하지 않는 것이므로, 무효인 법률행위에 따른 법률효과를 침해하는 것처럼 보이는 위법행위나 채무불이행이 있다고 하여도 법률효과의 침해에 따른 손해는 없는 것이므로 그 손해배상을 청구할 수는 없다(대판 2003.3.28, 2002다72125).
② [○] 국토의 계획 및 이용에 관한 법률(이하 '국토이용법'이라고 한다) 소정의 거래계약허가구역으로 지정된 구역 안의 토지에 대하여 거래계약을 체결한 당사자 사이에는 그 계약이 효력 있는 것으로 완성될 수 있도록 서로 협력할 의무가 있다(대판 2006.1.27, 2005다52047).
③ [○] 법률행위의 일부분이 무효인 때에는 그 전부를 무효로 한다. 그러나 그 무효부분이 없더라도 법률행위를 하였을 것이라고 인정될 때에는 나머지 부분은 무효가 되지 아니한다(제137조).
④ [○] 매매계약이 약정된 매매대금의 과다로 말미암아 민법 제104조에서 정하는 '불공정한 법률행위'에 해당하여 무효인 경우에도 무효행위의 전환에 관한 민법 제138조가 적용될 수 있다. 그러므로 재건축사업부지에 포함된 토지에 대하여 재건축사업조합과 토지의 소유자가 체결한 매매계약이 매매대금의 과다로 말미암아 불공정한 법률행위에 해당하지만, 그 매매대금을 적정한 금액으로 감액하여 매매계약의 유효성을 인정할 수 있다(대판 2010.7.15, 2009다50308).
⑤ [○] 추인은 묵시적으로도 가능하나, 묵시적 추인을 인정하기 위해서는 본인이 그 행위로 처하게 된 법적 지위를 충분히 이해하고 그럼에도 진의에 기하여 그 행위의 결과가 자기에게 귀속된다는 것을 승인한 것으로 볼만한 사정이 있어야 할 것이므로 이를 판단함에 있어서는 관계되는 여러 사정을 종합적으로 검토하여 신중하게 하여야 한다(대판 2014.3.27, 2012다106607).

185 무효행위에 관한 설명으로 옳지 않은 것은? (다툼이 있으면 판례에 따름) 21 노무사

① 취소할 수 있는 법률행위가 취소된 후에는 무효행위의 추인요건을 갖추더라도 다시 추인될 수 없다.
② 무효행위의 추인은 묵시적으로 이루어질 수 있다.
③ 무효행위의 추인이 있었다는 사실은 새로운 법률행위의 성립을 주장하는 자가 증명하여야 한다.
④ 법률행위의 일부분이 무효인 때에는 특별한 사정이 없는 한 그 전부를 무효로 한다.
⑤ 불공정한 법률행위에는 무효행위의 전환에 관한 민법 제138조가 적용될 수 있다.

해설 답 ①

① [×] 취소한 법률행위는 처음부터 무효인 것으로 간주되므로 취소할 수 있는 법률행위가 일단 취소된 이상 그 후에는 취소할 수 있는 법률행위의 추인에 의하여 이미 취소되어 무효인 것으로 간주된 당초의 의사표시를 다시 확정적으로 유효하게 할 수는 없고, 다만 무효인 법률행위의 추인의 요건과 효력으로서 추인할 수는 있으나, 무효행위의 추인은 그 무효 원인이 소멸한 후에 하여야 그 효력이 있고, 따라서 강박에 의한 의사표시임을 이유로 일단 유효하게 취소되어 당초의 의사표시가 무효로 된 후에 추인한 경우 그 추인이 효력을 가지기 위하여는 그 무효 원인이 소멸한 후일 것을 요한다고 할 것인데, 그 무효 원인이란 바로 위 의사표시의 취소사유라 할 것이므로 결국 무효 원인이 소멸한 후란 것은 당초의 의사표시의 성립 과정에 존재하였던 취소의 원인이 종료된 후, 즉 강박 상태에서 벗어난 후라고 보아야 한다(대판 1997.12.12, 95다38240).

② [○] 무효인 법률행위를 추인에 의하여 새로운 법률행위로 보기 위하여서는 당사자가 이전의 법률행위가 무효임을 알고 그 행위에 대하여 추인하여야 한다. 한편 추인은 묵시적으로도 가능하나, 묵시적 추인을 인정하기 위해서는 본인이 그 행위로 처하게 된 법적 지위를 충분히 이해하고 그럼에도 진의에 기하여 그 행위의 결과가 자기에게 귀속된다는 것을 승인한 것으로 볼만한 사정이 있어야 할 것이므로 이를 판단함에 있어서는 관계되는 여러 사정을 종합적으로 검토하여 신중하게 하여야 한다(대판 2014.3.27, 2012다106607).

③ [○] 무효인 법률행위를 추인에 의하여 새로운 법률행위로 보기 위하여는 당사자가 이전의 법률행위가 무효임을 알고 그 행위에 대하여 추인하여야 한다(대판 1998.12.22, 97다15715). 따라서 무효행위의 추인이 있었다는 사실은 새로운 법률행위의 성립을 주장하는 자가 증명하여야 한다.

④ [○] **제137조(법률행위의 일부무효)** 법률행위의 일부분이 무효인 때에는 그 전부를 무효로 한다. 그러나 그 무효부분이 없더라도 법률행위를 하였을 것이라고 인정될 때에는 나머지 부분은 무효가 되지 아니한다.

⑤ [○] 매매계약이 약정된 매매대금의 과다로 말미암아 민법 제104조에서 정하는 '불공정한 법률행위'에 해당하여 무효인 경우에도 무효행위의 전환에 관한 민법 제138조가 적용될 수 있다. 그러므로 재건축사업부지에 포함된 토지에 대하여 재건축사업조합과 토지의 소유자가 체결한 매매계약이 매매대금의 과다로 말미암아 불공정한 법률행위에 해당하지만, 그 매매대금을 적정한 금액으로 감액하여 매매계약의 유효성을 인정할 수 있다(대판 2010.7.15, 2009다50308).

186

무효에 관한 설명 중 옳지 않은 것은? (다툼이 있는 경우 판례에 의함)

22 경간부

① 무효행위의 추인은 그 무효원인이 소멸한 후에 하여야 효력이 있다.
② 특별한 사정이 없는 한, 법률행위가 불공정한 법률행위로서 무효인 경우 추인에 의하여 유효로 될 수 없다.
③ 무효인 법률행위는 그 법률행위가 성립한 당초부터 당연히 효력이 발생하지 않지만, 무효인 법률행위에 따른 법률효과를 침해하는 것처럼 보이는 위법행위나 채무불이행이 있다면 그로 인한 손해배상을 청구할 수 있다.
④ 무효행위의 추인이 있었다는 사실에 대한 증명책임은 새로운 법률행위의 성립을 주장하는 자에게 있다.

해설

답 ③

① [O] 취소한 법률행위는 처음부터 무효인 것으로 간주되므로 취소할 수 있는 법률행위가 일단 취소된 이상 그 후에는 취소할 수 있는 법률행위의 추인에 의하여 이미 취소되어 무효인 것으로 간주된 당초의 의사표시를 다시 확정적으로 유효하게 할 수는 없고, 다만 무효인 법률행위의 추인의 요건과 효력으로서 추인할 수는 있으나, 무효행위의 추인은 그 무효 원인이 소멸한 후에 하여야 그 효력이 있고, 따라서 강박에 의한 의사표시임을 이유로 일단 유효하게 취소되어 당초의 의사표시가 무효로 된 후에 추인한 경우 그 추인이 효력을 가지기 위하여는 그 무효 원인이 소멸한 후일 것을 요한다고 할 것인데, 그 무효 원인이란 바로 위 의사표시의 취소사유라 할 것이므로 결국 무효 원인이 소멸한 후란 것은 당초의 의사표시의 성립 과정에 존재하였던 취소의 원인이 종료된 후, 즉 강박 상태에서 벗어난 후라고 보아야 한다(대판 1997.12.12, 95다38240).

② [O] 불공정한 법률행위로서 무효인 경우에는 추인에 의하여 무효인 법률행위가 유효로 될 수 없다(대판 1994.6.24, 94다10900).

③ [×] 무효인 법률행위는 그 법률행위가 성립한 당초부터 당연히 효력이 발생하지 않는 것이므로, 무효인 법률행위에 따른 법률효과를 침해하는 것처럼 보이는 위법행위나 채무불이행이 있다고 하여도 법률효과의 침해에 따른 손해는 없는 것이므로 그 손해배상을 청구할 수는 없다(대판 2003.3.28, 2002다72125). 즉 통정허위표시의 당사자가 그로 인해 취득한 권리를 선의의 제3자가 채무불이행이나 불법행위로 침해한 경우에도 그 당사자의 권리취득은 무효이므로 손해가 발생하지 않아 손해배상청구를 할 수 없다.

④ [O]
> 제139조(무효행위의 추인) 무효인 법률행위는 추인하여도 그 효력이 생기지 아니한다. 그러나 당사자가 그 무효임을 알고 추인한 때에는 새로운 법률행위로 본다.

따라서 새로운 법률행위의 성립을 주장하는 자가 무효행위의 추인에 대하여 증명책임을 진다.

187 무효에 관한 설명으로 옳지 않은 것은? (다툼이 있는 경우 판례에 의함) 23 경간부

① 법률행위의 일부무효에 관한 「민법」의 규정은 복수의 당사자 사이에 합의가 이루어진 경우에도 적용될 수 있다.
② 무효인 법률행위에 따른 법률효과를 침해하는 것처럼 보이는 위법행위가 있더라도 그에 따른 손해배상을 청구할 수는 없다.
③ 당사자가 과실 없이 이전의 법률행위가 무효임을 모르고 후속행위를 하였더라도, 특별한 사정이 없는 한 그것만으로 이전의 법률행위를 묵시적으로 추인하였다고 단정할 수는 없다.
④ 타인의 권리를 권원 없이 자기의 이름으로 처분한 후에 본인이 그 처분을 인정한 경우, 특별한 사정이 없는 한 그 처분이 인정된 때부터 본인에 대하여 그 처분의 효력이 발생한다.

해설

답 ④

① [○] 복수의 당사자 사이에 중간생략등기의 합의를 한 경우 그 합의는 전체로서 일체성을 가지는 것이므로, 그중 한 당사자의 의사표시가 무효인 것으로 판명된 경우 나머지 당사자 사이의 합의가 유효한지의 여부는 민법 제137조에 정한 바에 따라 당사자가 그 무효 부분이 없더라도 법률행위를 하였을 것이라고 인정되는지의 여부에 의하여 판정되어야 할 것이고, 그 당사자의 의사는 실재하는 의사가 아니라 법률행위의 일부분이 무효임을 법률행위 당시에 알았다면 당사자 쌍방이 이에 대비하여 의욕 하였을 가정적 의사를 말한다(대판 1996.2.27, 95다38875).
② [○] 무효인 법률행위는 그 법률행위가 성립한 당초부터 당연히 효력이 발생하지 않는 것이므로, 무효인 법률행위에 따른 법률효과를 침해하는 것처럼 보이는 위법행위나 채무불이행이 있다고 하여도 법률효과의 침해에 따른 손해는 없는 것이므로 그 손해배상을 청구할 수는 없다(대판 2003.3.28, 2002다72125).
③ [○] 당사자가 이전의 법률행위가 존재함을 알고 그 유효함을 전제로 하여 이에 터 잡은 후속행위를 하였다고 해서 그것만으로 이전의 법률행위를 묵시적으로 추인하였다고 단정할 수는 없고, 묵시적 추인을 인정하기 위해서는 이전의 법률행위가 무효임을 알거나 적어도 무효임을 의심하면서도 그 행위의 효과를 자기에게 귀속시키도록 하는 의사로 후속행위를 하였음이 인정되어야 할 것이다(대판 2014.3.27, 2012다106607).
④ [×] 타인의 권리를 자기의 이름으로 처분하거나 또는 자기의 권리로 처분한 경우에 본인이 후일 그 처분행위를 인정하면 특단의 사유가 없는 한 그 처분행위의 효력이 본인에게 미친다(대판 1988.10.11, 87다카2238). 무권리자의 처분행위는 무효이나 무권대리행위 추인의 법리를 유추 적용하여 소급하여 유효하게 된다.

188 법률행위의 무효에 관한 설명으로 옳지 않은 것은? (다툼이 있으면 판례에 따름) 23 세무사

① 통정허위표시가 무효라고 해서 은닉행위가 당연히 무효로 되는 것은 아니다.
② 불공정한 법률행위에 해당하여 무효인 경우에는 무효행위의 전환에 관한 규정이 적용될 수 없다.
③ 법률행위 일부가 효력규정을 위반하여 일부무효의 법리가 적용되는 경우, 당사자의 가정적 의사를 탐구할 때 그 효력규정의 입법취지도 함께 고려하여야 한다.
④ 복수의 법률행위 중 어느 한 법률행위가 무효인 경우 그들 간 일체성이 인정된다면 일부무효의 법리가 적용될 수 있다.
⑤ 토지거래허가구역 내의 토지에 관해 애초 허가를 잠탈하는 내용으로 체결된 매매계약은 그 후 허가구역지정이 해제되더라도 유효로 되지 않는다.

해설
답 ②

① [○] 매도인이 경영하던 기업이 부도가 나서 그가 주식을 매도할 경우 매매대금이 모두 채권자은행에 귀속될 상황에 처하자 이러한 사정을 잘 아는 매수인이 매매계약서상의 매매대금은 형식상 금 8,000원으로 하고 나머지 실질적인 매매대금은 매도인의 처와 상의하여 그에게 적절히 지급하겠다고 하여 매도인과 그와 같은 주식매매계약을 체결한 경우, 매매계약상의 대금 8,000원이 적극적 은닉행위를 수반하는 허위표시라 하더라도 실지 지급하여야 할 매매대금의 약정이 있는 이상 위 매매대금에 관한 외형행위가 아닌 내면적 은닉행위는 유효하고 따라서 실지매매대금에 의한 위 매매계약은 유효하다(대판 1993.8.27, 93다12930).
② [×] 매매계약이 약정된 매매대금의 과다로 말미암아 민법 제104조에서 정하는 '불공정한 법률행위'에 해당하여 무효인 경우에도 무효행위의 전환에 관한 민법 제138조가 적용될 수 있다. 그러므로 재건축사업부지에 포함된 토지에 대하여 재건축사업조합과 토지의 소유자가 체결한 매매계약이 매매대금의 과다로 말미암아 불공정한 법률행위에 해당하지만, 그 매매대금을 적정한 금액으로 감액하여 매매계약의 유효성을 인정할 수 있다(대판 2010.7.15, 2009다50308).
③ [○] 민법 제137조는 임의규정으로서 법률행위 자치의 원칙이 지배하는 영역에서 그 적용이 있다. 그리하여 법률행위의 일부가 강행법규인 효력규정에 위반되어 무효가 되는 경우 그 부분의 무효가 나머지 부분의 유·무효에 영향을 미치는가의 여부를 판단함에 있어서는, 개별 법령이 일부 무효의 효력에 관한 규정을 두고 있는 경우에는 그에 따르고, 그러한 규정이 없다면 민법 제137조 본문에서 정한 바에 따라서 원칙적으로 법률행위의 전부가 무효가 된다. 그러나 같은 조 단서는 당사자가 위와 같은 무효를 알았더라면 그 무효의 부분이 없더라도 법률행위를 하였을 것이라고 인정되는 경우에는, 그 무효 부분을 제외한 나머지 부분이 여전히 효력을 가진다고 정한다. 이때 당사자의 의사는 법률행위의 일부가 무효임을 법률행위 당시에 알았다면 의욕 하였을 가정적 효과의사를 가리키는 것으로서, 당해 효력규정을 둔 입법 취지 등을 고려할 때 법률행위 전부가 무효로 된다면 그 입법 취지에 반하는 결과가 되는 등의 경우에는 여기서 당사자의 가정적 의사는 다른 특별한 사정이 없는 한 무효의 부분이 없더라도 그 법률행위를 하였을 것으로 인정되어야 한다(대판 2013.4.26, 2011다9068).
④ [○] 복수의 당사자 사이에 중간생략등기의 합의를 한 경우 그 합의는 전체로서 일체성을 가지는 것이므로, 그 중 한 당사자의 의사표시가 무효인 것으로 판명된 경우 나머지 당사자 사이의 합의가 유효한지의 여부는 민법 제137조에 정한 바에 따라 당사자가 그 무효 부분이 없더라도 법률행위를 하였을 것이라고 인정되는지의 여부에 의하여 판정되어야 할 것이고, 그 당사자의 의사는 실재하는 의사가 아니라 법률행위의 일부분이 무효임을 법률행위 당시에 알았다면 당사자 쌍방이 이에 대비하여 의욕 하였을 가정적 의사를 말한다(대판 1996.2.27, 95다38875).

⑤ [O] 국토이용관리법상 토지의 거래계약허가구역으로 지정된 구역 안의 토지에 관하여 관할 행정청의 허가를 받지 아니하고 체결한 토지거래계약은 처음부터 그 허가를 배제하거나 잠탈하는 내용의 계약일 경우에는 확정적 무효로서 유효화 될 여지가 없다(대판 1999.6.17, 98다40459 전합).

189

원칙적으로 소급효가 있는 추인을 모두 고른 것은? (다툼이 있으면 판례에 따름)   23 세무사

ㄱ. 무권리자의 처분행위에 대한 권리자의 추인
ㄴ. 무효인 가장행위에 대한 당사자의 추인
ㄷ. 무권대리행위에 대한 본인의 추인

① ㄴ
② ㄷ
③ ㄱ, ㄴ
④ ㄱ, ㄷ
⑤ ㄱ, ㄴ, ㄷ

해설   답 ④

ㄱ. [O] 권리자가 무권리자의 처분을 추인하면 무권대리에 대해 본인이 추인을 한 경우와 당사자들 사이의 이익상황이 유사하므로, 무권대리의 추인에 관한 민법 제130조, 제133조 등을 무권리자의 추인에 유추 적용할 수 있다. 따라서 무권리자의 처분이 계약으로 이루어진 경우에 권리자가 이를 추인하면 원칙적으로 계약의 효과가 계약을 체결했을 때에 소급하여 권리자에게 귀속된다고 보아야 한다(대판 2017.6.8, 2017다3499).

ㄴ. [×] 제139조(무효행위의 추인) 무효인 법률행위는 추인하여도 그 효력이 생기지 아니한다. 그러나 당사자가 그 무효임을 알고 추인한 때에는 새로운 법률행위로 본다.

ㄷ. [O] 제133조(추인의 효력) 추인은 다른 의사표시가 없는 때에는 계약 시에 소급하여 그 효력이 생긴다. 그러나 제3자의 권리를 해하지 못한다.

190 민법상 법률행위의 무효에 관한 설명으로 옳지 않은 것은? (다툼이 있으면 판례에 따름)

① 법률행위의 일부분이 무효인 때 그 무효부분이 없더라도 법률행위를 하였을 것이라고 인정될 때에는 나머지 부분은 무효가 되지 않는다.
② 무효인 법률행위가 다른 법률행위의 요건을 구비하고 당사자가 그 무효를 알았더라면 다른 법률행위를 하는 것을 의욕 하였으리라고 인정될 때에는 다른 법률행위로서 효력을 가진다.
③ 무효인 법률행위를 당사자가 그 무효임을 알고 추인한 경우에는 그 무효원인이 소멸되기 전이라도 새로운 법률행위로 본다.
④ 무효행위의 추인은 단독행위로서 묵시적인 방법으로도 할 수 있다.
⑤ 유동적 무효상태의 거래계약이 확정적으로 무효가 된 경우에는 확정적 무효로 됨에 있어서 귀책사유가 있는 자라고 하더라도 그 계약의 무효를 주장할 수 있다.
⑥ 사법상의 계약 기타 법률행위가 일정한 행위를 금지하는 구체적 법 규정을 위반하여 행하여진 경우에 법률행위가 무효인가 또는 법원이 법률행위 내용의 실현에 대한 조력을 거부하거나 기타 다른 내용으로 그 효력이 제한되는가의 여부는 당해 법규정이 가지는 넓은 의미에서의 법률효과에 관한 문제의 일환으로서, 법 규정의 해석 여하에 의하여 정하여지므로, 그 점에 관한 명문의 정함이 있다면 당연히 이에 따라야 할 것이고, 그러한 정함이 없는 때에는 종국적으로 금지규정의 목적과 의미에 비추어 그에 반하는 법률행위의 무효 기타 효력 제한이 요구되는지를 검토하여 이를 정할 것이다.

해설 답 ③

① [O] 제137조(법률행위의 일부무효) 법률행위의 일부분이 무효인 때에는 그 전부를 무효로 한다. 그러나 그 무효부분이 없더라도 법률행위를 하였을 것이라고 인정될 때에는 나머지 부분은 무효가 되지 아니한다.

② [O] 제138조(무효행위의 전환) 무효인 법률행위가 다른 법률행위의 요건을 구비하고 당사자가 그 무효를 알았더라면 다른 법률행위를 하는 것을 의욕하였으리라고 인정될 때에는 다른 법률행위로서 효력을 가진다.

③ [×] 취소한 법률행위는 처음부터 무효인 것으로 간주되므로 취소할 수 있는 법률행위가 일단 취소된 이상 그 후에는 취소할 수 있는 법률행위의 추인에 의하여 이미 취소되어 무효인 것으로 간주된 당초의 의사표시를 다시 확정적으로 유효하게 할 수는 없고, 다만 무효인 법률행위의 추인의 요건과 효력으로서 추인할 수는 있으나, 무효행위의 추인은 그 무효 원인이 소멸한 후에 하여야 그 효력이 있고, 따라서 강박에 의한 의사표시임을 이유로 일단 유효하게 취소되어 당초의 의사표시가 무효로 된 후에 추인한 경우 그 추인이 효력을 가지기 위하여는 그 무효 원인이 소멸한 후일 것을 요한다고 할 것인데, 그 무효 원인이란 바로 위 의사표시의 취소사유라 할 것이므로 결국 무효 원인이 소멸한 후란 것은 당초의 의사표시의 성립 과정에 존재하였던 취소의 원인이 종료된 후, 즉 강박 상태에서 벗어난 후라고 보아야 한다(대판 1997.12.12, 95다38240).

④ [O] 무효행위 또는 무권대리행위의 추인은 무효행위 등이 있음을 알고 그 행위의 효과를 자기에게 귀속시키도록 하는 단독행위로서 묵시적인 방법으로도 할 수 있으므로, 본인이 그 행위로 처하게 된 법적 지위를 충분히 이해하고 그럼에도 진의에 기하여 그 행위의 결과가 자기에게 귀속된다는 것을 승인한 것으로 볼 만한 사정이 있는 경우에는 묵시적으로 추인한 것으로 볼 수 있다(대판 2011.2.10, 2010다83199,83205).

⑤ [O] 거래계약이 확정적으로 무효가 된 경우에는 거래계약이 확정적으로 무효로 됨에 있어서 귀책사유가 있는 자라고 하더라도 그 계약의 무효를 주장할 수 있다(대판 1997.7.25, 97다4357·4364).
⑥ [O] 사법상의 계약 기타 법률행위가 일정한 행위를 금지하는 구체적 법 규정을 위반하여 행하여진 경우에 법률행위가 무효인가 또는 법원이 법률행위 내용의 실현에 대한 조력을 거부하거나 기타 다른 내용으로 그 효력이 제한되는가의 여부는 당해 법규정이 가지는 넓은 의미에서의 법률효과에 관한 문제의 일환으로서, 법 규정의 해석 여하에 의하여 정하여진다. 따라서 그 점에 관한 명문의 정함이 있다면 당연히 이에 따라야 할 것이고, 그러한 정함이 없는 때에는 종국적으로 금지규정의 목적과 의미에 비추어 그에 반하는 법률행위의 무효 기타 효력 제한이 요구되는지를 검토하여 이를 정할 것이다(대판 2019.6.13, 2018다258562).

191

법률행위의 무효에 관한 설명으로 옳지 않은 것은? (다툼이 있는 경우 판례에 의함)

24 경간부 변형

① 법률행위의 일부분이 무효인 때에는 특별한 사정이 없는 한 그 전부를 무효로 한다.
② 의사무능력자의 법률행위는 절대적 무효이므로, 당사자 사이뿐만 아니라 제3자에 대한 관계에서도 무효이다.
③ 무효인 법률행위에 따른 법률효과를 침해하는 것처럼 보이는 위법행위가 있다고 하더라도 그 손해배상을 청구할 수 없다.
④ 통정허위표시에 의한 매매계약의 당사자가 무효임을 알고 추인한 때에는 특별한 사정이 없는 한 계약을 체결한 때부터 유효한 매매로 된다.
⑤ 법률행위의 일부무효 법리는 여러 개의 계약이 체결된 경우에 그 계약 전부가 경제적, 사실적으로 일체로서 행하여져서 하나의 계약인 것과 같은 관계에 있는 경우에도 적용된다.

해설

답 ④

① [O] **제137조(법률행위의 일부무효)** 법률행위의 일부분이 무효인 때에는 그 전부를 무효로 한다. 그러나 그 무효부분이 없더라도 법률행위를 하였을 것이라고 인정될 때에는 나머지 부분은 무효가 되지 아니한다.

② [O] '절대적 무효'란 법률행위를 한 당사자뿐 아니라 제3자에 대한 관계에서도 효력이 없는 경우를 의미한다.

③ [O] 무효인 법률행위는 그 법률행위가 성립한 당초부터 당연히 효력이 발생하지 않는 것이므로, 무효인 법률행위에 따른 법률효과를 침해하는 것처럼 보이는 위법행위나 채무불이행이 있다고 하여도 법률효과의 침해에 따른 손해는 없는 것이므로 그 손해배상을 청구할 수는 없다(대판 2003.3.28, 2002다72125).

④ [X] **제139조(무효행위의 추인)** 무효인 법률행위는 추인하여도 그 효력이 생기지 아니한다. 그러나 당사자가 그 무효임을 알고 추인한 때에는 새로운 법률행위로 본다.

'무효인 행위의 추인'이라 함은 법률행위로서의 효과가 확정적으로 발생하지 아니하는 무효행위를 뒤에 유효하게 하는 의사표시를 말하는 것으로 원래 무효인 행위는 그 효과가 발생하지 않은 것으로 확정되어 있는 것이므로 그 뒤의 어떠한 사유에 의하여서도 이를 유효하게 할 수 없는 것이나, 법은 편의상 당사자의 의사를 추측하여 추인에 의하여 이것을 새로운 행위를 한 것으로 보아 유효하게 하고 있는 것이므로 이 경우의 추인은 무효행위를 사후에 유효로 하는 것이 아니라 "새로운 의사표시"에 의하여 새로운 행위가 있는 것으로 하여 그때부터 유효하게 되는 것이므로 추인은 "법률행위"이며 또 무효행위의 추인에는 "소급효가 인정되지 않는다"(대판 1983.9.27, 83므22).

⑤ [O] 대판 2024.4.4, 2023다298670

Ⅲ. 법률행위의 취소

192 1993년 3월 25일 생인 甲은 법정대리인의 동의 없이 2010년 3월 24일 자기 소유의 부동산을 乙에게 매도하는 계약을 체결하였다. 이 경우 제한능력을 이유로 甲자신이 위 매매계약을 취소하려면 언제까지 취소권을 행사하여야 하는가?

① 2013년 3월 23일 24시
② 2015년 3월 24일 24시
③ 2015년 3월 25일 24시
④ 2020년 3월 23일 24시
⑤ 2020년 3월 24일 24시

> **해설**   답 ②

② [O] 甲은 2012년 3월 24일 24시에 성년이 된다(초일 산입, 제158조). 한편, 취소권은 추인할 수 있는 날로부터 3년, 법률행위를 한 날로부터 10년의 경과로 소멸한다(제146조). 그러므로 추인할 수 있는 날인 2012년 3월 25일부터 기산(기간이 오전 0시로부터 시작하는 때에는 초일 산입, 제157조 단서)하면 2015년 3월 24일 24시까지 취소권을 행사하여야 한다.

193 2017년 5월 2일 甲은 자기 소유의 X부동산을 미성년자 乙에게 매도하는 매매계약을 체결하였다. 매매계약 당시에 乙은 법정대리인의 동의를 받지 않았으며, 2019년 3월 3일에 乙은 만 19세가 되었다. 이에 관한 설명으로 옳은 것은? (다툼이 있으면 판례에 따름)

① 乙이 2022년 6월경 매매계약을 취소하더라도 이때에는 이미 취소권의 행사기간 경과로 인하여 취소권이 소멸되었으므로 취소권 행사의 효력이 발생하지 않는다.
② 2018년 3월경 甲이 乙에 대한 매매대금 지급청구권을 제3자에게 양도한 경우에는 법정추인이 되므로, 乙은 더 이상 매매계약을 취소할 수 없다.
③ 2017년 6월경 甲이 乙에게 1월 이상의 기간을 정하여 매매계약을 추인할 것인지의 확답을 촉구하였는데, 이에 대하여 乙이 확답을 발송하지 않은 경우에는 乙은 매매계약을 취소할 수 없다.
④ 甲은 乙이 추인을 하기 전에는 매매계약의 이행을 거절할 수 있다.
⑤ 매매계약 체결 시에 乙이 주민등록증을 위조하여 성년자인 것처럼 속임수를 쓰고 이에 甲이 속아서 매매계약을 체결하였더라도 乙은 그 매매계약을 취소할 수 있다.

해설   답 ①

① [O] 제146조(취소권의 소멸) 취소권은 추인할 수 있는 날로부터 3년 내에 법률행위를 한 날로부터 10년 내에 행사하여야 한다.

乙은 추인할 수 있는 날인 2019년 3월 3일부터 만 19세가 되었으므로, 그때부터 3년이 지난 2022년 6월경에는 취소권이 소멸하였다.
② [×] 甲은 취소권자가 아니어서, 법정추인이 되지 않는다.
③ [×] 乙은 능력자가 아직 되지 않았으므로, 촉구는 부적법하다(제15조 제1항 참고).
④ [×] 계약은 일단 유효하므로, 甲은 매매계약의 이행을 거절할 수 없다.
⑤ [×] 제17조(제한능력자의 속임수) ① 제한능력자가 속임수로써 자기를 능력자로 믿게 한 경우에는 그 행위를 취소할 수 없다.

194 의사표시의 취소에 관한 설명으로 옳은 것을 모두 고른 것은? (다툼이 있으면 판례에 따름)

15 노무사

> a. 민법은 법률행위의 일부 무효에 대하여는 규정하고 있으나 일부 취소에 대하여는 규정하고 있지 않으므로, 법률행위의 일부 취소는 할 수 없다.
> b. 법정대리인의 동의 없이 신용구매계약을 체결한 미성년자가 그 후에 법정대리인의 동의 없음을 사유로 들어 이를 취소하는 것은 신의칙에 위배되지 않는다.
> c. 상대방의 대리인 등 상대방과 동일시할 수 있는 자의 강박은 제3자의 강박에 해당하지 않는다.

① b
② a, b
③ a, c
④ b, c
⑤ a, b, c

해설

답 ④

a. [×] 하나의 법률행위의 일부분에만 취소사유가 있다고 하더라도 그 법률행위가 가분적이거나 그 목적물의 일부가 특정될 수 있다면, 그 나머지 부분이라도 이를 유지하려는 당사자의 가정적 의사가 인정되는 경우 그 일부만의 취소도 가능하다 할 것이고, 그 일부의 취소는 법률행위의 일부에 관하여 효력이 생긴다(대판 1998.2.10, 97다44737).
b. [O] 법정대리인의 동의를 얻지 않고 신용카드 가맹점과 신용구매계약을 체결한 미성년자가 사후에 법정대리인의 동의 없음을 들어 그 계약을 취소하는 것은 신의칙에 반하지 않는다(대판 2007.11.16, 2005다71659·71666·71673).
c. [O] 상대방의 대리인 등 상대방과 동일시할 수 있는 자의 사기 또는 강박은 상대방의 사기·강박에 해당한다고 하면서(대판 1999.2.23, 98다60828·60835), 은행의 출장소장의 행위는 은행 또는 은행과 동일시할 수 있는 자의 사기일 뿐 제3자의 사기로 볼 수 없으므로, 은행이 그 사기 사실을 알았거나 알 수 있었을 경우에 한하여 위 약정을 취소할 수 있는 것은 아니라고 본다.

195 법률행위의 무효와 취소에 관한 설명으로 옳지 않은 것은? (다툼이 있으면 판례에 따름)

17 노무사

① 가분적 법률행위의 일부분에만 취소사유가 있는 경우 나머지 부분이라도 이를 유지하려는 당사자의 가정적 의사가 인정되더라도 그 일부만의 취소는 불가능하다.
② 반사회적 법률행위는 당사자의 추인으로 유효하게 될 수 없다.
③ 법정대리인의 동의 없이 행한 미성년자의 법률행위는 미성년자가 단독으로 취소할 수 있다.
④ 법률행위의 일부분이 무효인 경우 원칙적으로 그 전부를 무효로 한다.
⑤ 제한능력을 이유로 법률행위가 취소된 경우, 제한능력자는 현존이익의 한도에서 상환할 책임이 있다.

해설 답 ①

① [×] 하나의 법률행위의 일부분에만 취소사유가 있다고 하더라도 그 법률행위가 가분적이거나 그 목적물의 일부가 특정될 수 있다면, 그 나머지 부분이라도 이를 유지하려는 당사자의 가정적 의사가 인정되는 경우 그 일부만의 취소도 가능하다 할 것이고, 그 일부의 취소는 법률행위의 일부에 관하여 효력이 생긴다(대판 1998.2.10, 97다44737).
② [○] 제103조, 제104조 무효행위는 추인가능성이 없다(대판 2002.3.15, 2001다77352·77369).
③ [○] 제5조(미성년자의 능력) ① 미성년자가 법률행위를 함에는 법정대리인의 동의를 얻어야 한다. 그러나 권리만을 얻거나 의무만을 면하는 행위는 그러하지 아니하다.
② 전항의 규정에 위반한 행위는 취소할 수 있다.
④ [○] 제137조(법률행위의 일부무효) 법률행위의 일부분이 무효인 때에는 그 전부를 무효로 한다. 그러나 그 무효부분이 없더라도 법률행위를 하였을 것이라고 인정될 때에는 나머지 부분은 무효가 되지 아니한다.
⑤ [○] 제141조(취소의 효과) 취소된 법률행위는 처음부터 무효인 것으로 본다. 다만, 제한능력자는 그 행위로 인하여 받은 이익이 현존하는 한도에서 상환(償還)할 책임이 있다.

196 무효와 취소에 관한 설명으로 옳은 것은? (다툼이 있으면 판례에 따름)

19 노무사

① 무효인 법률행위의 당사자가 그 무효임을 알고 추인한 때에는 새로운 법률행위로 본다.
② 취소권자가 이의의 보류 없이 상대방으로부터 일부의 이행을 수령한 경우에도 법정추인이 되지 않는다.
③ 불공정한 법률행위는 법정추인에 의해 유효로 될 수 있다.
④ 강박에 의한 의사표시를 취소하여 무효가 된 법률행위는 그 무효원인이 종료하더라도 무효행위 추인의 요건에 따라 다시 추인할 수 없다.
⑤ 토지거래허가구역 내의 토지의 매도인은 거래허가 전이라도 매수인의 대금지급의무의 불이행을 이유로 계약을 해제할 수 있다.

해설
답 ①

① [○] 제139조(무효행위의 추인) 무효인 법률행위는 추인하여도 그 효력이 생기지 아니한다. 그러나 당사자가 그 무효임을 알고 추인한 때에는 새로운 법률행위로 본다.

② [×] 제145조(법정추인) 취소할 수 있는 법률행위에 관하여 전조의 규정에 의하여 추인할 수 있는 후에 다음 각 호의 사유가 있으면 추인한 것으로 본다. 그러나 이의를 보류한 때에는 그러하지 아니하다.
1. 전부나 일부의 이행

③ [×] 제103조, 제104조 무효행위는 추인가능성이 없다(대판 2002.3.15, 2001다77352·77369).

④ [×] 취소한 법률행위는 처음부터 무효인 것으로 간주되므로 취소할 수 있는 법률행위가 일단 취소된 이상 그 후에는 취소할 수 있는 법률행위의 추인에 의하여 이미 취소되어 무효인 것으로 간주된 당초의 의사표시를 다시 확정적으로 유효하게 할 수는 없고, 다만 무효인 법률행위의 추인의 요건과 효력으로서 추인할 수는 있으나, 무효행위의 추인은 그 무효 원인이 소멸한 후에 하여야 그 효력이 있고, 따라서 강박에 의한 의사표시임을 이유로 일단 유효하게 취소되어 당초의 의사표시가 무효로 된 후에 추인한 경우 그 추인이 효력을 가지기 위하여는 그 무효 원인이 소멸한 후일 것을 요한다고 할 것인데, 그 무효 원인이란 바로 위 의사표시의 취소사유라 할 것이므로 결국 무효 원인이 소멸한 후란 것은 당초의 의사표시의 성립 과정에 존재하였던 취소의 원인이 종료된 후, 즉 강박 상태에서 벗어난 후라고 보아야 한다(대판 1997.12.12, 95다38240).

⑤ [×] 허가받을 것을 전제로 한 거래계약은 허가받기 전의 상태에서는 거래계약의 채권적 효력도 전혀 발생하지 않으므로 권리의 이전 또는 설정에 관한 어떠한 내용의 이행청구도 할 수 없다(대판 1991.12.24, 90다12243 전합). 따라서 그러한 거래계약의 당사자로서는 허가받기 전의 상태에서 상대방의 거래계약상 채무불이행을 이유로 거래계약을 해제하거나 그로 인한 손해배상을 청구할 수 없다(대판 1997.7.25, 97다4357·4364).

197

취소할 수 있는 법률행위의 법정추인 사유가 아닌 것은? (다툼이 있으면 판례에 따름)

① 전부나 일부의 이행
② 이행의 청구
③ 이의를 보류한 경개
④ 담보의 제공
⑤ 강제집행

해설
답 ③

제145조(법정추인) 취소할 수 있는 법률행위에 관하여 전조의 규정에 의하여 추인할 수 있는 후에 다음 각 호의 사유가 있으면 추인한 것으로 본다. 그러나 이의를 보류한 때에는 그러하지 아니하다.
1. 전부나 일부의 이행
2. 이행의 청구
3. 경개
4. 담보의 제공
5. 취소할 수 있는 행위로 취득한 권리의 전부나 일부의 양도
6. 강제집행

198 법률행위의 무효 또는 취소에 관한 설명으로 옳은 것은? (다툼이 있으면 판례에 따름) 20 노무사

① 법률행위의 일부분이 무효인 경우 원칙적으로 그 일부분만 무효이다.
② 제한능력자가 법률행위를 취소한 경우 원칙적으로 그가 받은 이익 전부를 상환하여야 한다.
③ 취소할 수 있는 법률행위는 추인권자의 추인이 있은 후에는 취소하지 못한다.
④ 법률행위의 취소권은 법률행위를 한 날로부터 3년 내에, 추인할 수 있는 날로부터 10년 내에 행사하여야 한다.
⑤ 매도인에게 부과될 공과금을 매수인이 책임진다는 취지의 특약은 사회질서에 반하므로 무효이다.

해설
답 ③

① [×] 제137조(법률행위의 일부무효) 법률행위의 일부분이 무효인 때에는 그 전부를 무효로 한다. 그러나 그 무효부분이 없더라도 법률행위를 하였을 것이라고 인정될 때에는 나머지 부분은 무효가 되지 아니한다.

② [×] 제141조(취소의 효과) 취소된 법률행위는 처음부터 무효인 것으로 본다. 다만, 제한능력자는 그 행위로 인하여 받은 이익이 현존하는 한도에서 상환(償還)할 책임이 있다.

③ [○] 제143조(추인의 방법, 효과) ① 취소할 수 있는 법률행위는 제140조에 규정한 자가 추인할 수 있고 추인 후에는 취소하지 못한다.
② 전조의 규정은 전항의 경우에 준용한다.

④ [×] 제146조(취소권의 소멸) 취소권은 추인할 수 있는 날로부터 3년 내에 법률행위를 한 날로부터 10년 내에 행사하여야 한다.

⑤ [×] 매매계약에서 매도인에게 부과될 공과금을 매수인이 책임진다는 취지의 특약을 하였다 하더라도 이는 공과금이 부과되는 경우 그 부담을 누가 할 것인가에 관한 약정으로서 그 자체가 불법조건이라고 할 수 없고 이것만 가지고 사회질서에 반한다고 단정하기도 어렵다(대판 1993.5.25, 93다296).

199 무효행위에 관한 설명으로 옳지 않은 것은? (다툼이 있으면 판례에 따름)

① 취소할 수 있는 법률행위가 취소된 후에는 무효행위의 추인요건을 갖추더라도 다시 추인될 수 없다.
② 무효행위의 추인은 묵시적으로 이루어질 수 있다.
③ 무효행위의 추인이 있었다는 사실은 새로운 법률행위의 성립을 주장하는 자가 증명하여야 한다.
④ 법률행위의 일부분이 무효인 때에는 특별한 사정이 없는 한 그 전부를 무효로 한다.
⑤ 불공정한 법률행위에는 무효행위의 전환에 관한 민법 제138조가 적용될 수 있다.

해설
답 ①

① [×] 취소한 법률행위는 처음부터 무효인 것으로 간주되므로 취소할 수 있는 법률행위가 일단 취소된 이상 그 후에는 취소할 수 있는 법률행위의 추인에 의하여 이미 취소되어 무효인 것으로 간주된 당초의 의사표시를 다시 확정적으로 유효하게 할 수는 없고, 다만 무효인 법률행위의 추인의 요건과 효력으로서 추인할 수는 있으나, 무효행위의 추인은 그 무효 원인이 소멸한 후에 하여야 그 효력이 있고, 따라서 강박에 의한 의사표시임을 이유로 일단 유효하게 취소되어 당초의 의사표시가 무효로 된 후에 추인한 경우 그 추인이 효력을 가지기 위하여는 그 무효 원인이 소멸한 후일 것을 요한다고 할 것인데, 그 무효 원인이란 바로 위 의사표시의 취소사유라 할 것이므로 결국 무효 원인이 소멸한 후란 것은 당초의 의사표시의 성립 과정에 존재하였던 취소의 원인이 종료된 후, 즉 강박 상태에서 벗어난 후라고 보아야 한다(대판 1997.12.12, 95다38240).

② [O] 무효인 법률행위를 추인에 의하여 새로운 법률행위로 보기 위하여서는 당사자가 이전의 법률행위가 무효임을 알고 그 행위에 대하여 추인하여야 한다. 한편 추인은 묵시적으로도 가능하나, 묵시적 추인을 인정하기 위해서는 본인이 그 행위로 처하게 된 법적 지위를 충분히 이해하고 그럼에도 진의에 기하여 그 행위의 결과가 자기에게 귀속된다는 것을 승인한 것으로 볼만한 사정이 있어야 할 것이므로 이를 판단함에 있어서는 관계되는 여러 사정을 종합적으로 검토하여 신중하게 하여야 한다(대판 2014.3.27, 2012다106607).

③ [O] 무효인 법률행위를 추인에 의하여 새로운 법률행위로 보기 위하여는 당사자가 이전의 법률행위가 무효임을 알고 그 행위에 대하여 추인하여야 한다(대판 1998.12.22, 97다15715). 따라서 무효행위의 추인이 있었다는 사실은 새로운 법률행위의 성립을 주장하는 자가 증명하여야 한다.

④ [O] **제137조(법률행위의 일부무효)** 법률행위의 일부분이 무효인 때에는 그 전부를 무효로 한다. 그러나 그 무효부분이 없더라도 법률행위를 하였을 것이라고 인정될 때에는 나머지 부분은 무효가 되지 아니한다.

⑤ [O] 매매계약이 약정된 매매대금의 과다로 말미암아 민법 제104조에서 정하는 '불공정한 법률행위'에 해당하여 무효인 경우에도 무효행위의 전환에 관한 민법 제138조가 적용될 수 있다. 그러므로 재건축사업부지에 포함된 토지에 대하여 재건축사업조합과 토지의 소유자가 체결한 매매계약이 매매대금의 과다로 말미암아 불공정한 법률행위에 해당하지만, 그 매매대금을 적정한 금액으로 감액하여 매매계약의 유효성을 인정할 수 있다(대판 2010.7.15, 2009다50308).

200 법률행위의 무효와 취소에 관한 설명으로 옳은 것은? (다툼이 있으면 판례에 따름) 19 변리사

① 착오가 의사표시자의 중대한 과실로 인한 경우에는 상대방이 그 착오를 알고 이를 이용하였더라도 의사표시자는 착오를 이유로 의사표시를 취소할 수 없다.
② 통정허위표시의 무효는 선의의 제3자에게 대항하지 못하며, 이때 제3자는 선의이면 족하고 무과실을 요하지 않는다.
③ 무효인 가등기를 유효한 등기로 전용할 것을 약정하였다면, 무효행위의 전환이론에 따라 무효인 가등기는 그 등기시로 소급하여 유효로 전환된다.
④ 취소권을 행사할 수 있는 기간의 경과 여부는 당사자가 주장하여야 하므로, 법원이 이를 당연히 조사하고 고려해야 할 사항은 아니다.
⑤ 유동적 무효인 토지거래계약이 확정적으로 무효가 된 경우, 이에 대해 귀책사유가 있는 자는 계약의 무효를 주장할 수 없다.

해설

답 ②

① [×] 상대방이 표의자의 착오를 알면서 이를 이용한 경우에 표의자에게 중대한 과실이 있더라도 표의자는 그 의사표시를 취소할 수 있다(대판 1955.11.10, 4288민상321). 민법 제109조 제1항 단서는 의사표시의 착오가 표의자의 중대한 과실로 인한 때에는 그 의사표시를 취소하지 못한다고 규정하고 있는데, 위 단서 규정은 표의자의 상대방의 이익을 보호하기 위한 것이므로, 상대방이 표의자의 착오를 알고 이를 이용한 경우에는 착오가 표의자의 중대한 과실로 인한 것이라고 하더라도 표의자는 의사표시를 취소할 수 있다(대판 2014.11.27, 2013다49794).
② [○] 제3자는 선의이기만 하면 되고, 무과실은 요구되지 않는다(대판 2007.11.29, 2007다53013).
③ [×] 무효인 가등기를 유효한 등기로 전용키로 한 약정은 그때부터 유효하고 이로써 위 가등기가 소급하여 유효한 등기로 전환될 수 없다(대판 1992.5.12, 91다26546).
④ [×] 소멸시효의 완성은 권리항변사실 중 권리멸각사실이므로 당사자가 주장해야 하지만, 제척기간의 도과는 법관이 직권으로 조사해야 하는 직권조사사항이다.
⑤ [×] 거래계약이 확정적으로 무효가 된 경우에는 거래계약이 확정적으로 무효로 됨에 있어서 귀책사유가 있는 자라고 하더라도 그 계약의 무효를 주장할 수 있다(대판 1997.7.25, 97다4357·4364).

201 법률행위의 취소에 관한 설명으로 옳지 않은 것은? (다툼이 있으면 판례에 따름) 21 변리사

① 제한능력자의 법률행위에 대한 법정대리인의 추인은 취소의 원인이 소멸된 후에 하여야 그 효력이 있다.
② 취소할 수 있는 법률행위로 취득한 권리를 취소권자의 상대방이 제3자에게 양도한 경우, 법정추인이 되지 않는다.
③ 법률행위의 취소를 전제로 한 소송상의 이행청구나 이를 전제로 한 이행거절에는 취소의 의사표시가 포함되어 있다고 볼 수 있다.
④ 취소할 수 있는 법률행위는 취소권자가 추인할 수 있는 후에 이의를 보류하지 않고 이행청구를 하면 추인한 것으로 본다.
⑤ 취소권자가 취소할 수 있는 법률행위를 적법하게 추인한 경우, 그 법률행위를 다시 취소할 수 없다.

해설
답 ①

① [×] 제144조(추인의 요건) ① 추인은 취소의 원인이 소멸된 후에 하여야만 효력이 있다.
② 제1항은 법정대리인 또는 후견인이 추인하는 경우에는 적용하지 아니한다.

② [○] 제145조(법정추인) 취소할 수 있는 법률행위에 관하여 전조의 규정에 의하여 추인할 수 있는 후에 다음 각 호의 사유가 있으면 추인한 것으로 본다. 그러나 이의를 보류한 때에는 그러하지 아니하다.
5. 취소할 수 있는 행위로 취득한 권리의 전부나 일부의 양도

취소권자가 양도하는 경우에 한한다. 그리고 취득한 권리에 제한물권을 설정하는 경우도 포함한다. 다만 취소함으로써 발생하게 될 장래의 채권에 대한 양도는 포함되지 않는다.

③ [○] 법률행위의 취소는 상대방에 대한 의사표시로 하여야 하나 그 취소의 의사표시는 특별히 재판상 행하여짐이 요구되는 경우 이외에는 특정한 방식이 요구되는 것이 아니고, 취소의 의사가 상대방에 의하여 인식될 수 있다면 어떠한 방법에 의하더라도 무방하다고 할 것이고, 법률행위의 취소를 당연한 전제로 한 소송상의 이행청구나 이를 전제로 한 이행거절 가운데는 취소의 의사표시가 포함되어 있다고 볼 수 있다(대판 1993.9.14, 93다13162).

④ [○] 제145조(법정추인) 취소할 수 있는 법률행위에 관하여 전조의 규정에 의하여 추인할 수 있는 후에 다음 각 호의 사유가 있으면 추인한 것으로 본다. 그러나 이의를 보류한 때에는 그러하지 아니하다.
2. 이행의 청구

⑤ [○] 제143조(추인의 방법, 효과) ① 취소할 수 있는 법률행위는 제140조에 규정한 자가 추인할 수 있고 추인 후에는 취소하지 못한다.

202

법률행위의 무효와 취소에 관한 설명으로 옳지 않은 것은? (다툼이 있으면 판례에 따름)

22 변리사

① 법률행위가 무효임을 알고 이를 추인한 때에는 원칙적으로 소급하여 유효가 된다.
② 불공정한 법률행위에도 무효행위 전환의 법리가 적용될 수 있다.
③ 법률행위의 일부가 무효인 경우, 그 무효부분이 없더라도 법률행위를 하였을 것으로 인정되는 때에는 나머지 부분은 무효가 되지 않는다.
④ 취소할 수 있는 법률행위의 상대방이 확정되어 있는 경우에는 그 취소는 그 상대방에 대한 의사표시로 하여야 한다.
⑤ 강박에 의한 의사표시는 법률행위를 한 날로부터 10년이 경과하면 취소하지 못한다.

해설
답 ①

① [×] 제139조(무효행위의 추인) 무효인 법률행위는 추인하여도 그 효력이 생기지 아니한다. 그러나 당사자가 그 무효임을 알고 추인한 때에는 새로운 법률행위로 본다.

② [O] 매매계약이 약정된 매매대금의 과다로 말미암아 민법 제104조에서 정하는 '불공정한 법률행위'에 해당하여 무효인 경우에도 무효행위의 전환에 관한 민법 제138조가 적용될 수 있다. 그러므로 재건축사업부지에 포함된 토지에 대하여 재건축사업조합과 토지의 소유자가 체결한 매매계약이 매매대금의 과다로 말미암아 불공정한 법률행위에 해당하지만, 그 매매대금을 적정한 금액으로 감액하여 매매계약의 유효성을 인정할 수 있다(대판 2010.7.15, 2009다50308).

③ [O] 제137조(법률행위의 일부무효) 법률행위의 일부분이 무효인 때에는 그 전부를 무효로 한다. 그러나 그 무효부분이 없더라도 법률행위를 하였을 것이라고 인정될 때에는 나머지 부분은 무효가 되지 아니한다.

④ [O] 제142조(취소의 상대방) 취소할 수 있는 법률행위의 상대방이 확정한 경우에는 그 취소는 그 상대방에 대한 의사표시로 하여야 한다.

⑤ [O] 제146조(취소권의 소멸) 취소권은 추인할 수 있는 날로부터 3년 내에 법률행위를 한 날로부터 10년 내에 행사하여야 한다.

203

법률행위의 취소에 관한 설명으로 옳지 않은 것은? (다툼이 있으면 판례에 따름)

22 세무사

① 법률행위가 취소된 경우, 제한능력자는 현존이익의 범위에서 반환의무를 진다.
② 매도인이 채무불이행을 이유로 매매계약을 해제한 후에도 매수인은 착오를 이유로 매매계약을 취소할 수 있다.
③ 취소할 수 있는 법률행위는 추인 후에는 다시 취소할 수 없다.
④ 사기에 의해 의사표시를 한 자가 추인하는 경우, 그 추인은 취소원인이 소멸한 후에 하여야 효력이 있다.
⑤ 법정추인이 되기 위해서는 취소권자가 자신에게 취소권이 있음을 알아야 한다.

| 해설 | 답 ⑤ |

① [O] 제141조(취소의 효과) 취소된 법률행위는 처음부터 무효인 것으로 본다. 다만, 제한능력자는 그 행위로 인하여 받은 이익이 현존하는 한도에서 상환(償還)할 책임이 있다.

② [O] 매도인이 매수인의 중도금 지급채무 불이행을 이유로 매매계약을 적법하게 해제한 후라도 매수인으로서는 상대방이 한 계약해제의 효과로서 발생하는 손해배상책임을 지거나 매매계약에 따른 계약금의 반환을 받을 수 없는 불이익을 면하기 위하여 착오를 이유로 한 취소권을 행사하여 매매계약 전체를 무효로 돌리게 할 수 있다(대판 1996.12.6, 95다24982 · 24999).

③ [O] 제143조(추인의 방법, 효과) ① 취소할 수 있는 법률행위는 제140조에 규정한 자가 추인할 수 있고 추인 후에는 취소하지 못한다.

④ [O] 제144조(추인의 요건) ① 추인은 취소의 원인이 소멸된 후에 하여야만 효력이 있다.

⑤ [×] 법정추인은 법이 정하는 일정한 사유가 있으면 특별한 사정이 없는 한 추인의 의사표시가 있는 것으로 간주하여 추인의 효과가 발생하는 것으로서 취소권자가 추인의 의사나 취소권의 존재를 알고 있을 필요는 없다.

204 법률행위의 무효와 취소에 관한 설명으로 옳은 것은? (다툼이 있으면 판례에 따름) 22 노무사

① 반사회질서의 법률행위는 당사자가 그 무효를 알고 추인하면 원칙적으로 유효가 된다.
② 담보의 제공은 법정추인사유에 해당하지 않는다.
③ 무효행위의 추인은 무효원인이 소멸하기 전에도 할 수 있다.
④ 피성년후견인은 법정대리인의 동의가 있으면 취소할 수 있는 법률행위를 추인할 수 있다.
⑤ 제한능력을 이유로 법률행위가 취소된 경우, 제한능력자는 현존이익의 한도에서 상환할 책임이 있다.

| 해설 | 답 ⑤ |

① [×] 제103조 무효행위는 추인가능성이 없다(대판 2002.3.15, 2001다77352 · 77369).

② [×] 제145조(법정추인) 취소할 수 있는 법률행위에 관하여 전조의 규정에 의하여 추인할 수 있는 후에 다음 각 호의 사유가 있으면 추인한 것으로 본다. 그러나 이의를 보류한 때에는 그러하지 아니하다.
4. 담보의 제공

③ [×] 취소한 법률행위는 처음부터 무효인 것으로 간주되므로 취소할 수 있는 법률행위가 일단 취소된 이상 그 후에는 취소할 수 있는 법률행위의 추인에 의하여 이미 취소되어 무효인 것으로 간주된 당초의 의사표시를 다시 확정적으로 유효하게 할 수는 없고, 다만 무효인 법률행위의 추인의 요건과 효력으로서 추인할 수는 있으나, 무효행위의 추인은 그 무효 원인이 소멸한 후에 하여야 그 효력이 있고, 따라서 강박에 의한 의사표시임을 이유로 일단 유효하게 취소되어 당초의 의사표시가 무효로 된 후에 추인한 경우 그 추인이 효력을 가지기 위하여는 그 무효 원인이 소멸한 후일 것을 요한다고 할 것인데, 그 무효 원인이란 바로 위 의사표시의 취소사유라 할 것이므로 결국 무효 원인이 소멸한 후란 것은 당초의 의사표시의 성립 과정에 존재하였던 취소의 원인이 종료된 후, 즉 강박 상태에서 벗어난 후라고 보아야 한다(대판 1997.12.12, 95다38240).

④ [×] 피성년후견인은 법정대리인의 동의가 있어도 취소할 수 있으므로, 법정대리인의 동의가 있어도 추인할 수 없다.

⑤ [○] 제141조(취소의 효과) 취소된 법률행위는 처음부터 무효인 것으로 본다. 다만, 제한능력자는 그 행위로 인하여 받은 이익이 현존하는 한도에서 상환(償還)할 책임이 있다.

205 법률행위의 취소에 관한 설명으로 옳지 않은 것은? (다툼이 있으면 판례에 따름)   23 세무사

① 무효인 법률행위는 취소의 대상이 될 수 없다.
② 착오 취소의 요건이 충족되는 한, 착오로 인하여 의사표시를 한 자의 포괄승계인에게도 취소권이 인정된다.
③ 취소할 수 있는 법률행위를 유효하게 추인한 후에는 취소하지 못한다.
④ 상당 기간 계속된 근로계약이 취소된 경우 그 근로계약은 장래에 관하여만 실효된다.
⑤ 추인할 수 있는 때로부터 3년이 경과하면 취소권은 소멸한다.

해설   답 ①

① [×] 무효와 취소의 상대화를 근거로 의사무능력을 이유로 무효를 주장하든지, 제한능력을 이유로 취소를 주장하든지 선택적으로 주장할 수 있다(통설).

② [○] 제140조(법률행위의 취소권자) 취소할 수 있는 법률행위는 제한능력자, 착오로 인하거나 사기·강박에 의하여 의사표시를 한 자, 그의 대리인 또는 승계인만이 취소할 수 있다.

③ [○] 제143조(추인의 방법, 효과) ① 취소할 수 있는 법률행위는 제140조에 규정한 자가 추인할 수 있고 추인 후에는 취소하지 못한다.

④ [○] 근로계약은 근로자가 사용자에게 근로를 제공하고 사용자는 이에 대하여 임금을 지급하는 것을 목적으로 체결된 계약으로서(근로기준법 제2조 제1항 제4호) 기본적으로 그 법적 성질이 사법상 계약이므로 계약 체결에 관한 당사자들의 의사표시에 무효 또는 취소의 사유가 있으면 상대방은 이를 이유로 근로계약의 무효 또는 취소를 주장하여 그에 따른 법률효과의 발생을 부정하거나 소멸시킬 수 있다. 다만 그와 같이 근로계약의 무효 또는 취소를 주장할 수 있다 하더라도 근로계약에 따라 그동안 행하여진 근로자의 노무 제공의 효과를 소급하여 부정하는 것은 타당하지 않으므로 이미 제공된 근로자의 노무를 기초로 형성된 취소 이전의 법률관계까지 효력을 잃는다고 보아서는 아니 되고, 취소의 의사표시 이후 장래에 관하여만 근로계약의 효력이 소멸된다고 보아야 한다(대판 2017.12.22, 2013다25194·25200).

⑤ [○] 제146조(취소권의 소멸) 취소권은 추인할 수 있는 날로부터 3년 내에 법률행위를 한 날로부터 10년 내에 행사하여야 한다.

206 민법상 법률행위의 무효 또는 취소에 관한 설명으로 옳은 것은? (다툼이 있으면 판례에 따름)

23 노무사

① 불공정한 법률행위에는 무효행위 전환에 관한 제138조가 적용될 수 없다.
② 선량한 풍속 기타 사회질서에 위반한 사항을 내용으로 하는 법률행위의 무효는 이를 주장할 이익이 있는 자라면 누구든지 무효를 주장할 수 있다.
③ 취소할 수 있는 법률행위를 취소한 후 그 취소 원인이 소멸하였다면, 취소할 수 있는 법률행위의 추인에 의하여 그 법률행위를 다시 확정적으로 유효하게 할 수 있다.
④ 법률행위의 일부분이 무효인 경우 원칙적으로 그 일부분만 무효이다.
⑤ 甲이 乙의 기망행위로 자신의 X토지를 丙에게 매도한 경우, 甲은 매매계약의 취소를 乙에 대한 의사표시로 하여야 한다.

해설

답 ②

① [×] 매매계약이 약정된 매매대금의 과다로 말미암아 민법 제104조에서 정하는 '불공정한 법률행위'에 해당하여 무효인 경우에도 무효행위의 전환에 관한 민법 제138조가 적용될 수 있다. 그러므로 재건축사업부지에 포함된 토지에 대하여 재건축사업조합과 토지의 소유자가 체결한 매매계약이 매매대금의 과다로 말미암아 불공정한 법률행위에 해당하지만, 그 매매대금을 적정한 금액으로 감액하여 매매계약의 유효성을 인정할 수 있다(대판 2010.7.15, 2009다50308).

② [O] 거래 상대방이 배임행위를 유인·교사하거나 배임행위의 전 과정에 관여하는 등 배임행위에 적극 가담하는 경우에는 실행행위자와 체결한 계약이 반사회적 법률행위에 해당하여 무효로 될 수 있고, 선량한 풍속 기타 사회질서에 위반한 사항을 내용으로 하는 법률행위의 무효는 이를 주장할 이익이 있는 자는 누구든지 무효를 주장할 수 있다. 따라서 반사회질서 법률행위를 원인으로 하여 부동산에 관한 소유권이전등기를 마쳤더라도 그 등기는 원인무효로서 말소될 운명에 있으므로 등기명의자가 소유권에 기한 물권적 청구권을 행사하는 경우에, 권리 행사의 상대방은 법률행위의 무효를 항변으로서 주장할 수 있다(대판 2016.3.24, 2015다11281).

③ [×] 취소한 법률행위는 처음부터 무효인 것으로 간주되므로 취소할 수 있는 법률행위가 일단 취소된 이상 그 후에는 취소할 수 있는 법률행위의 추인에 의하여 이미 취소되어 무효인 것으로 간주된 당초의 의사표시를 다시 확정적으로 유효하게 할 수는 없고, 다만 무효인 법률행위의 추인의 요건과 효력으로서 추인할 수는 있으나, 무효행위의 추인은 그 무효 원인이 소멸한 후에 하여야 그 효력이 있고, 따라서 강박에 의한 의사표시임을 이유로 일단 유효하게 취소되어 당초의 의사표시가 무효로 된 후에 추인한 경우 그 추인이 효력을 가지기 위하여는 그 무효 원인이 소멸한 후일 것을 요한다고 할 것인데, 그 무효 원인이란 바로 위 의사표시의 취소사유라 할 것이므로 결국 무효 원인이 소멸한 후란 것은 당초의 의사표시의 성립 과정에 존재하였던 취소의 원인이 종료된 후, 즉 강박 상태에서 벗어난 후라고 보아야 한다(대판 1997.12.12, 95다38240).

④ [×]
> 제137조(법률행위의 일부무효) 법률행위의 일부분이 무효인 때에는 그 전부를 무효로 한다. 그러나 그 무효부분이 없더라도 법률행위를 하였을 것이라고 인정될 때에는 나머지 부분은 무효가 되지 아니한다.

⑤ [×]
> 제142조(취소의 상대방) 취소할 수 있는 법률행위의 상대방이 확정한 경우에는 그 취소는 그 상대방에 대한 의사표시로 하여야 한다.

따라서 甲은 법률행위의 상대방인 丙에게 취소의 의사표시를 하여야 한다. 다만, 제3자 乙의 기망행위를 丙이 알았거나 알 수 있었다는 것을 증명하여야 한다.

207

법률행위의 취소에 관한 설명으로 옳지 않은 것은? (다툼이 있는 경우 판례에 의함) 23 경간부

① 취소할 수 있는 법률행위는 그 취소권자가 추인한 후에는 그 법률행위를 다시 취소할 수 없다.
② 「민법」제146조의 취소권이 적법한 기간 내에 행사되었는지의 여부는 당사자의 주장에 관계없이 법원이 당연히 조사하여 고려하여야 할 사항이다.
③ 매매계약 체결시 토지의 일정 부분을 매매대상에서 제외시키는 특약을 한 경우, 그 특약만을 기망에 의한 법률행위로서 취소할 수 있다.
④ 착오에 의한 의사표시를 한 자가 사망한 경우에는 그 상속인이 피상속인의 착오를 이유로 그 의사표시를 취소할 수 있다.

해설

답 ③

① [O] 제143조(추인의 방법, 효과) ① 취소할 수 있는 법률행위는 제140조에 규정한 자가 추인할 수 있고 추인 후에는 취소하지 못한다.

② [O] 민법 제146조는 취소권은 추인할 수 있는 날로부터 3년 내에 행사하여야 한다고 규정하고 있는바, 이때의 3년이라는 기간은 일반 소멸시효기간이 아니라 제척기간으로서, 제척기간이 도과하였는지 여부는 당사자의 주장에 관계없이 법원이 당연히 조사하여 고려하여야 할 사항이다(대판 1996.9.20, 96다25371).

③ [×] [1] 하나의 법률행위의 일부분에만 취소사유가 있는 경우에 그 법률행위가 가분적이거나 그 목적물의 일부가 특정될 수 있다면, 그 나머지 부분이라도 이를 유지하려는 당사자의 가정적 의사가 인정되는 경우 그 일부만의 취소도 가능하고, 또 그 일부의 취소는 법률행위의 일부에 관하여 효력이 생긴다고 할 것이나, 이는 어디까지나 어떤 목적 혹은 목적물에 대한 법률행위가 존재함을 전제로 한다. [2] 매매계약 체결시 토지의 일정 부분을 매매 대상에서 제외시키는 특약을 한 경우, 이는 매매계약의 대상 토지를 특정하여 그 일정 부분에 대하여는 매매계약이 체결되지 않았음을 분명히 한 것으로써 그 부분에 대한 어떠한 법률행위가 이루어진 것으로는 볼 수 없으므로, 그 특약만을 기망에 의한 법률행위로서 취소할 수는 없다(대판 1999.3.26, 98다56607).

④ [O] 제140조(법률행위의 취소권자) 취소할 수 있는 법률행위는 제한능력자, 착오로 인하거나 사기·강박에 의하여 의사표시를 한 자, 그의 대리인 또는 승계인만이 취소할 수 있다.

208 취소에 관한 설명으로 옳은 것은? (다툼이 있으면 판례에 따름) 24 변리사

① 미성년자가 체결한 계약이 법정대리인의 동의 없음을 이유로 취소할 수 있는 경우, 계약당사자인 미성년자는 단독으로 그 계약을 취소할 수 없다.
② 계약을 체결할 수 있는 권한만을 가진 임의대리인이 상대방의 사기로 계약을 체결한 경우, 그 임의대리인은 그 계약을 취소할 수 있다.
③ 미성년자인 임의대리인이 계약을 체결한 경우, 본인은 미성년자에 의한 대리행위라는 이유로 취소할 수 있다.
④ 전세권자의 사기에 의해 건물에 전세권이 설정되고 그 건물이 양도된 경우, 건물양수인은 전세권자의 사기를 이유로 전세권 설정 계약을 취소할 수 있다.
⑤ 미성년자가 단독으로 발급받은 신용카드를 이용하여 구입한 물품의 대금을 성년자가 되어 이의 없이 결제한 후에도 그 물품구입계약을 미성년자의 행위임을 이유로 취소할 수 있다.

해설

답 ④

① [×] **제140조(법률행위의 취소권자)** 취소할 수 있는 법률행위는 제한능력자, 착오로 인하거나 사기·강박에 의하여 의사표시를 한 자, 그의 대리인 또는 승계인만이 취소할 수 있다.

② [×] 제한능력자와 하자 있는 의사표시를 한 자의 대리인(법정대리인)을 말한다. 임의대리인은 본인으로부터 취소의 특별수권을 얻어야 한다.

③ [×] **제117조(대리인의 행위능력)** 대리인은 행위능력자임을 요하지 아니한다.

④ [○] 제한능력자, 하자 있는 의사표시를 한 자로부터 취소권을 승계한 자(포괄승계인, 특정승계인 포함)를 말한다. 취소권만의 승계는 불가능하다.

⑤ [×] **제143조(추인의 방법, 효과)** ① 취소할 수 있는 법률행위는 제140조에 규정한 자가 추인할 수 있고 추인 후에는 취소하지 못한다.
제144조(추인의 요건) ① 추인은 취소의 원인이 소멸된 후에 하여야만 효력이 있다.
② 제1항은 법정대리인 또는 후견인이 추인하는 경우에는 적용하지 아니한다.

209 취소에 관한 설명으로 옳지 않은 것은? (다툼이 있으면 판례에 따름)

24 감평사

① 매도인에 의해 매매계약이 적법하게 해제된 후에는 매수인은 그 매매계약을 착오를 이유로 취소할 수 없다.
② 법률행위의 취소를 전제로 한 이행거절 가운데는 특별한 사정이 없는 한 취소의 의사표시가 포함된 것으로 볼 수 있다.
③ 취소할 수 있는 법률행위가 일단 취소된 후에는 취소할 수 있는 법률행위의 추인에 의하여 이를 다시 확정적으로 유효하게 할 수는 없다.
④ 취소권은 추인할 수 있는 날로부터 3년 내에 법률행위를 한 날로부터 10년 내에 행사하여야 한다.
⑤ 취소할 수 있는 법률행위의 취소권의 행사기간은 제척기간이다.

해설

답 ①

① [✗] 매도인이 매수인의 중도금 지급채무 불이행을 이유로 매매계약을 적법하게 해제한 후라도 매수인으로서는 상대방이 한 계약해제의 효과로서 발생하는 손해배상책임을 지거나 매매계약에 따른 계약금의 반환을 받을 수 없는 불이익을 면하기 위하여 착오를 이유로 한 취소권을 행사하여 매매계약 전체를 무효로 돌리게 할 수 있다(대판 1996.12.6, 95다24982·24999).

② [○] 법률행위의 취소는 상대방에 대한 의사표시로 하여야 하나 그 취소의 의사표시는 특별히 재판상 행하여짐이 요구되는 경우 이외에는 특정한 방식이 요구되는 것이 아니고, 취소의 의사가 상대방에 의하여 인식될 수 있다면 어떠한 방법에 의하더라도 무방하다고 할 것이고, 법률행위의 취소를 당연한 전제로 한 소송상의 이행청구나 이를 전제로 한 이행거절 가운데는 취소의 의사표시가 포함되어 있다고 볼 수 있다(대판 1993.9.14, 93다13162).

③ [○] 취소한 법률행위는 처음부터 무효인 것으로 간주되므로 취소할 수 있는 법률행위가 일단 취소된 이상 그 후에는 취소할 수 있는 법률행위의 추인에 의하여 이미 취소되어 무효인 것으로 간주된 당초의 의사표시를 다시 확정적으로 유효하게 할 수는 없고, 다만 무효인 법률행위의 추인의 요건과 효력으로서 추인할 수는 있으나, 무효행위의 추인은 그 무효 원인이 소멸한 후에 하여야 그 효력이 있고, 따라서 강박에 의한 의사표시임을 이유로 일단 유효하게 취소되어 당초의 의사표시가 무효로 된 후에 추인한 경우 그 추인이 효력을 가지기 위하여는 그 무효 원인이 소멸한 후일 것을 요한다고 할 것인데, 그 무효 원인이란 바로 위 의사표시의 취소사유라 할 것이므로 결국 무효 원인이 소멸한 후란 것은 당초의 의사표시의 성립 과정에 존재하였던 취소의 원인이 종료된 후, 즉 강박 상태에서 벗어난 후라고 보아야 한다(대판 1997.12.12, 95다38240).

④ [○] 제146조(취소권의 소멸) 취소권은 추인할 수 있는 날로부터 3년 내에 법률행위를 한 날로부터 10년 내에 행사하여야 한다.

⑤ [○] 민법 제146조는 취소권은 추인할 수 있는 날로부터 3년 내에 행사하여야 한다고 규정하고 있는 바, 이때의 3년이라는 기간은 일반 소멸시효기간이 아니라 제척기간으로서, 제척기간이 도과하였는지 여부는 당사자의 주장에 관계없이 법원이 당연히 조사하여 고려하여야 할 사항이다(대판 1996.9.20, 96다25371).

210 취소할 수 있는 법률행위의 법정추인 사유가 아닌 것은?

24 세무사

① 이행의 청구
② 경개
③ 담보의 제공
④ 강제집행
⑤ 전부나 일부의 이행거절

해설
답 ⑤

⑤ [×] 제145조(법정추인) 취소할 수 있는 법률행위에 관하여 전조의 규정에 의하여 추인할 수 있는 후에 다음 각 호의 사유가 있으면 추인한 것으로 본다. 그러나 이의를 보류한 때에는 그러하지 아니하다.
1. 전부나 일부의 이행
2. 이행의 청구
3. 경개
4. 담보의 제공
5. 취소할 수 있는 행위로 취득한 권리의 전부나 일부의 양도
6. 강제집행

211 취소의 소급효가 인정되는 경우는? (다툼이 있으면 판례에 따름)

24 세무사

① 혼인의 취소
② 사기로 인한 협의이혼의 취소
③ 입양의 취소
④ 근로계약의 취소
⑤ 조합과 제3자와의 사이에 거래관계가 이루어지고 난 후, 행하는 조합계약의 취소

해설
답 ②

① [×] 제824조(혼인취소의 효력) 혼인의 취소의 효력은 기왕에 소급하지 아니한다.
② [○] 사기 또는 강박에 의한 이혼취소의 효과는 혼인취소의 경우와 달라서 특히 그 소급효가 인정되어야 하며, 민법 제824조의 준용을 받지 않는다. 그것은 혼인취소의 경우와 달라서 그 성질상 이혼이 없었던 상태로 회복시키지 않으면 안 되기 때문이다. 그러므로 취소판결 전에 다른 일방이 재혼을 하였다면 중혼이 되어 취소사유가 된다[7]. 즉, 청구인과 피청구인(甲)이 협의이혼한 것이 피청구인(甲)의 기망에 의한 것이었음을 이유로 청구인이 제기한 협의이혼취소심판이 청구인 승소로 확정되었다면 청구인과 피청구인 (甲)은 당초부터 이혼하지 않은 상태로 되돌아 갔다 할 것이니 위 취소심판 계속중 피청구인 (甲), (乙) 사이에 이루어진 혼인은 중혼의 금지규정에 위반한 것으로 혼인의 취소사유에 해당한다(대판 1984.3.27, 84므9).
③ [×] 입양취소의 효력은 소급하지 않는다(제897조, 제824조).

---

[7] 주석 민법 친족(2), 197면, 김주수·김상용, 한국사법행정학회, 2016

④ [×] 근로계약의 취소는 장래효만 인정된다8)(대판 2017.12.22, 2013다25194·25200).
⑤ [×] 본래의 광업권자와 공동광업권자로 등록하여 광업을 공동으로 관리경영하기로 한 계약은 유효하고 공동광업권자는 조합계약을 한 것으로 간주되며 그 조합이 사업을 개시하여 제3자와의 사이에 거래관계가 이루어지고 난 다음에는 조합계약 체결당시의 의사표시의 하자를 이유로 취소하여 조합성립 전으로 환원시킬 수 없다(대판 1972.4.25, 71다1833).

212

X토지 소유자인 甲이 사망하고, 그 자녀인 乙과 丙이 이를 공동으로 상속하였다. 그런데 丙은 乙의 예전 범죄사실을 사법당국에 알리겠다고 乙을 강박하여 X에 관한 乙의 상속지분을 丙에게 증여한다는 계약을 乙과 체결하였다. 그 직후 변호사와 상담을 통해 불안에서 벗어난 乙은 한 달 뒤 그간의 사정을 전해 들은 丁에게 X에 대한 자신의 상속지분을 매도하고 지분이전등기를 마쳐 준 후 5년이 지났다, 이에 관한 설명으로 옳은 것은? (다툼이 있으면 판례에 따름)   24 노무사

① 乙과 丙의 증여계약은 공서양속에 반하는 것으로 무효이다.
② 乙의 丙에 대한 증여의 의사표시는 비진의표시로서 무효이다.
③ 乙과 丁의 매매계약은 공서양속에 반하는 것으로 무효이다.
④ 乙은 강박을 이유로 하여 丙과의 증여계약을 취소할 수 있다.
⑤ 乙이 丙에게 증여계약의 이행을 하지 않는다면 채무불이행의 책임을 져야 한다.

해설   답 ⑤

① [×] 상대방 또는 제3자의 강박에 의하여 의사결정의 자유가 완전히 박탈된 상태에서 이루어진 의사표시는 효과의사에 대응하는 내심의 의사가 결여된 것이므로 무효라고 볼 수밖에 없으나, 강박이 의사결정의 자유를 완전히 박탈하는 정도에 이르지 아니하고 이를 제한하는 정도에 그친 경우에는 그 의사표시는 취소할 수 있음에 그치고 무효라고까지 볼 수 없다(대판 1984.12.11, 84다카1402).
② [×] 비진의 의사표시에 있어서의 진의란 특정한 내용의 의사표시를 하고자 하는 표의자의 생각을 말하는 것이지 표의자가 진정으로 마음속에서 바라는 사항을 뜻하는 것은 아니므로, 표의자가 의사표시의 내용을 진정으로 마음속에서 바라지는 아니하였다고 하더라도 당시의 상황에서는 그것을 최선이라고 판단하여 그 의사표시를 하였을 경우에는 이를 내심의 효과의사가 결여된 비진의 의사표시라고 할 수 없다(대판 1996.12.20, 95누16059; 대판 2000.4.25, 99다34475).
③ [×] 이중매매에 있어서 제2매수인이 적극가담하였다고 보려면 적어도 그 매매를 알고도 매도를 요청하여 매매계약에 이른 정도에 이르러야 하고, 이중매수인이 매도인이 배임행위를 하는 것을 단순히 안다는 사실만으로는 무효가 되지 않는다(대판 1994.3.11, 93다55289).

---

8) 근로계약은 근로자가 사용자에게 근로를 제공하고 사용자는 이에 대하여 임금을 지급하는 것을 목적으로 체결된 계약으로서(근로기준법 제2조 제1항 제4호) 기본적으로 그 법적 성질이 사법상 계약이므로 계약 체결에 관한 당사자들의 의사표시에 무효 또는 취소의 사유가 있으면 상대방은 이를 이유로 근로계약의 무효 또는 취소를 주장하여 그에 따른 법률효과의 발생을 부정하거나 소멸시킬 수 있다. 다만, 그와 같이 근로계약의 무효 또는 취소를 주장할 수 있다 하더라도 근로계약에 따라 그동안 행하여진 근로자의 노무 제공의 효과를 소급하여 부정하는 것은 타당하지 않으므로 이미 제공된 근로자의 노무를 기초로 형성된 취소 이전의 법률관계까지 효력을 잃는다고 보아서는 아니 되고, 취소의 의사표시 이후 장래에 관하여만 근로계약의 효력이 소멸된다고 보아야 한다(대판 2017.12.22, 2013다25194·25200).

④ [×] 제146조(취소권의 소멸) 취소권은 추인할 수 있는 날로부터 3년 내에 법률행위를 한 날로부터 10년 내에 행사하여야 한다.

사안에서 乙은 그 직후 변호사와 상담을 통해 불안에서 벗어났고, 이후 5년이 지났으므로 추인할 수 있는 날로부터 3년이 지나 취소권을 행사할 수 없다.

⑤ [O] 강박에 의하여 원고에게 부동산에 관한 증여의 의사표시를 한 피고가 그 취소권을 행사하지 않은 채 그 부동산을 제3자에게 이중양도하고 취소권의 제척기간마저 도과하여 버린 후 그 이중양도계약에 기하여 제3자에게 부동산에 관한 소유권이전등기를 경료하여 줌으로써 원고에 대한 증여계약상의 소유권이전등기의무를 이행불능케 한 경우, 피고의 원고에 대한 증여계약 자체에 대한 채무불이행이 성립하고, 피고의 위와 같은 이중양도행위가 사회상규에 위배되지 않는 정당행위 등에 해당하여 위법성이 조각된다고 볼 수 없다(대판 2002.12.27, 2000다47361).

213 취소할 수 있는 법률행위의 추인에 관한 설명으로 옳지 않은 것은? (다툼이 있으면 판례에 의함)
24 경간부

① 취소권자는 취소할 수 있는 것임을 알고서 추인하여야 한다.
② 법정대리인은 취소의 원인이 소멸하기 전에 추인할 수 없다.
③ 추인은 취소권자가 취소할 수 있는 법률행위의 상대방에 대한 의사표시로 한다.
④ 취소할 수 있는 법률행위가 취소되면 그 후에는 취소할 수 있는 법률행위의 추인에 의하여 확정적으로 유효하게 할 수 없다.

해설
답 ②

① [O] 취소권자는 취소할 수 있는 행위임을 인식하고서 추인하여야 한다(통설, 대판 1997.5.30, 97다2986).

② [×] 제144조(추인의 요건) ① 추인은 취소의 원인이 소멸된 후에 하여야만 효력이 있다.
② 제1항은 법정대리인 또는 후견인이 추인하는 경우에는 적용하지 아니한다.

③ [O] 제142조(취소의 상대방) 취소할 수 있는 법률행위의 상대방이 확정한 경우에는 그 취소는 그 상대방에 대한 의사표시로 하여야 한다.

④ [O] 취소한 법률행위는 처음부터 무효인 것으로 간주되므로 취소할 수 있는 법률행위가 일단 취소된 이상 그 후에는 취소할 수 있는 법률행위의 추인에 의하여 이미 취소되어 무효인 것으로 간주된 당초의 의사표시를 다시 확정적으로 유효하게 할 수는 없고, 다만 무효인 법률행위의 추인의 요건과 효력으로서 추인할 수는 있으나, 무효행위의 추인은 그 무효 원인이 소멸한 후에 하여야 그 효력이 있고, 따라서 강박에 의한 의사표시임을 이유로 일단 유효하게 취소되어 당초의 의사표시가 무효로 된 후에 추인한 경우 그 추인이 효력을 가지기 위하여는 그 무효 원인이 소멸한 후일 것을 요한다고 할 것인데, 그 무효 원인이란 바로 위 의사표시의 취소사유라 할 것이므로 결국 무효 원인이 소멸한 후란 것은 당초의 의사표시의 성립 과정에 존재하였던 취소의 원인이 종료된 후, 즉 강박 상태에서 벗어난 후라고 보아야 한다(대판 1997.12.12, 95다38240).

제6절 | 법률행위의 부관

Ⅰ. 서설
Ⅱ. 조건

214 민법상 조건에 관한 설명으로 옳은 것은? (다툼이 있으면 판례에 따름)　　20 노무사

① '대금이 완납되면 매매목적물의 소유권이 이전된다.'는 조항이 있는 소유권유보부 매매에서 대금완납은 해제조건이다.
② 선량한 풍속에 반하는 불법조건이 붙은 법률행위는 조건 없는 법률행위가 된다.
③ 당사자의 의사표시로 조건성취의 효력을 소급시킬 수 없다.
④ 조건은 법률행위의 내용을 이룬다.
⑤ 유언에는 조건을 붙일 수 없다.

해설　　답 ④

① [×] 대금 완납이 정지조건이 된다.
② [×]
> 제151조(불법조건, 기성조건) ① 조건이 선량한 풍속 기타 사회질서에 위반한 것인 때에는 그 법률행위는 무효로 한다.

③ [×]
> 제147조(조건성취의 효과) ① 정지 조건 있는 법률행위는 조건이 성취한 때로부터 그 효력이 생긴다.
> ② 해제조건 있는 법률행위는 조건이 성취한 때로부터 그 효력을 잃는다.
> ③ 당사자가 조건성취의 효력을 그 성취 전에 소급하게 할 의사를 표시한 때에는 그 의사에 의한다.

④ [○] 법률행위의 특별유효요건중 하나이다.
⑤ [×] 혼인, 인지, 입양, 상속의 승인·포기 등에는 조건을 붙일 수 없지만 예외적으로 유언은 조건을 붙이는 것이 가능하다(제1073조).

215 법률행위의 조건에 관한 설명으로 옳은 것은? (다툼이 있으면 판례에 따름)   21 노무사

① 법률행위에 조건이 붙어 있는지 여부는 사실인정의 문제로서 그 조건의 존재를 주장하는 자가 이를 증명하여야 한다.
② 조건의 성취가 미정한 권리의무는 일반규정에 의하여 담보로 할 수 없다.
③ 조건이 선량한 풍속 기타 사회질서에 위반한 경우, 그 조건만 무효로 될 뿐 그 법률행위는 조건 없는 법률행위로 유효하다.
④ 법률행위 당시 조건이 이미 성취된 경우, 그 조건이 정지조건이면 그 법률행위는 무효이다.
⑤ 당사자가 조건성취의 효력을 그 성취 전으로 소급하게 할 의사를 표시한 경우, 그 소급의 의사표시는 효력이 없다.

해설
답 ①

① [O] 조건은 법률행위의 당사자가 그 의사표시에 의하여 그 법률행위와 동시에 그 법률행위의 내용으로서 부가시켜 그 법률행위의 효력을 제한하는 법률행위의 부관이므로 구체적인 사실관계가 어느 법률행위에 붙은 조건의 성취에 해당하는지 여부는 의사표시의 해석에 속하는 경우도 있다고 할 수 있지만, 어느 법률행위에 어떤 조건이 붙어 있었는지 아닌지는 사실인정의 문제로서 그 조건의 존재를 주장하는 자가 이를 입증하여야 한다고 할 것이다(대판 2006.11.24, 2006다35766).

② [×] 제149조(조건부권리의 처분 등) 조건의 성취가 미정한 권리의무는 일반규정에 의하여 처분, 상속, 보존 또는 담보로 할 수 있다.

③④ [×] 제151조(불법조건, 기성조건) ① 조건이 선량한 풍속 기타 사회질서에 위반한 것인 때에는 그 법률행위는 무효로 한다.
② 조건이 법률행위의 당시 이미 성취한 것인 경우에는 그 조건이 정지조건이면 조건 없는 법률행위로 하고 해제조건이면 그 법률행위는 무효로 한다.

⑤ [×] 제147조(조건성취의 효과) ③ 당사자가 조건성취의 효력을 그 성취 전에 소급하게 할 의사를 표시한 때에는 그 의사에 의한다.

216 법률행위의 부관으로서 조건에 관한 다음의 설명 중 가장 옳지 않은 것은?

① 법률행위 효력의 발생 또는 소멸을 장래의 불확실한 사실의 성부에 의존케 하는 조건을 법률행위에 붙이고자 하는 의사가 있다 하더라도 이를 외부에 표시하지 않으면 이는 법률행위의 동기에 불과한 것이다.
② 정지조건부 법률행위에 있어서 조건이 성취되었다는 사실은 이에 의하여 권리를 취득하고자 하는 측에서 증명하여야 한다.
③ 정지조건부 법률행위는 조건을 성취한 때로부터 그 효력이 생기고, 해제조건부 법률행위는 조건을 성취한 때로부터 그 효력을 잃는다.
④ 甲과 乙이 빌라 분양을 甲이 대행하고 수수료를 받기로 하는 내용의 분양전속계약을 체결하면서, 특약사항으로 "분양계약기간 완료 후 미분양 물건은 甲이 모두 인수하는 조건으로 한다."라고 정한 경우 위 특약사항은 미분양 물건 세대를 인수하지 아니할 경우 분양전속계약은 효력이 없다는 법률행위의 부관으로서 조건을 정한 것이다.
⑤ 조건의 성취로 인하여 불이익을 받을 당사자가 신의성실에 반하여 조건의 성취를 방해한 경우, 조건이 성취된 것으로 의제되는 시점은 이러한 신의성실에 반하는 행위가 없었더라면 조건이 성취되었으리라고 추산되는 시점이다.

해설

답 ④

① [○] 조건은 법률행위의 효력의 발생 또는 소멸을 장래의 불확실한 사실의 성부에 의존케 하는 법률행위의 부관으로서 당해 법률행위를 구성하는 의사표시의 일체적인 내용을 이루는 것이므로, 의사표시의 일반원칙에 따라 조건을 붙이고자 하는 의사 즉 조건의사와 그 표시가 필요하며, 조건의사가 있더라도 그것이 외부에 표시되지 않으면 법률행위의 동기에 불과할 뿐이고 그것만으로는 법률행위의 부관으로서의 조건이 되는 것은 아니다(대판 2003.5.13, 2003다10797).
② [○] 정지조건부 법률행위에 있어서 조건이 성취되었다는 사실은 이에 의하여 권리를 취득하고자 하는 측에서 그 입증책임이 있다 할 것이므로, 정지조건부 채권양도에 있어서 정지조건이 성취되었다는 사실은 채권양도의 효력을 주장하는 자에게 그 입증책임이 있다(대판 1983.4.12, 81다카692).
③ [○] 제147조(조건성취의 효과) ① 정지조건 있는 법률행위는 조건이 성취한 때로부터 그 효력이 생긴다.
　② 해제조건 있는 법률행위는 조건이 성취한 때로부터 그 효력을 잃는다.
④ [×] 조건은 법률행위 효력의 발생 또는 소멸을 장래 불확실한 사실의 발생 여부에 따라 좌우되게 하는 법률행위의 부관이고, 법률행위에서 효과의사와 일체적인 내용을 이루는 의사표시 그 자체이다. 조건을 붙이고자 하는 의사는 법률행위의 내용으로 외부에 표시되어야 하고, 조건을 붙이고자 하는 의사가 있는지는 의사표시에 관한 법리에 따라 판단하여야 한다. 조건을 붙이고자 하는 의사가 외부에 표시되었다고 인정하려면, 법률행위가 이루어진 동기와 경위, 법률행위에 의하여 달성하려는 목적, 거래의 관행 등을 종합적으로 고려하여 법률행위 효력의 발생 또는 소멸을 장래의 불확실한 사실의 발생 여부에 따라 좌우되게 하려는 의사가 인정되어야 한다. [2] 甲과 乙이 빌라 분양을 갑이 대행하고 수수료를 받기로 하는 내용의 분양전속계약을 체결하면서, 특약사항으로 "분양계약기간 완료 후 미분양 물건은 甲이 모두 인수하는 조건으로 한다."라고 정한 사안에서, 위 특약사항은 '인수하는 조건'이라는 문언을 사용하고 있기는 하나 그 자체만으로 당사자가 조건을 붙여 효력발생이 좌우되게 하려는 계약의 내용이 특정되어 있지 아니한 점, 오히려 '인수하는 조건'이라는 문언은 미분양 세대의 인수에 따라 계약의 효력발생이 좌우되게 하려는

의사라기보다는 단순히 이를 계약의 내용 중 하나로 정한다는 의미로 사용되었다고 볼 소지가 큰 점, 위 특약사항을 둔 이유가 분양계약기간이 만료되었음에도 미분양 세대가 있는 경우 갑이 이를 인수할 의무를 부담하도록 하기 위함이지 甲이 미분양 세대를 인수하지 아니할 경우 조건이 성취되지 않은 것으로 보아 수수료 전부를 포기하게 할 의사였다고 보기는 어려운 점, 甲이 빌라 분양을 전부 완료하지 못한 채 계약이 중단된 경우에도 甲이 이미 분양하거나 인수한 세대만큼 乙에 이익이 된다면, 신의칙에 비추어 甲에게 적어도 그에 상응하는 수수료를 지급하도록 하는 것이 옳은 점을 종합하면, <u>위 특약사항은 甲이 분양계약기간 만료 후 미분양 세대를 인수할 의무를 부담한다는 계약의 내용을 정한 것에 불과하고, 계약의 효력발생이 좌우되게 하려는 법률행위의 부관으로서 조건을 정한 것이라고 보기는 어려운데도</u>, 이와 달리 본 원심판단에 법리오해의 잘못이 있다(대판 2020.7.9, 2020다202821).

⑤ [O] 상대방이 하도급 받은 부분에 대한 공사를 완공하여 준공필증을 제출하는 것을 정지조건으로 하여 공사대금채무를 부담하거나 위 채무를 보증한 사람은 위 조건의 성취로 인하여 불이익을 받을 당사자의 지위에 있다고 할 것이므로, 이들이 위 공사에 필요한 시설을 해주지 않았을 뿐만 아니라 공사장에의 출입을 통제함으로써 위 상대방으로 하여금 나머지 공사를 수행할 수 없게 하였다면, 그것이 고의에 의한 경우만이 아니라 과실에 의한 경우에도 신의성실에 반하여 조건의 성취를 방해한 때에 해당한다고 할 것이므로, 그 상대방은 민법 제150조 제1항의 규정에 의하여 위 공사대금채무자 및 보증인에 대하여 그 조건이 성취된 것으로 주장할 수 있다(대판 1998.12.22, 98다42356). 그리고 조건의 성취로 인하여 불이익을 받을 당사자가 신의성실에 반하여 조건의 성취를 방해한 경우, <u>조건이 성취된 것으로 의제되는 시점은 이러한 신의성실에 반하는 행위가 없었더라면 조건이 성취되었으리라고 추산되는 시점이다</u>. 그리고 민법 제150조 제1항은 계약 당사자 사이에서 정당하게 기대되는 협력을 신의성실에 반하여 거부함으로써 계약에서 정한 사항을 이행할 수 없게 된 경우에 유추적용될 수 있다. 그러나 민법 제150조 제1항이 방해행위로 조건이 성취되지 않을 것을 요구하는 것과 마찬가지로, 위와 같이 유추적용되는 경우에도 단순한 협력 거부만으로는 부족하고 이 조항에서 정한 방해행위에 준할 정도로 신의성실에 반하여 협력을 거부함으로써 계약에서 정한 사항을 이행할 수 없는 상태가 되어야 한다. 또한 민법 제150조는 사실관계의 진행이 달라졌더라면 발생하리라고 희망했던 결과를 의제하는 것은 아니므로, 이 조항을 유추적용할 때에도 조건 성취 의제와 직접적인 관련이 없는 사실관계를 의제하거나 계약에서 정하지 않은 법률효과를 인정해서는 안 된다(대판 2021.1.14, 2018다223054).

217 조건에 관한 설명으로 옳지 않은 것은? (다툼이 있으면 판례에 따름) 19 노무사

① 정지조건부 권리의 경우, 조건이 미성취인 동안에는 소멸시효가 진행되지 않는다.
② 불법조건이 붙어 있는 법률행위는 그 조건뿐만 아니라 법률행위 전부가 무효로 된다.
③ 조건의 성취가 미정인 조건부 권리도 일반규정에 의하여 담보로 할 수도 있다.
④ 기성조건을 해제조건으로 한 법률행위는 무효이다.
⑤ 정지조건부 법률행위는 권리가 성립한 때에 소급하여 그 효력이 생긴다.

> **해설**   답 ⑤

① [○] 소멸시효는 권리를 행사할 수 있는 때로부터 진행하고, 여기서 권리를 행사할 수 있는 때라 함은 권리행사에 법률상의 장애가 없는 때를 말하므로, 정지조건부 권리에 있어서 조건 미성취의 동안은 권리를 행사할 수 없어 소멸시효가 진행되지 아니한다(대판 1992.12.22, 92다28822, 대판 2006.12.7, 2005다21029).

② [○] 조건이 선량한 풍속 기타 사회질서에 위반한 것인 때에는 그 법률행위는 무효로 한다(제151조 제1항). 따라서 부부관계의 종료를 해제조건으로 하는 증여계약은 그 조건은 물론 증여계약 자체가 무효이다(대판 1966.6.21, 66다530).

③ [○] 제149조(조건부권리의 처분 등) 조건의 성취가 미정한 권리의무는 일반규정에 의하여 처분, 상속, 보존 또는 담보로 할 수 있다.

④ [○] 제151조(불법조건, 기성조건) ② 조건이 법률행위의 당시 이미 성취한 것인 경우에는 그 조건이 정지조건이면 조건 없는 법률행위로 하고 해제조건이면 그 법률행위는 무효로 한다.

⑤ [×] 제147조(조건성취의 효과) ① 정지조건 있는 법률행위는 조건이 성취한 때로부터 그 효력이 생긴다.
② 해제조건 있는 법률행위는 조건이 성취한 때로부터 그 효력을 잃는다.
③ 당사자가 조건성취의 효력을 그 성취 전에 소급하게 할 의사를 표시한 때에는 그 의사에 의한다.

218 조건에 관한 설명으로 옳은 것은? (다툼이 있으면 판례에 따름)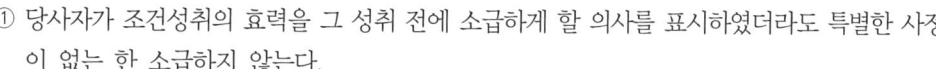

① 당사자가 조건성취의 효력을 그 성취 전에 소급하게 할 의사를 표시하였더라도 특별한 사정이 없는 한 소급하지 않는다.
② 조건부 법률행위에서 조건이 선량한 풍속에 위반되면 당사자의 의도를 살리기 위하여 그 조건만이 무효이고 법률행위는 유효한 것이 원칙이다.
③ 조건부 권리는 조건의 성부가 미정인 상태에서는 그 가치에 대한 평가가 곤란하므로 담보제공은 할 수 없다.
④ 해제조건부 법률행위의 조건이 법률행위의 당시에 이미 성취할 수 없는 것인 경우에는 조건 없는 법률행위로 한다.
⑤ 상계의 의사표시에는 조건을 붙일 수 있다.

> **해설**   답 ④

① [×] 제147조(조건성취의 효과) ③ 당사자가 조건성취의 효력을 그 성취 전에 소급하게 할 의사를 표시한 때에는 그 의사에 의한다.

② [×] 조건부 법률행위에 있어 조건의 내용 자체가 불법적인 것이어서 무효일 경우 또는 조건을 붙이는 것이 허용되지 아니하는 법률행위에 조건을 붙인 경우 그 조건만을 분리하여 무효로 할 수는 없고 그 법률행위 전부가 무효로 된다. 따라서 주주총회에서 감사로 선임된 자에게 회사의 대표이사가 감사임용계약의 청약을 하면서 부가한 조건의 내용 자체가 무효이거나 조건을 부가하여 위 청약의 의사표시를 하는 것이 무효인 경우, 그 조건뿐만 아니라 청약의 의사표시 전체가 무효로 되는 것이므로 이에 대하여 피선임자가 승낙의 의사표시를 하였다 하더라도 감사임용계약이 성립된 것으로 볼 수 없다(대결 2005.11.8, 2005마541).

③ [×] 제149조(조건부권리의 처분 등) 조건의 성취가 미정한 권리의무는 일반규정에 의하여 처분, 상속, 보존 또는 담보로 할 수 있다.

④ [○] 제151조(불법조건, 기성조건) ③ 조건이 법률행위의 당시에 이미 성취할 수 없는 것인 경우에는 그 조건이 해제조건이면 조건 없는 법률행위로 하고 정지조건이면 그 법률행위는 무효로 한다.

⑤ [×] 제493조(상계의 방법, 효과) ① 상계는 상대방에 대한 의사표시로 한다. 이 의사표시에는 조건 또는 기한을 붙이지 못한다.

219 법률행위의 조건에 관한 설명으로 옳은 것은? (다툼이 있으면 판례에 따름) 22 변리사

① 조건이 선량한 풍속 기타 사회질서에 위반한 것인 때에는 조건 없는 법률행위로 한다.
② 조건의 성취가 미정한 권리의무는 이를 처분할 수 없다.
③ 조건을 붙이는 것이 허용되지 아니하는 법률행위에 조건을 붙인 경우 조건 없는 법률행위로 한다.
④ 정지조건부 채권양도에 있어서 조건이 성취되었다는 사실은 채권양도의 효력을 주장하는 자에게 그 증명책임이 있다.
⑤ 주택건설을 위한 토지매매계약의 당사자가 건축허가 신청이 불허되었을 때에는 이를 무효로 한다는 약정을 한 경우 이는 정지조건부계약이다.

해설
답 ④

① [×] 제151조(불법조건, 기성조건) ① 조건이 선량한 풍속 기타 사회질서에 위반한 것인 때에는 그 법률행위는 무효로 한다.

② [×] 제149조(조건부권리의 처분 등) 조건의 성취가 미정한 권리의무는 일반규정에 의하여 처분, 상속, 보존 또는 담보로 할 수 있다.

③ [×] 조건부 법률행위에 있어 조건의 내용 자체가 불법적인 것이어서 무효일 경우 또는 조건을 붙이는 것이 허용되지 아니하는 법률행위에 조건을 붙인 경우 그 조건만을 분리하여 무효로 할 수는 없고 그 법률행위 전부가 무효로 된다. 따라서 주주총회에서 감사로 선임된 자에게 회사의 대표이사가 감사임용계약의 청약을 하면서 부가한 조건의 내용 자체가 무효이거나 조건을 부가하여 위 청약의 의사표시를 하는 것이 무효인 경우, 그 조건뿐만 아니라 청약의 의사표시 전체가 무효

로 되는 것이므로 이에 대하여 피선임자가 승낙의 의사표시를 하였다 하더라도 감사임용계약이 성립된 것으로 볼 수 없다(대결 2005.11.8, 2005마541).
④ [O] 정지조건부 법률행위에 있어서 조건이 성취되었다는 사실은 이에 의하여 권리를 취득하고자 하는 측에서 그 입증책임이 있다 할 것이므로, 정지조건부 채권양도에 있어서 정지조건이 성취되었다는 사실은 채권양도의 효력을 주장하는 자에게 그 입증책임이 있다(대판 1983.4.12, 81다카692).
⑤ [×] 건축허가를 필할 때 매매계약이 성립하고 건축허가신청이 불허되었을 때에는 이를 무효로 한다는 약정은 건축허가신청의 불허가를 해제조건으로 하는 매매계약이다(대판 1983.8.23, 83다카552).

220

조건부 법률행위에 관한 설명으로 옳지 않은 것은? (다툼이 있으면 판례에 따름) 22 세무사

① 조건의 경우에도 의사표시의 일반원칙에 따라 조건의사와 그 표시가 필요하다.
② 법률행위에 불법조건이 붙어 있는 경우, 그 조건은 물론 법률행위 자체도 무효이다.
③ 불능조건이 해제조건이면 조건 없는 법률행위가 된다.
④ 법률행위가 정지조건부 법률행위에 해당한다는 사실은 그 법률효과의 발생을 다투려는 자가 주장·증명하여야 한다.
⑤ 조건의 성취로 인하여 불이익을 받을 당사자가 신의칙에 반하여 조건의 성취를 방해한 경우, 조건은 그러한 방해행위가 있었던 때에 성취된 것으로 본다.

해설

답 ⑤

① [O] 조건을 붙이고자 하는 의사의 표시는 그 방법에 관하여 일정한 방식이 요구되지 않으므로 묵시적 의사표시나 묵시적 약정으로도 할 수 있다. 이를 인정하려면, 법률행위가 이루어진 동기와 경위, 법률행위에 의하여 달성하려는 목적, 거래의 관행 등을 종합적으로 고려하여 법률행위 효력의 발생 또는 소멸을 장래의 불확실한 사실의 발생 여부에 따라 좌우되게 하려는 의사가 인정되어야 한다(대판 2018.6.28, 2016다221368).

② [O] 제151조(불법조건, 기성조건) ① 조건이 선량한 풍속 기타 사회질서에 위반한 것인 때에는 그 법률행위는 무효로 한다.

③ [O] 제151조(불법조건, 기성조건) ③ 조건이 법률행위의 당시에 이미 성취할 수 없는 것인 경우에는 그 조건이 해제조건이면 조건 없는 법률행위로 하고 정지조건이면 그 법률행위는 무효로 한다.

④ [O] 어떠한 법률행위가 조건의 성취 시 법률행위의 효력이 발생하는 소위 정지조건부 법률행위에 해당한다는 사실은 그 법률행위로 인한 법률효과의 발생을 저지하는 사유로서 그 법률효과의 발생을 다투려는 자에게 주장, 입증책임이 있다고 할 것이므로, 원심이 인정한 바와 같이 이 사건 명의신탁계약의 해지가 정지조건부 법률행위라면 그 사실에 대한 주장, 입증책임은 그 명의신탁 해지의 효과를 다투는 피고에게 있다고 할 것인데(그 정지조건의 성취에 관한 주장, 입증책임이 원고에게 있음은 별론으로 하고) … (대판 1993.9.28, 93다20832).

⑤ [×] 상대방이 하도급 받은 부분에 대한 공사를 완공하여 준공필증을 제출하는 것을 정지조건으로 하여 공사대금채무를 부담하거나 위 채무를 보증한 사람은 위 조건의 성취로 인하여 불이익을 받을 당사자의 지위에 있다고 할 것이므로, 이들이 위 공사에 필요한 시설을 해주지 않았을 뿐만 아니라 공사장에의 출입을 통제함으로써 위 상대방으로 하여금 나머지 공사를 수행할 수 없게 하였다면, 그것이 고의에 의한 경우만이 아니라 과실에 의한 경우에도 신의성실에 반하여 조건의 성취를 방해한 때에 해당한다고 할 것이므로, 그 상대방은 민법 제150조 제1항의 규정에 의하여 위 공사대금채무자 및 보증인에 대하여 그 조건이 성취된 것으로 주장할 수 있다(대판 1998.12.22, 98다42356). 그리고 조건의 성취로 인하여 불이익을 받을 당사자가 신의성실에 반하여 조건의 성취를 방해한 경우, <u>조건이 성취된 것으로 의제되는 시점은 이러한 신의성실에 반하는 행위가 없었더라면 조건이 성취되었으리라고 추산되는 시점이다.</u>

221. 조건에 관한 설명 중 옳지 않은 것은? (다툼이 있는 경우 판례에 의함) 〈22 경간부〉

① 당사자는 조건성취 전에 조건성취의 효력을 소급하게 할 수 있다.
② 해제조건이 법률행위의 당시 이미 성취한 것인 경우에는 그 법률행위는 무효로 한다.
③ 조건의사가 있더라도 그것이 외부에 표시되지 않으면 그것만으로는 법률행위 부관으로서의 조건이 되는 것은 아니다.
④ 조건부 법률행위에 있어 조건의 내용 자체가 선량한 풍속 기타 사회질서에 위반하는 것이어서 무효일 경우 그 조건만을 분리하여 무효로 할 수 있다.

해설
답 ④

① [○] 제147조(조건성취의 효과) ③ 당사자가 조건성취의 효력을 그 성취 전에 소급하게 할 의사를 표시한 때에는 그 의사에 의한다.

② [○] 제151조(불법조건, 기성조건) ② 조건이 법률행위의 당시 이미 성취한 것인 경우에는 그 조건이 정지조건이면 조건 없는 법률행위로 하고 해제조건이면 그 법률행위는 무효로 한다.

③ [○] 조건을 붙이고자 하는 의사의 표시는 그 방법에 관하여 일정한 방식이 요구되지 않으므로 묵시적 의사표시나 묵시적 약정으로도 할 수 있다. 이를 인정하려면, 법률행위가 이루어진 동기와 경위, 법률행위에 의하여 달성하려는 목적, 거래의 관행 등을 종합적으로 고려하여 법률행위 효력의 발생 또는 소멸을 장래의 불확실한 사실의 발생 여부에 따라 좌우되게 하려는 의사가 인정되어야 한다(대판 2018.6.28, 2016다221368).

④ [×] 제151조(불법조건, 기성조건) ① 조건이 선량한 풍속 기타 사회질서에 위반한 것인 때에는 그 법률행위는 무효로 한다.

222

법률행위의 부관인 조건에 관한 설명으로 옳은 것은? (다툼이 있으면 판례에 따름) 23 세무사

① 특정의 제3자가 사망하면 증여를 하겠다는 계약은 정지조건부 계약이다.
② 유언은 유언자의 사망을 정지조건으로 하는 법률행위이다.
③ 물권행위는 조건에 친하지 않은 법률행위이다.
④ 정지조건이든 해제조건이든 그 성취의 효과는 특별한 사정이 없는 한 소급하지 않는다.
⑤ 조건의 성취로 불이익을 받을 자가 과실로 신의성실에 반하여 조건의 성취를 방해한 때에는 조건의 성취가 의제될 여지가 없다.

해설
답 ④

① [×] 사람은 반드시 사망하므로, 불확정기한부 계약이 된다.
② [×] 유언자의 사망을 불확정기한으로 하는 법률행위이다.
③ [×] 독일 민법은 부동산소유권이전의 합의(Auflassung)에 조건이나 기한을 붙이지 못하도록 하고 있으나(독민 제925조 제2항), 그러한 규정이 없는 우리 민법에서는 허용된다고 본다(통설). 소유권유보부 매매의 약정에는 조건부 물권행위가 있다고 볼 수 있다(통설).
④ [○] 제147조(조건성취의 효과) ① 정지조건 있는 법률행위는 조건이 성취한 때로부터 그 효력이 생긴다.
② 해제조건 있는 법률행위는 조건이 성취한 때로부터 그 효력을 잃는다.
③ 당사자가 조건성취의 효력을 그 성취 전에 소급하게 할 의사를 표시한 때에는 그 의사에 의한다.
⑤ [×] 조건의 성취로 인하여 불이익을 받을 당사자가 신의성실에 반하여 조건의 성취를 방해한 경우, 조건이 성취된 것으로 의제되는 시점은 이러한 신의성실에 반하는 행위가 없었더라면 조건이 성취되었으리라고 추산되는 시점이다(대판 1998.12.22, 98다42356).

223

민법상 조건에 관한 설명으로 옳지 않은 것은? (다툼이 있으면 판례에 따름) 23 노무사

① 조건을 붙이고자 하는 의사는 법률행위의 내용으로 외부에 표시되어야 하므로 그 의사표시는 묵시적 방법으로는 할 수 없다.
② 조건이 법률행위의 당시 이미 성취한 것인 경우에는 그 조건이 정지조건이면 조건 없는 법률행위이다.
③ 조건의 성취로 인하여 불이익을 받을 당사자가 과실로 신의성실에 반하여 조건의 성취를 방해한 때에는 상대방은 그 조건이 성취한 것으로 주장할 수 있다.
④ 조건의 성취가 미정한 권리의무는 일반규정에 의하여 담보로 할 수 있다.
⑤ 선량한 풍속에 반하는 불법조건이 붙은 법률행위는 무효이다.

해설 답 ①

① [×] 조건을 붙이고자 하는 의사의 표시는 그 방법에 관하여 일정한 방식이 요구되지 않으므로 묵시적 의사표시나 묵시적 약정으로도 할 수 있다. 이를 인정하려면, 법률행위가 이루어진 동기와 경위, 법률행위에 의하여 달성하려는 목적, 거래의 관행 등을 종합적으로 고려하여 법률행위 효력의 발생 또는 소멸을 장래의 불확실한 사실의 발생 여부에 따라 좌우되게 하려는 의사가 인정되어야 한다(대판 2018.6.28, 2016다221368).

② [○] 제151조(불법조건, 기성조건) ② 조건이 법률행위의 당시 이미 성취한 것인 경우에는 그 조건이 정지조건이면 조건 없는 법률행위로 하고 해제조건이면 그 법률행위는 무효로 한다.

③ [○] 상대방이 하도급 받은 부분에 대한 공사를 완공하여 준공필증을 제출하는 것을 정지조건으로 하여 공사대금채무를 부담하거나 위 채무를 보증한 사람은 위 조건의 성취로 인하여 불이익을 받을 당사자의 지위에 있다고 할 것이므로, 이들이 위 공사에 필요한 시설을 해주지 않았을 뿐만 아니라 공사장에의 출입을 통제함으로써 위 상대방으로 하여금 나머지 공사를 수행할 수 없게 하였다면, <u>그것이 고의에 의한 경우만이 아니라 과실에 의한 경우에도 신의성실에 반하여 조건의 성취를 방해한 때에 해당한다고 할 것이므로</u>, 그 상대방은 민법 제150조 제1항의 규정에 의하여 위 공사대금채무자 및 보증인에 대하여 그 조건이 성취된 것으로 주장할 수 있다(대판 1998.12.22, 98다42356).

④ [○] 제149조(조건부권리의 처분 등) 조건의 성취가 미정한 권리의무는 일반규정에 의하여 처분, 상속, 보존 또는 담보로 할 수 있다.

⑤ [○] 제151조(불법조건, 기성조건) ① 조건이 선량한 풍속 기타 사회질서에 위반한 것인 때에는 그 법률행위는 무효로 한다.

224 조건에 관한 설명으로 옳지 않은 것은? (다툼이 있는 경우 판례에 의함) 23 경간부

① "소정의 기간 내에 이행을 하지 아니하면 계약은 당연히 해제된 것으로 한다."는 뜻을 포함하고 있는 이행청구는 그 이행청구와 동시에 그 기간 내에 이행이 없는 것을 해제조건으로 하여 미리 해제의 의사표시를 한 것으로 보아야 한다.
② 당사자가 불확정한 사실이 발생한 때를 이행기한으로 정한 경우, 그 사실의 발생이 불가능하게 된 때에도 이행기한은 도래한 것으로 보아야 한다.
③ 정지조건부 채권양도에 있어서 정지조건이 성취되었다는 사실에 대한 증명책임은 채권양도의 효력을 주장하는 자에게 있다.
④ 조건의사가 있더라도 그것이 외부에 표시되지 않으면 법률행위의 동기에 불과할 뿐이고 그것만으로는 법률행위의 부관으로서의 조건이 되는 것은 아니다.

해설 답 ①

① [×] 소정의 기일내에 이행을 하지 아니하면 계약은 당연히 해제된 것으로 한다는 이행청구는 그 이행청구와 동시에 기간 또는 기일내에 이행이 없는 것을 정지조건으로 하여 미리 해제의 의사표시를 한 것으로 볼 것이다(대판 1981.4.14, 80다2381).

② [O] 부관이 붙은 법률행위에 있어서 부관에 표시된 사실이 발생하지 아니하면 채무를 이행하지 아니하여도 된다고 보는 것이 상당한 경우에는 조건으로 보아야 하고, 표시된 사실이 발생한 때에는 물론이고 반대로 발생하지 아니하는 것이 확정된 때에도 그 채무를 이행하여야 한다고 보는 것이 상당한 경우에는 표시된 사실의 발생 여부가 확정되는 것을 불확정기한으로 정한 것으로 보아야 한다(대판 2003.8.19, 2003다24215).

③ [O] 정지조건부 법률행위에 있어서 조건이 성취되었다는 사실은 이에 의하여 권리를 취득하고자 하는 측에서 그 입증책임이 있다 할 것이므로, 정지조건부 채권양도에 있어서 정지조건이 성취되었다는 사실은 채권양도의 효력을 주장하는 자에게 그 입증책임이 있다(대판 1983.4.12, 81다카692).

④ [O] 조건을 붙이고자 하는 의사의 표시는 그 방법에 관하여 일정한 방식이 요구되지 않으므로 묵시적 의사표시나 묵시적 약정으로도 할 수 있다. 이를 인정하려면, 법률행위가 이루어진 동기와 경위, 법률행위에 의하여 달성하려는 목적, 거래의 관행 등을 종합적으로 고려하여 법률행위 효력의 발생 또는 소멸을 장래의 불확실한 사실의 발생 여부에 따라 좌우되게 하려는 의사가 인정되어야 한다(대판 2018.6.28, 2016다221368).

III. 기한

225 조건과 기한에 관한 설명으로 옳지 않은 것은? (다툼이 있으면 판례에 따름) 15 노무사

① 법률이 요구하는 요건인 법정조건은 법률행위의 부관으로서의 조건이 아니다.
② 조건부 법률행위에서 조건이 불법조건이라고 해서 그 법률행위 전부가 무효로 되는 것은 아니다.
③ 기한이익 상실의 특약은 명백히 정지조건부 기한이익 상실의 특약이라고 볼 만한 특별한 사정이 없는 이상 형성권적 기한이익 상실의 특약으로 추정된다.
④ 주택건설을 위한 토지매매계약에 앞서 당사자 간의 협의에 의하여 건축허가를 필할 때에 매매계약이 성립하고 건축허가 신청이 불허되었을 때에는 이를 무효로 한다고 약정한 토지매매계약은 해제조건부계약이다.
⑤ 이미 부담하고 있는 채무의 변제에 관하여 일정한 사실이 부관으로 붙여진 경우에는 특별한 사정이 없는 한, 그것은 변제기를 유예한 것으로서 그 사실이 발생한 때 또는 발생하지 아니하는 것으로 확정된 때에 기한이 도래한다.

해설 답 ②

① [O] 조건은 법률행위의 내용으로 당사자들이 임의로 정한 것이므로 법정조건은 이미 조건이 아니다 (통설). 다만, 그 성질에 반하지 않는 범위에서 조건의 규정을 법정조건에 유추적용할 수 있다 (대판 1962.4.18, 4294민상1603).

② [×] 조건이 선량한 풍속 기타 사회질서에 위반한 것인 때에는 그 법률행위는 무효로 한다(제151조 제1항). 따라서 부부관계의 종료를 해제조건으로 하는 증여계약은 그 조건은 물론 증여계약 자체가 무효이다(대판 1966.6.21, 66다530).

③ [O] 기한이익 상실의 특약은 그 내용에 의하여 일정한 사유가 발생하면 채권자의 청구 등을 요함이 없이 당연히 기한의 이익이 상실되어 이행기가 도래하는 것으로 하는 정지조건부 기한이익 상실의 특약과 일정한 사유가 발생한 후 채권자의 통지나 청구 등 채권자의 의사행위를 기다려 비로소 이행기가 도래하는 것으로 하는 형성권적 기한이익 상실의 특약의 두 가지로 대별할 수 있고, 기한이익 상실의 특약이 위의 양자 중 어느 것에 해당하느냐는 당사자의 의사해석의 문제이지만 일반적으로 기한이익 상실의 특약이 채권자를 위하여 둔 것인 점에 비추어 명백히 정지조건부 기한이익 상실의 특약이라고 볼 만한 특별한 사정이 없는 이상 형성권적 기한이익 상실의 특약으로 추정하는 것이 타당하다(대판 2002.9.4, 2002다28340).

④ [O] 주택건설을 위한 원·피고간의 토지매매계약에 앞서 양자 간의 협의에 의하여 건축허가를 필할 때 매매계약이 성립하고 건축허가 신청이 불허되었을 때에는 이를 무효로 한다는 약정 아래 이루어진 본건 계약은 해제조건부계약이다(대판 1983.8.23, 83다카552).

⑤ [O] 이미 부담하고 있는 채무의 변제에 관하여 일정한 사실이 부관으로 붙여진 경우에는 특별한 사정이 없는 한 그것은 변제기를 유예한 것으로서 그 사실이 발생한 때 또는 발생하지 아니하는 것으로 확정된 때에 기한이 도래한다(대판 2003.8.19, 2003다24215).

226

법률행위의 부관에 관한 설명으로 옳은 것은? (다툼이 있으면 판례에 따름) 16 노무사

① 기성조건이 해제조건이면 조건 없는 법률행위로 한다.
② 불능조건이 정지조건이면 조건 없는 법률행위로 한다.
③ 불법조건이 붙어 있는 법률행위는 불법조건만 무효이며, 법률행위 자체는 무효로 되지 않는다.
④ 기한의 효력은 기한 도래 시부터 생기며 당사자가 특약 하더라도 소급효가 없다.
⑤ 어느 법률행위에 어떤 조건이 붙어 있었는지 여부는 법률행위 해석의 문제로서 당사자가 주장하지 않더라도 법원이 직권으로 판단한다.

해설

답 ④

① [X] 조건이 법률행위의 당시 이미 성취한 것인 경우에는 그 조건이 정지조건이면 조건 없는 법률행위로 하고 해제조건이면 그 법률행위는 무효로 한다(제151조 제2항).
② [X] 조건이 법률행위의 당시에 이미 성취할 수 없는 것인 경우에는 그 조건이 해제조건이면 조건 없는 법률행위로 하고 정지조건이면 그 법률행위는 무효로 한다(제151조 제3항).
③ [X] 조건이 선량한 풍속 기타 사회질서에 위반한 것인 때에는 그 법률행위는 무효로 한다(제151조 제1항).
④ [O] 시기 있는 법률행위는 기한이 도래한 때로부터 그 효력이 생긴다(제152조 제1항) 기한은 조건과는 달리 당사자의 특약으로 소급효를 인정할 수 없다(통설).
⑤ [X] 조건은 법률행위의 당사자가 그 의사표시에 의하여 그 법률행위와 동시에 그 법률행위의 내용으로서 부가시켜 그 법률행위의 효력을 제한하는 법률행위의 부관이므로 구체적인 사실관계가 어느 법률행위에 붙은 조건의 성취에 해당하는지 여부는 의사표시의 해석에 속하는 경우도 있다고 할 수 있지만, 어느 법률행위에 어떤 조건이 붙어 있었는지 아닌지는 사실인정의 문제로서 그 조건의 존재를 주장하는 자가 이를 입증하여야 한다고 할 것이다(대판 2006.11.24, 2006다35766).

227 법률행위의 조건과 기한에 관한 설명으로 옳지 않은 것은? (다툼이 있으면 판례에 따름)

17 노무사

① 조건이 법률행위의 당시 이미 성취한 것인 경우에는 그 조건이 정지조건이면 조건 없는 법률행위이다.
② 조건의 성취 여부가 확정 전인 권리의무는 일반규정에 의하여 처분, 상속, 보존 또는 담보로 할 수 있다.
③ 어느 법률행위에 어떤 조건이 붙어 있었는지 여부는 그 조건의 존재를 주장하는 자가 이를 증명하여야 한다.
④ 당사자의 특약이 없거나 법률행위의 성질상 분명하지 않으면 기한의 이익은 채권자에게 있는 것으로 추정된다.
⑤ 기한의 이익이 상대방에게 있는 경우 당사자 일방은 상대방의 손해를 배상하고 기한의 이익을 포기할 수 있다.

해설

답 ④

① [○] 제151조(불법조건, 기성조건) ② 조건이 법률행위의 당시 이미 성취한 것인 경우에는 그 조건이 정지조건이면 조건 없는 법률행위로 하고 해제조건이면 그 법률행위는 무효로 한다.

② [○] 제149조(조건부권리의 처분 등) 조건의 성취가 미정한 권리의무는 일반규정에 의하여 처분, 상속, 보존 또는 담보로 할 수 있다.

③ [○] 어떠한 법률행위가 조건의 성취 시 법률행위의 효력이 발생하는 소위 정지조건부 법률행위에 해당한다는 사실은 그 법률행위로 인한 법률효과의 발생을 저지하는 사유로서 그 법률효과의 발생을 다투려는 자에게 주장, 입증책임이 있다(대판 1993.9.28, 93다20832).

④ [×], ⑤ [○] 제153조(기한의 이익과 그 포기) ① 기한은 채무자의 이익을 위한 것으로 추정한다.
② 기한의 이익은 이를 포기할 수 있다. 그러나 상대방의 이익을 해하지 못한다.

228 조건과 기한에 관한 설명으로 틀린 것은? (다툼이 있는 경우에는 판례에 의함)

① 부관이 붙은 법률행위에서 부관에 표시된 사실이 발생하지 않으면 채무를 이행하지 않아도 된다고 보는 것이 상당한 경우에 그 부관은 조건이 아니라 불확정기한에 해당한다.
② 건축허가를 받지 못한 때에는 토지매매계약을 무효로 하기로 한 약정은 해제조건부 법률행위에 해당한다.
③ 정지조건부 법률행위에서 조건이 성취되었다는 사실은 이에 의하여 권리를 취득하고자 하는 자에게 증명책임이 있다.
④ 불확정한 사실이 발생한 때를 이행기한으로 정한 경우에는 그 사실이 발생한 때는 물론 그 사실의 발생이 불가능하게 된 때에도 이행기한은 도래한 것으로 보아야 한다.
⑤ 민법 제150조 제1항은 계약 당사자 사이에서 정당하게 기대되는 협력을 신의성실에 반하여 거부함으로써 계약에서 정한 사항을 이행할 수 없게 된 경우에 유추적용될 수 있다. 그러나 민법 제150조 제1항이 방해 행위로 조건이 성취되지 않을 것을 요구하는 것과 마찬가지로, 위와 같이 유추적용되는 경우에도 단순한 협력 거부만으로는 부족하고 이 조항에서 정한 방해 행위에 준할 정도로 신의성실에 반하여 협력을 거부함으로써 계약에서 정한 사항을 이행할 수 없는 상태가 되어야 한다. 또한 민법 제150조는 사실관계의 진행이 달라졌더라면 발생하리라고 희망했던 결과를 의제하는 것은 아니므로, 이 조항을 유추적용할 때에도 조건 성취 의제와 직접적인 관련이 없는 사실관계를 의제하거나 계약에서 정하지 않은 법률효과를 인정해서는 안 된다.

해설

답 ①

① [×] 부관이 붙은 법률행위에 있어서 부관에 표시된 사실이 발생하지 아니하면 채무를 이행하지 아니하여도 된다고 보는 것이 상당한 경우에는 조건으로 보아야 하고, 표시된 사실이 발생한 때에는 물론이고 반대로 발생하지 아니하는 것이 확정된 때에도 그 채무를 이행하여야 한다고 보는 것이 상당한 경우에는 표시된 사실의 발생 여부가 확정되는 것을 불확정기한으로 정한 것으로 보아야 한다(대판 2003.8.19, 2003다24215).
② [O] 주택건설을 위한 원·피고간의 토지매매계약에 앞서 양자간의 협의에 의하여 건축허가를 필할 때 매매계약이 성립하고 건축허가신청이 불허되었을 때에는 이를 무효로 한다는 약정 아래 이루어진 계약은 해제조건부 계약이다(대판 1983.8.23, 83다카552).
③ [O] 정지조건부 법률행위에 있어서 조건이 성취되었다는 사실은 이에 의하여 권리를 취득하고자 하는 측에서 그 입증책임이 있다 할 것이므로, 정지조건부 채권양도에 있어서 정지조건이 성취되었다는 사실은 채권양도의 효력을 주장하는 자에게 그 입증책임이 있다(대판 1983.4.12, 81다카692).
④ [O] 당사자가 불확정한 사실이 발생한 때를 이행기한으로 정한 경우 그 사실이 발생한 때는 물론 그 사실의 발생이 불가능하게 된 때에도 이행기한은 도래한 것으로 보아야 하고, 이때 불확정한 사실의 발생이 불가능하게 된 것인지 여부를 구체적으로 판단함에 있어서는 당사자의 의사·불확정기한사실의 종류와 특성 및 경과한 기간의 정도 등을 감안하여야 할 뿐만 아니라, 불확정기한사실이 사회경제적 상황에 영향을 받는 경우에는 이 점도 폭넓게 참작하여 사회통념에 따라 그 불가능 여부를 신중하게 판정하여야 한다(대판 2006.12.21, 2005다40754; 대판 2002.3.29, 2001다41766 등).
⑤ [O] 대판 2021.1.14, 2018다223054

229 법률행위의 부관에 관한 설명으로 옳지 않은 것은? (다툼이 있으면 판례에 따름)

① 정지조건부 화해계약 당시 이미 그 조건이 성취되었다면, 이는 조건이 없는 화해계약이다.
② 민법 제150조 제1항은 조건의 성취로 인하여 불이익을 받을 당사자가 신의성실에 반하여 조건의 성취를 방해한 때에는 상대방은 그 조건이 성취한 것으로 주장할 수 있다고 정함으로써, 조건이 성취되었더라면 원래 존재했어야 하는 상태를 일방 당사자의 부당한 개입으로부터 보호하기 위한 규정을 두고 있다. 이 조항은 권리의 행사와 의무의 이행은 신의에 좇아 성실히 하여야 한다는 법질서의 기본원리가 발현된 것으로서, 누구도 신의성실에 반하는 행태를 통해 이익을 얻어서는 안 된다는 사상을 포함하고 있다. 당사자들이 조건을 약정할 당시에 미처 예견하지 못했던 우발적인 상황에서 상대방의 이익에 대해 적절히 배려하지 않거나 상대방이 합리적으로 신뢰한 선행 행위와 모순된 태도를 취함으로써 형평에 어긋나거나 정의 관념에 비추어 용인될 수 없는 결과를 초래하는 경우 신의성실에 반한다고 볼 수 있다.
③ 조건의 성취로 이익을 받게 되는 당사자가 신의성실에 반하여 조건을 성취시킨 경우, 상대방은 그 조건의 불성취를 주장할 수 있다.
④ 기한의 이익은 상대방의 이익을 해하지 않는 한 포기할 수 있으므로, 그 포기의 효과는 소급효를 갖는다.
⑤ 채무자가 담보제공의 의무를 이행하지 않는 경우, 기한의 이익을 주장할 수 없다.

해설

답 ④

① [○] 조건이 법률행위의 당시 이미 성취한 것인 경우에는 그 조건이 정지조건이면 조건 없는 법률행위로 하고 해제조건이면 그 법률행위는 무효로 한다(제151조 제2항).
② [○] 대판 2021.1.14, 2018다223054
③ [○] 조건의 성취로 인하여 이익을 받을 당사자가 신의성실에 반하여 조건을 성취시킨 때에는 상대방은 그 조건이 성취하지 아니한 것으로 주장할 수 있다(제150조 제2항).
④ [×] 기한은 소급효가 금지된다.
⑤ [○]
> 제388조(기한의 이익의 상실) 채무자는 다음 각 호의 경우에는 기한의 이익을 주장하지 못한다.
> 1. 채무자가 담보를 손상, 감소 또는 멸실하게 한 때
> 2. 채무자가 담보제공의 의무를 이행하지 아니한 때

230. 조건과 기한에 관한 설명으로 옳지 않은 것은?

19 변리사

① 종기 있는 법률행위는 기한이 도래한 때로부터 그 효력을 잃는다.
② 기한의 이익은 이를 포기할 수 있지만, 상대방의 이익을 해하지 못한다.
③ 조건이 법률행위 당시 이미 성취한 것인 경우에는 그 조건이 해제조건이면 그 법률행위는 조건 없는 법률행위로 한다.
④ 조건 있는 법률행위의 당사자는 조건의 성부가 미정인 동안에 조건의 성취로 인하여 생길 상대방의 이익을 해하지 못한다.
⑤ 조건의 성취로 인하여 불이익을 받을 당사자가 신의성실에 반하여 조건의 성취를 방해한 때에는 상대방은 그 조건이 성취한 것으로 주장할 수 있다.

해설

답 ③

① [O] 제152조(기한도래의 효과) ① 시기 있는 법률행위는 기한이 도래한 때로부터 그 효력이 생긴다.
② 종기 있는 법률행위는 기한이 도래한 때로부터 그 효력을 잃는다.

② [O] 제153조(기한의 이익과 그 포기) ① 기한은 채무자의 이익을 위한 것으로 추정한다.
② 기한의 이익은 이를 포기할 수 있다. 그러나 상대방의 이익을 해하지 못한다.

③ [X] 제151조(불법조건, 기성조건) ② 조건이 법률행위의 당시 이미 성취한 것인 경우에는 그 조건이 정지조건이면 조건 없는 법률행위로 하고 해제조건이면 그 법률행위는 무효로 한다.

④ [O] 제148조(조건부권리의 침해금지) 조건 있는 법률행위의 당사자는 조건의 성부가 미정한 동안에 조건의 성취로 인하여 생길 상대방의 이익을 해하지 못한다.

⑤ [O] 제150조(조건성취, 불성취에 대한 반신의행위) ① 조건의 성취로 인하여 불이익을 받을 당사자가 신의성실에 반하여 조건의 성취를 방해한 때에는 상대방은 그 조건이 성취한 것으로 주장할 수 있다.

231. 법률행위의 부관에 관한 설명으로 옳지 않은 것은? (다툼이 있으면 판례에 따름) 21 변리사

① 상계에는 시기(始期)를 붙이지 못한다.
② 현상광고에 정한 행위의 완료에 조건이나 기한을 붙일 수 있다.
③ 무상임치와 무이자 소비대차의 경우, 채무자만이 기한이익을 갖는다.
④ 조건의 성취로 인하여 이익을 받을 당사자가 신의성실에 반하여 조건을 성취 시킨 때에는 상대방은 그 조건이 성취하지 아니한 것으로 주장할 수 있다.
⑤ 부관이 붙은 법률행위에 있어서 부관에 표시된 사실이 발생한 때뿐만 아니라 발생하지 않는 것으로 확정된 때에도 그 채무를 이행하여야 한다고 보는 것이 상당한 경우에는 표시된 사실의 발생 여부가 확정되는 것을 불확정기한으로 정한 것으로 본다.

해설
답 ③

① [O] **제493조(상계의 방법, 효과)** ① 상계는 상대방에 대한 의사표시로 한다. 이 의사표시에는 조건 또는 기한을 붙이지 못한다.

② [O] 민법 제675조에 정하는 현상광고라 함은, 광고자가 어느 행위를 한 자에게 일정한 보수를 지급할 의사를 표시하고 이에 응한 자가 그 광고에 정한 행위를 완료함으로써 그 효력이 생기는 것으로서, 그 광고에 정한 행위의 완료에 조건이나 기한을 붙일 수 있다. '검거'라 함은, 수사기관이 범죄의 예방·공안의 유지 또는 범죄수사상 혐의자로 지목된 자를 사실상 일시 억류하는 것으로서, 반드시 형사소송법상의 현행범인의 체포·긴급체포·구속 등의 강제처분만을 의미하지는 아니하고 그보다는 넓은 개념이라고 보아야 한다. 경찰이 탈옥수 신창원을 수배하면서 '제보로 검거되었을 때에 신고인 또는 제보자에게 현상금을 지급한다.'는 내용의 현상광고를 한 경우, 현상광고의 지정행위는 신창원의 거처 또는 소재를 경찰에 신고 내지 제보하는 것이고 신창원이 '검거되었을 때'는 지정행위의 완료에 조건을 붙인 것인데, 제보자가 신창원의 소재를 발견하고 경찰에 이를 신고함으로써 현상광고의 지정행위는 완료되었고, 그에 따라 경찰관 등이 출동하여 신창원이 있던 호프집 안에서 그를 검문하고 나아가 차량에 태워 파출소에까지 데려간 이상 그에 대한 검거는 이루어진 것이므로, 현상광고상의 지정행위 완료에 붙인 조건도 성취되었다(대판 2000.8.22, 2000다3675).

③ [×] 채무자만이 이익을 갖는 경우에는 무이자 소비대차가 있고, 채권자만 이익을 갖는 경우에는 반환시기를 정하지 않은 무상임치계약이 있다.

④ [O] **제150조(조건성취, 불성취에 대한 반신의행위)** ② 조건의 성취로 인하여 이익을 받을 당사자가 신의성실에 반하여 조건을 성취시킨 때에는 상대방은 그 조건이 성취하지 아니한 것으로 주장할 수 있다.

⑤ [O] 부관이 붙은 법률행위에 있어서 부관에 표시된 사실이 발생하지 아니하면 채무를 이행하지 아니하여도 된다고 보는 것이 상당한 경우에는 조건으로 보아야 하고, <u>표시된 사실이 발생한 때에는 물론이고 반대로 발생하지 아니하는 것이 확정된 때에도 그 채무를 이행하여야 한다고 보는 것이 상당한 경우에는 표시된 사실의 발생 여부가 확정되는 것을 불확정기한으로 정한 것으로 보아야 한다</u>[9](대판 2003.8.19, 2003다24215).

---

9) 채무의 변제에 관하여 일정한 사실이 부관으로 붙여진 경우에는 특별한 사정이 없는 한 사실이 발생한 때뿐만 아니라 사실의 발생이 불가능하게 된 때에도 이행기한은 도래한 것으로 보아야 하고, 부관으로 정한 사실의 실현이 주로 채무를 변제하는 사람의 성의나 노력에 따라 좌우되고, 채권자가 사실의 실현에 영향을 줄 수 없는 경우에는 사실이 발생하는 때는 물론이고 사실의 발생이 불가능한 것으로 확정되지는 않았더라도 합리적인 기간 내에 사실이 발생하지 않는 때에도 채무의 이행기한은 도래한다(대판 2018.4.24, 2017다205127).

232 기한부 법률행위에 관한 설명으로 옳은 것은? (다툼이 있으면 판례에 따름)

22 세무사

① 기한은 원칙적으로 채권자의 이익을 위한 것으로 추정한다.
② 불확정한 사실이 발생한 때를 이행기한으로 정한 경우, 그 사실의 발생이 불가능하게 되었다면 기한은 도래하지 않은 것으로 보아야 한다.
③ 기한부 법률행위의 당사자는 기한의 도래로 인하여 생길 상대방의 이익을 해하지 못한다.
④ 어음·수표행위에 시기(始期)를 붙이는 것은 원칙적으로 허용되지 않는다.
⑤ 형성권적 기한이익 상실의 특약이 있는 경우, 채무자는 기한이익의 상실사유의 발생으로 즉시 기한의 이익을 상실한다.

해설

답 ③

① [×] 제153조(기한의 이익과 그 포기) ① 기한은 채무자의 이익을 위한 것으로 추정한다.

② [×] 당사자가 불확정한 사실이 발생한 때를 이행기한으로 정한 경우에는 그 사실이 발생한 때는 물론 그 사실의 발생이 불가능하게 된 때에도 이행기한은 도래한 것으로 보아야 한다고 본다(대판 2002.3.29, 2001다41766).

③ [○] 제154조(기한부권리와 준용규정) 제148조와 제149조의 규정은 기한 있는 법률행위에 준용한다.
제148조(조건부권리의 침해금지) 조건 있는 법률행위의 당사자는 조건의 성부가 미정한 동안에 조건의 성취로 인하여 생길 상대방의 이익을 해하지 못한다.

④ [×] 이 경우 어음법과 수표법상 배서에 붙인 조건은 이를 기재하지 아니한 것으로 보므로(어음법 제12조 제1항, 제77조 제1항, 수표법 제15조 제1항), 조건이 없는 어음 및 수표행위로서 효력을 발생한다. 다만 기한은 붙일 수 있다.

어음법 제20조(기한 후 배서) ① 만기 후의 배서는 만기 전의 배서와 같은 효력이 있다.

⑤ [×] 기한이익 상실의 특약은 그 내용에 의하여 일정한 사유가 발생하면 채권자의 청구 등을 요함이 없이 당연히 기한의 이익이 상실되어 이행기가 도래하는 것으로 하는 정지조건부 기한이익 상실의 특약과 일정한 사유가 발생한 후 채권자의 통지나 청구 등 채권자의 의사행위를 기다려 비로소 이행기가 도래하는 것으로 하는 형성권적 기한이익 상실의 특약의 두 가지로 대별할 수 있고, 기한이익 상실의 특약이 위의 양자 중 어느 것에 해당하느냐는 당사자의 의사해석의 문제이지만 일반적으로 기한이익 상실의 특약이 채권자를 위하여 둔 것인 점에 비추어 명백히 정지조건부 기한이익 상실의 특약이라고 볼 만한 특별한 사정이 없는 이상 형성권적 기한이익 상실의 특약으로 추정하는 것이 타당하다(대판 2002.9.4, 2002다28340).

233

조건과 기한에 관한 설명으로 옳은 것은? (다툼이 있으면 판례에 따름) 22 노무사

① 기한의 이익을 가지고 있는 채무자가 그가 부담하는 담보제공 의무를 이행하지 아니하더라도 그 기한의 이익은 상실되지 않는다.
② 해제조건 있는 법률행위는 조건이 성취한 때로부터 그 효력이 생긴다.
③ 기성조건이 정지조건이면 그 법률행위는 무효로 한다.
④ 기한이익 상실특약은 특별한 사정이 없는 한 정지조건부 기한이익 상실특약으로 본다.
⑤ 기한은 원칙적으로 채무자의 이익을 위한 것으로 추정한다.

해설
답 ⑤

① [×] 제388조(기한의 이익의 상실) 채무자는 다음 각 호의 경우에는 기한의 이익을 주장하지 못한다.
　1. 채무자가 담보를 손상, 감소 또는 멸실하게 한 때
　2. 채무자가 담보제공의 의무를 이행하지 아니한 때

② [×] 제147조(조건성취의 효과) ② 해제조건 있는 법률행위는 조건이 성취한 때로부터 그 효력을 잃는다.

③ [×] 제151조(불법조건, 기성조건) ② 조건이 법률행위의 당시 이미 성취한 것인 경우에는 그 조건이 정지조건이면 조건 없는 법률행위로 하고 해제조건이면 그 법률행위는 무효로 한다.

④ [×] 기한이익 상실의 특약은 그 내용에 의하여 일정한 사유가 발생하면 채권자의 청구 등을 요함이 없이 당연히 기한의 이익이 상실되어 이행기가 도래하는 것으로 하는 정지조건부 기한이익 상실의 특약과 일정한 사유가 발생한 후 채권자의 통지나 청구 등 채권자의 의사행위를 기다려 비로소 이행기가 도래하는 것으로 하는 형성권적 기한이익 상실의 특약의 두 가지로 대별할 수 있고, 기한이익 상실의 특약이 위의 양자 중 어느 것에 해당하느냐는 당사자의 의사해석의 문제이지만 일반적으로 기한이익 상실의 특약이 채권자를 위하여 둔 것인 점에 비추어 명백히 정지조건부 기한이익 상실의 특약이라고 볼 만한 특별한 사정이 없는 이상 형성권적 기한이익 상실의 특약으로 추정하는 것이 타당하다(대판 2002.9.4, 2002다28340).

⑤ [○] 제153조(기한의 이익과 그 포기) ① 기한은 채무자의 이익을 위한 것으로 추정한다.

234 부관에 관한 설명 중 옳지 않은 것은? (다툼이 있는 경우 판례에 의함) 22 경간부

① 당사자가 불확정한 사실이 발생한 때를 이행기한으로 정한 경우, 그 사실의 발생이 불가능하게 된 때에는 그 이행기한이 도래한 것으로 볼 수 없다.
② 조건의 성취로 인하여 이익을 받을 당사자가 신의성실에 반하여 조건을 성취시킨 때에는 상대방은 그 조건이 성취하지 아니한 것으로 주장할 수 있다.
③ 기한이익상실의 특약이 명백히 형성권적 기한이익상실의 특약이라고 볼 만한 특별한 사정이 없는 이상 정지조건부 기한이익상실의 특약으로 추정하는 것이 타당하다.
④ 부관에 표시된 사실이 발생한 때에는 물론이고 반대로 발생하지 않은 것이 확정된 때에도 채무를 이행하여야 한다고 보는 것이 합리적인 경우에는 표시된 사실 발생 여부가 확정되는 것을 불확정기한으로 정한 것으로 본다.

해설

답 ①, ③

① [×] 이때 당사자가 불확정한 사실이 발생한 때를 이행기한으로 정한 경우에는 그 사실이 발생한 때는 물론 그 사실의 발생이 불가능하게 된 때에도 이행기한은 도래한 것으로 보아야 한다고 본다(대판 2002.3.29, 2001다41766).

② [O] 제150조(조건성취, 불성취에 대한 반신의행위) ② 조건의 성취로 인하여 이익을 받을 당사자가 신의성실에 반하여 조건을 성취시킨 때에는 상대방은 그 조건이 성취하지 아니한 것으로 주장할 수 있다.

③ [×] 기한이익 상실의 특약은 그 내용에 의하여 일정한 사유가 발생하면 채권자의 청구 등을 요함이 없이 당연히 기한의 이익이 상실되어 이행기가 도래하는 것으로 하는 정지조건부 기한이익 상실의 특약과 일정한 사유가 발생한 후 채권자의 통지나 청구 등 채권자의 의사행위를 기다려 비로소 이행기가 도래하는 것으로 하는 형성권적 기한이익 상실의 특약의 두 가지로 대별할 수 있고, 기한이익 상실의 특약이 위의 양자 중 어느 것에 해당하느냐는 당사자의 의사해석의 문제이지만 일반적으로 기한이익 상실의 특약이 채권자를 위하여 둔 것인 점에 비추어 명백히 정지조건부 기한이익 상실의 특약이라고 볼 만한 특별한 사정이 없는 이상 형성권적 기한이익 상실의 특약으로 추정하는 것이 타당하다(대판 2002.9.4, 2002다28340).

④ [O] 부관이 붙은 법률행위에 있어서 부관에 표시된 사실이 발생하지 아니하면 채무를 이행하지 아니하여도 된다고 보는 것이 상당한 경우에는 조건으로 보아야 하고, 표시된 사실이 발생한 때에는 물론이고 반대로 발생하지 아니하는 것이 확정된 때에도 그 채무를 이행하여야 한다고 보는 것이 상당한 경우에는 표시된 사실의 발생 여부가 확정되는 것을 불확정기한으로 정한 것으로 보아야 한다(대판 2003.8.19, 2003다24215).

235 조건과 기한에 관한 설명으로 옳지 않은 것은? (다툼이 있으면 판례에 따름) 23 변리사

① 이행지체의 경우 채권자는 채무자를 상대로 상당한 기간을 정하여 이행을 청구하면서 그 기간 내에 이행이 없으면 계약은 당연히 해제된 것으로 한다는 취지의 해제조건부 해제권 행사를 할 수 있다.
② 동산에 대한 소유권유보부 매매의 경우 물권행위인 소유권이전의 합의가 매매대금의 완납을 정지조건으로 하여 성립한다.
③ 부첩(夫妾)관계의 종료를 해제조건으로 하는 증여계약은 무효이다.
④ 불확정기한의 경우 기한사실의 발생이 불가능한 것으로 확정되어도 기한은 도래한 것으로 본다.
⑤ 기한이익 상실의 특약은 특별한 사정이 없는 한 형성권적 기한이익 상실의 특약으로 추정된다.

해설   답 ①

① [×] 계약 당사자 일방이 이행지체에 빠진 상대방에 대하여 일정한 기간을 정하여 채무이행을 최고함과 동시에 그 기간 내에 이행이 없을 시에는 계약을 해제하겠다는 정지조건부 계약해제의 의사표시는 조건이 가능하다. 따라서 일정한 유예기간의 경과로 해제권이 발생하고 동시에 그 계약은 해제된다(대판 1970.9.29, 70다1508).
② [○] 동산할부매매에서 대금완납을 조건으로 하는 소유권유보부매매(대판 1996.6.28, 96다14870)
③ [○] 조건이 선량한 풍속 기타 사회질서에 위반한 것인 때에는 그 법률행위는 무효로 한다(제151조 제1항). 따라서 부부관계의 종료를 해제조건으로 하는 증여계약은 그 조건은 물론 증여계약 자체가 무효이다(대판 1966.6.21, 66다530).
④ [○] 판례는 부관이 붙은 법률행위에 있어서 부관에 표시된 사실이 발생하지 아니하면 채무를 이행하지 아니하여도 된다고 보는 것이 상당한 경우에는 조건으로 보아야 하고, 표시된 사실이 발생한 때에는 물론이고 반대로 발생하지 아니하는 것이 확정된 때에도 그 채무를 이행하여야 한다고 보는 것이 상당한 경우에는 표시된 사실의 발생 여부가 확정되는 것을 불확정기한으로 정한 것으로 보아야 한다고 판시한다(대판 2003.8.19, 2003다24215). 이때 당사자가 불확정한 사실이 발생한 때를 이행기한으로 정한 경우에는 그 사실이 발생한 때는 물론 그 사실의 발생이 불가능하게 된 때에도 이행기한은 도래한 것으로 보아야 한다고 본다(대판 2002.3.29, 2001다41766).
⑤ [○] 기한이익 상실의 특약은 그 내용에 의하여 일정한 사유가 발생하면 채권자의 청구 등을 요함이 없이 당연히 기한의 이익이 상실되어 이행기가 도래하는 것으로 하는 정지조건부 기한이익 상실의 특약과 일정한 사유가 발생한 후 채권자의 통지나 청구 등 채권자의 의사행위를 기다려 비로소 이행기가 도래하는 것으로 하는 형성권적 기한이익 상실의 특약의 두 가지로 대별할 수 있고, 기한이익 상실의 특약이 위의 양자 중 어느 것에 해당하느냐는 당사자의 의사해석의 문제이지만 일반적으로 기한이익 상실의 특약이 채권자를 위하여 둔 것인 점에 비추어 명백히 정지조건부 기한이익 상실의 특약이라고 볼 만한 특별한 사정이 없는 이상 형성권적 기한이익 상실의 특약으로 추정하는 것이 타당하다(대판 2002.9.4, 2002다28340).

236 기한에 관한 설명으로 옳지 않은 것은? (다툼이 있으면 판례에 따름)

23 세무사

① 부관에 표시된 사실이 발생하지 않는 것으로 확정된 때에도 채무를 이행해야 한다고 인정되면 그 사실은 조건이 아니라 불확정기한이다.
② 기한의 이익은 채무자에게 있는 것으로 추정된다.
③ 이자부소비대차에서 채무자는 상대방의 손해를 배상하고 기한 전에 변제할 수 있다.
④ 당사자간에 체결된 기한이익 상실 특약은 특별한 사정이 없는 한 형성권적 기한이익상실의 특약으로 추정된다.
⑤ 형성권적 기한이익상실의 특약이 있는 할부채무의 경우 그 요건이 충족되면 채권자의 의사표시를 기다리지 않고 곧바로 채권 전액에 대해 소멸시효가 진행한다.

해설

답 ⑤

① [○] 부관이 붙은 법률행위에 있어서 부관에 표시된 사실이 발생하지 아니하면 채무를 이행하지 아니하여도 된다고 보는 것이 상당한 경우에는 조건으로 보아야 하고, 표시된 사실이 발생한 때에는 물론이고 반대로 발생하지 아니하는 것이 확정된 때에도 그 채무를 이행하여야 한다고 보는 것이 상당한 경우에는 표시된 사실의 발생 여부가 확정되는 것을 불확정기한으로 정한 것으로 보아야 한다.

② [○] 제153조(기한의 이익과 그 포기) ① 기한은 채무자의 이익을 위한 것으로 추정한다.

③ [○] 제153조(기한의 이익과 그 포기) ② 기한의 이익은 이를 포기할 수 있다. 그러나 상대방의 이익을 해하지 못한다.

④ [○], ⑤ [×] 기한이익 상실의 특약은 그 내용에 의하여 일정한 사유가 발생하면 채권자의 청구 등을 요함이 없이 당연히 기한의 이익이 상실되어 이행기가 도래하는 것으로 하는 정지조건부 기한이익 상실의 특약과 일정한 사유가 발생한 후 채권자의 통지나 청구 등 채권자의 의사행위를 기다려 비로소 이행기가 도래하는 것으로 하는 형성권적 기한이익 상실의 특약의 두 가지로 대별할 수 있고, 기한이익 상실의 특약이 위의 양자 중 어느 것에 해당하느냐는 당사자의 의사해석의 문제이지만 일반적으로 기한이익 상실의 특약이 채권자를 위하여 둔 것인 점에 비추어 명백히 정지조건부 기한이익 상실의 특약이라고 볼 만한 특별한 사정이 없는 이상 형성권적 기한이익 상실의 특약으로 추정하는 것이 타당하다(대판 2002.9.4, 2002다28340).

237 조건과 기한에 관한 설명으로 옳지 않은 것은? (다툼이 있는 경우 판례에 의함)   23 경간부

① 기한이익 상실의 특약은 특별한 사정이 없는 한 형성권적 기한이익 상실의 특약으로 추정한다.
② 신축 중인 건물의 분양계약에 따른 중도금 지급기일을 '1층 골조공사 완료시'로 정한 경우에는 특별한 사정이 없는 한 불확정기한으로 이행기를 정한 것으로 보아야 한다.
③ 주택건설을 위한 토지매매에서 건축허가신청이 불허되면 매매계약을 무효로 하는 조건이 있었다면 그 계약은 정지조건부계약이다.
④ 조건의 성취로 인하여 불이익을 받을 당사자가 신의성실에 반하여 조건의 성취를 방해한 경우, 조건이 성취된 것으로 의제되는 시점은 이러한 신의성실에 반하는 행위가 없었더라면 조건이 성취되었으리라고 추산되는 시점이다.

해설   답 ③

① [O] 기한이익 상실의 특약은 그 내용에 의하여 일정한 사유가 발생하면 채권자의 청구 등을 요함이 없이 당연히 기한의 이익이 상실되어 이행기가 도래하는 것으로 하는 정지조건부 기한이익 상실의 특약과 일정한 사유가 발생한 후 채권자의 통지나 청구 등 채권자의 의사행위를 기다려 비로소 이행기가 도래하는 것으로 하는 형성권적 기한이익 상실의 특약의 두 가지로 대별할 수 있고, 기한이익 상실의 특약이 위의 양자 중 어느 것에 해당하느냐는 당사자의 의사해석의 문제이지만 일반적으로 기한이익 상실의 특약이 채권자를 위하여 둔 것인 점에 비추어 명백히 정지조건부 기한이익 상실의 특약이라고 볼 만한 특별한 사정이 없는 이상 형성권적 기한이익 상실의 특약으로 추정하는 것이 타당하다(대판 2002.9.4, 2002다28340).
② [O] 채무이행시기가 확정기한으로 되어 있는 경우에는 기한이 도래한 때로부터 지체책임이 있으나, 불확정기한으로 되어 있는 경우에는 채무자가 기한이 도래함을 안 때로부터 지체책임이 발생한다고 할 것인바, 이 사건 중도금 지급기일을 '1층 골조공사 완료시'로 정한 것은 중도금 지급의무의 이행기를 장래 도래할 시기가 확정되지 아니한 때, 즉 불확정기한으로 이행기를 정한 경우에 해당한다고 할 것이므로, 중도금 지급의무의 이행지체의 책임을 지우기 위해서는 1층 골조공사가 완료된 것만으로는 부족하고 채무자인 원고가 그 완료 사실을 알아야 한다고 할 것이다(대판 2005.10.7, 2005다38546).
③ [×] 건축허가를 필할 때 매매계약이 성립하고 건축허가신청이 불허되었을 때에는 이를 무효로 한다는 약정은 건축허가신청의 불허가를 해제조건으로 하는 매매계약이다(대판 1983.8.23, 83다카552).
④ [O] 조건의 성취로 인하여 불이익을 받을 당사자가 신의성실에 반하여 조건의 성취를 방해한 경우, 조건이 성취된 것으로 의제되는 시점은 이러한 신의성실에 반하는 행위가 없었더라면 조건이 성취되었으리라고 추산되는 시점이다(대판 1998.12.22, 98다42356).

238 조건과 기한에 관한 설명으로 옳지 않은 것은?   24 감평사

① 기성조건이 정지조건이면 조건 없는 법률행위가 된다.
② 불능조건이 해제조건이면 조건 없는 법률행위가 된다.
③ 불법조건은 그 조건만이 무효가 되고 그 법률행위는 조건 없는 법률행위로 된다.
④ 기한은 당사자의 특약에 의해서도 소급효를 인정할 수 없다.
⑤ 기한은 원칙적으로 채무자의 이익을 위한 것으로 추정한다.

해설   답 ③

① [O] (+) × (+) = (+)

> 제151조(불법조건, 기성조건) ② 조건이 법률행위의 당시 이미 성취한 것인 경우에는 그 조건이 정지조건이면 조건 없는 법률행위로 하고 해제조건이면 그 법률행위는 무효로 한다.

② [O], ③ [×] (−) × (−) = (+)

> 제151조(불법조건, 기성조건) ③ 조건이 법률행위의 당시에 이미 성취할 수 없는 것인 경우에는 그 조건이 해제조건이면 조건 없는 법률행위로 하고 정지조건이면 그 법률행위는 무효로 한다.

④ [O] 기한은 조건과는 달리 당사자의 특약으로 소급효를 인정할 수 없다(통설).
⑤ [O] 제153조(기한의 이익과 그 포기) ① 기한은 채무자의 이익을 위한 것으로 추정한다.

239 민법상 조건과 기한에 관한 설명으로 옳은 것은?   24 노무사

① 대여금채무의 이행지체에 따른 확정된 지연손해금채무는 그 이행청구를 받은 때부터 지체책임이 발생한다.
② 지명채권의 양도에 대한 채무자의 승낙은 채권양도 사실을 승인하는 의사를 표명하는 행위로 조건을 붙여서 할 수 없다.
③ 부당이득반환채권과 같이 이행기의 정함이 없는 채권이 자동채권으로 상계될 때 상계적상에서 의미하는 변제기는 상계의 의사표시를 한 시점에 도래한다.
④ 조건을 붙이고자 하는 의사는 법률행위의 내용으로 외부에 표시되어야 하므로 묵시적 의사표시나 묵시적 약정으로는 할 수 없다.
⑤ 당사자가 금전소비대차계약에 붙인 기한이익 상실특약은 특별한 사정이 없는 한 정지조건부 기한이익 상실 특약으로 추정된다.

| 해설 | 답 ① |

① [○] 금전채무의 지연손해금채무는 금전채무의 이행지체로 인한 손해배상채무로서 이행기의 정함이 없는 채무에 해당하므로, 채무자는 확정된 지연손해금채무에 대하여 채권자로부터 이행청구를 받은 때부터 지체책임을 부담하게 된다. 한편 원금채권과 금전채무불이행의 경우에 발생하는 지연손해금채권은 별개의 소송물이다(대판 2022.4.14, 2020다268760).

② [×] 지명채권의 양도를 승낙함에 있어서는 이의를 보류하고 할 수 있음은 물론이고 양도금지의 특약이 있는 채권양도를 승낙함에 있어 조건을 붙여서 할 수도 있으며 승낙의 성격이 관념의 통지라고 하여 조건을 붙일 수 없는 것은 아니다(대판 1989.7.11, 88다카20866).

③ [×] 쌍방이 서로 같은 종류를 목적으로 한 채무를 부담한 경우 쌍방 채무의 이행기가 도래한 때에는 각 채무자는 대등액에 관하여 상계할 수 있다(제492조 제1항). 여기서 '채무의 이행기가 도래한 때'는 채권자가 채무자에게 이행의 청구를 할 수 있는 시기가 도래하였음을 의미하고 채무자가 이행지체에 빠지는 시기를 말하는 것이 아니다. 상계의 의사표시는 각 채무가 상계할 수 있는 때에 대등액에 관하여 소멸한 것으로 본다(제493조 제2항). 상계의 의사표시가 있는 경우 채무는 상계적상 시에 소급하여 대등액에 관하여 소멸하게 되므로, 상계에 따른 양 채권의 차액 계산 또는 상계 충당은 상계적상의 시점을 기준으로 한다. 이행기의 정함이 없는 채권의 경우 그 성립과 동시에 이행기에 놓이게 되고, 부당이득반환채권은 이행기의 정함이 없는 채권으로서 채권의 성립과 동시에 언제든지 이행을 청구할 수 있으므로, 그 채권의 성립일에 상계적상에서 의미하는 이행기가 도래한 것으로 볼 수 있다(대판 2022.3.17, 2021다287515).

④ [×] 조건을 붙이고자 하는 의사의 표시는 그 방법에 관하여 일정한 방식이 요구되지 않으므로 묵시적 의사표시나 묵시적 약정으로도 할 수 있다. 이를 인정하려면, 법률행위가 이루어진 동기와 경위, 법률행위에 의하여 달성하려는 목적, 거래의 관행 등을 종합적으로 고려하여 법률행위 효력의 발생 또는 소멸을 장래의 불확실한 사실의 발생 여부에 따라 좌우되게 하려는 의사가 인정되어야 한다(대판 2018.6.28, 2016다221368).

⑤ [×] 기한이익 상실의 특약은 그 내용에 의하여 일정한 사유가 발생하면 채권자의 청구 등을 요함이 없이 당연히 기한의 이익이 상실되어 이행기가 도래하는 것으로 하는 정지조건부 기한이익 상실의 특약과 일정한 사유가 발생한 후 채권자의 통지나 청구 등 채권자의 의사행위를 기다려 비로소 이행기가 도래하는 것으로 하는 형성권적 기한이익 상실의 특약의 두 가지로 대별할 수 있고, 기한이익 상실의 특약이 위의 양자 중 어느 것에 해당하느냐는 당사자의 의사해석의 문제이지만 일반적으로 기한이익 상실의 특약이 채권자를 위하여 둔 것인 점에 비추어 명백히 정지조건부 기한이익 상실의 특약이라고 볼 만한 특별한 사정이 없는 이상 형성권적 기한이익 상실의 특약으로 추정하는 것이 타당하다(대판 2002.9.4, 2002다28340).

제5장 기간

I. 기간의 의의

II. 기간의 계산방법

001 1997년 6월 3일(화) 오후 2시에 태어난 사람이 성년이 되는 시기는? _{16 노무사}

① 2016년 6월 3일(금) 0시
② 2016년 6월 4일(토) 0시
③ 2017년 6월 3일(토) 0시
④ 2017년 6월 4일(일) 0시
⑤ 2017년 6월 6일(화) 0시

> **해설** 답 ①

2013.7.1.부터 시행되고 있는 현행 민법에서는 사람은 19세로 성년에 이르게 된다(제4조). 그리고 연령계산에는 출생일을 산입한다(제158조). 따라서 이에 따라 계산하면 초일을 산입하므로 1997.6.3.이 기산점이 되고, 19년을 더하면 2016.6.3.이 되지만 전일로 만료하므로, 2016.6.2. 24시, 즉 2016.6.3. 0시에 성년이 된다.

002 2017년 4월 17일 10 : 30에 지금부터 1개월이라고 기간을 정한 경우, 민법의 기간계산 방법에 따른 그 기간의 기산점과 만료시점은? (토요일, 공휴일은 고려하지 않음)

① 기산점은 2017년 4월 17일 10 : 30이고, 만료시점은 2017년 5월 16일 10 : 30이다.
② 기산점은 2017년 4월 17일 10 : 30이고, 만료시점은 2017년 5월 18일 24 : 00이다.
③ 기산점은 2017년 4월 18일 00 : 00이고, 만료시점은 2017년 5월 16일 10 : 30이다.
④ 기산점은 2017년 4월 18일 00 : 00이고, 만료시점은 2017년 5월 17일 24 : 00이다.
⑤ 기산점은 2017년 4월 18일 24 : 00이고, 만료시점은 2017년 5월 17일 24 : 00이다.

> **해설** 답 ④

제157조(기간의 기산점) 기간을 일, 주, 월 또는 연으로 정한 때에는 기간의 초일은 산입하지 아니한다. 그러나 그 기간이 오전 영시로부터 시작하는 때에는 그러하지 아니하다.
제160조(역에 의한 계산) ① 기간을 주, 월 또는 연으로 정한 때에는 역에 의하여 계산한다.
② 주, 월 또는 연의 처음으로부터 기간을 기산하지 아니하는 때에는 최후의 주, 월 또는 연에서 그 기산일에 해당한 날의 전일로 기간이 만료한다.

따라서 기산점은 2017년 4월 18일 00 : 00이 되고, 만료점은 2017년 4월 18일의 전일인 4월 17일 24 : 00가 된다.

003 기간에 관한 설명으로 옳은 것은? (다툼이 있으면 판례에 따름)

① 다가오는 2월 16일부터 5일간이라고 한 경우에 기산점은 2월 17일이 된다.
② 원칙적으로 정년이 60세라 함은 만 61세에 도달하는 날의 전날을 의미한다.
③ 1월 29일 정오에 오늘부터 1개월이라고 한 경우와 1월 31일 정오에 오늘부터 1개월이라고 한 경우, 양자는 같은 시점에 기간이 만료된다.
④ 5월 16일 정오에 오늘부터 6일간이라고 한 경우에 5월 17일이 공휴일이면, 그 기산점은 5월 18일이 된다.
⑤ 기간의 말일이 토요일인 경우에는 그 익일인 일요일에 기간이 만료된다.

해설
답 ③

① [×] **제157조(기간의 기산점)** 기간을 일, 주, 월 또는 연으로 정한 때에는 기간의 초일은 산입하지 아니한다. 그러나 그 기간이 오전 영시로부터 시작하는 때에는 그러하지 아니하다.

따라서 다가오는 2월 16일부터라는 것은 2월 16일 오전 0시부터 기산하는 것을 의미하므로, 기산점은 2월 16일이 된다.

② [×] 대한석탄공사에 피용된 채탄부의 정년이 53세라 함은 만 53세에 도달하는 날을 말하는 것이라고 보는 것이 상당하다(대판 1973.6.12, 71다2669).

③ [○] **제160조(역에 의한 계산)** ③ 월 또는 연으로 정한 경우에 최종의 월에 해당일이 없는 때에는 그 월의 말일로 기간이 만료한다.

즉 1월 29일 정오에 오늘부터 1개월의 경우 기산점은 1월 30일이 되고, 만료점은 2월 30일의 전날인 2월 29일이 되나, 2월 29일은 해당일이 없으므로, 2월의 말일인 2월 28일이 된다. 그리고 1월 31일 정오에 오늘부터 1개월의 경우 기산점은 2월 1일이 되고, 만료점은 3월 1일의 전날인 2월 28일이 된다.

④ [×] 민법 제161조가 정하는 기간의 말일이 공휴일에 해당한 때에는 기간은 그 익일로 만료한다는 규정의 취지는 명문이 정하는 바와 같이 기간의 말일이 공휴일인 경우를 정하는 것이고, 이는 기간의 만료일이 공휴일에 해당함으로써 발생할 불이익을 막자고 함에 그 뜻이 있는 것이므로 기간 기산의 초일은 이의 적용이 없다고 풀이하여야 할 것이다(대판 1982.2.23, 81누204).

⑤ [×] **제161조(공휴일 등과 기간의 만료점)** 기간의 말일이 토요일 또는 공휴일에 해당한 때에는 기간은 그 익일로 만료한다.

004 2021년 5월 8일(토)에 계약 기간을 '앞으로 3개월'로 정한 경우, 기산점과 만료점을 바르게 나열한 것은? (단, 기간의 계산방법에 관하여 달리 정함은 없고, 8월 6일은 금요일임) 21 노무사

① 5월 8일, 8월 7일
② 5월 8일, 8월 9일
③ 5월 9일, 8월 8일
④ 5월 9일, 8월 9일
⑤ 5월 10일, 8월 9일

> **해설** 답 ④
>
> 제157조(기간의 기산점) 기간을 일, 주, 월 또는 연으로 정한 때에는 기간의 초일은 산입하지 아니한다. 그러나 그 기간이 오전 영시로부터 시작하는 때에는 그러하지 아니하다.
>
> 그리고 민법 제161조가 정하는 기간의 말일이 공휴일에 해당한 때에는 기간은 그 익일로 만료한다는 규정의 취지는 명문이 정하는 바와 같이 기간의 말일이 공휴일인 경우를 정하는 것이고, 이는 기간의 만료일이 공휴일에 해당함으로써 발생할 불이익을 막고자 함에 그 뜻이 있는 것이므로 기간 기산의 초일은 이의 적용이 없다고 풀이하여야 할 것이다(대판 1982.2.23, 81누204). 따라서 기산점은 5월 9일이 된다.
>
> 제160조(역에 의한 계산) ① 기간을 주, 월 또는 연으로 정한 때에는 역에 의하여 계산한다.
> ② 주, 월 또는 연의 처음으로부터 기간을 기산하지 아니하는 때에는 최후의 주, 월 또는 연에서 그 기산일에 해당한 날의 전일로 기간이 만료한다.
> 제161조(공휴일 등과 기간의 만료점) 기간의 말일이 토요일 또는 공휴일에 해당한 때에는 기간은 그 익일로 만료한다.
>
> 채무불변제를 정지조건으로 한 매매계약에서 변제기가 공휴일인 경우에는 특약이 없는 이상 제161조를 준용하여 그 변제기가 그 익일까지 연장된다(대판 1980.12.9, 80다1717 · 1718). 따라서 5월 9일에서 3개월을 더하면 8월 9일이 되고, 그 전날은 8월 8일이 되지만, 8월 8일은 일요일이므로(8월 6일이 금요일) 만료점은 그 다음 날인 8월 9일이 된다.

005 민법상 기간에 관한 설명으로 옳지 않은 것은? 22 노무사

① 연령계산에는 출생일을 산입한다.
② 월의 처음으로부터 기간을 기산하지 아니하는 때에는 최후의 월에서 그 기산일에 해당한 날의 익일로 기간이 만료한다.
③ 기간의 말일이 공휴일에 해당한 때에는 기간은 그 익일로 만료한다.
④ 기간을 분으로 정한 때에는 즉시로부터 기산한다.
⑤ 기간을 월로 정한 때에는 역(曆)에 의하여 계산한다.

> **해설** 답 ②
>
> ① [○] 제158조(나이의 계산과 표시) 나이는 출생일을 산입하여 만(滿) 나이로 계산하고, 연수(年數)로 표시한다. 다만, 1세에 이르지 아니한 경우에는 월수(月數)로 표시할 수 있다.

② [×] 제160조(역에 의한 계산) ② 주, 월 또는 연의 처음으로부터 기간을 기산하지 아니하는 때에는 최후의 주, 월 또는 연에서 그 기산일에 해당한 날의 전일로 기간이 만료한다.

③ [○] 제161조(공휴일 등과 기간의 만료점) 기간의 말일이 토요일 또는 공휴일에 해당한 때에는 기간은 그 익일로 만료한다.

④ [○] 제156조(기간의 기산점) 기간을 시, 분, 초로 정한 때에는 즉시로부터 기산한다.

⑤ [○] 제160조(역에 의한 계산) ① 기간을 주, 월 또는 연으로 정한 때에는 역에 의하여 계산한다.

006 기간에 관한 설명 중 옳지 않은 것은? (토요일 또는 공휴일을 고려하지 않고, 다툼이 있는 경우 판례에 의함)

22 경간부

① 2002.12.1. 10시에 출생한 사람은 2021.12.1. 0시부터 성년자가 된다.
② 「민법」 제71조에 따라 사단법인의 사원총회 소집을 1주일 전까지 통지하여야 하는 경우, 사원총회일이 2001.8.9. 14시라면 늦어도 2001.8.1. 24시까지는 총회소집의 통지를 발송하여야 한다.
③ 2010.3.12. 17시에 금전을 대여하면서 그 계약 기간을 2년으로 한 경우, 그 기간은 2012.3.12. 24시에 만료한다.
④ 기간을 일, 주, 월 또는 연으로 정한 경우 기간의 초일을 산입하지 아니하도록 한 것은 당사자의 약정으로 달리 정할 수 없다.

해설

답 ④

① [○] 사람은 19세로 성년에 이르게 된다(제4조). 그리고 연령계산에는 출생일을 산입한다(제158조). 따라서 이에 따라 계산하면 초일을 산입하므로 2002.12.1.이 기산점이 되고, 19년을 더하면 2021.12.1.이 되지만 전일로 만료하므로, 2021.11.30. 24시, 즉 2021.12.1. 0시에 성년이 된다.
② [○] 민법의 기간에 대한 계산방법은 일정한 기산일로부터 과거에 소급하여 역산되는 기간에도 유추적용되어(대판 1989.4.11, 87다카2901), 초일을 산입하지 않는다(제157조 본문). 즉, 8월 8일이 기산일이고, 2일 오전 0시로 만료된다. 따라서 늦어도 1일 24시까지는 소집통지를 발송하여야 한다(제71조).
③ [○] 초일을 불산입하므로(제157조), 기산점은 2010.3.13. 0시가 된다. 여기에 2년을 더하면 2012.3.13.이 되나, 전일로 만료하므로(제160조 제2항), 2012.3.12. 24시에 만료한다.
④ [×] 제155조(본장의 적용범위) 기간의 계산은 법령, 재판상의 처분 또는 법률행위에 다른 정한 바가 없으면 본장의 규정에 의한다.

007 민법상 기간의 계산으로 옳지 않은 것은? (다툼이 있으면 판례에 따름) 23 변리사

① 2023년 2월 10일(금요일) 오후 10시 30분부터 12시간이라고 한 경우, 기간의 만료점은 2023년 2월 11일(토요일) 오전 10시 30분이 된다.
② 2004년 1월 17일 오후 2시에 태어난 甲이 성년이 되는 시점은 2023년 1월 17일 24시이다.
③ 2022년 11월 30일 오전 10시부터 3개월이라고 한 경우, 기간의 만료점은 2023년 2월 28일(화요일) 24시이다.
④ 2023년 5월 1일부터 10일간이라고 한 경우, 기간의 만료점은 2023년 5월 10일(수요일) 24시이다.
⑤ 사원총회소집일 1주일 전에 통지를 발송하도록 한 경우, 사원총회소집일이 2023년 3월 10일(금요일) 오후 2시면 소집통지를 늦어도 3월 2일 24시까지 발송하여야 한다.

해설 답 ②

① [O] 제156조(기간의 기산점) 기간을 시, 분, 초로 정한 때에는 즉시로부터 기산한다. 따라서 즉시인 오후 10시 30분부터 기산하여 12시간 후는 오전 10시 30분이 된다.

② [×] 2013.7.1.부터 시행되고 있는 현행 민법에서는 사람은 19세로 성년에 이르게 된다(제4조). 그리고 연령계산에는 출생일을 산입한다(제158조). 따라서 이에 따라 계산하면 초일을 산입하므로 2004.1.17.이 기산점이 되고, 19년을 더하면 2023.1.17.이 되지만 전일로 만료하므로, 2023.1.16. 24시, 즉 2023.1.17. 0시에 성년이 된다.

③ [O] 제157조(기간의 기산점) 기간을 일, 주, 월 또는 연으로 정한 때에는 기간의 초일은 산입하지 아니한다. 그러나 그 기간이 오전 영시로부터 시작하는 때에는 그러하지 아니하다.
제160조(역에 의한 계산) ① 기간을 주, 월 또는 연으로 정한 때에는 역에 의하여 계산한다.
② 주, 월 또는 연의 처음으로부터 기간을 기산하지 아니하는 때에는 최후의 주, 월 또는 연에서 그 기산일에 해당한 날의 전일로 기간이 만료한다.

2022년 12월 1일 오전 0시가 기산점이 되고, 3개월을 더하면 2023.3.1.이 되지만 전일로 만료하여야 하므로, 2023.2.28. 24시가 만료점이 된다.

④ [O] 제157조(기간의 기산점) 기간을 일, 주, 월 또는 연으로 정한 때에는 기간의 초일은 산입하지 아니한다. 그러나 그 기간이 오전 영시로부터 시작하는 때에는 그러하지 아니하다.

2023년 5월 1일부터라는 의미는 오전 0시부터를 의미하므로, 기산점은 2023.5.1.이 된다. 그리고 10일을 더하면 5.11.이 되지만 전일로 만료해야 하므로, 2023.5.10. 24시가 만료점이 된다.

⑤ [O] 기산일로부터 소급하여 계산되는 기간의 계산방법에 대하여 민법의 기간계산방법에 관한 규정이 준용되어야 한다(통설, 대판 1989.4.11, 87다카2901). 예를 들어 사단법인의 사원총회를 일주일 전에 통지한다고 할 때에 총회일이 3월 10일이라면 늦어도 3월 2일 24시까지는 사원에게 총회소집통지가 발신되어야 한다. 즉, 3월 9일이 기산일이고, 3일 오전 0시로 만료된다. 따라서 늦어도 3월 2일 24시까지는 소집통지를 발송하여야 한다(제71조).

008 민법상 기간에 관한 설명으로 옳지 않은 것은?

23 세무사

① 기간을 주, 월 또는 연으로 정한 때에는 이를 일(日)로 환산하여 계산한다.
② 기간의 계산은 법률행위에 의하여 민법규정과 다르게 정할 수 있다.
③ 연령계산에는 출생일을 산입한다.
④ 기간의 계산은 법령이나 재판상의 처분에 다른 정한 바가 없으면 민법규정에 의한다.
⑤ 기간의 말일이 토요일 또는 공휴일에 해당한 때에는 기간은 그 익일로 만료한다.

해설

답 ①

① [×] 제160조(역에 의한 계산) ① 기간을 주, 월 또는 연으로 정한 때에는 역에 의하여 계산한다.

②④ [○] 제155조(본장의 적용범위) 기간의 계산은 법령, 재판상의 처분 또는 법률행위에 다른 정한 바가 없으면 본장의 규정에 의한다.

③ [○] 제158조(나이의 계산과 표시) 나이는 출생일을 산입하여 만(滿) 나이로 계산하고, 연수(年數)로 표시한다. 다만, 1세에 이르지 아니한 경우에는 월수(月數)로 표시할 수 있다.

⑤ [○] 제161조(공휴일 등과 기간의 만료점) 기간의 말일이 토요일 또는 공휴일에 해당한 때에는 기간은 그 익일로 만료한다.

009 민법상 기간에 관한 설명으로 옳지 않은 것은? (다툼이 있으면 판례에 따름) 23 노무사

① 기간의 기산점에 관한 제157조의 초일 불산입의 원칙은 당사자의 합의로 달리 정할 수 있다.
② 정관상 사원총회의 소집통지를 1주간 전에 발송하여야 하는 사단법인의 사원총회일이 2023년 6월 2일(금) 10시인 경우, 총회소집통지는 늦어도 2023년 5월 25일 중에는 발송하여야 한다.
③ 2023년 5월 27일(토) 13시부터 9시간의 만료점은 2023년 5월 27일 22시이다.
④ 2023년 5월 21일(일) 14시부터 7일간의 만료점은 2023년 5월 28일 24시이다.
⑤ 2017년 1월 13일(금) 17시에 출생한 사람은 2036년 1월 12일 24시에 성년자가 된다.

해설
답 ④

① [O] **제155조(본장의 적용범위)** 기간의 계산은 법령, 재판상의 처분 또는 법률행위에 다른 정한 바가 없으면 본장의 규정에 의한다.

② [O] 기산일로부터 소급하여 계산되는 기간의 계산방법에 대하여 민법의 기간계산방법에 관한 규정이 준용되어야 한다(통설, 대판 1989.4.11, 87다카2901). 예를 들어 사단법인의 사원총회를 일주일 전에 통지한다고 할 때에 총회일이 6월 2일이라면 늦어도 5월 25일 자정까지는 사원에게 총회소집통지가 발신되어야 한다. 즉 6월 1일이 기산일이고, 5월 26일 오전 0시로 만료된다. 따라서 늦어도 5월 25일 오후 12시까지는 소집통지를 발송하여야 한다(제71조).

③ [O] **제156조(기간의 기산점)** 기간을 시, 분, 초로 정한 때에는 즉시로부터 기산한다.

④ [X] **제157조(기간의 기산점)** 기간을 일, 주, 월 또는 연으로 정한 때에는 기간의 초일은 산입하지 아니한다. 그러나 그 기간이 오전 영시로부터 시작하는 때에는 그러하지 아니하다.

민법 제161조가 정하는 기간의 말일이 공휴일에 해당한 때에는 기간은 그 익일로 만료한다는 규정의 취지는 명문이 정하는 바와 같이 기간의 말일이 공휴일인 경우를 정하는 것이고, 이는 기간의 만료일이 공휴일에 해당함으로써 발생할 불이익을 막고자 함에 그 뜻이 있는 것이므로 기간 기산의 초일은 이의 적용이 없다고 풀이하여야 할 것이다(대판 1982.2.23, 81누204). 따라서 2023년 5월 22일이 기산점이 된다.

제160조(역에 의한 계산) ② 주, 월 또는 연의 처음으로부터 기간을 기산하지 아니하는 때에는 최후의 주, 월 또는 연에서 그 기산일에 해당한 날의 전일로 기간이 만료한다.
제161조(공휴일 등과 기간의 만료점) 기간의 말일이 토요일 또는 공휴일에 해당한 때에는 기간은 그 익일로 만료한다.

2023년 5월 29일의 전일인 5월 28일이 만료점이 되지만, 5월 28일은 일요일이므로, 그 익일인 5월 29일 24시가 만료점이 된다.

⑤ [O] 2013.7.1.부터 시행되고 있는 현행 민법에서는 사람은 19세로 성년에 이르게 된다(제4조). 그리고 연령계산에는 출생일을 산입한다(제158조). 따라서 이에 따라 계산하면 초일을 산입하므로 2017.1.13.이 기산점이 되고, 19년을 더하면 2036.1.13.이 되지만 전일로 만료하므로, 2036.1.12. 24시에 성년이 된다.

제6장 소멸시효

Ⅰ. 서설

구분	소멸시효	제척기간
대상	청구권	형성권
기산점	권리를 행사할 수 있는 때(제166조)	권리가 발생한 때
소급효	소급효 ○(제167조)	소급효 ×, 장래에 향하여 소멸
중단제도	○(제168조)	제척기간에 관하여는 중단제도 적용 × (대판 2003.1.10, 2000다26425)
정지제도	○(제179조 ~ 제182조)	×, 단 제182조의 적용여부에 관하여 긍정설, 부정설 대립
시효이익포기	可能(제184조 1항)	不可
기간 단축 여부	특약으로 단축, 감경 가능 (연장, 가중은 불가)(제184조 2항)	단축, 감경도 불가능
효과	권리 소멸(절대적 소멸설)	권리 소멸
직권조사사항	항변사항	직권조사사항

001 소멸시효와 제척기간에 관한 설명으로 옳은 것은? (다툼이 있으면 판례에 따름) 15 노무사

① 소멸시효가 완성되면 그 권리는 그 때부터 소멸의 효과가 발생한다.
② 당사자가 매매계약 완결권의 행사기간을 정하지 않고 행사할 수 있는 시기만을 정한 경우 완결권은 권리를 행사할 수 있는 때로부터 10년이 경과하면 소멸한다.
③ 취소권은 그 제척기간 내에 소를 제기하는 방법으로 재판상 행사하여야만 하는 것이 아니라, 재판 외에서 취소의 의사표시를 하는 방법으로도 행사할 수 있다.
④ 소멸시효나 제척기간에는 모두 중단이 인정된다.
⑤ 소멸시효의 기간은 법률행위로 단축할 수 없다.

해설   답 ④

① [○] 제167조(소멸시효의 소급효) 소멸시효는 그 기산일에 소급하여 효력이 생긴다.
② [○] 매매의 일방예약에서 예약자의 상대방이 매매예약 완결의 의사표시를 하여 매매의 효력을 생기게 하는 권리, 즉 매매예약의 완결권은 일종의 형성권으로서 당사자 사이에 그 행사기간을 약정한 때에는 그 기간 내에, 그러한 약정이 없는 때에는 그 예약이 성립한 때로부터 10년 내에 이를 행사하여야 하고, 그 기간을 지난 때에는 예약 완결권은 제척기간의 경과로 인하여 소멸한다(대판 1995.11.10, 94다22682).

③ [O] 민법 제146조에 규정된 취소권의 존속기간은 제척기간이라고 보아야 할 것이지만, 그 제척기간 내에 소를 제기하는 방법으로 권리를 재판상 행사하여야만 되는 것은 아니고, 재판 외에서 의사 표시를 하는 방법으로도 권리를 행사할 수 있다고 보아야 한다(대판 1993.7.27, 92다52795).
④ [×] 제척기간에 있어서는 소멸시효와 같이 기간의 중단이 있을 수 없다(대판 2003.1.10, 2000다26425).
⑤ [O]
> 제184조(시효의 이익의 포기 기타) ① 소멸시효의 이익은 미리 포기하지 못한다.
> ② 소멸시효는 법률행위에 의하여 이를 배제, 연장 또는 가중할 수 없으나 이를 단축 또는 경감할 수 있다.

002 제척기간에 관한 설명으로 옳은 것은? (다툼이 있으면 판례에 따름)

① 제척기간은 소멸시효와 같이 중단이 인정된다.
② 형성권이외에 청구권도 제척기간의 경과에 의해 소멸할 수 있다.
③ 변론주의의 원칙상 제척기간에 따른 권리소멸은 당사자가 주장하여야 한다.
④ 특별한 사정이 없는 한 제척기간이 규정되어 있는 권리는 재판 외에서 행사할 수 없고 재판상 행사해야 한다.
⑤ 제척기간이 규정되어 있는 권리는 제척기간이 경과하더라도 당사자의 원용이 있어야 소멸한다.

해설
답 ②

① [×] 제척기간의 목적은 권리관계를 조속히 확정 시키려는 데 있으므로, 소멸시효의 중단은 제척기간에는 인정되지 않는다(통설).
② [O], ④ [×] 판례는 권리행사기간 내에 권리를 행사하기만 하면 되고 반드시 재판상 청구를 하여야만 청구권이 보전되는 것은 아니라고 한다. 즉, 민법상 수급인의 하자담보책임(제670조)에 관한 기간은 제척기간으로서 재판상 또는 재판 외의 권리행사기간이며 재판상 청구를 위한 출소기간이 아니라고 한다(대판 2000.6.9, 2000다15371). 다만, 판례는 점유보호청구권에 관한 제204조 3항, 제205조 2항의 규정의 문언에 불구하고 이를 출소기간으로 보았다[1](대판 2002.4.26, 2001다8097).
③ [×] 소멸시효의 완성은 권리항변사실 중 권리멸각사실이므로 당사자가 주장해야 하지만, 제척기간의 도과는 법관이 직권으로 조사해야 하는 직권조사사항이다.
⑤ [×] 제척기간은 기간의 경과로 당연히 권리가 소멸한다.

---

1) 민법 제204조 제3항과 제205조 제2항에 의하면 점유를 침탈 당하거나 방해를 받은 자의 침탈자 또는 방해자에 대한 청구권은 그 점유를 침탈 당한 날 또는 점유의 방해행위가 종료된 날로부터 1년 내에 행사하여야 하는 것으로 규정되어 있는데, 여기에서 제척기간의 대상이 되는 권리는 형성권이 아니라 통상의 청구권인 점과 점유의 침탈 또는 방해의 상태가 일정한 기간을 지나게 되면 그대로 사회의 평온한 상태가 되고 이를 복구하는 것이 오히려 평화질서의 교란으로 볼 수 있게 되므로 일정한 기간을 지난 후에는 원상회복을 허용하지 않는 것이 점유제도의 이상에 맞고 여기에 점유의 회수 또는 방해제거 등 청구권에 단기의 제척기간을 두는 이유가 있는 점 등에 비추어 볼 때, 침탈당한 날부터 1년 이내에 행사해야 하는 제척기간은 재판 외에서 권리행사 하는 것으로 족한 기간이 아니라 반드시 그 기간 내에 소를 제기하여야 하는 이른바 출소기간으로 해석함이 상당하다(대판 2002.4.26, 2001다8097·8103).

003 제척기간에 관한 설명으로 옳은 것은? (다툼이 있으면 판례에 따름) 19 변리사

① 제척기간이 경과하면 그 기산일에 소급하여 권리소멸의 효과가 발생한다.
② 제척기간은 권리자의 청구나 압류 등이 있으면 중단되고 그때까지 경과된 기간은 산입되지 않는다.
③ 점유보호청구권의 행사기간은 제척기간이기 때문에 점유보호청구권은 재판상·재판외에서 행사할 수 있다.
④ 제척기간이 지난 후에는 당사자가 책임질 수 없는 사유로 그 기간을 준수하지 못하였더라도 추후에 보완될 수 없다.
⑤ 채권양도의 통지는 그 양도인이 채권이 양도되었다는 사실을 채무자에게 알리는 행위이므로, 채권양도의 통지만으로 제척기간의 준수에 필요한 권리의 재판외 행사가 이루어졌다고 볼 수 있다.

해설
답 ④

① [×] 제척기간이 만료되더라도 소급효가 인정되지 않으나, 소멸시효가 완성되면 그 권리는 소급하여 소멸하는 것으로 인정된다(제167조).
② [×] 제척기간의 목적은 권리관계를 조속히 확정 시키려는 데 있으므로, 소멸시효의 중단은 제척기간에는 인정되지 않는다(통설).
③ [×] 판례는 점유보호청구권에 관한 제204조 제3항, 제205조 제2항의 규정의 문언에 불구하고 이를 출소기간으로 보았다(대판 2002.4.26, 2001다8097).
④ [○] 민법 제1019조 제3항의 기간은 한정승인신고의 가능성을 언제까지나 남겨둠으로써 당사자 사이에 일어나는 법적 불안상태를 막기 위하여 마련한 제척기간이고, 경과규정인 개정 민법(2002.1.14, 법률 제6591호) 부칙 제3항 소정의 기간도 제척기간이라 할 것이며, 한편 제척기간은 불변기간이 아니어서 그 기간을 지난 후에는 당사자가 책임질 수 없는 사유로 그 기간을 준수하지 못하였더라도 추후에 보완될 수 없다(대결 2003.8.11, 2003스32).
⑤ [×] 채권양도의 통지는 양도인이 채권이 양도되었다는 사실을 채무자에게 알리는 것에 그치는 행위이므로, 그것만으로 제척기간 준수에 필요한 권리의 재판외 행사에 해당한다고 할 수 없다(대판 2012.3.22, 2010다28840 전합).

004 제척기간에 관한 설명으로 옳지 않은 것은? (다툼이 있으면 판례에 따름) 22 세무사

① 제척기간에는 기간의 중단이나 정지가 인정되지 않는다.
② 매매예약완결권은 형성권으로서 제척기간의 적용을 받는다.
③ 제척기간은 기간의 도과로 권리가 소멸하므로 그 포기가 인정되지 않는다.
④ 미성년자의 법률행위를 취소할 수 있는 권리는 형성권으로서 그 취소권의 존속기간은 제척기간이라고 보아야 한다.
⑤ 매매예약완결권의 행사기간을 30년으로 약정하더라도, 예약성립일로부터 10년간 예약완결권을 행사하지 않으면 그 예약완결권은 소멸한다.

> **해설**
답 ⑤

① [○] 소멸시효는 배제, 연장, 가중을 할 수는 없으나, 단축, 경감은 가능하다(제184조 제2항). 반면 제척기간은 단축, 경감도 불가능하다.
② [○], ⑤ [×] 매매의 일방예약에서 예약자의 상대방이 매매예약 완결의 의사표시를 하여 매매의 효력을 생기게 하는 권리, 즉 매매예약의 완결권은 일종의 형성권으로서 당사자 사이에 그 행사기간을 약정한 때에는 그 기간 내에, 그러한 약정이 없는 때에는 그 예약이 성립한 때로부터 10년 내에 이를 행사하여야 하고, 그 기간을 지난 때에는 예약 완결권은 제척기간의 경과로 인하여 소멸한다(대판 1995.11.10, 94다22682·22699).
③ [○] 제척기간의 만료로써 해당 권리는 당연히 소멸하므로, 시효이익의 포기는 인정될 수 없다.
④ [○] 민법 제146조는 취소권은 추인할 수 있는 날로부터 3년 내에 행사하여야 한다고 규정하고 있는 바, 이때의 3년이라는 기간은 일반 소멸시효기간이 아니라 제척기간으로서 제척기간이 도과하였는지 여부는 당사자의 주장에 관계없이 법원이 당연히 조사하여 고려하여야 할 사항이다(대판 1996.9.20, 96다25371).

005 제척기간에 관한 설명으로 옳지 않은 것은? (다툼이 있으면 판례에 따름)
23 세무사

① 매매의 일방예약완결권은 제척기간의 적용을 받는다.
② 취소권의 존속기간은 제척기간이다.
③ 형성권 이외에 청구권도 제척기간의 경과에 의해 소멸할 수 있다.
④ 제척기간은 특별한 사유가 없는 한 발생한 권리를 행사할 수 있는 때로부터 기산한다.
⑤ 제척기간의 도과여부는 당사자의 주장이 없더라도 법원이 직권으로 조사한다.

> **해설**
답 ④

① [○] 매매의 일방예약에서 예약자의 상대방이 매매예약 완결의 의사표시를 하여 매매의 효력을 생기게 하는 권리, 즉 매매예약의 완결권은 일종의 형성권으로서 당사자 사이에 그 행사기간을 약정한 때에는 그 기간 내에, 그러한 약정이 없는 때에는 그 예약이 성립한 때로부터 10년 내에 이를 행사하여야 하고, 그 기간을 지난 때에는 예약 완결권은 제척기간의 경과로 인하여 소멸한다(대판 1995.11.10, 94다22682·22699).
② [○]
> 제146조(취소권의 소멸) 취소권은 추인할 수 있는 날로부터 3년 내에 법률행위를 한 날로부터 10년 내에 행사하여야 한다.

③ [○] 매도인에 대한 하자담보에 기한 손해배상청구권에 대하여는 민법 제582조의 제척기간이 적용되고, 이는 법률관계의 조속한 안정을 도모하고자 하는 데에 취지가 있다. 그런데 하자담보에 기한 매수인의 손해배상청구권은 권리의 내용·성질 및 취지에 비추어 민법 제162조 제1항의 채권 소멸시효의 규정이 적용되고, 민법 제582조의 제척기간 규정으로 인하여 소멸시효 규정의 적용이 배제된다고 볼 수 없으며, 이때 다른 특별한 사정이 없는 한 무엇보다도 매수인이 매매 목적물을 인도받은 때부터 소멸시효가 진행한다고 해석함이 타당하다(대판 2011.10.13, 2011다10266).

④ [×] 소멸시효의 기산점은 그 권리를 행사할 수 있는 때이다. 그러나 제척기간의 기산점은 원칙적으로 권리가 발생한 때이다. 따라서, 당사자 간에 매매예약완결권(형성권)을 행사할 수 있는 시기를 특별히 약정한 경우에도, 그 제척기간은 당초 권리의 발생 일부터 10년이 경과하면 만료 한다(대판 1995.11.10, 94다22682·22699).
⑤ [○] 소멸시효의 완성은 권리항변사실 중 권리멸각사실이므로 당사자가 주장해야 하지만, 제척기간의 도과는 법관이 직권으로 조사해야 하는 직권조사사항이다.

006 소멸시효와 제척기간에 관한 설명으로 옳지 않은 것은? (다툼이 있는 경우 판례에 의함)

23 경간부

① 제척기간은 소멸시효와 달리 기간의 중단이 인정되지 않는다.
② 채권자대위권을 행사하는 경우, 특별한 사정이 없는 한 제3채무자는 채권자가 채무자에 대하여 가지는 채권이 시효로 소멸하였다는 주장을 할 수 있다.
③ 공유물분할청구권은 공유관계가 존속하는 한 독립하여 시효소멸하지 않는다.
④ 도급인의 수급인에 대한 하자보수에 갈음하는 손해배상청구권에 대하여 「민법」상 제척기간 규정이 존재하더라도 「민법」상 소멸시효 규정이 적용될 수 있다.

해설

답 ②

① [○] 제척기간의 목적은 권리관계를 조속히 확정 시키려는 데 있으므로, 소멸시효의 중단은 제척기간에는 인정되지 않는다(통설).
② [×] 채권자가 채권자대위권을 행사하여 제3자에 대하여 하는 청구에 있어서, 제3채무자는 채무자가 채권자에 대하여 가지는 항변으로 대항할 수 없고, 채권의 소멸시효가 완성된 경우 이를 원용할 수 있는 자는 원칙적으로는 시효이익을 직접 받는 자뿐이고, 채권자대위소송의 제3채무자는 이를 행사할 수 없다(대판 1998.2.8, 97다31472; 대판 2008.1.31, 2007다64471).
③ [○] 공유물분할청구권은 공유관계에서 수반되는 형성권이므로 공유관계가 존속하는 한, 그 분할청구권만이 독립하여 시효에 의하여 소멸 될 리 없다고 할 것이며 따라서 그 분할청구의 소 내지 공유물분할을 명하는 판결도 형성의 소 및 형성판결로서 소멸시효의 대상이 될 수 없다고 할 것이다(대판 1981.3.24, 80다1888·1889).
④ [○] 수급인의 담보책임에 기한 하자보수에 갈음하는 손해배상청구권에 대하여는 민법 제670조 또는 제671조의 제척기간이 적용되고, 이는 법률관계의 조속한 안정을 도모하고자 하는 데에 취지가 있다. 그런데 이러한 도급인의 손해배상청구권에 대하여는 권리의 내용·성질 및 취지에 비추어 민법 제162조 제1항의 채권 소멸시효의 규정 또는 도급계약이 상행위에 해당하는 경우에는 상법 제64조의 상사시효의 규정이 적용되고, 민법 제670조 또는 제671조의 제척기간 규정으로 인하여 위 각 소멸시효 규정의 적용이 배제된다고 볼 수 없다(대판 2012.11.15, 2011다56491).

007 甲은 2010.1.1. 乙과 乙의 토지에 관하여 매매예약을 하였다. 이에 관한 설명으로 옳지 않은 것은? (다툼이 있으면 판례에 따름) 24 세무사

① 甲의 예약완결권은 형성권에 속한다.
② 甲의 예약완결권은 제척기간에 걸린다.
③ 특별한 사정이 없는 한 甲의 예약완결권의 행사기간은 10년이다.
④ 만일 甲과 乙이 합의로 예약완결권의 행사기간을 20년으로 정했다면 그 행사기간은 20년이 된다.
⑤ 만일 甲과 乙이 합의로 예약완결권 행사의 기산일을 2012.1.1.로 정했다면 그 기산일은 2012.1.1. 이다.

> **해설** 답 ⑤

⑤ [×] 가. 매매의 일방예약에서 예약자의 상대방이 매매예약 완결의 의사표시를 하여 매매의 효력을 생기게 하는 권리, 즉 매매예약의 완결권은 일종의 형성권으로서 당사자 사이에 그 행사기간을 약정한 때에는 그 기간 내에, 그러한 약정이 없는 때에는 그 예약이 성립한 때로부터 10년 내에 이를 행사하여야 하고, 그 기간을 지난 때에는 예약 완결권은 제척기간의 경과로 인하여 소멸한다. 나. 제척기간은 권리자로 하여금 당해 권리를 신속하게 행사하도록 함으로써 법률관계를 조속히 확정시키려는 데 그 제도의 취지가 있는 것으로서, 소멸시효가 일정한 기간의 경과와 권리의 불행사라는 사정에 의하여 권리 소멸의 효과를 가져오는 것과는 달리 그 기간의 경과 자체만으로 곧 권리 소멸의 효과를 가져오게 하는 것이므로 그 기간 진행의 기산점은 특별한 사정이 없는 한 원칙적으로 권리가 발생한 때이고, 당사자 사이에 매매예약 완결권을 행사할 수 있는 시기를 특별히 약정한 경우에도 그 제척기간은 당초 권리의 발생일로부터 10년간의 기간이 경과되면 만료되는 것이지 그 기간을 넘어서 그 약정에 따라 권리를 행사할 수 있는 때로부터 10년이 되는 날까지로 연장된다고 볼 수 없다(대판 1995.11.10, 94다22682·22699).

008 제척기간과 소멸시효에 관한 설명으로 옳지 않은 것은? (다툼이 있으면 판례에 따름) 24 노무사

① 제척기간이 완성된 채권이 그 완성 전에 상계할 수 있었던 것이면 채권자는 이를 자동채권으로 하여 상대방의 채권과 상계할 수 있다.
② 제척기간이 도과하였는지 여부는 법원이 직권으로 조사하여 고려할 수 없고, 당사자의 주장에 따라야 한다.
③ 보증채무의 부종성을 부정하여야 할 특별한 사정이 있는 경우, 보증인은 주채무의 시효소멸을 이유로 보증채무의 시효소멸을 주장할 수 없다.
④ 부작위를 목적으로 하는 채권의 소멸시효는 위반행위를 한 때로부터 진행한다.
⑤ 도급받은 자의 공사에 관한 채권은 3년간 행사하지 아니하면 소멸시효가 완성한다.

해설 답 ②

① [○] 매도인이나 수급인의 담보책임을 기초로 한 손해배상채권의 제척기간이 지난 경우에도 제척기간이 지나기 전 상대방의 채권과 상계할 수 있었던 경우에는 매수인이나 도급인은 민법 제495조를 유추적용해서 위 손해배상채권을 자동채권으로 해서 상대방의 채권과 상계할 수 있다고 봄이 타당하다(대판 2019.3.14, 2018다255648).
② [×] 소멸시효의 완성은 권리항변사실 중 권리멸각사실이므로 당사자가 주장해야 하지만, 제척기간의 도과는 법관이 직권으로 조사해야 하는 직권조사사항이다.
③ [○] 보증채무의 부종성을 부정하여야 할 특별한 사정이 있는 경우에는 예외적으로 보증인은 주채무의 시효소멸을 이유로 보증채무의 소멸을 주장할 수 없으나, 특별한 사정을 인정하여 보증채무의 본질적인 속성에 해당하는 부종성을 부정하려면 보증인이 주채무의 시효소멸에도 불구하고 보증채무를 이행하겠다는 의사를 표시하거나 채권자와 그러한 내용의 약정을 하였어야 하고, 단지 보증인이 주채무의 시효소멸에 원인을 제공하였다는 것만으로는 보증채무의 부종성을 부정할 수 없다(대판 2018.5.15, 2016다211620).
④ [○] 제166조(소멸시효의 기산점) ② 부작위를 목적으로 하는 채권의 소멸시효는 위반행위를 한 때로부터 진행한다.
⑤ [○] 민법 제163조 제3호는 3년의 단기소멸시효에 걸리는 채권으로서 "도급을 받은 자의 공사에 관한 채권"을 들고 있는바, 여기에서 "채권"은 도급받은 공사의 공사대금채권뿐만 아니라 그 공사에 부수되는 채권도 포함하는 것이다(대판 2002.11.8, 2002다28685).

009 소멸시효와 제척기간에 관한 설명으로 옳지 않은 것은? (다툼이 있는 경우 판례에 의함)

24 경간부

① 점유를 침탈 받은 자의 침탈자에 대한 점유회수청구권의 행사기간 1년은 소멸시효기간이다.
② 소멸시효는 채무자의 승인 등이 있으면 중단되지만, 제척기간은 기간의 중단이 있을 수 없다.
③ 소멸시효의 기간은 법률행위에 의하여 이를 단축할 수 있지만, 제척기간은 자유로이 단축할 수 없다.
④ 미성년자의 법률행위 취소권에 관한 기간은 제척기간으로서 재판상 또는 재판 외의 권리행사기간이다.

해설 답 ①

① [×] 판례는 점유보호청구권에 관한 제204조 제3항, 제205조 제2항의 규정의 문언에 불구하고 이를 출소기간으로 보았다(대판 2002.4.26, 2001다8097).
② [○] 제척기간의 목적은 권리관계를 조속히 확정 시키려는 데 있으므로, 소멸시효의 중단은 제척기간에는 인정되지 않는다(통설).
③ [○] 소멸시효는 배제, 연장, 가중을 할 수는 없으나 단축, 경감은 가능하다(제184조 제2항). 반면 제척기간은 단축, 경감도 불가능하다.
④ [○] 민법상 수급인의 하자담보책임(제670조)에 관한 기간은 제척기간으로서 재판상 또는 재판 외의 권리행사기간이며 재판상 청구를 위한 출소기간이 아니라고 한다(대판 2000.6.9, 2000다15371).

Ⅱ. 소멸시효의 요건

1. 소멸시효의 대상이 되는 권리인지 여부

010 소멸시효에 걸리지 않는 권리를 모두 고른 것은? (다툼이 있는 경우에는 판례에 의함)

> ㄱ. 인격권
> ㄴ. 할부금채권
> ㄷ. 판결에 의하여 확정된 채권
> ㄹ. 호텔의 숙박료 채권
> ㅁ. 공유물분할청구권
> ㅂ. 유치권

① ㄱ, ㄴ, ㄷ
② ㄱ, ㄹ, ㅁ
③ ㄱ, ㅁ, ㅂ
④ ㄴ, ㄷ, ㅂ
⑤ ㄷ, ㄹ, ㅁ

해설
답 ③

ㄱ. [×] 소멸시효의 대상이 되는 권리는 채권 및 소유권 이외의 재산권이다(제162조). 인격권은 비재산권으로서 소멸시효에 걸리지 않는다.

ㄴ. [○]
> 제162조(채권, 재산권의 소멸시효) ① 채권은 10년간 행사하지 아니하면 소멸시효가 완성한다.
> 제163조(3년의 단기소멸시효) 다음 각 호의 채권은 3년간 행사하지 아니하면 소멸시효가 완성한다.
>   1. 이자, 부양료, 급료, 사용료 기타 1년 이내의 기간으로 정한 금전 또는 물건의 지급을 목적으로 한 채권

ㄷ. [○]
> 제165조(판결 등에 의하여 확정된 채권의 소멸시효) ① 판결에 의하여 확정된 채권은 단기의 소멸시효에 해당한 것이라도 그 소멸시효는 10년으로 한다.

ㄹ. [○]
> 제164조(1년의 단기소멸시효) 다음 각 호의 채권은 1년간 행사하지 아니하면 소멸시효가 완성한다.
>   1. 여관, 음식점, 대석, 오락장의 숙박료, 음식료, 대석료, 입장료, 소비물의 대가 및 체당금의 채권

ㅁ. [×] 공유물분할청구권은 공유관계에서 수반되는 형성권이므로 공유관계가 존속하는 한 그 분할청구권만이 독립하여 시효소멸 될 수 없다(대판 1981.3.24, 80다1888·1889).

ㅂ. [×] 담보물권은 부종성에 의해 피담보채권과 분리되어 소멸시효에 걸리지 않는다.

011 소멸시효의 대상이 되지 않는 권리를 모두 고른 것은? (다툼이 있으면 판례에 따름) 22 세무사

> ㄱ. 소유권에 기한 물권적 청구권
> ㄴ. 매수한 부동산을 인도받아 점유하고 있는 매수인의 소유권이전등기청구권
> ㄷ. 수급인이 보수(報酬)채권의 확보를 위해 완성물에 대하여 행사하고 있는 유치권

① ㄱ
② ㄴ
③ ㄱ, ㄷ
④ ㄴ, ㄷ
⑤ ㄱ, ㄴ

해설   답 ③

ㄱ. [○] 매매계약이 합의해제된 경우에도 매수인에게 이전되었던 소유권은 당연히 매도인에게 복귀하는 것이므로 합의해제에 따른 매도인의 원상회복청구권은 소유권에 기한 물권적 청구권이라고 할 것이고 이는 소멸시효의 대상이 되지 아니한다(대판 1982.7.27, 80다2968).

ㄴ. [○] 채권적 청구권으로서 10년의 소멸시효에 걸린다. 다만 매수인이 토지를 인도받아 사용, 수익(점유)하고 있는 경우에는 소멸시효제도의 취지에 비추어 볼 때 권리 위에 잠자는 자로 볼 수 없어 소멸시효로 권리가 소멸하지 않는다(대판 1976.11.6, 76다148 전합).

ㄷ. [×] 부종성에 의해 피담보채권과 분리되어 소멸시효에 걸리지 않는다. 예를 들어 유치권은 점유를 요건으로 하고 물건에 관한 채권의 담보를 위하여 일정한 법률관계가 존속되는 한 인정되는 물권이므로, 그 법률관계에서 독립하여 시효소멸 하지 않는다. 질권과 저당권 역시 피담보채권과 독립하여 소멸시효에 걸리지 않는다(주석 민법[총칙(3)], 528면).

012 소멸시효에 걸리는 권리로 옳은 것은? (다툼이 있으면 판례에 따름) 23 세무사

① 취득시효 완성자가 점유를 상실한 경우의 등기청구권
② 수급인의 대금채권담보를 위한 완성물에 대한 유치권
③ 소유권에 기한 물권적 청구권
④ 점유권
⑤ 인격권

해설   답 ①

① [○] 부동산에 대한 점유취득시효가 완성된 점유자가 그 부동산에 대한 점유를 상실한 때로부터 10년간 소유권이전등기청구권을 행사하지 아니하면 소멸시효가 완성한다[대판 2023.8.31, 2023다240428(본소), 2023다240435(반소)].

② [×] 부종성에 의해 피담보채권과 분리되어 소멸시효에 걸리지 않는다. 예를 들어 유치권은 점유를 요건으로 하고 물건에 관한 채권의 담보를 위하여 일정한 법률관계가 존속되는 한 인정되는 물권이므로, 그 법률관계에서 독립하여 시효소멸하지 않는다. 질권과 저당권 역시 피담보채권과 독립하여 소멸시효에 걸리지 않는다(주석 민법[총칙(3)], 528면).

③ [×] 매매계약이 합의해제된 경우에도 매수인에게 이전되었던 소유권은 당연히 매도인에게 복귀하는 것이므로 합의해제에 따른 매도인의 원상회복청구권은 소유권에 기한 물권적 청구권이라고 할 것이고 이는 소멸시효의 대상이 되지 아니한다(대판 1982.7.27, 80다2968).
④ [×] 점유권은 점유상태만으로 인정되는 권리이므로 소멸시효대상이 아니다.
⑤ [×]
> 제162조(채권, 재산권의 소멸시효) ② 채권 및 소유권 이외의 재산권은 20년간 행사하지 아니하면 소멸시효가 완성한다.

---

013 甲은 2010.1.1. 자신의 명의로 등기된 X토지를 乙에게 매도하였고, 乙은 소유권이전등기를 하지 않은 채로 그 날부터 X를 인도받아 사용하고 있다. 이에 관한 설명으로 옳지 않은 것은? (다툼이 있으면 판례에 따름)
24 세무사

① 乙의 甲에 대한 소유권이전등기청구권은 채권적 청구권이다.
② 乙이 2024.2.1. 甲을 상대로 X에 관한 소유권이전등기를 청구하는 경우, 乙이 甲에게 매매대금을 완불하지 아니하였더라도 乙의 甲에 대한 소유권이전등기청구권은 시효로 소멸하지 아니한다.
③ 만일 甲과 乙 사이의 매매계약이 적법하게 취소된 경우, 甲의 乙에 대한 소유권에 기한 X의 인도청구권은 시효로 소멸하지 아니한다.
④ 만일 甲과 乙 사이의 매매계약이 적법하게 취소된 경우, 乙의 甲에 대한 매매대금반환청구권은 시효로 소멸하지 아니한다.
⑤ 만일 乙이 자신의 명의로 소유권이전등기를 하지 않은 채 丙에게 X를 매도하고 인도하여 준 경우, 乙의 甲에 대한 소유권이전등기청구권은 시효로 소멸하지 아니한다.

해설
답 ④

① [O] 부동산에 대한 점유취득시효가 완성된 점유자가 그 부동산에 대한 점유를 상실한 때로부터 10년간 소유권이전등기청구권을 행사하지 아니하면 소멸시효가 완성한다[대판 2023.8.31, 2023다240428(본소), 2023다240435(반소)].
② [O] 매수인이 토지를 인도받아 사용, 수익(점유)하고 있는 경우에는 소멸시효제도의 취지에 비추어 볼 때 권리 위에 잠자는 자로 볼 수 없어 소멸시효로 권리가 소멸하지 않는다(대판 1976.11.6, 76다148 전합).
③ [O] 매매계약이 합의해제된 경우에도 매수인에게 이전되었던 소유권은 당연히 매도인에게 복귀하는 것이므로 합의해제에 따른 매도인의 원상회복청구권은 소유권에 기한 물권적 청구권이라고 할 것이고 이는 소멸시효의 대상이 되지 아니한다(대판 1982.7.27, 80다2968).
④ [×]
> 제162조(채권, 재산권의 소멸시효) ① 채권은 10년간 행사하지 아니하면 소멸시효가 완성한다.

⑤ [O] 수인이 부동산을 인도받아 이를 사용, 수익하다가 '보다 적극적인 권리행사의 일환으로' 타인에게 그 부동산을 처분하고 점유를 승계해 준 경우에도 스스로 사용, 수익하고 있는 경우와 특별히 다를 바 없으므로 이전등기청구권의 소멸시효는 진행하지 않는다(대판 1999.3.18, 98다32175 전합).

014 소멸시효에 관한 설명으로 옳지 않은 것은? (다툼이 있는 경우 판례에 의함)   24 경간부 변형

① 소유권에 기한 물권적 청구권은 소멸시효에 걸리지 않는다.
② 주위토지통행권은 소유권이 존속하는 한 그 권리만이 독립하여 소멸시효에 걸리지 않는다.
③ 근저당권설정 약정에 의한 근저당권설정청구권은 피담보채권이 존속하는 한 소멸시효에 걸리지 않는다.
④ 매수인이 목적 부동산을 인도받아 계속 점유하는 경우에는 그 소유권이전등기청구권의 소멸시효가 진행하지 않는다.
⑤ 부동산경매절차에서 채무자에 대한 송달이 공시송달의 방법으로 이루어짐으로써 채무자가 경매진행 사실 및 잉여금의 존재에 관하여 사실상 알지 못하였다고 하더라도 소멸시효기간이 진행한다.

해설
답 ③

① [O]
> 제219조(주위토지통행권) ① 어느 토지와 공로 사이에 그 토지의 용도에 필요한 통로가 없는 경우에 그 토지소유자는 주위의 토지를 통행 또는 통로로 하지 아니하면 공로에 출입할 수 없거나 과다한 비용을 요하는 때에는 그 주위의 토지를 통행할 수 있고 필요한 경우에는 통로를 개설할 수 있다. 그러나 이로 인한 손해가 가장 적은 장소와 방법을 선택하여야 한다.
> ② 전항의 통행권자는 통행지소유자의 손해를 보상하여야 한다.

② [O] 상린관계가 존속하는 한, 소멸시효에 걸리지 아니한다.
③ [×] 원고의 근저당권설정등기청구권의 행사는 그 피담보채권이 될 금전채권의 실현을 목적으로 하는 것으로서, 근저당권설정등기청구의 소에는 그 피담보채권이 될 채권의 존재에 관한 주장이 당연히 포함되어 있는 것이고, 피고로서도 원고가 원심에 이르러 금전지급을 구하는 청구를 추가하기 전부터 피담보채권이 될 금전채권의 소멸을 항변으로 주장하여 그 채권의 존부에 관한 실질적 심리가 이루어져 그 존부가 확인된 이상, 그 피담보채권이 될 채권으로 주장되고 심리된 채권에 관하여는 근저당권설정등기청구의 소 제기에 의하여 피담보채권이 될 채권에 관한 권리의 행사가 있는 것으로 볼 수 있으므로, 근저당권설정등기청구의 소의 제기는 그 피담보채권의 재판상의 청구에 준하는 것으로서 피담보채권에 대한 소멸시효 중단의 효력을 생기게 한다(대판 2004.2.13, 2002다7213).
④ [O] 매수인이 토지를 인도받아 사용, 수익(점유)하고 있는 경우에는 소멸시효제도의 취지에 비추어 볼 때 권리 위에 잠자는 자로 볼 수 없어 소멸시효로 권리가 소멸하지 않는다(대판 1976.11.6, 76다148 전합).
⑤ [O] 소멸시효는 객관적으로 권리가 발생하고 그 권리를 행사할 수 있는 때부터 진행하고, 그 권리를 행사할 수 없는 동안에는 진행하지 아니한다. 여기서 '권리를 행사할 수 없다'라고 함은 그 권리행사에 법률상의 장애 사유, 예컨대 기간의 미도래나 조건불성취 등이 있는 경우를 말하는 것이고, 사실상 그 권리의 존부나 권리행사의 가능성을 알지 못하였거나 알지 못함에 과실이 없다고 하여도 이러한 사유는 법률상 장애 사유에 해당한다고 할 수 없다. 따라서 부동산경매절차에서 채무자에 대한 송달이 공시송달의 방법으로 이루어짐으로써 채무자가 경매진행 사실 및 잉여금의 존재에 관하여 사실상 알지 못하였다고 하더라도 소멸시효기간이 진행한다(대판 2024.4.30, 2023그887).

> **최신판례**
>
> 이혼한 부부 사이에서 어느 일방이 과거에 미성년 자녀를 양육하면서 생긴 비용의 상환을 상대방에게 청구하는 경우, 자녀의 복리를 위해 실현되어야 하는 과거 양육비에 관한 권리의 성질상 그 권리의 소멸시효는 자녀가 미성년이어서 양육 의무가 계속되는 동안에는 진행하지 않고 자녀가 성년이 되어 양육 의무가 종료된 때부터 진행한다고 보아야 한다. ( )
>
> ⇨ [O] 대결 2024.7.18, 2018스724 전합, 자녀가 성년이 되어 양육의무가 종료된 후에도 당사자의 협의 또는 가정법원의 심판에 의하여 구체적인 지급청구권으로서 성립하기 전에는 과거 양육비에 관한 권리에 대하여 소멸시효가 진행할 여지가 없다고 판단한 대결 2011.7.29, 2008스67, 대결 2011.7.29, 2008스113, 대결 2011.8.16, 2010스85, 대판 2011.8.25, 2008므1338, 대결 2011.8.26, 2011스10, 대판 2011.10.13, 2010므2068·2075를 비롯하여 그와 같은 취지의 대법원 판결과 결정은 이 결정의 견해와 배치되는 범위에서 모두 변경하기로 한다.

2. 단기소멸시효

015 3년의 소멸시효에 걸리는 채권에 관한 설명 중 옳지 않은 것은? (다툼이 있는 경우 판례에 의함)

22 경간부

① 금전채무의 이행지체로 인한 지연손해금채권도 이자채권에 해당한다.
② 변제기가 1년 이내인 채권은 1년 이내의 기간으로 정한 채권에 해당하지 않는다.
③ 도급받은 자의 공사에 관한 채권에는 공사대금채권뿐만 아니라 그 공사에 부수되는 채권도 포함된다.
④ 전기요금채권은 생산자 및 상인이 판매한 생산물 및 상품의 대가에 해당한다.

> **해설** 답 ①
>
> ① [×] 제163조 제1호 소정의 1년 이내의 기간으로 정한 채권이란 1년 이내의 정기에 지급되는 채권을 의미한다고 하고 지연손해금은 민법 제163조 제1호 소정의 1년 이내의 기간으로 정한 이자에 해당되지 않으며 본래의 원본채권과 동일성을 유지한다(대판 1991.5.14, 91다7156).
> ② [O] 민법 제163조 제1호 소정의 '1년 이내의 기간으로 정한 금전 또는 물건의 지급을 목적으로 하는 채권'이란 1년 이내의 정기에 지급되는 채권을 의미하는 것이지, 변제기가 1년 이내의 채권을 말하는 것이 아니므로, 이자채권이라고 하더라도 1년 이내의 정기에 지급하기로 한 것이 아닌 이상 위 규정 소정의 3년의 단기소멸시효에 걸리는 것이 아니다(대판 1996.9.20, 96다25302).
> ③ [O] 제1, 3차 홍수피해로 인한 각 추가비용청구채권에 관한 소멸시효에 대하여 민법 제163조 제3호는 3년의 단기소멸시효에 걸리는 채권으로서 "도급을 받은 자의 공사에 관한 채권"을 들고 있는 바, 여기에서 "채권"은 도급받은 공사의 공사대금채권뿐만 아니라 그 공사에 부수되는 채권도 포함하는 것이다(대판 2002.11.8, 2002다28685).
> ④ [O] 전기업자가 공급하는 전력의 대가인 전기요금채권은 민법 제163조 제6호의 '생산자 및 상인이 판매한 생산물 및 상품의 대가'에 해당하므로, 3년간 이를 행사하지 아니하면 소멸시효가 완성된다(대판 2014.10.6, 2013다84940).

016 소멸시효에 관한 설명으로 옳지 않은 것은? (다툼이 있으면 판례에 따름)   19 노무사

① 음식료채권의 시효기간은 1년이다.
② 소멸시효의 이익은 시효가 완성한 뒤에는 포기할 수 있다.
③ 가처분은 소멸시효 정지사유 중의 하나이다.
④ 가압류에 의한 시효중단의 효력은 가압류의 집행보전의 효력이 존속하는 동안 계속된다.
⑤ 동시이행항변권이 붙은 매매대금 채권은 그 지급기일 이후부터 소멸시효가 진행한다.

해설   답 ③

① [O] 제164조(1년의 단기소멸시효) 다음 각 호의 채권은 1년간 행사하지 아니하면 소멸시효가 완성한다.
1. 여관, 음식점, 대석, 오락장의 숙박료, 음식료, 대석료, 입장료, 소비물의 대가 및 체당금의 채권

② [O] 소멸시효가 완성된 후 포기는 유효하다(제184조 제1항의 반대해석). 이는 시효완성 전의 포기와 같은 폐단을 수반하지 않기 때문이다.

③ [×] 제168조(소멸시효의 중단사유) 소멸시효는 다음 각 호의 사유로 인하여 중단된다.
1. 청구
2. 압류 또는 가압류, 가처분
3. 승인

④ [O] 민법 제168조에서 가압류를 시효중단사유로 정하고 있는 것은 가압류에 의하여 채권자가 권리를 행사하였다고 할 수 있기 때문인바, 가압류에 의한 집행보전의 효력이 존속하는 동안은 가압류채권자에 의한 권리행사가 계속되고 있다고 보아야 하므로 가압류에 의한 시효중단의 효력은 가압류의 집행보전의 효력이 존속하는 동안은 계속된다(대판 2006.7.27, 2006다32781).

⑤ [O] 부동산에 대한 매매대금 채권이 소유권이전등기청구권과 동시이행의 관계에 있다고 할지라도 매도인은 매매대금의 지급기일 이후 언제라도 그 대금의 지급을 청구할 수 있는 것이며, 다만 매수인은 매도인으로부터 그 이전등기에 관한 이행의 제공을 받기까지 그 지급을 거절할 수 있는 데 지나지 아니하므로 매매대금 청구권은 그 지급기일 이후 시효의 진행에 걸린다(대판 1991.3.22, 90다9797).

017 소멸시효에 관한 설명으로 옳지 않은 것은? (다툼이 있으면 판례에 따름)

① 민법 제163조 제5호에서 정하고 있는 '변호사, 변리사, 공증인, 공인회계사 및 법무사의 직무에 관한 채권'에만 3년의 단기 소멸시효가 적용되고, 세무사와 같이 그들의 직무와 유사한 직무를 수행하는 다른 자격사의 직무에 관한 채권에 대하여는 민법 제163조 제5호가 유추적용된다고 볼 수 있으므로, 세무사의 직무에 관한 채권은 소멸시효가 3년이 된다.
② 부작위를 목적으로 하는 채권의 소멸시효는 위반행위를 한 때로부터 진행한다.
③ 최고는 6월내에 재판상의 청구, 파산절차참가, 화해를 위한 소환, 임의출석, 압류 또는 가압류, 가처분을 하지 아니하면 시효중단의 효력이 없다.
④ 1년의 단기소멸시효에 걸리는 채권의 상대방이 그 채권의 발생 원인이 된 계약에 기하여 가지는 반대채권은 특별한 사정이 없는 한 10년의 소멸시효에 걸린다.
⑤ 상법 제814조 제1항에서 정한 제척기간이 지난 뒤에 그 기간 경과의 이익을 받는 당사자가 기간이 지난 사실을 알면서도 기간 경과로 인한 법적 이익을 받지 않겠다는 의사를 명확히 표시한 경우에는, 소멸시효 완성 후 이익의 포기에 관한 민법 제184조 제1항을 유추적용하여 제척기간 경과로 인한 권리소멸의 이익을 포기하였다고 인정할 수 있다.

해설

답 ①

① [×] 민법 제163조 제5호에서 정하고 있는 '변호사, 변리사, 공증인, 공인회계사 및 법무사의 직무에 관한 채권'에만 3년의 단기 소멸시효가 적용되고, 세무사와 같이 그들의 직무와 유사한 직무를 수행하는 다른 자격사의 직무에 관한 채권에 대하여는 민법 제163조 제5호가 유추적용된다고 볼 수 없다(대판 2022.8.25, 2021다311111). 그리고 세무사를 상법 제4조 또는 제5조 제1항이 규정하는 상인이라고 볼 수 없고, 세무사의 직무에 관한 채권이 상사채권에 해당한다고 볼 수 없으므로, 세무사의 직무에 관한 채권에 대하여는 민법 제162조 제1항에 따라 10년의 소멸시효가 적용된다(대판 2022.8.25, 2021다311111).

② [○] 제166조(소멸시효의 기산점) ② 부작위를 목적으로 하는 채권의 소멸시효는 위반행위를 한 때로부터 진행한다.

③ [○] 제174조(최고와 시효중단) 최고는 6월 내에 재판상의 청구, 파산절차참가, 화해를 위한 소환, 임의출석, 압류 또는 가압류, 가처분을 하지 아니하면 시효중단의 효력이 없다.

④ [○] 일정한 채권의 소멸시효기간에 관하여 이를 특별히 1년의 단기로 정하는 민법 제164조는 그 각 호에서 개별적으로 정하여진 채권의 채권자가 그 채권의 발생원인이 된 계약에 기하여 상대방에 대하여 부담하는 반대채무에 대하여는 적용되지 아니한다. 따라서 그 채권의 상대방이 그 계약에 기하여 가지는 반대채권은 원칙으로 돌아가, 다른 특별한 사정이 없는 한 민법 제162조 제1항에서 정하는 10년의 일반소멸시효기간의 적용을 받는다(대판 2013.11.14, 2013다65178).

⑤ [○] 대판 2022.6.9, 2017다247848[2]

---

[2] 상법 제814조(운송인의 채권·채무의 소멸) ① 운송인의 송하인 또는 수하인에 대한 채권 및 채무는 그 청구원인의 여하에 불구하고 운송인이 수하인에게 운송물을 인도한 날 또는 인도할 날부터 1년 이내에 재판상 청구가 없으면 소멸한다. 다만, 이 기간은 당사자의 합의에 의하여 연장할 수 있다.

018 다음 중 원칙적으로 3년의 소멸시효에 걸리지 않는 채권은? (다툼이 있는 경우 판례에 의함)

23 경간부

① 약사의 조제에 관한 채권
② 세무사의 직무에 관한 채권
③ 조산사의 근로에 관한 채권
④ 법무사에 대한 직무상 보관한 서류의 반환을 청구하는 채권

해설
답 ②

①③ [○] 제163조(3년의 단기소멸시효) 다음 각 호의 채권은 3년간 행사하지 아니하면 소멸시효가 완성한다.
2. 의사, 조산사, 간호사 및 약사의 치료, 근로 및 조제에 관한 채권

② [×] 세무사를 상법 제4조 또는 제5조 제1항이 규정하는 상인이라고 볼 수 없고, 세무사의 직무에 관한 채권이 상사채권에 해당한다고 볼 수 없으므로, 세무사의 직무에 관한 채권에 대하여는 민법 제162조 제1항에 따라 10년의 소멸시효가 적용된다(대판 2022.8.25, 2021다311111).

④ [○] 제163조(3년의 단기소멸시효) 다음 각 호의 채권은 3년간 행사하지 아니하면 소멸시효가 완성한다.
4. 변호사, 변리사, 공증인, 공인회계사 및 법무사에 대한 직무상 보관한 서류의 반환을 청구하는 채권

예상지문

1. 채무불이행으로 인한 손해배상채권은 본래의 채권이 확장된 것이거나 본래의 채권의 내용이 변경된 것이므로 본래의 채권과 동일성을 가진다. 따라서 본래의 채권이 시효로 소멸한 때에는 손해배상채권도 함께 소멸한다. (   )
    ⇨ [○] 민법 제163조 제1호는 이자, 부양료, 급료, 사용료 기타 1년 이내의 기간으로 정한 금전 또는 물건의 지급을 목적으로 한 채권은 3년간 행사하지 아니하면 소멸시효가 완성한다고 규정하고 있다. 이는 기본 권리인 정기금채권에 기하여 발생하는 지분적 채권의 소멸시효를 정한 것으로서, 여기서 '1년 이내의 기간으로 정한 채권'이란 1년 이내의 정기로 지급되는 채권을 말한다. 그리고 채무불이행으로 인한 손해배상채권은 본래의 채권이 확장된 것이거나 본래의 채권의 내용이 변경된 것이므로 본래의 채권과 동일성을 가진다. 따라서 본래의 채권이 시효로 소멸한 때에는 손해배상채권도 함께 소멸한다. 한편 어떠한 계약상의 채무를 채무자가 이행하지 않았다고 하더라도 채권자는 여전히 해당 계약에서 정한 채권을 보유하고 있으므로, 특별한 사정이 없는 한 채무자가 채무를 이행하지 않고 있다고 하여 채무자가 법률상 원인 없이 이득을 얻었다고 할 수는 없고, 설령 채권이 시효로 소멸하게 되었다 하더라도 달리 볼 수 없다(대판 2018.2.28, 2016다45779).

2. 건설업을 하는 甲 주식회사가 공사에 투입한 인원이 공사 기간 중에 리조트의 객실과 식당을 사용한 데에 대한 사용료를 乙에게 매월 말 지급하기로 약정하였는데, 숙박료와 음식료로 구성되어 있는 위 리조트 사용료 채권의 소멸시효기간은 3년이다. (   )
    ⇨ [×] 민법 제164조 제1호는 여관, 음식점, 대석, 오락장의 숙박료, 음식료, 대석료, 입장료, 소비물의 대가 및 체당금의 채권은 1년간 행사하지 아니하면 소멸시효가 완성한다고 특별히 규정하고 있으므로, 甲 회사가 리조트 사용료를 월 단위로 지급하기로 약정하였더라도, 리조트 사용료 채권은 민법 제164조 제1호에 정한 '숙박료 및 음식료 채권'으로서 소멸시효기간은 1년이라는 이유로, 이와 달리 민법 제163조 제1호의 '사용료 기타 1년 이내의 기간으로 정한 금전의 지급을 목적으로 한 채권'으로서 소멸시효기간이 3년이라고 본 원심판결을 파기한 사례(대판 2020.2.13, 2019다271012).

3. 보험계약자가 다수의 계약을 통하여 보험금을 부정 취득할 목적으로 보험계약을 체결하여 그것이 민법 제103조에 따라 선량한 풍속 기타 사회질서에 반하여 무효인 경우 보험자의 보험금에 대한 부당이득반환청구권은 상법 제64조를 유추적용하여 5년의 상사 소멸시효기간이 적용된다. ( )
   ⇨ [○] 대판 2021.7.22, 2019다277812 전합

4. 변호사가 소속 법무법인에 대하여 갖는 급여채권은 상사채권에 해당한다고 할 수 있다. ( )
   ⇨ [×] 변호사는 상법상 당연상인으로 볼 수 없고, 변호사의 영리추구 활동을 엄격히 제한하고 그 직무에 관하여 고도의 공공성과 윤리성을 강조하는 변호사법의 여러 규정과 제반 사정을 참작하여 볼 때, 변호사를 상법 제5조 제1항이 규정하는 '상인적 방법에 의하여 영업을 하는 자'라고도 볼 수 없어 위 조항에서 정하는 의제상인에 해당하지 아니하며, 이는 법무법인도 마찬가지이다. 따라서 변호사가 소속 법무법인에 대하여 갖는 급여채권은 상사채권에 해당한다고 할 수 없다3)(대판 2023.7.27, 2023다227418).

5. 부동산에 대한 점유취득시효가 완성된 점유자가 그 부동산에 대한 점유를 상실한 때로부터 5년간 소유권이전등기청구권을 행사하지 아니하면 소멸시효가 완성한다. ( )
   ⇨ [×] 부동산에 대한 점유취득시효가 완성된 점유자가 그 부동산에 대한 점유를 상실한 때로부터 10년간 소유권이전등기청구권을 행사하지 아니하면 소멸시효가 완성한다[대판 2023.8.31, 2023다240428(본소), 2023다240435(반소)].

3. 판결 등에 의하여 확정된 채권의 소멸시효

019 소멸시효에 관한 설명으로 옳지 않은 것은? (다툼이 있으면 판례에 따름)

① 변제기가 도래한 단기소멸시효채권이 판결에 의해 확정된 경우 그 소멸시효는 5년으로 한다.
② 부작위를 목적으로 하는 채권의 소멸시효는 위반행위를 한 때로부터 진행한다.
③ 최고는 6월내에 재판상의 청구, 파산절차참가, 화해를 위한 소환, 임의출석, 압류 또는 가압류, 가처분을 하지 아니하면 시효중단의 효력이 없다.
④ 1년의 단기소멸시효에 걸리는 채권의 상대방이 그 채권의 발생 원인이 된 계약에 기하여 가지는 반대채권은 특별한 사정이 없는 한 10년의 소멸시효에 걸린다.
⑤ 소멸시효는 법률행위에 의하여 이를 배제, 연장 또는 가중할 수 없으나 이를 단축 또는 경감할 수 있다.

---

3) 한편, 상법 제5조 제2항은 회사는 상행위를 하지 아니하더라도 상인으로 본다고 규정하고, 상법 제169조는 회사는 상행위나 그 밖의 영리를 목적으로 하여 설립한 법인을 말한다고 하고 있다. 그런데 법무법인은 변호사가 그 직무를 조직적·전문적으로 수행하기 위하여 변호사법에 따라 설립하는 것으로서 변호사법과 다른 법률에 따른 변호사의 직무를 업무로서 수행할 수 있다(변호사법 제40조, 제49조). 변호사법은 법무법인에 관하여 변호사법에 정한 것 외에는 상법 중 합명회사에 관한 규정을 준용하도록 하고 있을 뿐(제58조) 이를 상법상 회사로 인정하고 있지 않으므로 법무법인이 상법 제5조 제2항에서 정하는 의제상인에 해당한다고 볼 수도 없다.

해설

답 ①

① [×] 제165조(판결 등에 의하여 확정된 채권의 소멸시효) ① 판결에 의하여 확정된 채권은 단기의 소멸시효에 해당한 것이라도 그 소멸시효는 10년으로 한다.

② [○] 제166조(소멸시효의 기산점) ② 부작위를 목적으로 하는 채권의 소멸시효는 위반행위를 한 때로부터 진행한다.

③ [○] 제174조(최고와 시효중단) 최고는 6월내에 재판상의 청구, 파산절차참가, 화해를 위한 소환, 임의출석, 압류 또는 가압류, 가처분을 하지 아니하면 시효중단의 효력이 없다.

④ [○] 일정한 채권의 소멸시효기간에 관하여 이를 특별히 1년의 단기로 정하는 민법 제164조는 그 각 호에서 개별적으로 정하여진 채권의 채권자가 그 채권의 발생원인이 된 계약에 기하여 상대방에 대하여 부담하는 반대채무에 대하여는 적용되지 아니한다. 따라서 그 채권의 상대방이 그 계약에 기하여 가지는 반대채권은 원칙으로 돌아가, 다른 특별한 사정이 없는 한 민법 제162조 제1항에서 정하는 10년의 일반소멸시효기간의 적용을 받는다(대판 2013.11.14, 2013다65178).

⑤ [○] 제184조(시효의 이익의 포기 기타) ② 소멸시효는 법률행위에 의하여 이를 배제, 연장 또는 가중할 수 없으나 이를 단축 또는 경감할 수 있다.

020

소멸시효에 관한 설명으로 옳지 않은 것은? (다툼이 있으면 판례에 따름)

22 변리사

① 부동산의 매수인이 목적 부동산을 인도받아 계속 점유하는 경우, 그 매매로 인한 매수인의 소유권이전등기청구권의 소멸시효는 진행하지 않는다.
② 신축 중인 건물에 관한 소유권이전등기청구권의 소멸시효는 그 건물이 완공되지 아니한 동안에는 진행하지 않는다.
③ 부작위를 목적으로 하는 채권의 소멸시효는 위반행위를 한 때로부터 진행한다.
④ 단기의 소멸시효에 해당하는 주채무의 소멸시효기간이 확정판결에 의하여 10년으로 연장되면 보증채무의 소멸시효기간도 10년으로 연장된다.
⑤ 소멸시효의 중단을 위한 승인은 묵시적인 방법으로도 할 수 있다.

해설

답 ④

① [○] 매수인이 토지를 인도받아 사용, 수익(점유)하고 있는 경우에는 소멸시효제도의 취지에 비추어 볼 때 권리 위에 잠자는 자로 볼 수 없어 소멸시효로 권리가 소멸하지 않는다(대판 1976.11.6, 76다148 전합).

② [○] 건물에 관한 소유권이전등기청구권에서 그 건물이 완공되지 않아서 이를 행사할 수 없었다는 사유는 법률상의 장애사유에 해당하므로, 그에 관한 소멸시효는 건물 완공시부터 진행한다고 보아야 한다(대판 2007.8.23, 2007다28024·28031).

③ [○] 제166조(소멸시효의 기산점) ② 부작위를 목적으로 하는 채권의 소멸시효는 위반행위를 한 때로부터 진행한다.

④ [×] 민법 제165조는 당해 판결 등의 당사자 사이에 한하여 발생하는 효력에 관한 것이고, 채권자와 주채무자 사이의 판결 등에 의해 채권이 확정되어 그 소멸시효가 10년으로 되었다 할지라도 위 당사자 이외의 채권자와 연대보증인 사이에 있어서는 위 확정판결 등은 그 시효기간에 대하여는 아무런 영향이 없고, 연대보증인의 연대보증채무의 소멸시효기간은 여전히 종전의 소멸시효기간에 따른다고 보아야 한다(대판 1986.11.25, 86다카1569).
⑤ [O] 승인은 특별한 방식을 요하지 않는다. 변제기한의 유예요청, 이자의 지급, 일부변제(대판 1996.1.23, 95다39854), 담보제공, 매도인이 매수인과 함께 소유권이전등기를 해주기 위해 법무사 사무실을 방문한 행위(대판 2009.11.26, 2009다64384) 등은 묵시적 승인이 있는 것으로 볼 수 있다.

4. 소멸시효의 기산점

021 소멸시효기간의 기산점에 관한 설명으로 옳은 것은? (다툼이 있으면 판례에 따름) 16 노무사

① 불확정기한부 권리는 채권자가 기한 도래 사실을 안 때로부터 소멸시효가 진행한다.
② 동시이행항변권이 붙은 채권은 이행기가 도래하더라도 소멸시효가 진행하지 않는다.
③ 이행불능으로 인한 손해배상청구권은 이행불능이 된 때로부터 소멸시효가 진행한다.
④ 선택채권은 선택권을 행사한 때로부터 소멸시효가 진행한다.
⑤ 부작위를 목적으로 하는 채권은 성립 시부터 소멸시효가 진행한다.

> **해설** 답 ③

① [×] 채권자의 기한도래에 관한 지, 부지를 불문하고 기한이 객관적으로 도래한 때부터 소멸시효가 진행한다. 다만 지체책임은 채무자가 그 기한의 도래를 안 때부터 부담한다(통설).
② [×] 부동산에 대한 매매대금 채권이 소유권이전등기청구권과 동시이행의 관계에 있다고 할지라도 매도인은 매매대금의 지급기일 이후 언제라도 그 대금의 지급을 청구할 수 있는 것이며, 다만 매수인은 매도인으로부터 그 이전등기에 관한 이행의 제공을 받기까지 그 지급을 거절할 수 있는 데 지나지 아니하므로 매매대금 청구권은 그 지급기일 이후 시효의 진행에 걸린다(대판 1991.3.22, 90다9797).
③ [O] 이행불능으로 인한 손해배상청구권은 이행불능 시로부터 진행한다(대판 1990.11.9, 90다카22513).
④ [×] 예를 들어 민법 제135조 무권대리인에 대한 계약 이행 또는 손해배상청구권의 소멸시효는 대리권의 증명 또는 무권대리에 대한 본인의 추인을 얻지 못한 때부터 즉 선택권을 행사할 수 있을 때로부터 진행한다(대판 1965.5.24, 64다1156).
⑤ [×] 부작위채권의 소멸시효는 위반행위를 한 때로부터 진행한다(제166조 제2항).

022 소멸시효에 관한 설명으로 옳지 않은 것은? (다툼이 있으면 판례에 따름) 20 노무사

① 변론주의 원칙상 법원은 당사자가 주장하는 기산점을 기준으로 소멸시효를 계산하여야 한다.
② 매수인이 목적부동산을 인도받아 계속 점유하고 있다면 그 소유권이전등기청구권의 소멸시효는 진행하지 않는다.
③ 계속적 물품공급계약에 기하여 발생한 외상대금채권은 특별한 사정이 없는 한 거래종료일로부터 외상대금채권 총액에 대하여 한꺼번에 소멸시효가 기산한다.
④ 건물신축공사도급계약에서의 수급인의 도급인에 대한 저당권설정청구권의 소멸시효 기간은 3년이다.
⑤ 변론주의 원칙상 당사자의 주장이 없으면 법원은 소멸시효의 중단에 관하여 직권으로 판단할 수 없다.

해설
답 ③

① [O] 소멸시효의 기산일은 변론주의의 적용대상이므로, 본래의 소멸시효기산일과 당사자가 주장하는 기산일이 다른 경우에는 법원은 당사자가 주장하는 기산일을 기준으로 한다(대판 1995.8.25, 94다35886).
② [O] 매수인이 토지를 인도받아 사용, 수익(점유)하고 있는 경우에는 소멸시효제도의 취지에 비추어 볼 때 권리위에 잠자는 자로 볼 수 없어 소멸시효로 권리가 소멸하지 않는다(대판 1976.11.6, 76다148 전합).
③ [×] 계속적 물품공급계약에 기하여 발생한 외상대금채권은 특별한 사정이 없는 한 발생한 때로부터 3년이 경과함으로써 소멸시효가 완성된다고 볼 것이지 거래 종료일로부터 기산하여야 한다고 할 수 없다(대판 1992.1.21, 91다10152).
④ [O] 민법 제163조 제3호는 3년의 단기소멸시효에 걸리는 채권으로서 "도급을 받은 자의 공사에 관한 채권"을 들고 있는바, 여기에서 "채권"은 도급받은 공사의 공사대금채권뿐만 아니라 그 공사에 부수되는 채권도 포함하는 것이다(대판 2002.11.8, 2002다28685).
⑤ [O] 당사자가 주장하지도 않은 일자를 기산점으로 하여 소멸시효의 완성을 인정하는 것은 가령 그 날짜가 본래의 시효기산일이었다 하더라도 변론주의 원칙상 당사자가 주장하지 아니한 사실을 인정한 위법이 있게 된다.

023 소멸시효의 기산점에 관한 설명으로 옳지 않은 것은? (다툼이 있으면 판례에 따름)

① 부작위를 목적으로 하는 채권의 소멸시효는 위반행위를 한 때로부터 진행한다.
② 정지조건부 권리는 조건이 성취되지 않는 한 시효가 진행되지 않는다.
③ 신축 중인 건물에 관한 소유권이전등기청구권은 건물이 완공되지 않는 한 시효가 진행되지 않는다.
④ 주택임대차 종료 후 임차인이 보증금을 반환받기 위해 임차목적물을 적법하게 점유하고 있는 경우에 보증금반환채권의 시효는 진행된다.
⑤ 법원은 특별한 사정이 없는 한 당사자가 주장한 기산일을 기준으로 시효완성 여부를 판단해야 한다.
⑥ 소송위임계약으로 성공보수를 약정하였을 경우 심급대리의 원칙에 따라 수임한 소송사무가 종료하는 시기인 해당 심급의 판결을 송달받은 때로부터 그 소멸시효기간이 진행되나, 당사자 사이에 보수금의 지급시기에 관한 특약이 있다면 그에 따라 보수채권을 행사할 수 있는 때로부터 소멸시효가 진행한다고 보아야 한다.

해설
답 ④

① [O] 제166조(소멸시효의 기산점) ② 부작위를 목적으로 하는 채권의 소멸시효는 위반행위를 한 때로부터 진행한다.

② [O] 소멸시효는 권리를 행사할 수 있는 때로부터 진행하고, 여기서 권리를 행사할 수 있는 때라 함은 권리행사에 법률상의 장애가 없는 때를 말하므로, 정지조건부 권리에 있어서 조건 미성취의 동안은 권리를 행사할 수 없어 소멸시효가 진행되지 아니한다(대판 2009.12.24, 2007다64556).

③ [O] 건물에 관한 소유권이전등기청구권에서 그 건물이 완공되지 않아서 이를 행사할 수 없었다는 사유는 법률상의 장애사유에 해당하므로, 그에 관한 소멸시효는 건물 완공 시부터 진행한다고 보아야 한다(대판 2007.8.23, 2007다28024·28031).

④ [×] 주택임대차보호법에 따른 임대차에서 그 기간이 끝난 후 임차인이 보증금을 반환받기 위해 목적물을 점유하고 있는 경우 보증금반환채권에 대한 소멸시효는 진행하지 않는다고 보아야 한다(대판 2020.7.9, 2016다244224·244231).

⑤ [O] 소멸시효의 기산일은 변론주의의 적용대상이므로, 본래의 소멸시효기산일과 당사자가 주장하는 기산일이 다른 경우에는 법원은 당사자가 주장하는 기산일을 기준으로 한다(대판 1995.8.25, 94다35886).

구분		소멸시효(객관적)	이행지체(주관적)
확정기한		이행기가 도래한 때	기한이 도래한 때
불확정기한		기한이 객관적으로 도래한 때	채무자가 기한이 도래함을 안 때

기한의 정함이 없는 경우		• 원칙: 채권이 성립한 때(권리 발생시)
		• 예외: 소비대차의 경우 계약 성립 시부터 상당한 기간이 경과한 때(제603조 제2항)
			• 원칙: 채무자가 이행청구를 받은 때
			• 예외
			  - 소비대차의 경우 상당한 기간을 정하지 않고 최고한 때에는 최고한 때로부터 상당한 기간이 경과한 후(제603조 제2항)
			  - 불법행위에 의한 손해배상채무는 불법행위 시(즉, 그 당일부터)

⑥ [O] 민법 제686조 제2항에 의하면 수임인은 위임사무를 완료하여야 보수를 청구할 수 있다. 따라서 소송위임계약으로 성공보수를 약정하였을 경우 심급대리의 원칙에 따라 수임한 소송사무가 종료하는 시기인 해당 심급의 판결을 송달받은 때로부터 그 소멸시효기간이 진행되나, 당사자 사이에 보수금의 지급 시기에 관한 특약이 있다면 그에 따라 보수채권을 행사할 수 있는 때로부터 소멸시효가 진행한다고 보아야 한다(대판 2023.2.2, 2022다276307).

024 소멸시효의 기산점에 관한 설명으로 옳지 않은 것은? (다툼이 있으면 판례에 따름) 20 변리사

① 소멸시효는 원칙적으로 권리를 행사할 수 있는 때부터 진행한다.
② 확정기한부 채권은 기한이 도래한 때부터 진행한다.
③ 불확정기한부 채권은 기한이 객관적으로 도래한 때부터 진행한다.
④ 소유권이전등기의무의 이행불능으로 인한 전보배상청구권의 소멸시효는 이전등기의무가 이행불능이 된 때부터 진행한다.
⑤ 부작위를 목적으로 한 채권의 소멸시효는 계약한 때부터 진행한다.

해설
답 ⑤

① [O] 제166조(소멸시효의 기산점) ① 소멸시효는 권리를 행사할 수 있는 때로부터 진행한다.

② [O] 확정기한부 채권의 소멸시효는 이행기가 도래한 때로부터 진행되지만 이행기일이 도래한 후에 채권자가 채무자에 대하여 기한을 유예한 경우에는 유예 시까지 진행된 시효는 포기한 것으로서 유예한 이행기일로부터 다시 시효가 진행된다(대판 1992.12.22, 92다40211).

③ [O] 채권자의 기한도래에 관한 지, 부지를 불문하고 기한이 객관적으로 도래한 때부터 소멸시효가 진행한다. 다만, 지체책임은 채무자가 그 기한의 도래를 안 때부터 부담한다(통설).

④ [O] 이행불능으로 인한 손해배상청구권은 이행불능 시로부터 진행한다(대판 1990.11.9, 90다카22513).

⑤ [×] 제166조(소멸시효의 기산점) ② 부작위를 목적으로 하는 채권의 소멸시효는 위반행위를 한 때로부터 진행한다.

025 소멸시효의 기산점에 관한 설명으로 옳지 않은 것은? (다툼이 있으면 판례에 따름) 22 세무사

① 신축 중인 건물에 관한 소유권이전등기청구권의 소멸시효는 특별한 사정이 없는 한 건물의 완공 시부터 진행한다.
② 변제기가 불확정기한인 때에는 그 기한이 객관적으로 도래한 때로부터 소멸시효가 진행한다.
③ 부당이득반환청구권은 기한의 정함이 없는 채권이므로 채권자가 그 이행을 청구한 때로부터 소멸시효가 진행한다.
④ 부작위를 목적으로 하는 채권의 소멸시효는 위반행위를 한 때로부터 진행한다.
⑤ 채권자가 변제기 도래 후에 채무자에 대하여 기한을 유예한 경우, 채권의 소멸시효는 유예한 변제기로부터 다시 진행한다.

해설

답 ③

① [O] 건물에 관한 소유권이전등기청구권에서 그 건물이 완공되지 않아서 이를 행사할 수 없었다는 사유는 법률상의 장애사유에 해당하므로, 그에 관한 소멸시효는 건물 완공 시부터 진행한다고 보아야 한다(대판 2007.8.23, 2007다28024·28031).
② [O] 채권자의 기한도래에 관한 지, 부지를 불문하고 기한이 객관적으로 도래한 때부터 소멸시효가 진행한다. 다만 지체책임은 채무자가 그 기한의 도래를 안 때부터 부담한다(통설).
③ [×] 기한의 정함이 없는 채권은 채권이 성립한 때로부터 권리를 행사할 수 있으므로, 그 때부터 소멸시효가 진행한다.
④ [O] 제166조(소멸시효의 기산점) ② 부작위를 목적으로 하는 채권의 소멸시효는 위반행위를 한 때로부터 진행한다.
⑤ [O] 확정기한부 채권의 소멸시효는 이행기가 도래한 때로부터 진행되지만 이행기일이 도래한 후에 채권자가 채무자에 대하여 기한을 유예한 경우에는 유예시까지 진행된 시효는 포기한 것으로서 유예한 이행기일로부터 다시 시효가 진행된다(대판 1992.12.22, 92다40211).

026 소멸시효에 관한 설명으로 옳지 않은 것을 모두 고른 것은? (다툼이 있으면 판례에 따름)

23 변리사 변형

ㄱ. 보험금청구권의 소멸시효는 보험계약자가 보험회사에 보험금을 청구한 때로부터 진행한다.
ㄴ. 동일한 채권자에게 다수의 채무를 부담하는 채무자가 변제 충당을 지정하지 않고 일부 금원을 변제한 경우, 특별한 사정이 없는 한 그 변제는 모든 채무에 대한 승인으로서 소멸시효를 중단하는 효력이 있다.
ㄷ. 중첩적 채무인수에 의하여 인수인이 부담하는 채무에 대해서는 기존채무와 동일한 소멸시효기간이 적용된다.
ㄹ. 보험계약자가 보험금을 부정 취득할 목적으로 다수의 보험계약을 체결한 것이 민법 제103조(반사회질서의 법률행위)에 의해 무효로 된 경우, 보험자가 지급한 보험금에 대한 부당이득반환청구권은 10년의 민사 소멸시효기간이 적용된다.
ㅁ. 국가배상청구권에 관한 3년의 단기시효기간 기산에는 민법 제766조 제1항 외에 소멸시효의 기산점에 관한 일반규정인 민법 제166조 제1항이 적용된다. 따라서 3년의 단기시효기간은 그 '손해 및 가해자를 안 날'에 더하여 그 '권리를 행사할 수 있는 때'가 도래하여야 비로소 시효가 진행한다.

① ㄱ, ㄷ
② ㄱ, ㄹ
③ ㄴ, ㄷ
④ ㄴ, ㄹ
⑤ ㄱ, ㄷ, ㄹ

해설

답 ②

ㄱ. [×] 보험금청구권의 소멸시효 기산점은 특별한 사정이 없는 한 보험사고가 발생한 때이고, 하자보수보증보험계약의 보험사고는 보험계약자가 하자담보 책임기간 내에 발생한 하자에 대한 보수 또는 보완청구를 받고도 이를 이행하지 아니한 것을 의미하므로, 이 경우 보험금청구권의 소멸시효는 늦어도 보험기간의 종기부터 진행한다(대판 2015.3.26, 2012다25432).
ㄴ. [○] 동일한 채권자와 채무자 사이에 다수의 채권이 존재하는 경우 채무자가 변제를 충당하여야 할 채무를 지정하지 않고 모든 채무를 변제하기에 부족한 금액을 변제한 때에는 특별한 사정이 없는 한 그 변제는 모든 채무에 대한 승인으로서 소멸시효를 중단하는 효력을 가진다. 채무자는 자신이 계약당사자로 있는 다수의 계약에 기초를 둔 채무들이 존재한다는 사실을 인식하고 있는 것이 통상적이므로, 변제 시에 충당할 채무를 지정하지 않고 변제를 하였으면 특별한 사정이 없는 한 다수의 채무 전부에 대하여 그 존재를 알고 있다는 것을 표시했다고 볼 수 있기 때문이다(대판 2021.9.30, 2021다239745).
ㄷ. [○] 중첩적 채무인수라 함은 제3자인 인수인이 종래의 채무자와 함께 동일한 내용의 채무를 부담하는 것을 목적으로 하는 계약으로서, 중첩적 채무인수로 인하여 인수인은 새로이 당사자로서 기존의 채무관계에 들어가 기존채무와 동일한 내용의 채무를 부담하게 된다. 이와 같이 중첩적 채무인수에 의하여 인수되는 채무는 기존채무와 내용이 동일하고 인수행위로 인하여 그 채무의 성질 등이 변하는 것은 아니므로, 인수인이 부담하는 인수채무에 대해서는 기존채무와 동일한 소멸시효기간이 적용된다(대판 2021.9.30, 2019다209345).
ㄹ. [×] 보험계약자가 다수의 계약을 통하여 보험금을 부정 취득할 목적으로 체결한 보험계약이 민법 제103조에 따라 무효인 경우, 보험금에 대한 부당이득반환청구권에 상법 제64조를 유추적용하여 5년의 상사 소멸시효기간이 적용된다(대판 2021.7.22, 2019다277812 전합).

ㅁ. [O] 국가배상청구권에 관한 3년의 단기시효기간 기산에는 민법 제766조 제1항 외에 소멸시효의 기산점에 관한 일반규정인 민법 제166조 제1항이 적용된다. 따라서 3년의 단기시효기간은 그 '손해 및 가해자를 안 날'에 더하여 그 '권리를 행사할 수 있는 때'가 도래하여야 비로소 시효가 진행한다(대판 2023.1.12, 2021다201184).

027 소멸시효에 관한 설명으로 옳지 않은 것은? (다툼이 있으면 판례에 따름) 23 노무사

① 주채무자가 소멸시효 이익을 포기하더라도 보증인에게는 그 효력이 미치지 않는다.
② 시효중단의 효력 있는 승인에는 상대방의 권리에 관한 처분의 능력이나 권한 있음을 요하지 않는다.
③ 당사자가 주장하는 소멸시효 기산일이 본래의 기산일과 다른 경우, 특별한 사정이 없는 한 당사자가 주장하는 기산일을 기준으로 소멸시효를 계산하여야 한다.
④ 어떤 권리의 소멸시효 기간이 얼마나 되는지는 법원이 직권으로 판단할 수 있다.
⑤ 민법 제163조 제1호의 '1년 이내의 기간으로 정한 금전 또는 물건의 지급을 목적으로 한 채권'이란 변제기가 1년 이내의 채권을 말한다.

해설   답 ⑤

① [O] 주채무가 시효로 소멸한 때에는 보증인도 그 시효소멸을 원용할 수 있으며, 주채무자가 시효의 이익을 포기하더라도 보증인에게는 그 효력이 없다(대판 1991.1.29, 89다카1114).
② [O] **제177조(승인과 시효중단)** 시효중단의 효력 있는 승인에는 상대방의 권리에 관한 처분의 능력이나 권한 있음을 요하지 아니한다.
③ [O] 소멸시효의 기산일은 변론주의의 적용대상이므로, 본래의 소멸시효기산일과 당사자가 주장하는 기산일이 다른 경우에는 법원은 당사자가 주장하는 기산일을 기준으로 한다(대판 1995.8.25, 94다35886). 당사자가 주장하지도 않은 일자를 기산점으로 하여 소멸시효의 완성을 인정하는 것은 가령 그 날짜가 본래의 시효기산일이었다 하더라도 변론주의 원칙상 당사자가 주장하지 아니한 사실을 인정한 위법이 있게 된다.
④ [O] 어떤 권리의 소멸시효기간이 얼마나 되는지에 관한 주장은 단순한 법률상의 주장에 불과하므로 변론주의의 적용대상이 되지 않고 법원이 직권으로 판단할 수 있다(대판 2013.2.15, 2012다68217).
⑤ [×] 민법 제163조 제1호는 이자, 부양료, 급료, 사용료 기타 1년 이내의 기간으로 정한 금전 또는 물건의 지급을 목적으로 한 채권은 3년간 행사하지 아니하면 소멸시효가 완성한다고 규정하고 있다. 이는 기본 권리인 정기금채권에 기하여 발생하는 지분적 채권의 소멸시효를 정한 것으로서, 여기서 '1년 이내의 기간으로 정한 채권'이란 1년 이내의 정기로 지급되는 채권을 말한다(대판 2018.2.28, 2016다45779).

028 소멸시효의 기산점이 잘못 연결된 것은? (다툼이 있으면 판례에 따름) 24 감평사

① 불확정기한부 채권 - 기한이 객관적으로 도래한 때
② 부당이득반환청구권 - 기한의 도래를 안 때
③ 정지조건부 권리 - 조건이 성취된 때
④ 부작위를 목적으로 하는 채권 - 위반행위를 한 때
⑤ 선택채권 - 선택권을 행사할 수 있을 때

해설
답 ②

① [O] 채권자의 기한도래에 관한 지, 부지를 불문하고 기한이 객관적으로 도래한 때부터 소멸시효가 진행한다. 다만 지체책임은 채무자가 그 기한의 도래를 안 때부터 부담한다(통설).
② [×] 기한의 정함이 없는 채권은 채권이 성립한 때로부터 권리를 행사할 수 있으므로, 그 때부터 소멸시효가 진행한다.
③ [O] 소멸시효는 권리를 행사할 수 있는 때로부터 진행하며 여기서 권리를 행사할 수 있는 때라 함은 권리행사에 법률상의 장애가 없는 때를 말하므로 정지조건부권리의 경우에는 조건 미성취의 동안은 권리를 행사할 수 없는 것이어서 소멸시효가 진행되지 않는다(대판 1992.12.22, 92다28822). 즉 정지조건의 성취 시부터 진행한다.
④ [O] 제166조(소멸시효의 기산점) ② 부작위를 목적으로 하는 채권의 소멸시효는 위반행위를 한 때로부터 진행한다.
⑤ [O] 예를 들어 민법 제135조 무권대리인에 대한 계약 이행 또는 손해배상청구권의 소멸시효는 대리권의 증명 또는 무권대리에 대한 본인의 추인을 얻지 못한 때부터, 즉 선택권을 행사할 수 있을 때로부터 진행한다(대판 1965.5.24, 64다1156).

029 소멸시효의 기산점에 관한 설명으로 옳지 않은 것은? (다툼이 있는 경우 판례에 의함) 24 경간부

① 부작위를 목적으로 하는 채권의 소멸시효는 위반행위를 한 때부터 진행한다.
② 신축건물의 하자보수에 갈음한 손해배상청구권의 소멸시효기간은 그 건물에 하자가 발생한 시점부터 진행한다.
③ 위임사무로 수임인 명의로 취득한 권리에 관한 위임인의 이전청구권의 소멸시효는 특별한 사정이 없는 한 위임계약이 종료된 때부터 진행한다.
④ 기간을 정하지 않은 임치계약의 해지에 따른 임치물반환청구권의 소멸시효는 특별한 사정이 없는 한 임치인이 임치계약을 해지한 때부터 진행한다.

해설
답 ④

① [O] 제166조(소멸시효의 기산점) ① 소멸시효는 권리를 행사할 수 있는 때로부터 진행한다.
② 부작위를 목적으로 하는 채권의 소멸시효는 위반행위를 한 때로부터 진행한다.

② [O] 집합건물의 하자보수에 갈음한 손해배상청구권의 소멸시효기간은 각 하자가 발생한 시점부터 별도로 진행한다(대판 2009.2.26, 2007다83908).
③ [O] 민법 제684조 제2항은 "수임인이 위임인을 위하여 자기의 명의로 취득한 권리는 위임인에게 이전하여야 한다."라고 규정하고 있는데, 이때 그 이전 시기는 당사자 간에 특약이 있거나 위임의 본뜻에 반하는 경우 등과 같은 특별한 사정이 없는 한 위임계약이 종료된 때이다. 따라서 위임사무로 수임인 명의로 취득한 권리에 관한 위임인의 이전청구권의 소멸시효는 위임계약이 종료된 때부터 진행하게 된다(대판 2022.9.7, 2022다217117).
④ [×] 임치계약 해지에 따른 임치물 반환청구는 임치계약 성립 시부터 당연히 예정된 것이고, 임치계약에서 임치인은 언제든지 계약을 해지하고 임치물의 반환을 구할 수 있는 것이므로, 특별한 사정이 없는 한 임치물 반환청구권의 소멸시효는 임치계약이 성립하여 임치물이 수치인에게 인도된 때부터 진행하는 것이지, 임치인이 임치계약을 해지한 때부터 진행한다고 볼 수 없다(대판 2022.8.19, 2020다220140).

Ⅲ. 소멸시효의 장애 – 소멸시효의 중단, 정지

1. 소멸시효의 중단

030 甲은 乙에게 1억 원을 대여하였고, 丙은 乙의 甲에 대한 채무를 담보하기 위하여 자기소유 X부동산 위에 甲명의의 저당권을 설정하였다. 다음 설명 중 옳은 것을 모두 고른 것은? (다툼이 있으면 판례에 따름)

> ㄱ. 丙이 제기한 대여금채무부존재확인의 소에서 甲이 피고로서 응소하여 그 소송에서 적극적으로 권리를 주장하고 그것이 받아들여진 경우에 甲의 乙에 대한 채권의 시효가 중단된다.
> ㄴ. 甲이 X에 대한 압류를 한 후 이러한 사실을 乙에게 통지하면, 乙에 대한 시효중단의 효력이 발생한다.
> ㄷ. 甲의 乙에 대한 채권의 시효가 완성된 경우에 丙은 甲에게 소멸시효를 주장할 수 있다.

① ㄴ
② ㄱ, ㄴ
③ ㄱ, ㄷ
④ ㄴ, ㄷ
⑤ ㄱ, ㄴ, ㄷ

해설   답 ④

ㄱ. [×] 타인의 채무를 담보하기 위하여 자기의 물건에 담보권을 설정한 물상보증인은 채권자에 대하여 물적 유한책임을 지고 있어 그 피담보채권의 소멸에 의하여 직접 이익을 받는 관계에 있으므로 소멸시효의 완성을 주장할 수 있는 것이지만, 채권자에 대하여는 아무런 채무도 부담하고 있지 아니하므로, 물상보증인이 그 피담보채무의 부존재 또는 소멸을 이유로 제기한 저당권설정등기말소등기절차이행청구소송에서 채권자 겸 저당권자가 청구기각의 판결을 구하고 피담보채권의 존재를 주장하였다고 하더라도 이로써 직접 채무자에 대하여 재판상 청구를 한 것으로 볼 수는 없는 것이므로 피담보채권의 소멸시효에 관하여 규정한 민법 제168조 제1호 소정의 '청구'에 해당하지 아니한다고 할 것이다(대판 2004.1.16, 2003다30890).

ㄴ. [O]
> 제176조(압류, 가압류, 가처분과 시효중단) 압류, 가압류 및 가처분은 시효의 이익을 받은 자에 대하여 하지 아니한 때에는 이를 그에게 통지한 후가 아니면 시효중단의 효력이 없다.

ㄷ. [O] 물상보증인(대판 2004.1.16, 2003다30890) 등도 시효이익의 직접수익자에 해당한다.

031 소멸시효에 관한 설명으로 옳지 않은 것은? (다툼이 있으면 판례에 따름) 21 변리사

① 소멸시효에 관한 규정은 강행규정이지만, 법률행위에 의하여 경감 할 수 있다.
② 공유물분할청구권은 공유관계가 존속하는 한 별도로 소멸시효가 진행되지 않는다.
③ 부당이득반환청구권의 소멸시효는 청구권이 성립한 때로부터 진행하고, 원칙적으로 권리의 존재나 발생을 알지 못하였다고 하더라도 소멸시효의 진행에 장애가 되지 않는다.
④ 부동산매수인이 소유권이전등기 없이 부동산을 인도받아 사용·수익하다가 제3자에게 그 부동산을 처분하고 점유를 승계하여 준 경우, 소유권이전등기청구권의 소멸시효가 진행되지 않는다.
⑤ 원인채권의 지급을 확보하기 위하여 어음이 수수된 당사자 사이에 채권자가 어음채권에 관한 집행권원에 기하여 한 배당요구는 그 원인채권의 소멸시효를 중단시키는 효력이 없다.

해설
답 ⑤

① [O]
> 제184조(시효의 이익의 포기 기타) ① 소멸시효의 이익은 미리 포기하지 못한다.
> ② 소멸시효는 법률행위에 의하여 이를 배제, 연장 또는 가중할 수 없으나 이를 단축 또는 경감할 수 있다.

② [O] 공유물분할청구권은 기초된 권리가 존속하는 한 독립하여 시효에 걸리지 않는다[4](대판 1981. 3.24, 80다1888·1889).

③ [O] 과세처분이 부존재하거나 당연무효인 경우에 이 과세처분에 의하여 납세의무자가 납부하거나 징수당한 오납금은 국가가 법률상 원인 없이 취득한 부당이득에 해당하고, 이러한 오납금에 대한 납세의무자의 부당이득반환청구권은 처음부터 법률상 원인이 없이 납부 또는 징수된 것이므로 납부 또는 징수시에 발생하여 확정된다. 소멸시효는 객관적으로 권리가 발생하여 그 권리를 행사할 수 있는 때로부터 진행하고 그 권리를 행사할 수 없는 동안만은 진행하지 않는바, '권리를 행사할 수 없는' 경우라 함은 그 권리행사에 법률상의 장애사유, 예컨대 기간의 미도래나 조건불성취 등이 있는 경우를 말하는 것이고, 사실상 권리의 존재나 권리행사가능성을 알지 못하였고 알지 못함에 과실이 없다고 하여도 이러한 사유는 법률상 장애사유에 해당하지 않는다. 과세처분의 하자가 중대하고 명백하여 당연무효에 해당하는 여부를 당사자로서는 현실적으로 판단하기 어렵다거나, 당사자에게 처음부터 과세처분의 취소소송과 부당이득반환청구소송을 동시에 제기할 것을 기대할 수 없다고 하여도 이러한 사유는 법률상 장애사유가 아니라 사실상의 장애사유에 지나지 않는다(대판 1992.3.31, 91다32053 전합).

---

[4] 공유물분할청구권은 공유관계에서 수반되는 형성권이므로 공유관계가 존속하는 한, 그 분할청구권만이 독립하여 시효에 의하여 소멸될 리 없다고 할 것이며 따라서 그 분할청구의 소 내지 공유물분할을 명하는 판결도 형성의 소 및 형성판결로서 소멸시효의 대상이 될 수 없다고 할 것이다(대판 1981.3.24, 80다1888·1889).

④ [O] 매수인이 부동산을 인도받아 이를 사용, 수익하다가 '보다 적극적인 권리행사의 일환으로' 타인에게 그 부동산을 처분하고 점유를 승계해 준 경우에도 스스로 사용, 수익하고 있는 경우와 특별히 다를 바 없으므로 이전등기청구권의 소멸시효는 진행하지 않는다(대판 1999.3.18, 98다32175 전합).

⑤ [×] 원인채권의 지급을 확보하기 위하여 어음이 수수된 당사자 사이에서 채권자가 어음채권을 피보전권리로 하여 채무자의 재산을 가압류함으로써 그 권리를 행사한 경우에는 그 원인채권의 소멸시효를 중단시키는 효력이 있고, 이러한 법리는 채권자가 어음채권을 청구채권으로 하여 채무자의 재산을 압류함으로써 그 권리를 행사한 경우에도 마찬가지이며, 한편 집행력 있는 채무명의 정본을 가진 채권자는 이에 기하여 강제경매를 신청할 수 있으며, 다른 채권자의 신청에 의하여 개시된 경매절차를 이용하여 배당요구를 신청하는 행위도 채무명의에 기하여 능동적으로 그 권리를 실현하려고 하는 점에서는 강제경매의 신청과 동일하다고 할 수 있으므로, 부동산경매절차에서 집행력 있는 채무명의 정본을 가진 채권자가 하는 배당요구는 민법 제168조 제2호의 압류에 준하는 것으로서 배당요구에 관련된 채권에 관하여 소멸시효를 중단하는 효력이 생긴다고 할 것이고, 따라서 원인채권의 지급을 확보하기 위하여 어음이 수수된 당사자 사이에 채권자가 어음채권에 관한 집행력 있는 채무명의 정본에 기하여 한 배당요구는 그 원인채권의 소멸시효를 중단시키는 효력이 있다(대판 2002.2.26, 2000다25484).

2. 시효중단의 효력
3. 시효중단의 사유

032 甲은 2017.10.1. 친구 乙에게 3,000만 원을 대여하면서 이자는 월 1%, 변제기는 2018.10.1.로 정하였는데, 2019.2.16. 현재까지 乙은 원금과 이자를 전혀 변제하지 않고 있다. 이에 관한 설명으로 옳지 않은 것은? (다툼이 있으면 판례에 따름)   19 변리사

① 甲의 원금반환채권은 10년간 행사하지 아니하면 소멸시효가 완성한다.
② 甲이 乙을 사기죄로 고소하여 형사소송이 제기되었는데, 이 과정에서 배상명령을 신청하지 않은 경우에는 甲의 대여금채권의 소멸시효는 중단되지 않는다.
③ 甲이 乙을 상대로 대여금반환청구의 소를 제기하였다가 이후 그 소를 취하한 경우에도 甲의 대여금반환청구의 소제기로 인한 시효중단의 효력은 유지된다.
④ 乙의 재산에 대하여 甲의 가압류가 있는 경우에도 시효중단의 효력이 인정되지만, 당연무효의 가압류는 소멸시효의 중단사유에 해당하지 않는다.
⑤ 甲이 乙에게 대여금반환채무의 이행을 최고한 경우, 최고 후 6개월 내에 재판상의 청구를 하였다면 최고 시에 시효중단의 효력이 발생한다.

해설   답 ③

① [O] 제162조(채권, 재산권의 소멸시효) ① 채권은 10년간 행사하지 아니하면 소멸시효가 완성한다.
② [O] 피해자가 가해자를 상대로 고소하거나 그 고소에 기하여 형사재판이 개시되어도 이를 가지고 소멸시효의 중단사유인 재판상의 청구로 볼 수 없다[5](대판 1999.3.12, 98다18124). 다만, 배상명령을 신청한 경우는 재판상의 청구로 볼 수 있다(소송촉진등에 관한 특례법 제25조 이하).

③ [×] 제170조(재판상의 청구와 시효중단) ① 재판상의 청구는 소송의 각하, 기각 또는 취하의 경우에는 시효중단의 효력이 없다.

④ [○] 사망한 사람을 피신청인으로 한 가압류신청은 부적법하고 그 신청에 따른 가압류결정이 내려졌다고 하여도 그 결정은 당연 무효로서 그 효력이 상속인에게 미치지 않으며, 이러한 당연 무효의 가압류는 민법 제168조 제1호에 정한 소멸시효의 중단사유에 해당하지 않는다(대판 2006.8.24, 2004다26287·26294).

⑤ [○] 제174조(최고와 시효중단) 최고는 6월 내에 재판상의 청구, 파산절차참가, 화해를 위한 소환, 임의출석, 압류 또는 가압류, 가처분을 하지 아니하면 시효중단의 효력이 없다.

즉 최고를 여러 번 거듭하다가 재판상 청구 등을 한 경우에 시효중단의 효력은 항상 최초의 최고 시에 발생하는 것이 아니라 재판상 청구 등을 한 시점을 기준으로 하여 이로부터 소급하여 6월 이내에 한 최고 시에 발생한다(대판 1983.7.12, 83다카437).

033

소멸시효의 중단에 관한 설명으로 옳지 않은 것은? (다툼이 있으면 판례에 따름) 20 변리사

① 시효의 중단은 당사자 및 그 승계인간에만 효력이 있다.
② 주채무자에 대한 시효의 중단은 보증인에 대하여도 효력이 있다.
③ 연대채무자 중 1인이 소유하는 부동산에 대한 압류에 따른 시효중단의 효력은 다른 연대채무자에게는 미치지 않는다.
④ 채권자가 피고로서 응소하여 적극적으로 권리를 주장하고 그것이 받아들여진 경우 시효중단사유인 재판상의 청구에 해당한다.
⑤ 권리자인 피고가 응소하여 권리를 주장하였으나 그 소가 취하되어 본안에서 그 권리주장에 관한 판단 없이 소송이 종료된 후 종료된 때부터 6월 내에 가압류를 하면, 권리자가 가압류를 한 때부터 시효중단의 효력이 인정된다.

해설

답 ⑤

① [○] 제169조(시효중단의 효력) 시효의 중단은 당사자 및 그 승계인 간에만 효력이 있다.

② [○] 제440조(시효중단의 보증인에 대한 효력) 주채무자에 대한 시효의 중단은 보증인에 대하여 그 효력이 있다.

③ [○] 채권자의 신청에 의한 경매개시결정에 따라 연대채무자 1인의 소유 부동산이 압류된 경우, 이로써 위 채무자에 대한 채권의 소멸시효는 중단되지만, 압류에 의한 시효중단의 효력은 다른 연대채무자에게 미치지 아니하므로(제169조), 경매개시결정에 의한 시효중단의 효력을 다른 연대채무자에 대하여 주장할 수 없다(대판 2001.8.21, 2001다22840).

---

5) 형사소송은 피고인에 대한 국가형벌권의 행사를 그 목적으로 하는 것이므로, 피해자가 형사소송에서 소송촉진 등에 관한 특례법에서 정한 배상명령을 신청한 경우를 제외하고는 단지 피해자가 가해자를 상대로 고소하거나 그 고소에 기하여 형사재판이 개시되어도 이를 가지고 소멸시효의 중단사유인 재판상의 청구로 볼 수는 없다(대판 1999.3.12, 98다18124).

④ [O] 시효를 주장하는 자가 원고가 되어 소를 제기한 데 대하여 피고로서 응소하여 '그 소송에서 적극적으로 권리를 주장하고 그것이 받아들여진 경우'도 시효중단사유로 인정된다(대판 1993.12.21, 92다47861 전합).

⑤ [×] 민법 제168조 제1호, 제170조 제1항에서 시효중단 사유의 하나로 규정하고 있는 재판상의 청구는, 권리자가 시효를 주장하는 자를 상대로 소로써 권리를 주장하는 경우뿐 아니라, 시효를 주장하는 자가 원고가 되어 소를 제기한 데 대하여 피고로서 응소하여 그 소송에서 적극적으로 권리를 주장하고 그것이 받아들여진 경우도 포함한다. 권리자인 피고가 응소하여 권리를 주장하였으나 그 소가 각하되거나 취하되는 등의 사유로 본안에서 그 권리 주장에 관한 판단 없이 소송이 종료된 경우에도 민법 제170조 제2항을 유추적용하여 그때부터 6월 이내에 재판상의 청구 등 다른 시효중단 조치를 취하면 응소 시에 소급하여 시효중단의 효력이 인정된다. 한편 민법 제174조가 시효중단 사유로 규정하고 있는 최고를 여러 번 거듭하다가 재판상 청구 등을 한 경우에 시효중단의 효력은 항상 최초의 최고 시에 발생하는 것이 아니라 재판상 청구 등을 한 시점을 기준으로 하여 이로부터 소급하여 6월 이내에 한 최고 시에 발생하고, 민법 제170조의 해석상 재판상의 청구는 그 소송이 취하된 경우에는 그로부터 6월 내에 다시 재판상의 청구를 하지 않는 한 시효중단의 효력이 없고, 다만 재판 외의 최고의 효력만을 갖게 된다. 이러한 법리는 그 소가 각하된 경우에도 마찬가지로 적용 된다(대판 2019.3.14, 2018다282473).

034 소멸시효의 중단에 관한 설명으로 옳지 않은 것은? (다툼이 있으면 판례에 따름) 22 세무사

① 재판상 청구가 각하된 후 6월내에 다시 재판상 청구를 하면 시효는 최초의 재판상 청구로 인하여 중단된 것으로 본다.
② 채무의 승인은 시효이익을 받을 자가 시효로 권리를 잃는 자에게 그 권리가 있음을 알고 있다는 뜻을 표시함으로써 성립하는 관념의 통지이다.
③ 시효중단의 효력 있는 승인에는 상대방의 권리에 관한 처분의 능력이나 권한 있음을 요한다.
④ 시효를 주장하는 자가 제기한 소에 대하여 권리자가 피고로서 응소하여 적극적으로 권리를 주장하고 그것이 받아들여진 경우, 시효중단의 효과가 발생한다.
⑤ 시효중단의 효과는 원칙적으로 시효중단에 관여한 당사자로부터 중단의 효과를 받는 권리를 그 중단 효과의 발생 이후에 승계한 특정승계인에게도 미친다.

해설 답 ③

① [O] **제170조(재판상의 청구와 시효중단)** ① 재판상의 청구는 소송의 각하, 기각 또는 취하의 경우에는 시효중단의 효력이 없다.
② 전항의 경우에 6월 내에 재판상의 청구, 파산절차참가, 압류 또는 가압류, 가처분을 한 때에는 시효는 최초의 재판상청구로 인하여 중단된 것으로 본다.

② [O] 시효중단사유로서의 승인은 시효이익을 받을 당사자인 채무자가 그 시효의 완성으로 권리를 상실하게 될 자 또는 그 대리인에 대하여 그 권리가 존재함을 인식하고 있다는 뜻을 표시함으로써 성립한다고 할 것이며, 이 때 그 표시의 방법은 아무런 형식을 요구하지 아니하고, 또한 명시적이건 묵시적이건 불문한다 할 것이나, 승인으로 인한 시효중단의 효력은 그 승인의 통지가 상대방에게 도달하는 때에 발생한다(95다30178).

③ [×] 제177조(승인과 시효중단) 시효중단의 효력 있는 승인에는 상대방의 권리에 관한 처분의 능력이나 권한 있음을 요하지 아니한다.

④ [○] 시효를 주장하는 자가 원고가 되어 소를 제기한 데 대하여 피고로서 응소하여 '그 소송에서 적극적으로 권리를 주장하고 그것이 받아들여진 경우'도 시효중단사유로 인정된다(대판 1993.12.21, 92다47861 전합).

⑤ [○] 승계인이란 시효중단에 관여한 당사자로부터 중단의 효력을 받는 권리를 그 중단 효력의 발생 이후에 승계한 자를 말하고, 포괄승계인은 물론 특정승계인[6]도 포함된다(통설, 대판 1997.4.25, 96다46484).

035 소멸시효의 중단에 관한 설명으로 옳지 않은 것은? (다툼이 있으면 판례에 따름) 22 노무사

① 3년의 소멸시효기간이 적용되는 채권이 지급명령에서 확정된 경우, 그 시효기간은 10년으로 한다.
② 채권자가 동일한 목적을 달성하기 위하여 복수의 채권을 가지고 있는 경우, 특별한 사정이 없으면 그 중 하나의 채권을 행사한 것만으로는 다른 채권에 대한 시효중단의 효력은 없다.
③ 대항요건을 갖추지 못한 채권양도의 양수인이 채무자를 상대로 재판상 청구를 하여도 시효중단사유인 재판상 청구에 해당하지 아니한다.
④ 채권자가 최고를 여러 번 거듭하다가 재판상 청구를 한 경우, 시효중단의 효력은 재판상 청구를 한 시점을 기준으로 하여 이로부터 소급하여 6월 이내에 한 최고 시에 발생한다.
⑤ 동일한 당사자 사이에 계속적 거래관계로 인한 수개의 금전채무가 있고, 채무자가 그 채무 전액을 변제하기에는 부족한 금액으로 채무의 일부를 변제하는 경우에 그 수개의 채무전부에 관하여 시효중단의 효력이 발생하는 것이 원칙이다.

해설 답 ③

① [○] 민사소송법 제474조, 민법 제165조 제2항에 의하면, 지급명령에서 확정된 채권은 단기의 소멸시효에 해당하는 것이라도 그 소멸시효기간이 10년으로 연장된다.
② [○] 채권자가 동일한 목적을 달성하기 위하여 복수의 채권을 가지고 이를 행사하는 경우 각 채권이 발생시기와 발생원인 등을 달리하는 별개의 채권인 이상 별개의 소송물에 해당하므로, 이에 대하여 채무자가 소멸시효 완성의 항변을 하는 경우에 그 항변에 의하여 어떠한 채권을 다투는 것인지 특정하여야 하고 그와 같이 특정된 항변에는 특별한 사정이 없는 한 청구원인을 달리하는 채권에 대한 소멸시효 완성의 항변까지 포함된 것으로 볼 수는 없다. 그러나 채권자가 동일한 목적을 달성하기 위하여 복수의 채권을 가지고 있더라도 선택에 따라 어느 하나의 채권만을 행사하는 것이 명백한 경우라면 채무자의 소멸시효 완성의 항변은 채권자가 행사하는 당해 채권에 대한 항변으로 봄이 타당하다(대판 2013.2.15, 2012다68217).

---
[6] 기존의 공동광업권자가 광업권 침해로 인한 손해배상청구소송을 제기하였다면 준합유재산인 그 손해배상청구권 전부에 대하여 소멸시효가 중단되는 것이고 그 후에 광업권의 지분을 양수한 공동광업권자는 조합원의 지위에서 기존의 공동광업권자와 함께 소멸시효가 중단된 손해배상청구권을 준합유한다고 보아야 하므로, 새로 공동광업권자가 된 자의 지분에 해당하는 부분만 따로 소멸시효가 중단됨이 없이 진행되는 것은 아니다(대판 1997.2.11, 96다1733).

③ [×] 채무자를 상대로 재판상의 청구를 한 채권의 양수인을 '권리 위에 잠자는 자'라고 할 수 없는 점 등에 비추어 보면, 비록 대항요건을 갖추지 못하여 채무자에게 대항하지 못한다고 하더라도 채권의 양수인이 채무자를 상대로 재판상의 청구를 하였다면 이는 소멸시효 중단사유인 재판상의 청구에 해당한다고 보아야 한다(대판 2005.11.10, 2005다41818).

④ [○] 최고를 여러 번 거듭하다가 재판상 청구 등을 한 경우에 시효중단의 효력은 항상 최초의 최고 시에 발생하는 것이 아니라 재판상 청구 등을 한 시점을 기준으로 하여 이로부터 소급하여 6월 이내에 한 최고 시에 발생한다(대판 1983.7.12, 83다카437).

⑤ [○] 채무자가 소멸시효 완성 후 채무를 일부 변제한 때에는 그 액수에 관하여 다툼이 없는 한 그 채무 전체를 묵시적으로 승인한 것으로 보아야 하고, 이 경우 시효완성의 사실을 알고 그 이익을 포기한 것으로 추정되므로, 소멸시효가 완성된 채무를 피담보채무로 하는 근저당권이 실행되어 채무자 소유의 부동산이 경락되고 그 대금이 배당되어 채무의 일부 변제에 충당될 때까지 채무자가 아무런 이의를 제기하지 아니하였다면, 경매절차의 진행을 채무자가 알지 못하였다는 등 다른 특별한 사정이 없는 한, 채무자는 시효완성의 사실을 알고 그 채무를 묵시적으로 승인하여 시효의 이익을 포기한 것으로 보아야 한다(대판 2001.6.12, 2001다3580).

036 소멸시효 중단 또는 정지에 관한 설명 중 옳은 것을 모두 고른 것은? (다툼이 있는 경우 판례에 의함)

22 경간부

> 가. 임의출석의 경우에 화해가 성립되지 아니한 때에는 1월 내에 소를 제기하지 아니하면 시효중단의 효력이 없다.
> 나. 소멸시효의 중단사유로서의 승인과 관련하여 현존하지 아니하는 장래의 채권을 미리 승인하는 것은 채무자가 그 권리의 존재를 인식하고서 한 것이라고 볼 수 없어 허용되지 않는다.
> 다. 채권자가 물상보증인 소유의 부동산에 대하여 압류를 한 경우, 채무자에게 압류사실이 통지되어야만 시효중단의 효력이 그 채무자에게 미치게 된다.
> 라. 천재 기타 사변으로 인하여 소멸시효를 중단할 수 없을 때에는 그 사유가 종료한 때로부터 6월 내에는 시효가 완성하지 아니한다.

① 가, 나, 다
② 가, 나, 라
③ 가, 다, 라
④ 나, 다, 라

해설

답 ①

가. [○] 제173조(화해를 위한 소환, 임의출석과 시효중단) 화해를 위한 소환은 상대방이 출석하지 아니하거나 화해가 성립되지 아니한 때에는 1월 내에 소를 제기하지 아니하면 시효중단의 효력이 없다. 임의출석의 경우에 화해가 성립되지 아니한 때에도 그러하다.

나. [○] 소멸시효의 중단사유로서의 승인은 시효이익을 받을 당사자인 채무자가 그 권리의 존재를 인식하고 있다는 뜻을 표시함으로써 성립하는 것이므로 이는 소멸시효의 진행이 개시된 이후에만 가능하고 그 이전에 승인을 하더라도 시효가 중단되지는 않는다고 할 것이고, 또한 현존하지 아니하는 장래의 채권을 미리 승인하는 것은 채무자가 그 권리의 존재를 인식하고서 한 것이라고 볼 수 없어 허용되지 않는다고 할 것이다(대판 2001.11.9, 2001다52568).

다. [○] 물상보증인에 대한 임의경매의 신청은 피담보채권의 만족을 위한 강력한 권리실행수단으로서, 채무자 본인에 대한 압류와 대비하여 소멸시효의 중단사유로서 차이를 인정할 만한 실질적인 이유가 없기 때문에, 중단행위의 당사자나 그 승계인 이외의 시효의 이익을 받는 채무자에게도 시효중단의 효력이 미치도록 하되, 다만 채무자가 시효의 중단으로 인하여 예측하지 못한 불이익을 입게 되는 것을 막아주기 위하여 채무자에게 압류사실이 통지되어야만 시효중단의 효력이 미치게 함으로써, 채권자와 채무자간에 이익을 조화시키려는 것이, 민법 제169조에 규정된 시효중단의 상대적 효력에 대한 예외를 인정한 민법 제176조의 취지라고 해석되는 만큼, 압류사실을 채무자가 알 수 있도록 경매개시결정이나 경매기일통지서가 우편송달(발송송달)이나 공시송달의 방법이 아닌 교부송달의 방법으로 채무자에게 송달되어야만 압류사실이 통지된 것으로 볼 수 있는 것이다(대판 1990.1.12, 89다카4946).

라. [×] 제182조(천재 기타 사변과 시효정지) 천재 기타 사변으로 인하여 소멸시효를 중단할 수 없을 때에는 그 사유가 종료한 때로부터 <u>1월</u> 내에는 시효가 완성하지 아니한다.

037 소멸시효의 중단에 관한 설명으로 옳지 않은 것은? (다툼이 있으면 판례에 따름) 23 세무사

① 시효의 중단은 당사자 및 그 승계인간에만 효력이 있지만, 주채무자에 대한 시효의 중단은 보증인에 대하여 효력이 있다.
② 압류, 가압류 및 가처분이 법률의 규정에 따르지 않아 취소된 경우 시효중단의 효력이 없다.
③ 시효중단의 효력이 있는 승인에는 상대방의 권리에 관한 처분의 능력이나 권한 있음을 요하지 아니한다.
④ 시효중단의 효력이 있는 승인은 묵시적으로도 할 수 있다.
⑤ 채권양수인이 채권양도의 대항요건을 갖추지 못한 상태에서 채무자를 상대로 재판상 청구를 한 경우, 소멸시효 중단사유인 재판상 청구에 해당하지 않는다.

해설 답 ⑤

① [○] 제169조(시효중단의 효력) 시효의 중단은 당사자 및 그 승계인 간에만 효력이 있다.
제440조(시효중단의 보증인에 대한 효력) 주채무자에 대한 시효의 중단은 보증인에 대하여 그 효력이 있다.

② [○] 제175조(압류, 가압류, 가처분과 시효중단) 압류, 가압류 및 가처분은 권리자의 청구에 의하여 또는 법률의 규정에 따르지 아니함으로 인하여 취소된 때에는 시효중단의 효력이 없다.

③ [○] 제177조(승인과 시효중단) 시효중단의 효력 있는 승인에는 상대방의 권리에 관한 처분의 능력이나 권한 있음을 요하지 아니한다.

④ [○] 승인은 특별한 방식을 요하지 않는다. 변제기한의 유예요청, 이자의 지급, 일부변제(대판 1996. 1.23, 95다39854), 담보제공, 매도인이 매수인과 함께 소유권이전등기를 해주기 위해 법무사 사무실을 방문한 행위(대판 2009.11.26, 2009다64384) 등은 묵시적 승인이 있는 것으로 볼 수 있다.

⑤ [×] 채무자를 상대로 재판상의 청구를 한 채권의 양수인을 '권리 위에 잠자는 자'라고 할 수 없는 점 등에 비추어 보면, 비록 대항요건을 갖추지 못하여 채무자에게 대항하지 못한다고 하더라도 채권의 양수인이 채무자를 상대로 재판상의 청구를 하였다면 이는 소멸시효 중단사유인 재판상의 청구에 해당한다고 보아야 한다(대판 2005.11.10, 2005다41818).

038 소멸시효에 관한 설명으로 옳지 않은 것은? (다툼이 있는 경우 판례에 의함)   23 경간부

① 채권양도의 대항요건을 갖추지 못한 채권의 양수인이 채무자를 상대로 재판상의 청구를 한 경우, 그 채권의 소멸시효는 중단되지 않는다.
② 당사자가 「민법」에 따른 소멸시효기간을 주장한 경우에도 법원은 직권으로 상법에 따른 소멸시효기간을 적용할 수 있다.
③ 시효중단의 효력이 미치는 「민법」 제169조의 승계인에는 특별한 사정이 없는 한 포괄승계인은 물론 특정승계인도 포함된다.
④ 금전채무에 대한 변제기 이후의 지연손해금은 금전채무의 이행을 지체함으로 인한 손해의 배상으로 지급되는 것이므로, 그 소멸시효기간은 특별한 사정이 없는 한 원본채권의 그것과 같다.

해설   답 ①

① [×] 채무자를 상대로 재판상의 청구를 한 채권의 양수인을 '권리 위에 잠자는 자'라고 할 수 없는 점 등에 비추어 보면, 비록 대항요건을 갖추지 못하여 채무자에게 대항하지 못한다고 하더라도 채권의 양수인이 채무자를 상대로 재판상의 청구를 하였다면 이는 소멸시효 중단사유인 재판상의 청구에 해당한다고 보아야 한다(대판 2005.11.10, 2005다41818).
② [○] 어떤 권리의 소멸시효기간이 얼마나 되는지에 관한 주장은 단순한 법률상의 주장에 불과하므로 변론주의의 적용대상이 되지 않고 법원이 직권으로 판단할 수 있다(대판 2013.2.15, 2012다68217).
③ [○] 승계인이란 시효중단에 관여한 당사자로부터 중단의 효력을 받는 권리를 그 중단 효력의 발생 이후에 승계한 자를 말하고, 포괄승계인은 물론 특정승계인도 포함된다(통설, 대판 1997.4.25, 96다46484).
④ [○] 금전채무에 대한 변제기 이후의 지연손해금은 금전채무의 이행을 지체함으로 인한 손해의 배상으로 지급되는 것이므로, 그 소멸시효기간은 원본채권의 그것과 같다(대판 2010.9.9, 2010다28031).

039 소멸시효에 관한 설명으로 옳은 것은? (다툼이 있는 경우 판례에 의함) 23 경간부 변형

① 보증인이 단순히 주채무의 시효소멸에 원인만을 제공한 경우에도 특별한 사정이 없는 한 보증채무의 부종성은 부정된다.
② 사망한 사람을 피신청인으로 한 가압류신청에 의해 가압류결정이 내려지더라도 특별한 사정이 없는 한 소멸시효는 중단되지 않는다.
③ 원인채권의 지급을 확보하기 위한 방법으로 어음이 수수된 경우, 채권자가 어음채권에 기하여 청구를 하더라도 원인채권의 소멸시효를 중단시키는 효력이 없다.
④ 확정판결로 단기소멸시효의 대상인 주채무의 소멸시효기간이 10년으로 연장된 경우, 당연히 보증채무의 소멸시효기간도 단기소멸시효의 적용이 배제되어 10년으로 연장된다.
⑤ 민법 제174조는 "최고는 6월 내에 재판상의 청구, 파산절차참가, 화해를 위한 소환, 임의출석, 압류 또는 가압류, 가처분을 하지 아니하면 시효중단의 효력이 없다."라고 정한다. 위 규정은 채권자가 최고 후 6개월 내에 확정적으로 시효를 중단시키기 위해 취할 보완조치에 채무의 승인을 포함하고 있지는 않으므로, 최고 후 6개월 내에 채무자의 승인이 있는 경우에는 위 규정을 유추적용하여 시효중단의 효력이 발생한다고 해석할 수 없다.

해설
답 ②

① [×] 보증채무에 대한 소멸시효가 중단되는 등의 사유로 완성되지 아니하였다고 하더라도 주채무에 대한 소멸시효가 완성된 경우에는 시효완성의 사실로 주채무가 소멸되므로 보증채무의 부종성에 따라 보증채무 역시 당연히 소멸되는 것이 원칙이다. 다만, 보증채무의 부종성을 부정하여야 할 특별한 사정이 있는 경우에는 예외적으로 보증인은 주채무의 시효소멸을 이유로 보증채무의 소멸을 주장할 수 없으나, 특별한 사정을 인정하여 보증채무의 본질적인 속성에 해당하는 부종성을 부정하려면 보증인이 주채무의 시효소멸에도 불구하고 보증채무를 이행하겠다는 의사를 표시하거나 채권자와 그러한 내용의 약정을 하였어야 하고, 단지 보증인이 주채무의 시효소멸에 원인을 제공하였다는 것만으로는 보증채무의 부종성을 부정할 수 없다(대판 2018.5.15, 2016다211620).
② [○] 사망한 사람을 피신청인으로 한 가압류신청은 부적법하고 그 신청에 따른 가압류결정이 내려졌다고 하여도 그 결정은 당연 무효로서 그 효력이 상속인에게 미치지 않으며, 이러한 당연 무효의 가압류는 민법 제168조 제1호에 정한 소멸시효의 중단사유에 해당하지 않는다(대판 2006.8.24, 2004다26287·26294).
③ [×] 어음채권의 재판상 청구는 원인채권에 대하여도 시효중단의 효력이 있다(어음채권은 원인채권의 실현수단이기 때문이다)(대판 1961.11.9, 4293민상748). 그러나 원인채권의 재판상 청구는 어음채권에 대해서는 시효중단의 효력이 없다(어음채권 그 자체를 행사한 것으로 볼 수 없기 때문이다)(대판 1994.12.2, 93다59922).
④ [×] 민법 제165조는 당해 판결 등의 당사자 사이에 한하여 발생하는 효력에 관한 것이고, 채권자와 주채무자 사이의 판결 등에 의해 채권이 확정되어 그 소멸시효가 10년으로 되었다 할지라도 위 당사자 이외의 채권자와 연대보증인 사이에 있어서는 위 확정판결 등은 그 시효기간에 대하여는 아무런 영향이 없고, 연대보증인의 연대보증채무의 소멸시효기간은 여전히 종전의 소멸시효기간에 따른다고 보아야 한다(대판 1986.11.25, 86다카1569).
⑤ [×] 민법 제174조는 "최고는 6월 내에 재판상의 청구, 파산절차참가, 화해를 위한 소환, 임의출석, 압류 또는 가압류, 가처분을 하지 아니하면 시효중단의 효력이 없다."라고 정한다. 위 규정은 채권자가 최고 후 6개월 내에 확정적으로 시효를 중단시키기 위해 취할 보완조치에 채무의 승인을

포함하고 있지는 않지만, 최고 후 6개월 내에 채무자의 승인이 있는 경우에도 위 규정을 유추적용하여 시효중단의 효력이 발생한다고 해석하는 것이 타당하다(대판 2022.7.28, 2020다46663). 따라서 채권자가 주채무자에 대하여 이행을 최고한 후 주채무자가 6개월 내에 채무를 승인한 경우 최고가 주채무자에게 도달한 때 시효중단의 효력이 발생한다고 보는 이상, 그 중단의 효력은 민법 제440조에 따라 보증인에게도 미친다. 민법 제433조 제2항에 따라 주채무자가 시효완성 후 시효이익을 포기한 경우 보증인에게는 효력이 없다고 보는 것은 이 부분 해석에 영향을 미치지 않는다.

040 소멸시효 중단사유에 관한 설명으로 옳지 않은 것은? (다툼이 있으면 판례에 따름) 24 변리사

① 채권자가 채무자에게 등기우편으로 이행청구를 한 경우, 법에서 정한 후속 수단을 취하지 않으면 그 이행청구만으로는 시효가 중단되지 않는다.
② 채권자가 채무자를 상대로 제기한 소송에서, 피고인 채무자에게 소송서류가 송달된 적이 없는 상태에서 판결이 선고되더라도 시효중단의 효력은 있다.
③ 채무자가 채권자를 상대로 채무부존재확인소송을 제기하여 채권자가 이를 적극적으로 다툰 경우, 그 소가 법원에 접수된 때부터 시효중단의 효력이 인정된다.
④ 채권양수인이 채무자를 상대로 소를 제기하였다가 채무자에 대한 양도통지가 없었다는 이유로 청구가 기각되어 확정된 후, 양도통지를 하고 그 확정된 때로부터 6개월 내에 다시 소를 제기한 경우, 시효중단의 효력은 전소(前訴)제기 시로 소급하여 발생한다.
⑤ 채권자가 연대채무자의 1인에 대하여 가압류를 한 경우, 다른 연대채무자의 채무에 대해서는 시효가 중단되지 않는다.

해설
답 ③

① [○] 제174조(최고와 시효중단) 최고는 6월 내에 재판상의 청구, 파산절차참가, 화해를 위한 소환, 임의출석, 압류 또는 가압류, 가처분을 하지 아니하면 시효중단의 효력이 없다.

② [○] 민사소송법 제265조(소제기에 따른 시효중단의 시기) 시효의 중단 또는 법률상 기간을 지킴에 필요한 재판상 청구는 소를 제기한 때 또는 제260조 제2항·제262조 제2항 또는 제264조 제2항의 규정에 따라 서면을 법원에 제출한 때에 그 효력이 생긴다.

③ [×] 채권자인 피고의 응소 시부터 시효가 중단된다. 즉 시효를 주장하는 자가 원고가 되어 소를 제기한 데 대하여 피고로서 응소하여 '그 소송에서 적극적으로 권리를 주장하고 그것이 받아들여진 경우'도 시효중단사유로 인정된다(대판 1993.12.21, 92다47861 전합). 다만, 응소행위만으로 당연히 시효중단 효력이 발생하는 것은 아니다. 시효중단의 효과를 원하는 피고가 당해 소송 또는 다른 소송에서의 응소행위로서 시효가 중단되었다고 주장하지 않았다면 응소사실이 인정되더라도 법원은 시효중단의 효력을 인정해서는 안 된다(대판 1997.2.28, 96다26190).

④ [O] **제170조(재판상의 청구와 시효중단)** ① 재판상의 청구는 소송의 각하, 기각 또는 취하의 경우에는 시효중단의 효력이 없다.
② 전항의 경우에 6월 내에 재판상의 청구, 파산절차참가, 압류 또는 가압류, 가처분을 한 때에는 시효는 최초의 재판상청구로 인하여 중단된 것으로 본다.

채무자를 상대로 재판상의 청구를 한 채권의 양수인을 '권리 위에 잠자는 자'라고 할 수 없는 점 등에 비추어 보면, 비록 대항요건을 갖추지 못하여 채무자에게 대항하지 못한다고 하더라도 채권의 양수인이 채무자를 상대로 재판상의 청구를 하였다면 이는 소멸시효 중단사유인 재판상의 청구에 해당한다고 보아야 한다(대판 2005.11.10, 2005다41818).

⑤ [O] 채권자의 신청에 의한 경매개시결정에 따라 연대채무자 1인의 소유 부동산이 압류된 경우, 이로써 위 채무자에 대한 채권의 소멸시효는 중단되지만, 압류에 의한 시효중단의 효력은 다른 연대채무자에게 미치지 아니하므로(제169조), 경매개시결정에 의한 시효중단의 효력을 다른 연대채무자에 대하여 주장할 수 없다(대판 2001.8.21, 2001다22840).

041

소멸시효의 중단에 관한 설명으로 옳지 않은 것은? (다툼이 있으면 판례에 따름) 24 감평사

① 응소행위로 인한 시효중단의 효력은 원고가 소를 제기한 때에 발생한다.
② 물상보증인이 제기한 저당권설정등기 말소등기청구의 소에 응소한 채권자 겸 저당권자의 행위는 시효중단사유가 아니다.
③ 재판상의 청구로 중단된 시효는 재판이 확정된 때부터 새로이 진행한다.
④ 가압류에 의한 시효중단의 효력은 가압류신청을 한 때에 소급한다.
⑤ 채권의 양수인이 채권양도의 대항요건을 갖추지 못한 상태에서 채무자를 상대로 재판상의 청구를 하는 것은 소멸시효 중단사유에 해당한다.

해설

답 ①

① [×] 시효를 주장하는 자가 원고가 되어 소를 제기한 데 대하여 피고로서 응소하여 그 소송에서 적극적으로 권리를 주장하고 그것이 받아들여진 경우도 시효중단사유로 인정된다(대판 1993.12.21, 92다47861 전합). 즉, 피고의 응소 시에 시효중단이 된다.

② [O] 타인의 채무를 담보하기 위하여 자기의 물건에 담보권을 설정한 물상보증인은 채권자에 대하여 물적 유한책임을 지고 있어 그 피담보채권의 소멸에 의하여 직접 이익을 받는 관계에 있으므로 소멸시효의 완성을 주장할 수 있는 것이지만, 채권자에 대하여는 아무런 채무도 부담하고 있지 아니하므로, 물상보증인이 그 피담보채무의 부존재 또는 소멸을 이유로 제기한 저당권설정등기 말소등기절차이행청구소송에서 채권자 겸 저당권자가 청구기각의 판결을 구하고 피담보채권의 존재를 주장하였다고 하더라도 이로써 직접 채무자에 대하여 재판상 청구를 한 것으로 볼 수는 없는 것이므로 피담보채권의 소멸시효에 관하여 규정한 민법 제168조 제1호 소정의 '청구'에 해당하지 아니한다고 할 것이다(대판 2004.1.16, 2003다30890).

③ [O] **제178조(중단후에 시효진행)** ① 시효가 중단된 때에는 중단까지에 경과한 시효기간은 이를 산입하지 아니하고 중단사유가 종료한 때로부터 새로이 진행한다.
② 재판상의 청구로 인하여 중단한 시효는 전항의 규정에 의하여 재판이 확정된 때로부터 새로이 진행한다.

④ [○] 민법 제168조 제2호에서 가압류를 시효중단사유로 정하고 있지만, 가압류로 인한 시효중단의 효력이 언제 발생하는지에 관해서는 명시적으로 규정되어 있지 않다. 민사소송법 제265조에 의하면, 시효중단사유 중 하나인 '재판상의 청구'(제168조 제1호, 제170조)는 소를 제기한 때 시효중단의 효력이 발생한다. 이는 소장 송달 등으로 채무자가 소 제기 사실을 알기 전에 시효중단의 효력을 인정한 것이다. 가압류에 관해서도 위 민사소송법 규정을 유추적용하여 '재판상의 청구'와 유사하게 가압류를 신청한 때 시효중단의 효력이 생긴다고 보아야 한다. '가압류'는 법원의 가압류명령을 얻기 위한 재판절차와 가압류명령의 집행절차를 포함하는데, 가압류도 재판상의 청구와 마찬가지로 법원에 신청을 함으로써 이루어지고(민사집행법 제279조), 가압류명령에 따른 집행이나 가압류명령의 송달을 통해서 채무자에게 고지가 이루어지기 때문이다. 가압류를 시효중단사유로 규정한 이유는 가압류에 의하여 채권자가 권리를 행사하였다고 할 수 있기 때문이다. <u>가압류채권자의 권리행사는 가압류를 신청한 때에 시작되므로, 이 점에서도 가압류에 의한 시효중단의 효력은 가압류신청을 한 때에 소급한다</u>(대판 2017.4.7, 2016다35451).

⑤ [○] 채무자를 상대로 재판상의 청구를 한 채권의 양수인을 '권리 위에 잠자는 자'라고 할 수 없는 점 등에 비추어 보면, 비록 대항요건을 갖추지 못하여 채무자에게 대항하지 못한다고 하더라도 채권의 양수인이 채무자를 상대로 재판상의 청구를 하였다면 이는 소멸시효 중단사유인 재판상의 청구에 해당한다고 보아야 한다(대판 2005.11.10, 2005다41818).

042 시효중단의 효력에 관한 설명으로 옳지 않은 것은? (다툼이 있으면 판례에 따름) 24 세무사

① 불법행위자에 대하여 가지는 조합의 손해배상청구권에 관하여 시효중단조치가 취해지면, 그 후 조합의 지분을 양수한 자에게도 그 효력이 미친다.
② 요역지가 수인의 공유인 경우, 그 1인에 의한 지역권 소멸시효가 중단되면 다른 요역지 공유자에게도 미친다.
③ 채권자가 연대채무자 중 1인에 대하여 이행청구를 하면 다른 연대채무자에게도 시효가 중단된다.
④ 채무자의 채권자가 제3채무자를 상대로 채권자대위소송을 제기하면 채무자의 제3채무자에 대한 채권에 시효중단의 효력이 생긴다.
⑤ 채권자가 보증인에 대하여 이행청구를 하면 채권자의 주채무자에 대한 채권도 시효가 중단된다.

해설
답 ⑤

① [○] 기존의 공동광업권자가 광업권 침해로 인한 손해배상청구소송을 제기하였다면 준합유재산인 그 손해배상청구권 전부에 대하여 소멸시효가 중단되는 것이고 그 후에 광업권의 지분을 양수한 공동광업권자는 조합원의 지위에서 기존의 공동광업권자와 함께 소멸시효가 중단된 손해배상청구권을 준합유한다고 보아야 하므로, 새로 공동광업권자가 된 자의 지분에 해당하는 부분만 따로 소멸시효가 중단됨이 없이 진행되는 것은 아니다(대판 1997.2.11, 96다1733).

> 제169조(시효중단의 효력) 시효의 중단은 당사자 및 그 승계인 간에만 효력이 있다.
> - 중단의 인적 범위

② [O] 요역지가 수인의 공유인 경우에 그 1인에 의한 지역권소멸시효의 중단 또는 정지는 다른 공유자를 위하여 효력이 있다(제296조).
③ [O] 어느 연대채무자에 대한 이행청구는 다른 연대채무자에게도 효력이 있다(제416조).
④ [O] 채권자대위권 행사의 효과는 채무자에게 귀속되는 것이므로 채권자대위소송의 제기로 인한 소멸시효 중단의 효과 역시 채무자에게 생긴다(대판 2011.10.13, 2010다80930).
⑤ [×] 주채무자에 대한 모든 시효중단사유는 보증인에 대해서도 시효중단의 효력이 있다(제440조). 그러나 보증인에 대한 이행청구의 소는 주채무자에 대한 시효중단 효력이 없다(연대보증인이라도 마찬가지이다).

043

甲은 乙에 대하여 2023.10.17.을 변제기로 하는 대여금채권을 갖고 있다. 이에 관한 설명으로 옳은 것을 모두 고른 것은? (다툼이 있으면 판례에 따름)   24 노무사

> ㄱ. 甲이 乙을 상대로 2023.12.20. 대여금의 지급을 구하는 소를 제기하였으나 그 소가 취하된 경우, 甲의 재판상 청구는 재판 외의 최고의 효력을 갖는다.
> ㄴ. 甲이 乙에 대한 대여금채권을 丙에게 양도한 경우, 채권양도의 대항요건을 갖추지 못한 상태에서 2023.12.20. 丙이 乙을 상대로 양수금의 지급을 구하는 소를 제기하였다면 양수금채권의 소멸시효가 중단되지 않는다.
> ㄷ. 甲이 乙을 상대로 2023.12.20. 대여금의 지급을 구하는 소를 제기하여 2024.4.20. 판결이 확정된 경우, 甲의 乙에 대한 대여금채권의 소멸시효는 2023.10.17.부터 다시 진행된다.

① ㄱ
② ㄴ
③ ㄱ, ㄷ
④ ㄴ, ㄷ
⑤ ㄱ, ㄴ, ㄷ

해설

답 ①

ㄱ. [O] **제170조(재판상의 청구와 시효중단)** ① 재판상의 청구는 소송의 각하, 기각 또는 취하의 경우에는 시효중단의 효력이 없다.
② 전항의 경우에 6월 내에 재판상의 청구, 파산절차참가, 압류 또는 가압류, 가처분을 한 때에는 시효는 최초의 재판상 청구로 인하여 중단된 것으로 본다.

ㄴ. [×] 채무자를 상대로 재판상의 청구를 한 채권의 양수인을 '권리 위에 잠자는 자'라고 할 수 없는 점 등에 비추어 보면, 비록 대항요건을 갖추지 못하여 채무자에게 대항하지 못한다고 하더라도 채권의 양수인이 채무자를 상대로 재판상의 청구를 하였다면 이는 소멸시효 중단사유인 재판상의 청구에 해당한다고 보아야 한다(대판 2005.11.10, 2005다41818).

ㄷ. [×] **제178조(중단 후의 시효진행)** ① 시효가 중단된 때에는 중단까지에 경과한 시효기간은 이를 산입하지 아니하고 중단사유가 종료한 때로부터 새로이 진행한다.
② 재판상의 청구로 인하여 중단한 시효는 전항의 규정에 의하여 재판이 확정된 때로부터 새로이 진행한다.

044 채권자 甲은 2023.8.10. 채무자 乙을 상대로 1억 원의 대여금반환청구의 소를 제기하였고, 2023.8.25. 소장부본을 송달받은 乙은 2023.9.11. 답변서를 법원에 제출하였다. 법원은 2024. 3.20. 甲의 소를 각하하였고, 이에 甲은 2024.7.22. 乙을 상대로 그 1억 원의 대여금반환청구의 소를 다시 제기하였다. 이 경우에 소멸시효중단의 효력발생시기는? 24 경간부

① 2023.8.10.
② 2023.9.11.
③ 2024.3.20.
④ 2024.7.22.

해설 답 ①

> 제170조(재판상의 청구와 시효중단) ① 재판상의 청구는 소송의 각하, 기각 또는 취하의 경우에는 시효중단의 효력이 없다.
> ② 전항의 경우에 6월 내에 재판상의 청구, 파산절차참가, 압류 또는 가압류, 가처분을 한 때에는 시효는 <u>최초의 재판상 청구로 인하여</u> 중단된 것으로 본다.

즉 사안에서 채권자 甲은 2023.8.10. 채무자 乙을 상대로 1억 원의 대여금반환청구의 소를 제기하였다가, 2024.3.20. 甲의 소를 각하하였고, 이에 6개월 이내인 甲은 2024.7.22. 乙을 상대로 그 1억 원의 대여금반환청구의 소를 다시 제기하였으므로, 최초의 재판상 청구 시점인 2023.8.10.에 소멸시효중단의 효력이 발생한다.

4. 승인과 시효중단

045 소멸시효에 관한 설명으로 옳은 것은? (다툼이 있으면 판례에 따름) 17 노무사

① 소멸시효완성에 의한 권리의 소멸은 법원의 직권조사사항이다.
② 소멸시효는 그 시효기간이 완성된 때로부터 장래에 향하여 권리가 소멸한다.
③ 소멸시효는 법률행위에 의하여 그 기간을 단축할 수 없다.
④ 채무자가 소멸시효 완성 후에 채권자에 대하여 채무를 승인함으로써 그 시효의 이익을 포기한 경우에는 그때부터 새로이 소멸시효가 진행한다.
⑤ 부작위를 목적으로 하는 채권의 소멸시효는 채권이 성립한 때로부터 진행한다.

해설 답 ④

① [×] 소멸시효의 완성은 권리항변사실 중 권리멸각사실이므로 당사자가 주장해야 하지만, 제척기간의 도과는 법관이 직권으로 조사해야 하는 직권조사사항이다.
② [×] 제척기간이 만료되더라도 소급효가 인정되지 않으나, 소멸시효가 완성되면 그 권리는 소급하여 소멸하는 것으로 인정된다(제167조).
③ [×]
> 제184조(시효의 이익의 포기 기타) ① 소멸시효의 이익은 미리 포기하지 못한다.
> ② 소멸시효는 법률행위에 의하여 이를 배제, 연장 또는 가중할 수 없으나 이를 단축 또는 경감할 수 있다.

④ [O] 채무자가 시효완성 후에 채무의 승인을 한 때에는 일응 시효완성의 사실을 알고 그 이익을 포기한 것이라고 추정할 수 있다(대판 1967.2.7, 66다2173).

⑤ [×] 제166조(소멸시효의 기산점) ② 부작위를 목적으로 하는 채권의 소멸시효는 위반행위를 한 때로부터 진행한다.

구분	승인	시효이익의 포기
시기	시효완성 전	시효완성 후
법적 성질	관념의 통지	의사표시(법률행위)
처분행위성	처분행위 ×(처분능력 不要)	처분행위 ○(처분능력 要)
보증인 영향	영향 ○(제440조)	영향 ×(제433조)

5. 중단의 효과 – 중단 중의 시효진행, 기본적 효과
6. 시효정지

046 다음 중 소멸시효의 정지사유가 아닌 것은?   13 세무사 변형

① 화해를 위하여 소환된 상대방이 출석할 수 없어 화해가 성립되지 않은 경우
② 소멸시효의 기간만료 전 6개월 내에 제한능력자의 법정대리인이 없는 경우
③ 부부의 일방의 타방에 대한 권리에 관하여 혼인관계가 종료한 경우
④ 상속재산에 속한 권리에 관하여 상속인이 확정되지 않은 경우
⑤ 천재 기타 사변으로 인하여 소멸시효를 중단할 수 없을 경우

해설   답 ①

① [×] 제173조(화해를 위한 소환, 임의출석과 시효중단) 화해를 위한 소환은 상대방이 출석하지 아니하거나 화해가 성립되지 아니한 때에는 1월 내에 소를 제기하지 아니하면 시효중단의 효력이 없다. 임의출석의 경우에 화해가 성립되지 아니한 때에도 그러하다.

② [O] 제179조(제한능력자의 시효정지) 소멸시효의 기간만료 전 6개월 내에 제한능력자에게 법정대리인이 없는 경우에는 그가 능력자가 되거나 법정대리인이 취임한 때부터 6개월 내에는 시효가 완성되지 아니한다.

③ [O] 제180조(재산관리자에 대한 제한능력자의 권리, 부부 사이의 권리와 시효정지) ① 재산을 관리하는 아버지, 어머니 또는 후견인에 대한 제한능력자의 권리는 그가 능력자가 되거나 후임 법정대리인이 취임한 때부터 6개월 내에는 소멸시효가 완성되지 아니한다.
② 부부 중 한쪽이 다른 쪽에 대하여 가지는 권리는 혼인관계가 종료된 때부터 6개월 내에는 소멸시효가 완성되지 아니한다.

④ [O] 제181조(상속재산에 관한 권리와 시효정지) 상속재산에 속한 권리나 상속재산에 대한 권리는 상속인의 확정, 관리인의 선임 또는 파산선고가 있는 때로부터 6월 내에는 소멸시효가 완성하지 아니한다.

⑤ [O] 제182조(천재 기타 사변과 시효정지) 천재 기타 사변으로 인하여 소멸시효를 중단할 수 없을 때에는 그 사유가 종료한 때로부터 1월 내에는 시효가 완성하지 아니한다.

047 소멸시효에 관한 설명으로 옳지 않은 것은? (다툼이 있으면 판례에 따름) 21 노무사

① 공유관계가 존속하는 한 공유물분할청구권은 소멸시효에 걸리지 않는다.
② 소멸시효는 그 기산일에 소급하여 효력이 생긴다.
③ 정지조건부 채권의 소멸시효는 조건성취 시부터 진행된다.
④ 시효중단의 효력 있는 승인에는 상대방의 권리에 관한 처분의 능력이나 권한 있음을 요하지 아니한다.
⑤ 천재지변으로 인하여 소멸시효를 중단할 수 없을 경우, 그 사유가 종료한 때로부터 6월 내에는 시효가 완성되지 아니한다.

해설
답 ⑤

① [O] 공유물분할청구권은 기초된 권리가 존속하는 한 독립하여 시효에 걸리지 않는다[7](대판 1981. 3. 24, 80다1888·1889).

② [O] 제167조(소멸시효의 소급효) 소멸시효는 그 기산일에 소급하여 효력이 생긴다.

③ [O] 소멸시효는 권리를 행사할 수 있는 때로부터 진행하며 여기서 권리를 행사할 수 있는 때라 함은 권리행사에 법률상의 장애가 없는 때를 말하므로 정지조건부권리의 경우에는 조건 미성취의 동안은 권리를 행사할 수 없는 것이어서 소멸시효가 진행되지 않는다(대판 1992. 12. 22, 92다28822). 즉 정지조건의 성취 시부터 진행한다.

④ [O] 제177조(승인과 시효중단) 시효중단의 효력 있는 승인에는 상대방의 권리에 관한 처분의 능력이나 권한 있음을 요하지 아니한다.

⑤ [×] 제182조(천재 기타 사변과 시효정지) 천재 기타 사변으로 인하여 소멸시효를 중단할 수 없을 때에는 그 사유가 종료한 때로부터 1월 내에는 시효가 완성하지 아니한다.

---

[7] 공유물분할청구권은 공유관계에서 수반되는 형성권이므로 공유관계가 존속하는 한, 그 분할청구권만이 독립하여 시효에 의하여 소멸될 리 없다고 할 것이며 따라서 그 분할청구의 소 내지 공유물분할을 명하는 판결도 형성의 소 및 형성판결로서 소멸시효의 대상이 될 수 없다고 할 것이다(대판 1981. 3. 24, 80다1888·1889).

Ⅳ. 소멸시효의 효과

1. 소멸시효 완성의 효과

048 소멸시효 완성에 관한 설명으로 옳지 않은 것은? (다툼이 있으면 판례에 따름)

① 소유권은 소멸시효에 걸리지 않는다.
② 동일한 목적을 달성하기 위하여 복수의 채권을 가진 채권자가 어느 하나의 채권만을 행사하는 것이 명백한 경우, 채무자의 소멸시효 완성 항변은 채권자가 행사하는 당해 채권에 대한 항변으로 볼 수 있다.
③ 유치권이 성립된 부동산의 매수인은 피담보채권의 소멸시효 완성으로 직접 이익을 받는 자에 해당하지 않으므로 소멸시효의 완성을 원용할 수 없다.
④ 물상보증인은 피담보채권의 소멸에 의하여 직접 이익을 받는 관계에 있으므로 피담보채권의 소멸시효의 완성을 주장할 수 있다.
⑤ 채무불이행으로 인한 손해배상청구권에 대한 소멸시효 항변이 불법행위로 인한 손해배상청구권에 대한 소멸시효 항변을 포함한 것으로 볼 수는 없다.

해설 답 ③

① [○] 소유권은 항구성이 있고, 점유권은 점유상태만으로 인정되는 권리이므로 소멸시효대상이 아니다.
② [○] 채권자가 동일한 목적을 달성하기 위하여 복수의 채권을 가지고 이를 행사하는 경우 각 채권이 발생시기와 발생원인 등을 달리하는 별개의 채권인 이상 별개의 소송물에 해당하므로, 이에 대하여 채무자가 소멸시효 완성의 항변을 하는 경우에 그 항변에 의하여 어떠한 채권을 다투는 것인지 특정하여야 하고 그와 같이 특정된 항변에는 특별한 사정이 없는 한 청구원인을 달리하는 채권에 대한 소멸시효 완성의 항변까지 포함된 것으로 볼 수는 없다. 그러나 채권자가 동일한 목적을 달성하기 위하여 복수의 채권을 가지고 있더라도 선택에 따라 어느 하나의 채권만을 행사하는 것이 명백한 경우라면 채무자의 소멸시효 완성의 항변은 채권자가 행사하는 당해 채권에 대한 항변으로 봄이 타당하다(대판 2013.2.15, 2012다68217).
③ [×] 유치권이 성립된 부동산의 매수인은 피담보채권의 소멸시효가 완성되면 시효로 인하여 채무가 소멸되는 결과 직접적인 이익을 받는 자에 해당하므로 소멸시효의 완성을 원용할 수 있는 지위에 있다고 할 것이나, 매수인은 유치권자에게 채무자의 채무와는 별개의 독립된 채무를 부담하는 것이 아니라 단지 채무자의 채무를 변제할 책임을 부담하는 점 등에 비추어 보면, 유치권의 피담보채권의 소멸시효기간이 확정판결 등에 의하여 10년으로 연장된 경우 매수인은 그 채권의 소멸시효기간이 연장된 효과를 부정하고 종전의 단기소멸시효기간을 원용할 수는 없다(대판 2009.9.24, 2009다39530).
④ [○] 타인의 채무를 담보하기 위하여 자기의 물건에 담보권을 설정한 물상보증인은 채권자에 대하여 물적 유한책임을 지고 있어 그 피담보채권의 소멸에 의하여 직접 이익을 받는 관계에 있으므로 소멸시효의 완성을 주장할 수 있는 것이지만, 채권자에 대하여는 아무런 채무도 부담하고 있지 아니하므로, 물상보증인이 그 피담보채무의 부존재 또는 소멸을 이유로 제기한 저당권설정등기말소등기절차이행청구소송에서 채권자 겸 저당권자가 청구기각의 판결을 구하고 피담보채권의 존재를 주장하였다고 하더라도 이로써 직접 채무자에 대하여 재판상 청구를 한 것으로 볼 수는 없는 것이므로 피담보채권의 소멸시효에 관하여 규정한 민법 제168조 제1호 소정의 '청구'에 해당하지 아니한다(대판 2004.1.16, 2003다30890).
⑤ [○] 채무불이행으로 인한 손해배상청구권에 대한 소멸시효 항변이 불법행위로 인한 손해배상청구권에 대한 소멸시효 항변을 포함한 것으로 볼 수는 없다(대판 1998.5.29, 96다51110).

049 소멸시효에 관한 설명 중 옳지 않은 것은? (다툼이 있는 경우 판례에 의함)

22 경간부

① 채무자가 소멸시효 완성 후에 그 사실을 알고 채권자에 대하여 채무 일부를 변제함으로써 시효의 이익을 포기한 경우에는 그때부터 새로이 소멸시효가 진행한다.
② 소멸시효가 완성된 경우 채무자의 일반채권자는 자기의 채권 보전을 위하여 필요한 한도 내에서 채무자를 대위하는 방법으로도 시효소멸을 주장할 수 없다.
③ 소멸시효이익의 포기사유로서 묵시적 승인은 적어도 채무자가 채권자에 대하여 부담하는 채무의 존재에 대한 인식의 의사를 표시함으로써 성립한다.
④ 부진정연대채무에서 채무자 1인에 대한 재판상 청구는 다른 채무자에게 시효중단의 효력을 발생시키지 않는다.

해설

답 ②

① [O] 채무자가 소멸시효 완성 후에 채권자에 대하여 채무 일부를 변제함으로써 시효의 이익을 포기한 경우에는 그때부터 새로이 소멸시효가 진행한다(대판 2013.5.23, 2013다12464).
② [×] 채무자에 대한 일반채권자는 자기의 채권을 보전하기 위하여 필요한 한도 내에서 채무자를 대위하여 소멸시효 주장을 할 수 있을 뿐 채권자의 지위에서 독자적으로 소멸시효의 주장을 할 수 없으며(대판 1997.12.26, 97다22676), 채무자에 대하여 아무런 채권이 없는 자는 소멸시효 주장을 대위 원용할 수 없다(대판 2007.3.30, 2005다11312).
③ [O] 시효중단사유로서의 승인은 시효이익을 받을 당사자인 채무자가 그 시효의 완성으로 권리를 상실하게 될 자 또는 그 대리인에 대하여 그 권리가 존재함을 인식하고 있다는 뜻을 표시함으로써 성립한다고 할 것이며, 이 때 그 표시의 방법은 아무런 형식을 요구하지 아니하고, 또한 명시적이건 묵시적이건 불문한다 할 것이나, 승인으로 인한 시효중단의 효력은 그 승인의 통지가 상대방에게 도달하는 때에 발생한다(대판 1995.9.29, 95다30178). 그리고 소멸시효의 중단사유로서 채무자에 의한 채무승인이 있었다는 사실은 이를 주장하는 채권자 측에서 입증하여야 하는 것이다(대판 2005.2.17, 2004다59959).
④ [O] 부진정연대채무에서는 채무자 1인에 대한 이행청구 또는 채무자 1인이 행한 채무의 승인 등 소멸시효 중단사유나 시효이익의 포기가 다른 채무자에게 효력을 미치지 않는다(대판 2017.5.30, 2016다34687).

050 소멸시효를 원용할 수 있는 자에 관한 설명으로 옳지 않은 것은? (다툼이 있으면 판례에 따름)

24 세무사

① 보증인은 주채무의 시효소멸을 주장할 수 있다.
② 채권담보의 목적으로 가등기된 부동산의 매수인은 그 피담보채권의 시효소멸을 주장할 수 있다.
③ 유치권이 성립된 부동산의 매수인은 그 유치권의 피담보채무의 시효소멸을 주장할 수 있다.
④ 후순위 저당권자는 선순위 저당권의 피담보채권의 시효소멸을 주장할 수 있다.
⑤ 사해행위의 수익자는 사해행위를 주장하는 취소채권자의 채권에 관하여 시효소멸을 주장할 수 있다.

해설
답 ④

①②③ [O] 채권의 소멸시효가 완성된 경우 이를 원용할 수 있는 자는 시효로 인하여 채무가 소멸되는 결과 직접적인 이익을 받는 자에 한정된다(대판 2007.3.30, 2005다11312). 채무자, 매매예약에 기한 가등기가 경료된 부동산의 제3취득자(대판 1991.3.12, 90다카27570), 가등기담보가 설정된 부동산의 제3취득자(대판 1995.7.11, 95다12446), 물상보증인(대판 2004.1.16, 2003다30890), 보증인(대판 1991.1.29, 89다카1114) 등도 시효이익의 직접수익자에 해당한다.
④ [×] 후순위 담보권자는 선순위 담보권의 피담보채권이 소멸하면 담보권의 순위가 상승하고 이에 따라 피담보채권에 대한 배당액이 증가할 수 있지만, 이러한 배당액 증가에 대한 기대는 담보권의 순위 상승에 따른 반사적 이익에 지나지 않는다. 후순위 담보권자는 선순위 담보권의 피담보채권 소멸로 직접 이익을 받는 자에 해당하지 않아 선순위 담보권의 피담보채권에 관한 소멸시효가 완성되었다고 주장할 수 없다고 보아야 한다(대판 2021.2.25, 2016다232597).
⑤ [O] 소멸시효를 원용할 수 있는 사람은 권리의 소멸에 의하여 직접 이익을 받는 자에 한정되는바, 사해행위취소소송의 상대방이 된 사해행위의 수익자는, 사해행위가 취소되면 사해행위에 의하여 얻은 이익을 상실하고 사해행위취소권을 행사하는 채권자의 채권이 소멸하면 그와 같은 이익의 상실을 면하는 지위에 있으므로, 그 채권의 소멸에 의하여 직접 이익을 받는 자에 해당하는 것으로 보아야 한다(대판 2007.11.29, 2007다54849).

2. 소멸시효 완성의 소급효

051 소멸시효 완성에 관한 설명으로 옳지 않은 것은? (다툼이 있으면 판례에 따름)

① 가압류의 피보전채권에 관하여 승소판결이 확정되면 가압류에 의한 시효중단의 효력은 소멸하므로 그 채권은 확정판결 후 10년이 경과하면 시효로 소멸한다.
② 저당권부 채권의 채무자가 그 채권의 시효완성 후에 시효이익을 포기한 경우에 그 포기는 저당부동산의 제3취득자에게는 효력이 미치지 않는다.
③ 시효가 완성되기 전에 한 시효이익의 포기는 무효이다.
④ 채무자가 시효이익을 포기하면 그 때부터 새로이 소멸시효가 진행된다.
⑤ 시효완성의 효력은 그 기산일로 소급하여 생긴다.

> **해설**
>
> 답 ①

① [×] 민법 제168조에서 가압류를 시효중단사유로 정하고 있는 것은 가압류에 의하여 채권자가 권리를 행사하였다고 할 수 있기 때문인데 가압류에 의한 집행보전의 효력이 존속하는 동안은 가압류채권자에 의한 권리행사가 계속되고 있다고 보아야 할 것이므로 가압류에 의한 시효중단의 효력은 가압류의 집행보전의 효력이 존속하는 동안은 계속된다고 하여야 할 것이다. 또한 민법 제168조에서 가압류와 재판상의 청구를 별도의 시효중단사유로 규정하고 있는데 비추어 보면, 가압류의 피보전채권에 관하여 본안의 승소판결이 확정되었다고 하더라도 가압류에 의한 시효중단의 효력이 이에 흡수되어 소멸된다고 할 수도 없다(대판 2000.4.25, 2000다11102).

② [○] 소멸시효를 원용할 수 있는 사람은 권리의 소멸에 의하여 직접 이익을 받는 사람에 한정되는바, 채권담보의 목적으로 매매예약의 형식을 빌어 소유권이전청구권 보전을 위한 가등기가 경료된 부동산을 양수하여 소유권이전등기를 마친 제3자는 당해 가등기담보권의 피담보채권의 소멸에 의하여 직접 이익을 받는 자이므로, 그 가등기담보권에 의하여 담보된 채권의 채무자가 아니더라도 그 피담보채권에 관한 소멸시효를 원용할 수 있고, 이와 같은 직접수익자의 소멸시효 원용권은 채무자의 소멸시효 원용권에 기초한 것이 아닌 독자적인 것으로서 채무자를 대위하여서만 시효이익을 원용할 수 있는 것은 아니며, 가사 채무자가 이미 그 가등기에 기한 본등기를 경료하여 시효이익을 포기한 것으로 볼 수 있다고 하더라도 그 시효이익의 포기는 상대적 효과가 있음에 지나지 아니하므로 채무자 이외의 이해관계자에 해당하는 담보 부동산의 양수인으로서는 여전히 독자적으로 소멸시효를 원용할 수 있다(대판 1995.7.11, 95다12446).

③ [○] 제184조(시효의 이익의 포기 기타) ① 소멸시효의 이익은 미리 포기하지 못한다.

④ [○] 채무자가 소멸시효 완성 후에 채권자에 대하여 채무를 승인함으로써 그 시효의 이익을 포기한 경우에는 그때부터 새로이 소멸시효가 진행한다(대판 2009.7.9, 2009다14340).

⑤ [○] 제167조(소멸시효의 소급효) 소멸시효는 그 기산일에 소급하여 효력이 생긴다.

예상지문

1. 본래 채권의 소멸시효가 완성된 경우 그 채무의 이행불능을 이유로 채권자가 법정해제권 등을 행사할 수 있다. ( )

   ⇨ [×] 본래 채권의 소멸시효가 완성된 경우 그 채무의 이행불능을 이유로 채권자가 법정해제권 등을 행사할 수도 없다[8](대판 2023.5.18, 2020다8432).

---

[8] [매도인이 매매목적물인 부동산을 제3자에게 매도하였는데 매수인의 추심채권자가 매수인의 소유권이전등기청구권의 소멸시효 완성 후 매도인의 이행불능을 이유로 매매계약의 해제를 주장하며 매도인을 상대로 계약금 반환을 구한 사건]

☞ 甲 회사가 피고로부터 피고 소유 부동산을 매수하는 매매계약을 체결하고, 피고에게 계약금을 지급하였는데, 강제경매로 매매목적물인 부동산의 소유권이 제3자에게 이전되었음. 甲 회사의 채권자인 원고는, 甲 회사를 채무자로, 피고를 제3채무자로 하여, 피고의 채무불이행에 따른 매매계약의 해제로 인하여 甲 회사가 피고에 대하여 가지는 계약금 등 반환채권에 대하여 압류·추심명령을 받은 다음, 피고를 상대로 추심금 청구 소송을 제기하고, 이에 대하여 피고는, 원고의 청구는 이미 시효로 인하여 소멸한 채권에 기한 청구라는 내용의 항변을 함

☞ 대법원은, 채무불이행에 따른 해제의 의사표시 당시 이미 채무불이행의 대상이 되는 본래 채권이 시효가 완성되어 소멸하였다면, 해제권 및 이에 기한 원상회복 청구권도 더 이상 행사할 수 없거나 소멸된다고 판단한 원심판결을 수긍하여 상고를 기각함

3. 시효이익의 포기

052 소멸시효 완성 후에 한 시효이익의 포기에 관한 설명으로 옳지 않은 것은? (다툼이 있으면 판례에 따름)

① 시효이익을 포기하면 그 때부터 시효가 새로 진행한다.
② 시효완성의 이익을 받을 당사자 또는 그 대리인은 시효이익 포기의 의사표시를 할 수 있다.
③ 주채무자가 시효이익을 포기하더라도 보증인에게는 그 효력이 없다.
④ 시효이익을 이미 포기한 사람과의 법률관계를 통해 시효이익을 원용할 이해관계를 형성한 사람은 소멸시효를 주장할 수 있다.
⑤ 채권의 시효완성 후에 채무자가 그 기한의 유예를 요청한 때에는 시효이익을 포기한 것으로 보아야 한다.

해설

답 ④

① [O] 이미 경과한 기간만이 포기로서 유효하며 다시 진행한다.
② [O] 소멸시효이익의 포기의 의사표시를 할 수 있는 자는, 시효완성의 이익을 받을 당사자 또는 대리인에 한정되고, 그 밖의 제3자가 시효이익 포기의 의사표시를 하였더라도 시효완성의 이익을 받을 자에 대한 관계에서 아무 효력이 없다(대판 1996.1.23, 95다39854).
③ [O] 주채무가 시효로 소멸한 때에는 보증인도 그 시효소멸을 원용할 수 있으며, 주채무자가 시효의 이익을 포기하더라도 보증인에게는 그 효력이 없다(대판 1991.1.29, 89다카1114).
④ [×] 소멸시효 이익의 포기는 상대적 효과가 있을 뿐이어서 다른 사람에게는 영향을 미치지 아니함이 원칙이나, <u>소멸시효 이익의 포기 당시에는 권리의 소멸에 의하여 직접 이익을 받을 수 있는 이해관계를 맺은 적이 없다가 나중에 시효이익을 이미 포기한 자와의 법률관계를 통하여 비로소 시효이익을 원용할 이해관계를 형성한 자는 이미 이루어진 시효이익 포기의 효력을 부정할 수 없다.</u> 왜냐하면, 시효이익의 포기에 대하여 상대적인 효과만을 부여하는 이유는 포기 당시에 시효이익을 원용할 다수의 이해관계인이 존재하는 경우 그들의 의사와는 무관하게 채무자 등 어느 일방의 포기 의사만으로 시효이익을 원용할 권리를 박탈당하게 되는 부당한 결과의 발생을 막으려는 데 있는 것이지, 시효이익을 이미 포기한 자와의 법률관계를 통하여 비로소 시효이익을 원용할 이해관계를 형성한 자에게 이미 이루어진 시효이익 포기의 효력을 부정할 수 있게 하여 시효완성을 둘러싼 법률관계를 사후에 불안정하게 만들자는 데 있는 것은 아니기 때문이다[9](대판 2015.6.11, 2015다200227).
⑤ [O] 채권의 소멸시효가 완성된 후에 채무자가 그 기한의 유예를 요청하였다면 그때에 소멸시효의 이익을 포기한 것으로 보아야 한다(대판 1965.12.28, 65다2133).

---

9) 상고이유에서 지적하고 있는 대법원 1995.7.11, 선고 95다12446 판결 등은 시효이익의 포기 시점에 이미 시효원용에 관한 이해관계를 형성하고 있는 경우에 관한 것으로서 이 사건과는 사안을 달리하므로 이 사건에 원용하기에는 적절하지 아니하다. [비교판례] 대판 1995.7.11, 95다12446: 소멸시효를 원용할 수 있는 사람은 권리의 소멸에 의하여 직접 이익을 받는 사람에 한정되는바, 채권담보의 목적으로 매매예약의 형식을 빌어 소유권이전청구권 보전을 위한 가등기가 경료된 부동산을 양수하여 소유권이전등기를 마친 제3자는 당해 가등기담보권의 피담보채권의 소멸에 의하여 직접 이익을 받는 자이므로, 그 가등기담보권에 의하여 담보된 채권의 채무자가 아니더라도 그 피담보채권에 관한 소멸시효를 원용할 수 있고, 이와 같은 직접수익자의 소멸시효 원용권은 채무자의 소멸시효 원용권에 기초한 것이 아닌 독자적인 것으로서 채무자를 대위하여서만 시효이익을 원용할 수 있는 것은 아니며, 가사 채무자가 이미 그 가등기에 기한 본등기를 경료하여 시효이익을 포기한 것으로 볼 수 있다고 하더라도 그 시효이익의 포기는 상대적 효과가 있음에 지나지 아니하므로 채무자 이외의 이해관계자에 해당하는 담보 부동산의 양수인으로서는 여전히 독자적으로 소멸시효를 원용할 수 있다.

053 소멸시효의 효과에 관한 설명으로 옳지 않은 것은? (다툼이 있는 경우 판례에 의함) 24 경간부

① 소멸시효가 완성된 채권이 그 완성 전에 상계할 수 있었던 것이면 그 채권자는 상계할 수 있다.
② 후순위 담보권자는 선순위 담보권의 피담보채권에 관한 소멸시효가 완성되었다고 주장할 수 없다.
③ 본래의 공사대금채권이 시효소멸되었다면, 그 채권이 이행불능이 되었음을 이유로 하는 손해배상청구권 역시 소멸한다.
④ 소유권이전등기청구권의 소멸시효기간이 지난 후에 등기의무자가 소유권이전등기를 해 주기로 약정한 경우, 원칙적으로 시효이익의 포기로 볼 수 없다.

해설
답 ④

① [○] 제495조(소멸시효완성된 채권에 의한 상계) 소멸시효가 완성된 채권이 그 완성전에 상계할 수 있었던 것이면 그 채권자는 상계할 수 있다.

② [○] 소멸시효가 완성된 경우 이를 주장할 수 있는 사람은 시효로 채무가 소멸되는 결과 직접적인 이익을 받는 사람에 한정된다. 후순위 담보권자는 선순위 담보권의 피담보채권이 소멸하면 담보권의 순위가 상승하고 이에 따라 피담보채권에 대한 배당액이 증가할 수 있지만, 이러한 배당액 증가에 대한 기대는 담보권의 순위 상승에 따른 반사적 이익에 지나지 않는다. 후순위 담보권자는 선순위 담보권의 피담보채권 소멸로 직접 이익을 받는 자에 해당하지 않아 선순위 담보권의 피담보채권에 관한 소멸시효가 완성되었다고 주장할 수 없다고 보아야 한다(대판 2021.2.25, 2016다232597).

③ [○] 채무불이행으로 인한 손해배상채권은 본래의 채권이 확장된 것이거나 본래의 채권의 내용이 변경된 것이므로 본래의 채권과 동일성을 가진다. 따라서 본래의 채권이 시효로 소멸한 때에는 손해배상채권도 함께 소멸한다. 한편 어떠한 계약상의 채무를 채무자가 이행하지 않았다고 하더라도 채권자는 여전히 해당 계약에서 정한 채권을 보유하고 있으므로, 특별한 사정이 없는 한 채무자가 채무를 이행하지 않고 있다고 하여 채무자가 법률상 원인 없이 이득을 얻었다고 할 수는 없고, 설령 채권이 시효로 소멸하게 되었다 하더라도 달리 볼 수 없다(대판 2018.2.28, 2016다45779).

④ [×] 채무자가 시효완성 후에 채무의 승인을 한 때에는 일응 시효완성의 사실을 알고 그 이익을 포기한 것이라고 추정할 수 있다(대판 1967.2.7, 66다2173).

4. 주된 권리와 종된 권리

054 甲은 乙에 대하여 1,000만 원의 채권이 있다. 이에 관한 설명으로 옳지 않은 것은? (다툼이 있으면 판례에 따름)

① 乙은 소멸시효 완성 전에는 미리 소멸시효의 이익을 포기하지 못한다.
② 乙이 소멸시효 완성 전에 500만 원을 갚은 경우, 다른 특별한 사정이 없는 한 나머지 500만 원에 대하여도 소멸시효가 중단된다.
③ 乙이 소멸시효 완성 후 500만 원을 갚은 경우, 다른 특별한 사정이 없는 한 그 채무 전체에 대하여 시효이익을 포기한 것으로 보아야 한다.
④ 위 ③의 경우 500만 원을 갚은 시점부터 소멸시효가 새로이 진행한다.
⑤ 1,000만 원의 원금채권이 시효로 소멸하여도 그에 대한 이자채권까지 시효로 소멸하는 것은 아니다.

해설
답 ⑤

① [○] 제184조(시효의 이익의 포기 기타) ① 소멸시효의 이익은 미리 포기하지 못한다.

② [○] 원금채무에 관하여는 소멸시효가 완성되지 아니하였으나 이자채무에 관하여는 소멸시효가 완성된 상태에서 채무자가 채무를 일부 변제한 때에는 액수에 관하여 다툼이 없는 한 원금채무에 관하여 묵시적으로 승인하는 한편 이자채무에 관하여 시효완성의 사실을 알고 그 이익을 포기한 것으로 추정되며, 채무자의 변제가 채무 전체를 소멸시키지 못하고 당사자가 변제에 충당할 채무를 지정하지 아니한 때에는 민법 제479조, 제477조에 따른 법정변제충당의 순서에 따라 충당되어야 한다(대판 2013.5.23, 2013다12464).

③ [○] 채무자가 소멸시효 완성 후 채무를 일부 변제한 때에는 그 액수에 관하여 다툼이 없는 한 그 채무 전체를 묵시적으로 승인한 것으로 보아야 하고, 이 경우 시효완성의 사실을 알고 그 이익을 포기한 것으로 추정되므로, 소멸시효가 완성된 채무를 피담보채무로 하는 근저당권이 실행되어 채무자 소유의 부동산이 경락되고 그 대금이 배당되어 채무의 일부 변제에 충당될 때까지 채무자가 아무런 이의를 제기하지 아니하였다면, 경매절차의 진행을 채무자가 알지 못하였다는 등 다른 특별한 사정이 없는 한, 채무자는 시효완성의 사실을 알고 그 채무를 묵시적으로 승인하여 시효의 이익을 포기한 것으로 보아야 한다(대판 2001.6.12, 2001다3580).

④ [○] 채무승인에 따라 채무인수일로부터 새로이 진행된다(대판 1999.7.9, 99다12376).

⑤ [×] 제183조(종속된 권리에 대한 소멸시효의 효력) 주된 권리의 소멸시효가 완성한 때에는 종속된 권리에 그 효력이 미친다.

해커스 법아카데미
law.Hackers.com

해커스노무사
김춘환 민법
객관식 기출문제집

제2편

채권총칙

제1장 채권의 목적
제2장 채권의 효력
제3장 수인의 채권자 및 채무자
제4장 채권의 양도와 채무인수
제5장 채권의 소멸

제1장 채권의 목적

제1절 | 총설

Ⅰ. 채권의 목적

001 채권의 목적에 관한 설명으로 옳지 않은 것은? (다툼이 있으면 판례에 따름) 21 변리사

① 수임인이 위임사무의 처리 과정에서 받은 물건으로 위임인에게 인도할 목적물이 대체물이더라도 당사자 사이에는 특정된 물건과 같은 것으로 보아야 한다.
② 채권의 성질 또는 당사자의 의사표시로 달리 정한 바가 없는 이상, 특정물의 인도는 채권성립 당시의 그 물건의 소재지에서 한다.
③ 제한종류채권에서 채무자가 지정권자인 경우, 채권의 기한이 도래한 후 채권자의 최고에도 불구하고 채무자가 이행할 물건을 지정하지 않으면 그 지정권은 채권자에게 이전한다.
④ 채권액이 외국통화로 지정된 금액채권인 외화채권의 경우, 채권자는 대용급부권을 행사하여 우리나라 통화로 환산하여 청구할 수 없다.
⑤ 이자제한법상 제한이자를 초과하는 이자채권을 자동채권으로 하여 상계의 의사표시를 하더라도 그 상계의 효력은 발생하지 않는다.

해설 답 ④

① [O] 수임인이 위임사무를 처리함에 있어 받은 물건으로 위임인에게 인도할 목적물은 그것이 대체물이더라도 당사자 간에 있어서는 특정된 물건과 같은 것으로 보아야 할 것이다(대판 1962.12.16, 67다1525).

② [O] **제467조(변제의 장소)** ① 채무의 성질 또는 당사자의 의사표시로 변제장소를 정하지 아니한 때에는 특정물의 인도는 채권성립당시에 그 물건이 있던 장소에서 하여야 한다.

③ [O] 제한종류채권에 있어 급부목적물의 특정은, 원칙적으로 종류채권의 급부목적물의 특정에 관하여 민법 제375조 제2항이 적용되므로, 채무자가 이행에 필요한 행위를 완료하거나 채권자의 동의를 얻어 이행할 물건을 지정한 때에는 그 물건이 채권의 목적물이 되는 것이나, 당사자 사이에 지정권의 부여 및 지정의 방법에 관한 합의가 없고, 채무자가 이행에 필요한 행위를 하지 아니하거나 지정권자로 된 채무자가 이행할 물건을 지정하지 아니하는 경우에는 선택채권의 선택권 이전에 관한 민법 제381조를 준용하여 채권의 기한이 도래한 후 채권자가 상당한 기간을 정하여 지정권이 있는 채무자에게 그 지정을 최고하여도 채무자가 이행할 물건을 지정하지 아니하면 지정권이 채권자에게 이전한다(대판 2003.3.28, 2000다24856).

④ [×] 채권액이 외국통화로 지정된 금전채권인 외화채권을 채무자가 우리나라 통화로 변제함에 있어서는 민법 제378조가 그 환산시기에 관하여 외화채권에 관한 같은 법 제376조, 제377조 제2항의 "변제기"라는 표현과는 다르게 "지급할 때"라고 규정한 취지에서 새겨 볼 때 그 환산시기는 이행기가 아니라 현실로 이행하는 때, 즉 현실이행시의 외국환시세에 의하여 환산한 우리나라 통화로 변제하여야 한다고 풀이함이 상당하므로 채권자가 위와 같은 외화채권을 대용급부의 권

리를 행사하여 우리나라 통화로 환산하여 청구하는 경우에도 법원이 채무자에게 그 이행을 명함에 있어서는 채무자가 현실로 이행할 때에 가장 가까운 사실심 변론종결 당시의 외국환 시세를 우리나라 통화로 환산하는 기준시로 삼아야 한다(대판 1991.3.12, 90다2147 전합).

⑤ [○] 제한이율 20%를 초과하는 부분의 이자약정은 무효이다(동법 제2조 제3항). 따라서 그 초과부분에 대하여는 재판상 이를 청구할 수 없으며, 타인에게 양도 또는 초과이자를 자동채권으로 하는 상계의 의사표시는 그 효력이 없다(대판 1963.11.21, 63다429). 또한 이러한 제한 초과의 이자에 대하여 준소비대차계약 또는 경개계약을 체결하더라도 그 초과 부분에 대하여는 효력이 생기지 아니한다(대판 1998.10.13, 98다17046).

002 채권의 목적에 관한 설명으로 옳은 것은? (다툼이 있으면 판례에 따름)   22 변리사

① 주채무가 외화채무인 경우, 채권자와 보증인 사이에 미리 약정한 환율로 환산한 원화로 보증채무를 이행하기로 하는 약정은 허용되지 않는다.
② 특정물채권의 경우, 채무의 성질 또는 당사자의 의사표시로 변제장소를 정하지 아니한 때에는 특정물의 인도는 채권자의 현주소에서 해야 한다.
③ 선택채권의 경우, 선택권 없는 당사자의 과실로 인하여 수개의 급부 중 일부가 이행불능이 된 때에는 채권의 목적은 잔존한 것에 존재한다.
④ 금전채무의 이행지체로 인하여 발생하는 지연이자는 그 성질이 이자이다.
⑤ 종류채권이 특정되면 그 채권은 특정물채권으로 전환되고, 특별한 사정이 없는 한 채무자는 그 특정물을 인도할 때까지 선량한 관리자의 주의로 보존해야 한다.

해설 답 ⑤

① [×] 보증채무는 채권자와 보증인 간의 보증계약에 의하여 성립하고, 주채무와는 별개 독립의 채무이지만 주채무와 동일한 내용의 급부를 목적으로 함이 원칙이라고 할 것이나 채권자와 보증인은 보증채무의 내용, 이행의 시기, 방법 등에 관하여 특약을 할 수 있고, 그 특약에 따른 보증인의 부담이 주채무의 목적이나 형태보다 중하지 않는 한 그러한 특약이 무효라고 할 수도 없으므로(제430조 참조), 주채무가 외화채무인 경우에도 채권자와 보증인 사이에 미리 약정한 환율로 환산한 원화로 보증채무를 이행하기로 약정하는 것도 허용된다(대판 2002.8.27, 2000다9734).

② [×] 제467조(변제의 장소) ① 채무의 성질 또는 당사자의 의사표시로 변제장소를 정하지 아니한 때에는 특정물의 인도는 채권성립 당시에 그 물건이 있던 장소에서 하여야 한다.
② 전항의 경우에 특정물인도 이외의 채무변제는 채권자의 현주소에서 하여야 한다(지참채무의 원칙). 그러나 영업에 관한 채무의 변제는 채권자의 현영업소에서 하여야 한다.

③ [×] 제385조(불능으로 인한 선택채권의 특정) ① 채권의 목적으로 선택할 수개의 행위 중에 처음부터 불능한 것이나 또는 후에 이행불능하게 된 것이 있으면 채권의 목적은 잔존한 것에 존재한다.
② 선택권 없는 당사자의 과실로 인하여 이행불능이 된 때에는 전항의 규정을 적용하지 아니한다.

④ [×] 지연손해금은 민법 제163조 제1호 소정의 1년 이내의 기간으로 정한 이자에 해당되지 않으며 본래의 원본채권과 동일성을 유지한다(대판 1991.5.14, 91다7156).

⑤ [○] 특정에 의해 종류채권은 채권관계의 동일성을 유지하며 특정물의 인도를 목적으로 하는 채권으로 전환되고, 채무자는 특정된 목적물에 대한 선관의무를 부담하게 된다(제374조).

003 민법상 채권의 목적에 관한 설명으로 옳지 않은 것은? (다툼이 있으면 판례에 따름) 22 노무사

① 선택채권의 경우, 특별한 사정이 없는 한 선택의 효력은 소급하지 않는다.
② 금전으로 가액을 산정할 수 없는 것이라도 채권의 목적으로 할 수 있다.
③ 종류채권의 경우, 목적물이 특정된 때부터 그 특정된 물건이 채권의 목적물이 된다.
④ 특정물매매계약의 매도인은 특별한 사정이 없는 한 그 목적물을 인도할 때까지 선량한 관리자의 주의로 그 물건을 보존하여야 한다.
⑤ 금전채무에 관하여 이행지체에 대비한 지연손해금 비율을 따로 약정한 경우, 그 약정은 일종의 손해배상액의 예정이다.

해설

답 ①

① [×] 제386조(선택의 소급효) 선택의 효력은 그 채권이 발생한 때에 소급한다. 그러나 제3자의 권리를 해하지 못한다.

② [○] 제373조(채권의 목적) 금전으로 가액을 산정할 수 없는 것이라도 채권의 목적으로 할 수 있다.

③ [○] 제375조(종류채권) ② 전항의 경우에 채무자가 이행에 필요한 행위를 완료하거나 채권자의 동의를 얻어 이행할 물건을 지정한 때에는 그때로부터 그 물건을 채권의 목적물로 한다.

④ [○] 제374조(특정물인도채무자의 선관의무) 특정물의 인도가 채권의 목적인 때에는 채무자는 그 물건을 인도하기까지 선량한 관리자의 주의로 보존하여야 한다.

⑤ [○] 민법에 특별규정이 있는 경우에는 그에 의한다(제685조, 제705조, 제958조). 그리고 그 지연손해금에 대하여 따로 약정이 있는 경우(이는 손해배상액의 예정에 해당한다)에는 그에 따르고, 설사 그것이 법정이율보다 낮다 하더라도 마찬가지이다(대판 2013.4.26, 2011다50509).

004 채권의 목적에 관한 설명으로 옳지 않은 것은? (다툼이 있으면 판례에 따름) 23 변리사

① 특정물채권의 채무자는 이행기에 이행하여도 손해를 면할 수 없는 경우가 아닌 한, 이행지체 중에 과실 없이 목적물이 멸실되더라도 배상책임을 부담한다.
② 원본채권이 시효로 소멸한 경우 그로부터 발생한 지분적 이자채권도 함께 소멸한다.
③ 금전채무불이행에 따른 통상손해배상의 경우 채권자는 자신의 손해를 증명할 필요가 없다.
④ 채무자가 금전채무를 이행하지 않아 발생한 확정된 지연손해금에 대하여 채권자가 이행청구를 하는 경우 그 지연손해금에 대하여 다시 지연손해금의 지급을 구할 수는 없다.
⑤ 무권대리에서 상대방이 그의 선택에 따라 행사할 수 있는 계약의 이행 또는 손해배상청구권은 선택권을 행사할 수 있는 때부터 소멸시효가 진행한다.

해설

답 ④

① [O] 제392조(이행지체 중의 손해배상) 채무자는 자기에게 과실이 없는 경우에도 그 이행지체 중에 생긴 손해를 배상하여야 한다. 그러나 채무자가 이행기에 이행하여도 손해를 면할 수 없는 경우에는 그러하지 아니하다.

② [O] 제183조(종속된 권리에 대한 소멸시효의 효력) 주된 권리의 소멸시효가 완성한 때에는 종속된 권리에 그 효력이 미친다.

③ [O] 제397조(금전채무불이행에 대한 특칙) ① 금전채무불이행의 손해배상액은 법정이율에 의한다. 그러나 법령의 제한에 위반하지 아니한 약정이율이 있으면 그 이율에 의한다.
② 전항의 손해배상에 관하여는 채권자는 손해의 증명을 요하지 아니하고 채무자는 과실 없음을 항변하지 못한다.

④ [×] 판결이 확정된 채권자가 시효중단을 위한 신소를 제기하면서 확정판결에 따른 원금과 함께 원금에 대한 확정 지연손해금 및 이에 대한 지연손해금을 청구하는 경우, 확정 지연손해금에 대한 지연손해금채권은 채권자가 신소로써 확정 지연손해금을 청구함에 따라 비로소 발생하는 채권으로서 전소의 소송물인 원금채권이나 확정 지연손해금채권과는 별개의 소송물이므로, 채무자는 확정 지연손해금에 대하여도 이행청구를 받은 다음 날부터 지연손해금을 별도로 지급하여야 하되 그 이율은 신소에 적용되는 법률이 정한 이율을 적용하여야 한다. 그리고 금전채무의 지연손해금채무는 금전채무의 이행지체로 인한 손해배상채무로서 이행기의 정함이 없는 채무에 해당하므로, 채무자는 확정된 지연손해금채무에 대하여 채권자로부터 이행청구를 받은 때부터 지체책임을 부담하게 된다. 한편 원금채권과 금전채무불이행의 경우에 발생하는 지연손해금채권은 별개의 소송물이다(대판 2022.4.14, 2020다268760).

⑤ [O] 민법 제135조 무권대리인에 대한 계약 이행 또는 손해배상청구권의 소멸시효는 대리권의 증명 또는 무권대리에 대한 본인의 추인을 얻지 못한 때부터, 즉 선택권을 행사할 수 있을 때로부터 진행한다(대판 1965.5.24, 64다1156).

II. 선관주의의무

제2절 | 목적에 의한 채권의 종류

I. 종류채권

II. 금전채권

005 금전채무에 관한 설명으로 옳은 것은? (다툼이 있으면 판례에 따름) 17 노무사

① 채권의 목적이 다른 나라 통화로 지급할 것인 경우, 채무자는 그 국가의 강제통용력 있는 각종 통화로 변제할 수 있다.
② 민사채권과 상사채권의 법정이율은 모두 연 5분이다.
③ 금전채무 불이행책임의 경우, 그 손해에 대한 채권자의 증명이 필요하다.
④ 금전채무의 이행지체로 인하여 발생하는 지연손해금은 3년간의 단기소멸시효의 대상이다.
⑤ 금전채권의 경우, 특정물채권이 될 여지가 없다.

> **해설** 답 ①

① [○] 제377조(외화채권) ① 채권의 목적이 다른 나라 통화로 지급할 것인 경우에는 채무자는 자기가 선택한 그 나라의 각 종류의 통화로 변제할 수 있다.

② [×] 민법 제379조(법정이율)에 따르면 이자있는 채권의 이율은 다른 법률의 규정이나 당사자의 약정이 없으면 연 5분으로 한다. 그러나 상법 제54조(상사법정이율)에 따르면 상행위로 인한 채무의 법정이율은 연 6분으로 한다.

③ [×] 제397조(금전채무불이행에 대한 특칙) ② 전항의 손해배상에 관하여는 채권자는 손해의 증명을 요하지 아니하고 채무자는 과실 없음을 항변하지 못한다.

④ [×] 제163조(3년 단기소멸시효) 제1호 소정의 1년 이내의 기간으로 정한 채권이란 1년 이내의 정기에 지급되는 채권을 의미한다고 하고 지연손해금은 민법 제163조 제1호 소정의 1년 이내의 기간으로 정한 이자에 해당되지 않으며 본래의 원본채권과 동일성을 유지한다고 한다(대판 1991.5.14, 91다7156).

⑤ [×] 특정종류의 금전의 인도를 목적으로 하는 금종채권은 금전채권이 아니라, 금전이라는 물건의 인도를 목적으로 하는 종류채권 또는 특정물채권이다.

006 금전채권에 관한 설명으로 옳지 않은 것은? (다툼이 있으면 판례에 따름) 20 노무사

① 우리나라 통화를 외화채권에 변제충당할 때 특별한 사정이 없는 한 채무이행기의 외국환시세에 의해 환산한다.
② 금전채무의 이행지체로 발생하는 지연손해금의 성질은 손해배상금이지 이자가 아니다.
③ 금전채무의 이행지체로 인한 지연손해금채무는 이행기의 정함이 없는 채무에 해당한다.
④ 금전채무의 약정이율은 있었지만 이행지체로 인해 발생한 지연손해금에 관한 약정이 없는 경우, 특별한 사정이 없는 한 지연손해금은 그 약정이율에 의해 산정한다.
⑤ 금전채무에 관하여 이행지체에 대비한 지연손해금 비율을 따로 약정한 경우, 이는 일종의 손해배상액의 예정이다.

해설
답 ①

① [×] 채권액이 외국통화로 정해진 금전채권인 외화채권을 채무자가 우리나라 통화로 변제하는 경우에 그 환산시기는 이행기가 아니라 현실로 이행하는 때, 즉 현실이행시의 외국환시세에 의하여 환산한 우리 나라 통화로 변제하여야 하고, 우리나라 통화를 외화채권에 변제충당할 때도 특별한 사정이 없는 한 현실로 변제충당할 당시의 외국환시세에 의하여 환산하여야 한다(대판 2000.6.9, 99다56512).
② [O] 제163조 제1호 소정의 1년 이내의 기간으로 정한 채권이란 1년 이내의 정기에 지급되는 채권을 의미한다고 하고 지연손해금은 민법 제163조 제1호 소정의 1년 이내의 기간으로 정한 이자에 해당되지 않으며 본래의 원본채권과 동일성을 유지한다고 한다(대판 1991.5.14, 91다7156).
③ [O] 금전채무의 지연손해금채무는 금전채무의 이행지체로 인한 손해배상채무로서 이행기의 정함이 없는 채무에 해당하므로, 채무자는 확정된 지연손해금채무에 대하여 채권자로부터 이행청구를 받은 때로부터 지체책임을 부담하게 된다(대판 2010.9.9, 2010다24435).
④ [O] 소비대차에서 변제기 후의 이자약정이 없는 경우 특별한 의사표시가 없는 한 변제기가 지난 후에도 당초의 약정이자를 지급하기로 한 것으로 보는 것이 당사자의 의사이다(대판 1981.9.8, 80다2649[1]).
⑤ [O] 지연손해금에 대하여 따로 약정이 있는 경우(이는 손해배상액의 예정에 해당한다)에는 그에 따르고, 설사 그것이 법정이율 보다 낮다 하더라도 마찬가지이다(대판 2013.4.26, 2011다50509).

---

1) 소비대차에 있어 그 변제기 후의 이자약정(엄밀한 의미로는 지연손해)이 없는 경우에는 특별한 의사표시가 없는 한 그 변제기가 지난 후에도 당초의 약정이자를 지급하기로 한 것으로 보는 것이 대차관계에 있어서의 당사자의 의사라고 할 것임은(당원 1970.3.10. 선고 69다2269 판결참조) 소론과 같으나 소비대차 채권의 담보를 확보할 목적으로 일단 제소전 화해를 한 경우에는 화해를 하게 된 동기나 경위가 어떻든 간에 화해가 이루어진 이상 그 화해는 창설적 효력을 가지게 되므로 화해 전의 사유를 가지고 화해의 효력을 다툴 수 없고 화해가 이루어지면 종전의 법률관계를 바탕으로 한 권리의무관계는 소멸한다고 할 것이니(당원 1977.6.7. 선고 77다235 판결참조) 본건 제소전 화해는 채무원금을 금 18,000,000원으로 확정하고 원설시와 같은 변제기 및 담보로서 가등기 및 본등기를 한다는 외에 변제기 후의 지연 손해에 대하여는 화해조항에 별도의 정함이 없었음이 뚜렷한 본건에 있어 변제기 후의 지연손해를 당시의 법정이율에 의하여야 한다고 한 원심의 판단조치는 정당하고 반대의 견해로 이와 같은 해석은 거래의 실정에 맞지 아니함을 이유로 원심판시를 비의하는 소론은 채택할 바 못 되며 화해의 창설적 효력에 관한 위 당원 판례의 견해를 변경할 필요를 느끼지 아니한다.

III. 이자채권

007 금전채권 및 이자채권에 관한 설명으로 옳지 않은 것은? (다툼이 있으면 판례에 따름) 15 노무사

① 금전채무불이행의 손해배상에 관하여 채권자는 손해의 증명을 요하지 않는다.
② 금전채무불이행의 손해배상에 관하여 채무자는 과실 없음을 항변하지 못한다.
③ 금전채무의 지연손해금채무는 금전채무의 이행지체로 인한 손해배상채무로서 이행기의 정함이 없는 채무에 해당한다.
④ 원본채권이 양도된 경우 이미 변제기에 도달한 이자채권은 원본채권의 양도당시 그 이자채권도 양도한다는 의사표시가 없어도 당연히 양도된다.
⑤ 채권의 목적이 다른 종류의 통화로 지급할 것인 경우에 그 통화가 변제기에 강제통용력을 잃은 때에는 채무자는 다른 통화로 변제하여야 한다.

> **해설** 답 ④

①② [○] **제397조(금전채무불이행에 대한 특칙)** ① 금전채무불이행의 손해배상액은 법정이율에 의한다. 그러나 법령의 제한에 위반하지 아니한 약정이율이 있으면 그 이율에 의한다.
② 전항의 손해배상에 관하여는 채권자는 손해의 증명을 요하지 아니하고 채무자는 과실 없음을 항변하지 못한다.

③ [○] 금전채무의 지연손해금채무는 금전채무의 이행지체로 인한 손해배상채무로서 이행기의 정함이 없는 채무에 해당하므로, 채무자는 확정된 지연손해금채무에 대하여 채권자로부터 이행청구를 받은 때로부터 지체책임을 부담하게 된다(대판 2004.7.9, 2004다11582).

④ [×] 이자채권은 원본채권에 대하여 종속성을 갖고 있으나 이미 변제기에 도달한 이자채권은 원본채권과 분리하여 양도할 수 있고 원본채권과 별도로 변제할 수 있으며 시효로 인하여 소멸되기도 하는 등 어느 정도 독립성을 갖게 되는 것이므로, 원본채권이 양도된 경우 이미 변제기에 도달한 이자채권은 원본채권의 양도당시 그 이자채권도 양도한다는 의사표시가 없는 한 당연히 양도되지는 않는다(대판 1989.3.28, 88다카12803).

⑤ [○] **제377조(외화채권)** ① 채권의 목적이 다른 나라 통화로 지급할 것인 경우에는 채무자는 자기가 선택한 그 나라의 각 종류의 통화로 변제할 수 있다.
② 채권의 목적이 어느 종류의 다른 나라 통화로 지급할 것인 경우에 그 통화가 변제기에 강제통용력을 잃은 때에는 그 나라의 다른 통화로 변제하여야 한다.

008 이자채권에 관한 설명으로 옳지 않은 것은? (다툼이 있으면 판례에 따름)   20 변리사

① 이자채권은 주된 채권인 원본의 존재를 전제로 그에 대응하여 일정한 비율로 발생하는 종된 권리이다.
② 이미 발생한 이자에 관하여 채무자가 이행을 지체한 경우에는 그 이자에 대한 지연손해금을 청구할 수 있다.
③ 원본채권이 양도될 당시 이미 변제기에 도달한 이자채권은 그 이자채권도 함께 양도한다는 의사표시가 없더라도 양도되는 것이 원칙이다.
④ 이자채권이라고 하더라도 1년의 정기에 지급하기로 한 것이 아니면 민법 제163조가 정한 3년의 단기소멸시효가 적용되지 않는다.
⑤ 대여금 원본채권에 대한 소멸시효 완성의 효력은 소멸시효가 완성된 원금 부분으로부터 그 완성 전에 발생한 이자에도 미친다.

해설
답 ③

① [O] 이자 또는 지연손해금은 주된 채권인 원본의 존재를 전제로 그에 대응하여 일정한 비율로 발생하는 종된 권리이다(대판 2008.3.14, 2006다2940).
② [O] 금전채무에 대한 변제기 이후의 지연손해금은 금전채무의 이행을 지체함으로 인한 손해의 배상으로 지급되는 것이므로, 그 소멸시효기간은 원본채권의 그것과 같다. 한편, 상법 제487조 제1항에 "사채의 상환청구권은 10년간 행사하지 아니하면 소멸시효가 완성한다.", 같은 조 제3항에 "사채의 이자와 전조 제2항의 청구권은 5년간 행사하지 아니하면 소멸시효가 완성한다."라고 규정하고 있고, 이미 발생한 이자에 관하여 채무자가 이행을 지체한 경우에는 그 이자에 대한 지연손해금을 청구할 수 있으므로, 사채의 상환청구권에 대한 지연손해금은 사채의 상환청구권과 마찬가지로 10년간 행사하지 아니하면 소멸시효가 완성하고, 사채의 이자에 대한 지연손해금은 사채의 이자와 마찬가지로 5년간 행사하지 아니하면 소멸시효가 완성한다(대판 2010.9.9, 2010다28031).
③ [X] 이자채권은 원본채권에 대하여 종속성을 갖고 있으나 이미 변제기에 도달한 이자채권은 원본채권과 분리하여 양도할 수 있고 원본채권과 별도로 변제할 수 있으며 시효로 인하여 소멸되기도 하는 등 어느 정도 독립성을 갖게 되는 것이므로, 원본채권이 양도된 경우 이미 변제기에 도달한 이자채권은 원본채권의 양도 당시 그 이자채권도 양도한다는 의사표시가 없는 한 당연히 양도되지는 않는다(대판 1989.3.28, 88다카12803).
④ [O] 제163조 제1호 소정의 1년 이내의 기간으로 정한 채권이란 1년 이내의 정기에 지급되는 채권을 의미하므로, 지연손해금은 민법 제163조 제1호 소정의 1년 이내의 기간으로 정한 이자에 해당되지 않으며 본래의 원본채권과 동일성을 유지한다(대판 1991.5.14, 91다7156).
⑤ [O] **제183조(종속된 권리에 대한 소멸시효의 효력)** 주된 권리의 소멸시효가 완성한 때에는 종속된 권리에 그 효력이 미친다.

Ⅳ. 선택채권

009 선택채권에 관한 설명 중 옳은 것은?

① 채권의 목적인 급부 중 선택권 없는 당사자의 과실에 의해 불능으로 된 것이 있을 경우에, 선택권 있는 당사자는 불능으로 된 급부를 선택할 수 있다.
② 토지양도가 선택채권의 목적인 수개의 급부 중 하나인 경우에 그 급부가 선택되었을 때는 특약이 없는 한, 선택 시에 토지에 관한 소유권이전의 효과가 생긴다.
③ 제3자가 선택권을 가지는 경우에 제3자가 선택할 수 없는 때에는 선택권은 채권자에게 속한다.
④ 채무자가 한 선택의 의사표시는 채권자의 이익을 해치지 않는 한 언제라도 이것을 철회할 수 있다.
⑤ 제3자에 의한 선택은 채권자 또는 채무자 일방에 대한 의사표시로 한다.

> **해설**　　　　　　　　　　　　　　　　　　　　　　　　　　　　　답 ①

① [○]
> 제385조(불능으로 인한 선택채권의 특정) ① 채권의 목적으로 선택할 수개의 행위 중에 처음부터 불능한 것이나 또는 후에 이행불능하게 된 것이 있으면 채권의 목적은 잔존한 것에 존재한다.
> ② 선택권 없는 당사자의 과실로 인하여 이행불능이 된 때에는 전항의 규정을 적용하지 아니한다.

따라서 선택권자가 채권자인 때에는 채무자의 과실로 불능으로 된 급부를 선택하여 채무자에게 책임 있는 사유로 인한 이행불능으로 인한 손해배상을 청구할 수 있다. 그리고 선택권자가 채무자인 때에는 채권자의 과실로 불능으로 된 급부를 선택하여 채무자에게 책임 없는 이행불능으로서 채무를 면할 수 있다.
② [×] 선택권의 효력은 그 채권이 발생한 때에 소급하나(제386조 본문), 물권변동의 효력은 공시방법(등기)을 갖춘 때에 생긴다(제176조).
③ [×] 선택할 제3자가 선택할 수 없는 경우에는 선택권은 "채무자"에게 있다(제384조 제1항).
④ [×] 선택의 의사표시는 "상대방의 동의가 없으면" 철회하지 못한다(제382조 제2항).
⑤ [×] 제3자가 선택하는 경우에는 그 선택은 "채무자 및 채권자"에 대한 의사표시로 한다(제383조 제1항).

Ⅴ. 임의채권

제2장 채권의 효력

제1절 | 이행지체와 기한이익의 상실

Ⅰ. 이행지체

001 민법상 손해배상에 관한 설명으로 옳지 않은 것은? (다툼이 있으면 판례에 따름) 15 노무사

① 불법행위로 인한 손해배상채무는 채권자의 청구가 있어야 이행지체가 된다.
② 불법행위로 인하여 손해와 이득이 동시에 발생한 경우에 그 손해발생에 대하여 피해자에게도 과실이 있다면 먼저 손해액에서 과실상계를 한 후에 이득을 공제하여야 한다.
③ 특별손해로 인정되기 위해서는 특별한 사정에 관해서 알았거나 알 수 있었던 것으로 족하고, 손해액까지는 예견가능성이 필요하지 않다.
④ 가해행위와 피해자 측의 요인이 경합하여 손해가 발생하거나 확대된 경우에는 그 피해자 측의 요인이 체질적인 소인과 같이 피해자 측의 귀책사유와 무관한 것이라도, 법원은 손해배상액을 정하면서 과실상계의 법리를 유추적용할 수 있다.
⑤ 매매 당사자가 계약금으로 수수한 금액에 관하여 매수인이 위약하면 이를 무효로 하고 매도인이 위약하면 그 배액을 상환하기로 하는 뜻의 약정을 한 경우, 실제손해액이 예정액을 초과하더라도 그 초과액을 청구할 수 없다.

해설   답 ①

① [×] 불법행위에 의한 손해배상채무에 있어서는 최고 없이 불법행위 시(즉, 그 당일부터)로부터 당연히 지체의 효과로서 손해배상책임이 발생한다(대판 1975.5.27, 74다1393).
② [○] 불법행위로 인하여 손해가 발생하고 그 손해발생으로 이득이 생기고 동시에 그 손해발생에 피해자에게도 과실이 있어 과실상계를 하여야 할 경우에는 먼저 산정된 손해액에서 과실상계를 한 다음에 위 이득을 공제하여야 한다(대판 1990.5.8, 89다카29129).
③ [○] 채무불이행자 또는 불법행위자는 특별한 사정의 존재를 알았거나 알 수 있었으면 그러한 특별사정으로 인한 손해를 배상하여야 할 의무가 있는 것이고, 그러한 특별한 사정에 의하여 발생한 손해의 액수까지 알았거나 알 수 있었어야 하는 것은 아니다(대판 2002.10.25, 2002다23598).
④ [○] 가해행위와 피해자 측의 요인이 경합하여 손해가 발생하거나 확대된 경우에는 피해자 측의 요인이 체질적인 소인 또는 질병의 위험도와 같이 피해자 측의 귀책사유와 무관한 것이라고 할지라도, 그 질환의 태양·정도 등에 비추어 가해자에게 손해의 전부를 배상하게 하는 것이 공평의 이념에 반하는 경우에는, 법원은 손해배상액을 정하면서 과실상계의 법리를 유추적용하여 손해의 발생 또는 확대에 기여한 피해자 측의 요인을 참작할 수 있다(대판 2014.7.10, 2014다16968).
⑤ [○] 매매당사자가 계약금으로 수수한 금액에 관하여 매수인이 위약하면 이를 무효로 하고 매도인이 위약하면 그 배액을 상환하기로 하는 뜻의 약정을 한 경우에 있어서 그 위약금의 약정은 민법 제398조 제4항이 정한 손해배상의 예정으로 추정되는 것이고, 이와 같은 약정이 있는 경우에는 채무자에게 채무불이행이 있으면 채권자는 실제손해액을 증명할 필요없이 그 예정액을 청구할 수 있는 반면에 실제손해액이 예정액을 초과하더라도 그 초과액을 청구할 수 없다(대판 1988.5.10, 87다카3101).

002 이행지체책임의 발생 시기에 관한 설명으로 옳지 않은 것은? (다툼이 있으면 판례에 따름)

① 지시채권의 경우, 기한이 도래한 후 소지인이 그 증서를 제시하여 이행을 청구한 때로부터 지체책임을 진다.
② 동시이행관계에 있는 채무는 상대방이 채무의 이행을 제공하지 않는 한, 이행기가 도래하여도 지체책임을 지지 않는다.
③ 불확정기한부 채무의 경우, 기한 도래 사실의 인식여부를 불구하고 기한이 객관적으로 도래한 때로부터 지체책임을 진다.
④ 채무이행의 기한이 없는 경우, 채무자는 이행청구를 받은 때부터 지체책임을 진다.
⑤ 불법행위로 인한 손해배상채무는 원칙적으로 그 성립과 동시에 당연히 이행지체가 성립된다.

> **해설**　　　　　　　　　　　　　　　　　　　　　　　　　　　　　　　답 ③

① [O] 지시채권이나 무기명채권의 채무자는 그 이행에 관하여 기한이 정해진 때에도 기한이 도래 후 소지인이 증서를 제시하고 이행을 청구한 때부터 지체책임을 진다(제517조, 제524조).
② [O] 쌍무계약상 확정기한 있는 채무에 있어서 양 채무가 동시이행의 관계에 있는 경우에는 상대방의 이행의 제공이 있음에도 불구하고 자기의 채무를 이행하지 않은 경우에만 지체책임을 진다(제536조).
③ [×] 불확정기한의 경우에는 그 기한이 도래한 때부터 채권을 행사할 수 있지만, 채무자가 그 기한의 도래를 알지 못한 경우에도 그에게 지체책임을 지게 하는 것은 가혹하기 때문에, 이 경우에는 채무자가 기한의 도래를 안 때부터 지체책임을 지는 것으로 정한 것이다. 따라서 채무자가 몰랐어도 기한의 도래 후에 채권자의 이행청구가 있다면 그 때부터 안 것이 되므로, 이행지체가 된다.
④ [O] 기한의 정함이 없는 채무는 그 채무가 발생한 때부터 채권자는 이행을 청구할 수 있지만, 그 때부터 채무자에게 지체책임을 지게 하는 것은 가혹하므로, 채무자가 채권자의 이행청구를 받은 때부터 그 책임을 지게 한 것이다.
⑤ [O] 불법행위에 의한 손해배상채무에 있어서는 최고 없이 불법행위 시(즉, 그 당일부터)로부터 당연히 지체의 효과로서 손해배상책임이 발생한다(대판 1975.5.27. 74다1393).

003 채무자의 이행지체책임 발생시기로 옳은 것을 모두 고른 것은? (다툼이 있으면 판례에 따름)
20 노무사

> ㄱ. 불확정기한부 채무의 경우, 채무자가 기한이 도래함을 안 때
> ㄴ. 부당이득반환채무의 경우, 수익자가 이행청구를 받은 때
> ㄷ. 불법행위로 인한 손해배상채무의 경우, 가해자가 피해자로부터 이행청구를 받은 때

① ㄱ
② ㄱ, ㄴ
③ ㄱ, ㄷ
④ ㄴ, ㄷ
⑤ ㄱ, ㄴ, ㄷ

■ 해설 답 ②

ㄱ. [○] 제387조(이행기와 이행지체) ① 채무이행의 확정한 기한이 있는 경우에는 채무자는 기한이 도래한 때로부터 지체책임이 있다. 채무이행의 불확정한 기한이 있는 경우에는 채무자는 기한이 도래함을 안 때로부터 지체책임이 있다.
② 채무이행의 기한이 없는 경우에는 채무자는 이행청구를 받은 때로부터 지체책임이 있다.

ㄴ. [○] 당사자가 이행기에 관하여 어떤 약정도 하지 않고, 법률에도 이행기에 관한 규정이 없는 때, 기한의 정함이 없는 채무가 된다. 보통 법률의 규정에 의한 채무가 이에 해당한다(사무관리에 의한 채무, 부당이득반환채무).

ㄷ. [×] 불법행위에 의한 손해배상채무에 있어서는 최고 없이 불법행위 시(즉, 그 당일부터)로부터 당연히 지체의 효과로서 손해배상책임이 발생한다(대판 1975.5.27, 74다1393). 원래 법률규정에 의한 채무는 기한의 정함이 없는 채무여서 채권자의 이행청구가 있어야 지체책임을 지는 것이 원칙이나, 불법행위채무는 피해자가 입은 손해를 남김없이 배상하게 하고자 하는 원상회복의 이념에 기초한 것이므로 그 예외를 인정하는 것이다.

004 이행지체책임의 발생시기에 관한 설명으로 옳은 것을 모두 고른 것은? (다툼이 있으면 판례에 따름)
20 변리사

ㄱ. 채무이행의 확정한 기한이 있는 경우에는 채무자는 기한이 도래한 때로부터 지체책임이 있고, 채무이행의 불확정한 기한이 있는 경우에는 채무자는 기한이 도래함을 안 때로부터 지체책임이 있다.
ㄴ. 채무이행의 기한이 없는 경우에는 채무자는 이행청구를 받은 다음 날부터 지체책임이 있다.
ㄷ. 불법행위로 인한 손해배상의 경우 채무자는 불법행위일 다음 날부터 재산상 손해와 위자료를 합산한 금액 전부에 대하여 지체책임이 있다.
ㄹ. 불법행위에서 위법행위 시점과 손해발생 시점 사이에 시간적 간격이 있는 경우에 불법행위로 인한 손해배상청구권의 지연손해금은 손해발생 시점을 기산일로 하여 발생한다.

① ㄱ, ㄴ
② ㄴ, ㄷ
③ ㄷ, ㄹ
④ ㄱ, ㄴ, ㄹ
⑤ ㄱ, ㄷ, ㄹ

■ 해설 답 ④

ㄱ. [○] 제387조(이행기와 이행지체) ① 채무이행의 확정한 기한이 있는 경우에는 채무자는 기한이 도래한 때로부터 지체책임이 있다. 채무이행의 불확정한 기한이 있는 경우에는 채무자는 기한이 도래함을 안 때로부터 지체책임이 있다.

ㄴ. [○] 민법 제387조 제2항의 규정에서 채무이행의 기한이 없는 경우에는 채무자는 이행청구를 받은 때로부터 지체 책임이 있다고 한 취지는 채무자는 이행의 청구를 받은 날 안으로 이행을 하면 되고, 그 청구를 받은 날을 도과할 때 비로소 지체의 책임을 진다고 풀이하는 것이 상당하다.

만일 이행청구를 받은 때에 곧 이행지체의 책임을 지게 된다면 채무자는 청구도 없는데 언제든지 이행의 준비를 갖추고 있을 것을 요구하는 것이 되어서 채무자에게 가혹할 뿐더러 오히려 이행을 청구하는 요건을 무의미하게 만든다(대판 1972.8.22, 72다1066).

ㄷ. [×] 불법행위에 의한 손해배상채무에 있어서는 최고 없이 불법행위 시(즉, 그 당일부터)로부터 당연히 지체의 효과로서 손해배상책임이 발생한다(대판 1975.5.27, 74다1393).

ㄹ. [○] 불법행위에 기한 손해배상채권에 있어서 민법 제766조 제2항에 의한 소멸시효의 기산점이 되는 '불법행위를 한 날'이란 가해행위가 있었던 날이 아니라 현실적으로 손해의 결과가 발생한 날을 의미한다(대판 2005.5.13, 2004다71881; 대판 2019.8.29, 2017다276679).

005 이행지체에 관한 설명으로 옳지 않은 것은? (다툼이 있으면 판례에 따름) 21 변리사

① 동산매매계약에서 매도인 甲이 매수인 乙에 대해 잔금 지급기일 도과를 이유로 지연손해금을 청구하려면 甲은 자기 채무의 이행제공을 계속하여야 한다.

② 신축 중인 상가를 乙에게 분양한 甲이 분양대금의 중도금지급기한을 1층 골조공사 완료시로 약정한 경우, 1층 골조공사 완료 후 乙이 그 사실을 안 날의 다음 날부터 중도금지급채무의 지체책임을 진다.

③ 이행기의 정함이 없는 매매대금채권을 甲으로부터 양수한 丙이 채무자 乙을 상대로 그 이행을 구하는 소를 제기하고 소송 계속 중 甲이 乙에 대해 채권양도통지를 한 경우, 특별한 사정이 없는 한 乙은 채권양도통지가 도달된 날의 다음 날부터 이행지체의 책임을 진다.

④ 매수인 乙이 매도인 甲의 영업소에서 쌀 10포대를 받아가기로 약정한 경우, 乙이 변제기 이후에 오지 않은 이상 甲은 지연에 따른 손해배상책임을 지지 않는다.

⑤ 甲은 乙로부터 1억 원을 빌리면서 5회에 걸쳐 매회 2천만 원씩 분할상환하되, 분할변제기한을 1회라도 지체하였을 때는 기한의 이익을 잃는 것으로 특약한 경우, 특별한 사정이 없는 한 甲은 1회 변제기한이라도 지체하면 미상환금액 전부에 대하여 지체책임을 진다.

해설
답 ⑤

① [○] 매도인이 자신의 급부의무에 대하여 이행의 제공을 하면서 매수인에게 대금의 지급을 청구하였으나 매수인이 그 급부를 수령하지 않으면서 자신의 대금채무를 거절하는 경우에 매도인이 매수인에게 이행지체책임을 묻기 위해서는 자신의 급부의무에 대한 이행의 제공을 계속하여야 한다. 이에 반하여 이행지체에 빠진 매수인에 대하여 해제를 위한 최고를 하는 매도인은 신의칙상 최고기간 내에 이행의 제공을 계속하여야 할 필요는 없다(통설, 판례).

② [○] **제387조(이행기와 이행지체)** ① 채무이행의 확정한 기한이 있는 경우에는 채무자는 기한이 도래한 때로부터 지체책임이 있다. 채무이행의 불확정한 기한이 있는 경우에는 채무자는 기한이 도래함을 안 때로부터 지체책임이 있다.

③ [○] 지명채권이 양도된 경우 채무자에 대한 대항요건이 갖추어질 때까지 채권양수인은 채무자에게 대항할 수 없으므로, 이행기의 정함이 없는 채권을 양수한 채권양수인이 채무자를 상대로 그 이행을 구하는 소를 제기하고 소송 계속 중 채무자에 대한 채권양도통지가 이루어진 경우에는 특별한 사정이 없는 한 채무자는 채권양도통지가 도달된 다음 날부터 이행지체의 책임을 진다(대판 2014.4.10, 2012다29557).

④ [O] 추심채무가 되므로, 채권자 乙이 채무자 甲의 영업소에 추심하려 오지 아니한 이상, 甲은 지연에 따른 손해배상책임을 지지 않는다.
⑤ [×] 기한이익 상실의 특약은 그 내용에 의하여 일정한 사유가 발생하면 채권자의 청구 등을 요함이 없이 당연히 기한의 이익이 상실되어 이행기가 도래하는 것으로 하는 정지조건부 기한이익 상실의 특약과 일정한 사유가 발생한 후 채권자의 통지나 청구 등 채권자의 의사행위를 기다려 비로소 이행기가 도래하는 것으로 하는 형성권적 기한이익 상실의 특약의 두 가지로 대별할 수 있고, 기한이익 상실의 특약이 위의 양자 중 어느 것에 해당하느냐는 당사자의 의사해석의 문제이지만 일반적으로 기한이익 상실의 특약이 채권자를 위하여 둔 것인 점에 비추어 명백히 정지조건부 기한이익 상실의 특약이라고 볼 만한 특별한 사정이 없는 이상 형성권적 기한이익 상실의 특약으로 추정하는 것이 타당하다(대판 2002.9.4, 2002다28340). 따라서 乙의 의사행위가 없었으므로, 바로 지체책임을 진다고 할 수 없다.

006

민법상 채무의 종류에 따른 이행지체책임의 발생시기가 잘못 연결된 것을 모두 고른 것은? (당사자 사이에 다른 약정은 없으며, 다툼이 있으면 판례에 따름)   23 노무사

> ㄱ. 부당이득반환채무 - 수익자가 이행청구를 받은 때
> ㄴ. 불확정기한부 채무 - 채무자가 기한의 도래를 안 때
> ㄷ. 동시이행의 관계에 있는 쌍방의 채무 - 쌍방의 이행제공 없이 쌍방 채무의 이행기가 도래한 때

① ㄱ ② ㄴ
③ ㄷ ④ ㄱ, ㄴ
⑤ ㄴ, ㄷ

해설
답 ③

ㄱ, ㄴ. [O]
> 제387조(이행기와 이행지체) ① 채무이행의 확정한 기한이 있는 경우에는 채무자는 기한이 도래한 때로부터 지체책임이 있다. 채무이행의 불확정한 기한이 있는 경우에는 채무자는 기한이 도래함을 안 때로부터 지체책임이 있다.
> ② 채무이행의 기한이 없는 경우에는 채무자는 이행청구를 받은 때부터 지체책임이 있다.

당사자가 이행기에 관하여 어떤 약정도 하지 않고, 법률에도 이행기에 관한 규정이 없는 때 기한의 정함이 없는 채무가 된다. 보통 법률의 규정에 의한 채무가 이에 해당한다(사무관리에 의한 채무, 부당이득반환채무).

ㄷ. [×] 쌍무계약상 확정기한 있는 채무에 있어서 양 채무가 동시이행의 관계에 있는 경우에는 상대방의 이행의 제공이 있음에도 불구하고 자기의 채무를 이행하지 않은 경우에만 지체책임을 진다(제536조).
cf. 부동산에 대한 매매대금 채권이 소유권이전등기청구권과 동시이행의 관계에 있다고 할지라도 매도인은 매매대금의 지급기일 이후 언제라도 그 대금의 지급을 청구할 수 있는 것이며, 다만 매수인은 매도인으로부터 그 이전등기에 관한 이행의 제공을 받기까지 그 지급을 거절할 수 있는데 지나지 아니하므로 매매대금 청구권은 그 지급기일 이후 시효의 진행에 걸린다(대판 1991. 3.22, 90다9797).

007 채무불이행에 관한 설명으로 옳지 않은 것은? (다툼이 있으면 판례에 따름) 24 변리사

① 이행보조자는 채무자의 의사 관여 아래 채무의 이행행위에 속하는 활동을 하는 자이면 충분하고, 반드시 채무자의 지시 또는 감독을 받는 관계에 있어야 하는 것은 아니다.
② 이행기의 정함이 없는 지명채권을 양수한 채권양수인이 채무자를 상대로 그 이행을 구하는 소를 제기하고, 그 소송 계속 중 채무자에 대한 채권양도통지가 이루어진 경우에는 특별한 사정이 없는 한 채무자는 그 소가 제기된 날부터 채권양수인에 대해 이행지체의 책임을 진다.
③ 매매목적물에 관하여 이중으로 제3자와 매매계약을 체결하였다는 사실만 가지고는 먼저 체결된 매매계약이 법률상 이행불능이라고 할 수 없다.
④ 매매목적물이 채무자의 과실에 의한 화재로 소실됨으로써 채무자의 매매목적물에 대한 인도의무가 이행불능으로 된 경우, 채권자는 화재사고로 채무자가 지급받게 되는 화재보험금에 대하여 대상청구권을 행사할 수 있다.
⑤ 임대인이 임대물수선의무를 이행하기 위하여 제3자에게 도급을 주어 임차물을 공사하던 중 그 수급인의 과실에 의한 임차물의 화재로 인해 임차인의 손해가 발생한 경우, 임대인은 임차인에 대하여 채무불이행에 따른 손해배상책임을 부담한다.

해설 답 ②

① [○] 민법 제391조는 이행보조자의 고의·과실을 채무자의 고의·과실로 본다고 규정하고 있는데, 이러한 이행보조자는 채무자의 의사 관여 아래 채무이행행위에 속하는 활동을 하는 사람이면 족하고 반드시 채무자의 지시 또는 감독을 받는 관계에 있어야 하는 것은 아니므로, 그가 채무자에 대하여 종속적 또는 독립적 지위에 있는가는 문제되지 않으며, 이행보조자가 채무의 이행을 위하여 제3자를 복이행보조자로서 사용하는 경우에도 채무자가 이를 승낙하였거나 적어도 묵시적으로 동의한 경우에는 채무자는 복이행보조자의 고의·과실에 관하여 민법 제391조에 의하여 책임을 부담한다(대판 1999.4.13, 98다51077·51084; 대판 2011.5.26, 2011다1330).
② [×] 채무에 이행기의 정함이 없는 경우에는 채무자가 이행의 청구를 받은 다음 날부터 이행지체의 책임을 지는 것이나, 한편 지명채권이 양도된 경우 채무자에 대한 대항요건이 갖추어질 때까지 채권양수인은 채무자에게 대항할 수 없으므로, 이행기의 정함이 없는 채권을 양수한 채권양수인이 채무자를 상대로 그 이행을 구하는 소를 제기하고 소송 계속 중 채무자에 대한 채권양도통지가 이루어진 경우에는 특별한 사정이 없는 한 채무자는 채권양도통지가 도달된 다음 날부터 이행지체의 책임을 진다(대판 2014.4.10, 2012다29557).
③ [○] 매매목적물에 관하여 이중으로 제3자와 매매계약을 체결하였다는 사실만 가지고는 매매계약이 법률상 이행불능이라고 할 수 없다(대판 1996.7.26, 96다14616).
④ [○] 손해보험은 본래 보험사고로 인하여 생길 피보험자의 재산상 손해의 보상을 목적으로 하는 것으로(상법 제665조), 보험자가 보상할 손해액은 당사자 간에 다른 약정이 없는 이상 손해가 발생한 때와 곳의 가액에 의하여 산정하고(상법 제676조 제1항), 이 점은 손해공제의 경우도 마찬가지이므로, 매매의 목적물이 화재로 소실됨으로써 매도인이 지급받게 되는 화재보험금, 화재공제금에 대하여 매수인의 대상청구권이 인정되는 이상, 매수인은 특별한 사정이 없는 한 목적물에 대하여 지급되는 화재보험금, 화재공제금 전부에 대하여 대상청구권을 행사할 수 있고, 인도의무의 이행불능 당시 매수인이 지급하였거나 지급하기로 약정한 매매대금 상당액의 한도 내로 범위가 제한된다고 할 수 없다(대판 2016.10.27, 2013다7769).

⑤ [O] 제391조(이행보조자의 고의, 과실) 채무자의 법정대리인이 채무자를 위하여 이행하거나 채무자가 타인을 사용하여 이행하는 경우에는 법정대리인 또는 피용자의 고의나 과실은 채무자의 고의나 과실로 본다.

Ⅱ. 기한이익의 상실

1. 파산의 경우
2. 당사자 약정에 의한 기한이익의 상실

제2절 | 채무불이행에 대한 구제

Ⅰ. 강제이행
Ⅱ. 손해배상

008 계약의 유형에 따라서는 채무자가 채권자의 생명·신체·재산 등의 안전을 확보하기 위하여 인적·물적 환경을 정비하는 등 필요한 조치를 하여야 할 안전배려의무 또는 신의칙상의 보호의무를 부담하는 경우가 있다. 다음 중 이와 같은 의무를 부담하는 경우에 해당하지 않는 것을 모두 고르면? (다툼이 있는 경우 판례에 의함)

> ㄱ. 근로계약에서 사용자의 근로자에 대한 의무
> ㄴ. 기획여행계약에서 여행업자의 여행자에 대한 의무
> ㄷ. 숙박계약에서 숙박업자의 투숙객에 대한 의무
> ㄹ. 입원계약에서 병원의 입원환자에 대한 의무
> ㅁ. 노무도급계약에서 도급인의 수급인에 대한 의무
> ㅂ. 장외시장의 증권매매계약에서 매도인의 매수인에 대한 의무
> ㅅ. 통상의 임대차계약에서 임대인의 임차인에 대한 의무

① ㄱ, ㄷ, ㅁ
② ㄴ, ㄹ, ㅂ
③ ㄷ, ㅂ
④ ㄹ, ㅅ
⑤ ㅂ, ㅅ

해설

답 ⑤

ㄱ. [O] 사용자는 근로계약에 수반되는 신의칙상의 부수적 의무로서 피용자가 노무를 제공하는 과정에서 생명·신체·건강을 해치는 일이 없도록 인적·물적 환경을 정비하는 등 필요한 조치를 강구하여야 할 보호의무를 부담한다(대판 2001.7.27, 99다56734).

ㄴ. [O] 여행업자는 기획여행계약의 상대방인 여행자에 대하여 기획여행계약상의 부수의무로서, 여행자의 생명·신체·재산 등의 안전을 확보하기 위하여, 여행목적지·여행일정·여행행정·여행서비스기관의 선택 등에 관하여 미리 충분히 조사·검토하여 전문업자로서의 합리적인 판단을 하고, 또한 그 계약내용의 실시에 관하여 조우할지 모르는 위험을 미리 제거할 수단을 강구하거나 또는 여행자에게 그 뜻을 고지하여 여행자 스스로 그 위험을 수용할지 여부에 관하여 선택의 기회를 주는 등의 합리적 조치를 취할 신의칙상의 주의의무를 진다(대판 1998.11.24, 98다25061).

ㄷ. [O] 숙박업자는 통상의 임대차와 같이 단순히 여관 등의 객실 및 관련 시설을 제공하여 고객으로 하여금 이를 사용·수익하게 할 의무를 부담하는 것에서 한 걸음 더 나아가 고객에게 위험이 없는 안전하고 편안한 객실 및 관련 시설을 제공함으로써 고객의 안전을 배려하여야 할 보호의무를 부담한다(대판 2000.11.24, 2000다38718).

ㄹ. [O] 환자가 병원에 입원하여 치료를 받는 경우에 있어서, 병원은 진료뿐만 아니라 환자에 대한 숙식의 제공을 비롯하여 간호·보호 등 입원에 따른 포괄적 채무를 지는 것인 만큼 병원은 병실에의 출입자를 통제·감독하든가 그것이 불가능하다면 최소한 입원환자에게 휴대품을 안전하게 보관할 수 있는 시정장치가 있는 사물함을 제공하는 등으로 입원환자의 휴대품 등의 도난을 방지함에 필요한 적절한 조치를 강구하여 줄 신의칙상의 보호의무가 있다(대판 2003.4.11, 2002다63275).

ㅁ. [O] 건축공사의 일부분을 하도급 받은 자가 구체적인 지휘·감독권을 유보한 채 재료와 설비는 자신이 공급하면서 시공부분만을 시공기술자에게 재하도급하는 경우와 같은 노무도급의 경우, 그 노무도급의 도급인과 수급인은 실질적으로 사용자와 피용자의 관계에 있고, 이 경우 도급인은 수급인이 노무를 제공하는 과정에서 생명·신체·건강을 해치는 일이 없도록 물적 환경을 정비하고 필요한 조치를 강구할 보호의무를 부담하며, 이러한 보호의무는 실질적인 고용계약의 특수성을 고려하여 신의칙상 인정되는 부수적 의무로서, 만일 실질적인 사용관계에 있는 노무도급인이 고의 또는 과실로 이러한 보호의무를 위반함으로써 노무수급인의 생명·신체를 침해하여 손해를 입힌 경우 노무도급인은 노무도급계약상의 채무불이행책임과 경합하여 불법행위로 인한 손해배상책임을 부담한다(대판 1997.4.25, 96다53076).

ㅂ. [X] 증권회사의 창구를 통하지 않고 매매당사자 사이에 직접 거래가 이루어지는 장외시장에서 증권의 매도인은 증권회사 임직원의 고객보호의무와 유사한 매수인 보호의무를 부담하지 아니하므로, 장외시장에서 증권을 거래하면서 증권투자 경험이 있는 매도인이 그러한 경험이 없는 매수인에게 투자 손실의 위험성이 높은 증권의 매수를 적극적으로 권유하였고 그 결과 매수인이 손실을 보았더라도, 매수 여부나 매수가격을 결정하는 데 기초가 되는 거래의 중요한 사항에 관하여 구체적 사실을 신의성실의 원칙에 비추어 비난받을 정도의 방법으로 허위로 고지하여 기망하는 등의 위법행위가 없다면 매도인의 불법행위가 성립하지 않는다(대판 2006.11.23, 2004다62955).

ㅅ. [X] 통상의 임대차관계에 있어서 임대인의 임차인에 대한 의무는 특별한 사정이 없는 한 단순히 임차인에게 임대목적물을 제공하여 임차인으로 하여금 이를 사용·수익하게 함에 그치는 것이고, 더 나아가 임차인의 안전을 배려하여 주거나 도난을 방지하는 등의 보호의무까지 부담한다고 볼 수 없을 뿐만 아니라 임대인이 임차인에게 임대목적물을 제공하여 그 의무를 이행한 경우 임대목적물은 임차인의 지배 아래 놓이게 되어 그 이후에는 임차인의 관리하에 임대목적물의 사용·수익이 이루어지는 것이다(대판 1999.9.7, 99다10004).

009 '민법 제390조의 채무불이행책임과 제750조의 불법행위책임'(이하 '양 책임')에 관한 비교 설명으로 옳지 않은 것은?

23 노무사

① 양 책임이 성립하기 위해서는 채무자 또는 가해자에게 귀책사유가 있어야 한다는 점에서 공통된다.
② 양 책임이 성립하는 경우, 채권자나 피해자에게 과실이 있다면 과실상계가 적용된다는 점에서 공통된다.
③ 양 책임이 성립하는 경우, 채권자나 피해자가 행사하는 손해배상채권의 소멸시효는 3년이 적용된다는 점에서 공통된다.
④ 양 책임이 성립하는 경우, 손해배상은 통상의 손해를 그 한도로 한다는 점에서 공통된다.
⑤ 양 책임이 성립하는 경우, 채무자나 가해자가 발생한 손해 전부를 배상한 때에는 손해배상자의 대위가 인정된다는 점에서 공통된다.

해설

답 ③

① [○]
> 제390조(채무불이행과 손해배상) 채무자가 채무의 내용에 좇은 이행을 하지 아니한 때에는 채권자는 손해배상을 청구할 수 있다. 그러나 채무자의 고의나 과실 없이 이행할 수 없게 된 때에는 그러하지 아니하다.
> 제750조(불법행위의 내용) 고의 또는 과실로 인한 위법행위로 타인에게 손해를 가한 자는 그 손해를 배상할 책임이 있다.

② [○]
> 제763조(준용규정) 제393조, 제394조, 제396조, 제399조의 규정은 불법행위로 인한 손해배상에 준용한다.
> 제396조(과실상계) 채무불이행에 관하여 채권자에게 과실이 있는 때에는 법원은 손해배상의 책임 및 그 금액을 정함에 이를 참작하여야 한다.

③ [×]
> 제766조(손해배상청구권의 소멸시효) ① 불법행위로 인한 손해배상의 청구권은 피해자나 그 법정대리인이 그 손해 및 가해자를 안 날로부터 3년간 이를 행사하지 아니하면 시효로 인하여 소멸한다.

④ [○]
> 제763조(준용규정) 제393조, 제394조, 제396조, 제399조의 규정은 불법행위로 인한 손해배상에 준용한다.
> 제393조(손해배상의 범위) ① 채무불이행으로 인한 손해배상은 통상의 손해를 그 한도로 한다.
> ② 특별한 사정으로 인한 손해는 채무자가 그 사정을 알았거나 알 수 있었을 때에 한하여 배상의 책임이 있다.

⑤ [○]
> 제763조(준용규정) 제393조, 제394조, 제396조, 제399조의 규정은 불법행위로 인한 손해배상에 준용한다.
> 제399조(손해배상자의 대위) 채권자가 그 채권의 목적인 물건 또는 권리의 가액 전부를 손해배상으로 받은 때에는 채무자는 그 물건 또는 권리에 관하여 당연히 채권자를 대위한다.

III. 채무불이행의 유형

010 채무불이행에 관한 설명으로 옳은 것은? (다툼이 있으면 판례에 따름) 17 노무사

① 기한이 정해져 있는 지시채권이나 무기명채권의 경우에는 그 증서의 제시 없이도 이행기에 도달하면 당연히 지체책임을 진다.
② 당사자가 불확정한 사실이 발생한 때를 이행기한으로 정한 경우에는 그 사실이 발생한 때는 물론 그 사실의 발생이 불가능하게 된 때에도 이행기한은 도래한 것으로 보아야 한다.
③ 부동산 이중매매의 경우, 제1매수인이 아닌 제2매수인과 그 부동산에 관한 매매계약이 체결된 사실이 있으면, 이행불능으로서 채무불이행에 해당한다.
④ 부동산의 이중매매에서 매매목적물을 제2매수인에게 처분한 가격이 통상가격을 넘는 경우, 그 처분가격이 매도인의 제1매수인에 대한 배상액 산정의 기준이 된다.
⑤ 아파트 광고모델계약을 체결하면서 품위유지약정을 한 유명 연예인이 남편과의 물리적 충돌로 멍들고 부은 얼굴 등을 언론에 공개한 행위는 채무불이행에 해당하지 않는다.

해설 답 ②

① [×] 지시채권이나 무기명채권의 채무자는 그 이행에 관하여 기한이 정해진 때에도 기한이 도래 후 소지인이 증서를 제시하고 이행을 청구한 때부터 지체책임을 진다(제517조, 제524조).
② [○] 당사자가 불확정한 사실이 발생한 때를 이행기한으로 정한 경우에 있어서 그 사실이 발생한 때는 물론 그 사실의 발생이 불가능하게 된 때에도 이행기한은 도래한 것으로 보아야한다(대판 1989.6.27, 88다카10579).
③ [×] 매매목적물에 관하여 이중으로 제3자와 매매계약을 체결하였다는 사실만 가지고는 매매계약이 법률상 이행불능이라고 할 수 없고, 채무의 이행이 불능이라는 것은 단순히 절대적, 물리적으로 불능인 경우가 아니라 사회생활에 있어서의 경험법칙 또는 거래상의 관념에 비추어 볼 때 채권자가 채무자의 이행의 실현을 기대할 수 없는 경우를 말한다(대판 1996.7.26, 96다14616).
④ [×] 토지의 소유권이전등기가 이행불능 된 데 대한 전보배상을 명함에 있어 이행불능사유 발생 당시의 시가를 감정하여 그 가액 상당의 배상을 명한 것은 정당한 것이고, 매도인이 그것을 타에 처분한 가격이 통상가격을 넘는다고 하더라도 그것을 배상액산정의 기준으로 삼을 수는 없다(대판 1990.12.7, 90다5672).
⑤ [×] 광고주가 모델이나 유명 연예인, 운동선수 등과 광고모델계약을 체결하면서 출연하는 유명 연예인 등에게 일정한 수준의 명예를 유지할 의무를 부과하는 품위유지약정을 한 경우, 위와 같은 광고모델계약은 유명 연예인 등을 광고에 출연시킴으로써 유명 연예인 등이 일반인들에 대하여 가지는 신뢰성, 가치, 명성 등 긍정적인 이미지를 이용하여 광고되는 제품에 대한 일반인들의 구매 욕구를 불러일으키기 위한 목적으로 체결되는 것이므로, 위 광고에 출연하기로 한 모델은 위와 같이 일정한 수준의 명예를 유지하기로 한 품위유지약정에 따라 계약기간 동안 광고에 적합한 자신의 긍정적인 이미지를 유지함으로써 그것으로부터 발생하는 구매 유인 효과 등 경제적 가치를 유지하여야 할 계약상 의무, 이른바 품위유지의무가 있고, 이를 이행하지 않는 경우에는 광고모델계약에 관한 채무불이행으로 인한 손해배상채무를 면하지 못한다(대판 2009.5.28, 2006다32354).

011 이행불능에 관한 설명으로 옳지 않은 것은? (다툼이 있으면 판례에 따름) 19 변리사

① 증여계약의 대상인 권리가 타인에게 귀속되어 있다는 이유만으로 증여자의 계약에 따른 이행이 불능이라고 할 수는 없다.
② 매매목적물인 부동산이 가압류되었다는 사유만으로 매도인의 이행불능을 이유로 매매계약을 해제할 수는 없다.
③ 부동산의 소유권이전등기의무자가 그 부동산에 제3자 명의로 가등기를 마쳐주면, 부동산의 처분권한 상실로 소유권이전등기의무가 이행불능이 된다.
④ 매수인의 잔대금지급의무가 소유권이전등기의무와 동시이행관계에 있더라도, 소유권이전등기의무의 이행불능을 이유로 매수인이 매매계약을 해제하기 위해서는 매수인이 대금지급의무의 이행제공을 할 필요가 없다.
⑤ 임대인에게 임대목적물에 대한 소유권이 없는 경우, 임차인이 진실한 소유자로부터 목적물의 반환청구를 받는 등의 이유로 임차인이 이를 사용·수익할 수가 없게 되면 임대인의 채무는 이행불능이 된다.

해설

답 ③

① [O] [1] 채무의 이행불능이란 단순히 절대적·물리적으로 불능인 경우가 아니라, 사회생활의 경험법칙 또는 거래상의 관념에 비추어 채권자가 채무자의 이행 실현을 기대할 수 없는 경우를 말한다. 이와 같이 사회통념상 이행불능이라고 보기 위해서는 이행의 실현을 기대할 수 없는 객관적 사정이 충분히 인정되어야 하고, 특히 계약은 어디까지나 내용대로 지켜져야 하는 것이 원칙이므로, 채권자가 굳이 채무의 본래 내용대로의 이행을 구하고 있는 경우에는 쉽사리 채무의 이행이 불능으로 되었다고 보아서는 아니 된다. [2] 민법이 타인의 권리의 매매를 인정하고 있는 것처럼 타인의 권리의 증여도 가능하며, 이 경우 채무자는 권리를 취득하여 채권자에게 이전하여야 하고, 이 같은 사정은 계약 당시부터 예정되어 있으므로, 매매나 증여의 대상인 권리가 타인에게 귀속되어 있다는 이유만으로 채무자의 계약에 따른 이행이 불능이라고 할 수는 없다. 이러한 경우 채무 이행이 확정적으로 불능으로 되었는지는 계약의 체결에 이르게 된 경위와 경과, 채무자와 권리를 보유하고 있는 제3자와의 관계, 채무자가 권리를 취득하는 것이 불가능하다고 단정할 수 있는지 여부, 채무의 이행을 가로막는 법령상 제한의 유무, 채권자가 채무의 이행이 불투명한 상황에서 계약에서 벗어나고자 하는지 아니면 채무의 본래 내용대로의 이행을 구하고 있는지 여부 등의 여러 사정을 종합적으로 고려하여 신중히 판단하여야 한다(대판 2016.5.12, 2016다200729).
② [O] 매도인의 매매계약상의 소유권이전등기의무가 이행불능이 되어 이를 이유로 매매계약을 해제함에 있어서는 상대방의 잔대금지급의무가 매도인의 소유권이전등기의무와 동시이행관계에 있다고 하더라도 그 이행의 제공을 필요로 하는 것이 아니다(대판 2003.1.24, 2000다22850).
③ [×] 부동산소유권이전등기 의무자가 그 부동산상에 가등기를 경료 한 경우 가등기는 본등기의 순위보전의 효력을 가지는 것에 불과하고 또한 그 소유권이전등기 의무자의 처분권한이 상실되지도 아니하므로 그 가등기만으로는 소유권이전등기의무가 이행불능이 된다고 할 수 없지만, 부동산소유권이전등기 의무자가 그 부동산에 관하여 제3자 앞으로 비록 채무담보를 위하여 소유권이전등기를 경료하였다고 할지라도 그 의무자가 채무를 변제할 자력이 없는 경우에는 특단의 사정이 없는 한 그 소유권이전등기의무는 이행불능이 된다(대판 1991.7.26, 91다8104).
④ [O] 매도인의 매매계약상의 소유권이전등기의무가 이행불능이 되어 이를 이유로 매매계약을 해제함에 있어서는 상대방의 잔대금지급의무가 매도인의 소유권이전등기의무와 동시이행관계에 있다고 하더라도 그 이행의 제공을 필요로 하는 것이 아니다(대판 2003.1.24, 2000다22850).

⑤ [O] 임대차계약이 성립된 후 그 존속기간 중에 임대목적물에 대한 소유권을 상실한 경우에도 그 사실만으로 임대차계약이 종료하지 아니하나 임차인이 진실한 소유자로부터 목적물의 반환청구나 차임 내지 그 해당액의 지급요구를 받는 등의 이유로 임대인이 임차인으로 하여금 사용수익 시킬 수가 없게 되면 임대인의 사용수익 시킬 채무는 이행불능으로 된다 할 것이므로 임차인은 그 때 이후의 임대인의 차임지급청구를 거절할 수 있다(대판 1978.9.12, 78다1103).

012 이행불능에 관한 설명으로 옳지 않은 것은? (다툼이 있으면 판례에 따름) 21 변리사

① 토지거래허가구역 내의 토지에 관하여 허가를 조건으로 매매계약을 체결한 경우, 그 허가 전에는 거래계약상의 채무를 이행할 수 없게 되더라도 그에 따른 손해배상책임을 지지 않는다.
② 쌍무계약에서 당사자 일방이 부담하는 채무의 일부만이 채무자의 책임 있는 사유로 이행할 수 없게 된 경우, 이행가능한 나머지 부분만의 이행으로 계약목적을 달성할 수 없다면 채무의 이행은 전부가 불능이라고 보아야 한다.
③ 민법상 임대차에서 목적물을 사용·수익하게 할 임대인의 의무는 임대인이 임대차목적물의 소유권을 상실한 것만으로 이행불능이 된다.
④ 매매목적물에 관하여 매도인의 다른 채권자가 강제경매를 신청하여 그 절차가 진행 중에 있다는 사유만으로 매도인의 채무가 이행불능이 되는 것은 아니다.
⑤ 쌍무계약에서 당사자 일방의 급부뿐만 아니라 상대방의 반대급부도 전부 이행불능이 된 경우, 특별한 사정이 없는 한 당사자 일방은 상대방에게 대상청구를 할 수 없다.

해설
답 ③

① [O] 허가받을 것을 전제로 한 거래계약은 허가받기 전의 상태에서는 거래계약의 채권적 효력도 전혀 발생하지 않으므로 권리의 이전 또는 설정에 관한 어떠한 내용의 이행청구도 할 수 없다(대판 1991.12.24, 90다12243 전합). 따라서 그러한 거래계약의 당사자로서는 허가받기 전의 상태에서 상대방의 거래계약상 채무불이행을 이유로 거래계약을 해제하거나 그로 인한 손해배상을 청구할 수 없다(대판 1997.7.25, 97다4357·4364).
② [O] 쌍무계약에 있어 당사자 일방이 부담하는 채무의 일부만이 채무자의 책임 있는 사유로 이행할 수 없게 된 때에는, 그 이행이 불가능한 부분을 제외한 나머지 부분만의 이행으로는 계약의 목적을 달성할 수 없다면 채무의 이행은 전부가 불능이라고 보아야 할 것이므로, 채권자로서는 채무자에 대하여 계약 전부를 해제하거나 또는 채무 전부의 이행에 갈음하는 전보배상을 청구할 수 있을 뿐이지 이행이 가능한 부분만의 급부를 청구할 수는 없다(대판 1995.7.25, 95다5929).
③ [×] 계약의 이행불능 여부는 사회통념에 의하여 이를 판정하여야 할 것인바, 임대차계약상의 임대인의 의무는 목적물을 사용수익케 할 의무로서, 목적물에 대한 소유권 있음을 성립요건으로 하고 있지 아니하여 임대인이 소유권을 상실하였다는 이유만으로 그 의무가 불능하게 된 것이라고 단정할 수 없다(대판 1994.5.10, 93다37977).
④ [O] 매매목적물에 관하여 매도인의 다른 채권자가 강제경매를 신청하여 그 절차가 진행중에 있다는 사유만으로는 아직 매도인이 그 목적물의 소유권을 취득할 수 없는 때에 해당한다고 할 수 없으므로 매수인은 이를 이유로 계약을 해제하거나 위약금의 청구를 할 수 없다고 할 것이고 그와 같은 법리는 매매목적물에 관하여 강제경매가 진행중인데 대한 책임이 누구에게 있느냐에 따라 달라지는 것이 아니다(대판 1987.9.8, 87다카655).

⑤ [○] 쌍무계약의 당사자 일방이 상대방의 급부가 이행불능이 된 사정의 결과로 상대방이 취득한 대상에 대하여 급부청구권을 행사할 수 있다고 하더라도, <u>그 당사자 일방이 대상청구권을 행사하려면 상대방에 대하여 반대급부를 이행할 의무가 있는바</u>, 이 경우 당사자 일방의 반대급부도 그 전부가 이행불능이 되거나 그 일부가 이행불능이 되고 나머지 잔부의 이행만으로는 상대방의 계약목적을 달성할 수 없는 등 상대방에게 아무런 이익이 되지 않는다고 인정되는 때에는, 상대방이 당사자 일방의 대상청구를 거부하는 것이 신의칙에 반한다고 볼 만한 특별한 사정이 없는 한, 당사자 일방은 상대방에 대하여 <u>대상청구권을 행사할 수 없다</u>(대판 1996.6.25, 95다6601).

013 채무불이행에 관한 설명으로 옳지 않은 것은? (다툼이 있으면 판례에 따름) 23 변리사

① 계약당사자 일방이 자신의 계약상 채무이행에 장애가 될 수 있는 사유를 계약체결 시에 예견할 수 있었음에도 상대방에게 고지하지 않은 경우, 그 사유로 인해 채무불이행이 되는 것에 어떠한 잘못도 없었다면 채무불이행에 대한 귀책사유를 인정할 수 없다.
② 이행보조자의 행위가 채무자의 이행업무와 객관적, 외형적으로 관련된 경우, 그 행위가 채권자에게 불법행위가 되더라도 채무자는 채권자에 대하여 책임을 부담한다.
③ 매매목적물의 인도전 화재로 매도인이 수령할 화재보험금에 대하여 매수인이 대상청구권을 행사할 수 있는 경우, 그 범위는 매매대금의 범위 내로 제한되지 않는다.
④ 대상청구권을 행사하려는 일방당사자가 부담하는 급부도 전부불능이 된 경우, 대상청구권의 행사는 허용되지 않는다.
⑤ 이행기의 정함이 없는 채권을 양수한 자가 채무자를 상대로 이행의 소를 제기하고 소송계속 중 채무자에 대하여 채권양도통지가 된 경우, 채무자는 원칙적으로 그 통지가 도달된 다음 날부터 이행지체책임을 진다.

해설

답 ①

① [×] [1] 계약당사자 일방이 자신이 부담하는 계약상 채무를 이행하는 데 장애가 될 수 있는 사유를 계약을 체결할 당시에 알았거나 예견할 수 있었음에도 이를 상대방에게 고지하지 아니한 경우에는, 비록 그 사유로 말미암아 후에 채무불이행이 되는 것 자체에 대하여는 그에게 어떠한 잘못이 없다고 하더라도, 상대방이 그 장애사유를 인식하고 이에 관한 위험을 인수하여 계약을 체결하였다거나 채무불이행이 상대방의 책임 있는 사유로 인한 것으로 평가되어야 하는 등의 특별한 사정이 없는 한, 그 채무가 불이행된 것에 대하여 귀책사유가 없다고 할 수 없다. 그것이 계약의 원만한 실현과 관련하여 각각의 당사자가 부담하여야 할 위험을 적절하게 분배한다는 계약법의 기본적 요구에 부합한다. [2] 지방공사가 아파트 분양공고 및 분양계약 체결 당시, 아파트 부지에 대한 문화재 발굴조사과정에 유적지가 발견되어 현지 보존결정이 내려질 경우 아파트 건설사업 자체가 불가능하게 되거나 그 추진·실행에 현저한 지장을 가져올 수 있음을 충분히 알았음에도 입주자 모집공고문과 분양계약서에 이에 관한 구체적 언급을 하지 않았고, 이를 별도로 수분양자들에게 알리지도 않은 사안에서, 아파트 수분양자들이 위 장애사유에 관한 위험을 인수하였다고 볼 수 없으므로, 분양계약에 따른 아파트 공급의무 불이행에 대한 귀책사유가 지방공사에 있다(대판 2011.8.25, 2011다43778).

② [O] 이행보조자의 행위가 채무자에 의하여 그에게 맡겨진 이행업무와 객관적, 외형적으로 관련을 가지는 경우에는 채무자는 그 행위에 대하여 책임을 져야 하고, 채무의 이행에 관련된 행위이면 가사 이행보조자의 행위가 채권자에 대한 불법행위가 된다고 하더라도 채무자가 면책될 수는 없다(대판 2008.2.15, 2005다69458).

③ [O] 손해보험은 본래 보험사고로 인하여 생길 피보험자의 재산상 손해의 보상을 목적으로 하는 것으로(상법 제665조), 보험자가 보상할 손해액은 당사자 간에 다른 약정이 없는 이상 손해가 발생한 때와 곳의 가액에 의하여 산정하고(상법 제676조 제1항), 이 점은 손해공제의 경우도 마찬가지이므로, 매매의 목적물이 화재로 소실됨으로써 매도인이 지급받게 되는 화재보험금, 화재공제금에 대하여 매수인의 대상청구권이 인정되는 이상, 매수인은 특별한 사정이 없는 한 목적물에 대하여 지급되는 화재보험금, 화재공제금 전부에 대하여 대상청구권을 행사할 수 있고, 인도의무의 이행불능 당시 매수인이 지급하였거나 지급하기로 약정한 매매대금 상당액의 한도 내로 범위가 제한된다고 할 수 없다(대판 2016.10.27, 2013다7769).

④ [O] 쌍무계약의 당사자 일방이 상대방의 급부가 이행불능이 된 사정의 결과로 상대방이 취득한 대상에 대하여 급부청구권을 행사할 수 있다고 하더라도, 그 당사자 일방이 대상청구권을 행사하려면 상대방에 대하여 반대급부를 이행할 의무가 있는바, 이 경우 당사자 일방의 반대급부도 그 전부가 이행불능이 되거나 그 일부가 이행불능이 되고 나머지 잔부의 이행만으로는 상대방의 계약목적을 달성할 수 없는 등 상대방에게 아무런 이익이 되지 않는다고 인정되는 때에는, 상대방이 당사자 일방의 대상청구를 거부하는 것이 신의칙에 반한다고 볼 만한 특별한 사정이 없는 한, 당사자 일방은 상대방에 대하여 대상청구권을 행사할 수 없다(대판 1996.6.25, 95다6601).

⑤ [O] 채무에 이행기의 정함이 없는 경우에는 채무자가 이행의 청구를 받은 다음 날부터 이행지체의 책임을 지는 것이나, 한편 지명채권이 양도된 경우 채무자에 대한 대항요건이 갖추어질 때까지 채권양수인은 채무자에게 대항할 수 없으므로, 이행기의 정함이 없는 채권을 양수한 채권양수인이 채무자를 상대로 그 이행을 구하는 소를 제기하고 소송 계속 중 채무자에 대한 채권양도통지가 이루어진 경우에는 특별한 사정이 없는 한 채무자는 채권양도통지가 도달된 다음 날부터 이행지체의 책임을 진다(대판 2014.4.10, 2012다29557).

014 채무불이행으로서 이행거절에 관한 설명으로 옳지 않은 것은? (다툼이 있으면 판례에 따름)

20 변리사

① 이행거절을 이유로 계약을 해제하기 위해서는 채권자는 채무자에게 채무이행을 최고하여야 한다.
② 채무자가 계약을 이행하지 않을 의사를 명백히 표시하였는지 여부는 계약 이행에 관한 당사자의 행동과 계약 전·후의 구체적인 사정 등을 종합적으로 고려하여 판단하여야 한다.
③ 쌍무계약에서 당사자 일방이 자기의 채무를 아직 다 이행하지 아니하였으면서도 이미 다 이행하였다고 주장하면서 상대방 채무의 이행을 구하는 제소까지 하였다면, 특별한 사정이 없는 한 미리 자기의 채무를 이행하지 아니할 의사를 표명한 것으로 볼 수 있다.
④ 이행거절을 이유로 채권자가 해제권을 행사하는 경우 그 이행거절 의사를 표명했는지 여부에 대한 판단시기는 계약해제 시이다.
⑤ 이행거절이라는 채무불이행이 인정되기 위해서는 채무를 이행하지 아니할 채무자의 명백한 의사표시가 위법한 것으로 평가되어야 한다.

> **해설**   답 ①

① [×] 민법 제390조는 '채무불이행과 손해배상'이라는 제목으로 "채무자가 채무의 내용에 좇은 이행을 하지 아니한 때에는 채권자는 손해배상을 청구할 수 있다. 그러나 채무자의 고의나 과실 없이 이행할 수 없게 된 때에는 그러하지 아니하다."라고 정하여 채무불이행에 관한 일반조항주의를 채택하고 있다. 민법 제544조는 '이행지체와 해제'라는 제목으로 "당사자 일방이 그 채무를 이행하지 아니하는 때에는 상대방은 상당한 기간을 정하여 그 이행을 최고하고 그 기간 내에 이행하지 아니한 때에는 계약을 해제할 수 있다. 그러나 채무자가 미리 이행하지 아니할 의사를 표시한 경우에는 최고를 요하지 아니한다."라고 정하고 있다. 채무자가 채무의 이행을 지체하고 있는 상태에서 이행거절의사를 표시한 경우에는 채권자는 그 이행을 최고하지 않고 계약을 해제할 수 있음은 분명하다(대판 2021.7.15, 2018다214210).

② [○] 여기에서 나아가 계약상 채무자가 계약을 이행하지 않을 의사를 명백히 표시한 경우에는 채권자는 이행기 전이라도 이행의 최고 없이 채무자의 이행거절을 이유로 계약을 해제하거나 채무자를 상대로 손해배상을 청구할 수 있다. 이때 채무자가 계약을 이행하지 않을 의사를 명백히 표시하였는지는 계약 이행에 관한 당사자의 행동과 계약 전후의 구체적인 사정 등을 종합적으로 살펴서 판단하여야 한다. 위와 같은 이행거절로 인한 계약해제의 경우에는 채권자의 최고도 필요하지 않고 동시이행관계에 있는 자기 채무의 이행제공도 필요하지 않아, 이행지체를 이유로 한 계약해제와 비교할 때 계약해제의 요건이 완화되어 있으므로, 이행거절의사가 명백하고 종국적인 것으로 볼 수 있어야 한다. 명시적으로 이행거절의사를 표명하는 경우 외에 계약 당시 또는 그 후의 여러 사정을 종합하여 묵시적 이행거절의사를 인정하기 위해서는 그 거절의사가 정황상 분명하게 인정되어야 한다(대판 2021.7.15, 2018다214210).

③ [○] 쌍방의 채무가 동시이행관계에 있는 쌍무계약에 있어서 당사자 일방이 아직자기의 채무를 모두 이행하지 못하였음에도 불구하고 이미 자기의 채무를 모두 이행하였다고 주장하면서 상대방채무의 이행을 구하는 제소까지 하였다면 그것이 계산상의 착오 때문이라는 등 특별한 사정이 없는 한 미리 자기의 채무를 이행하지 아니할 의사를 표명한 것으로 볼 것이다(대판 1993.12.24, 93다26045).

④ [○] 채무불이행에 의한 계약해제에서 미리 이행하지 아니할 의사를 표시한 경우로서 이른바 '이행거절'로 인한 계약해제의 경우에는 상대방의 최고 및 동시이행관계에 있는 자기 채무의 이행제공을 요하지 아니하여 이행지체 시의 계약해제와 비교할 때 계약해제의 요건이 완화되어 있는바, 명시적으로 이행거절의사를 표명하는 경우 외에 계약 당시나 계약 후의 여러 사정을 종합하여 묵시적 이행거절의사를 인정하기 위하여는 그 거절의사가 정황상 분명하게 인정되어야 한다(대판 2011.2.10, 2010다77385).

⑤ [○] 채무자가 채무를 이행하지 아니할 의사를 명백히 표시한 경우에 채권자는 신의성실의 원칙상 이행기 전이라도 이행의 최고 없이 채무자의 이행거절을 이유로 계약을 해제하거나 채무자를 상대로 손해배상을 청구할 수 있지만, 이러한 이행거절이라는 채무불이행이 인정되기 위해서는 채무를 이행하지 아니할 채무자의 명백한 의사표시가 위법한 것으로 평가되어야 한다(대판 2015.2.12, 2014다227225).

015 대상청구권에 관한 설명으로 옳지 않은 것은? (다툼이 있으면 판례에 따름) 20 변리사

① 쌍무계약의 당사자 일방이 대상청구권을 행사하는 경우 상대방에 대하여 반대급부를 이행할 의무가 있다.
② 부동산 점유취득시효 완성을 원인으로 한 등기청구권이 이행불능으로 되었다고 하여 대상청구권을 행사하기 위해서는, 그 이행불능 전에 등기명의자에 대하여 점유취득시효 완성을 이유로 그 권리를 주장하였거나 점유취득시효 완성을 원인으로 한 등기청구권을 행사하였어야 한다.
③ 매매 목적물인 부동산이 수용되어 그 소유권이전등기의무가 이행불능이 된 경우, 등기청구권자는 등기의무자에게 대상청구권의 행사로써 등기의무자가 지급 받은 수용보상금의 반환을 구하거나 등기의무자가 취득한 수용보상금청구권의 양도를 구할 수 있다.
④ 대상청구의 대상이 되는 보상금을 채권자가 직접 자신의 명의로 지급받았다면 채무자에 대한 관계에서 바로 부당이득이 된다.
⑤ 매매 목적물의 이중매매로 인하여 매도인의 소유권이전등기의무가 이행불능된 경우, 매수인에게 인정되는 대상청구권은 특별한 사정이 없는 한 매도인의 소유권이전등기의무가 이행불능되었을 때부터 소멸시효가 진행하는 것이 원칙이다.

해설
답 ④

① [O] 쌍무계약의 당사자 일방이 상대방의 급부가 이행불능이 된 사정의 결과로 상대방이 취득한 대상에 대하여 급부청구권을 행사할 수 있다고 하더라도, 그 당사자 일방이 대상청구권을 행사하려면 상대방에 대하여 반대급부를 이행할 의무가 있는바, 이 경우 당사자 일방의 반대급부도 그 전부가 이행불능이 되거나 그 일부가 이행불능이 되고 나머지 잔부의 이행만으로는 상대방의 계약목적을 달성할 수 없는 등 상대방에게 아무런 이익이 되지 않는다고 인정되는 때에는, 상대방이 당사자 일방의 대상청구를 거부하는 것이 신의칙에 반한다고 볼 만한 특별한 사정이 없는 한, 당사자 일방은 상대방에 대하여 대상청구권을 행사할 수 없다(대판 1996.6.25, 95다6601).
② [O] 점유로 인한 부동산 소유권 취득기간 만료를 원인으로 한 등기청구권이 이행불능으로 되었다고 하여 대상청구권을 행사하기 위하여는, 그 이행불능 전에 등기명의자에 대하여 점유로 인한 부동산 소유권 취득기간이 만료되었음을 이유로 그 권리를 주장하였거나 그 취득기간 만료를 원인으로 한 등기청구권을 행사하였어야 하고, 그 이행불능 전에 그와 같은 권리의 주장이나 행사에 이르지 않았다면 대상청구권을 행사할 수 없다고 봄이 공평의 관념에 부합한다(대판 1996.12.10, 94다43825).
③ [O] 취득시효가 완성된 토지가 수용됨으로써 취득시효 완성을 원인으로 하는 소유권이전등기 의무가 이행불능이 된 경우에는 그 소유권이전등기 청구권자가 대상청구권의 행사로서 그 토지의 소유자가 토지의 대가로서 지급 받은 수용보상금의 반환을 청구할 수 있다고 하더라도, 시효취득자가 직접 토지의 소유자를 상대로 공탁된 토지수용보상금의 수령권자가 자신이라는 확인을 구할 수는 없다(대판 1995.7.28, 95다2074).
④ [X] 채무자가 수령하게 되는 보상금이나 그 청구권에 대하여 채권자가 대상청구권을 가지는 경우에도 채권자는 채무자에 대하여 그가 지급받은 보상금의 반환을 청구하거나 채무자로부터 보상청구권을 양도받아 보상금을 지급받아야 할 것이나, 어떤 사유로 채권자가 직접 자신의 명의로 대상청구의 대상이 되는 보상금을 지급받았다고 하더라도 이로써 채무자에 대한 관계에서 바로 부당이득이 되는 것은 아니라고 보아야 할 것이다(대판 2002.2.8, 99다23901).
⑤ [O] 대상청구권은 특별한 사정이 없는 한 매매 목적물의 수용 또는 국유화로 인하여 매도인의 소유권이전등기의무가 이행불능 되었을 때 매수인이 그 권리를 행사할 수 있다고 보아야 할 것이고 따라서 그 때부터 소멸시효가 진행하는 것이 원칙이라 할 것이나, 국유화가 된 사유의 특수성과

법규의 미비 등으로 그 보상금의 지급을 구할 수 있는 방법이나 절차가 없다가 상당한 기간이 지난 뒤에야 보상금청구의 방법과 절차가 마련된 경우라면, 대상청구권자로서는 그 보상금청구의 방법이 마련되기 전에는 대상청구권을 행사하는 것이 불가능하였던 것이고, 따라서 이러한 경우에는 보상금을 청구할 수 있는 방법이 마련된 시점부터 대상청구권에 대한 소멸시효가 진행하는 것으로 봄이 상당할 것인바, 이는 대상청구권자가 보상금을 청구할 길이 없는 상태에서 추상적인 대상청구권이 발생하였다는 사유만으로 소멸시효가 진행한다고 해석하는 것은 대상청구권자에게 너무 가혹하여 사회정의와 형평의 이념에 반할 뿐만 아니라 소멸시효제도의 존재이유에 부합된다고 볼 수 없기 때문이다(대판 2002.2.8, 99다23901).

016 이행지체에 관한 설명으로 옳지 않은 것은? (다툼이 있으면 판례에 따름)   24 노무사

① 이행지체를 이유로 채권자에게 전보배상청구가 인정되는 경우, 그 손해액은 원칙적으로 최고 할 당시의 시가를 기준으로 산정하여야 한다.
② 중도금지급기일을 '2층 골조공사 완료시'로 한 경우, 그 공사가 완료되었더라도 채무자가 그 완료사실을 알지 못하였다면 특별한 사정이 없는 한 지체책임을 지지 않는다.
③ 금전채무의 이행지체로 인하여 발생하는 지연이자의 성질은 손해배상금이다.
④ 저당권이 설정된 부동산 매도인의 담보책임에 기한 손해배상채무는 이행청구를 받은 때부터 지체책임이 있다.
⑤ 이행기의 정함이 없는 채권을 양수한 채권양수인이 채무자를 상대로 그 이행을 구하는 소를 제기하고 소송 계속 중 채무자에 대한 채권양도통지가 이루어진 경우, 특별한 사정이 없는 한 채무자는 채권양도통지가 도달된 다음날부터 지체책임을 진다.

해설   답 ①

① [×] 이행지체에 의한 전보배상에 있어서의 손해액 산정은 본래의 의무이행을 최고한 후 상당한 기간이 경과한 당시의 시가를 표준으로 하고, 이행불능으로 인한 전보배상액은 이행불능 당시의 시가 상당액을 표준으로 할 것인바, 채무자의 이행거절로 인한 채무불이행에서의 손해액 산정은, 채무자가 이행거절의 의사를 명백히 표시하여 최고 없이 계약의 해제나 손해배상을 청구할 수 있는 경우에는 이행거절 당시의 급부목적물의 시가를 표준으로 해야 한다(대판 2007.9.20, 2005다63337).
② [O] 중도금지급기일을 '1층 골조공사 완료시'로 정한 것은 중도금 지급의무의 이행기를 장래 도래할 시기가 확정되지 아니한 때, 즉 불확정기한으로 이행기를 정한 경우에 해당한다(대판 2005. 10.7, 2005다38546).

> 제387조(이행기와 이행지체) ① 채무이행의 확정한 기한이 있는 경우에는 채무자는 기한이 도래한 때로부터 지체책임이 있다. 채무이행의 불확정한 기한이 있는 경우에는 채무자는 기한이 도래함을 안 때로부터 지체책임이 있다. 따라서 채무자가 기한이 도래함을 안 때로부터 지체책임이 있으므로, 채무자가 그 완료사실을 알지 못하였다면 특별한 사정이 없는 한 지체책임을 지지 않는다.

③ [O] 제163조 제1호 소정의 1년 이내의 기간으로 정한 채권이란 1년 이내의 정기에 지급되는 채권을 의미한다고 하고 지연손해금은 민법 제163조 제1호 소정의 1년 이내의 기간으로 정한 이자에 해당되지 않으며 본래의 원본채권과 동일성을 유지한다고 한다(대판 1991.5.14, 91다7156).

④ [O] 민법 제576조에서 정하는 매도인의 담보책임에 기한 손해배상채무는 이행의 기한이 없는 채무로서 이행청구를 받은 때부터 지체책임이 있다(대판 2015.4.23, 2013다92873).
⑤ [O] 지명채권이 양도된 경우 채무자에 대한 대항요건이 갖추어질 때까지 채권양수인은 채무자에게 대항할 수 없으므로, 이행기의 정함이 없는 채권을 양수한 채권양수인이 채무자를 상대로 그 이행을 구하는 소를 제기하고 소송 계속 중 채무자에 대한 채권양도통지가 이루어진 경우에는 특별한 사정이 없는 한 채무자는 채권양도통지가 도달된 다음 날부터 이행지체의 책임을 진다(대판 2014.4.10, 2012다29557).

IV. 관련문제

1. 이행보조자

017 이행보조자의 관한 설명으로 옳은 것은? (다툼이 있으면 판례에 따름) 21 노무사

① 이행보조자는 채무자에게 종속되어 지시·감독을 받는 관계에 있는 자를 말한다.
② 동일한 사실관계에 기하여 채무자와 이행보조자가 각 채무불이행책임과 불법행위책임을 지는 경우, 이들의 책임은 연대채무관계에 있다.
③ 채무자가 이행보조자의 선임·감독상의 주의의무를 다하더라도 채무자는 이행보조자에 의해 유발된 채무불이행책임을 면하지 못한다.
④ 이행보조자의 경과실에 대하여 채무자가 채무불이행 책임을 지지 아니한다는 내용의 특약은 원칙적으로 무효이다.
⑤ 이행보조자가 제3자를 복이행보조자로 사용하는 경우, 채무자가 이를 묵시적으로 동의했다면 복이행보조자의 경과실에 대해서 채무자는 책임을 부담하지 않는다.

해설 답 ③

①⑤ [X] 민법 제391조는 이행보조자의 고의·과실을 채무자의 고의·과실로 본다고 규정하고 있는데, 이러한 이행보조자는 채무자의 의사 관여 아래 채무이행행위에 속하는 활동을 하는 사람이면 족하고 반드시 채무자의 지시 또는 감독을 받는 관계에 있어야 하는 것은 아니므로, 그가 채무자에 대하여 종속적 또는 독립적인 지위에 있는가는 문제되지 않으며, 이행보조자가 채무의 이행을 위하여 제3자를 복이행보조자로서 사용하는 경우에도 채무자가 이를 승낙하였거나 적어도 묵시적으로 동의한 경우에는 채무자는 복이행보조자의 고의·과실에 관하여 민법 제391조에 의하여 책임을 부담한다(대판 1999.4.13, 98다51077,51084; 대판 2011.5.26, 2011다1330).
② [X] 이행보조자가 고의, 과실로 목적물을 훼손, 멸실시킨 경우에 있어서 이행보조자의 손해배상의무와 채무자의 손해배상의무는 부진정연대채무이다.
③ [O] 제391조(이행보조자의 고의, 과실) 채무자의 법정대리인이 채무자를 위하여 이행하거나 채무자가 타인을 사용하여 이행하는 경우에는 법정대리인 또는 피용자의 고의나 과실은 채무자의 고의나 과실로 본다.
④ [X] 채무자는 계약자유의 원칙상 채권자와 과실에 대한 면책약정을 할 수 있다. 그러나 채무자 자신의 고의에 대한 면책을 특약하는 것은 사회질서에 반하므로 무효이다.

018 민법 제391조(이행보조자의 고의, 과실)에 관한 설명으로 옳지 않은 것은? (다툼이 있으면 판례에 따름)

22 변리사

① 이행보조자로서의 피용자라 함은 일반적으로 채무자의 의사관여 아래 그 채무의 이행행위에 속하는 활동을 하는 사람이면 족하다.
② 임대인이 임차인과의 임대차계약상의 약정에 따라 제3자에게 도급을 주어 임차목적물을 수선한 경우, 그 수급인 제3자는 임대인에 대하여 이행보조자로서의 피용자가 아니다.
③ 이행보조자가 채무의 이행을 위하여 제3자를 복이행보조자로 사용하는 경우, 채무자가 이를 승낙하였거나 적어도 묵시적으로 동의했다면 채무자는 복이행보조자의 고의·과실에 관하여 민법 제391조에 따라 책임을 부담한다.
④ 이행보조자의 행위가 채무자에 의하여 그에게 맡겨진 이행업무와 객관적, 외형적으로 관련을 가지는 경우에는 채무자는 그 행위에 대하여 책임을 져야 한다.
⑤ 임대인의 이행보조자가 임차인으로 하여금 임차목적물을 사용·수익하지 못하게 함으로써 임대인은 채무불이행책임을 지고 그 이행보조자는 불법행위책임을 지는 경우, 양 책임은 부진정연대채무관계에 있다.

해설

답 ②

①③ [O] 민법 제391조는 이행보조자의 고의·과실을 채무자의 고의·과실로 본다고 규정하고 있는데, 이러한 이행보조자는 채무자의 의사 관여 아래 채무이행행위에 속하는 활동을 하는 사람이면 족하고 반드시 채무자의 지시 또는 감독을 받는 관계에 있어야 하는 것은 아니므로, 그가 채무자에 대하여 종속적 또는 독립적인 지위에 있는가는 문제되지 않으며, 이행보조자가 채무의 이행을 위하여 제3자를 복이행보조자로서 사용하는 경우에도 채무자가 이를 승낙하였거나 적어도 묵시적으로 동의한 경우에는 채무자는 복이행보조자의 고의·과실에 관하여 민법 제391조에 의하여 책임을 부담한다(대판 1999.4.13, 98다51077·51084; 대판 2011.5.26, 2011다1330).
② [×] 임대인이 임차인과의 임대차계약상의 약정에 따라 제3자에게 도급을 주어 임대차목적 시설물을 수선한 경우에는 그 수급인도 임대인에 대하여 종속적인지 여부를 불문하고 이행보조자로서의 피용자라고 보아야 할 것이고, 이러한 수급인이 시설물 수선 공사 등을 하던 중 수급인의 과실로 인하여 화재가 발생한 경우에는 임대인은 민법 제391조에 따라 위 화재발생에 귀책사유가 있다 할 것이어서 임차인에 대한 채무불이행상의 손해배상책임이 있다(대판 2002.7.12, 2001다44338).
④ [O] 이행보조자의 행위가 채무자에 의하여 그에게 맡겨진 이행업무와 객관적, 외형적으로 관련을 가지는 경우에는 채무자는 그 행위에 대하여 책임을 져야 하고, 채무의 이행에 관련된 행위이면 가사 이행보조자의 행위가 채권자에 대한 불법행위가 된다고 하더라도 채무자가 면책될 수는 없다(대판 2008.2.15, 2005다69458).
⑤ [O] 임대인인 피고 甲은 이행보조자인 피고 乙이 임차물인 점포의 출입을 봉쇄하고 내부시설공사를 중단시켜 임차인인 원고로 하여금 그 사용·수익을 하지 못하게 한 행위에 대하여 임대인으로서의 채무불이행으로 인한 손해를 배상할 의무가 있고, 또한 피고 乙이 원고가 임차인이라는 사정을 알면서도 위와 같은 방법으로 원고로 하여금 점포를 사용·수익하지 못하게 한 것은 원고의 임차권을 침해하는 불법행위를 이룬다고 할 것이므로 피고 乙은 원고에게 불법행위로 인한 손해배상의무가 있다고 할 경우, 피고 甲의 채무불이행책임과 피고 乙의 불법행위책임은 동일한 사실관계에 기한 것으로 부진정연대채무관계에 있다(대판 1994.11.11, 94다22446).

2. 손해배상의 범위

019 통상손해와 특별손해에 관한 다음 설명 중 가장 옳지 않은 것은?

① 여행자가 해외 여행계약에 따라 여행하는 도중 여행업자의 고의 또는 과실로 상해를 입은 경우 계약상 여행업자의 여행자에 대한 국내로의 귀환운송의무가 예정되어 있고, 현지에서 당초 예정한 여행기간 내에 치료를 완료하기 어렵거나, 계속적, 전문적 치료가 요구되어 사회통념상 여행자가 국내로 귀환할 필요성이 있었다고 인정된다면, 이로 인하여 발생하는 귀환운송비 등 추가적인 비용은 여행업자의 고의 또는 과실로 인하여 발생한 통상손해의 범위에 포함될 수 있다.

② 금융기관의 임직원이 동일인에 대한 대출한도를 초과하는 등 여신업무에 관한 규정을 위반하여 자금을 대출하면서 충분한 담보를 확보하지 아니하는 등 그 임무를 게을리 하여 금융기관이 대출금을 회수하지 못하는 손해를 입은 경우 금융기관이 입은 통상손해는 위 임직원이 위와 같은 규정을 준수하여 적정한 담보를 취득하였더라면 회수할 수 있었을 미회수 대출 원리금이고, 특별한 사정이 없는 한 이에 대한 약정이율에 의한 대출금의 이자와 약정연체이율에 의한 지연이자는 특별손해에 해당한다.

③ 불법행위로 인하여 사망한 급여소득자의 일실수익은 원칙적으로 사망 당시를 기준으로 하여 산정하여야 하지만 장차 그 임금수익이 증가될 것을 상당한 정도로 확실하게 예측할 수 있는 객관적인 자료가 있을 때에는 장차 증가될 임금수익도 일실수익을 산정함에 있어서 고려되어야 하고, 이와 같이 증가될 임금수익을 기준으로 산정된 일실수익 상당의 손해는 통상손해에 해당한다.

④ 계약 당시 손해배상액을 예정한 경우에는 다른 특약이 없는 한 채무불이행으로 인하여 입은 통상손해는 물론 특별손해 까지도 예정액에 포함되고, 채권자의 손해가 예정액을 초과한다 하더라도 초과 부분을 따로 청구할 수 없다.

⑤ 부당한 가압류의 집행으로 그 가압류 목적물의 처분이 지연되어 소유자가 손해를 입은 경우, 가압류 집행 당시 부동산의 소유자가 그 부동산을 사용·수익하였다면 그 부동산의 처분이 지체되었다고 하더라도 그로 인한 손해는 그 부동산을 계속 사용·수익함으로 인한 이익과 상쇄되어 결과적으로 부동산의 처분이 지체됨에 따른 손해가 없다고 할 수 있고, 만일 그 부동산의 처분 지연으로 인한 손해가 그 부동산을 계속 사용·수익하는 이익을 초과한다면 이는 특별손해라고 할 수 있다.

| 해설 | 답 ② |

① [O] 민법 제393조 제1항은 "채무불이행으로 인한 손해배상은 통상의 손해를 그 한도로 한다."라고 규정하고 있고, 제2항은 "특별한 사정으로 인한 손해는 채무자가 이를 알았거나 알 수 있었을 때에 한하여 배상의 책임이 있다."라고 규정하고 있다. 제1항의 통상손해는 특별한 사정이 없는 한 그 종류의 채무불이행이 있으면 사회일반의 거래관념 또는 사회일반의 경험칙에 비추어 통상 발생하는 것으로 생각되는 범위의 손해를 말하고, 제2항의 특별한 사정으로 인한 손해는 당사자들의 개별적, 구체적 사정에 따른 손해를 말한다. 여행자가 해외 여행계약에 따라 여행하는 도중 여행업자의 고의 또는 과실로 상해를 입은 경우 계약상 여행업자의 여행자에 대한 국내로의 귀환운송의무가 예정되어 있고, 여행자가 입은 상해의 내용과 정도, 치료행위의 필요성과 치료기간은 물론 해외의 의료 기술수준이나 의료제도, 치료과정에서 발생할 수 있는 언어적 장애 및 의료비용의 문제 등에 비추어 현지에서 당초 예정한 여행기간 내에 치료를 완료하기 어렵거나, 계속적·전문적 치료가 요구되어 사회통념상 여행자가 국내로 귀환할 필요성이 있었다고 인정된다면, 이로 인하여 발생하는 귀환운송비 등 추가적인 비용은 여행업자의 고의 또는 과실로 인하여 발생한 통상손해의 범위에 포함되고, 이 손해가 특별한 사정으로 인한 손해라고 하더라도 예견가능성이 있었다고 보아야 한다(대판 2019.4.3, 2018다286550).

② [X] 금융기관 임직원이 동일인 신용대출한도를 초과하여 대출할 경우 담보를 취득하도록 정하고 있는 여신업무에 관한 규정을 위반하여 아무런 담보를 취득하지 않은 채 신용대출한도를 초과하여 대출한 경우, 이러한 금융기관 임직원의 채무불이행으로 인하여 금융기관이 입은 통상손해는 임직원이 규정을 준수하여 적정한 담보를 취득하고 대출하였더라면 회수할 수 있었을 미회수 대출원리금이고, 특별한 사정이 없는 한 이러한 통상손해의 범위에는 약정이율에 의한 대출금 이자와 약정연체이율에 의한 지연이자가 포함된다(대판 2012.4.12, 2010다75945).

③ [O] 불법행위로 인하여 노동능력을 상실한 급여소득자의 일실이득은 원칙적으로 노동능력 상실 당시의 임금수익을 기준으로 산정할 것이지만, 장차 그 임금수익이 증가될 것을 상당한 정도로 확실하게 예측할 수 있는 객관적인 자료가 있을 때에는 장차 증가될 임금수익도 일실이득을 산정함에 고려되어야 할 것이고, 이와 같이 장차 증가될 임금수익을 기준으로 산정된 일실이득 상당의 손해는 당해 불법행위에 의하여 사회관념 상 통상 생기는 것으로 인정되는 통상손해에 해당하는 것이라고 볼 것이므로 당연히 배상 범위에 포함시켜야 하는 것이고, 피해자의 임금수익이 장차 증가될 것이라는 사정을 가해자가 알았거나 알 수 있었는지의 여부에 따라 그 배상범위가 달라지는 것은 아니다(대판 2004.2.27, 2003다6873).

④ [O] 「민법」제398조에서 정하고 있는 손해배상액의 예정은 손해의 발생사실과 손해액에 대한 증명의 곤란을 덜고 분쟁의 발생을 미리 방지하여 법률관계를 쉽게 해결하고자 하는 등의 목적으로 규정된 것이고, 계약 당시 손해배상액을 예정한 경우에는 다른 특약이 없는 한 채무불이행으로 인하여 입은 통상손해는 물론 특별손해까지도 예정액에 포함되고 채권자의 손해가 예정액을 초과한다 하더라도 초과 부분을 따로 청구할 수 없다(대판 2010.7.15, 2010다10382).

⑤ [O] 가압류나 가처분 등 보전처분은 법원의 재판에 의하여 집행되는 것이기는 하나, 그 실체상 청구권이 있는지 여부는 본안소송에 맡기고 단지 소명에 의하여 채권자의 책임 아래 하는 것이므로, 그 집행 후에 집행채권자가 본안소송에서 패소 확정되었다면 그 보전처분의 집행으로 인하여 채무자가 입은 손해에 대하여는 특별한 반증이 없는 한 집행채권자에게 고의 또는 과실이 있다고 추정되고, 따라서 그 부당한 집행으로 인한 손해에 대하여 이를 배상할 책임이 있다고 할 것이나, 토지에 대한 부당한 가압류의 집행으로 그 지상에 건물을 신축하는 내용의 공사도급계약이 해제됨으로 인한 손해는 특별손해이므로, 가압류채권자가 토지에 대한 가압류집행이 그 지상 건물 공사도급계약의 해제사유가 된다는 특별한 사정을 알았거나 알 수 있었을 때에 한하여 배상의 책임이 있다(대판 2008.6.26, 2006다84874).

020 채무불이행으로 인한 손해배상책임에 관한 설명으로 옳지 않은 것은? (다툼이 있으면 판례에 따름)

19 변리사

① 손해배상 방법으로서 금전배상의 경우, 금전은 우리나라 통화를 의미하지만, 당사자의 약정이 있으면 외국통화로 배상할 수 있다.
② 채무불이행으로 인한 손해배상책임과 달리 매매계약의 해제로 인한 원상회복의무의 이행으로서 이미 지급한 매매대금 기타 급부의 반환을 구하는 경우에는 과실상계의 법리가 적용되지 않는다.
③ 지체상금이 손해배상의 예정으로 인정되어 감액할 때, 채무자가 계약을 위반한 경위 등 제반사정이 참작되므로, 손해배상액의 감경에 앞서 채권자의 과실 등을 들어 따로 감경할 필요는 없다.
④ 특별손해의 배상에서 채무자가 그 사정을 알았거나 알 수 있었는지의 여부는 채무의 이행기가 아니라 계약체결 당시를 기준으로 판단하여야 한다.
⑤ 매도인이 매수인으로부터 부동산 매매대금을 약정기일에 지급받지 못한 결과 제3자로부터 이와 유사한 부동산을 매수하고 그 잔대금을 지급하지 못하여 계약금이 몰수되는 손해를 입었다면, 이는 특별한 사정으로 인한 손해에 해당한다.

해설

답 ④

① [O] 채무불이행으로 인한 손해배상을 규정하고 있는 민법 제394조는 다른 의사표시가 없는 한 손해는 금전으로 배상하여야 한다고 규정하고 있는바, 위 법조 소정의 금전이라 함은 우리나라의 통화를 가리키는 것이어서 채무불이행으로 인한 손해배상을 구하는 채권은 당사자가 외국통화로 지급하기로 약정하였다는 등의 특별한 사정이 없는 한 채권액이 외국통화로 지정된 외화채권이라고 할 수 없다(대판 2005.7.28, 2003다12083).
② [O] 과실상계는 본래 채무불이행 또는 불법행위로 인한 손해배상책임에 대하여 인정되는 것이고, 매매계약이 해제되어 소급적으로 효력을 잃은 결과 매매당사자에게 당해 계약에 기한 급부가 없었던 것과 동일한 재산상태를 회복시키기 위한 원상회복의무의 이행으로서 이미 지급한 매매대금 기타의 급부의 반환을 구하는 경우에는 적용되지 아니한다(대판 2014.3.13, 2013다34143).
③ [O] 지체상금이 손해배상의 예정으로 인정되어 이를 감액함에 있어서는 채무자가 계약을 위반한 경위 등 제반사정이 참작되므로 손해배상액의 감경에 앞서 채권자의 과실 등을 들어 따로 감경할 필요는 없다(대판 2002.1.25, 99다57126). 즉 손해배상액예정의 경우에는 과실상계를 적용할 수 없다.
④ [×] 민법 제393조 제2항 소정의 특별사정으로 인한 손해배상에 있어서 채무자가 그 사정을 알았거나 알 수 있었는지의 여부를 가리는 시기는 계약체결당시가 아니라 채무의 이행기까지를 기준으로 판단하여야 한다(대판 1985.9.10, 84다카1532).
⑤ [O] 매도인이 매수인으로부터 매매대금을 약정된 기일에 지급받지 못한 결과 제3자로부터 부동산을 매수하고 그 잔대금을 지급하지 못하여 그 계약금을 몰수당함으로써 손해를 입었다고 하더라도 이는 특별한 사정으로 인한 손해이므로 매수인이 이를 알았거나 알 수 있었던 경우에만 그 손해를 배상할 책임이 있다(대판 1991.10.11, 91다25369).

021

甲은 자신의 X토지를 乙에게 1억 원에 매도하는 계약을 체결하였다. 乙은 계약금과 중도금으로 6천만 원을 甲에게 지급하였다. 그 후 X토지의 가격이 폭등하자 甲은 X토지를 丙에게 1억 5천만 원에 매도하고 丙 명의로 소유권이전등기를 마쳐 주었다. 이에 관한 설명으로 옳은 것을 모두 고른 것은? (각 지문은 독립적이며, 다툼이 있으면 판례에 따름)   22 변리사

> ㄱ. 甲과 乙의 매매계약은 특별한 사정이 없는 한 甲이 丙과 매매계약을 맺은 때에 이행불능이 된다.
> ㄴ. 특별한 사정이 없는 한 乙은 甲을 상대로 X토지의 인도 및 소유권이전등기의 청구를 할 수 없다.
> ㄷ. 만일 甲이 乙의 잔금미지급을 이유로 계약을 적법하게 해제할 수 있었으나 해제하지 않은 상태에서 甲이 丙에게 X토지를 매도하고 소유권이전등기를 마쳐준 경우라면, 특별한 사정이 없는 한 甲은 乙에게 이행불능에 따른 책임을 부담하지 않는다.
> ㄹ. 만일 甲이 丙에게 X토지의 소유권이전등기가 아니라 소유권이전등기청구권 보전을 위한 가등기만을 마쳐준 경우라면, 특별한 사정이 없는 한 甲은 乙에게 이행불능에 따른 책임을 부담하지 않는다.

① ㄴ
② ㄱ, ㄷ
③ ㄴ, ㄹ
④ ㄱ, ㄷ, ㄹ
⑤ ㄴ, ㄷ, ㄹ

해설   답 ③

ㄱ. [X] 채무자의 부동산에 관한 소유권이전등기 의무가 이행불능으로 된 경우, 그 손해배상액은 원칙적으로 이행불능 당시의 목적물의 시가에 의하여야 하고, 그 후 목적물의 시가가 등귀하였다고 하더라도 그로 인한 손해는 특별한 사정에 인한 것이어서 채무자가 이행불능 당시 그와 같은 특별한 사정을 알았거나 알 수 있었을 경우에 한하여 그 등귀한 가격에 의한 손해배상을 청구할 수 있다(대판 1995.10.13, 95다22337).

ㄴ. [O] 乙이 丙에게 X토지를 양도하고, 丙 명의로 이전등기를 한 것은 甲의 배임행위에 丙이 적극 가담한 것이 아닌 한, 원칙적으로 유효하다. 따라서 乙은 甲에게 이행불능을 이유로 손해배상을 청구할 수 있을 뿐, 甲을 상대로 X토지의 인도 및 소유권이전등기의 청구를 할 수는 없다.

ㄷ. [X] 甲과 乙의 매매계약은 해제하지 않아 유효하므로, 甲은 乙에게 이행불능 책임을 지게 된다.

ㄹ. [O] 부동산소유권이전등기 의무자가 그 부동산상에 가등기를 경료한 경우 가등기는 본등기의 순위보전의 효력을 가지는 것에 불과하고 또한 그 소유권이전등기 의무자의 처분권한이 상실되지도 아니하므로 그 가등기만으로는 소유권이전등기의무가 이행불능이 된다고 할 수 없지만, 부동산소유권이전등기 의무자가 그 부동산에 관하여 제3자 앞으로 비록 채무담보를 위하여 소유권이전등기를 경료하였다고 할지라도 그 의무자가 채무를 변제할 자력이 없는 경우에는 특단의 사정이 없는 한 그 소유권이전등기의무는 이행불능이 된다(대판 1991.7.26, 91다8104).

3. 손해배상의 방법

022 손해배상액의 예정 및 손해배상의 방법과 관련하여 옳지 않은 설명은? (다툼이 있으면 판례에 따름)

① 계약금은 우리 민법상 위약금 또는 손해배상액의 예정으로서의 성질을 가지는 것으로 추정된다.
② 위약벌에 대하여는 손해배상의 예정에 관한 민법 제398조 제2항을 유추적용하여 이를 감액할 수 없다.
③ 제394조의 금전이라 함은 우리나라의 통화를 가리키는 것이어서 채무불이행으로 인한 손해배상을 구하는 채권은 당사자가 외국통화로 지급하기로 약정하였다는 등의 특별한 사정이 없는 한 채권액이 외국통화로 지정된 외화채권이라고 할 수 없다.
④ 계약해제시 중도금의 반환청구권을 포기하기로 하는 약정은 손해배상의 예정으로 추정된다.
⑤ 해외파견된 근로자가 귀국 후 일정기간 근무를 계속하지 아니할 경우에는 그 소요경비를 반환하여야 한다는 사규나 약정은 근로기준법에서 금지하는 '위약금 또는 손해배상의 예정'에 해당하지 않는다.

> **해설** 답 ①

① [×] 계약금은 당사자 사이에 특약이 없는 한, 그 명칭 여하를 불문하고 해약금으로 추정한다(제565조 제1항 참조). 즉 계약금은 해약금으로 해석하여야 하고, 이를 배상액의 예정으로 보아 감액할 수 없다(대판 1971.12.14, 71다2014).
② [○] 위약벌의 약정은 채무의 이행을 확보하기 위해서 정해지는 것으로서 손해배상의 예정과는 그 내용이 다르므로 손해배상의 예정에 관한 민법 제398조 제2항의 규정을 유추적용하여 그 액을 감액할 수는 없으며, 다만 그 의무의 강제에 의하여 얻어지는 채권자의 이익에 비하여 약정된 벌이 과도하게 무거울 때에는 그 일부 또는 전부가 공서양속에 반하여 무효가 되는 것에 불과하다(대판 2002.4.23, 2000다56976 등).
③ [○] 채무불이행으로 인한 손해배상을 규정하고 있는 민법 제394조는 다른 의사표시가 없는 한 손해는 금전으로 배상하여야 한다고 규정하고 있는바, 위 법조 소정의 금전이라 함은 우리나라의 통화를 가리키는 것이어서 채무불이행으로 인한 손해배상을 구하는 채권은 당사자가 외국통화로 지급하기로 약정하였다는 등의 특별한 사정이 없는 한 채권액이 외국통화로 지정된 외화채권이라고 할 수 없다(대판 2005.7.28, 2003다12083).
④ [○] 중도금지급을 지체하여 매도인으로부터 이를 추궁받고 잔금지급기일의 엄수를 다짐받은 매수인이 매도인에게 위 중도금을 지급하면서 잔금기일을 위반할 경우에는 중도금까지 포기하기로 한다고 약정한 경우, 이는 매수인이 위약하는 경우에는 계약 당시 약정한 위약금과 더불어 위 중도금도 손해배상액으로 예정한 것으로 추정된다(대판 1990.11.27, 90다카27068).
⑤ [○] 사용자가 근로계약의 불이행에 대하여 위약금 또는 손해배상을 예정하는 계약을 체결하는 것은 강행규정인 근로기준법 제27조에 위반되어 무효라 할 것인바, 기업체에서 비용을 부담·지출하여 직원에 대하여 위탁교육을 시키고 이를 이수한 직원이 교육수료일자로부터 일정한 의무재직기간 이상 근무하지 아니할 때에는 기업체가 우선 부담한 해당 교육비용의 전부 또는 일부를 상환하도록 하되 의무재직기간 동안 근무하는 경우에는 이를 면제하기로 하는 약정은 근로기준법 제27조에서 금지된 위약금 또는 손해배상의 약정이 아니므로 유효하다(대판 1996.12.20, 95다52222).

4. 과실상계

023 과실상계에 관한 설명으로 옳은 것은? (다툼이 있으면 판례에 따름) 　　19 노무사

① 과실상계의 비율에 대한 당사자의 주장은 법원을 구속한다.
② 배상의무자가 피해자의 과실에 관하여 주장하지 않는 경우, 법원이 이를 직권으로 심리·판단할 수 없다.
③ 한 개의 손해배상청구권 중 일부가 소송상 청구된 경우, 법원은 과실상계를 함에 있어서 손해의 전액에서 과실비율에 의한 감액을 하고 그 잔액이 청구액을 초과하지 않을 경우에는 그 잔액을 인용해야 한다.
④ 채무내용에 따른 본래의 급부의 이행을 구하는 경우에도 과실상계는 적용된다.
⑤ 채무불이행에 관하여 채권자의 과실이 있고 채권자가 그로 인하여 이익을 받은 경우, 손해배상액을 산정함에 있어서 손익상계를 한 다음 과실상계를 해야 한다.

해설　　답 ③

①② [×] 민법상의 과실상계제도는 채권자가 신의칙상 요구되는 주의를 다하지 아니한 경우 공평의 원칙에 따라 손해의 발생에 관한 채권자의 그와 같은 부주의를 참작하게 하려는 것이므로 단순한 부주의라도 그로 말미암아 손해가 발생하거나 확대된 원인을 이루었다면 피해자에게 과실이 있는 것으로 보아 과실상계를 할 수 있고, 피해자에게 과실이 인정되면 법원은 손해배상의 책임 및 그 금액을 정함에 있어서 이를 참작하여야 하며, 배상의무자가 피해자의 과실에 관하여 주장하지 않는 경우에도 소송자료에 의하여 과실이 인정되는 경우에는 이를 법원이 직권으로 심리·판단하여야 한다(대판 1996.10.25, 96다30113).

③ [○] 일개의 손해배상청구권중 일부가 소송상 청구되어 있는 경우에 과실상계를 함에 있어서는 손해의 전액에서 과실비율에 의한 감액을 하고 그 잔액이 청구액을 초과하지 않을 경우에는 그 잔액을 인용할 것이고 잔액이 청구액을 초과할 경우에는 청구의 전액을 인용하는 것으로 풀이하는 것이 일부청구를 하는 당사자의 통상적 의사라고 할 것이다(대판 1976.6.22, 75다819).

④ [×] 과실상계는 원칙적으로 채무불이행 내지 불법행위로 인한 손해배상책임에 대하여 인정되는 것이지 채무내용에 따른 본래 급부의 이행을 구하는 경우에 적용될 것은 아니므로, 표현대리행위가 성립하는 경우에 그 본인은 표현대리행위에 의하여 전적인 책임을 져야 하고, 상대방에게 과실이 있다고 하더라도 과실상계의 법리를 유추적용하여 본인의 책임을 경감할 수 없다(대판 1996.7.12, 95다49554).

⑤ [×] 불법행위로 인하여 손해가 발생하고 그 손해발생으로 이득이 생기고 동시에 그 손해발생에 피해자에게도 과실이 있어 과실상계를 하여야 할 경우에는 먼저 산정된 손해액에서 과실상계를 한 다음에 위 이득을 공제하여야 한다(대판 1990.5.8, 89다카29129).

024 민법상 손해배상에 관한 설명으로 옳지 않은 것은? (다툼이 있으면 판례에 따름)

① 불법행위로 인한 손해배상채무는 채권자의 청구가 있어야 이행지체가 된다.
② 불법행위로 인하여 손해와 이득이 동시에 발생한 경우에 그 손해발생에 대하여 피해자에게도 과실이 있다면 먼저 손해액에서 과실상계를 한 후에 이득을 공제하여야 한다.
③ 특별손해로 인정되기 위해서는 특별한 사정에 관해서 알았거나 알 수 있었던 것으로 족하고, 손해액까지는 예견가능성이 필요하지 않다.
④ 가해행위와 피해자 측의 요인이 경합하여 손해가 발생하거나 확대된 경우에는 그 피해자 측의 요인이 체질적인 소인과 같이 피해자 측의 귀책사유와 무관한 것이라도, 법원은 손해배상액을 정하면서 과실상계의 법리를 유추적용할 수 있다.
⑤ 매매 당사자가 계약금으로 수수한 금액에 관하여 매수인이 위약하면 이를 무효로 하고 매도인이 위약하면 그 배액을 상환하기로 하는 뜻의 약정을 한 경우, 실제손해액이 예정액을 초과하더라도 그 초과액을 청구할 수 없다.

해설
답 ①

① [×] 불법행위에 의한 손해배상채무에 있어서는 최고 없이 불법행위 시(즉, 그 당일부터)로부터 당연히 지체의 효과로서 손해배상책임이 발생한다(대판 1975.5.27, 74다1393).
② [○] 불법행위로 인하여 손해가 발생하고 그 손해발생으로 이득이 생기고 동시에 그 손해발생에 피해자에게도 과실이 있어 과실상계를 하여야 할 경우에는 먼저 산정된 손해액에서 과실상계를 한 다음에 위 이득을 공제하여야 한다(대판 1990.5.8, 89다카29129).
③ [○] 채무불이행자 또는 불법행위자는 특별한 사정의 존재를 알았거나 알 수 있었으면 그러한 특별사정으로 인한 손해를 배상하여야 할 의무가 있는 것이고, 그러한 특별한 사정에 의하여 발생한 손해의 액수까지 알았거나 알 수 있었어야 하는 것은 아니다(대판 2002.10.25, 2002다23598).
④ [○] 가해행위와 피해자 측의 요인이 경합하여 손해가 발생하거나 확대된 경우에는 피해자 측의 요인이 체질적인 소인 또는 질병의 위험도와 같이 피해자 측의 귀책사유와 무관한 것이라고 할지라도, 그 질환의 태양·정도 등에 비추어 가해자에게 손해의 전부를 배상하게 하는 것이 공평의 이념에 반하는 경우에는, 법원은 손해배상액을 정하면서 과실상계의 법리를 유추적용하여 손해의 발생 또는 확대에 기여한 피해자 측의 요인을 참작할 수 있다(대판 2014.7.10, 2014다16968).
⑤ [○] 매매당사자가 계약금으로 수수한 금액에 관하여 매수인이 위약하면 이를 무효로 하고 매도인이 위약하면 그 배액을 상환하기로 하는 뜻의 약정을 한 경우에 있어서 그 위약금의 약정은 민법 제398조 제4항이 정한 손해배상의 예정으로 추정되는 것이고, 이와 같은 약정이 있는 경우에는 채무자에게 채무불이행이 있으면 채권자는 실제손해액을 증명할 필요없이 그 예정액을 청구할 수 있는 반면에 실제손해액이 예정액을 초과하더라도 그 초과액을 청구할 수 없다(대판 1988.5.10, 87다카3101).

025 민법상 과실상계에 관한 설명으로 옳지 않은 것은? (다툼이 있으면 판례에 따름) 20 노무사 변형

① 불법행위의 성립에 관한 가해자의 과실과 과실상계에서의 피해자의 과실은 그 의미를 달리한다.
② 피해자에게 과실이 있는 경우 가해자가 과실상계를 주장하지 않더라도 법원은 손해배상액을 정함에 있어서 이를 참작하여야 한다.
③ 매도인의 하자담보책임은 법이 특별히 인정한 무과실책임이지만 그 하자의 발생 및 확대에 가공한 매수인의 잘못이 있다면 법원을 이를 참작하여 손해배상의 범위를 정하여야 한다.
④ 피해자의 부주의를 이용하여 고의의 불법행위를 한 자는 특별한 사정이 없는 한 피해자의 그 부주의를 이유로 과실상계를 주장할 수 없다.
⑤ 손해를 산정함에 있어서 손익상계와 과실상계를 모두 하는 경우 손익상계를 먼저 하여야 한다.
⑥ 산재보험법에 따라 보험급여를 받은 재해근로자가 제3자를 상대로 손해배상을 청구할 때 그 손해 발생에 재해근로자의 과실이 경합된 경우에, 재해근로자의 손해배상청구액은 보험급여와 같은 성질의 손해액에서 먼저 보험급여를 공제한 다음 과실상계를 하는 '공제 후 과실상계' 방식으로 산정하여야 한다.

해설

답 ⑤

① [O] 민법상 과실상계 제도는 채권자가 신의칙상 요구되는 주의를 다하지 아니한 경우 공평의 원칙에 따라 손해배상액을 산정함에 있어서 채권자의 그와 같은 부주의를 참작하게 하려는 것이므로 사회통념상 혹은 신의성실의 원칙상 단순한 부주의라도 그로 말미암아 손해가 발생하거나 확대된 원인을 이루었다면 채권자에게 과실이 있는 것으로 보아 과실상계를 할 수 있다(대판 2000.6.13, 98다35389).
②④ [O] 손해배상 청구소송에서 피해자에게 과실이 인정되면 법원은 손해배상의 책임 및 그 금액을 정함에 있어서 이를 참작하여야 하며, 배상의무자가 피해자의 과실에 관하여 주장하지 않는 경우에도 소송자료에 의하여 과실이 인정되는 경우에는 이를 법원이 직권으로 심리·판단하여야 할 것이지만, 피해자의 부주의를 이용하여 고의로 불법행위를 저지른 자가 바로 그 피해자의 부주의를 이유로 자신의 책임을 감하여 달라고 주장하는 것은 허용될 수 없다(대판 2000.1.21, 99다50538).
③ [O] 민법 제581조, 제580조에 기한 매도인의 하자담보책임은 법이 특별히 인정한 무과실책임으로서 여기에 민법 제396조의 과실상계 규정이 준용될 수는 없다 하더라도, 담보책임이 민법의 지도이념인 공평의 원칙에 입각한 것인 이상 하자 발생 및 그 확대에 가공한 매수인의 잘못을 참작하여 손해배상의 범위를 정함이 상당하다(대판 1995.6.30, 94다23920).
⑤ [×] 불법행위로 인하여 손해가 발생하고 그 손해발생으로 이득이 생기고 동시에 그 손해발생에 피해자에게도 과실이 있어 과실상계를 하여야 할 경우에는 먼저 산정된 손해액에서 과실상계를 한 다음에 위 이득을 공제하여야 한다(대판 1990.5.8, 89다카29129).
⑥ [O] 산재보험법에 따라 보험급여를 받은 재해근로자가 제3자를 상대로 손해배상을 청구할 때 그 손해 발생에 재해근로자의 과실이 경합된 경우에, 재해근로자의 손해배상청구액은 보험급여와 같은 성질의 손해액에서 먼저 보험급여를 공제한 다음 과실상계를 하는 '공제 후 과실상계' 방식으로 산정하여야 한다(대판 2022.3.24, 2021다241618 전합).

* 새로운 법리(대판 2022.3.24, 2021다241618 전합)

재해근로자가 산업재해를 원인으로 하여 가해자를 상대로 손해배상을 청구할 수 있는 경우는, ㉠ 제3자의 불법행위로 산업재해를 입은 때, ㉡ 산재보험 가입 사업주와 제3자의 공동불법행위로 산업재해를 입은 때, ㉢ 제3자의 개입 없이 산재보험 가입 사업주의 불법행위로 산업재해를 입은 때이다. 그중 공단이 보험급여를 한 다음 산재보험법 제87조 제1항에 따라 재해근로자의 제3자에 대한 손해배상청구권을 대위 행사하는 경우는 ㉠과 ㉡이다.

산재보험법 제87조의 문언과 입법 취지, 산재보험제도의 목적과 사회보장적 성격, 재해근로자(유족 등 보험급여 수급자를 포함한다)와 공단 및 불법행위자 사이의 이익형량 등을 종합하여 보면, 공단이 제3자의 불법행위로 재해근로자에게 보험급여를 한 다음 산재보험법 제87조 제1항에 따라 재해근로자의 제3자에 대한 손해배상청구권을 대위할 수 있는 범위는 제3자의 손해배상액을 한도로 하여 보험급여 중 제3자의 책임비율에 해당하는 금액으로 제한된다. 따라서 보험급여 중 재해근로자의 과실비율에 해당하는 금액에 대해서는 공단이 재해근로자를 대위할 수 없으며 이는 보험급여 후에도 여전히 손해를 전보받지 못한 재해근로자를 위해 공단이 종국적으로 부담한다고 보아야 한다. 이와 같이 본다면 산재보험법에 따라 보험급여를 받은 재해근로자가 제3자를 상대로 손해배상을 청구할 때 그 손해 발생에 재해근로자의 과실이 경합된 경우에, 재해근로자의 손해배상청구액은 보험급여와 같은 성질의 손해액에서 먼저 보험급여를 공제한 다음 과실상계를 하는 '공제 후 과실상계' 방식으로 산정하여야 한다. 또한 산업재해가 산재보험 가입 사업주와 제3자의 공동불법행위로 인하여 발생한 경우에도 공단이 재해근로자의 제3자에 대한 손해배상청구권을 대위할 수 있는 범위는 제3자의 손해배상액을 한도로 하여 보험급여 중 제3자의 책임비율에 해당하는 금액으로 제한됨은 위와 같다. 따라서 공단은 보험급여 중 재해근로자의 과실비율에 해당하는 금액에 대해서 재해근로자를 대위할 수 없고 재해근로자를 위해 위 금액을 종국적으로 부담한다. 재해근로자가 가입 사업주와 제3자의 공동불법행위를 원인으로 가입 사업주나 제3자를 상대로 손해배상을 청구하는 경우에도 그 손해 발생에 재해근로자의 과실이 경합된 때에는 '공제 후 과실상계' 방식으로 손해배상액을 산정하여야 한다. 다만 위와 같이 공동불법행위로 산업재해가 발생하여 공단이 제3자를 상대로 재해근로자의 손해배상청구권을 대위하는 경우에는, 순환적인 구상소송을 방지하는 소송경제적인 목적 등에 따라 공단은 제3자에 대하여 산재보험 가입 사업주의 과실비율 상당액은 대위 행사할 수 없다는 원칙을 선언한 대법원 2002.3.21, 선고 2000다62322 전원합의체 판결의 위 판시 부분은 여전히 타당하다. 그러므로 공단은 '공제 후 과실상계' 방식에 따라 보험급여에서 재해근로자의 과실비율 상당액을 공제한 다음, 여기서 다시 재해근로자가 배상받을 손해액 중 가입 사업주의 과실비율 상당액을 공제하고 그 차액에 대해서만 재해근로자의 제3자에 대한 손해배상청구권을 대위할 수 있다.

026 채무불이행책임에 관한 설명으로 옳은 것은? (다툼이 있으면 판례에 따름) 21 노무사

① 강제이행과 손해배상청구는 양립할 수 없다.
② 채권자의 단순한 부주의라도 그것이 손해확대의 원인이 되는 경우, 이를 이유로 과실상계를 할 수 있다.
③ 하는 채무에 대한 대체집행은 허용되지 않는다.
④ 손해배상청구권의 소멸시효는 본래의 채권을 행사할 수 있는 때로부터 진행된다.
⑤ 채무불이행으로 인하여 채권자의 생명침해가 있는 경우, 채권자의 직계존속은 민법 제752조를 유추적용하여 채무불이행을 이유로 한 위자료를 청구할 수 있다.

> **해설**
>
> 답 ②

① [×] 제389조(강제이행) ④ 전3항의 규정은 손해배상의 청구에 영향을 미치지 아니한다.

② [○] 민법상 과실상계 제도는 채권자가 신의칙상 요구되는 주의를 다하지 아니한 경우 공평의 원칙에 따라 손해배상액을 산정함에 있어서 채권자의 그와 같은 부주의를 참작하게 하려는 것이므로 사회통념상 혹은 신의성실의 원칙상 단순한 부주의라도 그로 말미암아 손해가 발생하거나 확대된 원인을 이루었다면 채권자에게 과실이 있는 것으로 보아 과실상계를 할 수 있다(대판 2000.6.13, 98다35389).

③ [×] 제389조(강제이행) ① 채무자가 임의로 채무를 이행하지 아니한 때에는 채권자는 그 강제이행을 법원에 청구할 수 있다. 그러나 채무의 성질이 강제이행을 하지 못할 것인 때1)에는 그러하지 아니하다.
② 전항의 채무가 법률행위를 목적으로 한 때에는 채무자의 의사표시에 갈음할 재판을 청구할 수 있고 채무자의 일신에 전속하지 아니한 작위를 목적으로 한 때에는 채무자의 비용으로 제삼자에게 이를 하게 할 것을 법원에 청구할 수 있다.

④ [×] 이행불능으로 인한 손해배상청구권은 이행불능 시로부터 진행한다(대판 1990.11.9, 90다카22513).

⑤ [×] 제752조(생명침해로 인한 위자료) 타인의 생명을 해한 자는 피해자의 직계존속, 직계비속 및 배우자에 대하여는 재산상의 손해 없는 경우에도 손해배상의 책임이 있다.

5. 손해배상액의 예정

027 손해배상액의 예정에 관한 설명으로 옳은 것은? (다툼이 있는 경우 판례에 따름) 17 노무사

① 사용자는 근로계약 불이행에 대한 위약금 또는 손해배상액을 예정하는 계약을 체결할 수 있다.
② 매매계약에서 채권자는 실제 손해액이 예정액을 초과하는 경우에 그 초과액을 청구할 수 있다.
③ 계약 내용에 손해배상액을 예정하는 약정이 있는 경우에는 계약상의 채무불이행으로 인한 손해액과 함께 그 계약과 관련된 불법행위상의 손해액까지 예정한 것이다.
④ 건물 신축공사에 있어 준공 후에도 건물에 다수의 하자와 미시공부분이 있어 수급인이 약정기한 내에 그 하자와 미시공 부분에 대한 공사를 완료하지 못할 경우 미지급 공사비 등을 포기하고 이를 도급인의 손해배상금으로 충당한다는 내용의 합의각서를 작성한 경우, 채무불이행에 관한 손해배상액을 예정한 경우에 해당한다.
⑤ 금전채무에 관하여 이행지체에 대비한 지연손해금 비율을 따로 약정한 경우, 손해배상액의 예정으로서 감액의 대상이 되지 않는다.

---

1) 직접강제가 허용되지 않는 '하는 채무'를 말한다.

해설
답 ④

① [×] 근로기준법 제20조(위약 예정의 금지) 사용자는 근로계약 불이행에 대한 위약금 또는 손해배상액을 예정하는 계약을 체결하지 못한다.

② [×] 계약 당시 손해배상액을 예정한 경우에는 다른 특약이 없는 한 채무불이행으로 인하여 입은 통상손해는 물론 특별손해까지도 예정액에 포함되고 채권자의 손해가 예정액을 초과한다 하더라도 초과부분을 따로 청구할 수 없다(대판 1993.4.23, 92다41719).

③ [×] 계약 당시 당사자 사이에 손해배상액을 예정하는 내용의 약정이 있는 경우에는 그것은 계약상의 채무불이행으로 인한 손해액에 관한 것이고 이를 그 계약과 관련된 불법행위상의 손해까지 예정한 것이라고는 볼 수 없다(대판 1999.1.15, 98다48033).

④ [O] 건물 신축공사에 있어 준공 후에도 건물에 다수의 하자와 미시공 부분이 있어 수급인이 약정기한 내에 그 하자와 미시공 부분에 대한 공사를 완료하지 못할 경우 미지급 공사비 등을 포기하고 이를 도급인의 손해배상금으로 충당한다는 내용의 합의각서를 작성한 경우, 위 약정은 민법 제398조에 정한 채무불이행에 관한 손해배상액을 예정한 경우에 해당한다(대판 2008.7.24, 2007다69186).

⑤ [×] 민법 제398조 제2항은 손해배상의 예정액이 부당히 과다한 경우에는 법원이 이를 적당히 감액할 수 있다고 규정하고 있고, 금전채무의 불이행에 관하여 적용을 배제하지 않고 있다. 또한 이자제한법 제6조는 법원은 당사자가 금전을 목적으로 한 채무의 불이행에 관하여 예정한 배상액을 부당하다고 인정한 때에는 상당한 액까지 이를 감액할 수 있다고 규정하고 있다. 따라서 금전채무에 관하여 이행지체에 대비한 지연손해금 비율을 따로 약정한 경우에 이는 손해배상액의 예정으로서 감액의 대상이 된다(대판 2017.7.11. 2016다52265).

028 손해배상액의 예정에 관한 설명으로 옳은 것은? (다툼이 있으면 판례에 따름)

① 특별손해는 예정액을 초과하더라도 원칙적으로 청구할 수 있다.
② 계약체결 시 손해배상액 예정을 한 경우, 그 예정은 그 계약과 관련된 불법행위로 인한 손해배상까지 예정한 것으로 볼 수 있다.
③ 손해배상 예정액이 부당하게 과다한 경우에는 법원은 당사자의 주장이 없더라도 직권으로 이를 감액할 수 있다.
④ 채권자가 예정된 손해배상액을 청구하기 위하여 손해배상액을 증명할 필요는 없으나 적어도 손해의 발생은 증명하여야 한다.
⑤ 손해배상액 예정이 있어도 손해의 발생에 있어서 채권자의 과실이 있으면, 공평의 원칙상 과실상계를 한다.
⑥ 위약벌의 약정은 채무의 이행을 확보하기 위하여 정하는 것으로서 손해배상액의 예정과 그 내용이 다르지만, 손해배상액의 예정에 관한 민법 제398조 제2항을 유추적용하여 그 액을 감액할 수 있다.

| 해설 | 답 ③ |

① [×] 계약 당시 손해배상액을 예정한 경우에는 다른 특약이 없는 한 채무불이행으로 인하여 입은 통상손해는 물론 특별손해까지도 예정액에 포함되고 채권자의 손해가 예정액을 초과한다 하더라도 초과부분을 따로 청구할 수 없다(대판 1993.4.23, 92다41719).

② [×] 계약 당시 당사자 사이에 손해배상액을 예정하는 내용의 약정이 있는 경우에는 그것은 계약상의 채무불이행으로 인한 손해액에 관한 것이고 이를 그 계약과 관련된 불법행위상의 손해까지 예정한 것이라고는 볼 수 없다(대판 1999.1.15, 98다48033).

③ [○] 손해배상 예정액이 부당하게 과다한 경우에는 법원은 당사자의 주장이 없더라도 직권으로 이를 감액할 수 있고, 지연손해금의 과다 여부는 그 대상 채무를 달리할 경우에는 별도로 판단할 수 있다(대판 2000.7.28, 99다38637).

④ [×] 채무불이행으로 인한 손해배상액의 예정이 있는 경우에는 채권자는 채무불이행 사실만 증명하면 손해의 발생 및 그 액을 증명하지 아니하고 예정배상액을 청구할 수 있다.(대법원 2000.12.8, 2000다50350).

⑤ [×] 지체상금이 손해배상의 예정으로 인정되어 이를 감액함에 있어서는 채무자가 계약을 위반한 경위 등 제반사정이 참작되므로 손해배상액의 감경에 앞서 채권자의 과실 등을 들어 따로 감경할 필요는 없다(대판 2002.1.25, 99다57126). 즉 손해배상액예정의 경우에는 과실상계를 적용할 수 없다.

⑥ [×] 당사자 사이에 채무불이행이 있으면 위약금을 지급하기로 약정한 경우 그 위약금 약정이 손해배상액의 예정인지 위약벌인지는, 계약서 등 처분문서의 내용과 계약의 체결 경위, 당사자가 위약금을 약정한 주된 목적 등을 종합하여 구체적인 사건에서 개별적으로 판단해야 할 의사해석의 문제이다. 위약금은 민법 제398조 제4항에 따라 손해배상액의 예정으로 추정되지만, 당사자 사이의 위약금 약정이 채무불이행으로 인한 손해의 배상이나 전보를 위한 것이라고 보기 어려운 특별한 사정, 특히 하나의 계약에 채무불이행으로 인한 손해의 배상에 관하여 손해배상예정에 관한 조항이 따로 있다거나 실손해의 배상을 전제로 하는 조항이 있고 그와 별도로 위약금 조항을 두고 있어서 그 위약금 조항을 손해배상액의 예정으로 해석하게 되면 이중배상이 이루어지는 등의 사정이 있을 때에는 그 위약금은 위약벌로 보아야 한다. (또한) 위약벌의 약정은 채무의 이행을 확보하기 위하여 정하는 것으로서 손해배상액의 예정과 그 내용이 다르므로 손해배상액의 예정에 관한 민법 제398조 제2항을 유추적용하여 그 액을 감액할 수 없다. 위와 같은 현재의 판례는 타당하고 그 법리에 따라 거래계의 현실이 정착되었다고 할 수 있으므로 그대로 유지되어야 한다(대판 2022.7.21, 2018다248855·248862 전합).

029

甲은 자기 소유의 토지에 대해 乙과 매매계약을 체결하면서 이행지체로 인한 손해배상액을 예정하였다. 乙의 이행지체를 이유로 甲이 손해배상을 청구하는 경우에 관한 설명으로 옳지 않은 것은? (다툼이 있으면 판례에 따름)

19 노무사 변형

① 甲은 손해액에 대한 증명을 하지 않더라도 乙의 이행지체가 있었던 사실을 증명하면 예정배상액을 청구할 수 있다.
② 甲에게 손해가 발생하였더라도 특별한 사정이 없는 한 乙은 자신에게 귀책사유가 없음을 증명함으로써 예정배상액의 지급책임을 면할 수 있다.
③ 乙은 甲에게 손해가 발생하지 않았다는 사실을 증명하더라도 예정배상액의 지급책임을 면할 수 없다.
④ 甲은 乙의 이행지체로 인하여 입은 실제 손해액이 예정배상액보다 크다는 사실을 증명하더라도 다른 특약이 없는 한 그 초과부분을 따로 청구할 수 없다.
⑤ 乙의 이행지체로 인하여 특별손해가 발생한 경우, 다른 특약이 없는 한 甲은 乙에게 특별손해에 대한 손해배상을 별도로 청구할 수 있다.
⑥ 하나의 계약에 채무불이행으로 인한 손해의 배상에 관하여 손해배상예정에 관한 조항이 따로 있다거나 실손해의 배상을 전제로 하는 조항이 있고 그와 별도로 위약금 조항을 두고 있어서 그 위약금 조항을 손해배상액의 예정으로 해석하게 되면 이중배상이 이루어지는 등의 사정이 있을 때에는 그 위약금은 위약벌로 보아야 한다.

해설

답 ⑤

①② [O] 채무불이행으로 인한 손해배상액이 예정되어 있는 경우에는 채권자는 채무불이행 사실만 증명하면 손해의 발생 및 그 액을 증명하지 아니하고 예정배상액을 청구할 수 있고, 채무자는 채권자와 채무불이행에 있어 채무자의 귀책사유를 묻지 아니한다는 약정을 하지 아니한 이상 자신의 귀책사유가 없음을 주장·입증함으로써 예정배상액의 지급책임을 면할 수 있다(대판 2007.12.27, 2006다9408).
③ [O] 손해배상의 법률관계의 간이화라는 취지와 손해배상액의 예정이 채무자에 대한 이행강제의 기능도 수행한다는 점을 고려할 때, 채무자가 손해가 발생하지 않았음을 입증하더라도 채권자는 예정액을 청구할 수 있다 할 것이다.
④ [O] 매매당사자가 계약금으로 수수한 금액에 관하여 매수인이 위약하면 이를 무효로 하고 매도인이 위약하면 그 배액을 상환하기로 하는 뜻의 약정을 한 경우에 있어서 그 위약금의 약정은 민법 제398조 제4항이 정한 손해배상의 예정으로 추정되는 것이고 또 이와 같은 약정이 있는 경우에는 채무자에게 채무불이행이 있으면 채권자는 실제손해액을 증명할 필요 없이 그 예정액을 청구할 수 있는 반면에 실제손해액이 예정액을 초과하더라도 그 초과액을 청구할 수 없다(대결 1990.2.13, 89다카26250).
⑤ [×] 계약 당시 손해배상액을 예정한 경우에는 다른 특약이 없는 한 채무불이행으로 인하여 입은 통상손해는 물론 특별손해까지도 예정액에 포함되고 채권자의 손해가 예정액을 초과한다 하더라도 초과부분을 따로 청구할 수 없다(대판 1993.4.23, 92다41719).
⑥ [O] 당사자 사이에 채무불이행이 있으면 위약금을 지급하기로 약정한 경우 그 위약금 약정이 손해배상액의 예정인지 위약벌인지는, 계약서 등 처분문서의 내용과 계약의 체결 경위, 당사자가 위약금을 약정한 주된 목적 등을 종합하여 구체적인 사건에서 개별적으로 판단해야 할 의사해석의 문제이다. 위약금은 민법 제398조 제4항에 따라 손해배상액의 예정으로 추정되지만, 당사자 사이의 위약금 약정이 채무불이행으로 인한 손해의 배상이나 전보를 위한 것이라고 보기 어려운

특별한 사정, 특히 하나의 계약에 채무불이행으로 인한 손해의 배상에 관하여 손해배상예정에 관한 조항이 따로 있다거나 실손해의 배상을 전제로 하는 조항이 있고 그와 별도로 위약금 조항을 두고 있어서 그 위약금 조항을 손해배상액의 예정으로 해석하게 되면 이중배상이 이루어지는 등의 사정이 있을 때에는 그 위약금은 위약벌로 보아야 한다. (또한) 위약벌의 약정은 채무의 이행을 확보하기 위하여 정하는 것으로서 손해배상액의 예정과 그 내용이 다르므로 손해배상액의 예정에 관한 민법 제398조 제2항을 유추적용하여 그 액을 감액할 수 없다. 위와 같은 현재의 판례는 타당하고 그 법리에 따라 거래계의 현실이 정착되었다고 할 수 있으므로 그대로 유지되어야 한다(대판 2022.7.21, 2018다248855·248862 전합).

030 손해배상액의 예정에 관한 설명으로 옳지 않은 것은? (다툼이 있으면 판례에 따름)

21 노무사 변형

① 채무자는 특별한 사정이 없는 한 자신의 귀책사유 없음을 이유로 예정배상액의 지급책임을 면할 수 있다.
② 손해배상액의 예정에는 특별한 사정이 없는 한 통상손해뿐만 아니라 특별손해도 포함된다.
③ 손해배상액이 예정되어 있는 경우라도 과실상계 할 수 있다.
④ 예정배상액의 감액범위에 대한 판단은 사실심 변론종결 당시를 기준으로 한다.
⑤ 금전채무에 관하여 이행지체에 대비한 지연손해금비율에 대한 합의는 손해배상액의 예정으로 보아 감액의 대상이 된다.
⑥ 계약당사자가 채무불이행으로 인한 전보배상에 관하여 손해배상액을 예정한 경우에 채권자가 채무불이행을 이유로 계약을 해제하거나 해지하더라도 원칙적으로 손해배상액의 예정은 실효되지 않고, 전보배상에 관하여 특별한 사정이 없는 한 손해배상액의 예정에 따라 배상액을 정해야 한다.

해설

답 ③

① [○] 채무불이행으로 인한 손해배상액이 예정되어 있는 경우에는 채권자는 채무불이행 사실만 증명하면 손해의 발생 및 그 액을 증명하지 아니하고 예정배상액을 청구할 수 있고, 채무자는 채권자와 채무불이행에 있어 채무자의 귀책사유를 묻지 아니한다는 약정을 하지 아니한 이상 자신의 귀책사유가 없음을 주장·입증함으로써 예정배상액의 지급책임을 면할 수 있다(대판 2007.12.27, 2006다9408).
② [○] 계약 당시 손해배상액을 예정한 경우에는 다른 특약이 없는 한 채무불이행으로 인하여 입은 통상손해는 물론 특별손해까지도 예정액에 포함되고 채권자의 손해가 예정액을 초과한다 하더라도 초과부분을 따로 청구할 수 없다(대판 1993.4.23, 92다41719).
③ [×] 지체상금이 손해배상의 예정으로 인정되어 이를 감액함에 있어서는 채무자가 계약을 위반한 경우 등 제반사정이 참작되므로 손해배상액의 감경에 앞서 채권자의 과실 등을 들어 따로 감경할 필요는 없다(대판 2002.1.25, 99다57126). 즉 손해배상액예정의 경우에는 과실상계를 적용할 수 없다.
④ [○] 손해배상의 예정액이 부당하게 과다한지의 여부 내지 그에 대한 적당한 감액의 범위를 판단하는 데 있어서는, 법원이 구체적으로 그 판단을 하는 때, 즉 사실심의 변론종결 당시를 기준으로 하여 그 사이에 발생한 위와 같은 모든 사정을 종합적으로 고려하여야 할 것이다(대판 2004.12.10, 2002다73852).

⑤ [○] 금전채무에 관하여 이행지체에 대비한 지연손해금 비율을 따로 약정한 경우에 이는 일종의 손해배상액의 예정으로서 민법 제398조에 의한 감액의 대상이 된다(대판 2000.7.28, 99다38637).
⑥ [○] 민법 제398조 제1항·제3항, 제551조의 문언·내용과 계약당사자의 일반적인 의사 등을 고려하면, 계약당사자가 채무불이행으로 인한 전보배상에 관하여 손해배상액을 예정한 경우에 채권자가 채무불이행을 이유로 계약을 해제하거나 해지하더라도 원칙적으로 손해배상액의 예정은 실효되지 않고, 전보배상에 관하여 특별한 사정이 없는 한 손해배상액의 예정에 따라 배상액을 정해야 한다. 다만 위와 같은 손해배상액의 예정이 계약의 유지를 전제로 정해진 약정이라는 등의 사정이 있는 경우에 채무불이행을 이유로 계약을 해제하거나 해지하면 손해배상액의 예정도 실효될 수 있다. 이때 손해배상액의 예정이 실효된다고 볼 특별한 사정이 있는지는 약정 내용, 약정이 이루어지게 된 동기와 경위, 당사자가 이로써 달성하려는 목적, 거래의 관행 등을 종합적으로 고려하여 당사자의 의사를 합리적으로 해석하여 판단해야 한다(대판 2022.4.14. 2019다292736·292743).

031 채무불이행에 따른 손해배상에 관한 설명으로 옳은 것은? (다툼이 있으면 판례에 따름)

24 변리사

① 숙박업자가 숙박계약에 따른 의무를 다하지 못하여 투숙객이 사망한 경우, 숙박계약의 당사자가 아니면서 그 사고로 인하여 정신적 고통을 받은 그 투숙객의 근친자는 그 투숙객에 대한 숙박계약상의 채무불이행을 이유로 숙박업자에게 위자료를 청구할 수 있다.
② 채무불이행을 이유로 계약이 해제된 경우에 채권자는 이행이익의 배상 대신에 계약이 이행되리라고 믿고 지출한 비용을 채무불이행으로 인한 손해로 배상을 청구할 수 있으며, 그 지출비용이 이행이익의 범위를 초과하더라도 그 전부를 청구할 수 있다.
③ 부동산매매계약에서 매도인의 이행거절로 인한 채무불이행에서의 손해액 산정은 이행거절 당시의 부동산의 시가를 표준으로 한다.
④ 채무자의 채무불이행으로 인한 손해배상액이 예정되어 있는 경우에 채무불이행으로 인한 손해의 발생 및 확대에 채권자에게도 과실이 있다면 과실상계를 할 수 있다.
⑤ 위약금이 위약벌로 해석되기 위해 특별한 사정이 주장·입증될 필요는 없으며, 도급계약서에 계약보증금 외에 지체상금도 규정되어 있다면 이 자체로 계약보증금은 위약벌이 된다.

해설

답 ③

① [×] 숙박업자가 숙박계약상의 고객 보호의무을 다하지 못하여 투숙객이 사망한 경우, 숙박계약의 당사자가 아닌 그 투숙객의 근친자가 그 사고로 인하여 정신적 고통을 받았다 하더라도 숙박업자의 그 망인에 대한 숙박계약상의 채무불이행을 이유로 위자료를 청구할 수는 없다(대판 2000.11.24, 2000다38718·38725).
② [×] 채무불이행을 이유로 계약해제와 아울러 손해배상을 청구하는 경우에 그 계약이행으로 인하여 채권자가 얻을 이익 즉 이행이익의 배상을 구하는 것이 원칙이지만, 그에 "갈음하여" 그 계약이 이행되리라고 믿고 채권자가 지출한 비용 즉 신뢰이익의 배상을 구할 수도 있다고 할 것이고, 그 신뢰이익 중 계약의 체결과 이행을 위하여 통상적으로 지출되는 비용은 통상의 손해로서 상대방이 알았거나 알 수 있었는지의 여부와는 관계없이 그 배상을 구할 수 있고, 이를 초과하여 지출되는 비용은 특별한 사정으로 인한 손해로서 상대방이 이를 알았거나 알 수 있었던 경우에

한하여 그 배상을 구할 수 있다고 할 것이고, 다만 그 신뢰이익은 과잉배상금지의 원칙에 비추어 이행이익의 범위를 초과할 수 없다(대판 2002.6.11, 2002다2539; 대판 2017.2.15, 2015다235766).

③ [○] 이행지체에 의한 전보배상에 있어서의 손해액 산정은 본래의 의무이행을 최고한 후 상당한 기간이 경과한 당시의 시가를 표준으로 하고, 이행불능으로 인한 전보배상액은 이행불능 당시의 시가 상당액을 표준으로 할 것인바, 채무자의 이행거절로 인한 채무불이행에서의 손해액 산정은, 채무자가 이행거절의 의사를 명백히 표시하여 최고 없이 계약의 해제나 손해배상을 청구할 수 있는 경우에는 이행거절 당시의 급부목적물의 시가를 표준으로 해야 한다(대판 2007.9.20, 2005다63337).

④ [×] 지체상금이 손해배상의 예정으로 인정되어 이를 감액함에 있어서는 채무자가 계약을 위반한 경위 등 제반사정이 참작되므로 손해배상액의 감경에 앞서 채권자의 과실 등을 들어 따로 감경할 필요는 없다(대판 2002.1.25, 99다57126). 즉, 손해배상액예정의 경우에는 과실상계를 적용할 수 없다.

⑤ [×] 도급계약서 및 그 계약내용에 편입된 약관에 수급인의 귀책사유로 인하여 계약이 해제된 경우에는 계약보증금이 도급인에게 귀속한다는 조항이 있을 때 이 계약보증금이 손해배상액의 예정인지 위약벌인지는 도급계약서 및 위 약관 등을 종합하여 구체적 사건에서 개별적으로 결정할 의사해석의 문제이고, 위약금은 민법 제398조 제4항에 의하여 손해배상액의 예정으로 추정되므로 위약금이 위약벌로 해석되기 위하여는 특별한 사정이 주장·입증되어야 하는바, 당사자 사이의 도급계약서에 계약보증금 외에 지체상금도 규정되어 있다는 점만을 이유로 하여 계약보증금을 위약벌로 보기는 어렵다(대판 2000.12.8, 2000다35771).

032

손해배상에 관한 설명으로 옳은 것은? (다툼이 있으면 판례에 따름)   24 노무사

① 채무불이행으로 인한 손해배상액이 예정되어 있는 경우, 채권자는 채무불이행 사실 및 손해의 발생 사실을 모두 증명하여야 예정배상액을 청구할 수 있다.
② 특별한 사정으로 인한 손해배상에서 채무자가 그 사정을 알았거나 알 수 있었는지의 여부는 계약체결 당시를 기준으로 판단한다.
③ 부동산소유권이전채무가 이행불능이 되어 채권자가 채무자에게 갖게 되는 손해배상채권의 소멸시효는 계약체결시부터 진행된다.
④ 채무불이행으로 인한 손해배상액을 예정한 경우에는 특별한 사정이 없는 한 통상손해는 물론 특별손해까지도 예정액에 포함된다.
⑤ 불법행위로 영업용 건물이 일부 멸실될 경우, 그에 따른 휴업손해는 특별손해에 해당한다.

해설   답 ④

① [×] 채무불이행으로 인한 손해배상액이 예정되어 있는 경우에는 채권자는 채무불이행 사실만 증명하면 손해의 발생 및 그 액을 증명하지 아니하고 예정배상액을 청구할 수 있고, 채무자는 채권자와 채무불이행에 있어 채무자의 귀책사유를 묻지 아니한다는 약정을 하지 아니한 이상 자신의 귀책사유가 없음을 주장·입증함으로써 예정배상액의 지급책임을 면할 수 있다(대판 2007.12.27, 2006다9408).

② [×] 민법 제393조 제2항 소정의 특별사정으로 인한 손해배상에 있어서 채무자가 그 사정을 알았거나 알 수 있었는지의 여부를 가리는 시기는 계약체결 당시가 아니라 채무의 이행기까지를 기준으로 판단하여야 한다(대판 1985.9.10, 84다카1532).
③ [×] 채무가 이행불능으로 되거나, 타인의 권리매매에 있어 매도인이 그 권리를 매수인에게 이전할 수 없게 된 경우의 손해배상은 이행불능 당시의 목적물의 시가를 기준으로 그 손해를 산정한다(대판 1980.3.11, 80다78).
④ [○] 계약 당시 손해배상액을 예정한 경우에는 다른 특약이 없는 한 채무불이행으로 인하여 입은 통상손해는 물론 특별손해까지도 예정액에 포함되고 채권자의 손해가 예정액을 초과한다 하더라도 초과부분을 따로 청구할 수 없다(대판 1993.4.23, 92다41719).
⑤ [×] 불법행위로 영업을 중단한 자가 영업 중단에 따른 손해배상을 구하는 경우 영업을 중단하지 않았으면 얻었을 순이익과 이와 별도로 영업 중단과 상관없이 불가피하게 지출해야 하는 비용도 특별한 사정이 없는 한 손해배상의 범위에 포함될 수 있다. 위와 같은 순이익과 비용의 배상을 인정하는 것은 이중배상에 해당하지 않는다. 이러한 법리는 환경정책기본법 제44조 제1항에 따라 그 피해의 배상을 인정하는 경우에도 적용된다(대판 2018.9.13, 2016다35802).

6. 손해배상자의 대위

033 다음은 손해배상자 대위에 관한 설명이다. 틀린 것은?

① 손해배상자의 대위란 채권자가 그 채권의 목적인 물건 또는 권리의 가액 전부를 손해배상으로 받은 때에 채무자가 그 물건 또는 권리에 대하여 당연히 채권자를 대위하는 것을 의미한다.
② 손해배상자 대위에 관한 규정은 불법행위에 기한 손해배상에도 준용된다.
③ 채권자는 채권의 목적인 물건 또는 권리의 가액 전부를 손해로 배상받아야 하지만, 일부의 배상이 있었다면 물건 또는 권리에 대하여 일부대위가 생긴다.
④ 채권의 목적인 물건 또는 권리가 법률상 당연히 채권자로부터 배상자에게 이전된다. 따라서 물권변동에 필요한 요건이나 채권양도의 대항요건을 갖출 필요가 없다.
⑤ 예를 들어 수치인이 임치인에게 도난당한 임치물의 가액 전부를 배상한 경우, 수치인과 임치인 사이에 물권적 합의나 인도가 없더라도 소유권은 당연히 수치인에게 귀속된다. 따라서 수치인은 물건을 절취한 자에 대하여 소유권에 기한 반환청구권을 행사할 수 있다.

해설 답 ③

① [○], ③ [×] 제399조(손해배상자의 대위) 채권자가 그 채권의 목적인 물건 또는 권리의 가액 "전부"를 손해배상으로 받은 때에는 채무자는 그 물건 또는 권리에 관하여 당연히 채권자를 대위한다.

② [○] 제763조(준용규정) 제393조, 제394조, 제396조, 제399조의 규정은 불법행위로 인한 손해배상에 준용한다.

④⑤ [○] 채권의 목적인 물건 또는 권리가 법률상 당연히 채권자로부터 배상자에게 이전된다.

제3절 | 채권자지체

034 채권자지체에 관한 다음 설명 중 가장 옳지 않은 것은?

① 채권자지체 중에는 채무자는 고의 또는 과실이 없으면 불이행으로 인한 모든 책임이 없다.
② 채권자지체 중에는 이자 있는 채권이라도 채무자는 이자를 지급할 의무가 없다.
③ 채권자지체 중 채무자의 공탁 등으로 채권이 소멸하면 자동적으로 채권자지체의 상태가 종료된다.
④ 채권자지체로 인하여 그 목적물의 보관 또는 변제의 비용이 증가된 때에는 그 증가액은 채권자의 부담으로 한다.
⑤ 수치인이 임치인에게 보관 중인 건고추를 속히 처분하지 않으면 벌레가 먹어 못쓰게 되니 빨리 처분하든지 인도받아 가라고 요구하였다면 이는 임치계약을 해지하고 임치물의 회수를 최고한 의사표시라고 볼 여지가 있고 이에 대하여 임치인이 시세가 싸다는 등 이유로 그 회수를 거절하였다면 이때로부터 수령지체에 빠진 것이다.
⑥ 채권자에게 계약상 의무로서 수령의무나 협력의무가 인정되는 경우, 그 수령의무나 협력의무가 이행되지 않으면 계약 목적을 달성할 수 없거나 채무자에게 계약의 유지를 더 이상 기대할 수 없다고 볼 수 있는 때에는 채무자는 수령의무나 협력의무 위반을 이유로 계약을 해제할 수 있다.

해설

답 ①

① [×] **제401조(채권자지체와 채무자의 책임)** 채권자지체 중에는 채무자는 고의 또는 중대한 과실이 없으면 불이행으로 인한 모든 책임이 없다.

② [○] **제402조(동전)** 채권자지체 중에는 이자 있는 채권이라도 채무자는 이자를 지급할 의무가 없다.

③ [○] 채권이 소멸하였기 때문이다.

④ [○] **제403조(채권자지체와 채권자의 책임)** 채권자지체로 인하여 그 목적물의 보관 또는 변제의 비용이 증가된 때에는 그 증가액은 채권자의 부담으로 한다.

⑤ [○] 채권자지체란 채무이행에 채권자의 수령이나 협력을 필요로 하는 경우, 채무자가 채무내용에 좇은 제공을 하였는데 채권자가 이를 수령하지 않거나 또는 채권자가 필요한 협력을 하지 않아서 이행이 완료되지 않거나 이행이 지연되어 있는 상태를 말한다. '수령지체'라고도 한다. 수치인이 임치인에게 보관 중인 건고추를 속히 처분하지 않으면 벌레가 먹어 못쓰게 되니 빨리 처분하든지 인도받아 가라고 요구하였다면 이는 임치계약을 해지하고 임치물의 회수를 최고한 의사표시라고 볼 여지가 있고 이에 대하여 임치인이 시세가 싸다는 등 이유로 그 회수를 거절하였다면 이때로부터 수령지체에 빠진 것이라고 하겠다(대판 1983.11.8, 83다카1476).

⑥ [○] 민법 제400조는 채권자지체에 관하여 "채권자가 이행을 받을 수 없거나 받지 아니한 때에는 이행의 제공 있는 때로부터 지체책임이 있다."라고 정하고 있다. 채무의 내용인 급부가 실현되기 위하여 채권자의 수령 그 밖의 협력행위가 필요한 경우에, 채무자가 채무의 내용에 따른 이행제공을 하였는데도 채권자가 수령, 그 밖의 협력을 할 수 없거나 하지 않아 급부가 실현되지 않는

상태에 놓이면 채권자지체가 성립한다. 채권자지체의 성립에 채권자의 귀책사유는 요구되지 않는다. 민법은 채권자지체의 효과로서 채권자지체 중에는 채무자는 고의 또는 중대한 과실이 없으면 불이행으로 인한 모든 책임이 없고(제401조), 이자 있는 채권이라도 채무자는 이자를 지급할 의무가 없으며(제402조), 채권자지체로 인하여 그 목적물의 보관 또는 변제의 비용이 증가된 때에는 그 증가액은 채권자가 부담하는 것으로 정한다(제403조). 나아가 채권자의 수령지체 중에 당사자 쌍방의 책임 없는 사유로 채무를 이행할 수 없게 된 때에는 채무자는 상대방의 이행을 청구할 수 있다(제538조 제1항). 이와 같은 규정 내용과 체계에 비추어 보면, 채권자지체가 성립하는 경우 그 효과로서 원칙적으로 채권자에게 민법 규정에 따른 일정한 책임이 인정되는 것 외에, 채무자가 채권자에 대하여 일반적인 채무불이행책임과 마찬가지로 손해배상이나 계약해제를 주장할 수는 없다. 그러나 계약 당사자가 명시적·묵시적으로 채권자에게 급부를 수령할 의무 또는 채무자의 급부 이행에 협력할 의무가 있다고 약정한 경우, 또는 구체적 사안에서 신의칙상 채권자에게 위와 같은 수령의무나 협력의무가 있다고 볼 특별한 사정이 있다고 인정되는 경우에는 그러한 의무 위반에 대한 책임이 발생할 수 있다. 그중 신의칙상 채권자에게 급부를 수령할 의무나 급부 이행에 협력할 의무가 있다고 볼 특별한 사정이 있는지는 추상적·일반적으로 판단할 것이 아니라 구체적 사안에서 계약의 목적과 내용, 급부의 성질, 거래 관행, 객관적·외부적으로 표명된 계약 당사자의 의사, 계약 체결의 경위와 이행 상황, 급부의 이행 과정에서 채권자의 수령이나 협력이 차지하는 비중 등을 종합적으로 고려해서 개별적으로 판단해야 한다. 이와 같이 채권자에게 계약상 의무로서 수령의무나 협력의무가 인정되는 경우, 그 수령의무나 협력의무가 이행되지 않으면 계약 목적을 달성할 수 없거나 채무자에게 계약의 유지를 더 이상 기대할 수 없다고 볼 수 있는 때에는 채무자는 수령의무나 협력의무 위반을 이유로 계약을 해제할 수 있다(대판 2021.10.28. 2019다293036).

제4절 | 책임재산의 보전

Ⅰ. 채권자대위권

035 채권자대위권에 관한 설명으로 옳지 않은 것은? (다툼이 있으면 판례에 따름) 　15 노무사

① 재심의 소제기는 채권자대위권의 목적이 될 수 있다.
② 특별한 사정이 없는 한, 유류분반환청구권은 행사상의 일신전속성을 가지므로 채권자대위권의 목적이 될 수 없다.
③ 채권자취소권도 채권자가 채무자를 대위하여 행사하는 것이 가능하다.
④ 토지거래허가구역 내의 토지매매에서 토지거래허가 신청절차 협력의무의 이행청구권은 채권자대위의 목적이 될 수 있다.
⑤ 채무자가 제3채무자에 대한 권리를 재판상 행사하여 패소의 확정판결을 받은 경우에는 채권자는 채권자대위권을 행사할 수 없다.

해설   답 ①

① [×] 채권을 보전하기 위하여 대위행사가 필요한 경우는 실체법상 권리뿐만 아니라 소송법상 권리에 대하여서도 대위가 허용되나, 채무자와 제3채무자 사이의 소송이 계속된 이후의 소송수행과 관련한 개개의 소송상 행위는 그 권리의 행사를 소송당사자인 채무자의 의사에 맡기는 것이 타당하므로 채권자대위가 허용될 수 없다. 같은 취지에서 볼 때 상소의 제기와 마찬가지로 종전 재심대상판결에 대하여 불복하여 종전 소송절차의 재개, 속행 및 재심판을 구하는 재심의 소제기는 채권자대위권의 목적이 될 수 없다(대판 2012.12.27, 2012다75239).
② [○] 유류분반환청구권은 그 행사 여부가 유류분권리자의 인격적 이익을 위하여 그의 자유로운 의사결정에 전적으로 맡겨진 권리로서 행사상의 일신전속성을 가진다고 보아야 하므로, 유류분권리자에게 그 권리행사의 확정적 의사가 있다고 인정되는 경우가 아니라면 채권자대위권의 목적이 될 수 없다(대판 2010.5.27, 2009다93992).
③ [○] 채권자취소권도 채권자가 채무자를 대위하여 행사하는 것이 가능하다(대판 2001.12.27, 2000다73049).
④ [○] 매수인이 토지거래허가 신청절차의 협력의무 이행청구권을 보전하기 위하여 매도인의 권리를 대위하여 행사하는 것도 허용된다(대판 2013.6.13, 2011다83820).
⑤ [○] 채권자대위권은 채무자가 제3채무자에 대한 권리를 행사하지 아니하는 경우에 한하여 채권자가 자기의 채권을 보전하기 위하여 행사할 수 있는 것이어서 채권자가 대위권을 행사할 당시에 이미 채무자가 권리를 재판상 행사하였을 때에는 설사 패소의 본안판결을 받았더라도 채권자는 채무자를 대위하여 채무자의 권리를 행사할 당사자적격이 없다(대판 1992.11.10. 92다30016).

036 채권자대위권에 관한 설명으로 옳은 것은? (다툼이 있으면 판례에 따름) 16 노무사

① 채권자대위권은 절차법상의 권리이다.
② 채권자대위권으로 보전되는 채권은 제3채무자에게 대항할 수 있는 것임을 요하지 않는다.
③ 채무자와 제3채무자 사이의 소송이 계속된 이후의 소송수행과 관련한 개개의 소송상 행위도 채권자대위가 허용된다.
④ 채무자가 대위권 행사의 통지를 받지 못한 경우에는 채권자가 대위권을 행사한다는 것을 알았더라도, 채무자는 대위 행사되는 권리를 처분할 수 있으며 이를 가지고 채권자에게 대항할 수 있다.
⑤ 채권자대위소송의 제기로 인한 소멸시효 중단의 효과는 채무자에게 미치지 않는다.

해설   답 ②

① [×] 채권자대위권은 실체법상의 권리이지 소송법상의 권리가 아니다.
② [○] 보전될 채권은 그 발생원인을 불문하고 널리 청구권을 의미하며, 제3채무자에게 대항할 수 있는 것이어야 하는 것도 아니다.
③ [×] 실체법상 권리를 주장하는 방법으로 인정되는 소송행위, 예를 들어 각종 소의 제기, 강제집행신청, 청구이의의 소, 제3자이의의 소, 가처분명령의 취소신청 등의 행위에 대해서는 대위할 수 있다. 그러나 채무자와 제3자 사이의 소송을 수행하기 위한 개별적 소송행위, 예를 들어 공격방어방법의 제출, 상소제기, 집행방법 또는 가압류결정에 대한 이의신청 등의 행위에 대해서는 대위할 수 없다(대판 1961.1.26, 4296민재항559).

④ [×] 대위권 행사의 통지가 없었더라도 채무자가 대위권 행사의 사실을 알고 있었다면, 통지가 있었던 것과 마찬가지의 효과가 생긴다(대판 1988.1.19, 85다카1792; 대판 2003.1.10, 2000다27343. 채권자가 채권자대위권에 기하여 채무자의 권리를 행사하고 있는 경우에, 그 사실을 채무자에게 통지하였거나 채무자가 그 사실을 알고 있었던 때에는, 채무자가 그 권리를 처분하여도 이로써 채권자에게 대항하지 못한다).
⑤ [×] 채무자가 제3자에 대하여 가지는 권리를 행사하지 않기 때문에 그 채권이 소멸시효에 걸릴 염려가 있는 경우 또는 채무자가 타인으로부터 부동산을 매수하였으나 그가 매도인에 대하여 등기청구권을 행사하지 않기 때문에 소유권을 취득하지 못하게 될 위험이 있는 경우에, 채권자는 채무자의 권리를 대신 행사하여 시효를 중단시키거나 채무자의 등기청구권을 대신 행사하여 채무자가 소유권을 취득하게 할 수 있다.

037 채권자대위권에 관한 설명으로 옳은 것은? (다툼이 있으면 판례에 따름) 17 노무사

① 채권자대위권 행사는 채무자의 무자력을 요하므로, 소유권이전등기청구권은 피보전채권이 될 수 없다.
② 토지거래규제구역 내의 토지 매매의 경우, 매수인이 매도인에 대하여 가지는 토지거래허가신청 절차 협력의무의 이행청구권도 채권자대위권 행사의 대상이 될수 있다.
③ 채무자의 채권자대위권은 대위할 수 있지만, 채무자의 채권자취소권은 대위할 수 없다.
④ 조합원의 조합탈퇴권은 일신전속적 권리이므로 대위의 대상이 되지 못한다.
⑤ 피보전채권이 금전채권인 경우, 대위채권자는 채무자의 금전채권을 자신에게 직접 이행하도록 청구할 수 없다.

해설 답 ②

① [×] 채권자는 채무자에 대한 채권을 보전하기 위하여 채무자를 대위해서 채무자의 권리를 행사할 수 있는바, 채권자가 보전하려는 권리와 대위하여 행사하려는 채무자의 권리가 밀접하게 관련되어 있고 채권자가 채무자의 권리를 대위하여 행사하지 않으면 자기 채권의 완전한 만족을 얻을 수 없게 될 위험이 있어 채무자의 권리를 대위하여 행사하는 것이 자기 채권의 현실적 이행을 유효·적절하게 확보하기 위하여 필요한 경우에는 채권자대위권의 행사가 채무자의 자유로운 재산관리행위에 대한 부당한 간섭이 된다는 등의 특별한 사정이 없는 한 채권자는 채무자의 권리를 대위하여 행사할 수 있다(대판 2007.5.10, 2006다82700·82717). 그러므로 소유권이전등기청구권과 같은 특정채권도 피보전채권이 된다.
② [○] 국토이용관리법상의 토지거래규제구역 내의 토지에 관하여 관할 관청의 허가 없이 체결된 매매계약이라고 하더라도, 거래 당사자 사이에는 그 계약이 효력이 있는 것으로 완성될 수 있도록 서로 협력할 의무가 있어, 그 매매계약의 쌍방 당사자는 공동으로 관할 관청의 허가를 신청할 의무가 있고, 이러한 의무에 위배하여 허가신청에 협력하지 아니하는 당사자에 대하여 상대방은 협력의무의 이행을 청구할 수 있는 것이므로, 이와 같은 매수인이 매도인에 대하여 가지는 토지거래허가신청 절차의 협력의무의 이행청구권도 채권자대위권의 행사에 의하여 보전될 수 있는 채권에 해당한다(대판 1995.9.5, 95다22917).
③ [×] 청구권은 물론 형성권(예를 들어 취소권·해제권·선택권·상계권·환매권·대금감액청구권·공유물분할청구권 등)·채권자대위권·채권자취소권도 대위의 목적이 될 수 있다.

④ [×] 민법상 조합원은 조합의 존속기간이 정해져 있는 경우 등을 제외하고는 원칙적으로 언제든지 조합에서 탈퇴할 수 있고(제716조 참조), 조합원이 탈퇴하면 그 당시의 조합재산상태에 따라 다른 조합원과 사이에 지분의 계산을 하여 지분환급청구권을 가지게 되는바(제719조 참조), 조합원이 조합을 탈퇴할 권리는 그 성질상 조합계약의 해지권으로서 그의 일반재산을 구성하는 재산권의 일종이라 할 것이고 채권자대위가 허용되지 않는 일신전속적 권리라고는 할 수 없다. 따라서 채무자의 재산인 조합원 지분을 압류한 채권자는, 당해 채무자가 속한 조합에 존속기간이 정하여져 있다거나 기타 채무자 본인의 조합탈퇴가 허용되지 아니하는 것과 같은 특별한 사유가 있지 않은 한, 채권자대위권에 의하여 채무자의 조합 탈퇴의 의사표시를 대위행사할 수 있다 할 것이고, 일반적으로 조합원이 조합을 탈퇴하면 조합목적의 수행에 지장을 초래할 것이라는 사정만으로는 이를 불허할 사유가 되지 아니한다(대결 2007.11.30, 2005마1130).

⑤ [×] 채권자가 자기의 금전채권을 보전하기 위하여 채무자의 금전채권을 대위행사하는 경우 제3채무자로 하여금 채무자에게 지급의무를 이행하도록 청구할 수도 있지만, 직접 대위채권자 자신에게 이행하도록 청구할 수도 있다(대판 2016.8.29. 2015다236547).

038

甲은 乙에게 변제기가 도래한 1억 원의 금전채권을 가지고 있다. 乙은 현재 무자력 상태에 있고 丙에 대하여 변제기가 도래한 5,000만 원의 금전채권을 가지고 있다. 이에 관한 설명으로 옳지 않은 것은? (다툼이 있으면 판례에 따름)

① 乙이 반대하는 경우에도 甲은 丙에 대하여 채권자대위권을 행사할 수 있다.
② 甲이 채권자대위권을 행사하는 경우에 丙은 乙에 대해 가지는 모든 항변사유로써 甲에게 대항할 수 있다.
③ 甲은 丙에게 5,000만 원을 乙에게 이행할 것을 청구할 수 있을 뿐만 아니라, 직접 자기에게 이행할 것을 청구할 수 있다.
④ 甲이 丙으로부터 5,000만 원을 대위수령한 경우, 甲은 상계적상에 있는 때에는 상계함으로써 사실상 우선변제를 받을 수 있다.
⑤ 甲이 丙에게 채권자 대위소송을 제기한 경우, 乙은 소송당사자가 아니므로 乙의 丙에 대한 채권을 소멸시효가 중단되지 않는다.

해설
답 ⑤

① [○] 대위권 행사에 채무자의 동의를 받아야 하는 것은 아니다(대판 1963.11.21, 63다634, 채무자가 그 행사에 반대하더라도 대위권 행사가 가능하다고 한다).
② [○] 대위권 행사의 통지가 있기 전에 대위의 상대방은 채무자에 대한 항변권(예 동시이행의 항변권)을 대위행사하는 채권자에 대해서도 주장할 수 있다. 대위권 행사로 인하여 제3자의 지위가 열악하게 될 수는 없기 때문이다.
③ [○] 대위권 행사의 모든 효과는 채무자에게 귀속되어 전 채권자의 공동담보로 된다. 그러나 대위권을 행사함에 있어서 반드시 채무자에게 급부하라고 요구하여야 하는 것은 아니고, 채권자 자신에게 직접 급부하도록 요구하여도 된다. 즉 채권자에 의한 대위수령이 가능하다.

④ [O] 제3채무자로부터 급부를 대위수령한 채권자는 그것을 채무자에게 인도하여야 하지만, 채권자의 채무자에 대한 채권과 채무자의 채권자에 대한 인도채권이 상계적상에 있다면, 상계의 의사표시에 의하여 '사실상'의 우선변제를 받을 수 있다.
⑤ [X] 채권자대위권 행사의 효과는 채무자에게 귀속되는 것이므로 채권자대위소송의 제기로 인한 소멸시효 중단의 효과 역시 채무자에게 생긴다(대판 2011.10.13. 2010다80930).

039

乙의 채권자 甲이 乙의 丙에 대한 금전채권에 대하여 채권자대위권을 행사하는 경우에 관한 설명으로 옳지 않은 것은? (다툼이 있으면 판례에 따름)

19 노무사

① 甲의 乙에 대한 채권의 소멸시효가 이미 완성된 경우, 丙은 乙의 甲에 대한 소멸시효의 항변을 원용할 수 없다.
② 丙이 乙의 이행청구에 대하여 동시이행항변권을 행사할 수 있는 경우, 丙은 甲에게 그 동시이행항변권을 가지고 대항할 수 있다.
③ 채권자대위소송에서 甲의 乙에 대한 채권이 존재하는지 여부는 법원의 직권조사사항이 아니다.
④ 甲의 乙에 대한 채권의 이행기가 도래하기 전이라도 甲은 법원의 허가를 받아 乙의 丙에 대한 채권을 대위행사할 수 있다.
⑤ 甲은 丙에게 직접 자기에게 이행하도록 청구하여 급부를 대위수령할 수 있다.

해설

답 ③

① [O] 채권자가 대위행사하는 채권의 소멸시효가 완성된 경우 이를 원용할 수 있는 자는 원칙적으로 시효이익을 직접 받는 채무자뿐이므로 채권자대위소송의 제3채무자는 이를 행사할 수 없다(대판 1997.7.22. 97다5749).
② [O] 대위권 행사의 통지가 있기 전에 대위의 상대방은 채무자에 대한 항변권(예 동시이행의 항변권)을 대위행사하는 채권자에 대해서도 주장할 수 있다.
③ [X] 채권자의 채무자에 대한 피보전권리(대위권리)의 존부는 법원이 직권으로 조사하여야 할 사항이고, 변론주의가 적용될 여지가 없다. 그리고 이 요건이 결여된 경우에 채권자대위소송은 부적법하여 각하된다(대판 1990.12.11. 88다카4727).
④ [O] 제404조(채권자대위권) ② 채권자는 그 채권의 기한이 도래하기 전에는 법원의 허가 없이 전항의 권리를 행사하지 못한다. 그러나 보전행위는 그러하지 아니하다.
⑤ [O] 대위권 행사의 모든 효과는 채무자에게 귀속되어 전 채권자의 공동담보로 된다. 그러나 대위권을 행사함에 있어서 반드시 채무자에게 급부하라고 요구하여야 하는 것은 아니고, 채권자 자신에게 직접 급부하도록 요구하여도 된다. 즉, 채권자에 의한 대위수령이 가능하다.

040 甲이 乙에 대한 A채권을 보전하기 위하여 丙을 상대로 채권자대위소송을 제기하는 경우, A채권에 관한 설명으로 옳지 않은 것은? (다툼이 있으면 판례에 따름) 19 변리사

① A채권의 존재뿐만 아니라 그 발생원인도 甲이 증명할 책임이 있다.
② A채권은 丙에게 대항할 수 있는 권리가 아니어도 된다.
③ 토지거래허가신청절차의 협력의무이행청구권도 A채권이 될 수 있다.
④ 丙은 특별한 사정이 없는 한 甲에 대하여 A채권의 소멸시효가 완성되었음을 항변할 수 없다.
⑤ 丙은 甲에 대하여 A채권의 발생원인이 된 법률행위가 무효라는 사실을 주장하여 A채권의 인정 여부를 다툴 수 있다.

> **해설** 답 ①

① [×] 법률행위의 효력요건에 대한 증명책임은 법률행위의 무효나 취소를 주장하는 측에게 있다. 즉, 법률행위의 성립요건이 증명되면 원칙적으로 그 법률행위는 효력을 발생하는 것이고, 그 효력요건은 무효나 취소를 주장하는 자가 효력요건의 부존재를 증명하여야 한다(통설). 예를 들어 매매계약상의 권리를 주장하는 사람은 매매계약규정인 민법 제563조의 요건사실에 대하여 증명책임이 있으며, 그 이상으로 계약이 불공정한 법률행위나 계약해제된 바 없었다는 사실 등 계속 존속된다는 사실까지는 증명책임이 없다(이시윤 신민사소송법, 544면, 제15판).
② [○] 피보전채권은 채무자에게 대항할 수 있으면 되고, 제3채무자에게 대항할 필요는 없다.
③ [○] 국토이용관리법상의 토지거래규제구역 내의 토지에 관하여 관할 관청의 허가 없이 체결된 매매계약이라고 하더라도, 거래 당사자 사이에는 그 계약이 효력이 있는 것으로 완성될 수 있도록 서로 협력할 의무가 있어, 그 매매계약의 쌍방 당사자는 공동으로 관할 관청의 허가를 신청할 의무가 있고, 이러한 의무에 위배하여 허가신청에 협력하지 아니하는 당사자에 대하여 상대방은 협력의무의 이행을 청구할 수 있는 것이므로, 이와 같은 매수인이 매도인에 대하여 가지는 토지거래허가신청 절차의 협력의무의 이행청구권도 채권자대위권의 행사에 의하여 보전될 수 있는 채권에 해당한다(대판 1995.9.5, 95다22917).
④ [○] 채권자가 대위행사하는 채권의 소멸시효가 완성된 경우 이를 원용할 수 있는 자는 원칙적으로 시효이익을 직접 받는 채무자뿐이므로 채권자대위소송의 제3채무자는 이를 행사할 수 없다(대판 1997.7.22, 97다5749).
⑤ [○] 채권자가 채권자대위소송을 제기한 경우, 제3채무자는 채무자가 채권자에 대하여 가지는 항변권이나 형성권 등과 같이 권리자에 의한 행사를 필요로 하는 사유를 들어 채권자의 채무자에 대한 권리가 인정되는지 여부를 다툴 수 없지만, 채권자의 채무자에 대한 권리의 발생 원인이 된 법률행위가 무효라거나 위 권리가 변제 등으로 소멸하였다는 등의 사실을 주장하여 채권자의 채무자에 대한 권리가 인정되는지 여부를 다투는 것은 가능하고, 이 경우 법원은 제3채무자의 주장을 고려하여 채권자의 채무자에 대한 권리가 인정되는지 여부에 관하여 직권으로 심리·판단하여야 한다(대판 2015.9.10, 2013다55300).

041 채권자대위권에 관한 설명으로 옳은 것은? (다툼이 있으면 판례에 따름) 20 변리사

① 토지거래허가구역 내의 토지에 관한 매매계약에서 매수인이 매도인에 대하여 가지는 토지거래허가신청 절차의 협력의무의 이행청구권은 채권자대위권의 피보전채권에 해당하지 않는다.
② 특정채권도 채권자대위권의 피보전채권이 될 수 있지만, 순차 매도에서 소유권이전등기청구권이나 임대차에 있어 명도청구권 등의 보전을 위한 경우에 한하여 채권자대위권이 인정된다.
③ 채권자대위권의 피보전채권이 되기 위해서는 그 채권이 제3채무자에게까지 대항할 수 있는 것이어야 한다.
④ 채권자가 채권자대위권을 행사하여 제3채무자에 대하여 하는 청구에서, 제3채무자는 채무자가 채권자에 대하여 가지는 동시이행의 항변권을 행사하여 대항할 수 있다.
⑤ 임대인의 동의 없는 임차권의 양도는 다른 특약이 없는 한 임대인에게는 대항할 수 없고, 그 임차권의 양수인은 임대인의 권한을 대위행사할 수 없다.

해설 답 ⑤

① [×] 국토이용관리법상의 토지거래규제구역 내의 토지에 관하여 관할 관청의 허가 없이 체결된 매매계약이라고 하더라도, 거래 당사자 사이에는 그 계약이 효력이 있는 것으로 완성될 수 있도록 서로 협력할 의무가 있어, 그 매매계약의 쌍방 당사자는 공동으로 관할 관청의 허가를 신청할 의무가 있고, 이러한 의무에 위배하여 허가신청에 협력하지 아니하는 당사자에 대하여 상대방은 협력의무의 이행을 청구할 수 있는 것이므로, 이와 같은 매수인이 매도인에 대하여 가지는 토지거래허가신청 절차의 협력의무의 이행청구권도 채권자대위권의 행사에 의하여 보전될 수 있는 채권에 해당한다(대판 1995.9.5, 95다22917).
② [×] 피보전채권이 특정채권이라 하여 반드시 순차매도 또는 임대차에 있어 소유권이전등기청구권이나 명도청구권 등의 보전을 위한 경우에만 한하여 채권자대위권이 인정되는 것은 아니며(대판 2001.5.8, 99다38699), 물권적 청구권에 대하여도 채권자대위권에 관한 민법 제404조의 규정과 위와 같은 법리가 적용될 수 있다(대판 2007.5.10, 2006다82700).
③ [×] 민법 제404조에서 규정하고 있는 채권자대위권은 채권자가 채무자에 대한 자기의 채권을 보전하기 위하여 필요한 경우에 채무자의 제3자에 대한 권리를 대위행사할 수 있는 권리를 말하는 것으로서, 이 때 보전되는 채권은 보전의 필요성이 인정되고 이행기가 도래한 것이면 족하고, 그 채권의 발생원인이 어떠하든 대위권을 행사함에는 아무런 방해가 되지 아니하며, 또한 채무자에 대한 채권이 제3채무자에게까지 대항할 수 있는 것임을 요하는 것도 아니라고 할 것이므로, 채권자대위권을 재판상 행사하는 경우에 있어서도 채권자인 원고는 그 채권의 존재사실 및 보전의 필요성, 기한의 도래 등을 입증하면 족한 것이지, 채권의 발생원인사실 또는 그 채권이 제3채무자인 피고에게 대항할 수 있는 채권이라는 사실까지 입증할 필요는 없으며, 따라서 채권자가 채무자를 상대로 하여 그 보전되는 청구권에 기한 이행청구의 소를 제기하여 승소판결이 확정되면 제3채무자는 그 청구권의 존재를 다툴 수 없다 할 것이다(대판 2003.4.11, 2003다1250).
④ [×] 채권자는 제3채무자에 대하여 채무자의 권리를 대위행사하는 것이므로, 제3채무자는 이에 대하여 채무자가 채권자에 대하여 가지는 항변으로 대항할 수 없다. 채권자가 대위행사하는 채권의 소멸시효가 완성된 경우 이를 원용할 수 있는 자는 원칙적으로 시효이익을 직접 받는 채무자뿐이므로 채권자대위소송의 제3채무자는 이를 행사할 수 없다(대판 1997.7.22, 97다5749).
⑤ [○] 임대인의 동의 없는 임차권의 양도는 당사자 사이에서는 유효하다 하더라도 다른 특약이 없는 한 임대인에게는 대항할 수 없는 것이고 임대인에 대항할 수 없는 임차권의 양수인으로서는 임대인의 권한을 대위행사할 수 없다(대판 1985.2.8, 84다카188).

042 채권자대위권에 관한 설명으로 옳지 않은 것은? (다툼이 있으면 판례에 따름)   22 노무사 변형

① 물권적 청구권도 채권자대위권의 피보전권리가 될 수 있다.
② 피보전채권의 이행기가 도래하기 전이라도 채권자는 법원의 허가를 얻어 채무자의 제3자에 대한 채권자취소권을 대위행사할 수 있다.
③ 민법상 조합원의 조합탈퇴권은 특별한 사정이 없는 한 채권자대위권의 목적이 될 수 없다.
④ 행사상 일신전속권은 채권자대위권의 목적이 되지 못한다.
⑤ 채권자대위소송에서 피보전채권의 존재 여부는 법원의 직권조사사항이다.
⑥ 보전의 필요성이 인정되기 위하여는 우선 적극적 요건으로서 채권자가 채권자대위권을 행사하지 않으면 피보전채권의 완전한 만족을 얻을 수 없게 될 위험의 존재가 인정되어야 하고, 나아가 채권자대위권을 행사하는 것이 그러한 위험을 제거하여 피보전채권의 현실적 이행을 유효·적절하게 확보하여 주어야 하며, 다음으로 소극적 요건으로서 채권자대위권의 행사가 채무자의 자유로운 재산관리행위에 대한 부당한 간섭이 된다는 사정이 없어야 한다.

해설   답 ③

① [O] 물권적 청구권에 대하여도 채권자대위권에 관한 민법 제404조의 규정과 위와 같은 법리가 적용될 수 있다(대판 2007.5.10, 2006다82700).
② [O] 채권자취소권도 채권자가 채무자를 대위하여 행사하는 것이 가능하다(대판 2001.12.27, 2000다73049).
③ [×] 민법상 조합원은 조합의 존속기간이 정해져 있는 경우 등을 제외하고는 원칙적으로 언제든지 조합에서 탈퇴할 수 있고(제716조), 조합원이 탈퇴하면 그 당시의 조합재산상태에 따라 다른 조합원과 사이에 지분의 계산을 하여 지분환급청구권을 가지게 되는바(제719조), 조합원이 조합을 탈퇴할 권리는 그 성질상 조합계약의 해지권으로서 그의 일반재산을 구성하는 재산권의 일종이라 할 것이고 채권자대위가 허용되지 않는 일신전속적 권리라고는 할 수 없다. 따라서 채무자의 재산인 조합원 지분을 압류한 채권자는, 당해 채무자가 속한 조합에 존속기간이 정하여져 있다거나 기타 채무자 본인의 조합탈퇴가 허용되지 아니하는 것과 같은 특별한 사유가 있지 않은 한, 채권자대위권에 의하여 채무자의 조합 탈퇴의 의사표시를 대위행사할 수 있다 할 것이고, 일반적으로 조합원이 조합을 탈퇴하면 조합목적의 수행에 지장을 초래할 것이라는 사정만으로는 이를 불허할 사유가 되지 아니한다(대결 2007.11.30, 2005마1130).
④ [O]
> 제404조(채권자대위권) ① 채권자는 자기의 채권을 보전하기 위하여 채무자의 권리를 행사할 수 있다. 그러나 일신에 전속한 권리는 그러하지 아니하다.
> ② 채권자는 그 채권의 기한이 도래하기 전에는 법원의 허가 없이 전항의 권리를 행사하지 못한다. 그러나 보전행위는 그러하지 아니하다.

⑤ [O] 채권자 대위소송에서 대위에 의하여 보전될 채권자의 채무자에 대한 권리가 존재하는지 여부는 소송요건으로 법원의 직권조사사항이다(대판 2015.9.10, 2013다55300).
⑥ [O] 피보험자가 임의 비급여 진료행위에 따라 요양기관에 진료비를 지급한 다음 실손의료보험계약상의 보험자에게 청구하여 진료비와 관련한 보험금을 지급받았는데, 진료행위가 위법한 임의 비급여 진료행위로서 무효인 동시에 보험자와 피보험자가 체결한 실손의료보험계약상 진료행위가 보험금 지급사유에 해당하지 아니하여 보험자가 피보험자에 대하여 보험금 상당의 부당이득반환채권을 갖게 된 경우, 채권자인 보험자가 금전채권인 부당이득반환채권을 보전하기 위하여 채무자인 피보험자를 대위하여 제3채무자인 요양기관을 상대로 진료비 상당의 부당이득반환채권을 행사하는 형태의 채권자대위소송에서 채무자가 자력이 있는 때에는 보전의 필요성이 인정된

다고 볼 수 없다. 구체적인 이유는 다음과 같다.
ⓐ 채무자인 피보험자가 자력이 있는 경우라면, 특별한 사정이 없는 한 채권자인 보험자가 채무자의 요양기관에 대한 부당이득반환채권을 대위하여 행사하지 않으면 자신의 채무자에 대한 부당이득반환채권의 완전한 만족을 얻을 수 없게 될 위험이 있다고 할 수 없다. 나아가 피보전채권인 보험자의 피보험자에 대한 부당이득반환채권과 대위채권인 피보험자의 요양기관에 대한 부당이득반환채권 사이에는 피보전채권의 실현 또는 만족을 위하여 대위권리의 행사가 긴밀하게 필요하다는 등의 밀접한 관련성을 인정할 수도 없다. 만약 채무자인 피보험자의 자력이 있는데도 보전의 필요성을 인정한다면, 이는 채권자인 보험자에게 사실상의 담보를 취득하게 하는 특권을 부여하고, 법적 근거 없이 직접청구권을 인정하는 위험을 야기하며, 다른 채권자보다 우선하여 보험자의 채권만족이 실현되어 채권자평등주의에 기반한 민사집행법 체계와 조화를 이루지 못할 우려가 있다. ⓑ 보험자가 요양기관의 위법한 임의 비급여 진료행위가 무효라는 이유로 자력이 있는 피보험자의 요양기관에 대한 권리를 대위하여 행사하는 것은 피보험자의 자유로운 재산관리행위에 대한 부당한 간섭이 될 수 있다(대판 2022.8.25, 2019다229202 전합).

043 채권자대위권에 관한 설명으로 옳은 것은? (다툼이 있으면 판례에 따름) 23 변리사

① 채권자는 피보전채권의 변제기 전에 채권자대위권을 행사해서 피대위채권의 시효중단을 위한 이행청구를 하지 못한다.
② 임대인의 동의 없는 임차권의 양도는 당사자 사이에서는 유효하므로 임차권의 양수인은 임대인의 권한을 대위행사할 수 있다.
③ 조합원이 조합을 탈퇴할 권리는 일신전속적 권리가 아니므로, 특별한 사정이 없는 한 피대위권리가 될 수 있다.
④ 채권자가 채무자의 토지 소유권이전등기청구권을 대위행사한 후 이를 채무자에게 통지한 경우, 채무자가 그 토지 소유권을 이전받는 것은 처분권 제한에 위배되어 무효이다.
⑤ 제3채무자가 직접 대위채권자에게 금전을 지급하도록 하는 채권자대위소송의 판결이 확정된 경우, 대위채권자의 채권자는 대위채권자가 제3채무자로부터 지급받을 권리를 압류할 수 있다.

해설
답 ③

① [×] 시효중단은 보전행위에 해당하므로 가능하다.

> **제404조(채권자대위권)** ① 채권자는 자기의 채권을 보전하기 위하여 채무자의 권리를 행사할 수 있다. 그러나 일신에 전속한 권리는 그러하지 아니하다.
> ② 채권자는 그 채권의 기한이 도래하기 전에는 법원의 허가 없이 전항의 권리를 행사하지 못한다. 그러나 보전행위는 그러하지 아니하다.

② [×] 채권자는 채무자에 대한 권리가 채무자에게 대항할 수 있어야 하므로, 예를 들어 임대인의 동의 없는 임차권의 양도는 당사자 사이에서는 유효하다 하더라도 다른 특약이 없는 한 임대인에게는 대항할 수 없는 것이고 임대인에 대항할 수 없는 임차권의 양수인으로서는 임대인의 권한을 대위행사할 수 없다(대판 1985.2.8, 84다카188).

③ [O] 민법상 조합원은 조합의 존속기간이 정해져 있는 경우 등을 제외하고는 원칙적으로 언제든지 조합에서 탈퇴할 수 있고(제716조), 조합원이 탈퇴하면 그 당시의 조합재산상태에 따라 다른 조합원과 사이에 지분의 계산을 하여 지분환급청구권을 가지게 되는바(제719조), <u>조합원이 조합을 탈퇴할 권리는 그 성질상 조합계약의 해지권으로서 그의 일반재산을 구성하는 재산권의 일종이라 할 것이고 채권자대위가 허용되지 않는 일신전속적 권리라고는 할 수 없다.</u> 따라서 채무자의 재산인 조합원 지분을 압류한 채권자는, 당해 채무자가 속한 조합에 존속기간이 정하여져 있다거나 기타 채무자 본인의 조합탈퇴가 허용되지 아니하는 것과 같은 특별한 사유가 있지 않은 한, 채권자대위권에 의하여 채무자의 조합 탈퇴의 의사표시를 대위행사할 수 있다 할 것이고, 일반적으로 조합원이 조합을 탈퇴하면 조합목적의 수행에 지장을 초래할 것이라는 사정만으로는 이를 불허할 사유가 되지 아니한다(대결 2007.11.30, 2005마1130).

④ [×] 가. 채권자가 채무자를 대위하여 채무자의 제3채무자에 대한 권리를 행사하고 채무자에게 통지를 하거나 채무자가 채권자의 대위권 행사사실을 안 후에는 채무자는 그 권리에 대한 처분권을 상실하여 그 권리의 양도나 포기등 처분행위를 할 수 없고 채무자의 처분행위에 기하여 취득한 권리로서는 채권자에게 대항할 수 없으나, 채무자의 변제수령은 처분행위라 할 수 없고 같은 이치에서 채무자가 그 명의로 소유권이전등기를 경료하는 것 역시 처분행위라고 할 수 없으므로 소유권이전등기청구권의 대위행사 후에도 채무자는 그 명의로 소유권이전등기를 경료하는 데 아무런 지장이 없다. 나. 부동산의 전득자(채권자)가 양수인 겸 전매인(채무자)에 대한 소유권이전등기청구권을 보전하기 위하여 양수인을 대위하여 양도인(제3채무자)을 상대로 처분금지가처분을 한 경우 그 피보전권리는 양수인의 양도인에 대한 소유권이전등기청구권일 뿐, 전득자의 양수인에 대한 소유권이전등기청구권까지 포함되는 것은 아니고, 그 가처분결정에서 제3자에 대한 처분을 금지하였다 하여도 그 제3자 중에는 양수인은 포함되지 아니하므로 그 가처분 후에 양수인이 양도인으로부터 넘겨받은 소유권이전등기는 위 가처분의 효력에 위배되지 아니하여 유효하다(대판 1991.4.12, 90다9407).

⑤ [×] 자기의 금전채권을 보전하기 위하여 채무자의 금전채권을 대위행사하는 대위채권자는 제3채무자로 하여금 직접 대위채권자 자신에게 지급의무를 이행하도록 청구할 수 있고 제3채무자로부터 변제를 수령할 수도 있으나, 이로 인하여 채무자의 제3채무자에 대한 피대위채권이 대위채권자에게 이전되거나 귀속되는 것이 아니므로, 대위채권자의 제3채무자에 대한 추심권능 내지 변제수령권능은 자체로서 독립적으로 처분하여 환가할 수 있는 것이 아니어서 압류할 수 없는 성질의 것이고, 따라서 추심권능 내지 변제수령권능에 대한 압류명령 등은 무효이다. 그리고 채권자대위소송에서 제3채무자로 하여금 직접 대위채권자에게 금전의 지급을 명하는 판결이 확정되었더라도 판결에 기초하여 금전을 지급받는 것 역시 대위채권자의 제3채무자에 대한 추심권능 내지 변제수령권능에 속하므로, 채권자대위소송에서 확정된 판결에 따라 대위채권자가 제3채무자로부터 지급받을 채권에 대한 압류명령 등도 무효이다(대판 2016.8.29, 2015다236547).

044 乙의 채권자 甲이 乙의 丙에 대한 금전채권에 대하여 채권자대위권을 행사하는 경우에 관한 설명으로 옳은 것은? (다툼이 있으면 판례에 따름)

23 노무사

① 甲은 乙의 동의를 받지 않는 한 채권자대위권을 행사할 수 없다.
② 甲의 乙에 대한 채권이 금전채권인 경우, 甲은 丙에게 직접 자기에게 이행하도록 청구하여 상계적상에 있는 자신의 채권과 상계할 수 없다.
③ 甲이 丙을 상대로 채권자대위권을 행사한 경우, 甲의 채권자대위소송의 제기로 인한 소멸시효 중단의 효력은 乙의 丙에 대한 채권에 생긴다.
④ 甲이 丙을 상대로 채권자대위권을 행사하고 그 사실을 乙에게 통지한 이후 乙이 丙에 대한 채권을 포기한 경우, 丙은 乙의 채권포기 사실을 들어 甲에게 대항할 수 있다.
⑤ 乙이 丙을 상대로 금전채무 이행청구의 소를 제기하여 패소판결이 확정된 경우, 甲은 乙에 대한 금전채권을 보전하기 위해 丙을 상대로 채권자대위권을 행사할 수 있다.

해설

답 ③

① [×] **제404조(채권자대위권)** ① 채권자는 자기의 채권을 보전하기 위하여 채무자의 권리를 행사할 수 있다. 그러나 일신에 전속한 권리는 그러하지 아니하다.

② [×] 채권자가 채무자로부터 채무의 변제를 받기 위해서는, 채권자가 직접 수령하거나 채권자가 제3채무자로부터 수령한 경우라도 일단 채무자에게 인도한 후에 채무자로부터 임의의 변제를 받거나 강제이행의 절차를 거쳐야만 한다. 다만, 채권자는 자신의 채권의 목적물과 인도받은 목적물이 동종의 것이고 상계적상에 있는 때에 한해 자신의 채권과 상계하여 우선변제를 받을 수 있다 (통설).

③ [○] 채권자대위권 행사의 효과는 채무자에게 귀속되는 것이므로 채권자대위소송의 제기로 인한 소멸시효 중단의 효과 역시 채무자에게 생긴다(대판 2011.10.13, 2010다80930).

④ [×] **제405조(채권자대위권행사의 통지)** ① 채권자가 전조 제1항의 규정에 의하여 보전행위이외의 권리를 행사한 때에는 채무자에게 통지하여야 한다.
② 채무자가 전항의 통지를 받은 후에는 그 권리를 처분하여도 이로써 채권자에게 대항하지 못한다.

⑤ [×] 채권자대위권은 채무자가 제3채무자에 대한 권리를 행사하지 아니하는 경우에 한하여 채권자가 자기의 채권을 보전하기 위하여 행사할 수 있는 것이기 때문에 채권자가 대위권을 행사할 당시 이미 채무자가 그 권리를 재판상 행사하였을 때에는 설사 패소의 확정판결을 받았더라도 채권자는 채무자를 대위하여 채무자의 권리를 행사할 당사자적격이 없다(대판 2009.3.12, 2008다65839; 대판 1993.3.26, 92다32876).

045 채권자대위권에 관한 설명으로 옳은 것을 모두 고른 것은? (다툼이 있으면 판례에 따름)

24 노무사

ㄱ. 피보전채권이 특정채권인 경우에 채무자의 무자력은 그 요건이 아니다.
ㄴ. 임차인은 특별한 사정이 없는 한 임차권 보전을 위하여 제3자에 대한 임대인의 임차목적물 인도 청구권을 대위행사 할 수 있다.
ㄷ. 채권자대위권도 채권대위권의 피대위권리가 될 수 있다.

① ㄱ
② ㄷ
③ ㄱ, ㄴ
④ ㄴ, ㄷ
⑤ ㄱ, ㄴ, ㄷ

해설
답 ⑤

ㄱ. [O] 채권자는 자기의 채무자에 대한 부동산의 소유권이전등기청구권 등 특정채권을 보전하기 위하여 채무자가 방치하고 있는 그 부동산에 관한 특정권리를 대위하여 행사할 수 있고 그 경우에는 채무자의 무자력을 요건으로 하지 아니하는 것이다(대판 1992.10.27, 91다483).

ㄴ. [O] 임대인이 그 소유 토지를 피고에게 임대하였다가 이를 해지한 뒤 다시 위 토지를 원고에게 임대한 경우에 그뒤 임대인이 위 토지를 타에 매도하고 소유권이전등기를 완료함으로써 소유권을 상실하였다 하더라도 임대인으로서는 임차인인 원고에게 임대물을 인도하여 그 사용수익에 필요한 상태를 제공·유지하여야 할 의무가 있고 또 임대인은 피고와의 임대차계약을 해지함으로써 피고에게 임대물의 인도를 청구할 권리가 있다 할 것이므로 임대인이 타인에게 매도함으로써 소유권은 상실하였다 해도 위와 같은 권리의무는 있다 할 것인즉 임차인인 원고는 임대인의 피고에 대한 위와 같은 권리를 대위하여 행사할 수 있다(대판 1964.12.29, 64다804).

ㄷ. [O] 채권자의 채권을 보전하기에 적합한 것이면 명확한 권리가 아니라도 상관없고, 청구권 이외에 취소권, 채권자대위권, 채권자취소권, 해제·해지권, 조합탈퇴권, 선택권, 환매권, 상계권, 대금감액청구권, 공유물분할청구권 등의 형성권도 그 대상이 된다.

II. 채권자취소권

046 채권자취소권에 관한 설명으로 옳은 것은? (다툼이 있으면 판례에 따름) 17 노무사

① 채권자취소권은 재판상 또는 재판 외에도 행사할 수 있다.
② 특정물에 대한 소유권이전등기청구권과 같은 특정채권도 채권자취소권의 피보전채권이 될 수 있다.
③ 채권자취소권에 의해 보전되는 채권은 특별한 경우 사해행위 이후에도 성립할 수 있다.
④ 상속재산의 분할협의는 채권자취소권의 대상이 될 수 없다.
⑤ 수인의 채권자 중 일부가 제기한 채권자취소권 행사의 효력은 취소소송을 행한 채권자에게만 귀속된다.

> **해설** 답 ③

① [×] **제406조(채권자취소권)** ① 채무자가 채권자를 해함을 알고 재산권을 목적으로 한 법률행위를 한 때에는 채권자는 그 취소 및 원상회복을 법원에 청구할 수 있다.
즉, 소로써만 행사할 수 있다.
② [×] 특정채권의 보전을 위하여 채권자취소권을 행사할 수 있는지 문제되는데, 채권자대위권과 달리 판례는 이를 부정한다. 채권자취소권은 채권자의 공동담보인 채무자의 책임재산의 감소를 방지하기 위한 것이기 때문이다(제407조).
③ [○] 채권자취소권에 의하여 보전되는 채권은 원칙적으로 사해행위라고 할 수 있는 행위가 행하여지기 전에 발생하여야 한다. 재산을 감소시키는 행위로 인하여 그 후에 권리를 취득한 채권자를 해친다고 할 수는 없기 때문이다. 다만 판례는 이러한 원칙에 대한 예외를 인정한다. 즉, 그 사해행위 당시에 이미 채권성립의 기초가 되는 법률관계가 발생되어 있고, 가까운 장래에 그 법률관계에 기하여 채권이 성립할 것이라는 고도의 개연성이 있으며, 실제로 가까운 장래에 그 개연성이 현실화되어 채권이 성립한 경우에 한해서 예외적으로 그 채권도 채권자취소권의 피보전채권이 될 수 있다(대판 2007.6.29, 2006다66753).
④ [×] 상속재산의 분할협의는 상속이 개시되어 공동상속인 사이에 잠정적 공유가 된 상속재산에 대하여 그 전부 또는 일부를 각 상속인의 단독소유로 하거나 새로운 공유관계로 이행시킴으로써 상속재산의 귀속을 확정시키는 것으로 그 성질상 재산권을 목적으로 하는 법률행위이므로 사해행위취소권 행사의 대상이 될 수 있다(대판 2001.2.9, 2000다51797).
⑤ [×] **제407조(채권자취소의 효력)** 전조의 규정에 의한 취소와 원상회복은 모든 채권자의 이익을 위하여 그 효력이 있다.

047 채권자취소권에 관한 설명으로 옳지 않은 것은? (다툼이 있으면 판례에 따름) 19 노무사

① 채권자가 사해행위 취소소송을 통해 원상회복만을 구하는 경우, 법원은 가액배상을 명할 수 없다.
② 채권자가 사해행위의 취소와 원상회복을 구하는 경우, 사해행위의 취소만을 먼저 청구한 다음 원상회복을 나중에 청구할 수도 있다.
③ 채무초과상태의 채무자가 유일한 재산을 우선변제권 있는 채권자에게 대물변제로 제공하는 경우, 특별한 사정이 없는 한 사해행위가 되지 않는다.
④ 사해행위 취소소송에서 채무자는 피고적격이 없다.
⑤ 채권자취소권의 행사에 있어서 제척기간의 도과에 관한 증명책임은 사해행위 취소소송의 상대방에게 있다.

해설
답 ①

① [×] 원고가 사해행위 전부의 취소와 원물반환을 구하고 있더라도 그 청구취지 중에는 사해행위 일부 취소와 가액배상을 구하는 취지도 포함되어 있으므로 법원으로서는 청구취지의 변경이 없더라도 가액배상을 명할 수 있다(대판 2001.6.12, 99다20612).
② [○] 통상 사해행위취소송은 사해행위의 취소라는 형성의 소와 원상회복이라는 이행의 소가 병합된 형태로 제기된다. 그러나 사해행위의 취소만을 먼저 청구한 다음 원상회복을 나중에 청구할 수도 있다.
③ [○] 채무자의 재산이 채무의 전부를 변제하기에 부족한 경우에 채무자가 그의 유일한 재산을 어느 특정 채권자에게 대물변제로 제공하는 행위는 다른 특별한 사정이 없는 한 다른 채권자들에 대한 관계에서 사해행위가 되지만, 채권자들의 공동담보가 되는 채무자의 총재산에 대하여 다른 채권자에 우선하여 변제를 받을 수 있는 권리를 가지는 채권자는 처음부터 채무자의 재산에 대한 환가절차에서 다른 채권자에 우선하여 배당을 받을 수 있는 지위에 있으므로, 그와 같은 우선변제권 있는 채권자에 대한 대물변제의 제공행위는 특별한 사정이 없는 한 다른 채권자들의 이익을 해한다고 볼 수 없어 사해행위가 되지 않는다(대판 2008.2.14, 2006다33357).
④ [○] 채권자취소권 행사의 상대방은 언제나 이득반환청구의 상대방, 즉 수익자 또는 전득자이고, 채무자는 상대방이 아니다.
⑤ [○] 제척기간의 도과에 관한 증명책임은 채권자취소소송의 상대방에게 있다(대판 2009.3.26. 2007다63102).

048 채권자 甲, 채무자 乙, 수익자 丙을 둘러싼 채권자취소소송에 관한 설명으로 옳은 것은? (단, 乙에게는 甲 외에 다수의 채권자가 존재하며 다툼이 있으면 판례에 따름) 20 노무사

① 채권자취소소송에서 원고는 甲이고 피고는 乙과 丙이다.
② 원상회복으로 丙이 금전을 지급하여야 하는 경우에 甲은 직접 자신에게 이를 지급할 것을 청구할 수 있다.
③ 채권자취소권 행사의 효력은 소를 제기한 甲의 이익을 위해서만 발생한다.
④ 乙의 사해의사는 특정 채권자인 甲을 해한다는 인식이 필요하다.
⑤ 채권자취소소송은 甲이 乙의 대리인으로서 수행하는 것이다.

해설
답 ②

① [×] 채권자취소권의 상대방은 이득반환청구의 상대방인 수익자 또는 전득자이며, 채무자에게는 피고적격이 인정되지 않는다(대판 1988.2.23, 87다카1586).
② [○] 사해행위취소로 인한 원상회복으로서 원물반환이 아닌 가액배상을 명하는 경우에는 그 이행의 상대방은 채권자이어야 한다(대판 2008.4.24, 2007다84352).
③ [×] 채권자취소권 행사의 효과는 "모든 채권자의 이익을 위하여 그 효력이 있다."(제407조)
④ [×] 채무자가 그의 법률행위에 의하여 "채권자를 해함을 알고" 있어야 한다(제406조 제1항 본문). 채권자를 해함을 안다는 채무자의 악의, 즉 사해의사는 채무자의 재산처분행위에 의하여 그 재산이 감소되어 채권의 공동담보에 부족이 생기거나 이미 부족한 상태에 있는 공동담보가 한층 더 부족하게 됨으로써 채권자의 채권을 완전하게 만족시킬 수 없게 된다는 사실을 인식하는 것을 의미하고, 그러한 인식은 일반채권자에 대한 관계에서 있으면 충분하며 특정채권자를 해한다는 인식이 있어야 하는 것은 아니다.
⑤ [×] 채권자취소권은 소송상 채권자의 이름으로 행사되고, 채권자가 채무자의 대리인이 되어 행사하는 것은 아니다.

---

049 채권자취소권에 관한 설명으로 옳은 것을 모두 고른 것은? (다툼이 있으면 판례에 따름)
21 노무사

> ㄱ. 채권자취소의 소는 취소원인을 안 날로부터 3년, 법률행위가 있은 날로부터 10년 내에 제기하여야 한다.
> ㄴ. 채권자가 채무자의 사해의사를 증명하면 수익자의 악의는 추정된다.
> ㄷ. 채무초과상태에 있는 채무자의 상속포기는 채권자취소권의 대상이 되지 못한다.
> ㄹ. 사해행위 이전에 성립된 채권을 양수하였으나, 그 대항요건을 사해행위 이후에 갖춘 양수인은 이를 피보전채권으로 하는 채권자취소권을 행사할 수 없다.
> ㅁ. 건물신축의 도급인이 민법 제666조에 따른 수급인의 저당권설정청구권 행사에 의해 그 건물에 저당권을 설정하는 행위는 특별한 사정이 없는 한 사해행위에 해당하지 않는다.

① ㄱ, ㄴ, ㅁ   ② ㄱ, ㄷ, ㄹ   ③ ㄱ, ㄹ, ㅁ
④ ㄴ, ㄷ, ㄹ   ⑤ ㄴ, ㄷ, ㅁ

해설
답 ⑤

ㄱ. [×] **제406조(채권자취소권)** ① 채무자가 채권자를 해함을 알고 재산권을 목적으로 한 법률행위를 한 때에는 채권자는 그 취소 및 원상회복을 법원에 청구할 수 있다. 그러나 그 행위로 인하여 이익을 받은 자나 전득한 자가 그 행위 또는 전득당시에 채권자를 해함을 알지 못한 경우에는 그러하지 아니하다.
② 전항의 소는 채권자가 취소원인을 안 날로부터 1년, 법률행위 있은 날로부터 5년 내에 제기하여야 한다.

ㄴ. [○] 채무자의 악의의 점에 대하여는 그 취소를 주장하는 채권자에게 입증책임이 있으나 수익자 또는 전득자가 악의라는 점에 관하여는 입증책임이 채권자에게 있는 것이 아니고 수익자 또는 전득자 자신에게 선의라는 사실을 입증할 책임이 있다(대판 1997.5.23, 95다51908).
ㄷ. [○] 상속포기는 채권자취소권의 대상이 되지 않는다고 하였다(대판 2011.6.9, 2011다29307).
ㄹ. [×] 채권자의 채권이 사해행위 이전에 성립되어 있는 이상 그 채권이 양도된 경우에도 그 양수인이 채권자취소권을 행사할 수 있고, 이 경우 채권양도의 대항요건을 사해행위 이후에 갖추었더라도 채권양수인이 채권자취소권을 행사하는 데 아무런 장애사유가 될 수 없다 할 것이다(대판 2006. 6.29, 2004다5822).
ㅁ. [○] 신축건물의 도급인이 민법 제666조가 정한 수급인의 저당권설정청구권의 행사에 따라 공사대금채무의 담보로 그 건물에 저당권을 설정하는 행위는 특별한 사정이 없는 한 사해행위에 해당하지 아니한다[2](대판 2008.3.27, 2007다7861).

050 乙이 유일하게 소유하고 있는 X토지를 丙에게 매도한 후 소유권이전등기를 마쳐주었고, 甲은 乙에 대한 대여금채권을 보전하기 위하여 丙을 상대로 채권자취소소송을 제기하여 승소하였다. 이에 관한 설명으로 옳은 것을 모두 고른 것은? (다툼이 있으면 판례에 따름) 19 변리사

ㄱ. 채권자취소소송의 확정판결에 따라 丙 명의의 소유권이전등기가 말소되면 乙은 소유권이전등기명의 회복으로 X토지의 소유권을 취득한다.
ㄴ. 甲의 대여금채권이 乙과 丙 사이의 매매계약 전에 성립되었다면 그 액수나 범위가 구체적으로 확정되지 않아도 피보전채권이 된다.
ㄷ. 甲이 사해행위의 취소만을 먼저 구한 다음 원상회복을 나중에 청구하는 경우, 사해행위취소청구가 채권자취소권의 행사기간 내에 제기되었다면 원상회복청구는 그 기간이 지난 뒤에도 할 수 있다.
ㄹ. 채권자취소소송의 확정판결에 따라 丙 명의의 소유권이전등기가 말소된 후, 乙이 회복된 소유권이전등기명의를 기화로 丁에게 X토지를 매도하고 소유권이전등기를 마쳐준 경우, 사해행위취소와 원상회복의 효력을 받는 乙의 다른 일반채권자 戊는 丁을 상대로 소유권이전등기말소를 청구할 수 없다.

① ㄱ, ㄷ
② ㄴ, ㄷ
③ ㄷ, ㄹ
④ ㄱ, ㄴ, ㄹ
⑤ ㄴ, ㄷ, ㄹ

---

2) 수급인의 저당권설정청구권을 규정하는 민법 제666조는 부동산공사에서 그 목적물이 보통 수급인의 자재와 노력으로 완성되는 점을 감안하여 그 목적물의 소유권이 원시적으로 도급인에게 귀속되는 경우 수급인에게 목적물에 대한 저당권설정청구권을 부여함으로써 수급인이 사실상 목적물로부터 공사대금을 우선적으로 변제받을 수 있도록 하는 데 그 취지가 있고, 이러한 수급인의 지위가 목적물에 대하여 유치권을 행사하는 지위보다 더 강화되는 것은 아니어서 도급인의 일반 채권자들에게 부당하게 불리해지는 것도 아닌 점 등에 비추어, 신축건물의 도급인이 민법 제666조가 정한 수급인의 저당권설정청구권의 행사에 따라 공사대금채무의 담보로 그 건물에 저당권을 설정하는 행위는 특별한 사정이 없는 한 사해행위에 해당하지 아니한다(대판 2008.3.27, 2007다7861).

해설

답 ②

ㄱ, ㄹ. [×] [1] 사해행위의 취소는 채권자와 수익자의 관계에서 상대적으로 채무자와 수익자 사이의 법률행위를 무효로 하는 데에 그치고 채무자와 수익자 사이의 법률관계에는 영향을 미치지 아니하므로, 채무자와 수익자 사이의 부동산매매계약이 사해행위로 취소되고 그에 따른 원상회복으로 수익자 명의의 소유권이전등기가 말소되어 채무자의 등기명의가 회복되더라도, 그 부동산은 취소채권자나 민법 제407조에 따라 사해행위 취소와 원상회복의 효력을 받는 채권자와 수익자 사이에서 채무자의 책임재산으로 취급될 뿐, 채무자가 직접 부동산을 취득하여 권리자가 되는 것은 아니다. [2] 채무자가 사해행위 취소로 등기명의를 회복한 부동산을 제3자에게 처분하더라도 이는 무권리자의 처분에 불과하여 효력이 없으므로, 채무자로부터 제3자에게 마쳐진 소유권이전등기나 이에 기초하여 순차로 마쳐진 소유권이전등기 등은 모두 원인무효의 등기로서 말소되어야 한다. 이 경우 취소채권자나 민법 제407조에 따라 사해행위 취소와 원상회복의 효력을 받는 채권자는 채무자의 책임재산으로 취급되는 부동산에 대한 강제집행을 위하여 원인무효 등기의 명의인을 상대로 등기의 말소를 청구할 수 있다(대판 2017.3.9, 2015다217980).

ㄴ. [○] 채권이 성립되어 있는 이상 그 액수나 범위까지 확정되어 있을 필요는 없다[주석 민법, 채권총칙(2), 226면].

ㄷ. [○] 채권자가 민법 제406조 제1항에 따라 사해행위의 취소와 원상회복을 청구하는 경우 사해행위 취소 청구가 민법 제406조 제2항에 정하여진 기간 안에 제기되었다면 원상회복의 청구는 그 기간이 지난 뒤에도 할 수 있다(대판 2001.9.4, 2001다14108).

051

채권자취소권의 대상이 되는 사해행위에 관한 설명으로 옳지 않은 것은? (다툼이 있으면 판례에 따름)

20 변리사

① 사해행위는 채무자가 재산을 처분하기 이전에 이미 채무초과 상태에 있는 경우뿐만 아니라, 문제된 처분행위로 말미암아 비로소 채무초과 상태에 빠지는 경우에도 성립할 수 있다.
② 채권양도행위가 사해행위에 해당하지 않는 경우에 양도통지가 따로 채권자취소권 행사의 대상이 될 수는 없다.
③ 채무자의 재산적 법률행위라 하더라도 채무자의 책임재산이 아닌 재산에 관한 법률행위인 경우에는 채권자취소권의 대상이 될 수 없다.
④ 채권자취소권에서 취소의 대상이 되는 사해행위는 채권행위거나 물권행위임을 불문한다.
⑤ 채무자의 법률행위가 통정허위표시로서 무효이거나 이미 해지된 경우에는 채권자취소권의 대상이 되지 않는다.

해설

답 ⑤

① [○] 채권자취소권의 요건인 '채권자를 해하는 법률행위'는 채무자의 재산을 처분하는 행위로서, 그로 인하여 채무자의 재산이 감소하여 채권의 공동담보에 부족이 생기거나 이미 부족상태에 있는 공동담보가 한층 더 부족하게 됨으로써 채권자의 채권을 완전하게 만족시킬 수 없게 되는 것을 말한다. 따라서 이러한 사해행위는 채무자가 재산을 처분하기 이전에 이미 채무초과 상태에 있는 경우는 물론이고, 문제된 처분행위로 말미암아 비로소 채무초과 상태에 빠지는 경우에도 성립할 수 있다. 또한 법률행위이어야 하므로 이미 이루어진 법률행위에 기한 이행행위는 사해행위가 아니다(대판 2017.9.21, 2015다53841).

② [O] 채권양도행위가 사해행위에 해당하지 않는 경우에 양도통지가 따로 채권자취소권 행사의 대상이 될 수는 없다(대판 2012.8.30, 2011다32785·32792).
③ [O] 채권자취소권은 채무자가 채권자를 해함을 알면서 일반채권자의 공동담보인 채무자의 책임재산을 감소하게 하는 법률행위를 한 경우에 그 감소행위의 효력을 부인하여 채무자의 재산을 원상회복함으로써 채권의 공동담보를 유지 보전하게 하기 위하여 채권자에게 부여된 권리이므로, 채무자의 재산적 법률행위라 하더라도 채무자의 책임재산이 아닌 재산에 관한 법률행위인 경우에는 이를 채권자취소권의 대상이 된다고 할 수 없다(대판 2013.4.11, 2011다27158).
④ [O] 채권자취소권에서 취소의 대상이 되는 사해행위는 채권행위거나 물권행위임을 불문하는 것이므로 이 사건에서 소외 박원호와 피고와의 간에 매매예약을 하고 그 소유권이전청구권보전을 위한 가등기가 이루어 진 때에 사해행위가 있는 것으로 본 원심의 조치는 정당하고 거기에 법리오해가 있다 할 수 없다(대판 1975.4.8, 74다1700).
⑤ [×] 허위표시에 의한 법률행위에 대해서 채권자는 채권자취소권을 행사할 수 있다(대판 1964.4.14, 63다827).

052

甲은 乙에 대해 2020.7.1. 발생한 대여금채권을 갖고 있다. 2021.1.10.부터 채무초과상태인 乙이 사해의사로 악의의 丙과 2021.1.15.에 법률행위를 하였다. 甲은 乙과 丙 사이의 법률행위에 대해서 2021.2.15. 채권자취소권을 행사하고자 한다. 이에 관한 설명으로 옳지 않은 것은? (다툼이 있으면 판례에 따름)

21 변리사

① 甲이 乙을 상대로 위 대여금채무의 이행청구소송을 제기하였으나 2020.9.1. 원고패소로 확정된 경우, 甲의 사해행위취소청구는 인용될 수 없다.
② 乙이 2020.9.1. 甲의 위 대여금채권에 대한 담보로 그 소유의 X부동산에 저당권설정등기를 한 경우, 우선변제적 효력이 미치는 범위 내에서는 甲의 채권자취소권 행사도 허용되지 않는다.
③ 甲이 위 대여금채권에 기해 2021.1.3. 乙 소유의 X부동산에 가압류를 한 후 乙은 丁의 丙에 대한 채무를 담보하기 위해 X부동산에 대하여 2021.1.15. 丙과 저당권설정계약을 체결하고 저당권설정등기를 마쳐준 경우, 甲은 채권자취소권을 행사할 수 있다.
④ 乙이 2020.10.3. 그 소유 X부동산(시가 6,000만 원)과 Y부동산(시가 4,000만 원)에 丁에 대한 3,000만 원의 피담보채무를 담보하기 위해 공동저당권을 설정한 후, 2021.1.15. 丙에게 X부동산을 매도하고 당일 소유권이전등기를 마친 경우, 4,200만 원의 범위 내에서 사해행위가 성립한다.
⑤ 乙의 채권자 戊가 2020.12.3. 乙 소유의 X부동산을 가압류한 상태에서, 2021.1.15. 乙로부터 X부동산을 양도받은 丙이 乙의 戊에 대한 가압류채무를 변제한 경우, X부동산의 양도계약이 사해행위로 취소되면 丙은 특별한 사정이 없는 한 甲에게 가액반환을 하여야 하고, 위 변제액을 공제하여야 한다.

해설

답 ⑤

① [○] 소멸시효를 원용할 수 있는 사람은 권리의 소멸에 의하여 직접 이익을 받는 자에 한정되는데, 사해행위취소소송의 상대방이 된 사해행위의 수익자는 사해행위가 취소되면 사해행위에 의하여 얻은 이익을 상실하게 되나, 사해행위취소권을 행사하는 채권자의 채권이 소멸되면 그와 같은 이익의 상실을 면할 수 있는 지위에 있으므로, 그 채권의 소멸에 의하여 직접 이익을 받는 자에 해당하는 것으로 보아야 한다. 따라서 원심이 사해행위의 수익자인 피고를 망인에 대한 일반 채권자와 동일하게 보아 피고가 독자적으로 망인의 보증채무가 소멸시효 완성으로 소멸되었다는 주장을 할 수 없다는 취지로 판단한 것은 잘못이라고 할 것이다. 그러나 이 사건 근저당권설정계약 당시 원고의 채권을 제외하더라도 망인이 채무초과 상태였으므로 원고의 망인에 대한 채권의 존재 여부는 사실상 피보전채권의 존부에만 영향을 미칠 수 있는 것으로 보아야 할 것인데, 원심이 인정한 바와 같이 채권자인 원고가 채무자인 망인의 상속인들을 상대로 이 사건 연대보증약정에 기한 이행청구의 소를 제기하여 승소판결을 선고받아 2005.6.25. 그 판결이 확정된 이상, 수익자인 피고가 더 이상 소멸시효의 주장 등으로 원고의 망인에 대한 채권의 존재를 다툴 수는 없다고 할 것이다(대판 2007.11.29, 2007다54849). 따라서 반대해석으로 채권자가 채무자를 상대로 패소확정판결을 받았다면 수익자 丙은 이를 다툴 수 있고, 甲의 甲의 사해행위취소청구는 인용될 수 없다.

② [○] 주채무자 또는 제3자 소유의 부동산에 대하여 채권자 앞으로 근저당권이 설정되어 채권자에게 우선변제권이 확보되어 있다면 그 범위 내에서는 채무자의 재산처분행위는 채권자를 해하지 아니하므로 그 담보물로부터 우선 변제받을 액을 공제한 나머지 채권액에 대하여만 채권자취소권이 인정된다(대판 2002.4.12, 2000다63912).

③ [○] 채권자가 이미 자기 채권의 보전을 위하여 가압류를 한 바 있는 부동산을 채무자가 제3자가 부담하는 채무의 담보로 제공하여 근저당권을 설정하여 줌으로써 물상보증을 한 경우에는 일반채권자들이 만족을 얻는 물적 기초가 되는 책임재산이 새로이 감소된다. 따라서 비록 당해 부동산의 환가대금으로부터는 가압류채권자가 위와 같이 근저당권을 설정받은 근저당권자와 평등하게 배당을 받을 수 있다고 하더라도, 일반적으로 그 배당으로부터 가압류채권의 충분한 만족을 얻는다는 보장이 없고 가압류채권자는 여전히 다른 책임재산을 공취할 권리를 가지는 이상, 원래 위 가압류채권을 포함한 일반채권들의 만족을 담보하는 책임재산 전체를 놓고 보면 위와 같은 물상보증으로 책임재산이 부족하게 되거나 그 상태가 악화되는 경우에는 역시 가압류채권자도 자기 채권의 충분한 만족을 얻지 못하게 되는 불이익을 받는다. 그러므로 위와 같은 가압류채권자라고 하여도 채무자의 물상보증으로 인한 근저당권 설정행위에 대하여 채권자취소권을 행사할 수 있다(대판 2010.1.28, 2009다90047).

④ [○] 저당권이 설정되어 있는 목적물의 경우 목적물 중에서 일반채권자들의 공동담보에 제공되는 책임재산은 피담보채권액을 공제한 나머지 부분만이므로, 수익자가 채무초과 상태에 있는 채무자의 부동산에 관하여 설정된 선순위 근저당권의 피담보채무를 변제하여 근저당권설정등기를 말소하는 대신 동일한 금액을 피담보채무로 하는 새로운 근저당권설정등기를 설정하는 것은 채무자의 공동담보를 부족하게 하는 것이라고 볼 수 없어 사해행위가 성립하지 아니한다. 이때 수개의 부동산에 공동저당권이 설정되어 있는 경우 책임재산을 산정할 때에 각 부동산이 부담하는 피담보채권액은 특별한 사정이 없는 한 민법 제368조의 규정 취지에 비추어 공동저당권의 목적으로 된 각 부동산 가액에 비례하여 공동저당권의 피담보채권액을 안분한 금액이라고 보아야 한다(대판 2012.1.12, 2010다64792). 따라서 3,000만 원에 대하여 X부동산에 대한 안분액은 1,800만원(3,000만 원 × 3/5 = 1,800만 원)이 되므로, 시가 6,000만 원에서 1,800만 원을 제외한 4,200만 원의 범위에서 사해행위가 성립한다.

⑤ [×] 사해행위 당시 어느 부동산이 가압류되어 있다는 사정은 채권자 평등의 원칙상 채권자의 공동담보로서 그 부동산의 가치에 아무런 영향을 미치지 아니하므로, 가압류가 된 여부나 그 청구채권액의 다과에 관계없이 그 부동산 전부에 대하여 사해행위가 성립하고, 따라서 사해행위 후 수익자 또는 전득자가 그 가압류 청구채권을 변제하거나 채권액 상당을 해방공탁하여 가압류를 해제시키거나 또는 그 집행을 취소시켰다 하더라도, 법원이 사해행위를 취소하면서 원상회복으로 원물반환 대신 가액배상을 명하여야 하거나, 다른 사정으로 가액배상을 명하는 경우에도 그 변제액을 공제할 것은 아니다(대판 2003.2.11. 2002다37474).

053

甲이 乙의 사해행위를 이유로 채권자취소권을 행사하는 것에 관한 설명으로 옳은 것을 모두 고른 것은? (각 지문은 독립적이며, 다툼이 있으면 판례에 따름)   22 변리사

ㄱ. 乙 소유 X토지에 대해 甲의 점유취득시효가 완성된 후에 乙이 토지를 丙에게 처분한 경우, 甲은 자신의 소유권이전등기청구권이 침해되었음을 이유로 채권자취소권을 행사할 수 없다.
ㄴ. 乙은 甲에게 5천만 원, 丙에게 1억 원 등 총 3억 원 이상의 채무를 부담하고 있다. 乙의 재산은 시가 2억 원 상당의 X아파트가 유일한데, 乙은 이 아파트를 丙에게 대물변제로 소유권이전등기를 마쳐 주었다. 이 경우 특별한 사정이 없는 한 乙이 丙에게 한 대물변제는 사해행위에 해당한다.
ㄷ. 甲은 乙에 대하여 5천만 원의 채권을 가지고 있다. 乙이 소유하고 있는 유일한 재산인 시가 3억 원 상당의 X토지에는 甲의 乙에 대한 채권이 발생하기 전에 이미 근저당권자 丙은행, 채권최고액 1억 원으로 하는 근저당권이 설정되어 있었다. 그 후 乙은 위 부동산을 丁에게 2억 원에 매도하고, 丁은 丙은행에 1억 원을 변제함으로써 근저당권은 소멸되었다. 이 경우 원칙적으로 甲은 乙이 丁에게 X토지를 매도한 행위를 사해행위로 취소하고 원상회복으로 X토지의 명의로 乙에게 회복시킬 수 있다.
ㄹ. 乙은 丙에 대한 자신의 채권을 丁에게 양도하고 丙에게 채권양도의 통지를 하였다. 이후 乙의 금전채권자 甲에 의해 위 채권양도가 사해행위로 적법하게 취소된 경우, 甲은 丙을 상대로 乙을 대위하여 채무의 이행을 청구할 수 있다.

① ㄱ
② ㄱ, ㄴ
③ ㄴ, ㄹ
④ ㄷ, ㄹ
⑤ ㄱ, ㄴ, ㄷ

해설   답 ②

ㄱ. [○] 채권자취소권에 의해 보전되는 채권은 원칙적으로 금전채권에 한정되고, 등기청구권 같은 특정채권의 보전을 위해서는 취소권의 행사가 인정되지 않는다(제407조 참고).

ㄴ. [○] 채무자의 재산이 채무의 전부를 변제하기에 부족한 경우에 채무자가 그의 유일한 재산인 부동산을 어느 특정 채권자에게 대물변제로 제공하여 소유권이전등기를 경료하였다면 그 채권자는 다른 채권자에 우선하여 채권의 만족을 얻는 반면 그 범위 내에서 공동담보가 감소됨에 따라 다른 채권자는 종전보다 더 불리한 지위에 놓이게 되므로 이는 곧 다른 채권자의 이익을 해하는 것이라고 보아야 하고, 따라서 이미 채무초과의 상태에 빠져 있는 채무자가 그의 유일한 재산인 부동산을 채권자들 가운데 어느 한 사람에게 대물변제로 제공하는 행위는 다른 특별한 사정이 없는 한 다른 채권자들에 대한 관계에서 사해행위가 된다(대판 1996.10.29, 96다23207).

ㄷ. [×] 사해행위 후 기존의 근저당권이 변제에 의하여 말소된 경우 채권자의 사해행위의 취소 및 원상회복으로서의 가액배상청구가 정당한 이상, 특별한 사정이 없는 한 채권자가 구하는 가액배상의 범위를 넘어 원물반환을 명하는 것은 허용될 수 없다(대판 2009.5.14, 2009다4947).

ㄹ. [×] 채무자의 수익자에 대한 채권양도가 사해행위로 취소되는 경우, 수익자가 제3채무자에게서 아직 채권을 추심하지 아니한 때에는, 채권자는 사해행위취소에 따른 원상회복으로서 수익자가 제3채무자에게 채권양도가 취소되었다는 취지의 통지를 하도록 청구할 수 있다. 그런데 사해행위의 취소는 채권자와 수익자의 관계에서 상대적으로 채무자와 수익자 사이의 법률행위를 무효로 하는 데에 그치고, 채무자와 수익자 사이의 법률관계에는 영향을 미치지 아니한다. 따라서 채무자의 수익자에 대한 채권양도가 사해행위로 취소되고, 그에 따른 원상회복으로서 제3채무자에게 채권양도가 취소되었다는 취지의 통지가 이루어지더라도, 채권자와 수익자의 관계에서 채권이 채무자의 책임재산으로 취급될 뿐, 채무자가 직접 채권을 취득하여 권리자로 되는 것은 아니므로, 채권자는 채무자를 대위하여 제3채무자에게 채권에 관한 지급을 청구할 수 없다(대판 2015.11.17, 2012다2743).

054 채권자취소권에 관한 설명으로 옳지 않은 것은? (다툼이 있으면 판례에 따름) 23 변리사

① 채권자취소권은 재판상으로만 행사할 수 있다.
② 채권자가 채무자 소유의 부동산에 저당권을 설정받아 채권전액에 대한 우선변제권을 확보하고 있다면, 그 채무의 수탁보증인은 사전구상권을 피보전권리로 하여 채무자의 법률행위를 사해행위로 취소하지 못한다.
③ 저당권이 설정된 부동산이 사해행위로 양도된 후 그 저당권의 실행으로 양수인 수익자에게 배당이 되었다면 취소채권자는 수익자를 상대로 배당금 상당액의 반환을 청구할 수 있다.
④ 사해행위 취소로 등기명의를 회복한 부동산을 채무자가 제3자에게 처분한 경우, 취소채권자뿐만 아니라 사해행위 취소와 원상회복의 효력을 받는 채권자도 명의인을 상대로 등기의 말소를 청구할 수 있다.
⑤ 취소채권자는 수익자가 사해행위로 취득한 근저당권에 배당된 배당금을 가압류한 수익자의 채권자에 대하여서도 우선하여 배당을 받을 수 있다.

해설

답 ⑤

① [○] **제406조(채권자취소권)** ① 채무자가 채권자를 해함을 알고 재산권을 목적으로 한 법률행위를 한 때에는 채권자는 그 취소 및 원상회복을 법원에 청구할 수 있다. 그러나 그 행위로 인하여 이익을 받은 자나 전득한 자가 그 행위 또는 전득 당시에 채권자를 해함을 알지 못한 경우에는 그러하지 아니하다.

② [○] 채무자가 다른 재산을 처분하는 법률행위를 하더라도, 채무자 소유의 부동산에 채권자 앞으로 근저당권이 설정되어 있고 그 부동산의 가액 및 채권최고액이 당해 채권액을 초과하여 채권자에게 채권 전액에 대한 우선변제권이 확보되어 있다면, 그와 같은 재산처분행위는 채권자를 해하지 아니하므로 채권자에 대하여 사해행위가 성립하지 않는다. 이러한 경우 주채무의 보증인이 있더라도 채무자가 보증인에 대하여 부담하는 사전구상채무를 별도로 소극재산으로 평가할 수는 없고, 보증인이 변제로 채권자를 대위할 경우 자기의 권리에 의하여 구상할 수 있는 범위에서 채권 및 그 담보에 관한 권리를 행사할 수 있으므로, 사전구상권을 피보전권리로 주장하는 보증인에 대하여도 사해행위가 성립하지 않는다(대판 2009.6.23, 2009다549).

③ [○] 채무자와 수익자 사이의 저당권설정행위가 사해행위로 인정되어 저당권설정계약이 취소되는 경우에도 당해 부동산이 이미 입찰절차에 의하여 낙찰되어 대금이 완납되었을 때에는 낙찰인의 소유권취득에는 영향을 미칠 수 없으므로, 채권자취소권의 행사에 따르는 원상회복의 방법으로 입찰인의 소유권이전등기를 말소할 수는 없고, 수익자가 받은 배당금을 반환하여야 한다(대판 2001.2.27, 2000다44348).

④ [○] 채무자가 사해행위 취소로 등기명의를 회복한 부동산을 제3자에게 처분하더라도 이는 무권리자의 처분에 불과하여 효력이 없으므로, 채무자로부터 제3자에게 마쳐진 소유권이전등기나 이에 기초하여 순차로 마쳐진 소유권이전등기 등은 모두 원인무효의 등기로서 말소되어야 한다. 이 경우 취소채권자나 민법 제407조에 따라 사해행위 취소와 원상회복의 효력을 받는 채권자는 채무자의 책임재산으로 취급되는 부동산에 대한 강제집행을 위하여 원인무효 등기의 명의인을 상대로 등기의 말소를 청구할 수 있다(대판 2017.3.9, 2015다217980).

⑤ [×] 사해행위의 취소는 취소소송의 당사자 간에 상대적으로 취소의 효력이 있는 것으로 당사자 이외의 제3자는 다른 특별한 사정이 없는 이상 취소로 그 법률관계에 영향을 받지 않는다. 사해행위의 취소에 상대적 효력만을 인정하는 것은 사해행위 취소채권자와 수익자 그리고 제3자의 이익을 조정하기 위한 것으로 그 취소의 효력이 미치지 아니하는 제3자의 범위를 사해행위를 기초로 목적부동산에 관하여 새롭게 법률행위를 한 그 목적부동산의 전득자 등만으로 한정할 것은 아니므로, 수익자와 새로운 법률관계를 맺은 것이 아니라 수익자의 고유채권자로서 이미 가지고 있던 채권 확보를 위하여 수익자가 사해행위로 취득한 근저당권에 배당된 배당금을 가압류한 자에게 사해행위취소 판결의 효력이 미친다고 볼 수 없다(대판 2009.6.11, 2008다7109).

055 乙의 채권자 甲은 乙이 채무초과상태에서 자신의 유일한 재산인 X부동산을 丙에게 매도하고 소유권이전등기를 해 준 사실을 알고 채권자취소권을 행사하려고 한다. 이에 관한 설명으로 옳은 것은? (다툼이 있으면 판례에 따름) 23 노무사

① 甲이 채권자취소권을 행사하기 위해서는 재판외 또는 재판상 이를 행사하여야 한다.
② 甲이 채권자취소권을 행사하기 위해서는 乙 및 丙의 사해의사 및 사해행위에 대한 악의를 증명하여야 한다.
③ 甲의 乙에 대한 채권이 X부동산에 대한 소유권이전등기청구권인 경우, 甲은 이를 피보전채권으로 하여 채권자취소권을 행사할 수 없다.
④ 甲이 채권자취소권을 재판상 행사하는 경우, 사해행위를 직접 행한 乙을 피고로 하여 그 권리를 행사하여야 한다.
⑤ 甲의 乙에 대한 채권이 시효로 소멸한 경우, 丙은 이를 들어 채권자취소권을 행사하는 甲에게 대항할 수 없다.

해설

답 ③

① [×] **제406조(채권자취소권)** ① 채무자가 채권자를 해함을 알고 재산권을 목적으로 한 법률행위를 한 때에는 채권자는 그 취소 및 원상회복을 법원에 청구할 수 있다. 그러나 그 행위로 인하여 이익을 받은 자나 전득한 자가 그 행위 또는 전득당시에 채권자를 해함을 알지 못한 경우에는 그러하지 아니하다.

② [×] 사해행위취소소송에 있어서 채무자의 악의의 점에 대하여는 그 취소를 주장하는 채권자에게 입증책임이 있으나 수익자 또는 전득자가 악의라는 점에 관하여는 입증책임이 채권자에게 있는 것이 아니고, 수익자 또는 전득자 자신에게 선의라는 사실을 입증할 책임이 있다(대판 1997.5.23, 95다51908).

③ [O] 채권자취소권에 의해 보전되는 채권은 원칙적으로 금전채권에 한정되고, 등기청구권 같은 특정채권의 보전을 위해서는 취소권의 행사가 인정되지 않는다(제407조 참고).

④ [×] 채권자취소권의 상대방은 이득반환청구의 상대방인 수익자 또는 전득자이며, 채무자에게는 피고적격이 인정되지 않는다(대판 1988.2.23, 87다카1586).

⑤ [×] 소멸시효를 원용할 수 있는 사람은 권리의 소멸에 의하여 직접 이익을 받는 자에 한정되는바, 사해행위취소소송의 상대방이 된 사해행위의 수익자는, 사해행위가 취소되면 사해행위에 의하여 얻은 이익을 상실하고 사해행위취소권을 행사하는 채권자의 채권이 소멸하면 그와 같은 이익의 상실을 면하는 지위에 있으므로, 그 채권의 소멸에 의하여 직접 이익을 받는 자에 해당하는 것으로 보아야 한다(대판 2007.11.29, 2007다54849).

056 책임재산의 보전에 관한 설명으로 옳지 않은 것은? (다툼이 있으면 판례에 따름) 24 변리사

① 농지취득자격증명 발급신청권은 채권자대위권의 행사대상이 될 수 있다.
② 채권자대위권 행사의 효과는 채무자에게 귀속되는 것이므로 채권자대위소송의 제기로 인한 피대위채권의 소멸시효 중단의 효과는 채무자에게 생긴다.
③ 취득시효의 대상인 부동산의 소유자가 취득시효 완성 후에 그 부동산을 처분하여 점유자의 시효취득을 원인으로 한 소유권이전등기청구권이 침해된 경우, 그 점유자는 소유권이전등기청구권의 보전을 위해 채권자취소권을 행사할 수 있다.
④ 채권자는 원칙적으로 자신의 채권액을 초과하여 채권자취소권을 행사할 수 없다.
⑤ 사해행위에 해당하는지가 문제되는 법률행위가 수익자의 대리인에 의하여 이루어진 때에는 특별한 사정이 없는 한 수익자의 사해의사는 대리인을 표준으로 결정한다.

해설

답 ③

① [O] 농지를 취득하려는 자가 농지에 대한 매매계약을 체결하는 등으로 농지에 관한 소유권이전등기청구권을 취득하였다면, 농지취득자격증명 발급신청권을 보유하게 된다. 이러한 농지취득자격증명 발급신청권은 채권자대위권의 행사 대상이 될 수 있다(대판 2018.7.11, 2014두36518).
② [O] 채권자대위권 행사의 효과는 채무자에게 귀속되는 것이므로 채권자대위소송의 제기로 인한 소멸시효 중단의 효과 역시 채무자에게 생긴다(대판 2011.10.13, 2010다80930).
③ [×] 채권자취소권은 채무자가 채권자를 해함을 알면서 자기의 일반재산을 감소시키는 행위를 한 경우에 그 행위를 취소하여 채무자의 재산을 원상회복시킴으로써 모든 채권자를 위하여 채무자의 책임재산을 보전하는 권리로서, 특정물 채권을 보전하기 위하여 행사하는 것은 허용되지 않는다(대판 1995.2.10, 94다2534, 제407조 참고).
④ [O] 채권자가 채권자취소권을 행사할 때에는 원칙적으로 자신의 채권액을 초과하여 취소권을 행사할 수 없고, 이때 채권자의 채권액에는 사해행위 이후 사실심 변론종결시까지 발생한 이자나 지연손해금이 포함된다(대판 2002.10.25, 2002다42711).
⑤ [O] 대리인이 한 법률행위가 사해행위인지를 판단함에 있어 수익자 또는 전득자의 사해행위에 대한 악의의 유무는 대리인을 기준으로 판단하여야 한다(대판 2013.11.28, 2013다206986).

057 甲은 乙에 대하여 1억 원의 물품대금채권을 가지고 있고, 乙은 丙에 대한 1억 원의 대여금채권을 채무초과상태에서 丁에게 양도한 후 이를 丙에게 통지하였다. 甲은 丁을 피고로 하여 채권자취소소송을 제기하였다. 이에 관한 설명으로 옳은 것을 모두 고른 것은? (다툼이 있으면 판례에 따름)

24 노무사

> ㄱ. 甲의 乙에 대한 물품대금채권이 시효로 소멸한 경우, 丁은 이를 甲에게 원용할 수 있다.
> ㄴ. 乙의 丁에 대한 채권양도행위가 사해행위로 취소되는 경우, 丁이 丙에게 양수금채권을 추심하지 않았다면 甲은 원상회복으로서 丁이 丙에게 채권양도가 취소되었다는 취지의 통지를 하도록 청구할 수 있다.
> ㄷ. 乙의 丁에 대한 채권양도행위가 사해행위로 취소되어 원상회복이 이루어진 경우, 甲은 乙을 대위하여 丙에게 대여금채권의 지급을 청구할 수 있다.

① ㄱ
② ㄷ
③ ㄱ, ㄴ
④ ㄴ, ㄷ
⑤ ㄱ, ㄴ, ㄷ

해설

답 ③

ㄱ. [O] 소멸시효를 원용할 수 있는 사람은 권리의 소멸에 의하여 직접 이익을 받는 자에 한정되는바, 사해행위취소소송의 상대방이 된 사해행위의 수익자는, 사해행위가 취소되면 사해행위에 의하여 얻은 이익을 상실하고 사해행위취소권을 행사하는 채권자의 채권이 소멸하면 그와 같은 이익의 상실을 면하는 지위에 있으므로, 그 채권의 소멸에 의하여 직접 이익을 받는 자에 해당하는 것으로 보아야 한다(대판 2007.11.29, 2007다54849).

ㄴ. [O] 채무자의 수익자에 대한 채권양도가 사해행위로 취소되는 경우, 수익자가 제3채무자에게서 아직 채권을 추심하지 아니한 때에는, 채권자는 사해행위취소에 따른 원상회복으로서 수익자가 제3채무자에게 채권양도가 취소되었다는 취지의 통지를 하도록 청구할 수 있다.

ㄷ. [X] 사해행위의 취소는 채권자와 수익자의 관계에서 상대적으로 채무자와 수익자 사이의 법률행위를 무효로 하는 데에 그치고, 채무자와 수익자 사이의 법률관계에는 영향을 미치지 아니한다. 따라서 채무자의 수익자에 대한 채권양도가 사해행위로 취소되고, 그에 따른 원상회복으로서 제3채무자에게 채권양도가 취소되었다는 취지의 통지가 이루어지더라도, 채권자와 수익자의 관계에서 채권이 채무자의 책임재산으로 취급될 뿐, 채무자가 직접 채권을 취득하여 권리자로 되는 것은 아니므로, 채권자는 채무자를 대위하여 제3채무자에게 채권에 관한 지급을 청구할 수 없다(대판 2015.11.17, 2012다2743).

058 사해행위취소의 소에 관한 설명으로 옳지 않은 것을 모두 고른 것은? (다툼이 있으면 판례에 따름)

24 노무사

> ㄱ. 취소채권자의 채권이 정지조건부 채권인 경우에는 특별한 사정이 없는 한 이를 피보전채권으로 하여 채권자취소권을 행사할 수 없다.
> ㄴ. 사해행위 후 그 목적물에 관하여 선의의 제3자가 저당권을 취득하였음을 이유로 가액배상을 명하는 경우, 그 목적물의 가액에서 제3자가 취득한 저당권의 피담보채권액을 공제하여야 한다.
> ㄷ. 사해행위의 목적물이 동산이고 그 원상회복으로 현물반환이 가능하더라도 취소채권자는 직접 그 목적물의 인도를 청구할 수 없다.

① ㄱ
② ㄷ
③ ㄱ, ㄴ
④ ㄴ, ㄷ
⑤ ㄱ, ㄴ, ㄷ

해설
답 ⑤

ㄱ. [×] 채권자취소권 행사는 채무 이행을 구하는 것이 아니라 총채권자를 위하여 이행기에 채무 이행을 위태롭게 하는 채무자의 자력 감소를 방지하는 데 목적이 있는 점과 민법이 제148조, 제149조에서 조건부권리의 보호에 관한 규정을 두고 있는 점을 종합해 볼 때, 취소채권자의 채권이 정지조건부채권이라 하더라도 장래에 정지조건이 성취되기 어려울 것으로 보이는 등 특별한 사정이 없는 한, 이를 피보전채권으로 하여 채권자취소권을 행사할 수 있다(대판 2011.12.8, 2011다55542).

ㄴ. [×] 어느 부동산에 관한 법률행위가 사해행위에 해당하는 경우에는 원칙적으로 그 사해행위를 취소하고 소유권이전등기의 말소 등 부동산 자체의 회복을 명하여야 하는 것이나, 다만 원물반환이 불가능하거나 현저히 곤란한 경우에는 원상회복의무의 이행으로서 사해행위 목적물의 가액 상당의 배상을 명하여야 하는 것이고, 이러한 가액배상에 있어서는 일반 채권자들의 공동담보로 되어 있어 사해행위가 성립하는 범위 내의 가액의 배상을 명하여야 하는 것이므로, 사해행위 후 그 목적물에 관하여 선의의 제3자가 저당권을 취득하였음을 이유로 가액배상을 명하는 경우에는 사해행위 당시 일반 채권자들의 공동담보로 되어 있었던 부동산 가액 전부의 배상을 명하여야 할 것이고, 그 가액에서 제3자가 취득한 저당권의 피담보채권액을 공제할 것은 아니고, 증여의 형식으로 이루어진 사해행위를 취소하고 원물반환에 갈음하여 그 목적물 가액의 배상을 명함에 있어서는 수익자에게 부과된 증여세액과 취득세액을 공제하여 가액배상액을 산정할 것도 아니다(대판 2003.12.12, 2003다40286; 대판 2023.6.29, 2022다244928).

ㄷ. [×] 민법 제406조에 의한 사해행위의 취소에 따른 원상회복은 원칙적으로 그 목적물 자체의 반환에 의하여야 하는바, 이 때 사해행위의 목적물이 동산이고 그 현물반환이 가능한 경우에는 취소채권자는 직접 자기에게 그 목적물의 인도를 청구할 수 있다(대판 1999.8.24, 99다23468 · 23475).

제3장 수인의 채권자 및 채무자

제1절 | 분할채권관계

001 다수당사자간의 법률관계에 관한 설명으로 옳지 않은 것은? (다툼이 있으면 판례에 따름)
21 노무사

① 공동임차인의 차임지급의무는 특별한 사정이 없는 한 불가분채무이다.
② 특별한 사정이 없는 한 연대채무자 중 1인이 채무 일부를 면제받더라도 그가 지급해야 할 잔존 채무액이 그의 부담부분을 초과한다면, 다른 연대채무자는 채무 전액을 부담한다.
③ 연대채무자 중 1인이 연대의 면제를 받더라도, 다른 연대채무자는 채무 전액을 부담한다.
④ 부진정연대채무의 다액채무자가 일부 변제한 경우, 그 변제로 인하여 먼저 소멸하는 부분은 다액채무자가 단독으로 부담하는 부분이다.
⑤ 보증채무의 이행을 확보하기 위하여 채권자와 보증인은 보증채무에 관해서만 손해배상액을 예정할 수 있다.

해설
답 ①

① [×] 제408조(분할채권관계) 채권자나 채무자가 수인인 경우에 특별한 의사표시가 없으면 각 채권자 또는 각 채무자는 균등한 비율로 권리가 있고 의무를 부담한다.

② [O] 민법 제419조는 "어느 연대채무자에 대한 채무면제는 그 채무자의 부담부분에 한하여 다른 연대채무자의 이익을 위하여 효력이 있다."라고 정하여 면제의 절대적 효력을 인정한다. 이는 당사자들 사이에 구상의 순환을 피하여 구상에 관한 법률관계를 간략히 하려는 데 취지가 있는바, 채권자가 연대채무자 중 1인에 대하여 채무를 일부 면제하는 경우에도 그와 같은 취지는 존중되어야 한다. 따라서 연대채무자 중 1인에 대한 채무의 일부 면제에 상대적 효력만 있다고 볼 특별한 사정이 없는 한 일부 면제의 경우에도 면제된 부담부분에 한하여 면제의 절대적 효력이 인정된다고 보아야 한다. 구체적으로 연대채무자 중 1인이 채무 일부를 면제받는 경우에 그 연대채무자가 지급해야 할 잔존 채무액이 부담부분을 초과하는 경우에는 그 연대채무자의 부담부분이 감소한 것은 아니므로 다른 연대채무자의 채무에도 영향을 주지 않아 다른 연대채무자는 채무 전액을 부담하여야 한다. 반대로 일부 면제에 의한 피면제자의 잔존 채무액이 부담부분보다 적은 경우에는 차액(부담부분 – 잔존 채무액)만큼 피면제자의 부담부분이 감소하였으므로, 차액의 범위에서 면제의 절대적 효력이 발생하여 다른 연대채무자의 채무도 차액만큼 감소한다(대판 2019.8.14, 2019다216435).

③ [O] 연대의 면제는 채권자가 어느 연대채무자의 채무액을 그의 부담부분의 한도로 줄여주는 일방적 의사표시를 말한다. 즉 모든 연대채무자에 대하여 연대의 면제가 있으면 전체 연대채무가 분할채무로 바뀌게 되고(절대적 연대의 면제), 연대채무자 중 1인에 대하여 연대의 면제가 있으면 연대의 면제가 있었던 채무자는 자기 부담부분에 대응하는 채무만을 지게 된다(상대적 연대의 면제).

④ [○] 금액이 다른 채무가 서로 부진정연대 관계에 있을 때 다액채무자가 일부 변제를 하는 경우 그 변제로 인하여 먼저 소멸하는 부분은 당사자의 의사와 채무 전액의 지급을 확실히 확보하려는 부진정연대채무 제도의 취지에 비추어 볼 때 다액채무자가 단독으로 채무를 부담하는 부분으로 보아야 한다. 이러한 법리는 사용자의 손해배상액이 피해자의 과실을 참작하여 과실상계를 한 결과 타인에게 직접 손해를 가한 피용자 자신의 손해배상액과 달라졌는데 다액채무자인 피용자가 손해배상액의 일부를 변제한 경우에 적용되고, 공동불법행위자들의 피해자에 대한 과실비율이 달라 손해배상액이 달라졌는데 다액채무자인 공동불법행위자가 손해배상액의 일부를 변제한 경우에도 적용된다. 또한 중개보조원을 고용한 개업공인중개사의 공인중개사법 제30조 제1항에 따른 손해배상액이 과실상계를 한 결과 거래당사자에게 직접 손해를 가한 중개보조원 자신의 손해배상액과 달라졌는데 다액채무자인 중개보조원이 손해배상액의 일부를 변제한 경우에도 마찬가지이다[1](대판 2018.3.22, 2012다74236 전합).

⑤ [○] 제429조(보증채무의 범위) ② 보증인은 그 보증채무에 관한 위약금 기타 손해배상액을 예정할 수 있다.

제2절 | 불가분채권과 불가분채무

Ⅰ. 서설
Ⅱ. 불가분채권

002

불가분 약정 등 특별한 사정이 없는 한, 불가분채권인 것은? (다툼이 있으면 판례에 따름)

16 노무사

① A의 소유 건물을 B와 C가 공동으로 매수하는 경우, B와 C의 건물인도청구권
② A의 소유 건물을 B와 C가 공동으로 매수하는 경우, A의 매매대금청구권
③ A와 B가 공유하는 건물을 C에게 매도하는 경우, A와 B의 매매대금청구권
④ A와 B가 공유하는 건물을 C에게 매도하는 경우, C의 건물인도청구권
⑤ A와 B가 공유하는 토지를 C가 불법으로 점유한 경우, A와 B의 C에 대한 부당이득반환청구권

---

[1] 이와 달리 사용자책임 또는 공동불법행위책임이 문제 되는 사안에서 다액채무자가 손해배상액의 일부를 변제하는 경우 소액채무자의 과실비율에 상응하는 만큼 소액채무자와 공동으로 채무를 부담하는 부분에서도 변제된 것으로 보아야 한다고 판시한 대법원 1994.2.22. 선고 93다53696 판결, 대법원 1994.8.9. 선고 94다10931 판결, 대법원 1995.3.10. 선고 94다5731 판결, 대법원 1995.5.12. 선고 94다6246 판결, 대법원 1995.7.14. 선고 94다19600 판결, 대법원 1998.7.24. 선고 97다55706 판결, 대법원 1999.2.12. 선고 98다55154 판결, 대법원 2001.11.13. 선고 2001다12362 판결, 대법원 2004.3.26. 선고 2003다34045 판결, 대법원 2005.4.29. 선고 2005다11893 판결, 대법원 2012.6.28. 선고 2010다73765 판결, 대법원 2012.9.13. 선고 2012다26947 판결 등은 이 판결의 견해에 배치되는 범위 내에서 이를 변경하기로 한다.

> **해설**
> 답 ①

① [O] 급부의 성질상 급부가 불가분인 경우이다. 주로 나눌 수 없는 하나의 물건에 대한 다수당사자의 채권이 이에 해당한다. 예컨대 공유자의 공유물분할청구권, 토지공유자의 건물철거 및 토지인도청구권, 임대인이 여럿인 경우의 건물명도청구권 등이 불가분채권에 속한다[주석민법-채권총칙(2), 409면]. 문제에서도 A 소유의 건물은 나눌 수 없는 하나의 물건에 해당하므로 B, C의 건물인도청구권은 불가분채권이다.

② [×] B, C가 매매대금 채무자가 되므로, A의 매매대금청구권은 분할채권관계가 된다. 민법상 다수당사자의 채권관계는 원칙적으로 분할채권관계이고, 채권의 성질상 또는 당사자의 약정에 기하여 특히 불가분으로 하는 경우에 한하여 불가분채권관계로 되는 것이다(대판 1992.10.27, 90다13628).

③ [×] 공유물의 매도나 임대로 인한 대금채권이나 임료채권의 경우 민법상 공유의 개인주의적 성격을 감안할 때 분할채권의 성립을 긍정하는 것으로 해석한다[주석민법-채권총칙(2), 400면].

④ [×] 불가분채무란 급부의 성질상 급부가 불가분인 경우로서 공유자의 공유물철거의무 또는 공유물인도의무가 이에 속한다[주석민법-채권총칙(2), 413면].

⑤ [×] 공유물을 권원 없이 이용한 자에 대한 부당이득반환청구권은 분할채권이다(대판 1979.1.30, 78다2088, [주석민법-채권총칙(2), 399면]).

Ⅲ. 불가분채무

003 다수당사자의 채권관계에 관한 설명으로 옳지 않은 것은? (다툼이 있으면 판례에 따름)

21 변리사

① 甲과 乙이 공유하는 부동산을 丙에게 공동으로 임대한 경우, 임대차 종료 시 甲과 乙은 지분 비율에 따라 丙에게 임대차보증금을 반환할 채무를 부담한다.
② 丙에 대해 불가분채권을 가지고 있는 甲과 乙 중 甲이 丙에게 이행을 청구하여 丙이 이행지체에 빠진 경우, 丙은 乙에게도 이행지체 책임을 진다.
③ 甲과 乙이 공유하는 부동산을 丙이 무단으로 점유·사용하고 있는 경우, 특별한 사정이 없는 한 甲과 乙은 丙에 대해 지분 비율에 따른 부당이득반환청구권을 갖는다.
④ 甲이 乙의 丙에 대한 채무를 중첩적으로 인수하는 경우, 甲과 乙은 원칙적으로 연대채무를 부담한다.
⑤ 甲의 채권자 丁이 甲의 연대채무자 乙, 丙에 대한 채권 중 甲의 乙에 대한 채권에 대해 압류 및 추심명령을 발령받았더라도 甲은 丙에 대해 이행을 청구할 수 있다.

| 해설 | 답 ① |

① [×] 건물의 공유자가 공동으로 건물을 임대하고 보증금을 수령한 경우, 특별한 사정이 없는 한 그 임대는 각자 공유지분을 임대한 것이 아니고 임대목적물을 다수의 당사자로서 공동으로 임대한 것이고 그 보증금 반환채무는 성질상 불가분채무에 해당된다고 보아야 할 것이다(대판 1998. 12.8, 98다43137).

② [O] 채권자 1인의 이행청구(그로 인한 이행지체·시효중단의 효과 포함) 또는 채권자 1인에 대한 이행(= 변제, 변제제공·공탁 포함, 그로 인한 채권자지체 효과 포함)은 다른 채권자에게도 효력이 있다(절대적 효력, 제410조 제1항의 반대해석).

> 제409조(불가분채권) 채권의 목적이 그 성질 또는 당사자의 의사표시에 의하여 불가분인 경우에 채권자가 수인인 때에는 각 채권자는 모든 채권자를 위하여 이행을 청구할 수 있고 채무자는 모든 채권자를 위하여 각 채권자에게 이행할 수 있다.
>
> 제410조(1인의 채권자에 생긴 사항의 효력) ① 전조의 규정에 의하여 모든 채권자에게 효력이 있는 사항을 제외하고는 불가분채권자 중 1인의 행위나 1인에 관한 사항은 다른 채권자에게 효력이 없다.

③ [O] 공유물을 권원 없이 이용한 자에 대한 부당이득반환청구권은 분할채권이다(대판 1979.1.30, 78다2088, [주석민법-채권총칙(2), 399면]).

④ [O] 중첩적 채무인수에서 인수인이 채무자의 부탁 없이 채권자와의 계약으로 채무를 인수하는 것은 매우 드문 일이므로 채무자와 인수인은 원칙적으로 주관적 공동관계가 있는 연대채무관계에 있고, 인수인이 채무자의 부탁을 받지 아니하여 주관적 공동관계가 없는 경우에는 부진정연대관계에 있는 것으로 보아야 한다(대판 2009.8.20, 2009다32409).

⑤ [O] 2인 이상의 불가분채무자 또는 연대채무자(이하 '불가분채무자 등'이라 한다)가 있는 금전채권의 경우에, 그 불가분채무자 등 중 1인을 제3채무자로 한 채권압류 및 추심명령이 이루어지면 그 채권압류 및 추심명령을 송달받은 불가분채무자 등에 대한 피압류채권에 관한 이행의 소는 추심채권자만이 제기할 수 있고 추심채무자는 그 피압류채권에 대한 이행소송을 제기할 당사자 적격을 상실하지만, 그 채권압류 및 추심명령의 제3채무자가 아닌 나머지 불가분채무자 등에 대하여는 추심채무자가 여전히 채권자로서 추심권한을 가지므로 나머지 불가분채무자 등을 상대로 이행을 청구할 수 있고, 이러한 법리는 위 금전채권 중 일부에 대하여만 채권압류 및 추심명령이 이루어진 경우에도 마찬가지이다(대판 2013.10.31, 2011다98426).

제3절 | 연대채무

Ⅰ. 의의 및 성질
Ⅱ. 대외적 효력
Ⅲ. 연대채무자 1인에게 생긴 사유의 효력
Ⅳ. 대내적 효력 – 다른 연대채무자에 대한 구상권

004 乙, 丙, 丁은 연대하여 甲에 대하여 6,000만 원의 채무를 부담하고 있다. 다음 설명 중 옳은 것을 모두 고른 것은? (단, 乙, 丙, 丁의 부담부분은 균등함) 15 노무사

> a. 乙이 甲에 대한 3,000만 원의 반대채권으로 상계를 한 때에는 丙과 丁은 3,000만 원에 대하여 연대채무를 부담한다.
> b. 甲이 丙에 대하여 채무 전부를 면제한 때에는 乙과 丁의 채무도 전부 소멸한다.
> c. 乙 한사람에 대하여 소멸시효가 완성한 때에는 丙과 丁은 4,000만 원에 대하여 연대채무를 부담한다.
> d. 乙, 丙, 丁의 채무가 기한이 없는 연대채무인 경우, 甲이 乙에게 이행청구를 하였다면 丙과 丁의 채무는 이행기가 도래한다.

① a, c
② c, d
③ a, b, d
④ a, c, d
⑤ a, b, c, d

해설 답 ④

a. [O] 연대채무자 1인이 한 상계의 절대적 효력을 규정하고 있는 민법 제418조 제1항의 규정에 의하여, 다른 연대채무자인 원채무자의 채권자에 대한 채무도 상계에 의하여 소멸되었다고 보아야 한다(대판 1997.4.22, 96다56443).

b. [×] 제419조(면제의 절대적 효력) 어느 연대채무자에 대한 채무면제는 그 채무자의 부담부분에 한하여 다른 연대채무자의 이익을 위하여 효력이 있다.

c. [O] 제421조(소멸시효의 절대적 효력) 어느 연대채무자에 대하여 소멸시효가 완성한 때에는 그 부담부분에 한하여 다른 연대채무자도 의무를 면한다.

d. [O] 제387조(이행기와 이행지체) ② 채무이행의 기한이 없는 경우에는 채무자는 이행청구를 받은 때로부터 지체책임이 있다.
제416조(이행청구의 절대적 효력) 어느 연대채무자에 대한 이행청구는 다른 연대채무자에게도 효력이 있다.

005 A, B, C, D(부담부분은 균등)는 E에 대하여 1,200만 원의 연대채무를 부담하고 있다. E는 A에 대하여 연대의 면제를 하였다. 그 후 B는 무자력이 되었다. A, C, D가 최종적으로 부담하는 금액은? (다툼이 있으면 판례에 따름) 16 노무사

① A는 100만 원, C는 300만 원, D는 300만 원
② A는 300만 원, C는 300만 원, D는 300만 원
③ A는 300만 원, C는 400만 원, D는 400만 원
④ A는 350만 원, C는 350만 원, D는 350만 원
⑤ A는 400만 원, C는 400만 원, D는 400만 원

해설
답 ③

연대채무자 A·B·C·D가 채권자 E에 대하여 1,200만 원의 연대채무를 지고 부담부분은 균등한 경우, 채권자 E가 연대채무자 A에 대하여 그의 연대채무 전부를 면제하였다면, 그의 부담부분인 300만 원은 소멸하고, 남은 연대채무자 B·C·D는 900만 원의 연대채무를 지게 된다. 이에 반하여 연대의 면제는 채권자가 어느 연대채무자의 채무액을 그의 부담부분의 한도로 줄여주는 일방적 의사표시를 말한다. 연대채무자 중 1인에 대하여 연대의 면제가 있으면 연대의 면제가 있었던 채무자는 자기 부담부분에 대응하는 채무만을 지게 된다(상대적 연대의 면제). 그 후 B가 무자력이 되었다면, 채권자 E로부터 연대의 면제를 받은 채무자 A가 있는 경우에 다른 채무자 가운데 변제할 자력이 없는 채무자 B가 있으면 그 무자력자가 변제할 수 없는 부담부분에 관하여 연대의 면제를 받은 자가 분담할 부분은 채권자 E가 부담해야 한다. 즉 각 부담부분은 A의 경우에는 300만 원, B의 경우에는 400만 원, C의 경우에는 400만 원, E의 경우에는 100만 원이 부담부분이 된다.

006 다수당사자 간의 법률관계에 관한 설명으로 옳지 않은 것은? (다툼이 있으면 판례에 따름)

① 공동임차인의 차임지급의무는 특별한 사정이 없는 한 불가분채무이다.
② 특별한 사정이 없는 한 연대채무자 중 1인이 채무 일부를 면제받더라도 그가 지급해야 할 잔존 채무액이 그의 부담부분을 초과한다면, 다른 연대채무자는 채무 전액을 부담한다.
③ 연대채무자 중 1인이 연대의 면제를 받더라도, 다른 연대채무자는 채무 전액을 부담한다.
④ 부진정연대채무의 다액채무자가 일부 변제한 경우, 그 변제로 인하여 먼저 소멸하는 부분은 다액채무자가 단독으로 부담하는 부분이다.
⑤ 보증채무의 이행을 확보하기 위하여 채권자와 보증인은 보증채무에 관해서만 손해배상액을 예정할 수 있다.

해설
답 ①

① [×] **제408조(분할채권관계)** 채권자나 채무자가 수인인 경우에 특별한 의사표시가 없으면 각 채권자 또는 각 채무자는 균등한 비율로 권리가 있고 의무를 부담한다.

② [○] 민법 제419조는 "어느 연대채무자에 대한 채무면제는 그 채무자의 부담부분에 한하여 다른 연대채무자의 이익을 위하여 효력이 있다."라고 정하여 면제의 절대적 효력을 인정한다. 이는 당사자들 사이에 구상의 순환을 피하여 구상에 관한 법률관계를 간략히 하려는 데 취지가 있는바, 채권자가 연대채무자 중 1인에 대하여 채무를 일부 면제 하는 경우에도 그와 같은 취지는 존중되어야 한다. 따라서 연대채무자 중 1인에 대한 채무의 일부 면제에 상대적 효력만 있다고 볼 특별한 사정이 없는 한 일부 면제의 경우에도 면제된 부담부분에 한하여 면제의 절대적 효력이 인정된다고 보아야 한다. 구체적으로 연대채무자 중 1인이 채무 일부를 면제받는 경우에 그 연대채무자가 지급해야 할 잔존 채무액이 부담부분을 초과하는 경우에는 그 연대채무자의 부담부분이 감소한 것은 아니므로 다른 연대채무자의 채무에도 영향을 주지 아니하여 다른 연대채무자는 채무 전액을 부담하여야 한다. 반대로 일부 면제에 의한 피면제자의 잔존 채무액이 부담부분보다 적은 경우에는 차액(부담부분 - 잔존 채무액)만큼 피면제자의 부담부분이 감소하였으므로, 차액의 범위에서 면제의 절대적 효력이 발생하여 다른 연대채무자의 채무도 차액만큼 감소한다(대판 2019.8.14, 2019다216435).

③ [○] 연대의 면제는 채권자가 어느 연대채무자의 채무액을 그의 부담부분의 한도로 줄여주는 일방적 의사표시를 말한다. 즉 모든 연대채무자에 대하여 연대의 면제가 있으면 전체 연대채무가 분할채무로 바뀌게 되고(절대적 연대의 면제), 연대채무자 중 1인에 대하여 연대의 면제가 있으면 연대의 면제가 있었던 채무자는 자기 부담부분에 대응하는 채무만을 지게 된다(상대적 연대의 면제).

④ [○] 금액이 다른 채무가 서로 부진정연대 관계에 있을 때 다액채무자가 일부 변제를 하는 경우 그 변제로 인하여 먼저 소멸하는 부분은 당사자의 의사와 채무 전액의 지급을 확실히 확보하려는 부진정연대채무 제도의 취지에 비추어 볼 때 다액채무자가 단독으로 채무를 부담하는 부분으로 보아야 한다. 이러한 법리는 사용자의 손해배상액이 피해자의 과실을 참작하여 과실상계를 한 결과 타인에게 직접 손해를 가한 피용자 자신의 손해배상액과 달라졌는데 다액채무자인 피용자가 손해배상액의 일부를 변제한 경우에 적용되고, 공동불법행위자들의 피해자에 대한 과실비율이 달라 손해배상액이 달라졌는데 다액채무자인 공동불법행위자가 손해배상액의 일부를 변제한 경우에도 적용된다. 또한 중개보조원을 고용한 개업공인중개사의 공인중개사법 제30조 제1항에 따른 손해배상액이 과실상계를 한 결과 거래당사자에게 직접 손해를 가한 중개보조원 자신의 손해배상액과 달라졌는데 다액채무자인 중개보조원이 손해배상액의 일부를 변제한 경우에도 마찬가지이다[2](대판 2018.3.22, 2012다74236 전합).

⑤ [○] 제429조(보증채무의 범위) ② 보증인은 그 보증채무에 관한 위약금 기타 손해배상액을 예정할 수 있다.

---

[2] 이와 달리 사용자책임 또는 공동불법행위책임이 문제 되는 사안에서 다액채무자가 손해배상액의 일부를 변제하는 경우 소액채무자의 과실비율에 상응하는 만큼 소액채무자와 공동으로 채무를 부담하는 부분에서도 변제된 것으로 보아야 한다고 판시한 대법원 1994.2.22. 선고 93다53696 판결, 대법원 1994.8.9. 선고 94다10931 판결, 대법원 1995.3.10. 선고 94다5731 판결, 대법원 1995.5.12. 선고 94다6246 판결, 대법원 1995.7.14. 선고 94다19600 판결, 대법원 1998.7.24. 선고 97다55706 판결, 대법원 1999.2.12. 선고 98다55154 판결, 대법원 2001.11.13. 선고 2001다12362 판결, 대법원 2004.3.26. 선고 2003다34045 판결, 대법원 2005.4.29. 선고 2005다11893 판결, 대법원 2012.6.28. 선고 2010다73765 판결, 대법원 2012.9.13. 선고 2012다26947 판결 등은 이 판결의 견해에 배치되는 범위 내에서 이를 변경하기로 한다.

007 다수당사자의 채권관계에 관한 설명으로 옳은 것은? (다툼이 있으면 판례에 따름) 22 변리사

① 甲과 乙이 공유하는 건물을 丙에게 공동으로 임대하고 임차보증금을 수령한 경우, 특별한 사정이 없는 한 임대차 종료 시 甲과 乙은 지분비율에 따라 丙에게 임차보증금을 반환할 채무를 부담한다.
② 甲의 乙에 대한 금전채무에 대하여 丙이 乙과 보증계약을 체결한 경우, 주채무자 甲이 시효이익을 포기하면 보증인 丙에게도 그 효력이 있다.
③ 甲, 乙, 丙이 균등한 부담으로 丁에 대하여 3억 원의 연대채무를 부담하고 있는 경우, 甲이 丁에게 9천만 원을 변제하였다면 甲은 乙과 丙에게 각 3천만 원씩 구상할 수 있다.
④ 甲, 乙, 丙이 균등한 부담으로 丁에 대하여 6천만 원의 연대채무를 부담하고, 甲이 丁에 대한 4천만 원의 반대채권을 가지고 유효하게 상계한 경우, 丙은 丁에 대하여 2천만 원의 채무를 면한다.
⑤ 甲의 乙에 대한 금전채무에 대하여 丙이 乙과 연대보증계약을 체결하고, 乙이 丙에게 채무의 이행을 청구한 경우, 丙은 최고·검색의 항변권을 행사할 수 있다.

해설
답 ③

① [×] 건물의 공유자가 공동으로 건물을 임대하고 보증금을 수령한 경우, 특별한 사정이 없는 한 그 임대는 각지 공유지분을 임대한 것이 아니고 임대목적물을 다수의 당사자로서 공동으로 임대한 것이고 그 보증금 반환채무는 성질상 불가분채무에 해당된다고 보아야 할 것이다(대판 1998. 12.8, 98다43137).

② [×] **제433조(보증인과 주채무자 항변권)** ① 보증인은 주채무자의 항변으로 채권자에게 대항할 수 있다.
② 주채무자의 항변포기는 보증인에게 효력이 없다.

③ [○] **제425조(출재채무자의 구상권)** ① 어느 연대채무자가 변제 기타 자기의 출재로 공동면책이 된 때에는 다른 연대채무자의 부담부분에 대하여 구상권을 행사할 수 있다.

④ [×] **제418조(상계의 절대적 효력)** ① 어느 연대채무자가 채권자에 대하여 채권이 있는 경우에 그 채무자가 상계한 때에는 채권은 모든 연대채무자의 이익을 위하여 소멸한다.
즉, 丙은 丁에 대하여 4천만 원의 채무를 면한다.

⑤ [×] **제437조(보증인의 최고, 검색의 항변)** 채권자가 보증인에게 채무의 이행을 청구한 때에는 보증인은 주채무자의 변제자력이 있는 사실 및 그 집행이 용이할 것을 증명하여 먼저 주채무자에게 청구할 것과 그 재산에 대하여 집행할 것을 항변할 수 있다. 그러나 보증인이 주채무자와 연대하여 채무를 부담한 때에는 그러하지 아니하다.

008 甲과 乙은 A에 대하여 2억 원의 연대채무를 부담하고 있으며, 甲과 乙 사이의 부담 부분은 균등하다. 이에 관한 설명으로 옳은 것은? (다툼이 있으면 판례에 따름)

22 노무사

① 甲의 A에 대한 위 채무가 시효완성으로 소멸한 경우, 乙도 A에 대하여 위 채무 전부를 이행할 의무를 면한다.
② 甲이 A에게 2억 원의 상계할 채권을 가지고 있음에도 상계를 하지 않는 경우, 乙은 甲이 A에게 가지는 2억 원의 채권으로 위 채무 전부를 상계할 수 있다.
③ A가 甲에 대하여 채무의 이행을 청구하여 시효가 중단된 경우, 乙에게도 시효중단의 효력이 있다.
④ A의 신청에 의한 경매개시결정에 따라 甲소유의 부동산이 압류되어 시효가 중단된 경우, 乙에게도 시효중단의 효력이 있다.
⑤ A가 甲에 대하여 위 채무를 전부 면제해 준 경우, 乙도 A에 대하여 위 채무 전부를 이행할 의무를 면한다.

해설

답 ③

① [×] 제421조(소멸시효의 절대적 효력) 어느 연대채무자에 대하여 소멸시효가 완성한 때에는 그 부담부분에 한하여 다른 연대채무자도 의무를 면한다.

② [×] 제418조(상계의 절대적 효력) ① 어느 연대채무자가 채권자에 대하여 채권이 있는 경우에 그 채무자가 상계한 때에는 채권은 모든 연대채무자의 이익을 위하여 소멸한다.
② 상계할 채권이 있는 연대채무자가 상계하지 아니한 때에는 그 채무자의 부담부분에 한하여 다른 연대채무자가 상계할 수 있다.

③ [○] 제416조(이행청구의 절대적 효력) 어느 연대채무자에 대한 이행청구는 다른 연대채무자에게도 효력이 있다.

④ [×] 채권자의 신청에 의한 경매개시결정에 따라 연대채무자 1인의 소유 부동산이 압류된 경우, 이로써 위 채무자에 대한 채권의 소멸시효는 중단되지만, 압류에 의한 시효중단의 효력은 다른 연대채무자에게 미치지 아니하므로(제169조), 경매개시결정에 의한 시효중단의 효력을 다른 연대채무자에 대하여 주장할 수 없다(대판 2001.8.21, 2001다22840).

⑤ [×] 제419조(면제의 절대적 효력) 어느 연대채무자에 대한 채무면제는 그 채무자의 부담부분에 한하여 다른 연대채무자의 이익을 위하여 효력이 있다.

009 甲, 乙, 丙이 丁에 대하여 9백만 원의 연대채무를 부담하고 있고, 각자의 부담부분은 균등하다. 甲이 丁에 대하여 6백만 원의 상계적상에 있는 반대채권을 가지고 있는 경우에 관한 설명으로 옳은 것은? (당사자 사이에 다른 약정은 없으며, 다툼이 있으면 판례에 따름) 23 노무사

① 甲이 6백만 원에 대해 丁의 채무와 상계한 경우, 남은 3백만 원에 대해 乙과 丙이 丁에게 각각 1백 5십만 원의 분할채무를 부담한다.
② 甲이 6백만 원에 대해 丁의 채무와 상계한 경우, 甲, 乙, 丙은 丁에게 3백만 원의 연대채무를 부담한다.
③ 甲이 상계권을 행사하지 않은 경우, 乙과 丙은 甲의 상계권을 행사할 수 없고, 甲, 乙, 丙은 丁에게 3백만 원의 연대채무를 부담한다.
④ 甲이 상계권을 행사하지 않은 경우, 乙은 丁을 상대로 甲의 6백만 원에 대해 상계할 수 있고, 乙과 丙이 丁에게 각각 1백 5십만 원의 분할채무를 부담한다.
⑤ 甲이 상계권을 행사하지 않은 경우, 丙은 丁을 상대로 甲의 6백만 원에 대해 상계할 수 있고, 乙과 丙이 丁에게 3백만 원의 연대채무를 부담한다.

해설 답 ②

① [×], ② [○] 제418조(상계의 절대적 효력) ① 어느 연대채무자가 채권자에 대하여 채권이 있는 경우에 그 채무자가 상계한 때에는 채권은 모든 연대채무자의 이익을 위하여 소멸한다.

③ [×] 제418조(상계의 절대적 효력) ② 상계할 채권이 있는 연대채무자가 상계하지 아니한 때에는 그 채무자의 부담부분에 한하여 다른 연대채무자가 상계할 수 있다.

④⑤ [×] 乙은 甲의 부담부분인 3백만 원을 자동채권으로 하여 상계를 할 수 있고, 乙과 丙은 丁에게 6백만 원의 연대채무를 부담한다.

010 연대채무자 甲·乙·丙이 채권자 丁에게 대여금 3억 원을 변제하기로 하는 채무를 부담하는 경우, 이에 관한 설명으로 옳지 않은 것은? (甲·乙·丙의 부담부분은 균등하며 원본만 고려함. 각 지문은 독립적이고, 다툼이 있으면 판례에 따름) 24 변리사

① 丁이 변제기에 甲을 상대로 채무이행의 소를 제기하여 승소 판결이 확정된 경우, 그 소멸시효 중단의 효과는 乙과 丙에게도 발생한다.
② 乙이 丁에 대해 상계적상에 있는 2억 원의 채권을 가지고 있으나 상계하지 아니한 경우, 丙은 乙의 丁에 대한 2억 원의 채권 중 1억 원에 한해 상계할 수 있다.
③ 丙이 채무 3억 원의 지급에 갈음하여 자신이 소유하는 부동산의 소유권을 丁에게 이전하기로 하는 경개계약을 丁과 유효하게 체결한 경우, 丁에 대한 甲과 乙의 채무는 소멸한다.
④ 丁이 甲에 대해 채무 전부를 면제한 경우, 丁에 대한 乙과 丙의 채무 전부도 소멸한다.
⑤ 丙이 丁의 위 채권(3억 원)을 유효하게 양수한 경우, 甲과 乙은 丙에게 각 1억 원을 변제하여야 한다.

> **해설** 답 ④

① [O] 제416조(이행청구의 절대적 효력) 어느 연대채무자에 대한 이행청구는 다른 연대채무자에게도 효력이 있다.

② [O] 제418조(상계의 절대적 효력) ① 어느 연대채무자가 채권자에 대하여 채권이 있는 경우에 그 채무자가 상계한 때에는 채권은 모든 연대채무자의 이익을 위하여 소멸한다.
② 상계할 채권이 있는 연대채무자가 상계하지 아니한 때에는 그 채무자의 부담부분에 한하여 다른 연대채무자가 상계할 수 있다.

③ [O] 제417조(경개의 절대적 효력) 어느 연대채무자와 채권자간에 채무의 경개가 있는 때에는 채권은 모든 연대채무자의 이익을 위하여 소멸한다.

④ [×] 제419조(면제의 절대적 효력) 어느 연대채무자에 대한 채무면제는 그 채무자의 부담부분에 한하여 다른 연대채무자의 이익을 위하여 효력이 있다.
따라서 丁에 대한 乙과 丙의 채무는 전부가 아니라 甲의 부담부분인 1억에 한하여 소멸하고, 乙과 丙은 여전히 2억원의 연대채무관계에 있게 된다.

⑤ [O] 어느 연대채무자와 채권자 간에 혼동이 있는 때에는 그 채무자의 부담부분에 한하여 다른 연대채무자도 의무를 면한다. 다만 채권양도가 있는 경우에도 혼동은 생기지만, 그 실질이 변제와 다를 바 없기 때문에 본조가 적용되지 않고, 연대채무는 소멸하고 구상관계로 전환된다고 할 것이다 (주석 민법, 채권총칙(2), 576면, 제4판, 2013, 한국사법행정학회).

011 甲에 대하여 乙 및 丙은 1억 8,000만 원의 연대채무를 부담하고 있으며, 乙과 丙의 부담부분은 각각 1/3과 2/3이다. 이에 관한 설명으로 옳은 것은? (원본만을 고려하며, 다툼이 있으면 판례에 따름)
24 노무사

① 乙이 甲으로부터 위 1억 8,000만 원의 채권을 양수받은 경우, 丙의 채무는 전부 소멸한다.
② 乙이 甲에 대하여 9,000만 원의 반대채권이 있으나 乙이 상계를 하지 않은 경우, 丙은 그 반대채권 전부를 자동채권으로 하여 甲의 채권과 상계할 수 있다.
③ 甲이 乙에게 이행을 청구한 경우, 丙의 채무에 대해서는 시효중단의 효력이 없다.
④ 甲이 乙에게 채무를 면제해 준 경우, 丙도 1억 2,000만 원의 채무를 면한다.
⑤ 丁이 乙 및 丙의 부탁을 받아 그 채무를 연대보증한 후에 甲에게 위 1억 8,000만 원을 변제하였다면, 丁은 乙에게 1억 8,000만 원 전액을 구상할 수 있다.

해설

답 ⑤(①도 문제가 있음)

① [△] **제420조(혼동의 절대적 효력)** 어느 연대채무자와 채권자 간에 혼동이 있는 때에는 그 채무자의 부담부분에 한하여 다른 연대채무자도 의무를 면한다.

다만, 채권양도가 있는 경우에도 혼동은 생기지만, 그 실질이 변제와 다를 바 없기 때문에 본조가 적용되지 않고, 연대채무는 소멸하고 구상관계로 전환된다고 할 것이다. 따라서 乙은 丙에게 1억 2,000만 원을 구상할 수 있다(주석 민법, 채권총칙(2), 576면, 제4판, 2013, 한국사법행정학회). 그러므로 丙의 (구상)채무가 소멸하는 것이 아니다.

[COMMENT] 출제자는 제420조를 적용하는 것으로 출제를 한 것으로 보이는데, 이에 의하면 丙은 乙의 부담부분인 6,000만 원 부분만 채무가 소멸하고 나머지 1억 2,000만 원은 채무가 소멸하지 않게 됩니다. 그러나 乙은 甲으로부터 채권을 양수(양도)받았다고 표현하였고, 이는 혼동이 생기지만 그 실질이 변제와 다를 바 없어 제420조가 적용되지 않는다고 봅니다(통설). 따라서 연대채무는 소멸하고 구상관계로 전환되는 것이므로, 지문의 표현이 '丙의 채무는 전부 소멸한다'고 표현하였고, 이때 丙의 채무가 연대채무를 의미하는 것이라면 옳은 지문이 되어, 복수정답이 됩니다. 특히 문제에서 '丙은 1억 8,000만 원의 연대채무를 부담하고 있으며'라고 표현하였으므로, ①의 丙의 채무는 연대채무로 읽는 것이 자연스러운 문장 해석이라고 보입니다. 그러므로 丙의 연대채무는 소멸하는 것이 맞으므로 옳은 지문이 되어 복수 정답이 된다고 봅니다.

② [×] **제418조(상계의 절대적 효력)** ① 어느 연대채무자가 채권자에 대하여 채권이 있는 경우에 그 채무자가 상계한 때에는 채권은 모든 연대채무자의 이익을 위하여 소멸한다.
② 상계할 채권이 있는 연대채무자가 상계하지 아니한 때에는 그 채무자의 부담부분에 한하여 다른 연대채무자가 상계할 수 있다.

따라서 丙은 그 반대채권 9,000만 원 전부가 아니라 乙의 부담부분인 6,000만 원까지만 甲의 채권과 상계할 수 있다.

③ [×] **제416조(이행청구의 절대적 효력)** 어느 연대채무자에 대한 이행청구는 다른 연대채무자에게도 효력이 있다.

따라서 甲이 乙에게 이행을 청구한 경우, 丙의 채무에 대해서도 시효중단의 효력이 있다.

④ [×] **제419조(면제의 절대적 효력)** 어느 연대채무자에 대한 채무면제는 그 채무자의 부담부분에 한하여 다른 연대채무자의 이익을 위하여 효력이 있다.

따라서 乙의 부담부분인 6,000만 원만 丙의 이익을 위해 효력이 있으므로, 丙은 6천만 원의 채무를 면하고 1억 2,000만 원의 채무가 남게 된다.

⑤ [○] **제441조(수탁보증인의 구상권)** ① 주채무자의 부탁으로 보증인이 된 자가 과실없이 변제 기타의 출재로 주채무를 소멸하게 한 때에는 주채무자에 대하여 구상권이 있다(사후구상의 원칙).
② 제425조 제2항(구상권은 면책된 날 이후의 법정이자 및 피할 수 없는 비용 기타 손해배상을 포함한다)의 규정은 전항의 경우에 준용한다.
제481조(변제자의 법정대위) 변제할 정당한 이익이 있는 자는 변제로 당연히 채권자를 대위한다.

따라서 연대보증인 丁은 乙과 丙에게 구상권이 생기고, 이를 확보하기 위하여 당연히 채권자 甲을 대위하므로, 乙에게 연대채무 1억 8,000만 원 전액을 구상할 수 있다.

Ⅴ. 부진정연대채무

012 다수당사자 사이의 채권관계에 관한 기술로서 가장 틀린 것은? (다툼이 있으면 판례에 따름)

① 공동불법행위자 중 1인의 변제는 변제금액의 한도 내에서 다른 공동불법행위자를 위하여도 공동면책의 효력이 있다.
② 연대채무자에 대한 채무면제의 절대적 효력에 관한 민법 제419조의 규정은 임의규정이라고 할 것이므로 채권자가 의사표시 등으로 위 규정의 적용을 배제하여 어느 한 연대채무자에 대하여서만 채무면제를 할 수 있다.
③ 채권자가 연대보증인에 대하여 그 채무의 일부 또는 전부를 면제하였다 하더라도 그 면제의 효력은 주채무자에 대하여 미치지 아니한다.
④ 부진정연대채무자 중 1인에 대한 채무면제는 다른 채무자에 대하여 효력이 미치지 않는다.
⑤ 부진정연대채무자 중의 1인이 채권자에 대한 반대채권으로 채무를 대등액에서 상계한 경우, 그 상계로 인한 채무소멸의 효력은 다른 부진정연대채무자에게 미치지 않는다.

해설
답 ⑤

① [○] 부진정연대채무인 공동불법행위로 인한 손해배상채무에 있어서 공동불법행위자 중 1인의 변제는 변제된 금액의 한도 내에서 채무자 전원을 위하여 공동면책의 효력이 있다(대판 1981.8.11, 81다298).
② [○] 대판 1992.9.25, 91다37553
③ [○] 연대보증인이라고 할지라도 주채무자에 대하여는 보증인에 불과하므로 연대채무에 관한 면제의 절대적 효력을 규정한 민법 제419조의 규정의 주채무자와 보증인 사이에는 적용되지 아니하는 것이니, 채권자가 연대보증인에 대하여 그 채무의 일부 또는 전부를 면제하였다 하더라도 그 면제의 효력은 주채무자에 대하여 미치지 아니한다(대판 1992.9.25, 91다37553).
④ [○] 피해자가 부진정연대채무자 중 1인에 대하여 손해배상에 관한 권리를 포기하거나 채무를 면제하는 의사표시를 하였다 하더라도 다른 채무자에 대하여 그 효력이 미친다고 볼 수는 없다(대판 1997.12.12, 96다50896 등).
⑤ [×] 부진정연대채무자 중 1인이 자신의 채권자에 대한 반대채권으로 상계를 한 경우에도 채권은 변제, 대물변제, 또는 공탁이 행하여진 경우와 동일하게 현실적으로 만족을 얻어 그 목적을 달성하는 것이므로, 그 상계로 인한 채무소멸의 효력은 소멸한 채무 전액에 관하여 다른 부진정연대채무자에 대하여도 미친다고 보아야 한다. 이는 부진정연대채무자 중 1인이 채권자와 상계계약을 체결한 경우에도 마찬가지이다. 나아가 이러한 법리는 채권자가 상계 내지 상계계약이 이루어질 당시 다른 부진정연대채무자의 존재를 알았는지 여부에 의하여 좌우되지 아니한다(대판 2010.9.16, 2008다97218 전합).

013 甲은 乙의 피용자 丙의 과실에 의한 불법행위로 2억 원의 손해를 입었는데, 丙의 위 불법행위에 대해 乙의 사용자책임이 인정되었다. 丙의 손해배상채무액은 2억 원으로 인정되었고, 乙의 손해배상채무액은 甲의 과실을 참작하여 과실상계를 한 결과 1억 5천만 원으로 인정되었다. 이에 관한 설명으로 옳지 않은 것은? (다툼이 있으면 판례에 따름) 20 변리사

① 甲에 대한 丙의 손해배상채무와 乙의 손해배상채무는 부진정연대채무의 관계에 있다.
② 丙이 甲에게 1억 원을 변제한 경우, 甲에 대한 乙의 손해배상채무액은 5천만 원이 남게 된다.
③ 甲이 乙에 대한 손해배상채권의 소멸시효를 중단시키더라도 丙에 대한 손해배상채권의 소멸시효는 중단되지 않는다.
④ 丙이 자신의 甲에 대한 2억 원의 대여금채권으로 적법하게 상계한 경우, 그 상계로 인한 채무소멸의 효력은 乙에 대하여도 미친다.
⑤ 丙이 甲에 대하여 상계할 채권을 가지고 있으면서 상계하지 않고 있는 경우, 乙이 그 채권을 가지고 상계할 수는 없다.

해설
답 ②

① [O], ② [×] 금액이 다른 채무가 서로 부진정연대 관계에 있을 때 다액채무자가 일부 변제를 하는 경우 그 변제로 인하여 먼저 소멸하는 부분은 당사자의 의사와 채무 전액의 지급을 확실히 확보하려는 부진정연대채무 제도의 취지에 비추어 볼 때 다액채무자가 단독으로 채무를 부담하는 부분으로 보아야 한다. 이러한 법리는 사용자의 손해배상액이 피해자의 과실을 참작하여 과실상계를 한 결과 타인에게 직접 손해를 가한 피용자 자신의 손해배상액과 달라졌는데 다액채무자인 피용자가 손해배상액의 일부를 변제한 경우에 적용되고, 공동불법행위자들의 피해자에 대한 과실비율이 달라 손해배상액이 달라졌는데 다액채무자인 공동불법행위자가 손해배상액의 일부를 변제한 경우에도 적용된다. 또한 중개보조원을 고용한 개업공인중개사의 공인중개사법 제30조 제1항에 따른 손해배상액이 과실상계를 한 결과 거래당사자에게 직접 손해를 가한 중개보조원 자신의 손해배상액과 달라졌는데 다액채무자인 중개보조원이 손해배상액의 일부를 변제한 경우에도 마찬가지이다. 이와 달리 사용자책임 또는 공동불법행위책임이 문제 되는 사안에서 다액채무자가 손해배상액의 일부를 변제하는 경우 소액채무자의 과실비율에 상응하는 만큼 소액채무자와 공동으로 채무를 부담하는 부분에서도 변제된 것으로 보아야 한다고 판시한 대판 1994.2.22, 93다53696[3], 대판 1994.8.9, 94다10931, 대판 1995.3.10, 94다5731, 대판 1995.5.12, 94다6246, 대판 1995.7.14, 94다19600, 대판 1998.7.24, 97다55706, 대판 1999.2.12, 98다55154, 대판 2001.11.13, 2001다12362, 대판 2004.3.26, 2003다34045, 대판 2005.4.29, 2005다11893, 대판 2012.6.28, 2010다73765, 대판 2012.9.13, 2012다26947 등은 이 판결의 견해에 배치되는 범위 내에서 이를 변경하기로 한다(대판 2018.3.22, 2012다74236 전합).

---

[3] 직접 불법행위를 저지른 피용자 본인은 내세울 수 없는 사정을 참작하여 사용자가 배상하여야 할 손해의 금액을 감할 수 있도록 과실상계를 허용하는 취지는, 궁극적으로 피용자 본인이 손해를 배상할 자력이 없는 경우 피해자와 사용자 사이에 그로 인한 손해를 공평타당하게 분담하도록 하려는 데 있다고 할 것이므로, 피용자 본인이 손해액의 일부를 변제한 경우에는 그 변제금 중 사용자의 과실비율에 상응하는 만큼은 사용자가 배상하여야 할 손해액의 일부로 변제된 것으로 봄이 상당하고, 따라서 사용자의 손해배상책임이 그 범위 내에서는 소멸되는 것으로 보아야 할 것이다(대판 1994.2.22, 93다53696). 따라서 적은 손해액을 배상할 의무가 있는 자가 불법행위의 성립 이후에 손해액의 일부를 변제한 경우에는 많은 손해액을 배상할 의무가 있는 자의 채무는 그 변제금 전액에 해당하는 부분이 소멸되는 반면에, 많은 손해액을 배상할 의무가 있는 자가 손해액의 일부를 변제하였다면 그 중 적은 범위의 손해액을 배상할 의무가 있는 자의 채무는 그 변제금 전액에 해당하는 채무가 소멸하는 것이 아니라 적은 범위의 손해배상책임만을 부담하는 쪽의 과실비율에 상응하는 부분만큼만 소멸한다. – 위 전합판례로 변경

③ [O] 부진정연대채무자 상호간에 있어서 채권의 목적을 달성시키는 사유(변제·대물변제·공탁·상계)는 채무자 전원에 대하여 절대적 효력이 발생하지만, 그 밖의 사유는 상대적 효력이 발생할 뿐이다. 따라서 연대채무에서 절대적 효력이 인정되는 사유 중 이행청구(그로 인한 시효중단의 효과 포함)·경개·면제·혼동·소멸시효완성 등은 상대적 효력이 있을 뿐이다.

④ [O] 부진정연대채무자 중 1인이 자신의 채권자에 대한 반대채권으로 상계를 한 경우에도 채권은 변제, 대물변제, 또는 공탁이 행하여진 경우와 동일하게 현실적으로 만족을 얻어 그 목적을 달성하는 것이므로, 그 상계로 인한 채무소멸의 효력은 소멸한 채무 전액에 관하여 다른 부진정연대채무자에 대하여도 미친다고 보아야 한다. 이는 부진정연대채무자 중 1인이 채권자와 상계계약을 체결한 경우에도 마찬가지이다. 나아가 이러한 법리는 채권자가 상계 내지 상계계약이 이루어질 당시 다른 부진정연대채무자의 존재를 알았는지 여부에 의하여 좌우되지 아니한다(대판 2010. 9.16, 2008다97218 전합).

⑤ [O] 부진정연대채무에 있어서 부진정연대채무자 1인이 한 상계가 다른 부진정연대채무자에 대한 관계에 있어서도 공동면책의 효력 내지 절대적 효력이 있는 것인지는 별론으로 하더라도, 부진정연대채무자 사이에는 고유의 의미에 있어서의 부담부분이 존재하지 아니하므로 위와 같은 고유의 의미의 부담부분의 존재를 전제로 하는 민법 제418조 제2항은 부진정연대채무에는 적용되지 아니하는 것으로 봄이 상당하고, 따라서 부진정연대채무에 있어서는 한 부진정연대채무자가 채권자에 대하여 상계할 채권을 가지고 있음에도 상계를 하지 않고 있다 하더라도 다른 부진정연대채무자가 그 채권을 가지고 상계를 할 수는 없는 것으로 보아야 한다(대판 1994.5.27, 93다21521).

제4절 | 보증채무

I. 서설
II. 보증채무의 성질
III. 보증채무의 성립
IV. 보증채무의 내용 및 범위
V. 보증채무의 효력

014 甲은 乙로부터 금전을 빌렸고, 丙은 甲의 채무를 위해 보증인이 되었다. 이에 관한 설명으로 옳은 것은? (다툼이 있으면 판례에 따름)   17 노무사

① 丙이 모르는 사이에 주채무의 목적이나 형태가 변경되어 주채무의 실질적 동일성이 상실된 경우에도 丙의 보증채무는 소멸되지 않는다.
② 丙의 보증계약은 구두계약에 의하여도 그 효력이 발생한다.
③ 丙은 甲이 가지는 항변으로 乙에게 대항할 수 있으나, 甲이 이를 포기하였다면 丙은 그 항변으로 乙에게 대항할 수 없다.
④ 甲의 乙에 대한 채무가 시효로 소멸되더라도 丙의 보증채무는 원칙적으로 소멸하지 않는다.
⑤ 甲의 의사에 반하여 보증인이 된 丙이 자기의 출재로 甲의 채무를 소멸하게 한때에는 甲은 丙에게 현존이익의 한도에서 배상하여야 한다.

해설   답 ⑤

① [×] 보증계약이 성립한 후에 보증인이 알지도 못하는 사이에 주채무의 목적이나 형태가 변경되었다면, 그 변경으로 인하여 주채무의 실질적 동일성이 상실된 경우에는 당초의 주채무는 경개로 인하여 소멸하였다고 보아야 할 것이므로 보증채무도 당연히 소멸하고, 그 변경으로 인하여 주채무의 실질적 동일성이 상실되지 아니하고 동시에 주채무의 부담 내용이 축소·감경된 경우에는 보증인은 그와 같이 축소·감경된 주채무의 내용에 따라 보증책임을 질 것이지만, 그 변경으로 인하여 주채무의 실질적 동일성이 상실되지는 아니하고 주채무의 부담내용이 확장·가중된 경우에는 보증인은 그와 같이 확장·가중된 주채무의 내용에 따른 보증책임은 지지 아니하고, 다만 변경되기 전의 주채무의 내용에 따른 보증책임만을 진다(대판 2000.1.21, 97다1013).

② [×] 제428조의2(보증의 방식) ① 보증은 그 의사가 보증인의 기명날인 또는 서명이 있는 서면으로 표시되어야 효력이 발생한다. 다만, 보증의 의사가 전자적 형태로 표시된 경우에는 효력이 없다.

③ [×] 제433조(보증인과 주채무자 항변권) ① 보증인은 주채무자의 항변으로 채권자에게 대항할 수 있다.
② 주채무자의 항변포기는 보증인에게 효력이 없다.

④ [×] 주채무가 소멸시효 완성으로 소멸된 경우에는 보증채무도 그 채무 자체의 시효중단에 불구하고 부종성에 따라 당연히 소멸된다(대판 2002.5.14, 2000다62476).

⑤ [○] 제444조(부탁 없는 보증인의 구상권) ② 주채무자의 의사에 반하여 보증인이 된 자가 변제 기타 자기의 출재로 주채무를 소멸하게 한 때에는 주채무자는 현존 이익의 한도에서 배상하여야 한다.
– 부당이득

015 민법상 보증채무에 관한 설명으로 옳지 않은 것은? (다툼이 있으면 판례에 따름) 20 노무사 변형

① 주채무가 민사채무이고 보증채무가 상사채무인 경우 보증채무의 소멸시효기간은 주채무에 따라 결정된다.
② 보증은 불확정한 다수의 채무에 대하여도 할 수 있다.
③ 주채권과 분리하여 보증채권만을 양도하기로 하는 약정은 그 효력이 없다.
④ 보증채권을 주채권과 함께 양도하는 경우 대항요건은 주채권의 이전에 관하여만 구비하면 족하다.
⑤ 보증인은 주채권자의 채권에 의한 상계로 채권자에게 대항할 수 있다.
⑥ 민법 제442조 제1항은 "주채무자의 부탁으로 보증인이 된 자는 보증인이 과실없이 채권자에게 변제할 재판을 받은 때에 주채무자에 대하여 미리 구상권을 행사할 수 있다."라고 규정하고 있으므로 수탁보증인이 사전구상권을 행사하기 위해서는 주채무자의 부탁으로 보증인이 되었다는 사실을 주장·증명하여야 하고, 그러한 사정이 없는 경우에는 민법 제442조 제1항이 적용될 여지가 없다.

> **해설** 답 ①

① [×] 보증채무는 채권자와 보증인 사이의 보증계약에 의하여 성립되는 채무로서, 주채무와는 별개의 독립된 채무이다(독립성). 따라서 주채무가 민사채무이고, 보증채무가 상행위로 인하여 생긴 상사채무인 경우에 보증채무의 소멸시효기간은 따로 결정된다(주채무는 민법 제162조 제1항에 따라 10년, 보증채무는 상법 제64조에 따라 5년).

② [○] 제428조의3(근보증) ① 보증은 불확정한 다수의 채무에 대해서도 할 수 있다. 이 경우 보증하는 채무의 최고액을 서면으로 특정하여야 한다.

③④ [○] 주채권과 보증인에 대한 채권의 귀속주체를 달리하는 것은, 주채무자의 항변권으로 채권자에게 대항할 수 있는 보증인의 권리가 침해되는 등 보증채무의 부종성에 반하고, 주채권을 가지지 않는 자에게 보증채권만을 인정할 실익도 없기 때문에 주채권과 분리하여 보증채권만을 양도하기로 하는 약정은 그 효력이 없다. 보증채무는 주채무에 대한 부종성 또는 수반성이 있어서 주채무자에 대한 채권이 이전되면 당사자 사이에 별도의 특약이 없는 한 보증인에 대한 채권도 함께 이전하고, 이 경우 채권양도의 대항요건도 주채권의 이전에 관하여 구비하면 족하고, 별도로 보증채권에 관하여 대항요건을 갖출 필요는 없다(대판 2002.9.10, 2002다21509).

⑤ [○] 제434조(보증인과 주채무자 상계권) 보증인은 주채무자의 채권에 의한 상계로 채권자에게 대항할 수 있다.

⑥ [○] 보증의사의 존부는 당사자가 거래에 관여하게 된 동기와 경위, 그 관여 형식 및 내용, 당사자가 그 거래행위에 의하여 달성하려는 목적, 거래의 관행 등을 종합적으로 고찰하여 판단하여야 할 당사자의 의사해석 및 사실인정의 문제이지만, 보증은 이를 부담할 특별한 사정이 있을 경우 이루어지는 것이므로, 보증의사의 존재나 보증 범위는 이를 엄격하게 제한하여 인정하여야 한다. 민법 제442조 제1항은 "주채무자의 부탁으로 보증인이 된 자는 보증인이 과실없이 채권자에게 변제할 재판을 받은 때에 주채무자에 대하여 미리 구상권을 행사할 수 있다."라고 규정하고 있으므로 수탁보증인이 사전구상권을 행사하기 위해서는 주채무자의 부탁으로 보증인이 되었다는 사실을 주장·증명하여야 하고, 그러한 사정이 없는 경우에는 민법 제442조 제1항이 적용될 여지가 없다. 따라서 타인에게 자기의 성명 또는 상호를 사용하여 영업을 할 것을 허락하였다는 사정만으로 명의차용인이 명의대여자에게 내부적으로 보증인이 되어달라는 등의 부탁을 하였다는 점에 관한 주장·증명이 없는 상태에서 곧바로 수탁보증인의 사전구상권에 관한 민법 제442조 제1항이 적용되거나 유추적용된다고 볼 수 없다(대판 2022.6.30. 2020다271926).

VI. 특수 보증

1. 연대보증

016 보증계약에 관한 설명으로 옳지 않은 것은? 19 변리사

① 보증인은 보증채무에 대하여 위약금 또는 손해배상액을 예정할 수 있다.
② 채무자가 보증인을 세울 의무가 있는 경우, 채권자가 보증인을 지명하였다면 보증인은 행위능력 및 변제자력이 없어도 된다.
③ 주채무자의 의사에 반하여 보증인이 된 자가 과실 없이 변제 기타 자기의 출재로 주채무를 소멸시킨 경우, 주채무자는 현존 이익의 한도에서 배상하여야 한다.
④ 채권자가 연대보증인에게 채무이행을 청구한 경우, 연대보증인은 채무자의 변제자력이 있는 사실 및 그 집행이 용이할 것을 증명하여 먼저 채무자에게 청구할 것과 그 재산에 대하여 집행할 것을 항변할 수 있다.
⑤ 주채무자의 부탁으로 보증인이 된 자가 과실 없이 변제 기타의 출재로 주채무를 소멸시킨 경우, 보증인은 주채무자를 상대로 면책된 날 이후의 법정이자에 관하여 구상청구를 할 수 있다.

해설 답 ④

① [○] 제429조(보증채무의 범위) ① 보증채무는 주채무의 이자, 위약금, 손해배상 기타 주채무에 종속한 채무를 포함한다.
② 보증인은 그 보증채무에 관한 위약금 기타 손해배상액을 예정할 수 있다.

② [○] 제431조(보증인의 조건) ① 채무자가 보증인을 세울 의무가 있는 경우에는 그 보증인은 행위능력 및 변제자력이 있는 자로 하여야 한다.
② 보증인이 변제자력이 없게 된 때에는 채권자는 보증인의 변경을 청구할 수 있다.
③ 채권자가 보증인을 지명한 경우에는 전2항의 규정을 적용하지 아니한다.

③ [○] 제444조(부탁 없는 보증인의 구상권) ① 주채무자의 부탁 없이 보증인이 된 자가 변제 기타 자기의 출재로 주채무를 소멸하게 한 때에는 주채무자는 그 당시에 이익을 받은 한도에서 배상하여야 한다.(사무관리)
② 주채무자의 의사에 반하여 보증인이 된 자가 변제 기타 자기의 출재로 주채무를 소멸하게 한 때에는 주채무자는 현존 이익의 한도에서 배상하여야 한다. - 부당이득

④ [×] 제437조(보증인의 최고, 검색의 항변) 채권자가 보증인에게 채무의 이행을 청구한 때에는 보증인은 주채무자의 변제자력이 있는 사실 및 그 집행이 용이할 것을 증명하여 먼저 주채무자에게 청구할 것과 그 재산에 대하여 집행할 것을 항변할 수 있다. 그러나 보증인이 주채무자와 연대하여 채무를 부담한 때에는 그러하지 아니하다.

⑤ [○] 제441조(수탁보증인의 구상권) ① 주채무자의 부탁으로 보증인이 된 자가 과실없이 변제 기타의 출재로 주채무를 소멸하게 한 때에는 주채무자에 대하여 구상권이 있다. - 사후구상의 원칙
② 제425조 제2항(구상권은 면책된 날 이후의 법정이자 및 피할 수 없는 비용 기타 손해배상을 포함한다)의 규정은 전항의 경우에 준용한다.

2. 공동보증
3. 근보증(계속적 보증)

017 계속적 신용보증계약에 관한 설명으로 옳지 않은 것은?

① 한도액을 정하지 않은 근보증계약도 유효하다.
② 보증인은 주채무자에 대한 신뢰관계가 파괴된 경우라도 채권자가 신의칙상 묵과할 수 없는 손해를 입게 되는 사정이 있는 때에는 보증계약을 해지할 수 없다.
③ 판례에 의하면 회사의 임원으로 확정채무의 보증인이 되었으나, 그 후 퇴사한 경우에는 사정변경을 이유로 보증계약을 해지할 수 있다.
④ 기간의 정함이 없는 계속적 신용보증계약에서는 그 성립 후 상당한 기간의 경과로 보증인에게 해지권이 생긴다.
⑤ 판례에 따르면 보증한도액이 정해진 경우, 보증인이 사망한 때에는 특별한 사정이 없는 한 상속인이 보증인의 지위를 승계한다.

| 해설 | 답 ③ |

① [○] 근보증에 있어서는 보증되는 채무의 범위를 확정할 수 있는 기준이 정하여져야 하고, 결산기·최고한도액 등이 그러한 구실을 하게 되나, 그 기준은 근저당의 경우에 비하여 너그럽게 새겨도 상관없는 것으로 이해된다. 그리하여 계속적 거래에서 생기는 일체의 채무라도 좋고(대판 1972.10.31, 72다1471), 보증기간의 약정이 없어도 상관없으며(대판 1976.8.24, 76다1778), 또한 보증하는 책임한도액을 정하는 것도 요건은 아니다(대판 1978.1.17, 77다2052).

② [○] 기간의 정함이 없는 이른바 계속적 보증계약은 보증인의 주채무자에 대한 신뢰가 깨어지는 등 보증인으로서 보증계약을 해지할 만한 상당한 이유가 있는 경우에 보증인으로 하여금 그 보증계약을 그대로 유지 존속케 한다는 것은 사회통념상 바람직하지 못하므로, 그 "계약해지로 인하여 상대방인 채권자에게 신의칙상 묵과할 수 없는 손해를 입게 하는 등 특단의 사정이 있는 경우를 제외"하고 보증인은 일방적으로 이를 해지할 수 있다(대판 1992.7.14, 92다8668).

③ [×] 사정변경을 이유로 보증계약을 해지할 수 있는 것은 포괄근보증이나 한정근보증과 같이 채무액이 불확정적이고 계속적인 거래로 인한 채무에 대하여 보증한 경우에 한하고, 회사의 이사로 재직하면서 보증 당시 그 채무가 특정되어 있는 확정채무에 대하여 보증을 한 후 이사직을 사임하였다 하더라도 사정변경을 이유로 보증계약을 해지할 수 없는 것이다(대판 1994.12.27, 94다46008).

④ [○] 보증기간의 정함이 없거나 그 기간이 지나치게 장기간으로 정해져 있는 경우에는 보증계약체결 후 상당한 기간이 경과한 때에는, 보증인은 일정한 해지기간을 정하여 해지할 수 있다(대판 1978.3.28, 77다2298).

⑤ [○] 보증한도액이 정해진 계속적 보증계약의 경우 보증인이 사망하였다 하더라도 보증계약이 당연히 종료되는 것은 아니고 특별한 사정이 없는 한 상속인들이 보증인의 지위를 승계한다고 보아야 할 것이나, 보증기간과 보증한도액의 정함이 없는 계속적 보증계약의 보증인이 사망한 경우에는 보증인이 사망하면 보증인의 지위가 상속인에게 상속된다고 할 수 없고, 다만, 기왕에 발생된 보증채무만이 상속된다고 할 것이다(대판 2001.6.12, 2000다47187).

4. 손해담보계약

제4장 채권의 양도와 채무인수

제1절 | 채권의 양도

Ⅰ. 채권양도의 의의 및 성질
Ⅱ. 지명채권 양도의 제한
Ⅲ. 지명채권양도의 대항요건

001 지명채권의 양도에 관한 설명으로 옳은 것은? (다툼이 있으면 판례에 따름) 　　16 노무사

① 지명채권의 양도는 채권자의 통지 또는 채무자의 승낙에 의하여 효력이 발생한다.
② 양도인이 양도통지만을 한 때에는 채무자는 그 통지를 받은 때까지 양도인에 대하여 생긴 사유로써 양수인에게 대항할 수 있다.
③ 양도금지의 특약이 있는 채권은 압류가 금지된다.
④ 채권이 이중으로 양도된 경우, 양수인 상호 간의 우열은 양도 통지 증서의 확정일자 선후로 결정한다.
⑤ 채권양도의 통지는 관념의 통지로서, 양도인이 직접 하여야 하며 대리가 허용되지 않는다.

> **해설**　　답 ②

① [✕] 지명채권의 양도는 당사자 사이의 의사표시만으로 효력이 발생하고, 그 통지나 승낙은 채무자 등에 대한 대항요건이다.
② [〇] 양도인이 양도통지만을 한 때에는 채무자는 그 통지를 받은 때까지 양도인에 대하여 생긴 사유로써 양수인에게 대항할 수 있다(제451조 제2항).
③ [✕] 당사자 사이에 양도금지의 특약이 있는 채권이라도 압류 및 전부명령에 따라 이전될 수 있고, 양도금지의 특약이 있는 사실에 관하여 압류채권자가 선의인가 악의인가는 전부명령의 효력에 영향이 없다(대판 1976.10.29, 76다1623).
④ [✕] 채권이 이중으로 양도된 경우의 양수인 상호간의 우열은 통지 또는 승낙에 붙여진 확정일자의 선후에 의하여 결정할 것이 아니라, 채권양도에 대한 채무자의 인식, 즉 확정일자 있는 양도통지가 채무자에게 도달한 일시 또는 확정일자 있는 승낙의 일시의 선후에 의하여 결정하여야 할 것이다(대판 1994.4.26, 93다24223 전합).
⑤ [✕] 채권양도의 통지도 양도인이 직접 하지 아니하고 사자를 통하여 하거나 나아가서 대리인으로 하여금 하게 하여도 무방하고, 그와 같은 경우에 양수인이 양도인의 사자 또는 대리인으로서 채권양도 통지를 하였다 하여 민법 제450조의 규정에 어긋난다고 할 수 없다(대판 1997.6.27, 95다40977).

002 채권양도에 관한 설명으로 옳지 않은 것은? (다툼이 있으면 판례에 따름)   19 노무사

① 근로자가 임금채권을 양도한 경우, 양수인은 스스로 사용자에 대하여 임금지급을 청구할 수 없다.
② 주채권과 분리하여 보증채권만을 양도하기로 하는 약정은 그 효력이 없다.
③ 지명채권의 양도통지를 한 후 그 양도계약이 해제된 경우, 양도인이 그 해제를 이유로 채무자에게 양도채권으로 대항하려면 양수인이 그 채무자에게 해제사실을 통지하여야 한다.
④ 매매로 인한 소유권이전등기청구권에 관한 양도제한의 법리는 취득시효완성으로 인한 소유권이전등기청구권의 양도에도 적용된다.
⑤ 2인이 동업하는 조합의 조합원 1인이 다른 조합원의 동의 없이 한 조합채권의 양도행위는 무효이다.

해설   답 ④

① [○] 근로자가 그 임금채권을 양도한 경우라 할지라도 그 임금의 지급에 관하여는 근로기준법 제36조 제1항에 정한 임금 직접지급의 원칙이 적용되어 사용자는 직접 근로자에게 임금을 지급하지 아니하면 안 되고, 그 결과 비록 적법 유효한 양수인이라도 스스로 사용자에 대하여 임금의 지급을 청구할 수 없으며, 그러한 법리는 근로자로부터 임금채권을 양도받았거나 그의 추심을 위임받은 자가 사용자의 집행 재산에 대하여 배당을 요구하는 경우에도 그대로 적용된다(대판 1996.3.22, 95다2630).

② [○] 주채권과 보증인에 대한 채권의 귀속주체를 달리하는 것은, 주채무자의 항변권으로 채권자에게 대항할 수 있는 보증인의 권리가 침해되는 등 보증채무의 부종성에 반하고, 주채권을 가지지 않는 자에게 보증채권만을 인정할 실익도 없기 때문에 주채권과 분리하여 보증채권만을 양도하기로 하는 약정은 그 효력이 없다(대판 2002.9.10, 2002다21509).

③ [○] 지명채권의 양도통지를 한 후 그 양도계약이 해제된 경우에, 양도인이 그 해제를 이유로 다시 원래의 채무자에 대하여 양도채권으로 대항하려면 양수인이 채무자에게 위와 같은 해제사실을 통지하여야 한다(대판 1993.8.27, 93다17379).

④ [×] 매매로 인한 소유권이전등기청구권은 특별한 사정이 없는 한 그 권리의 성질상 양도가 제한되고 그 양도에 채무자의 승낙이나 동의를 요한다고 한다(대판 2005.3.10, 2004다67653·67660). 다만 취득시효완성으로 인한 소유권이전등기청구권은 채권자와 채무자 사이에 아무런 계약관계나 신뢰관계가 없고, 그에 따라 채권자가 채무자에게 반대급부로 부담하여야 하는 의무도 없다. 따라서 취득시효완성으로 인한 소유권이전등기청구권의 양도의 경우에는 매매로 인한 소유권이전등기청구권에 관한 양도제한의 법리가 적용되지 않는다(대판 2018.7.12, 2015다36167).

⑤ [○] 2인이 동업하는 조합의 조합원 1인이 다른 조합원의 동의 없이 한 조합채권양도행위는 무효이다(대판 1990.2.27, 88다카11534).

003 지명채권의 양도에 관한 설명으로 옳지 않은 것은? (다툼이 있으면 판례에 따름)   20 노무사

① 장래의 채권도 그 권리의 특정이 가능하고 가까운 장래에 발생할 것임이 상당 정도 기대되는 경우에는 채권양도의 대상이 될 수 있다.
② 채권의 양도를 승낙함에 있어서는 이의를 보류할 수 있고 양도금지의 특약이 있는 채권양도를 승낙하면서 조건을 붙일 수도 있다.
③ 채권양도에 대한 채무자의 승낙은 양도인 또는 양수인에 대하여 할 수 있다.
④ 채권이 이중으로 양도된 경우 양수인 상호간의 우열은 통지 또는 승낙에 붙여진 확정일자의 선후에 의하여 결정된다.
⑤ 채권양도 없이 채무자에게 채권양도를 통지한 경우 선의인 채무자는 양수인에게 대항할 수 있는 사유로 양도인에게 대항할 수 있다.

해설   답 ④

① [O] 장래의 채권도 양도 당시 기본적 채권관계가 어느 정도 확정되어 있어 그 권리의 특정이 가능하고 가까운 장래에 발생할 것임이 상당 정도 기대되는 경우에는 이를 양도할 수 있다(대판 1996.7.30, 95다7932).
② [O] 지명채권의 양도를 승낙함에 있어서는 이의를 보류하고 할 수 있음은 물론이고 양도금지의 특약이 있는 채권양도를 승낙함에 있어 조건을 붙여서 할 수도 있으며 승낙의 성격이 관념의 통지라고 하여 조건을 붙일 수 없는 것은 아니다(대판 1989.7.11, 88다카20866).
③ [O] 민법 제450조 소정의 채무자의 승낙은 채권양도의 사실을 채무자가 승인하는 뜻으로서 동조가 규정하는 채권양도의 대항요건을 구비하기 위하여서는 채무자가 양도의 사실을 양도인 또는 양수인에 대하여 승인함을 요한다(대판 1986.2.25, 85다카1529).
④ [×] 채권이 이중으로 양도된 경우의 양수인 상호간의 우열은 통지 또는 승낙에 붙여진 확정일자의 선후에 의하여 결정할 것이 아니라, 채권양도에 대한 채무자의 인식, 즉 확정일자 있는 양도통지가 채무자에게 도달한 일시 또는 확정일자 있는 승낙의 일시의 선후에 의하여 결정하여야 할 것이고, 이러한 법리는 채권양수인과 동일 채권에 대하여 가압류명령을 집행한 자 사이의 우열을 결정하는 경우에 있어서도 마찬가지이므로, 확정일자 있는 채권양도 통지와 가압류결정 정본의 제3채무자(채권양도의 경우는 채무자)에 대한 도달의 선후에 의하여 그 우열을 결정하여야 한다(대판 1994.4.26, 93다24223 전합).
⑤ [O] **제452조(양도통지와 금반언)** ① 양도인이 채무자에게 채권양도를 통지한 때에는 아직 양도하지 아니하였거나 그 양도가 무효인 경우에도 선의인 채무자는 양수인에게 대항할 수 있는 사유로 양도인에게 대항할 수 있다.

004 甲이 乙에 대한 대여금채권을 丙에게 양도하였고 乙이 이를 승낙하여 그 의사표시가 丙에게 도달되었다. 이에 관한 설명으로 옳지 않은 것은? (다툼이 있으면 판례에 따름) 19 변리사

① 乙의 승낙에는 조건을 붙일 수 있다.
② 乙이 이의 없이 승낙을 하더라도 특별한 사정이 없는 한 乙에게는 甲의 대여금채권의 성립이나 소멸에 영향을 미치는 사정을 丙에게 알려야 할 주의의무가 없다.
③ 丙이 甲의 대여금채권에 양도금지특약이 있다는 사실을 알았더라도 그 후 乙이 승낙하였다면, 채권양도는 다른 약정이 없는 한 그 성립 당시로 소급하여 유효하게 된다.
④ 乙이 이의 없이 승낙을 하였더라도 그 때까지 발생한 乙의 甲에 대한 항변사유를 丙이 중대한 과실로 알지 못하였다면, 乙은 甲에 대한 그 항변사유로 丙에게 대항할 수 있다.
⑤ 甲의 대여금채권에 관하여 보증인 丁이 있는 경우, 다른 약정이 없는 한 丁에 대한 보증채권의 양도에 관하여 별도의 대항요건을 갖추지 않더라도 甲의 대여금채권과 함께 丁에 대한 보증채권 역시 丙에게 이전된다.

해설
답 ③

① [O] 지명채권의 양도를 승낙함에 있어서는 이의를 보류하고 할 수 있음은 물론이고 양도금지의 특약이 있는 채권양도를 승낙함에 있어 조건을 붙여서 할 수도 있으며 승낙의 성격이 관념의 통지라고 하여 조건을 붙일 수 없는 것은 아니다(대판 1989.7.11, 88다카20866).
② [O] 채무자가 채권양도에 대하여 이의를 보류하지 아니하는 승낙을 하였더라도 양도인에게 대항할 수 있는 사유로서 양수인에게 대항하지 못할 뿐이고(제451조), 채권의 내용이나 양수인의 권리확보에 위험을 초래할 만한 사정을 조사, 확인할 책임은 원칙적으로 양수인 자신에게 있으므로, 채무자는 양수인이 대상 채권의 내용이나 원인이 되는 법률관계에 대하여 잘 알고 있음을 전제로 채권양도를 승낙할지를 결정하면 되고 양수인이 채권의 내용 등을 실제와 다르게 인식하고 있는지까지 확인하여 위험을 경고할 의무는 없다. 따라서 채무자가 양도되는 채권의 성립이나 소멸에 영향을 미치는 사정에 관하여 양수인에게 알려야 할 신의칙상 주의의무가 있다고 볼 만한 특별한 사정이 없는 한 채무자가 그러한 사정을 알리지 아니하였다고 하여 불법행위가 성립한다고 볼 수 없다(대판 2015.12.24, 2014다49241).
③ [×] 당사자의 양도금지의 의사표시로써 채권은 양도성을 상실하며 양도금지의 특약에 위반해서 채권을 제3자에게 양도한 경우에 악의 또는 중과실의 채권양수인에 대하여는 채권 이전의 효과가 생기지 아니하나, 악의 또는 중과실로 채권양수를 받은 후 채무자가 그 양도에 대하여 승낙을 한 때에는 채무자의 사후승낙에 의하여 무효인 채권양도행위가 추인되어 유효하게 되며 이 경우 다른 약정이 없는 한 소급효가 인정되지 않고 양도의 효과는 승낙시부터 발생한다. 이른바 집합채권의 양도가 양도금지특약을 위반하여 무효인 경우 채무자는 일부 개별 채권을 특정하여 추인하는 것이 가능하다(대판 2009.10.29, 2009다47685).
④ [O] 채권양도에 있어서 채무자가 양도인에게 이의를 보류하지 아니하고 승낙을 하였다는 사정이 없거나 또는 이의를 보류하지 아니하고 승낙을 하였더라도 양수인이 악의 또는 중과실의 경우에 해당하는 한, 채무자의 승낙 당시까지 양도인에 대하여 생긴 사유로써 양수인에게 대항할 수 있다고 할 것인데, 승낙 당시 이미 상계를 할 수 있는 원인이 있었던 경우에는 아직 상계적상에 있지 아니하였다 하더라도 그 후에 상계적상이 생기면 채무자는 양수인에 대하여 상계로 대항할 수 있다(대판 1999.8.20, 99다18039).
⑤ [O] 보증채무는 주채무에 대한 부종성 또는 수반성이 있어 주채무자에 대한 채권이 이전되면 당사자 사이에 별도의 특약이 없는 한 보증인에 대한 채권도 함께 이전하고, 이 경우 채권양도의 대항요건도 주채권의 이전에 관하여 구비하면 족하고, 별도로 보증채권에 관하여 대항요건을 갖출 필요는 없다(대판 2002.9.10, 2002다21509).

005 수급인 甲은 2020.10.1. 도급인 乙과 도급계약을 체결하고, 2021.1.5. 공사를 완성하여 乙에 대한 1억 원의 공사대금채권을 갖고 있던 중 위 채권을 丙에게 양도하고, 이를 乙에게 통지하였다. 이에 관한 설명으로 옳지 않은 것은? (다툼이 있으면 판례에 따름) 21 변리사

① 甲이 丙에게 공사대금채권의 추심 기타 행사를 위임하면서 그 채권을 양도하였으나 양도의 원인인 위임이 해지된 경우, 공사대금채권은 甲에게 복귀한다.
② 甲이 주채무자 乙에 대한 채권과 그의 보증인 丁에 대한 채권 중 丁에 대한 채권만을 양도하기로 한 경우, 그 약정은 효력이 없다.
③ 甲과 乙 사이에 채권양도금지특약이 있는 경우, 이와 같은 사실을 알고 있는 甲의 채권자 戊가 甲의 乙에 대한 채권에 대해 압류 및 전부명령을 받았다면 乙은 戊에게 위 특약에 의해 대항할 수 없다.
④ 甲이 丙에게 공사대금채권 중 5,000만 원만 양도하고 乙에게 채권양도통지 후 乙이 甲에 대한 2,000만 원의 하자보수에 갈음하는 손해배상채권을 취득한 경우, 乙의 위 채권에 의한 상계는 각 분할된 채권액의 채권 총액에 대한 비율에 따라야 한다.
⑤ 甲의 丙에 대한 채권양도 및 乙에 대한 확정일자부 통지와 甲의 채권자 戊가 신청한 甲의 乙에 대한 채권에 대한 압류 및 전부명령이 乙에게 동시에 도달한 경우, 乙은 채권자를 알 수 없음을 이유로 변제공탁을 할 수 있다.

해설
답 ④

① [O] 종전의 채권자가 채권의 추심 기타 행사를 위임하여 채권을 양도하였으나 양도의 '원인'이 되는 그 위임이 해지 등으로 효력이 소멸한 경우에 이로써 채권은 양도인에게 복귀하게 되고, 나아가 양수인은 그 양도의무계약의 해지로 인하여 양도인에 대하여 부담하는 원상회복의무(이는 계약의 효력불발생에서의 원상회복의무 일반과 마찬가지로 부당이득반환의무의 성질을 가진다)의 한 내용으로 채무자에게 이를 통지할 의무를 부담한다(대판 2011.3.24, 2010다100711).
② [O] 주채권과 보증인에 대한 채권의 귀속주체를 달리하는 것은, 주채무자의 항변권으로 채권자에게 대항할 수 있는 보증인의 권리가 침해되는 등 보증채무의 부종성에 반하고, 주채권을 가지지 않는 자에게 보증채권만을 인정할 실익도 없기 때문에 주채권과 분리하여 보증채권만을 양도하기로 하는 약정은 그 효력이 없다(대판 2002.9.10, 2002다21509).
③ [O] 당사자 사이에 양도금지의 특약이 있는 채권이더라도 전부명령에 의하여 전부되는 데에는 지장이 없고, 양도금지의 특약이 있는 사실에 관하여 집행채권자가 선의인가 악의인가는 전부명령의 효력에 영향을 미치지 못하는 것인바, 이와 같이 양도금지특약부 채권에 대한 전부명령이 유효한 이상, 그 전부채권자로부터 다시 그 채권을 양수한 자가 그 특약의 존재를 알았거나 중대한 과실로 알지 못하였다고 하더라도 채무자는 위 특약을 근거로 삼아 채권양도의 무효를 주장할 수 없다(대판 2003.12.11, 2001다3771).
④ [×] 채권양도에 의하여 채권은 그 동일성을 유지하면서 양수인에게 이전되고, 채무자는 양도통지를 받은 때까지 양도인에 대하여 생긴 사유로써 양수인에게 대항할 수 있다(제451조 제2항). 따라서 채무자의 채권양도인에 대한 자동채권이 발생하는 기초가 되는 원인이 양도 전에 이미 성립하여 존재하고 자동채권이 수동채권인 양도채권과 동시이행의 관계에 있는 경우에는, 양도통지가 채무자에게 도달하여 채권양도의 대항요건이 갖추어진 후에 자동채권이 발생하였다고 하더라도 채무자는 동시이행의 항변권을 주장할 수 있고, 따라서 그 채권에 의한 상계로 양수인에게 대항할 수 있다(대판 2015.4.9, 2014다80945).

⑤ [O] 채권양도의 통지와 가압류 또는 압류명령이 제3채무자에게 동시에 송달되었다고 인정되어 채무자가 채권양수인 및 추심명령이나 전부명령을 얻은 가압류 또는 압류채권자 중 한 사람이 제기한 급부소송에서 전액 패소한 이후에도 다른 채권자가 그 송달의 선후에 관하여 다시 문제를 제기하는 경우 기판력의 이론상 제3채무자는 이중지급의 위험이 있을 수 있으므로, 동시에 송달된 경우에도 제3채무자는 송달의 선후가 불명한 경우에 준하여 채권자를 알 수 없다는 이유로 변제공탁을 함으로써 법률관계의 불안으로부터 벗어날 수 있다. 채권양도 통지와 채권가압류결정 정본이 같은 날 도달되었는데 그 선후관계에 대하여 달리 입증이 없으면 동시에 도달된 것으로 추정한다(대판 1994.4.26, 93다24223 전합).

006 지명채권의 양도에 관한 설명 중 옳지 않은 것은? (다툼이 있으면 판례에 따름) 22 변리사 변형

① 장래의 채권도 양도 당시 기본적 채권관계가 어느 정도 확정되어 있어 그 권리의 특정이 가능하고 가까운 장래에 발생할 것임이 상당 정도 기대되는 경우에는 이를 양도할 수 있다.
② 전세권이 존속하는 동안은 전세권을 존속시키기로 하면서 전세금반환채권만을 전세권과 분리하여 확정적으로 양도할 수 있다.
③ 특별한 사정이 없는 한 임차인은 임차권과 분리하여 임대차보증금반환채권만을 제3자에게 양도할 수 있다.
④ 부동산의 매매로 인한 소유권이전등기청구권의 양도는 채무자의 동의나 승낙을 받아야 대항력이 생긴다.
⑤ 주채권과 분리하여 보증채권만을 양도할 수 없다.
⑥ 지명채권 양수인이 '양도되는 채권의 채무자'여서 양도된 채권이 민법 제507조 본문에 따라 혼동에 의하여 소멸한 경우에는 후에 채권에 관한 압류 또는 가압류결정이 제3채무자에게 송달되더라도 채권압류 또는 가압류결정은 존재하지 아니하는 채권에 대한 것으로서 무효이고, 압류 또는 가압류채권자는 민법 제450조 제2항에서 정한 제3자에 해당하지 아니한다.

해설
답 ②

① [O] 장래의 채권도 양도 당시 기본적 채권관계가 어느 정도 확정되어 있어 그 권리의 특정이 가능하고 가까운 장래에 발생할 것임이 상당 정도 기대되는 경우에는 이를 양도할 수 있다(대판 1996.7.30, 95다7932).
② [×] 원칙적으로 전세권이 존속하는 동안은 전세금반환채권만을 전세권과 분리하여 확정적으로 양도하는 것은 허용되지 않는다. 다만 전세권이 존속기간 만료로 소멸한 경우, 전세권이 존속 중이라도 장래 전세권의 소멸로 전세금반환채권이 발생하는 것을 조건으로 하는 경우(대판 2002.8.23, 2001다69122), 전세계약의 합의해지 또는 특약에 의하여 전세금반환채권의 처분에도 불구하고 전세권의 처분이 따르지 않는 등의 특별한 사정이 있는 경우(대판 1997.11.25, 97다29790) 등에는 반환채권만의 분리양도가 가능하다.
③ [O] 주택임대차보호법의 입법목적과 주택임차인의 임차보증금반환채권에 우선변제권을 인정한 제도의 취지, 주택임대차보호법상 관련 규정의 문언 내용 등에 비추어 볼 때, 비록 채권양수인이 우선변제권을 행사할 수 있는 주택임차인으로부터 임차보증금반환채권을 양수하였다고 하더라도 임차권과 분리된 임차보증금반환채권만을 양수한 이상 그 채권양수인이 주택임대차보호법상의 우선변제권을 행사할 수 있는 임차인에 해당한다고 볼 수 없다(대판 2010.5.27, 2010다10276).

④ [O] 매매로 인한 소유권이전등기청구권은 특별한 사정이 없는 한 그 권리의 성질상 양도가 제한되고 그 양도에 채무자의 승낙이나 동의를 요한다(대판 2005.3.10, 2004다67653·67660).

⑤ [O] 주채권과 보증인에 대한 채권의 귀속주체를 달리하는 것은, 주채무자의 항변권으로 채권자에게 대항할 수 있는 보증인의 권리가 침해되는 등 보증채무의 부종성에 반하고, 주채권을 가지지 않는 자에게 보증채권만을 인정할 실익도 없기 때문에 주채권과 분리하여 보증채권만을 양도하기로 하는 약정은 그 효력이 없다(대판 2002.9.10, 2002다21509).

⑥ [O] [1] 채권양도는 양도인과 양수인 사이에 채권을 동일성을 유지하면서 전자로부터 후자에게로 이전시킬 것을 목적으로 하는 계약을 말한다. 채권양도에 의하여 채권은 동일성을 잃지 않고 양도인으로부터 양수인에게 이전되는데, 이는 채권양도의 대항요건을 갖추지 못하였다고 하더라도 마찬가지이다. 이와 같은 채권의 귀속주체 변경의 효과는 원칙적으로 채권양도에 따른 처분행위 시 발생하는바, 지명채권 양수인이 '양도되는 채권의 채무자'인 경우에는 채권양도에 따른 처분행위 시 채권과 채무가 동일한 주체에 귀속할 때에 해당하므로 민법 제507조 본문에 따라 채권이 혼동에 의하여 소멸한다. [2] 민법 제450조 제2항에서 정한 지명채권양도의 제3자에 대한 대항요건은 양도된 채권이 존속하는 동안에 그 채권에 관하여 양수인의 지위와 양립할 수 없는 법률상의 지위를 취득한 제3자가 있는 경우에 적용된다. 따라서 지명채권 양수인이 '양도되는 채권의 채무자'여서 양도된 채권이 민법 제507조 본문에 따라 혼동에 의하여 소멸한 경우에는 후에 채권에 관한 압류 또는 가압류결정이 제3채무자에게 송달되더라도 채권압류 또는 가압류결정은 존재하지 아니하는 채권에 대한 것으로서 무효이고, 압류 또는 가압류채권자는 민법 제450조 제2항에서 정한 제3자에 해당하지 아니한다(대판 2022.1.13, 2019다272855).

007 채권의 양도에 관한 설명으로 옳은 것은? (다툼이 있으면 판례에 따름) 24 변리사

① 부동산매매로 인한 소유권이전등기청구권이 양도된 경우, 양도인의 채무자에 대한 통지만으로 채무자에 대한 대항력이 발생한다.
② 소송행위를 하게 하는 것을 주목적으로 지명채권의 양도가 이루어진 경우, 그 채권양도가 신탁법상의 신탁에 해당하지 않는 경우에는 유효이다.
③ 주채무자에 대한 지명채권이 양도된 후 양수인이 보증인에게 보증채권을 행사하기 위해서는 주채권의 양도에 대한 대항요건과 별도로 보증채권의 양도에 대한 대항요건을 갖추어야 한다.
④ 선순위의 근저당권부채권을 양수한 채권자보다 후순위의 근저당권자는 '지명채권양도의 대항요건을 갖추지 아니한 경우에 대항할 수 없는 제3자'에 포함되지 않는다.
⑤ 채권자와 양수인 사이의 계약에 의해 지명채권이 양도된 경우, 양수인은 제3자에 대한 대항요건을 구비하기 위함이라고 하더라도 그 채권자에게 채권양도통지절차의 이행을 청구할 수 없다.

해설
답 ④

① [X] 매매로 인한 소유권이전등기청구권은 특별한 사정이 없는 한 그 권리의 성질상 양도가 제한되고 그 양도에 채무자의 승낙이나 동의를 요한다(대판 2005.3.10, 2004다67653·67660).

② [×] 소송행위를 하게 하는 것을 주목적으로 채권양도 등이 이루어진 경우, 그 채권양도가 신탁법상의 신탁에 해당하지 않는다고 하여도 신탁법 제6조[1])가 유추적용되므로 무효이다(대판 2006.6.27, 2006다463).

③ [×] 보증채무는 주채무에 대한 부종성 또는 수반성이 있어서 주채무자에 대한 채권이 이전되면 당사자 사이에 별도의 특약이 없는 한 보증인에 대한 채권도 함께 이전하고, 이 경우 채권양도의 대항요건도 주채권의 이전에 관하여 구비하면 족하고, 별도로 보증채권에 관하여 대항요건을 갖출 필요는 없다(대판 2002.9.10, 2002다21509).

④ [○] 채권양도의 대항요건의 흠결의 경우 채권을 주장할 수 없는 채무자 이외의 제3자는 양도된 채권 자체에 관하여 양수인의 지위와 양립할 수 없는 법률상 지위를 취득한 자에 한하므로, 선순위의 근저당권부채권을 양수한 채권자보다 후순위의 근저당권자는 채권양도의 대항요건을 갖추지 아니한 경우 대항할 수 없는 제3자에 포함되지 않는다(대판 2005.6.23, 2004다29279).

⑤ [×] 지명채권의 양도는 특별한 사정이 없는 한 채권자와 양수인 사이의 계약에 의하여 이루어지는데, 채무자에 대한 통지 또는 채무자의 승낙이 없으면 채무자 기타 제3자에게 대항할 수 없다(제450조 제1항). 한편 위 통지나 승낙이 확정일자 있는 증서에 의한 것이 아니면 채무자 이외의 제3자에 대항하지 못하므로(제450조 제2항), 양수인은 대항요건을 구비하기 위해 채권자에게 채권양도통지절차의 이행을 청구할 수 있다(대판 2022.10.27, 2017다243143).

008 지명채권양도에 관한 설명으로 옳지 않은 것은? (다툼이 있으면 판례에 따름) 24 노무사

① 채권양도에 대하여 채무자가 이의를 보류하지 않은 승낙을 하였더라도 채무자는 채권이 이미 타인에게 양도되었다는 사실로써 양수인에게 대항할 수 있다.
② 채권양도에 있어서 주채무자에 대하여 대항요건을 갖추었다면 보증인에 대하여도 그 효력이 미친다.
③ 채권양도가 다른 채무의 담보조로 이루어진 후 그 피담보채무가 변제로 소멸된 경우, 양도채권의 채무자는 이를 이유로 채권양수인의 양수금 지급청구를 거절할 수 있다.
④ 채권양도금지특약의 존재를 경과실로 알지 못하고 그 채권을 양수한 자는 악의의 양수인으로 취급되지 않는다.
⑤ 당사자 사이에 양도금지의 특약이 있는 채권이라도 압류 및 전부명령에 의하여 이전될 수 있다.

해설

답 ③

① [○] 민법은 채권의 귀속에 관한 우열을 오로지 확정일자 있는 증서에 의한 통지 또는 승낙의 유무와 그 선후로써만 결정하도록 규정하고 있는 데다가, 채무자의 "이의를 보류하지 아니한 승낙"은 민법 제451조 제1항 전단의 규정 자체로 보더라도 그의 양도인에 대한 항변을 상실시키는 효과밖에 없고, 채권에 관하여 권리를 주장하는 자가 여럿인 경우 그들 사이의 우열은 채무자에게도 효력이 미치므로, 위 규정의 "양도인에게 대항할 수 있는 사유"란 채권의 성립, 존속, 행사를 저지·배척하는 사유를 가리킬 뿐이고, 채권의 귀속(채권이 이미 타인에게 양도되었다는 사실)은 이에 포함되지 아니한다(대판 1994.4.29, 93다35551).

---

[1]) 신탁법 제6조(소송을 목적으로 하는 신탁의 금지) 수탁자로 하여금 소송행위를 하게 하는 것을 주목적으로 하는 신탁은 무효이다.

② [○] 보증채무는 주채무에 대한 부종성 또는 수반성이 있어서 주채무자에 대한 채권이 이전되면 당사자 사이에 별도의 특약이 없는 한 보증인에 대한 채권도 함께 이전하고, 이 경우 채권양도의 대항요건도 주채권의 이전에 관하여 구비하면 족하고, 별도로 보증채권에 관하여 대항요건을 갖출 필요는 없다(대판 2002.9.10, 2002다21509).

③ [×] 채권양도가 다른 채무의 담보조로 이루어졌으며 또한 그 채무가 변제되었다고 하더라도, 이는 채권 양도인과 양수인 간의 문제일 뿐이고, 양도채권의 채무자는 채권 양도·양수인 간의 채무소멸 여하에 관계없이 양도된 채무를 양수인에게 변제하여야 하는 것이므로, 설령 그 피담보채무가 변제로 소멸되었다고 하더라도 양도채권의 채무자로서는 이를 이유로 채권양수인의 양수금 청구를 거절할 수 없다(대판 1999.11.26, 99다23093).

④ [○] 양도금지특약에 위반하여 채권을 제3자에게 양도한 경우에 채권양수인이 양도금지특약이 있음을 알았거나 중대한 과실로 알지 못하였다면 채권 이전의 효과가 생기지 아니한다. 반대로 양수인이 중대한 과실 없이 양도금지특약의 존재를 알지 못하였다면 채권양도는 유효하게 되어 채무자는 양수인에게 양도금지특약을 가지고 그 채무이행을 거절할 수 없다. 채권양수인의 악의 내지 중과실은 양도금지특약으로 양수인에게 대항하려는 자가 주장·증명하여야 한다(대판 2019.12.19, 2016다24284 전합).

⑤ [○] 당사자 사이에 양도금지의 특약이 있는 채권이더라도 전부명령에 의하여 전부되는 데에는 지장이 없고, 양도금지의 특약이 있는 사실에 관하여 집행채권자가 선의인가 악의인가는 전부명령의 효력에 영향을 미치지 못하는 것인바, 이와 같이 양도금지특약부 채권에 대한 전부명령이 유효한 이상, 그 전부채권자로부터 다시 그 채권을 양수한 자가 그 특약의 존재를 알았거나 중대한 과실로 알지 못하였다고 하더라도 채무자는 위 특약을 근거로 삼아 채권양도의 무효를 주장할 수 없다(대판 2003.12.11, 2001다3771).

제2절 | 채무인수

I. 의의 및 법적 성질
II. 면책적 채무인수의 요건
III. 면책적 채무인수의 효과

009 채권양도와 채무인수에 관한 설명으로 옳은 것은? (다툼이 있으면 판례에 따름) 17 노무사

① 면책적 채무인수에 있어서 전(前)채무자에 대한 보증채무는 그 보증인이 채무인수에 동의하지 않아도 소멸하지 않는다.
② 기존채무에 관하여 제3자가 채무자를 위하여 어음이나 수표를 발행하는 것은 특별한 사정이 없는 한, 이는 면책적 채무인수이다.
③ 채무자와 인수인 간 채무인수의 합의는 다른 특별한 사정이 없는 한 병존적 채무인수로서, 이는 일종의 제3자를 위한 계약으로서 채권자가 수익의 의사표시를 함으로써 인수인에 대한 권리를 갖게 된다.
④ 지시채권 양도의 대항요건은 채무자에 대한 양도인의 통지 또는 채무자의 승낙이다.
⑤ 지명채권 양도의 경우 채무자는 승낙의 의사표시에 조건을 붙일 수 없다.

해설
답 ③

① [×] **제459조(채무인수와 보증, 담보의 소멸)** 전채무자의 채무에 대한 보증이나 제삼자가 제공한 담보는 채무인수로 인하여 소멸한다. 그러나 보증인이나 제삼자가 채무인수에 동의한 경우에는 그러하지 아니하다.

② [×] 금전소비대차계약으로 인한 채무에 관하여 제3자가 채무자를 위하여 어음이나 수표를 발행하는 것은 특별한 사정이 없는 한 동일한 채무를 중첩적으로 인수한 것으로 봄이 타당하다(대판 1998.3.13, 97다52493).

③ [○] 채권자, 채무자, 인수인 사이의 계약에 의한 병존적 채무인수를 인정하는 데에는 아무 문제가 없으며, 채권자와 인수인 사이의 계약에 의해서도 병존적 채무인수는 인정, 성립된다. 또한 병존적 채무인수는 채무자의 채무에 대한 담보로서의 기능을 한다는 점에서 면책적 인수계약과 달리 채무자의 의사에 반해서도 유효하게 성립할 수 있다(대판 1988.11.22, 87다카1836). 그리고 채무자, 인수인 사이의 계약으로도 성립하며, 이 경우에는 채권자를 수익자로 하는 제3자를 위한 계약이 있는 것으로 이해된다. 따라서 채권자는 수익의 의사표시를 함으로써 인수인에 대해 직접적인 채권을 갖는다. 채권자의 수익의 의사표시가 없는 한 이행인수가 있을 뿐이다.

④ [×] **민법 제508조(지시채권의 양도방식)** 지시채권은 그 증서에 배서하여 양수인에게 교부하는 방식으로 양도할 수 있다.

채무자에 대한 양도인의 통지 또는 채무자의 승낙은 지명채권의 대항요건이다(제450조).

⑤ [×] 지명채권의 양도를 승낙함에 있어서는 이의를 보류하고 할 수 있음은 물론이고 양도금지의 특약이 있는 채권양도를 승낙함에 있어 조건을 붙여서 할 수도 있으며 승낙의 성격이 관념의 통지라고 하여 조건을 붙일 수 없는 것은 아니다(대판 1989.7.11, 88다카20866).

010 채무인수에 관한 설명으로 옳은 것은? (다툼이 있으면 판례에 따름)
19 노무사

① 채권자와 인수인의 계약에 의한 중첩적 채무인수는 채무자의 의사에 반하여 할 수 없다.
② 채무자와 인수인의 계약에 의한 면책적 채무인수는 채권자의 승낙이 없더라도 유효하다.
③ 면책적 채무인수로 인하여 종래의 채무가 소멸하는 것은 아니므로 특별한 사정이 없는 한 종래의 채무를 담보하는 저당권도 당연히 소멸하지는 않는다.
④ 채무인수가 면책적 인수인지, 중첩적 인수인지 분명하지 않은 때에는 이를 면책적 채무인수로 본다.
⑤ 부동산 매수인이 매매목적물에 설정된 저당권의 피담보채무를 인수하는 한편 그 채무액을 매매대금에서 공제하기로 약정한 경우, 특별한 사정이 없는 한 이는 매도인을 면책시키는 채무인수로 본다.

해설
답 ③

① [×] 중첩적 채무인수는 채권자와 채무인수인과의 합의가 있는 이상 채무자의 의사에 반하여서도 이루어질 수 있다(대판 1988.11.22, 87다카1836).

② [×] 민법 제454조는 제3자가 채무자와 계약으로 채무를 인수하여 채무자의 채무를 면하게 하는 면책적 채무인수의 경우에 채권자 승낙이 있어야 채권자에 대하여 효력이 생긴다고 규정하고 있으므로, 채권자의 승낙이 없는 경우에는 채무자와 인수인 사이에서 면책적 채무인수 약정을 하더라도 이행인수 등으로서 효력밖에 갖지 못하며 채무자는 채무를 면하지 못한다(대판 2012.5.24, 2009다88303).

③ [○] 면책적 채무인수라 함은 채무의 동일성을 유지하면서 이를 종래의 채무자로부터 제3자인 인수인에게 이전하는 것을 목적으로 하는 계약을 말하는바, 채무인수로 인하여 인수인은 종래의 채무자와 지위를 교체하여 새로이 당사자로서 채무관계에 들어서서 종래의 채무자와 동일한 채무를 부담하고 동시에 종래의 채무자는 채무관계에서 탈퇴하여 면책되는 것일 뿐 종래의 채무가 소멸하는 것이 아니므로, 채무인수로 종래의 채무가 소멸하였으니 저당권의 부종성으로 인하여 당연히 소멸한 채무를 담보하는 저당권도 소멸한다는 법리는 성립하지 않는다(대판 1996.10.11, 96다27476).

④ [×] 채무인수가 면책적인가 중첩적인가 하는 것은 채무인수계약에 나타난 당사자 의사의 해석에 관한 문제이고, 채무인수에 있어서 면책적 인수인지, 중첩적 인수인지가 분명하지 아니한 때에는 이를 중첩적으로 인수한 것으로 볼 것이다(대판 1998.11.24, 98다33765).

⑤ [×] 부동산의 매수인이 매매목적물에 관한 근저당권의 피담보채무, 가압류채무, 임대차보증금 반환채무를 인수하는 한편 그 채무액을 매매대금에서 공제하기로 약정한 경우, 다른 특별한 사정이 없는 이상, 이는 매도인을 면책시키는 채무인수가 아니라 이행인수로 보아야 한다(대판 2002.5.10, 2000다18578).

011

채권양도와 채무인수에 관한 설명으로 옳지 않은 것은? (다툼이 있으면 판례에 따름) 21 노무사

① 매매로 인한 소유권이전등기청구권의 양도는 채무자의 동의나 승낙을 받아야 대항력이 생긴다.
② 중첩적 채무인수는 채권자와 채무인수인 사이에 합의가 있더라도 채무자의 의사에 반해서는 이루어질 수 없다.
③ 당사자 간 지명채권양도의 효과는 특별한 사정이 없는 한 통지 또는 승낙과 관계없이 양도계약과 동시에 발생한다.
④ 가압류된 채권도 특별한 사정이 없는 한 양도하는 데 제한이 없다.
⑤ 채무의 인수가 면책적인지 중첩적인지 불분명한 경우에는 중첩적 채무인수로 본다.

해설

답 ②

① [○] 매매로 인한 소유권이전등기청구권은 특별한 사정이 없는 한 그 권리의 성질상 양도가 제한되고 그 양도에 채무자의 승낙이나 동의를 요한다(대판 2005.3.10, 2004다67653·67660).

② [×] 중첩적 채무인수는 채권자와 채무인수인과의 합의가 있는 이상 채무자의 의사에 반하여서도 이루어질 수 있다(대판 1988.11.22, 87다카1836).

③ [○]
> 제450조(지명채권양도의 대항요건) ① 지명채권의 양도는 양도인이 채무자에게 통지하거나 채무자가 승낙하지 아니하면 채무자 기타 제3자에게 대항하지 못한다.

④ [O] 일반적으로 채권에 대한 가압류가 있더라도 이는 가압류채무자가 제3채무자로부터 현실로 급부를 추심하는 것만을 금지하는 것이므로 가압류채무자는 제3채무자를 상대로 그 이행을 구하는 소송을 제기할 수 있고, 법원은 가압류가 되어 있음을 이유로 이를 배척할 수 없는 것이며, 채권양도는 구 채권자인 양도인과 신 채권자인 양수인 사이에 채권을 그 동일성을 유지하면서 전자로부터 후자에게 이전시킬 것을 목적으로 하는 계약을 말한다 할 것이고, 채권양도에 의하여 채권은 그 동일성을 잃지 않고 양도인으로부터 양수인에게 이전된다 할 것이며, 가압류된 채권도 이를 양도하는 데 아무런 제한이 없으나, 다만 가압류된 채권을 양수받은 양수인은 그러한 가압류에 의하여 권리가 제한된 상태의 채권을 양수받는다고 보아야 할 것이다(대판 2000.4.11, 99다23888).

⑤ [O] 채무인수가 면책적인가 중첩적인가 하는 것은 채무인수계약에 나타난 당사자 의사의 해석에 관한 문제이고, 채무인수에 있어서 면책적 인수인지, 중첩적 인수인지가 분명하지 아니한 때에는 이를 중첩적으로 인수한 것으로 볼 것이다(대판 1998.11.24, 98다33765).

012 면책적 채무인수에 관한 설명으로 옳지 않은 것은?

22 변리사

① 전(前)채무자로부터 채무를 인수한 채무인수인은 특별한 의사표시가 없으면 전(前)채무자에 대한 항변사유를 가지고 채권자에게 대항할 수 있다.
② 이해관계 없는 제3자는 채무자의 의사에 반하여 채부를 인수하지 못한다.
③ 채권자의 채무인수에 대한 승낙은 다른 의사표시가 없으면 원칙적으로 채무를 인수한 때에 소급하여 그 효력이 생긴다.
④ 제3자와 채무자간의 계약에 의한 채무인수는 특별한 사정이 없는 한 채권자의 승낙이 있을 때까지 당사자는 이를 철회하거나 변경할 수 있다.
⑤ 전(前)채무자의 채무에 대한 보증이나 제3자가 제공한 담보는 채무인수로 인하여 원칙적으로 소멸한다.

해설

답 ①

① [×] 채무인수계약은 구 채무자의 채무의 동일성을 유지하면서 신 채무자가 이를 부담하는 것이므로 특별한 의사표시가 없으면 채무인수자의 구 채무자에 대한 항변사유로서는 채권자에게 대항할 수는 없다고 해석된다(대판 1966.11.29, 66다1861).

② [O] 제453조(채권자와의 계약에 의한 채무인수) ② 이해관계 없는 제3자는 채무자의 의사에 반하여 채무를 인수하지 못한다.

③ [O] 채권자의 채무인수에 대한 승낙은 다른 의사표시가 없으면 채무를 인수한 때에 소급하여 그 효력이 생긴다. 그러나 제3자의 권리를 침해하지 못한다.

④ [O] 제456조(채무인수의 철회, 변경) 제3자와 채무자간의 계약에 의한 채무인수는 채권자의 승낙이 있을 때까지 당사자는 이를 철회하거나 변경할 수 있다.

⑤ [O] 제459조(채무인수와 보증, 담보의 소멸) 전채무자의 채무에 대한 보증이나 제3자가 제공한 담보는 채무인수로 인하여 소멸한다. 그러나 보증인이나 제3자가 채무인수에 동의한 경우에는 그러하지 아니하다.

013 채권자 甲, 채무자 乙, 인수인 丙으로 하는 채무인수 등의 법률관계에 관한 설명으로 옳은 것은? (다툼이 있으면 판례에 따름)
24 노무사

① 乙과 丙 사이의 합의에 의한 면책적 채무인수가 성립하는 경우, 甲이 乙 또는 丙을 상대로 승낙을 하지 않더라도 그 채무인수의 효력은 발생한다.
② 乙과 丙 사이의 합의에 의한 이행인수가 성립한 경우, 丙이 그에 따라 자신의 출연으로 乙의 채무를 변제하였다면 특별한 사정이 없는 한 甲의 채권을 법정대위할 수 있다.
③ 乙의 의사에 반하여 이루어진 甲과 丙 사이의 합의에 의한 중첩적 채무인수는 무효이다.
④ 乙과 丙 사이의 합의에 의한 채무인수가 면책적 인수인지, 중첩적 인수인지 분명하지 않은 때에는 이를 면책적 채무인수로 본다.
⑤ 乙의 부탁을 받은 丙이 甲과 합의하여 중첩적 채무인수 계약을 체결한 경우, 乙과 丙은 부진정연대채무관계에 있다.

해설
답 ②

① [×]
> 제454조(채무자와의 계약에 의한 채무인수) ① 제3자가 채무자와의 계약으로 채무를 인수한 경우에는 채권자의 승낙에 의하여 그 효력이 생긴다.
> ② 채권자의 승낙 또는 거절의 상대방은 채무자나 제3자이다.

② [O] 민법 제481조에 의하여 법정대위를 할 수 있는 '변제할 정당한 이익이 있는 자'라고 함은 변제함으로써 당연히 대위의 보호를 받아야 할 법률상의 이익을 가지는 자를 의미한다. 그런데 이행인수인이 채무자와의 이행인수약정에 따라 채권자에게 채무를 이행하기로 약정하였음에도 불구하고 이를 이행하지 아니하는 경우에는 채무자에 대하여 채무불이행의 책임을 지게 되어 특별한 법적 불이익을 입게 될 지위에 있다고 할 것이므로, 이행인수인은 그 변제를 할 정당한 이익이 있다고 할 것이다(대결 2012.7.16, 2009마461).

③ [×] 중첩적 채무인수는 채권자와 채무인수인과의 합의가 있는 이상 채무자의 의사에 반하여서도 이루어질 수 있다(대판 1988.11.22, 87다카1836).

④ [×] 채무인수가 면책적인가 중첩적인가 하는 것은 채무인수계약에 나타난 당사자 의사의 해석에 관한 문제이고, 채무인수에 있어서 면책적 인수인지, 중첩적 인수인지가 분명하지 아니한 때에는 이를 중첩적으로 인수한 것으로 볼 것이다(대판 1998.11.24, 98다33765).

⑤ [×] 중첩적 채무인수에서 인수인이 채무자의 부탁 없이 채권자와의 계약으로 채무를 인수하는 것은 매우 드문 일이므로 채무자와 인수인은 원칙적으로 주관적 공동관계가 있는 연대채무관계에 있고, 인수인이 채무자의 부탁을 받지 아니하여 주관적 공동관계가 없는 경우에는 부진정연대관계에 있는 것으로 보아야 한다(대판 2009.8.20, 2009다32409).

IV. 문제되는 경우

1. 병존적 채무인수

014 채무인수에 관한 설명으로 옳지 않은 것은? (다툼이 있으면 판례에 따름) 19 변리사

① 중첩적 채무인수는 채권자와 인수인 사이의 합의가 있으면 채무자의 의사에 반해서도 할 수 있다.
② 면책적 채무인수가 있는 경우, 인수채무의 소멸시효기간은 채무인수에 따라 중단되고 채무인수일로부터 새로이 진행한다.
③ 채권자의 승낙에 의하여 채무인수의 효력이 생기는 경우, 채권자가 승낙을 거절하면 그 이후에는 채권자가 다시 승낙하여도 채무인수로서의 효력이 생기지 않는다.
④ 면책적 채무인수에 대한 채권자의 승낙은 묵시적으로도 가능하며, 채권자가 승낙을 하지 않는 대신 직접 인수인을 상대로 인수채무의 이행을 청구하는 것도 묵시적 승낙에 해당한다.
⑤ 매수인이 매매목적물에 관한 임대차보증금반환채무를 인수하면서 그 채무액을 매매대금에서 공제하기로 약정한 경우, 임차인의 승낙이 없으면 병존적 채무인수로 본다.

해설
답 ⑤

① [O] 병존적 채무인수는 채무자의 채무에 대한 담보로서의 기능을 한다는 점에서 면책적 인수계약과 달리 채무자의 의사에 반해서도 유효하게 성립할 수 있다(대판 1988.11.22, 87다카1836).
② [O] 면책적 채무인수가 있는 경우, 인수채무의 소멸시효기간은 채무인수와 동시에 이루어진 소멸시효 중단사유, 즉 채무승인에 따라 채무인수일로부터 새로이 진행된다(대판 1999.7.9, 99다12376).
③ [O] 채권자의 승낙에 의하여 채무인수의 효력이 생기는 경우, 채권자가 승낙을 거절하면 그 이후에는 채권자가 다시 승낙하여도 채무인수로서의 효력이 생기지 않는다(대판 1998.11.24, 98다33765).
④ [O] 채무자와 인수인 사이의 계약에 의한 채무인수에 대하여 채권자는 명시적인 방법뿐만 아니라 묵시적인 방법으로도 승낙을 할 수 있는 것인데, 채권자가 직접 채무인수인에 대하여 인수채무금의 지급을 청구하였다면 그 지급청구로써 묵시적으로 채무인수를 승낙한 것으로 보아야 한다(대판 1989.11.14, 88다카29962).
⑤ [×] 부동산의 매수인이 매매목적물에 관한 근저당권의 피담보채무, 가압류채무, 임대차보증금 반환채무를 인수하는 한편 그 채무액을 매매대금에서 공제하기로 약정한 경우, 다른 특별한 사정이 없는 이상, 이는 매도인을 면책시키는 채무인수가 아니라 이행인수로 보아야 한다(대판 2002.5.10, 2000다18578).

015 채무인수에 관한 설명으로 옳은 것은? (다툼이 있으면 판례에 따름) 21 변리사

① 채무자와 채무인수인 사이의 면책적 채무인수에서 채권자가 승낙을 거절하였더라도 다시 승낙하면 채무인수의 효력이 생긴다.
② 채무자와 채무인수인 사이의 면책적 채무인수에서 채권자가 채무인수인에게 인수금의 지급을 청구하더라도 채무인수의 승낙으로 볼 수 없다.
③ 채무자와 채무인수인 사이의 면책적 채무인수에서 채권자의 승낙이 없는 경우, 채무자와 인수인 사이에는 이행인수로서의 효력도 인정될 수 없다.
④ 채권자와 채무인수인 사이의 중첩적 채무인수는 채무자의 의사에 반하여도 이루어질 수 있다.
⑤ 면책적 채무인수의 경우, 채무인수인은 채무자에 대한 항변사유로 채권자에게 대항할 수 있다.

해설 답 ④

① [×] 채권자의 승낙에 의하여 채무인수의 효력이 생기는 경우, 채권자가 승낙을 거절하면 그 이후에는 채권자가 다시 승낙하여도 채무인수로서의 효력이 생기지 않는다(대판 1998.11.24, 98다33765).
② [×] 채무자와 인수인 사이의 계약에 의한 채무인수에 대하여 채권자는 명시적인 방법뿐만 아니라 묵시적인 방법으로도 승낙을 할 수 있는 것인데, 채권자가 직접 채무인수인에 대하여 인수채무금의 지급을 청구하였다면 그 지급청구로써 묵시적으로 채무인수를 승낙한 것으로 보아야 한다(대판 1989.11.14, 88다카29962).
③ [×] 민법 제454조는 제3자가 채무자와 계약으로 채무를 인수하여 채무자의 채무를 면하게 하는 면책적 채무인수의 경우에 채권자 승낙이 있어야 채권자에 대하여 효력이 생긴다고 규정하고 있으므로, 채권자의 승낙이 없는 경우에는 채무자와 인수인 사이에서 면책적 채무인수 약정을 하더라도 이행인수 등으로서 효력밖에 갖지 못하며 채무자는 채무를 면하지 못한다(대판 2012.5.24, 2009다88303).
④ [O] 중첩적 채무인수는 채무자의 채무에 대한 담보로서의 기능을 한다는 점에서 면책적 인수계약과 달리 채무자의 의사에 반해서도 유효하게 성립할 수 있다(대판 1988.11.22, 87다카1836).
⑤ [×] 채무인수계약은 구 채무자의 채무의 동일성을 유지하면서 신 채무자가 이를 부담하는 것이므로 특별한 의사표시가 없으면 채무인수자의 구 채무자에 대한 항변사유로서는 채권자에게 대항할 수는 없다(대판 1966.11.29, 66다1861).

016 채무인수에 관한 설명으로 옳지 않은 것은? (다툼이 있으면 판례에 따름) 22 노무사

① 중첩적 채무인수는 채권자와 인수인 사이의 합의가 있으면 채무자의 의사에 반하여서도 이루어질 수 있다.
② 채무자와 인수인의 계약에 의한 면책적 채무인수는 채권자의 승낙이 없더라도 면책적 채무인수의 효력이 있다.
③ 채무인수가 면책적인지 중첩적인지 불분명한 경우에는 중첩적 채무인수로 본다.
④ 면책적 채무인수인은 전(前)채무자의 항변할 수 있는 사유로 채권자에게 대항할 수 있다.
⑤ 전(前)채무자의 채무에 대한 보증은 보증인의 동의가 없는 한 면책적 채무인수로 인하여 소멸한다.

해설
답 ②

① [○] 중첩적 채무인수는 채권자와 채무인수인과의 합의가 있는 이상 채무자의 의사에 반하여서도 이루어질 수 있다(대판 1988.11.22, 87다카1836).

② [×] **제454조(채무자와의 계약에 의한 채무인수)** ① 제3자가 채무자와의 계약으로 채무를 인수한 경우에는 채권자의 승낙에 의하여 그 효력이 생긴다.

③ [○] 채무인수가 면책적인가 중첩적인가 하는 것은 채무인수계약에 나타난 당사자 의사의 해석에 관한 문제이고, 채무인수에 있어서 면책적 인수인지, 중첩적 인수인지가 분명하지 아니한 때에는 이를 중첩적으로 인수한 것으로 볼 것이다(대판 1998.11.24, 98다33765).

④ [○] **제458조(전채무자의 항변사유)** 인수인은 전채무자의 항변할 수 있는 사유로 채권자에게 대항할 수 있다.

⑤ [○] **제459조(채무인수와 보증, 담보의 소멸)** 전채무자의 채무에 대한 보증이나 제3자가 제공한 담보는 채무인수로 인하여 소멸한다. 그러나 보증인이나 제3자가 채무인수에 동의한 경우에는 그러하지 아니하다.

017 채무의 인수에 관한 설명으로 옳은 것을 모두 고른 것은? (다툼이 있으면 판례에 따름)

24 변리사

> ㄱ. 중첩적 채무인수는 채권자와 채무인수인과의 합의가 있는 이상 채무자의 의사에 반하여서도 이루어질 수 있다.
> ㄴ. 면책적 채무인수가 있은 경우, 인수채무의 소멸시효기간은 특별한 사정이 없는 한 채무인수와 동시에 이루어진 채무인수인의 채무승인에 따라 채무인수일로부터 새로이 진행된다.
> ㄷ. 채무자와 채무인수인의 합의에 의한 중첩적 채무인수는 제3자를 위한 계약에 해당하지 않으며, 채권자는 채무인수인에게 수익의 의사를 표시하지 않더라도 채무인수인에 대하여 직접 청구할 권리를 갖는다.

① ㄱ
② ㄱ, ㄴ
③ ㄱ, ㄷ
④ ㄴ, ㄷ
⑤ ㄱ, ㄴ, ㄷ

해설

답 ②

ㄱ. [○] 중첩적 채무인수는 채무자의 채무에 대한 담보로서의 기능을 한다는 점에서 면책적 인수계약과 달리 채무자의 의사에 반해서도 유효하게 성립할 수 있다(대판 1988.11.22, 87다카1836).
ㄴ. [○] 면책적 채무인수가 있은 경우, 인수채무의 소멸시효기간은 채무인수와 동시에 이루어진 소멸시효 중단사유, 즉 채무승인에 따라 채무인수일로부터 새로이 진행된다(대판 1999.7.9, 99다12376).
ㄷ. [×] 채무자와 인수인의 합의에 의한 중첩적 채무인수는 일종의 제3자를 위한 계약이라고 할 것이므로, 채권자는 인수인에 대하여 채무이행을 청구하거나 기타 채권자로서의 권리를 행사하는 방법으로 수익의 의사표시를 함으로써 인수인에 대하여 직접 청구할 권리를 갖게 된다. 이러한 점에서 채무자에 대한 채권을 상실시키는 효과가 있는 면책적 채무인수의 경우 채권자의 승낙을 계약의 효력발생요건으로 보아야 하는 것과는 달리, 채무자와 인수인의 합의에 의한 중첩적 채무인수의 경우 채권자의 수익의 의사표시는 그 계약의 성립요건이나 효력발생요건이 아니라 채권자가 인수인에 대하여 채권을 취득하기 위한 요건이다(대판 2013.9.13, 2011다56033).

2. 이행인수

018 채무인수 등에 관한 설명으로 옳지 않은 것은? (다툼이 있으면 판례에 따름) 　　20 변리사

① 부동산의 매수인이 매매목적물에 관한 근저당권의 피담보채무를 인수하는 한편 그 채무액을 매매대금에서 공제하기로 약정한 경우, 다른 특별한 약정이 없는 한 이는 채무인수로 보아야 한다.
② 부동산매매계약과 함께 매수인이 매매대금 지급에 갈음하여 매도인의 제3자에 대한 채무의 이행을 인수하였는데 매수인의 인수채무불이행으로 말미암아 매도인이 인수채무를 대신 변제한 경우, 그로 인한 매수인의 손해배상채무와 매도인의 소유권이전등기의무는 동시이행관계에 있다.
③ 채무자와 인수인 사이에 이행인수계약이 체결된 경우, 채권자는 직접 인수인에게 채무를 이행할 것을 청구할 수 없다.
④ 계약당사자로서의 지위 승계를 목적으로 하는 계약인수는 계약당사자 및 인수인의 3면 합의에 의하여 이루어지는 것이 보통이나, 관계 당사자 중 2인이 합의하고 나머지 당사자가 이를 동의 내지 승낙하는 방법으로도 가능하다.
⑤ 채무자와 인수인의 계약으로 체결되는 병존적 채무인수는 제3자를 위한 계약의 하나로 볼 수 있다.

해설　　답 ①

① [×] 부동산의 매수인이 매매목적물에 관한 근저당권의 피담보채무, 가압류채무, 임대차보증금 반환채무를 인수하는 한편 그 채무액을 매매대금에서 공제하기로 약정한 경우, 다른 특별한 사정이 없는 이상, 이는 매도인을 면책시키는 채무인수가 아니라 이행인수로 보아야 한다(대판 2002.5.10, 2000다18578).
② [○] 부동산의 매수인이 매매목적물에 관한 근저당권의 피담보채무를 인수하는 한편 그 채무액을 매매대금에서 공제하기로 약정한 경우, 매수인이 인수하기로 한 채무는 매매대금 지급채무에 갈음한 것으로서 매도인이 그 채무를 대신 변제하였다면 그로 인한 매수인의 매도인에 대한 구상채무는 인수채무의 변형으로서 매매대금 지급채무에 갈음한 것의 변형이므로, 매수인의 구상채무와 매도인의 소유권이전의무는 대가적 의미가 있어 이행상 견련관계에 있다고 인정되고, 따라서 양자는 동시이행의 관계에 있다고 해석함이 공평의 관념 및 신의칙에 합당하다(대판 2007.6.14, 2007다3285).
③ [○] 채무인수의 경우와는 달리, 이행인수인은 채무자가 부담하는 채무를 제3자로서 채권자에게 이행할 의무를 채무자에 대하여 부담하지만, 채권자는 인수인에 대하여 채무의 이행을 청구할 권리를 가지지 않는다.
④ [○] 계약인수는 통상적으로 원계약 당사자와 인수인 사이의 3면계약에 의해 행하여지는 것이 보통이지만, 원계약 당사자의 일방과 인수인이 인수계약을 하고 원계약의 상대방이 이에 동의 내지 승낙하는 방법으로도 할 수 있다(대판 1992.3.13, 91다32534).
⑤ [○] 채무자, 인수인 사이의 계약으로도 성립하며, 이 경우에는 채권자를 수익자로 하는 제3자를 위한 계약이 있는 것으로 이해된다. 따라서 채권자는 수익의 의사표시를 함으로써 인수인에 대해 직접적인 채권을 갖는다. 채권자의 수익의 의사표시가 없는 한 이행인수가 있을 뿐이다.

019 채무인수 등에 관한 설명으로 옳은 것은? (다툼이 있으면 판례에 따름) 　　23 변리사

① 이행인수인이 채권자에 대하여 채무자의 채무를 승인하더라도 특별한 사정이 없는 한 시효중단의 효력은 발생하지 않는다.
② 저당권이 설정된 부동산의 매수인이 피담보채무를 인수하면서 그 채무액을 매매대금에서 공제하기로 하고 잔액만을 지급한 경우, 특별한 사정이 없는 한 매수인은 잔금지급의무를 다한 것으로 볼 수 없다.
③ 주택의 임차인이 대항력을 갖추었다면 그가 그 주택의 소유권을 취득하더라도 특별한 사정이 없는 한 임대인에 대한 보증금반환청구권은 혼동으로 소멸하지 않는다.
④ 중첩적 채무인수에서 채무자와 인수인은 채권자에 대하여 원칙적으로 부진정연대채무관계에 있다.
⑤ 채무가 인수된 경우 특별한 사정이 없는 한 제3자가 제공한 담보물권도 함께 이전한다.

해설　　답 ①

① [○] 이행인수는 채무자와 인수인 사이의 계약에 따라 인수인이 채권자에 대한 채무를 변제하기로 약정하는 것을 말한다. 이 경우 인수인은 채무자의 채무를 변제하는 등으로 면책시킬 의무를 부담하지만 채권자에 대한 관계에서 직접 이행의무를 부담하게 되는 것은 아니다. 한편 소멸시효 중단사유인 채무의 승인은 시효이익을 받을 당사자나 대리인만 할 수 있으므로 이행인수인이 채권자에 대하여 채무자의 채무를 승인하더라도 다른 특별한 사정이 없는 한 시효중단 사유가 되는 채무승인의 효력은 발생하지 않는다(대판 2016.10.27, 2015다239744).
② [×] 부동산의 매수인이 매매목적물에 관한 채무를 인수하는 한편 그 채무액을 매매대금에서 공제하기로 약정한 경우, 그 인수는 특별한 사정이 없는 한 매도인을 면책시키는 채무인수가 아니라 이행인수로 보아야 하고, 매수인은 매매계약시 인수한 채무를 현실적으로 변제할 의무를 부담하는 것은 아니며, 특별한 사정이 없는 한 매수인이 매매대금에서 그 채무액을 공제한 나머지를 지급함으로써 잔금지급의 의무를 다하였다 할 것이므로, 설사 매수인이 위 채무를 현실적으로 변제하지 아니하였다 하더라도 그와 같은 사정만으로는 매도인은 매매계약을 해제할 수 없는 것이지만, 매수인이 인수채무를 이행하지 아니함으로써 매매대금의 일부를 지급하지 아니한 것과 동일하다고 평가할 수 있는 특별한 사유가 있을 때에는 계약해제권이 발생한다. 그리고 위와 같은 '특별한 사정'이 있는지의 여부는, 매매계약의 당사자들이 그러한 내용의 매매계약에 이르게 된 경위, 매수인의 인수채무 불이행으로 인하여 매도인이 입게 되는 구체적인 불이익의 내용과 그 정도 등 제반 사정을 종합적으로 고려하여 '매매대금의 일부를 지급하지 아니한 것과 동일하다고 평가할 수 있는 경우'에 해당하는지 여부를 판단하여야 한다(대판 2007.9.21, 2006다69479·69486).
③ [×] 주택의 임차인이 제3자에 대한 대항력을 갖춘 후 임차주택의 소유권이 양도되어 그 양수인이 임대인의 지위를 승계하는 경우에는, 임대차보증금의 반환채무도 부동산의 소유권과 결합하여 일체로서 이전하는 것이므로 양도인의 임대인으로서의 지위나 보증금반환채무는 소멸하는 것이고, 대항력을 갖춘 임차인이 양수인이 된 경우라고 하여 달리 볼 이유가 없으므로 대항력을 갖춘 임차인이 당해 주택을 양수한 때에도 임대인의 보증금반환채무는 소멸하고 양수인인 임차인이 임대인의 자신에 대한 보증금반환채무를 인수하게 되어, 결국 임차인의 보증금반환채권은 혼동으로 인하여 소멸하게 된다(대판 1996.11.22, 96다38216).
④ [×] 중첩적 채무인수에서 인수인이 채무자의 부탁 없이 채권자와의 계약으로 채무를 인수하는 것은 매우 드문 일이므로 채무자와 인수인은 원칙적으로 주관적 공동관계가 있는 연대채무관계에 있고, 인수인이 채무자의 부탁을 받지 아니하여 주관적 공동관계가 없는 경우에는 부진정연대관계에 있는 것으로 보아야 한다(대판 2009.8.20, 2009다32409).

⑤ [×] 　제459조(채무인수와 보증, 담보의 소멸) 전채무자의 채무에 대한 보증이나 제3자가 제공한 담보
　　　　는 채무인수로 인하여 소멸한다. 그러나 보증인이나 제3자가 채무인수에 동의한 경우에는 그러
　　　　하지 아니하다.

3. 계약인수(계약상 지위의 이전)

020 계약인수에 관한 설명 중 옳지 않은 것은?

① 계약당사자로서의 지위의 승계를 목적으로 하는 것이 계약인수이다.
② 계약인수는 계약으로부터 발생하는 채권·채무의 이전을 목적으로 하는 것이므로, 그 계약관계로부터 생기는 해제권 등 포괄적인 권리의무의 양도를 포함하는 것은 아니다.
③ 계약인수는 양도인과 양수인 및 잔류당사자의 동시적인 합의에 의한 3면 계약으로 이루어질 수 있다.
④ 계약인수는 양도인과 양수인 및 잔류당사자의 3인 중 2인의 합의와 나머지 당사자의 동의 내지 승낙의 방법으로도 가능하다.
⑤ 부도난 회사의 채권자들이 자신들의 대여금채권의 확보를 위하여 신설회사를 설립하여 기존회사가 분양계획에 따라 피분양자들에 대하여 부담하는 소유권이전등기채무의 이행뿐만 아니라 잔대금채권까지도 함께 양수하기로 하는 약정을 하였다면, 이는 분양계약의 분양자로서의 지위의 승계를 목적으로 하는 이른바 계약인수약정을 한 것으로 볼 수 있다.

해설　　　　　　　　　　　　　　　　　　　　　　　　　　　　　　　　　답 ②

① [○] 계약인수란 계약당사자로서의 지위의 승계를 목적으로 하는 계약으로서, 계약당사자 중 일방이 포괄적인 당사자의 지위를 제3자에게 이전하여 계약관계로부터 탈퇴하고, 그 제3자가 당사자의 지위를 승계하는 것을 목적으로 하는 계약이다.
② [×], ③④ [○] 계약당사자로서의 지위의 승계를 목적으로 하는 계약의 인수는 계약으로부터 발생하는 채권·채무의 이전 외에 그 계약관계로부터 생기는 해제권 등 포괄적인 권리의무의 양도를 포함하는 것이므로, 그 계약은 양도인과 양수인 및 잔류 당사자의 동시적인 합의에 의한 3면계약으로 이루어지는 것이 통상적이라고 할 것이지만, 계약관계자 3인 중 2인의 합의와 나머지 당사자의 동의 내지 승낙의 방법으로도 가능하다(대판 1992.3.13, 91다32534 등).
⑤ [○] 회사가 공사 도중 자금난으로 부도가 나자 그 회사의 채권자들이 자신들의 대여금채권의 확보를 위하여 신설회사를 설립하여 기존회사가 분양계약에 따라 피분양자들에 대하여 부담하는 소유권이전등기채무의 이행뿐만 아니라 잔대금채권까지도 함께 양수하기로 하는 약정을 하였다면, 이는 분양계약의 분양자로서의 지위의 승계를 목적으로 하는 이른바 계약인수약정을 한 것으로 보는 것이 경험칙상 상당하고, 신설회사가 피분양자들에게 공사를 인수하였다면서 준공검사가 나면 소유권이전등기를 해주겠으니 준공검사동의서에 날인해 달라고 요청하여 피분양자들이 이에 응한 행위는 바로 신설회사와 기존회사 사이의 계약인수에 동의한 것으로 볼 수 있으므로, 기존회사의 분양계약상의 지위는 신설회사에 의해 유효하게 인수되었다고 볼 수 있다(대판 1996.2.27, 95다21662).

021

채권의 양도 또는 계약 인수에 관한 설명으로 옳은 것을 모두 고른 것은? (다툼이 있으면 판례에 따름)

23 변리사

ㄱ. 임차권양도를 금지하는 임대차계약상 특약이 임대차계약에 기한 임대보증금반환채권의 양도를 금지하는 것으로 볼 수는 없다.
ㄴ. 채무자가 양도인에게 이의를 보류하지 않고 승낙을 하였을 경우, 승낙 당시 이미 상계를 할 수 있는 원인이 있었다는 사정을 양수인이 알고 있었다면 승낙 이후에 상계적상이 생기더라도 채무자는 양수인에게 상계로 대항할 수 있다.
ㄷ. 부동산 명의신탁자가 유효한 명의신탁약정을 해지한 다음 제3자에게 '명의신탁 해지를 원인으로 한 소유권이전등기청구권'을 양도하였다면, 명의수탁자가 그 양도에 대하여 동의하지 않더라도 양수인은 명의수탁자에 대하여 직접 소유권이전등기청구를 할 수 있다.
ㄹ. 임대인의 지위는 원칙적으로 임대인과 임대목적물을 양수한 자의 계약만으로 양도될 수 있다.

① ㄱ, ㄴ, ㄷ
② ㄱ, ㄴ, ㄹ
③ ㄱ, ㄷ, ㄹ
④ ㄴ, ㄷ, ㄹ
⑤ ㄱ, ㄴ, ㄷ, ㄹ

해설

답 ②

ㄱ. [O] 임차권의 양도가 금지된다 하더라도 임차보증금반환채권의 양도마저 금지되는 것은 아니므로 양도인은 양수인에 대하여 그 채권의 양도에 관하여 임대인에게 통지를 하거나 그에 대한 승낙을 받아 주어야 할 의무를 부담한다(대판 1993.6.25, 93다13131).

ㄴ. [O] 채권양도에 있어서 채무자가 양도인에게 이의를 보류하지 아니하고 승낙을 하였다는 사정이 없거나 또는 이의를 보류하지 아니하고 승낙을 하였더라도 양수인이 악의 또는 중과실의 경우에 해당하는 한, 채무자의 승낙 당시까지 양도인에 대하여 생긴 사유로써 양수인에게 대항할 수 있다고 할 것인데, 승낙 당시 이미 상계를 할 수 있는 원인이 있었던 경우에는 아직 상계적상에 있지 아니하였다 하더라도 그 후에 상계적상이 생기면 채무자는 양수인에 대하여 상계로 대항할 수 있다(대판 1999.8.20, 99다18039).

ㄷ. [×] 부동산이 전전 양도된 경우에 중간생략등기의 합의가 없는 한 최종 양수인은 최초 양도인에 대하여 직접 자기 명의로의 소유권이전등기를 청구할 수 없고, 부동산의 양도계약이 순차 이루어져 최종 양수인이 중간생략등기의 합의를 이유로 최초 양도인에게 직접 소유권이전등기청구권을 행사하기 위하여는 관계 당사자 전원의 의사 합치, 즉 중간생략등기에 대한 최초 양도인과 중간자의 동의가 있는 외에 최초 양도인과 최종 양수인 사이에도 중간등기 생략의 합의가 있었음이 요구된다. 그러므로 비록 최종 양수인이 중간자로부터 소유권이전등기청구권을 양도받았다 하더라도 최초 양도인이 양도에 대하여 동의하지 않고 있다면 최종 양수인은 최초 양도인에 대하여 채권양도를 원인으로 하여 소유권이전등기절차 이행을 청구할 수 없다. 이와 같은 법리는 명의신탁자가 부동산에 관한 유효한 명의신탁약정을 해지한 후 이를 원인으로 한 소유권이전등기청구권을 양도한 경우에도 적용된다. 따라서 비록 부동산 명의신탁자가 명의신탁약정을 해지한 다음 제3자에게 '명의신탁 해지를 원인으로 한 소유권이전등기청구권'을 양도하였다고 하더라도 명의수탁자가 양도에 대하여 동의하거나 승낙하지 않고 있다면 양수인은 위와 같은 소유권이전등기청구권을 양수하였다는 이유로 명의수탁자에 대하여 직접 소유권이전등기청구를 할 수 없다(대판 2021.6.3, 2018다280316).

ㄹ. [O] 임대차계약에 있어 임대인의 지위의 양도는 임대인의 의무의 이전을 수반하는 것이지만 임대인의 의무는 임대인이 누구인가에 의하여 이행방법이 특별히 달라지는 것은 아니고, 목적물의 소유자의 지위에서 거의 완전히 이행할 수 있으며, 임차인의 입장에서 보아도 신 소유자에게 그 의무의 승계를 인정하는 것이 오히려 임차인에게 훨씬 유리할 수도 있으므로 임대인과 신 소유자와의 계약만으로써 그 지위의 양도를 할 수 있다 할 것이나, 이 경우에 임차인이 원하지 아니하면 임대차의 승계를 임차인에게 강요할 수는 없는 것이어서 스스로 임대차를 종료시킬 수 있어야 한다는 공평의 원칙 및 신의성실의 원칙에 따라 임차인이 곧 이의를 제기함으로써 승계되는 임대차관계의 구속을 면할 수 있고, 임대인과의 임대차관계도 해지할 수 있다고 보아야 한다(대결 1998.9.2, 98마100).

제5장 채권의 소멸

제1절 | 변제

Ⅰ. 변제의 의의
Ⅱ. 변제의 당사자
Ⅲ. 변제의 제공
Ⅳ. 변제의 장소, 시기, 목적물, 비용 등

001 변제에 관한 설명으로 옳은 것은? (다툼이 있으면 판례에 따름) 15 노무사 변형

① 변제충당에 관한 민법 제476조 내지 제479조의 규정은 강행규정이다.
② 채무자가 채무전부를 변제한 때에 인정되는 채권증서반환청구권은 변제와 동시이행관계에 있다.
③ 사실상의 이해관계를 가진 자는 변제할 정당한 이익이 있으므로 변제로 당연히 채권자를 대위한다.
④ 민법 제470조의 채권의 준점유자에는 채권자의 대리인이라고 하면서 채권을 행사하는 경우도 포함된다.
⑤ 착오로 변제기 이전에 변제한 자에 대하여 채권자는 그로 인하여 얻은 이익을 반환할 필요가 없다.
⑥ 채권자와 채무자 모두가 기한의 이익을 갖는 이자부 금전소비대차계약 등에 있어서, 채무자가 변제기로 인한 기한의 이익을 포기하고 변제기 전에 변제하는 경우 변제기까지의 약정이자 등 채권자의 손해를 배상하여야 하고, 이러한 약정이자 등 손해액을 함께 제공하지 않으면 채무의 내용에 따른 변제제공이라고 볼 수 없으므로, 채권자는 수령을 거절할 수 있다. 다만 이는 제3자가 변제하는 경우에는 다르게 보아야 한다.
⑦ 민법 제467조 제2항의 '영업에 관한 채무'는 영업과 관련성이 인정되는 채무를 의미하고, '현 영업소'는 변제 당시를 기준으로 그 채무와 관련된 채권자의 영업소로서 주된 영업소(본점)에 한정되므로, 그 채권의 추심 관련 업무를 실제로 담당하는 영업소까지 포함된다고 볼 수 없다.

| 해설 | 답 ④ |

① [×] 변제충당에 관한 민법 제476조 내지 제479조의 규정은 임의규정이므로 변제자(채무자)와 변제수령자(채권자)는 계약(약정)에 의하여 위 각 규정을 배제하고 제공된 급부를 어느 채무에 어떤 방법으로 충당할 것인가를 결정할 수 있다(대판 1987.3.24, 84다카1324).

② [×] 채권증서 반환청구권은 채권 전부를 변제한 경우에 인정되는 것이고, 영수증 교부의무와는 달리 변제와 동시이행관계에 있지 않다(대판 2005.8.19, 2003다22042).

③ [×] 민법 제481조에 의하여 법정대위를 할 수 있는 '변제할 정당한 이익이 있는 자'라고 함은 변제함으로써 당연히 대위의 보호를 받아야 할 법률상의 이익을 가지는 자를 의미한다.(대결 2012. 7.16, 2009마461)

④ [○] 표현수령권자로서의 채권의 준점유자에는 스스로 채권자 본인이라고 하면서 채권을 행사하는 자는 물론이고 채권자의 대리인이라고 하면서 채권을 행사하는 자도 포함된다(대판 2004.4.23, 2004다5389).

⑤ [×] 제743조(기한전의 변제) 변제기에 있지 아니한 채무를 변제한 때에는 그 반환을 청구하지 못한다. 그러나 채무자가 착오로 인하여 변제한 때에는 채권자는 이로 인하여 얻은 이익을 반환하여야 한다.

⑥ [×] [1] 기한의 이익은 포기할 수 있으나, 상대방의 이익을 해하지 못한다(제153조 제2항). 변제기 전이라도 채무자는 변제할 수 있으나, 상대방의 손해는 배상하여야 한다(제468조). 채무의 변제는 제3자도 할 수 있으나(제469조 제1항 본문), 그 경우에도 급부행위는 채무내용에 좇은 것이어야 한다(제460조). 채권자와 채무자 모두가 기한의 이익을 갖는 이자부 금전소비대차계약 등에 있어서, 채무자가 변제기로 인한 기한의 이익을 포기하고 변제기 전에 변제하는 경우 변제기까지의 약정이자 등 채권자의 손해를 배상하여야 하고, 이러한 약정이자 등 손해액을 함께 제공하지 않으면 채무의 내용에 따른 변제제공이라고 볼 수 없으므로, 채권자는 수령을 거절할 수 있다. 이는 제3자가 변제하는 경우에도 마찬가지이다. [2] 기한의 이익과 그 포기에 관한 민법 제153조 제2항, 변제기 전의 변제에 관한 민법 제468조의 규정들은 임의규정으로서 당사자가 그와 다른 약정을 할 수 있다. 은행여신거래에 있어서 당사자는 계약 내용에 편입된 약관에서 정한 바에 따라 위 민법 규정들과 다른 약정을 할 수도 있다(대판 2023. 4.13, 2021다305338).

⑦ [×] 민법 제467조 제2항의 '영업에 관한 채무'는 영업과 관련성이 인정되는 채무를 의미하고, '현영업소'는 변제 당시를 기준으로 그 채무와 관련된 채권자의 영업소로서 주된 영업소(본점)에 한정되는 것이 아니라 그 채권의 추심 관련 업무를 실제로 담당하는 영업소까지 포함된다. 따라서 영업에 관한 채무의 이행을 구하는 소는 제소 당시 채권 추심 관련 업무를 실제로 담당하는 채권자의 영업소 소재지 법원에 제기할 수 있다(대결 2022.5.3, 2021마6868).

V. 변제의 충당

002 甲은 乙에 대하여 다음과 같은 내용의 대여금 채무를 부담하고 있다.

> ○ A채무: 대여일 2020.3.7, 원금 1억 원(무이자), 변제기 2021.3.7.
> ○ B채무: 대여일 2020.4.12, 원금 2억 원(무이자), 변제기 2021.4.12.

이에 관한 설명으로 옳지 않은 것은? (비용·지연이자는 고려하지 말 것) (각 지문은 독립적이며, 다툼이 있으면 판례에 따름)   22 변리사

① 甲이 2021.4.3. 1억 원을 변제하면서 특별한 합의나 지정이 없었던 경우, 위 1억 원은 A채무의 변제에 충당된다.
② 甲이 2021.5.7. 1억 원을 변제하면서 특별한 합의나 지정이 없었던 경우, 위 1억 원은 B채무의 변제에 충당된다.
③ 甲이 2021.5.7. 1억 원을 변제하면서 특별한 합의나 지정이 없었던 경우, A채무의 담보를 위해 丙의 X토지에 저당권이 설정되어 있었다면 위 1억 원은 A채무의 변제에 충당된다.
④ 甲이 2021.5.7. 1억 원을 변제하면서 특별한 합의나 지정이 없었던 경우, B채무의 담보를 위해 보증인 丙이 있었다면 위 1억 원은 A채무의 변제에 충당된다.
⑤ 만일 A채무와 B채무 모두 월 1%의 이자가 약정되어 있고, 甲이 2021.5.7. 1억 원을 변제하면서 A채무의 원본에 충당하기로 지정한 것에 대하여 乙과의 묵시적 합의가 인정된다면, 위 1억 원은 A채무의 원본에 충당된다.

해설
답 ②

① [○], ② [×] 2021.5.7. A채무, B채무 모두 이행기가 도래하였고, 변제이익도 동일하므로, 이행기가 먼저 도래한 A채무의 변제에 충당되어야 한다.

> 제477조(법정변제충당) 당사자가 변제에 충당할 채무를 지정하지 아니한 때에는 다음 각 호의 규정에 의한다.
> 1. 채무 중에 이행기가 도래한 것과 도래하지 아니한 것이 있으면 이행기가 도래한 채무의 변제에 충당한다. - 이행기의 "도래 여부"
> 2. 채무전부의 이행기가 도래하였거나 도래하지 아니한 때에는 채무자에게 변제이익이 많은 채무의 변제에 충당한다. - 변제이익의 다과(多寡)
> 3. 채무자에게 변제이익이 같으면 이행기가 먼저 도래한 채무나 먼저 도래할 채무의 변제에 충당한다. - 이행기의 "선후"
> 4. 전2호의 사항이 같은 때에는 그 채무액에 비례하여 각 채무의 변제에 충당한다. - 채무액에 비례

③④ [○] 변제자가 주채무자인 경우, 보증인이 있는 채무와 보증인이 없는 채무 사이에 전자가 후자에 비하여 변제이익이 더 많다고 볼 근거는 전혀 없으므로 양자는 변제이익의 점에서 차이가 없다고 보아야 한다(대판 1997.7.25, 96다52649). 마찬가지로 변제자가 채무자인 경우 물상보증인이 제공한 물적 담보가 있는 채무와 그러한 담보가 없는 채무 사이에도 변제이익의 점에서 차이가 없다(대판 2014.4.30, 2013다8250).

⑤ [O] 변제충당지정은 상대방에 대한 의사표시로써 하여야 하는 것이기는 하나, 채권자와 채무자 사이에 미리 변제충당에 관한 약정이 있고, 약정내용이 변제가 채권자에 대한 모든 채무를 소멸시키기에 부족한 때에는 채권자가 적당하다고 인정하는 순서와 방법에 의하여 충당하기로 한 것이라면, 변제수령권자인 채권자가 약정에 터 잡아 스스로 적당하다고 인정하는 순서와 방법에 좇아 변제충당을 한 이상 변제자에 대한 의사표시와 관계없이 충당의 효력이 있다. 그리고 이러한 법리는 민법 제499조에 의하여 변제충당에 관한 규정이 준용되는 상계의 경우에도 마찬가지로 적용된다(대판 2015.6.11, 2012다10386).

003

甲은 乙에 대하여 A채무(원본: 5천만 원, 대여일: 2021년 3월 1일, 이자: 월 0.5%, 변제기: 2021년 4월 30일)와 B채무(원본: 4천만 원, 대여일: 2021년 4월 1일, 이자: 월 1%, 변제기: 2021년 5월 31일)를 부담하고 있다. 이에 관한 설명으로 옳은 것을 모두 고른 것은? (다툼이 있으면 판례에 따름)

22 노무사

ㄱ. 甲은 2021년 6월 5일에 5천만 원을 변제하면서 乙과의 합의로 B채무의 원본에 충당한 후 나머지는 A채무의 원본에 충당하는 것으로 정할 수 있다.
ㄴ. 甲이 2021년 6월 5일에 5천만 원을 변제하면서 법정충당이 이루어지는 경우, B채무에 보증인이 있다면 A채무의 변제에 먼저 충당된다.
ㄷ. 甲이 2021년 5월 3일에 5천만 원을 변제하면서 법정충당이 이루어지는 경우, B채무에 먼저 충당된다.
ㄹ. 甲이 2021년 4월 28일에 5천만 원을 변제하면서 법정충당이 이루어지는 경우, B채무에 먼저 충당된다.

① ㄱ, ㄴ
② ㄱ, ㄹ
③ ㄴ, ㄷ
④ ㄱ, ㄷ, ㄹ
⑤ ㄴ, ㄷ, ㄹ

해설

답 ②

제477조(법정변제충당) 당사자가 변제에 충당할 채무를 지정하지 아니한 때에는 다음 각 호의 규정에 의한다.
1. 채무 중에 이행기가 도래한 것과 도래하지 아니한 것이 있으면 이행기가 도래한 채무의 변제에 충당한다. – 이행기의 "도래 여부"
2. 채무전부의 이행기가 도래하였거나 도래하지 아니한 때에는 채무자에게 변제이익이 많은 채무의 변제에 충당한다. – 변제이익의 다과(多寡)
3. 채무자에게 변제이익이 같으면 이행기가 먼저 도래한 채무나 먼저 도래할 채무의 변제에 충당한다. – 이행기의 "선후"
4. 전2호의 사항이 같은 때에는 그 채무액에 비례하여 각 채무의 변제에 충당한다. – 채무액에 비례

ㄱ. [O] 변제자와 변제수령자 사이의 계약에 의해 충당방법을 정하는 때에는 그 방법이 어떤 것이든 유효하다. 계약에 의한 충당은 제479조, 제476조 및 제477조에 우선하여 적용된다.
ㄴ. [X] 변제자가 주채무자인 경우, 보증인이 있는 채무와 보증인이 없는 채무 사이에 전자가 후자에 비하여 변제이익이 더 많다고 볼 근거는 전혀 없으므로 양자는 변제이익의 점에서 차이가 없다고 보아야 한다(대판 1997.7.25, 96다52649). 그러나 무이자채무보다는 이자부채무, 저이율의 채무보다는 고이율의 채무가 변제이익이 많다. 지연손해금도 마찬가지이다(주석민법 제4판, 채권총칙(4), 316면, 한국사법행정학회). 따라서 A채무에 비하여 B채무가 고이율의 채무이므로, B채무가 변제이익이 더 많다. 2021년 6월 5일 현재 양 채무의 이행기가 모두 도래하였으나, B채무가 변제이익이 더 많으므로, B채무에 먼저 충당되어야 한다.
ㄷ. [X] 채무 중에 이행기가 도래한 것과 도래하지 아니한 것이 있으면 이행기가 도래한 채무의 변제에 충당한다. 따라서 2021년 5월 3일 현재 이행기가 도래한 A채무에 대하여 충당이 되어야 한다.
ㄹ. [O] 두 채무 모두 이행기가 도래하지 않았고, B채무가 변제이익이 더 많으므로, B채무에 먼저 충당되어야 한다.

VI. 변제자 대위

004 변제에 관한 설명으로 옳지 않은 것은? (다툼이 있으면 판례에 따름)   20 노무사 변형

① 금액이 서로 다른 채무가 부진정연대관계에 있을 때, 다액채무자는 일부 변제를 하는 경우 변제로 먼저 소멸하는 부분은 다액채무자가 단독으로 채무를 부담하는 부분이다.
② 채권의 준점유자에게 한 변제는 변제자가 선의이며 과실 없음을 입증하면 채권자에 대하여 효력이 있다.
③ 변제충당에 관한 당사자의 특별한 합의가 없으면 그 채무의 비용, 이자, 원본의 순서로 변제에 충당하여야 한다.
④ 채권의 일부에 대하여 변제자대위가 인정되는 경우 그 대위자는 채무자의 채무불이행을 이유로 채권자와 채무자간의 계약을 해제할 수 있다.
⑤ 채권자가 변제수령을 거절하면 채무자는 공탁함으로써 그 채무를 면할 수 있다.
⑥ 채무자가 아닌 위탁자가 타인의 채무를 담보하기 위하여 금전채권자를 우선수익자로 하는 부동산담보신탁을 설정한 경우에, 설령 경제적인 실질에 있어 위탁자가 부동산담보신탁을 통하여 신탁부동산의 처분대금을 타인의 채무의 담보로 제공한 것과 같이 볼 수 있다고 하더라도, 위탁자가 자기의 재산 그 자체를 타인의 채무의 담보로 제공한 물상보증인에 해당한다고 볼 수는 없다.

해설   답 ④

① [O] 금액이 다른 채무가 서로 부진정연대 관계에 있을 때 다액채무자가 일부 변제를 하는 경우 그 변제로 인하여 먼저 소멸하는 부분은 당사자의 의사와 채무 전액의 지급을 확실히 확보하려는 부진정연대채무 제도의 취지에 비추어 볼 때 다액채무자가 단독으로 채무를 부담하는 부분으로 보아야 한다(대판 2018.3.22, 2012다74236 전합).

② [○] 제470조(채권의 준점유자에 대한 변제) 채권의 준점유자에 대한 변제는 변제자가 선의이며 과실 없는 때에 한하여 효력이 있다.

③ [○] 제479조(비용, 이자, 원본에 대한 변제충당의 순서) ① 채무자가 1개 또는 수개의 채무의 비용 및 이자를 지급할 경우에 변제자가 그 전부를 소멸하게 하지 못한 급여를 한 때에는 비용, 이자, 원본의 순서로 변제에 충당하여야 한다.

④ [×] 제483조(일부의 대위) ① 채권의 일부에 대하여 대위변제가 있는 때에는 대위자는 그 변제한 가액에 비례하여 채권자와 함께 그 권리를 행사한다.
② 전항의 경우에 채무불이행을 원인으로 하는 계약의 해지 또는 해제는 채권자만이 할 수 있고 채권자는 대위자에게 그 변제한 가액과 이자를 상환하여야 한다.

⑤ [○] 제487조(변제공탁의 요건, 효과) 채권자가 변제를 받지 아니하거나 받을 수 없는 때에는 변제자는 채권자를 위하여 변제의 목적물을 공탁하여 그 채무를 면할 수 있다. 변제자가 과실 없이 채권자를 알 수 없는 경우에도 같다.

⑥ [○] 위탁자가 금전채권을 담보하기 위하여 금전채권자를 우선수익자, 위탁자를 수익자로 하여 위탁자 소유의 부동산을 신탁법에 따라 수탁자에게 이전하면서 채무불이행 시에는 신탁부동산을 처분하여 우선수익자의 채권 변제 등에 충당하고 나머지를 위탁자에게 반환하기로 하는 내용의 담보신탁을 한 경우, 특별한 사정이 없는 한 우선수익권은 경제적으로 금전채권에 대한 담보로 기능하지만, 그 성질상 금전채권과는 독립한 신탁계약상의 별개의 권리이다. 우선수익권은 수익급부의 순위가 다른 수익자에 앞선다는 점을 제외하면 일반적인 수익권과 법적 성질이 다르지 않고, 채권자가 담보신탁을 통하여 담보물권을 얻는 것도 아니다. 그러므로 채무자가 아닌 위탁자가 타인의 채무를 담보하기 위하여 금전채권자를 우선수익자로 하는 부동산담보신탁을 설정한 경우에, 설령 경제적인 실질에 있어 위탁자가 부동산담보신탁을 통하여 신탁부동산의 처분대금을 타인의 채무의 담보로 제공한 것과 같이 볼 수 있다고 하더라도, 위탁자가 자기의 재산 그 자체를 타인의 채무의 담보로 제공한 물상보증인에 해당한다고 볼 수는 없다(대판 2022.5.12, 2017다278187).

005 甲은 乙에 대한 대여금채무 6억 원을 담보하기 위하여 자기 소유 X토지에 乙명의의 저당권을 설정해주었다. 甲의 부탁으로 위 채무를 담보하기 위하여 丙은 乙과 보증계약을 체결하였고, 丁과 戊는 각각 자기 소유 Y토지와 Z토지에 乙명의의 저당권을 설정해주었다. 이에 관한 설명으로 옳지 않은 것은? (단, 이자 및 지연배상금은 고려하지 않고, 다툼이 있으면 판례에 따름) 19 변리사

① 丁이 甲의 대여금채무를 모두 변제한 경우, 丁은 甲에 대하여 구상권을 행사할 수 있다.
② 丁이 甲의 대여금채무를 모두 변제한 경우, 丁은 乙을 대위하여 丙을 상대로 2억 원의 지급을 청구할 수 있다.
③ 戊는 甲의 대여금채무를 변제할 정당한 이익이 있는 자이므로, 戊가 그 채무를 모두 변제하였다면 乙의 승낙이 없어도 당연히 乙을 대위한다.
④ 丙이 甲의 대여금채무를 모두 변제한 경우, 미리 저당권등기에 대위의 부기등기를 하지 않더라도 丁에 대하여 乙을 대위할 수 있다.
⑤ A가 甲과의 매매계약을 원인으로 X토지의 소유권이전등기를 마친 후 甲의 대여금채무를 모두 변제한 경우, A는 丙에 대하여 乙을 대위할 수 있다.

| 해설 | 답 ⑤ |

①③ [O] 변제할 정당한 이익을 가지는 자는 변제에 의해 당연히 채권자를 대위한다(제481조). 변제할 정당한 이익을 가지는 자란 법률상 정당한 이익을 가지는 자를 의미한다. 즉 변제하지 않으면 집행을 받게 될 지위에 있는 자(예 채무자와 함께 채무를 부담하는 자로서 불가분채무자, 연대채무자, 보증인, 연대보증인, 물상보증인 등, 타인을 위해 채무를 부담하는 자로서 손해담보자, 타인의 채무에 대해 책임만을 부담하는 물상보증인, 담보물의 제3취득자)와 변제하지 않으면 채무자에 대한 자기의 권리를 상실하게 되는 자(예 후순위담보권자와 채무자에 대한 일반채권자)가 이에 해당한다. 판례는 "민법 제481조에 의하여 법정대위를 할 수 있는 '변제할 정당한 이익이 있는 자'라고 함은 변제함으로써 당연히 대위의 보호를 받아야 할 법률상의 이익을 가지는 자를 의미한다. 그런데 이행인수인이 채무자와의 이행인수약정에 따라 채권자에게 채무를 이행하기로 약정하였음에도 불구하고 이를 이행하지 아니하는 경우에는 채무자에 대하여 채무불이행의 책임을 지게 되어 특별한 법적 불이익을 입게 될 지위에 있다고 할 것이므로, <u>이행인수인은 그 변제를 할 정당한 이익이 있다고 할 것이다</u>(대결 2012.7.16, 2009마461)."라고 한다.

② [O] **제482조(변제자대위의 효과, 대위자간의 관계)** ① 전2조의 규정에 의하여 채권자를 대위한 자는 자기의 권리에 의하여 구상할 수 있는 범위에서 채권 및 그 담보에 관한 권리를 행사할 수 있다.
② 전항의 권리행사는 다음 각 호의 규정에 의하여야 한다.
5. 자기의 재산을 타인의 채무의 담보로 제공한 자와 보증인간에는 그 인원수에 비례하여 채권자를 대위한다. 그러나 자기의 재산을 타인의 채무의 담보로 제공한 자가 수인인 때에는 보증인의 부담부분을 제외하고 그 잔액에 대하여 각 재산의 가액에 비례하여 대위한다. 이 경우에 그 재산이 부동산인 때에는 제1호의 규정을 준용한다.

④ [O] **제482조(변제자대위의 효과, 대위자간의 관계)** ① 전2조의 규정에 의하여 채권자를 대위한 자는 자기의 권리에 의하여 구상할 수 있는 범위에서 채권 및 그 담보에 관한 권리를 행사할 수 있다.
② 전항의 권리행사는 다음 각 호의 규정에 의하여야 한다.
1. 보증인은 미리 전세권이나 저당권의 등기에 그 대위를 부기하지 아니하면 전세물이나 저당물에 권리를 취득한 제3자에 대하여 채권자를 대위하지 못한다.

⑤ [×] **제482조(변제자대위의 효과, 대위자간의 관계)** ① 전2조의 규정에 의하여 채권자를 대위한 자는 자기의 권리에 의하여 구상할 수 있는 범위에서 채권 및 그 담보에 관한 권리를 행사할 수 있다.
② 전항의 권리행사는 다음 각 호의 규정에 의하여야 한다.
2. 제3취득자는 보증인에 대하여 채권자를 대위하지 못한다.

006
甲은 乙로부터 5억 원을 차용하면서 자신의 X부동산(시가 3억 원)과 丙 소유의 Y부동산(시가 4억 원)에 공동저당권을 설정하고, 丁에게 부탁하여 연대보증인이 되도록 하였다. 이에 관한 설명으로 옳지 않은 것은? (부동산의 시가 변동이 없고 이자 기타 비용은 고려하지 않으며, 다툼이 있으면 판례에 따름)
23 변리사

① 甲이 자신의 유일한 재산인 X부동산을 매도한 경우 甲의 일반채권자는 그 매매계약을 사해행위로 취소할 수 없다.
② 丁이 자신의 유일한 재산을 처분한 경우 乙은 이를 사해행위로 취소할 수 있다.
③ 乙에게 2억 원을 변제한 丁은 丙에 대하여 변제자대위를 하지 못한다.
④ 丙이 5억 원 전액을 변제한 후 대위등기를 하기 전에 B가 X부동산을 취득하여 소유권이전등기를 마친 상황이라면 丙은 B에 대하여 변제자대위를 할 수 없다.
⑤ B가 X부동산을 취득하여 소유권이전등기를 마친 후 乙의 저당권실행경매로 B가 X부동산의 소유권을 상실하더라도 B는 丙은 물론 丁에 대하여도 변제자대위를 하지 못한다.

해설
답 ②

① [O] 저당권이 설정되어 있는 재산이 사해행위로 양도된 경우에 그 사해행위는 그 재산의 가액, 즉 시가에서 저당권의 피담보채권액을 공제한 잔액의 범위 내에서 성립하고, 피담보채권액이 그 재산의 가액을 초과하는 때에는 당해 재산의 양도는 사해행위에 해당한다고 할 수 없다(대판 2006.4.13, 2005다70090).

② [×] 연대보증인의 사해행위성 여부는 연대보증인 자신의 자산상태 여부로 판단하여야 하고, 주채무자 또는 제3자 소유의 부동산에 대하여 채권자 앞으로 근저당권이 설정되어 있는 등으로 채권자에게 우선변제권이 확보되어 있는 경우가 아닌 이상, 주채무자의 일반적인 자력은 그 고려요소가 아니다(대판 2003.7.8, 2003다13246). 따라서 채권자 乙은 공동저당권으로 인하여 乙에게 우선변제권이 확보되어 있는 경우이므로, 주채무자 甲의 자력은 고려요소가 된다. 그러므로 丁이 자신의 유일한 재산을 처분한 경우에도 乙은 이를 사해행위로 취소할 수 없다.

③ [O] 민법 제482조 제2항 제5호는 동일한 채무에 대하여 인적 무한책임을 지는 보증인과 물적 유한책임을 지는 물상보증인이 여럿 있고 그 중 어느 1인이 먼저 대위변제를 하거나 경매를 통한 채무상환을 함으로써 다른 자에 대하여 채권자의 권리를 대위하게 되는 경우, 먼저 대위변제 등을 한 자가 부당하게 이익을 얻거나 대위가 계속 반복되는 것을 방지하고 대위관계를 공평하게 처리하기 위하여 대위자들 상호간의 대위의 순서와 분담비율을 규정하고 있는바, 위 규정에 의하면, 여러 보증인과 물상보증인 사이에서는 그 중 어느 1인에 의하여 주채무 전액이 상환되었을 것을 전제로 하여 그 주채무 전액에 민법 제482조 제2항 제5호에서 정한 대위비율을 곱하여 산정한 금액이 각자가 대위관계에서 분담하여야 할 부담 부분이다. 그런데 여러 보증인 또는 물상보증인 중 어느 1인이 위와 같은 방식으로 산정되는 자신의 부담 부분에 미달하는 대위변제 등을 한 경우 그 대위변제액 또는 경매에 의한 채무상환액에 위 규정에서 정한 대위비율을 곱하여 산출된 금액만큼 곧바로 다른 자를 상대로 채권자의 권리를 대위할 수 있도록 한다면, 먼저 대위변제 등을 한 자가 부당하게 이익을 얻거나 대위자들 상호간에 대위가 계속 반복되게 되고 대위관계를 공평하게 처리할 수도 없게 되므로, 민법 제482조 제2항 제5호의 규정 취지에 반하는 결과가 생기게 된다. 따라서 보증인과 물상보증인이 여럿 있는 경우 어느 누구라도 위와 같은 방식으로 산정한 각자의 부담 부분을 넘는 대위변제 등을 하지 않으면 다른 보증인과 물상보증인을 상대로 채권자의 권리를 대위할 수 없다(대판 2010.6.10, 2007다61113·61120). 따라서 연대보증인 丁과 물상보증인 丙의 부담부분은 채무전액인 5억 원의 1/2이 되어, 2억 5천만 원이 된다. 丁은 자신의 부담부분인 2억 5천만 원을 넘지 못하는 2억 원을 변제하였으므로, 丙을 상대로 채권자 乙의 권리를 대위할 수 없다.

④⑤ [O] 민법 제481조는 "변제할 정당한 이익이 있는 자는 변제로 당연히 채권자를 대위한다."라고 규정하고, 민법 제482조 제1항은 "전2조의 규정에 의하여 채권자를 대위한 자는 자기의 권리에 의하여 구상할 수 있는 범위에서 채권 및 그 담보에 관한 권리를 행사할 수 있다."라고 규정하며, 같은 조 제2항은 "전항의 권리행사는 다음 각 호의 규정에 의하여야 한다."라고 규정하고 있으나, 그중 물상보증인과 제3취득자 사이의 변제자대위에 관하여는 명확한 규정이 없다. 그런데 보증인과 제3취득자 사이의 변제자대위에 관하여 민법 제482조 제2항 제1호는 "보증인은 미리 전세권이나 저당권의 등기에 그 대위를 부기하지 아니하면 전세물이나 저당물에 권리를 취득한 제3자에 대하여 채권자를 대위하지 못한다."라고 규정하고, 같은 항 제2호는 "제3취득자는 보증인에 대하여 채권자를 대위하지 못한다."라고 규정하고 있다. 한편 민법 제370조, 제341조에 의하면 물상보증인이 채무를 변제하거나 담보권의 실행으로 소유권을 잃은 때에는 '보증채무'에 관한 규정에 의하여 채무자에 대한 구상권을 가지고, 민법 제482조 제2항 제5호에 따르면 물상보증인과 보증인 상호 간에는 그 인원수에 비례하여 채권자를 대위하게 되어 있을 뿐 이들 사이의 우열은 인정하고 있지 아니하다. 위와 같은 규정 내용을 종합하여 보면, 물상보증인이 채무를 변제하거나 담보권의 실행으로 소유권을 잃은 때에는 보증채무를 이행한 보증인과 마찬가지로 채무자로부터 담보부동산을 취득한 제3자에 대하여 구상권의 범위 내에서 출재한 전액에 관하여 채권자를 대위할 수 있는 반면, 채무자로부터 담보부동산을 취득한 제3자는 채무를 변제하거나 담보권의 실행으로 소유권을 잃더라도 물상보증인에 대하여 채권자를 대위할 수 없다고 보아야 한다. 만일 물상보증인의 지위를 보증인과 다르게 보아서 물상보증인과 채무자로부터 담보부동산을 취득한 제3자 상호 간에는 각 부동산의 가액에 비례하여 채권자를 대위할 수 있다고 한다면, 본래 채무자에 대하여 출재한 전액에 관하여 대위할 수 있었던 물상보증인은 채무자가 담보부동산의 소유권을 제3자에게 이전하였다는 우연한 사정으로 이제는 각 부동산의 가액에 비례하여서만 대위하게 되는 반면, 당초 채무 전액에 대한 담보권의 부담을 각오하고 채무자로부터 담보부동산을 취득한 제3자는 그 범위에서 뜻하지 않은 이득을 얻게 되어 부당하다(대판 2014.12.18, 2011다50233 전합).

007 변제에 관한 설명으로 옳지 않은 것을 모두 고른 것은? (다툼이 있으면 판례에 따름) 24 노무사

ㄱ. 미리 저당권의 등기에 그 대위를 부기하지 않은 피담보채무의 보증인은 저당물에 후순위 근저당권을 취득한 제3자에 대하여 채권자를 대위할 수 없다.

ㄴ. 변제자가 주채무자인 경우 보증인이 있는 채무와 보증인이 없는 채무의 변제 이익은 차이가 없다.

ㄷ. 채무자로부터 담보부동산을 취득한 제3자와 물상보증인 상호간에는 각 부동산의 가액에 비례하여 채권자를 대위할 수 있다.

① ㄱ   ② ㄷ   ③ ㄱ, ㄷ
④ ㄴ, ㄷ   ⑤ ㄱ, ㄴ, ㄷ

해설
답 ③

ㄱ. [X] 보증인은 미리 저당권의 등기에 그 대위를 부기하지 않고서도 저당물에 후순위 근저당권을 취득한 제3자에 대하여 채권자를 대위할 수 있다고 할 것이므로 민법 제482조 제2항 제1호의 제3자에 후순위 근저당권자는 포함되지 않는다(대판 2013.2.15, 2012다48855).

ㄴ. [○] 변제자가 주채무자인 경우, 보증인이 있는 채무와 보증인이 없는 채무 사이에 전자가 후자에 비하여 변제이익이 더 많다고 볼 근거는 전혀 없으므로 양자는 변제이익의 점에서 차이가 없다고 보아야 한다(대판 1997.7.25, 96다52649).

ㄷ. [×] 물상보증인이 채무를 변제하거나 담보권의 실행으로 소유권을 잃은 때에는 보증채무를 이행한 보증인과 마찬가지로 채무자로부터 담보부동산을 취득한 제3자에 대하여 구상권의 범위 내에서 출재한 전액에 관하여 채권자를 대위할 수 있는 반면, 채무자로부터 담보부동산을 취득한 제3자는 채무를 변제하거나 담보권의 실행으로 소유권을 잃더라도 물상보증인에 대하여 채권자를 대위할 수 없다고 보아야 한다. 만일 물상보증인의 지위를 보증인과 다르게 보아서 물상보증인과 채무자로부터 담보부동산을 취득한 제3자 상호간에는 각 부동산의 가액에 비례하여 채권자를 대위할 수 있다고 한다면, 본래 채무자에 대하여 출재한 전액에 관하여 대위할 수 있었던 물상보증인은 채무자가 담보부동산의 소유권을 제3자에게 이전하였다는 우연한 사정으로 이제는 각 부동산의 가액에 비례하여서만 대위하게 되는 반면, 당초 채무 전액에 대한 담보권의 부담을 각오하고 채무자로부터 담보부동산을 취득한 제3자는 그 범위에서 뜻하지 않은 이득을 얻게 되어 부당하다(대판 2014.12.18, 2011다50233 전합).

VII. 대물변제

008 다음 설명 중 타당하지 않은 것으로만 짝지어진 것은? (다툼이 있으면 판례에 따름)

ㄱ. 대물변제가 효력을 발생하려면 채무자가 본래의 이행에 갈음하여 행하는 다른 급여가 현실적이어야 하고 등기나 등록을 요하는 경우 그 등기나 등록까지 경료하여야 한다.

ㄴ. 채무자가 채권자에게 채무변제와 관련하여 다른 채권을 양도하는 것은 특단의 사정이 없는 한 채무변제에 갈음한 것으로 추정하여야 하므로 위 채권양도에 의하여 원래의 채권은 소멸한다고 보아야 한다.

ㄷ. 대물변제예약 완결권은 일종의 형성권으로서 당사자 사이에 그 행사기간을 약정하지 않은 때에는 그 권리가 발생한 때로부터 10년 내에 이를 행사하여야 하고, 이 기간을 도과한 때에는 예약완결권은 제척기간의 경과로 인하여 소멸한다.

ㄹ. 채무초과 상태의 채무자가 유일한 재산을 우선변제권 있는 채권자에게 대물변제로 제공한 행위는 특별한 사정이 없는 한 다른 채권자들의 이익을 해하는 사해행위에 해당한다.

ㅁ. 채무자가 채권자 앞으로 차용물 아닌 다른 재산권을 이전한 경우에 있어 그 권리의 이전이 채무의 이행을 담보하기 위한 것이 아니고 그 채무에 갈음하여 상대방에게 완전히 그 권리를 이전하는 경우 즉 대물변제의 경우에는 가사 그 시가가 그 채무의 원리금을 초과한다고 하더라도 민법 제607조, 제608조가 적용되지 아니한다.

ㅂ. 채권담보의 목적으로 대물변제의 예약을 하고서 채권자가 그 예약완결권을 행사한 경우, 특별한 사정이 없는 한, 대물변제로 인하여 채권이 남김없이 모두 소멸하였다는 사실에 대한 주장·입증책임을 채무자가 부담한다.

① ㄱ, ㄴ, ㄹ   ② ㄴ, ㄷ, ㅁ   ③ ㄴ, ㄹ, ㅂ
④ ㄴ, ㅁ, ㅂ   ⑤ ㄷ, ㄹ, ㅁ

> **해설**
>
> 답 ③

ㄱ. [O] 대물변제에 있어서는 본래의 급부와 내용, 종류가 다른 급부를 현실적으로 행하여야 한다. 다른 급부가 등기나 등록을 요하는 경우에는 그 등기나 등록까지 경료하여야 한다(대판 1995.9.15, 95다13371).

ㄴ. [×] 채무자가 채권자에게 채무변제와 관련하여 다른 채권을 양도하는 것은 특단의 사정이 없는 한 채무변제를 위한 담보 또는 변제의 방법으로 양도되는 것으로 추정할 것이지 채무변제에 갈음한 것으로 볼 것은 아니어서, 채권양도만 있으면 바로 원래의 채권이 소멸한다고 볼 수는 없다(대판 1995.9.15, 95다13371).

ㄷ. [O] 대물변제예약 완결권은 일종의 형성권으로 당사자 사이에 그 행사기간을 약정한 때에는 그 기간 내에, 그러한 약정이 없는 때에는 그 권리가 발생한 때로부터 10년 내에 이를 행사하여야 하고, 이 기간을 도과한 때에는 예약 완결권은 제척기간의 경과로 인하여 소멸한다(대판 1997.6.27, 97다12488).

ㄹ. [×] 채무자의 재산이 채무의 전부를 변제하기에 부족한 경우에 채무자가 그의 유일한 재산을 어느 특정 채권자에게 대물변제로 제공하는 행위는 다른 특별한 사정이 없는 한 다른 채권자들에 대한 관계에서 사해행위가 되지만, 채권자들의 공동담보가 되는 채무자의 총재산에 대하여 다른 채권자에 우선하여 변제를 받을 수 있는 권리를 가지는 채권자는 처음부터 채무자의 재산에 대한 환가절차에서 다른 채권자에 우선하여 배당을 받을 수 있는 지위에 있으므로, 그와 같은 우선변제권 있는 채권자에 대한 대물변제의 제공행위는 특별한 사정이 없는 한 다른 채권자들의 이익을 해한다고 볼 수 없어 사해행위가 되지 않는다(대판 2008.2.14, 2006다33357).

ㅁ. [O] 채무자가 채권자 앞으로 차용물 아닌 다른 재산권을 이전한 경우에 있어 그 권리의 이전이 채무의 이행을 담보하기 위한 것이 아니고 그 채무에 갈음하여 상대방에게 완전히 그 권리를 이전하는 경우, 즉 대물변제의 경우에는 가사 그 시가가 그 채무의 원리금을 초과한다고 하더라도 민법 제607조, 제608조가 적용되지 아니한다(대판 1992.2.28, 91다25574).

ㅂ. [×] 채권자와 채무자사이에 채권담보의 목적이 된 아파트입주권에 대하여 대물변제의 예약을 하고 그 예약완결권을 채권자에게 유보한 경우에 채권자가 그 예약완결권을 행사하여 그 입주권을 처분하였다면 특별한 사정이 없는 한 위 채권은 대물변제로 인하여 소멸하였다 할 것이고, 위 담보목적물을 채권의 일부에 대한 대물변제로 하여 그 나머지 채권을 남겨두기로 하였다면 이를 주장하고 입증할 책임은 채권자에게 있다(대판 1987.3.10, 86다카2055).

제2절 | 공탁

Ⅰ. 서설
Ⅱ. 변제공탁의 요건
Ⅲ. 변제공탁의 효과

009 민법상 변제공탁에 관한 다음 설명 중 가장 옳지 않은 것은?

① 채권자가 공탁을 승인하거나 공탁소에 대하여 공탁물을 받기를 통고하거나 공탁유효의 판결이 확정되기까지는 변제자는 공탁물을 회수할 수 있다.
② 매수인이, 매도인을 대리하여 매매대금을 수령할 권한을 가진 자에게 잔대금 수령을 최고하고 그 자를 공탁물수령자로 지정하여 한 변제공탁도 다른 특별한 사정이 없는 한 매도인에 대한 잔대금 지급으로서의 효력이 있다.
③ 채권양도금지특약에 반하여 채권양도가 이루어졌다는 사정만으로는 민법 제487조 후단의 채권자 불확지를 원인으로 하여 변제공탁을 할 수 없는 것이 원칙이나, 그 경우에도 확정일자 있는 채권양도 통지와 채권가압류명령을 동시에 송달받은 제3채무자는 변제공탁을 할 수 있다.
④ 채무자가 채권자의 상대의무이행과 동시에 변제할 경우에는 채권자는 그 의무이행을 하지 아니하면 공탁물을 수령하지 못한다.
⑤ 채무의 일부 변제제공은 채무의 본지에 따른 이행의 제공이라 할 수 없고 이행제공의 효력이 발생할 수 없는 것이어서 그 채무의 일부를 공탁했다 하더라도 변제의 효력이 발생할 수 없다.

해설   답 ③

① [O]
> **제489조(공탁물의 회수)** ① 채권자가 공탁을 승인하거나 공탁소에 대하여 공탁물을 받기를 통고하거나 공탁유효의 판결이 확정되기까지는 변제자는 공탁물을 회수할 수 있다. 이 경우에는 공탁하지 아니한 것으로 본다.
> ② 전항의 규정은 질권 또는 저당권이 공탁으로 인하여 소멸한 때에는 적용하지 아니한다.

② [O] 매수인이 매도인을 대리하여 매매대금을 수령할 권한을 가진 자에게 잔대금의 수령을 최고하고 그 자를 공탁물수령자로 지정하여 한 변제공탁은 매도인에 대한 잔대금 지급의 효력이 있다(대판 2012.3.15, 2011다77849).

③ [×] 채권양도금지특약에 반하여 채권양도가 이루어진 경우, 그 양수인이 양도금지특약이 있음을 알았거나 중대한 과실로 알지 못하였던 경우에는 채권양도는 효력이 없게 되고, 반대로 양수인이 중대한 과실 없이 양도금지특약의 존재를 알지 못하였다면 채권양도는 유효하게 되어 채무자로서는 양수인에게 양도금지특약을 가지고 그 채무이행을 거절할 수 없게 되어 양수인의 선의, 악의 등에 따라 양수채권의 채권자가 결정되는바, 이와 같이 양도금지의 특약이 붙은 채권이 양도된 경우에 양수인의 악의 또는 중과실에 관한 입증책임은 채무자가 부담하지만, 그러한 경우에도 채무자로서는 양수인의 선의 등의 여부를 알 수 없어 과연 채권이 적법하게 양도된 것인지에

관하여 의문이 제기될 여지가 충분히 있으므로 특별한 사정이 없는 한 민법 제487조 후단의 채권자 불확지를 원인으로 하여 변제공탁을 할 수 있다(대판 2000.12.22, 2000다55904).

④ [○] **제491조(공탁물수령과 상대의무이행)** 채무자가 채권자의 상대의무이행과 동시에 변제할 경우에는 채권자는 그 의무이행을 하지 아니하면 공탁물을 수령하지 못한다.

⑤ [○] 채무의 일부 변제제공은 채무의 본지에 따른 이행의 제공이라 할 수 없고 이행제공의 효력이 발생할 수 없는 것이어서 그 채무의 일부를 공탁했다 하더라도 변제의 효력이 발생할 수 없다(대판 1984.9.11, 84다카781 등).

제3절 | 상계

Ⅰ. 의의
Ⅱ. 요건

010 상계가 허용되는 경우는? (다툼이 있으면 판례에 따름) 16 노무사

① 수동채권이 고의의 불법행위로 인한 손해배상청구권인 경우
② 자동채권에 조건 미성취의 항변권이 붙어 있는 경우
③ 자동채권의 변제기가 도래하지 않는 경우
④ 수동채권이 압류금지 채권인 경우
⑤ 자동채권과 수동채권이 이행지가 다른 경우

해설 답 ⑤

① [×] 채무가 고의의 불법행위로 인한 것인 때에는 그 채무자는 상계로 채권자에게 대항하지 못한다(제496조).
② [×] 항변권이 붙어 있는 채권을 자동채권으로 하여 다른 채무(수동채권)와의 상계를 허용한다면 상계자 일방의 의사표시에 의하여 상대방의 항변권 행사의 기회를 상실시키는 결과가 되므로 그러한 상계는 허용될 수 없다(대판 2001.11.13, 2001다55222).
③ [×] 자동채권은 반드시 변제기에 있어야 한다. 변제기가 도래하지 않은 채권을 자동채권으로 상계하는 것을 허용한다면, 상대방은 이유 없이 기한의 이익을 상실하게 되기 때문이다. 그러나 수동채권은 반드시 변제기가 도래할 필요가 없다. 상계자는 기한을 포기하고 이행기 전에 변제할 수 있기 때문이다. 다만, 이행기 전의 상계로 상대방에게 손해가 있는 경우에는 그 손해를 배상하여야 한다.
④ [×] 수동채권이 압류될 수 없는 것인 때에는 그 채무자는 상계로 채권자에게 대항하지 못한다. 즉 압류금지채권을 수동채권으로 하여 상계하지 못한다. 그러나 압류금지의 채권을 자동채권으로 하는 상계는 허용된다.
⑤ [○] 각 채무의 이행지가 다른 경우에도 상계할 수 있다. 그러나 상계하는 당사자는 상대방에게 상계로 인한 손해를 배상하여야 한다(제494조).

011 상계에 관한 설명으로 옳지 않은 것은? (다툼이 있으면 판례에 따름)

① 채무의 이행지가 서로 다른 채권은 상계할 수 없다.
② 지급을 금지하는 명령을 받은 제3채무자는 그 후에 취득한 채권에 의한 상계로 그 명령을 신청한 채권자에게 대항하지 못한다.
③ 채권이 압류하지 못할 것인 때에는 그 채무자는 상계로 채권자에게 대항하지 못한다.
④ 소멸시효가 완성된 채권이 그 완성 전에 상계할 수 있었던 것이면 채권자는 상계할 수 있다.
⑤ 쌍방의 채무자 상계적상에 있었으나 상계 의사표시를 않는 동안에 일방의 채무가 변제로 소멸한 후에는 상계할 수 없다.

해설

답 ①

① [×] 제494조(이행지를 달리하는 채무의 상계) 각 채무의 이행지가 다른 경우에도 상계할 수 있다. 그러나 상계하는 당사자는 상대방에게 상계로 인한 손해를 배상하여야 한다.

② [○] 제498조(지급금지채권을 수동채권으로 하는 상계의 금지) 지급을 금지하는 명령을 받은 제3채무자는 그 후에 취득한 채권에 의한 상계로 그 명령을 신청한 채권자에게 대항하지 못한다.

③ [○] 제497조(압류금지채권을 수동채권으로 하는 상계의 금지) 채권이 압류하지 못할 것인 때에는 그 채무자는 상계로 채권자에게 대항하지 못한다.

④ [○] 제495조(소멸시효완성 된 채권에 의한 상계) 소멸시효가 완성된 채권이 그 완성 전에 상계할 수 있었던 것이면 그 채권자는 상계할 수 있다.

⑤ [○] 쌍방의 채권은 상계의 의사표시를 할 당시에 유효하게 현존하여야 한다. 두 채권 가운데 한쪽이 부존재 또는 무효인 때에는 상계가 불가능하고, 일단 상계적상에 있었던 경우에도 상계를 하지 않고 있는 동안에 한쪽의 채권이 변제, 계약해제 등의 사유로 소멸한 때에는 상계가 불가능하다.

012 채권의 소멸에 관한 설명으로 옳지 않은 것은? (다툼이 있으면 판례에 따름)   23 변리사

① 채무자가 채무액 일부를 지급하면서 이자 아닌 원본에 충당할 것을 지정하고 채권자가 이를 이의 없이 수령하여 묵시적 합의가 인정되는 때에는 지급된 금전은 원본에 충당된다.
② 원금채무는 소멸시효가 완성되지 않았으나 이자채무는 소멸시효가 완성된 상태에서 채무자가 변제충당을 지정하지 않고 채무의 일부를 변제한 때에는 특별한 사정이 없는 한 이자채무에 먼저 충당된다.
③ 상계가 금지되는 채권이라고 하더라도 압류금지채권에 해당하지 않는 한 강제집행에 의한 전부명령의 대상이 될 수 있다.
④ 피용자의 고의의 불법행위로 인하여 사용자책임이 성립하는 경우, 사용자는 자신의 고의가 없음을 주장하여 피해자의 손해배상채권을 수동채권으로 하는 상계권을 행사할 수 있다.
⑤ 소멸시효가 완성된 채권이 그 완성 전에 상계할 수 있었던 것이면 채권자는 그 채권을 자동채권으로 하여 상계할 수 있다.

해설   답 ④

① [○] 비용, 이자, 원본에 대한 변제충당에 있어서는 민법 제479조에 그 충당 순서가 법정되어 있고 지정 변제충당에 관한 민법 제476조는 준용되지 않으므로 원칙적으로 비용, 이자, 원본의 순서로 충당하여야 하고, 채무자는 물론 채권자라 할지라도 위 법정 순서와 다르게 일방적으로 충당의 순서를 지정할 수는 없다. 그러나 당사자 사이에 특별한 합의가 있는 경우이거나 당사자의 일방적인 지정에 대하여 상대방이 지체 없이 이의를 제기하지 아니함으로써 묵시적인 합의가 되었다고 보이는 경우에는 그 법정충당의 순서와는 달리 충당의 순서를 인정할 수 있다(대판 2009.6.11, 2009다12399).

② [○] 원금채무에 관하여는 소멸시효가 완성되지 아니하였으나 이자채무에 관하여는 소멸시효가 완성된 상태에서 채무자가 채무를 일부 변제한 때에는 액수에 관하여 다툼이 없는 한 원금채무에 관하여 묵시적으로 승인하는 한편 이자채무에 관하여 시효완성의 사실을 알고 그 이익을 포기한 것으로 추정되며, 채무자의 변제가 채무 전체를 소멸시키지 못하고 당사자가 변제에 충당할 채무를 지정하지 아니한 때에는 민법 제479조, 제477조에 따른 법정변제충당의 순서에 따라 충당되어야 한다(대판 2013.5.23, 2013다12464).

③ [○] 상계가 금지되는 채권이라고 하더라도 압류금지채권에 해당하지 않는 한 강제집행에 의한 전부명령의 대상이 될 수 있다(대결 2017.8.21, 2017마499).

④ [✕] 민법 제756조에 의한 사용자의 손해배상책임은 피용자의 배상책임에 대한 대체적 책임이고, 같은 조 제1항에서 사용자가 피용자의 선임 및 그 사무감독에 상당한 주의를 한 때 또는 상당한 주의를 하여도 손해가 있을 경우에는 책임을 면할 수 있도록 규정함으로써 사용자책임에서 사용자의 과실은 직접의 가해행위가 아닌 피용자의 선임·감독에 관련된 것으로 해석되는 점에 비추어 볼 때, 피용자의 고의의 불법행위로 인하여 사용자책임이 성립하는 경우에 민법 제496조의 적용을 배제하여야 할 이유가 없으므로 사용자책임이 성립하는 경우 사용자는 자신의 고의의 불법행위가 아니라는 이유로 민법 제496조의 적용을 면할 수는 없다(대판 2006.10.26, 2004다63019).

⑤ [○] 제495조(소멸시효완성 된 채권에 의한 상계) 소멸시효가 완성된 채권이 그 완성 전에 상계할 수 있었던 것이면 그 채권자는 상계할 수 있다.

013 상계에 관한 설명으로 옳은 것은? (다툼이 있으면 판례에 따름)   22 노무사

① 고의의 불법행위로 인하여 손해배상채무를 부담하는 자는 그 채무를 수동채권으로 하여 상계하지 못한다. 다만, 상대방의 기망행위로 소비대차계약을 체결한 자가 불법행위로 인한 손해배상청구를 하지 아니하고 계약상 채권에 따른 대여금 및 이자 등의 지급을 구하는 경우에는 민법 제496조가 유추적용될 수 없다고 보아야 한다.
② 자동채권의 변제기는 도래하였으나 수동채권의 변제기가 도래하지 않은 경우에는 상계를 할 수 없다.
③ 채권자가 주채무자에 대하여 상계적상에 있는 자동채권을 상계하지 않는 경우, 보증채무자는 이를 이유로 보증한 채무의 이행을 거부할 수 있다.
④ 채무자는 채권양도를 승낙한 후에도 양도인에 대한 채권을 새로 취득한 경우에 이를 가지고 양수인에 대하여 상계할 수 있다.
⑤ 벌금형이 확정된 경우, 그 벌금채권은 상계의 자동채권이 될 수 없다.

해설
답 ①

① [O] **제496조(불법행위채권을 수동채권으로 하는 상계의 금지)** 채무가 고의의 불법행위로 인한 것인 때에는 그 채무자는 상계로 채권자에게 대항하지 못한다.

② [X] 자동채권은 반드시 변제기에 있어야 한다. 변제기가 도래하지 않은 채권을 자동채권으로 상계하는 것을 허용한다면, 상대방은 이유 없이 기한의 이익을 상실하게 되기 때문이다. 그러나 수동채권은 반드시 변제기가 도래할 필요가 없다. 상계자는 기한을 포기하고 이행기 전에 변제할 수 있기 때문이다.

③ [X] 상계는 단독행위로서 상계를 하는 여부는 채권자의 의사에 따르는 것이고 상계적상에 있는 자동채권이 있다 하여 반드시 상계를 하여야 할 것은 아니므로 채권자가 주채무자에 대하여 상계적상에 있는 자동채권을 상계처리하지 아니하였다 하여 이를 이유로 보증채무자가 신용보증한 채무의 이행을 거부할 수 없으며 나아가 보증채무자의 책임이 면책되는 것도 아니다(대판 1987.5.12, 86다카1340; 대판 2018.9.13, 2015다209347).

④ [X] **제451조(승낙, 통지의 효과)** ① 채무자가 이의를 보류하지 아니하고 전조의 승낙을 한 때에는 양도인에게 대항할 수 있는 사유로써 양수인에게 대항하지 못한다. 그러나 채무자가 채무를 소멸하게 하기 위하여 양도인에게 급여한 것이 있으면 이를 회수할 수 있고 양도인에 대하여 부담한 채무가 있으면 그 성립되지 아니함을 주장할 수 있다.

⑤ [X] 상계는 쌍방이 서로 상대방에 대하여 같은 종류의 급부를 목적으로 하는 채권을 가지고 자동채권의 변제기가 도래하였을 것을 그 요건으로 하는 것인데, 형벌의 일종인 벌금도 일정 금액으로 표시된 추상적 경제가치를 급부목적으로 하는 채권인 점에서는 다른 금전채권들과 본질적으로 다를 것이 없고, 다만 발생의 법적 근거가 공법관계라는 점에서만 차이가 있을 뿐이나 채권 발생의 법적 근거가 무엇인지는 급부의 동종성을 결정하는 데 영향이 없으며, 벌금형이 확정된 이상 벌금채권의 변제기는 도래한 것이므로 달리 이를 금하는 특별한 법률상 근거가 없는 이상 벌금채권은 적어도 상계의 자동채권이 되지 못할 아무런 이유가 없다(대판 2004.4.27, 2003다37891).

* 고의의 불법행위로 체결된 소비대차계약에 기한 대여금채권을 수동채권으로 한 상계 허용 여부가 문제된 사건(대판 2024.8.1, 2024다204696)

[1] 민사법의 실정법 조항의 문리해석 또는 논리해석만으로는 현실적인 법적 분쟁을 해결할 수 없거나 사회적 정의관념에 현저히 반하게 되는 결과가 초래되는 경우에는 법원이 실정법의 입법정신을 살려 법적 분쟁을 합리적으로 해결하고 정의관념에 적합한 결과를 도출할 수 있도록 유추적용을 할 수 있다. 법률의 유추적용은 법률의 흠결을 보충하는 것으로 법적 규율이 없는 사안에 대하여 그와 유사한 사안에 관한 법규범을 적용하는 것이다. 이러한 유추를 위해서는 법적 규율이 없는 사안과 법적 규율이 있는 사안 사이에 공통점 또는 유사점이 있어야 한다. 그러나 이것만으로 유추적용을 긍정할 수는 없다. 법규범의 체계, 입법 의도와 목적 등에 비추어 유추적용이 정당하다고 평가되는 경우에 비로소 유추적용을 인정할 수 있다.

[2] 민법 제496조는 "채무가 고의의 불법행위로 인한 것인 때에는 그 채무자는 상계로 채권자에게 대항하지 못한다."라고 정하고 있다. 이는 보복적 불법행위의 가능성을 줄이고 불법행위의 피해자는 현실적으로 변제받도록 하는 한편, 상계 금지라는 불이익을 부과하여 고의의 불법행위자를 제재함으로써 장차 그러한 불법행위를 억지하기 위한 것으로서, 불법행위의 피해자는 보호하고 가해자는 제재한다는 사회적 정의관념이 상계 제도에 반영된 규정이다. 이 규정은 고의의 불법행위로 인한 손해배상채권을 수동채권으로 한 상계에 관한 것이므로 그 외의 채권을 수동채권으로 한 상계에는 적용되지 않는다. 다만 고의의 불법행위가 동시에 채무불이행을 구성함으로써 하나의 행위에 기초하여 두 개의 손해배상채권이 발생하여 경합하는 경우나 고의의 불법행위가 동시에 부당이득 원인을 구성함으로써 하나의 원인에 기초하여 두 개의 청구권이 발생하여 경합하는 경우 등 상계 금지의 취지에 비추어 볼 때 수동채권이 실질적으로 고의의 불법행위로 인한 채권과 마찬가지라고 평가할 수 있는 때에는 민법 제496조가 유추적용될 수 있다.

[3] 상대방의 기망행위로 소비대차계약을 체결한 자가 불법행위로 인한 손해배상청구를 하지 아니하고 계약상 채권에 따른 대여금 및 이자 등의 지급을 구하는 경우에는 민법 제496조가 유추적용될 수 없다고 보아야 한다. 계약상 채권은 상대방의 기망행위가 아니라 쌍방 사이의 계약에 기초하여 발생하는 권리이고, 그 급부의 이행으로 지향하는 경제적 이익이 불법행위로 인한 손해배상채권과 동일하여 양자가 경합하는 관계에 있다고 보기도 어려우며, 달리 민법 제496조가 정한 상계 금지의 취지에 비추어 계약상 채권이 실질적으로 고의의 불법행위로 인한 채권과 마찬가지라고 평가할 만한 사정도 없기 때문이다.

Ⅲ. 효과

014 甲의 乙에 대한 5천만 원의 A채권(변제기 2016.2.8.)과 乙의 甲에 대한 3천만 원의 B채권(변제기 2016.5.8.)이 있다. 이에 관한 설명으로 옳지 않은 것은? (다툼이 있으면 판례에 따름)

17 노무사

① 乙은 B채권으로 2016.5.8. 이후 A채권과 상계할 수 있다.
② 乙의 甲에 대한 상계의 의사표시가 2016.7.20. 도달하였다면, 도달한 날을 기준으로 두 채권은 대등액의 범위 내에서 소멸한다.
③ B채권이 임금채권인 경우, 특별한 사유가 존재하지 않는 한 甲은 A채권으로 B채권과 상계하지 못한다.
④ B채권이 甲의 고의의 불법행위에 의한 손해배상채권인 경우, 甲은 A채권으로 상계 할 수 없으나 乙은 B채권으로 상계할 수 있다.
⑤ 丙의 A채권에 대한 가압류신청에 따른 가압류명령이 2016.4.15. 乙에게 송달된 후, 乙은 B채권으로 가압류된 A채권을 상계하여 丙에게 대항할 수 없다.

해설

답 ②

① [○] 자동채권은 반드시 변제기에 있어야 한다. 변제기가 도래하지 않은 채권을 자동채권으로 상계하는 것을 허용한다면, 상대방은 이유 없이 기한의 이익을 상실하게 되기 때문이다. 그러나 수동채권은 반드시 변제기가 도래할 필요가 없다. 상계자는 기한을 포기하고 이행기 전에 변제할 수 있기 때문이다. 사례에서 B채권(자동채권)의 변제기(2016.5.8.) 이후에는 상계할 수 있다.

② [×] **제493조(상계의 방법, 효과)** ② 상계의 의사표시는 각 채무가 상계할 수 있는 때에 대등액에 관하여 소멸한 것으로 본다.

즉, 상계의 의사표시를 한 때가 아니라 상계할 수 있는 때(상계적상이 생긴 때)에 소급하여 자동채권과 수동채권은 대등액에 관하여 소멸한다. 그러므로 자동채권(B채권)의 변제기(2016.5.8.)에 소급해서 대등액에 관하여 소멸한다.

③ [○] 수동채권이 압류될 수 없는 것인 때에는 그 채무자는 상계로 채권자에게 대항하지 못한다. 즉 압류금지채권[1]을 수동채권으로 하여 상계하지 못한다. 그러나 압류금지의 채권을 자동채권으로 하는 상계는 허용된다. 즉 사례에서 甲이 상계를 하면 B채권이 수동채권이므로 상계하지 못한다.

④ [○] **제496조(불법행위채권을 수동채권으로 하는 상계의 금지)** 채무가 고의의 불법행위로 인한 것인 때에는 그 채무자는 상계로 채권자에게 대항하지 못한다.

즉, 불법행위채권(A채권)을 乙(피해자)이 자동채권으로 B채권(수동채권)과 상계하는 것은 허용된다.

⑤ [○] 가압류 명령을 받은 제3채무자가 가압류채무자에 대한 반대채권(=자동채권)을 가지고 있는 경우에 가압류채권자에게 상계로써 대항하기 위하여는 가압류의 효력발생 당시에 양 채권이 상계적상에 있거나 반대채권(=자동채권)이 압류당시 변제기에 달하지 아니한 경우에는 피압류채권인 수동채권의 변제기와 동시에 또는 그 보다 먼저 변제기에 도달하는 경우이어야 한다(대판 1987.7.7, 86다카2762; 대판 2012.2.16, 2011다45521 전합).

---

[1] 압류금지채권은 법령에 규정된 부양료 및 유족부조료, 구호사업이나 제3자의 도움으로 계속 받는 수입, 병사의 급료, 급료, 연금, 봉급, 상여금, 퇴직연금 그 밖에 이와 비슷한 성질을 가진 급여채권의 2분의 1에 해당하는 금액을 말한다(민사집행법 제246조 제1항).

015 채권의 소멸에 관한 설명으로 옳지 않은 것을 모두 고른 것은? (다툼이 있으면 판례에 따름)

24 변리사

> ㄱ. 법정변제충당의 순위를 정함에 있어서 변제의 유예가 있는 채무에 대하여는 유예기까지 변제기가 도래하지 않은 것과 같게 보아야 한다.
> ㄴ. 채권자의 태도로 보아 채무자가 채무의 이행제공을 하였더라도 그 수령을 거절하였을 것이 명백한 경우에도 채무자는 이행의 제공을 하지 않고 바로 변제 공탁할 수는 없다.
> ㄷ. 변제공탁이 적법한 경우에는 채권자가 공탁물 출급청구를 하였는지와 관계없이 공탁을 한 때에 변제의 효력이 발생하지만, 그 후 공탁물 출급청구권에대하여 가압류 집행이 된 경우에는 변제의 효력이 발생하지 아니한다.
> ㄹ. 매도인의 담보책임을 기초로 한 손해배상채권의 제척기간이 지난 경우, 매수인은 그 제척기간이 지나기 전에 상계할 수 있었을지라도 그 손해배상채권을 자동채권으로 해서 매도인의 채권과 상계할 수 없다.

① ㄱ, ㄴ
② ㄷ, ㄹ
③ ㄱ, ㄴ, ㄷ
④ ㄱ, ㄷ, ㄹ
⑤ ㄴ, ㄷ, ㄹ

해설
답 ⑤

ㄱ. [O] 법정변제충당의 순위를 정함에 있어서 변제의 유예가 있는 채무에 대하여는 유예기까지 변제기가 도래하지 않은 것과 같게 보아야 한다(대판 1999.8.24, 99다22281).

ㄴ. [×] 채권자의 태도로 보아 채무자가 설사 채무의 이행제공을 하였더라도 그 수령을 거절하였을 것이 명백한 경우에는 채무자는 이행의 제공을 하지 않고 바로 변제공탁할 수 있다(대판 1994.8.26, 93다42276).

ㄷ. [×] 변제공탁이 적법한 경우에는 채권자가 공탁물 출급청구를 하였는지와 관계없이 공탁을 한 때에 변제의 효력이 발생하고, 그 후 공탁물 출급청구권에 대하여 가압류 집행이 되더라도 변제의 효력에 영향을 미치지 아니한다(대판 2011.12.13, 2011다11580).

ㄹ. [×] 민법 제495조는 "소멸시효가 완성된 채권이 그 완성 전에 상계할 수 있었던 것이면 그 채권자는 상계할 수 있다."라고 정하고 있다. 이는 당사자 쌍방의 채권이 상계적상에 있었던 경우에 당사자들은 채권·채무관계가 이미 정산되어 소멸하였거나 추후에 정산될 것이라고 생각하는 것이 일반적이라는 점을 고려하여 당사자들의 신뢰를 보호하기 위한 것이다. 매도인이나 수급인의 담보책임을 기초로 한 매수인이나 도급인의 손해배상채권의 제척기간이 지난 경우에도 민법 제495조를 유추적용해서 매수인이나 도급인이 상대방의 채권과 상계할 수 있는지 문제된다. 매도인의 담보책임을 기초로 한 매수인의 손해배상채권 또는 수급인의 담보책임을 기초로 한 도급인의 손해배상채권이 각각 상대방의 채권과 상계적상에 있는 경우에 당사자들은 채권·채무관계가 이미 정산되었거나 정산될 것으로 기대하는 것이 일반적이므로, 그 신뢰를 보호할 필요가 있다. 이러한 손해배상채권의 제척기간이 지난 경우에도 그 기간이 지나기 전에 상대방에 대한 채권·채무관계의 정산 소멸에 대한 신뢰를 보호할 필요성이 있다는 점은 소멸시효가 완성된 채권의 경우와 아무런 차이가 없다. 따라서 매도인이나 수급인의 담보책임을 기초로 한 손해배상채권의 제척기간이 지난 경우에도 제척기간이 지나기 전 상대방의 채권과 상계할 수 있었던 경우에는 매수인이나 도급인은 민법 제495조를 유추적용해서 위 손해배상채권을 자동채권으로 해서 상대방의 채권과 상계할 수 있다고 봄이 타당하다(대판 2019.3.14, 2018다255648).

제4절 | 기타 채권의 소멸원인

Ⅰ. 경개

016 경개에 관한 설명으로 옳은 것은? (다툼이 있으면 판례에 따름)

① 채무의 중요부분의 변경이 있다면 경개의사가 없더라도 경개계약은 성립한다.
② 채무자변경의 경개계약은 구채무자의 의사에 반하더라도 채권자와 신채무자간의 합의로 유효하게 성립한다.
③ 경개로 인한 신채무가 원인의 불법 또는 당사자가 알지 못하는 사유로 성립하지 않거나 취소되더라도 구채무는 부활하지 않는다.
④ 경개에 의하여 성립된 신채무가 이행되지 않을 때에는 채무불이행을 이유로 경개계약을 해제할 수 있다.
⑤ 경개계약의 성립 후에 그 계약을 합의해제하여 구채권을 부활시키는 것은 적어도 당사자 사이에서는 가능하다.

해설
답 ⑤

① [×] 경개란 당사자가 채무의 중요부분을 변경함으로써 신채무를 성립시키는 동시에 구채무를 소멸케 하는 계약이다(제500조). 그런데 기존채권이 제3자에게 이전된 경우 이를 채권의 양도로 볼 것인가 또는 경개로 볼 것인가 그리고 기존 채권·채무의 당사자가 그 목적물을 소비대차의 목적으로 할 것을 약정한 경우 그 약정을 경개로 볼 것인가 또는 준소비대차로 볼 것인가는 1차적으로 당사자의 의사에 의하여 결정되고, 당사자의 의사가 명백하지 않을 때에는 의사해석의 문제이나, 특별한 사정이 없는 한 동일성을 상실함으로써 채권자가 담보를 잃고 채무자가 항변권을 잃게 되는 것과 같이 스스로 불이익을 초래하는 의사를 표시하였다고는 볼 수 없으므로 일반적으로 채권의 양도(대판 1996.7.9, 96다16612) 그리고 준소비대차로 볼 것이다(대판 1989.6.27, 89다카2957; 대판 2003.9.26, 2002다31803·31810; 대판 2006.12.22, 2004다37669). 따라서 채무의 중요부분의 변경이 있다 하더라도 경개의사가 없는 한 경개계약이 성립할 수 없다.
② [×] 채무자의 변경으로 인한 경개는 채권자와 신채무자간의 계약으로 이를 할 수 있다. 그러나 구채무자의 의사에 반하여 이를 하지 못한다(제501조).
③ [×] 경개계약은 구채무를 소멸시키고 신채무를 성립시키는 처분행위로서 구채무의 소멸은 신채무의 성립에 의존하므로, 경개로 인한 신채무가 원인의 불법 또는 당사자가 알지 못한 사유로 인하여 성립하지 아니하거나 취소된 때에는 구채무는 소멸하지 않는 것(제504조)이며, 특히 경개계약에 조건이 붙어 있는 이른바 조건부 경개의 경우에는 구채무의 소멸과 신채무의 성립 자체가 그 조건의 성취 여부에 걸려 있게 된다(대판 2007.11.15, 2005다31316).
④ [×] 경개계약은 신채권을 성립시키고 구채권을 소멸시키는 처분행위로서 신채권이 성립되면 그 효과는 완결되고 경개계약 자체의 이행의 문제는 발생할 여지가 없으므로 경개에 의하여 성립된 신채무의 불이행을 이유로 경개계약을 해제할 수는 없다(대판 2003.2.11, 2002다62333; 대판 1980.11.11, 80다2050).
⑤ [○] 계약자유의 원칙상 경개계약의 성립 후에 그 계약을 합의해제하여 구채권을 부활시키는 것은 적어도 당사자 사이에서는 가능하다(대판 2003.2.11, 2002다62333).

017 채권의 소멸에 관한 설명으로 옳지 않은 것은? (다툼이 있으면 판례에 따름) 24 노무사

① 변제공탁은 채권자의 수익의 의사표시 여부와 상관없이 공탁공무원의 수탁처분과 공탁물보관자의 공탁물수령으로 그 효력이 발생한다.
② 기존 채권·채무의 당사자가 그 목적물을 소비대차의 목적으로 할 것을 약정한 경우, 당사자의 의사가 명백하지 않을 때에는 특별한 사정이 없는 한 그 약정은 경개가 아닌 준소비대차로 보아야 한다.
③ 벌금형이 확정된 이상 벌금채권의 변제기는 도래한 것이므로 법률상 이를 금지할 근거가 없는 한 벌금채권은 상계의 자동채권이 될 수 있다.
④ 상계로 인한 채무소멸의 효력은 소멸한 채무 전액에 관하여 다른 부진정연대채무자에 대하여도 미치며, 이는 부진정연대채무자 중 1인이 채권자와 상계계약을 체결한 경우에도 마찬가지이다.
⑤ 손해배상채무가 중과실에 의한 불법행위로 발생한 경우, 그 채무자는 이를 수동채권으로 하는 상계로 채권자에게 대항하지 못한다.

해설
답 ⑤

① [O] 변제제공은 공탁공무원의 수탁처분과 공탁물보관자의 공탁물수령으로 그 효력이 발생하여 채무소멸의 효과를 가져 오는 것이고, 채권자에 대한 공탁통지나 채권자의 수령의 의사표시가 있는 때에 공탁의 효력이 생기는 것이 아니다(대판 1972.5.15, 72마401).
② [O] 준소비대차는 당사자 쌍방이 소비대차에 의하지 아니하고 금전 기타의 대체물을 지급할 의무가 있는 경우에 당사자가 그 목적물을 소비대차의 목적으로 할 것을 약정한 때에 성립하는 것으로서, 기존채무를 소멸케 하고 신채무를 성립시키는 계약인 점에 있어서는 경개와 동일하지만 경개에 있어서는 기존채무와 신채무 사이에 동일성이 없는 반면, 준소비대차에 있어서는 원칙적으로 동일성이 인정된다는 점에 차이가 있고, 기존채권, 채무의 당사자가 그 목적물을 소비대차의 목적으로 할 것을 약정한 경우 그 약정을 경개로 볼 것인가 또는 준소비대차로 볼 것인가는 일차적으로 당사자의 의사에 의하여 결정되고, 만약 당사자의 의사가 명백하지 않을 때에는 특별한 사정이 없는 한 동일성을 상실함으로써 채권자가 담보를 잃고 채무자가 항변권을 잃게 되는 것과 같이 스스로 불이익을 초래하는 의사를 표시하였다고는 볼 수 없으므로 일반적으로 준소비대차로 보아야 하지만, 신채무의 성질이 소비대차가 아니거나 기존채무와 동일성이 없는 경우에는 준소비대차로 볼 수 없다(대판 2003.9.26, 2002다31803).
③ [O] 상계는 쌍방이 서로 상대방에 대하여 같은 종류의 급부를 목적으로 하는 채권을 가지고 자동채권의 변제기가 도래하였을 것을 그 요건으로 하는 것인데, 형벌의 일종인 벌금도 일정 금액으로 표시된 추상적 경제가치를 급부목적으로 하는 채권인 점에서는 다른 금전채권들과 본질적으로 다를 것이 없고, 다만 발생의 법적 근거가 공법관계라는 점에서만 차이가 있을 뿐이나 채권 발생의 법적 근거가 무엇인지는 급부의 동종성을 결정하는 데 영향이 없으며, 벌금형이 확정된 이상 벌금채권의 변제기는 도래한 것이므로 달리 이를 금하는 특별한 법률상 근거가 없는 이상 벌금채권은 적어도 상계의 자동채권이 되지 못할 아무런 이유가 없다(대판 2004.4.27, 2003다37891).
④ [O] 부진정연대채무자 중 1인이 자신의 채권자에 대한 반대채권으로 상계를 한 경우에도 채권은 변제, 대물변제, 또는 공탁이 행하여진 경우와 동일하게 현실적으로 만족을 얻어 그 목적을 달성하는 것이므로, 그 상계로 인한 채무소멸의 효력은 소멸한 채무 전액에 관하여 다른 부진정연대채무자에 대하여도 미친다고 보아야 한다. 이는 부진정연대채무자 중 1인이 채권자와 상계계약을 체결한 경우에도 마찬가지이다. 나아가 이러한 법리는 채권자가 상계 내지 상계계약이 이루어질 당시 다른 부진정연대채무자의 존재를 알았는지 여부에 의하여 좌우되지 아니한다(대판 2010.9.16, 2008다97218 전합).
⑤ [X] <u>고의의 불법행위에 의한 손해배상채권에 대한 상계금지를 중과실의 불법행위에 의한 손해배상채권에까지 유추 또는 확장적용하여야 할 필요성이 있다고 할 수 없다</u>(대판 1994.8.12, 93다52808).

Ⅱ. 면제
Ⅲ. 혼동

018 준소비대차와 경개, 혼동에 관한 설명으로 옳지 않은 것은? (다툼이 있으면 판례에 따름)

① 준소비대차계약의 당사자는 기초가 되는 기존 채무의 당사자이어야 하고, 기존 채무가 소비대차일 경우에도 성립한다.
② 현실적인 자금의 수수 없이 형식적으로만 신규 대출을 하여 기존 채무를 변제하는 이른바 대환이 있었던 사안에서 그 대환의 성질이 준소비대차로 인정되는 경우에는 특별한 사정이 없는 한 기존 채무에 대한 보증책임이 소멸한다.
③ 경개로 인한 신채무가 원인의 불법 또는 당사자가 알지 못한 사유로 인하여 성립되지 아니하거나 취소된 때에는 구채무는 소멸되지 아니한다.
④ 경개에 의하여 성립된 신채무의 불이행을 이유로 경개계약을 해제할 수는 없다.
⑤ 토지를 乙에게 명의신탁하고 장차의 소유권이전의 청구권 보전을 위하여 자신의 명의로 가등기를 경료 한 甲이 이후 乙의 가등기에 기한 본등기 절차의 이행의무를 인수한 경우, 甲의 가등기에 기한 본등기청구권은 혼동으로 인하여 소멸한다.

해설
답 ②

① [○] 준소비대차는 소비대차에 의하지 아니하고 금전 기타의 대체물을 지급할 의무가 있는 경우에 당사자가 그 목적물을 소비대차의 목적물로 할 것을 약정함으로써 당사자 사이에 소비대차의 효력이 생기는 것을 말하는 것으로서 기존 채무의 당사자가 그 채무의 목적물을 소비대차의 목적물로 한다는 합의를 할 것을 요건으로 하므로 준소비대차계약의 당사자는 기초가 되는 기존 채무의 당사자이어야 한다(대판 2002.12.6, 2001다2846).
② [×] 현실적인 자금의 수수 없이 형식적으로만 신규 대출을 하여 기존 채무를 변제하는 이른바 대환은 특별한 사정이 없는 한 형식적으로는 별도의 대출에 해당하나, 실질적으로는 기존 채무의 변제기 연장에 불과하므로, 그 법률적 성질은 기존 채무가 여전히 동일성을 유지한 채 존속하는 준소비대차로 보아야 하고, 이러한 경우 채권자와 보증인 사이에 사전에 신규 대출 형식에 의한 대환을 하는 경우 보증책임을 면하기로 약정하는 등의 특별한 사정이 없는 한 기존 채무에 대한 보증책임이 존속된다(대판 2002.10.11, 2001다7445).
③ [○] 제504조(구채무불소멸의 경우) 경개로 인한 신채무가 원인의 불법 또는 당사자가 알지 못한 사유로 인하여 성립되지 아니하거나 취소된 때에는 구채무는 소멸되지 아니한다.
④ [○] 경개계약은 신채권을 성립시키고 구채권을 소멸시키는 처분행위로서 신채권이 성립되면 그 효과는 완결되고 경개계약 자체의 이행의 문제는 발생할 여지가 없으므로 경개에 의하여 성립된 신채무의 불이행을 이유로 경개계약을 해제할 수는 없다(대판 2003.2.11, 2002다62333; 대판 1980.11.11, 80다2050).
⑤ [○] 가등기를 경료 한 가등기권자가 그 가등기와는 상관없이 소유권이전등기를 넘겨받은 경우, 그 가등기에 기한 본등기 절차의 이행을 구할 수 있다(대판 1995.12.26, 95다29888). 즉 토지를 乙에게 명의신탁하고 장차의 소유권이전의 청구권 보전을 위하여 자신의 명의로 가등기를 경료 한 甲이 乙에 대하여 가지는 가등기에 기한 본등기청구권은 채권으로서, 甲이 乙을 상속하거나 乙의 가등기에 기한 본등기 절차 이행의 의무를 인수하지 아니하는 이상, 甲이 가등기에 기한 본등기 절차에 의하지 아니하고 乙로부터 별도의 소유권이전등기를 경료받았다고 하여 혼동의 법리에 의하여 甲의 가등기에 기한 본등기청구권이 소멸하는 것은 아니다.

해커스 법아카데미
law.Hackers.com

해커스노무사
김춘환 민법
객관식 기출문제집

제3편

채권각칙

제1장 계약총칙
제2장 계약각칙
제3장 사무관리와 부당이득
제4장 불법행위

제1장 계약총칙

제1절 | 계약의 성립

Ⅰ. 청약과 승낙의 합치 - 계약의 성립
Ⅱ. 의사실현에 의한 계약 성립
Ⅲ. 교차 청약에 의한 계약 성립

001 계약의 성립에 관한 설명으로 옳지 않은 것은? 　　　　15 노무사

① 승낙자가 청약에 대해 그 일부만을 승낙할 경우 그 청약을 거절하고 새로운 청약을 한 것으로 본다.
② 청약자는 연착된 승낙을 새로운 청약으로 보아 그에 대하여 승낙함으로써 계약을 성립시킬 수 있다.
③ 승낙기간을 정한 계약의 청약은 청약자가 그 기간 내에 승낙의 통지를 받지 못한 때에는 그 효력을 잃는다.
④ 당사자 간에 동일한 내용의 청약이 상호 교차된 경우에 양 청약이 상대방에게 도달한 때에 계약이 성립한다.
⑤ 격지자간의 계약은 승낙의 통지가 상대방에게 도달한 때에 성립한다.

> **해설**　　　　답 ⑤
>
> ① [○] 제534조(변경을 가한 승낙) 승낙자가 청약에 대하여 조건을 붙이거나 변경을 가하여 승낙한 때에는 그 청약의 거절과 동시에 새로 청약한 것으로 본다.
>
> ② [○] 제530조(연착된 승낙의 효력) 전2조의 경우에 연착된 승낙은 청약자가 이를 새 청약으로 볼 수 있다.
>
> ③ [○] 제529조(승낙기간을 정하지 아니한 계약의 청약) 승낙의 기간을 정하지 아니한 계약의 청약은 청약자가 상당한 기간 내에 승낙의 통지를 받지 못한 때에는 그 효력을 잃는다.
>
> ④ [○] 제533조(교차청약) 당사자 간에 동일한 내용의 청약이 상호교차된 경우에는 양청약이 상대방에게 도달한 때에 계약이 성립한다.
>
> ⑤ [×] 제531조(격지자간의 계약 성립 시기) 격지자간의 계약은 승낙의 통지를 발송한 때에 성립한다.

002 청약과 승낙에 관한 설명으로 옳은 것은? 16 노무사

① 청약과 승낙의 의사표시는 특정인에 대해서만 가능하다.
② 승낙자가 청약에 변경을 가하지 않고 조건만을 붙여 승낙한 경우에는 계약이 성립된다.
③ 청약자는 청약이 상대방에게 도달하기 전에는 임의로 이를 철회할 수 있다.
④ 당사자 간에 동일한 내용의 청약이 상호교차된 경우에는 양 청약의 통지가 상대방에게 발송된 때에 계약이 성립한다.
⑤ 승낙의 기간을 정한 청약은 승낙자가 그 기간 내에 승낙의 통지를 발송하지 아니한 때에는 그 효력을 잃는다.

해설
답 ③

① [×] 청약의 의사표시는 상대방 있는 의사표시이지만, 상대방은 반드시 청약 당시에 특정되어 있을 필요도 없다. 따라서 불특정다수인에 대한 청약도 유효하다. 예를 들어 자동판매기에 의한 청약이 있다. 하지만 승낙은 청약에 대응하는 계약을 성립시킬 목적으로 청약자에게 하는 수령자의 의사표시이므로, 청약과 달리 불특정 다수인에 대한 승낙은 있을 수 없다.
② [×] 승낙자가 청약에 대하여 조건을 붙이거나 변경을 가하여 승낙한 때에는 그 청약의 거절과 동시에 새로 청약한 것으로 본다(제534조).
③ [○] 청약은 철회하지 못한다(제527조). 즉, 청약의 의사표시가 상대방에게 도달하기 전에는 이를 철회할 수 있으나, 상대방에게 도달하여 효력이 발생한 후에는 임의로 철회할 수 없는데, 이를 청약의 형식적 효력(= 청약의 구속력 = 청약의 비철회성)이라고 한다.
④ [×] 당사자 간에 동일한 내용의 청약이 상호교차된 경우에는 양 청약이 상대방에게 도달한 때에 계약이 성립한다(제533조).
⑤ [×] 승낙의 기간을 정한 계약의 청약은 청약자가 그 기간 내에 승낙의 통지를 받지 못한 때에는 그 효력을 잃는다(제528조 제1항).

003 甲은 2020.2.1. 자기 소유 중고자동차를 1,000만 원에 매수할 것을 乙에게 청약하는 내용의 편지를 발송하였다. 이에 관한 설명으로 옳지 않은 것은? (다툼이 있으면 판례에 따름) 20 노무사

① 甲의 편지가 2020.2.5. 乙에게 도달하였다면 甲은 위 청약을 임의로 철회하지 못한다.
② 甲의 편지가 2020.2.5. 乙에게 도달하였다면 그 사이 甲이 사망하였더라도 위 청약은 유효하다.
③ 乙이 위 중고자동차를 900만 원에 매수하겠다고 회신하였다면 乙은 甲의 청약을 거절하고 새로운 청약을 한 것이다.
④ 甲의 편지를 2020.2.5. 乙이 수령하였더라도 乙이 미성년자라면 甲은 원칙적으로 위 청약의 효력발생을 주장할 수 없다.
⑤ 乙이 위 청약을 승낙하는 편지를 2020.2.10. 발송하여 甲에게 2020.2.15. 도달하였다면 甲과 乙 간의 계약 성립일은 2020.2.15.이다.

| 해설 | 답 ⑤ |

① [O] 제527조(계약의 청약의 구속력) 계약의 청약은 이를 철회하지 못한다.

② [O] 제111조(의사표시의 효력발생시기) ① 상대방이 있는 의사표시는 상대방에게 도달한 때에 그 효력이 생긴다.
② 의사표시자가 그 통지를 발송한 후 사망하거나 제한능력자가 되어도 의사표시의 효력에 영향을 미치지 아니한다.

③ [O] 제534조(변경을 가한 승낙) 승낙자가 청약에 대하여 조건을 붙이거나 변경을 가하여 승낙한 때에는 그 청약의 거절과 동시에 새로 청약한 것으로 본다.

④ [O] 제112조(제한능력자에 대한 의사표시의 효력) 의사표시의 상대방이 의사표시를 받은 때에 제한능력자인 경우에는 의사표시자는 그 의사표시로써 대항할 수 없다. 다만, 그 상대방의 법정대리인이 의사표시가 도달한 사실을 안 후에는 그러하지 아니하다.

⑤ [×] 제531조(격지자간의 계약 성립 시기) 격지자간의 계약은 승낙의 통지를 발송한 때에 성립한다.
이 경우 해제조건설은 민법 제531조는 승낙의 효력에 관하여 발신주의라는 예외를 규정한 것이라고 하면서, 그 의미를 승낙이 도달하지 않음을 해제조건으로 하여 발신에 의해 승낙의 효력이 생기는 것으로 이해하며, 승낙의 불착(不着)을 청약자가 증명해야 한다고 한다.

004 甲은 2018.9.10. 乙에게 자신이 사용하던 X컴퓨터를 50만 원에 매각하겠다는 의사표시와 2018.9.25.까지 구매여부를 알려 달라는 내용의 편지를 발송하였고, 그 편지는 2018.9.13. 乙에게 도달하였다. 이에 乙이 2018.9.17. X컴퓨터를 50만 원에 매수하겠다는 승낙의 편지를 甲에게 발송하였다. 이에 관한 설명으로 옳은 것은?   19 변리사

① 甲은 乙이 발송한 편지를 2018.9.19. 받았는데, 甲이 2018.9.24. 개봉하여 읽었다면 매매계약은 2018.9.24. 성립한다.
② 乙이 승낙의 의사표시를 하였으므로, 乙이 발송한 편지를 甲이 2018.9.25.까지 받지 못하였더라도 매매계약은 성립한다.
③ 甲은 乙이 발송한 편지를 2018.9.20. 받았다면, 매매계약은 그 때부터 성립하고 효력이 발생한다.
④ 乙이 발송한 편지가 2018.9.26. 甲에게 도달하였고 甲이 2018.9.27. 연착의 통지를 한 경우, 매매계약은 성립하지 않는다.
⑤ 乙이 2018.9.17. 매수하겠다는 편지를 발송하기 전까지 특별한 사정이 없는 한 甲은 乙에 대하여 매각의 의사표시를 철회할 수 있다.

해설

답 ④

①③ [×] 제531조(격지자간의 계약 성립 시기) 격지자간의 계약은 승낙의 통지를 발송한 때에 성립한다.

② [×] 민법 제531조는 승낙의 효력에 관하여 발신주의라는 예외를 규정한 것이라고 하면서, 그 의미를 승낙이 도달하지 않음을 해제조건으로 하여 발신에 의해 승낙의 효력이 생기는 것으로 이해하며, 승낙의 불착(不着)을 청약자가 증명해야 한다고 한다.

④ [O] 제528조(승낙기간을 정한 계약의 청약) ① 승낙의 기간을 정한 계약의 청약은 청약자가 그 기간 내에 승낙의 통지를 받지 못한 때에는 그 효력을 잃는다.
② 승낙의 통지가 전항의 기간 후에 도달한 경우에 보통 그 기간 내에 도달할 수 있는 발송인 때에는 청약자는 지체 없이 상대방에게 그 연착의 통지를 하여야 한다. 그러나 그 도달 전에 지연의 통지를 발송한 때에는 그러하지 아니하다.
③ 청약자가 전항의 통지를 하지 아니한 때에는 승낙의 통지는 연착되지 아니한 것으로 본다.

⑤ [×] 제527조(계약의 청약의 구속력) 계약의 청약은 이를 철회하지 못한다.

청약의 의사표시가 상대방에게 도달하면 청약자는 계약을 성립시키기 위해서 일정기간 동안 청약을 유지하려는 의사를 가진 것으로 해석된다. 따라서 아직 승낙이 없어 계약이 성립하지 않았더라도, 청약자는 이를 임의로 철회할 수 없다(청약의 구속력). 다만 처음부터 철회권을 유보하면서 청약의 의사표시를 한 경우에는 상대방에게 의사표시가 도달하기 전에 철회가 가능하다.

005 계약에 관한 설명으로 옳은 것을 모두 고른 것은? (다툼이 있으면 판례에 따름) 20 변리사

ㄱ. 승낙기간을 정하지 아니한 계약의 청약을 한 자가 상당한 기간 내에 승낙의 통지를 받은 때에는 계약이 성립한다.
ㄴ. 관습에 의하여 승낙의 의사표시가 필요하지 아니한 경우, 계약의 성립 시기는 청약자가 승낙의 의사표시로 인정되는 사실을 알게 된 때이다.
ㄷ. 어느 일방이 교섭단계에서 계약이 확실하게 체결되리라는 정당한 기대 내지 신뢰를 부여하여 상대방이 그 신뢰에 따라 행동하였음에도 상당한 이유 없이 계약의 체결을 거부하여 손해를 입혔다면 불법행위를 구성할 수 있다.
ㄹ. 목적이 불능인 계약을 체결할 때에 그 불능을 알 수 있었을 자는 상대방이 그 불능을 알 수 있었더라도 이행이익을 넘지 않는 한도에서 상대방에게 신뢰이익을 배상하여야 한다.

① ㄱ, ㄴ
② ㄱ, ㄷ
③ ㄴ, ㄹ
④ ㄱ, ㄷ, ㄹ
⑤ ㄴ, ㄷ, ㄹ

해설
답 ②

ㄱ. [O] 제529조(승낙기간을 정하지 아니한 계약의 청약) 승낙의 기간을 정하지 아니한 계약의 청약은 청약자가 상당한 기간 내에 승낙의 통지를 받지 못한 때에는 그 효력을 잃는다.

ㄴ. [×] 제532조(의사실현에 의한 계약 성립) 청약자의 의사표시나 관습에 의하여 승낙의 통지가 필요하지 아니한 경우에는 계약은 승낙의 의사표시로 인정되는 사실이 있는 때에 성립한다.

ㄷ. [O] 어느 일방이 교섭단계에서 계약이 확실하게 체결되리라는 정당한 기대 내지 신뢰를 부여하여 상대방이 그 신뢰에 따라 행동하였음에도 상당한 이유 없이 계약의 체결을 거부하여 손해를 입었다면 이는 신의성실의 원칙에 비추어 볼 때 계약자유원칙의 한계를 넘는 위법한 행위로서 불법행위를 구성한다(대판 2004.5.28, 2002다32301).

ㄹ. [×] 제535조(계약체결상의 과실) ① 목적이 불능한 계약을 체결할 때에 그 불능을 알았거나 알 수 있었을 자는 상대방이 그 계약의 유효를 믿었음으로 인하여 받은 손해를 배상하여야 한다. 그러나 그 배상액은 계약이 유효함으로 인하여 생길 이익액을 넘지 못한다.
② 전항의 규정은 상대방이 그 불능을 알았거나 알 수 있었을 경우에는 적용하지 아니한다.

---

006 계약의 성립에 관한 설명으로 옳지 않은 것은? (다툼이 있으면 판례에 따름) 21 변리사

① 계약의 당사자가 누구인지는 계약에 관여한 당사자의 의사해석 문제로서, 당사자들의 의사가 일치하는 경우에는 그 의사에 따라 계약의 당사자를 확정해야 한다.
② 임대차계약에서 보증금의 지급약정이 있는 경우, 보증금의 수수는 임대차계약의 성립요건이 아니다.
③ 계약이 의사의 불합치로 성립하지 아니한 경우, 그로 인하여 손해를 입은 당사자는 상대방에 대하여 민법 제535조(계약체결상의 과실)를 유추적용하여 손해배상을 청구할 수 있다.
④ 매매계약체결 당시 목적물과 대금이 구체적으로 확정되지 않았더라도, 이행기 전까지 구체적으로 확정될 수 있는 방법과 기준이 정해져 있다면 계약의 성립을 인정할 수 있다.
⑤ 청약자의 의사표시나 관습에 의해 승낙의 통지가 필요하지 않은 경우, 계약은 승낙의 의사표시로 인정되는 사실이 있는 때에 성립한다.

해설
답 ③

① [O] 계약을 체결하는 행위자가 타인의 이름으로 법률행위를 한 경우에 행위자 또는 명의인 가운데 누구를 계약의 당사자로 볼 것인가에 관하여는, 우선 행위자와 상대방의 의사가 일치한 경우에는 그 일치한 의사대로 행위자 또는 명의인을 계약의 당사자로 확정하여야 할 것이고, 행위자와 상대방의 의사가 일치하지 않는 경우에는 그 계약의 성질·내용·목적·체결 경위 등 그 계약체결 전후의 구체적인 제반 사정을 토대로 상대방이 합리적인 사람이라면 행위자와 명의자 중 누구를 계약당사자로 이해할 것인가에 의하여 당사자를 결정하여야 한다(대판 2003.9.5, 2001다32120; 대판 2016.3.10, 2015다240768).

② [○] 제618조(임대차의 의의) 임대차는 당사자 일방이 상대방에게 목적물을 사용, 수익하게 할 것을 약정하고 상대방이 이에 대하여 차임을 지급할 것을 약정함으로써 그 효력이 생긴다.

③ [×] 계약이 의사의 불합치로 성립하지 아니한 경우 그로 인하여 손해를 입은 당사자가 상대방에게 부당이득반환청구 또는 불법행위로 인한 손해배상청구를 할 수 있는지는 별론으로 하고, 상대방이 계약이 성립되지 아니할 수 있다는 것을 알았거나 알 수 있었음을 이유로 민법 제535조를 유추적용하여 계약체결상의 과실로 인한 손해배상청구를 할 수는 없다(대판 2017.11.14, 2015다10929).

④ [○] 매매계약은 당사자 일방이 재산권을 상대방에게 이전할 것을 약정하고 상대방이 그 대금을 지급할 것을 약정하는 계약으로 매도인이 재산권을 이전하는 것과 매수인이 그 대가로서 금원을 지급하는 것에 관하여 쌍방 당사자의 합의가 이루어짐으로써 성립하는 것이므로, 특별한 사정이 없는 한 부실기업 인수를 위한 주식 매매계약의 체결 시 '주식 및 경영권 양도 가계약서'와 '주식 매매계약서'에 인수 회사의 대표이사가 각 서명날인한 행위는 주식 매수의 의사표시(청약)이고, 부실기업의 대표이사가 이들에 각 서명날인한 행위는 주식 매도의 의사표시(승낙)로서 두 개의 의사표시가 합치됨으로써 그 주식 매매계약은 성립하고, 이 경우 매매 목적물과 대금은 반드시 그 계약 체결 당시에 구체적으로 확정하여야 하는 것은 아니고 이를 사후에라도 구체적으로 확정할 수 있는 방법과 기준이 정하여져 있으면 족하다(대판 1996.4.26, 94다34432).

⑤ [○] 제532조(의사실현에 의한 계약성립) 청약자의 의사표시나 관습에 의하여 승낙의 통지가 필요하지 아니한 경우에는 계약은 승낙의 의사표시로 인정되는 사실이 있는 때에 성립한다.

007 계약의 성립에 관한 설명으로 옳지 않은 것은? (다툼이 있으면 판례에 따름) 22 노무사

① 청약은 상대방이 있는 의사표시이지만, 상대방은 청약 당시에 특정되어 있지 않아도 된다.
② 관습에 의하여 승낙의 통지가 필요하지 않은 경우에 계약은 승낙의 의사표시로 인정되는 사실이 있는 때에 성립한다.
③ 청약이 상대방에게 발송된 후 도달하기 전에 발생한 청약자의 사망은 그 청약의 효력에 영향을 미치지 아니한다.
④ 승낙자가 승낙기간을 도과한 후 승낙을 발송한 경우에 이를 수신한 청약자가 승낙의 연착을 통지하지 아니하면 그 승낙은 연착되지 아니한 것으로 본다.
⑤ 교차청약에 의한 격지자간 계약은 양(兩) 청약이 상대방에게 모두 도달한 때에 성립한다.

해설

답 ④

① [○] 청약의 의사표시는 상대방 있는 의사표시이지만, 상대방은 반드시 청약 당시에 특정되어 있을 필요도 없다. 따라서 불특정다수인에 대한 청약도 유효하다. 예를 들어 자동판매기에 의한 청약이 있다.

② [○] 제532조(의사실현에 의한 계약 성립) 청약자의 의사표시나 관습에 의하여 승낙의 통지가 필요하지 아니한 경우에는 계약은 승낙의 의사표시로 인정되는 사실이 있는 때에 성립한다.

③ [O] 제111조(의사표시의 효력발생시기) ① 상대방이 있는 의사표시는 상대방에게 도달한 때에 그 효력이 생긴다.
② 의사표시자가 그 통지를 발송한 후 사망하거나 제한능력자가 되어도 의사표시의 효력에 영향을 미치지 아니한다. [전문개정 2011.3.7.]

④ [×] 제528조(승낙기간을 정한 계약의 청약) ① 승낙의 기간을 정한 계약의 청약은 청약자가 그 기간 내에 승낙의 통지를 받지 못한 때에는 그 효력을 잃는다.
② 승낙의 통지가 전항의 기간 후에 도달한 경우에 보통 그 기간 내에 도달할 수 있는 발송인 때에는 청약자는 지체 없이 상대방에게 그 연착의 통지를 하여야 한다. 그러나 그 도달 전에 지연의 통지를 발송한 때에는 그러하지 아니하다.

⑤ [O] 제533조(교차청약) 당사자 간에 동일한 내용의 청약이 상호교차된 경우에는 양청약이 상대방에게 도달한 때에 계약이 성립한다.

008

계약의 성립에 관한 설명으로 옳지 않은 것은? (다툼이 있으면 판례에 따름)   23 노무사

① 청약자가 청약의 의사표시를 발송한 후 상대방에게 도달 전에 사망한 경우, 그 청약은 효력을 상실한다.
② 명예퇴직의 신청이 근로계약에 대한 합의해지의 청약에 해당하는 경우, 이에 대한 사용자의 승낙으로 근로계약이 합의해지되기 전에는 근로자가 임의로 그 청약의 의사표시를 철회할 수 있다.
③ 승낙기간을 정하지 않은 청약은 청약자가 상당한 기간 내에 승낙의 통지를 받지 못한 때에는 그 효력을 잃는다.
④ 당사자 사이에 동일한 내용의 청약이 상호 교차된 경우에는 양 청약이 상대방에게 도달한 때에 계약이 성립한다.
⑤ 매도인이 매수인에게 매매계약의 합의해제를 청약한 경우, 매수인이 그 청약에 대하여 조건을 가하여 승낙한 때에는 그 합의해제의 청약은 거절된 것으로 본다.

해설

답 ①

① [×] 청약의 의사표시가 도달하기 전에 청약자가 사망한 경우에도 특별한 사정이 없는 한, 그 효력에는 영향이 없다(제111조 제2항).
② [O] 명예퇴직은 근로자가 명예퇴직의 신청(청약)을 하면 사용자가 요건을 심사한 후 이를 승인(승낙)함으로써 합의에 의하여 근로관계를 종료시키는 것으로, 명예퇴직의 신청은 근로계약에 대한 합의해지의 청약에 불과하여 이에 대한 사용자의 승낙이 있어 근로계약이 합의해지되기 전에는 근로자가 임의로 그 청약의 의사표시를 철회할 수 있다(대판 2003.4.25, 2002다11458).
③ [O] 제529조(승낙기간을 정하지 아니한 계약의 청약) 승낙의 기간을 정하지 아니한 계약의 청약은 청약자가 상당한 기간 내에 승낙의 통지를 받지 못한 때에는 그 효력을 잃는다.

④ [○] 제533조(교차청약) 당사자 간에 동일한 내용의 청약이 상호교차된 경우에는 양청약이 상대방에게 도달한 때에 계약이 성립한다.

⑤ [○] 제534조(변경을 가한 승낙) 승낙자가 청약에 대하여 조건을 붙이거나 변경을 가하여 승낙한 때에는 그 청약의 거절과 동시에 새로 청약한 것으로 본다.

009 계약의 성립에 관한 설명으로 옳은 것은? (다툼이 있으면 판례에 따름) 24 노무사

① 민법은 청약의 구속력에 관한 규정에서 철회할 수 있는 예외를 규정하고 있다.
② 승낙기간을 정하지 않은 청약은 청약자가 상당한 기간 내에 승낙 통지를 받지 못한 때에 그 효력을 잃는다.
③ 민법은 격지자간의 승낙의 통지가 도달한 때에 성립한다고 규정하고 있다.
④ 청약은 그에 응하는 승낙이 있어야 계약이 성립하므로 구체적이거나 확정적일 필요가 없다.
⑤ 아파트의 분양광고가 청약의 유인인 경우, 피유인자가 이에 대응하여 청약을 하는 것으로써 분양계약은 성립한다.

해설
답 ②

① [×] 제527조(계약의 청약의 구속력) 계약의 청약은 이를 철회하지 못한다.

② [○] 제529조(승낙기간을 정하지 아니한 계약의 청약) 승낙의 기간을 정하지 아니한 계약의 청약은 청약자가 상당한 기간 내에 승낙의 통지를 받지 못한 때에는 그 효력을 잃는다.

③ [×] 제531조(격지자 간의 계약 성립 시기) 격지자 간의 계약은 승낙의 통지를 발송한 때에 성립한다.

④ [×] 계약이 성립하기 위한 법률요건인 청약은 그에 응하는 승낙만 있으면 곧 계약이 성립하는 구체적, 확정적 의사표시여야 하므로, 청약은 계약의 내용을 결정할 수 있을 정도의 사항을 포함시키는 것이 필요하다(대판 2003.4.11, 2001다53059).

⑤ [×] 아파트 분양광고의 내용 중 구체적인 거래조건, 즉 아파트의 외형·재질·구조 등에 관한 것으로서 사회통념에 비추어 수분양자가 분양자에게 계약의 내용으로서 이행을 청구할 수 있다고 보이는 사항에 관한 것은 수분양자가 이를 신뢰하고 분양계약을 체결하는 것이고 분양자도 이를 알고 있었다고 보아야 할 것이므로, 분양계약을 할 때에 달리 이의를 유보하였다는 등의 특별한 사정이 없는 한 이러한 사항은 분양자와 수분양자 사이의 묵시적 합의에 의하여 분양계약의 내용으로 된다고 할 것이지만, 이러한 사항이 아닌 아파트 분양광고의 내용은 일반적으로 청약의 유인으로서의 성질을 가지는 데 불과하므로 이를 이행하지 아니하였다고 하여 분양자에게 계약 불이행의 책임을 물을 수는 없다[대판 2019.4.23, 2015다28968, 2015다28975(병합), 2015다28982(병합), 2015다28999(독립당사자참가의소)].

IV. 사실적 계약관계론
V. 약관에 의한 계약
VI. 계약체결상의 과실

010
매매계약의 불능에 관한 설명으로 옳지 않은 것은? (다툼이 있으면 판례에 따름) 21 노무사

① 계약목적이 원시적·객관적 전부불능인 경우, 악의 매도인은 매수인이 그 계약이 유효를 믿었음으로 인하여 받은 손해를 배상하여야 한다.
② 계약목적이 원시적·주관적 전부불능인 경우, 선의의 매수인은 악의의 매도인에게 계약상 급부의 이행을 청구할 수 있다.
③ 당사자 쌍방의 귀책사유 없이 매도인의 채무가 후발적·객관적 전부불능된 경우, 매도인은 매수인에게 매매대금의 지급을 구하지 못한다.
④ 매도인의 귀책사유로 그의 채무가 후발적·객관적 전부불능된 경우, 매수인은 매도인에게 전보배상을 청구할 수 있다.
⑤ 대상을 발생시키는 매매목적물의 후발적 불능에 대하여 매도인의 귀책사유가 존재하는 경우, 매수인은 대상청구권을 행사하지 못한다.

해설
답 ⑤

① [O] 제535조(계약체결상의 과실) ① 목적이 불능한 계약을 체결할 때에 그 불능을 알았거나 알 수 있었을 자는 상대방이 그 계약의 유효를 믿었음으로 인하여 받은 손해를 배상하여야 한다. 그러나 그 배상액은 계약이 유효함으로 인하여 생길 이익액을 넘지 못한다.
② 전항의 규정은 상대방이 그 불능을 알았거나 알 수 있었을 경우에는 적용하지 아니한다.

② [O] 어느 누구도 법률행위의 목적을 실현할 수 없는 것을 객관적 불능이라고 하고, 당해 채무자만이 실현할 수 없는 것을 주관적 불능이라고 한다. 원시적 불능으로서 법률행위가 무효가 되는 것은 객관적 불능에 한하고, 그 밖의 경우에는 법률행위가 유효하고 다만 채무불이행 또는 위험부담의 문제가 된다.

③ [O] 제537조(채무자위험부담주의) 쌍무계약의 당사자일방의 채무가 당사자쌍방의 책임 없는 사유로 이행할 수 없게 된 때에는 채무자는 상대방의 이행을 청구하지 못한다.

④ [O] 이행불능으로 인한 손해가 발생한 경우에 손해배상을 구할 수 있는데, 이때의 손해배상을 지연배상과 구별하여 전보배상(塡補賠償)이라고 부른다. 즉, 이행의 전부가 불능이 된 경우에는 본래의 급부를 목적으로 하는 청구권은 소멸하고 그에 갈음하여 손해배상청구권이 성립하는 것이다.

⑤ [X] 대상청구권이란 채무자의 급부불능 내지 이행불능으로 말미암아 채무자가 그 대상을 취득한 경우에 채권자가 그 대상을 청구할 수 있는 권리를 말한다. 이 경우 불능에 대한 채무자의 귀책사유는 요하지 아니한다.

011 계약의 성립에 관한 설명으로 옳지 않은 것은? (다툼이 있으면 판례에 따름) 　21 변리사

① 계약의 당사자가 누구인지는 계약에 관여한 당사자의 의사해석 문제로서, 당사자들의 의사가 일치하는 경우에는 그 의사에 따라 계약의 당사자를 확정해야 한다.
② 임대차계약에서 보증금의 지급약정이 있는 경우, 보증금의 수수는 임대차계약의 성립요건이 아니다.
③ 계약이 의사의 불합치로 성립하지 아니한 경우, 그로 인하여 손해를 입은 당사자는 상대방에 대하여 민법 제535조(계약체결상의 과실)를 유추적용하여 손해배상을 청구할 수 있다.
④ 매매계약체결 당시 목적물과 대금이 구체적으로 확정되지 않았더라도, 이행기 전까지 구체적으로 확정될 수 있는 방법과 기준이 정해져 있다면 계약의 성립을 인정할 수 있다.
⑤ 청약자의 의사표시나 관습에 의해 승낙의 통지가 필요하지 않은 경우, 계약은 승낙의 의사표시로 인정되는 사실이 있는 때에 성립한다.

해설　　답 ③

① [O] 계약을 체결하는 행위자가 타인의 이름으로 법률행위를 한 경우에 행위자 또는 명의인 가운데 누구를 계약의 당사자로 볼 것인가에 관하여는, 우선 행위자와 상대방의 의사가 일치한 경우에는 그 일치한 의사대로 행위자 또는 명의인을 계약의 당사자로 확정하여야 할 것이고, 행위자와 상대방의 의사가 일치하지 않는 경우에는 그 계약의 성질·내용·목적·체결 경위 등 그 계약체결 전후의 구체적인 제반 사정을 토대로 상대방이 합리적인 사람이라면 행위자와 명의자 중 누구를 계약당사자로 이해할 것인가에 의하여 당사자를 결정하여야 한다(대판 2003.9.5, 2001다32120; 대판 2016.3.10, 2015다240768).

② [O] **제618조(임대차의 의의)** 임대차는 당사자 일방이 상대방에게 목적물을 사용, 수익하게 할 것을 약정하고 상대방이 이에 대하여 차임을 지급할 것을 약정함으로써 그 효력이 생긴다.

③ [×] 계약이 의사의 불합치로 성립하지 아니한 경우 그로 인하여 손해를 입은 당사자가 상대방에게 부당이득반환청구 또는 불법행위로 인한 손해배상청구를 할 수 있는지는 별론으로 하고, 상대방이 계약이 성립되지 아니할 수 있다는 것을 알았거나 알 수 있었음을 이유로 민법 제535조를 유추적용하여 계약체결상의 과실로 인한 손해배상청구를 할 수는 없다(대판 2017.11.14, 2015다10929).

④ [O] 매매계약은 당사자 일방이 재산권을 상대방에게 이전할 것을 약정하고 상대방이 그 대금을 지급할 것을 약정하는 계약으로 매도인이 재산권을 이전하는 것과 매수인이 그 대가로서 금원을 지급하는 것에 관하여 쌍방 당사자의 합의가 이루어짐으로써 성립하는 것이므로, 특별한 사정이 없는 한 부실기업 인수를 위한 주식 매매계약의 체결 시 '주식 및 경영권 양도 가계약서'와 '주식매매계약서'에 인수 회사의 대표이사가 각 서명날인한 행위는 주식 매수의 의사표시(청약)이고, 부실기업의 대표이사가 이들에 각 서명날인한 행위는 주식 매도의 의사표시(승낙)로서 두 개의 의사표시가 합치됨으로써 그 주식 매매계약은 성립하고, 이 경우 매매 목적물과 대금은 반드시 그 계약 체결 당시에 구체적으로 확정하여야 하는 것은 아니고 이를 사후에라도 구체적으로 확정할 수 있는 방법과 기준이 정하여져 있으면 족하다(대판 1996.4.26, 94다34432).

⑤ [O] **제532조(의사실현에 의한 계약성립)** 청약자의 의사표시나 관습에 의하여 승낙의 통지가 필요하지 아니한 경우에는 계약은 승낙의 의사표시로 인정되는 사실이 있는 때에 성립한다.

012 계약의 성립에 관한 설명으로 옳지 않은 것은? (다툼이 있으면 판례에 따름) 24 변리사

① 의사표시의 불일치로 인해 계약이 성립하지 않는 경우, 그로 인해 손해를 입은 당사자는 상대방이 계약의 불성립을 알았거나 알 수 있었음을 이유로 계약체결상의 과실로 인한 손해배상을 청구할 수 있다.
② 은행 직원이 예금자로부터 돈을 받아 확인한 후에는 실제로 입금하지 않아도 예금자와 은행 사이에 예금계약이 성립한다.
③ 甲이 자신의 X건물을 乙에게 1억 원에 팔겠다는 청약을 하였는데, 이 사실을 모르는 乙이 甲에게 X건물을 1억 원에 구입하겠다고 청약을 한 경우에 두 청약이 상대방에게 도달한 때에 계약은 성립한다.
④ 매도인이 매수인에게 매매계약의 합의해제를 청약하였는데, 매수인이 그 청약에 대하여 조건을 붙여 승낙한 경우에는 합의해제의 청약이 실효된다.
⑤ 임대인이 임대목적물에 대한 소유권 기타 이를 임대할 권한이 없다고 하더라도 임대차계약은 유효하게 성립할 수 있다.

해설
답 ①

① [×] **제535조(계약체결상의 과실)** ① 목적이 불능한 계약을 체결할 때에 그 불능을 알았거나 알수 있었을 자는 상대방이 그 계약의 유효를 믿었음으로 인하여 받은 손해를 배상하여야 한다. 그러나 그 배상액은 계약이 유효함으로 인하여 생길 이익액을 넘지 못한다.
② 전항의 규정은 상대방이 그 불능을 알았거나 알 수 있었을 경우에는 적용하지 아니한다.

② [○] 예금계약은 예금자가 예금의 의사를 표시하면서 금융기관에 돈을 제공하고 금융기관이 그 의사에 따라 그 돈을 받아 확인을 하면 그로써 성립하며, 금융기관의 직원이 그 받은 돈을 금융기관에 입금하지 아니하고 이를 횡령하였다고 하더라도 예금계약의 성립에는 아무런 소장이 없다. 예금주가 예금에 있어 그 대가로 은행 소정 금리 외에 예금유치인을 통하여 추가금리를 지급받기로 하였다 하더라도 그것이 은행직원과 예금유치인들 간에 은행의 예금고를 높임으로써 그 은행직원의 실적을 올리기 위한 방편으로 이루어진 것으로서 예금주에게 통장까지 전달된 것이라면 예금주와 은행 간의 예금계약의 성립을 부인할 수는 없다(대판 1996.1.26, 95다26919).

③ [○] **제533조(교차청약)** 당사자 간에 동일한 내용의 청약이 상호교차 된 경우에는 양청약이 상대방에게 도달한 때에 계약이 성립한다.

④ [○] **제534조(변경을 가한 승낙)** 승낙자가 청약에 대하여 조건을 붙이거나 변경을 가하여 승낙한 때에는 그 청약의 거절과 동시에 새로 청약한 것으로 본다.

⑤ [○] <u>타인 소유의 부동산을 임대한 것이 임대차계약을 해지할 사유는 될 수 없고 목적물이 반드시 임대인의 소유일 것을 특히 계약의 내용으로 삼은 경우라야 착오를 이유로 임차인이 임대차계약을 취소할 수 있다</u>(대판 1975.1.28, 74다2069).

013 계약의 불성립이나 무효에 관한 설명으로 옳지 않은 것은? (다툼이 있으면 판례에 따름)

24 노무사

① 목적이 원시적·객관적 전부불능인 계약을 체결할 때 불능을 알았던 자는 선의·무과실의 상대방이 계약의 유효를 믿었음으로 인해 받은 손해를 배상해야 한다.
② 목적물이 타인의 소유에 속하는 매매계약은 원시적 불능인 급부를 내용으로 하는 것으로 당연무효이다.
③ 계약이 의사의 불합치로 성립하지 않은 경우, 그로 인해 손해를 입은 당사자는 계약이 성립되지 않을 수 있다는 것을 알았던 상대방에게 민법 제535조(계약체결상의 과실)에 따른 손해배상청구를 할 수 없다.
④ 수량을 지정한 부동산매매계약에서 실제면적이 계약면적에 미달하는 경우, 미달 부분의 원시적 불능을 이유로 민법 제535조에 따른 책임의 이행을 구할 수 없다.
⑤ 계약교섭의 부당파기가 신의성실원칙에 위반되어 위법한 행위이면 불법행위를 구성한다.

해설
답 ②

① [O] 제535조(계약체결상의 과실) ① 목적이 불능한 계약을 체결할 때에 그 불능을 알았거나 알 수 있었을 자는 상대방이 그 계약의 유효를 믿었음으로 인하여 받은 손해를 배상하여야 한다. 그러나 그 배상액은 계약이 유효함으로 인하여 생길 이익액을 넘지 못한다.
② 전항의 규정은 상대방이 그 불능을 알았거나 알 수 있었을 경우에는 적용하지 아니한다.

② [×] 특정한 매매의 목적물이 타인의 소유에 속하는 경우라 하더라도, 그 매매계약이 원시적 이행불능에 속하는 내용을 목적으로 하는 당연무효의 계약이라고 볼 수 없다(대판 1993.9.10, 93다20283).
③ [O] 계약이 의사의 불합치로 성립하지 아니한 경우 그로 인하여 손해를 입은 당사자가 상대방에게 부당이득반환청구 또는 불법행위로 인한 손해배상청구를 할 수 있는지는 별론으로 하고, 상대방이 계약이 성립되지 아니할 수 있다는 것을 알았거나 알 수 있었음을 이유로 민법 제535조를 유추적용하여 계약체결상의 과실로 인한 손해배상청구를 할 수는 없다(대판 2017.11.14, 2015다10929).
④ [O] 부동산매매계약에 있어서 실제면적이 계약면적에 미달하는 경우에는 그 매매가 수량지정매매에 해당할 때에 한하여 민법 제574조, 제572조에 의한 대금감액청구권을 행사함은 별론으로 하고, 그 매매계약이 그 미달 부분만큼 일부 무효임을 들어 이와 별도로 일반 부당이득반환청구를 하거나 그 부분의 원시적 불능을 이유로 민법 제535조가 규정하는 계약체결상의 과실에 따른 책임의 이행을 구할 수 없다(대판 2002.4.9, 99다47396).
⑤ [O] 어느 일방이 교섭단계에서 계약이 확실하게 체결되리라는 정당한 기대 내지 신뢰를 부여하여 상대방이 그 신뢰에 따라 행동하였음에도 상당한 이유 없이 계약의 체결을 거부하여 손해를 입혔다면 이는 신의성실의 원칙에 비추어 볼 때 계약자유원칙의 한계를 넘는 위법한 행위로서 불법행위를 구성한다. 계약교섭의 부당한 중도파기가 불법행위를 구성하는 경우, 상대방에게 배상책임을 지는 것은 계약체결을 신뢰한 상대방이 입게 된 상당인과관계 있는 손해이고, 한편 계약교섭 단계에서는 아직 계약이 성립된 것이 아니므로 당사자 중 일방이 계약의 이행행위를 준비하거나 이를 착수하는 것은 이례적이라고 할 것이므로 설령 이행에 착수하였다고 하더라도 이는 자기의 위험 판단과 책임에 의한 것이라고 평가할 수 있지만 만일 이행의 착수가 상대방의 적극적인 요구에 따른 것이고, 바로 위와 같은 이행에 들인 비용의 지급에 관하여 이미 계약교섭이 진행되고 있었다는 등의 특별한 사정이 있는 경우에는 당사자 중 일방이 계약의 성립을 기대하고 이행을 위하여 지출한 비용 상당의 손해가 상당인과관계 있는 손해에 해당한다(대판 2004.5.28, 2002다32301).

제2절 | 계약의 효력

I. 쌍무계약의 일반적 효력

1. 동시이행의 항변권

014 동시이행의 항변권에 관한 설명으로 옳지 않은 것은? (다툼이 있으면 판례에 따름) 16 노무사

① 종전의 임차인이 임대인의 동의 아래 임대인으로부터 새로 목적물을 임차한 사람에게 그 목적물을 직접 이전해 준 경우, 임대인은 종전 임차인의 보증금반환청구에 대하여 목적물 반환과 동시에 이행할 것을 항변하지 못한다.
② 지명채권의 채무자가 채무 전부를 변제할 때에는 채권자에게 채권증서의 반환을 청구할 수 있고, 채무의 변제와 채권증서의 반환은 동시이행의 관계에 있다.
③ 특별한 사정이 없는 한, 자동채권과 수동채권이 동시이행관계에 있다고 하더라도 서로 현실적으로 이행하여야 할 필요가 없는 경우라면 상계가 허용된다.
④ 동시이행의 관계에 있는 쌍방의 채무 중 어느 한 채무가 이행불능이 됨에 따라 발생한 손해배상채무도 여전히 상대방의 채무와 동시이행의 관계에 있다.
⑤ 상대방의 이행제공이 있었으나 이를 수령하지 않아 수령지체에 빠진 자는 그 후 상대방이 자기 채무의 이행제공을 다시 하지 않고 이행을 청구한 경우에 동시이행의 항변권을 행사할 수 있다.

> **해설** 답 ②

① [O] 임대차관계가 종료된 후 임차인이 목적물을 임대인에게 반환하였으면 임대인은 보증금을 무조건으로 반환하여야 하고, 임차인으로부터 목적물의 인도를 받는 것과의 상환이행을 주장할 수 없다. 그리고 이는 종전의 임차인이 임대인으로부터 새로 목적물을 임차한 사람에게 그 목적물을 임대인의 동의 아래 직접 넘긴 경우에도 다를 바 없다. 그 경우 임차인의 그 행위는 임대인이 임차인으로부터 목적물을 인도받아 이를 새로운 임차인에게 다시 인도하는 것을 사실적인 실행의 면에서 간략하게 한 것으로서, 법적으로는 두 번의 인도가 행하여진 것으로 보아야 하므로, 역시 임대차관계 종료로 인한 임차인의 임대인에 대한 목적물반환의무는 이로써 제대로 이행되었다고 할 것이기 때문이다(대판 2009.6.25, 2008다55634).
② [×] 채권증서 반환청구권은 채권 전부를 변제한 경우에 인정되는 것이고, 영수증 교부의무와는 달리 변제와 동시이행관계에 있지 않다(대판 2005.8.19, 2003다22042).
③ [O] 상계제도는 서로 대립하는 채권·채무를 간이한 방법에 의하여 결제함으로써 양자의 채권·채무 관계를 원활하고 공평하게 처리함을 목적으로 하고 있으므로, 상계의 대상이 될 수 있는 자동채권과 수동채권이 동시이행관계에 있다고 하더라도 서로 현실적으로 이행하여야 할 필요가 없는 경우라면 상계로 인한 불이익이 발생할 우려가 없고 오히려 상계를 허용하는 것이 동시이행관계에 있는 채권·채무 관계를 간명하게 해소할 수 있으므로 특별한 사정이 없는 한 상계가 허용된다(대판 2006.7.28, 2004다54633).
④ [O] 동시이행의 관계에 있는 쌍방의 채무 중 어느 한 채무가 이행불능이 됨으로 인하여 발생한 손해배상채무도 여전히 다른 채무와 동시이행의 관계에 있다고 할 것이다(대판 2000.2.25, 97다30066).

⑤ [O] 동시이행관계에 있는 채무를 부담하는 쌍방 당사자 중 일방이 먼저 현실의 제공을 하고 상대방을 수령지체에 빠지게 하였다고 하더라도 그 이행의 제공이 계속되지 아니하였다면 과거에 이행제공이 있었다는 사실만으로 상대방이 가지는 동시이행의 항변권이 소멸하지 아니하고(대판 1993.8.24, 92다56490; 대판 1995.3.14, 94다26646).

015 동시이행의 관계에 있지 않은 것은? (다툼이 있으면 판례에 따름) 17 노무사

① 채권자의 채권증서 반환의무와 채무자의 전부 변제의무
② 부동산 매매의 경우 매도인의 소유권이전등기의무, 인도의무와 매수인의 잔대금 지급의무
③ 매매계약이 취소된 경우 각 당사자의 원상회복의무
④ 임대차가 종료된 경우 임차인의 목적물반환의무와 임대인의 보증금반환의무
⑤ 도급인의 하자보수청구권 또는 손해배상청구권과 수급인의 보수지급청구권

해설   답 ①

① [×] 채권증서 반환청구권은 채권 전부를 변제한 경우에 인정되는 것이고, 영수증 교부의무와는 달리 변제와 동시이행관계에 있지 않다(대판 2005.8.19, 2003다22042).
② [O] 쌍무계약은 부동산매매계약에 있어서는 특별한 사정이 없는 한 매수인의 잔대금 지급의무와 매도인의 소유권이전등기서류 교부의무는 동시이행관계에 있다(대판 1987.9.8, 86다카1379).
③ [O] 매매계약이 취소된 경우에 당사자 쌍방의 원상회복의무는 동시이행의 관계에 있다(대판 2001.7.10, 2001다3764).
④ [O] 임대차계약의 종료에 따른 임차인의 임차목적물반환의무와 임대인의 연체차임을 공제한 나머지 임차보증금 반환의무는 동시이행의 관계에 있다(대판 1990.12.21, 90다카24076).
⑤ [O] 도급계약에 있어서 완성된 목적물에 하자가 있는 때에는 도급인은 수급인에 대하여 하자의 보수를 청구할 수 있고, 그 하자의 보수에 갈음하여 또는 보수와 함께 손해배상을 청구할 수 있는바, 이들 청구권은 특별한 사정이 없는 한 수급인의 보수지급청구권과 동시이행의 관계에 있다고 할 것이다(대판 2001.6.15, 2001다21632·21649).

016 동시이행항변권에 관한 설명으로 옳은 것은? (다툼이 있으면 판례에 따름) 21 노무사

① 공사도급계약상 도급인의 지체상금채권과 수급인의 공사대금채권은 특별한 사정이 없는 한 동시이행관계에 있다.
② 선이행의무자가 이행을 지체하는 동안 상대방의 채무가 이행기에 도래한 경우, 특별한 사정이 없는 한 양 당사자의 의무는 동시이행관계에 있지 않다.
③ 동시이행항변권에 따른 이행지체책임 면제의 효력은 그 항변권을 행사·원용하여야 발생한다.
④ 동시이행항변권은 연기적 항변권으로 동시이행관계에 있으면 소멸시효는 진행되지 아니한다.
⑤ 자동채권과 수동채권이 동시이행관계에 있더라도 서로 현실적으로 이행하여야 할 필요가 없는 경우, 특별한 사정이 없는 한 상계는 허용된다.

해설
답 ⑤

① [×] 공사도급계약상 도급인의 지체상금채권과 수급인의 공사대금채권은 특별한 사정이 없는 한 동시이행의 관계에 있다고 할 수 없다(대판 2015.8.27, 2013다81224·81231).
② [×] 일방채무자가 선이행의무를 부담하는 경우에는 동시이행의 항변권을 가질 수 없다. 그러나 선이행의무자가 그 이행을 지체하는 동안에 상대방의 채무가 이행기에 달하게 되면, 선이행의무를 부담하는 채무자도 동시이행의 항변권을 행사할 수 있다.
③ [×] 동시이행의 항변권을 가진 채무자는 상대방 채무의 이행제공이 있을 때까지 그 채무를 이행하지 않을 권능을 가지고 있으므로, 동시이행의 항변권을 실제로 행사하지 않더라도 이행지체책임을 지지 않는다. 항변권의 거절권능의 존재 자체만으로 이행거절은 정당화될 수 있기 때문이다(대판 2006.10.26, 2004다24106, 존재효과설).
④ [×] 부동산에 대한 매매대금 채권이 소유권이전등기청구권과 동시이행의 관계에 있다고 할지라도 매도인은 매매대금의 지급기일 이후 언제라도 그 대금의 지급을 청구할 수 있는 것이며, 다만 매수인은 매도인으로부터 그 이전등기에 관한 이행의 제공을 받기까지 그 지급을 거절할 수 있는 데 지나지 아니하므로 매매대금 청구권은 그 지급기일 이후 시효의 진행에 걸린다(대판 1991.3.22, 90다9797).
⑤ [○] 상계제도는 서로 대립하는 채권·채무를 간이한 방법에 의하여 결제함으로써 양자의 채권·채무 관계를 원활하고 공평하게 처리함을 목적으로 하고 있으므로, 상계의 대상이 될 수 있는 자동채권과 수동채권이 동시이행관계에 있다고 하더라도 서로 현실적으로 이행하여야 할 필요가 없는 경우라면 상계로 인한 불이익이 발생할 우려가 없고 오히려 상계를 허용하는 것이 동시이행관계에 있는 채권·채무 관계를 간명하게 해소할 수 있으므로 특별한 사정이 없는 한 상계가 허용된다(대판 2006.7.28, 2004다54633).

017 동시이행의 항변권에 관한 설명으로 옳은 것은? (다툼이 있으면 판례에 따름)   19 변리사

① 근저당권 실행을 위한 경매가 무효로 된 경우, 매수인의 채무자에 대한 소유권이전등기말소의무와 근저당권자의 매수인에 대한 배당금반환의무는 동시이행관계에 있다.
② 동시이행관계에 있는 쌍방의 채무 중 어느 한 채무가 이행불능이 됨으로 인하여 발생한 손해배상채무는 다른 채무와 동시이행관계에 있지 않다.
③ 가압류등기가 있는 부동산 매매계약의 경우, 특별한 사정이 없는 한 매도인의 가압류등기의 말소의무는 매수인의 대금지급의무와 동시이행관계에 있지 않다.
④ 쌍방의 채무가 동시이행관계에 있는 경우, 상대방 채무의 이행제공이 없더라도 채무자가 이행기에 채무를 이행하지 않으면 이행지체의 책임을 진다.
⑤ 부동산 매매계약에서 매수인이 부가가치세를 부담하기로 약정한 경우, 특별한 사정이 없는 한 부가가치세를 포함한 매매대금 전부와 부동산 소유권이전등기의무가 동시이행관계에 있다.

해설   답 ⑤

① [×] 근저당권 실행을 위한 경매가 무효로 되어 채권자(근저당권자)가 채무자를 대위하여 낙찰자에 대한 소유권이전등기 말소청구권을 행사하는 경우, 낙찰자가 부담하는 소유권이전등기 말소의무는 채무자에 대한 것인 반면, 낙찰자의 배당금 반환청구권은 실제 배당금을 수령한 채권자(근저당권자)에 대한 채권인바, 채권자(근저당권자)가 낙찰자에 대하여 부담하는 배당금 반환채무와 낙찰자가 채무자에 대하여 부담하는 소유권이전등기 말소의무는 서로 이행의 상대방을 달리하는 것으로서, 채권자(근저당권자)의 배당금 반환채무가 동시이행의 항변권이 부착된 채 채무자로부터 승계된 채무도 아니므로, 위 두 채무는 동시에 이행되어야 할 관계에 있지 아니하다(대판 2006.9.22, 2006다24049).
② [×] 동시이행의 관계에 있는 쌍방의 채무 중 어느 한 채무가 이행불능이 됨으로 인하여 발생한 손해배상채무도 여전히 다른 채무와 동시이행의 관계에 있다(대판 2000.2.25, 97다30066).
③ [×] 부동산의 매매계약이 체결된 경우에는 매도인의 소유권이전등기의무, 인도의무와 매수인의 잔대금지급의무는 동시이행의 관계에 있는 것이 원칙이고, 이 경우 매도인은 특별한 사정이 없는 한 제한이나 부담이 없는 완전한 소유권이전등기의무를 지는 것이므로 매매목적 부동산에 가압류등기 등이 되어 있는 경우에는 매도인은 이와 같은 등기도 말소하여 완전한 소유권이전등기를 해 주어야 하는 것이고, 따라서 가압류등기 등이 있는 부동산의 매매계약에 있어서는 매도인의 소유권이전등기 의무와 아울러 가압류등기의 말소의무도 매수인의 대금지급의무와 동시이행 관계에 있다고 할 것이다(대판 2000.11.28, 2000다8533).
④ [×] 동시이행의 항변권을 가진 채무자는 상대방 채무의 이행제공이 있을 때까지 그 채무를 이행하지 않을 권능을 가지고 있으므로, 동시이행의 항변권을 실제로 행사하지 않더라도 이행지체책임을 지지 않는다. 항변권의 거절권능의 존재 자체만으로 이행거절은 정당화될 수 있기 때문이다(대판 2006.10.26, 2004다24106, 존재효과설).
⑤ [○] 부동산 매매계약에 있어 매수인이 부가가치세를 부담하기로 약정한 경우, 부가가치세를 매매대금과 별도로 지급하기로 했다는 등의 특별한 사정이 없는 한 부가가치세를 포함한 매매대금 전부와 부동산의 소유권이전등기의무가 동시이행의 관계에 있다고 봄이 상당하다(대판 2006.2.24, 2005다58656).

018 동시이행관계에 관한 설명으로 옳은 것은? (다툼이 있으면 판례에 따름) 20 변리사

① 목적물 인도와 대금지급이 동시이행관계에 있는 매매에서 매도인이 대금채권을 제3자에게 양도하고 매수인에게 통지한 경우, 매수인은 제3자에 대해 동시이행의 항변권을 행사할 수 없다.
② 매수인이 선이행의무 있는 중도금지급을 이행하지 않은 상태에서 잔대금지급과 동시이행관계에 있는 매도인의 소유권이전등기 소요서류 제공 없이 잔대금지급기일이 도과한 경우, 특별한 사정이 없는 한 그때 이후의 기간에 대해서는 매수인은 위 중도금을 지급하지 않더라도 이행지체의 책임을 지지 않는다.
③ 동시이행관계에 있는 채무에 있어 상대방의 이행제공을 수령하지 않음으로써 수령지체에 빠진 당사자는 그 후 상대방이 자신의 채무의 이행제공 없이 이행을 청구하는 경우 동시이행의 항변권을 행사할 수 없다.
④ 동시이행의 항변권이 붙은 채권을 수동채권으로 하여 상계하지 못한다.
⑤ 乙이 甲의 공장 건물을 매수한 뒤 그 소유권이전등기 전에 甲의 동의를 얻어 丙에게 임대하였으나 甲이 매매계약을 적법하게 해제하고 丙에게 건물 명도를 청구하는 경우, 丙의 甲에 대한 건물명도의무와 乙의 보증금반환의무는 동시이행관계에 있다.

해설 답 ②

① [×] 채권양도에 의하여 채권은 그 동일성을 유지하면서 양수인에게 이전되고, 채무자는 양도통지를 받은 때까지 양도인에 대하여 생긴 사유로써 양수인에게 대항할 수 있다(제451조 제2항). 따라서 채무자의 채권양도인에 대한 자동채권이 발생하는 기초가 되는 원인이 양도 전에 이미 성립하여 존재하고 자동채권이 수동채권인 양도채권과 동시이행의 관계에 있는 경우에는, 양도통지가 채무자에게 도달하여 채권양도의 대항요건이 갖추어진 후에 자동채권이 발생하였다고 하더라도 채무자는 동시이행의 항변권을 주장할 수 있고, 따라서 그 채권에 의한 상계로 양수인에게 대항할 수 있다(대판 2015.4.9, 2014다80945).
② [○] 쌍무계약인 매매계약에서 매수인이 선이행의무인 잔금지급의무를 이행하지 않던 중 매도인도 소유권이전등기의무의 이행을 제공하지 아니한 채 소유권이전등기의무의 이행기를 도과한 경우, 여전히 선이행의무로 하기로 약정하는 등 특별한 사정이 없는 한 매도인과 매수인 쌍방의 의무는 동시이행 관계에 놓이게 된다(대판 1999.7.9, 98다13754).
③ [×] 이미 수령지체에 빠진 매수인이더라도 그 후 매도인의 이행제공이 없으면 대금채무에 대한 매도인의 지급청구를 거절할 수 있다(대판 1966.9.20, 66다1174). 즉, 쌍무계약의 당사자 가운데 일방이 과거에 수령지체에 빠졌다고 해서 당사자 사이에 급부의무의 견련관계가 소멸하는 것은 아니다. 따라서 매도인이 자신의 급부의무에 대하여 이행의 제공을 하면서 매수인에게 대금의 지급을 청구하였으나 매수인이 그 급부를 수령하지 않으면서 자신의 대금채무를 거절하는 경우에 매도인이 매수인에게 이행지체책임을 묻기 위해서는 자신의 급부의무에 대한 이행의 제공을 계속하여야 한다. 이에 반하여 이행지체에 빠진 매수인에 대하여 해제를 위한 최고를 하는 매도인은 신의칙상 최고기간 내에 이행의 제공을 계속하여야 할 필요는 없다(통설, 판례).
④ [×] 수동채권에 항변권이 부착되어 있는 경우에는 채무자인 상계자 자신이 항변권을 포기할 수 있으므로, 이를 포기하고 상계할 수 있다.

⑤ [×] 건물매수인이 아직 건물의 소유권을 취득하지 못한 채 매도인의 동의를 얻어 제3자에게 임대하였으나 매수인(임대인)의 채무불이행으로 매도인이 매매계약을 해제하고 임차인에게 건물의 명도를 구하는 경우 임차인은 매도인에 대한 관계에서 건물의 전차인의 지위와 흡사하다 할 것인바, 임대인의 동의 있는 전차인도 임차인의 채무불이행으로 임대차계약이 해지되면 특단의 사정이 없는 한 임대인에 대해서 전차인의 전대인에 대한 권리를 주장할 수가 없고, 또 임차인이 매매계약목적물에 대하여 직접 임차권을 취득했다고 보더라도, 대항력을 갖추지 아니한 상태에서는 그 매매계약이 해제되어 소급적으로 실효되면 그 권리를 보호받을 수가 없다는 점에 비추어 볼 때, 임차인의 건물명도의무와 매수인(임대인)의 보증금반환의무를 동시이행관계에 두는 것은 오히려 공평의 원칙에 반한다 할 것이다(대판 1990.12.7, 90다카24939).

019 동시이행의 항변권에 관한 설명으로 옳지 않은 것은? (다툼이 있으면 판례에 따름) 22 변리사

① 특별한 사정이 없는 한 주된 급부의무만이 동시이행의 관계에 있다.
② 쌍방의 채무가 별개의 계약에 기한 것이라도 당사자들은 특약으로 동시이행의 항변권을 성립시킬 수 있다.
③ 쌍무계약의 당사자 일방이 선이행의무를 이행하지 않고 있던 중 상대방 채무의 이행기가 도래한 경우에도 특별한 사정이 없는 한 동시이행의 항변권을 행사할 수 있다.
④ 채무자에게 민법 제536조 제2항의 불안의 항변권이 인정되기 위해서는 채권자측에 발생한 사정이 신용불안이나 재산상태 악화와 같이 객관적·일반적인 것이어야 한다.
⑤ 부동산 매도인이 동시이행의 항변권을 가지는 경우에는 이행거절 의사를 구체적으로 밝히지 않았더라도 동시이행의 항변권으로 인해 이행지체책임이 발생하지 않는다.

해설 답 ④

① [O] 쌍무계약 당사자인 "乙"의 부수적 사항에 관한 선전의무채무와 "甲"의 새어름 연간 900톤 인수채무가 서로 동시이행하기로 하는 당사자간의 특약이 있었거나 또는 선전의무가 계약의 중요한 전제조건이 되었다는 등의 특별한 사정이 없었다면, 다만 "乙"의 부수적 사항에 관한 의무위반만을 이유로 "甲"은 새어름 연간 900톤의 인수책임을 거절할 수 있는 "乙" 측의 채무불이행이라거나 "甲" 측이 그의 채무이행을 거절할 수 있는 동시이행항변권을 갖게 되는 사유가 된다고 할 수 없을 것이다(대판 1976.10.12, 73다584).
② [O] 당사자 쌍방이 각각 별개의 약정으로 상대방에 대하여 채무를 지게 된 경우에는 자기의 채무이행과 상대방의 어떤 채무이행과를 견련시켜 동시이행을 하기로 특약한 사실이 없다면 상대방이 자기에게 이행할 채무가 있다 하더라도 동시이행의 항변권이 생긴다고 볼 수 없다(대판 1989.2.14, 88다카10753).
③ [O] 쌍무계약인 매매계약에서 매수인이 선이행의무인 잔금지급의무를 이행하지 않던 중 매도인도 소유권이전등기의무의 이행을 제공하지 아니한 채 소유권이전등기의무의 이행기를 도과한 경우, 여전히 선이행의무로 하기로 약정하는 등 특별한 사정이 없는 한 매도인과 매수인 쌍방의 의무는 동시이행 관계에 놓이게 된다(대판 1999.7.9, 98다13754).

④ [×] 민법 제536조 제2항은 쌍무계약의 당사자 일방이 상대방에게 먼저 이행을 하여야 하는 의무를 지고 있는 경우에도 "상대방의 이행이 곤란할 현저한 사유가 있는 때"에는 동시이행의 항변권을 가진다고 하여, 이른바 '불안의 항변권'을 규정한다. 여기서 '상대방의 이행이 곤란할 현저한 사유'란 선이행채무를 지게 된 채무자가 계약 성립 후 채권자의 신용불안이나 재산상태의 악화 등의 사정으로 반대급부를 이행받을 수 없는 사정변경이 생기고 이로 인하여 당초의 계약내용에 따른 선이행의무를 이행하게 하는 것이 공평과 신의칙에 반하게 되는 경우를 말하고, 이와 같은 사유가 있는지 여부는 당사자 쌍방의 사정을 종합하여 판단되어야 한다. 다만, 민법 제536조 제2항의 이른바 불안의 항변권을 발생시키는 사유에 관하여 신용불안이나 재산상태 악화와 같이 채권자 측에 발생한 객관적·일반적 사정만이 이에 해당한다고 제한적으로 해석할 이유는 없다[1](대판 2012.3.29, 2011다93025).

⑤ [○] 동시이행의 항변권을 가진 채무자는 상대방 채무의 이행제공이 있을 때까지 그 채무를 이행하지 않을 권능을 가지고 있으므로, 동시이행의 항변권을 실제로 행사하지 않더라도 이행지체책임을 지지 않는다. 항변권의 거절권능의 존재 자체만으로 이행거절은 정당화될 수 있기 때문이다(대판 2006.10.26, 2004다24106, 존재효과설).

020 동시이행관계가 인정되는 것을 모두 고른 것은? (특별한 사정이 없고, 다툼이 있으면 판례에 따름)

23 변리사

ㄱ. 매매계약상 매도인의 소유권이전의무가 이행불능이 되어 생긴 손해배상채무와 매수인의 대금지급채무
ㄴ. 매매계약상 매도인의 소유권이전의무와 매수인의 대금지급의무 중 어느 하나를 선이행의무로 약정한 경우, 각 의무의 이행기가 모두 지난 후의 쌍방의 의무
ㄷ. 근저당권 실행을 위한 경매가 무효로 되어 근저당권자가 채무자인 소유자를 대위하여 낙찰자에 대한 소유권이전등기말소청구권을 행사하는 경우, 낙찰자의 소유권이전등기말소의무와 근저당권자의 배당금반환의무

① ㄱ　　　　② ㄴ　　　　③ ㄱ, ㄴ
④ ㄴ, ㄷ　　　⑤ ㄱ, ㄴ, ㄷ

해설

답 ③

ㄱ. [○] 동시이행의 관계에 있는 쌍방의 채무 중 어느 한 채무가 이행불능이 됨으로 인하여 발생한 손해배상채무도 여전히 다른 채무와 동시이행의 관계에 있다(대판 2000.2.25, 97다30066).

---

1) 특히 상당한 기간에 걸쳐 공사를 수행하는 도급계약에서 일정 기간마다 이미 행하여진 공사부분에 대하여 기성공사금 등의 이름으로 그 대가를 지급하기로 약정되어 있는 경우에는, 수급인의 일회적인 급부가 통상 선이행되어야 하는 일반적인 도급계약에서와는 달리 위와 같은 공사대금의 축차적인 지급이 수급인의 장래의 원만한 이행을 보장하는 것으로 전제된 측면도 있다고 할 것이어서, 도급인이 계약 체결 후에 위와 같은 약정을 위반하여 정당한 이유 없이 기성공사금을 지급하지 아니하고 이로 인하여 수급인이 공사를 계속해서 진행하더라도 그 공사내용에 따른 공사금의 상당 부분을 약정대로 지급받을 것을 합리적으로 기대할 수 없게 되어서 수급인으로 하여금 당초의 계약내용에 따른 선이행의무의 이행을 요구하는 것이 공평에 반하게 되었다면, 비록 도급인에게 신용불안 등과 같은 사정이 없다고 하여도 수급인은 민법 제536조 제2항에 의하여 계속공사의무의 이행을 거절할 수 있다고 할 것이다.

ㄴ. [○] 매매계약에서 대가적 의미가 있는 매도인의 소유권이전의무와 매수인의 대금지급의무는 다른 약정이 없는 한 동시이행의 관계에 있다. 설령 어느 의무가 선이행의무라고 하더라도 이행기가 지난 때에는 이행기가 지난 후에도 여전히 선이행하기로 약정하는 등의 특별한 사정이 없는 한 그 의무를 포함하여 매도인과 매수인 쌍방의 의무는 동시이행관계에 놓이게 된다(대판 2021. 7.29, 2017다3222·3239).

ㄷ. [×] 제3자를 위한 계약관계에서 낙약자와 요약자 사이의 법률관계(이른바 기본관계)를 이루는 계약이 무효이거나 해제된 경우 그 계약관계의 청산은 계약의 당사자인 낙약자와 요약자 사이에 이루어져야 하므로, 특별한 사정이 없는 한 낙약자가 이미 제3자에게 급부한 것이 있더라도 낙약자는 계약해제 등에 기한 원상회복 또는 부당이득을 원인으로 제3자를 상대로 그 반환을 구할 수 없다(대판 2010.8.19. 2010다31860,31877).

021 동시이행의 항변권에 관한 설명으로 옳지 않은 것은? (다툼이 있으면 판례에 따름) 24 노무사

① 동시이행관계에 있는 쌍방의 채무 중 어느 한 채무가 이행불능으로 인하여 손해배상채무로 변경된 경우도 다른 채무와 동시이행의 관계에 있다.
② 선이행 의무 있는 중도급 지급을 지체하던 중 매매계약이 해제되지 않고 잔대금 기급기일이 도래하면, 특별한 사정이 없는 한 중도금과 이에 대한 지급일 다음날부터 잔대금 지급일까지의 지연손해금 및 잔대금 지급의무와 소유권이전의무는 동시이행관계이다.
③ 일방의 의무가 선이행 의무라도 상대방의 이행이 곤란할 현저한 사유가 있는 때에는 상대방이 그 채무이행을 제공할 때까지 자기의 채무이행을 거절할 수 있다.
④ 동시이행관계의 경우 일방의 채무의 이행기가 도래하더라도 상대방 채무의 이행제공이 있을 때까지 그 일방은 이행지체책임을 지지 않는다.
⑤ 동시이행항변권에 따른 이행지체책임 면제의 효력은 그 항변권을 행사해야 발생한다.

해설
답 ⑤

① [○] 동시이행의 관계에 있는 쌍방의 채무 중 어느 한 채무가 이행불능이 됨으로 인하여 발생한 손해배상채무도 여전히 다른 채무와 동시이행의 관계에 있다(대판 2000.2.25, 97다30066).
② [○] 쌍무계약인 매매계약에서 매수인이 선이행의무인 잔금지급의무를 이행하지 않던 중 매도인도 소유권이전등기의무의 이행을 제공하지 아니한 채 소유권이전등기의무의 이행기를 도과한 경우, 여전히 선이행의무로 하기로 약정하는 등 특별한 사정이 없는 한 매도인과 매수인 쌍방의 의무는 동시이행 관계에 놓이게 된다(대판 1999.7.9, 98다13754).
③ [○]

> 제536조(동시이행의 항변권) ① 쌍무계약의 당사자일방은 상대방이 그 채무이행을 제공할 때까지 자기의 채무이행을 거절할 수 있다. 그러나 상대방의 채무가 변제기에 있지 아니하는 때에는 그러하지 아니하다.
> ② 당사자일방이 상대방에게 먼저 이행하여야 할 경우에 상대방의 이행이 곤란할 현저한 사유가 있는 때에는 전항 본문과 같다.

④ [○], ⑤ [×] 동시이행의 항변권을 가진 채무자는 상대방 채무의 이행제공이 있을 때까지 그 채무를 이행하지 않을 권능을 가지고 있으므로, 동시이행의 항변권을 실제로 행사하지 않더라도 이행지체책임을 지지 않는다. 항변권의 거절권능의 존재 자체만으로 이행거절은 정당화될 수 있기 때문이다(대판 2006.10.26, 2004다24106, 존재효과설).

2. 위험부담

022 甲은 자신의 X건물을 매매대금 1억원, 계약금 1,000만원으로 정하여 乙에게 매도하는 계약을 체결하고, 乙로부터 계약금을 수령하였다. 甲이 乙에게 X건물의 인도 및 소유권이전등기를 마쳐주기 전에 제3자 丙의 과실로 인한 화재로 X건물이 전부 멸실되었다. 이에 관한 설명으로 옳지 않은 것은?

① 乙은 丙에게 불법행위로 인한 손해배상을 청구할 수 있다.
② 乙은 甲에게 X건물에 관한 소유권이전등기를 청구할 수 없다.
③ 乙은 甲에게 채무불이행으로 인한 손해배상을 청구할 수 없다.
④ 乙은 甲에게 지급한 계약금에 대해 부당이득반환을 청구할 수 있다.
⑤ 乙은 甲에게 대상청구권의 행사로써 丙에 대한 손해배상채권의 양도를 청구할 수 있다.

해설
답 ①

① [×] 일반적으로 채권에 대하여는 배타적 효력이 부인되고 채권자 상호간 및 채권자와 제3자 사이에 자유경쟁이 허용되는 것이어서 제3자에 의하여 채권이 침해되었다는 사실만으로 바로 불법행위로 되지는 않는 것이지만, 거래에 있어서의 자유경쟁의 원칙은 법질서가 허용하는 범위 내에서의 공정하고 건전한 경쟁을 전제로 하는 것이므로, 제3자가 채권자를 해한다는 사정을 알면서도 법규에 위반하거나 선량한 풍속 또는 사회질서에 위반하는 등 위법한 행위를 함으로써 채권자의 이익을 침해하였다면 이로써 불법행위가 성립한다고 하지 않을 수 없고, 여기에서 채권침해의 위법성은 침해되는 채권의 내용, 침해행위의 태양, 침해자의 고의 내지 해의의 유무 등을 참작하여 구체적, 개별적으로 판단하되, 거래자유 보장의 필요성, 경제·사회정책 적 요인을 포함한 공공의 이익, 당사자 사이의 이익균형 등을 종합적으로 고려하여야 할 것인 바, 이러한 법리는 제3자가 위법한 행위를 함으로써 다른 사람 사이의 계약체결을 방해하거나 유효하게 존속하던 계약의 갱신을 하지 못하게 하여 그 다른 사람의 정당한 법률상 이익이 침해되기에 이른 경우에도 적용된다고 할 것이다(대판 2007.5.11, 2004다11162).

② [○] **제537조(채무자위험부담주의)** 쌍무계약의 당사자일방의 채무가 당사자쌍방의 책임 없는 사유로 이행할 수 없게 된 때에는 채무자는 상대방의 이행을 청구하지 못한다.

③ [○] **제390조(채무불이행과 손해배상)** 채무자가 채무의 내용에 좇은 이행을 하지 아니한 때에는 채권자는 손해배상을 청구할 수 있다. 그러나 채무자의 고의나 과실 없이 이행할 수 없게 된 때에는 그러하지 아니하다.

④ [○] 위험부담에서 일방의 채무가 불능이 된 이상 타방의 채무도 소멸하는 것이 쌍무계약의 견련관계상 옳다. 따라서 채무자는 자기의 채무를 면함과 동시에 채권자에게 반대채무의 이행을 청구할 수 없다. 그러나 채무자가 이미 반대급부를 전부 혹은 일부 이행 받았다면 이는 부당이득으로서 상대방에게 반환되어야 한다(제741조).

⑤ [○] 민법에는 대상청구권에 관하여 명문규정이 없으나, 쌍무계약의 균형을 유지하는 데 필요한 경우에는 이를 인정할 수 있다. 즉, 채무자가 그의 급부불능을 원인으로 이에 갈음하여 대상물 또는 배상청구권을 취득한 경우에 채권자는 그 대상물의 인도 또는 배상청구권의 양도를 청구하는 한편, 자신의 반대급부를 이행할 수도 있다.

023 甲은 2024.2.10. 자신이 소유하는 특정 도자기를 1천만 원에 乙에게 매도하기로 약정하면서 2024.2.28. 乙에게 인도하기로 하였다. 이에 관한 설명으로 옳지 않은 것은? (다툼이 있으면 판례에 따름)

24 변리사

① 乙의 과실로 도자기가 멸실된 경우, 甲은 도자기 이전의무를 면하면서 얻은 이익이 있더라도 이를 乙에게 상환할 필요는 없다.
② 도자기가 2024.2.20. 지진으로 멸실된 경우, 甲은 乙에게 매매대금의 지급을 청구할 수 없다.
③ 乙이 계약체결 당시 甲에게 매매대금을 지급하였는데, 도자기가 2024.2.20. 지진으로 멸실된 경우에 乙은 甲에게 부당이득반환을 청구할 수 있다.
④ 乙의 과실로 도자기가 멸실된 경우, 甲은 乙에게 매매대금의 지급을 청구할 수 있다.
⑤ 乙의 수령지체 중에 지진으로 도자기가 멸실된 경우, 甲은 乙에게 매매대금의 지급을 청구할 수 있다.

| 해설 | 답 ① |

① [×]
> 제538조(채권자귀책사유로 인한 이행불능) ① 쌍무계약의 당사자일방의 채무가 채권자의 책임 있는 사유로 이행할 수 없게 된 때에는 채무자는 상대방의 이행을 청구할 수 있다. 채권자의 수령지체 중에 당사자 쌍방의 책임 없는 사유로 이행할 수 없게 된 때에도 같다.
> ② 전항의 경우에 채무자는 자기의 채무를 면함으로써 이익을 얻은 때에는 이를 채권자에게 상환하여야 한다.

② [○]
> 제537조(채무자위험부담주의) 쌍무계약의 당사자일방의 채무가 당사자 쌍방의 책임 없는 사유로 이행할 수 없게 된 때에는 채무자는 상대방의 이행을 청구하지 못한다.

③ [○] 쌍무계약의 견련관계상 일방의 채무가 불능이 된 이상 타방의 채무도 소멸한다. 따라서 채무자는 자기의 채무를 면함과 동시에 채권자에게 반대채무의 이행을 청구할 수 없다. 그러나 채무자가 이미 반대급부를 전부 혹은 일부 이행받았다면 이는 부당이득으로서 상대방에게 반환되어야 한다(제741조).

④⑤ [○]
> 제538조(채권자귀책사유로 인한 이행불능) ① 쌍무계약의 당사자일방의 채무가 채권자의 책임 있는 사유로 이행할 수 없게 된 때에는 채무자는 상대방의 이행을 청구할 수 있다. 채권자의 수령지체 중에 당사자 쌍방의 책임 없는 사유로 이행할 수 없게 된 때에도 같다.

Ⅱ. 제3자를 위한 계약

024 제3자를 위한 계약에 관한 설명으로 옳지 않은 것은? (다툼이 있으면 판례에 따름) 15 노무사

① 제3자가 채무자에 대하여 계약의 이익을 받을 의사를 표시하여 제3자에게 권리가 생긴 후에는 당사자는 이를 변경 또는 소멸시키지 못한다.
② 계약의 당사자가 제3자에 대하여 가진 채권에 관하여 그 채무를 면제하는 계약도 제3자를 위한 계약에 준하는 것으로서 유효하다.
③ 낙약자는 요약자와 수익자 사이의 법률관계에 기한 항변으로 수익자에게 대항할 수 있다.
④ 낙약자와 요약자 사이의 매매계약이 무효인 경우, 특별한 사정이 없는 한 낙약자가 이미 제3자에게 급부한 것이 있더라도 낙약자는 부당이득을 원인으로 제3자를 상대로 그 반환을 구할 수 없다.
⑤ 채무자가 상당한 기간을 정하여 계약의 이익의 향수여부의 확답을 제3자에게 최고하였으나, 그 기간 내에 확답을 받지 못한 때에는 제3자가 계약의 이익을 받을 것을 거절한 것으로 본다.

해설
답 ③

① [○] **제541조(제3자의 권리의 확정)** 제539조의 규정에 의하여 제3자의 권리가 생긴 후에는 당사자는 이를 변경 또는 소멸 시키지 못한다.

② [○] 계약의 당사자가 제3자에 대하여 가진 채권에 관하여 그 채무를 면제하는 계약도 제3자를 위한 계약에 준한다(대판 2004.9.3, 2002다37405).

③ [×] 낙약자는 기본계약에 기한 항변으로 그 계약의 이익을 받을 제3자에게 대항할 수 있다(제542조).

④ [○] 제3자를 위한 계약관계에서 낙약자와 요약자 사이의 법률관계(이른바 기본관계)를 이루는 계약이 해제된 경우 그 계약관계의 청산은 계약의 당사자인 낙약자와 요약자 사이에 이루어져야 하므로, 특별한 사정이 없는 한 낙약자가 이미 제3자에게 급부한 것이 있더라도 낙약자는 계약해제에 기한 원상회복 또는 부당이득을 원인으로 제3자를 상대로 그 반환을 구할 수 없다(대판 2005.7.22, 2005다7566).

⑤ [○] **제540조(채무자의 제3자에 대한 최고권)** 전조의 경우에 채무자는 상당한 기간을 정하여 계약의 이익의 향수여부의 확답을 제3자에게 최고할 수 있다. 채무자가 그 기간 내에 확답을 받지 못한 때에는 제3자가 계약의 이익을 받을 것을 거절한 것으로 본다.

025

제3자를 위한 계약에 관한 설명으로 옳은 것을 모두 고른 것은? (다툼이 있으면 판례에 따름)

19 노무사

> ㄱ. 계약체결 당시에 수익자가 특정되어 있지 않으면 제3자를 위한 계약은 성립할 수 없다.
> ㄴ. 계약 당사자가 제3자에 대하여 가진 채권에 관하여 그 채무를 면제하는 계약도 제3자를 위한 계약에 준하는 것으로 유효하다.
> ㄷ. 낙약자는 요약자와 수익자 사이의 법률관계에 기한 항변으로 수익자에게 대항하지 못한다.
> ㄹ. 낙약자가 채무를 불이행하는 경우 수익자는 낙약자의 채무불이행을 이유로 계약을 해제할 수 있다.

① ㄱ, ㄴ
② ㄴ, ㄷ
③ ㄷ, ㄹ
④ ㄱ, ㄴ, ㄹ
⑤ ㄴ, ㄷ, ㄹ

해설
답 ②

ㄱ. [×] 수익자는 수익의 의사표시 당시에는 현존·특정되어야 하고, 권리능력이 있어야 하지만, 계약 당시에는 현존하지 않거나 특정하지 않아도 되고 권리능력이 없어도 무방하다(대판 1997.10.10, 97다7264).

ㄴ. [○] 계약의 당사자가 제3자에 대하여 가진 채권에 관하여 그 채무를 면제하는 계약도 제3자를 위한 계약에 준 한다(대판 2004.9.3, 2002다37405).

ㄷ. [○] 제3자를 위한 계약의 체결 원인이 된 요약자와 제3자(수익자) 사이의 법률관계(이른바 대가관계)의 효력은 제3자를 위한 계약 자체는 물론 그에 기한 요약자와 낙약자 사이의 법률관계(이른바 기본관계)의 성립이나 효력에 영향을 미치지 아니하므로 낙약자는 요약자와 수익자 사이의 법률관계에 기한 항변으로 수익자에게 대항하지 못하고, 요약자도 대가관계의 부존재나 효력의 상실을 이유로 자신이 기본관계에 기하여 낙약자에게 부담하는 채무의 이행을 거부할 수 없다(대판 2003.12.11, 2003다49771).

ㄹ. [×] 수익자는 계약의 당사자가 아니므로 낙약자의 채무불이행을 이유로 계약을 해제, 해지할 수 없다.

026

甲은 자신 소유의 X노트북을 乙에게 매도하면서 그 대금은 乙이 甲의 채권자 丙에게 직접 지급하기로 하는 제3자를 위한 계약을 체결하였고, 丙은 乙에게 수익의 의사를 표시하였다. 이에 관한 설명으로 옳지 않은 것은? (다툼이 있으면 판례에 따름)   21 변리사

① 甲과 乙이 미리 매매계약에서 丙의 권리를 변경·소멸할 수 있음을 유보한 경우, 이러한 약정은 丙에 대해서도 효력이 있다.
② 甲은 丙의 동의가 없는 한 乙의 채무불이행을 이유로 계약을 해제할 수 없다.
③ 제3자를 위한 계약의 체결 원인이 된 甲과 丙 사이의 법률관계가 취소된 경우, 특별한 사정이 없는 한 乙은 丙에게 대금지급을 거절할 수 없다.
④ 乙의 채무불이행을 이유로 甲이 계약을 해제한 경우, 丙은 乙에게 자기가 입은 손해에 대한 배상을 청구할 수 있다.
⑤ 甲과 乙의 매매계약이 취소된 경우, 乙이 丙에게 이미 매매대금을 지급하였다고 하더라도 특별한 사정이 없는 한 乙은 丙을 상대로 부당이득반환청구를 할 수 없다.

해설
답 ②

① [O] 수익의 의사표시에 의하여 제3자의 권리가 생긴 후에는 당사자는 이를 변경 또는 소멸 시키지 못한다(제541조). 반대해석으로 채권자와 채무자가 제3자의 권리가 생기기 전에 약정이 있다면 수익자에게 효력이 있다.
② [X] 제3자를 위한 유상 쌍무계약의 경우 요약자는 낙약자의 채무불이행을 이유로 제3자의 동의 없이 계약을 해제할 수 있다(대판 1970.2.24, 69다1410·1411).
③ [O] 대가관계가 결여된 경우에도 제3자를 위한 계약은 유효하게 성립하며, 요약자와 제3자 사이에서 부당이득의 반환이 문제될 뿐이다.
④ [O] 제3자를 위한 계약에 있어서 수익의 의사표시를 한 수익자는 낙약자에게 직접 그 이행을 청구할 수 있을 뿐만 아니라, 요약자가 계약을 해제한 경우에는 낙약자에게 자기가 입은 손해의 배상을 청구할 수 있다(대판 1994.8.12, 92다41559).
⑤ [O] 제3자를 위한 계약관계에서 낙약자와 요약자 사이의 법률관계(이른바 기본관계)를 이루는 계약이 해제된 경우 그 계약관계의 청산은 계약의 당사자인 낙약자와 요약자 사이에 이루어져야 하므로, 특별한 사정이 없는 한 낙약자가 이미 제3자에게 급부한 것이 있더라도 낙약자는 계약해제에 기한 원상회복 또는 부당이득을 원인으로 제3자를 상대로 그 반환을 구할 수 없다(대판 2005.7.22, 2005다7566).

027 제3자를 위한 계약에 관한 설명으로 옳은 것은? (다툼이 있으면 판례에 따름) 22 노무사

① 채무자와 인수인 사이에 체결되는 중첩적 채무인수계약은 제3자를 위한 계약이 아니다.
② 제3자를 위한 도급계약에서 수익의 의사표시를 한 제3자가 그 계약에 따라 완성된 목적물의 하자로 인해 손해를 입은 경우, 특별한 사정이 없는 한 낙약자는 그 제3자에게 해당 손해를 배상할 의무가 있다.
③ 요약자와 낙약자의 합의에 따라 제3자의 권리를 소멸시킬 수 있음을 미리 유보하였더라도 제3자에게 그 권리가 확정적으로 귀속되었다면 요약자와 낙약자는 제3자의 권리를 소멸시키지 못한다.
④ 제3자가 수익의 의사표시를 한 후에는 요약자는 원칙적으로 낙약자에 대하여 제3자에게 급부를 이행할 것을 요구할 수 있는 권리를 갖지 못한다.
⑤ 제3자가 수익의 의사표시를 한 경우, 특별한 사정이 없는 한 요약자는 낙약자의 채무불이행을 이유로 제3자의 동의 없이 계약을 해제할 수 없다.

해설
답 ②

① [×] 채무자와 인수인의 계약으로 체결되는 병존적 채무인수는 채권자로 하여금 인수인에 대하여 새로운 권리를 취득하게 하는 것으로 제3자를 위한 계약의 하나로 볼 수 있다(대판 1997.10.24, 97다28698).
② [○] 제3자를 위한 계약에 있어서 수익의 의사표시를 한 수익자는 낙약자에게 직접 그 이행을 청구할 수 있을 뿐만 아니라 요약자가 계약을 해제한 경우에는 낙약자에게 자기가 입은 손해의 배상을 청구할 수 있는 것이므로, 수익자가 완성된 목적물의 하자로 인하여 손해를 입었다면 수급인은 그 손해를 배상할 의무가 있다(대판 1994.8.12, 92다41559).
③ [×] 제3자를 위한 계약에서, 제3자가 민법 제539조 제2항에 따라 수익의 의사표시를 함으로써 제3자에게 권리가 확정적으로 귀속된 경우에는, 요약자와 낙약자의 합의에 의하여 제3자의 권리를 변경·소멸시킬 수 있음을 미리 유보하였거나 제3자의 동의가 있는 경우가 아니면 계약의 당사자인 요약자와 낙약자는 제3자의 권리를 변경·소멸시키지 못하고(제541조), 만일 계약의 당사자가 제3자의 권리를 임의로 변경·소멸시키는 행위를 한 경우 이는 제3자에 대하여 효력이 없다(대판 2022.1.14, 2021다271183).
④ [×] 요약자는 채권자이므로, 채무자(낙약자)에 대하여 제3자에 대한 채무의 이행을 청구할 수 있는 권리가 있다.
⑤ [×] 제3자를 위한 유상 쌍무계약의 경우 요약자는 낙약자의 채무불이행을 이유로 제3자의 동의 없이 계약을 해제할 수 있다(대판 1970.2.24, 69다1410, 1411).

028 제3자를 위한 계약에 관한 설명으로 옳지 않은 것은? (다툼이 있으면 판례에 따름) 23 변리사

① 요약자는 원칙적으로 제3자의 권리와 별도로 낙약자에 대하여 제3자에게 급부를 이행할 것을 요구할 수 있는 권리를 가진다.
② 제3자가 수익의 의사표시를 한 경우, 계약의 당사자가 제3자의 권리를 임의로 변경·소멸시키는 행위를 하더라도 특별한 사정이 없는 한 제3자에 대하여 효력이 없다.
③ 요약자와 수익자 사이의 법률관계(대가관계)의 효력 상실을 이유로 요약자는 낙약자와 요약자 사이의 법률관계(기본관계)상 낙약자에게 부담하는 채무의 이행을 거절할 수 있다.
④ 채무자와 인수인 사이의 계약으로 체결되는 중첩적 채무인수의 경우, 채권자의 수익의 의사표시는 그 계약의 성립요건 또는 효력발생요건이 아니다.
⑤ 낙약자와 요약자 사이의 계약(기본관계)이 무효가 된 경우, 낙약자는 특별한 사정이 없는 한 제3자를 상대로 그가 제3자에게 한 급부를 부당이득으로 반환 청구할 수 없다.

해설

답 ③

① [O] 이행의 소는 원칙적으로 원고가 이행청구권의 존재를 주장하는 것으로서 권리보호의 이익이 인정되고, 이행판결을 받아도 집행이 사실상 불가능하거나 현저히 곤란하다는 사정만으로 그 이익이 부정되는 것은 아니다. 제3자를 위한 계약에서 제3자는 채무자(낙약자)에 대하여 계약의 이익을 받을 의사를 표시한 때에 채무자에게 직접 이행을 청구할 수 있는 권리를 취득하고(제539조), 요약자는 제3자를 위한 계약의 당사자로서 원칙적으로 제3자의 권리와는 별도로 낙약자에 대하여 제3자에게 급부를 이행할 것을 요구할 수 있는 권리를 가진다. 이때 낙약자가 요약자의 이행청구에 응하지 아니하면 특별한 사정이 없는 한 요약자는 낙약자에 대하여 제3자에게 급부를 이행할 것을 소로써 구할 이익이 있다(대판 2022.1.27, 2018다259565).
② [O] 제3자를 위한 계약에서, 제3자가 민법 제539조 제2항에 따라 수익의 의사표시를 함으로써 제3자에게 권리가 확정적으로 귀속된 경우에는, 요약자와 낙약자의 합의에 의하여 제3자의 권리를 변경·소멸시킬 수 있음을 미리 유보하였거나 제3자의 동의가 있는 경우가 아니면 계약의 당사자인 요약자와 낙약자는 제3자의 권리를 변경·소멸시키지 못하고(제541조), 만일 계약의 당사자가 제3자의 권리를 임의로 변경·소멸시키는 행위를 한 경우 이는 제3자에 대하여 효력이 없다(대판 2022.1.14, 2021다271183).
③ [X] 제3자를 위한 계약의 체결 원인이 된 요약자와 제3자(수익자) 사이의 법률관계(이른바 대가관계)의 효력은 제3자를 위한 계약 자체는 물론 그에 기한 요약자와 낙약자 사이의 법률관계(이른바 기본관계)의 성립이나 효력에 영향을 미치지 아니하므로 낙약자는 요약자와 수익자 사이의 법률관계에 기한 항변으로 수익자에게 대항하지 못하고, 요약자도 대가관계의 부존재나 효력의 상실을 이유로 자신이 기본관계에 기하여 낙약자에게 부담하는 채무의 이행을 거부할 수 없다(대판 2003.12.11, 2003다49771).
④ [O] 채무자와 인수인의 합의에 의한 중첩적 채무인수는 일종의 제3자를 위한 계약이라고 할 것이므로, 채권자는 인수인에 대하여 채무이행을 청구하거나 기타 채권자로서의 권리를 행사하는 방법으로 수익의 의사표시를 함으로써 인수인에 대하여 직접 청구할 권리를 갖게 된다. 이러한 점에서 채무자에 대한 채권을 상실시키는 효과가 있는 면책적 채무인수의 경우 채권자의 승낙을 계약의 효력발생요건으로 보아야 하는 것과는 달리, 채무자와 인수인의 합의에 의한 중첩적 채무인수의 경우 채권자의 수익의 의사표시는 그 계약의 성립요건이나 효력발생요건이 아니라 채권자가 인수인에 대하여 채권을 취득하기 위한 요건이다(대판 2013.9.13, 2011다56033).
⑤ [O] 제3자를 위한 계약관계에서 낙약자와 요약자 사이의 법률관계(이른바 기본관계)를 이루는 계약이 무효이거나 해제된 경우 그 계약관계의 청산은 계약의 당사자인 낙약자와 요약자 사이에 이루어져야 하므로, 특별한 사정이 없는 한 낙약자가 이미 제3자에게 급부한 것이 있더라도 낙약자는 계약해제 등에 기한 원상회복 또는 부당이득을 원인으로 제3자를 상대로 그 반환을 구할 수 없다(대판 2010.8.19, 2010다31860·31877).

029 제3자를 위한 계약에 관한 설명으로 옳지 않은 것은? (다툼이 있으면 판례에 따름) 24 노무사

① 요약자는 낙약자의 채무불이행을 이유로 제3자의 동의 없이 기본관계를 이루는 계약을 해제할 수 있다.
② 낙약자는 기본관계에 기한 항변으로 계약의 이익을 받을 제3자에게 대항할 수 있다.
③ 계약 당사자가 제3자에 대하여 가진 채권에 관하여 그 채무를 면제하는 계약도 제3자를 위한 계약에 준하는 것으로 유효하다.
④ 제3자를 위한 계약의 성립 시에 제3자는 요약자와 낙약자에게 계약의 이익을 받을 의사를 표시해야 권리를 직접 취득한다.
⑤ 채무자와 인수인 사이에 체결되는 중첩적 채무인수계약은 제3자를 위한 계약이다.

해설
답 ④

① [O] 제3자를 위한 유상·쌍무계약의 경우 요약자는 낙약자의 채무불이행을 이유로 제3자의 동의 없이 계약을 해제할 수 있다(대판 1970.2.24, 69다1410·1411).

② [O]
> **제542조(채무자의 항변권)** 채무자는 제539조의 계약에 기한 항변으로 그 계약의 이익을 받을 제3자에게 대항할 수 있다.

③ [O] 계약의 당사자가 제3자에 대하여 가진 채권에 관하여 그 채무를 면제하는 계약도 제3자를 위한 계약에 준한다(대판 2004.9.3, 2002다37405).

④ [×]
> **제539조(제3자를 위한 계약)** ① 계약에 의하여 당사자일방이 제3자에게 이행할 것을 약정한 때에는 그 제3자는 채무자에게 직접 그 이행을 청구할 수 있다.
> ② 전항의 경우에 제3자의 권리는 그 제3자가 채무자에 대하여 계약의 이익을 받을 의사를 표시한 때에 생긴다.

⑤ [O] 채무자와 인수인의 계약으로 체결되는 병존적 채무인수는 채권자로 하여금 인수인에 대하여 새로운 권리를 취득하게 하는 것으로 제3자를 위한 계약의 하나로 볼 수 있고, 이와 비교하여 이행인수는 채무자와 인수인 사이의 계약으로 인수인이 변제 등에 의하여 채무를 소멸케 하여 채무자의 책임을 면하게 할 것을 약정하는 것으로 인수인이 채무자에 대한 관계에서 채무자를 면책케 하는 채무를 부담하게 될 뿐 채권자로 하여금 직접 인수인에 대한 채권을 취득케 하는 것이 아니므로 결국 제3자를 위한 계약과 이행인수의 판별 기준은 계약 당사자에게 제3자 또는 채권자가 계약 당사자 일방 또는 인수인에 대하여 직접 채권을 취득케 할 의사가 있는지 여부에 달려 있다 할 것이고, 구체적으로는 계약 체결의 동기, 경위 및 목적, 계약에 있어서의 당사자의 지위, 당사자 사이 및 당사자와 제3자 사이의 이해관계, 거래 관행 등을 종합적으로 고려하여 그 의사를 해석하여야 한다(대판 1997.10.24, 97다28698).

제3절 | 계약의 해제와 해지

Ⅰ. 계약의 해제

030 계약의 합의해제 등에 관한 설명으로 옳지 않은 것은? (다툼이 있으면 판례에 따름)   19 변리사

① 계약이 합의해제된 경우, 특별한 사정이 없는 한 채무불이행으로 인한 손해배상청구는 할 수 없다.
② 매도인이 매수인에게 매매계약의 합의해제를 청약하였더라도 매수인이 그 청약에 대하여 조건을 붙여 승낙한 경우, 매도인의 청약은 실효된다.
③ 계약이 일부이행된 경우, 그 원상회복에 관하여 의사가 일치되지 않아도 계약의 묵시적합의해제가 인정될 수 있다.
④ 매매계약을 합의해제한 후 그 합의해제를 무효화시키고, 해제된 매매계약을 부활시키는 약정은 적어도 당사자 사이에서는 가능하다.
⑤ 당사자 사이에 약정이 없는 이상 합의해지로 인하여 반환할 금전에 그 받은 날로부터 이자를 붙여서 반환할 의무는 없다.

> **해설** 답 ③

① [○] 계약이 합의해제된 경우에는 그 해제 시에 당사자 일방이 상대방에게 손해배상을 하기로 특약하거나 손해배상청구를 유보하는 의사표시를 하는 등 다른 사정이 없는 한 채무불이행으로 인한 손해배상을 청구할 수 없다(대판 1989.4.25, 86다카1147·1148).
② [○] 매매계약 당사자 중 매도인이 매수인에게 매매계약을 합의해제할 것을 청약하였다고 할지라도, 매수인이 그 청약에 대하여 조건을 붙이거나 변경을 가하여 승낙한 때에는 민법 제534조의 규정에 비추어 보면 그 청약의 거절과 동시에 새로 청약한 것으로 보게 되는 것이고, 그로 인하여 종전의 매도인의 청약은 실효된다(대판 2002.4.12, 2000다17834).
③ [×] 당사자 사이의 합의로 성립한 계약을 합의해제하기 위하여서는 계약이 성립하는 경우와 마찬가지로 기존 계약의 효력을 소멸시키기로 하는 내용의 해제계약의 청약과 승낙이라는 서로 대립하는 의사표시가 합치될 것을 그 요건으로 하며, 이러한 합의가 성립하기 위하여는 쌍방 당사자의 표시행위에 나타난 의사의 내용이 서로 객관적으로 일치하여야 한다. 그리고 계약의 합의해제는 묵시적으로 이루어질 수도 있으나, 계약이 묵시적으로 합의해제되었다고 하려면 계약의 성립 후에 당사자 쌍방의 계약실현의사의 결여 또는 포기로 인하여 당사자 쌍방의 계약을 실현하지 아니할 의사가 일치되어야만 하고, 계약이 일부 이행된 경우에는 그 원상회복에 관하여도 의사가 일치되어야 할 것이다(대판 2011.4.28, 2010다98412·98429).
④ [○] 매매계약을 합의해제한 후 그 합의해제를 무효화시키고, 해제된 매매계약을 부활시키는 약정은 계약자유의 원칙상 적어도 당사자 사이에서는 가능하다(대판 2006.4.13, 2003다45700).
⑤ [○] 합의해지 또는 해지계약이라 함은 해지권의 유무에 불구하고 계약 당사자 쌍방이 합의에 의하여 계속적 계약의 효력을 해지시점 이후부터 장래를 향하여 소멸하게 하는 것을 내용으로 하는 새

로운 계약으로서2), 그 효력은 그 합의의 내용에 의하여 결정되고 여기에는 해제, 해지에 관한 민법 제548조 제2항의 규정은 적용되지 아니하므로, 당사자 사이에 약정이 없는 이상 합의해지로 인하여 반환할 금전에 그 받은 날로부터의 이자를 가하여야 할 의무가 있는 것은 아니다(대판 2003.1.24, 2000다5336·5343).

031 합의해제에 관한 설명으로 옳은 것은? (다툼이 있으면 판례에 따름) 22 변리사

① 계약의 합의해제는 단독행위의 일종이다.
② 계약이 합의해제가 된 경우에도 특별한 사정이 없는 한 채무불이행으로 인한 손해배상청구는 인정된다.
③ 특별한 사정이 없는 한 계약이 일부이행된 상태에서 당사자 쌍방이 장기간에 걸쳐 나머지 의무를 이행하지 않고 이를 방치한 것만으로도 묵시적 합의해제가 인정된다.
④ 계약을 합의해제할 때에는 원상회복에 관하여 반드시 약정을 하여야 한다.
⑤ 매매계약을 합의해제한 후 그 합의해제를 무효화시키고, 해제된 매매계약을 부활시키는 약정은 계약자유의 원칙상 적어도 당사자 사이에서는 가능하다.

해설 답 ⑤

① [×] 합의해제는 계약이다.
② [×] 계약이 합의해제된 경우에는 그 해제시에 당사자 일방이 상대방에게 손해배상을 하기로 특약하거나 손해배상청구를 유보하는 의사표시를 하는 등 다른 사정이 없는 한 채무불이행으로 인한 손해배상을 청구할 수 없다(대판 1989.4.25, 86다카1147·1148).
③ [×] 계약의 합의해제는 명시적으로뿐만 아니라 당사자 쌍방의 묵시적인 합의에 의하여도 할 수 있으나, 묵시적인 합의해제를 한 것으로 인정하려면 매매계약이 체결되어 그 대금의 일부가 지급된 상태에서 당사자 쌍방이 장기간에 걸쳐 잔대금을 지급하지 아니하거나 소유권이전등기절차를 이행하지 아니함으로써 이를 방치한 것만으로는 부족하고, 당사자 쌍방에게 계약을 실현할 의사가 없거나 계약을 포기할 의사가 있다고 볼 수 있을 정도에 이르렀다고 할 수 있어야 하고, 당사자 쌍방이 계약을 실현할 의사가 있었는지 여부는 계약이 체결된 후의 여러 가지 사정을 종합적으로 고려하여 판단하여야 한다(대판 1996.6.25, 95다12682·12699).
④ [×] 계약의 합의해제는 명시적으로 이루어진 경우뿐만 아니라 묵시적으로 이루어질 수도 있는 것으로, 계약의 성립 후에 당사자 쌍방의 계약실현 의사의 결여 또는 포기로 인하여 쌍방 모두 이행의 제공이나 최고에 이름이 없이 장기간 이를 방치하였다면, 그 계약은 당사자 쌍방이 계약을 실현하지 아니할 의사가 일치함으로써 묵시적으로 합의해제되었다고 해석함이 상당하다(대판 2007.6.15, 2004다37904·37911).
⑤ [○] 매매계약을 합의해제한 후 그 합의해제를 무효화시키고, 해제된 매매계약을 부활시키는 약정은 계약자유의 원칙상 적어도 당사자 사이에서는 가능하다(대판 2006.4.13, 2003다45700).

---

2) 계약이 합의해지 되기 위하여는 일반적으로 계약이 성립하는 경우와 마찬가지로 계약의 청약과 승낙이라는 서로 대립하는 의사표시가 합치될 것을 그 요건으로 하는 것이지만, 계약의 합의해지는 명시적인 경우뿐만 아니라 묵시적으로도 이루어질 수 있는 것이므로 계약 후 당사자 쌍방의 계약 실현 의사의 결여 또는 포기가 쌍방 당사자의 표시행위에 나타난 의사의 내용에 의하여 객관적으로 일치하는 경우에는, 그 계약은 계약을 실현하지 아니할 당사자 쌍방의 의사가 일치됨으로써 묵시적으로 해지되었다고 해석함이 상당하다.

032 계약의 해제, 해지에 관한 설명으로 옳지 않은 것은? (다툼이 있으면 판례에 따름) 23 변리사

① 타인 권리의 매매로 인한 담보책임으로 매수인이 계약을 해제한 경우, 매수인이 진정한 권리자인 타인에게 직접 목적물을 반환한 때에는 그 반환한 범위에서 매도인에게 반환할 의무를 부담하지 않는다.
② 사정변경을 이유로 한 계약의 해제나 해지에서 사정변경에 대한 예견가능성이 있었는지는 개별적 사정을 고려하지 않고 추상적·일반적으로 판단하여야 한다.
③ 매수인의 사망으로 매수인의 지위를 상속한 상속인들이 매매계약을 해제하려면, 특별한 사정이 없는 한 전원이 해제의 의사표시를 하여야 한다.
④ 조합계약에서는 계약을 해제 또는 해지하고 조합원에게 그로 인한 원상회복의 의무를 부담 지울 수는 없다.
⑤ 계약이 합의에 따라 해제되거나 해지된 경우, 특별한 사정이 없는 한 채무불이행으로 인한 손해배상을 청구할 수 없다.

해설
답 ②

① [O] 타인의 권리의 매매의 경우에 매도인이 그 권리를 취득하여 매수인에게 이전할 수 없는 때에는 매수인은 계약을 해제할 수 있다(제570조). 이러한 해제의 효과에 관하여 특별한 규정은 없지만 일반적인 해제와 달리 해석할 이유가 없다. 따라서 위 규정에 따라 매매계약이 해제되는 경우에, 매도인은 매수인에게 매매대금과 그 받은 날부터의 이자를 반환할 의무를 부담하고, 매수인 역시 특별한 사정이 없는 한 매도인에게 목적물을 반환할 의무는 물론이고 목적물을 사용하였으면 그 사용이익을 반환할 의무도 부담한다. 그리고 이러한 결론은 매도인이 목적물의 사용권한을 취득하지 못하여 매수인으로부터 반환받은 사용이익을 궁극적으로 정당한 권리자에게 반환하여야 할 입장이라 하더라도 마찬가지이다. 다만, 매수인이 진정한 권리자인 타인에게 직접 목적물 또는 사용이익을 반환하는 등의 특별한 사정이 있는 경우에는 매수인은 적어도 그 반환 등의 한도에서는 매도인에게 목적물 및 사용이익을 반환할 의무를 부담하지 않는다고 할 것이다(대판 2017.5.31, 2016다240).
② [×] 여기에서 말하는 사정이란 당사자들에게 계약 성립의 기초가 된 사정을 가리키고, 당사자들이 계약의 기초로 삼지 않은 사정이나 어느 일방당사자가 변경에 따른 불이익이나 위험을 떠안기로 한 사정은 포함되지 않는다. 사정변경에 대한 예견가능성이 있었는지는 추상적·일반적으로 판단할 것이 아니라, 구체적인 사안에서 계약의 유형과 내용, 당사자의 지위, 거래경험과 인식가능성, 사정변경의 위험이 크고 구체적인지 등 여러 사정을 종합적으로 고려하여 개별적으로 판단하여야 한다(대판 2021.6.30, 2019다276338).
③ [O] 민법 제547조 제1항은 '당사자의 일방 또는 쌍방이 수인인 경우에는 계약의 해지나 해제는 그 전원으로부터 또는 전원에 대하여 하여야 한다'고 규정하고 있다. 따라서 매매계약의 일방 당사자가 사망하였고 그에게 여러 명의 상속인이 있는 경우에 그 상속인들이 위 계약을 해제하려면, 상대방과 사이에 다른 내용의 특약이 있다는 등의 특별한 사정이 없는 한, 상속인들 전원이 해제의 의사표시를 하여야 한다(대판 2013.11.28, 2013다22812).
④ [O] 동업계약과 같은 조합계약에 있어서는 조합의 해산청구를 하거나 조합으로부터 탈퇴를 하거나 또는 다른 조합원을 제명할 수 있을 뿐이지 일반계약에 있어서처럼 조합계약을 해제하고 상대방에게 그로 인한 원상회복의 의무를 부담 지울 수는 없다(대판 1994.5.13, 94다7157).
⑤ [O] 계약이 합의에 따라 해제되거나 해지된 경우에는 상대방에게 손해배상을 하기로 특약하거나 손해배상청구를 유보하는 의사표시를 하는 등 다른 사정이 없는 한 채무불이행으로 인한 손해배상을 청구할 수 없다. 그와 같은 손해배상의 특약이 있었다거나 손해배상청구를 유보하였다는 점은 이를 주장하는 당사자가 증명할 책임이 있다(대판 2021.5.7, 2017다220416).

033 합의해지에 관한 설명으로 옳은 것을 모두 고른 것은? (다툼이 있으면 판례에 따름) 24 노무사

> ㄱ. 근로자의 사직원 제출에 따른 합의해지의 청약에 대해 사용자의 승낙의사가 형성되어 확정적으로 근로계약종료의 효과가 발생하기 전에는 특별한 사정이 없는 한 근로자는 사직의 의사표시를 철회할 수 있다.
> ㄴ. 계약의 합의해지는 묵시적으로 이루어질 수도 있으나, 묵시적 합의해지는 계약에 따른 채무의 이행이 시작된 후에 당사자 쌍방의 계약실현 의사의 결여 또는 포기로 인하여 계약을 실현하지 아니할 의사가 일치되어야만 한다.
> ㄷ. 당사자 사이에 약정이 없는 이상, 합의해지로 인하여 반환할 금전에 그 받은 날로부터의 이자를 가할 의무가 있다.

① ㄱ
② ㄷ
③ ㄱ, ㄴ
④ ㄴ, ㄷ
⑤ ㄱ, ㄴ, ㄷ

해설   답 ③

ㄱ. [○] 근로자가 사직원을 제출하여 근로계약의 해지를 청약하는 경우 그에 대한 사용자의 승낙의사가 형성되어 그 승낙의 의사표시가 근로자에게 도달하기 이전에는 청약의 의사표시를 철회할 수 있으나, 근로자와 사용자가 근로계약을 해지시키기로 합의하였다면 합의시에 근로자의 근로계약해지의 청약의 의사표시에 대하여 사용자의 승낙의사가 확정적으로 형성·표시되어 해지의사의 합치가 있었다고 할 것이므로 이러한 경우 어느 일방 당사자가 임의로 이를 철회할 수는 없고, 이는 근로자와 사용자가 합의시 특별히 근로계약관계를 일정기간 경과 후 종료키로 약정하였다고 하여도 마찬가지이다(대판 1994.8.9, 94다14629).

ㄴ. [○] 계약이 합의해지되기 위하여는 일반적으로 계약이 성립하는 경우와 마찬가지로 계약의 청약과 승낙이라는 서로 대립하는 의사표시가 합치될 것을 그 요건으로 하는 것이지만, 계약의 합의해지는 명시적인 경우뿐만 아니라 묵시적으로도 이루어질 수 있는 것이므로 계약 후 당사자 쌍방의 계약 실현 의사의 결여 또는 포기가 쌍방 당사자의 표시행위에 나타난 의사의 내용에 의하여 객관적으로 일치하는 경우에는, 그 계약은 계약을 실현하지 아니할 당사자 쌍방의 의사가 일치됨으로써 묵시적으로 해지되었다고 해석함이 상당하다(대판 2003.1.24, 2000다5336·5343).

ㄷ. [×] 합의해지 또는 해지계약이라 함은 해지권의 유무에 불구하고 계약 당사자 쌍방이 합의에 의하여 계속적 계약의 효력을 해지시점 이후부터 장래를 향하여 소멸하게 하는 것을 내용으로 하는 새로운 계약으로서, 그 효력은 그 합의의 내용에 의하여 결정되고 여기에는 해제, 해지에 관한 민법 제548조 제2항의 규정은 적용되지 아니하므로, 당사자 사이에 약정이 없는 이상 합의해지로 인하여 반환할 금전에 그 받은 날로부터의 이자를 가하여야 할 의무가 있는 것은 아니다(대판 2003.1.24, 2000다5336·5343).

Ⅱ. 법정해제권
1. 발생원인
2. 해제권의 행사
3. 해제의 효과

034 계약의 해제에 관한 설명으로 옳지 않은 것은? (다툼이 있으면 판례에 따름) 15 노무사

① 계약이 해제된 경우, 반환할 금전에는 그 받은 날로부터 이자를 가하여야 한다.
② 계약상의 채권을 양수한 자는 민법 제548조 제1항 단서의 제3자에 해당한다.
③ 계약 해제의 효과로서 원상회복의무의 반환의 범위는 이익의 현존 여부나 청구인의 선의 · 악의를 불문하고 특단의 사유가 없는 한 받은 이익의 전부이다.
④ 계약의 합의해제에 있어서도 민법 제548조의 계약해제의 경우와 같이 이로써 제3자의 권리를 해할 수 없다.
⑤ 계약이 해제되면 그 계약의 이행으로 변동이 생겼던 물권은 당연히 그 계약이 없었던 원상태로 복귀한다.

> **해설** 답 ②

① [O] 제548조(해제의 효과, 원상회복의무) ① 당사자일방이 계약을 해제한 때에는 각 당사자는 그 상대방에 대하여 원상회복의 의무가 있다. 그러나 제3자의 권리를 해하지 못한다.
② 전항의 경우에 반환할 금전에는 그 받은 날로부터 이자를 가하여야 한다.

② [×] 계약상의 채권을 양수한 자는 여기서 말하는 제3자에 해당하지 않으므로, 계약이 해제된 경우 계약해제 이전에 해제로 인하여 소멸되는 채권을 양수한 자는 계약해제의 효과에 반하여 자신의 권리를 주장할 수 없으며, 나아가 채무자로부터 이행 받은 급부를 원상회복할 의무가 있다(대판 2003.1.24, 2000다22850).

③ [O] 해제에서의 원상회복의무도 그 본질상 부당이득반환의무와 동일하다. 다만 부당이득의 반환범위에 관한 제748조 제1항에 의해 반환하면 되는 것이 아니라, 이익의 현존 여부나 선 · 악의를 불문하고 받은 급부의 전체를 반환할 뿐이다. 즉, 제548조 제1항 본문의 규정은 제741조에 대한 특칙으로서의 성질을 가진다.

④ [O] 해제계약은 해제와 성격이 다르므로 민법상의 해제에 관한 규정은 적용되지 않는 것이 원칙이지만, 계약의 합의해제에 있어서도 민법 제548조의 계약해제의 경우와 같이 이로써 제3자의 권리를 해할 수는 없다(대판 2005.6.9, 2005다6341).

⑤ [O] 민법 548조 제1항 본문에 의하면 계약이 해제되면 각 당사자는 상대방을 계약이 없었던 것과 같은 상태에 복귀케 할 의무를 부담한다는 뜻을 규정하고 있는 바, 계약에 따른 채무의 이행으로 이미 등기나 인도를 하고 있는 경우에 그 원인행위인 채권계약이 해제됨으로써 원상회복된다고 할 때 그 이론 구성에 관하여 소위 채권적 효과설과 물권적 효과설이 대립되어 있으나 우리의 법제가 물권행위의 독자성과 무인성을 인정하고 있지 않는 점과 민법 548조 제1항 단서가 거래안정을 위한 특별규정이란 점을 생각할 때 계약이 해제되면 그 계약의 이행으로 변동이 생겼던 물권은 당연히 그 계약이 없었던 원상태로 복귀한다 할 것이다(대판 1977.5.24, 75다1394).

035 해제와 해지에 관한 설명으로 옳은 것은? (다툼이 있으면 판례에 따름)   16 노무사

① 해제는 상대방에 대한 의사표시로 하고 상대방에게 도달한 때부터 그 효력이 생긴다.
② 계약이 합의해제되기 위해서는 명시적인 합의가 있어야 하며 묵시적인 합의해제는 인정되지 않는다.
③ 특별한 사정이 없는 한, 당사자의 일방 또는 쌍방이 수인인 경우에 해지나 해제의 권리가 당사자 1인에 대하여 소멸하여도 다른 당사자에게는 영향을 미치지 않는다.
④ 채무자의 책임 없는 사유로 채무의 이행이 불능하게 된 경우에도 채권자는 계약을 해제할 수 있다.
⑤ 계약이 해지된 경우, 계약은 소급적으로 그 효력을 잃기 때문에 이미 이행된 급부는 부당이득으로 상대방에게 반환하여야 한다.

해설

답 ①

① [○] 계약의 해제와 같은 상대방 있는 의사표시는 그 통지가 상대방에게 도달한 때 효력이 생기는 것이다(제111조 제1항).
② [×] 계약이 합의해제되기 위하여는 일반적으로 계약이 성립하는 경우와 마찬가지로 계약의 청약과 승낙이라는 서로 대립하는 의사표시가 합치될 것을 그 요건으로 하는 것이지만, 계약의 합의해제는 명시적인 경우뿐만 아니라 묵시적으로도 이루어질 수 있는 것이므로 계약 후 당사자 쌍방의 계약 실현 의사의 결여 또는 포기가 쌍방 당사자의 표시행위에 나타난 의사의 내용에 의하여 객관적으로 일치하는 경우에는, 그 계약은 계약을 실현하지 아니할 당사자 쌍방의 의사가 일치됨으로써 묵시적으로 해제되었다고 해석함이 상당하다(대판 1998.1.20, 97다43499).
③ [×] 해지나 해제의 권리가 당사자 1인에 대하여 소멸한 때에는 다른 당사자에 대하여도 소멸한다(제547조 제2항).
④ [×] 채무자의 책임 있는 사유로 이행이 불능하게 된 때에는 채권자는 계약을 해제할 수 있다(제546조).
⑤ [×] 해제와는 달리, 계약이 해지되면 그 계약은 장래에 향하여 그 효력을 잃는다(비소급효, 제550조).

036 계약해제에 관한 설명으로 옳지 않은 것은? (다툼이 있으면 판례에 따름) 19 노무사 변형

① 약정해제권 행사의 경우, 특별한 사정이 없는 한 그 해제의 효과로서 손해배상청구는 할 수 없다.
② 해제로 인해 소멸되는 계약상의 채권을 계약해제 이전에 양수한 자는 계약해제의 효과를 규정한 민법 제548조 제1항 단서에 의해 보호받는 제3자에 해당하지 않는다.
③ 이행지체로 계약이 해제된 경우, 원상회복의무의 이행으로 반환할 금전에는 그 받은 날로부터 이자를 가하여야 한다.
④ 이행거절로 인한 계약해제의 경우, 해제자는 상대방의 최고 및 동시이행관계에 있는 자기 채무의 이행을 제공할 필요가 없다.
⑤ 계약해제에 따른 원상회복으로 매매대금의 반환을 구하는 경우, 해제자가 해제원인의 일부를 제공하였다면 과실상계가 적용된다.
⑥ 민법 제551조는 계약체결 이전의 상태로 돌아가기 위한 손해배상을 정한 것이므로, 이는 채권관계가 유효하게 성립하고 있었던 동안에 발생하였음에도 계약해제 후에도 그대로 남는 부분을 의미한다.

해설
답 ⑤

① [O] 약정해제권은 상대방의 채무불이행을 전제로 발생한 것이 아니기 때문이다. 따라서 제551조는 적용되지 않는다.
② [O] 계약상의 채권을 양수한 자는 여기서 말하는 제3자에 해당하지 않으므로, 계약이 해제된 경우 계약해제 이전에 해제로 인하여 소멸되는 채권을 양수한 자는 계약해제의 효과에 반하여 자신의 권리를 주장할 수 없으며, 나아가 채무자로부터 이행받은 급부를 원상회복할 의무가 있다(대판 2003.1.24, 2000다22850).
③ [O] 당사자 일방이 계약을 해제한 때에는 각 당사자는 상대방에 대하여 원상회복의무가 있고, 이 경우 반환할 금전에는 받은 날로부터 이자를 가산하여 지급하여야 한다(제548조 제2항).
④ [O] 채무불이행에 의한 계약해제에 있어 미리 이행하지 아니할 의사를 표시한 경우로서 이른바 '이행거절'로 인한 계약해제의 경우에는 상대방의 최고 및 동시이행관계에 있는 자기 채무의 이행 제공을 요하지 아니한다(대판 1992.9.14, 92다9463).
⑤ [×] 과실상계는 본래 채무불이행 또는 불법행위로 인한 손해배상책임에 대하여 인정되는 것이고, 매매계약이 해제되어 소급적으로 효력을 잃은 결과 매매당사자에게 당해 계약에 기한 급부가 없었던 것과 동일한 재산상태를 회복시키기 위한 원상회복의무의 이행으로서 이미 지급한 매매대금 기타의 급부의 반환을 구하는 경우에는 적용되지 아니한다(대판 2014.3.13, 2013다34143).
⑥ [O] 계약당사자의 일방이 계약해제와 아울러 구하는 민법 제551조에 따른 손해배상의 청구도 채무불이행으로 인한 손해배상과 다를 것이 없으므로, 전보배상으로서 그 계약의 이행으로 인하여 채권자가 얻을 이익, 즉 이행이익을 손해로서 청구하여야 한다. 민법 제551조는 계약체결 이전의 상태로 돌아가기 위한 손해배상을 정한 것이므로, 이는 채권관계가 유효하게 성립하고 있었던 동안에 발생하였음에도 계약해제 후에도 그대로 남는 부분을 의미한다(대판 2022.4.28, 2017다284236).

037 계약해제에 관한 설명으로 옳지 않은 것은? (다툼이 있으면 판례에 따름) 21 노무사

① 제3자를 위한 계약에서 요약자는 낙약자의 채무불이행을 이유로 제3자의 동의 없이 기본관계를 이루는 계약을 해제할 수 있다.
② 계약이 해제된 경우 금전을 수령한 자는 해제한 날부터 이자를 가산하여 반환하여야 한다.
③ 甲, 乙, 丙 사이에 순차적으로 매매계약이 이루어지고 丙이 매매대금을 乙의 지시에 따라 甲에게 지급한 경우, 乙과 丙 사이의 매매계약이 해제되더라도 丙은 甲에게 직접 부당이득반환을 청구할 수 없다.
④ 매도인이 계약금계약에 의한 해제를 하는 경우, 매도인은 해제의사표시와 약정 계약금의 배액을 제공하면 되고, 매수인의 수령거절 시 공탁할 필요는 없다.
⑤ 계약해제로 인한 원상회복의무가 이행지체에 빠진 이후의 지연손해금률에 관하여 당사자 사이에 별도의 약정이 있는 경우, 그 지연손해금률이 법정이율보다 낮더라도 약정에 따른 지연손해금률이 적용된다.

해설

답 ②

① [O] 제3자를 위한 계약관계에서 낙약자와 요약자 사이의 법률관계(이른바 기본관계)를 이루는 계약이 해제된 경우 그 계약관계의 청산은 계약의 당사자인 낙약자와 요약자 사이에 이루어져야 하므로, 특별한 사정이 없는 한 낙약자가 이미 제3자에게 급부한 것이 있더라도 낙약자는 계약해제에 기한 원상회복 또는 부당이득을 원인으로 제3자를 상대로 그 반환을 구할 수 없다(대판 2005.7.22, 2005다7566).

② [×] 제548조(해제의 효과, 원상회복의무) ① 당사자일방이 계약을 해제한 때에는 각 당사자는 그 상대방에 대하여 원상회복의 의무가 있다. 그러나 제3자의 권리를 해하지 못한다.
② 전항의 경우에 반환할 금전에는 그 받은 날로부터 이자를 가하여야 한다.

③ [O] 계약상의 급부가 계약의 상대방뿐만 아니라 제3자의 이익으로 된 경우에 급부를 한 계약당사자가 계약 상대방에 대하여 계약상의 반대급부를 청구할 수 있는 이외에 그 제3자에 대하여 직접 부당이득반환청구를 할 수 있다고 보면, 자기 책임하에 체결된 계약에 따른 위험부담을 제3자에게 전가시키는 것이 되어 계약법의 기본원리에 반하는 결과를 초래할 뿐만 아니라, 채권자인 계약당사자가 채무자인 계약 상대방의 일반채권자에 비하여 우대받는 결과가 되어 일반채권자의 이익을 해치게 되고, 수익자인 제3자가 계약 상대방에 대하여 가지는 항변권 등을 침해하게 되어 부당하므로, 위와 같은 경우 계약상의 급부를 한 계약당사자는 이익의 귀속 주체인 제3자에 대하여 직접 부당이득반환을 청구할 수는 없다고 보아야 한다(대판 2002.8.23, 99다66564, 66571).

④ [O] 수령자는 그 배액을 상환하면서 계약을 해제할 수 있으며, 반드시 현실의 제공이 있어야 한다. 제공만 하면 되기 때문에 상대방이 이를 수령하지 않는다고 하여 공탁까지 할 필요는 없다(대판 1992.5.12, 91다2151).

⑤ [O] 원상회복의무가 이행지체에 빠진 이후의 기간에 대해서는 부당이득반환의무로서의 이자가 아니라 반환채무에 대한 지연손해금이 발생하게 되므로 거기에는 지연손해금률이 적용되어야 한다. 그 지연손해금률에 관하여도 당사자 사이에 별도의 약정이 있으면 그에 따라야 할 것이고, 설사 그것이 법정이율보다 낮다 하더라도 마찬가지이다. 계약해제 시 반환할 금전에 가산할 이자에 관하여 당사자 사이에 약정이 있는 경우에는 특별한 사정이 없는 한 이행지체로 인한 지연손해금도 그 약정이율에 의하기로 하였다고 보는 것이 당사자의 의사에 부합한다. 다만, 그 약정이율

이 법정이율보다 낮은 경우에는 약정이율에 의하지 아니하고 법정이율에 의한 지연손해금을 청구할 수 있다고 봄이 타당하다. 계약해제로 인한 원상회복 시 반환할 금전에 받은 날로부터 가산할 이자의 지급의무를 면제하는 약정이 있는 때에도 그 금전반환의무가 이행지체 상태에 빠진 경우에는 법정이율에 의한 지연손해금을 청구할 수 있는 점과 비교해 볼 때 그렇게 보는 것이 논리와 형평의 원리에 맞기 때문이다(대판 2013.4.26, 2011다50509).

038 계약의 해제에 관한 설명으로 옳지 않은 것은? (특별한 사정이 없음을 전제로 하며, 다툼이 있으면 판례에 따름)

22 노무사

① 당사자는 합의로 계약을 해제할 수 있다.
② 채권자가 채무액을 현저히 초과하는 금액의 지급을 최고하고, 이 금액을 지급하지 않으면 수령하지 않을 것이 분명한 경우에 이 최고에 터 잡은 채권자의 해제는 무효이다.
③ 계약체결에 관한 대리권만을 수여 받은 대리인은 계약체결 후 그 계약을 해제할 수 없다.
④ 하나의 계약에서 일방이 수인(數人)인 경우에 상대방은 그 수인 모두에게 해제의 의사표시를 하여야 한다.
⑤ 매도인의 책임 있는 사유로 이행불능이 되어 매수인이 계약을 해제한 경우의 손해배상은 해제시 목적물의 싯가를 기준으로 그 손해를 산정한다.

해설

답 ⑤

① [○] 기존의 계약 당사자들이 계약해소에 관하여 합의한 것으로서, 계약자유의 원칙상 당연히 인정된다.
② [○] 채권자의 이행최고가 본래 이행하여야 할 채무액을 초과하는 경우에도 본래 급부하여야 할 수량과의 차이가 비교적 적거나 채권자가 급부의 수량을 잘못 알고 과다한 최고를 한 것으로서 과다하게 최고한 진의가 본래의 급부를 청구하는 취지라면, 그 최고는 본래 급부하여야 할 수량의 범위 내에서 유효하다고 할 것이나, 그 과다한 정도가 현저하고 채권자가 청구한 금액을 제공하지 않으면 그것을 수령하지 않을 것이라는 의사가 분명한 경우에는 그 최고는 부적법하고 이러한 최고에 터 잡은 계약의 해제는 그 효력이 없다(대판 1995.9.15, 94다54894).
③ [○] 일반적으로 법률행위에 의하여 수여된 대리권은 원인된 법률관계의 종료에 의하여 소멸하는 것이므로 특별한 다른 사정이 없는 한, 본인을 대리하여 금전소비대차 내지 그를 위한 담보권설정계약을 체결할 권한을 수여받은 대리인에게 본래의 계약관계를 해제할 대리권까지 있다고 볼 수 없고(대판 1993.1.15, 92다39365; 대판 2008.1.31, 2007다74713), 사채알선업자에 대하여도 특별수권이 없는 한 해제의 대리권이 없다고 하였다(대판 1997.9.30, 97다23372).
④ [○] 제547조(해지, 해제권의 불가분성) ① 당사자의 일방 또는 쌍방이 수인인 경우에는 계약의 해지나 해제는 그 전원으로부터 또는 전원에 대하여 하여야 한다.
⑤ [×] 채무가 이행불능으로 되거나, 타인의 권리매매에 있어 매도인이 그 권리를 매수인에게 이전할 수 없게 된 경우의 손해배상은 이행불능 당시의 목적물의 시가를 기준으로 그 손해를 산정한다(대판 1980.3.11, 80다78).

039 계약의 해제에 관한 설명으로 옳은 것은? (다툼이 있는 경우 판례에 의함)

① 매매목적물인 부동산에 대한 가압류등기가 말소되지 아니한 경우에 매수인은 소유권이전등기의무의 이행불능을 이유로 이행의 최고 없이 바로 계약을 해제할 수 있다.
② 계약해제로 인한 원상회복을 위하여 금전의 반환을 구하는 소가 제기된 경우 채무자는 판결이 확정된 다음 날부터 반환의무의 이행지체로 인한 책임이 있다.
③ 약정해제권의 행사로 인하여 당사자 일방이 원상회복을 위하여 수령한 금전을 반환하는 경우 그 받은 날로부터 법정이자가 부가된다.
④ 매매계약이 법정해제된 경우 원상회복으로서 매도인이 반환하여야 할 매매대금에 부가되는 법정이자는 이행지체로 인한 것이다.
⑤ 낙약자와 요약자 사이의 법률관계(기본관계)에 기초하여 수익자가 요약자와 원인관계(대가관계)를 맺음으로써 해제 전에 새로운 이해관계를 갖고 그에 따라 등기, 인도 등을 마쳐 권리를 취득하였다고 하여도, 수익자는 민법 제548조 제1항 단서에서 말하는 계약해제의 소급효가 제한되는 제3자에 해당하지 않는다고 봄이 타당하다.
⑥ 매매계약이 해제되면 그 효력이 소급적으로 소멸함에 따라 각 당사자는 상대방에 대하여 원상회복의무가 있으므로 이미 그 계약상 의무에 기하여 이행된 급부는 원상회복을 위하여 부당이득으로 반환되어야 하고, 그 원상회복의 대상에는 매매대금은 이와 관련하여 그 매매계약의 존속을 전제로 수령한 지연손해금은 포함되지 아니한다.

해설

답 ③

① [×] 매매목적물인 부동산에 근저당권설정등기나 가압류등기가 있는 경우에 매도인으로서는 위 근저당권설정등기나 가압류등기를 말소하여 완전한 소유권이전등기를 해 주어야 할 의무를 부담한다고 할 것이지만, 매매목적물인 부동산에 대한 근저당권설정등기나 가압류등기가 말소되지 아니하였다고 하여 바로 매도인의 소유권이전등기의무가 이행불능으로 되었다고 할 수 없고, 매도인이 미리 이행하지 아니할 의사를 표시한 경우가 아닌 한, 매수인이 매도인에게 상당한 기간을 정하여 그 이행을 최고하고 그 기간 내에 이행하지 아니한 때에 한하여 계약을 해제할 수 있다(대판 2003.5.13, 2000다50688).
② [×] 계약해제로 인한 원상회복의무의 이행으로 금전의 반환을 구하는 소송이 제기된 경우 채무자는 그 소장을 송달받은 다음 날부터 반환의무의 이행지체로 인한 지체책임을 지게 되므로 그와 같이 원상회복의무의 이행으로 금전의 반환을 명하는 판결을 선고할 경우에는 금전채무불이행으로 인한 손해배상액 산정의 기준이 되는 법정이율에 관한 특별규정인 "소송촉진 등에 관한 특례법" 제3조 제1항에 의한 이율을 적용하여야 한다(대판 2003.7.22, 2001다76298).
③ [○] 법정해제권 행사의 경우 당사자가 일방이 그 수령한 금전을 반환함에 있어 그 받은 때로부터 법정이자를 부가함을 요하는 것은 민법 제548조 제2항이 규정하는 바로서, 이는 원상회복의 범위에 속하는 것이며 일종의 부당이득반환의 성질을 가지는 것이고, 반환의무의 이행지체로 인한 것이 아니므로, 부동산매매계약이 해제된 경우 매도인의 매매대금반환의무와 매수인의 소유권이전등기말소등기 절차이행의무가 동시이행의 관계에 있는지 여부와는 관계없이 매도인이 반환하여야 할 매매대금에 대하여는 그 받은 날로부터 민법 소정의 법정이율인 연 5푼의 비율에 의한 법정이자를 부가하여 지급하여야 하고, 이와 같은 법리는 약정된 해제권을 행사하는 경우라 하여 달라지는 것은 아니다(대판 2000.6.9, 2000다9123).

④ [×] 민법 제548조 제2항은 계약해제로 인한 원상회복의무의 이행으로 반환하는 금전에는 그 받은 날로부터 이자를 가산하여야 한다고 하고 있는바, 위 이자의 반환은 원상회복의무의 범위에 속하는 것으로 일종의 부당이득반환의 성질을 가지는 것이지 반환의무의 이행지체로 인한 손해배상은 아니라고 할 것이고, "소송촉진 등에 관한 특례법" 제3조 제1항은 금전채무의 전부 또는 일부의 이행을 명하는 판결을 선고할 경우에 있어서 금전채무불이행으로 인한 손해배상액 산정의 기준이 되는 법정이율에 관한 특별규정이므로, 위 이자에는 "소송촉진 등에 관한 특례법" 제3조 제1항에 의한 이율을 적용할 수 없다(대판 2003.7.22, 2001다76298; 대판 2000.6.23, 2000다16275 등).

⑤ [×] [1] 제3자를 위한 계약은 통상의 계약이 그 효력을 당사자 사이에서만 발생시킬 의사로 체결되는 것과는 달리 계약 당사자가 자기들 명의로 체결한 계약에 의하여 제3자로 하여금 직접 계약 당사자의 일방에 대하여 권리를 취득하게 하는 것을 목적으로 하는 계약이다. 어떤 계약이 제3자를 위한 계약에 해당하는지 여부는 당사자의 의사가 그 계약에 의하여 제3자에게 직접 권리를 취득하게 하려는 것인지에 관한 의사해석의 문제로서, 이는 계약 체결의 목적, 계약에서의 당사자 행위의 성질, 계약으로 인하여 당사자 사이 또는 당사자와 제3자 사이에 생기는 이해득실, 거래 관행, 제3자를 위한 계약제도가 갖는 사회적 기능 등 제반 사정을 종합하여 계약 당사자의 의사를 합리적으로 해석함으로써 판별할 수 있다. [2] 계약이 적법하게 해제되면 그 효력이 소급적으로 소멸하므로 그 계약상 의무에 기하여 실행된 급부는 원상회복을 위하여 부당이득으로 반환되어야 하고, 그 계약의 이행으로 변동이 되었던 물권은 당연히 그 계약이 없었던 상태로 복귀한다(제548조 제1항 본문). 다만, 이와 같은 계약해제의 소급효는 제3자의 권리를 해할 수 없으므로, 계약해제 이전에 계약으로 인하여 생긴 법률효과를 기초로 하여 새로운 권리를 취득한 제3자가 있을 때에는 그 계약해제의 소급효는 제한을 받아 그 제3자의 권리를 해하지 아니하는 한도에서만 생긴다(제548조 제1항 단서). 이때 계약해제의 소급효가 제한되는 제3자는 일반적으로 그 해제된 계약으로부터 생긴 법률효과를 기초로 하여 해제 전에 새로운 이해관계를 가졌을 뿐만 아니라 등기, 인도 등으로 권리를 취득한 사람을 말한다. 나아가 <u>제3자를 위한 계약에서도 낙약자와 요약자 사이의 법률관계(기본관계)에 기초하여 수익자가 요약자와 원인관계(대가관계)를 맺음으로써 해제 전에 새로운 이해관계를 갖고 그에 따라 등기, 인도 등을 마쳐 권리를 취득하였다면, 수익자는 민법 제548조 제1항 단서에서 말하는 계약해제의 소급효가 제한되는 제3자에 해당한다고 봄이 타당하다</u>(대판 2021.8.19, 2018다244976).

⑥ [×] 매매계약이 해제되면 그 효력이 소급적으로 소멸함에 따라 각 당사자는 상대방에 대하여 원상회복의무가 있으므로 이미 그 계약상 의무에 기하여 이행된 급부는 원상회복을 위하여 부당이득으로 반환되어야 하고, 그 원상회복의 대상에는 매매대금은 물론 이와 관련하여 그 매매계약의 존속을 전제로 수령한 지연손해금도 포함된다 할 것인데, 그 지연손해금에 관한 약정이 그것을 발생시키는 계약의 무효, 취소, 해제 등으로 효력을 상실하는지는 그 약정의 내용, 약정이 이루어지게 된 동기 및 경위, 당사자가 이로써 달성하려는 목적, 거래의 관행 등을 종합적으로 고려하여 당사자의 의사를 합리적으로 해석하여 판단하여야 한다(대판 2022.4.28, 2017다284236).

040
☐☐☐

甲은 2020년 1월 29일에 그 소유 토지를 乙에게 10억 원에 매도하는 계약을 체결하면서 계약금은 1억 원으로 하고, 2020년 2월 29일에 중도금 4억 원을 지급받음과 동시에 소유권이전등기를 넘겨주고, 잔금은 2020년 3월 29일까지 지급받기로 하였다. 이에 관한 설명으로 옳은 것을 모두 고른 것은? (다툼이 있으면 판례에 따름)   20 변리사

> ㄱ. 乙이 약정대로 중도금까지 지급하고 소유권이전등기를 경료하였으나, 2020년 3월 29일에 잔금을 지급하지 않은 경우, 甲은 즉시 계약을 해제할 수 있다.
> ㄴ. 등기를 취득한 乙이 2020년 4월 16일에 丙에게 매도하고 이전등기를 해준 뒤, 甲이 乙의 채무불이행을 이유로 적법하게 계약을 해제한 경우, 丙이 乙과의 계약 당시 乙의 채무불이행 사실을 알았더라도 甲은 丙 명의 등기의 말소를 청구할 수 없다.
> ㄷ. 乙이 등기를 취득한 후 甲이 2020년 4월 25일에 乙의 채무불이행을 이유로 적법하게 계약을 해제하였으나 乙 명의의 등기를 말소하기 전에 丙 명의의 저당권등기가 이루어진 경우, 丙이 계약 해제 사실을 몰랐다면 甲은 丙 명의 등기의 말소를 청구할 수 없다.

① ㄱ
② ㄷ
③ ㄱ, ㄴ
④ ㄴ, ㄷ
⑤ ㄱ, ㄴ, ㄷ

해설   답 ④

ㄱ. [×]
> 제544조(이행지체와 해제) 당사자일방이 그 채무를 이행하지 아니하는 때에는 상대방은 상당한 기간을 정하여 그 이행을 최고하고 그 기간 내에 이행하지 아니한 때에는 계약을 해제할 수 있다. 그러나 채무자가 미리 이행하지 아니할 의사를 표시한 경우에는 최고를 요하지 아니한다.

이행지체에 해당하므로, 甲은 즉시 해제권을 행사할 수는 없다.

ㄴ, ㄷ. [○] 제548조 제1항 단서에서 해제의 영향을 받지 않는 제3자라 함은 해제된 계약으로부터 발생된 법률효과를 기초로 하여 해제권의 행사가 있기 전에 새로운 이해관계를 가졌을 뿐만 아니라 등기·인도 등으로 완전한 권리를 취득한 자를 말한다. 그리고 해제권의 행사 후 원상회복등기 등이 이루어지기 전에 계약해제 사실을 모른 채 새로운 권리를 취득한 제3자에 대해서도 계약해제를 주장할 수 없다(대판 1985.4.9, 84다카13). 따라서 ㄴ.의 丙은 해제권 행사 전의 제3자에 해당하고, ㄷ.의 丙은 해제권 행사 후 원상회복등기 전의 선의의 제3자에 해당한다.

041
甲과 乙은 甲 소유의 X토지에 대하여 매매계약을 체결하였다. 이에 관한 설명으로 옳지 않은 것은? (다툼이 있으면 판례에 따름) 21 변리사

① 甲과 乙이 계약해제로 인한 원상회복의무로 반환할 매매대금에 가산할 이자를 4%로 약정한 경우, 동 약정이율은 매매대금 반환의무의 이행지체로 인한 지연손해금률에도 적용된다.
② 甲이 乙의 채무불이행을 이유로 매매계약을 해제한 후에도 乙은 착오를 이유로 매매계약을 취소할 수 있다.
③ 乙 명의로 소유권이전등기가 경료된 X토지에 대하여 乙의 채권자 丙이 가압류 집행을 마쳐 둔 경우, 甲은 丙에 대하여 乙의 채무불이행을 이유로 한 해제의 소급효를 주장할 수 없다.
④ 甲이 乙의 채무불이행에 관하여 원인의 일부를 제공하였다고 하더라도 乙이 이를 이유로 甲의 계약해제에 따른 원상회복청구에 대하여 과실상계하는 것은 인정되지 않는다.
⑤ 乙이 중도금을 약정된 기일에 지급하지 않으면 최고 없이 계약은 자동적으로 해제되는 것으로 약정한 경우, 특별한 사정이 없는 한 그 불이행이 있으면 계약은 자동적으로 해제된다.

해설
답 ①

① [×] 당사자 일방이 계약을 해제한 때에는 각 당사자는 상대방에 대하여 원상회복의무가 있고, 이 경우 반환할 금전에는 받은 날로부터 이자를 가산하여 지급하여야 한다. <u>여기서 가산되는 이자는 원상회복의 범위에 속하는 것으로서 일종의 부당이득반환의 성질을 가지는 것이고 반환의무의 이행지체로 인한 지연손해금이 아니다.</u> 따라서 당사자 사이에 그 이자에 관하여 특별한 약정이 있으면 그 약정이율이 우선 적용되고 약정이율이 없으면 민사 또는 상사 법정이율이 적용된다. 반면 <u>원상회복의무가 이행지체에 빠진 이후의 기간에 대해서는</u> 부당이득반환의무로서의 이자가 아니라 반환채무에 대한 지연손해금이 발생하게 되므로 거기에는 지연손해금률이 적용되어야 한다. 그 지연손해금률에 관하여도 당사자 사이에 별도의 약정이 있으면 그에 따라야 할 것이고, 설사 그것이 법정이율보다 낮다 하더라도 마찬가지이다. 계약해제 시 반환할 금전에 가산할 이자에 관하여 당사자 사이에 약정이 있는 경우에는 특별한 사정이 없는 한 이행지체로 인한 지연손해금도 그 약정이율에 의하기로 하였다고 보는 것이 당사자의 의사에 부합한다. 다만 <u>그 약정이율이 법정이율보다 낮은 경우에는 약정이율에 의하지 아니하고 법정이율에 의한 지연손해금을 청구할 수 있다고 봄이 타당하다.</u> 계약해제로 인한 원상회복 시 반환할 금전에 받은 날로부터 가산할 이자의 지급의무를 면제하는 약정이 있는 때에도 그 금전반환의무가 이행지체 상태에 빠진 경우에는 법정이율에 의한 지연손해금을 청구할 수 있는 점과 비교해 볼 때 그렇게 보는 것이 논리와 형평의 원리에 맞기 때문이다(대판 2013.4.26, 2011다50509).
② [○] 매도인이 매수인의 중도금 지급채무 불이행을 이유로 매매계약을 적법하게 해제한 후라도 매수인으로서는 상대방이 한 계약해제의 효과로서 발생하는 손해배상책임을 지거나 매매계약에 따른 계약금의 반환을 받을 수 없는 불이익을 면하기 위하여 착오를 이유로 한 취소권을 행사하여 매매계약 전체를 무효로 돌리게 할 수 있다(대판 1996.12.6, 95다24982·24999).
③ [○] 민법 제548조 제1항 단서에서 말하는 제3자란 일반적으로 그 해제된 계약으로부터 생긴 법률효과를 기초로 하여 해제 전에 새로운 이해관계를 가졌을 뿐 아니라 등기, 인도 등으로 완전한 권리를 취득한 자를 말하는 것인데, 해제된 매매계약에 의하여 채무자의 책임재산이 된 부동산을 가압류 집행한 가압류채권자도 원칙상 위 조항 단서에서 말하는 제3자에 포함된다(대판 2005.1.14, 2003다33004).
④ [○] 과실상계는 본래 채무불이행 또는 불법행위로 인한 손해배상책임에 대하여 인정되는 것이고, 매매계약이 해제되어 소급적으로 효력을 잃은 결과 매매당사자에게 당해 계약에 기한 급부가 없었던

것과 동일한 재산상태를 회복시키기 위한 원상회복의무의 이행으로서 이미 지급한 매매대금 기타의 급부의 반환을 구하는 경우에는 적용되지 아니한다(대판 2014.3.13, 2013다34143).
⑤ [O] 부동산 매매계약에 있어서 매수인이 잔대금 지급기일까지 그 대금을 지급하지 못하면 그 계약이 자동적으로 해제된다는 취지의 약정이 있더라도 매도인이 이행의 제공을 하여 매수인을 이행지체에 빠뜨리지 않는 한 그 약정기일의 도과 사실만으로는 매매계약이 자동해제된 것으로 볼 수 없으나, 매수인이 수회에 걸친 채무불이행에 대하여 잔금 지급기일의 연기를 요청하면서 새로운 약정기일까지는 반드시 계약을 이행할 것을 확약하고 불이행시에는 매매계약이 자동적으로 해제되는 것을 감수하겠다는 내용의 약정을 한 특별한 사정이 있다면, 매수인이 잔금 지급기일까지 잔금을 지급하지 아니함으로써 그 매매계약은 자동적으로 실효된다(대판 2007.12.27, 2007도5030).

042

민법 제548조 제1항 단서의 계약해제의 소급효로부터 보호받는 제3자에 해당하지 않는 자는? (다툼이 있으면 판례에 따름)

23 노무사

① X토지에 대한 매매계약이 해제되기 전에 매수인으로부터 X토지를 매수하여 소유권을 취득한 자
② X토지에 대한 매매계약이 해제되기 전에 매수인의 X토지에 저당권을 취득한 자
③ X토지에 대한 매매계약의 해제로 X토지의 소유권을 상실하게 된 매수인으로부터 해제 이전에 X토지를 임차하여 임차권등기를 마친 자
④ X토지에 대한 매매계약이 해제되기 전에 매수인과 매매예약 체결 후 그에 기한 소유권이전등기청구권 보전을 위한 가등기를 마친 자
⑤ X토지에 대한 매매계약이 해제되기 전에 매수인으로부터 X토지에 대한 소유권이전등기청구권을 양도받은 자

해설

답 ⑤

①②③ [O] 제548조 제1항 단서에서 해제의 영향을 받지 않는 제3자라 함은 해제된 계약으로부터 발생된 법률효과를 기초로 하여 해제권의 행사가 있기 전에 새로운 이해관계를 가졌을 뿐만 아니라 등기·인도 등으로 완전한 권리를 취득한 자를 말한다. 그리고 해제권의 행사 후 원상회복등기 등이 이루어지기 전에 계약해제 사실을 모른 채 새로운 권리를 취득한 제3자에 대해서도 계약해제를 주장할 수 없다(대판 1985.4.9, 84다카13).
④ [O] 매수인과 매매예약을 체결한 후 그에 기한 소유권이전청구권 보전을 위한 가등기를 마친 사람은 제3자에 포함된다3)(대판 2014.12.11, 2013다14569).
⑤ [×] 계약상의 채권을 양수한 자는 여기서 말하는 제3자에 해당하지 않으므로, 계약이 해제된 경우 계약해제 이전에 해제로 인하여 소멸되는 채권을 양수한 자는 계약해제의 효과에 반하여 자신의 권리를 주장할 수 없으며, 나아가 채무자로부터 이행받은 급부를 원상회복할 의무가 있다(대판 2003.1.24, 2000다22850).

---

3) 민법 제548조 제1항 단서에서 말하는 제3자는 일반적으로 해제된 계약으로부터 생긴 법률효과를 기초로 하여 해제 전에 새로운 이해관계를 가졌을 뿐만 아니라 등기, 인도 등으로 권리를 취득한 사람을 말하는 것인바, 매수인과 매매예약을 체결한 후 그에 기한 소유권이전청구권 보전을 위한 가등기를 마친 사람도 위 조항 단서에서 말하는 제3자에 포함됨

4. 해제권의 소멸

Ⅲ. 약정해제권(= 해제권 유보)

Ⅳ. 계약의 해지권

043 다음은 계약해지권과 계약해제권에 대한 설명이다. 틀린 것은?

① 계약의 해지라 함은 임대차·고용·위임 등 계속적 계약이 유효하게 성립하였으나 법정 또는 약정의 사유가 발생한 경우, 당사자 일방의 의사표시에 의하여 그 계약의 효력을 장래에 향하여 소멸시키는 단독행위를 말한다.

② 계속적 계약은 당사자 상호간의 신뢰관계를 그 기초로 하는 것이므로, 당해 계약의 존속 중에 당사자의 일방이 그 계약상의 의무를 위반함으로써 그로 인하여 계약의 기초가 되는 신뢰관계가 파괴되어 계약관계를 그대로 유지하기 어려운 정도에 이르게 된 경우에는 상대방은 그 계약관계를 막바로 해지함으로써 그 효력을 장래에 향하여 소멸시킬 수 있다고 봄이 타당하다.

③ 임대차계약, 고용계약, 위임계약 등에서와 같이 계약으로부터 생기는 채권·채무의 내용을 이루는 급부가 일정 기간 계속하여 행하여지게 되는 경우 이는 이른바 계속적 계약에 해당한다. 개별 사안에서 계약당사자 사이의 약정이 계속적 계약인지 여부는 계약 체결에 이르게 된 경위와 사정, 당사자의 의사, 계약의 목적과 내용, 급부의 성질, 이행의 형태와 방법 등을 종합적으로 고려하여 구체적으로 판단해야 한다.

④ 甲 등이 해외이주 알선업체인 乙 주식회사와 미국 비숙련 취업이민을 위한 알선업무계약을 체결한 경우 이는 계속적 계약이다.

⑤ 위 계약에서 정한 乙 회사의 업무 중 여러 부분이 이미 이행되고 상당한 기간이 흐른 경우 甲 등이 사정변경을 이유로 계약의 효력을 소멸시킬 때에는 다른 특별한 사정이 없는 한 소멸에 따른 효과를 장래에 향하여 발생시키는 민법 제550조의 '해지'뿐 아니라, 민법 제548조에서 정한 '해제'를 할 수도 있다.

해설 답 ⑤

① [O] 계약의 해지라 함은 임대차·고용·위임 등 계속적 계약이 유효하게 성립하였으나 법정 또는 약정의 사유가 발생한 경우, 당사자 일방의 의사표시에 의하여 그 계약의 효력을 장래에 향하여 소멸시키는 단독행위를 말한다. 해지에도 법정해지·약정해지가 있다(제543조).

② [O] 계속적 계약은 당사자 상호간의 신뢰관계를 그 기초로 하는 것이므로, 당해 계약의 존속 중에 당사자의 일방이 그 계약상의 의무를 위반함으로써 그로 인하여 계약의 기초가 되는 신뢰관계가 파괴되어 계약관계를 그대로 유지하기 어려운 정도에 이르게 된 경우에는 상대방은 그 계약관계를 막바로 해지함으로써 그 효력을 장래에 향하여 소멸시킬 수 있다고 봄이 타당하다(대판 2002.11.26, 2002두5948).[4]

---

[4] 국방일보의 발행책임자인 국방홍보원장으로 채용된 자가 부하직원에 대한 지휘·감독을 소홀히 함으로써 북한의 혁명가극인 '피바다'에 관한 기사가 국방일보에 게재되어 사회적 물의를 야기한 경우, 그 채용계약의 기초가 되는 신뢰관계가 파괴되어 채용계약을 그대로 유지하기 어려운 정도에 이르렀다고 한 사례

③④ [○], ⑤ [×] [1] 임대차계약, 고용계약, 위임계약 등에서와 같이 계약으로부터 생기는 채권·채무의 내용을 이루는 급부가 일정 기간 계속하여 행하여지게 되는 경우 이는 이른바 계속적 계약에 해당한다. 개별 사안에서 계약당사자 사이의 약정이 계속적 계약인지 여부는 계약 체결에 이르게 된 경위와 사정, 당사자의 의사, 계약의 목적과 내용, 급부의 성질, 이행의 형태와 방법 등을 종합적으로 고려하여 구체적으로 판단해야 한다. [2] 甲 등이 해외이주 알선업체인 乙 주식회사와 미국 비숙련 취업이민을 위한 알선업무계약을 체결하였는데, 乙 회사의 업무 수행에 따라 甲 등이 미국 노동부의 노동허가, 이민국의 이민허가를 받았으나 이후 추가 행정검토 결정 등이 내려지면서 미국 비숙련 취업이민 절차가 진척되지 않았고, 이에 甲 등이 乙 회사를 상대로 사정변경으로 인한 계약의 해제 등을 주장하며 국외알선 수수료의 반환을 구한 사안에서, 乙 회사는 상당히 장기간 동안 지속되는 미국 비숙련 취업이민 절차가 단계적으로 원활하게 진행되어 甲 등이 비숙련 취업이민을 위한 비자를 발급받고 성공적으로 미국에 취업이민을 할 수 있도록 계약에서 정한 여러 업무를 계속해서 신의성실의 원칙에 따라 충실하게 수행하여야 할 의무가 있는바, 이러한 의무를 정한 계약의 체결 경위, 당사자들의 의사, 계약의 목적과 내용, 급부의 성질, 이행의 형태와 방법 등을 종합하여 볼 때, <u>위 계약은 계속적 계약에 해당하므로, 위 계약에서 정한 乙 회사의 업무 중 여러 부분이 이미 이행되고 상당한 기간이 흐른 경우 甲 등이 사정변경을 이유로 계약의 효력을 소멸시킬 때에는 다른 특별한 사정이 없는 한 소멸에 따른 효과를 장래에 향하여 발생시키는 민법 제550조의 '해지'만 가능할 뿐 민법 제548조에서 정한 '해제'를 할 수는 없는데도</u>, 이와 달리 본 원심판결에 법리오해 등의 잘못이 있다(대판 2022.3.11, 2020다297430).

제2장 계약각칙

제1절 | 전형계약의 분류

제2절 | 증여

001 증여에 관한 설명으로 옳지 않은 것은? (다툼이 있으면 판례에 따름)   20 변리사 변형

① 정기의 급여를 목적으로 한 증여는 증여자의 사망으로 인하여 그 효력을 잃는다.
② 부담부증여에서 수증자가 부담의무를 이행하지 않은 경우, 증여자는 자신의 의무를 이행했더라도 증여계약을 해제할 수 있다.
③ 증여자가 증여의 목적에 대한 담보책임을 진다는 특약은 효력이 있다.
④ 증여자에 대해 법률상 부양의무를 지는 수증자가 부양의무를 이행하지 않은 경우, 증여자는 그 사실을 안 날로부터 6개월이 경과한 때에는 해제할 수 없다.
⑤ 증여의 의사가 서면으로 표시되지 않았음을 이유로 한 증여의 해제는 형성권의 제척기간의 적용을 받는다.
⑥ 민법 제556조 제1항 제1호의 '범죄행위'는, 수증자가 증여자에게 감사의 마음을 가져야 함에도 불구하고 증여자가 배은망덕하다고 느낄 정도로 둘 사이의 신뢰관계를 중대하게 침해하여 수증자에게 증여의 효과를 그대로 유지시키는 것이 사회통념상 허용되지 아니할 정도의 범죄를 저지르는 것을 말한다. 이때 이러한 범죄행위에 해당하는지는 수증자가 범죄행위에 이르게 된 동기 및 경위, 수증자의 범죄행위로 증여자가 받은 피해의 정도, 침해되는 법익의 유형, 증여자와 수증자의 관계 및 친밀도, 증여행위의 동기와 목적 등을 종합적으로 고려하여 판단하여야 하고, 반드시 수증자가 그 범죄행위로 형사처벌을 받을 필요는 없다.

> **해설**   답 ⑤

① [O] 제560조(정기증여와 사망으로 인한 실효) 정기의 급여를 목적으로 한 증여는 증여자 또는 수증자의 사망으로 인하여 그 효력을 잃는다.

② [O] 상대부담 있는 증여에 대하여는 민법 제561조에 의하여 쌍무계약에 관한 규정이 준용되어 부담의무 있는 상대방이 자신의 의무를 이행하지 아니할 때에는 비록 증여계약이 이미 이행되어 있다 하더라도 증여자는 계약을 해제할 수 있고, 그 경우 민법 제555조와 제558조는 적용되지 아니한다(대판 1997.7.8, 97다2177).

③ [○] 　제559조(증여자의 담보책임) ① 증여자는 증여의 목적인 물건 또는 권리의 하자나 흠결에 대하여
책임을 지지 아니한다. 그러나 증여자가 그 하자나 흠결을 알고 수증자에게 고지하지 아니한 때
에는 그러하지 아니하다.
② 상대 부담 있는 증여에 대하여는 증여자는 그 부담의 한도에서 매도인과 같은 담보의 책임이
있다.

임의규정이므로, 증여자가 증여의 목적에 대한 담보책임을 진다는 특약은 효력이 있다.

④ [○] 　제556조(수증자의 행위와 증여의 해제) ① 수증자가 증여자에 대하여 다음 각 호의 사유가 있는
때에는 증여자는 그 증여를 해제할 수 있다.
2. 증여자에 대하여 부양의무 있는 경우에 이를 이행하지 아니하는 때
② 전항의 해제권은 해제원인 있음을 안 날로부터 6월을 경과하거나 증여자가 수증자에 대하여
용서의 의사를 표시한 때에는 소멸한다.

⑤ [×] 민법 제555조에서 말하는 증여계약의 해제는 민법 제543조 이하에서 규정한 본래 의미의 해제
와는 달리 형성권의 제척기간의 적용을 받지 않는 특수한 철회로서, 10년이 경과한 후에 이루어
졌다 하더라도 원칙적으로 적법하다(대판 2009.9.24, 2009다37831).

⑥ [○] [1] 민법 제556조 제1항 제1호는 '수증자가 증여자에 대하여 증여자 또는 그 배우자나 직계혈
족에 대한 범죄행위가 있는 때에는 증여자는 그 증여를 해제할 수 있다.'고 정한다. 이는 중대한
배은행위를 한 수증자에 대해서까지 증여자로 하여금 증여계약상의 의무를 이행하게 할 필요가
없다는 윤리적 요청을 법률적으로 고려한 것이다. 여기에서 '범죄행위'는, 수증자가 증여자에게
감사의 마음을 가져야 함에도 불구하고 증여자가 배은망덕하다고 느낄 정도로 둘 사이의 신뢰관
계를 중대하게 침해하여 수증자에게 증여의 효과를 그대로 유지시키는 것이 사회통념상 허용되
지 아니할 정도의 범죄를 저지르는 것을 말한다. 이때 이러한 범죄행위에 해당하는지는 수증자
가 범죄행위에 이르게 된 동기 및 경위, 수증자의 범죄행위로 증여자가 받은 피해의 정도, 침해
되는 법익의 유형, 증여자와 수증자의 관계 및 친밀도, 증여행위의 동기와 목적 등을 종합적으로
고려하여 판단하여야 하고, 반드시 수증자가 그 범죄행위로 형사처벌을 받을 필요는 없다. [2]
甲의 어머니인 乙이 甲 등에게 토지 및 건물을 증여하되 乙이 살아있는 동안에는 직접 관리하
기로 하는 내용의 증여증서를 작성하여 甲 등에게 교부한 다음 건물에 관하여 甲 명의로 소유권
이전등기를 마쳤고, 甲과 乙은 토지 및 건물의 운영에 관하여 동업계약서를 작성하고 공동명의
로 사업자등록을 마쳤으며, 그 후 乙이 알츠하이머병에 걸렸고 甲은 자신의 단독명의로 건물의
임대차계약을 체결하면서 乙의 동의 없이 작성된 乙 명의의 동업해지계약서를 세무서에 제출하
여 사업자명의를 甲의 단독명의로 변경하였는데, 甲의 행위가 민법 제556조 제1항 제1호에서
정한 범죄행위에 해당하는지 문제된 사안에서, 乙은 甲에게 재정적 도움을 주기 위하여 토지 및
건물을 증여한 것으로 보이는 점, 甲이 乙 명의의 동업해지계약서를 작성하고 세무서에 제출한
것은 乙이 알츠하이머병에 걸려 건물을 관리하는 것이 어려워진 상황에서 건물의 소유자로서 건
물을 직접 관리하기 위해 단독명의로 임대차계약을 체결하려는 과정에서 절차상 요건을 갖추기
위해 발생한 일로 볼 여지가 있으며, 이후 甲은 건물 임대수입의 상당 부분을 토지 및 건물의
관리나 乙을 위하여 사용한 것으로 보이는 점, 甲은 사문서위조 및 위조사문서행사의 범죄사실
에 관한 형사재판에서 계속하여 무죄를 주장하며 다투었고, 이후 무죄판결이 선고·확정된 점을
종합하면, 甲의 행위가 乙과의 신뢰관계를 중대하게 침해하여 증여의 효과를 그대로 유지시키는
것이 사회통념상 허용되지 아니할 정도에 이르렀다고 단정하기 어려운데도, 이와 달리 본 원심
판단에 법리오해 등의 잘못이 있다(대판 2022.3.11, 2017다207475·207482).

002 증여에 관한 설명으로 옳지 않은 것은? (다툼이 있으면 판례에 따름)   16 노무사 변형

① 서면에 의하지 않은 증여의 경우, 수증자는 이를 해제할 수 있다.
② 증여자의 손자에 대하여 수증자가 범죄행위를 한 경우, 증여자는 증여를 해제할 수 있다.
③ 부담부 증여의 수증자가 그 부담을 이행 하지 않은 경우, 증여자는 증여를 해제할 수 있으나 이미 이행한 부분은 수증자에게 반환받지 못한다.
④ 증여의 목적인 물건의 하자나 흠결에 대하여 알면서 이를 수증자에게 고지하지 않은 증여자는 그에 대한 담보책임을 진다.
⑤ 수증자가 사망한 경우, 정기의 급여를 목적으로 하는 증여는 그 효력을 잃는다.
⑥ 부담부증여계약에서 증여자의 증여 이행이 완료되지 않았더라도 수증자가 부담의 이행을 완료한 경우에는, 각 당사자가 서면에 의하지 않은 증여임을 이유로 증여계약의 전부 또는 일부를 해제할 수는 없는 것이 원칙이다.

해설   답 ③

① [O] 증여의 의사가 서면으로 표시되지 아니한 경우에는 각 당사자는 이를 해제할 수 있다(제555조).

② [O] 제556조(수증자의 행위와 증여의 해제) ① 수증자가 증여자에 대하여 다음 각 호의 사유가 있는 때에는 증여자는 그 증여를 해제할 수 있다
　　1. 증여자 또는 그 배우자나 직계혈족에 대한 범죄행위가 있는 때

③ [×] 상대부담 있는 증여에 대하여는 민법 제561조에 의하여 쌍무계약에 관한 규정이 준용되어 부담의무 있는 상대방이 자신의 의무를 이행하지 아니할 때에는 비록 증여계약이 이미 이행되어 있다 하더라도 증여자는 계약을 해제할 수 있고, 그 경우 민법 제555조와 제558조(해제와 이행완료부분)는 적용되지 아니한다(대판 1997.7.8, 97다2177).

④ [O] 증여자는 증여의 목적인 물건 또는 권리의 하자나 흠결에 대하여 책임을 지지 아니한다. 그러나 증여자가 그 하자나 흠결을 알고 수증자에게 고지하지 아니한 때에는 그러하지 아니하다(제559조 제1항).

⑤ [O] 제560조(정기증여와 사망으로 인한 실효) 정기의 급여를 목적으로 한 증여는 증여자 또는 수증자의 사망으로 인하여 그 효력을 잃는다.

⑥ [O] 민법 제555조는 "증여의 의사가 서면으로 표시되지 아니한 경우에는 각 당사자는 이를 해제할 수 있다."라고 정하고, 민법 제561조는 "상대부담있는 증여에 대하여는 본절의 규정 외에 쌍무계약에 관한 규정을 적용한다."라고 정한다. 이처럼 부담부증여에도 민법 제3편 제2장 제2절(제554조부터 제562조까지)의 증여에 관한 일반 조항들이 그대로 적용되므로, 증여의 의사가 서면으로 표시되지 않은 경우 각 당사자는 원칙적으로 민법 제555조에 따라 부담부증여계약을 해제할 수 있다. 그러나 부담부증여계약에서 증여자의 증여 이행이 완료되지 않았더라도 수증자가 부담의 이행을 완료한 경우에는, 그러한 부담이 의례적·명목적인 것에 그치거나 그 이행에 특별한 노력과 비용이 필요하지 않는 등 실질적으로는 부담 없는 증여가 이루어지는 것과 마찬가지라고 볼 만한 특별한 사정이 없는 한, 각 당사자가 서면에 의하지 않은 증여임을 이유로 증여계약의 전부 또는 일부를 해제할 수는 없다고 봄이 타당하다(대판 2022.9.29, 2021다299976·299983).

003 증여계약에 관한 설명으로 옳지 않은 것은? (다툼이 있으면 판례에 따름) 24 변리사

① 부담부 증여에서 상대방의 부담의무 불이행을 이유로 한 증여자의 계약해제는 이미 이행한 부분에 대하여는 영향을 미치지 아니한다.
② 증여계약 성립 이후에 그 계약이 존속하는 동안 서면을 작성한 경우에는 그때부터 당사자가 임의로 이를 해제할 수 없다.
③ 재단법인의 설립을 위하여 서면에 의해 출연하였더라도 착오 취소를 위한 요건이 갖춰진 경우, 출연자는 착오를 이유로 출연의 의사표시를 취소할 수 있다.
④ 서면에 의하지 않음을 이유로 증여계약을 해제하는 경우에는 원칙적으로 형성권의 제척기간의 적용을 받지 않는다.
⑤ 정기의 급여를 목적으로 한 증여는 특별한 사정이 없는 한 증여자의 사망으로 인하여 그 효력을 잃는다.

해설
답 ①

① [×] 상대 부담 있는 증여에 대하여는 민법 제561조에 의하여 쌍무계약에 관한 규정이 준용되어 부담의무 있는 상대방이 자신의 의무를 이행하지 아니할 때에는 비록 증여계약이 이미 이행되어 있다 하더라도 증여자는 계약을 해제할 수 있고, 그 경우 민법 제555조와 제558조는 적용되지 아니한다(대판 1997.7.8, 97다2177).
② [○] 민법 제555조 소정의 증여의 의사가 표시된 서면의 작성시기에 대하여는 법률상 아무런 제한이 없으므로 증여계약이 성립한 당시에는 서면이 작성되지 않았더라도 그 후 계약이 존속하는 동안 서면을 작성한 때에는 그때부터는 서면에 의한 증여로서 당사자가 임의로 이를 해제할 수 없게 된다(대판 1989.5.9, 88다카2271).
③ [○] 민법 제47조 제1항에 의하여 생전처분으로 재단법인을 설립하는 때에 준용되는 민법 제555조는 "증여의 의사가 서면으로 표시되지 아니한 경우에는 각 당사자는 이를 해제할 수 있다."라고 함으로써 서면에 의한 증여(출연)의 해제를 제한하고 있으나, 그 해제는 민법 총칙상의 취소와는 요건과 효과가 다르므로 서면에 의한 출연이더라도 민법 총칙규정에 따라 출연자가 착오에 기한 의사표시라는 이유로 출연의 의사표시를 취소할 수 있고, 상대방 없는 단독행위인 재단법인에 대한 출연행위라고 하여 달리 볼 것은 아니다(대판 1999.7.9, 98다9045).
④ [○] 민법 제555조에서 말하는 증여계약의 해제는 민법 제543조 이하에서 규정한 본래 의미의 해제와는 달리 형성권의 제척기간의 적용을 받지 않는 특수한 철회로서, 10년이 경과한 후에 이루어졌다 하더라도 원칙적으로 적법하다(대판 2009.9.24, 2009다37831).
⑤ [○] 제560조(정기증여와 사망으로 인한 실효) 정기의 급여를 목적으로 한 증여는 증여자 또는 수증자의 사망으로 인하여 그 효력을 잃는다.

004 상대 부담 없는 증여계약의 법정해제사유로 옳지 않은 것은? (다툼이 있으면 판례에 따름)

24 노무사

① 서면에 의하지 아니한 증여의 경우
② 수증자의 증여자에 대한 범죄행위가 있는 경우
③ 증여자에 대한 부양의무 있는 수증자가 그 부양의무를 불이행한 경우
④ 증여자의 재산 상태가 현저히 변경되고 증여계약의 이행으로 생계에 중대한 영향을 미칠 경우
⑤ 증여 목적물에 증여자가 알지 못하는 하자가 있는 경우

해설
답 ⑤

① [○] 제555조(서면에 의하지 아니한 증여와 해제) 증여의 의사가 서면으로 표시되지 아니한 경우에는 각 당사자는 이를 해제할 수 있다.

②③ [○] 제556조(수증자의 행위와 증여의 해제) ① 수증자가 증여자에 대하여 다음 각 호의 사유가 있는 때에는 증여자는 그 증여를 해제할 수 있다.
  1. 증여자 또는 그 배우자나 직계혈족에 대한 범죄행위가 있는 때
  2. 증여자에 대하여 부양의무 있는 경우에 이를 이행하지 아니하는 때

④ [○] 제557조(증여자의 재산상태변경과 증여의 해제) 증여계약 후에 증여자의 재산상태가 현저히 변경되고 그 이행으로 인하여 생계에 중대한 영향을 미칠 경우에는 증여자는 증여를 해제할 수 있다.

⑤ [×] 제559조(증여자의 담보책임) ① 증여자는 증여의 목적인 물건 또는 권리의 하자나 흠결에 대하여 책임을 지지 아니한다. 그러나 증여자가 그 하자나 흠결을 알고 수증자에게 고지하지 아니한 때에는 그러하지 아니하다.

제3절 | 매매

I. 의의 및 법적 성질
II. 매매의 예약

005 매매의 일방예약 또는 매매계약에 관한 설명으로 옳지 않은 것은? (다툼이 있으면 판례에 따름)

23 변리사

① 예약완결권을 재판상 행사하는 경우, 소장 부본이 제척기간 내에 상대방에게 송달되어야만 제척기간 내에 행사한 것으로 본다.
② 당사자들이 약정한 예약완결권의 행사기간은 그 매매예약이 성립한 때부터 10년을 초과하더라도 무방하다.
③ 매매예약 성립 후 당사자일방의 매매예약 완결권의 행사 전에 상대방의 매매목적물이 멸실된 경우, 매매예약 완결의 의사표시가 있더라도 매매의 효력이 생기지 않는다.
④ 계약이행의 착수가 있기 전에 매도인이 민법 제565조(해약금) 제1항에 따라 계약을 해제하려면, 계약금의 배액을 상환하거나 적어도 이행제공 상태에 두어야 한다.
⑤ 매수인이 매매목적물을 대금지급 전에 인도받았다면 대금지급의무와 소유권이전등기의무가 동시이행관계에 있더라도 민법 제587조(과실의 귀속, 대금의 이자)에 의한 매매대금이자를 지급할 의무가 있다.

해설

답 ⑤

① [O] 예약완결권은 재판상이든 재판외이든 그 기간 내에 행사하면 되는 것으로서, 예약완결권자가 예약완결권 행사의 의사표시를 담은 소장 부본을 상대방에게 송달함으로써 재판상 행사하는 경우에는 그 소장 부본이 상대방에게 도달한 때에 비로소 예약완결권 행사의 효력이 발생하여 예약완결권자와 상대방 사이에 매매의 효력이 생기므로, 예약완결권 행사의 의사표시가 담긴 소장 부본이 제척기간 내에 상대방에게 송달되어야만 예약완결권자가 제척기간 내에 적법하게 예약완결권을 행사하였다고 볼 수 있다(대판 2019.7.25, 2019다227817).
② [O] 매매의 일방예약에서 예약자의 상대방이 매매예약 완결의 의사표시를 하여 매매의 효력을 생기게 하는 권리, 즉 매매예약의 완결권은 일종의 형성권으로서 당사자 사이에 그 행사기간을 약정한 때에는 그 기간 내에, 그러한 약정이 없는 때에는 그 예약이 성립한 때로부터 10년 내에 이를 행사하여야 하고, 그 기간을 지난 때에는 예약 완결권은 제척기간의 경과로 인하여 소멸한다(대판 1995.11.10, 94다22682·22699).
③ [O] 매매예약이 성립한 이후 상대방의 매매예약 완결의 의사표시 전에 목적물이 멸실 기타의 사유로 이전할 수 없게 되어 예약 완결권의 행사가 이행불능이 된 경우에는 예약 완결권을 행사할 수 없고, 이행불능 이후에 상대방이 매매예약 완결의 의사표시를 하여도 매매의 효력이 생기지 아니한다. 그리고 채무의 이행이 불능이라는 것은 단순히 절대적·물리적으로 불능인 경우가 아니라 사회생활의 경험법칙 또는 거래상의 관념에 비추어 볼 때 채권자가 채무자의 이행의 실현을 기대할 수 없는 경우를 말한다(대판 2015.8.27, 2013다28247).
④ [O] 매수인이 계약의 이행에 착수하기 전에는 매도인이 계약금의 배액을 상환하고 계약을 해제할 수 있으나, 이 해제는 통고로써 즉시 효력을 발생하고 나중에 계약금 배액의 상환의무만 지는 것이

아니라 매도인이 수령한 계약금의 배액을 매수인에게 상환하거나 적어도 그 이행제공을 하지 않으면 계약을 해제할 수 없다(대판 1992.7.28, 91다33612).

⑤ [×] 민법 제587조는 "매매계약이 있은 후에도 인도하지 아니한 목적물로부터 생긴 과실은 매도인에게 속한다. 매수인은 목적물의 인도를 받은 날로부터 대금의 이자를 지급하여야 한다."라고 규정하고 있다. 그러나 매수인의 대금지급의무와 매도인의 소유권이전등기의무가 동시이행관계에 있는 등으로 매수인이 대금지급을 거절할 정당한 사유가 있는 경우에는 매매목적물을 미리 인도받았다 하더라도 위 민법 규정에 의한 이자를 지급할 의무는 없다고 보아야 한다(대판 2013.6.27, 2011다98129).

Ⅲ. 해약금

006 계약금에 관한 설명으로 옳지 않은 것은? (다툼이 있으면 판례에 따름) 16 노무사

① 계약금은 해약금으로 추정한다.
② 해약금에 의하여 해제하는 경우에는 손해배상청구가 인정되지 아니한다.
③ 당사자의 약정에 따라 계약금이 해약금과 손해배상의 예정을 겸하는 경우, 그것이 부당히 과다한 때에는 법원은 이를 적당히 감액할 수 있다.
④ 계약금의 일부만 지급된 경우, 해약금의 기준이 되는 금원은 실제 교부받은 계약금이 아니라 약정 계약금이다.
⑤ 계약금의 수령자는 배액을 제공하고 해제할 수 있으며, 제공된 금액을 상대방이 수령하지 않으면 공탁할 의무를 부담한다.

해설 답 ⑤

① [○] 계약금은 해약금의 성질을 가질 뿐이며, 다만 당사자 일방이 위약한 경우에 있어서 그 계약금을 위약금으로 한다는 특약이 있을 때에 한하여 손해배상액 예정의 성질을 함께 갖는다(대판 2006.1.27, 2005다52078).
② [○] 해약금에 의해 유보된 해제권이 행사됨으로써 나타나는 해제의 효과는 채무불이행을 전제로 하는 법정해제와 다르다. 즉 당사자가 이행에 착수하기 전에만 행사할 수 있으므로 원상회복의 문제는 발생하지 않는다. 그리고 계약금계약이라는 특약에 의한 것이기 때문에 채무불이행을 이유로 손해배상을 청구할 수도 없다.
③ [○] 계약금이 해약금으로서의 성질과 손해배상 예정으로서의 성질을 겸하고 있는 경우, 매수인의 주장취지에는 매수인의 채무불이행을 이유로 매도인이 몰취한 계약금은 손해배상 예정액으로서는 부당히 과다하므로 감액되어야 하고 그 감액 부분은 부당이득으로서 반환하여야 한다는 취지도 포함되어 있다고 해석함이 상당하며 계약금이 손해배상 예정액으로서 과다하다면 감액 부분은 반환되어야 한다(대판 1996.10.25, 95다33726).
④ [○] 해약금의 기준이 되는 금원은 '실제 교부받은 계약금'이 아니라 '약정 계약금'이라고 봄이 타당하므로, 매도인이 계약금의 일부로서 지급받은 금원의 배액을 상환하는 것으로는 매매계약을 해제할 수 없다(대판 2015.4.23, 2014다231378).
⑤ [×] 수령자는 그 배액을 상환하면서 계약을 해제할 수 있으며, 반드시 현실의 제공이 있어야 한다. 제공만 하면 되기 때문에 상대방이 이를 수령하지 않는다고 하여 공탁까지 할 필요는 없다(대판 1992.5.12, 91다2151).

007 甲과 乙은 甲소유의 부동산에 대하여 1억 원에 매매계약을 체결하고 甲은 계약금 1천만 원을 수령하였다. 이에 관한 설명으로 옳은 것은? (甲과 乙 사이에 다른 약정은 없으며, 다툼이 있으면 판례에 따름)

17 노무사

① 乙의 귀책사유로 甲이 계약을 해제한 경우 계약금은 당연히 甲에게 귀속된다.
② 甲은 수령한 계약금을 乙에게 반환하고 매매계약을 해제할 수 있다.
③ 乙이 약정기일에 중도금을 지급한 경우 甲은 乙에게 2천만 원을 상환하고 계약을 해제할 수 없다.
④ 乙은 중도금을 지급한 후라도 계약금과 중도금을 포기하고 매매계약을 해제할 수 있다.
⑤ 계약금계약에 의하여 계약이 해제된 경우 甲과 乙은 원상회복 및 손해배상의무가 있다.

해설

답 ③

① [×] 유상계약을 체결함에 있어서 계약금이 수수된 경우 계약금은 해약금의 성질을 가지고 있어서 이를 위약금으로 하기로 하는 특약이 없는 이상 계약이 당사자 일방의 귀책사유로 인하여 해제되었다 하더라도 상대방은 계약불이행으로 입은 실제 손해만을 배상받을 수 있을 뿐 계약금이 위약금으로서 상대방에게 당연히 귀속된다고 할 수 없다(대판 1992.11.27, 92다23209).

② [×] 제565조(해약금) ① 매매의 당사자일방이 계약당시에 금전 기타 물건을 계약금, 보증금등의 명목으로 상대방에게 교부한 때에는 당사자 간에 다른 약정이 없는 한 당사자의 일방이 이행에 착수할 때까지 교부자는 이를 포기하고 수령자는 그 배액을 상환하여 매매계약을 해제할 수 있다.

③ [○] 해제권을 행사할 수 있는 기간은 당사자의 일방이 이행에 착수할 때까지이다. 이행에 착수한 당사자를 보호하기 위해서이다. 중도금을 지급한 경우 이행의 착수로 본다.

④ [×] 부동산 매매대금은 통상 계약금, 중도금, 잔금으로 나뉘어 지급된다. 매수인이 매도인에게 중도금을 지급하면 당사자가 임의로 계약을 해제할 수 없는 구속력이 발생한다(제565조).

⑤ [×] 해약금에 의해 유보된 해제권이 행사됨으로써 나타나는 해제의 효과는 채무불이행을 전제로 하는 법정해제와 다르다. 즉, 당사자가 이행에 착수하기 전에만 행사할 수 있으므로 원상회복의 문제는 발생하지 않는다. 그리고 계약금계약이라는 특약에 의한 것이기 때문에 채무불이행을 이유로 손해배상을 청구할 수도 없다.

008 해약금 규정(민법 제565조)에 의하여 계약을 해제하는 경우에 관한 설명으로 옳지 않은 것은? (다툼이 있으면 판례에 따름)

19 변리사 변형

① 계약금의 일부만 지급된 경우, 수령자는 실제 지급된 계약금이 아니라 약정계약금의 배액을 상환하고 계약을 해제할 수 있다.
② 계약당사자 일방이 채무의 이행기 전에 이미 채무의 이행에 착수하였다면 특별한 사정이 없는 한 계약당사자는 해제권을 행사할 수 없다.
③ 계약당사자가 계약금에 기한 해제권을 배제하기로 하는 약정을 하였다면, 각 당사자는 해제권을 행사할 수 없다.
④ 계약금을 수령한 매도인이 매수인에 대하여 해제권을 행사하기 위해서는 수령한 계약금의 배액의 이행제공을 하여야 하며 매수인이 수령을 거부하는 경우, 이를 공탁하여야 한다.
⑤ 토지거래허가구역 내의 토지에 관한 매매계약의 당사자가 토지거래허가신청절차의 협력의무를 이행하여 관할관청으로부터 거래허가를 받았더라도, 그러한 사정만으로는 아직 이행의 착수가 있다고 볼 수 없다.
⑥ 민법 제565조가 해제권 행사의 시기를 당사자 일방이 이행에 착수할 때까지로 제한한 것은 당사자 일방이 이미 이행에 착수한 경우 필요한 비용을 지출하였을 것임은 물론 계약이 이행될 것으로 기대하고 있다고 볼 수 있으므로, 이 단계에서 상대방이 계약을 해제함에 따라 입게 될 불측의 손해를 방지하려는 것으로, 이행기의 약정이 있더라도 당사자가 채무의 이행기 전에 착수하지 아니하기로 하는 특약을 하는 등의 특별한 사정이 없는 이상, 이행기 전에 이행에 착수할 수 있다.

해설

답 ④

① [O] 해약금의 기준이 되는 금원은 '실제 교부받은 계약금'이 아니라 '약정 계약금'이라고 봄이 타당하므로, 매도인이 계약금의 일부로서 지급받은 금원의 배액을 상환하는 것으로는 매매계약을 해제할 수 없다[1](대판 2015.4.23, 2014다231378).

② [O]
> 제565조(해약금) ① 매매의 당사자일방이 계약당시에 금전 기타 물건을 계약금, 보증금등의 명목으로 상대방에게 교부한 때에는 당사자 간에 다른 약정이 없는 한 당사자의 일방이 이행에 착수할 때까지 교부자는 이를 포기하고 수령자는 그 배액을 상환하여 매매계약을 해제할 수 있다.

③ [O] 민법 제565조의 해약권은 당사자 간에 다른 약정이 없는 경우에 한하여 인정되는 것이고, 만일 당사자가 위 조항의 해약권을 배제하기로 하는 약정을 하였다면 더 이상 그 해제권을 행사할 수 없다(대판 2009.4.23, 2008다50615).

---

[1] 매도인이 '계약금 일부만 지급된 경우 지급받은 금원의 배액을 상환하고 매매계약을 해제할 수 있다'고 주장한 사안에서, '실제 교부받은 계약금'의 배액만을 상환하여 매매계약을 해제할 수 있다면 이는 당사자가 일정한 금액을 계약금으로 정한 의사에 반하게 될 뿐 아니라, 교부받은 금원이 소액일 경우에는 사실상 계약을 자유로이 해제할 수 있어 계약의 구속력이 약화되는 결과가 되어 부당하기 때문에, 계약금 일부만 지급된 경우 수령자가 매매계약을 해제할 수 있다고 하더라도 해약금의 기준이 되는 금원은 '실제 교부받은 계약금'이 아니라 '약정 계약금'이라고 봄이 타당하므로, 매도인이 계약금의 일부로서 지급받은 금원의 배액을 상환하는 것으로는 매매계약을 해제할 수 없다고 한 사례

④ [×] 수령자는 그 배액을 상환하면서 계약을 해제할 수 있으며, 반드시 현실의 제공이 있어야 한다. 제공만 하면 되기 때문에 상대방이 이를 수령하지 않는다고 하여 공탁까지 할 필요는 없다(대판 1992.5.12, 91다2151).
⑤ [○] 국토의 계획 및 이용에 관한 법률에 정한 토지거래계약에 관한 허가구역으로 지정된 구역 안의 토지에 관하여 매매계약이 체결된 후 계약금만 수수한 상태에서 당사자가 토지거래허가신청을 하고 이에 따라 관할관청으로부터 그 허가를 받았다 하더라도, 그러한 사정만으로는 아직 이행의 착수가 있다고 볼 수 없어 매도인으로서는 민법 제565조에 의하여 계약금의 배액을 상환하여 매매계약을 해제할 수 있다[2](대판 2009.4.23, 2008다62427).
⑥ [○] 대판 2024.1.4, 2022다256624

009 계약금에 관한 설명으로 옳은 것은? (다툼이 있으면 판례에 따름) 22 변리사 변형

① 계약금을 수령한 매도인이 계약금의 배액을 상환하고 계약을 해제하려는 경우, 매수인이 이를 수령하지 않으면 공탁하여야 해제의 효력이 발생한다.
② 매수인이 자신이 지급한 계약금을 포기하고 계약을 해제하기 전에, 매도인이 매수인에 대하여 매매계약의 이행을 최고하고 매매잔대금의 지급을 구하는 소송을 제기하였다면 이는 이행에 착수한 것으로 보아야 한다.
③ 토지거래허가구역 내 토지에 관하여 매매계약을 체결하고 계약금만 주고받은 상태에서 토지거래허가를 받았다면 매도인은 자신이 수령한 계약금의 배액을 상환하여 매매계약을 해제할 수 있다.
④ 당사자 일방의 귀책사유로 인한 법정해제권을 행사하는 경우, 특별한 사정이 없는 한 계약금은 위약금으로서 상대방에게 귀속된다.
⑤ 계약당사자가 계약금에 기한 해제권을 배제하기로 하는 약정을 하더라도, 각 당사자는 계약금에 기한 해제권을 행사할 수 있다.
⑥ 부동산 매매계약에서 중도금 또는 잔금 지급기일은 일반적으로 계약금에 의한 해제권의 유보기간의 의미를 가진다고 이해될 수는 없으므로, 계약에서 정한 매매대금의 이행기가 매도인을 위해서도 기한의 이익을 부여하는 것이라고 볼 수 있다고 하여도, 채무자가 이행기 전에 이행에 착수할 수 없는 특별한 사정이 있는 경우에 해당한다고 할 수 없다.

---

[2] 국토의 계획 및 이용에 관한 법률에 정한 토지거래계약에 관한 허가구역으로 지정된 구역 안에 위치한 토지에 관하여 매매계약이 체결된 경우 당사자는 그 매매계약이 효력이 있는 것으로 완성될 수 있도록 서로 협력할 의무가 있지만, 이러한 의무는 그 매매계약의 효력으로서 발생하는 매도인의 재산권이전의무나 매수인의 대금지급의무와는 달리 신의칙상의 의무에 해당하는 것이어서 당사자 쌍방이 위 협력의무에 기초해 토지거래허가신청을 하고 이에 따라 관할관청으로부터 그 허가를 받았다 하더라도, 아직 그 단계에서는 당사자 쌍방 모두 매매계약의 효력으로서 발생하는 의무를 이행하였거나 이행에 착수하였다고 할 수 없을 뿐만 아니라, 그 단계에서 매매계약에 대한 이행의 착수가 있다고 보아 민법 제565조의 규정에 의한 해제권 행사를 부정하게 되면 당사자 쌍방 모두에게 해제권의 행사 기한을 부당하게 단축시키는 결과를 가져올 수도 있다.

해설

답 ③

① [×] 수령자는 그 배액을 상환하면서 계약을 해제할 수 있으며, 반드시 현실의 제공이 있어야 한다. 제공만 하면 되기 때문에 상대방이 이를 수령하지 않는다고 하여 공탁까지 할 필요는 없다(대판 1992.5.12, 91다2151).

② [×] 매수인은 민법 제565조 제1항에 따라 본인 또는 매도인이 이행에 착수할 때까지는 계약금을 포기하고 계약을 해제할 수 있는바, 여기에서 이행에 착수한다는 것은 객관적으로 외부에서 인식할 수 있는 정도로 채무의 이행행위의 일부를 하거나 또는 이행을 하기 위하여 필요한 전제행위를 하는 경우를 말하는 것으로서 단순히 이행의 준비를 하는 것만으로는 부족하고, 그렇다고 반드시 계약내용에 들어맞는 이행제공의 정도에까지 이르러야 하는 것은 아니지만, 매도인이 매수인에 대하여 매매계약의 이행을 최고하고 매매잔대금의 지급을 구하는 소송을 제기한 것만으로는 이행에 착수하였다고 볼 수 없다(대판 2008.10.23, 2007다72274·72281).

③ [○] 매매 당사자 일방이 계약 당시 상대방에게 계약금을 교부한 경우 당사자 사이에 다른 약정이 없는 한 당사자 일방이 계약 이행에 착수할 때까지 계약금 교부자는 이를 포기하고 계약을 해제할 수 있고, 그 상대방은 계약금의 배액을 상환하고 계약을 해제할 수 있음이 계약 일반의 법리인 이상, 특별한 사정이 없는 한 국토이용관리법상의 토지거래허가를 받지 않아 유동적 무효 상태인 매매계약에 있어서도 당사자 사이의 매매계약은 매도인이 계약금의 배액을 상환하고 계약을 해제함으로써 적법하게 해제된다(대판 1997.6.27, 97다9369).

④ [×] 계약금은 해약금의 성질을 가질 뿐이며, 다만 당사자 일방이 위약한 경우에 있어서 그 계약금을 위약금으로 한다는 특약이 있을 때에 한하여 손해배상액 예정의 성질을 함께 갖는다(대판 2006.1.27, 2005다52078).

⑤ [×] 민법 제565조의 해약권은 당사자 간에 다른 약정이 없는 경우에 한하여 인정되는 것이고, 만일 당사자가 위 조항의 해약권을 배제하기로 하는 약정을 하였다면 더 이상 그 해제권을 행사할 수 없다(대판 2009.4.23, 2008다50615).

⑥ [×] 부동산 매매계약에서 중도금 또는 잔금 지급기일은 일반적으로 계약금에 의한 해제권의 유보기간의 의미를 가진다고 이해되고 있으므로, 계약에서 정한 매매대금의 이행기가 매도인을 위해서도 기한의 이익을 부여하는 것이라고 볼 수 있다면, 채무자가 이행기 전에 이행에 착수할 수 없는 특별한 사정이 있는 경우에 해당한다고 할 수 있다. 이에 해당하는지 여부는 채무 내용, 이행기가 정하여진 목적, 이행기까지 기간의 장단 및 그에 관한 부수적인 약정의 존재와 내용, 채무 이행행위를 비롯하여 당사자들이 계약 이행과정에서 보인 행위의 태양, 이행기 전 이행행위가 통상적인 계약의 이행에 해당하기보다 상대방의 해제권의 행사를 부당하게 방해하기 위한 것으로 볼 수 있는지, 채권자가 채무자의 이행의 착수에도 불구하고 계약을 해제하는 것이 신의칙에 반한다고 볼 수 있는지 등 여러 가지 사정을 종합하여 구체적으로 판단해야 한다[3](대판 2024.1.4, 2022다256624).

---

3) ☞ 원고는 피고로부터 이 사건 아파트의 분양권을 매수하면서 피고에게 계약금을 지급한 뒤 피고 명의 계좌로 거래 명목을 '축 생신'으로 기재하여 4회에 걸쳐 합계 2,000만 원을 송금하였으나, 그 전후에 피고 측에 송금사실을 고지한 적은 없었음. 피고는 원고의 송금사실을 알고서 그 직후부터 수차례에 걸쳐 원고 측에 반환하겠다고 고지한 사안임

☞ 원심은, 매수인인 원고가 일방적으로 잔금 지급기일 이전에 2,000만 원을 송금하였다는 사정만으로 매도인인 피고의 약정해제권 행사에 영향을 미칠 수 없으므로, 피고가 계약금의 배액을 상환하면서 해제 의사표시를 하여 적법하게 해제되었다고 판단하였음

☞ 대법원은, 이 사건 계약의 내용, 잔금 지급기일을 정하는 외에 사전 지급에 관한 특약까지 명시한 점, 원고가 잔금 지급기일에 앞서 송금한 액수 및 명목, 이에 대한 피고의 반응과 조치, 그러한 상황 하에서 피고의 계약해제권 행사가 계약의 구속력의 본질을 침해하는 등 신의칙에 반하거나 원고에게 예측하지 못한 손해를 가한 것으로 볼 수 있는지 등을 종합하여, 이 사건에서는 잔금 지급기일과 관련하여 매도인인 피고에게도 기한의 이익이 인정되므로 원고가 잔금 지급기일 전에 이행에 착수할 수 없는 특별한 사정이 있는 경우에 해당한다고 보아, 원고의 청구를 기각한 원심판결을 수긍하여 상고를 기각함

IV. 매매의 효력

V. 담보책임

1. 권리의 하자에 대한 담보책임

유형(조문)	매수인	내용	제척기간
전부타인권리의 매매 (제570조)	선의	계약해제권, 손해배상청구권(= 이행이익)	×
	악의	계약해제권 ○, 손해배상청구 × 단, 채무불이행을 원인으로 손해배상청구 可能	
일부타인권리의 매매 (제572조)	선의	대금감액청구권, 계약해제권, 손해배상청구권	1년
	악의	대금감액청구권(제574조와 비교)	
수량부족, 일부멸실의 경우 (제574조)	선의	대금감액청구권, 계약해제권, 손해배상청구권	1년
	악의	×	
제한물권 있는 경우 (제575조)	선의	계약해제권, 손해배상청구권	1년
	악의	×	
저당권, 전세권(담보물권)의 경우 (제576조)	선의·악의 불문	• 담보물권의 실행 시에 문제가 됨 • 소유권을 취득할 수 없거나, 잃은 때: 계약해제권, 손해배상청구권 • 매수인의 출재로 소유권을 보존한 때: 출재상환청구권, 손해배상청구권	×
경매의 경우 (제578조)		제570조 ~ 제577조 준용	
채권매매의 경우 (제579조)		• 매도인이 채무자의 자력을 담보한 때: 매매계약당시의 자력을 담보한 것으로 "추정" • 변제기에 도달하지 아니한 채권의 경우: 변제기의 자력을 담보한 것으로 "추정"	

2. 물권의 하자에 대한 담보책임

010 매도인의 담보책임에 관한 설명으로 옳지 않은 것은? (다툼이 있으면 판례에 따름) 15 노무사

① 저당권의 행사로 매매 목적 부동산의 소유권을 취득할 수 없게 된 경우, 악의 매수인도 매매계약을 해제하고 매도인에 대하여 손해배상을 청구할 수 있다.
② 경매에 의하여 목적물을 매수한 경우, 물건의 하자에 대하여 매도인에게 담보책임을 물을 수 있다.
③ 건축을 목적으로 매매된 토지에 대하여 건축 허가를 받을 수 없어 건축이 불가능한 경우 등과 같은 법률적 제한 내지 장애는 매매목적물의 하자에 해당한다.
④ 제조물에 상품적합성이 결여되어 제조물 그 자체에 발생한 손해에 대해서는 제조물 책임이 아니라 하자담보책임을 물어야 한다.
⑤ 매매의 목적이 된 권리의 일부가 타인에게 속함으로 인하여 매도인이 그 권리를 취득하여 산 사람에게 이전할 수 없는 경우, 선의의 매수인은 물론이고 악의의 매수인도 대금의 감액을 청구할 수 있다.

해설
답 ②

① [O] 저당권이 설정된 부동산의 매수인이 저당권 행사로 소유권을 취득할 수 없는 경우에는 매수인의 선의, 악의를 불문하고 계약을 해제하고 손해배상을 청구할 수 있다(제576조).
② [×] 제580조(매도인의 하자담보책임) ① 매매의 목적물에 하자가 있는 때에는 제575조 제1항의 규정을 준용한다. 그러나 매수인이 하자있는 것을 알았거나 과실로 인하여 이를 알지 못한 때에는 그러하지 아니하다.
② 전항의 규정은 경매의 경우에 적용하지 아니한다.
③ [O] 매매의 목적물이 거래통념상 기대되는 객관적 성질·성능을 결여하거나, 당사자가 예정 또는 보증한 성질을 결여한 경우에 매도인은 매수인에 대하여 그 하자로 인한 담보책임을 부담한다 할 것이고, 한편 건축을 목적으로 매매된 토지에 대하여 건축허가를 받을 수 없어 건축이 불가능한 경우, 위와 같은 법률적 제한 내지 장애 역시 매매목적물의 하자에 해당한다 할 것이나, 다만 위와 같은 하자의 존부는 매매계약 성립시를 기준으로 판단하여야 할 것이다(대판 2000.1.18, 98다18506).
④ [O] 제조물책임이란 제조물에 통상적으로 기대되는 안전성을 결여한 결함으로 인하여 생명·신체나 제조물 그 자체 외의 다른 재산에 손해가 발생한 경우에 제조업자 등에게 지우는 손해배상책임이고, 제조물에 상품적합성이 결여되어 제조물 그 자체에 발생한 손해는 제조물책임의 적용 대상이 아니므로, 하자담보책임으로서 그 배상을 구하여야 한다(대판 2000.7.28, 98다35525).
⑤ [O] 제572조(권리의 일부가 타인에게 속한 경우와 매도인의 담보책임) ① 매매의 목적이 된 권리의 일부가 타인에게 속함으로 인하여 매도인이 그 권리를 취득하여 매수인에게 이전할 수 없는 때에는 매수인은 그 부분의 비율로 대금의 감액을 청구할 수 있다.

011 매도인의 담보책임에 관한 설명으로 옳지 않은 것은? (다툼이 있으면 판례에 따름)

① 경매절차에서 취득한 물건에 하자가 있는 경우, 그에 대하여 담보책임을 물을 수 없다.
② 수량을 지정한 매매의 목적물이 부족한 경우, 악의의 매수인은 대금감액을 청구할 수 있다.
③ 매매의 목적인 권리의 전부가 타인에게 속한 경우, 매도인이 그 권리를 취득하여 매수인에게 이전할 수 없는 때에는 악의의 매수인은 매매계약을 해제할 수 있다.
④ 매매목적물의 하자로 인한 매수인의 매도인에 대한 하자담보책임에 기한 손해배상청구권에는 채권의 소멸시효에 관한 규정이 적용된다.
⑤ 매매의 목적인 부동산에 설정된 저당권의 행사로 인하여 매수인이 그 소유권을 취득할 수 없게 된 경우, 악의의 매수인은 계약을 해제할 수 있다.

해설

답 ②

① [O] 민법은 제570조부터 제584조까지 매도인의 담보책임을 규정하면서 제578조와 제580조 제2항에서 '경매'에 관한 특칙을 두고 있다. 민법이 특칙을 둔 취지는 경매의 사법상 효력이 매매와 유사하다고는 하나, 매매는 당사자 사이의 의사합치에 의하여 체결되는 것인 반면 경매는 매도인의 지위에 있는 채무자 의사와 무관하게 국가기관인 법원에 의하여 실행되어 재산권이 이전되는 특수성이 있고, 이러한 특수성으로 인해 경매절차에 관여하는 채권자와 채무자, 매수인 등의 이해를 합리적으로 조정하고 국가기관에 의하여 시행되는 경매절차의 안정도 도모할 필요가 있으므로, 일반 매매를 전제로 한 담보책임 규정을 경매에 그대로 적용하는 것은 부당하다는 고려에 따른 것이다.

② [×] 제574조(수량부족, 일부 멸실의 경우와 매도인의 담보책임) 전2조의 규정은 수량을 지정한 매매의 목적물이 부족 되는 경우와 매매목적물의 일부가 계약당시에 이미 멸실된 경우에 매수인이 그 부족 또는 멸실을 알지 못한 때에 준용한다.

③ [O] 제570조(동전 – 매도인의 담보책임) 전조의 경우에 매도인이 그 권리를 취득하여 매수인에게 이전할 수 없는 때에는 매수인은 계약을 해제할 수 있다. 그러나 매수인이 계약당시 그 권리가 매도인에게 속하지 아니함을 안 때에는 손해배상을 청구하지 못한다.

④ [O] 매도인에 대한 하자담보에 기한 손해배상청구권에 대하여는 민법 제582조의 제척기간이 적용되고, 이는 법률관계의 조속한 안정을 도모하고자 하는 데에 취지가 있다. 그런데 하자담보에 기한 매수인의 손해배상청구권은 권리의 내용·성질 및 취지에 비추어 민법 제162조 제1항의 채권 소멸시효의 규정이 적용되고, 민법 제582조의 제척기간 규정으로 인하여 소멸시효 규정의 적용이 배제된다고 볼 수 없으며, 이때 다른 특별한 사정이 없는 한 무엇보다도 매수인이 매매 목적물을 인도받은 때부터 소멸시효가 진행한다고 해석함이 타당하다(대판 2011.10.13, 2011다10266).

⑤ [O] 제576조(저당권, 전세권의 행사와 매도인의 담보책임) ① 매매의 목적이 된 부동산에 설정된 저당권 또는 전세권의 행사로 인하여 매수인이 그 소유권을 취득할 수 없거나 취득한 소유권을 잃은 때에는 매수인은 계약을 해제할 수 있다.

012 민법상 특정물 매도인의 하자담보책임에 관한 설명으로 옳지 않은 것은? (다툼이 있으면 판례에 따름)
20 노무사

① 매도인의 고의·과실은 하자담보책임의 성립요건이 아니다.
② 악의의 매수인에 대해서 매도인은 하자담보책임을 지지 않는다.
③ 매매 목적물인 서화(書畵)가 위작으로 밝혀진 경우, 매도인의 담보책임이 발생하면 매수인은 착오를 이유로는 매매계약을 취소할 수 없다.
④ 경매목적물에 물건의 하자가 있는 경우 하자담보책임이 발생하지 않는다.
⑤ 목적물에 하자가 있더라도 계약의 목적을 달성할 수 있는 경우에는 매수인에게 해제권이 인정되지 않는다.

해설
답 ③

① [O] 민법 제581조, 제580조에 기한 매도인의 하자담보책임은 법이 특별히 인정한 무과실책임으로서 여기에 민법 제396조의 과실상계 규정이 준용될 수는 없다 하더라도, 담보책임이 민법의 지도이념인 공평의 원칙에 입각한 것인 이상 하자 발생 및 그 확대에 가공한 매수인의 잘못을 참작하여 손해배상의 범위를 정함이 상당하다(대판 1995.6.30, 94다23920).

② [O]
> 제580조(매도인의 하자담보책임) ① 매매의 목적물에 하자가 있는 때에는 제575조 제1항의 규정을 준용한다. 그러나 매수인이 하자있는 것을 알았거나 과실로 인하여 이를 알지 못한 때에는 그러하지 아니하다.

③ [×] 착오로 인한 취소 제도와 매도인의 하자담보책임 제도는 취지가 서로 다르고, 요건과 효과도 구별된다. 따라서 매매계약 내용의 중요 부분에 착오가 있는 경우 매수인은 매도인의 하자담보책임이 성립하는지와 상관없이 착오를 이유로 매매계약을 취소할 수 있다(대판 2018.9.13, 2015다78703).

④ [O]
> 제580조(매도인의 하자담보책임) ① 매매의 목적물에 하자가 있는 때에는 제575조 제1항의 규정을 준용한다. 그러나 매수인이 하자있는 것을 알았거나 과실로 인하여 이를 알지 못한 때에는 그러하지 아니하다.
> ② 전항의 규정은 경매의 경우에 적용하지 아니한다.

⑤ [O]
> 제580조(매도인의 하자담보책임) ① 매매의 목적물에 하자가 있는 때에는 제575조 제1항의 규정을 준용한다.
> 제575조(제한물권 있는 경우와 매도인의 담보책임) ① 매매의 목적물이 지상권, 지역권, 전세권, 질권 또는 유치권의 목적이 된 경우에 매수인이 이를 알지 못한 때에는 이로 인하여 계약의 목적을 달성할 수 없는 경우에 한하여 매수인은 계약을 해제할 수 있다. 기타의 경우에는 손해배상만을 청구할 수 있다.

013 매매에 관한 설명으로 옳은 것은 모두 고른 것은? (다툼이 있으면 판례에 따름) 21 노무사

> ㄱ. 당사자가 매매예약완결권의 행사기간을 약정하지 않은 경우, 완결권은 예약이 성립한 때로부터 10년 내에 행사되어야 하고, 그 기간을 지난 때에는 제척기간의 경과로 인하여 소멸한다.
> ㄴ. 목적물이 일정한 면적을 가지고 있다는 데 주안을 두고 대금도 면적을 기준으로 정하여지는 아파트분양계약은 특별한 사정이 없는 한 수량지정매매에 해당한다.
> ㄷ. 건축목적으로 매매된 토지에 대하여 건축허가를 받을 수 없어 건축이 불가능한 경우, 이와 같은 법률적 제한 내지 장애는 권리의 하자에 해당한다.
> ㄹ. 특정물매매에서 매도인의 하자담보책임이 성립하는 경우, 매수인은 매매계약 내용의 중요 부분에 착오가 있더라도 이를 취소할 수 없다.

① ㄱ, ㄴ
② ㄱ, ㄹ
③ ㄴ, ㄷ
④ ㄱ, ㄷ, ㄹ
⑤ ㄴ, ㄷ, ㄹ

해설

답 ①

ㄱ. [○] 매매의 일방예약에서 예약자의 상대방이 매매예약 완결의 의사표시를 하여 매매의 효력을 생기게 하는 권리, 즉 매매예약의 완결권은 일종의 형성권으로서 당사자 사이에 그 행사기간을 약정한 때에는 그 기간 내에, 그러한 약정이 없는 때에는 그 예약이 성립한 때로부터 10년 내에 이를 행사하여야 하고, 그 기간을 지난 때에는 예약 완결권은 제척기간의 경과로 인하여 소멸한다. 제척기간은 권리자로 하여금 당해 권리를 신속하게 행사하도록 함으로써 법률관계를 조속히 확정 시키려는 데 그 제도의 취지가 있는 것으로서, 소멸시효가 일정한 기간의 경과와 권리의 불행사라는 사정에 의하여 권리 소멸의 효과를 가져 오는 것과는 달리 그 기간의 경과 자체만으로 곧 권리 소멸의 효과를 가져 오게 하는 것이므로 그 기간 진행의 기산점은 특별한 사정이 없는 한 원칙적으로 권리가 발생한 때이고, 당사자 사이에 매매예약 완결권을 행사할 수 있는 시기를 특별히 약정한 경우에도 그 제척기간은 당초 권리의 발생일로부터 10년간의 기간이 경과되면 만료되는 것이지 그 기간을 넘어서 그 약정에 따라 권리를 행사할 수 있는 때부터 10년이 되는 날까지로 연장된다고 볼 수 없다(대판 1995.11.10, 94다22682·22699).

ㄴ. [○] 부동산 매매계약에 있어서 매수인이 일정한 면적이 있는 것으로 믿고 매도인도 그 면적이 있는 것을 명시적 또는 묵시적으로 표시하며, 나아가 계약당사자가 면적을 가격을 정하는 여러 요소 중 가장 중요한 요소로 파악하고, 그 객관적 수치를 기준으로 가격을 정하는 경우라면 특정물이 일정한 수량을 가지고 있다는 데에 주안을 두고, 대금도 그 수량을 기준으로 하여 정한 경우에 속하므로 민법 제574조에 정한 '수량을 지정한 매매'에 해당한다(대판 2001.4.10, 2001다12256).

ㄷ. [×] 매매의 목적물이 거래통념상 기대되는 객관적 성질·성능을 결여하거나, 당사자가 예정 또는 보증한 성질을 결여한 경우에 매도인은 매수인에 대하여 그 하자로 인한 담보책임을 부담한다 할 것이고, 한편 건축을 목적으로 매매된 토지에 대하여 건축허가를 받을 수 없어 건축이 불가능한 경우, 위와 같은 법률적 제한 내지 장애 역시 매매목적물의 하자에 해당한다 할 것이나, 다만 위와 같은 하자의 존부는 매매계약 성립시를 기준으로 판단하여야 할 것이다(대판 2000.1.18, 98다18506).

ㄹ. [×] 착오로 인한 취소 제도와 매도인의 하자담보책임 제도는 취지가 서로 다르고, 요건과 효과도 구별된다. 따라서 매매계약 내용의 중요 부분에 착오가 있는 경우 매수인은 매도인의 하자담보책임이 성립하는지와 상관없이 착오를 이유로 매매계약을 취소할 수 있다(대판 2018.9.13, 2015다78703).

014 매도인의 담보책임에 관한 설명으로 옳지 않은 것은? (다툼이 있으면 판례에 따름)   21 변리사

① 수량지정매매에 해당하는 부동산매매계약에서 실제면적이 계약면적에 미달하는 경우, 매수인은 대금감액청구권의 행사와 별도로 부당이득반환청구도 할 수 있다.
② 타인의 권리를 매매한 자가 그 권리를 이전할 수 없게 된 경우, 매도인은 선의의 매수인에 대하여 불능 당시의 시가를 표준으로 이행이익을 배상할 의무가 있다.
③ 매매계약 내용의 중요 부분에 착오가 있는 경우, 매수인은 매도인의 하자담보책임이 성립하는지와 상관없이 착오를 이유로 그 매매계약을 취소할 수 있다.
④ 매수인이 하자의 발생과 확대에 잘못이 있는 경우, 법원은 매도인의 손해배상액을 산정함에 있어 매수인의 과실을 직권으로 참작하여 그 범위를 정해야 한다.
⑤ 저당권이 설정된 부동산의 매수인이 저당권의 행사로 그 소유권을 취득할 수 없는 경우, 악의의 매수인이라도 특별한 사정이 없는 한 계약을 해제할 수 있다.

해설
답 ①

① [×] 부동산매매계약에 있어서 실제면적이 계약면적에 미달하는 경우에는 그 매매가 수량지정매매에 해당할 때에 한하여 민법 제574조, 제572조에 의한 대금감액청구권을 행사함은 별론으로 하고, 그 매매계약이 그 미달 부분만큼 일부 무효임을 들어 이와 별도로 일반 부당이득반환청구를 하거나 그 부분의 원시적 불능을 이유로 민법 제535조가 규정하는 계약체결상의 과실에 따른 책임의 이행을 구할 수 없다(대판 2002.4.9, 99다47396).
② [O] 타인의 권리를 매매한 자가 권리이전을 할 수 없게 된 때에는 매도인은 선의의 매수인에게 이행불능 당시를 표준으로 한 이행이익 상당을 배상하여야 한다(대판 1979.4.24, 77다2290).
③ [O] 착오로 인한 취소 제도와 매도인의 하자담보책임 제도는 취지가 서로 다르고, 요건과 효과도 구별된다. 따라서 매매계약 내용의 중요 부분에 착오가 있는 경우 매수인은 매도인의 하자담보책임이 성립하는지와 상관없이 착오를 이유로 매매계약을 취소할 수 있다(대판 2018.9.13, 2015다78703).
④ [O] 민법 제581조, 제580조에 기한 매도인의 하자담보책임은 법이 특별히 인정한 무과실책임으로서 여기에 민법 제396조의 과실상계 규정이 준용될 수는 없다 하더라도, 담보책임이 민법의 지도이념인 공평의 원칙에 입각한 것인 이상 하자 발생 및 그 확대에 가공한 매수인의 잘못을 참작하여 손해배상의 범위를 정함이 상당하다(대판 1995.6.30, 94다23920).
⑤ [O] 저당권 또는 전세권의 존재에 관한 매수인의 선의·악의를 불문하고 담보책임이 인정된다. 저당권 등이 설정되어 있어도 항상 실행되는 것은 아니고, 매도인이 이를 소멸시킬 수도 있으므로, 매수인의 선의·악의를 구별할 이유가 없다. 그리고 매수인이 소유권을 취득할 수 없거나 취득한 소유권을 잃은 때에는 매수인은 계약을 해제할 수 있고(제576조 제1항), 그 밖에 손해를 받은 경우에는 그 배상을 청구할 수 있다(제576조 제3항).

015 매도인의 담보책임에 관한 설명으로 옳은 것을 모두 고른 것은? (특별한 사정은 없으며, 다툼이 있으면 판례에 따름)

24 변리사

> ㄱ. 타인의 권리의 매매에서 매도인이 그 권리를 매수인에게 이전할 수 없게 된 경우, 매도인의 손해배상액은 이행불능 당시의 목적물의 시가를 기준으로 산정한다.
> ㄴ. 매매목적물의 일부가 계약 당시에 이미 멸실되어 매도인이 그 부분을 이전할 수 없는 경우, 악의의 매수인은 대금감액을 청구할 수 없다.
> ㄷ. 매매목적물이 유치권의 목적이 되어 있는 경우, 계약의 목적을 달성할 수 있더라도 선의의 매수인은 계약을 해제할 수 있다.
> ㄹ. 매매당사자가 건축을 위해 매매한 토지에 대하여 건축허가를 받을 수 없어 건축이 불가능한 경우는 물건의 하자에 해당하며, 하자의 존부는 매매계약성립시를 기준으로 판단한다.

① ㄱ, ㄴ
② ㄴ, ㄹ
③ ㄷ, ㄹ
④ ㄱ, ㄴ, ㄹ
⑤ ㄱ, ㄴ, ㄷ, ㄹ

해설

답 ④

ㄱ. [O] 타인의 권리를 매매한 자가 권리이전을 할 수 없게 된 때에는 매도인은 선의의 매수인에게 이행불능 당시를 표준으로 한 이행이익 상당을 배상하여야 한다(대판 1979.4.24, 77다2290).

ㄴ. [O]
> 제574조(수량부족, 일부 멸실의 경우와 매도인의 담보책임) 전2조의 규정은 수량을 지정한 매매의 목적물이 부족되는 경우와 매매목적물의 일부가 계약당시에 이미 멸실된 경우에 매수인이 그 부족 또는 멸실을 알지 못한 때에 준용한다.
> 제572조(권리의 일부가 타인에게 속한 경우와 매도인의 담보책임) ① 매매의 목적이 된 권리의 일부가 타인에게 속함으로 인하여 매도인이 그 권리를 취득하여 매수인에게 이전할 수 없는 때에는 매수인은 그 부분의 비율로 대금의 감액을 청구할 수 있다.

ㄷ. [×]
> 제575조(제한물권 있는 경우와 매도인의 담보책임) ① 매매의 목적물이 지상권, 지역권, 전세권, 질권 또는 유치권의 목적이 된 경우에 매수인이 이를 알지 못한 때에는 이로 인하여 계약의 목적을 달성할 수 없는 경우에 한하여 매수인은 계약을 해제할 수 있다. 기타의 경우에는 손해배상만을 청구할 수 있다.

ㄹ. [O]
> 매매의 목적물이 거래통념상 기대되는 객관적 성질·성능을 결여하거나, 당사자가 예정 또는 보증한 성질을 결여한 경우에 매도인은 매수인에 대하여 그 하자로 인한 담보책임을 부담한다 할 것이고, 한편 건축을 목적으로 매매된 토지에 대하여 건축허가를 받을 수 없어 건축이 불가능한 경우, 위와 같은 법률적 제한 내지 장애 역시 매매목적물의 하자에 해당한다 할 것이나, 다만 위와 같은 하자의 존부는 매매계약 성립시를 기준으로 판단하여야 할 것이다(대판 2000.1.18, 98다18506).

VI. 매매 관련 기타 규정

016 매매에 관한 설명으로 옳은 것은? (다툼이 있으면 판례에 따름) 　　　　20 변리사

① 자전거 매매에 있어 자전거의 인도와 동시에 대금을 지급할 경우에는 자전거 인도장소에서 대금을 지급하여야 한다.
② 행사기간의 약정이 없는 매매계약의 완결권은, 권리자가 예약목적물인 부동산을 인도받은 경우에는 예약이 성립한 때로부터 10년이 경과하더라도 소멸하지 않는다.
③ 매수인이 매도인에게 지급한 계약금을 포기하고 적법하게 매매를 해제한 경우, 이로 인해 매도인에게 계약금 이상의 손해가 발생한 때에는 매도인은 매수인에 대해 손해배상청구를 할 수 있다.
④ 매매계약 후에도 인도하지 아니한 목적물로부터 생긴 과실은 매도인에 속하므로, 매수인이 매매대금을 완납한 후라도 매매목적물을 인도하기까지는 과실수취권은 매도인에게 귀속된다.
⑤ 매매의 목적인 재산권과 대금에 관한 합의가 있더라도, 계약비용·채무이행기·이행장소에 관한 합의가 없으면 특별한 사정이 없는 한 매매계약이 성립할 수 없다.

해설
답 ①

① [O] **제467조(변제의 장소)** ① 채무의 성질 또는 당사자의 의사표시로 변제장소를 정하지 아니한 때에는 특정물의 인도는 채권성립 당시에 그 물건이 있던 장소에서 하여야 한다.
② 전항의 경우에 특정물인도이외의 채무변제는 채권자의 현주소에서 하여야 한다(지참채무의 원칙). 그러나 영업에 관한 채무의 변제는 채권자의 현영업소에서 하여야 한다.

② [×] 제척기간은 권리자로 하여금 당해 권리를 신속하게 행사하도록 함으로써 법률관계를 조속히 확정시키려는 데 그 제도의 취지가 있는 것으로서, 소멸시효가 일정한 기간의 경과와 권리의 불행사라는 사정에 의하여 권리 소멸의 효과를 가져오는 것과는 달리 그 기간의 경과 자체만으로 곧 권리 소멸의 효과를 가져오게 하는 것이므로 그 기간 진행의 기산점은 특별한 사정이 없는 한 원칙적으로 권리가 발생한 때이고, 당사자 사이에 매매예약 완결권을 행사할 수 있는 시기를 특별히 약정한 경우에도 그 제척기간은 당초 권리의 발생일로부터 10년간의 기간이 경과되면 만료되는 것이지 그 기간을 넘어서 그 약정에 따라 권리를 행사할 수 있는 때로부터 10년이 되는 날까지로 연장된다고 볼 수 없다(대판 1995.11.10, 94다22682·22699).

③ [×] **제565조(해약금)** ① 매매의 당사자일방이 계약당시에 금전 기타 물건을 계약금, 보증금등의 명목으로 상대방에게 교부한 때에는 당사자 간에 다른 약정이 없는 한 당사자의 일방이 이행에 착수할 때까지 교부자는 이를 포기하고 수령자는 그 배액을 상환하여 매매계약을 해제할 수 있다.
② 제551조의 규정은 전항의 경우에 이를 적용하지 아니한다.

④ [×] 민법 제587조에 의하면, 매매계약 있은 후에도 인도하지 아니한 목적물로부터 생긴 과실은 매도인에게 속하고, 매수인은 목적물의 인도를 받은 날로부터 대금의 이자를 지급하여야 한다고 규정하고 있는바, 이는 매매당사자 사이의 형평을 꾀하기 위하여 매매목적물이 인도되지 아니하더라도 매수인이 대금을 완제한 때에는 그 시점 이후의 과실은 매수인에게 귀속되지만, 매매목적물이 인도되지 아니하고 또한 매수인이 대금을 완제하지 아니한 때에는 매도인의 이행지체가 있더라도 과실은 매도인에게 귀속되는 것이므로 매수인은 인도의무의 지체로 인한 손해배상금의 지급을 구할 수 없다(대판 2004.4.23, 2004다8210).

⑤ [×] 매매는 당사자 일방이 재산권을 상대방에게 이전할 것을 약정하고 상대방이 대금을 지급할 것을 약정함으로써 효력이 발생하는 것이므로, 매매계약은 매도인이 재산권을 이전하는 것과 매수인이 대가로서 대금을 지급하는 것에 관하여 쌍방 당사자의 합의가 이루어짐으로써 성립하는 것이며, 그 경우 매매목적물과 대금은 반드시 계약체결 당시에 구체적으로 특정할 필요는 없고 이를 사후에라도 구체적으로 특정할 수 있는 방법과 기준이 정하여져 있으면 충분하다. 이 경우 그 약정된 기준에 따른 대금액 산정에 관하여 당사자 간에 다툼이 있다면 법원이 이를 정할 수밖에 없다. 매매대금 액수를 일정기간 후 시가에 의하여 정하기로 하였다는 사유만을 들어 매매계약이 아닌 매매예약이라고 단정할 것은 아니다. 그 밖에 특별한 사정이 없는 한 이행시기, 이행장소, 담보책임 등에 관한 합의가 없었더라도 매매계약이 성립하는 데에 지장이 없다(대판 2023.9.14, 2023다227500).

017 甲은 乙로부터 800㎡의 X토지를 5천만 원에 매수하여 건물을 신축하기 위한 건축허가를 받았다. 이후 甲은 건물신축을 위한 굴착공사를 하다가 1m 깊이에 300톤의 폐기물이 매립되어 있는 것을 발견하였고, 이를 처리하기 위해 6천만 원을 지출하였다. 이에 관한 설명으로 옳지 않은 것은? (다툼이 있으면 판례에 따름) 22 변리사

① 특별한 사정이 없는 한 乙은 X토지의 객관적 하자뿐만 아니라 주관적 하자에 대해서도 하자담보책임을 부담한다.
② 폐기물로 인해 X토지에 하자가 인정되는 경우, 하자담보책임으로 인한 손해배상청구권은 甲이 X토지를 인도받은 때 발생한다.
③ X토지에 매립된 폐기물로 인해 乙에게 하자담보책임과 채무불이행책임이 모두 인정되는 경우, 특별한 사정이 없는 한 甲은 채무불이행책임에 따른 손해배상청구만 가능하다.
④ 폐기물로 인해 X토지에 하자가 인정되는 경우, 폐기물처리비용이 매매대금을 초과한다는 사정은 원칙적으로 채무불이행으로 인한 甲의 손해배상청구권 행사에 장애가 되지 않는다.
⑤ 乙이 X토지에 폐기물을 불법으로 매립하였음에도 이를 처리하지 않은 상태에서 그 토지를 甲에게 매도한 경우, 특별한 사정이 없는 한 이는 甲에 대한 위법행위로서 불법행위가 성립할 수 있다.

> **해설**
>
> 답 ③

① [O] 매매의 목적물이 거래통념상 기대되는 객관적 성질·성능을 결여하거나, 당사자가 예정 또는 보증한 성질을 결여한 경우에 매도인은 매수인에 대하여 그 하자로 인한 담보책임을 부담한다 할 것이고, 한편 건축을 목적으로 매매된 토지에 대하여 건축허가를 받을 수 없어 건축이 불가능한 경우, 위와 같은 법률적 제한 내지 장애 역시 매매목적물의 하자에 해당한다 할 것이나, 다만 위와 같은 하자의 존부는 매매계약 성립시를 기준으로 판단하여야 할 것이다(대판 2000.1.18, 98다18506).

② [O] 하자담보에 기한 매수인의 손해배상청구권은 권리의 내용·성질 및 취지에 비추어 민법 제162조 제1항의 채권 소멸시효의 규정이 적용되고, 민법 제582조의 제척기간 규정으로 인하여 소멸시효 규정의 적용이 배제된다고 볼 수 없으며, 이때 다른 특별한 사정이 없는 한 무엇보다도 매수인이 매매 목적물을 인도받은 때부터 소멸시효가 진행한다고 해석함이 타당하다[4](대판 2011.10.13, 2011다10266).

③ [×], ④ [O] 토지 매도인이 성토작업을 기화로 다량의 폐기물을 은밀히 매립하고 그 위에 토사를 덮은 다음 도시계획사업을 시행하는 공공사업시행자와 사이에서 정상적인 토지임을 전제로 협의취득절차를 진행하여 이를 매도함으로써 매수자로 하여금 그 토지의 폐기물처리비용 상당의 손해를 입게 하였다면 매도인은 이른바 불완전이행으로서 채무불이행으로 인한 손해배상책임을 부담하고, 이는 하자 있는 토지의 매매로 인한 민법 제580조 소정의 하자담보책임과 경합적으로 인정된다(대판 2004.7.22, 2002다51586).

⑤ [O] [다수의견] 헌법 제35조 제1항, 구 환경정책기본법(2011.7.21. 법률 제10893호로 전부 개정되기 전의 것), 구 토양환경보전법(2011.4.5. 법률 제10551호로 개정되기 전의 것, 이하 같다) 및 구 폐기물관리법(2007.1.19. 법률 제8260호로 개정되기 전의 것)의 취지와 아울러 토양오염원인자의 피해배상의무 및 오염토양 정화의무, 폐기물 처리의무 등에 관한 관련 규정들과 법리에 비추어 보면, 토지의 소유자라 하더라도 토양오염물질을 토양에 누출·유출하거나 투기·방치함으로써 토양오염을 유발하였음에도 오염토양을 정화하지 않은 상태에서 오염토양이 포함된 토지를 거래에 제공함으로써 유통되게 하거나, 토지에 폐기물을 불법으로 매립하였음에도 처리하지 않은 상태에서 토지를 거래에 제공하는 등으로 유통되게 하였다면, 다른 특별한 사정이 없는 한 이는 거래의 상대방 및 토지를 전전 취득한 현재의 토지 소유자에 대한 위법행위로서 불법행위가 성립할 수 있다. 그리고 토지를 매수한 현재의 토지 소유자가 오염토양 또는 폐기물이 매립되어 있는 지하까지 토지를 개발·사용하게 된 경우 등과 같이 자신의 토지소유권을 완전하게 행사하기 위하여 오염토양 정화비용이나 폐기물 처리비용을 지출하였거나 지출해야만 하는 상황에 이르렀다거나 구 토양환경보전법에 의하여 관할 행정관청으로부터 조치명령 등을 받음에 따라 마찬가지의 상황에 이르렀다면 위법행위로 인하여 오염토양 정화비용 또는 폐기물 처리비용의 지출이라는 손해의 결과가 현실적으로 발생하였으므로, 토양오염을 유발하거나 폐기물을 매립한 종전 토지 소유자는 오염토양 정화비용 또는 폐기물 처리비용 상당의 손해에 대하여 불법행위자로서 손해배상책임을 진다(대판 2016.5.19, 2009다66549 전합).

---

4) 甲이 乙 등에게서 부동산을 매수하여 소유권이전등기를 마쳤는데 위 부동산을 순차 매수한 丙이 부동산 지하에 매립되어 있는 폐기물을 처리한 후 甲을 상대로 처리비용 상당의 손해배상청구소송을 제기하였고, 甲이 丙에게 위 판결에 따라 손해배상금을 지급한 후 乙 등을 상대로 하자담보책임에 기한 손해배상으로서 丙에게 기지급한 돈의 배상을 구한 사안에서, 甲의 하자담보에 기한 손해배상청구권은 甲이 乙 등에게서 부동산을 인도받았을 것으로 보이는 소유권이전등기일로부터 소멸시효가 진행하는데, 甲이 그로부터 10년이 경과한 후 소를 제기하였으므로, 甲의 하자담보책임에 기한 손해배상청구권은 이미 소멸시효 완성으로 소멸되었다고 한 사례

018 매매계약에 관한 설명으로 옳은 것은? (다툼이 있으면 판례에 따름)   23 노무사

① 매매목적물과 대금은 반드시 계약 체결 당시에 구체적으로 특정할 필요는 없고, 이를 나중에라도 구체적으로 특정할 수 있는 방법과 기준이 정해져 있으면 매매계약은 성립한다.
② 매도인이 매수인에게 현존하는 타인 소유의 물건을 매도하기로 약정한 경우, 그 매매계약은 원시적 불능에 해당하여 효력이 없다.
③ 매매예약완결권은 당사자 사이에 다른 약정이 없는 한 10년 내에 이를 행사하지 않으면 시효로 소멸한다.
④ 매도인과 매수인이 해제권을 유보하기 위해 계약금을 교부하기로 합의한 후 매수인이 약정한 계약금의 일부만 지급한 경우, 매도인은 실제 지급받은 금원의 배액을 상환하고 매매계약을 해제할 수 있다.
⑤ 매매계약에 관한 비용은 다른 약정이 없으면 매수인이 부담한다.

해설   답 ①

① [O] 매매계약은 매도인이 재산권을 이전하는 것과 매수인이 대금을 지급하는 것에 관하여 쌍방 당사자가 합의함으로써 성립하므로 매매계약 체결 당시에 반드시 매매목적물과 대금을 구체적으로 특정할 필요는 없지만, 적어도 매매계약의 당사자인 매도인과 매수인이 누구인지는 구체적으로 특정되어 있어야만 매매계약이 성립할 수 있다(대판 2021.1.14, 2018다223054).

② [×] **제569조(타인의 권리의 매매)** 매매의 목적이 된 권리가 타인에게 속한 경우에는 매도인은 그 권리를 취득하여 매수인에게 이전하여야 한다.

③ [×] 매매의 일방예약에서 예약자의 상대방이 매매예약 완결의 의사표시를 하여 매매의 효력을 생기게 하는 권리, 즉 매매예약의 완결권은 일종의 형성권으로서 당사자 사이에 그 행사기간을 약정한 때에는 그 기간 내에, 그러한 약정이 없는 때에는 그 예약이 성립한 때로부터 10년 내에 이를 행사하여야 하고, 그 기간을 지난 때에는 예약완결권은 제척기간의 경과로 인하여 소멸한다(대판 1995.11.10, 94다22682·22699).

④ [×] 해약금의 기준이 되는 금원은 '실제 교부받은 계약금'이 아니라 '약정 계약금'이라고 봄이 타당하므로, 매도인이 계약금의 일부로서 지급받은 금원의 배액을 상환하는 것으로는 매매계약을 해제할 수 없다(대판 2015.4.23, 2014다231378).

⑤ [×] **제566조(매매계약의 비용의 부담)** 매매계약에 관한 비용은 당사자 쌍방이 균분하여 부담한다.

019 특정물채권에 관한 설명으로 옳지 않은 것은? (다툼이 있으면 판례에 따름) 24 변리사

① 특정물매매에 있어서 매수인의 대금지급채무가 이행지체에 빠졌다고 하더라도 그 목적물이 매수인에게 인도될 때까지는 매수인은 매매대금의 이자를 지급할 필요가 없다.
② 특정물매매의 경우, 매수인이 매매대금을 지급하지 않더라도 인도받지 않은 목적물로부터 생긴 과실에 대한 수취권은 특별한 사정이 없는 한 매수인에게 귀속된다.
③ 채권자는 특정물에 관한 자신의 채권을 보전하기 위하여 채무자의 제3채무자에 대한 그 특정물에 관한 권리만을 대위 행사할 수 있다.
④ 103동 607호, 107동 203호 등으로 아파트를 지정하여 매매하는 것을 내용으로 하는 아파트 분양계약은 수량을 지정한 매매가 아닌 특정물을 목적으로 한 매매에 해당한다.
⑤ 채권자가 특정물채권을 보전하기 위해 채권자취소권을 행사하는 것은 허용되지 않는다.

해설

답 ②

① [○], ② [×] 민법 제587조에 의하면, 매매계약 있은 후에도 인도하지 아니한 목적물로부터 생긴 과실은 매도인에게 속하고, 매수인은 목적물의 인도를 받은 날로부터 대금의 이자를 지급하여야 한다고 규정하고 있는바, 이는 매매당사자 사이의 형평을 꾀하기 위하여 매매목적물이 인도되지 아니하더라도 매수인이 대금을 완제한 때에는 그 시점 이후의 과실은 매수인에게 귀속되지만, 매매목적물이 인도되지 아니하고 또한 매수인이 대금을 완제하지 아니한 때에는 매도인의 이행지체가 있더라도 과실은 매도인에게 귀속되는 것이므로 매수인은 인도의무의 지체로 인한 손해배상금의 지급을 구할 수 없다(대판 2004.4.23, 2004다8210).
③ [○] 채권자대위권은 채무자의 채권을 대위행사함으로써 채권자의 채권이 보전되는 관계가 존재하는 경우에 한하여 이를 행사할 수 있으므로 특정물에 관한 채권자는 채권을 보전하기 위하여 채무자의 제3채무자에 대한 그 특정물에 관한 권리만을 대위행사할 수 있다(대판 1993.4.23, 93다289).
④ [○] 원고와 피고들 간에 체결된 아파트분양계약이 아파트의 6층 607호, 1층 102호 등으로 특정된 아파트 1동씩을 특정하여 매매한 것이므로 이는 수량을 지정한 매매가 아니라 특정물을 목적으로 한 매매로서 설사 분양안내 카탈로그가 잘못되어 피고들이 분양받은 아파트의 실제면적이 분양계약서상에 표시된 분양면적보다 다소 넓다 하더라도 피고들이 법률상 원인없이 이득을 얻은 것이라 할 수 없다(대판 1991.3.27, 90다13888).
⑤ [○] 채권자취소권은 채무자가 채권자를 해함을 알면서 자기의 일반재산을 감소시키는 행위를 한 경우에 그 행위를 취소하여 채무자의 재산을 원상회복시킴으로써 모든 채권자를 위하여 채무자의 책임재산을 보전하는 권리로서, 특정물 채권을 보전하기 위하여 행사하는 것은 허용되지 않는다(대판 1995.2.10, 94다2534, 제407조 참고).

020 매매계약에 관한 설명으로 옳은 것은? (다툼이 있으면 판례에 따름) 24 노무사

① 매매의 일방예약이 행해진 경우, 예약완결권자가 상대방에게 매매를 완결할 의사를 표시하면 매매의 효력이 생긴다.
② 매매계약에 관한 비용은 다른 약정이 없는 한 매수인이 부담한다.
③ 경매목적물에 하자가 있는 경우, 경매에서의 채무자는 하자담보책임을 부담한다.
④ 매매계약 후 인도되지 않은 목적물로부터 생긴 과실은 다른 약정이 없는 한 대금을 지급하지 않더라도 매수인에게 속한다.
⑤ 부동산 매매등기가 이루어지고 5년 후에 환매권의 보류를 등기한 때에는 매매등기 시부터 제3자에 대하여 그 효력이 있다.

해설 답 ①

① [○] **제564조(매매의 일방예약)** ① 매매의 일방예약은 상대방이 매매를 완결할 의사를 표시하는 때에 매매의 효력이 생긴다.

② [×] **제566조(매매계약의 비용의 부담)** 매매계약에 관한 비용은 당사자쌍방이 균분하여 부담한다.

③ [×] **제580조(매도인의 하자담보책임)** ① 매매의 목적물에 하자가 있는 때에는 제575조 제1항의 규정을 준용한다. 그러나 매수인이 하자있는 것을 알았거나 과실로 인하여 이를 알지 못한 때에는 그러하지 아니하다.
② 전항의 규정은 경매의 경우에 적용하지 아니한다.

④ [×] **제587조(과실의 귀속, 대금의 이자)** 매매계약 있은 후에도 인도하지 아니한 목적물로부터 생긴 과실은 매도인에게 속한다. 매수인은 목적물의 인도를 받은 날로부터 대금의 이자를 지급하여야 한다. 그러나 대금의 지급에 대하여 기한이 있는 때에는 그러하지 아니하다.

⑤ [×] **제592조(환매등기)** 매매의 목적물이 부동산인 경우에 매매등기와 동시에 환매권의 보류를 등기한 때에는 제3자에 대하여 그 효력이 있다.
제591조(환매기간) ① 환매기간은 부동산은 5년, 동산은 3년을 넘지 못한다. 약정기간이 이를 넘는 때에는 부동산은 5년, 동산은 3년으로 단축한다.
② 환매기간을 정한 때에는 다시 이를 연장하지 못한다.
③ 환매기간을 정하지 아니한 때에는 그 기간은 부동산은 5년, 동산은 3년으로 한다.

제4절 | 사용대차 및 임대차

제1관 사용대차

제2관 임대차

Ⅰ. 임대차의 의의
Ⅱ. 임대차의 성립
Ⅲ. 임대차의 효력

021 임대차에 관한 설명으로 옳지 않은 것은? 15 노무사

① 수인이 공동하여 물건을 임차한 때에는 분할하여 차임지급의무를 부담한다.
② 임차인이 임대인의 동의 없이 임차권을 양도한 경우 임대인은 임대차 계약을 해지할 수 있다.
③ 임차인이 임대인의 동의를 얻어 임차물을 전대한 때에는 전차인은 직접 임대인에 대하여 의무를 부담한다.
④ 임대차기간의 약정이 없는 때에는 당사자는 언제든지 계약해지의 통고를 할 수 있다.
⑤ 임차인이 임차물의 보존에 관한 필요비를 지출한 때에는 임대인에 대하여 그 상환을 청구할 수 있다.

해설 답 ①

① [×] 제616조(공동차주의 연대의무) 수인이 공동하여 물건을 차용한 때에는 연대하여 그 의무를 부담한다.

② [○] 제629조(임차권의 양도, 전대의 제한) ① 임차인은 임대인의 동의 없이 그 권리를 양도하거나 임차물을 전대하지 못한다.
② 임차인이 전항의 규정에 위반한 때에는 임대인은 계약을 해지할 수 있다.

③ [○] 제630조(전대의 효과) ① 임차인이 임대인의 동의를 얻어 임차물을 전대한 때에는 전차인은 직접 임대인에 대하여 의무를 부담한다. 이 경우에 전차인은 전대인에 대한 차임의 지급으로써 임대인에게 대항하지 못한다.

④ [○] 제635조(기간의 약정 없는 임대차의 해지통고) ① 임대차기간의 약정이 없는 때에는 당사자는 언제든지 계약해지의 통고를 할 수 있다.

⑤ [○] 제626조(임차인의 상환청구권) ① 임차인이 임차물의 보존에 관한 필요비를 지출한 때에는 임대인에 대하여 그 상환을 청구할 수 있다.

022 임대차에 관한 설명으로 옳지 않은 것은?

16 노무사

① 일시사용을 위한 임대차가 명백한 경우, 임차인에게 부속물매수청구권이 인정되지 않는다.
② 임차물에 대하여 권리를 주장하는 자가 있고 임대인이 그 사실을 모르고 있는 경우, 임차인은 지체 없이 임대인에게 이를 통지하여야 한다.
③ 토지임대차의 기간의 약정이 없는 경우, 원칙적으로 각 당사자는 언제든지 임대차계약의 해지를 통고할 수 있다.
④ 다른 약정이 없는 한, 임대인의 행위가 임대물의 보존에 필요한 행위라도 임차인은 이를 거절할 수 있다.
⑤ 부동산임차인은 당사자 사이에 반대약정이 없으면 임대인에 대하여 그 임대차등기절차에 협력할 것을 청구할 수 있다.

해설

답 ④

① [O] 제653조(일시사용을 위한 임대차의 특례), 제628조, 제638조, 제640조, 제646조(임차인의 부속물매수청구권) 내지 제648조, 제650조 및 전조의 규정은 일시사용하기 위한 임대차 또는 전대차인 것이 명백한 경우에는 적용하지 아니한다.

② [O] 제634조(임차인의 통지의무) 임차물의 수리를 요하거나 임차물에 대하여 권리를 주장하는 자가 있는 때에는 임차인은 지체없이 임대인에게 이를 통지하여야 한다. 그러나 임대인이 이미 이를 안 때에는 그러하지 아니하다.

③ [O] 제635조(기간의 약정 없는 임대차의 해지통고) ① 임대차기간의 약정이 없는 때에는 당사자는 언제든지 계약해지의 통고를 할 수 있다.

④ [×] 제624조(임대인의 보존행위, 인용의무) 임대인이 임대물의 보존에 필요한 행위를 하는 때에는 임차인은 이를 거절하지 못한다.

⑤ [O] 제621조(임대차의 등기) ① 부동산임차인은 당사자 간에 반대 약정이 없으면 임대인에 대하여 그 임대차등기절차에 협력할 것을 청구할 수 있다.

023 임대차에 관한 설명으로 옳은 것은? (다툼이 있으면 판례에 따름)

17 노무사

① 연체차임은 임대차계약 종료 전에 별도의 의사표시 없이 임대차보증금에서 당연히 공제된다.
② 건물임대차의 존속기간은 20년을 넘지 못한다.
③ 임대인이 수선의무를 이행함으로써 목적물의 사용·수익에 지장이 초래된 경우 임차인은 그 지장의 한도 내에서 차임지급을 거절할 수 있다.
④ 임대인이 임대목적물에 대한 소유권 기타 이를 임대할 권한이 없는 경우 임대차계약은 유효하게 성립하지 않는다.
⑤ 임차인이 임대인의 동의 없이 임차권을 양도한 경우 임대인은 임대차계약을 해지할 수 없다.

해설

답 ③

① [×] 임대인에게 임대차보증금이 교부되어 있더라도 임대인은 임대차관계가 계속되고 있는 동안에는 임대차보증금에서 연체차임을 충당할 것인지를 자유로이 선택할 수 있다. 따라서 임대차계약 종료 전에는 공제 등 별도의 의사표시 없이 연체차임이 임대차보증금에서 당연히 공제되는 것은 아니고, 임차인도 임대차보증금의 존재를 이유로 차임의 지급을 거절할 수 없다(대판 2016.11.25, 2016다211309).
② [×] 헌법재판소는 계약의 자유를 침해한다는 이유로 민법 제651조 제1항[제651조(임대차존속기간]에 대하여 위헌결정을 하였다(헌재 2013.12.26, 2011헌바234).
③ [○] 임대차계약에서 목적물을 사용·수익하게 할 임대인의 의무와 임차인의 차임지급의무는 상호 대응관계에 있으므로 임대인이 목적물을 사용·수익하게 할 의무를 불이행하여 목적물의 사용·수익이 부분적으로 지장이 있는 상태인 경우에는 임차인은 그 지장의 한도 내에서 차임의 지급을 거절할 수 있고, 이는 임대인이 수선의무를 이행함으로써 목적물의 사용·수익에 지장이 초래된 경우에도 마찬가지이다(대판 2015.2.26, 2014다65724).
④ [×] 임대차는 당사자 일방이 상대방에게 목적물을 사용·수익하게 할 것을 약정하고 상대방이 이에 대하여 차임을 지급할 것을 약정함으로써 성립하는 것으로(제618조) 나아가 임대인이 그 목적물에 대한 소유권 기타 이를 임대할 권한이 없다고 하더라도 임대차계약은 유효하게 성립한다.
⑤ [×]
> **제629조(임차권의 양도, 전대의 제한)** ① 임차인은 임대인의 동의 없이 그 권리를 양도하거나 임차물을 전대하지 못한다.
> ② 임차인이 전항의 규정에 위반한 때에는 임대인은 계약을 해지할 수 있다.

024 임대차에 관한 설명으로 옳은 것은? (다툼이 있으면 판례에 따름)

① 토지임차인이 지상물만 타인에게 양도하더라도 임대차가 종료하면 그 임차인이 매수청구권을 행사할 수 있다.
② 건물임차인이 임대인의 동의 없이 건물의 소부분을 전대한 경우, 임대인은 임대차계약을 해지할 수 있다.
③ 임차인의 채무불이행으로 임대차계약이 해지된 경우, 임차인은 부속물매수청구권을 행사할 수 있다.
④ 임대인은 보증금반환채권에 대한 전부명령이 송달된 후에 발생한 연체차임을 보증금에서 공제할 수 없다.
⑤ 건물소유를 위한 토지임대차의 경우, 임차인의 차임연체액이 2기의 차임액에 이른 때에는 임대인은 계약을 해지할 수 있다.
⑥ 객실을 비롯한 숙박시설은 특별한 사정이 없는 한 숙박기간 중에는 숙박업자이 아닌 고객의 지배 아래 놓여 있다고 보아야 한다. 그렇다면 임차인이 임대차기간 중 목적물을 직접 지배함을 전제로 한 임대차 목적물 반환의무 이행불능에 관한 법리는 이와 전제를 달리하는 숙박계약에 그대로 적용될 수 있다.

해설

답 ⑤

① [×] 민법 제643조 소정의 지상물매수청구권은 지상물의 소유자에 한하여 행사할 수 있다(대판 1993. 7.27, 93다6386).

② [×]
> 제629조(임차권의 양도, 전대의 제한) ① 임차인은 임대인의 동의 없이 그 권리를 양도하거나 임차물을 전대하지 못한다.
> ② 임차인이 전항의 규정에 위반한 때에는 임대인은 계약을 해지할 수 있다.
>
> 제632조(임차건물의 소부분을 타인에게 사용케 하는 경우) 전3조의 규정은 건물의 임차인이 그 건물의 소부분을 타인에게 사용하게 하는 경우에 적용하지 아니한다.

③ [×] 공작물의 소유 등을 목적으로 하는 토지임대차에 있어서 임차인의 채무불이행을 이유로 계약이 해지된 경우에는 임차인은 임대인에 대하여 민법 제283조, 제643조에 의한 매수청구권을 가지지 아니한다(대판 2003.4.22, 2003다7685).

④ [×] 건물임대차에 있어서의 임차보증금은 임대차존속 중의 임료뿐만 아니라 건물명도 의무이행에 이르기까지 발생한 손해배상채권 등 임대차계약에 의하여 임대인이 임차인에 대하여 갖는 일체의 채권을 담보하는 것으로서 임대차 종료 후에 임차건물을 임대인에게 명도할 때 체불임료 등 모든 피담보채무를 공제한 잔액이 있을 것을 조건으로 하여 그 잔액에 관한 임차인의 보증금반환청구권이 발생하고 이와 같은 임차보증금을 피전부채권으로 하여 전부명령이 있은 경우에도 제3채무자인 임대인은 임차인에게 대항할 수 있는 사유로써 전부채권자에게 대항할 수 있는 것이다. 따라서 건물임차보증금의 반환채권에 대한 전부명령의 효력이 그 송달에 의하여 발생한다고 하여도 위 보증금반환채권은 임대인의 채권이 발생하는 것을 해제조건으로 하는 것이며 임대인의 채권을 공제한 잔액에 관하여서만 전부명령이 유효하다고 할 것이다(대판 1988.1.19, 87다카1315).

⑤ [○] **제640조(차임연체와 해지)** 건물 기타 공작물의 임대차에는 임차인의 차임연체액이 2기의 차액에 달하는 때에는 임대인은 계약을 해지할 수 있다.
제641조(동전) 건물 기타 공작물의 소유 또는 식목, 채염, 목축을 목적으로 한 토지임대차의 경우에도 전조의 규정을 준용한다.

⑥ [×] [1] 임대차 목적물이 화재 등으로 인하여 소멸됨으로써 임차인의 목적물 반환의무가 이행불능이 된 경우에, 임차인은 이행불능이 자기가 책임질 수 없는 사유로 인한 것이라는 증명을 다하지 못하면 목적물 반환의무의 이행불능으로 인한 손해를 배상할 책임을 지고, 그 화재 등의 구체적인 발생 원인이 밝혀지지 아니한 때에도 마찬가지이다. 이러한 법리는 임대차 종료 당시 임대차 목적물 반환의무가 이행불능 상태는 아니지만 반환된 임차 건물이 화재로 인하여 훼손되었음을 이유로 손해배상을 구하는 경우에도 동일하게 적용된다. [2] 숙박업자가 고객과 체결하는 숙박계약은 숙박업자가 고객에게 객실을 제공하여 이를 일시적으로 사용할 수 있도록 하고, 고객은 숙박업자에게 사용에 따른 대가를 지급하는 것을 내용으로 한다는 점에서 임대차계약과 유사하다. 대법원이 숙박계약을 '일종의 일시 사용을 위한 임대차계약'이라고 한 것은 이러한 유사성에 착안한 것이다. 그러나 숙박계약은 통상의 임대차계약과는 다른 여러 가지 요소들도 포함하고 있으므로, 숙박계약에 대한 임대차 관련 법리의 적용 여부와 범위는 이러한 숙박계약의 특수성을 고려하여 개별적으로 판단하여야 한다. 임대인은 임대차계약에 따라 임차인에게 목적물을 인도하여야 한다(제623조). 임차인은 목적물의 점유를 취득하여 이를 사용·수익하면서 선량한 관리자의 주의를 다하여 목적물을 보존하고, 임대차가 종료되면 목적물을 원상에 회복하여 반환하여야 한다(제374조, 제654조, 제615조). 임차인은 목적물을 인도받아 이를 사용·수익하는 동안 목적물을 직접 지배한다고 추단된다. 그러므로 목적물에 화재가 발생한 경우 화재가 임대인의 귀책사유로 인한 것이거나 임대인의 지배영역에서 발생하였다는 등의 사정이 없는 한 화재로 인한 목적물 반환의무의 이행불능으로 인한 손해는 임차인의 부담으로 귀속된다. 숙박업자와 고객의 관계는 통상적인 임대인과 임차인의 관계와는 다르다. 숙박업자는 고객에게 객실을 사용·수익하게 하는 것을 넘어서서 고객이 안전하고 편리하게 숙박할 수 있도록 시설 및 서비스를 제공하고 고객의 안전을 배려할 보호의무를 부담한다. 숙박업자에게는 숙박시설이나 설비를 위생적이고 안전하게 관리할 공법적 의무도 부과된다(공중위생관리법 제4조 제1항 참조). 숙박업자는 고객에게 객실을 제공한 이후에도 필요한 경우 객실에 출입하며 고객의 안전 배려 또는 객실 관리를 위한 조치를 취하기도 한다. 숙박업자가 고객에게 객실을 제공하여 일시적으로 이를 사용·수익하게 하더라도 객실을 비롯한 숙박시설에 대한 점유는 그대로 유지하는 것이 일반적이다. 그러므로 객실을 비롯한 숙박시설은 특별한 사정이 없는 한 숙박기간 중에도 고객이 아닌 숙박업자의 지배 아래 놓여 있다고 보아야 한다. 그렇다면 임차인이 임대차기간 중 목적물을 직접 지배함을 전제로 한 임대차 목적물 반환의무 이행불능에 관한 법리는 이와 전제를 달리하는 숙박계약에 그대로 적용될 수 없다. 고객이 숙박계약에 따라 객실을 사용·수익하던 중 발생 원인이 밝혀지지 않은 화재로 인하여 객실에 발생한 손해는 특별한 사정이 없는 한 숙박업자의 부담으로 귀속된다고 보아야 한다(대판 2023.11.2, 2023다244895).

025

乙이 甲 소유의 주택을 2년간 임차하는 계약을 甲과 체결하여 그 주택에 거주하는 경우에 관한 설명으로 옳지 않은 것은? (다툼이 있으면 판례에 따름)   19 노무사

① 특별한 사정이 없는 한 甲은 乙의 안전을 배려하거나 도난을 방지할 보호의무를 부담하지 않는다.
② 甲의 귀책사유로 임대차계약이 해지된 경우, 원칙적으로 乙은 원상회복의무를 부담하지 않는다.
③ 임대차계약 존속 중 주택에 사소한 파손이 생긴 경우, 乙의 사용·수익을 방해할 정도가 아니라면 특별한 사정이 없는 한 甲은 수선의무를 부담하지 않는다.
④ 원인불명의 화재로 주택이 소실된 경우 乙이 이행불능으로 인한 손해배상책임을 면하려면 그 주택의 보존에 관하여 선량한 관리자의 주의의무를 다하였음을 증명하여야 한다.
⑤ 乙이 주택의 사용·편익을 위하여 甲의 동의를 얻어 주택에 부속한 물건이 있는 경우, 특별한 사정이 없는 한 임대차 종료 시에 甲에 대하여 그 부속물의 매수를 청구할 수 있다.

해설

답 ②

① [O] 통상의 임대차관계에 있어서 임대인의 임차인에 대한 의무는 특별한 사정이 없는 한 단순히 임차인에게 임대목적물을 제공하여 임차인으로 하여금 이를 사용·수익하게 함에 그치는 것이고, 더 나아가 임차인의 안전을 배려하여 주거나 도난을 방지하는 등의 보호의무까지 부담한다고 볼 수 없을 뿐만 아니라 임대인이 임차인에게 임대목적물을 제공하여 그 의무를 이행한 경우 임대목적물은 임차인의 지배 아래 놓이게 되어 그 이후에는 임차인의 관리하에 임대목적물의 사용·수익이 이루어지는 것이다(대판 1999.9.7, 99다10004).
② [×] 임대차계약이 중도에 해지되어 종료하면 임차인은 목적물을 원상으로 회복하여 반환하여야 하는 것이고, 임대인의 귀책사유로 임대차계약이 해지되었다고 하더라도 임차인은 그로 인한 손해배상을 청구할 수 있음은 별론으로 하고 원상회복의무를 부담하지 않는다고 할 수는 없다(대판 2002.12.6, 2002다42278).
③ [O] 임대차계약에 있어서 임대인은 목적물을 계약 존속 중 그 사용·수익에 필요한 상태를 유지하게 할 의무를 부담하는 것이므로, 목적물에 파손 또는 장해가 생긴 경우 그것이 임차인이 별 비용을 들이지 아니하고도 손쉽게 고칠 수 있을 정도의 사소한 것이어서 임차인의 사용·수익을 방해할 정도의 것이 아니라면 임대인은 수선의무를 부담하지 않지만, 그것을 수선하지 아니하면 임차인이 계약에 의하여 정해진 목적에 따라 사용·수익할 수 없는 상태로 될 정도의 것이라면 임대인은 그 수선의무를 부담한다(대판 1994.12.9, 94다34692).
④ [O] 임차인의 임차물반환채무가 이행불능이 된 경우에 임차인이 그 이행불능으로 인한 손해배상 책임을 면하려면 그 이행불능이 임차인의 귀책사유에 의하지 않은 것임을 입증할 책임이 있으며, 임차건물이 그 건물로부터 발생한 화재로 소실된 경우, 그 화재의 원인이 불명인 때에도 임차인이 그 책임을 면하려면 그 임차건물의 보존에 관하여 선량한 관리자의 주의의무를 다하였음을 입증하여야 한다(대판 1985.4.9, 84다카2416).
⑤ [O] 제646조(임차인의 부속물매수청구권) ① 건물 기타 공작물의 임차인이 그 사용의 편익을 위하여 임대인의 동의를 얻어 이에 부속한 물건이 있는 때에는 임대차의 종료 시에 임대인에 대하여 그 부속물의 매수를 청구할 수 있다.

026 乙은 건물의 소유를 목적으로 甲 소유의 X토지를 임차한 후, 甲의 동의 없이 이를 丙에게 전대하였다. 이에 관한 설명으로 옳은 것은? (다툼이 있으면 판례에 따름)   19 변리사

① 甲은 丙에게 X토지의 반환을 청구할 수 없다.
② 甲은 乙에 대한 임대차계약상의 차임청구권을 상실한다.
③ 甲과 乙 사이의 임대차계약은 무단전대를 이유로 甲의 해지의 의사표시가 없더라도 해지의 효력이 발생한다.
④ 임대차 및 전대차기간 만료시에 丙이 신축한 건물이 X토지에 현존하고 甲이 임대차계약의 갱신을 거절한 경우, 丙은 甲에게 건물매수를 청구할 수 없다.
⑤ 甲과 乙 사이의 임대차계약이 존속하더라도 甲은 X토지의 불법점유를 이유로 丙에게 차임 상당의 부당이득반환을 청구할 수 있다.

> **해설** 답 ④

① [×] 甲은 자신의 소유권에 근거하여 반환을 청구할 수 있고, 丙은 甲의 동의 없이 전대하여 점유할 권원이 없으므로, 이에 대항할 수 없다.

②③ [×] 제629조(임차권의 양도, 전대의 제한) ① 임차인은 임대인의 동의 없이 그 권리를 양도하거나 임차물을 전대하지 못한다.
② 임차인이 전항의 규정에 위반한 때에는 임대인은 계약을 해지할 수 있다.

④ [○] 전차인의 임차청구권과 매수청구권은 임차인이 임대인의 승낙하에 적법하게 전대한 경우에만 인정된다(대판 1969.1.28, 68다2113).

⑤ [×] 임차인이 임대인의 동의를 받지 않고 제3자에게 임차권을 양도하거나 전대하는 등의 방법으로 임차물을 사용·수익하게 하더라도, 임대인이 이를 이유로 임대차계약을 해지하거나 그 밖의 다른 사유로 임대차계약이 적법하게 종료되지 않는 한 임대인은 임차인에 대하여 여전히 차임청구권을 가지므로, 임대차계약이 존속하는 한도 내에서는 제3자에게 불법점유를 이유로 한 차임상당 손해배상청구나 부당이득반환청구를 할 수 없다(대판 2008.2.28, 2006다10323).

027

임대차에 관한 설명으로 옳은 것을 모두 고른 것은? (다툼이 있으면 판례에 따름) 23 변리사

ㄱ. 임대차가 종료된 경우, 그 임대목적물이 임대인이 아닌 타인 소유라도 특별한 사정이 없는 한 임차인은 임대인에게 임대차 종료일까지의 연체 차임뿐만 아니라 그 이후부터 인도완료일까지 차임 상당의 부당이득금도 반환할 의무가 있다.
ㄴ. 임대인이 임차인에게 필요비상환의무를 이행하지 않는 경우, 임차인은 지출한 필요비 금액의 한도에서 차임의 지급을 거절할 수 있다.
ㄷ. 임차인이 임대인의 동의 없이 임차물을 제3자에게 전대한 경우, 임대인은 임대차계약의 존속 여부를 불문하고 제3자에게 불법점유를 이유로 한 차임상당액의 손해배상청구를 할 수 있다.
ㄹ. 임차인이 임대인의 동의를 얻어 임차물을 전대한 경우, 전대인과 전차인이 전대차계약상의 차임을 감액하여 전차인이 임대인에 대하여 직접 부담하는 의무의 범위가 변경되더라도 특별한 사정이 없는 한 전차인은 변경된 전대차계약의 내용을 임대인에게 주장할 수 있다.

① ㄱ, ㄴ
② ㄷ, ㄹ
③ ㄱ, ㄴ, ㄷ
④ ㄱ, ㄴ, ㄹ
⑤ ㄴ, ㄷ, ㄹ

해설

답 ④

ㄱ. [○] 임대차는 당사자 일방이 상대방에게 목적물을 사용·수익하게 할 것을 약정하고 상대방이 이에 대하여 차임을 지급할 것을 약정하면 되는 것으로서 나아가 임대인이 그 목적물에 대한 소유권 기타 이를 임대할 권한이 있을 것을 성립요건으로 하고 있지 아니하므로, 임대차가 종료된 경우 임대목적물이 타인 소유라고 하더라도 그 타인이 목적물의 반환청구나 임료 내지 그 해당액의 지급을 요구하는 등 특별한 사정이 없는 한 임차인은 임대인에게 그 부동산을 명도하고 임대차 종료일까지의 연체차임을 지급할 의무가 있음은 물론, 임대차 종료일 이후부터 부동산 명도 완료일까지 그 부동산을 점유·사용함에 따른 차임 상당의 부당이득금을 반환할 의무도 있다고 할 것인바, 이와 같은 법리는 임차인이 임차물을 전대하였다가 임대차 및 전대차가 모두 종료된 경우의 전차인에 대하여도 특별한 사정이 없는 한 그대로 적용된다(대판 2001.6.29, 2000다68290).
ㄴ. [○] 임대차는 타인의 물건을 빌려 사용·수익하고 그 대가로 차임을 지급하기로 하는 계약이다(제618조). 임대차계약에서 임대인은 목적물을 계약존속 중 사용·수익에 필요한 상태를 유지하게 할 의무를 부담한다(제623조). 임대인이 목적물을 사용·수익하게 할 의무는 임차인의 차임지급의무와 서로 대응하는 관계에 있으므로, 임대인이 이러한 의무를 불이행하여 목적물의 사용·수익에 지장이 있으면 임차인은 지장이 있는 한도에서 차임의 지급을 거절할 수 있다. 임차인이 임차물의 보존에 관한 필요비를 지출한 때에는 임대인에게 상환을 청구할 수 있다(제626조 제1항). 여기에서 '필요비'란 임차인이 임차물의 보존을 위하여 지출한 비용을 말한다. 임대차계약에서 임대인은 목적물을 계약존속 중 사용·수익에 필요한 상태를 유지하게 할 의무를 부담하고, 이러한 의무와 관련한 임차물의 보존을 위한 비용도 임대인이 부담해야 하므로, 임차인이 필요비를 지출하면, 임대인은 이를 상환할 의무가 있다. 임대인의 필요비상환의무는 특별한 사정이 없는 한 임차인의 차임지급의무와 서로 대응하는 관계에 있으므로, 임차인은 지출한 필요비 금액의 한도에서 차임의 지급을 거절할 수 있다(대판 2019.11.14, 2016다227694).

ㄷ. [×] 임차인이 임대인의 동의를 받지 않고 제3자에게 임차권을 양도하거나 전대하는 등의 방법으로 임차물을 사용·수익하게 하더라도, 임대인이 이를 이유로 임대차계약을 해지하거나 그 밖의 다른 사유로 임대차계약이 적법하게 종료되지 않는 한 임대인은 임차인에 대하여 여전히 차임청구권을 가지므로, 임대차계약이 존속하는 한도 내에서는 제3자에게 불법점유를 이유로 한 차임상당 손해배상청구나 부당이득반환청구를 할 수 없다(대판 2008.2.28, 2006다10323).

ㄹ. [○] [1] 임차인이 임대인의 동의를 얻어 임차물을 전대한 경우, 임대인과 임차인 사이의 종전 임대차계약은 계속 유지되고(제630조 제2항), 임차인과 전차인 사이에는 별개의 새로운 전대차계약이 성립한다. 한편 임대인과 전차인 사이에는 직접적인 법률관계가 형성되지 않지만, 임대인의 보호를 위하여 전차인이 임대인에 대하여 직접 의무를 부담한다(제630조 제1항). 이 경우 전차인은 전대차계약으로 전대인에 대하여 부담하는 의무 이상으로 임대인에게 의무를 지지 않고 동시에 임대차계약으로 임차인이 임대인에 대하여 부담하는 의무 이상으로 임대인에게 의무를 지지 않는다. [2] 전대인과 전차인은 계약자유의 원칙에 따라 전대차계약의 내용을 변경할 수 있다. 그로 인하여 민법 제630조 제1항에 따라 전차인이 임대인에 대하여 직접 부담하는 의무의 범위가 변경되더라도, 전대차계약의 내용 변경이 전대차에 동의한 임대인 보호를 목적으로 한 민법 제630조 제1항의 취지에 반하여 이루어진 것이라고 볼 특별한 사정이 없는 한 전차인은 변경된 전대차계약의 내용을 임대인에게 주장할 수 있다. 전대인과 전차인이 전대차계약상의 차임을 감액한 경우도 마찬가지이다. 또한 그 경우, 임대차종료 후 전차인이 임대인에게 반환하여야 할 차임 상당 부당이득액을 산정함에 있어서도, 부당이득 당시의 실제 차임액수를 심리하여 이를 기준으로 삼지 아니하고 약정 차임을 기준으로 삼는 경우라면, 전차인이 임대인에 대하여 직접 의무를 부담하는 차임인 변경된 차임을 기준으로 할 것이지, 변경 전 전대차계약상의 차임을 기준으로 할 것은 아니다. [3] 전차인은 전대차계약상의 차임지급시기 전에 전대인에게 차임을 지급한 사정을 들어 임대인에게 대항하지 못하지만, 차임지급시기 이후에 지급한 차임으로는 임대인에게 대항할 수 있고, 전대차계약상의 차임지급시기 전에 전대인에게 지급한 차임이라도, 임대인의 차임청구 전에 차임지급시기가 도래한 경우에는 그 지급으로 임대인에게 대항할 수 있다(대판 2018.7.11, 2018다200518).

028 건물 소유를 목적으로 X토지에 관하여 임대인 甲과 임차인 乙 사이에 적법한 임대차계약이 체결되었다. 이에 관한 설명으로 옳지 않은 것은? (다툼이 있으면 판례에 따름)   23 노무사

① 甲과 乙 사이에 체결된 임대차계약에 임대차기간에 관한 약정이 없는 때에는 甲은 언제든지 계약해지의 통고를 할 수 있다.
② 乙이 甲의 동의 없이 X토지를 전대한 경우, 甲은 원칙적으로 乙과의 임대차 계약을 해지할 수 있다.
③ X토지의 일부가 乙의 과실 없이 멸실되어 사용·수익할 수 없게 된 경우, 乙은 그 부분의 비율에 의한 차임의 감액을 청구할 수 있다.
④ 토지임차인에게 인정되는 지상물매수청구권은 乙이 X토지 위에 甲의 동의를 얻어 신축한 건물에 한해 인정된다.
⑤ 甲이 변제기를 경과한 최후 2년의 차임채권에 의하여 그 지상에 있는 乙 소유의 건물을 압류한 때에는 저당권과 동일한 효력이 있다.

해설   답 ④

① [○] 제635조(기간의 약정 없는 임대차의 해지통고) ① 임대차기간의 약정이 없는 때에는 당사자는 언제든지 계약 해지의 통고를 할 수 있다.

② [○] 제629조(임차권의 양도, 전대의 제한) ① 임차인은 임대인의 동의 없이 그 권리를 양도[5]하거나 임차물을 전대하지 못한다.
② 임차인이 전항의 규정에 위반한 때에는 임대인은 계약을 해지할 수 있다.

③ [○] 제627조(일부멸실 등과 감액청구, 해지권) ① 임차물의 일부가 임차인의 과실 없이 멸실 기타 사유로 인하여 사용, 수익할 수 없는 때에는 임차인은 그 부분의 비율에 의한 차임의 감액을 청구할 수 있다.

④ [×] 임차인의 지상물매수청구권은 건물 기타 공작물의 소유 등을 목적으로 한 토지임대차의 기간이 만료되었음에도 그 지상시설 등이 현존하고, 또한 임대인이 계약의 갱신에 불응하는 경우에 임차인이 임대인에게 상당한 가액으로 그 지상시설의 매수를 청구할 수 있는 권리라는 점에서 보면, 위 매수청구권의 대상이 되는 건물은 그것이 토지의 임대목적에 반하여 축조되고, 임대인이 예상할 수 없을 정도의 고가의 것이라는 특별한 사정이 없는 한 임대차기간 중에 축조되었다고 하더라도 그 만료 시에 그 가치가 잔존하고 있으면 그 범위에 포함되는 것이고, 반드시 임대차계약 당시의 기존건물이거나 임대인의 동의를 얻어 신축한 것에 한정된다고는 할 수 없다(대판 1993.11.12, 93다34589).

⑤ [○] 제649조(임차지상의 건물에 대한 법정저당권) 토지임대인이 변제기를 경과한 최후 2년의 차임채권에 의하여 그 지상에 있는 임차인소유의 건물을 압류한 때에는 저당권과 동일한 효력이 있다.

---

5) 임대차계약의 당사자 사이에 '임차인은 임대인의 동의 없이는 임차권을 양도 또는 담보제공 하지 못한다.'는 약정을 하였다면, 그 약정의 취지는 임차권의 양도를 금지한 것으로 볼 것이지 임대차계약에 기한 임대보증금반환채권의 양도를 금지하는 것으로 볼 수는 없다(대판 2013.2.28, 2012다104366).

029 임대차에 관한 설명으로 옳지 않은 것은? (다툼이 있으면 판례에 따름) 24 노무사

① 부동산소유자인 임대인은 특별한 사정이 없는 한 임대차기간을 영구로 정하는 부동산 임대차계약을 체결할 수 있다.
② 부동산임차인은 특별한 사정이 없는 한 지출한 필요비의 한도에서 차임의 지급을 거절할 수 있다.
③ 임대인이 임차인의 의사에 반하여 보존행위를 하는 경우, 임차인이 이로 인하여 임차목적을 달성할 수 없는 때에는 임대차계약을 해지할 수 있다.
④ 기간의 약정이 없는 토지임대차의 임대인이 임대차계약의 해지를 통고한 경우, 그 해지의 효력은 임차인이 통고를 받은 날부터 1개월 후에 발생한다.
⑤ 임차인이 임대인의 동의 없이 임차권을 양도한 경우, 임대인은 특별한 사정이 없는 한 임대차계약을 해지할 수 있다.

해설
답 ④

① [O] 헌법재판소는 계약의 자유를 침해한다는 이유로 민법 제651조 제1항에 대하여 위헌결정을 하였다(헌재 2013.12.26, 2011헌바234).
② [O] 임대인이 목적물을 사용·수익하게 할 의무는 임차인의 차임지급의무와 서로 대응하는 관계에 있으나, 임대인이 이러한 의무를 불이행하여 목적물의 사용·수익에 지장이 있다면 임차인은 지장이 있는 한도에서 차임의 지급을 거절할 수 있다(대판 2019.11.14, 2016다227694).
③ [O]
> 제625조(임차인의 의사에 반하는 보존행위와 해지권) 임대인이 임차인의 의사에 반하여 보존행위를 하는 경우에 임차인이 이로 인하여 임차의 목적을 달성할 수 없는 때에는 계약을 해지할 수 있다.

④ [×]
> 제635조(기간의 약정 없는 임대차의 해지통고) ① 임대차기간의 약정이 없는 때에는 당사자는 언제든지 계약해지의 통고를 할 수 있다.
> ② 상대방이 전항의 통고를 받은 날로부터 다음 각 호의 기간이 경과하면 해지의 효력이 생긴다.
> 1. 토지, 건물 기타 공작물에 대하여는 임대인이 해지를 통고한 경우에는 6월, 임차인이 해지를 통고한 경우에는 1월
> 2. 동산에 대하여는 5일

⑤ [O]
> 제629조(임차권의 양도, 전대의 제한) ① 임차인은 임대인의 동의 없이 그 권리를 양도하거나 임차물을 전대하지 못한다.
> ② 임차인이 전항의 규정에 위반한 때에는 임대인은 계약을 해지할 수 있다.

Ⅳ. 보증금과 권리금
Ⅴ. 임대차의 종료
Ⅵ. 주택임대차와 상가임대차

030 개정된 주택임대차보호법에 관한 설명으로 옳지 않은 것은?

① 임대인이 임대차기간이 끝나기 6개월 전부터 2개월 전까지의 기간에 임차인에게 갱신거절(갱신거절)의 통지를 하지 아니하거나 계약조건을 변경하지 아니하면 갱신하지 아니한다는 뜻의 통지를 하지 아니한 경우에는 그 기간이 끝난 때에 전 임대차와 동일한 조건으로 다시 임대차한 것으로 본다. 임차인이 임대차기간이 끝나기 2개월 전까지 통지하지 아니한 경우에도 동일하다.
② 주택임대차보호법은 임차인의 계약갱신요구권을 신설하였으며, 이 권리는 1회에 한하여 행사할 수 있다. 이 경우 갱신되는 임대차의 존속기간은 2년으로 본다. 그리고 갱신되는 임대차는 전 임대차와 동일한 조건으로 다시 계약된 것으로 본다.
③ 임대인은 임차인이 계약갱신을 요구할 경우 정당한 사유 없이 거절하지 못하지만, 임대인이 목적 주택에 실제 거주하려는 경우에는 계약갱신을 거절 할 수 있다. 다만 이 경우 임대인은 임대인의 직계존속·직계비속을 포함하지는 아니한다.
④ 당사자는 약정한 차임이나 보증금이 임차주택에 관한 조세, 공과금, 그 밖의 부담의 증감이나 경제사정의 변동으로 인하여 적절하지 아니하게 된 때에는 장래에 대하여 그 증감을 청구할 수 있다. 이 경우 증액청구는 임대차계약 또는 약정한 차임이나 보증금의 증액이 있은 후 1년 이내에는 하지 못한다.
⑤ 주택임대차계약을 서면으로 체결할 때에는 법무부장관이 국토교통부장관과 협의하여 정하는 주택임대차표준계약서를 우선적으로 사용한다.

해설 답 ③

① [○]
> **주택임대차보호법 제6조(계약의 갱신)** ① 임대인이 임대차기간이 끝나기 6개월 전부터 2개월 전까지의 기간에 임차인에게 갱신거절의 통지를 하지 아니하거나 계약조건을 변경하지 아니하면 갱신하지 아니한다는 뜻의 통지를 하지 아니한 경우에는 그 기간이 끝난 때에 전 임대차와 동일한 조건으로 다시 임대차한 것으로 본다. 임차인이 임대차기간이 끝나기 2개월 전까지 통지하지 아니한 경우에도 또한 같다.

② [○]
> **주택임대차보호법 제6조의3(계약갱신 요구 등)** ② 임차인은 제1항에 따른 계약갱신요구권을 1회에 한하여 행사할 수 있다. 이 경우 갱신되는 임대차의 존속기간은 2년으로 본다.
> ③ 갱신되는 임대차는 전 임대차와 동일한 조건으로 다시 계약된 것으로 본다. 다만, 차임과 보증금은 제7조의 범위에서 증감할 수 있다.

③ [×] 주택임대차보호법 제6조의3(계약갱신 요구 등) ① 제6조에도 불구하고 임대인은 임차인이 제6조 제1항 전단의 기간 이내에 계약갱신을 요구할 경우 정당한 사유 없이 거절하지 못한다. 다만, 다음 각 호의 어느 하나에 해당하는 경우에는 그러하지 아니하다.
8. 임대인(임대인의 직계존속·직계비속을 포함한다)이 목적 주택에 실제 거주하려는 경우

④ [○] 주택임대차보호법 제7조(차임 등의 증감청구권) ① 당사자는 약정한 차임이나 보증금이 임차주택에 관한 조세, 공과금, 그 밖의 부담의 증감이나 경제사정의 변동으로 인하여 적절하지 아니하게 된 때에는 장래에 대하여 그 증감을 청구할 수 있다. 이 경우 증액청구는 임대차계약 또는 약정한 차임이나 보증금의 증액이 있은 후 1년 이내에는 하지 못한다.

⑤ [○] 주택임대차보호법 제30조(주택임대차표준계약서 사용) 주택임대차계약을 서면으로 체결할 때에는 법무부장관이 국토교통부장관과 협의하여 정하는 주택임대차표준계약서를 우선적으로 사용한다. 다만, 당사자가 다른 서식을 사용하기로 합의한 경우에는 그러하지 아니하다.

제5절 | 소비대차

031 민법상 소비대차에 관한 설명으로 옳은 것을 모두 고른 것은? (다툼이 있으면 판례에 따름)

22 변리사

ㄱ. 소비대차는 차주가 대주로부터 현실로 금전 등을 수수하거나 현실의 수수가 있는 것과 같은 경제적 이익을 취득하여야만 성립한다.
ㄴ. 금전대차의 경우에 차주가 금전에 갈음하여 유가증권 기타 물건의 인도를 받은 때에는 반환시의 가액으로써 차용액으로 한다.
ㄷ. 이자부 소비대차에서 목적물의 하자가 중대하여 계약의 목적을 달성할 수 없는 경우, 특별한 사정이 없는 한 선의·무과실의 차주는 계약을 해제할 수 있다.

① ㄱ
② ㄴ
③ ㄷ
④ ㄱ, ㄴ
⑤ ㄱ, ㄴ, ㄷ

해설 답 ③

ㄱ. [×] 민법상 소비대차는 당사자 일방이 금전 기타 대체물의 소유권을 상대방에게 이전할 것을 약정하고 상대방은 그와 같은 종류, 품질 및 수량으로 반환할 것을 약정함으로써 그 효력이 생기는 이른바 낙성계약이므로, 차주가 현실로 금전 등을 수수하거나 현실의 수수가 있는 것과 같은 경제적 이익을 취득하여야만 소비대차가 성립하는 것은 아니다(대판 1991.4.9, 90다14652).

ㄴ. [×] 제606조(대물대차) 금전대차의 경우에 차주가 금전에 갈음하여 유가증권 기타 물건의 인도를 받은 때에는 그 인도시의 가액으로써 차용액으로 한다.

ㄷ. [○] 제602조(대주의 담보책임) ① 이자 있는 소비대차의 목적물에 하자가 있는 경우에는 제580조 내지 제582조의 규정을 준용한다.
제580조(매도인의 하자담보책임) ① 매매의 목적물에 하자가 있는 때에는 제575조 제1항의 규정을 준용한다. 그러나 매수인이 하자있는 것을 알았거나 과실로 인하여 이를 알지 못한 때에는 그러하지 아니하다.
제575조(제한물권 있는 경우와 매도인의 담보책임) ① 매매의 목적물이 지상권, 지역권, 전세권, 질권 또는 유치권의 목적이 된 경우에 매수인이 이를 알지 못한 때에는 이로 인하여 계약의 목적을 달성할 수 없는 경우에 한하여 매수인은 계약을 해제할 수 있다. 기타의 경우에는 손해배상만을 청구할 수 있다.

제6절 | 도급

I. 도급의 의의

032 甲은 2018년 6월 1일 乙에게 건물의 신축공사를 공사대금 10억 원으로 하고, 공사 기간 2018년 6월 1일부터 2018년 12월 30일까지로 정하여 도급을 주었는데, 위 공사대금에는 승강기를 설치하는 것이 포함되어 있었다. 丙은 2018년 6월 30일 乙과 사이에 그 건물에 丙이 제작한 승강기를 1억 원에 제작·판매·설치하기로 하는 계약을 체결하고 승강기의 소유권은 그 제작·판매·설치대금을 모두 지급 받는 시점까지 丙에게 유보하는 것으로 정하였다. 丙은 2018년 12월 9일 승강기를 설치하여 그 승강기가 건물로부터 분리할 수 없게 되었고, 甲은 2019년 3월 1일 乙에게 공사잔대금을 완불한 뒤 건물을 인도받아 보존등기 없이 丁에게 매도하고 대금 전액 수령과 동시에 인도하였다. 이에 관한 설명으로 옳은 것은? (다툼이 있으면 판례에 따름)

20 변리사

① 乙과 丙은 승강기를 그 대체가 어렵거나 불가능할 정도로 신축건물에 맞추어 일정한 사양으로 특정하였고, 그 제작·판매·설치 대금의 구분 없이 총 계약금액을 1억 원으로 정했더라도, 乙과 丙의 계약은 매매와 도급이 혼합된 계약이다.
② 2020년 5월 30일 丙의 승강기 제작·판매·설치대금 청구에 대해 乙은 그 채무가 시효로 소멸했음을 주장할 수 있다.
③ 丁은 건물에 관해 등기를 취득하지 않았더라도 그 소유권을 취득한다.
④ 위 건물이 戊의 토지 위에 무단으로 건축된 경우, 戊는 건물을 점유하는 丁을 상대로 건물철거를 청구할 수 없다.
⑤ 甲이 승강기 소유권이 丙에게 유보된 사실에 관하여 과실 없이 알지 못한 경우, 丙은 甲을 상대로 승강기 제작·판매·설치대금 상당의 부당이득반환을 청구할 수 없다.

| 해설 | 답 ⑤ |

① [×] 당사자의 일방이 상대방의 주문에 따라 자기 소유의 재료를 사용하여 만든 물건을 공급할 것을 약정하고 이에 대하여 상대방이 대가를 지급하기로 약정하는 이른바 제작물공급계약은, 그 제작의 측면에서는 도급의 성질이 있고 공급의 측면에서는 매매의 성질이 있어 이러한 계약은 대체로 매매와 도급의 성질을 함께 가지고 있는 것으로서, 그 적용 법률은 계약에 의하여 제작 공급하여야 할 물건이 대체물인 경우에는 매매로 보아서 매매에 관한 규정이 적용된다고 할 것이나, 물건이 특정의 주문자의 수요를 만족시키기 위한 부대체물인 경우에는 당해 물건의 공급과 함께 그 제작이 계약의 주목적이 되어 도급의 성질을 띠는 것이다(대판 1996.6.28, 94다42976). 사안에서는 물건이 특정의 주문자의 수요를 만족시키기 위한 부대체물에 해당하므로, 乙과 丙의 계약은 도급의 성질을 가진다.

② [×] **제163조(3년의 단기소멸시효)** 다음 각 호의 채권은 3년간 행사하지 아니하면 소멸시효가 완성한다.
　　3. 도급받은 자, 기사 기타 공사의 설계 또는 감독에 종사하는 자의 공사에 관한 채권
제166조(소멸시효의 기산점) ① 소멸시효는 권리를 행사할 수 있는 때로부터 진행한다.

丙은 승강기를 설치한 2018년 12월 9일부터 승강기 공사대금을 청구할 수 있고, 이때부터 3년의 소멸시효가 진행된다. 따라서 2020년 5월 30일 현재는 소멸시효가 완성되기 전이므로, 乙은 丙에게 소멸시효 완성을 주장할 수 없다.

③ [×] 일반적으로 자기의 노력과 재료를 들여 건물을 건축한 사람이 그 건물의 소유권을 원시취득 하는 것이지만, 도급계약에 있어서는 수급인이 자기의 노력과 재료를 들여 건물을 완성하더라도 도급인과 수급인 사이에 도급인 명의로 건축허가를 받아 소유권보존등기를 하기로 하는 등 완성된 건물의 소유권을 도급인에게 귀속시키기로 합의한 것으로 볼 경우에는 그 건물의 소유권은 도급인에게 원시적으로 귀속된다(대판 2003.12.18, 98다43601 전합). 사안에서 甲과 乙 간에 원시적으로 건물의 소유권을 甲에게 귀속시키는 합의가 있으면, 甲이 건물의 소유권자가 된다.

제187조(등기를 요하지 아니하는 부동산물권취득) 상속, 공용징수, 판결, 경매 기타 법률의 규정에 의한 부동산에 관한 물권의 취득은 등기를 요하지 아니한다. 그러나 등기를 하지 아니하면 이를 처분하지 못한다.

따라서 甲이 소유권자가 된다고 하여도 甲은 보존등기 없이 丁에게 바로 건물을 인도하였으므로, 丁은 소유권을 취득하지 못한다.

④ [×] 타인의 토지 위에 건립된 건물이 미등기이고 그 건물로 인하여 그 토지의 소유권이 침해되는 경우 그 건물을 철거할 의무는 그 건물을 법률상, 사실상 처분할 수 있는 지위에 있는 사람이다(대판 1991.6.11, 91다11278). 미등기매수인 정은 건물을 사실상 처분할 수 있는 지위에 있으므로, 戊는 건물을 점유하는 丁을 상대로 건물철거를 청구할 수 있다.

⑤ [O] 민법 제261조에서 첨부로 법률규정에 의한 소유권 취득(제256조 내지 제260조)이 인정된 경우에 "손해를 받은 자는 부당이득에 관한 규정에 의하여 보상을 청구할 수 있다"라고 규정하고 있는바, 이러한 보상청구가 인정되기 위해서는 민법 제261조 자체의 요건만이 아니라, 부당이득 법리에 따른 판단에 의하여 부당이득의 요건이 모두 충족되었음이 인정되어야 한다. 매도인에게 소유권이 유보된 자재가 제3자와 매수인 사이에 이루어진 도급계약의 이행으로 제3자 소유 건물의 건축에 사용되어 부합된 경우 보상청구를 거부할 법률상 원인이 있다고 할 수 없지만, 제3자가 도급계약에 의하여 제공된 자재의 소유권이 유보된 사실에 관하여 과실 없이 알지 못한 경우라면 선의취득의 경우와 마찬가지로 제3자가 그 자재의 귀속으로 인한 이익을 보유할 수 있는 법률상 원인이 있다고 봄이 상당하므로, 매도인으로서는 그에 관한 보상청구를 할 수 없다(대판 2009.9.24, 2009다15602).

Ⅱ. 도급의 효력

033 甲은 자신의 토지에 X건물을 신축하기로 하는 계약을 수급인 乙과 체결하면서 甲명의로 건축허가를 받아 소유권보존등기를 하기로 하는 등 완공된 X건물의 소유권을 甲에게 귀속시키기로 합의하였다. 乙은 X건물을 신축하여 완공하였지만 공사대금을 받지 못하고 있다. 이에 관한 설명으로 옳은 것은? (다툼이 있으면 판례에 따름)

① X건물의 소유권은 乙에게 원시적으로 귀속된다.
② X건물에 대한 乙의 하자담보책임은 무과실책임이다.
③ 乙의 甲에 대한 공사대금채권의 소멸시효는 10년이다.
④ 乙은 甲에 대한 공사대금채권을 담보하기 위하여 X건물을 목적으로 한 저당권설정을 청구할 수 없다.
⑤ X건물의 하자로 인하여 계약의 목적을 달성할 수 없는 경우, 甲은 특별한 사정이 없는 한 계약을 해제할 수 있다.

해설

답 ②

① [×] 일반적으로 자기의 노력과 재료를 들여 건물을 건축한 사람이 그 건물의 소유권을 원시취득하는 것이지만, 도급계약에 있어서는 수급인이 자기의 노력과 재료를 들여 건물을 완성하더라도 도급인과 수급인 사이에 도급인 명의로 건축허가를 받아 소유권보존등기를 하기로 하는 등 완성된 건물의 소유권을 도급인에게 귀속시키기로 합의한 것으로 보일 경우에는 그 건물의 소유권은 도급인에게 원시적으로 귀속된다(대판 2003.12.18, 98다43601 전합). 따라서 이 경우 건물의 소유권자는 도급인이 되므로, 수급인은 유치권자가 될 수 있다.

② [○] 수급인의 하자담보책임은 법이 특별히 인정한 무과실책임이다(대판 1990.3.9, 88다카31866).

③ [×] **제163조(3년의 단기소멸시효)** 다음 각 호의 채권은 3년간 행사하지 아니하면 소멸시효가 완성한다.
3. 도급받은 자, 기사 기타 공사의 설계 또는 감독에 종사하는 자의 공사에 관한 채권

④ [×] **제666조(수급인의 목적 부동산에 대한 저당권설정청구권)** 부동산공사의 수급인은 전조의 보수에 관한 채권을 담보하기 위하여 그 부동산을 목적으로 한 저당권의 설정을 청구할 수 있다.

⑤ [×] **제668조(동전 - 도급인의 해제권)** 도급인이 완성된 목적물의 하자로 인하여 계약의 목적을 달성할 수 없는 때에는 계약을 해제할 수 있다. 그러나 건물 기타 토지의 공작물에 대하여는 그러하지 아니하다.

034 수급인의 하자담보책임에 관한 설명으로 옳지 않은 것은? (다툼이 있으면 판례에 따름)

20 노무사

① 신축된 건물에 하자가 있는 경우 도급인은 수급인의 하자담보책임에 기하여 계약을 해제할 수 없다.
② 수급인의 하자담보책임에 관한 제척기간은 재판상 또는 재판외의 권리행사 기간이다.
③ 완성된 목적물의 하자가 중요하지 아니하면서 동시에 보수에 과다한 비용을 요하는 경우 도급인은 수급인에게 하자의 보수에 갈음하는 손해배상을 청구할 수 있다.
④ 완성된 액젓저장탱크에 균열이 발생하여 보관 중이던 액젓의 변질로 인한 손해배상은 하자보수에 갈음하는 손해배상과는 별개의 권원에 의하여 경합적으로 인정된다.
⑤ 수급인의 하자담보책임을 면제하는 약정이 있더라도 수급인이 알면서 고지하지 아니한 사실에 대하여는 그 책임이 면제되지 않는다.
⑥ 민법 제665조 제1항은 도급계약에서 보수는 완성된 목적물의 인도와 동시에 지급해야 한다고 정하고 있는데, 이때 목적물의 인도는 단순한 점유의 이전만을 의미하는 것이 아니라 도급인이 목적물을 검사한 후 목적물이 계약 내용대로 완성되었음을 명시적 또는 묵시적으로 시인하는 것까지 포함하는 의미이다.

해설

답 ③

① [○] **제668조(동전 - 도급인의 해제권)** 도급인이 완성된 목적물의 하자로 인하여 계약의 목적을 달성할 수 없는 때에는 계약을 해제할 수 있다. 그러나 건물 기타 토지의 공작물에 대하여는 그러하지 아니하다.

② [○] 민법상 수급인의 하자담보책임에 관한 기간은 제척기간으로서 재판상 또는 재판 외의 권리행사 기간이며 재판상 청구를 위한 출소기간이 아니라고 할 것이다(대판 2000.6.9, 2000다15371).

③ [×] 건물신축도급계약에 있어서 수급인이 신축한 건물의 하자가 중요하지 아니하면서 동시에 그 보수에 과다한 비용을 요하는 경우에는 도급인은 하자보수나 하자보수에 갈음하는 손해배상을 청구할 수 없고 그 하자로 인하여 입은 손해의 배상만을 청구할 수 있다 할 것인데, 이러한 경우 그 하자로 인하여 입은 통상의 손해는 특별한 사정이 없는 한 도급인이 하자 없이 시공하였을 경우의 목적물의 교환가치와 하자가 있는 현재의 상태대로의 교환가치와의 차액이 되고, 그 하자 있는 목적물을 사용함으로 인하여 발생하는 정신적 고통으로 인한 손해는 수급인이 그러한 사정을 알았거나 알 수 있었을 경우에 한하여 특별손해로서 배상받을 수 있다(대판 1997.2.25, 96다45436).

④ [○] 액젓 저장탱크의 제작·설치공사 도급계약에 의하여 완성된 저장탱크에 균열이 발생한 경우, 보수비용은 민법 제667조 제2항에 의한 수급인의 하자담보책임 중 하자보수에 갈음하는 손해배상이고, 액젓 변질로 인한 손해배상은 위 하자담보책임을 넘어서 수급인이 도급계약의 내용에 따른 의무를 제대로 이행하지 못함으로 인하여 도급인의 신체·재산에 발생한 손해에 대한 배상으로서 양자는 별개의 권원에 의하여 경합적으로 인정된다(대판 2004.8.20, 2001다70337).

⑤ [○] **제672조(담보책임면제의 특약)** 수급인은 제667조, 제668조의 담보책임이 없음을 약정한 경우에도 알고 고지하지 아니한 사실에 대하여는 그 책임을 면하지 못한다.

⑥ [○] 민법 제665조 제1항은 도급계약에서 보수는 완성된 목적물의 인도와 동시에 지급해야 한다고 정하고 있는데, 이때 목적물의 인도는 단순한 점유의 이전만을 의미하는 것이 아니라 도급인이 목적물을 검사한 후 목적물이 계약 내용대로 완성되었음을 명시적 또는 묵시적으로 시인하는 것까지 포함하는 의미이다(대판 2023.3.30, 2022다289174).

035

甲은 주택을 짓기 위하여 건축업자 乙과 도급계약을 체결하면서 지체상금약정도 하였다. 이에 관한 설명으로 옳은 것을 모두 고른 것은? (다툼이 있으면 판례에 따름)   21 변리사

> ㄱ. 乙에 의해 완공된 주택에 하자가 있어 계약의 목적을 달성할 수 없는 경우라도 甲은 도급계약을 해제할 수 없다.
> ㄴ. 乙에 의해 완공된 주택에 발생한 하자가 중요하지 않는데도 그 보수에 과다한 비용이 드는 경우, 甲은 하자보수에 갈음하는 손해배상을 청구할 수 있다.
> ㄷ. 지체상금의 종기는 특별한 사정이 없는 한 乙이 공사를 중단하거나 기타 해제사유가 있어 甲이 실제로 해제한 때로부터 甲이 다른 업자에게 의뢰하여 완공할 수 있었던 시점까지로 제한된다.
> ㄹ. 예정된 준공기한 전에 도급계약이 해제되어 乙이 공사를 완료하지 아니한 경우에는 특별한 사정이 없는 한 지체상금약정은 적용되지 않는다.

① ㄱ, ㄴ
② ㄱ, ㄹ
③ ㄴ, ㄷ
④ ㄴ, ㄹ
⑤ ㄷ, ㄹ

해설
답 ②

ㄱ. [○]
> 제668조(동전 - 도급인의 해제권) 도급인이 완성된 목적물의 하자로 인하여 계약의 목적을 달성할 수 없는 때에는 계약을 해제할 수 있다. 그러나 건물 기타 토지의 공작물에 대하여는 그러하지 아니하다.

ㄴ. [×]
> 제667조(수급인의 담보책임) ① 완성된 목적물 또는 완성전의 성취된 부분에 하자가 있는 때에는 도급인은 수급인에 대하여 상당한 기간을 정하여 그 하자의 보수를 청구할 수 있다. 그러나 하자가 중요하지 아니한 경우에 그 보수에 과다한 비용을 요할 때에는 그러하지 아니하다.
> ② 도급인은 하자의 보수에 갈음하여 또는 보수와 함께 손해배상을 청구할 수 있다.
> ③ 전항의 경우에는 제536조의 규정을 준용한다.

ㄷ. [×] 수급인이 완공기한 내에 공사를 완성하지 못한 채 공사를 중단하고 계약이 해제된 결과 완공이 지연된 경우에 있어서 지체상금은 약정 준공일 다음날부터 발생하되 그 종기는 수급인이 공사를 중단하거나 기타 해제사유가 있어 도급인이 공사도급계약을 해제할 수 있었을 때(실제로 해제한 때가 아니다)부터 도급인이 다른 업자에게 맡겨서 공사를 완성할 수 있었던 시점까지이고, 수급인이 책임질 수 없는 사유로 인하여 공사가 지연된 경우에는 그 기간만큼 공제되어야 한다(대판 2010.1.28, 2009다41137·41144).

ㄹ. [○] 공사도급계약을 체결하면서 건설교통부 고시 '민간건설공사 표준도급계약 일반조건'을 계약의 일부로 편입하기로 합의하였고, 위 일반조건에서 지체상금에 관한 규정과 별도로 계약의 해제·해지로 인한 손해배상청구에 관한 규정을 두고 있는 경우, 채무불이행에 관한 손해배상액의 예정은 당사자의 합의로 행하여지는 것으로서, 그 내용이 어떠한가, 특히 어떠한 유형의 채무불이행에 관한 손해배상을 예정한 것인가는 무엇보다도 당해 약정의 해석에 의하여 정하여지는바, 위 일반조건의 지체상금약정은 수급인이 공사완성의 기한 내에 공사를 완성하지 못한 경우에 완공의 지체로 인한 손해배상책임에 관하여 손해배상액을 예정하였다고 해석할 것이고, 수급인이 완공의 지체가 아니라 그 공사를 부실하게 한 것과 같은 불완전급부 등으로 인하여 발생한 손해는 그것이

그 부실공사 등과 상당인과관계가 있는 완공의 지체로 인하여 발생한 것이 아닌 한 위 지체상금 약정에 의하여 처리되지 아니하고 도급인은 위 일반조건의 손해배상약정에 기하여 별도로 그 배상을 청구할 수 있다. 이 경우 손해배상의 범위는 민법 제393조 등과 같은 그 범위획정에 관한 일반법리에 의하여 정하여지고, 그것이 위 지체상금약정에 기하여 산정되는 지체상금액에 제한되어 이를 넘지 못한다고 볼 것이 아니다(대판 2010.1.28, 2009다41137·41144).

036 담보책임에 관한 설명으로 옳은 것은? (특별한 사정이 없음을 전제로 하며, 다툼이 있으면 판례에 따름)

22 노무사

① 특정물매매계약에 있어 목적물에 하자가 있는 경우, 악의의 매수인은 대금감액청구권을 행사할 수 있다.
② 특정물의 수량지정매매에서 수량이 부족한 경우, 악의의 매수인은 계약한 날로부터 1년 이내에 대금감액청구권을 행사하여야 한다.
③ 부담부 증여의 증여자는 담보책임을 지지 않는다.
④ 일정한 면적(수량)을 가지고 있다는 데 주안을 두고, 대금도 면적을 기준으로 하여 정해지는 아파트분양계약은 수량지정매매가 될 수 없다.
⑤ 건물신축도급계약에 따라 완성된 건물의 하자로 계약의 목적을 달성할 수 없는 경우, 도급인은 이를 이유로 그 계약을 해제할 수 있다.

해설

답 없음

① [×] **제580조(매도인의 하자담보책임)** ① 매매의 목적물에 하자가 있는 때에는 제575조 제1항의 규정을 준용한다. 그러나 매수인이 하자 있는 것을 알았거나 과실로 인하여 이를 알지 못한 때에는 그러하지 아니하다.

제575조(제한물권 있는 경우와 매도인의 담보책임) ① 매매의 목적물이 지상권, 지역권, 전세권, 질권 또는 유치권의 목적이 된 경우에 매수인이 이를 알지 못한 때에는 이로 인하여 계약의 목적을 달성할 수 없는 경우에 한하여 매수인은 계약을 해제할 수 있다. 기타의 경우에는 손해배상만을 청구할 수 있다.

본조가 대금감액청구권을 인정하지 않는 것은 용익권이 있다고 하여도 소유권 이전에는 지장이 없고, 질적인 하자가 문제되는 경우에 있어서 감축되어야 할 금액을 산출하기 곤란하기 때문이다.

② [×] **제574조(수량부족, 일부 멸실의 경우와 매도인의 담보책임)** 전2조의 규정은 수량을 지정한 매매의 목적물이 부족되는 경우와 매매목적물의 일부가 계약 당시에 이미 멸실된 경우에 매수인이 그 부족 또는 멸실을 알지 못한 때에 준용한다.

③ [×] **제561조(부담부증여)** 상대부담 있는 증여에 대하여는 본절의 규정외에 쌍무계약에 관한 규정을 적용한다.

④ [×] 동산 매매계약에 있어서 매수인이 일정한 면적이 있는 것으로 믿고 매도인도 그 면적이 있는 것을 명시적 또는 묵시적으로 표시하며, 나아가 계약당사자가 면적을 가격을 정하는 여러 요소 중 가장 중요한 요소로 파악하고, 그 객관적 수치를 기준으로 가격을 정하는 경우라면 특정물이 일정한 수량을 가지고 있다는 데에 주안을 두고, 대금도 그 수량을 기준으로 하여 정한 경우에 속하므로 민법 제574조에 정한 '수량을 지정한 매매'에 해당한다(대판 2001.4.10, 2001다12256).

⑤ [×]
> 제668조(동전 – 도급인의 해제권) 도급인이 완성된 목적물의 하자로 인하여 계약의 목적을 달성할 수 없는 때에는 계약을 해제할 수 있다. 그러나 건물 기타 토지의 공작물에 대하여는 그러하지 아니하다.

037

甲은 자신의 토지 위에 건물신축을 위해 乙과 공사도급계약을 체결하였다. 이에 관한 설명으로 옳지 않은 것을 모두 고른 것은? (다툼이 있으면 판례에 따름)   24 변리사

> ㄱ. 乙이 일을 완성하기 전에 甲은 손해를 배상하고 계약을 해제할 수 있으며, 특별한 사정이 없는 한 甲은 乙에 대한 손해배상에 있어서 과실상계를 주장할 수 있다.
> ㄴ. 乙로부터 공사대금채권을 양수받은 자의 저당권설정청구에 의하여 甲이 신축건물에 저당권을 설정하는 행위는 특별한 사정이 없는 한 甲의 채권자에 대한 사해행위에 해당하지 아니한다.
> ㄷ. 甲이 하자보수에 갈음하여 손해배상을 청구하는 경우, 甲은 보수(報酬)가 손해배상액을 초과하더라도 乙이 그 손해배상채무를 이행할 때까지 乙에게 그 보수 전액의 지급을 거절할 수 있다.
> ㄹ. 완성된 건물에 중요한 하자가 있어 甲이 하자보수에 갈음하여 손해배상을 청구하는 경우, 그 하자보수비는 건물의 완성시를 기준으로 산정해야 한다.

① ㄱ, ㄴ
② ㄴ, ㄹ
③ ㄷ, ㄹ
④ ㄱ, ㄷ, ㄹ
⑤ ㄴ, ㄷ, ㄹ

해설   답 ④

ㄱ. [×] 민법 제673조에서 도급인으로 하여금 자유로운 해제권을 행사할 수 있도록 하는 대신 수급인이 입은 손해를 배상하도록 규정하고 있는 것은 도급인의 일방적인 의사에 기한 도급계약 해제를 인정하는 대신, 도급인의 일방적인 계약해제로 인하여 수급인이 입게 될 손해, 즉 수급인이 이미 지출한 비용과 일을 완성하였더라면 얻었을 이익을 합한 금액을 전부 배상하게 하는 것이라 할 것이므로, 위 규정에 의하여 도급계약을 해제한 이상은 특별한 사정이 없는 한 도급인은 수급인에 대한 손해배상에 있어서 과실상계나 손해배상예정액 감액을 주장할 수는 없다(대판 2002.5.10, 2000다37296).

ㄴ. [O] 신축건물의 도급인이 민법 제666조가 정한 수급인의 저당권설정청구권의 행사에 따라 공사대금채무의 담보로 그 건물에 저당권을 설정하는 행위는 특별한 사정이 없는 한 사해행위에 해당하지 아니 한다(대판 2008.3.27, 2007다78616).

ㄷ. [×] 도급인이 하자의 보수를 청구하려면 그 하자가 중요한 경우이거나 중요하지 아니한 것이라고 하더라도 그 보수에 과다한 비용을 요하지 아니할 경우이어야 하고, 도급인이 하자의 보수에 갈음하여 손해배상을 청구하는 경우에는 수급인이 그 손해배상청구에 관하여 채무이행을 제공할 때까지 그 손해배상의 액에 상응하는 보수의 액에 관하여만 자기의 채무이행을 거절할 수 있을 뿐, 그 나머지 액의 보수에 관하여는 지급을 거절할 수 없다(대판 1991.12.10, 91다33056).

ㄹ. [×] 도급계약에서 완성된 목적물에 하자가 있는 경우에 도급인은 수급인에게 하자의 보수나 하자의 보수에 갈음한 손해배상을 청구할 수 있다. 이때 하자가 중요한 경우에는 비록 보수에 과다한 비용이 필요하더라도 보수에 갈음하는 비용, 즉 실제로 보수에 필요한 비용이 모두 손해배상에 포함된다. 나아가 완성된 건물 기타 토지의 공작물(이하 '건물 등'이라 한다)에 중대한 하자가 있고 이로 인하여 건물 등이 무너질 위험성이 있어서 보수가 불가능하고 다시 건축할 수밖에 없는 경우에는, 특별한 사정이 없는 한 건물 등을 철거하고 다시 건축하는 데 드는 비용 상당액을 하자로 인한 손해배상으로 청구할 수 있다(대판 2016.8.18, 2014다31691, 31707).

038 도급계약에 관한 설명으로 올지 않은 것은? (다툼이 있으면 판례에 따름) 24 노무사

① 공사도급계약의 수급인은 특별한 사정이 없는 한 이행대행자를 사용할 수 있다.
② 수급인의 담보책임에 관한 제척기간은 재판상 또는 재판 외의 권리행사기간이다.
③ 도급인이 하자보수에 갈음하여 손해배상을 청구하는 경우, 수급인이 그 채무 이행을 제공할 때까지 도급인은 그 손해배상액에 상응하는 보수액 및 그 나머지 보수액에 대해서도 지급을 거절할 수 있다.
④ 부동산공사 수급인의 저당권설정청구권은 특별한 사정이 없는 한 공사대금채권의 양도에 따라 양수인에게 이전된다.
⑤ 민법 제673조에 따라 수급인이 일을 완성하기 전에 도급인이 손해를 배상하고 도급계약을 해제하는 경우, 도급인은 특별한 사정이 없는 한 그 손해배상과 관련하여 수급인의 부주의를 이유로 과실상계를 주장할 수 없다.

해설
답 ③

① [○] 공사도급계약에 있어서 당사자 사이에 특약이 있거나 일의 성질상 수급인 자신이 하지 않으면 채무의 본지에 따른 이행이 될 수 없다는 등의 특별한 사정이 없는 한 반드시 수급인 자신이 직접 일을 완성하여야 하는 것은 아니고, 이행보조자 또는 이행대행자를 사용하더라도 공사도급계약에서 정한 대로 공사를 이행하는 한 계약을 불이행하였다고 볼 수 없다(대판 2002.4.12, 2001다82545 · 82552).
② [○] 민법상 수급인의 하자담보책임에 관한 기간은 제척기간으로서 재판상 또는 재판 외의 권리행사기간이며 재판상 청구를 위한 출소기간이 아니라고 할 것이다(대판 2000.6.9, 2000다15371).
③ [×] 도급인이 하자의 보수를 청구하려면 그 하자가 중요한 경우이거나 중요하지 아니한 것이라고 하더라도 그 보수에 과다한 비용을 요하지 아니할 경우이어야 하고, 도급인이 하자의 보수에 갈음하여 손해배상을 청구하는 경우에는 수급인이 그 손해배상청구에 관하여 채무이행을 제공할 때까지 그 손해배상의 액에 상응하는 보수의 액에 관하여만 자기의 채무이행을 거절할 수 있을 뿐, 그 나머지 액의 보수에 관하여는 지급을 거절할 수 없다(대판 1991.12.10, 91다33056).

④ [O] 민법 제666조에서 정한 수급인의 저당권설정청구권은 공사대금채권을 담보하기 위하여 인정되는 채권적 청구권으로서 공사대금채권에 부수하여 인정되는 권리이므로, 당사자 사이에 공사대금채권만을 양도하고 저당권설정청구권은 이와 함께 양도하지 않기로 약정하였다는 등의 특별한 사정이 없는 한, 공사대금채권이 양도되는 경우 저당권설정청구권도 이에 수반하여 함께 이전된다고 봄이 타당하다. 따라서 신축건물의 수급인으로부터 공사대금채권을 양수받은 자의 저당권설정청구에 의하여 신축건물의 도급인이 그 건물에 저당권을 설정하는 행위 역시 다른 특별한 사정이 없는 한 사해행위에 해당하지 아니한다고 할 것이다(대판 2018.11.29, 2015다19827).

⑤ [O] 민법 제673조에서 도급인으로 하여금 자유로운 해제권을 행사할 수 있도록 하는 대신 수급인이 입은 손해를 배상하도록 규정하고 있는 것은 도급인의 일방적인 의사에 기한 도급계약 해제를 인정하는 대신, 도급인의 일방적인 계약해제로 인하여 수급인이 입게 될 손해, 즉 수급인이 이미 지출한 비용과 일을 완성하였더라면 얻었을 이익을 합한 금액을 전부 배상하게 하는 것이라 할 것이므로, 위 규정에 의하여 도급계약을 해제한 이상은 특별한 사정이 없는 한 도급인은 수급인에 대한 손해배상에 있어서 과실상계나 손해배상예정액 감액을 주장할 수는 없다(대판 2002.5.10, 2000다37296).

Ⅲ. 도급의 종료

039 甲이 소유권을 유보한 채 乙에게 철강제품을 매도하였다. 자신의 토지에 건물을 신축하려는 丙과 도급계약을 체결한 乙은 그 이행과정에서 그 철강제품을 건물의 골조공사에 사용하여 丙 소유의 X건물을 완성하였다. 丙은 그 철강제품의 소유권이 유보된 사실에 대해 과실 없이 알지 못하였고, 그 철강제품의 대금은 여전히 지급되지 않은 상태이다. 이에 관한 설명으로 옳은 것을 모두 고른 것은? (다툼이 있으면 판례에 따름)   22 변리사

> ㄱ. 부동산에의 부합에 관한 법리는 건물의 신축의 경우에 적용될 수 있다.
> ㄴ. 甲의 소유권 유보에도 불구하고 丙은 철강제품에 대한 소유권을 취득한다.
> ㄷ. 부당이득반환청구의 요건이 충족되지 않았더라도, 甲은 민법 제261조(첨부로 인한 구상권)에 근거하여 丙에게 보상청구권을 행사할 수 있다.
> ㄹ. 특별한 사정이 없는 한 丙은 그 철강제품의 귀속으로 인한 이익을 보유할 수 있는 법률상 원인이 있다.

① ㄱ, ㄴ
② ㄷ, ㄹ
③ ㄱ, ㄴ, ㄹ
④ ㄴ, ㄷ, ㄹ
⑤ ㄱ, ㄴ, ㄷ, ㄹ

> **해설** 답 ③

ㄱ, ㄴ, ㄹ. [○], ㄷ. [×] 민법 제261조에서 첨부로 법률규정에 의한 소유권 취득(제256조 내지 제260조)이 인정된 경우에 "손해를 받은 자는 부당이득에 관한 규정에 의하여 보상을 청구할 수 있다"라고 규정하고 있는바, 이러한 보상청구가 인정되기 위해서는 민법 제261조 자체의 요건만이 아니라, 부당이득 법리에 따른 판단에 의하여 부당이득의 요건이 모두 충족되었음이 인정되어야 한다. 매도인에게 소유권이 유보된 자재가 제3자와 매수인 사이에 이루어진 도급계약의 이행으로 제3자 소유 건물의 건축에 사용되어 부합된 경우 보상청구를 거부할 법률상 원인이 있다고 할 수 없지만, 제3자가 도급계약에 의하여 제공된 자재의 소유권이 유보된 사실에 관하여 과실 없이 알지 못한 경우라면 선의취득의 경우와 마찬가지로 제3자가 그 자재의 귀속으로 인한 이익을 보유할 수 있는 법률상 원인이 있다고 봄이 상당하므로, 매도인으로서는 그에 관한 보상청구를 할 수 없다(대판 2009.9.24, 2009다15602).

제7절 | 위임

040 위임에 관한 설명 중 가장 옳지 않은 것은? (다툼이 있는 경우 판례에 의함)

① 위임인의 파산 또는 성년후견개시로 인하여 위임은 종료한다.
② 수임인이 보수를 받을 경우에는 위임사무를 완료한 후가 아니면 이를 청구하지 못한다.
③ 수임인이 위임사무의 처리에 관하여 필요비를 지출한 때에는 위임인에 대하여 지출한 날 이후의 이자를 청구할 수 있다.
④ 수임인이 가지는 민법 제688조 제2항 전단 소정의 대변제청구권은 통상의 금전채권과는 다른 목적을 갖는 것이므로, 수임인이 이 대변제청구권을 보전하기 위하여 채무자인 위임인의 채권을 대위행사하는 경우에는 채무자의 무자력을 요건으로 하지 아니한다.
⑤ 민법상의 위임계약의 각 당사자는 언제든지 이를 해지할 수 있고 그로 말미암아 상대방이 손해를 입는 일이 있어도 그것을 배상할 의무를 부담하지 않는 것이 원칙이다.
⑥ 민법 제689조 제1항, 제2항은 임의규정에 불과하므로 당사자의 약정에 의하여 위 규정의 적용을 배제하거나 그 내용을 달리 정할 수 있다. 그리고 당사자가 위임계약의 해지사유 및 절차, 손해배상책임 등에 관하여 민법 제689조 제1항, 제2항과 다른 내용으로 약정을 체결한 경우, 이러한 약정은 당사자에게 효력을 미치면서 당사자 간의 법률관계를 명확히 함과 동시에 거래의 안전과 이에 대한 각자의 신뢰를 보호하기 위한 취지라고 볼 수 있으므로, 이를 단순히 주의적인 성격의 것이라고 쉽게 단정해서는 아니 된다.

해설 답 ①

① [×] 수임인의 '성년후견개시'이다(제690조).

② [○]
> **제686조(수임인의 보수청구권)** ① 수임인은 특별한 약정이 없으면 위임인에 대하여 보수를 청구하지 못한다.
> ② 수임인이 보수를 받을 경우에는 위임사무를 완료한 후가 아니면 이를 청구하지 못한다. 그러나 기간으로 보수를 정한 때에는 그 기간이 경과한 후에 이를 청구할 수 있다.
> ③ 수임인이 위임사무를 처리하는 중에 수임인의 책임 없는 사유로 인하여 위임이 종료된 때에는 수임인은 이미 처리한 사무의 비율에 따른 보수를 청구할 수 있다.

③ [○]
> **제688조(수임인의 비용상환청구권 등)** ① 수임인이 위임사무의 처리에 관하여 필요비를 지출한 때에는 위임인에 대하여 지출한 날 이후의 이자를 청구할 수 있다.
> ② 수임인이 위임사무의 처리에 필요한 채무를 부담한 때에는 위임인에게 자기에 갈음하여 이를 변제하게 할 수 있고 그 채무가 변제기에 있지 아니한 때에는 상당한 담보를 제공하게 할 수 있다.
> ③ 수임인이 위임사무의 처리를 위하여 과실 없이 손해를 받은 때에는 위임인에 대하여 그 배상을 청구할 수 있다.

④ [○] 수임인이 가지는 민법 제688조 제2항 전단 소정의 대변제청구권은 통상의 금전채권과는 다른 목적을 갖는 것이므로, 수임인이 이 대변제청구권을 보전하기 위하여 채무자인 위임인의 채권을 대위행사하는 경우에는 채무자의 무자력을 요건으로 하지 아니한다(대판 2002.1.25, 2001다52506).

⑤ [○]
> **제689조(위임의 상호해지의 자유)** ① 위임계약은 각 당사자가 언제든지 해지할 수 있다.
> ② 당사자일방이 부득이한 사유 없이 상대방의 불리한 시기에 계약을 해지한 때에는 그 손해를 배상하여야 한다.

⑥ [○] 따라서 당사자가 위임계약을 체결하면서 민법 제689조 제1항·제2항에 규정된 바와 다른 내용으로 해지사유 및 절차, 손해배상책임 등을 정하였다면, 민법 제689조 제1항·제2항이 이러한 약정과는 별개 독립적으로 적용된다고 볼 만한 특별한 사정이 없는 한, 위 약정에서 정한 해지사유 및 절차에 의하지 않고는 계약을 해지할 수 없고, 손해배상책임에 관한 당사자 간 법률관계도 위 약정이 정한 바에 의하여 규율된다고 봄이 타당하다(대판 2019.5.30, 2017다53265).

041

甲은 자기 소유 부동산을 매매하는 사무를 乙에게 위임하였다. 이에 관한 설명으로 옳지 않은 것은? (다툼이 있으면 판례에 따름)   19 노무사

① 乙은 甲의 승낙이나 부득이한 사유 없이 제3자로 하여금 위임사무를 대신 처리하도록 할 수 없다.
② 乙은 甲의 청구가 있는 때에는 위임사무의 처리상황을 보고하고 위임이 종료한 때에는 지체 없이 그 전말을 보고하여야 한다.
③ 乙이 위임을 해지하여 甲이 손해를 입었더라도 乙은 손해배상의무를 부담하지 않는 것이 원칙이다.
④ 위임사무처리에 비용을 요하는 경우, 乙은 위임사무를 완료한 후가 아니면 그 비용을 청구할 수 없다.
⑤ 甲 또는 乙은 원칙적으로 언제든지 위임계약을 해지할 수 있다.

해설
답 ④

① [○] 제682조(복임권의 제한) ① 수임인은 위임인의 승낙이나 부득이한 사유 없이 제3자로 하여금 자기에 갈음하여 위임사무를 처리하게 하지 못한다.

② [○] 제683조(수임인의 보고의무) 수임인은 위임인의 청구가 있는 때에는 위임사무의 처리상황을 보고하고 위임이 종료한 때에는 지체 없이 그 전말을 보고하여야 한다.

③ [○] 위임계약은 각 당사자가 언제든지 해지할 수 있다(제689조 제1항). 당사자일방이 부득이한 사유 없이 상대방의 불리한 시기에 계약을 해지한 때에는 그 손해를 배상하여야 한다(제689조 제2항).
④ [×] 위임사무의 처리에 비용을 요하는 때에는 위임인은 수임인의 청구에 의하여 이를 선급하여야 한다(비용선급의무, 제687조).
⑤ [○] 위임계약은 각 당사자가 언제든지 해지할 수 있다(제689조 제1항).

042

위임에 관한 설명으로 옳은 것은? (다툼이 있으면 판례에 따름)   20 변리사

① 위임계약의 성립은 위임장의 작성·교부를 요한다.
② 보수를 받지 않는 수임인은 위임사무처리에 관해 자기재산과 동일한 주의의무를 부담한다.
③ 변호사에게 소송사건의 처리를 위임함에 있어서 그 보수 지급 및 액수에 관하여 명시적인 약정을 하지 않은 경우, 특별한 사정이 없는 한 변호사는 보수를 청구할 수 없다.
④ 유상위임의 수임인도 언제든지 위임계약을 해지할 수 있다.
⑤ 경찰관이 응급의 구호를 요하는 자를 보건의료기관에게 긴급구호요청을 하고 보건의료기관이 이에 따라 치료행위를 한 경우, 국가와 보건의료기관 사이에 치료위임계약이 체결된 것으로 볼 수 있다.

| 해설 | 답 ④ |

① [×] 　제680조(위임의 의의) 위임은 당사자일방이 상대방에 대하여 사무의 처리를 위탁하고 상대방이 이를 승낙함으로써 그 효력이 생긴다.

② [×] 　제681조(수임인의 선관의무) 수임인은 위임의 본지에 따라 선량한 관리자의 주의[6]로써 위임사무를 처리하여야 한다.

③ [×] 민사사건의 소송대리 업무를 위임받은 변호사가 그 소송 제기 전에 상대방에 채무 이행을 최고하고 형사고소를 제기하는 등의 사무를 처리함으로써 사건위임인과 상대방 사이에 재판 외 화해가 성립되어 결과적으로 소송제기를 할 필요가 없게 된 경우에, 사건본인과 변호사 사이에 소제기에 의하지 아니한 사무 처리에 관하여 명시적인 보수의 약정을 한바 없다고 하여도 특단의 사정이 없는 한 사건위임인은 변호사에게 위 사무 처리에 들인 노력에 상당한 보수를 지급할 의무가 있다(대판 1982.9.14, 82다125).

④ [○] 　제689조(위임의 상호해지의 자유) ① 위임계약은 각 당사자가 언제든지 해지할 수 있다.
　　② 당사자일방이 부득이한 사유 없이 상대방의 불리한 시기에 계약을 해지한 때에는 그 손해를 배상하여야 한다.

⑤ [×] 경찰관이 응급의 구호를 요하는 자를 보건의료기관에게 긴급구호요청을 하고, 보건의료기관이 이에 따라 치료행위를 하였다고 하더라도 국가와 보건의료기관 사이에 국가가 그 치료행위를 보건의료기관에 위탁하고 보건의료기관이 이를 승낙하는 내용의 치료위임계약이 체결된 것으로는 볼 수 없다(대판 1994.2.22, 93다4472).

043 민법상 위임에 관한 설명으로 옳지 않은 것은? (다툼이 있으면 판례에 따름)　22 노무사

① 무상위임의 수임인은 선량한 관리자의 주의의무를 부담한다.
② 수임인은 부득이한 사유가 있으면 제3자로 하여금 자기에 갈음하여 위임사무를 처리하게 할 수 있다.
③ 변호사에게 계쟁사건의 처리를 위임함에 있어서 보수에 관하여 명시적으로 약정하지 않은 경우, 특별한 사정이 없는 한 응분의 보수를 지급할 묵시의 약정이 있는 것으로 볼 수 있다.
④ 위임인에게 불리한 시기에 부득이한 사유로 계약을 해지한 수임인은 그 해지로 인해 위임인에게 발생한 손해를 배상하여야 한다.
⑤ 위임이 종료된 경우, 수임인은 특별한 사정이 없는 한 지체 없이 그 전말을 위임인에게 보고하여야 한다.

---

[6] • 민법상 선량한 관리자의 주의의무가 요구되는 경우: 이사의 주의의무(제61조), 유치권자의 선관의무(제324조 제1항), 특정물인도채무자의 선관의무(제374조), 수임인의 선관의무(제681조), 업무집행조합원의 선관의무(제707조), 후견인의 선관의무(제956조), 유언집행자의 선관의무(제1103조 제2항).
• 민법상 자기재산과 동일한 주의의무가 요구되는 경우: 무상수치인의 주의의무(제695조), 친권자의 주의의무(제922조), 상속인의 상속재산관리(제1022조), 상속인의 재산분리명령 후 관리의무(제1048조 제1항).

해설

답 ④

① [○] **제681조(수임인의 선관의무)** 수임인은 위임의 본지에 따라 선량한 관리자의 주의로써 위임사무를 처리하여야 한다.

② [○] **제682조(복임권의 제한)** ① 수임인은 위임인의 승낙이나 부득이한 사유 없이 제3자로 하여금 자기에 갈음하여 위임사무를 처리하게 하지 못한다.

③ [○] 민사사건의 소송대리 업무를 위임받은 변호사가 그 소송 제기 전에 상대방에 채무 이행을 최고하고 형사고소를 제기하는 등의 사무를 처리함으로써 사건위임인과 상대방 사이에 재판 외 화해가 성립되어 결과적으로 소송제기를 할 필요가 없게 된 경우에, 사건본인과 변호사 사이에 소제기에 의하지 아니한 사무 처리에 관하여 명시적인 보수의 약정을 한바 없다고 하여도 특단의 사정이 없는 한 사건위임인은 변호사에게 위 사무 처리에 들인 노력에 상당한 보수를 지급할 의무가 있다(대판 1982.9.14, 82다125).

④ [×] **제689조(위임의 상호해지의 자유)** ① 위임계약은 각 당사자가 언제든지 해지할 수 있다.
② 당사자 일방이 부득이한 사유 없이 상대방의 불리한 시기에 계약을 해지한 때에는 그 손해를 배상하여야 한다.

⑤ [○] **제683조(수임인의 보고의무)** 수임인은 위임인의 청구가 있는 때에는 위임사무의 처리상황을 보고하고 위임이 종료한 때에는 지체 없이 그 전말을 보고하여야 한다.

044 위임계약에 관한 설명으로 옳지 않은 것은? (다툼이 있으면 판례에 따름) 24 변리사

① 보수의 수령 여부와 관계없이 수임인은 선량한 관리자의 주의의무를 부담한다.
② 수임인이 위임사무의 처리로 인하여 받은 금전을 위임인에게 반환할 경우, 특별한 사정이 없는 한 위임종료시를 기준으로 그 금전의 범위가 정해진다.
③ 위임인이 성년후견개시심판을 받더라도 위임이 종료되는 것은 아니다.
④ 위임계약의 당사자는 특별한 이유 없이도 언제든지 위임계약을 해지할 수 있다.
⑤ 수임인이 위임인의 지명에 의하여 복수임인을 선임한 경우, 위임인에 대하여 그 선임감독에 관한 책임을 진다.

해설

답 ⑤

① [○] **제681조(수임인의 선관의무)** 수임인은 위임의 본지에 따라 선량한 관리자의 주의로써 위임사무를 처리하여야 한다.

② [○] 민법 제684조 제1항에 의하면 수임인은 위임사무의 처리로 인하여 받은 금전 기타의 물건 및 그 수취한 과실이 있을 경우에는 이를 위임인에게 인도하여야 한다고 규정하고 있는바, 이때 인도 시기는 당사자 간에 특약이 있거나 위임의 본뜻에 반하는 경우 등과 같은 특별한 사정이 있지 않는 한 위임계약이 종료한 때이므로, 수임인이 반환할 금전의 범위도 위임종료시를 기준으로 정해진다(대판 2007.2.8, 2004다64432).

③ [O] 제690조(사망, 파산등과 위임의 종료) 위임은 당사자 한쪽의 사망이나 파산으로 종료된다. 수임인이 성년후견개시의 심판을 받은 경우에도 이와 같다.

④ [O] 제689조(위임의 상호해지의 자유) ① 위임계약은 각 당사자가 언제든지 해지할 수 있다.
② 당사자일방이 부득이한 사유 없이 상대방의 불리한 시기에 계약을 해지한 때에는 그 손해를 배상하여야 한다.

⑤ [×] 제682조(복임권의 제한) ① 수임인은 위임인의 승낙이나 부득이한 사유없이 제3자로 하여금 자기에 갈음하여 위임사무를 처리하게 하지 못한다.
② 수임인이 전항의 규정에 의하여 제3자에게 위임사무를 처리하게 한 경우에는 제121조, 제123조의 규정을 준용한다.
제121조(임의대리인의 복대리인 선임의 책임) ① 전조의 규정에 의하여 대리인이 복대리인을 선임한 때에는 본인에게 대하여 그 선임감독에 관한 책임이 있다.
② 대리인이 본인의 지명에 의하여 복대리인을 선임한 경우에는 그 부적임 또는 불성실함을 알고 본인에게 대한 통지나 그 해임을 태만한 때가 아니면 책임이 없다.

045 위임계약에 관한 설명으로 옳은 것을 모두 고른 것은? (다툼이 있으면 판례에 따름) 24 노무사

ㄱ. 수임인이 대변제청구권을 보전하기 위하여 위임인의 채권을 대위행사 하는 경우에는 위임인의 무자력을 요건으로 한다.
ㄴ. 수임인은 특별한 사정이 없는 한 위임인에게 불리한 시기에 부득이한 사유로 위임계약을 해지할 수 없다.
ㄷ. 위임계약이 무상인 경우, 수임인은 특별한 사정이 없는 한 위임의 본지에 따라 선량한 관리자의 주의로써 위임사무를 처리하여야 한다.

① ㄱ ② ㄷ ③ ㄱ, ㄴ
④ ㄴ, ㄷ ⑤ ㄱ, ㄴ, ㄷ

해설

답 ②

ㄱ. [×] 수임인이 가지는 민법 제688조 제2항 전단 소정의 대변제청구권은 통상의 금전채권과는 다른 목적을 갖는 것이므로, 수임인이 이 대변제청구권을 보전하기 위하여 채무자인 위임인의 채권을 대위 행사하는 경우에는 채무자의 무자력을 요건으로 하지 아니한다(대판 2002.1.25, 2001다52506).

ㄴ. [×] 제689조(위임의 상호해지의 자유) ① 위임계약은 각 당사자가 언제든지 해지할 수 있다.
② 당사자일방이 부득이한 사유 없이 상대방의 불리한 시기에 계약을 해지한 때에는 그 손해를 배상하여야 한다.

ㄷ. [O] 제681조(수임인의 선관의무) 수임인은 위임의 본지에 따라 선량한 관리자의 주의로써 위임사무를 처리하여야 한다.

제8절 | 임치

046 민법상 임치에 관한 설명으로 옳지 않은 것은?　　　13 노무사

① 무상수치인은 임치물에 대하여 자기재산과 동일한 주의의무를 부담한다.
② 제3자가 수치인에 대하여 임치물에 대한 권리를 주장하며 소를 제기한 경우, 수치인은 지체 없이 임치인에게 그 사실을 통지하여야 한다.
③ 임치인은 임치물의 하자로 인하여 생긴 손해를 수치인에게 배상하여야 하지만, 수치인이 그 하자를 안 때에는 그러하지 아니하다.
④ 임치기간의 약정이 있더라도 임치인은 언제든지 계약을 해지할 수 있다.
⑤ 임치한 물건이 대체물인 경우, 그 물건이 수치인의 과실로 인하여 멸실되었다면 수치인은 그와 동종·동량·동질의 물건을 인도하여야 한다.

해설　　　답 ⑤

① [O] 수치인은 유상의 경우에는 선관주의의무를 부담하지만 무상의 경우 자기재산과 동일한 주의의무를 부담한다(제695조).
② [O] 임치물에 대한 권리를 주장하는 제삼자가 수치인에 대하여 소를 제기하거나 압류한 때에는 수치인은 지체 없이 임치인에게 이를 통지하여야 한다(제696조).
③ [O] 임치인은 임치물의 성질 또는 하자로 인하여 생긴 손해를 수치인에게 배상하여야 한다. 그러나 수치인이 그 성질 또는 하자를 안 때에는 그러하지 아니하다(제697조).
④ [O] 임치기간의 약정이 있는 때에는 수치인은 부득이한 사유 없이 그 기간만료 전에 계약을 해지하지 못한다. 그러나 임치인은 언제든지 계약을 해지할 수 있다(제698조).
⑤ [×] 임치계약상 수치인이 반환할 목적물은 당사자 사이에 특약이 없는 한 수치한 물건 그 자체이고 그 물건이 전부 멸실된 때에는 임치물 반환채무는 이행불능이 되는 것이고, 임치한 물건이 대체물인 경우라도 그와 동종 동량의 물건을 인도할 의무가 없고, 수치인의 과실로 인하여 임치물이 멸실된 경우에는 멸실 당시의 그 물건 시가액 상당의 손해를 배상할 책임이 있다(대판 1977. 4.28, 74다646).

제9절 | 조합

I. 조합의 의의

II. 조합의 법률관계

047 민법상 조합에 관한 설명으로 옳지 않은 것은? (다툼이 있으면 판례에 따름) 15 노무사

① 조합원의 지분에 대한 압류는 그 조합원의 장래의 이익배당 및 지분의 반환을 받을 권리에 대하여 효력이 있다.
② 탈퇴한 조합원의 지분은 그 출자의 종류여하에 불구하고 금전으로 반환할 수 있다.
③ 민법상 조합의 채권은 조합원 전원에게 합유적으로 귀속하는 것이어서 특별한 사정이 없는 한, 조합원 중 1인에 대한 채권으로써 그 조합원 개인을 집행채무자로 하여 조합의 채권에 대하여 강제집행을 할 수 없다.
④ 조합의 채무자는 그가 조합에 대하여 부담하는 채무와 조합원에 대한 채권을 상계할 수 있다.
⑤ 금전을 출자의 목적으로 한 조합원이 출자시기를 지체한 때에는 연체이자를 지급하는 외에 손해를 배상하여야 한다.

해설 답 ④

① [O] 제714조(지분에 대한 압류의 효력) 조합원의 지분에 대한 압류는 그 조합원의 장래의 이익배당 및 지분의 반환을 받을 권리에 대하여 효력이 있다.

② [O] 제719조(탈퇴조합원의 지분의 계산) ② 탈퇴한 조합원의 지분은 그 출자의 종류여하에 불구하고 금전으로 반환할 수 있다.

③ [O] 조합의 채권은 조합원 전원에게 합유적으로 귀속하는 것이어서, 특별한 사정이 없는 한 조합원 중 1인이 임의로 조합의 채무자에 대하여 출자지분의 비율에 따른 급부를 청구할 수 없는 것이므로, 조합원 중 1인의 채권자가 그 조합원 개인을 집행채무자로 하여 조합의 채권에 대하여 강제집행 하는 경우, 다른 조합원으로서는 보존행위로서 제3자이의의 소를 제기하여 그 강제집행의 불허를 구할 수 있다(대판 1997.8.26, 97다4401).

④ [×] 제715조(조합채무자의 상계의 금지) 조합의 채무자는 그 채무와 조합원에 대한 채권으로 상계하지 못한다.

⑤ [O] 제705조(금전출자지체의 책임) 금전을 출자의 목적으로 한 조합원이 출자시기를 지체한 때에는 연체이자를 지급하는 외에 손해를 배상하여야 한다.

048 조합계약에 관한 설명으로 옳은 것을 모두 고른 것은? (다툼이 있으면 판례에 따름) 20 노무사

> ㄱ. 2인이 상호출자 하여 부동산 임대사업을 하기로 약정하고 이를 위해 부동산을 취득한 경우 그 부동산은 위 2인이 총유 한다.
> ㄴ. 업무집행자가 수인인 경우 그 조합의 통상사무는 각 업무집행자가 전행할 수 있다.
> ㄷ. 당사자들이 공동이행방식의 공동수급체를 구성하여 도급인으로부터 공사를 수급받는 경우 그 공동수급체는 원칙적으로 민법상 조합에 해당한다.

① ㄱ
② ㄱ, ㄴ
③ ㄱ, ㄷ
④ ㄴ, ㄷ
⑤ ㄱ, ㄴ, ㄷ

해설
답 ④

ㄱ. [×] 제704조(조합재산의 합유) 조합원의 출자 기타 조합재산은 조합원의 합유로 한다.

ㄴ. [○] 제706조(사무집행의 방법) ③ 조합의 통상사무는 전항의 규정에 불구하고 각 조합원 또는 각 업무집행자가 전행할 수 있다. 그러나 그 사무의 완료 전에 다른 조합원 또는 다른 업무집행자의 이의가 있는 때에는 즉시 중지하여야 한다.

ㄷ. [○] 공동이행방식의 공동수급체는 기본적으로 민법상 조합의 성질을 가지는 것이므로, 공동수급체가 공사를 시행함으로 인하여 도급인에 대하여 가지는 채권은 원칙적으로 공동수급체 구성원에게 합유적으로 귀속하는 것이어서 특별한 사정이 없는 한 구성원 중 1인이 임의로 도급인에 대하여 출자지분 비율에 따른 급부를 청구할 수 없고, 구성원 중 1인에 대한 채권으로써 그 구성원 개인을 집행채무자로 하여 공동수급체의 도급인에 대한 채권에 대하여 강제집행을 할 수 없다(대판 2012.5.17, 2009다105406 전합).

049 민법상 조합에 관한 설명으로 옳지 않은 것은? (다툼이 있으면 판례에 따름)   21 노무사

① 수인이 공동사업을 경영할 목적 없이 전매차익만을 얻기 위해 상호 협력한 경우, 특별한 사정이 없는 한 이들 사이의 법률관계는 조합에 해당하지 않는다.
② 조합채무자가 조합원들 중의 1인에 대하여 개인 채권을 가지고 있는 경우, 그 채권과 조합에 대한 채무를 서로 대등액에서 상계할 수 없다.
③ 조합계약에서 출자의무의 이행과 이익분배를 직접 연결시키는 특약을 두지 않은 경우, 조합은 출자의무를 이행하지 않은 조합원의 이익분배 자체를 거부할 수 없다.
④ 조합원의 지분에 대한 압류는 그 조합원의 장래의 이익배당 및 지분의 반환을 받을 권리에 대하여 효력이 있다.
⑤ 2인 조합에서 조합원 1인이 탈퇴하면 조합관계는 종료되고, 원칙적으로 조합은 즉시 해산된다.

해설
답 ⑤

① [○] 민법상의 조합계약은 2인 이상이 상호 출자하여 공동으로 사업을 경영할 것을 약정하는 계약으로서(제703조) 특정한 사업을 공동 경영하는 약정에 한하여 이를 조합계약이라고 할 수 있고, 공동의 목적달성이라는 정도만으로는 조합의 성립요건을 갖추지 못하였다고 할 것이다(대판 2008.7.10, 2007다44965).

② [○] 제715조(조합채무자의 상계의 금지) 조합의 채무자는 그 채무와 조합원에 대한 채권으로 상계하지 못한다.

③ [○] 건설공동수급체는 기본적으로 민법상 조합의 성질을 가지는 것인데, 건설공동수급체의 구성원인 조합원이 그 출자의무를 불이행하였더라도 그 조합원을 조합에서 제명하지 않는 한 건설공동수급체는 조합원에 대한 출자금채권과 그 연체이자채권, 그 밖의 손해배상채권으로 조합원의 이익분배청구권과 직접 상계할 수 있을 뿐이고, 조합계약에서 출자의무의 이행과 이익분배를 직접 연계시키는 특약을 두지 않는 한 출자의무의 불이행을 이유로 이익분배 자체를 거부할 수는 없다(대판 2006.8.25, 2005다16959).

④ [○] 제714조(지분에 대한 압류의 효력) 조합원의 지분에 대한 압류는 그 조합원의 장래의 이익배당 및 지분의 반환을 받을 권리에 대하여 효력이 있다.

⑤ [×] 2인 조합에서 조합원 1인이 탈퇴하면 조합관계는 종료되지만 특별한 사정이 없는 한 조합이 해산되지 아니하고, 조합원의 합유에 속하였던 재산은 남은 조합원의 단독소유에 속하게 되어 기존의 공동사업은 청산절차를 거치지 않고 잔존자가 계속 유지할 수 있다(대판 2006.3.9, 2004다49693).

050 민법상 조합에 관한 설명으로 옳은 것은?

19 변리사

① 조합원은 정당한 사유가 있는 경우에 한하여 조합의 업무 및 재산상태를 검사할 수 있다.
② 조합의 존속기간을 정한 때에도 조합원은 부득이한 사유가 있으면 탈퇴할 수 있다.
③ 조합원의 제명은 정당한 사유가 있는 때에 한하여 다른 조합원 3분의 2 이상의 찬성으로 결정된다.
④ 조합의 채무자는 그 채무와 조합원에 대하여 개인적으로 가지는 채권과 상계할 수 있다.
⑤ 조합원의 제명 결정은 제명된 조합원에게 통지하지 않아도 그 조합원에게 대항할 수 있다.

해설

답 ②

① [×] 제710조(조합원의 업무, 재산상태검사권) 각 조합원은 언제든지 조합의 업무 및 재산 상태를 검사할 수 있다.

② [○] 제716조(임의탈퇴) ① 조합계약으로 조합의 존속기간을 정하지 아니하거나 조합원의 종신까지 존속할 것을 정한 때에는 각 조합원은 언제든지 탈퇴할 수 있다. 그러나 부득이한 사유 없이 조합의 불리한 시기에 탈퇴하지 못한다.
② 조합의 존속기간을 정한 때에도 조합원은 부득이한 사유가 있으면 탈퇴할 수 있다.

③⑤ [×] 제718조(제명) ① 조합원의 제명은 정당한 사유 있는 때에 한하여 다른 조합원의 일치로써 이를 결정한다.
② 전항의 제명결정은 제명된 조합원에게 통지하지 아니하면 그 조합원에게 대항하지 못한다.

④ [×] 제715조(조합채무자의 상계의 금지) 조합의 채무자는 그 채무와 조합원에 대한 채권으로 상계하지 못한다.

III. 조합의 해산과 청산

051 민법상 조합에 관한 설명으로 옳은 것은? (다툼이 있으면 판례에 따름) 21 변리사

① 어느 조합원이 출자의무를 이행하지 않은 경우, 다른 조합원은 이를 이유로 조합계약을 해제할 수 있다.
② 조합계약이 성립하기 위한 공동사업이란 조합원 전원이 사업의 성공에 대하여 이해관계를 가지는 것으로 일부 조합원만이 이익분배를 받는 관계는 조합이 아니다.
③ 부동산의 공동매수인들이 전매차익을 얻으려는 목적으로만 상호 협력하는 경우에도 민법상 조합관계에 있다고 볼 수 있다.
④ 조합원의 채권자는 조합재산을 구성하는 개개의 재산에 대한 조합원의 합유지분에 대하여 강제집행을 할 수 있다.
⑤ 조합원이 조합을 탈퇴할 권리는 그 성질상 채권자대위가 허용되지 않는 일신전속적권리에 해당한다.

해설

답 ②

① [×] 동업계약과 같은 조합계약에 있어서는 조합의 해산청구를 하거나 조합으로부터 탈퇴를 하거나 또는 다른 조합원을 제명할 수 있을 뿐이지 일반계약에 있어서처럼 조합계약을 해제하고 상대방에게 그로 인한 원상회복의 의무를 부담지울 수는 없다(대판 1994.5.13, 94다7157).
② [○] 민법상의 조합계약은 2인 이상이 상호 출자하여 공동으로 사업을 경영할 것을 약정하는 계약으로서 특정한 사업을 공동 경영하는 약정에 한하여 이를 조합계약이라고 할 수 있고, 공동의 목적 달성이라는 정도만으로는 조합의 성립요건을 갖추었다고 할 수 없다(대판 2010.2.11, 2009다79729).
③ [×] 부동산의 공동매수인들이 전매차익을 얻으려는 '공동의 목적 달성'을 위해 상호 협력한 것에 불과하고 이를 넘어 '공동사업을 경영할 목적'이 있었다고 인정되지 않는 경우, 이들 사이의 법률관계는 공유관계에 불과할 뿐 민법상 조합이 아니다(대판 2007.6.14, 2005다5140).
④ [×] 조합의 채권은 조합원 전원에게 합유적으로 귀속하는 것이어서, 특별한 사정이 없는 한 조합원 중 1인이 임의로 조합의 채무자에 대하여 출자지분의 비율에 따른 급부를 청구할 수 없는 것이므로, 조합원 중 1인의 채권자가 그 조합원 개인을 집행채무자로 하여 조합의 채권에 대하여 강제집행하는 경우, 다른 조합원으로서는 보존행위로서 제3자이의의 소를 제기하여 그 강제집행의 불허를 구할 수 있다(대판 1997.8.26, 97다4401).
⑤ [×] 민법상 조합원은 조합의 존속기간이 정해져 있는 경우 등을 제외하고는 원칙적으로 언제든지 조합에서 탈퇴할 수 있고(제716조 참조), 조합원이 탈퇴하면 그 당시의 조합재산상태에 따라 다른 조합원과 사이에 지분의 계산을 하여 지분환급청구권을 가지게 되는바(제719조 참조), 조합원이 조합을 탈퇴할 권리는 그 성질상 조합계약의 해지권으로서 그의 일반재산을 구성하는 재산권의 일종이라 할 것이고 채권자대위가 허용되지 않는 일신전속적 권리라고는 할 수 없다. 따라서 채무자의 재산인 조합원 지분을 압류한 채권자는, 당해 채무자가 속한 조합에 존속기간이 정하여져 있다거나 기타 채무자 본인의 조합탈퇴가 허용되지 아니하는 것과 같은 특별한 사유가 있지 않은 한, 채권자대위권에 의하여 채무자의 조합 탈퇴의 의사표시를 대위행사할 수 있다 할 것이고, 일반적으로 조합원이 조합을 탈퇴하면 조합목적의 수행에 지장을 초래할 것이라는 사정만으로는 이를 불허할 사유가 되지 아니한다(대결 2007.11.30, 2005마1130).

052 민법상 조합의 재산관계에 관한 설명으로 옳지 않은 것은? (다툼이 있으면 판례에 따름)

22 변리사

① 2인으로 구성된 조합에서 한 사람이 탈퇴하면, 특별한 사정이 없는 한 조합은 해산되고, 조합재산은 탈퇴로 인한 계산으로 청산된다.
② 조합재산에 대한 각자의 지분을 다른 조합원의 동의 없이 양도할 수 있도록 하는 조합원들 상호간의 약정은 유효하다.
③ 조합원이 출자하기로 한 부동산이 조합재산으로 되려면 권리이전절차가 완료되어야 하며, 완료 전에는 제3자에게 그 부동산을 조합재산이라고 주장할 수 없다.
④ 조합의 업무집행자가 1인만 있는 경우, 특별한 사정이 없는 한 조합재산의 처분은 그 업무집행자가 단독으로 결정한다.
⑤ 조합원의 지분에 대한 압류는 그 조합원의 장래의 이익배당 및 지분의 반환을 받을 권리에 대하여 효력이 있다.

해설

답 ①

① [×] 2인 조합에서 조합원 1인이 탈퇴하면 조합관계는 종료되지만 특별한 사정이 없는 한 조합이 해산되지 아니하고, 조합원의 합유에 속하였던 재산은 남은 조합원의 단독소유에 속하게 되어 기존의 공동사업은 청산절차를 거치지 않고 잔존자가 계속 유지할 수 있다(대판 2006.3.9, 2004다49693).

② [O] 2인 이상이 상호 출자하여 공동사업을 경영할 것을 약정함에 따라 성립한 민법상 조합에서 조합원 지분의 양도는 원칙적으로 다른 조합원 전원의 동의가 있어야 하지만, 다른 조합원의 동의 없이 각자 지분을 자유로이 양도할 수 있도록 조합원 상호간에 약정하거나 사후적으로 지분 양도를 인정하는 합의를 하는 것은 유효하다(대판 2016.8.30, 2014다19790).

③ [O] 단독으로 임야에 대한 토석채취권을 매수한 자가 그 후 매수자금 조달을 위하여 동업계약을 체결했다면, 설사 그 동업계약의 체결에 의해 매수인이 그 매매계약에 기한 매수인으로서의 권리 일체를 동업체인 조합에 출자한 것으로 본다고 하더라도, 그 권리가 당연히 조합재산으로서 동업자들에게 합유적으로 귀속되는 것은 아니고 별개의 권리이전절차를 밟아야 함은 당연하므로, 매수인 명의 변경에 관한 합의가 이루어졌다거나 달리 권리이전절차를 밟았다고 볼 수 없는 경우, 동업자들로서는 매수인에 대해 출자의무의 이행으로서 권리이전절차를 밟을 것을 청구할 수 있음은 별론으로 하고 매도인에 대해 그 권리가 조합재산임을 주장할 수는 없고, 반대로 매도인 또한 그 권리가 조합재산으로서 매수인 및 동업자들에게 합유적으로 귀속됨을 내세워 매수인 단독 명의로 임야 거래허가절차의 이행을 구하는 매수인의 청구를 거부할 수는 없다(대판 1996.2.27, 94다27083, 27090).

④ [O] 민법 제272조에 따르면 합유물을 처분 또는 변경함에는 합유자 전원의 동의가 있어야 하나, 합유물 가운데서도 조합재산의 경우 그 처분·변경에 관한 행위는 조합의 특별사무에 해당하는 업무집행으로서, 이에 대하여는 특별한 사정이 없는 한 민법 제706조 제2항이 민법 제272조에 우선하여 적용되므로, 조합재산의 처분·변경은 업무집행자가 없는 경우에는 조합원의 과반수로 결정하고, 업무집행자가 수인 있는 경우에는 그 업무집행자의 과반수로써 결정하며, 업무집행자가 1인만 있는 경우에는 그 업무집행자가 단독으로 결정한다(대판 2010.4.29, 2007다18911).

⑤ [O] 제714조(지분에 대한 압류의 효력) 조합원의 지분에 대한 압류는 그 조합원의 장래의 이익배당 및 지분의 반환을 받을 권리에 대하여 효력이 있다.

053

조합계약에 관한 설명으로 옳은 것은? (다툼이 있으면 판례에 따름) 23 변리사

① 조합재산을 구성하는 개개의 재산에 대한 합유지분을 압류 기타 강제집행의 대상으로 삼을 수 있다.
② 2인으로 구성된 조합에서 1인이 탈퇴하여 조합관계가 종료되는 경우, 특별한 사정이 없는 한 해산이나 청산을 거쳐야 조합재산은 남은 조합원의 단독소유에 속하게 된다.
③ 2인으로 구성된 조합에서 1인이 존속기한을 정하지 않고 부동산 사용권을 출자하였다가 탈퇴한 경우, 특별한 사정이 없는 한 탈퇴 시 남은 조합원의 부동산 사용권은 소멸한다.
④ 공동이행방식의 건설공동수급체의 구성원인 조합원이 그 출자의무를 불이행하면, 특별한 사정이 없는 한 출자의무의 불이행을 이유로 이익분배 자체를 거부할 수 있다.
⑤ 조합원이 다른 조합원 전원의 동의하에 조합 지분을 양도하면, 조합원 지위의 변동은 조합지분의 양도양수에 관한 약정으로써 바로 효력이 생긴다.

해설

답 ⑤

① [×] 민법 제714조는 "조합원의 지분에 대한 압류는 그 조합원의 장래의 이익배당 및 지분의 반환을 받을 권리에 대하여 효력이 있다."라고 규정하여 조합원의 지분에 대한 압류를 허용하고 있으나, 여기에서의 조합원의 지분이란 전체로서의 조합재산에 대한 조합원 지분을 의미하는 것이고, 이와 달리 조합재산을 구성하는 개개의 재산에 대한 합유지분에 대하여는 압류 기타 강제집행의 대상으로 삼을 수 없다 할 것이다(대결 2007.11.30, 2005마1130).
②③ [×] 조합의 탈퇴란 특정 조합원이 장래에 향하여 조합원으로서의 지위를 벗어나는 것으로서, 이 경우 조합 자체는 나머지 조합원에 의해 동일성을 유지하며 존속하는 것이므로 결국 탈퇴는 잔존 조합원이 동업사업을 계속 유지·존속함을 전제로 한다. 2인으로 구성된 조합에서 한 사람이 탈퇴하면 조합관계는 종료되나 특별한 사정이 없는 한 조합은 해산이나 청산이 되지 않고, 다만 조합원의 합유에 속한 조합재산은 남은 조합원의 단독소유에 속하여 탈퇴 조합원과 남은 조합원 사이에는 탈퇴로 인한 계산을 해야 한다. 이러한 법리는 부동산 사용권을 출자한 경우에도 적용된다. 조합원이 부동산 사용권을 존속기한을 정하지 않고 출자하였다가 탈퇴한 경우 특별한 사정이 없는 한 탈퇴 시 조합재산인 부동산 사용권이 소멸한다고 볼 수는 없고, 그러한 사용권은 공동사업을 유지할 수 있도록 일정한 기간 동안 존속한다고 보아야 한다. 이때 탈퇴 조합원이 남은 조합원으로 하여금 부동산을 사용·수익할 수 있도록 할 의무를 이행하지 않음으로써 남은 조합원에게 손해가 발생하였다면 탈퇴 조합원은 그 손해를 배상할 책임이 있다(대판 2018.12.13, 2015다72385).
④ [×] 건설공동수급체는 기본적으로 민법상 조합의 성질을 가지는 것인데, 건설공동수급체의 구성원인 조합원이 그 출자의무를 불이행하였더라도 그 조합원을 조합에서 제명하지 않는 한 건설공동수급체는 조합원에 대한 출자금채권과 그 연체이자채권, 그 밖의 손해배상채권으로 조합원의 이익분배청구권과 직접 상계할 수 있을 뿐이고, 조합계약에서 출자의무의 이행과 이익분배를 직접 연계시키는 특약을 두지 않는 한 출자의무의 불이행을 이유로 이익분배 자체를 거부할 수는 없다(대판 2006.8.25, 2005다16959).
⑤ [○] 조합원은 다른 조합원 전원의 동의가 있으면 그 지분을 처분할 수 있으나 조합의 목적과 단체성에 비추어 조합원으로서의 자격과 분리하여 그 지분권만을 처분할 수는 없으므로, 조합원이 지분을 양도하면 그로써 조합원의 지위를 상실하게 되며, 이와 같은 조합원 지위의 변동은 조합지분의 양도양수에 관한 약정으로써 바로 효력이 생긴다. 한편, 당사자 사이에 조합지분의 양도양수에 관한 약정이 있었는지 여부는 법률행위 해석의 일반원칙에 따라야 하고, 당사자 사이에 계약의 해석을 둘러싸고 이견이 있어 처분문서에 나타난 당사자의 의사해석이 문제되는 경우에는

문언의 내용, 그와 같은 약정이 이루어진 동기와 경위, 약정에 의하여 달성하려는 목적, 당사자의 진정한 의사 등을 종합적으로 고찰하여 논리와 경험칙에 따라 합리적으로 해석하여야 한다(대판 2009.3.12, 2006다28454).

054 조합에 관한 설명으로 옳지 않은 것은? (다툼이 있으면 판례에 따름) 23 노무사

① 조합계약으로 업무집행자를 정하지 아니한 경우에는 조합원의 3분의 2 이상의 찬성으로써 이를 선임한다.
② 조합의 업무집행자가 수인인 때에는 그 과반수로써 업무집행을 결정한다.
③ 조합계약의 당사자가 손익분배의 비율을 정하지 아니한 때에는 각 조합원의 출자가액에 비례하여 이를 정한다.
④ 조합의 채무자는 그 채무와 조합원에 대한 채권으로 상계할 수 있다.
⑤ 2인 조합에서 조합원 1인이 탈퇴하면 조합관계는 종료된다.

해설

답 ④

① [O] 제706조(사무집행의 방법) ① 조합계약으로 업무집행자를 정하지 아니한 경우에는 조합원의 3분의 2 이상의 찬성으로써 이를 선임한다.

② [O] 제706조(사무집행의 방법) ② 조합의 업무집행은 조합원의 과반수로써 결정한다. 업무집행자가 수인인 때에는 그 과반수로써 결정한다.

③ [O] 제711조(손익분배의 비율) ① 당사자가 손익분배의 비율을 정하지 아니한 때에는 각 조합원의 출자가액에 비례하여 이를 정한다.

④ [×] 제715조(조합채무자의 상계의 금지) 조합의 채무자는 그 채무와 조합원에 대한 채권으로 상계하지 못한다.

⑤ [O] 2인 조합에서 조합원 1인이 탈퇴하면 조합관계는 종료되지만 특별한 사정이 없는 한 조합이 해산되지 아니하고, 조합원의 합유에 속하였던 재산은 남은 조합원의 단독소유에 속하게 되어 기존의 공동사업은 청산절차를 거치지 않고 잔존자가 계속 유지할 수 있다(대판 2006.3.9, 2004다49693).

제10절 | 화해

I. 화해의 의의
II. 화해의 효력

055 화해계약에 관한 설명으로 옳지 않은 것은? (다툼이 있으면 판례에 따름) 19 노무사

① 화해당사자의 자격에 관한 착오가 있는 경우에는 이를 이유로 취소하지 못한다.
② 화해계약은 특별한 사정이 없는 한, 당사자 일방이 양보한 권리가 소멸되고 상대방이 화해로 인하여 그 권리를 취득하는 효력이 있다.
③ 채권자와 채무자간의 잔존채무액의 계산행위는 특별한 사정이 없는 한 화해계약이 아니다.
④ 화해계약이 사기로 인해 이루어진 경우에는 화해의 목적인 분쟁에 관한 사항에 착오가 있더라도 사기에 의한 의사표시를 이유로 이를 취소할 수 있다.
⑤ 성질상 당사자가 임의로 처분할 수 없는 법률관계는 화해계약의 대상이 될 수 없다.

해설
답 ①

① [×] **제733조(화해의 효력과 착오)** 화해계약은 착오를 이유로 하여 취소하지 못한다. 그러나 화해당사자의 자격 또는 화해의 목적인 분쟁이외의 사항에 착오가 있는 때에는 그러하지 아니하다.

② [〇] 화해계약이 성립하면 특별한 사정이 없는 한 그 창설적 효력에 따라 종전의 법률관계를 바탕으로 한 권리의무관계는 소멸하고, 계약 당사자 사이에 종전의 법률관계가 어떠하였는지를 묻지 않고 화해계약에 따라 새로운 법률관계가 생긴다.

③ [〇] 채권자와 채무자간의 잔존채무액의 계산행위는 다른 특별한 사정이 없는 한 채무자가 채권자에게 지급할 채무액을 새로이 확정하는 채권자와 채무자간의 화해계약이라고는 볼 수 없다(대판 1984.3.13, 83다358).

④ [〇] 민법 제733조의 규정에 의하면, 화해계약은 화해당사자의 자격 또는 화해의 목적인 분쟁 이외의 사항에 착오가 있는 경우를 제외하고는 착오를 이유로 취소하지 못하지만, 화해계약이 사기로 인하여 이루어진 경우에는 화해의 목적인 분쟁에 관한 사항에 착오가 있는 때에도 민법 제110조에 따라 이를 취소할 수 있다고 할 것이다(대판 2008.9.11, 2008다15278).

⑤ [〇] 화해는 분쟁이 된 법률관계에 대한 처분행위이므로 그 대상은 처분할 수 있는 법률관계이어야 한다.

제11절 | 기타의 전형계약

I. 교환
II. 고용

056 고용계약에 관한 설명으로 옳지 않은 것을 모두 고른 것은? (다툼이 있으면 판례에 따름)

24 노무사

> ㄱ. 관행에 비추어 노무의 제공에 보수를 수반하는 것이 보통인 경우에도 보수에 관하여 명시적인 합의가 없다면 노무를 제공한 노무자는 사용자에게 보수를 청구할 수 없다.
> ㄴ. 근로자를 고용한 기업으로부터 다른 기업으로 적을 옮겨 업무에 종사하게 하는 전적은 특별한 사정이 없는 한 근로자의 동의가 없더라도 효력이 생긴다.
> ㄷ. 고용 기간이 있는 고용계약을 해지할 수 있는 부득이한 사유에는 고용 계약상 의무의 중대한 위반이 있는 경우가 포함되지 않는다.

① ㄱ
② ㄷ
③ ㄱ, ㄴ
④ ㄴ, ㄷ
⑤ ㄱ, ㄴ, ㄷ

해설

답 ⑤

ㄱ. [X] 고용은 노무를 제공하는 노무자에 대하여 사용자가 보수를 지급하기로 하는 계약이므로, 고용계약에 있어서 보수는 고용계약의 본질적 부분을 구성하고, 따라서 보수 지급을 전제로 하지 않는 고용계약은 존재할 수 없으나, 보수 지급에 관한 약정은 그 방법에 아무런 제한이 없고 반드시 명시적임을 요하는 것도 아니며, 관행이나 사회통념에 비추어 노무의 제공에 보수를 수반하는 것이 보통인 경우에는 당사자 사이에 보수에 관한 묵시적 합의가 있었다고 봄이 상당하고, 다만 이러한 경우에는 보수의 종류와 범위 등에 관한 약정이 없으므로 관행 등에 의하여 이를 결정하여야 한다(대판 1999.7.9, 97다58767).

ㄴ. [X] 근로자를 그가 고용된 기업으로부터 다른 기업으로 적을 옮겨 다른 기업의 업무에 종사하게 하는 이른바 전적은, 종래에 종사하던 기업과 사이의 근로계약을 합의해지하고 이적하게 될 기업과 사이에 새로운 근로계약을 체결하는 것이거나 근로계약상의 사용자의 지위를 양도하는 것이므로, 동일 기업 내의 인사이동인 전근이나 전보와 달리 특별한 사정이 없는 한 근로자의 동의를 얻어야 효력이 생긴다(대판 2006.1.12, 2005두9873).

ㄷ. [X] 민법 제661조 소정의 '부득이한 사유'라 함은 고용계약을 계속하여 존속시켜 그 이행을 강제하는 것이 사회통념상 불가능한 경우를 말하고, 고용은 계속적 계약으로 당사자 사이의 특별한 신뢰관계를 전제로 하므로 고용관계를 계속하여 유지하는 데 필요한 신뢰관계를 파괴하거나 해치는 사실도 부득이한 사유에 포함되며, 따라서 고용계약상 의무의 중대한 위반이 있는 경우에도 부득이한 사유에 포함된다(대판 2004.2.27, 2003다51675).

III. 여행계약

057 여행계약에 관한 설명으로 옳지 않은 것은? 16 노무사

① 여행자는 여행을 시작하지 전에는 언제든지 여행계약을 해제할 수 있으나, 여행주최자에게 발생한 손해는 배상하여야 한다.
② 여행대금의 지급에 대하여 당사자의 약정 및 관습이 없는 경우, 여행자는 여행종료 후에 지체 없이 지급하여야 한다.
③ 여행에 하자가 있는 경우 여행자는 여행주최자에게 하자의 시정 또는 대금의 감액을 청구할 수 있으나, 시정에 지나치게 많은 비용이 드는 경우에는 시정을 청구할 수 없다.
④ 여행계약이 중대한 하자로 해지된 경우 여행주최자는 대금청구권을 상실하지만, 여행자가 이미 실행된 여행으로 이익을 얻은 때에는 이를 여행주최자에게 상환해야 한다.
⑤ 예측할 수 없는 천재지변으로 여행주최자가 여행계약을 해지한 경우, 여행주최자는 귀환운송의 의무를 지며 계약해지로 발생한 추가 비용은 여행자가 전액 부담한다.

해설 답 ⑤

① [○] 제674조의3(여행 개시 전의 계약 해제) 여행자는 여행을 시작하기 전에는 언제든지 계약을 해제할 수 있다. 다만, 여행자는 상대방에게 발생한 손해를 배상하여야 한다.

② [○] 제674조의5(대금의 지급시기) 여행자는 약정한 시기에 대금을 지급하여야 하며, 그 시기의 약정이 없으면 관습에 따르고, 관습이 없으면 여행의 종료 후 지체 없이 지급하여야 한다.

③ [○] 제674조의6(여행주최자의 담보책임) ① 여행에 하자가 있는 경우에는 여행자는 여행주최자에게 하자의 시정 또는 대금의 감액을 청구할 수 있다. 다만, 그 시정에 지나치게 많은 비용이 들거나 그 밖에 시정을 합리적으로 기대할 수 없는 경우에는 시정을 청구할 수 없다.

④ [○] 제674조의7(여행주최자의 담보책임과 여행자의 해지권) ② 계약이 해지된 경우에는 여행주최자는 대금청구권을 상실한다. 다만, 여행자가 실행된 여행으로 이익을 얻은 경우에는 그 이익을 여행주최자에게 상환하여야 한다.

⑤ [×] 제674조의4(부득이한 사유로 인한 계약 해지) ② 제1항에 따라 계약이 해지된 경우에도 계약상 귀환운송 의무가 있는 여행주최자는 여행자를 귀환운송할 의무가 있다.
③ 제1항의 해지로 인하여 발생하는 추가 비용은 그 해지 사유가 어느 당사자의 사정에 속하는 경우에는 그 당사자가 부담하고, 누구의 사정에도 속하지 아니하는 경우에는 각 당사자가 절반씩 부담한다.

058 여행계약에 관한 설명으로 옳은 것은? (다른 사정은 고려하지 않음) 24 노무사

① 여행자는 여행을 시작하기 전에는 여행계약을 해제할 수 없다.
② 여행대금지급시기에 관해 약정이 없는 경우, 여행자는 다른 관습이 있더라도 여행 종료 후 지체 없이 여행대금을 지급하여야 한다.
③ 여행의 하자에 대한 시정에 지나치게 많은 비용이 드는 경우에도 여행자는 그 시정을 청구할 수 있다.
④ 여행에 중대한 하자로 인하여 여행계약이 중도에 해지된 경우, 여행자는 실행된 여행으로 얻은 이익을 여행주최자에게 상환하여야 한다.
⑤ 여행계약의 담보책임 존속기간에 관한 규정과 다른 합의가 있는 경우, 그 합의가 여행자에게 유리하더라도 효력은 없다.

해설
답 ④

① [×] 제674조의3(여행 개시 전의 계약 해제) 여행자는 여행을 시작하기 전에는 언제든지 계약을 해제할 수 있다. 다만, 여행자는 상대방에게 발생한 손해를 배상하여야 한다.

② [×] 제674조의5(대금의 지급시기) 여행자는 약정한 시기에 대금을 지급하여야 하며, 그 시기의 약정이 없으면 관습에 따르고, 관습이 없으면 여행의 종료 후 지체 없이 지급하여야 한다.

③ [×] 제674조의6(여행주최자의 담보책임) ① 여행에 하자가 있는 경우에는 여행자는 여행주최자에게 하자의 시정 또는 대금의 감액을 청구할 수 있다. 다만, 그 시정에 지나치게 많은 비용이 들거나 그 밖에 시정을 합리적으로 기대할 수 없는 경우에는 시정을 청구할 수 없다.

④ [○] 제674조의7(여행주최자의 담보책임과 여행자의 해지권) ① 여행자는 여행에 중대한 하자가 있는 경우에 그 시정이 이루어지지 아니하거나 계약의 내용에 따른 이행을 기대할 수 없는 경우에는 계약을 해지할 수 있다.
② 계약이 해지된 경우에는 여행주최자는 대금청구권을 상실한다. 다만, 여행자가 실행된 여행으로 이익을 얻은 경우에는 그 이익을 여행주최자에게 상환하여야 한다.

⑤ [×] 제674조의8(담보책임의 존속기간) 제674조의6과 제674조의7에 따른 권리는 여행 기간 중에도 행사할 수 있으며, 계약에서 정한 여행 종료일부터 6개월 내에 행사하여야 한다.
제674조의9(강행규정) 제674조의3, 제674조의4 또는 제674조의6부터 제674조의8까지의 규정을 위반하는 약정으로서 여행자에게 불리한 것은 효력이 없다.

Ⅳ. 현상광고
Ⅴ. 종신정기금

제3장 사무관리와 부당이득

제1절 | 사무관리

Ⅰ. 서설
Ⅱ. 성립요건
Ⅲ. 사무관리의 효과

001 사무관리에 관한 설명으로 옳지 않은 것은? (다툼이 있으면 판례에 따름) 15 노무사 변형

① 관리자가 본인의 의사에 반하는 관리행위로 인하여 필요비 또는 유익비를 지출한 때에는 본인의 현존이익 한도에서 그 상환을 청구할 수 있다.
② 관리자가 사무관리를 함에 있어서 과실 없이 손해를 받은 때에는 본인의 현존이익의 한도에서 그 손해의 보상을 청구할 수 있다.
③ 사무를 처리한 자에게 타인을 위하여 처리한다는 관리의사가 없는 경우에도 사무관리가 성립될 수 있다.
④ 관리자가 관리를 개시한 때에는 지체 없이 본인에게 통지하여야 하지만, 본인이 이미 이를 안 때에는 그러하지 아니하다.
⑤ 관리자가 타인의 생명, 신체, 명예 또는 재산에 대한 급박한 위해를 면하게 하기 위하여 그 사무를 관리한 때에는 고의나 중대한 과실이 없으면 이로 인한 손해를 배상할 책임이 없다.
⑥ 제3자가 유효하게 채무자가 부담하는 채무를 변제한 경우에 채무자와 계약관계가 있으면 그에 따라 구상권을 취득하고, 그러한 계약관계가 없으면 특별한 사정이 없는 한 민법 제734조 제1항에서 정한 사무관리가 성립하여 민법 제739조에 정한 사무관리비용의 상환청구권에 따라 구상권을 취득한다.

해설   답 ③

① [O] 제739조(관리자의 비용상환청구권) ③ 관리자가 본인의 의사에 반하여 관리한 때에는 본인의 현존이익의 한도에서 전2항의 규정을 준용한다.

② [O] 제740조(관리자의 무과실손해보상청구권) 관리자가 사무관리를 함에 있어서 과실 없이 손해를 받은 때에는 본인의 현존이익의 한도에서 그 손해의 보상을 청구할 수 있다.

③ [×] 사무관리라 함은 의무 없이 타인을 위하여 그의 사무를 처리하는 행위를 말하는 것이므로, 만약 그 사무가 타인의 사무가 아니라거나 또는 사무를 처리한 자에게 타인을 위하여 처리한다는 관리의사가 없는 경우에는 사무관리가 성립될 수 없다(대판 1995.9.15, 94다59943).

④ [○] 제736조(관리자의 통지의무) 관리자가 관리를 개시한 때에는 지체 없이 본인에게 통지하여야 한다. 그러나 본인이 이미 이를 안 때에는 그러하지 아니하다.

⑤ [○] 제735조(긴급 사무관리) 관리자가 타인의 생명, 신체, 명예 또는 재산에 대한 급박한 위해를 면하게 하기 위하여 그 사무를 관리한 때에는 고의나 중대한 과실이 없으면 이로 인한 손해를 배상할 책임이 없다. – 경과실의 경우 책임 없음

⑥ [○] [1] 채무의 변제는 제3자도 할 수 있다. 그러나 채무의 성질 또는 당사자의 의사표시로 제3자의 변제를 허용하지 아니하는 때에는 그러하지 아니하다(제469조 제1항). 이해관계 없는 제3자는 채무자의 의사에 반하여 변제하지 못한다(제469조 제2항). 제3자가 유효하게 채무자가 부담하는 채무를 변제한 경우에 채무자와 계약관계가 있으면 그에 따라 구상권을 취득하고, 그러한 계약관계가 없으면 특별한 사정이 없는 한 민법 제734조 제1항에서 정한 사무관리가 성립하여 민법 제739조에 정한 사무관리비용의 상환청구권에 따라 구상권을 취득한다. [2] 甲의 전처인 乙이 甲 사망 후 그 상속인인 丙 등을 상대로 자신이 甲의 채무를 대위변제하였다며 상속분에 따른 구상금을 구한 사안에서, 위 대위변제에 관하여 사무관리가 성립하고, 乙이 甲에게 그에 따른 구상금을 취득하였다고 볼 여지가 있는데도, 대위변제가 甲의 의사에 따라 이루어졌다고 볼 수 없다거나 대위변제로 인한 이익을 자녀들에게 주고자 한 것이지 甲에게 주려는 의도가 아니었다는 이유로 乙의 청구를 배척한 원심판결에는 법리오해 등 잘못이 있다고 한 사례이다. [3] 채무자를 위하여 채무를 변제한 자는 채무자에 대한 구상권을 취득할 수 있는데, 구상권은 변제자가 민법 제480조 제1항에 따라 가지는 변제자대위권과 원본, 변제기, 이자, 지연손해금 유무 등에서 그 내용이 다른 별개의 권리이다(대판 2022.3.17, 2021다276539).

002 甲은 법률상 의무 없이 乙의 사무를 처리하고 있다. 이에 관한 설명으로 옳지 않은 것은? (다툼이 있으면 판례에 따름)

21 노무사

① 甲이 제3자와의 별도의 위임계약에 따라 乙의 사무를 처리한 경우, 원칙적으로 甲과 乙사이에 사무관리는 성립하지 않는다.
② 사무관리가 성립되기 위한 甲의 사무관리의사는 甲 자신을 위한 의사와 병존할 수 있다.
③ 사무관리가 성립하는 경우, 甲은 乙에게 부당이득반환을 청구할 수 없다.
④ 사무관리가 성립하는 경우, 甲이 乙의 의사를 알거나 알 수 있었다면 甲은 사무의 성질에 좇아 乙에게 이익이 되는 방법으로 관리하여야 한다.
⑤ 甲이 사무관리하면서 과실 없이 손해를 입은 경우, 甲은 乙의 현존이익의 한도 내에서 그 손해의 보상을 청구할 수 있다.

해설

답 없음(소수설은 ③)

① [O] 의무 없이 타인의 사무를 처리한 자는 그 타인에 대하여 민법상 사무관리 규정에 따라 비용 상환 등을 청구할 수 있으나, 제3자와의 약정에 따라 타인의 사무를 처리한 경우에는 의무 없이 타인의 사무를 처리한 것이 아니므로 이는 원칙적으로 그 타인과의 관계에서는 사무관리가 된다고 볼 수 없다(대판 2013.9.26, 2012다43539).

② [O] 사무관리가 성립하기 위하여는 우선 그 사무가 타인의 사무이고 타인을 위하여 사무를 처리하는 의사, 즉 관리의 사실상의 이익을 타인에게 귀속시키려는 의사가 있어야 하며, 나아가 그 사무의 처리가 본인에게 불리하거나 본인의 의사에 반한다는 것이 명백하지 아니할 것을 요한다. 여기에서 '타인을 위하여 사무를 처리하는 의사'는 관리자 자신의 이익을 위한 의사와 병존할 수 있고, 반드시 외부적으로 표시될 필요가 없으며, 사무를 관리할 당시에 확정되어 있을 필요가 없다(대판 2013.8.22, 2013다30882).

③ [△] 사무관리는 법적 의무나 권리 없이 타인의 사무를 처리하는 것으로 타인에게 이익을 가져다주는 요소를 포함하고 있기 때문에 경우에 따라서는 부당이득과 구성요건이 겹칠 수 있어 양자의 관계가 문제된다. 사무관리와 부당이득의 관계는 우선 법정채권관계로서의 사무관리가 관리자의 행위를 통해 본인이 얻게 되는 이득의 법적 근거로 평가될 수 있는지와 관련된다. 만약 이를 긍정한다면 사무관리가 인정되는 범위에서는 부당이득은 성립할 여지가 없게 되기 때문이다. 이에 관해서 다수의 견해는 사무관리가 성립되면 불법행위와 부당이득 등 다른 제도는 적용이 배제된다고 이해한다. 즉, 사무관리는 부당이득과 관련하여서는 이득의 정당성의 근거가 되고(김형배), 불법행위와 관련하여서는 간섭의 적법성의 근거가 되며(곽윤직), 이런 관점에서 원칙적으로 사무관리에 관한 규정은 특별규정으로서의 지위를 갖는다(김형배). 그러나 사무관리의 특별규정성을 부인하고 부당이득 및 불법행위와 사무관리의 경합을 주장하기도 한다(이은영)(안춘수, 불법행위·부당이득·사무관리, 335면 ~ 336면, 동방문화사, 2018).

④ [O] **제734조(사무관리의 내용)** ① 의무 없이 타인을 위하여 사무를 관리하는 자는 그 사무의 성질에 좇아 가장 본인에게 이익되는 방법으로 이를 관리하여야 한다.
② 관리자가 본인의 의사를 알거나 알 수 있는 때에는 그 의사에 적합하도록 관리하여야 한다.

⑤ [O] **제740조(관리자의 무과실손해보상청구권)** 관리자가 사무 관리를 함에 있어서 과실 없이 손해를 받은 때에는 본인의 현존이익의 한도에서 그 손해의 보상을 청구할 수 있다.

003 사무관리에 관한 설명으로 옳은 것을 모두 고른 것은? (다툼이 있으면 판례에 따름) 19 변리사

> ㄱ. 관리자가 사무관리를 함에 있어서 과실 없이 손해를 받은 경우, 본인에게 그 손해 전부의 보상을 청구할 수 있다.
> ㄴ. 관리자는 본인의 청구가 있는 때에 사무처리의 상황을 보고하여야 하며, 사무처리가 종료된 때에는 지체 없이 그 전말을 보고하여야 한다.
> ㄷ. 타인을 위하여 사무를 처리하는 의사는 관리자 자신의 이익을 위한 의사와 병존할 수 있고, 반드시 외부적으로 표시될 필요가 없으며, 사무를 관리할 당시에 확정되어 있을 필요도 없다.
> ㄹ. 제3자와의 약정에 따라 타인의 사무를 처리한 경우에도 그 타인과의 관계에서는 의무 없이 타인의 사무를 처리한 것이므로, 그 타인과의 관계에서 원칙적으로 사무관리가 성립한다.

① ㄱ, ㄴ
② ㄴ, ㄷ
③ ㄷ, ㄹ
④ ㄱ, ㄴ, ㄹ
⑤ ㄱ, ㄷ, ㄹ

해설
답 ②

ㄱ. [×] 제740조(관리자의 무과실손해보상청구권) 관리자가 사무 관리를 함에 있어서 과실 없이 손해를 받은 때에는 본인의 현존이익의 한도에서 그 손해의 보상을 청구할 수 있다.

ㄴ. [○] 제738조(준용규정) 제683조 내지 제685조(보고의무, 취득물등의 인도, 이전의무, 금전소비의 책임)의 규정은 사무관리에 준용한다.

> 제683조(수임인의 보고의무) 수임인은 위임인의 청구가 있는 때에는 위임사무의 처리상황을 보고하고 위임이 종료한 때에는 지체 없이 그 전말을 보고하여야 한다.

ㄷ. [○] 여기에서 '타인을 위하여 사무를 처리하는 의사'는 관리자 자신의 이익을 위한 의사와 병존할 수 있고, 반드시 외부적으로 표시될 필요가 없으며, 사무를 관리할 당시에 확정되어 있을 필요가 없다(대판 2013.8.22, 2013다30882).

ㄹ. [×] 의무 없이 타인의 사무를 처리한 자는 그 타인에 대하여 민법상 사무관리 규정에 따라 비용 상환 등을 청구할 수 있으나, 제3자와의 약정에 따라 타인의 사무를 처리한 경우에는 의무 없이 타인의 사무를 처리한 것이 아니므로 이는 원칙적으로 그 타인과의 관계에서는 사무관리가 된다고 볼 수 없다(대판 2013.9.26, 2012다43539).

004 사무관리에 관한 설명으로 옳은 것은? (다툼이 있으면 판례에 따름)   24 변리사

① 관리자가 사무의 적절한 관리를 함에 있어 과실 없이 손해를 받은 때에는 본인에 대하여 그 손해 전액의 보상을 청구할 수 있다.
② 관리자가 본인을 위하여 본인의 의사에 부합하게 사무를 관리하면서 유익비를 지출한 경우, 현존이익 한도에서 그 상환을 청구할 수 있다.
③ 상대방과의 약정에 따라 제3자의 사무를 관리한 경우, 그 관리자와 제3자 사이에서는 원칙적으로 사무관리가 성립된다.
④ 관리자에게 타인을 위해 사무를 처리하는 의사와 관리자 자신의 이익을 위한 의사가 모두 있는 경우에는 사무관리가 성립할 수 없다.
⑤ 관리자가 타인의 신체에 대한 급박한 위해를 면하게 하기 위하여 그 사무를 관리한 경우, 그의 경과실로 인해 발생한 본인의 손해를 배상할 책임이 없다.

해설   답 ⑤

① [×] 제740조(관리자의 무과실손해보상청구권) 관리자가 사무 관리를 함에 있어서 과실 없이 손해를 받은 때에는 본인의 현존이익의 한도에서 그 손해의 보상을 청구할 수 있다.

② [×] 제739조(관리자의 비용상환청구권) ① 관리자가 본인을 위하여 필요비 또는 유익비를 지출한 때에는 본인에 대하여 그 상환을 청구할 수 있다.
③ 관리자가 본인의 의사에 반하여 관리한 때에는 본인의 현존이익의 한도에서 전2항의 규정을 준용한다.

③ [×] 의무 없이 타인의 사무를 처리한 자는 그 타인에 대하여 민법상 사무관리 규정에 따라 비용 상환 등을 청구할 수 있으나, 제3자와의 약정에 따라 타인의 사무를 처리한 경우에는 의무 없이 타인의 사무를 처리한 것이 아니므로 이는 원칙적으로 그 타인과의 관계에서는 사무관리가 된다고 볼 수 없다(대판 2013.9.26, 2012다43539).

④ [×] '타인을 위하여 사무를 처리하는 의사'는 관리자 자신의 이익을 위한 의사와 병존할 수 있고, 반드시 외부적으로 표시될 필요가 없으며, 사무를 관리할 당시에 확정되어 있을 필요가 없다(대판 2013.8.22, 2013다30882).

⑤ [○] 제735조(긴급 사무관리) 관리자가 타인의 생명, 신체, 명예 또는 재산에 대한 급박한 위해를 면하게 하기 위하여 그 사무를 관리한 때에는 고의나 중대한 과실이 없으면 이로 인한 손해를 배상할 책임이 없다.
- 경과실의 경우 책임 없음

005 사무관리에 관한 설명으로 옳지 않은 것은? (다툼이 있으면 판례에 따름)   24 노무사

① 제3자와의 약정에 따라 타인의 사무를 처리한 경우, 사무처리와 그 타인과의 관계에서는 원칙적으로 사무관리가 인정되지 않는다.
② 타인의 사무처리가 본인의 의사에 반한다는 것이 명백하다면 특별한 사정이 없는 한 사무관리는 성립하지 않는다.
③ 사무관리의 성립 요건인 '타인을 위하여 사무를 처리하는 의사'는 반드시 외부적으로 표시되어야 한다.
④ 사무관리에 의하여 본인이 아닌 제3자가 결과적으로 사실상 이익을 얻은 경우, 사무관리자는 그 제3자에 대하여 직접 부당이득반환을 청구할 수 없다.
⑤ 사무관리의 성립 요건인 '타인을 위하여 사무를 처리하는 의사'는 관리자 자신의 이익을 위한 의사와 병존할 수 있다.

해설   답 ③

① [O] 의무 없이 타인의 사무를 처리한 자는 그 타인에 대하여 민법상 사무관리 규정에 따라 비용 상환 등을 청구할 수 있으나, 제3자와의 약정에 따라 타인의 사무를 처리한 경우에는 의무 없이 타인의 사무를 처리한 것이 아니므로 이는 원칙적으로 그 타인과의 관계에서는 사무관리가 된다고 볼 수 없다(대판 2013.9.26, 2012다43539).
② [O] 사무관리가 성립하기 위하여는 우선 그 사무가 타인의 사무이고 타인을 위하여 사무를 처리하는 의사, 즉 관리의 사실상의 이익을 타인에게 귀속시키려는 의사가 있어야 함은 물론 나아가 그 사무의 처리가 본인에게 불리하거나 본인의 의사에 반한다는 것이 명백하지 아니할 것을 요한다(대판 1997.10.10, 97다26326).
③ [×], ⑤ [O] 여기에서 '타인을 위하여 사무를 처리하는 의사'는 관리자 자신의 이익을 위한 의사와 병존할 수 있고, 반드시 외부적으로 표시될 필요가 없으며, 사무를 관리할 당시에 확정되어 있을 필요가 없다(대판 2013.8.22, 2013다30882).
④ [O] 의무 없이 타인을 위하여 사무를 관리한 자는 타인에 대하여 민법상 사무관리 규정에 따라 비용상환 등을 청구할 수 있는 외에 사무 관리에 의하여 결과적으로 사실상 이익을 얻은 다른 제3자에 대하여 직접 부당이득반환을 청구할 수는 없다(대판 2013.6.27, 2011다17106).

제2절 | 부당이득

Ⅰ. 서설
Ⅱ. 부당이득의 요건

006 부당이득에 관한 설명으로 옳은 것을 모두 고른 것은? (다툼이 있으면 판례에 따름) 15 노무사

> ㄱ. 법률행위가 사기에 의한 것으로 취소되는 경우에 그 법률행위가 동시에 불법행위를 구성하는 때에는 취소의 효과로 생기는 부당이득반환청구권과 불법행위로 인한 손해배상청구권은 경합하여 병존하는 것이므로, 채권자는 어느 것이라도 선택하여 행사할 수 있지만 중첩적으로 행사할 수는 없다.
> ㄴ. 채무자가 횡령한 금전으로 자신의 채권자에 대한 채무를 변제하는 경우, 채권자가 그 변제를 수령함에 있어 단순히 과실이 있는 경우에는 그 변제는 유효하고 채권자의 금전 취득이 피해자에 대한 관계에 있어서 법률상 원인을 결여한 것이라고 할 수 없다.
> ㄷ. 비채변제에 관한 규정(민법 제742조)은 변제자가 채무 없음을 알면서도 변제를 한 경우에 적용되는 것이므로, 채무 없음을 알지 못한 경우에는 그 과실 유무를 불문하고 적용되지 아니한다.

① ㄱ
② ㄱ, ㄴ
③ ㄱ, ㄷ
④ ㄴ, ㄷ
⑤ ㄱ, ㄴ, ㄷ

해설

답 ⑤

ㄱ. [○] 법률행위가 사기에 의한 것으로서 취소되는 경우에 그 법률행위가 동시에 불법행위를 구성하는 때에는 취소의 효과로 생기는 부당이득반환청구권과 불법행위로 인한 손해배상청구권은 경합하여 병존하는 것이므로, 채권자는 어느 것이라도 선택하여 행사할 수 있지만 중첩적으로 행사할 수는 없다(대판 1993.4.27, 92다56087).

ㄴ. [○] 부당이득제도는 이득자의 재산상 이득이 법률상 원인을 결여하는 경우에 공평·정의의 이념에 근거하여 이득자에게 그 반환의무를 부담시키는 것인바, 채무자가 피해자로부터 횡령한 금전을 그대로 채권자에 대한 채무변제에 사용하는 경우 피해자의 손실과 채권자의 이득 사이에 인과관계가 있음이 명백하고, 한편 채무자가 횡령한 금전으로 자신의 채권자에 대한 채무를 변제하는 경우 채권자가 그 변제를 수령함에 있어 악의 또는 중대한 과실이 있는 경우에는 채권자의 금전 취득은 피해자에 대한 관계에 있어서 법률상 원인을 결여한 것으로 봄이 상당하나, 채권자가 그 변제를 수령함에 있어 단순히 과실이 있는 경우에는 그 변제는 유효하고 채권자의 금전 취득이 피해자에 대한 관계에 있어서 법률상 원인을 결여한 것이라고 할 수 없다(대판 2003.6.13, 2003다8862).

ㄷ. [○] 민법 제742조 소정의 비채변제에 관한 규정은 변제자가 채무 없음을 알면서도 변제를 한 경우에 적용되는 것이어서 채무 없음을 알지 못한 경우에는 그 과실 유무를 불문하고 적용되지 아니하며, 변제자가 채무 없음을 알았다는 점에 대한 입증책임은 반환청구권을 부인하는 측에 있다고 할 것이다(대판 2012.11.15, 2010다68237).

007 부당이득의 반환의무 또는 책임의 범위가 현존이익으로 한정되는 경우가 아닌 것은? 16 노무사

① 선의의 부당이득자의 반환의무
② 실종선고가 취소된 경우, 실종선고를 직접원인으로 하여 선의로 재산을 취득한 자의 반환의무
③ 법률행위가 제한능력을 이유로 취소되는 경우, 제한능력자의 상환의무
④ 수탁보증인이 과실 없이 변제 기타의 출재로 주채무를 소멸시킨 경우, 주채무자의 수탁보증인에 대한 구상채무
⑤ 사무관리를 함에 있어 관리자가 과실 없이 손해를 받은 경우, 본인의 관리자에 대한 무과실 손해보상채무

| 해설 | 답 ④ |

① [○] 제748조(수익자의 반환범위) ① 선의의 수익자는 그 받은 이익이 현존한 한도에서 전조의 책임이 있다.

② [○] 제29조(실종선고의 취소) ② 실종선고의 취소가 있을 때에 실종의 선고를 직접원인으로 하여 재산을 취득한 자 선의인 경우에는 그 받은 이익이 현존하는 한도에서 반환할 의무가 있고 악의인 경우에는 그 받은 이익에 이자를 붙여서 반환하고 손해가 있으면 이를 배상하여야 한다.

③ [○] 제141조(취소의 효과) 취소된 법률행위는 처음부터 무효인 것으로 본다. 다만, 제한능력자는 그 행위로 인하여 받은 이익이 현존하는 한도에서 상환할 책임이 있다.

④ [×] 제441조(수탁보증인의 구상권) ① 주채무자의 부탁으로 보증인이 된 자가 과실 없이 변제 기타의 출재로 주채무를 소멸하게 한 때에는 주채무자에 대하여 구상권이 있다.
② 제425조 제2항(구상권은 면책된 날 이후의 법정이자 및 피할 수 없는 비용 기타 손해배상을 포함한다)의 규정은 전항의 경우에 준용한다.

⑤ [○] 제740조(관리자의 무과실손해보상청구권) 관리자가 사무 관리를 함에 있어서 과실 없이 손해를 받은 때에는 본인의 현존이익의 한도에서 그 손해의 보상을 청구할 수 있다.

008 부당이득에 관한 설명으로 옳지 않은 것은? (다툼이 있으면 판례에 따름) 17 노무사

① 소유권과 같은 물권의 취득뿐만 아니라 채권의 취득도 이득에 해당한다.
② 채무 없는 자가 착오로 변제한 경우에 그 변제가 도의관념에 적합한 때에는 그 반환을 청구하지 못한다.
③ 법률상 원인 없이 타인 소유의 건물을 점유하여 거주하는 자는 특별한 사정이 없는 한 건물의 차임 상당액을 부당이득으로 반환할 의무가 있다.
④ 부당이득으로 취득한 금전은 취득자의 소비 여부를 불문하고 현존하는 것으로 추정된다.
⑤ 부당이득 반환의무는 수익자에게 고의 또는 과실이 있는 경우에만 인정된다.

해설

답 ⑤

① [O] 채권도 물권과 같이 재산의 하나이므로 그 취득도 당연히 이득이 되고 수익이 된다(대판 1996. 11.22, 96다34009).

② [O] **제744조(도의관념에 적합한 비채변제)** 채무 없는 자가 착오로 인하여 변제한 경우에 그 변제가 도의관념에 적합한 때에는 그 반환을 청구하지 못한다.

③ [O] 법률상 원인 없이 타인 소유의 건물을 점유하여 거주하는 자는 건물의 소유자에게 그 점유기간 동안 건물의 사용, 수익에 따른 차임 상당액을 부당이득으로 반환할 의무가 있다(대판 1995. 8.22, 95다11955).

④ [O] 법률상 원인 없이 타인의 재산 또는 노무로 인하여 이익을 얻고 그로 인하여 타인에게 손해를 가한 경우, 그 취득한 것이 금전상의 이득인 때에는 그 금전은 이를 취득한 자가 소비하였는가의 여부를 불문하고 현존하는 것으로 추정 된다(대판 1996.12.10, 96다32881).

⑤ [×] **제748조(수익자의 반환범위)** ① 선의의 수익자는 그 받은 이익이 현존한 한도에서 전조의 책임이 있다.

009 부당이득에 관한 설명으로 옳은 것은? (다툼이 있으면 판례에 따름)

① 선의의 수익자가 패소한 때에는 그 판결이 확정된 때부터 악의의 수익자로 본다.
② 악의의 비채변제라도 변제를 강제당한 경우 등 그 변제가 자유로운 의사에 반하여 이루어진 때에는 반환을 청구할 수 있다.
③ 임차인이 동시이행의 항변권에 기하여 임차목적물을 사용·수익한 경우에는 부당이득이 성립하지 않는다.
④ 무효인 명의신탁약정에 의하여 타인 명의의 등기가 마쳐졌다는 이유만으로 그것이 불법원인급여에 해당한다.
⑤ 채무 없는 자가 착오로 변제한 경우에 그 변제가 도의관념에 적합한 때에도 그 반환을 청구할 수 있다.

해설

답 ②

① [×] **제749조(수익자의 악의인정)** ② 선의의 수익자가 패소한 때에는 그 소를 제기한 때부터 악의의 수익자로 본다.

② [O] 지급자가 채무 없음을 알면서도 임의로 지급한 경우에는 민법 제742조 소정의 비채변제로서 수령자에게 그 반환을 구할 수 없으나, 지급자가 채무 없음을 알고 있었다고 하더라도 변제를 강제당한 경우나 변제거절로 인한 사실상의 손해를 피하기 위하여 부득이 변제하게 된 경우 등 그 변제가 자유로운 의사에 반하여 이루어진 것으로 볼 수 있는 사정이 있는 때에는 지급자가 그 반환청구권을 상실하지 않는다(대판 2004.1.27, 2003다46451).

③ [×] 동시이행의 항변권 또는 유익비 상환청구권에 의한 유치권을 행사하여 가옥을 사용 수익한 경우에는 임료상당의 금원을 부당이득 한 것으로 본다(대판 1963.7.11, 63다235).

④ [×] 부동산실권리자명의등기에관한법률이 규정하는 명의신탁약정은 부동산에 관한 물권의 실권리자가 타인과의 사이에서 대내적으로는 실권리자가 부동산에 관한 물권을 보유하거나 보유하기로 하고 그에 관한 등기는 그 타인의 명의로 하기로 하는 약정을 말하는 것일 뿐이므로, 그 자체로 선량한 풍속 기타 사회질서에 위반하는 경우에 해당한다고 단정할 수 없을 뿐만 아니라, 위 법률은 원칙적으로 명의신탁약정과 그 등기에 기한 물권변동만을 무효로 하고 명의신탁자가 다른 법률관계에 기하여 등기회복 등의 권리행사를 하는 것까지 금지하지는 않는 대신, 명의신탁자에 대하여 행정적 제재나 형벌을 부과함으로써 사적자치 및 재산권보장의 본질을 침해하지 않도록 규정하고 있으므로, 위 법률이 비록 부동산등기제도를 악용한 투기·탈세·탈법행위 등 반사회적 행위를 방지하는 것 등을 목적으로 제정되었다고 하더라도, 무효인 명의신탁약정에 기하여 타인 명의의 등기가 마쳐졌다는 이유만으로 그것이 당연히 불법원인급여에 해당한다고 볼 수 없다(대판 2003.11.27, 2003다41722).

⑤ [×] 제744조(도의관념에 적합한 비채변제) 채무 없는 자가 착오로 인하여 변제한 경우에 그 변제가 도의관념에 적합한 때에는 그 반환을 청구하지 못한다.

010 부당이득에 관한 설명으로 옳은 것은? (다툼이 있으면 판례에 따름) 19 노무사

① 채무자가 채무 없음을 알고 임의로 변제한 경우, 그 반환을 청구할 수 있다.
② 선의의 수익자가 패소한 때에는 패소 시부터 악의의 수익자로 본다.
③ 불법원인급여로 인해 반환을 청구하지 못하는 이익은 종국적인 것임을 요하지 않는다.
④ 제한능력을 이유로 법률행위를 취소하는 경우, 악의의 제한능력자는 그 행위로 인하여 받은 이익 전부를 상환하여야 한다.
⑤ 수익자가 법률상 원인 없이 이득 한 재산을 처분함으로 인하여 원물반환이 불가능한 경우, 반환하여야 할 가액은 특별한 사정이 없는 한 그 처분 당시의 대가이다.

해설 답 ⑤

① [×] 제742조(비채변제) 채무 없음을 알고 이를 변제한 때에는 그 반환을 청구하지 못한다.

② [×] 제749조(수익자의 악의인정) ② 선의의 수익자가 패소한 때에는 그 소를 제기한 때부터 악의의 수익자로 본다.

③ [×] 민법 제746조에서 불법의 원인으로 인하여 급여함으로써 그 반환을 청구하지 못하는 이익은 종국적인 것을 말한다(대판 1995.8.11, 94다54108). 즉 수령자가 이를 실현하기 위하여 다시 국가의 협력 내지 법의 보호를 기다려야 하는 경우에는 불법원인급여에 관한 규정은 적용되지 않는다(대판 1989.9.29, 89다카5994).

④ [×] 제141조(취소의 효과) 취소된 법률행위는 처음부터 무효인 것으로 본다. 다만, 제한능력자는 그 행위로 인하여 받은 이익이 현존하는 한도에서 상환할 책임이 있다.

⑤ [○] 일반적으로 수익자가 법률상 원인 없이 이득한 재산을 처분함으로 인하여 원물반환이 불가능한 경우에 있어서 반환하여야 할 가액은 특별한 사정이 없는 한 그 처분 당시의 대가이다(대판 1995.5.12, 94다25551).

011 부당이득반환청구권에 관한 설명으로 옳지 않은 것은? (다툼이 있으면 판례에 따름) 20 노무사

① 부당이득반환청구권의 요건인 수익자의 이득은 실질적으로 귀속된 이득을 의미한다.
② 법률상 원인 없이 이득을 얻은 자는 있지만 그로 인해 손해를 입은 자가 없다면 부당이득반환청구권은 성립하지 않는다.
③ 수인이 공동으로 법률상 원인 없이 타인의 재산을 사용한 경우 발생하는 부당이득반환채무는 특별한 사정이 없는 한 부진정연대관계에 있다.
④ 부당이득이 금전상 이득인 경우 이를 취득한 자가 소비하였는지 여부를 불문하고 그 이득은 현존하는 것으로 추정된다.
⑤ 선의의 수익자가 부당이득반환청구소송에서 패소한 때에는 그 소가 제기된 때부터 악의의 수익자로 간주된다.

해설

답 ③

① [O] 법률상의 원인 없이 이득하였음을 이유로 한 부당이득의 반환에 있어 이득이라 함은 실질적인 이익을 의미하므로, 임차인이 임대차계약관계가 소멸된 이후에도 임차목적물을 계속 점유하기는 하였으나 이를 본래의 임대차계약상의 목적에 따라 사용·수익하지 아니하여 실질적인 이득을 얻은 바 없는 경우에는 그로 인하여 임대인에게 손해가 발생하였다 하더라도 임차인의 부당이득반환의무는 성립되지 않는다(대판 1998.5.29, 98다6497).
② [O] 일방이 이득을 얻었더라도 그로 인하여 타인이 손실을 입지 않은 경우에는 부당이득은 성립하지 않는다(통설).
③ [×] 수명이 공동으로 법률상 원인 없이 타인의 재산을 사용한 경우의 부당이득의 반환채무는 특별한 사정이 없는 한 불가분적 이득의 상환으로서 불가분채무라 할 것이고, 불가분채무는 각 채무자가 채무 전부를 이행할 의무가 있고, 1인의 채무이행으로 다른 채무자도 그 의무를 면하게 된다(대판 1981.8.20, 80다2587; 대판 2001.12.11, 2000다13948).
④ [O] 법률상 원인 없이 타인의 재산 또는 노무로 인하여 이익을 얻고 그로 인하여 타인에게 손해를 가한 경우, 그 취득한 것이 금전상의 이득인 때에는 그 금전은 이를 취득한 자가 소비하였는가의 여부를 불문하고 현존하는 것으로 추정된다(대판 1996.12.10, 96다32881).
⑤ [O] 제749조(수익자의 악의인정) ① 수익자가 이익을 받은 후 법률상 원인 없음을 안 때에는 그때부터 악의의 수익자로서 이익반환의 책임이 있다.
② 선의의 수익자가 패소한 때에는 그 소를 제기한 때부터 악의의 수익자로 본다.

012 부당이득에 관한 설명으로 옳은 것은? (다툼이 있으면 판례에 따름)   22 노무사

① 채무자가 착오로 변제기 전에 채무를 변제한 경우, 채권자는 이로 인해 얻은 이익을 반환할 의무가 없다.
② 수익자가 이익을 받은 후 법률상 원인 없음을 안 때에는 그 이익을 받은 날로부터 악의의 수익자로서 이익반환의 책임이 있다.
③ 선의의 수익자가 패소한 때에는 패소가 확정된 때부터 악의의 수익자로 본다.
④ 불법원인급여에서 수익자의 불법성이 현저히 크고, 그에 비하여 급여자의 불법성은 경미한 경우라 하더라도 급여자의 반환 청구는 허용되지 않는다.
⑤ 법률상 원인 없이 이득을 얻은 자는 있지만 그로 인해 손해를 입은 자가 없는 경우, 부당이득반환청구권은 인정되지 않는다.

해설   답 ⑤

① [×] 제743조(기한전의 변제) 변제기에 있지 아니한 채무를 변제한 때에는 그 반환을 청구하지 못한다. 그러나 채무자가 착오로 인하여 변제한 때에는 채권자는 이로 인하여 얻은 이익을 반환하여야 한다.

②③ [×] 제749조(수익자의 악의인정) ① 수익자가 이익을 받은 후 법률상 원인 없음을 안 때에는 그때부터 악의의 수익자로서 이익반환의 책임이 있다.
② 선의의 수익자가 패소한 때에는 그 소를 제기한 때부터 악의의 수익자로 본다.

④ [×] 민법 제746조에 의하면 급여가 불법원인급여에 해당하고 급여자에게 불법 원인이 있는 경우에는 수익자에게 불법 원인이 있는지의 여부나 수익자의 불법 원인의 정도 내지 불법성이 급여자의 그것보다 큰지의 여부를 막론하고 급여자는 그 불법원인급여의 반환을 구할 수 없는 것이 원칙이나, 수익자의 불법성이 급여자의 그것보다 현저히 크고 그에 비하면 급여자의 불법성은 미약한 경우에도 급여자의 반환 청구가 허용되지 않는다고 하는 것은 공평에 반하고 신의성실의 원칙에도 어긋나므로 이러한 경우에는 민법 제746조 본문의 적용이 배제되어 급여자의 반환 청구는 허용된다고 해석함이 상당하다(대판 1997.10.24, 95다49530).

⑤ [○] 법률상의 원인 없이 이득하였음을 이유로 한 부당이득의 반환에 있어 이득이라 함은 실질적인 이익을 의미하므로, 임차인이 임대차계약관계가 소멸된 이후에도 임차목적물을 계속 점유하기는 하였으나 이를 본래의 임대차계약상의 목적에 따라 사용·수익하지 아니하여 실질적인 이득을 얻은 바 없는 경우에는 그로 인하여 임대인에게 손해가 발생하였다 하더라도 임차인의 부당이득반환의무는 성립되지 않는다(대판 1998.5.29, 98다6497).

013

부당이득에 관한 설명으로 옳은 것은? (다툼이 있으면 판례에 따름) 23 노무사

① 법률상 원인 없는 이득이 있다면 그 이득으로 인해 타인에게 손해가 발생한 것이 아니더라도 그 타인은 부당이득반환청구를 할 수 있다.
② 변제기에 있지 아니한 채무를 착오 없이 변제한 때에는 그 변제 한 것의 반환을 청구할 수 있다.
③ 「부동산 실권리자명의 등기에 관한 법률」에 위반되어 무효인 명의신탁약정에 기하여 타인 명의로 등기를 마쳐준 것은 당연히 불법원인급여에 해당한다.
④ 선의의 수익자가 패소한 때에는 그 소가 확정된 때로부터 악의의 수익자로 본다.
⑤ 제한행위능력을 이유로 법률행위를 취소한 경우 제한능력자는 선의·악의를 묻지 않고 그 행위로 인하여 받은 이익이 현존하는 한도에서 상환할 책임이 있다.

해설

답 ⑤

① [×] 일방이 이득을 얻었더라도 그로 인하여 타인이 손실을 입지 않은 경우에는 부당이득은 성립하지 않는다(통설).

② [×] **제743조(기한 전의 변제)** 변제기에 있지 아니한 채무를 변제한 때에는 그 반환을 청구하지 못한다. 그러나 채무자가 착오로 인하여 변제한 때에는 채권자는 이로 인하여 얻은 이익을 반환하여야 한다.

민법 제743조 소정의 "착오로 인하여"라 함은 변제기 전임을 알지 못하였음을 의미하므로 변제기가 도래했다고 오신하고서 변제한 경우에 한하고 변제기 전임을 알면서 변제한 자는 기한의 이익을 포기한 것으로 볼 것이다(대판 1991.8.13, 91다6856).

③ [×] 부동산실권리자명의등기에관한법률이 규정하는 명의신탁약정은 부동산에 관한 물권의 실권리자가 타인과의 사이에서 대내적으로는 실권리자가 부동산에 관한 물권을 보유하거나 보유하기로 하고 그에 관한 등기는 그 타인의 명의로 하기로 하는 약정을 말하는 것일 뿐이므로, 그 자체로 선량한 풍속 기타 사회질서에 위반하는 경우에 해당한다고 단정할 수 없을 뿐만 아니라, 위 법률은 원칙적으로 명의신탁약정과 그 등기에 기한 물권변동만을 무효로 하고 명의신탁자가 다른 법률관계에 기하여 등기회복 등의 권리행사를 하는 것까지 금지하지는 않는 대신, 명의신탁자에 대하여 행정적 제재나 형벌을 부과함으로써 사적자치 및 재산권보장의 본질을 침해하지 않도록 규정하고 있으므로, 위 법률이 비록 부동산등기제도를 악용한 투기·탈세·탈법행위 등 반사회적 행위를 방지하는 것 등을 목적으로 제정되었다고 하더라도, 무효인 명의신탁약정에 기하여 타인 명의의 등기가 마쳐졌다는 이유만으로 그것이 당연히 불법원인급여에 해당한다고 볼 수 없다(대판 2003.11.27, 2003다41722).

④ [×] **제749조(수익자의 악의인정)** ① 수익자가 이익을 받은 후 법률상 원인 없음을 안 때에는 그때부터 악의의 수익자로서 이익반환의 책임이 있다.
② 선의의 수익자가 패소한 때에는 그 소를 제기한 때부터 악의의 수익자로 본다.

⑤ [○] **제141조(취소의 효과)** 취소된 법률행위는 처음부터 무효인 것으로 본다. 다만, 제한능력자는 그 행위로 인하여 받은 이익이 현존하는 한도에서 상환(償還)할 책임이 있다.

014 부당이득에 관한 설명으로 옳은 것을 모두 고른 것은? (다툼이 있으면 판례에 따름) 24 노무사

> ㄱ. 계약해제로 인한 원상회복의무의 이행으로 금전을 반환하는 경우, 그 금전에 받은 날로부터 가산하는 이자의 반환은 부당이득반환의 성질을 갖는다.
> ㄴ. 민법 제742조(비채변제)의 규정은 변제자가 채무 없음을 알지 못한 경우에는 그 과실 유무를 불문하고 적용되지 아니한다.
> ㄷ. 수익자가 취득한 것이 금전상의 이득인 경우, 특별한 사정이 없는 한 그 금전은 이를 취득한 자가 소비하였는지 여부를 불문하고 현존하는 것으로 추정된다.

① ㄱ
② ㄷ
③ ㄱ, ㄴ
④ ㄴ, ㄷ
⑤ ㄱ, ㄴ, ㄷ

해설
답 ⑤

ㄱ. [O] 민법 제548조 제2항은 계약해제로 인한 원상회복의무의 이행으로서 반환하는 금전에는 그 받은 날로부터 이자를 가산하여야 한다고 하고 있는바, 위 이자의 반환은 원상회복의무의 범위에 속하는 것으로 일종의 부당이득반환의 성질을 가지는 것이지 반환의무의 이행지체로 인한 손해배상은 아니라고 할 것이고, 소송촉진등에관한특례법 제3조 제1항은 금전채무의 전부 또는 일부의 이행을 명하는 판결을 선고할 경우에 있어서 금전채무불이행으로 인한 손해배상액 산정의 기준이 되는 법정이율에 관한 특별규정이므로, 위 이자에는 소송촉진등에관한특례법 제3조 제1항에 의한 이율을 적용할 수 없다(대판 2000.6.23, 2000다16275 · 16282).

ㄴ. [O] 민법 제742조 소정의 비채변제에 관한 규정은 변제자가 채무 없음을 알면서도 변제를 한 경우에 적용되는 것이어서 채무 없음을 알지 못한 경우에는 그 과실 유무를 불문하고 적용되지 아니하며, 변제자가 채무 없음을 알았다는 점에 대한 입증책임은 반환청구권을 부인하는 측에 있다고 할 것이다(대판 2012.11.15, 2010다68237).

ㄷ. [O] 법률상 원인 없이 타인의 재산 또는 노무로 인하여 이익을 얻고 그로 인하여 타인에게 손해를 가한 경우, 그 취득한 것이 금전상의 이득인 때에는 그 금전은 이를 취득한 자가 소비하였는가의 여부를 불문하고 현존하는 것으로 추정된다(대판 1996.12.10, 96다32881).

III. 구체적 고찰
IV. 부당이득이 문제되는 특수 관계

015 부당이득에 관한 설명으로 옳지 않은 것은? (다툼이 있으면 판례에 따름) 　　23 변리사

① 쌍무계약에서 당사자 쌍방의 귀책사유 없이 일방의 채무가 후발적으로 불능이 된 경우, 상대방은 이미 이행한 급부에 대하여 부당이득반환을 청구할 수 있다.
② 집행력 있는 정본을 가진 채권자가 배당요구의 종기까지 적법한 배당요구를 하지 않아 배당에서 제외된 경우, 배당금을 수령한 다른 채권자를 상대로 부당이득반환청구를 할 수 없다.
③ 과세관청이 3자간 등기명의신탁에 따라 해당 부동산의 공부상 소유자가 된 명의수탁자에게 재산세 부과처분을 하여 명의수탁자가 재산세를 납부한 경우, 그는 명의신탁자나 그 상속인을 상대로 재산세 상당액에 대한 부당이득반환청구를 할 수 있다.
④ 임차인이 임대차계약 종료 후 임대차건물을 계속 점유하였으나, 본래의 임대차계약상의 목적에 따라 사용·수익하지 아니하여 실질적인 이득을 얻은 바가 없는 경우, 임차인은 차임 상당의 부당이득반환의무를 부담하지 않는다.
⑤ 송금의뢰인과 수취인 사이에 계좌이체의 원인이 되는 법률관계가 존재하지 않는데도 송금의뢰인의 착오송금으로 인해 수취인이 계좌이체금액에 해당하는 예금채권을 취득한 경우, 송금의뢰인이 수취인에 대하여 부당이득반환청구권을 갖는다.

해설
답 ③

① [O] 일방의 채무가 불능이 된 이상 타방의 채무도 소멸하는 것이 쌍무계약의 견련관계상 옳기 때문이다. 따라서 채무자는 자기의 채무를 면함과 동시에 채권자에게 반대채무의 이행을 청구할 수 없다. 그러나 채무자가 이미 반대급부를 전부 혹은 일부 이행받았다면 이는 부당이득으로서 상대방에게 반환되어야 한다(제741조).
② [O] 배당받을 권리 있는 채권자가 자신이 배당받을 몫을 받지 못하고 그로 말미암아 권리 없는 다른 채권자가 그 몫을 배당받은 경우에는 배당이의 여부 또는 배당표의 확정 여부와 관계없이 배당받을 수 있었던 채권자가 배당금을 수령한 다른 채권자를 상대로 부당이득반환청구를 할 수 있다. 다만 집행력 있는 정본을 가진 채권자 등은 배당요구의 종기까지 배당요구를 한 경우에 한하여 비로소 배당을 받을 수 있고, 적법한 배당요구를 하지 않은 경우에는 매각대금으로부터 배당을 받을 수는 없다. 이러한 채권자가 적법한 배당요구를 하지 않아 배당에서 제외되는 것으로 배당표가 작성되어 배당이 실시되었다면, 그가 적법한 배당요구를 한 경우에 배당받을 수 있었던 금액에 해당하는 돈이 다른 채권자에게 배당되었다고 해서 법률상 원인이 없는 것이라고 할 수 없다(대판 2020.10.15, 2017다216523).
③ [×] 지방세법 제107조 제1항에 따라 재산세 납세의무를 부담하는 '재산을 사실상 소유하고 있는 자'는 공부상 소유자로 등재된 여부를 불문하고 당해 토지나 재산에 대한 실질적인 소유권을 가진 자를 의미한다. 명의신탁자가 소유자로부터 부동산을 양수하면서 명의수탁자와 사이에 명의신탁약정을 하여 소유자로부터 바로 명의수탁자 명의로 해당 부동산의 소유권이전등기를 하는 3자간 등기명의신탁의 경우 명의신탁자의 매수인 지위는 일반 매매계약에서 매수인 지위와 근본적으로 다르지 않으므로, 명의신탁자가 부동산에 관한 매매계약을 체결하고 매매대금을 모두 지급하였다면 재산세 과세기준일 당시 그 부동산에 관한 소유권이전등기를 마치기 전이라도 해당 부동산에 대한 실질적인 소유권을 가진 자로서 특별한 사정이 없는 한 그 재산세를 납부할 의무가 있다.

그런데 과세관청이 3자간 등기명의신탁에 따라 해당 부동산의 공부상 소유자가 된 명의수탁자에게 재산세 부과처분을 하고 이에 따라 명의수탁자가 재산세를 납부하였더라도 명의수탁자가 명의신탁자 또는 그 상속인을 상대로 재산세 상당의 금액에 대한 부당이득반환청구권을 가진다고 보기는 어렵다(대판 2020.9.3, 2018다283773).

④ [O] 법률상의 원인 없이 이득하였음을 이유로 한 부당이득의 반환에 있어 이득이라 함은 실질적인 이익을 의미하므로, 임차인이 임대차계약관계가 소멸된 이후에도 임차목적물을 계속 점유하기는 하였으나 이를 본래의 임대차계약상의 목적에 따라 사용·수익하지 아니하여 실질적인 이득을 얻은 바 없는 경우에는 그로 인하여 임대인에게 손해가 발생하였다 하더라도 임차인의 부당이득반환의무는 성립되지 않는다(대판 1998.5.29,. 98다6497).

⑤ [O] 이때, 송금의뢰인과 수취인 사이에 계좌이체의 원인이 되는 법률관계가 존재하지 않음에도 불구하고, 계좌이체에 의하여 수취인이 계좌이체금액 상당의 예금채권을 취득한 경우에는, 송금의뢰인은 수취인에 대하여 위 금액 상당의 부당이득반환청구권을 가지게 되지만, 수취은행은 이익을 얻은 것이 없으므로 수취은행에 대하여는 부당이득반환청구권을 취득하지 아니한다[1](대판 2007.11.29, 2007다51239).

---

1) 계좌이체는 은행 간 및 은행점포 간의 송금절차를 통하여 저렴한 비용으로 안전하고 신속하게 자금을 이동시키는 수단이고, 다수인 사이에 다액의 자금이동을 원활하게 처리하기 위하여, 그 중개 역할을 하는 은행이 각 자금이동의 원인인 법률관계의 존부, 내용 등에 관여함이 없이 이를 수행하는 체제로 되어 있다. 따라서 현금으로 계좌송금 또는 계좌이체가 된 경우에는 예금원장에 입금의 기록이 된 때에 예금이 된다고 예금거래기본약관에 정하여져 있을 뿐이고, 수취인과 은행 사이의 예금계약의 성립 여부를 송금의뢰인과 수취인 사이에 계좌이체의 원인인 법률관계가 존재하는지 여부에 의하여 좌우되도록 한다고 별도로 약정하였다는 등의 특별한 사정이 없는 경우에는, 송금의뢰인이 수취인의 예금구좌에 계좌이체를 한 때에는, 송금의뢰인과 수취인 사이에 계좌이체의 원인인 법률관계가 존재하는지 여부에 관계없이 수취인과 수취은행 사이에는 계좌이체금액 상당의 예금계약이 성립하고, 수취인이 수취은행에 대하여 위 금액 상당의 예금채권을 취득한다.

제4장 불법행위

Ⅰ. 일반 불법행위

001 甲은 농지법상 처분명령을 회피하기 위하여 친구인 乙과 2020.3.19. 양자간 명의신탁약정을 체결하였다. 이에 따라 乙은 甲으로부터 甲 소유 X토지의 소유권이전등기를 넘겨받았다. 이에 관한 설명으로 옳지 않은 것은? (다툼이 있으면 판례에 따름) 22 변리사

① 甲은 乙을 상대로 진정명의회복을 원인으로 하는 소유권이전등기를 청구할 수 있다.
② 甲은 명의신탁해지를 원인으로 하여 乙을 상대로 소유권이전등기를 청구할 수 없다.
③ 甲이 乙을 상대로 그 등기의 말소를 청구하는 것은 특별한 사정이 없는 한 민법 제746조의 불법원인급여를 이유로 금지된다.
④ 乙이 제3자에게 X토지를 임의로 처분한 경우, 甲은 그 제3자에게 소유권이전등기의 말소를 청구할 수 없다.
⑤ 乙이 제3자에게 X토지를 임의로 처분한 경우, 형사상 횡령죄의 성립 여부와 관계없이 乙은 甲에 대하여 민사상 불법행위책임을 부담한다.

해설
답 ③

①② [○] 이때 명의신탁자는 해지에 기한 소유권이전등기를 청구할 수 없고(대결 1997.5.1, 97마384), 수탁자를 상대로 소유권에 기한 방해배제청구권을 행사하여 수탁자 명의의 등기의 말소를 구하거나 진정명의회복을 원인으로 하는 소유권이전등기를 구할 수 있다(대판 2002.9.6, 2002다35157).
③ [×] 부동산 실권리자명의 등기에 관한 법률(이하 '부동산실명법'이라 한다) 규정의 문언, 내용, 체계와 입법 목적 등을 종합하면, 부동산실명법을 위반하여 무효인 명의신탁약정에 따라 명의수탁자 명의로 등기를 하였다는 이유만으로 그것이 당연히 불법원인급여에 해당한다고 단정할 수는 없다. 이는 농지법에 따른 제한을 회피하고자 명의신탁을 한 경우에도 마찬가지이다(대판 2019.6.20, 2013다218156 전합).
④ [○] 명의신탁약정은 무효로 한다(제4조 제1항). 그리고 이 약정에 따라 행하여진 등기에 의한 물권변동도 무효가 된다(제4조 2항 본문). 다만, 이러한 무효는 제3자에게 대항하지 못한다. 즉, 제3자가 수탁자의 배임행위에 적극가담하지 않는 한, 명의신탁사실에 대한 선의·악의를 불문하고 소유권을 취득한다.
⑤ [○] 대법원 2016도18761 전원합의체 판결은 횡령죄의 본질이 신임관계에 기초하여 위탁된 타인의 물건을 위법하게 영득하는 데 있고 명의신탁자와 명의수탁자의 관계는 형법상 보호할 만한 가치 있는 신임관계가 아니므로 명의수탁자의 임의처분행위에 대하여 횡령죄를 인정할 수 없다는 취지를 밝힌 것이지 명의신탁관계에서 신탁자의 소유권을 보호할 수 없다는 취지로 볼 수는 없다. 따라서 명의수탁자의 임의처분행위로 인하여 명의신탁자의 소유권이 침해된 이상 형법상 횡령죄의 성립 여부와 관계없이 명의수탁자는 명의신탁자에 대하여 민사상 불법행위책임을 부담한다고 봄이 타당하다(대판 2021.6.3, 2016다34007).

Ⅱ. 공동불법행위

002 불법행위책임에 관한 설명으로 옳지 않은 것은? (다툼이 있으면 판례에 따름) 　21 노무사

① 피용자의 불법행위로 인하여 사용자책임을 지는 자가 그 피용자에 대하여 행사하는 구상권의 신의칙을 이유로 제한 또는 배제될 수 있다.
② 공동불법행위에서 과실상계를 하는 경우, 피해자에 대한 공동불법행위자 전원의 과실과 피해자의 공동불법행위자 전원에 대한 과실을 전체적으로 평가하여야 한다.
③ 가해자 중 1인이 다른 가해자에 비하여 불법행위에 가공한 정도가 경미한 경우, 그 가해자의 피해자에 대한 책임범위를 손해배상액의 일부로 제한하여 인정할 수 있다.
④ 불법행위에 경합된 당사자들의 과실정도에 관한 사실인정이나 그 비율을 정하는 것은 특별한 사정이 없는 한 사실심의 전권사항에 속한다.
⑤ 일반육체노동을 하는 사람의 가동연한은 특별한 사정이 없는 한 경험칙상 만 65세로 보아야 한다.

해설
답 ③

① [○] 사용자가 피용자의 업무집행으로 행해진 불법행위로 인하여 직접 손해를 입었거나 또는 사용자로서의 손해배상책임을 부담한 결과로 손해를 입게 된 경우에는 사용자는 그 사업의 성격과 규모, 사업시설의 상황, 피용자의 업무내용, 근로조건이나 근무태도, 가해행위의 상황, 가해행위의 예방이나 손실의 분산에 관한 사용자의 배려정도 등의 제반사정에 비추어 손해의 공평한 분담이라는 견지에서 신의칙상 상당하다고 인정되는 한도 내에서만 피용자에 대하여 위와 같은 손해의 배상이나 구상권을 행사할 수 있다(대판 1987.9.8, 86다카1045).
② [○] 공동불법행위책임은 가해자 각 개인의 행위에 대하여 개별적으로 그로 인한 손해를 구하는 것이 아니라 가해자들이 공동으로 가한 불법행위에 대하여 그 책임을 추궁하는 것으로, 법원이 피해자의 과실을 들어 과실상계를 함에 있어서는 피해자의 공동불법행위자 각인에 대한 과실비율이 서로 다르더라도 피해자의 과실을 공동불법행위자 각인에 대한 과실로 개별적으로 평가할 것이 아니고 그들 전원에 대한 과실로 전체적으로 평가하여야 한다(대판 1998.6.12, 96다55631; 대판 2005.10.13, 2003다24147).
③ [×] 공동불법행위책임은 가해자 각 개인의 행위에 대하여 개별적으로 그로 인한 손해를 구하는 것이 아니라 그 가해자들이 공동으로 가한 불법행위에 대하여 그 책임을 추궁하는 것이므로, 공동불법행위로 인한 손해배상책임의 범위는 피해자에 대한 관계에서 가해자들 전원의 행위를 전체적으로 함께 평가하여 정하여야 하고, 그 손해배상액에 대하여는 가해자 각자가 그 금액의 전부에 대한 책임을 부담하는 것이며, 가해자의 1인이 다른 가해자에 비하여 불법행위에 가공한 정도가 경미하다고 하더라도 피해자에 대한 관계에서 그 가해자의 책임 범위를 위와 같이 정하여진 손해배상액의 일부로 제한하여 인정할 수 없다(대판 1998.10.20, 98다31691).
④ [○] 불법행위로 인한 손해배상청구 사건에서 책임감경사유에 관한 사실인정이나 비율을 정하는 것은 그것이 형평의 원칙에 비추어 현저히 불합리하다고 인정되지 않는 한 사실심의 전권사항에 속한다(대판 2020.6.25, 2019다292026·292033·292040).

⑤ [○] 대법원은 1989.12.26. 선고한 88다카16867 전원합의체 판결(이하 '종전 전원합의체 판결'이라 한다)에서 일반육체노동을 하는 사람 또는 육체노동을 주로 생계활동으로 하는 사람(이하 '육체노동'이라 한다)의 가동연한을 경험칙상 만 55세라고 본 기존 견해를 폐기하였다. 그 후부터 현재에 이르기까지 육체노동의 가동연한을 경험칙상 만 60세로 보아야 한다는 견해를 유지하여 왔다. 그런데 우리나라의 사회적·경제적 구조와 생활여건이 급속하게 향상·발전하고 법제도가 정비·개선됨에 따라 종전 전원합의체 판결 당시 위 경험칙의 기초가 되었던 제반 사정들이 현저히 변하였기 때문에 위와 같은 견해는 더 이상 유지하기 어렵게 되었다. 이제는 <u>특별한 사정이 없는 한 만 60세를 넘어 만 65세까지도 가동할 수 있다고 보는 것이 경험칙에 합당하다</u>(대판 2019.2.21, 2018다248909 전합).

003 공동불법행위에 관한 설명으로 옳지 않은 것은? (다툼이 있으면 판례에 따름) 19 변리사

① 수인이 공동의 불법행위로 타인에게 손해를 가한 때에는 연대하여 그 손해를 배상할 책임이 있다.
② 공동불법행위가 성립하기 위해서는 행위자 사이에 의사의 공통이나 행위공동의 인식은 필요하지 않다.
③ 공동불법행위자 중 1인의 변제는 변제된 금액의 한도 내에서 다른 공동불법행위자를 위하여 공동면책의 효력이 있다.
④ 가해자 불명의 공동불법행위의 경우, 개별 행위자가 자기의 행위와 손해발생 사이에 인과관계가 없음을 증명하면 불법행위책임을 면한다.
⑤ 공동불법행위자 중 1인인 甲의 손해배상채무가 시효로 소멸한 후에, 다른 공동불법행위자 乙이 피해자에게 자기의 부담부분을 넘는 손해를 배상하였더라도 乙은 甲에게 구상권을 행사할 수 없다.

해설 답 ⑤

① [○] 제760조(공동불법행위자의 책임) ① 수인이 공동[1]의 불법행위로 타인에게 손해를 가한 때에는 연대하여 그 손해를 배상할 책임이 있다.

② [○] 공동불법행위가 성립하려면 행위자 사이에 의사의 공통이나 행위공동의 인식이 필요한 것은 아니지만, 객관적으로 보아 행위자 각자의 고의 또는 과실에 기한 행위가 공동으로 행하여져 피해자에 대한 권리침해 및 손해발생에 공통의 원인이 되었다고 인정되는 경우라야 할 것이므로, 공동불법행위를 이유로 손해배상책임을 인정하기 위하여는 먼저 행위자 각자의 고의 또는 과실에 기한 행위가 공동으로 행하여졌다는 점이 밝혀져야 한다고 할 것이다(대판 2008.4.24, 2007다44774).

---

[1] 통설·판례는 가해자들 사이에 공모나 공동의 인식은 필요 없으며, 단지 가해행위가 객관적으로 관련되거나 행위의 공동성이 존재하고 있으면 충분하다는 객관적 공동설(= 행위공동설)이다. 이에 반해 가해자들 사이에 공모 내지 공동의 인식이 있어야 한다고 주장하는 주관적 공동설(= 의사공동설, 이은영)이 있다.

③ [O] 통설, 판례는 이를 부진정연대채무 관계로 본다. 따라서 채무자 1인에 대한 사유 중에서 변제·대물변제·공탁·상계만이 절대적 효력을 가지며, 그 밖의 사유인 경개, 면제, 혼동, 소멸시효 등은 상대적 효력을 갖는다. 따라서 피해자에게 유리하다.
④ [O] 민법 제760조 제2항은 여러 사람의 행위가 경합하여 손해가 생긴 경우 중 같은 조 제1항에서 말하는 공동의 불법행위로 보기에 부족할 때, 입증책임을 덜어줌으로써 피해자를 보호하려는 입법정책상의 고려에 따라 각각의 행위와 손해 발생 사이의 인과관계를 법률상 추정한 것이므로, 이러한 경우 개별 행위자가 자기의 행위와 손해 발생 사이에 인과관계가 존재하지 아니함을 증명하면 면책되고, 손해의 일부가 자신의 행위에서 비롯된 것이 아님을 증명하면 배상책임이 그 범위로 감축된다. 차량 등의 3중 충돌사고로 사망한 피해자가 그 중 어느 충돌사고로 사망하였는지 정확히 알 수 없는 경우, 피해자가 입은 손해는 민법 제760조 제2항에서 말하는 가해자 불명의 공동불법행위로 인한 손해에 해당하여 위 충돌사고 관련자들의 각각의 행위와 위 손해 발생 사이의 상당인과관계가 법률상 추정되므로, 그 중 1인이 위 법조항에 따른 공동불법행위자로서의 책임을 면하려면 자기의 행위와 위 손해 발생 사이에 상당인과관계가 존재하지 아니함을 적극적으로 주장·입증하여야 한다(대판 2008.4.10, 2007다76306).
⑤ [×] 공동불법행위자의 다른 공동불법행위자에 대한 구상권은 피해자의 다른 공동불법행위자에 대한 손해배상채권과는 그 발생 원인 및 성질을 달리하는 별개의 권리이고, 연대채무에 있어서 소멸시효의 절대적 효력에 관한 민법 제421조의 규정은 공동불법행위자 상호간의 부진정연대채무에 대하여는 그 적용이 없으므로, 공동불법행위자 중 1인의 손해배상채무가 시효로 소멸한 후에 다른 공동불법행위자 1인이 피해자에게 자기의 부담 부분을 넘는 손해를 배상하였을 경우에도, 그 공동불법행위자는 다른 공동불법행위자에게 구상권을 행사할 수 있다(대판 1997.12.23, 97다42830).

004

甲은 친구 乙이 운전하는 차량에 호의로 동승하여 귀가하던 중 신호를 무시하고 운전하던 丙의 차량과 충돌하는 사고로 부상을 당하였다. 이 사고로 인한 甲의 손해액은 1,000만 원, 乙과 丙의 과실비율은 2:8로 확정되었다. 이에 관한 설명으로 옳지 않은 것은? (단, 자동차손해배상보장법은 고려하지 않으며, 다툼이 있으면 판례에 따름) 21 변리사

① 甲의 손해에 대하여 乙, 丙은 부진정연대책임을 진다.
② 甲의 호의동승으로 인해 乙의 책임이 제한되는 경우, 이는 丙에게도 인정된다.
③ 甲이 乙의 난폭운전으로 사고발생의 위험성이 상당할 정도로 우려된다는 것을 인식한 경우, 甲에게 안전운전을 촉구할 주의의무가 인정된다.
④ 甲의 호의동승에 따른 책임 제한이 30%로 인정되고 丙이 甲에게 600만 원을 변제한 경우, 丙은 乙에게 40만 원을 구상할 수 있다.
⑤ 丙이 甲에게 손해 전부를 배상하고 乙에 대한 구상권을 취득한 후 甲의 乙에 대한 손해배상채권이 시효로 소멸한 경우, 丙은 乙에게 더 이상 구상권을 행사할 수 없다.

해설

답 ⑤

① [O] 통설, 판례는 이를 부진정연대채무 관계로 본다. 따라서 채무자 1인에 대한 사유 중에서 변제·대물변제·공탁·상계만이 절대적 효력을 가지며, 그 밖의 사유인 경개, 면제, 혼동, 소멸시효 등은 상대적 효력을 갖는다. 따라서 피해자에게 유리하다.

② [O] 공동불법행위책임은 가해자 각 개인의 행위에 대하여 개별적으로 그로 인한 손해를 구하는 것이 아니라 가해자들이 공동으로 가한 불법행위에 대하여 그 책임을 추궁하는 것으로, 법원이 피해자의 과실을 들어 과실상계를 함에 있어서는 피해자의 공동불법행위자 각인에 대한 과실비율이 서로 다르더라도 피해자의 과실을 공동불법행위자 각인에 대한 과실로 개별적으로 평가할 것이 아니고 그들 전원에 대한 과실로 전체적으로 평가하여야 한다(대판 1998.6.12, 96다55631; 대판 2005.10.13, 2003다24147).

③ [O] 비록 차량에 무상으로 동승하였다고 하더라도 그와 같은 사실만으로는 운전자에게 안전운행을 촉구하여야 할 주의의무가 있다고 볼 수 없고(대법원 1994.11.25, 선고 94다32917 판결 등 참조), 차량의 운전자가 현저하게 난폭운전을 한다거나 그 밖의 사유로 인하여 사고발생의 위험성이 상당한 정도로 우려된다는 것을 그 동승자가 인식할 수 있었다는 등의 특별한 사정이 없는 한, 단순한 차량의 동승자에게는 그 운전자에게 안전운행을 촉구할 주의의무가 있다고 할 수 없다(대판 2012.4.26, 2010다60769).

④ [O] 부진정연대채무자인 공동불법행위자는 각자의 부담부분을 대외관계인 피해자에 대한 관계로서 주장할 수는 없으나, 내부관계에서는 부담부분이 인정되어야 한다. 이 경우 공동불법행위자가 구상권을 갖기 위하여는 반드시 피해자의 손해 전부를 배상하여야 할 필요는 없으나, 자기의 부담 부분을 초과하여 배상을 하여야 할 것이다(대판 2006.2.9, 2005다28426). 따라서 1,000만 원 중 30%를 제한하면 700만 원이 된다. 그리고 700만 원에서 丙의 80%는 560만 원이므로, 600만 원을 변제하였다면 자신의 부담부분을 넘은 부분은 40만 원이 되므로, 乙에게 40만 원을 구상할 수 있다.

⑤ [×] 공동불법행위자의 다른 공동불법행위자에 대한 구상권은 피해자의 다른 공동불법행위자에 대한 손해배상채권과는 그 발생 원인 및 성질을 달리하는 별개의 권리이고, 연대채무에 있어서 소멸시효의 절대적 효력에 관한 민법 제421조의 규정은 공동불법행위자 상호간의 부진정연대채무에 대하여는 그 적용이 없으므로, 공동불법행위자 중 1인의 손해배상채무가 시효로 소멸한 후에 다른 공동불법행위자 1인이 피해자에게 자기의 부담 부분을 넘는 손해를 배상하였을 경우에도, 그 공동불법행위자는 다른 공동불법행위자에게 구상권을 행사할 수 있다(대판 1997.12.23, 97다42830).

005 불법행위에 관한 설명으로 옳지 않은 것은? (다툼이 있으면 판례에 따름) 23 변리사

① 공동불법행위자들 중에 고의로 불법행위를 행한 자가 있는 경우, 모든 공동불법행위자가 과실상계의 주장을 할 수 없다.
② 위법행위 시점과 손해의 발생 시점에 시간적 간격이 있는 경우, 불법행위로 인한 재산상 손해에 대한 배상책임이 성립하는 시기는 손해의 발생 시점이다.
③ 금전을 대여한 채권자가 고의 또는 과실로 이자제한법을 위반하여 최고이자율을 초과하는 이자를 받아 채무자에게 손해를 입힌 경우, 특별한 사정이 없는 한 불법행위가 성립한다.
④ 민법 제756조(사용자의 배상책임)의 사용관계는 실제로 지휘·감독하고 있는지 여부에 의하여 결정되는 것이 아니라 객관적으로 지휘·감독을 하여야 할 관계에 있는지 여부에 따라 결정된다.
⑤ 불법행위로 인한 손해배상채무는 특별한 사정이 없는 한 채무 성립과 동시에 지연손해금이 발생한다.

해설

답 ①

① [×] 피해자의 부주의를 이용하여 고의로 불법행위를 저지른 자가 바로 그 피해자의 부주의를 이유로 자신의 책임을 감하여 달라고 주장하는 것은 허용될 수 없으나, 이는 그러한 사유가 있는 자에게 과실상계의 주장을 허용하는 것이 신의칙에 반하기 때문이므로, 불법행위자 중의 일부에게 그러한 사유가 있다고 하여 그러한 사유가 없는 다른 불법행위자까지도 과실상계의 주장을 할 수 없다고 해석할 것은 아니다(대판 2007.6.14, 2005다32999).
② [O] 가해행위와 이로 인한 현실적인 손해의 발생 사이에 시간적 간격이 있는 불법행위에 기한 손해배상채권에 있어서 소멸시효의 기산점이 되는 불법행위를 안 날이라 함은 단지 관념적이고 부동적인 상태에서 잠재하고 있던 손해에 대한 인식이 있었다는 정도만으로는 부족하고 그러한 손해가 그 후 현실화된 것을 안 날을 의미한다(대판 2001.1.19, 2000다11836).[2]
③ [O] 금전을 대여한 채권자가 고의 또는 과실로 이자제한법을 위반하여 최고이자율을 초과하는 이자를 받아 채무자에게 손해를 입힌 경우에는 특별한 사정이 없는 한 민법 제750조에 따라 불법행위가 성립한다고 보아야 한다. 최고이자율을 초과하여 지급된 이자는 이자제한법 제2조 제4항에 따라 원본에 충당되므로, 이와 같이 충당하여 원본이 소멸하고도 남아 있는 초과 지급액은 이자제한법 위반 행위로 인한 손해라고 볼 수 있다. 부당이득반환청구권과 불법행위로 인한 손해배상청구권은 서로 별개의 청구권으로서, 제한 초과이자에 대하여 부당이득반환청구권이 있다고 해서 그것만으로 불법행위의 성립이 방해되지 않는다. 나아가 채권자와 공동으로 위와 같은 이자제한법 위반 행위를 하였거나 이에 가담한 사람도 민법 제760조에 따라 연대하여 손해를 배상할 책임이 있다(대판 2021.2.25, 2020다230239).
④ [O] 사용자책임의 요건으로서의 사용관계가 있느냐 여부는 실제적으로 지휘·감독을 하였느냐의 여부에 관계없이 객관적·규범적으로 보아 사용자가 그 불법행위자를 지휘·감독해야 할 지위에 있었느냐의 여부를 기준으로 결정하여야 할 것이다(대판 2005.2.25, 2003다36133).
⑤ [O] 불법행위에 의한 손해배상채무에 있어서는 최고 없이 불법행위 시(즉, 그 당일부터)로부터 당연히 지체의 효과로서 손해배상책임이 발생한다(대판 1975.5.27, 74다1393). 원래 법률규정에

---

[2] 사고 당시 피해자는 만 2세 남짓한 유아로서 좌족부의 성장판을 다쳐 의학적으로 뼈가 성장을 멈추는 만 18세가 될 때까지는 위 좌족부가 어떻게 변형될지 모르는 상태였던 경우, 피해자가 고등학교 1학년 재학 중에 담당의사에게 진찰을 받은 결과 비로소 피해자의 좌족부 변형에 따른 후유장해의 잔존 및 그 정도 등을 가늠할 수 있게 되었다면 피해자의 법정대리인도 그때서야 현실화된 손해를 구체적으로 알았다고 보아 그 무렵을 기준으로 소멸시효의 기산점을 산정한 원심의 판단을 수긍한 사례

의한 채무는 기한의 정함이 없는 채무여서 채권자의 이행청구가 있어야 지체책임을 지는 것이 원칙이나, 불법행위채무는 피해자가 입은 손해를 남김없이 배상하게 하고자 하는 원상회복의 이념에 기초한 것이므로 그 예외를 인정하는 것이다.

006 불법행위에 관한 설명으로 옳지 않은 것은? (다툼이 있으면 판례에 따름) 23 노무사

① 과실로 불법행위를 방조한 자에 대해서는 공동불법행위가 인정될 수 없다.
② 고의로 심신상실을 초래한 자는 타인에게 심신상실 중에 가한 손해를 배상할 책임이 있다.
③ 사용자가 근로계약에 수반되는 보호의무를 위반함으로써 피용자가 손해를 입은 경우, 사용자는 이를 배상할 책임이 있다.
④ 고의로 불법행위를 한 가해자는 피해자의 손해배상채권을 피해자에 대한 자신의 다른 채권으로 상계할 수 없다.
⑤ 미성년자가 성폭력을 당한 경우에 이로 인한 손해배상청구권의 소멸시효는 그가 성년이 될 때까지는 진행되지 아니한다.

해설

답 ①

① [×] 민법 제760조 제3항은 교사자나 방조자는 공동행위자로 본다고 규정하여 교사자나 방조자에게 공동불법행위자로서 책임을 부담시키고 있는바, 방조라 함은 불법행위를 용이하게 하는 직접, 간접의 모든 행위를 가리키는 것으로서 작위에 의한 경우뿐만 아니라 작위의무 있는 자가 그것을 방지하여야 할 제반 조치를 취하지 아니하는 부작위로 인하여 불법행위자의 실행행위를 용이하게 하는 경우도 포함하는 것이고, 이러한 불법행위의 방조는 형법과 달리 손해의 전보를 목적으로 하여 과실을 원칙적으로 고의와 동일시하는 민법의 해석으로서는 과실에 의한 방조도 가능하다고 할 것이며, 이 경우의 과실의 내용은 불법행위에 도움을 주지 않아야 할 주의의무가 있음을 전제로 하여 이 의무에 위반하는 것을 말하고, 방조자에게 공동불법행위자로서의 책임을 지우기 위하여는 방조행위와 피방조자의 불법행위 사이에 상당인과관계가 있어야 한다(대판 1998.12.23, 98다31264).

② [○] 제754조(심신상실자의 책임능력) 심신상실 중에 타인에게 손해를 가한 자는 배상의 책임이 없다. 그러나 고의 또는 과실로 인하여 심신상실을 초래한 때에는 그러하지 아니하다.

③ [○] 사용자는 근로계약에 수반되는 신의칙상의 부수적 의무로서 피용자가 노무를 제공하는 과정에서 생명·신체·건강을 해치는 일이 없도록 인적·물적 환경을 정비하는 등 필요한 조치를 강구하여야 할 보호의무를 부담한다(대판 2001.7.27, 99다56734).

④ [○] 제496조(불법행위채권을 수동채권으로 하는 상계의 금지) 채무가 고의의 불법행위로 인한 것인 때에는 그 채무자는 상계로 채권자에게 대항하지 못한다.

⑤ [○] 제766조(손해배상청구권의 소멸시효) ③ 미성년자가 성폭력, 성추행, 성희롱, 그 밖의 성적(성적) 침해를 당한 경우에 이로 인한 손해배상청구권의 소멸시효는 그가 성년이 될 때까지는 진행되지 아니한다. <신설 2020.10.20.>

III. 특수 불법행위

1. 사용자 책임

007 민법 756조(사용자의 배상책임)에 관한 설명으로 옳지 않은 것은? (다툼이 있으면 판례에 따름)

20 노무사

① 사용자와 피용자 간의 고용계약이 무효이더라도 사실상의 지휘·감독관계가 인정된다면 사용자의 배상책임이 성립할 수 있다.
② 폭행과 같은 피용자의 범죄행위도 민법 제756조 소정의 사무집행관련성을 가질 수 있다.
③ 파견근로자의 파견업무에 관련한 불법행위에 대하여 파견사업주는 특별한 사정이 없는 한 사용자의 배상책임을 부담한다.
④ 고의로 불법행위를 한 피용자가 신의칙상 과실상계를 주장할 수 없는 경우에도 사용자는 특별한 사정이 없는 한 과실상계를 주장할 수 있다.
⑤ 피용자와 공동불법행위를 한 제3자가 있는 경우, 사용자가 피해자에게 손해 전부를 배상하였다면 사용자는 그 제3자에게 배상액 전부를 구상할 수 있다.

해설 답 ⑤

① [O] 반드시 유효한 고용관계가 있는 경우에 한하는 것이 아니고, 사실상 어떤 사람이 다른 사람을 위하여 그 지휘·감독 아래 그 의사에 따라 사무를 집행하는 관계에 있으면 족한 것이며, 타인에게 위탁하여 계속적으로 사무를 처리하여 온 경우 객관적으로 보아 그 타인의 행위가 위탁자의 지휘·감독의 범위 내에 속한다고 보이는 경우 그 타인은 민법 제756조에 규정한 피용자에 해당한다(대판 1998.8.21, 97다13702).
② [O] 근로자들의 친선을 위하여 회사의 현장소장이 주관하고 노무대리가 진행을 지휘한 배구대회중 심판판정문제를 둘러싸고 잠시 시비가 있었으나 곧 속행되어 경기가 종료되었는데 그 직후 패한 팀의 대표인 가해자가 심판을 보았던 피해자를 인근 구석으로 데리고가서 구타하여 상해를 입게 하였다면, 그 경기의 진행책임을 맡았던 노무대리로서는 공식적으로 개최된 경기와 관련된 분규의 재발을 방치한 사무집행상의 과실이 있고 가해자는 그의 사무집행 그 자체는 아니지만 그 사무집행과 밀접하게 관련된 행위 중 폭행을 한 것이므로 결국 회사에게 사용자책임이 있다(대판 1989.2.28, 88다카8682).
③ [O] 파견사업주와 파견근로자 사이에는 민법 제756조의 사용관계가 인정되어 파견사업주는 파견근로자의 파견업무에 관련한 불법행위에 대하여 파견근로자의 사용자로서의 책임을 져야 하지만, 파견근로자가 사용사업주의 구체적인 지시·감독을 받아 사용사업주의 업무를 행하던 중에 불법행위를 한 경우에 파견사업주가 파견근로자의 선발 및 일반적 지휘·감독권의 행사에 있어서 주의를 다하였다고 인정되는 때에는 면책된다고 할 것이다(대판 2003.10.9, 2001다24655).
④ [O] 사용자책임에 대해서도 피해자에게 과실이 있으면 과실상계를 할 수 있다(대판 1994.2.22, 93다53696).
⑤ [×] 피용자와 제3자가 공동불법행위로 피해자에게 손해를 가하여 그 손해배상채무를 부담하는 경우에 피용자와 제3자는 공동불법행위자로서 서로 부진정연대관계에 있고, 한편 사용자의 손해배상책임은 피용자의 배상책임에 대한 대체적 책임이어서 사용자도 제3자와 부진정연대관계에 있다고 보아야 할 것이므로, 사용자가 피용자와 제3자의 책임비율에 의하여 정해진 피용자의 부담부분을 초과하여 피해자에게 손해를 배상한 경우에는 사용자는 제3자에 대하여도 구상권을 행사할 수 있으며, 그 구상의 범위는 제3자의 부담부분에 국한된다고 보는 것이 타당하다(대판 1992.6.23, 91다33070 전합).

008 사용자책임에 관한 설명으로 옳지 않은 것은? (다툼이 있으면 판례에 따름) 17 노무사

① 사용자책임이 성립하려면 사용자가 피용자를 실질적으로 지휘·감독하는 관계에 있어야 한다.
② 특별한 사정이 없다면 퇴직 이후 피용자의 행위에 대하여 종전의 사용자에게 사용자책임을 물을 수 없다.
③ 도급인이 수급인에 대하여 특정한 행위를 지휘한 경우 도급인에게는 사용자로서의 배상책임이 없다.
④ 피용자의 불법행위가 외형상 객관적으로 사용자의 사무집행행위로 보일 경우 행위자의 주관적 사정을 고려함이 없이 이를 사무집행에 관하여 한 행위로 본다.
⑤ 사용자책임의 경우에도 피해자에게 과실이 있으면 과실상계할 수 있다.

해설
답 ③

① [○] 불법행위에 있어 사용자책임이 성립하려면 사용자와 불법행위자 사이에 사용관계 즉 사용자가 불법행위자를 실질적으로 지휘·감독하는 관계가 있어야 하는 것으로, 위임의 경우에도 위임인과 수임인 사이에 지휘·감독관계가 있고 수임인의 불법행위가 외형상 객관적으로 위임인의 사무집행에 관련된 경우 위임인은 수임인의 불법행위에 대하여 사용자책임을 진다(대판 1998.4.28, 96다25500).

② [○] 민법 제756조의 사용자책임이 성립하려면 사용자가 불법행위자인 피용자를 실질적으로 지휘·감독하는 관계에 있어야 하므로, 피용자가 퇴직한 뒤에는 퇴직에도 불구하고 사용자의 실질적인 지휘·감독 아래에 있었다고 볼 수 있는 특별한 사정이 없다면 그의 행위에 대하여 원칙적으로 종전의 사용자에게 사용자책임을 물을 수 없다(대판 2001.9.4, 2000다26128).

③ [×] 도급인은 도급 또는 지시에 관하여 중대한 과실이 없는 한 수급인이 그 일에 관하여 제3자에게 가한 손해를 배상할 책임이 없으나(제757조), 다만 도급인이 수급인의 일의 진행 및 방법에 관하여 구체적인 지휘 감독권을 유보한 경우에는 도급인과 수급인의 관계는 실질적으로 사용자 및 피용자의 관계와 다를 바 없으므로 수급인 또는 그 피용인의 불법행위로 인한 손해에 대하여 도급인은 민법 제756조에 의한 사용자책임을 면할 수 없고 이러한 이치는 하도급의 경우에도 마찬가지인바, 사용자 및 피용자 관계 인정의 기초가 되는 도급인의 수급인에 대한 지휘 감독은 건설공사의 경우에는 현장에서 구체적인 공사의 운영 및 시행을 직접 지시·지도하고 감시 독려함으로써 시공 자체를 관리함을 말하는 것이고, 단순히 공사의 운영 및 시공의 정도가 설계도 또는 시방서대로 시행되고 있는가를 확인하여 공정을 감독하는 데에 불과한 이른바 감리는 여기에 해당하지 않는다(대판 1992.6.23, 92다2615).

009 불법행위에 기한 손해배상에 관한 설명으로 옳지 않은 것을 모두 고른 것은? (다툼이 있으면 판례에 따름)

22 노무사

> ㄱ. 작위의무 있는 자의 부작위에 의한 과실방조는 공동불법행위의 방조가 될 수 없다.
> ㄴ. 도급인이 수급인의 일의 진행과 방법에 관해 구체적으로 지휘·감독한 경우, 수급인의 그 도급 업무와 관련된 불법행위로 인한 제3자의 손해에 대해 도급인은 사용자책임을 진다.
> ㄷ. 책임능력 없는 미성년자의 불법행위로 인해 손해를 입은 자는 그 미성년자의 감독자에게 배상을 청구하기 위해 그 감독자의 감독의무해태를 증명하여야 한다.
> ㄹ. 파견근로자의 파견업무에 관한 불법행위에 대하여 파견사업주는 특별한 사정이 없는 한 사용자로서의 배상책임을 부담하지 않는다.

① ㄱ
② ㄴ, ㄷ
③ ㄴ, ㄹ
④ ㄱ, ㄷ, ㄹ
⑤ ㄱ, ㄴ, ㄷ, ㄹ

해설

답 ④

ㄱ. [×] 민법 제760조 제3항은 교사자나 방조자는 공동행위자로 본다고 규정하여 교사자나 방조자에게 공동불법행위자로서 책임을 부담시키고 있는바, 방조라 함은 불법행위를 용이하게 하는 직접, 간접의 모든 행위를 가리키는 것으로서 작위에 의한 경우뿐만 아니라 작위의무 있는 자가 그것을 방지하여야 할 제반 조치를 취하지 아니하는 부작위로 인하여 불법행위자의 실행행위를 용이하게 하는 경우도 포함하는 것이고, 이러한 <u>불법행위의 방조는 형법과 달리 손해의 전보를 목적으로 하여 과실을 원칙적으로 고의와 동일시하는 민법의 해석으로서는 과실에 의한 방조도 가능하다고 할 것</u>이며, 이 경우의 과실의 내용은 불법행위에 도움을 주지 않아야 할 주의의무가 있음을 전제로 하여 이 의무에 위반하는 것을 말하고, 방조자에게 공동불법행위자로서의 책임을 지우기 위하여는 방조행위와 피방조자의 불법행위 사이에 상당인과관계가 있어야 한다(대판 1998.12.23, 98다31264).

ㄴ. [○] 도급인이 수급인에 대하여 특정한 행위를 지휘하거나 특정한 사업을 도급시키는 경우와 같은 이른바 노무도급의 경우에 있어서는 도급인이라고 하더라도 민법 제756조가 규정하고 있는 사용자책임의 요건으로서의 사용관계가 인정된다(대판 1998.6.26, 97다58170).

ㄷ. [×] 책임무능력자에 대한 감독의무자의 배상책임의 요건인 과실은 피감독자에 대한 일반적 감독 및 교육을 게을리한 과실로서 추정되므로 감독의무자가 그 감독을 게을리하지 않았다는 것을 증명하지 않는 한 배상책임을 면할 수 없다(대판 1984.7.10, 84다카474).

ㄹ. [×] 파견근로자보호등에관한법률에 의한 근로자 파견은 파견사업주가 근로자를 고용한 후 그 고용관계를 유지하면서 사용사업주와 사이에 체결한 근로자 파견계약에 따라 사용사업주에게 근로자를 파견하여 근로를 제공하게 하는 것으로서, 파견근로자는 사용사업주의 사업장에서 그의 지시·감독을 받아 근로를 제공하기는 하지만 사용사업주와의 사이에는 고용관계가 존재하지 아니하는 반면, 파견사업주는 파견근로자의 근로계약상의 사용자로서 파견근로자에게 임금지급의무를 부담할 뿐만 아니라, 파견근로자가 사용사업자에게 근로를 제공함에 있어서 사용사업자가 행사하는 구체적인 업무상의 지휘·명령권을 제외한 파견근로자에 대한 파견명령권과 징계권 등 근로계약에 기한 모든 권한을 행사할 수 있으므로 파견근로자를 일반적으로 지휘·감독해야 할 지위에 있게 되고, 따라서 파견사업주와 파견근로자 사이에는 민법 제756조의 사용관계가 인정되어 파견사업주는 파견근로자의 파견업무에 관련한 불법행위에 대하여 파견근로자의 사용자

로서의 책임을 져야 하지만, 파견근로자가 사용사업주의 구체적인 지시·감독을 받아 사용사업주의 업무를 행하던 중에 불법행위를 한 경우에 파견사업주가 파견근로자의 선발 및 일반적 지휘·감독권의 행사에 있어서 주의를 다하였다고 인정되는 때에는 면책된다고 할 것이다(대판 2003.10.9, 2001다24655).

2. 도급인의 불법행위 책임
3. 공작물 등의 점유자, 소유자의 책임

010 불법행위에 관한 설명으로 옳은 것은? (다툼이 있으면 판례에 따름)

① 민법 제758조의 공작물의 소유자책임은 과실 책임이다.
② 불법행위에서 고의 또는 과실의 증명책임은 원칙적으로 가해자가 부담한다.
③ 명예훼손의 경우, 법원은 피해자의 청구가 없더라도 직권으로 명예회복에 적합한 처분을 명할 수 있다.
④ 중과실의 불법행위자는 피해자에 대한 채권을 가지고 피해자의 손해배상채권을 상계할 수 있다.
⑤ 여럿이 공동의 불법행위로 타인에게 손해를 가한 때에는 분할하여 그 손해를 배상할 책임이 있다.

해설
답 ④

① [×] 공작물의 책임은 공작물의 '하자', 즉 공작물이 용도에 따라 통상 갖추어야 할 안전성을 결여한 것을 전제로 한다. 이 경우 1차적으로 공작물에 가장 가까운 점유자가 책임을 부담하는 것이고, 점유자가 손해의 방지에 필요한 주의를 다하였음을 증명하면, 소유자가 2차 책임을 지게 된다. 다만 소유자의 책임은 면책이 허용되지 않는다는 면에서 무과실책임을 부담하게 된다.
② [×] 법률요건분류설에 의할 경우, 채무불이행책임은 채무자가 자신에게 고의·과실이 없음을 증명하여야 하지만(제390조 단서), 불법행위는 불법행위의 성립을 주장하는 피해자(채권자)가 가해자(채무자)의 고의·과실이 있음을 증명하여야 한다(제750조 본문).
③ [×] 제764조(명예훼손의 경우의 특칙) 타인의 명예를 훼손한 자에 대하여는 법원은 피해자의 청구에 의하여 손해배상에 갈음하거나 손해배상과 함께 명예회복에 적당한 처분을 명할 수 있다.
④ [○] 민법 제496조가 고의의 불법행위로 인한 손해배상채권에 대한 상계를 금지하는 입법취지는 고의의 불법행위에 인한 손해배상채권에 대하여 상계를 허용한다면 고의로 불법행위를 한 자가 상계권행사로 현실적으로 손해배상을 지급할 필요가 없게 됨으로써 보복적 불법행위를 유발하게 될 우려가 있고, 고의의 불법행위로 인한 피해자가 가해자의 상계권행사로 인하여 현실의 변제를 받을 수 없는 결과가 됨은 사회적 정의 관념에 맞지 아니하므로 고의에 의한 불법행위의 발생을 방지함과 아울러 고의의 불법행위로 인한 피해자에게 현실의 변제를 받게 하려는 데 있는 바, 이 같은 입법취지나 적용결과에 비추어 볼 때 고의의 불법행위에 인한 손해배상채권에 대한 상계금지를 중과실의 불법행위에 인한 손해배상채권에까지 유추 또는 확장적용하여야 할 필요성이 있다고 할 수 없다(대판 1994.8.12, 93다52808).
⑤ [×] 공동불법행위자는 채권자에 대한 관계에서는 연대책임(부진정연대채무)을 진다.

011 불법행위에 관한 설명으로 옳지 않은 것은? (다툼이 있으면 판례에 따름) 20 변리사

① 공작물 보존의 하자로 인하여 타인에게 손해를 가한 경우, 그 점유자는 손해의 방지에 필요한 주의를 해태하지 아니한 때에도 소유자와 연대하여 손해를 배상할 책임이 있다.
② 수급인이 도급받은 일에 관하여 제3자에게 손해를 가한 경우, 도급인에게 도급 또는 지시에 관하여 중대한 과실이 있는 때에는 도급인은 제3자에게 손해를 배상할 책임이 있다.
③ 책임능력 있는 미성년자의 불법행위로 인하여 손해가 발생한 경우, 그 발생된 손해가 당해 미성년자의 감독의무자의 의무위반과 상당인과관계가 있을 때에는 감독의무자는 일반 불법행위자로서 손해배상책임이 있다.
④ 타인의 불법행위로 생명을 잃은 피해자의 직계비속의 배우자는 경험칙상 그 직계비속에 비견할 정신적 고통을 받는다 할 것이므로 그에 대한 위자료를 청구할 수 있다.
⑤ 타인의 명예를 훼손한 자에 대하여 법원은 사죄광고를 명할 수 없다.

해설

답 ①

① [×] **제758조(공작물 등의 점유자, 소유자의 책임)** ① 공작물의 설치 또는 보존의 하자로 인하여 타인에게 손해를 가한 때에는 공작물점유자가 손해를 배상할 책임이 있다. 그러나 점유자가 손해의 방지에 필요한 주의를 해태하지 아니한 때에는 그 소유자가 손해를 배상할 책임이 있다.

② [O] **제757조(도급인의 책임)** 도급인은 수급인이 그 일에 관하여 제3자에게 가한 손해를 배상할 책임이 없다. 그러나 도급 또는 지시에 관하여 도급인에게 중대한 과실이 있는 때에는 그러하지 아니하다.

③ [O] 민법 제750조에 대한 특별규정인 민법 제755조 제1항에 의하여 책임능력 없는 미성년자를 감독할 법정의 의무 있는 자가 지는 손해배상책임은 그 미성년자에게 책임이 없음을 전제로 하여 이를 보충하는 책임이고, 그 경우에 감독의무자 자신이 감독의무를 해태하지 아니하였음을 입증하지 아니하는 한 책임을 면할 수 없는 것이나, 반면에 미성년자가 책임능력이 있어 그 스스로 불법행위책임을 지는 경우에도 그 손해가 당해 미성년자의 감독의무자의 의무위반과 상당인과관계가 있으면 감독의무자는 일반불법행위자로서 손해배상책임이 있다 할 것이므로, 이 경우에 그러한 감독의무위반사실 및 손해발생과의 상당인과관계의 존재는 이를 주장하는 자가 입증하여야 할 것이다. 소론이 인용하는 당원 1984.7.10. 선고 84다카474 판결의 해석은 위와 같은 견해와 저촉되는 것이므로 이를 변경하기로 한다(대판 1994.2.8, 93다13605 전합).

④ [O] 민법 제752조는 생명침해의 경우에 있어서의 위자료 청구권자를 규정하고 있으나 이는 위와 같은 위자료 청구권자를 제한하려는 것이 아니라 동조에 규정된 자들은 그 정신적 고통에 관한 거증책임을 경감하는데 불과하고 동조에 규정된 친족 이외의 친족에 있어서도 그 정신적 고통에 관한 입증을 하므로서 일반원칙인 같은 법 제750조, 제751조에 의하여 위자료를 청구할 수 있다고 해석하여야 할 것인바, 타인의 불법행위로 생명을 잃은 피해자의 직계비속의 배우자는 특별한 사정이 없는한 경험칙상 그 직계비속에 비견할 정도의 정신적 고통을 받는다 할 것이므로 기록상 특별사정을 엿볼 수 없는 본건에 있어서 원고 11(피해자의 장남인 원고 2의 처, 즉 피해자의 자부)도 그 정신적 고통에 대하여 위자료를 청구할 수 있다(대판 1978.1.17, 77다1942).

⑤ [O] 민법 제764조(1958.2.22. 법률 제471호)의 "명예회복에 적당한 처분"에 사죄광고를 포함시키는 것은 헌법에 위반된다(헌재 1991.4.1, 89헌마160).

012

불법행위에 관한 설명으로 옳은 것은? (다툼이 있으면 판례에 따름) 24 변리사

① 공동불법행위자 甲과 乙 중 甲의 손해배상채무가 시효로 소멸한 후에 乙이 피해자에게 자기의 부담 부분을 넘는 손해를 배상한 경우, 乙은 甲을 상대로 구상권을 행사할 수 없다.
② 자신의 과실에 의해 초래된 급박한 위난을 피하기 위해 부득이 타인에게 손해를 가한 자는 그 손해에 대한 배상책임을 지지 않는다.
③ 공작물의 설치·보존의 하자로 인해 타인에게 입힌 손해에 대하여 점유자가 면책된 경우, 그 공작물의 소유자는 과실이 없어도 배상책임을 진다.
④ 피용자와 제3자가 공동불법행위에 따른 손해배상채무를 부담하는 경우, 사용자가 피용자와 제3자의 책임비율에 의해 정해진 부담부분을 초과하여 피해자에게 배상하더라도 제3자에 대하여 구상권을 행사할 수 없다.
⑤ 불법행위로 인하여 건물이 훼손되어 사용 및 수리가 불가능한 경우, 손해배상액의 기준이 되는 건물의 시가에는 원칙적으로 건물의 철거비용이 포함된다.

해설
답 ③

① [×] 공동불법행위자의 다른 공동불법행위자에 대한 구상권은 피해자의 다른 공동불법행위자에 대한 손해배상채권과는 그 발생 원인 및 성질을 달리하는 별개의 권리이고, 연대채무에 있어서 소멸시효의 절대적 효력에 관한 민법 제421조의 규정은 공동불법행위자 상호간의 부진정연대채무에 대하여는 그 적용이 없으므로, 공동불법행위자 중 1인의 손해배상채무가 시효로 소멸한 후에 다른 공동불법행위자 1인이 피해자에게 자기의 부담 부분을 넘는 손해를 배상하였을 경우에도, 그 공동불법행위자는 다른 공동불법행위자에게 구상권을 행사할 수 있다(대판 1997.12.23, 97다42830).

② [×]
> 제761조(정당방위, 긴급피난) ① 타인의 불법행위에 대하여 자기 또는 제3자의 이익을 방위하기 위하여 부득이 타인에게 손해를 가한 자는 배상할 책임이 없다. 그러나 피해자는 불법행위에 대하여 손해의 배상을 청구할 수 있다.
> ② 전항의 규정은 급박한 위난을 피하기 위하여 부득이 타인에게 손해를 가한 경우에 준용한다.

③ [○]
> 제758조(공작물 등의 점유자, 소유자의 책임) ① 공작물의 설치 또는 보존의 하자로 인하여 타인에게 손해를 가한 때에는 공작물점유자가 손해를 배상할 책임이 있다. 그러나 점유자가 손해의 방지에 필요한 주의를 해태하지 아니한 때에는 그 소유자가 손해를 배상할 책임이 있다.

④ [×] 피용자와 제3자가 공동불법행위로 피해자에게 손해를 가하여 그 손해배상채무를 부담하는 경우에 피용자와 제3자는 공동불법행위자로서 서로 부진정연대관계에 있고, 한편 사용자의 손해배상책임은 피용자의 배상책임에 대한 대체적 책임이어서 사용자도 제3자와 부진정연대관계에 있다고 보아야 할 것이므로, 사용자가 피용자와 제3자의 책임비율에 의하여 정해진 피용자의 부담부분을 초과하여 피해자에게 손해를 배상한 경우에는 사용자는 제3자에 대하여도 구상권을 행사할 수 있으며, 그 구상의 범위는 제3자의 부담부분에 국한된다고 보는 것이 타당하다(대판 1992.6.23, 91다33070 전합).

⑤ [×] 불법행위로 인하여 건물이 훼손된 경우 그 손해는 수리가 가능하다면 그 수리비, 수리가 불가능하다면 그 교환가치(시가)가 통상의 손해이고, 사용 및 수리가 불가능한 경우 통상 불법행위로 인한 손해배상액의 기준이 되는 건물의 시가에는 건물의 철거비용은 포함되지 않는다(대판 1995.7.28, 94다19129).

4. 동물의 점유자의 책임

IV. 불법행위의 효과

013 불법행위에 관한 설명으로 옳지 않은 것은? (다툼이 있으면 판례에 따름) 19 노무사

① 타인의 불법행위로 모체 내에서 사망한 태아는 불법행위로 인한 손해배상청구권을 갖지 못한다.
② 고의의 불법행위로 인한 손해배상청구권을 수동채권으로 하는 상계는 허용되지 않는다.
③ 불법행위에 의하여 재산권이 침해된 경우, 특별한 사정이 없는 한 그 재산적 손해의 배상에 의하여 정신적 고통도 회복된다고 볼 수 있다.
④ 공동불법행위자 1인에 대한 이행청구는 다른 공동불법행위자에 대하여 시효중단의 효력이 있다.
⑤ 책임능력 있는 미성년자가 불법행위책임을 지는 경우에 그 손해가 그 미성년자의 감독의무자의 의무위반과 상당인과관계가 있으면 그 감독의무자도 일반불법행위책임을 진다.

> **해설** 답 ④

① [O] 민법 제762조의 취지는 태아가 살아서 출생한 때에 출생시기가 문제의 사건의 시기까지 소급하여 그때에 태아가 출생한 것과 같이 법률상 보아준다고 해석함이 상당하므로 그가 모체와 같이 사망하여 출생의 기회를 못 가졌다면 손해배상청구권을 논할 여지가 없다(대판 1976.9.14, 76다1365).

② [O] 제496조(불법행위채권을 수동채권으로 하는 상계의 금지) 채무가 고의의 불법행위로 인한 것인 때에는 그 채무자는 상계로 채권자에게 대항하지 못한다.

③ [O] 일반적으로 타인의 불법행위 등에 의하여 재산권이 침해된 경우에는 그 재산적 손해의 배상에 의하여 정신적 고통도 회복된다고 보아야 할 것이므로 재산적 손해의 배상에 의하여 회복할 수 없는 정신적 손해가 발생하였다면, 이는 특별한 사정으로 인한 손해로서 가해자가 그러한 사정을 알았거나 알 수 있었을 경우에 한하여 그 손해에 대한 위자료를 청구할 수 있다(대판 2004.3.18, 2001다82507 전합).

④ [X] 통설, 판례는 공동불법행위자간의 채무를 부진정연대채무 관계로 본다. 따라서 채무자 1인에 대한 사유 중에서 변제·대물변제·공탁·상계만이 절대적 효력을 가지며, 그 밖의 사유인 경개, 면제, 혼동, 소멸시효, 이행청구 등은 상대적 효력을 갖는다.

⑤ [O] 미성년자가 책임능력이 있어 그 스스로 불법행위책임을 지는 경우에도 그 손해가 당해 미성년자의 감독의무자의 의무위반과 상당인과관계가 있으면 감독의무자는 일반불법행위자로서 손해배상책임이 있다 할 것이므로, 이 경우에 그러한 감독의무위반사실 및 손해발생과의 상당인과관계의 존재는 이를 주장하는 자가 입증하여야 할 것이다(대판 1994.2.8, 93다13605 전합).

014

불법행위에 관한 설명으로 옳지 않은 것을 모두 고른 것은? (다툼이 있으면 판례에 따름)

24 노무사

> ㄱ. 법적 작위의무가 객관적으로 인정되더라도 의무자가 그 작위의무의 존재를 인식하지 못한 경우에는 부작위로 인한 불법행위가 성립하지 않는다.
> ㄴ. 공작물의 하자로 인해 손해가 발생한 경우, 그 손해가 공작물의 하자와 관련한 위험이 현실화되어 발생한 것이 아니라도 공작물의 설치 또는 보존상 하자로 인하여 발생한 손해라고 볼 수 있다.
> ㄷ. 성추행을 당한 미성년자의 가해자에 대한 손해배상청구권의 소멸시효는 그 미성년자가 성년이 될 때까지는 진행되지 아니한다.

① ㄱ
② ㄷ
③ ㄱ, ㄴ
④ ㄴ, ㄷ
⑤ ㄱ, ㄴ, ㄷ

해설

답 ③

ㄱ. [×] 부작위로 인한 불법행위가 성립하려면 작위의무가 전제되어야 하지만, 작위의무가 객관적으로 인정되는 이상 의무자가 의무의 존재를 인식하지 못하였더라도 불법행위 성립에는 영향이 없다. 이는 고지의무 위반에 의하여 불법행위가 성립하는 경우에도 마찬가지이므로 당사자의 부주의 또는 착오 등으로 고지의무가 있다는 것을 인식하지 못하였다고 하여 위법성이 부정될 수 있는 것은 아니다(대판 2012.4.26, 2010다8709).

ㄴ. [×] 공작물의 하자로 인해 어떠한 손해가 발생하였다고 하더라도, 손해가 공작물의 하자와 관련한 위험이 현실화되어 발생한 것이 아니라면 이는 '공작물의 설치 또는 보존의 하자로 인하여 발생한 손해'라고 볼 수 없다(대판 2018.7.12, 2015다68348).

ㄷ. [○]
> 제766조(손해배상청구권의 소멸시효) ③ 미성년자가 성폭력, 성추행, 성희롱, 그 밖의 성적(성적) 침해를 당한 경우에 이로 인한 손해배상청구권의 소멸시효는 그가 성년이 될 때까지는 진행되지 아니한다.

015 다음은 불법행위의 효과에 관한 설명이다. 틀린 것은?

① 불법행위로 인한 손해배상의 청구권은 피해자나 그 법정대리인이 손해 및 가해자를 안 날로부터 소멸시효가 시작된다. 가해행위와 이로 인한 현실적인 손해의 발생 사이에 시간적 간격이 있는 불법행위의 경우 소멸시효의 기산점이 되는 불법행위를 안 날은 단지 관념적이고 부동적인 상태에서 잠재하고 있던 손해에 대한 인식이 있었다는 정도만으로는 부족하고 그러한 손해가 그 후 현실화된 것을 안 날을 의미한다.
② 불법행위에 기한 손해배상채권에서 민법 제766조 제2항의 소멸시효의 기산점이 되는 '불법행위를 한 날'이란 가해행위가 있었던 날이 아니라 현실적으로 손해의 결과가 발생한 날을 의미하나, 그 손해의 결과발생이 현실적인 것으로 되었다면 그 소멸시효는 피해자가 손해의 결과발생을 알았거나 예상할 수 있었을 때부터 진행한다.
③ 공작물 점유·소유자의 책임에 기한 손해배상 채권이 단기소멸시효완성에 대한 소멸시효의 기산점은 관련사건의 제1심 판결 선고일이 아니라 상고심 판결 선고일이 된다.
④ 피상속인의 사망 당시에는 분배농지에 관한 권리가 상속재산분할의 대상이 되는 상속재산이었다가 구 농지법 부칙 제3조에서 정한 3년의 기간이 지나 소멸하였고, 이에 따라 상속재산분할협의 당시에는 수분배권의 대상재산인 손해배상청구권이 상속재산분할의 대상이 된다.
⑤ 불법행위를 이유로 배상하여야 할 손해는 현실로 입은 확실한 손해에 한하므로, 불법행위로 인하여 피해자가 제3자에 대하여 채무를 부담하게 될 경우 채권자가 채무자에게 그 채무액 상당의 손해배상을 구하기 위해서는 채무의 부담이 현실적·확정적이어서 실제로 변제하여야 할 성질의 것이어야 하고, 현실적으로 손해가 발생하였는지는 사회통념에 비추어 객관적이고 합리적으로 판단하여야 한다.
⑥ 교통사고 피해자가 자동차손해배상 보장법에 의하여 손해배상을 주장하지 않았더라도 법원은 민법에 우선하여 자동차손해배상 보장법을 적용하여야 한다.
⑦ 미성년자가 성폭력, 성추행, 성희롱, 그 밖의 성적 침해를 당한 경우에 이로 인한 손해배상청구권의 소멸시효는 그가 성년이 될 때까지는 진행되지 아니한다.

해설   답 ②

① [○] 대판 2019.7.25, 2016다16873). 이때 신체에 대한 가해행위가 있은 후 상당한 기간 동안 치료가 계속되는 과정에서 어떠한 증상이 발현되어 그로 인한 손해가 현실화된 사안이라면, 법원은 피해자가 담당의사의 최종 진단이나 법원의 감정 결과가 나오기 전에 손해가 현실화된 사실을 알았거나 알 수 있었다고 인정하는 데 매우 신중할 필요가 있다. 특히 가해행위가 있을 당시 피해자의 나이가 왕성하게 발육·성장활동을 하는 때이거나, 최초 손상된 부위가 뇌나 성장판과 같이 일반적으로 발육·성장에 따라 호전가능성이 매우 크거나(다만, 최초 손상의 정도나 부위

---

3) 甲이 만 15개월 무렵에 교통사고를 당하여 뇌 손상 등을 입은 후 약간의 발달지체 등의 증세를 보여 계속 치료를 받던 중 만 6세 때 처음으로 의학적으로 언어장애 등의 장애진단이 내려지고 제1심에서의 신체감정 결과 치매, 주요 인지장애의 진단이 내려진 사안에서, 치료경과나 증상의 발현시기, 정도와 함께 사고 당시 甲의 나이, 최초 손상의 부위 및 정도, 최종 진단경위나 병명 등을 종합적으로 고려하면, 사고 직후에 언어장애 등으로 인한 손해가 현실화되었다고 단정하기 어렵고, 나아가 甲이나 그 법정대리인으로서도 그 무렵에 혹시라도 장차 상태가 악화되면 甲에게 어떠한 장애가 발생할 수도 있을 것이라고 막연하게 짐작할 수 있었을지언정 뇌 손상으로 인하여 발생할 장애의 종류나 정도는 물론 장애가 발생할지 여부에 대해서조차 확실히 알 수 없었을 것으로 볼 여지가 충분한데도, 교통사고 당시 甲이 손해의 발생 사실을 알았다고 인정한 다음 그에 따라 교통사고가 발생한 날이 불법행위에 기한 손해배상청구권의 소멸시효의 기산점이 된다고 본 원심판단에 법리오해 등의 잘못이 있다고 한 사례

로 보아 장차 호전가능성이 전혀 없다고 단정할 수 있는 경우는 제외한다), 치매나 인지장애 등과 같이 증상의 발현 양상이나 진단 방법 등으로 보아 일정한 연령에 도달한 후 전문가의 도움을 받아야 정확하게 진단할 수 있는 등의 특수한 사정이 있는 때에는 더욱 그러하다.

② [×] 불법행위에 기한 손해배상채권에서 민법 제766조 제2항의 소멸시효의 기산점이 되는 '불법행위를 한 날'이란 가해행위가 있었던 날이 아니라 현실적으로 손해의 결과가 발생한 날을 의미하나, 그 손해의 결과발생이 현실적인 것으로 되었다면 그 소멸시효는 피해자가 손해의 결과발생을 알았거나 예상할 수 있는지 여부에 관계없이 가해 행위로 인한 손해가 현실적인 것으로 되었다고 볼 수 있는 때부터 진행한다(대판 2019.8.29, 2017다276679).

③ [○] 불법행위로 인한 손해배상청구권의 단기소멸시효의 기산점이 되는 민법 제766조 제1항 소정의 '손해 및 가해자를 안 날'이라고 함은 손해의 발생, 위법한 가해행위의 존재, 가해행위와 손해의 발생 사이에 상당인과관계가 있다는 사실 등 불법행위의 요건사실에 대하여 현실적·구체적으로 인식하였을 때를 의미한다. 피해자가 언제 불법행위의 요건사실을 현실적·구체적으로 인식하였는지는 개별 사건에서 여러 객관적 사정을 참작하고 손해배상청구가 사실상 가능한 상황을 고려하여 합리적으로 인정하여야 한다(대판 2008.4.24, 2006다30440; 대판 2011.11.10, 2011다54686; 대판 2018.7.24, 2018다215664 등 참조). 이 사건 화재의 원인이나 발화지점, 그 책임의 주체 등 그 위법행위 여부를 판단하기 위해서는 전문적인 지식이 필요하고, 원고의 대표이사 甲에 대하여 구상금 청구에 관한 소가 진행 중이었던 사정, 위 구상금 청구 소송의 진행경과 등에 비추어, 원고의 입장에서 관련사건 제1심 판결 선고 무렵에 이 사건 화재의 원인 및 공작물 설치·보존상의 하자에 기한 손해배상책임의 요건사실에 관하여 현실적·구체적으로 인식하였다고 단정할 수 없고, 다만 원고는 관련사건 판결이 확정된 때에 비로소 이 사건 화재로 인한 위법한 손해의 발생, 위법한 가해행위의 존재, 가해행위와 손해의 발생 사이에 상당인과관계가 있다는 사실 등 불법행위의 요건사실을 현실적·구체적으로 인식하였다고 볼 여지가 있다[4](대판 2019.12.13, 2019다259371).

④ [○] [1] 공무원들의 불법행위로 말미암아 분배농지에 관한 권리를 상실한 피상속인이 사망한 이후 상속인들이 위 분배농지에 관한 손해배상청구권에 관하여 상속재산분할협의를 하였는데, 위 채권이 상속재산분할의 대상이 될 수 있는지 문제 된 사안에서, 피상속인의 사망 당시에는 분배농지에 관한 권리가 상속재산분할의 대상이 되는 상속재산이었다가 구 농지법(2007.4.11. 법률 제8352호로 전부 개정되기 전의 것) 부칙(1994.12.22.) 제3조에서 정한 3년의 기간이 지나 소멸하였고, 이에 따라 상속재산분할협의 당시에는 수분배권의 대상재산인 손해배상청구권이 상속재산분할의 대상이 된다고 본 원심판단이 정당하다고 한 사례 [2] 헌법재판소는 2018.8.30. 민법 제166조 제1항, 제766조 제2항 중 진실·화해를 위한 과거사정리 기본법(이하 '과거사정리법'이라 한다) 제2조 제1항 제3호의 '민간인 집단 희생사건', 같은 항 제4호의 '중대한 인권침해사건·조작의혹사건'에 적용되는 부분은 헌법에 위반된다는 결정을 선고하였다. 위 위헌결정의 효력은 과거사정리법 제2조 제1항 제3호의 '민간인 집단 희생사건'이나 같은 항 제4호의 '중대한 인권침해사건·조작의혹사건'에서 공무원의 위법한 직무집행으로 입은 손해에 대한 배상을 청구하는 소송이 위헌결정 당시까지 법원에 계속되어 있는 경우에도 미친다. 따라서 그러한 손해배상청구권에 대해서는 민법 제766조 제2항에 따른 10년의 소멸시효 또는 국가재정법 제96조 제2항[구 예산회계법(2006.10.4. 법률 제8050호 국가재정법 부칙 제2조로 폐지) 제96조 제2항]에 따른 5년의 소멸시효가 적용되지 않는다(대판 2020.4.9, 2018다238865).

---

4) 원고가 관련사건 제1심 판결 선고 무렵에 그 손해의 발생 등을 현실적·구체적으로 인식하였을 것이라고 단정하여 소멸시효가 완성되었다고 판단한 원심판결에 불법행위로 인한 손해배상채권의 단기소멸시효의 기산점에 관한 법리를 오해한 잘못이 있다고 파기한 사례

⑤ [○] 대판 2019.8.14, 2016다217833[5]
⑥ [○] 대판 2020.1.30, 2016다267890
⑦ [○]
> 제766조(손해배상청구권의 소멸시효) ① 불법행위로 인한 손해배상의 청구권은 피해자나 그 법정대리인이 그 손해 및 가해자를 안 날로부터 3년간 이를 행사하지 아니하면 시효로 인하여 소멸한다.
> ② 불법행위를 한 날로부터 10년을 경과한 때에도 전항과 같다.
> ③ 미성년자가 성폭력, 성추행, 성희롱, 그 밖의 성적(성적) 침해를 당한 경우에 이로 인한 손해배상청구권의 소멸시효는 그가 성년이 될 때까지는 진행되지 아니한다.
> [단순위헌, 민법(1958.2.22. 법률 제471호로 제정된 것) 제766조 제2항 중 '진실·화해를 위한 과거사정리 기본법' 제2조 제1항 제3호·제4호에 규정된 사건에 적용되는 부분은 헌법에 위반된다(헌재 2018.8.30, 2014헌바148).]

---

5) 甲이 소유하던 구분건물의 대지지분이 등기공무원의 과실로 실제 지분보다 많은 지분으로 등기부에 잘못 기재되어 있는 상태에서 乙이 부동산임의경매절차를 통해 위 구분건물을 낙찰받아 소유권이전등기를 마친 다음 이를 다시 丙 주식회사에 매도하여 丙 회사 명의의 소유권이전등기가 이루어졌는데, 그 후 丙 회사가 乙에게 '구분건물의 대지지분이 등기부 기재와 다르므로 등기부 기재대로 부족지분을 취득하여 이전해 달라'는 취지의 내용증명을 보내자, 乙이 등기공무원의 과실로 구분건물의 대지지분이 잘못 기재되는 바람에 실제 취득하지 못한 부족지분에 상응하는 만큼 매매대금을 과다 지급하는 손해를 입었다며 국가를 상대로 손해배상을 구한 사안에서, 중간매도인인 乙은 丙 회사로부터 담보책임을 추궁 당해 손해배상금을 지급하였거나 丙 회사에 대하여 손해배상의 지급을 명하는 판결을 받는 등으로 丙 회사에 대해 현실적·확정적으로 실제 변제하여야 할 성질의 채무를 부담하는 등 특별한 사정이 없는 한 위와 같이 매매대금을 과다 지급하였다거나 丙 회사로부터 부족지분의 이전을 요구받았다는 사정만으로 현실적으로 손해를 입었다고 볼 수 없는데도, 이와 달리 보아 국가의 손해배상책임을 인정한 원심판단에 법리오해의 잘못이 있다고 한 사례

MEMO